La memoria recuperada

LO QUE NUNCA HAN CONTADO
FELIPE GONZÁLEZ Y LOS DIRIGENTES
SOCIALISTAS DE SUS AÑOS DE GOBIERNO

María Antonia Iglesias

AGUILAR

A mi hija

© De esta edición:
2003, Santillana Ediciones Generales, S. L.
Ediciones El País, S. A.
Torrelaguna, 60. 28043 Madrid
Teléfono 91 744 90 60
Telefax 91 744 90 93

- Aguilar, Altea, Taurus, Alfaguara, S. A.
Beazley 3860. 1437 Buenos Aires
- Aguilar, Altea, Taurus, Alfaguara, S. A. de C. V.
Avda. Universidad, 767, Col. del Valle,
México, D.F. C. P. 03100
- Ediciones Santillana, S. A.
Calle 80 Nº 10-23
Bogotá, Colombia

Edición: María José Gil-Arriola y Paloma Cañadas
Diseño de cubierta: Grafica

Primera edición: septiembre de 2003
Cuarta edición: octubre de 2003

ISBN: 84-03-09355-1
Depósito legal: M-42.407-03
Impreso en España por Anzos, S. L., Fuenlabrada (Madrid)
Printed in Spain

Índice

Prólogo: La época socialista entra en la Historia, por Javier Tusell *21*
Introducción *29*

José María Maravall: Una peligrosa manera de pensar **33**
Política y varitas mágicas 37
«Guerrismo», una alternativa que nunca existió 39
¿Quién nombra al sucesor? 40
¡No me fastidies! 42
Miradas escondidas tras las cortinas 43
Un insólito procedimiento 45
De cuando la Constitución no obligaba a la enseñanza 46
Catecismos y aborto 49
Las batallas que le gustaban a Felipe 50
Resistencias de hierro 52
Pelear con Boyer 53
«Quien se acuesta con niños, se levanta mojado» 54
OTAN, misión secreta 56
Congreso de 1984: sacar al Gobierno de la dirección del partido 59
Una carta a Felipe 61
«Os quedan quince días» 63
Yo pagué los platos rotos 65
Leyes «bomba» 66
Cuando comienza a sonar el río… 67

«De un viejo historiador a un joven dirigente socialista» ... 69
«Un pedrusco así de grande» ... 70
Un ministro quemado ... 72
La lección que habían aprendido los profesores ... 75
«No me quedo ni muerto» ... 76
14-D: mirada al precipicio ... 77
El asunto Leguina ... 79
El partido: segunda carta a Felipe ... 81
Silencios gélidos y gritos acalorados ... 82
Una voz en medio de la tormenta ... 84
Las fotografías de la vergüenza ... 86
Una campaña contra el candidato ... 88
El gusano ... 89

Carlos Solchaga: Socialismo y provocación ... 93
¡Qué es eso de ser socialdemócrata! ... 96
Dispuesto a no ser popular ... 98
Guerra, la estética de izquierdas ... 99
Los muros de Nicolás contra Corcuera ... 101
Es posible que yo fuera arrogante ... 103
Mariano Rubio, la *beautiful* y el pacto con la burguesía ... 105
El «conocimiento carnal» de Felipe ... 107
Contra la aristocracia de los trabajadores ... 109
No estás ahí para que la gente te quiera ... 111
Alfonso Guerra me convenció para que me quedara ... 113
Una promesa imposible de cumplir ... 115
Felipe, poco dotado para la pelea ... 117
Emboscada en TVE: la ruptura UGT-PSOE ... 119
Contra los populistas de la izquierda ... 121
«Me arrepiento de aquella frase maldita» ... 122
La huelga del 14-D y el caldo de cultivo ... 123
Madrid, un cementerio ... 124
Una «colleja» al Gobierno ... 125
Encuentros clandestinos ... 128
De la soledad y de Felipe ... 129
Mi apuesta perdida ... 130
Parar los pies a Serra ... 131
Otro ministro para otro reajuste ... 132
La jugada de Mariano Rubio ... 133

La entrevista más dolorosa 135
El sufrimiento de los bien nacidos 137
Un desacierto y una desgracia 138
Un ambiente insufrible 140
Oídos sordos para la bonanza 141
Modernización y credibilidad 143
Sin mezquindad ni sectarismo 144

Joaquín Almunia: El dedo en todas las llagas 147
«Todos los socialistas aparecíamos como corruptos» 151
Yo no estaba en los planes de Felipe 154
Las sonadas discusiones entre Boyer y Guerra 156
La esquizofrenia del partido 158
Pararle los pies a Boyer 159
El autoritarismo de Solchaga 161
«¿Yo también ceso?» 163
Alfonso, con un pie dentro y otro fuera 165
El «guerrismo», o el control de la sucesión 168
Los celos de Nicolás 169
Una grabadora sobre la mesa 171
«Antes de que todo esto se estrelle» 174
Autonomías: los miedos de Alfonso Guerra 176
Arena en los engranajes 177
Los fuegos nacionalistas, apaciguados 179
El asalto a la Federación Socialista Madrileña 180
Felipe nos dejaba «colgados» 182
El «zapatazo» de Felipe 183
El plantel «renovador», alternativa poco sólida 184
Conversaciones y silencios, una situación muy tensa 185
«El ángel exterminador» 187
«Cargarse» a Felipe y llevarlo a la cárcel 187
Intercambio de cromos y otras deslealtades 188
La sucesión, de la peor manera posible 189
El paro y la inmadurez democrática 191
Una generación ilusionada por la política 192

Javier Solana: Sin rencor 195
Hablar con Felipe muchas horas 198
Una tentación demagógica 200
Huyendo del sectarismo 202

Nicolás no lo soportó 204
Alfonso y la cuestión de fondo 207
Enhebrar la acción del Gobierno 211
Educación; no fui un apagafuegos 212
La política exterior y el prestigio recuperado 213
OTAN, momentos amargos 214
La izquierda herida 217
Garzón: una decisión dolorosa 220
Maneras de vivir 221

JUAN CARLOS RODRÍGUEZ IBARRA: SOCIALISMO SIN MIEDO 225
Una noche en Cerro de Reyes 227
Una imagen que nunca iba a romperse 229
Nicolás, como una pantera 230
Alfonso y Felipe, almas diferentes 231
Felipe se asustó 233
Solchaga, protagonismo y soberbia 234
Esas gentes en las que se apoyó Felipe 237
Aquella «Ley de Hierro» 238
El Partido y Felipe 240
Alfonso Guerra abandonado 241
El amor-odio y la alternativa 242
El tándem y el juego sucio de Solchaga 244
Extremadura, la tierra inexistente 246
Tiempos de mucha dificultad 247
Tanta gente sin nada 249
El desprecio de algunos de «los nuestros» 250
Una autovía que pasó... por encima de Solchaga 252
No había paro porque no había gente 253
Una propuesta imparable 254
Tener voz 255
Los más chulos 256
Felipe también se equivocó 258
¿Estuvo detrás Alfonso? 259
Ilusión, ideología... y economía 260
Juan Guerra: dos, uno y ninguno 262
Los ladrones no estaban en el «guerrismo» 263
Los «guerristas» lo hicimos mal 264
El Ministerio sombrío y una historia inexplicable 266

Alfonso y el trabajo sucio 268
Felipe me salvó de la venganza 269
Corrupción y preguntas sin respuestas 271
El GAL es la transición 272
Revolución y emoción 274

José Bono: Ante el espejo **277**
Un aplauso para el gobernador 280
Ana o Victoria 282
Cuando toda España hablaba de Juan Guerra 283
La distancia entre Madrid y Toledo 284
Un dios menor 288
Militares, marqueses, cuneros y obispos 289
El Partido Popular en huelga 294
Los «barones», un poder frente al poder 295
El hombre que quería ser más alto 299
Yo di la señal de alarma 300
Garzón, Felipe y las causas de nuestros males 302

Manuel Chaves: Historia viva **307**
Lo que pensaban Felipe y Alfonso 310
La foto de la tortilla 312
Felipe apostó muy fuerte por Alfonso 313
Un largo deterioro… 314
Alfonso jugaba «a la contra» 316
Felipe quiso irse varias veces 317
Felipe siempre ha sido el mismo 318
«Manolo, te voy a hacer ministro» 319
Solchaga no quería negociar 322
La huelga: un éxito sindical inútil 324
A pesar de la huelga 326
La amargura de un fracaso 328
Andalucía, la baza de Alfonso Guerra 329
«Te vas a comer todo el marrón» 331
Los «pelotazos» de la *beautiful people* 333
Copié la campaña de Tierno en Madrid 334
La mala imagen del PER 335
Evitar la fractura del sur 337
Los Reinos de Taifas 338
Los «independientes»: un error de los «renovadores» 341

Los apestados de Interior 343
Perder y ganar 344

Joaquín Leguina: De pensamiento, palabra y obra 347
Madrid, un chiringuito más 349
Aquel maldito tres por ciento 351
La encerrona de Felipe 353
Una noche de emoción y prudencia 354
¿Por qué lloraban los comunistas? 355
Nombres, herencias, ideas y pragmatismo 356
Un neófito entre tantos sacerdotes 358
Un candidato sin bendición 361
«Café para todos» 362
Mi crónica de la huelga general 363
Dormir en la Puerta del Sol 365
PSV: voluntad e incompetencia 366
Amargo recuerdo 368
Felipe-Alfonso, un misterio sin resolver 369
La pira inquisitorial 370
El chiste malo de Juan Guerra y el magma de la renovación 371
Cultura de aparato 373
Frustración de lo que pudo ser 374
Una víctima agradecida 374
Dos alacranes en el bidé 375
Asesinato civil, muerte civil 377
La gran frustración 378

José Barrionuevo: La imposible libertad del exilio 381
Una desgracia inmensa, enorme 384
«No amo a esta España» 385
El desastre de Interior 387
En la trayectoria del disparo 388
Pestiños y bonsáis 389
El fiscal Granados, con la jauría 391
Las trampas de Margarita 393
El «cabreo» de Garzón 394
Objetivo: la destrucción de Felipe 396

Sancristóbal salvó su dinero 397
Una propuesta a la que no supe decir no 399
Seis bandas terroristas y cincuenta asesinatos 401
«Lo que nos cuenta este español no es posible» 402
Funerales, a escondidas 404
Un sargento por encima del Rey 406
Entre la derecha y los «progres» de salón 408
Poli-milis, el único camino 411
Intxaurrondo: realidad y leyenda 412
«Yo en ese carro no me subo» 414
Roldán, un homenaje insólito 415
«Ese Roldán no era el que yo conocía» 417
Un hombre muy activo 418
Coces contra el aguijón 422
Mentiras, incompetencias y sospechas 424
Las coordenadas de la sospecha 425
«Renovadores» y «guerristas», las mismas prácticas 426
Juan Guerra: una desmesura para liquidar a Alfonso 427
Dejaron de contar conmigo 429
Deseo un exilio imposible 430

JOSÉ LUIS CORCUERA: VERDADES COMO PIEDRAS 435
Sin presunción de inocencia 438
Pedro J.: un problema de higiene democrática 440
¿Y si en vez de joyas, hubiera regalado jamones? 442
¿Dónde están los sobresueldos? 445
No les gustaba un obrero que llega a ministro 446
«No te metas en política, hijo» 447
Nicolás Redondo no tenía ni idea 449
Una «leve» confusión 451
Ministro a la fuerza 456
¿Quién salvó a Segundo Marey? 461
No estaba dispuesto a que me rompieran la cara 462
Aquel terrorismo y aquellos intelectuales 463
«La huelga nos pilló en bragas» 464
Los buenos momentos duraban poco 466
ETA no se acabará si se va contra el PNV 469
Lo de Argel nos salió bien 472
Aznar pudo parar el Pacto de Lizarra 475
Aznar convirtió ETA en el MNLV 478

El primer desacuerdo 479
Los problemas de un guerrista-felipista 480
El valor de la discrepancia 482
La renovación no era alternativa 483
La ley de «la patada en la puerta» 484
Asunción hizo lo que yo no hubiera hecho 486
Belloch y Margarita: una labor nefasta 489
«Le dije a Margarita que si fuera un tío le daba dos hostias» 491
La inmoralidad de Garzón 492

Antonio Asunción: Libertad vigilada 497
Felipe quería romper con la etapa Corcuera 500
Cesé a Roldán inmediatamente 501
Vera no quería marcharse 502
Tenía planes para Garzón 504
Corcuera se entrometía continuamente 505
En la caja no había nada 507
El mundo oscuro 508
Un delincuente muy torpe 509
Felipe González se equivocó al nombrarme 509
Los «renovadores» sí tenían alternativa 512
A Belloch sólo le interesaba su ego 513
Belloch engañó a López Agudín 515
«Todo es bastante normal» 516
Felipe libre de toda sospecha 517

Juan Alberto Belloch: Relato para conciliar el sueño 519
La justicia tiene solución 522
Tomás y Valiente rechazó el cargo 523
Al margen de la batalla 525
Felipe no tenía alternativas... 527
Dejamos un Ministerio ejemplar 529
Le dije a Garzón que no 530
No pensé en lo que podía hacer Garzón 532
Una limpieza dolorosa 533
Felipe lo tenía claro 535
Cuando el Estado era la policía y el PSOE 537
Ministros, banqueros, espías y delincuentes 539

¿Quién es la «garganta profunda»? 542
Un esfuerzo que conduce a la melancolía 544
Felipe no era la «X» de los GAL.. 545
Conspiración contra las instituciones.................................... 548
35.000 razones... 549
Un hombre honesto y dos muertos 552
La confianza del presidente 553
Ambición política.. 554
El Gobierno navegaba en una galerna................................... 556
La corrupción no era nuestra.. 557
Felipe les quitó el poder.. 559

RAMÓN JÁUREGUI: EL 'MORROI'.. 561
La violencia lo envenena todo.. 564
Imposible un *lehendakari* socialista.. 567
Condenados a entendernos... 568
El pacto imprescindible.. 570
El *morroi* del Gobierno 572
Grandes acuerdos y grandes renuncias................................... 573
La reaparición de la derecha 575
La traición de Ardanza... 576
Ajuria Enea: la complicidad nacionalista 577
Los años difíciles. Lo que nunca he contado........................... 580
Nunca se hizo el cambio en la policía..................................... 582
«Yo te lleno la piscina»... 583
Con Felipe, Lizarra no hubiera sido posible 585
Un vasco en Madrid 586

TXIQUI BENEGAS: DOS RAÍCES 589
Ganar las elecciones y perder el poder 592
Discurso claro y final oscuro.. 594
El PNV se acercó a nuestras posiciones 595
Xabier Arzalluz: una persona dialogante 597
Por qué Arzalluz se enamoró de Aznar.................................... 599
Las sabias advertencias de Rubial 601
El «guerrismo» era «felipista».. 602
«Los renovadores de la nada».. 604
Un trato diferente contra el PSOE... 606
El PP no podía con Felipe 607
Nunca fui el rehén de Alfonso Guerra..................................... 608

Tres veces le dije no a Felipe 610
Últimas frustraciones: una negociación con ETA 612
Los independientes, una arriesgada apuesta de Felipe 614
La derecha aún teme a Felipe 616

Rosa Conde: Comunicando por encima del ruido 619
«No comment» 622
Nos fuimos al precipicio 623
El apagón que ganó la huelga 625
Un duro golpe 627
El dinero, sobre la mesa 628
«Parar» a Felipe 630
Serra, el sucesor frustrado 632
La corrupción, aquello parecía imposible 634
En la Guerra del Golfo 636
Sin reductos en los medios de comunicación 639
Trabajar con Felipe 641
Aquella campaña del 93 643
El *dossier* del hermano de Alfonso 645
Una marea que se llevó todo por delante 648
Felipe, una visión de futuro 649

Alfredo Pérez Rubalcaba: Mensajes para nadie 653
El consenso, un valor roto 656
Lo que más le molestaba a la derecha 659
Un reto endiablado 661
El «impulso democrático» 663
Salir a dar la cara 664
¡Qué doble vara de medir! 666
Las malas artes y ese cansancio de las gentes 669
Mariano Rubio, lo que faltaba 671
El mito de Chamartín y la sucesión de Felipe 674
Corrupción: cuando la farmacopea sustituye a la cirugía .. 676
Distanciamiento y nuevos nombres 677
Interior: fatalismo y culpabilidad 679
Aquellos años de plomo 683
Hablar para la pared 685
Una siniestra actuación de Aznar 687

Solana, lo mejor que teníamos 688
Cuando la Historia se serene 690

Narcís Serra: Doblar el acero 693
«Dejemos todo como está» 696
«El vicepresidente útil» 698
Los militares, estímulo y vigilancia 700
El ministro «interino» que duró nueve años 701
El poder civil por encima del militar 703
Los reductos más resistentes 705
Un Ejército que quería luchar contra ETA 707
«Por qué nos habéis metido en este lío» 708
«Me escandalizó la desprotección del Ejército» 710
Bases norteamericanas: «Hagamos un maquillaje» 713
Las dificultades del tándem Felipe-Alfonso 715
En el punto de mira del «guerrismo» 717
Cuando la economía no interesaba a nadie 719
Roldán lo contaminó todo 721
Felipe pensó en mí 723
«Nos equivocamos» 725
«Un fusible para interrumpir la corriente» 727
¿Y el Rey? 728
«Le advertí a Conde de que lo vigilaríamos» 729
«Soy un catalán que ha hecho la reforma militar» 730

Alfonso Guerra: El «papel» más difícil 733
Una historia circular 736
«Ustedes no van a ganar» 738
La noche de los perdedores 739
El cocinero, el *maître* y los comensales 739
Un cóctel demasiado fuerte 741
Felipe, una esponja 742
La lealtad: una condición mal considerada 744
Un país paralizado 745
Por la puerta de atrás 747
Hablar con la Iglesia 748
En la posición del otro 751
Adversarios leales: la Constitución 752
La piedra de la cueva de Alí Babá 753
¿Cuánto vale un atardecer? 755

Qué cosa era estar de «oyente» 757
Nadie me pone de rodillas 759
Socialistas y «boyeristas» 761
La capacidad de decidir 764
Aquella decisiva conversación con Felipe 765
El Partido como razón de ser 767
«Te has equivocado de trinchera» 768
Sagunto y Solchaga 770
Autonomías: las cosas en las que no creo 773
Mentiras, leyendas y calumnias 774
Un líder distanciado 775
Balance desapasionado 778
La decepción del final 780
Filesa: «¿Por qué a mí?» 782
Una idea aberrante 784
No puede llamarse decepción 785

FELIPE GONZÁLEZ: LA REBELIÓN CONTRA LA HISTORIA... 789
Afloraba un proyecto de país 792
Aquellos males de la Patria 794
La Iglesia, un poder que supo esperar 796
Lo que no han podido destruir 799
Aquel liderazgo que me desbordaba 801
La esperanza, una carga pesada 803
Aquella gente con la que eché a andar 806
Hablar de Alfonso... 808
Lo que nos separaba 809
El Partido, la tribu y la cueva de Alí Babá 811
Boyer, un pulso imposible 813
Alfonso, Boyer y el poder de decisión 816
Nunca he defendido un «corralito» 819
Rehén de los «renovadores» 821
Txiqui, un liderazgo dilapidado 823
Reconversión: un frío baño de realidad 825
Nicolás Redondo, claves oscuras 826
Lo que UCD no pudo hacer 829
Un río de comprensión que fluía 830
Solchaga, modos y maneras 831
El dinero, ese poder que nunca me sedujo 834
Mariano Rubio, las claves de la decepción 835

Corrupciones «buenas» y «malas» 837
La educación, Maravall y la revolución socialdemócrata .. 838
Tocar el centro neurálgico 840
Bases USA: razones para la insumisión 842
Otra forma de escribir la Historia 843
Opinión pública: entre lo difícil y lo imposible 845
OTAN, los orígenes del error 847
Encuestas, sufrimiento y dilema moral 849
Nos tomaron en serio 851
Interior: diagnóstico del 82 852
Barrionuevo: nadie me preguntó a mí 854
La «X» del GAL, el Cesid y el Rey 856
La huelga. Es fácil hablar ahora 858
El día después 859
Nunca abandoné en medio de la tormenta 860
Mi sucesión y el Partido 862
No había un espacio para dejarlo 865
Alfonso, proceso hacia la decepción 865
Mi último Gobierno 868
Corrupción: por qué no reaccioné 870
Saber hacia dónde tenía que ir este país 871
Dejarse la piel 873

Colaboraciones: La tarea de gobierno socialista analizada por sus gestores 877
Julián Campo (Ministro de Obras Públicas, 1982-1985): Mucho que hacer, mucho que soñar 879
José Borrell (Ministro de Obras Públicas, Transportes y Medio Ambiente, 1993-1996): El equilibrio territorial, un reto progresista 887
Miguel Ángel Fernández Ordóñez (Secretario de Estado de Economía, 1982-1986; Secretaría de Estado de la Comisión de Asuntos Económicos, 1982-1986; Secretario de Estado de Comercio, 1986-1988): Reformas para durar en el tiempo 903
Manuel Marín (Comisario Europeo, 1985-1995): Europa: la comprensión de un proyecto colectivo 911
Virgilio Zapatero (Ministro de la Presidencia y Secretario de Estado de Relaciones con las Cortes, 1986-1993): El liderazgo del Gobierno 927

Francisco Fernández Marugán (Secretario Federal de Política Económica en la CEF, 1984-1987; Responsable de Estudios y Programas de la Ejecutiva Federal y Responsable de Administración): Lo que costó cambiar el Estado 935
Carmen Alborch (Ministra de Cultura, 1993-1996): La cultura, un mundo lejano y próximo 945
Matilde Fernández (Ministra de Asuntos Sociales, 1988-1993): El Ministerio de las gentes 957
Julián García Vargas (Ministro de Sanidad y Consumo, 1986-1991): Sistema Nacional de Salud: la conquista de un derecho no adquirido 973
José Antonio Griñán y Ángeles Amador (Ministros de Sanidad y Consumo, 1992-1993 y 1993-1996): La protección de la salud, una doble solidaridad 981
Fernando Ledesma (Ministro de Justicia, 1982-1988): Democracia, justicia y pedagogía política 987
María Teresa Fernández de la Vega (Jefa del Gabinete del Despacho del Ministro de Justicia, 1982-1985; Secretaria de Estado de Justicia, 1994-1996): Justicia: una apuesta por la libertad 1005

Prólogo

La época socialista entra en la Historia

El lector tiene en sus manos, sin duda, un trabajo de extraordinario interés. Se ha cumplido ya el vigésimo aniversario del acceso de los socialistas al poder tras las elecciones de octubre de 1982. Esa fecha ha sido objeto de alguna celebración, aunque discreta y casi desapercibida. El período de Gobiernos socialistas sigue siendo materia de debate político, debido a la polémica que se produjo a partir de 1989 en torno a determinados aspectos de su modo de ejercer el poder o a ciertos ejemplos de cómo hacerlo. Una oposición de dura confrontación, que relevó a los socialistas a partir de 1996, ha contribuido también a que ese pasado no haya podido ser abordado con frialdad analítica, sino que siga formando parte de esa panoplia de armas arrojadizas que los profesionales de la política suelen utilizar para averiar la cabeza del adversario. Lo lógico y saludable sería que ese período fuera considerado como una etapa de la Historia española de la que cabe extraer enseñanzas y hacer un balance ponderado.

Esa situación de uso y abuso de un período histórico debiera concluir y, sin duda, este libro contribuirá a conseguirlo. Protagonistas de una Historia agitada y sujeta a frecuentes y a menudo espectaculares vuelcos, los españoles —quizá sería más propio afirmarlo de los comentaristas o analistas políticos— tendemos a ver el pasado con ojos apasionados y, a veces, con rencor. (Cuando Fernando VII reimplantó el absolutismo, se refirió, en textos oficiales, a la época del trienio constitucional como los tres «mal llamados años»).

Sin duda, es lícito —incluso deseable— participar en el vértigo diario de la política desde una posición que implique compromiso propio, defensa rotunda de las propias ideas y vigor expresivo.

Pero lo que no tiene sentido es que esa misma postura se mantenga cuando el rumbo de los acontecimientos ya no puede ser modificado por la palabra propia o la manifestación expresiva. El pasado, irremediable y siempre matizable, ingresa siempre en la Historia y, a partir de ese momento, es susceptible de un juicio imparcial que extraiga lecciones para las generaciones venideras. A ello se llega con parsimonia, pero de forma inevitable. Los escritos de combate o los reportajes de circunstancias son sustituidos por análisis más fríos, en los que aparecen informaciones nuevas y, sobre todo, juicios más serenos.

Un papel muy importante le corresponde siempre a los testimonios de los protagonistas relevantes, los actores fundamentales de la vida política. Son muchos los que, pasado el momento en que desempeñaron ese papel, aseguran que un día escribirán sus memorias; pocos son los que, finalmente, lo hacen. En ocasiones, el propio protagonista histórico no es capaz de distinguir entre la esencia y la anécdota; en otras, prefiere una visión demasiado edulcorada o vitriólica, según se trate de amigos o de adversarios. Sólo una minúscula porción de individuos es capaz de escribir desde la distancia y la ironía. Hay protagonistas que, simplemente, no saben expresarse a través de unas memorias porque, en primer lugar, un político no es necesariamente una persona capacitada para la escritura y, en segundo término, porque el género memorialístico implica una serie de requisitos que no siempre se tienen en cuenta de modo adecuado.

Pues bien, en este libro aparecen casi todos los protagonistas de la etapa socialista y prestan su testimonio acerca de lo que quisieron hacer y de lo que finalmente hicieron, de sus alegrías y de sus malos recuerdos, de un período de gobierno de catorce años. Se echa de menos a Miguel Boyer, pero, aun así, su relevancia y el contenido de su posición política resulta fácilmente adivinable por su ausencia y por los perfiles ofrecidos por terceras personas.

La conclusión que extraerá el lector de la lectura de estas páginas, sean cuales sean sus ideas políticas, probablemente no coincidirá por completo con las dos versiones contrapuestas existentes: la de quienes consideraron octubre de 1982 como una gran ocasión regeneradora que enlazaba con abril de 1931 y cuyo resultado iba a ser la modernización de España, y la de quienes sólo tengan ante la vista la sucesión de escándalos finales en el período 1991-1996. En estas páginas no está la Verdad pero sí un conjunto de verdades parciales que pueden servir para reconstruir el pasado de forma imparcial y solvente. Gracias a ellas, se puede considerar que la época de gobierno socialista entra en la Historia.

Para justificar esta opinión, ruego se me permitan unas breves líneas de explicación personal. El autor de este prólogo no puede ser conceptuado de ningún modo como un elector socialista: colaboré en la redacción del programa de UCD que mereció un evidente rechazo por parte del electorado en 1982 y voté tan sólo en una ocasión a Felipe González, aunque más por miedo a la alternativa que por verdadero acuerdo con su programa. Durante el Gobierno socialista, como analista en libros y artículos, fui considerablemente crítico. Pero, como queda dicho, es diferente lo que se escribe en el momento —con el propósito de modificar lo que está sucediendo— y el juicio posterior.

Como historiador, creo que es indudable que, en el conjunto de la etapa de Gobiernos socialistas, hay muchos aspectos positivos que son manifiestos. Aunque también son manifiestos otros aspectos criticables. Para conocerlos y poder extraer un juicio, el primer paso consiste en interrogar a los protagonistas.

Algunos medios han tratado de ofrecer un compendio de la época siguiendo esta dirección: ahí están, por ejemplo, los fascículos conmemorativos que periódicos nacionales, como *El País* o *El Mundo*, dedicaron a la transición democrática en 1995 y que luego han aparecido como libros, titulados respectivamente *Memoria de la transición* e *Historia de la democracia*. En ellos se encuentran testimonios orales interesantes de algunos de los protagonistas. Pero, en estos casos, sólo se aborda la primera mitad de la década de los ochenta, las entrevistas tienen que adecuarse a la brevedad obligada al tratarse de una fórmula como la descrita, en ocasiones no se acierta con la pregunta oportuna y, en fin, la pluralidad de entrevistadores ofrece la inevitable variedad en el modo de interrogar.

María Antonia Iglesias ha emprendido una labor sistemática de interrogación acerca de la etapa socialista: se ha dirigido a sus protagonistas y lo ha hecho con un bagaje muy apreciable y con un resultado de enorme interés. No es María Antonia persona propicia a eludir sus opiniones; más bien, como corresponde, las defiende y las expresa con el convencimiento y la agudeza necesarios. Pero sabe desdoblarse en dos facetas a menudo incompatibles: la de quien opina y la de quien pregunta. En este libro procura desaparecer como persona que interroga. Sus entrevistas son siempre, como trabajos periodísticos, de enorme interés, porque tienen las dosis oportunas de inteligencia a la hora de elegir las cuestiones, capacidad de acorralar —en el mejor sentido del término— al entrevistado y de lograr un titular destacado. Yo siempre le había dicho que debía recopilarlas en forma de libro. Serán, sin duda, un importante elemento para el juicio de los historiadores del futuro.

Sus entrevistas, puede añadirse, ya tuvieron un resultado público, patente y de primera importancia en un caso concreto y memorable. La imagen de Adolfo Suárez, desde 1980, había ido declinando y ni siquiera su reaparición, con fuerza electoral inesperada, a mediados de los ochenta, remedió un juicio, en general, bastante negativo. Fue la entrevista que María Antonia le hizo para Televisión Española en 1995 la que produjo un giro copernicano en lo que podríamos denominar «la fama» del ex presidente del Gobierno. Creo que, con ello, cumplió con la «justicia histórica» y contribuyó a la higiene pública colectiva.

Ahora, con este libro, en el que desfilan los dirigentes socialistas, creo que María Antonia puede lograr un resultado, al menos, parecido. Aunque en sus páginas sólo aparezcan miembros destacados de los Gobiernos de Felipe González —y el propio Felipe González—, éste no es un libro para adictos. Tengo la sensación, más bien, de que habrá quien piense, desde el área socialista, que Iglesias bien podría haberse ahorrado el interrogatorio sucesivo; incluso es posible que, entre los entrevistados, no falte quien se arrepienta de lo que dijo ante el micrófono de María Antonia. Puede también que este libro multiplique o reverdezca polémicas que son ya de otro tiempo pero que han quedado encallecidas en el recuerdo.

No importa. Lo importante es que en este libro aparece algo difícilmente perceptible en el presente y más aún en el pasado, una vez transcurrido el tiempo: el pálpito de la política. En una democracia, la evolución de la opinión pública y el comportamiento electoral son también factores decisivos —incluso más trascendentes—, pero la política la llevan a cabo seres humanos con sus grandezas y miserias, sus dudas y seguridades, sus obsesiones y sus minucias. Unamuno escribió que nada resulta más apasionante que el estudio de una persona. Pues bien, la Historia política es, desde luego, narración de comportamientos individuales. Y éstos se transparentan en las memorias y escritos autobiográficos: el mérito de María Antonia Iglesias ha sido demostrar que también puede conseguirse gracias al interrogatorio periodístico. En uno y otro caso, escribiendo o ante el micrófono, el político puede decir la verdad o mentir, tener razón o carecer de ella, pero, inevitablemente, se desnuda y se autodescribe ante el lector.

La transición nos proporciona muchos ejemplos al respecto. Son numerosas las memorias publicadas: al margen de la información que proporcionan, el mayor interés radica en la imagen que transparentan de los actores políticos. Aparece, por ejemplo, quien se atribuye más importancia de la que tuvo (Emilio Attard) o el que parece navegar por el mar de la alta cultura y de la exquisitez ideológica pero que, en el fondo, es un solitario con pocas oportunidades objetivas (José María de Areilza). Otro tipo humano es el de quien siempre ofrece puntos de vista y proposiciones interesantes y está al tanto de la evolución de la sociedad pero quizá carece de una idea global programática (Rodolfo Martín Villa), o quien, por el contrario, porque la tiene muy definida y precisa, acaba por tener dificultades con los suyos (Miguel Herrero de Miñón). Se dibuja también el perfil de quien dispone de un bagaje intelectual considerable y sentido del Estado, pero al que le pierde la precipitación y la incapacidad para captar el preciso momento político (Manuel Fraga) o del que es capaz de tratar del pasado, incluso del propio, con inteligente ironía, pero, al mismo tiempo, padece un poso de amargura por la falta de reconocimiento ante lo que protagonizó (Leopoldo Calvo Sotelo). Hay quien mide su grandeza y su papel de primera importancia por su capacidad para las pequeñas habilidades en la dirección de un partido (Santiago Carrillo) y quien da la sensación de haber sido un adicto a la táctica, pero cuya estrategia resultó a menudo dudosa (Alfonso Ossorio).

Cada personaje político, en definitiva, tiene un «estilo» y éste se transparenta gracias a un escrito autobiográfico o una declaración extensa planteada con inteligencia. A lo largo de estas páginas aparece, por ejemplo, quien, pasado el tiempo, sólo parece capaz de descubrir aspectos positivos en su gestión del pasado y evita también, en la medida que puede, un perfil de confrontación incluso en relación con él. Hay quien habla tan sólo de sí mismo y quien se distancia del pasado y reconoce sus errores. Aparece el político de confrontación, empeñado en la defensa de lo que considera mejor, y el que la evita incluso de forma retrospectiva. En todo gobierno hay protagonistas fundamentales y gregarios eficaces; también hay quienes ocupan una posición en él porque quien le nombró conoce a la perfección sus limitaciones, pero también su valía circunstancial en determinados aspectos. Hay reformadores profundos cuya gestión no aparece tan clara y meridiana a primera vista, cuando realmente lo es —y eso contribuye a hacerla irreversible—. Los hay también que no prevén el resultado final de sus propias acciones y ofrecen, en consecuencia, un balance mucho más ambivalente de su propia gestión. Algunos políticos dan la sensación de ser capaces de trascender la gestión diaria de los problemas y de tener la capacidad de análisis global en el momento preciso o, al menos, con caracter retrospectivo. Otros se ven arrastrados por la marea de las circunstancias.

El lector extraerá de la lectura de estas páginas su propio juicio acerca de los personajes: el párrafo anterior puede sugerirle algunas interpretaciones posibles. Lo que, de cualquier modo, parece evidente es la manifiesta superioridad de Felipe González, fácilmente admisible por todos los que colaboraron en sus Gobiernos, pero cada vez más transparente a medida que se amplía la distancia histórica y se pretende un juicio con voluntad de imparcialidad. Es evidente que se equivocó en algunas ocasiones y en más de una, gravemente. A veces, además, el error no es —quizá o, más bien, con seguridad— el que ha admitido, sino otro diferente. El error en torno al referéndum sobre la OTAN, en mi opinión, no fue haberlo convocado, sino, a mi modo de ver, haber evitado, por la forma en que se planteó, que la sociedad española se preguntara y debatiera acerca de la necesidad de la defensa. Pero este punto, como tantos otros, serán discutibles. Lo que parece evidente y notorio es la grandeza y la excepcionalidad de un político que supo hacer compatible el idealismo y el pragmatismo, el deseo de cambio y el modo moderado de llevarlo a cabo. Con todo, la verdadera excepcionalidad de González radica, al mismo tiempo, en su capacidad de guiarse por lo que consideraba el bien común y en saber considerar la propia persona como disponible para los intereses de una causa. Felipe González estuvo siempre por encima de su propio partido en el aprecio popular y este libro testimonia hasta qué punto esta opinión estaba justificada. El mejor González es el que supo dimitir en 1979 y conducir a su partido no sólo por la senda de la sensatez sino también de la conversión en una alternativa viable; el que no sólo tuvo tentaciones de optar por el retiro tras dos legislaturas sino que renunció a él en dos ocasiones sucesivas por la simple razón de que no era posible un relevo con oportunidades de victoria. Pero, además, González aparece en estas páginas como un político dotado de capacidades infrecuentes y que la mayoría de sus congéneres tiene sólo de forma limitada. Ante todo, el instinto de anticipación, es decir, de previsión de los resultados imaginables en el futuro dadas las circunstancias del presente; en segundo lugar, la elusión de los conflictos gratuitos o la búsqueda de equilibrio entre tendencias en el seno de un mismo proyecto político, y, en fin, la ausencia de cerrado compromiso por una de las partes, salvo en situaciones determinantes, en el momento en que esos choques llegaron a producirse. Desde la perspectiva actual, parece indudable que sólo una personalidad como la del ex presidente del Gobierno fue capaz de conseguir no sólo llevar al triunfo al Partido Socialista en 1982, sino también mantenerlo unido a lo largo de tantos años. Le pudo ayudar, sin duda, el ejemplo de UCD, pero en este libro parece bien claro, aun pasado tanto tiempo, que hubo en el PSOE dos proyectos difíciles de compatibilizar. Calvo Sotelo ha escrito en sus memorias que Suárez fue como una especie de clavillo del abanico centrista, pero esta afirmación parece más aplicable aún a la persona de su sucesor en la Presidencia del Gobierno. González merece hoy —y algún día se escribirá— una buena biografía política, dado el papel cardinal que ha jugado en la vida política española durante tanto tiempo.

En este libro no se transparentan tan sólo estilos personales de hacer política sino también momentos colectivos de vivirla. Ya se ha mencionado ese impulso regeneracionista y de convicción en que iba a ser posible una gran tarea reformista que emergió en octubre de 1982 y que un historiador que no lo vivió como experiencia propia está en buenas condiciones de apreciar como realidad objetiva en un determinado tiempo. Hubo en estos catorce años otros momentos de reafirmación y de triunfo —el referéndum de 1985 y las elecciones de los años ochenta, por ejemplo— que parecieron establecer una inesperada continuidad con octubre de 1982. Pero hubo también momentos de ceguera en los que ni siquiera los protagonistas, en la actualidad, son capaces de descubrir por qué mantuvieron aquella falta de visión. Cualquier observador independiente y despegado se hubiera podido dar cuenta de que la huelga general de 1988 iba a triunfar y, al menos, tuvo su mérito darse cuenta de ello al poco tiempo de producirse. Los escándalos de corrupción y del GAL tenían también un final previsible desde una óptica externa. Pero ésta resulta tan fácil de postular cuando no se está en el poder como difícil de practicar cuando se ejerce.

El mérito de este libro de María Antonia Iglesias es que rescata personajes y situaciones para presentarlos con asepsia ante el lector. Ha habido a lo largo de estos últimos treinta años buenos libros periodísticos sobre el pasado reciente de los que han sido autores, por ejemplo, Pepe Oneto o Victoria Prego, pero respondían al género de reportaje de actualidad o del inmediato pasado. En el caso de Iglesias, se nos presenta no una elaboración posterior sino documentos vivos, testimonios orales susceptibles de profundización o de discusión respecto de su contenido, pero muy valiosos en sí mismos. Al ofrecérnoslos, se nos ha abierto un camino seguro para nuestro conocimiento. Habrá que profundizar, más adelante, con documentos escritos y con más testimonios orales. Pero con los que el lector tiene en sus manos, lejos ya de la polémica política, la época socialista, con sus reformas y su consolidación de la democracia, con sus errores y sus escándalos finales, entra, con paso cierto, en la Historia.

Javier Tusell
Catedrático de Historia Contemporánea

Introducción

Cuando hace ya más de un año comencé a reflexionar sobre el proyecto que es hoy este libro, recuerdo que percibía la necesidad y la razón que me impulsaban a llevarlo a cabo como algo urgente; algo que debía ponerse en marcha a toda prisa. Hoy, cuando la urgencia ha sido necesariamente sustituida por los trabajos y los días de muchos meses, con un resultado denso y profundo, sigo reivindicando aquella urgencia y aquella necesidad. Era mi propósito inicial hallar la manera de poner en valor los años de los Gobiernos socialistas, antes de que se los llevaran por delante los vientos del olvido interesado, del adanismo impuesto por una derecha que se ha propuesto convencernos de que nada (ni siquiera la democracia) existía en este país antes de que ella llegara al poder. Pero sin duda no fui consciente de lo injusto que hubiera sido el olvido, y del tamaño que ha llegado a alcanzar la impostura de la derecha —que ha demonizado la etapa de los Gobiernos socialistas hasta la náusea— hasta que este libro comenzó a adquirir vida propia. Una vida que fue creciendo, incluso por encima de mis propios cálculos.

Había renunciado, deliberadamente, al método que parecía obligado para obtener un resultado aceptable (en términos de objetividad), cual era la investigación, el «rastreo» de archivos y testimonios, más o menos próximos, más o menos críticos, más o menos solventes. Y ello porque estaba convencida de que la selección, inevitable, de testimonios y documentos me iba a situar, al final del recorrido, frente a una confusión más inevitable todavía. Pero sobre todo porque estaba, y estoy convencida, rotundamente convencida, de que si hay algo que todavía no se ha hecho suficientemente en este país (sobre todo con nuestros políticos), es preguntar para escuchar; para entender, para comprender. Y menos, mucho menos, con los socialistas que gobernaron la nación y aún gobiernan en algunos territorios. Fue a partir de este personal convencimiento que aposté por un método de trabajo, sin duda difícil y laborioso, pero gratificante al máximo, como es la entrevista personal. Es un método que permite un estimulante «cuerpo a cuerpo» con el entrevistado que se somete, voluntariamente, a un ejercicio de confrontación, de provocación, no exentas de una cierta crueldad. Porque siempre es doloroso atravesar el angosto pasillo de un interrogatorio no elegido, y, en modo alguno, complaciente. Pero el resultado compensa sobradamente el esfuerzo. Porque cuando el que pregunta se retira de la escena, para que quien responde adquiera todo el protagonismo que le corresponde, emerge la vida de la memoria con todo su vigor, con toda su fuerza. Es entonces cuando los recuerdos, las circunstancias, y todas las pasiones de todo lo que se ha vivido, se trasladan al terreno inexplorado (e involuntario las más de las veces) de la introspección. Ése es el objetivo. Y cuando ese objetivo se alcanza, comienza el entrevistado a hablar de sí mismo, sin inhibiciones. Porque está convencido de que el que guarda silencio mientras habla tiene verdadero interés en escucharle.

Sin duda que yo tenía ese verdadero interés. Pero no quiero ocultar que ese mi gran interés quedaba oscurecido por mi gran miedo al fracaso.

Pensaba que corría un alto riesgo al elegir un camino, el del relato personal, con los dirigentes socialistas, porque era previsible que toda la vehemencia que yo pudiera emplear para hacerles recuperar la memoria (pero toda la memoria), la emplearían ellos en hacer que yo la perdiera, en blindarse, en defenderse. Pensaba que corría una alto riesgo de acabar empujada por las mareas del triunfalismo, chapoteando en los pantanos de la autoexculpación y el victimismo...

Era una apuesta a una sola carta, la de «ellos». Hoy puedo afirmar que ésa ha sido la apuesta más acertada de toda mi experiencia profesional. Y que sólo de «ellos» es el mérito de un resultado espléndido. Porque sus evocaciones personales rebosan de una incuestionable condición que los reivindica: la honradez. Consigo mismos, con los éxitos y los fracasos, con la aproximación a los errores y a los aciertos, a la gloria y la miseria de todo lo que hicieron o dejaron de hacer. Sólo en algún caso, muy concreto, la honradez se ve sustituida, al menos, por la transparencia involuntaria. Pero no es mi misión señalar a nadie y, además, estoy segura de que el lector va a encontrar, sin esfuerzo, algún oscuro personaje con ciertas connotaciones evangélicas...

No es éste un libro que haya pretendido hacer un balance de la gestión de los trece años, largos, de los Gobiernos socialistas. Eso hubiera sido un objetivo insuficiente y, sobre todo, equivocado, desde mi punto de vista. Además, tampoco ellos se hubieran conformado. Porque estamos hablando de personas que vivieron su tiempo de poder desde una condición transversal que los une y separa constantemente: la pasión por la política. De modo tal que cuando hablan de la acción de gobierno acaban hablando del partido y cuando hablan del partido acaban hablando del gobierno... De aquellas luchas que, como inquietantes corrientes de su propia historia estremecieron su esqueleto, y dan sobrada cuenta sus propios protagonistas. Lo hacen con tal fuerza y vehemencia que cuesta entender cómo lograron gobernar tanto, y tan intensamente, librando, al mismo tiempo, tan encarnizadas batallas internas. Hoy, en este libro, las «etiquetas» que lucieron «guerristas» y «renovadores» se hacen trizas a cuenta de las demoledoras autocríticas de dos de sus más autorizados representantes: Juan Carlos Rodríguez Ibarra y Joaquín Almunia.

La razón y las claves de poder en la política económica, la prepotencia de Boyer y Solchaga, la revolución educativa de Maravall, el «guerrismo» (sus víctimas y su encendida defensa), la OTAN y sus desconocidas estrategias, la democratización del Ejército y la insólita renegociación de las bases americanas, la huelga del 14-D, las «dimisiones» de Felipe, las batallas de Interior, el entendimiento con el PNV, la aventura con los independientes, la oscura sombra de Nicolás Redondo, la venganza de Garzón, las políticas socialdemócratas, el GAL, la corrupción, el último gobierno de Felipe González... Toda la gloria, la frustración, los éxitos, los sufrimientos y satisfacciones vividos se recuperan a través de la memoria de sus protagonistas. De una manera sencilla, directa, coloquial a veces, desprovista de maquillaje. No hay blindajes ni coartadas. Se apuntan los logros en la construcción de un proyecto de un país con inapelables argumentos. Se asumen los errores, y los horrores, con palabras de extrema desnudez. La crónica del final la «escribe» Alfredo Pérez Rubalcaba, que es el último portavoz del último gobierno y que tiene el coraje de no renunciar, ni en ese momento, a un lacerante sentido del humor que sobrecoge.

Es el propio Felipe González quien evoca su última campaña electoral. Lo hace «con las tripas», se duele de su última soledad y confiesa, sin pudor, que allí se dejó la piel. En torno a su liderazgo van a coincidir todas las memorias. Y lo mismo sucede a la hora de la conclusión, sentida y compartida: «Sentamos las bases de un país libre y moderno».

Es a partir de esa afirmación (tan sólidamente argumentada), que la memoria de Felipe González reconstruye su opción regeneracionista, su rebelión contra la historia que nos había tocado en suerte, en mala suerte. Su testimonio, que le agradezco profundamente (aquí y en su capítulo, porque sé muy bien que no hubiera querido hacerlo nunca), es precisamente la más contundente explicación de por qué la derecha hubiera querido enterrar para siempre su figura y su forma de estar en la política. (Y ya que estoy hablando de la derecha quiero lamentar, a renglón seguido, la voluntaria ausencia de Miguel Boyer en este libro. Fue al primero que le ofrecí un capítulo, porque fue él quien puso en pie la política económica que le indicó Felipe González, y lo hizo de forma brillante y eficaz. Entonces no entendí las razones de su tajante negativa, alegando su nulo interés en «recuperar esos años de mi vida»... Hoy, conocida su proximidad al PP, a José María Aznar, comprendo que fue mi ofrecimiento un ejercicio de imperdonable ingenuidad).

Hay en este libro dos gestos respecto a mi trabajo que quiero agradecer, con la misma sinceridad con la que se han producido: el primero el de Javier Tusell, que me ha concedido, en su generoso prólogo, el mejor premio que podía imaginar. Sus valoraciones son tan gratificantes como certeras a la hora de intuir (¡quién lo haría mejor que él!) la última razón de ser de este libro escrito sin red. Que los elogios vengan de un historiador tan acreditado, como al mismo tiempo apasionado reivindicador de la política con mayúsculas, me enorgullece.

Afirma Tusell que este libro es aséptico. Y yo sé valorar ese certificado de honradez. Pero ése no es mérito mío, sino de todos los ministros y dirigentes socialistas, que me han entregado algo que me resulta imposible de valorar; porque no hay manera de corresponder a tanto: su confianza. Sin esa confianza total, incondicional, espontánea, paciente y... antigua, hubiera sido imposible lograr mi objetivo. Ellos han sido, conmigo y con ellos mismos, honestos hasta la extenuación y han recuperado la memoria de una etapa decisiva en la historia de nuestro país. Han conjurado el olvido y la mentira.

José María Maravall

Una peligrosa manera de pensar

A quienes se acerquen a José María Maravall, por primera vez, yo les ofrecería dos consejos: que no se dejen engañar por los sentimientos que provoca su timidez congénita y que vayan con cuidado, tratando de descubrir qué puede esconderse tras su beatífica sonrisa. Yo, al menos, he tenido la oportunidad de comprobar cuánto peligro esconden ambos inofensivos señuelos en alguien en cuya cabeza habita una temible manera de pensar...

El pensamiento como riesgo y como provocación es el veneno que le da la vida, que le ha alimentado desde siempre, que le ha conferido la libertad con la que me habla sin barreras y sin censuras de la experiencia de los socialistas en el poder. Comenzando por la suya propia. Se trata de una libertad real, de la que me advierte desde el fondo del sofá de su despacho, en la Fundación Juan March.

Maravall es ahora profesor de cuadros universitarios de élite. Vive dedicado a sus alumnos, sumergido en un mundo gratificante que apenas le deja tiempo para ninguna otra cosa que no sea leer, con avidez, todo lo que puede. Sorprendentemente, le atrae mi propuesta de recuperar la memoria de aquellos años en los que fue ministro de Educación del primer Gobierno de Felipe González. Y en mí, su leal aviso para que me atenga a las consecuencias es una provocación: «Te advierto que yo soy muy libre y que tengo el vicio de decir lo que pienso, pase lo que pase».

Y lo primero que ocurre es que Maravall cumple su «amenaza», al pie de la letra. Comienza por un inapelable «desmontaje» del pensamiento socialista de los primeros años en el poder, en los que se recurre a la improvisación, «en esto, como en tantas otras cosas...». Es a partir de ese alentador contexto cuan-

do Maravall exhibe su condición de intelectual genuino, de pensador peligroso... Y es entonces cuando percibo claramente que le divierte, que le apasiona narrar los hechos desde el fondo de su sofá, desde su posición de cronista «neutral», tal y como le he pedido que lo haga. No importa que, desde esa neutralidad imposible, de vez en cuando muestre sus demonios familiares, porque, desde la primera conversación, intuyo que el resultado va a ser brillante y que va a merecer la pena... «pase lo que pase».

Brillante, demoledor, apasionado y frío a un tiempo, Maravall exhibe el privilegio de una memoria incombustible que, por paradójico que resulte, suele acompañar a la inteligencia de los grandes despistados.

La memoria de José María Maravall es exhaustiva hasta el asombro. De modo que su evocación del día en que llegó al Ministerio de Educación, observado por sotanas escondidas tras las columnas de aquel «tétrico edificio», compone un fresco delirante en los comienzos de su aventura.

La revolución que Maravall pone en marcha encuentra al estamento educativo del país con el paso cambiado. Y es esa situación, precisamente, la que lo sitúa frente al reto más estimulante de su vida política.

Le brillan los ojos cuando habla de la complicidad de Felipe González. Para todo, en todo, siempre, Felipe le demuestra la fortaleza de su complicidad intelectual y estratégica. Sin duda, es por ello que Maravall sonríe, despectivamente, cuando recuerda la «gran equivocación» de quienes se empeñaron en situar a Felipe en la derecha y a Alfonso Guerra en la izquierda.

Su demonio familiar es, precisamente, Alfonso, a quien señala una y otra vez como acuñador del concepto leninista del PSOE y como responsable de todos los males que llegarían después...

En su casa, frente al parque del Retiro, me recibe otro día, a pesar de una fiebre que preludia una mala gripe. Su estado de debilidad parece propiciar la confidencia en la que Felipe ocupa toda la habitación, mientras anochece. Y hasta «las más gordas putadas», como aquella de enviarle en absurda misión para que los socialistas europeos «congelasen» la entrada de España en la OTAN, las recuerda ahora Maravall como prenda de la mayor confianza, de la más grande amistad.

Volveré a encontrarme con Maravall en más ocasiones. Siempre me esperaba hundido en el sofá desde el que logra instalar un peligroso soporte para mi magnetofón, con una silla y un libro. Lo que no consigue es disimular el pavor que le producía haber llegado a ser el único y solitario representante de Felipe González en una Ejecutiva plagada de «guerristas» que no le dirigían la palabra.

Maravall se ríe. Se ríe, abiertamente, rememorando un tiempo en el que huía de Felipe González, que le quería en el Gobierno de nuevo. Y una llega a compartir la carcajada cuando Maravall recuerda que Felipe le confesó que, si él estuviera en su lugar, también saldría corriendo...

Acaricia Maravall, como un tesoro, su experiencia como asesor de la campaña electoral de 1993, en la que Felipe lo llamó a su lado y hubo zafarrancho en el «aparato» del PSOE, todavía controlado por Alfonso Guerra. Con toda tranquilidad, expone los argumentos que a él le resultaron la demostración palpable de que «Alfonso Guerra quería que Felipe perdiera las elecciones». Y añade: «Ya te advertí que yo soy muy libre».

Maravall no estaba en España la noche de la «dulce derrota». Pero regresó justo a tiempo para recuperar a Felipe González, el cual, a su vez, había recuperado también su libertad. Una libertad compartida que les ha llevado a vivir en los últimos años alguna singular experiencia. Hay quien asegura que eran ellos los dos despistados que se vieron perdidos y atrapados en un atasco en la M-30 una noche de verano. Felipe González conducía el coche, en chanclas y con pantalón corto, y Maravall se preguntaba, desesperado, en qué endiablado lugar estaban.

El PSOE tiene una tradición ideológica muy pobre, siempre ha sido así. Es un partido que vive, sobre todo, de las rentas de otros partidos socialistas o socialdemócratas europeos. Lo que se produjo, apenas se instaló la democracia en España, fue una considerable confusión ideológica: la gente trataba de salir de la confusión y orientarse en este mundo adoptando etiquetas, y algunas etiquetas tenían, aparentemente, una música más radical que otras. El problema era que, detrás de la música, normalmente, no había nada, y alguna gente que exhibía etiquetas muy radicales, realmente, a la hora de mostrar contenidos y propuestas políticas, no tenían mucho que ofrecer.

En 1979, el Partido mantenía expresiones absolutamente retóricas sobre el marxismo. Ese año, Felipe González dimitió como secretario general y, en su discurso, advertía: «No pensemos que tenemos nada que enseñar a los partidos socialdemócratas europeos».

Pues bien, ese juego de etiquetas, ese juego de disfraces, algunos trataron de mantenerlo durante mucho tiempo, en el sentido en que pretendían ocupar un espacio situado más a la izquierda. Yo pienso que la persona que ha orientado las políticas más progresistas en el Gobierno, quien las ha alentado, quien las ha protegido a lo largo de los años socialistas, ha sido Felipe González. Cuando había dudas de si una propuesta podía provocar resistencias, Felipe no miraba tanto las encuestas del CIS: pensaba, sobre todo, en el interés que esa reforma concreta podía tener para el futuro. Por eso amparó siempre, por ejemplo, las reformas de Justicia de Fernando Ledesma, o amparó las reformas educativas... Alfonso Guerra, por el contrario, que adoptaba normalmente una etiqueta más radical, era mucho más susceptible a las resistencias y era mucho más proclive a abandonar reformas difíciles. El impulso reformista del Gobierno socialista procedía siempre de Felipe González. Y eso se empezó a notar muy pronto, desde que comenzamos a discutir en 1981 qué debíamos hacer. Avanzado el año, el debate estaba muy encauzado, el Partido estaba adoptando posiciones que se correspondían con un socialismo moderno, con la socialdemocracia, y vivía una situación muy dura porque UCD estaba colapsando todo.

Ese mismo año de 1981, dimite Adolfo Suárez y Leopoldo Calvo Sotelo gobierna durante un breve período —fundamentalmente, por el respaldo del Partido Socialista, porque él no contaba con un partido ni con un grupo parlamentario propio, ya que UCD se estaba desintegrando—. Calvo Sotelo se reunía con Felipe González mañana, tarde y noche, para sacar adelante sus propuestas. Incluso recibía información de lo que pasaba en el país por boca de Felipe González.

En esta situación, el Partido Socialista se vio ante la necesidad de adoptar responsabilidades muy rápidamente. No se trataba ya de hacer una reflexión ideológica abstracta, era la necesidad de hacerse cargo del Gobierno de un país. Son responsabilidades enormes, de ejercicio del poder en una situación de crisis que se agudizó muchísimo con el golpe de Estado de febrero de 1981. Entre esa fecha y el Congreso del PSOE de finales de año, transcurren muy pocos meses, y en ese período me correspondió a mí redactar un documento —que aprobó la Ejecutiva del Partido— que sirve de fundamento de una campaña en defensa de la Democracia y la Constitución. Se adoptó posteriormente como ponencia política en aquel congreso. Al documento, que había servido, como digo, para la campaña de defensa de la Democracia y la Constitución, se añadió entonces una frase muy literaria de José Rodríguez de la Borbolla, que encabeza la ponencia política: «El socialismo es un proyecto de felicidad para el hombre». Aquello me dejó intrigado entonces, y aún me intriga. Primero, porque excluía a la mujer, si no recuerdo mal; y segundo, porque no sé qué es eso de un «proyecto de felicidad para el hombre»... No sé.

Política y varitas mágicas

La verdad es que, cuando entramos en el Gobierno, la reflexión hacia el realismo que se había hecho, se mantiene, en algunos campos, con señas socialdemócratas muy claras. Pero la reflexión que se había realizado en otros campos, por ejemplo en la política económica, y que había dado lugar entre otras cosas, a las propuestas económicas del programa electoral, se matiza en parte. Existía una situación económica muy grave, con fugas de capital muy fuertes y con un déficit publico bastante mayor del que imaginábamos. De forma que las políticas de gasto que pensábamos emprender tienen que esperar un tiempo en algunas áreas, por ejemplo en Sanidad y en Pensiones. En Educación no. Educación se empezó a expandir muy pronto, entre otras cosas, gracias al respaldo de Felipe González.

Fue en la política económica donde se produjo cierta confusión: aún se mantenía, en algunos sectores, una idea voluntarista de la política económica, como si se pudiera disponer de una varita mágica y todo fuera una cuestión de voluntad, como si se tratara de una cuestión más o menos ideológica. Simultáneamente a nuestra experiencia de Gobierno, se produjo el fracaso de la política económica francesa. Se dice a veces que nosotros aprendimos del aquel fracaso. No fue así. La experiencia tuvo lugar en paralelo; nosotros mirábamos de reojo a Francia y sabíamos que, con las orientaciones que estaban tomando, iban a tener que rectificar muy pronto. La verdad es que Boyer y Solchaga tenían las ideas bastante claras al respecto.

Éstas eran algunas de las coordenadas del debate ideológico.

Desde muy pronto, desde el comienzo, a pesar de la escasez de recursos, yo creo que en todo el Gobierno había un propósito redistributivo muy claro. Es decir, Felipe decía una y otra vez que las políticas que se desarrollaban en diferentes áreas —en el área económica sobre todo— tenían un carácter instrumental para lograr un objetivo, para concluir un programa finalista, un programa redistributivo. Y ése era un objetivo claramente socialdemócrata.

Yo creo que detrás del debate que se presentaba como ideológico había una visión clara y una ceguera, no dos visiones, como se ha querido resaltar. La ceguera era creer que una voluntad política podía producir frutos, sin más. En ocasiones, en algunas conversaciones, yo he tenido que oír, con gran desconcierto, que Felipe González era un buen dirigente para la transición, pero que, después de la transición, «llegaría nuestro momento». Eso decían, y añadían que ése sería el momento «del socialismo verdadero». He de decir que, en catorce años, no he oído nunca una propuesta política procedente de ese socialismo verdadero que se pudiera contraponer con la única visión política que existía. Así que no puedo realmente pensar en dos concepciones políticas antagónicas, porque una sí la conozco, la otra no. Lo cual me obliga a confirmar bien pronto que sobre las inexistentes razones ideológicas se sobreponían razones de poder, sin duda.

Hubo algunas personas, y entre ellas Alfonso Guerra, que han creído que el poder dentro del Partido Socialista se mantenía o se conquistaba más fácilmente si uno adoptaba un particular disfraz; hubo personas que creían que había músicas que generaban automáticamente un entusiasmo trepidante. Eso es manipulación, naturalmente. Eso es manipulación; eso es populismo. Pero yo nunca he creído que el peronismo sea una expresión del socialismo, creo que el socialismo consiste en socialdemocracia. No he creído nunca que el socialismo tuviera nada que ver con el peronismo...

Sin embargo, sí había dentro del Gobierno diferencias de sensibilidad, eso es obvio. Pero no se mostraban como una especie de actitud de pseudoizquierda voluntarista —que jamás me he tomado muy en serio, excepto por su dimensión de poder—, sino que había algunas concepciones que tomaban los contenidos redistributivos demasiado a la ligera, porque pensaban que tal vez la eficiencia era lo importante. Al fin y al cabo todos los gobiernos tenían que hacer más o menos lo mismo: conseguir equilibrios macroeconómicos. Y eso sí existió, dentro del área económica, y dio lugar a confrontaciones fuertes, pero éstas sí eran confrontaciones sobre políticas concretas. No había un socialismo frente a una socialdemocracia. Había unos posicionamientos socialdemócratas frente a otros liberales, por utilizar un término que es bastante elocuente.

«Guerrismo», una alternativa que nunca existió

El «guerrismo» no planteaba políticas concretas, aunque su poder no estaba oculto, en absoluto: era muy explícito. Alfonso Guerra no planteaba nunca ninguna alternativa, ni siquiera hacía propuestas retóricas: hay que ser más de izquierdas, o hay que reducir los impuestos indirectos y subir más los impuestos directos, o hay que cambiar la balanza de las contribuciones de la Seguridad Social más a favor de los trabajadores y con mayores cotizaciones de los empresarios, o hay que reducir el volumen de los colegios concertados en España... ¡Algo! La alternativa del «guerrismo», simplemente, nunca existió. Guerra dijo alguna vez que a su izquierda estaba el abismo, pero nunca le oí ninguna propuesta política. He visto que, durante los Gobiernos socialistas, con la política fiscal se redistribuyó mucho, con la política de gastos se redistribuyó mucho, se incrementó la igualdad de oportunidades con la política educativa, se generó un sistema nacional de salud... Todas estas iniciativas procedían de los socialdemócratas. ¿Qué iniciativa procedió de los llamados «socialistas puros», si es que eso significa algo? Ninguna; sólo el ejercicio puro y duro del poder.

Algunos quisieron ver, en un lado, moderación y pragmatismo; y, en el otro, «socialismo puro». Pero yo creo que el dirigente político que estuvo siempre estimulando las reformas y amparándolas fue Felipe González. Por tanto, su atribuido pragmatismo no lo veo tan claro.

Arthur Schelesinger, el historiador que fue asesor de John F. Kennedy, dijo del presidente estadounidense que era un realista; que todo el mundo lo veía como un pragmático, pero que era, realmente, un romántico cubierto de un envoltorio realista y pragmático. Felipe González ha tenido una concepción de la política extremadamente basada en principios, dentro de su realismo, pero la audacia y la voluntad de llevar a cabo reformas, de no aceptar las cosas como estaban, de correr el riesgo de equivocarse, de estar dispuesto a asumir los costes... esa frescura radical sí la tenía Felipe. Y eso no era pragmatismo.

El pragmatismo es el de alguien que lee, continuamente, las encuestas del CIS y dice: «¡Huy! Batalla de los catecismos. Cuidadito, marcha atrás». Pero Felipe decía: «Esa batalla hay que darla y la vamos a ganar». A Felipe González también se le ha tachado de «pragmático» porque pensaba que un Partido Socialista que pasa mucho tiempo en la oposición, en general, genera en su ser una tradición nociva. Pensaba que no hay por qué dejar que la derecha gobierne el presente; porque, si gobierna el presente, significa que hay muchos ciudadanos que sufren las consecuencias.

Alfonso Guerra tenía exactamente la misma visión: había que llegar al poder cuanto antes. Y la preocupación por montar mecanismos electorales que fueran eficientes fue de Alfonso Guerra. Alfonso Guerra quería el poder ya, el poder por el poder. Yo sé que Felipe González quería el poder para algo más. Quería el poder, desde luego, pero sé para qué lo quería. No sé para qué lo quería Alfonso Guerra.

¿Quién nombra al sucesor?

Desde el «principio de los tiempos», todos compartíamos en el PSOE la idea de que el presidente del Gobierno dirige el Gobierno; no es el Partido el que deba hacerlo. Todos lo compartíamos... Hasta que uno dejó el Gobierno y pasó al Partido. Y, a partir de ese momento, ya no sucedió precisamente lo mismo. Con una matización: se pensaba, además, que Felipe González era un dirigente que podía servir para un período, un período transitorio, durante una «transición»...

Entonces, si eso era así, había que decidir quién era lo que los ingleses llaman el *king maker*, el que corona al nuevo rey. ¿Quién decide sobre la sucesión? Y, cuando se piensa en ese escenario, se decide que el Partido puede ser muy importante, y que, desde ese punto de vista, es vital tener un pie bien asentado en el Partido, y un pie en el Gobierno bien asentado. Alfonso lo tuvo muy claro.

En el Congreso de 1984, un sector del Partido, preocupado más por el poder que por las políticas, pone en marcha una operación con un sistema de incompatibilidades que consigue que los ministros que formaban parte de la Comisión Ejecutiva Federal la abandonen. De tal forma, que solamente quedaban en ella el presidente y el vicepresidente del Gobierno. El sistema se generalizó en todas las Federaciones. Fue un momento fundamental, el momento en que se genera toda la dinámica de los «barones» regionales. Y el Partido se convierte en una estructura oligárquica compuesta por los secretarios y vicesecretarios generales, que son, a su vez, presidente y vicepresidente de los Gobiernos nacional o regionales. Era el sistema de los «barones», con Felipe y Alfonso a la cabeza. Finalmente, Alfonso Guerra fue víctima de esa creación —que era suya—, porque fue la coalición de los «barones» la que realmente acabó con Alfonso Guerra.

La verdad es que, desde 1987, Alfonso Guerra estaba pensando en lo del *king maker:* en la sucesión. Pero era una situación bien complicada de abordar. Además, Felipe tiene dudas: «Me voy», «no me voy», «me quedo», «no me quedo»... Yo pensaba que el papel que quería Guerra era el de «hacedor de». Había otras personas que pensaban que Guerra quería ser el sucesor, el que se hiciera cargo de todo cuando acabara el llamado «período de la transición». A estas alturas, no sé todavía exactamente cuál de las dos versiones es la verdadera. Tal vez la segunda. En todo caso, lo que sucedió fue que el «caso Juan Guerra», que estalla en 1990, hace esa alternativa imposible, porque Alfonso Guerra es cesado en el Gobierno al año siguiente.

Los problemas graves comienzan cuando Alfonso Guerra deja el Gobierno y se va al Partido. Es entonces cuando se produce el intento de convertir al Partido en un instrumento de control del Gobierno, cosa que, hasta entonces, no había sucedido. Hasta ese momento, se aceptaba plenamente que el Gobierno de la Nación no dependía de una organización sectorial, por mucho que hubiera ganado las elecciones. Porque el Gobierno de la Nación es el Gobierno de todos; no es solamente el Gobierno del Partido Socialista, o de sus 300.000 afiliados...

Ésas no son maneras de ensamblar un Gobierno con un Partido. Ésas son maneras de practicar el sectarismo interno y, además, de no rendir cuentas, de no ejercer la transparencia que un dirigente político debe de mostrar siempre. Todo eso creó mucho malestar interno: uno iba por las Federaciones del Partido oyendo: «No, es que la derecha está atacando a Alfonso Guerra».

Y no era solamente la derecha, muchos ciudadanos decían: «Oiga, me gustaría que me explicara qué es lo que ha pasado, qué es lo que está pasando». La política del «cierre» fue la respuesta. Y eso fue fatal.

Es muy importante, fundamental, que un Gobierno disponga de un partido cohesionado, pero la responsabilidad estaba en Alfonso Guerra, porque él fue quien no respondió adecuadamente a esas necesidades de rendir cuentas. Fue él quien impidió una política de autocrítica dentro del Partido. Y fue él quien, en las elecciones de 1993, tenía interés en que Felipe González no ganara.

¡No me fastidies!

Felipe me dijo, a comienzos de verano, que yo iba a ser ministro de Educación. Yo creo que también se lo dijo a otras dos personas: a Boyer y a Fernando Ledesma. Recuerdo que a mí me lo presentó de una manera un poco implícita : «Sabes que te vas a encargar de la Educación...». Y yo le contesté: «Bueno, ya lo estoy haciendo en la Secretaría de Cultura, Formación...». «No, no», rectificó, «quiero decir que, en el futuro Gobierno, quiero que seas ministro de Educación». Y, entonces, le dije: «¡Hombre, no me fastidies!». Porque, la verdad, era una perspectiva que no me atraía mucho.

Conocía bastante bien el Ministerio de Educación; mi padre había sido funcionario durante 36 años, y pensaba que no era una tarea muy agradecida. Pensaba que iba a ser una tarea de gestión muy dura.

Así que le planteé a Felipe otra idea: «¿Te podría sugerir que me nombraras jefe de Gabinete?». Había una razón: la Ejecutiva me había encargado que hiciera una serie de visitas a Austria y a Alemania para ver cómo funcionaban los gabinetes, realmente modelos, de Willy Brandt y de Helmut Schmidt[1].

Yo pensaba: «¡Qué bien! ¡Jefe de Gabinete! ¡Lo que a mí me gusta! Más que encargarme de un Ministerio...». Pero Felipe me contestó: «Sí, hombre. Te doy una Jefatura de Gabinete y luego nos vamos todas las tardes a tomar una copa a la carretera de La Coruña... Mira, José Mari: lo que nos espera no es eso, y quiero que te encargues de esa parcela».

Así fue el anuncio. Y pasé un mes de julio y un mes de agosto y un mes de septiembre con los pelos de punta. No se lo comenté a nadie. Empecé a comentarlo en el mes de transición, cuando se produjo la victoria electoral. Antes de que se hiciera público, me llamó Federico Mayor[2], y me dijo: «Mira, yo creo que vas a ser tú el Ministro de Educación, empieza a pensar en ello».

Hasta entonces, yo mantenía una vida muy independiente. Nunca, por ejemplo, había aceptado ningún coche de la Ejecutiva, siempre conducía mi propio coche, donde quiera que fuese...

La intuición de qué era lo que me esperaba se produjo en la votación de investidura de Felipe. Yo, que no era diputado, estaba siguiendo el acto desde la galería del Congreso, y entonces, de repente, vi a unas personas que me parecieron guardaespaldas —efectivamente lo eran—. A partir de entonces, ya esa misma noche, me trajeron a mi casa en el coche. Y pensé: «Esto es serio... Esto es régimen de prisión condicional».

En ese período, alguien me preguntó: «¿Cómo es la vida de ministro?». Y contesté: «Pues mire, es como vivir en un régimen de libertad condicional, con unos señores que van constantemente detrás de mí...». Aquello se publicó. El Lute escribió una carta en la prensa protestando por mi comentario y aleccionándome: desde mi posición, había que tener más cuidado con lo que se decía. La verdad es que era una vida...

A mí me encanta el anonimato, estar solo, pasear, perderme, meterme en todas partes... La nueva situación, para mí, fue mortal, fue lo peor. Aún hoy tengo pesadillas. Lo que más me agobió no fue la dureza de la gestión, las tensiones, que fueron fuertes en ocasiones, sino esa vida de constante vigilancia. No podía ir solo a comprar, yo qué sé... ni un recambio de bolígrafo. No podía. Y ése fue mi primer descubrimiento. Todo era llegar al Ministerio, subir al despacho, bajar, meterme en el coche, ir a casa... Y el circuito de televisión, salía de casa con el circuito de televisión, subía al coche... Sin un segundo de libertad, sin una parcela de autonomía. Eso fue muy duro. No sé cómo hay gente que puede soportarlo; no sé, incluso, cómo hay personas que pueden anhelarlo. Me angustiaba que fuese a durar para siempre... Fue terrible.

Miradas escondidas tras las cortinas

Lo soporté. Pero mi ambición era durar lo mismo que Luis Gamir —no quedarme por debajo—, que había sido ministro de Turismo durante tres meses. Pensé que, si duraba menos, bien podía pasar al Libro Guinness de los Récords, y no me hacía mucha ilusión. Quería durar un poco más... pero no seis años.

A favor actuó como motivación mi interés en la Educación. Siempre me había importado mucho; supongo que por eso Felipe me nombró ministro, no por otra cosa. Había tenido mucha relación con la política educativa del Gobierno laborista británico, del gobierno de Wilson, sobre todo. Uno de los profesores que formaban parte de mi comité de tesis doctoral, en Oxford, había sido el principal asesor de educación de Wilson[3]. Además, yo había escrito muchos informes para Felipe sobre Educación, para el debate de moción de censura a Suárez y para el programa electoral del Partido. También había llevado algunas de las negociaciones con los ministros de Educación anteriores: con Seara, en Universidades, respecto de la LAU; con Ortega y Díaz-Ambrona, sobre asuntos no legislativos[4]. Yo creía que la Educación era una palanca muy importante para superar las discriminaciones y para promover la igualdad de oportunidades. Lo creía y lo sigo creyendo, absolutamente. En mi opinión, si el socialismo significa algo, es promover la igualdad y luchar contra la discriminación. Y siempre pensé que la Educación era un camino —y muy importante— para conseguirlo. Y... en fin, tuve una audacia que solamente se explica desde la candidez o desde la ingenuidad.

La educación que me encontré era una educación sin «constitucionalizar». Es decir, la Constitución española establecía la necesidad de una serie de leyes orgánicas que desarrollaran ese ámbito, pero no se había aprobado ninguna... Se había aprobado una, pero había sido declarada inconstitucional. No había Ley de Universidades, no existía una ley que regulara la enseñanza pública y la privada, faltaba una ley que regulara el derecho a la educación... En definitiva, el desarrollo del artículo 27 de la Constitución estaba por hacer. Era una educación infrafinanciada, tenía muy pocos recursos materiales, y era una educación entregada a sectores muy poderosos. De hecho, Suárez había tenido siempre la prudencia de dejar la Universidad en manos medio «progres» y la educación básica en manos, más bien, clericales. No se atrevió jamás a tocar esos asuntos.

Cuando yo llegué a la sede del Ministerio, lo primero que me encontré, por ejemplo, fue a representantes de la Conferencia Episcopal que se escondían detrás de las cortinas. ¡Aunque parezca mentira, así era! El Ministerio de Educación estaba emplazado en un edificio muy viejo. Azaña, en sus *Memorias*, cuenta que fue una vez a visitar a Marcelino Domingo, ministro de Educación, y, a la salida, comentó: «Acabo de salir del edificio más feo de Madrid». Es un edificio muy feo y tiene unas columnas... Muy sórdido. Cuando yo llegué allí —el día 3 de diciembre— iba acompañado de dos o tres personas: mi secretaria, Joaquín Arango —que era el Secretario General Técnico— y alguien más... Y me encontré —en realidad, no me los encontré, porque se trataba de que yo no les viera— con gente que se escondía, pero que ocupaba el Ministerio.

En Educación, treinta y siete periodistas ocupaban cargos permanentes: percibían nóminas del Ministerio pero no trabajaban para el Ministerio. Cobraban, pero no estaban. Había otros que no cobraban, pero sí estaban: eran, básicamente, miembros de la Iglesia católica. Avanzado el tiempo, durante las negociaciones sobre la enseñanza, demostraron ser personas más o menos sensatas y razonables, pero supongo que, al principio, se escondían tras las cortinas porque estaban intrigados y querían saber quiénes éramos, o si yo tenía rabo y cuernos... Estaban allí, y la gente que me acompañaba se quedó muy sorprendida. Porque estaban todo el día en los pasillos... Días después de mi llegada, entendí por qué estaban allí.

Un insólito procedimiento

Recibí a los representantes de la Conferencia Episcopal —el principal portavoz era monseñor Yanes; su asesor era José María de la Cierva; el secretario de la Conferencia Episcopal era Fernando Sebastián; y el representante de la FERE, de la Federación de Enseñanza Religiosa, era Martín—. Yanes me dijo que, puesto que estaba demostrando buena disposición para el diálogo, podíamos proseguir con el procedimiento seguido hasta entonces. Y, en ese momento, sacó de la cartera unos borradores de decretos y de órdenes ministeriales, hechos en papel cebolla, un papel muy especial, donde se leía: «Decreto nº (blanco), Real Decreto nº (blanco)»; más abajo, seguía el encabezamiento del BOE, un texto y, abajo, la firma: «El ministro de Educación».

Es decir, ¡ellos trasladaban sus deseos directamente en decreto! Escribían el decreto y lo único que se esperaba era que el ministro estampara la firma. Entonces, ¿a qué se dedicaban aquellos que veíamos rondar por los pasillos del Ministerio? Supongo que preparaban aquellos decretos, consultaban a algunos funcionarios o negociaban alguna subvención para el colegio religioso de Titulcia, porque tuviera algún problema pendiente... ¡Yo qué sé! El Ministerio era su casa. Era comprensible: habían pasado muchos años, muchas décadas, y no habían conocido a un ministro sin carácter confesional.

Y yo, que he tenido una educación laica toda la vida, mantenía con ellos una relación particularmente curiosa, porque no acababan de entenderme bien. Le preguntaban a escondidas a Joaquín Arango si detrás de la «causa» no había una razón trascendente. Porque yo no creo nada, no tengo ninguna creencia en la trascendencia, aunque me merezca todo el respeto. Eso les producía mucha perplejidad.

En aquellos días, declaré que me servía de ejemplo histórico la tarea de la Institución Libre de Enseñanza, que me merecía un gran respeto. Recuerdo que se lo conté a Felipe: le dije que acababa de hacer una entrevista en la que manifestaba esa admiración por la Institución. Y me contestó: «Bueno... ya veremos».

Mi madre es muy católica y quería que yo lo declarara, porque, naturalmente, era una situación muy dolorosa para ella. Pero se lo tomó con mucha flema. Mi padre —que ya era muy mayor— nunca se metía en nada; respetaba profundamente mi actuación y siempre me daba un completo apoyo. Con él siempre había tenido una relación muy estrecha[5]. Una vez le preguntaron: «¿Qué le parece la tarea de su hijo como ministro de Educación?». Y contestó: «Creo que es el mejor ministro de Educación desde Romanones». No sé por qué citó a Romanones. Quiero decir que había otros... ¿Romanones? Y eso fue motivo de chanza en la prensa...

A partir de ese momento, empecé poco a poco a coger las riendas. Y a recibir anónimos, cartas...

De cuando la Constitución no obligaba a la enseñanza

Mi intención era, por decirlo de alguna manera, «constitucionalizar» la enseñanza.

Por poner un ejemplo, la Universidad estaba todavía regida por la Ley de Ordenación Universitaria de 1943. En esa ley se llegaba a decir: «La Universidad es la falange misionera encargada de expandir el principio agustiniano de que el más saber no acerca a Dios». No es que las universidades fueran precisamente «la falange misionera» encargada de expandir ese principio agustiniano; eran algo completamente distinto. Pero funcionaban sin ley, sin marco normativo alguno. Por tanto, se trataba de «constitucionalizar» esa Universidad, se trataba de aumentar muchísimo los recursos en educación y en investigación, y llevar a cabo una política igualitaria que significa, fundamentalmente, una política compensatoria para superar las desigualdades. Ésos eran los grandes objetivos.

En mi política aposté por la coexistencia y mi esperanza era que existiera cierta comprensión respecto a aquella política. Vamos a ver: en Francia o en Gran Bretaña ha habido siempre una enseñanza privada y una enseñanza privada religiosa —financiadas con fondos públicos— que han podido coexistir perfectamente con gobiernos socialdemócratas y adaptarse a una política socialdemócrata. Y eso es lo que yo pretendía. Cualquiera que hubiera tenido interés por saber qué es lo que yo pretendía hacer, podría haberse guiado por esos antecedentes.

Entonces, para el sector privado, para los intereses existentes, ¿qué podía significar esa no discriminación de la Iglesia ante la «constitucionalización»? Yo les proponía continuar subvencionando los centros, cosa a la que accedieron encantados, y aceptar que las subvenciones cubrieran el coste total de la enseñanza en esos colegios; pero el coste total de la enseñanza en esos colegios no podía ser superior al coste privado real. A cambio, la admisión de los estudiantes en esos centros financiados íntegramente con fondos públicos debía corresponder a los deseos de los padres, no al de los directores. Y, por tanto, ellos no podían excluir estudiantes, por razón de familia o de creencias: deberían dar prioridad en relación inversa a la renta, en el caso de que el número de plazas fuera menor que el número de solicitudes; tendrían prioridad los estudiantes de rentas bajas. Por otra parte, la enseñanza debía ser completamente gratuita, para eso la pagaba el Estado. Si las familias se veían obligadas a pagar, las de renta más baja no podrían nunca matricular allí a sus hijos. Por tanto, dinero público, sí, pero a cambio tenían que prestar un servicio gratuito al usuario, y el usuario preferente sería el de rentas más bajas. Era muy importante, también, dejar sentado que en el seno de los centros no habría discriminación respecto de profesores o de estudiantes por sus creencias religiosas. Ése era el contenido de la LODE y eso fue lo que resultó más explosivo. Mi intención, de todas formas, era hacer una ley que pudiera servir para gobiernos de la derecha, que sabía que la vaciarían de contenido sin necesidad de derogarla, pero que pudiera afianzar una política.

Las negociaciones fueron muy duras. Ellos tenían varias vías para ejercer presión. Una vía era la Federación de Religiosos de la Enseñanza, que solía ser muy prudente, pero que, en el fondo, era muy dura. Otras vías eran la Conferencia Episcopal, la Confederación de Centros de Enseñanza y la Asociación Católica de Padres.

Estos «batallones» fundamentales declararon una huelga en Formación Profesional. Se celebró una manifestación bastante grande, 25.000 asistentes, según los organizadores. Lo que planteaban en enseñanzas de Formación Profesional no obligatoria eran subvenciones incondicionales. Mi respuesta fue un no rotundo.

Ésa fue la primera escaramuza —debió de ocurrir en el verano de 1983—. Y luego, casi inmediatamente, entre julio y septiembre, desencadenaron una guerra que pensaban que podía frenar la LODE... Era aquella historia absurda de los catecismos, y, finalmente, las manifestaciones contra la LODE.

Pero utilizaban otros medios adicionales de presión. Por ejemplo, con motivo de la venida del Papa a España, la Iglesia católica hizo una gestión con Felipe González... para que la LODE no siguiera adelante. Luego, monseñor Díaz Merchán, que era el presidente de la Conferencia Episcopal, solicitó una reunión de emergencia con Felipe —y él lo recibió, estando yo fuera— y le pidió que diese marcha atrás con la LODE. También utilizaron al general Lacalle Leloup —jefe de la Junta de Jefes de Estado Mayor—, que quiso entregar, en dos ocasiones, sendos escritos contra la LODE a Felipe González. Pretendían transmitir el mensaje de que la LODE era una ley que atentaba contra los derechos fundamentales del Ser. Nunca vi el texto, me lo comentó Narcís Serra, que en las dos ocasiones les dijo: «No».

Yo creo que, tanto como el dinero, les preocupaba la selección de estudiantes y el control sobre los propios padres. O sea, la libertad de enseñanza representaba el siguiente escenario: «Mire, yo soy un obrero católico del barrio de Palomeras, y quiero que mi hijo se inscriba en el colegio de El Pilar». «No, no, no; que se vaya al colegio público de Palomeras, que ya va bien servido, que en El Pilar seleccionamos nosotros». Pero, además, querían cargar dinero a las familias. O sea, que el dinero les preocupaba, en el sentido de que, estudiante que admitían, estudiante cuya familia sabía que tenía que aportar cantidades adicionales. Además, para ellos fue un golpe muy fuerte que la LODE estableciera el pago directo a los profesores. Porque naturalmente, el 80 por ciento de la financiación servía para pagar a los profesores y ellos utilizaban contratos de nueve meses: el hecho de que la financiación fuera directamente a la cuenta corriente de cada profesor les arrebataba el control de la situación. Todo aquello les impactó mucho.

Catecismos y aborto

La «guerra de los catecismos», que estalló cuando yo apenas llevaba unos meses en el Ministerio, fue una batalla completamente absurda. Se acababa de aprobar la Ley de Reforma Universitaria en el Senado, e inmediatamente se procedería a debatir la LODE. Y la misma noche de la aprobación de la LRU me enteré que, sin previo aviso, la Conferencia Episcopal había decidido imprimir unos catecismos. Entonces, existía una legislación —a mí me parecía aberrante— que ordenaba que los catecismos tenían que ser autorizados por el Ministerio de Educación, lo cual a mí me repateaba: no entendía por qué el Ministerio de Educación tenía que autorizar catecismos.

La impresión de aquellos catecismos se hizo sin la autorización del Ministerio, por lo tanto, no se podían considerar libros de texto. Yo les dije que las normas estaban para cumplirlas: si querían tener una legislación que convirtiera al Estado en vigilante, estupendo, pero deberían cumplir las condiciones; de lo contrario, derogaríamos ese decreto y tan contentos. Sin embargo, no querían que se derogara ese decreto, porque, sin él, otros católicos podían empezar a imprimir catecismos sin «Juanitos». El catecismo que habían publicado estaba lleno de «Juanitos», de fetos[6]...

La publicación coincidió con el debate sobre el aborto. Estaba lleno de alusiones al «genocidio» del Gobierno y se mostraba como equivalente al genocidio de los nazis. El hecho de haber incluido ese contenido y de haberlo publicado sin presentarlo ante el Ministerio de Educación era, en primer lugar, un acto político evidente y, en segundo término, era ilegal. Yo no les dije nada sobre el «Juanito», pero sí les advertí que ellos habían hecho que se aprobara un decreto que exigía la autorización del Ministerio de Educación y Ciencia. Por tanto, les dije, «sintiéndolo mucho», no podía dar a esos catecismos categoría de libros de texto: no podían ser distribuidos por los colegios. Les ofrecí la posibilidad de que lo distribuyeran como libros del colegio, pero suprimiendo la autorización del Ministerio de Educación, de forma que cualquier grupo de católicos, cristianos de base, grupos católicos de izquierdas u otros pudieran publicar, si lo deseaban, sus particulares versiones. Así, la versión oficial de la Conferencia Episcopal, con su respaldo institucional, no sería la única existente. Pero eso... ¡jamás! ¡Eso sí que hubiera sido la guerra total! Estuvimos en ese ten con ten... «¡Oiga, mientras tanto, hay 250.000 catecismos que están fuera de la ley porque se han saltado la ley!».

Finalmente, los retiraron. Pero aquella «batalla» fue, básicamente, un intento de meter mucha bulla. Intentaron, de alguna forma, convertirme en una especie de perseguidor, de «comecuras». Todo ello hay que entenderlo en el contexto del debate de la LODE: para ellos era imprescindible que este asunto dañara mi imagen. La verdad, no lo consiguieron.

Las batallas que le gustaban a Felipe

Una de mis objetivos era que el apoyo del Partido a la LODE fuera unánime. Y, como se trataba de una ley que tenía, por un lado, la concesión de subvenciones a la enseñanza privada y mantenía, por otra parte, las contrataciones de los profesores y otros detalles... En cualquier caso, yo quería que el PSOE estuviera de acuerdo con ello, que no proclamara la «escuela pública única, laica, etcétera»; quería que el acuerdo fuera monolítico. A propósito de los catecismos: vino por aquí Raymond Carr y me dijo: «¡Vaya favor que te ha hecho la Iglesia católica! Te ha convertido en alguien intocable en el PSOE». Y es verdad, aquello me blindó, toda la batalla contra la LODE sólo consiguió blindarme.

Tuve un blindaje dentro del PSOE, pero, enfrente, tuve a todo el grupo de «resistentes» que dieron también la batalla en la calle en forma de movilizaciones. Recuerdo una anécdota: era un sábado, un día antes de la primera manifestación contra la reforma ¡y los manteles de papel de los VIPS eran una convocatoria a la manifestación! Decían: «Manifiéstate mañana por la libertad de enseñanza...». Sí, tenían una gran capacidad para convocar e intoxicar.

Yo contaba con abundante información —no eran sólo encuestas del CIS—, muchísimos datos, procedentes de servicios de estudios y de otras fuentes, y pude constatar que el apoyo a la reforma de la Educación era de un 75 por ciento, frente a un 20 por ciento: el apoyo era absolutamente abrumador. Porque, frente a la idea esgrimida, «libertad de enseñanza», había otras muy profundamente arraigadas en la sociedad española: que en la educación existían muchas desigualdades, que era un territorio para el privilegio y que había llegado la hora de luchar contra ello. Tal vez estas ideas no persistan ahora en igual medida, pero entonces sí estaban profundamente arraigadas. En esta situación, decir que sólo pretendíamos una ley de convivencia, una ley que suprimiera discriminaciones, una Ley de Educación compensatoria para los que menos tenían pudieran acceder a una educación de calidad, etcétera, daba sus frutos.

Y aprobé la LODE junto con un decreto de becas que las multiplicaban por siete de un plumazo; aprobé un decreto de educación compensatoria para entregar más recursos a las zonas más desfavorecidas —se inició en Extremadura, en mi primer viaje—. En ese sentido, dar más a quien menos tenía, disponer de más recursos educativos para que todo el mundo pudiera profesar por igual... era una garantía. Si la enseñanza es obligatoria, se supone que todo el mundo tiene que ser capaz de llegar al final con buenos rendimientos; el tramo obligatorio no puede ser un tramo discriminatorio. En la Universidad depende todo del talento y del esfuerzo... pero en la educación obligatoria no puedes contar con muchísimos recursos y entregárselos a quien tiene más recursos familiares. ¡Ah!, y aprobé, además del Decreto de Ley de Educación Compensatoria, un decreto de integración de niños y niñas con problemas. La idea de igualdad de oportunidades fue mi contraataque. Así pude soportar el «tirón».

Había una revista cultural que se llamaba *Makoki*, que decía: «De derrota en derrota, hasta la victoria final». Pues ése era mi lema. Yo siempre creía que iba a ganar al final y siempre tuve la «constitucionalidad de la educación» en mente.

Felipe aguantó muy bien aquella batalla. Le gustaba mucho. ¿Cómo lo soportó? Felipe González se preguntaba, en cierta ocasión, por qué se le había considerado siempre como un dirigente moderado, cuando, en realidad, era mucho más radical. La verdad es que, ante las reformas de Ledesma en Justicia y las mías, en ambos casos, cuando hubo algún «pero», siempre procedía de Alfonso. (Aunque en Educación no opinó mucho...). Con Felipe no tuve más que apoyo. Apoyo total frente a las presiones de círculos del Papa, de monseñor Díaz Merchán, de monseñor Yanes, de Carmen Alvear, del PP con los debates en el Congreso, ante las manifestaciones... Llamaba a casa y me decía: «Bueno, vamos a cenar juntos...».

Hace un tiempo, estuve repasando agendas —porque guardo agendas desde que era un crío—y comprobé que, por aquel entonces, yo veía a Felipe mañana, tarde y noche. Es verdad que somos muy amigos, pero también es verdad que nos veíamos bastante. Su respaldo era muy grande. Por otro lado, recuerdo que, durante la «batalla de los catecismos», Alfonso se preocupó bastante, pensó que podría producir un desgaste... Le preocupaba mucho. Pero ocurría que, en el tema de la LODE, las encuestas del CIS —entre otras, pero Alfonso leía las del CIS— indicaban un apoyo masivo a la reforma. Él nunca supuso que aquello fuera a acabar bien, pero yo estaba convencido de que iba a acabar bien. Yo creo que se encogió bastante con el tema de la opinión pública. Felipe tiene creencias más profundamente arraigadas, sus convicciones son muy profundas, es algo que la gente tal vez no perciba.

Resistencias de hierro

Nuestra reforma provocaba férreas resistencias porque tocaban «el negocio», pero, sobre todo, tocaba valores e intereses referidos a las actividades de los centros.

El sistema educativo que nos encontramos había sido bastante modernizado por la Ley General de la Educación de 1970. Y eso se lo dije a Díez-Hochleitner[7]. Díez-Hochleitner tiene que tener muy claro hasta qué punto le he expresado públicamente mi reconocimiento, porque fue un personaje importante. Pero seguía siendo un sistema educativo impregnado hasta el fondo de valores, no ya conservadores, sino profundamente reaccionarios, integristas; un sistema impregnado de principios casposos, de principios propios de las películas de la España de la posguerra. Seguía siendo una educación muy, muy «carca», y muy poco tolerante. Además, era una educación extremadamente excluyente, extremadamente discriminatoria, que obligaba a un cierto número de años de escolarización y, en el volumen de recursos dedicados a chicos y chicas de diferentes sectores sociales, había unas diferencias brutales. Y ése era el tipo de cosas que pretendían cambiar nuestras reformas. Valores y negocio.

Tras la aprobación de la Ley General de la Educación de 1970, se ejecutó una política de creación de nuevas escuelas, de nuevos colegios, tarea que se prolongó durante mucho tiempo. La Ley extendía la enseñanza obligatoria desde los once hasta los catorce años, de modo que se creaba la necesidad de construir muchas escuelas. Suárez todavía se encontró con un grave problema de construcciones escolares. Los centros que se crearon eran infames, eran de cartón piedra, hacían aguas, tenían goteras, se pasaba frío dentro, eran instalaciones deplorables, y seguía existiendo, en ese momento, una escasez de aulas dignas muy básicas. A partir de la LGE, se hizo, además, una política de concentraciones escolares; es decir, se propició el abandono de las escuelas de los pueblos pequeños y el traslado de niños y niñas en autobuses escolares hasta núcleos urbanos más grandes. Así se abandonó la escuela rural.

Pelear con Boyer

Para paliar esta y otras deficiencias, el Gobierno socialista aprobó una política de inversiones que dotó de más medios a la escuela: se dijo, entonces, que estábamos construyendo mil puestos escolares al día, cuidando la calidad, es decir, puestos decentes, no puestos improvisados. Era una política que exigía inversiones muy fuertes y que tenía en Miguel Boyer, el ministro de Economía, un peligroso detractor. Porque las inversiones se iniciaron desde el comienzo de nuestra primera legislatura. Es decir, son los años del ajuste económico, entre 1983 y 1985, que tuvo reflejo en otras partidas de los gastos sociales, pero no en Educación. Educación creció muchísimo ya en los primeros presupuestos. Y, naturalmente, Boyer aguantaba este estado de cosas dando batallas muy fuertes, porque, en temas educativos, Felipe me apoyó siempre. Y una de las razones por las que Boyer quiso ser vicepresidente del Gobierno era porque quería poner orden en las inversiones que absorbía la política educativa y que se escapaban al campo de acción del Ministerio de Economía.

Nuestra política pasaba por la construcción de centros escolares y por la recuperación de las pequeñas escuelas rurales. Se llevó a cabo una reducción muy grande del dintel a partir del cual se llevaban a cabo las concentraciones de aulas. Eso me lo trabajé:

fui muchas veces a Andalucía, fui muchas veces a Extremadura, fui muchas veces a Asturias... Y me perdía por algunas zonas Recuerdo haber estado en Asturias, por la montaña, en un *jeep*, viendo el pequeño pueblecito rural, conociendo a la maestra, su pequeña escuela... Estas actuaciones iban dirigidas a cumplir el Decreto de Educación Compensatoria que contemplaba la creación de escuelas pequeñas y de centros de recursos: una especie de pequeña galaxia de pequeños centros escolares, y un gran centro de recursos que podía atenderles. ¿Que necesitaban vídeo? No todos podían tener vídeo, pero cada centro de recursos atendía a cinco o seis escuelas. Y, lo mismo, con los profesores de apoyo. El Decreto de Educación Compensatoria era un decreto de apoyo a escuelas rurales pero también a los centros ubicados en barrios urbanos particularmente desfavorecidos. Entonces, yo me iba a polígonos abandonados en grandes ciudades, en Sevilla, en Madrid... a ver cómo se creaban esos centros de profesores y esos centros de recursos.

Ésa fue una política muy importante y significaba dar más a los centros que tenían mayores necesidades. Lo de los autobuses escolares... Lo de los autobuses escolares era una especie de pesadilla. Era otro terreno del «negocio», pero, además, era dramático para las familias, porque era una separación muy prolongada, era un recorrido muy largo para los niños... Era una auténtica basura.

Quizás por todo esto, la sociedad descubría, por aquella época, muchas bondades en la escuela pública. Pero los círculos beligerantes contra la reforma no lo supieron interpretar. La única razón por la que se abre la batalla es porque hubo unos que interpretaron mejor que otros a la sociedad española. Ésa fue la batalla. Y no importaba la cantidad de personas que sacaran a la calle en manifestaciones, porque el apoyo con el que contábamos estaba muy claro, no era un espejismo. Agitaron mucho, pero eso no me preocupó. Desde luego, era una peste, pero, la verdad, tuve mi compensación con la alegría que me llevé cuando salió la sentencia del Tribunal Constitucional favorable a la LODE.

«Quien se acuesta con niños, se levanta mojado»

El segundo Gobierno arranca inmediatamente después de ese fallo del Constitucional. Tuve noticia de la sentencia estando en el Instituto Astrofísico de Canarias, en una reunión de ministros de la Ciencia. El Instituto tiene un Patronato y yo me encontraba allí con Javier Solana y con Miguel Boyer. Este segundo Gobierno se forma, en 1985, sin Boyer. Es la etapa de Carlos Solchaga como ministro de Economía.

Yo quiero resaltar mi aprecio intelectual por Boyer, por su capacidad como ministro de Economía y Hacienda. Felipe no tenía nada clara esa crisis de Gobierno, y había estado jugando con varios escenarios, desde un Gabinete con un vicepresidente, hasta otro con varios vicepresidentes. Me lo contó a mí, personalmente, en un antiguo despacho del PSOE. Yo no sé si Felipe, durante ese pulso que le echó Boyer por conseguir la Vicepresidencia del Gobierno, le había dado, sin querer, algún tipo de esperanza. También es verdad que hay mucha gente que escucha a Felipe y cree que le está diciendo sí a lo que son solamente sus propios deseos... Es decir, Felipe es una especie de espejo: muchos de los que hablan con él se quedan con la sensación de que les ha dado la razón, cuando en realidad apenas ha abierto la boca. Yo estoy convencido, por tanto, de que Boyer creyó que tenía posibilidades, pero también estoy convencido de que Felipe no estaba en absoluto de acuerdo. Como me dijo Felipe, «quien se acuesta con niños, se levanta mojado».

Toda aquella historia la viví con sorpresa. Recuerdo que esa noche tuvimos una cena inolvidable en La Moncloa y luego, algunos, fuimos al Parque del Oeste —Solana, Joaquín Almunia, Ernest Lluch—. Todavía estábamos bajo el impacto del cese de Boyer como ministro. Yo creo que para Felipe aquella situación fue desagradable. Boyer había hecho un trabajo eficaz en Economía y lo relegaba en un momento en el que la economía empezaba a recuperarse. El nombramiento de Solchaga significaba una continuidad en las políticas de Boyer, pero, aun así, se podían producir estertores. Porque Felipe tenía que saber también que el nombramiento de Boyer como vicepresidente no solamente hubiera generado un enfrentamiento con Guerra de una manera muy explícita, sino que habría generado una situación imposible de mantener. Imposible respecto al ministro de Sanidad, al de Agricultura, al de Educación y otros: las tensiones se hacían visibles respecto a los ministros «finalistas», no respecto a los «instrumentales».

Yo llegué al segundo Gobierno con un gran trabajo legislativo realizado. Habíamos aprobado alrededor de quince decretos, estaba aprobando los estatutos de todas las universidades, estaba acabando el proceso de descentralización de la educación en las Comunidades Autónomas... Habíamos sacado adelante la aprobación de la LODE, la aprobación de la LRU, la aprobación del Decreto de Integración de niños y niñas con minusvalías, la aprobación del Decreto de Becas, la aprobación del Decreto sobre Política de Educación Compensatoria, la puesta en marcha de la Ley de la Ciencia, estábamos en el comienzo de lo que fue una gran experimentación, iniciada en enero de 1983 —esas cosas que el PP no experimenta porque son sabios de nacimiento—, que condujo a la Ley de Calidad, a la LOGSE... En fin, una larga lista.

En ese momento, además, tenía que poner en marcha la LODE y todos sus decretos gracias al fallo del Tribunal Constitucional que respaldaba la política educativa. Pero yo, en el verano de 1985, cuando se produce esta sentencia, me dije: «Ha llegado el momento de cambiar». Tenía muy presente lo que una persona de CiU, que había respaldado la LODE, en algún momento crucial, me había dicho: «Deberías de pensarte si es bueno que aquel que introduce la reforma sea aquel que la ejecute».

Pero no tuve mucho margen. Porque lo único que se planteó en el cambio de Gobierno de 1985 era quién se encargaría del Ministerio de Asuntos Exteriores —Fernando Morán abandonó el Gobierno en aquella remodelación—. Asuntos Exteriores... era un Departamento que no me interesaba absolutamente nada. Hablé por teléfono con Felipe y me dijo: «Bueno, ciudadano, te llamo aunque no pienso cambiarte. Así que no des nada por supuesto. Pásate por aquí y charlamos». Nos vimos, y me dijo: «Pero ¿qué pasa? No sé por qué te quieres ir de Educación. ¿Por qué? ¿Qué pasa? ¿Te apetece encargarte de Exteriores?». Y contesté: «Me suicido». Felipe González insistía: «¿Por qué no te gusta? Ese político británico que tanto admiras, Tony Crossland, fue primero ministro de Educación y después ministro de Exteriores...». Y yo le contesté: «Pues porque fue un fantástico ministro de Educación y un desastroso ministro de Exteriores; y, además, se murió siendo ministro de Exteriores. ¡No duró ni un año! ¡Ahórrame ese trago!».

Me horrorizaba la idea.

OTAN, misión secreta

Yo trabajaba de catorce a dieciséis horas al día en temas del Ministerio. Viajaba mucho, pero veía cómo se iban dibujando las cosas en el Partido. No era miope. Había formado y seguía formando parte de la Comisión Ejecutiva. Iba a las reuniones de la Comisión y, por ejemplo, en octubre de 1984, se planteó en la Ejecutiva de Madrid el primer debate sobre la OTAN. Empezó la reunión y Javier Solana, de forma admirable, planteó el debate de lo que luego sería el «Decálogo». El debate se plantea dos meses antes del Congreso del Partido que —en noviembre o diciembre— trataría el tema.

Primero, como digo, habló Javier y, después, hablé yo. Javier recordó que habíamos congelado la entrada en la Estructura Militar Integrada pero que teníamos pendiente la otra mitad del compromiso electoral, que era celebrar un referéndum. Recordó que ya llevábamos casi dos años en el Gobierno, que teníamos que plantearnos el referéndum y que debíamos hacerlo en unas condiciones que probablemente estarían asociadas con la integración en la estructura militar de la OTAN. Yo dije aproximadamente lo mismo. Recuerdo que la siguiente intervención fue la de Guillermo Galeote, que comentó que era sorprendente el proceso de conversión «pro-otanista» de algunos. Yo creo que tampoco habíamos dicho nada particularmente «pro-otanista», pero cabe imaginar que no dejaba de sorprender ese proceso de conversión al «pro-otanismo» de los miembros de la Ejecutiva. Pero fue una reunión relativamente suave. No fue una reunión crispada.

Por esas fechas, yo hice unas declaraciones sobre la OTAN —era una entrevista larga en *Diario 16*—. Recuerdo que Carmen Romero estaba indignada: no entendía por qué me habían tenido que hacer a mí una entrevista sobre la OTAN. O sea, que yo era ministro de Educación, pero estaba en todo, y no era miope. Además, yo creía que Felipe había abandonado demasiado al Partido. En aquel momento —aunque parezca mentira, desde la perspectiva actual—, yo era bastante apreciado en el seno del Partido. Solana tenía más reticencias que yo en el Partido.

Recuerdo ahora aquella fotografía de Felipe con las gafas de sol, en aquel mitin contra la permanencia en la OTAN... Felipe lo creía de verdad.

Hago repaso. Después de la moción de censura del PSOE a Suárez —en abril de 1980—, Felipe empieza a pensar en la victoria de los socialistas. En septiembre se celebra el debate de la moción de confianza de Suárez; en febrero, el intento de golpe de Estado... Felipe me encarga que haga un informe en el que trabajamos tres personas durante dos meses. Y ese informe incluye un apartado en el que dice que una manera de desactivar acciones golpistas en el Ejército español sería la OTAN. Por primera vez, se alude a un referente externo, no interno. Felipe estaba absolutamente de acuerdo con mi informe, excepto por ese aspecto; ese argumento le parecía aberrante. Y para rebatirlo, Felipe invocaba ejemplos: «¡Pues sí que en Grecia ha evitado el golpe de Estado la OTAN! ¡O en Turquía!». En privado, era así de drástico. No era un planteamiento táctico o electoralista: estaba profundamente en contra. Era genuino.

Su filosofía no era antimilitarista, era partidario de la «opción sueca»[8]. En octubre de ese mismo año, 1980, Felipe intervino en el Comité Federal y habló del problema. Mantiene su teoría: se desmarca de la OTAN. El Parlamento español vota la entrada en la OTAN. Pero esa decisión tiene que ser ratificada por cada uno de los gobiernos miembros, por tanto, cabía la posibilidad de que algún gobierno dijera que no le gustaba España, lo cual era inimaginable.

Entonces, la Ejecutiva me encargó —porque se suponía que yo era un hombre discreto— que viajara a Noruega, a Bélgica y a Holanda para hablar con los socialistas y tratar de convencerles de que vetaran la entrada de España: el argumento era que el PSOE estaba en contra y que se iban a celebrar elecciones muy pronto en España: más valía esperar. Era una maniobra dilatoria. No se pedía que dijeran «no» a España, por supuesto que no, nadie iba a hacerlo, pero se solicitaba que se aplazara la decisión por razones de prudencia, porque sería pésimo que se produjera un debate sobre la OTAN en un país recién admitido, ya que podía crear fuertes tensiones.

Los socialistas que me reciben en esos países me dicen: «Pero, bueno, ¿cómo se te puede ocurrir que vamos a decir eso cuando tenemos a nuestros votantes en las puertas del Parlamento, pidiéndonos que nosotros mismos rechacemos...? No hay manera de hacer eso... Lo lamentamos mucho, pero si el Gobierno de Calvo Sotelo decide que quiere estar en la OTAN, igual que estamos nosotros, no tenemos nada que hacer».

Fracasé rotundamente en esa misión secreta.

Pero Felipe no cejó en su empeño y fue a ver a Papandreu[9], para que los griegos dijeran que no. Y Papandreu, que en las elecciones de 1981 se había comprometido también a celebrar un referéndum sobre la permanencia en la OTAN —y, al revés que

Felipe, no convocó jamás el referéndum—, no le hizo tampoco ningún caso. Es decir, Felipe llegó incluso a implicarse personalmente para que algún Parlamento dijera: «Esperen ustedes».

Congreso de 1984: sacar al Gobierno de la dirección del Partido

Ya en aquellos momentos se empezaban a fraguar muchas cosas en el Partido. En el congreso de 1984 se plantea el tema de las incompatibilidades entre miembros de la Ejecutiva y miembros del Gobierno. Y, obviamente, quienes estábamos en ambos órganos éramos Almunia, Solana y yo. A Joaquín no le preocupaba mucho el tema, a Javier le ponía enfermo la actitud de Alfonso. Yo le advertía a Felipe: «Todo lo que está viniendo al Congreso viene de Alfonso Guerra...». Quien estaba haciendo toda la campaña, básicamente la distribución de fotocopias, era alguien que después se convirtió en un «antiguerrista» furibundo, Nacho Varela, que tuvo un protagonismo muy grande en aquella supuesta demanda masiva de incompatibilidades, que no existían por ninguna parte. Felipe no era consciente de que todo lo estaba moviendo Alfonso. Yo le decía: «Esto no viene de las Federaciones, viene de este mismo edificio, de "semillas" de este edificio». Felipe nos pidió, a Joaquín, a Javier y a mí, que no diéramos ninguna respuesta, lo cual fue un error tremendo, porque hubo muchas federaciones que vinieron a pedir mi opinión: federaciones de Andalucía, por ejemplo, y otras muchas —por eso yo percibía que era bastante querido en el Partido—.

Había remolinos. La intención de Alfonso, en definitiva, era sacar al Gobierno del Partido y, eventualmente, que quien decidiese la sucesión de Felipe fuese el Partido. Es decir, que el Partido acabase siendo quien dijera de qué forma debía hacerse todo y quién debía gobernar.

Lo que ocurrió en aquel Congreso iba a ser algo muy importante para entender lo que pasó después, muy importante. Porque las incompatibilidades afectaron a todas las Ejecutivas, no sólo a la Federal. ¿Qué consecuencias tuvo? Que los únicos que eran compatibles eran el presidente y el vicepresidente del Gobierno, de cualquier gobierno, también de los regionales, de tal forma que el Partido Socialista pasó de ser un partido con una Ejecutiva muy fuerte a ser un partido con una estructura de «barones». La consecuencia fue que José Bono era presidente y secretario general del Partido en Castilla-La Mancha; Juan Carlos Rodríguez Ibarra era presidente y secretario general en Extremadura; en Andalucía, José Rodríguez de la Borbolla era presidente y secretario general.

Alfonso no percibió que, con esa estrategia, lo que consiguió fue hacer emerger el poder de los «barones», que, andando el tiempo, le quitarían el poder a él. No se dio cuenta de eso. Alfonso acabó pereciendo por su propio invento: él mismo fue decapitado por «la conspiración de los barones». Pero, en aquel momento, Alfonso no se dio cuenta. Él creía que el poder más importante lo tenía la Ejecutiva de Madrid, y es cierto que entonces su poder era enorme. Por ejemplo, la Ejecutiva de Madrid decía en Asturias: «No se forma un Gobierno de coalición», y no se formaba. Era una Ejecutiva muy fuerte, y él era el que tocaba el pito. Y eso iba a continuar. Recuerdo que, una vez, Joan Lerma le dijo que quería ejercer no sé qué competencia en la Comunidad Valenciana y Alfonso le dijo que no, que no lo hiciera. Lerma le contestó: «Oye, Alfonso, tengo capacidad para tomar esta decisión» —porque era el presidente de la Comisión—; y Alfonso le dijo: «Y yo tengo capacidad para destituirte».

Él creía que con este tipo de intimidación «vía Partido» podía tener controlados siempre a los poderes regionales. Lo que no calculó es que los poderes regionales, con participación en la Secretaría General y en la Presidencia de los gobiernos autónomos, vivirían un momento de inmensa transferencia de recursos. Antes, tenían cuatro duros, pero, a partir de ese mismo año de 1984, precisamente, empezaban a ser un poder con dinero y con fiscalidad. Pero eso Alfonso no lo previó.

Yo me estaba dando cuenta de todo lo que pasaba, también de que Felipe tenía abandonado al Partido. Felipe González estaba completamente dedicado al Gobierno. Yo no entendía por qué Joaquín Almunia se prestaba a ese juego de *no* montar bronca. A Felipe, pasado el tiempo, aquella decisión sobre las incompatibilidades le causó bastantes disgustos... pero, durante mucho tiempo, él no se dio cuenta de lo que ocurría. Él pensaba que Alfonso tenía excesivo poder, pero no valoraba que ese excesivo poder podría engendrar un principio de divisiones sectarias dentro del Partido. Porque, al fin al cabo, lo que mucha gente del Partido pretendía no era «ir contra Alfonso», sino decirle: «Oye, Alfonso, párate. Es que, si no, vas a echarnos a todos... Vamos a trabajar juntos...». Alfonso se aprovechó de que Felipe tenía un cierto pudor, una cierta indecisión. Por eso no quería hablar con Alfonso. Alfonso abandonó el Gobierno después de que, como poco, mantuvieran cuatro reuniones. Pero su cese, según me consta, se resolvió por escrito.

Una carta a Felipe

El tercer Gobierno se forma después de un año muy duro, porque es el año del referéndum de la OTAN. El referéndum se celebró en marzo y las elecciones, en junio. Fueron dos campañas seguidas y, por tanto, agotadoras. La de la OTAN había sido extremadamente dura, personalmente para mí y para muchos miembros del Gobierno.

Yo había tenido mis reticencias respecto de la posición del Partido en 1981 y en 1986, finalmente, se convoca el referéndum con dos cuestiones que resolver. La primera, cuál iba a ser la posición del Gobierno, ya se había resuelto con el famoso «Decálogo»: se proponía la permanencia en la OTAN fuera del Mando Militar Integrado, la retirada de tropas americanas de España, la no nuclearización... La posición estaba ya aclarada.

La segunda cuestión era resolver la presión y los muchos intentos de influir sobre la posición del Gobierno. La presión para que no se convocara el referéndum era doméstica y exterior. La presión interna tiene procedencia diversa, incluida la de medios económicos. Y la exterior llega, fundamentalmente, de gobiernos extranjeros que consideraban que la convocatoria de un referéndum sobre la OTAN creaba un precedente muy complicado. Esta preocupación la compartían gobiernos de países de la OTAN y otros gobiernos cuyas políticas de seguridad podían, de repente, convertirse en vulnerables por demandas idénticas de referéndum. Y, por otra parte, la opinión pública, que se reflejaba en encuestas, mostraba muy claramente el deseo de los ciudadanos de que España saliera de la OTAN.

No iba a ser una campaña fácil. De hecho, parecía que iba a ser una campaña perdida.

Felipe encajaba todas las presiones —incluidas las del poder económico— con mucha autonomía. Quiero decir: él recibía las presiones pero su capacidad de decisión era muy autónoma. En el

Consejo de Ministros no se suele debatir mucho de política, como decía Ernest Lluch, así que yo, a veces, cuando sentía muy profundamente algún asunto, me comunicaba con Felipe mediante una larga carta, una especie de «carta río». Y, entonces, le escribí una larga carta sobre el referéndum. En la misma, probablemente me equivocaba en la recomendación, pero le recomendaba vivamente convocar el referéndum. ¡Qué insensato! Yo creía que estaba en juego no solamente la credibilidad del Gobierno socialista y la suya en particular, sino que nos jugábamos, muy claramente, la percepción que de los políticos tuvieran los ciudadanos. Para mí, éste era un tema muy importante. Un gobernante puede decir: «Mire, asuntos que escapan de mi control...». Si hay mucho desempleo, por ejemplo, se puede explicar: «Mire usted, ¡qué se le va a hacer! Hay una crisis económica mundial: no todo depende de mi decisión...». Pero hay temas que dependen al cien por cien de la decisión del Gobierno, por ejemplo, despenalizar el aborto: es una decisión que depende del Gobierno, no depende de cómo evoluciona la economía mundial. ¿Convocar o no un referéndum? Pues, mire usted, depende de la voluntad del Gobierno. Si el Gobierno no lo convoca es porque no se fía, y al fin y al cabo, la política es cosa que se hace para los ciudadanos.

Yo creía en esos planteamientos ingenuos, y sigo creyendo. Pero es verdad que, desde el punto de vista político, probablemente era imprudente. A Felipe le convenció mi enfática carta y, ante mi horror, la leyó en el Consejo de Ministros... No hubo mucho debate, porque el Consejo estaba a favor de la convocatoria. En aquellos momentos —la percepción de los plazos varía muchísimo según sea retrospectiva o estés en el ojo del huracán—, teníamos la sensación de que quedaba una eternidad hasta las elecciones generales. Por tanto, el argumento de aplazar el referéndum y subsumir la pregunta respecto de la OTAN en el programa del PSOE de las elecciones generales era como remitirlo a un futuro bastante distante. Pero era una tentación. De hecho, fue la opción que concibió Papandreu en el caso griego: su compromiso fue sumergir la cuestión de la OTAN en las elecciones generales.

Se tomó la decisión de convocar el referéndum, pero la opinión pública contra el mismo era abrumadora. Y yo creo que el Partido tuvo una respuesta muy tardía, mientras que la persistencia de la opinión pública en contra hizo que, en algún momento, la situación pareciera verdaderamente grave. Finalmente, se decidió contrarrestar ese estado de opinión con una campaña del propio Gobierno y del Partido.

Recuerdo que Alfonso Guerra —durante un Consejo de Ministros— dijo que los ministros más políticos iban a participar ese fin de semana en campaña. Faltaban aproximadamente dos semanas. Y fuimos de campaña Javier Solana, Joaquín Almunia, Paco Fernández Ordóñez y yo. Y a mí me tocó ir a Vallecas. Creo recordar que era un domingo por la mañana y creo recordar que mi intervención coincidía con un acto de la «Plataforma por el NO»; su convocatoria la seguían alrededor de medio millón de personas, mientras que sólo unas decenas de personas acudían a los teatros donde actuábamos los miembros del Gobierno.

«Os quedan quince días»

A mí, pese a todo, no me resultaban duros estos actos, porque yo estaba a favor de la posición del Gobierno. Me parecía que era una posición inteligente y astuta, sin duda la mejor, por eso la defendía con mucho convencimiento. La televisión, se supone, era una buena aliada durante la campaña, pero... yo recuerdo una toma de televisión de La Primera —en realidad, todos los planos eran bastante tremendos— en la que se veía al Gobierno absolutamente al borde del pozo. En una entrevista en televisión, defendí, pero con mucho convencimiento, que nuestra posición me parecía genuinamente de izquierdas. Y me lo sigue pareciendo. Me respondían: «Pero hay sectores de la izquierda que piensan que se puede votar "no" y, sin embargo, apoyar al Gobierno». Tras unos breves segundos de silencio, contesté con rotundidad: «Las cosas no son así». Y, después, algunas personas me preguntaron: «¡Santo cielo! ¿Qué quiere decir eso?».

El Gobierno no contó con que la campaña se iba a desarrollar de una manera muy imprevisible. Porque el Gobierno pensó que toda persona que considerara que nuestra posición era razonable iba a recomendar el voto afirmativo. Pero la Alianza Popular de Manuel Fraga tuvo la brillante idea de no respaldar al Gobierno; ni siquiera el CDS quiso respaldarnos; por supuesto, tampoco IU. Con lo cual, el PSOE se encontró más solo que la una. Eso convirtió automáticamente la consulta en un plebiscito. Por tanto, cuando dicen que los socialistas convirtieron la campaña del referéndum en un plebiscito, aunque no fuera ésa nuestra intención, tienen razón.

Entonces Felipe González planteó aquella pregunta: «¿Quién gestiona el "no"?». Era inevitable plantearlo así. Felipe ha dicho muchas veces que, tal y como se habían planteado las cosas, él no lo iba a gestionar. En todo caso, se habrían celebrado unas elecciones generales sin Felipe González.

La campaña fue absolutamente a cara de perro y a mí me correspondió una barbaridad de actos: en el País Vasco, en Cantabria, en Zaragoza, en Málaga, en Valencia, en Alicante, en Madrid... Recorrí España. Exceptuando la Comunidad Valenciana, donde los actos se desarrollaron muy pacíficamente, todos los demás fueron actos extremadamente violentos, en el sentido de que intentaban reventarlos, quemaban neumáticos en la puerta... Se producía todo tipo de incidentes. Pero, bueno, esas situaciones me van muy bien al cuerpo, me va la marcha. (Mejor: me iba; porque estos tiempos ya no son los mismos).

Vivíamos con la extraordinaria duda de que se ganara el referéndum. Recuerdo que, cuando iba por la calle, siempre había alguien que me decía algo así como: «Ya solamente os quedan quince días», o «Ya solamente os quedan tres días». Y, entonces, yo, que no era diputado —no había querido serlo—, pensaba: «¡Ay! ¡Qué bien! ¡Dentro de quince días, vuelvo a la Universidad!». Me venía bien imaginarme libre, porque vivíamos una situación límite.

El día del referéndum, tuvimos Consejo de Ministros y Felipe me invitó a quedarme a comer en La Moncloa. Pasé esa tarde con Carmen y con él, y recuerdo que ella y yo nos pusimos a hablar de educación. Y Felipe, en una única expresión de impaciencia, dijo: «¡Pero cómo podéis hablar de educación si podemos perder el referéndum!».

Unas horas antes, cuando Felipe y yo nos habíamos quedado solos en la sala del Consejo —antes de subir a comer al primer piso—, me había dicho, con ese tono suyo, un poco irónico, y señalando a la mesa: «Bueno, a ver quién se hace cargo ahora de esto...». Existía la incertidumbre, que era muy fuerte y, desde luego, si hubiera ganado el «no», él no habría continuado al frente del Gobierno. Todos nosotros teníamos, por supuesto, la sensación de que, a mitad de camino, nos jugábamos nuestro proyecto socialista a una única carta. Entonces, todos éramos jóvenes, pero yo en absoluto tuve una reacción conservadora, en el sentido de que hubiera sido más prudente no convocar el referéndum. Eso no lo dudé en ningún momento. Con Felipe prefiero no debatir este tema porque los dos sabemos que tenemos opiniones distintas. Él ha repetido la suya muchas veces: para él aquello fue un error; para mí, no. Se habló mucho de las repercusiones que el referéndum podría tener en el voto en las elecciones generales. Y se ha dicho muchas veces que la pérdida de votos en esas elecciones —el voto socialista cae de un 48 a un 44— es imputable, básicamente, al tema de la OTAN. Yo no creo que sea cierto, porque he hecho bastantes estudios sobre eso. Me parece que el voto de la OTAN no condicionó en absoluto el voto socialista de 1986.

Yo pagué los platos rotos

Yo sí tuve que pagar las consecuencias del referéndum: el amplio colectivo que gestiona el Ministerio de Educación comenzó a mostrar un enorme escepticismo. Es decir, el Ministerio de Educación y, particularmente, yo, nos habíamos podido beneficiar de una cierta identidad «progre», después de todas las batallas de la reforma de la enseñanza contra los sectores más reaccionarios; a partir de la campaña de la OTAN, eso cambió radicalmente. Tengo esa sensación. Cambió, en el sentido de que muchos sectores de la enseñanza —sobre todo de la escuela pública— que eran «anti-OTAN» no perdonaron fácilmente la posición «pro-OTAN» del ministro de Educación. Y yo me sentía muy incómodo en esa situación.

También tengo que reconocer que quizá el PSOE no fue suficientemente generoso a la hora de explicar —o incluso a la hora de aceptar— la crítica y que, en ocasiones, el tema se planteó con una dosis excesiva de beligerancia. Esa actitud, recuerdo, a Javier Solana, por ejemplo, le producía muchísimo dolor. Pero el tema se planteó en una situación tan extremadamente adversa —la diferencia en intención de voto era siempre superior a veinte puntos—, la situación auguraba una derrota tan absoluta que había que defenderse con argumentos con los que, muchas veces, no se podía estar de acuerdo. Eso sí es verdad.

Lo que ocurría era que, de entrada, a mí me había parecido completamente estrambótica la argumentación del PSOE en 1981. Es decir, para mí, lo que realmente fue un trago muy amargo fue la posición del Partido sobre la OTAN en los años 1981 y 1982, tener que viajar para proponer que no nos dejaran entrar en la organización y, finalmente, tener que volver, unos años después, a defender la integración en las mismas zonas de Madrid donde había defendido lo contrario. Pero, al menos, creía en la nueva posición mucho más que en la anterior.

Además, yo había vivido varios años en Gran Bretaña, conocía bien la política británica, había pertenecido al Partido Laborista antes que al Partido Socialista, había vivido ya las polémicas internas en el seno de la izquierda sobre las políticas de defensa y sobre el papel de la OTAN, y había acumulado mucha información al respecto. Y me parecía que estar fuera de la OTAN era una posición inviable.

La defensa de esta opción resultaba «contaminante» para una izquierda que se consideraba más «pura». Y yo, que viví varios altibajos por el tema de la Educación, tuve que añadir a mi currículum el asunto de la OTAN: o sea, que quedé «marcadito».

Leyes «bomba»

En las elecciones generales de 1986 —campaña añadida que representó un esfuerzo muy, muy grande—, participé en cerca de cuarenta actos públicos. Acepté presentarme a diputado y cometí el error de mi vida, porque eso significa que hay que estar mucho más pendiente de la política para sobrevivir. Y yo no quería ser un político que dependiera de la política, y que a los 60 años tuviera que buscar a alguien que me encontrase un hueco o una bicoca, porque ser político fuera lo único que supiera ser...

Me presentaba como cabeza de lista por Valencia. Primero, porque en Valencia tenía repercusiones personales importantes y, segundo, porque dije que lo aceptaría si se adoptaba esa decisión por unanimidad en las agrupaciones del Partido Socialista del País Valenciano (PSPV). Y tal circunstancia se produjo.

Llegué al verano cansado... Ya en la crisis de 1985 le había pedido a Felipe que me cambiara de Ministerio...

En septiembre comenzó el debate de los presupuestos y me encontré en una situación verdaderamente complicada: en el presupuesto inicial para 1987 no había dotación para afrontar las reformas educativas. Y, de nuevo, tengo que librar una enorme batalla para conseguir la suficiencia presupuestaria. Recuerdo que Narcís

Serra me dijo: «Bueno, hay algunas leyes... Ándate con cuidado, José Mari, porque algunas leyes se pueden convertir en una bomba de relojería». Aquello significaba que, si no hay recursos para llevar a cabo determinadas leyes, ¡vaya una gracia para el que las aprobó!

Dada la situación, aproveché una reunión con Felipe para decirle que creía que había llegado el momento de empezar a pensar en irme... Felipe entendió que las elecciones habían ratificado al Gobierno. Por lo tanto, hizo un pequeño cambio en el Gabinete, pero aplazó el cambio importante para meses más adelante. Yo estaba emplazando mi salida del Gobierno para ese cambio pendiente. Él me comentó: «Sí, en ese cambio... Vamos a ver, porque quiero cambiar, entre otras cosas, la estructura del Gobierno... La figura de los secretarios de Estado y secretarios generales... Pero ¿a santo de qué te entra esta manía de querer dejarlo?». Y le dije: «Me quiero ir porque quiero escribir un libro». «Eso queremos hacerlo todos». Así me despachó.

Uno no tiene tiempo casi para nada, porque va siempre corriendo detrás de las cosas... Empezó la campaña de las elecciones vascas y allí que me fui: lanzado. Y cuando estaba en plena campaña de las elecciones vascas —las generales habían sido en octubre; la campaña en Euskadi se desarrolló en noviembre—, donde también fui sumergido en multitud de actos, me notificaron que se había convocado una manifestación de estudiantes: se había corrido el rumor de que se iban a suprimir los exámenes de septiembre.

Recuerdo que mi hijo mayor me dijo: «Oye, ¿no se te estará ocurriendo la loca idea de quitar los exámenes de septiembre? Porque está corriendo ese rumor por todas partes y, desde luego, si se te ocurre esa idea, la mitad de mis amigos tienen que repetir curso». Yo pensé: «¿A quién se le habrá ocurrido tan estrambótica idea?».

Cuando comienza a sonar el río...

Hablé con Alfredo Pérez Rubalcaba, que ya había empezado a decir en alguna emisora de radio que no era verdad, que no se había pensado jamás en suprimir los exámenes de septiembre. Cada vez que alguien del Ministerio lo negaba, lo único que hacía era avivar el incendio: «Si lo están negando, es que algo habrá». «Si el río suena, agua lleva».

En fin, me dijeron que se había convocado una manifestación en contra de la supresión de los exámenes de septiembre. ¡Qué cosa más extraña! Aunque nadie se lo crea, lo único real eran unos documentos, una reflexión sobre papel, completamente arbitrista, de la FETE-UGT (Federación Española de Trabajadores de la Enseñanza-UGT), de pedagogos del sindicato que decían que la segunda vuelta en septiembre no era pedagógicamente idónea —llegaban muchas ideas locas—. Poco tiempo después, podían verse a miembros de FETE-UGT encabezando las manifestaciones contra la supresión de los exámenes de septiembre, supresión que jamás había estado en los planes del Ministerio de Educación. Se generó esta extraordinaria «bola», pero, la verdad, ya había bastante malestar por diferentes razones...

La protesta procedía, sobre todo, de la educación secundaria. Eran chicos de quince, dieciséis o diecisiete años. Hubo una primera manifestación, no muy grande, pero con mucho eco. Aún estaban calientes los rescoldos de la OTAN y era la primera manifestación estudiantil después de varios años.

Una primera causa del descontento generalizado era, en mi opinión, un desempleo bastante considerable entre la población joven. No es que aquellos muchachos estuvieran experimentando ese desempleo, sino que tenían pánico a la finalización de los estudios, a que la educación dejara de proporcionarles una especie de paraguas de seguridad. Esa situación producía muchísima incertidumbre en todos los institutos y fue el comienzo de una espiral de conflictos extremadamente dura. Daban ganas de estar en esa manifestación, porque ¿cómo no va a entender uno esa preocupación? Fue desgarrador. Y fue desgarrador para mí y para Alfredo Pérez Rubalcaba. Fue una pesadilla. Porque uno estaba completamente con el corazón ahí, en la angustia de los estudiantes.

Yo no puedo asegurar cuál era la razón del descontento. Ojalá lo supiera, pero mi impresión es que... entonces estaba empezándose a notar el efecto del crecimiento económico, pero hasta entonces no. Es decir, son los primeros meses de crecimiento económico y el desempleo era muy elevado. En la población de dieciocho o diecinueve años, el desempleo podía alcanzar el 40 por ciento.

¿Por qué se produce la protesta en ese momento? Yo tengo la sensación de que, probablemente, el tema de la OTAN había dejado a muchos sectores dolidos y la idea de que «el Gobierno es responsable de muchos errores y es hora de exigir y de exigir mucho más» se transmitió también a los estudiantes. No es que la protesta surgiera en su seno, sino que fue también incentivada... Y prendió como una llama.

Lo que me sentaba fatal era la idea de que yo utilizaba argumentos «para defenderme a mí mismo». Mi apego al Ministerio de Educación y Ciencia era cero. Además, en ese momento, tuve una experiencia personal dolorosa, que, digamos, me dejó entontecido un poco... En diciembre, murió mi padre... Son esas cosas que... Se supone que los políticos tienen que ser insensibles. Eso de que los políticos tienen que tener piel de elefante... yo no lo he creído jamás, no veo por qué razón tiene que ser así. Aquello me afectó mucho.

«De un viejo historiador a un joven dirigente socialista»

En el debate de la LODE[10], en el Senado, se presentaron 6.600 enmiendas. Yo lo tomé como una cuestión muy personal: decidí estar presente en el debate y no delegar en los senadores, lo cual me acabó granjeando bastantes amistades en el Grupo Popular... Por estar allí, en debates que duraban hasta las tres de la mañana.

Aquellas sesiones coincidieron con un ataque al corazón de mi padre. Lo traje a casa y estuvo conmigo durante un mes y medio, mientras se desarrollaba el debate. Estaba feliz, porque pensaba que yo lo estaba llevando con mucha flema, que estaba tranquilo. Mi madre, también... Los dos eran como uña y carne para conmigo. Siempre tuve muchísimo apoyo por su parte. Mi padre, al principio, estaba un poco preocupado, por la complejidad que entrañaba el Ministerio de Educación.

Mi padre murió mientras tenía lugar aquel conflicto con los estudiantes, lo cual fue un trago bastante duro[11]. Pero durante todo ese período, hasta diciembre de 1986, fue una época en la que conté con muchísimo apoyo por su parte y, para mí, aunque yo ya era mayorcito, tener ese apoyo personal fue muy importante. La relación entre mi padre y yo fue siempre muy intensa, muy próxima, muy estable... Entonces, yo no tenía constatación de su respaldo —lo daba por supuesto—, cuando lo había constatado todo el mundo. En aquellas fechas, yo hacía lo que podía. Cuando vivió en mi casa y lo tuvimos que internar en estado grave, en el Ramón y Cajal, recuerdo que yo estaba con el teléfono del coche negociando los presupuestos. Y el mismo día que se murió —dos años después, en diciembre de 1986—, yo acababa de tener una rueda de prensa con motivo de la huelga de los estudiantes. Mi padre la había visto y sé que le gustó.

Tras la rueda de prensa, yo acudí al Consejo de Ministros. La situación de mi padre había empeorado gravemente. Felipe, cuando llegué a la reunión, me dijo: «Quédate con él. Está muy mal». Felipe González siempre había tenido por él un cariño muy grande y se habían llevado muy bien. Mi padre le había escrito una larga carta a Felipe, allá por el año 77, y se había dirigido a él como «un viejo historiador a un joven dirigente socialista». Le explicaba su visión de la Historia de España y señalaba qué perspectivas, a su entender, podía tener... Una carta tremenda... que Felipe siempre llevó consigo. Cuando abandoné el Consejo de Ministros, a mediodía, salí de allí con la certeza de que mi padre estaba muriéndose.

El Sindicato de Estudiantes me mandó un telegrama, cosa que agradecí con todo el corazón.

«Un pedrusco así de grande»

Esta situación embotó un poco mi capacidad de reacción.

A comienzos de enero hubo otra manifestación que, de nuevo, fue bastante pequeñita, pero la respuesta de las Fuerzas de Seguridad fue extremadamente dura. Hasta ese momento, habían sido bastante permisivas, de modo que se habían estado rompiendo todo tipo de cosas...

Y, en medio de la polvareda de los botes de humo, emergió la figura completamente emblemática del marginado: John Manteca rompiendo faroles enfrente del Banco de España. Una chica resultó herida en aquellos disturbios y yo no estaba dispuesto, desde luego, a que mi continuidad en el Ministerio de Educación y Ciencia fuera a pasar por ningún tipo de tragedia. Bajo los Gobiernos anteriores, no socialistas, algún estudiante había muerto. Yo no entiendo cómo se puede aceptar eso.

Entonces, por mi cuenta, fui a ver a la estudiante herida. Estaba en el Hospital Clínico y me colé para verla. Y la chavalita, al verme dijo: «¡Maravall! ¡Dios mío, por lo que hay que pasar para conseguir verte!». Y le dije: «A ver, cuéntame: ¿qué era lo que tenías tú entre las manos?». Y me contestó: «Un pedrusco así de grande». «Pero ¿cómo podéis ser así de locos? ¿Cómo podéis ser así de insensatos», le pregunté. Se rió, se rió un poco, porque estaba allí también la familia, que no me miraba con muy buenos ojos —con toda la razón del mundo—.

Esa tarde me reuní con Felipe y le dije que iba a convocar a los estudiantes para hablar. Es difícil negociar cuando se trata de un movimiento que no tiene representantes... Hasta entonces había sido muy complicado: ¿qué hacer si no hay una estructura sindical con unos representantes o no hay unos partidos? Pero, en esos momentos, había algunas personas que podían ser emblemáticas, que podían ser representativas. Y Felipe estuvo de acuerdo. Me dijo: «Oye, estás corriendo un riesgo... ¡La madre de Dios!... A partir de ahora esto va a ser fino... pero, bueno, me parece muy bien».

Al final de esa reunión —era un domingo— vino también Joaquín Almunia y, al despedirnos, me dijo: «¡Huy, madre! José María, ¡en la que te vas a meter!». Alfredo Rubalcaba, que en ese momento era secretario general del Ministerio, actuó fantásticamente bien. Estuvo excelente.

Recuerdo las conversaciones y... era muy curioso, porque, cuando hablas con chicos bastante jóvenes, es obvio que hay muchas cosas que tienes que explicar con mucho cuidado: tienes que transmitirles que hay reglas y que hay normas que no se pueden romper; que hay una Constitución que dice esto y que hay una Ley Orgánica que dice lo otro...; tienen que saber que tú tienes las manos atadas en muchos casos y que algunos aspectos del funcionamiento de la economía se escapan de mi capacidad de decisión... Me decían: «Pues que el Ministerio se comprometa a que el desempleo juvenil se reduzca de un 40 por ciento a un 24 por ciento». Y yo decía: «¡Madre de Dios! ¿Cómo hago yo eso?».

Fueron conversaciones muy largas. Fuimos explorando el terreno y, al final, ofrecimos una respuesta que, a mí, me satisfizo mucho: un aumento muy fuerte de las becas, que era lo que había pretendido desde el inicio de mi gestión, porque me parecía clave en la política educativa y era algo que no había existido en España antes de los Gobiernos socialistas. Además, congelábamos las tasas y establecíamos la gratuidad en la enseñanza obligatoria, en la enseñanza pública o en la financiada con fondos públicos. La enseñanza obligatoria se extendía entonces hasta los catorce años, pero, en aquel momento, nos anticipamos a la segunda fase de la enseñanza obligatoria y la ampliamos hasta los dieciséis años.

Yo pensaba que los estudiantes no iban a firmar. Antes de presentarles la oferta, telefoneé a Alfonso Guerra y él me dijo: «Oye, José Mari, haz que firmen antes de que se vayan, que no crucen la puerta sin firmar». «No sé si lo voy a conseguir», le contesté. Pero él añadió: «Y, cuando hagas una declaración, di que se les ha dado todo lo que han pedido excepto lo imposible». Llamé también a Felipe y me dijo: «José Mari, perfecto con esto».

Entonces, bajé a hablar con los estudiantes. Yo creía que no iban a firmar, y les dije: «Bueno, ésta es la oferta del Ministerio y éste es el final de la negociación». Los chicos del Sindicato de Estudiantes me dijeron: «¿Que el Ministerio hace una oferta unilateral y que aquí no hay acuerdo? No, no, no... Un momento». Se reunieron en un rincón, debatieron y, finalmente, me dijeron: «Estamos dispuestos a firmar».

Y, a partir de la firma, se produjo un tremendo vuelco de opinión: «El Ministerio ha claudicado». Todo muy sencillo: es decir, no das ningún tipo de respuesta y eres un salvaje autoritario, insensible; si das una respuesta, has claudicado. Se mantenía la selectividad, se mantenían las tasas, anticipabas la ley de gratuidad hasta los dieciséis años, lo único que aumentaba eran las becas... Esto, para algunos, era claudicación.

El contacto con los jóvenes provocó en mí aquel comentario: «¡Dios mío! Me he dado cuenta de que, para ellos, ¡somos "el régimen"!». Personalmente, lo percibí todo de una manera muy intensa. Mal, fatal. Es que te dabas cuenta desde el comienzo, es decir, desde las manifestaciones, las pancartas, los gritos, los debates en televisión, te dabas cuenta de que, para ellos, éramos «el régimen». Yo era, para los jóvenes, un extraterrestre.

El texto del acuerdo es bastante curioso, porque dice: «Como desarrollo de la política educativa progresista llevada a cabo por...», «en cumplimiento de los objetivos de la LODE...». Es decir, es un respaldo a la política educativa y estaba firmado por los estudiantes después de esas negociaciones: o sea, las conversaciones no fueron precisamente inútiles.

Un ministro quemado

Después de aquel episodio le escribí a Felipe otra de mis largas misivas. Ésta, de veintitantas páginas, versaba sobre el descubrimiento de una generación que se había mantenido muy alejada de la política. La participación en aquella reivindicación había sido su «puesta de largo» en política. En mi opinión, existía, tras las conversaciones y el acuerdo, una oportunidad de oro para los socialistas y el Partido debía aprovecharla. A pesar de la confrontación, se habían tendido puentes, formas de diálogo... A lo mejor era una visión, digamos, optimista de lo que fue una confrontación muy dura. Pero ésa fue mi sensación al final.

Pero era la versión optimista, la mía. La versión, en términos políticos, era un ministro de Educación extremadamente desgastado. Su argumento principal, una política de izquierdas dirigida fundamentalmente a los chicos jóvenes —no a sectores de intereses corporativos, no me interesaban propietarios de colegios privados ocupados en su negocio; no me interesaban los sindicatos, me interesaban sólo cuando me planteaban cosas que interesaban a los estudiantes—, toda su política «había fracasado». Por eso estaba bastante tocadito del ala, por ser generoso.

El acuerdo se alcanzó en marzo. Es decir, el conflicto se prolongó durante meses. La opinión general era que había perdido la partida. Alfonso Guerra, en una entrevista en *El País*, hablaba de la solución del conflicto de los estudiantes y decía que alguna gente podía pensar, «con razón», que el ministro de Educación se había excedido en su claudicación. Para avalar su comentario invocaba aquella frase: «Se les ha dado todo excepto lo imposible». ¡La frase que él mismo me había aconsejado! Lo comenté después con Felipe, que me dijo: «Entiendo que estés indignado, pero yo que tú no me preocuparía, no le daría mayor importancia».

Y, por entonces, un sector del Partido empezó a pensar que el ministro de Educación llevaba allí bastante tiempo. No acertaba a comprender por qué pensaban que había permanecido «demasiado tiempo». Cuando se acercaba la Semana Santa, durante un largo día con Felipe, me planteó pasar esa semana juntos. Pero yo tenía que ir a Valencia: había quedado con Jorge Semprún. En esas fechas, yo estaba un poquito «tocadito»: pensaba que no tenía ningún futuro. (Tengo que creer mucho en las cosas y en lo que hago, si no...). Y en aquella reunión con Felipe fue cuando realmente empecé a diseñar mi marcha del Ministerio. Empezamos a hablar del relevo. Estábamos en marzo de 1987. Aún transcurrió año y medio hasta que, finalmente, abandoné el Gobierno.

En ese período me embarqué en un proceso muy fuerte de recuperación de la iniciativa en el Ministerio: participé en el Congreso de Escritores que recuperaba el Congreso de Valencia bajo la República, lancé el primer borrador de la LOGSE, el «Libro Blanco», y lancé el primer Plan Nacional de Investigación, sobre la base de la Ley de la Ciencia que se había aprobado. Y, a la vuelta del verano, cuando se iba a presentar ese Plan Nacional de Investigación, me encuentro, por sorpresa, sin previo aviso, con que los sindicatos han convocado una huelga general en la enseñanza, antes de plantear siquiera las reivindicaciones: una huelga sin saber cuál es la reivindicación de entrada. ¡Ni me la habían comunicado! ¡Ni habíamos tenido una sola reunión!

Me dijeron que habían convocado una huelga porque no había habido ningún entendimiento, no había habido ninguna receptividad... Y ése fue el segundo gran conflicto al que tuve que hacer frente. Pero, para mí, fue mucho menos dramático que el de los estudiantes. Durante el que sostuve con los profesores yo intenté, sobre todo, salvaguardar la LOGSE —que estaba en proceso de aprobación—, aislando del conflicto a una parte del Ministerio —Alfredo Rubalcaba y Álvaro Marchesi— y dedicando otra parte del Ministerio al tema del profesorado. Pero era obvio que, para mí, era un conflicto sin salida. El conflicto podía tener salida, pero no la podía ofrecer yo.

Unos meses después, en un Comité Federal, Izquierda Socialista le preguntó a Felipe González por qué el Gobierno no había podido atender las reivindicaciones de los sindicatos durante la huelga general del 14-D si, poco después, se habían aprobado las partidas exigidas; preguntaban si no se podían haber anticipado. Felipe González dijo: «Ocurre que la estrategia de los sindicatos no consistía sólo en una reivindicación económica. Era una estrategia semejante a la que habían seguido en el campo educativo unos meses antes. De lo que se trataba era de acabar con el ministro de Educación. Y ahora de lo que se trataba era de acabar con otro ministro, si no con el presidente del Gobierno».

Es decir, yo no podía solucionar la crisis diciendo: «Ahí van setenta mil millones de pesetas». (El conflicto con los estudiantes, en términos económicos, tuvo un coste de siete mil millones de pesetas, cantidad que suena enorme para cualquier ciudadano, pero es una cantidad mínima). Lo que planteaban los profesores, de entrada, equivalía a setenta mil millones de pesetas. Aquellos setenta mil millones de pesetas se destinarían a una subida salarial que afectaba sólo a trescientas mil personas, mientras que los siete mil millones ofrecidos a los estudiantes afectaban a nueve millones de jóvenes.

La lección que habían aprendido los profesores

Yo creo que, de alguna manera, los profesores habían aprendido mucho, muchísimo, del conflicto de los estudiantes. Además, la imagen pública, la imagen política de que había habido, no acuerdos, sino claudicación, dio pie a imaginar que había llegado «su turno». Porque, probablemente, el conflicto anterior había sido una especie de exploración, de tanteo. Y la LOGSE estaba en camino e iba a significar una reordenación docente importante. Era muy importante para el Gobierno. Entonces, si hay algo importante para el Gobierno y nosotros —los profesores— vamos a ser quienes gestionemos la reforma, pondremos condiciones. Era un conflicto que yo no podía resolver diciendo: «Antes ofrecí dinero y resolví un conflicto; ahora, como si poseyera el cuerno de la abundancia, saco más dinero y resuelvo otro». Era una broma.

Además, en el Consejo de Ministros se tomó una decisión: el Gobierno no negociaba ningún tipo de reivindicación salarial hasta el mes de mayo. Fue una posición adoptada conjuntamente por Carlos Solchaga y por Alfonso Guerra, y me pidieron que ni siquiera me sentara yo a negociar.

Se decía: «¿Por qué el ministro de Educación no se sentó a negociar con los sindicatos? ¿Por qué llevó la negociación Joaquín Arango?». Entre otras cosas, porque yo estaba siendo muy leal a un Consejo de Ministros en el que se había acordado que ningún ministro podía sentarse a negociar hasta el mes de mayo. Entonces no se comprendió bien... pero ésa era la razón. El compromiso era que, en el mes de mayo, se dispondría de cierta cantidad de dinero. Si se hubiera dispuesto de ella en un principio, probablemente se habría mitigado la huelga, habría existido un camino para el entendimiento. A finales de mayo —cuando yo abandonaba el Gobierno— le dije a Carlos Solchaga: «Carlos, yo he cumplido mi parte; ahora, cumple tú la tuya». Y mi último acto como responsable del Ministerio fue dar a los sindicatos lo que habían pedido inicialmente.

Me sustituyó Javier Solana y, unos meses después, él pudo disponer de los setenta mil millones de pesetas y cerrar el conflicto con los profesores. Él era nuevo y podía; yo era viejo y no podía. El dinero estaba en el mismo bolsillo: estaba en el Ministerio de Economía. Pero, políticamente, la situación era muy distinta. Él tenía ese margen de actuación; yo no lo tenía, porque, en primer lugar, había estado mucho tiempo al frente del Ministerio; en segundo término, había mantenido un conflicto muy grave que había acabado, aparentemente, con concesiones: no podía pasar una segunda ronda. Ahora, era el comienzo de un nuevo ministro: disponía de aquel dinero igual que yo había dispuesto de una cantidad para subir los sueldos a los maestros.

«NO ME QUEDO NI MUERTO»

A esas alturas, yo me sentía muy quemado. Hay un folleto, editado por no sé qué partido belga, que dice algo así: «¿Por qué un ministro de Educación no puede durar más de nueve meses?». Yo llevaba casi seis años al frente del Ministerio. Yo sé que tenía motivos para estar satisfecho: ese Ministerio fue punta de lanza del cambio socialista... Pero, en aquel momento, yo era un lastre ingente. Estaba muy quemado.

Recuerdo que, cuando hice mi primer viaje, después de cesar como ministro, iba andando con mi mujer por el aeropuerto y una señora, que estaba con un grupo de amigas, me dijo algo así: «Lo ha tenido que pasar usted bien mal». Le agradeceré toda mi vida aquel gesto.

Sí, verdaderamente yo estaba muy quemado. No quería seguir. Educación necesita siempre alguien que tire y Javier Solana y Alfredo Rubalcaba fueron perfectos.

Ahora, muchos años después, recuerdo algunos discursos de los distintos portavoces en el Congreso. El portavoz del PP dijo: «Mire usted, tenemos en estos momentos una idea de usted verdaderamente nefasta, aunque habremos de reconocer que, probablemente, la historia le trate de forma más generosa». A lo mejor, uno puede ser ahora un poco más generoso que entonces.

Antes de irme, hablé de nuevo con Felipe y le dije: «Mira, no me encargues nada, que no puedo hacerlo». Javier Solana me preguntó, algún tiempo después, por qué no había querido ser ministro de Cultura. No quise porque Semprún era muy buen ministro de Cultura y yo no. Además, ¿por qué vas a poner a un ministro quemado en otro ministerio? ¡Que se vaya a su casa! Ni muerto habría seguido. Me quería ir, pero, además, pienso que mi permanencia hubiera sido absolutamente escandalosa, una afrenta a las exigencias democráticas del país. Me tenía que ir. Y, además, me fui con una amistad con Felipe que se mantenía bien viva.

El CSIC ha elaborado recientemente un gran trabajo, realizado por dos investigadores extremadamente competentes[12]; el estudio se titula «Las repercusiones de las distintas políticas en el voto socialista a lo largo de 14 años». Pues bien, hay dos políticas que tienen un efecto rotundo —positivo— en el voto: educación e infraestructuras. Mi batalla fue la igualdad de oportunidades. Lo intenté, lo intenté con toda mi alma. Que llegara muy lejos... que no fuera un fiasco... pues quedan sus dudas.

14-D: MIRADA AL PRECIPICIO

La huelga general del 14-D... Yo ya no estaba en el Gobierno pero, como miembro de la Ejecutiva del Partido, me veo obligado a hacer una campaña intensiva. No sabía decir «no» a nada y me utilizaban para un roto y para un descosido. Yo estaba completamente aislado en la Ejecutiva. A pesar de que hice mucha campaña en la huelga general, yo no participaba en las decisiones sobre qué hacer respecto a la misma. Ese tema era de un Comité Interno... y había sus vetos. Yo iba a los actos —no eran siempre muy agradables—, pero no formaba parte en absoluto del núcleo de decisiones. Más bien, se lanzaban advertencias respecto a mí...

En esas fechas, en diciembre de 1988, se vuelven a registrar algunas señales de alarma en el Partido. Se habían agudizado mucho los efectos de las incompatibilidades entre Gobierno y Partido aprobadas cuatro años antes. Además, se desatan los comentarios sobre Felipe —¿se va, no se va?—, como consecuencia de la huelga.

La situación excitaba mucho a algunos —sobre todo a Alfonso Guerra—, porque pensaban que, desde el Partido, tenían que controlar férreamente la sucesión. Y se produce, por lo tanto, una política crecientemente sectaria por parte de un sector del Partido. Lo viví intensamente porque —en el seno de la Ejecutiva Federal— estaba en una posición minoritaria frente al todopoderoso «guerrismo».

Este mismo año, Felipe había intentado que Almunia, Solchaga y yo volviéramos a la Ejecutiva, rectificando así la decisión de 1984, pero solamente conseguí entrar yo. Lamenté mucho que no hubiera podido entrar ninguno... Fue muy fuerte. Mi panorama, impuesto por un sector del Partido, era de aislamiento total. Desde ese «frente», de vez en cuando me advertían: «Tu popularidad en el Partido va disminuyendo». Así. Literalmente: «Tu popularidad en el seno de la organización está disminuyendo». Me lo decía un compañero encargado de esas cuestiones, un mensajero del desastre, próximo a Alfonso Guerra.

Yo percibía que el Partido se encaminaba a un precipicio de conflictos serios si no se hacía nada para evitarlo. Había una posibilidad: integrar. Pero no se puede integrar si se hace una política de persecución. Hubo un momento en el que yo recibí varios mensajes y signos que parecían decirme: «¿Por qué no te unes?». Libritos dedicados... Uno se titulaba *Castigo divino*, de Sergio Ramírez, con una larga dedicatoria muy ilustrativa... Algunos mensajes, vía periodistas amigos, y cosas por el estilo. Pero como no fui receptivo, como no hice caso de las sugerencias, la situación en la que me encontré no fue muy cómoda.

Además de pertenecer a la Ejecutiva, yo era diputado por Valencia en el Parlamento. Felipe pensó que ése era un acomodo muy bueno; siempre dijo que, así, me podría rescatar. Y yo le contestaba que solamente podría ser ministro de Educación, y que, de eso, se olvidara. Otro ex ministro, Ernest Lluch, también era diputado en el Congreso. Él se sentaba en un lado y yo me sentaba más bien en el centro. Nos mirábamos, y los dos estábamos desesperados, porque nadie contaba con nosotros, era un aburrimiento inmenso.

Entonces, Lluch y yo decidimos finalmente que había un dinero público que no se estaba empleando adecuadamente, y que teníamos que volver a la enseñanza. Por tanto, Lluch dejó el Parlamento, Solana le nombró rector de la Universidad Internacional Menéndez Pelayo, y yo, cuando se iban a convocar las elecciones de 1989, comuniqué mi decisión de dejar el Congreso y la Ejecutiva del Partido.

Ya en el mes de abril, le había dicho a Felipe González que dejaba la Ejecutiva. «Pero, si va a haber unas elecciones pronto...». Yo le contesté: «Sí, pero me han invitado a pasar cuatro meses en la Universidad de Nueva York». «¿Y no puedes esperar a que pasen las elecciones?», me preguntó. «Me temo que no», concluí. «¿Tú qué harías, Felipe?», quise saber. Y él me dijo: «¿Yo? Largarme».

También le comenté mi decisión a Alfonso Guerra, y me dijo: «Me coges con el pie cambiado, no sé qué decirte. Ya hablaremos». Esta conversación tuvo lugar en el mes de abril, y en el mes de septiembre no había recibido ningún comentario más. Entonces, sin hacer nuevas consultas, anuncié que no continuaba en el Parlamento y que no sería candidato en ninguna lista de las elecciones de 1989, lo cual produjo un pequeño estertor: había que buscar a un cabeza de lista para Valencia.

Y me fui a Nueva York. Recibía llamadas de Felipe: «Oye, ciudadano, ¿tienes hueco para que me vaya para allí?». «Sí», le contestaba, «pero, oye, que estoy entre club de jazz y club de jazz». «¿Qué quieres decir con eso?», preguntaba intrigado. «Que tienes que venir con chaleco antibalas», le decía yo. Mantuvimos el contacto.

Regresé de Nueva York cuando estaba en su apogeo el «caso Juan Guerra». En enero de 1990, me incorporé... o mejor, empecé a asistir a las reuniones de la Ejecutiva del Partido. Allí, mi participación en la toma de decisiones era cero. Era un momento de «bunkerización» total. Sobre todo, porque, en ese momento —desde enero hasta el verano—, se pusieron en marcha esas operaciones de castigo de potenciales críticos: la defenestración de Rodríguez de la Borbolla en Andalucía y de Joaquín Leguina en Madrid a manos del «guerrismo».

La reacción en el Partido fue lenta pero, durante el verano, se comenzó a pensar que no solamente no se asumían responsabilidades por todos los escándalos que estaban aflorando, sino que se estaba produciendo una persecución del potencial crítico. Y que esta persecución estaba cuajando. Esta conciencia y la consiguiente reacción es lo que conduce al acto de apoyo a Leguina en Chamartín y, pocos meses después, a la salida de Alfonso Guerra del Gobierno. Por supuesto, yo fui el único miembro de la Ejecutiva que fue a Chamartín, y eso produjo una tensión inevitable...

El asunto Leguina

Yo ya había anunciado —desde junio del año anterior—, y así se lo dije a Felipe, que con el «asunto Leguina» se iba a armar la marimorena. En aquel momento, se tenían pocas claves y la intriga contra Leguina se vivió como una bronca interna. Al cabo de un tiempo, se empezaron a hilar las claves y a demostrar que aquello no era exactamente una bronca entre unos y otros, sino que estaba en juego algo más que cuestiones menores: Leguina era secretario general y presidente de la Comunidad de Madrid, y el PSOE había establecido el principio de que los cargos públicos no serían nunca cesados por el Partido, porque dependían del voto popular, no de los votos del Partido. La defenestración de Pepote Rodríguez de la Borbolla en Andalucía había sido un escándalo y, con el caso de Leguina, llovía sobre mojado. Era totalmente inaceptable.

Al principio, los compañeros catalanes del PSC no se lo acababan de creer. Obiols y Maragall estaban espeluznados porque —pensaban— armar aquel lío interno en medio del «caso Juan Guerra» solamente se podía entender en clave de una batalla a muerte. Pero aquella batalla se había desencadenado por los que más tenían que callar. El clima de tensión era irrespirable.

A la vuelta del verano, acudí a la reunión de la Ejecutiva. Era el verano de la Guerra del Golfo[13]. Felipe no había llegado y ya estaba todo el mundo por ahí, arremolinado... A Juanma Eguiagaray, cuando recuerda esas escenas, se le pone el pelo de punta... Entonces, entré yo y empezaron a decir: «Bueno, ¿qué os ha parecido? Éste es el verano de la Guerra del Golfo». Otros decían: «Más bien ha sido un verano de otro golfo que tenemos más cerca». Lo decían porque Joaquín Almunia había pasado unos días del verano en mi casa y ellos habían deducido que habíamos estado conspirando —cosa que no habíamos hecho—. Sumaron también unas declaraciones que había hecho Jorge Semprún a *El País*, y todo esto junto, para ellos, formaba parte de alguna estrategia...

Ésta fue la reacción al acto de Chamartín, un acto de apoyo a Joaquín Leguina. La presencia de algunas personas produjo una conmoción en aquella Ejecutiva... Fue todo tremendo, violentísimo. Hubo patadas contra las paredes, deambular en torno a la mesa... Una cosa tremenda. Y yo me quedé más solo que la una. Recuerdo que, a la salida, hablé con Alfredo Pérez Rubalcaba y me dijo: «Oye, José María, vamos a cenar tú y yo...». Esa noche, para aliviarme, me sacó a cenar...

Yo creo que aquella reunión fue tan crispada porque ellos entendían que se estaba desencadenando lo que ellos entendían que había sido un cuestionamiento de un poder —el «guerrista»—, que entonces estaba funcionando de una manera oculta, pero con la supuesta pretensión de ser omnipotente. Detrás de ello, la intención, a mi juicio, era que había empezado la estrategia del *king maker:* quién nombra al rey, quién decide la sucesión.

El partido: segunda carta a Felipe

Como consecuencia del revuelo de Chamartín, escribí otra larga carta a Felipe sobre el funcionamiento de un partido dentro del Partido y sobre el ejercicio mafioso del poder. Le describía la situación con pelos y señales. Al poco tiempo, antes del verano, me invitaron al congreso del PSC, cosa que agradecí mucho. Y Felipe, que también estaba allí, no se cansó de hacer referencias a mí. Lógicamente, estaba siempre rodeado de gente pero hizo un aparte conmigo y me dijo: «Leí tu carta. Tengo la tentación de contestarte». Y le contesté: «¡Estupendo! La leeré con avidez». No me contestó. Pero, al poco tiempo, se empezaron a oír rumores sobre la reorganización del Gobierno.

Ya el año anterior, de regreso de Nueva York, en el verano de 1989, yo había acudido a mi primer día de clase en la Facultad —lo cual fue un trago, fue un *shock.* No para mí, para los demás... porque, evidentemente, mi Facultad no es precisamente plácida[14]—. Felipe nos invitó a Chus y a mí a comer, y mi mujer le dijo: «Oye, Felipe, haz el favor de dejarlo en paz, que ahora está muy tranquilo y muy bien». Entonces, Felipe me advirtió: «Ya hablaremos tú y yo sin señoras delante». Y, naturalmente, mutis, silencio.

Poco después, Narcís Serra me invitó también a comer y me anunció: «Felipe está empeñado en que seas el ministro de la Presidencia». Esos rumores fueron en aumento y, la verdad, yo no tenía la más mínima intención de volver al Gobierno. Y, precisamente, yo estaba a punto de salir hacia Portugal para asistir a una reunión sobre política educativa, cuando me llamó Javier Solana y me dio la noticia de la dimisión de Alfonso Guerra. Era obvio que aquello era el anticipo de un cambio de Gobierno.

En aquel Gobierno de 1991 estaba Semprún, al que, más pronto que tarde, se le buscó relevo. Felipe me llama un domingo y me dice: «Te llamo para decirte que voy a reorganizar el Gobierno y quiero contar contigo para el Ministerio de Cultura». Para mí fue una completa sorpresa porque, primero, no me lo esperaba y, segundo, no sabía muy bien de qué iba aquello del Ministerio de Cultura. Supongo que significa colgar cuadros y alguna cosa más. Y, además, el cargo lo ocupaba Jorge Semprún, y Jorge tiene mucha estatura... yo, la verdad, no tengo muy buena opinión de mí mismo como político. Le contesté a Felipe: «Te equivocas. No voy a volver, Felipe». En aquella conversación telefónica, el presidente parecía sorprendido. Y me preguntó: «¿Pero qué crees que ocurre?».

Fui a verlo y, naturalmente, ya no pudimos hablar de «por qué Jorge no», sino de «por qué yo no». Y tuvimos una conversación muy larga y muy divertida... La noche anterior, Solana y Almunia me habían cogido por su cuenta y me tuvieron en una terraza de Rosales para convencerme de que aceptara el Ministerio de Cultura: utilizaron todos los chantajes sentimentales del mundo, y soy muy sensible a este tipo de cosas. Y al día siguiente, Felipe multiplicó por infinito esa presión sentimental —ya sabemos que es un seductor—. Entre otras cosas, me decía: «Tengo que ir a ver al Rey ahora, a las cuatro, ¿cómo voy a ir sin un ministro de Cultura?». También me aseguraba: «Nada de gestión, pero quiero tenerte ahí. No puedes fallarme...». Tuve que resistir. Menos mal que dije que no. Uno aterriza de pie una vez, pero no dos veces.

SILENCIOS GÉLIDOS Y GRITOS ACALORADOS

El Congreso del Partido de 1991 se plantea en un momento muy caliente, porque había muchos dirigentes en el Partido que piensan que no se han asumido responsabilidades políticas ni se ha dado una explicación pública satisfactoria sobre el «escándalo Juan Guerra». Por otra parte, las personas que se veían más afectadas por ese caso, habían emprendido una política muy agresiva contra el resto...

En aquel congreso, que fue muy complicado, se produjo un pequeño cambio. Salió adelante una solución subterránea, imperceptible entonces. Hasta tal punto imperceptible que Carlos Solchaga hizo aquella declaración en la que afirmaba que él había perdido el congreso —declaración que, por otra parte, a mí me parece que no venía muy a cuento—. La composición de la Ejecutiva anterior —atendiendo a toda la Ejecutiva, responsables de área y locales— era muy sesgada en una dirección. Digamos que era sesgada excepto en un caso, tal vez. Pero la Ejecutiva cambia tras el Congreso de 1991. Sobre todo, hay un cambio en las vocalías —no en las Secretarías de Área—, que recaen en personas que no están permanentemente en la sede central del Partido, pero que acuden a las votaciones, sobre todo, a las votaciones importantes. Y, como resultado de ese cambio, entre otras cosas, cabe entender que cuando se plantea la elección del portavoz parlamentario del PSOE —tras las elecciones del 93—, esa Ejecutiva, formada en 1991, eligiera a Carlos Solchaga, que se había declarado «perdedor» en ese congreso.

Por lo tanto, se empieza a producir un ligero cambio en la orientación. No es suficiente, pero permitía cierta iniciativa a la hora de apostar por un Partido más integrador. En todo caso, desde 1991 en adelante, con este cambio en la Ejecutiva, se abre un período de crisis en el Partido, que culmina con la famosa declaración de Benegas: «Los renovadores de la nada».

La vida interna en la Ejecutiva durante esos años es bastante agitada, porque, además de otros escándalos, nos salta Filesa. Fue bastante agitada porque, en el «caso Filesa», la negativa a asumir ningún tipo de responsabilidad llegó al extremo de que, desde la Comisión Ejecutiva, se dijo que algunas facturas eran falsas, que habían sido falseadas. Evidentemente, uno no tiene esas facturas delante y no sabe si es verdad o es mentira ese tipo de afirmación: eso producía al comienzo una sensación de acoso contra el Partido. Pero luego, ante la evidencia de que no era una campaña de acoso, ante la evidencia de que había «tomate» y de que, además, nadie había ofrecido una explicación de por qué se había organizado aquello, ni para qué se había organizado...

Los miembros de la Ejecutiva nos enteramos entonces de que el Partido seguía teniendo una deuda enorme y de que sólo unos pocos conocían lo que sucedía en las entrañas del Partido. Además, personas que ni siquiera formaban parte de la Ejecutiva estaban también al tanto de todo, mientras que ni la Ejecutiva ni el Comité Federal conocían los entresijos. Aquella situación generó un malestar profundísimo y llegó a expresarse claramente en algunas ocasiones en el seno de la Ejecutiva Federal. La Ejecutiva empieza a demostrar cierta inquietud por cómo se están haciendo las cosas y por la ausencia de autocrítica. Pero, digamos, aquello quedó así. El movimiento quedó congelado y se convierte en una herida cerrada en falso.

El esfuerzo por hacer llegar a Felipe que las cosas no se están haciendo bien es permanente. Y Felipe toma conciencia muy rápidamente de que se han cometido errores muy graves. Pero siempre que salta un escándalo, la primera reacción es de *shock:* no te lo puedes creer, empiezas a atar cabos... Pero eso requiere un cierto tiempo. Lo que ocurrió fue que tomamos conciencia de todo gradualmente: las reacciones tienen un cierto ritmo lento. Pero... unos meses después, Alfonso ya no es vicepresidente del Gobierno. Y no lo es porque Felipe no quiere. Alfonso no es vicepresidente del Gobierno no porque él no quiera, sino porque no se quiere que siga siéndolo, diga él lo que diga.

Estaba claro que no se había dado precisamente una respuesta ejemplar ante los escándalos. Por otra parte, era lo que cabía esperar, dado el comportamiento político de «bunkerización» total que padecíamos. Yo tuve una comida con cierto representante extremadamente destacado de ese sector «guerrista» —auténtico poder organizado— y me contaba que lo que se había producido, fundamentalmente, era una agudización de las ambiciones de poder de algunos políticos socialistas. Básicamente, los objetivos eran Narcís Serra y Javier Solana. Era necesario abatirlos. Se les consideraba potenciales sucesores de Felipe.

Yo creo que para Felipe su prioridad era la prioridad de cualquier secretario general de un partido: mantenerlo unido. Y él no se podía permitir ningún apoyo explícito, absolutamente nada que quebrara el Partido. Pero, en 1993, cuando se difunde la carta titulada «Los renovadores de la nada», la capacidad de aguante llega a su grado máximo.

Una voz en medio de la tormenta

A comienzos de abril, Felipe nos convoca a una reunión en La Moncloa a Serra, Almunia, Solana y a mí. Aquel encuentro fue, realmente, el que dio lugar la convocatoria de elecciones anticipadas de 1993. Felipe dijo en esa reunión, sin más, que no se podía seguir así. Pocos días después, yo estaba fuera de Madrid y recibí una llamada suya, en la que me convocaba a una reunión de la Ejecutiva. Yo le dije que esperaba que en esa reunión se produjeran ceses. Me contestó que él no podía incurrir en nada que significara una quiebra del Partido. Me adelantó que lo que él pensaba llevar a la sesión era la propuesta de creación de su Comité de Estrategia, que la Ejecutiva estaba rota y que él pensaba utilizar ese Comité para abordar la campaña electoral. En aquella misma conversación telefónica, yo le comenté que me parecía una medida absolutamente insuficiente, que estaba en completo desacuerdo y que, a mi juicio, no debía ofrecerse esa respuesta ante la situación del Partido, una situación de extrema gravedad. Felipe me propuso que, si no estaba de acuerdo, que votara en contra, que el voto era libre. Yo le contesté que muchísimas gracias, que entonces me pondría a votar del mismo lado que Alfonso Guerra, los dos en contra del Comité de Estrategia. Cada uno por un motivo diferente.

En fin, Felipe presenta, en medio de un silencio gélido, la creación de aquel Comité de Estrategia en muy buenos términos, muy bien orientado. Presentar el Comité de Estrategia a la propia Comisión Ejecutiva y a un Comité Electoral existente no era precisamente fácil. Yo intervine y dije lo que le había dicho a él por teléfono: que me parecía absolutamente insuficiente, que dudaba que nadie fuera a entender el sentido último de esta iniciativa, que probablemente no íbamos a recuperar ningún tipo de confianza con una medida así, que a las demandas de responsabilidades había que contestar asumiendo *de verdad* responsabilidades y que no me convencía nada. Pero añadí que, puesto que la alternativa era seguir con el statu quo, yo lo respaldaría e hice votos para que, ojalá, diera algún resultado. Así acabó.

El Comité de Estrategia diseñado por Felipe González pudo salir adelante gracias a la nueva composición de la Ejecutiva formada durante el último congreso.

Al día siguiente, me llamó Serra a la Facultad. No pude hablar con él porque yo estaba abrumado de trabajo... y, naturalmente, la penitencia... Cuando llegué a mi casa, Serra volvió a telefonearme, y me dijo: «José Mari, vas a estar en el Comité de Estrategia». Yo le contesté: «No, no, yo estoy en contra. Felipe está loco». Y entonces me lanza un lamento: «¡Ah, demasiado tarde!». Así que le advertí: «No, no voy a estar en ese Comité. Y si lo dicen ahora en el telediario, voy a decir que no es verdad». «Pero, no puedes rechazarlo, es imposible», me decía...

Se reunió la Comisión Ejecutiva un día después, para decidir la composición del llamado Comité de Estrategia. Formábamos parte del mismo, Obiols, Jáuregui, otras dos personas más, no recuerdo quiénes eran, y yo. Y Felipe, en medio de todo aquello, anuncia: «Y quiero que Jose María se haga cargo de mi campaña personal. Quiero que, a partir de este momento, sea inseparable de mí». Yo recuerdo que fue un *shock*... ¡Íbamos cuatro puntos por detrás de la oposición en las encuestas!

Las fotografías de la vergüenza

Me pilló. Me pilló. A partir de ese momento, comemos juntos... «Ya no te separas de mí...».

Efectivamente, la Ejecutiva estaba muy dividida y esa fractura se plasmó claramente durante la campaña electoral. Mi impresión —y es una impresión que puede ser subjetiva, pero creo en ella— es que había un sector del Partido que no quería ganar en 1993. O, mejor dicho: quería que Felipe perdiera... Para mí esa impresión es fiable, porque, para empezar, Alfonso defendía la idea de que Felipe había sido un buen dirigente para la transición, pero que había llegado el momento de cambiar de caballo. Eso me lo había dicho a mí personalmente el mismo día que salí del Gobierno. Me lo había dicho en 1988, en el verano de 1988. No me dijo textualmente: «Ha llegado el momento de cambiar el caballo», pero me comentó que había sido un buen dirigente para la transición... Y, a buen entendedor, pocas palabras bastan.

Entonces, en 1993, según la tesis de Alfonso Guerra, ¿cuál podría haber sido el escenario? La pérdida de la mayoría absoluta y la formación de un Gobierno de coalición sin Felipe. Esto, si su campaña no hubiera ido particularmente bien, si el resultado no hubiera sido muy claramente valorado desde el Partido... En todo caso, la aspiración de que Felipe perdiera se manifestaba en muchos aspectos: en una campaña sin ninguna preparación, cargada de improvisaciones; se manifestaba en unas fotos absolutamente catastróficas que avergonzaron a Felipe González... (Esas fotos en las que está con una pluma y con una cara rarísima: cuando Felipe las veía le daba el mareo, le producían urticaria, le daban vergüenza). Se manifestaba en la falta de preparación de todas las convocatorias, en que cuando comunicaban en qué minuto iba a grabar la televisión no era cuando realmente grababa la televisión... Se manifestaba en que la información sobre cuál iba a ser el contexto del primer debate de Felipe y Aznar en televisión era una información falsa: las cámaras no estaban donde decían que iban a estar, la disposición de la mesa era completamente distinta a la que habían dibujado... Hasta el punto que mucha gente se ha preguntado: ¿por qué Felipe González está mirando de lado? ¿Por qué está enfocado de lado? Porque a Felipe González le habían dicho que la cámara estaba en un lugar donde no estaba.

Una de las heridas más profundas durante la campaña se abrió en aquel debate televisivo: la crisis se produce por la información falsa facilitada al candidato por su propio equipo. Cuando se percibe que Felipe no ha ganado el primer debate a su contrincante —ni siquiera lo había preparado, porque lo consideraba irrelevante—, él mismo decide que sea yo quien organice y prepare el segundo. Entonces, yo le digo qué condiciones son necesarias para afrontar el segundo debate. Y una de las condiciones era el total aislamiento de un equipo, el suyo, al que podíamos considerar hostil. Y eso no fue óbice para que ellos hicieran correr el rumor: ¿cómo iba a estar yo encargado de la preparación de ese debate cuando era sabido que yo «no levantaba la persiana»? Intoxicaron a todo el mundo con mentiras. Después del segundo debate, cuando estaba claro que Felipe había ganado a Aznar por goleada, hicieron correr la voz de que menos mal que, para prepararlo, habían arrancado a Felipe de mis incompetentes manos para encomendarlo a su buena gestión. Se apuntaban el tanto; el éxito de aquel debate había que agradecérselo al «aparato»; ellos se atribuían el resultado. Pero era yo el que había estado en la organización de este debate televisivo. Y una de mis ventajas en la organización de aquel debate fue que a mí no me iba nada en ello, porque yo no pensaba continuar en labores de Gobierno; yo podía ser todo lo audaz que quisiera, no corría ningún riesgo. Es decir, la audacia de Felipe, que es muy audaz en estas cosas, se veía respaldada por un tipo que, en esta ocasión, tenía tanta audacia como él. Ese comienzo del segundo debate tan extremadamente provocador... Ese tipo de debate que, en tres minutos, había dado un vuelco a la situación anterior, requería mucha audacia y fue un ejemplo tremendo de las capacidades de Felipe, tremendo.

Todas las tropelías que cometieron durante la campaña las perpetraron en pos de un modelo final de... mesa camilla; un modelo de partido que toma decisiones, como en el caso italiano, sobre la formación del Gobierno en cada momento. ¿Y por qué España no va a ser un país en el cual la composición de un Gobierno —en un sistema proporcional que tal vez no tenga ya mayorías absolutas— va a depender de negociaciones interpartidistas en las cuales la persona clave es aquella que manda en el Partido? Ahora éste; seis meses después, este otro... Ése podía haber sido el escenario que deseaban algunos de los dirigentes de nuestro Partido.

UNA CAMPAÑA CONTRA EL CANDIDATO

Las «trampas» de la campaña desataron un debate tremendo después de las elecciones, porque se habían abierto heridas muy profundas. El operativo del desgaste al candidato se empleó a fondo hasta la víspera de la jornada electoral. Durante el último mitin de Felipe, aparecieron en el escenario personas que no se esperaban... «ni estaban, ni se les esperaba». Eran miembros del «aparato», por así decirlo, que se sumaban a la figura de Felipe en la imagen de televisión. Lo hicieron aprovechando la última toma, con un minutado en el que tal aparición no estaba prevista. Es decir, tú piensas que el acto va a acabar y que la toma de televisión acaba en el minuto 93 y medio del acto, lo tienes todo controladito, durante esos dos minutos, del 91 y medio al 93 y medio... Y, justo al final, cuando te has relajado, aparecen en el escenario gentes no previstas... ¡El «guerrismo» en pleno! Felipe estaba indignado.

Al terminar la campaña, Felipe se fue a descansar unos días... Hubo presiones de todo tipo, porque también había mucha gente asustada, gente de todas las adscripciones...

Después de las elecciones se había convocado una reunión de la Ejecutiva para analizar resultados. Felipe me dijo: «Ve tú, porque yo no voy a poder ir. Que allí se dé la versión real de lo que ha pasado en esta campaña».

Y fui, y conté mi versión de la campaña. Intervine yo e intervino Alfonso. Se produjo una conmoción. Según su versión, el Partido era quien había ganado, el Partido había salido a rescatar a los votantes leales... Todo era falso. Yo dije: «¡Qué gran error...! Lo que ha sido esta campaña es la demostración de una quiebra en el seno del Partido cuya responsabilidad deberán cargar aquellos que la han provocado, aquellos que nos han conducido a la fractura». Porque la única interpretación que podía hacerse de la campaña se correspondía exactamente con la visión de un Partido —que era lo que importaba— y un Felipe González —absolutamente secundario—. En términos políticos: un error brutal. Lo cual no significa que Felipe sea distinto del Partido, sino que Felipe representaba la cara humana del socialismo y que había un socialismo de cara humana y otro socialismo de cara oscura: un Partido abierto y un Partido cerrado.

Yo supongo que Felipe empezaba a sentirse mal, a sentirse solo. Pero, a mí, la resistencia empezaba a crearme consecuencias terribles. Porque la historia más dramática fue la de 1993, cuando Alfredo Rubalcaba me llamó, después de las elecciones, para decirme: «Bueno, ahora vuelves al Gobierno». Tuve que volver a decir «no». Y esos días volví a La Moncloa para recoger todos mis trastos de coordinador general de aquella campaña electoral.

El gusano

Hubo todo tipo de campañas contra Felipe. Pero, de todas formas, aparte de mi conocimiento de su integridad, yo creo que él proporciona señales en ese sentido, en esa dirección. Yo creo que el Partido era una organización bastante compleja y bastante oscura, con relaciones de poder opacas y que, en su seno, radicaban algunas explicaciones de asuntos no suficientemente explicados y turbios.

La corrupción personal de gente rica y que se mueve en los ambientes aristocráticos de la ciudad me parece repulsiva. Otra cuestión es quién tiene que cargar con las culpas. Supongo que la responsabilidad tiene un límite y, por ejemplo, haberle atribuido a Carlos Solchaga la responsabilidad de unos nombramientos y, por tanto, la obligación de dimitir, me parece una «pasada». No me parece que Carlos fuera, en absoluto, merecedor de ese tipo de juicio. Como ministro de Economía, no creo que fuera merecedor de ese tipo de juicio. Pero para los corruptos se necesitan filtros escrupulosos. Y otra cosa es que su carrera, en muchos casos, debió de empezar bastante antes de la llegada de los socialistas al poder...

Yo creo que la corrupción de los ricos, la de la *beutiful people*, hizo un daño electoral salvaje; también otros casos: no se trataba de corrupción sino de casos de... lo que Nicolás Redondo llamaba el «abrazo aristocrático», que no era ni siquiera «abrazo aristocrático», sino que era el entontecimiento aristocrático más absoluto. Eso sí hizo mucho daño. Esa especie de petulancia, esa arrogancia de gente de alta posición social que, en esos momentos, estaba vinculada al Partido Socialista. Eso también hizo mucho daño. A mí, personalmente, todo aquello me producía urticaria.

Las personas que fueron descubiertas implicadas en casos de corrupción eran personas que, exceptuando la *beautiful people*, estaban vinculadas al PSOE.

Pero la corrupción «institucionalizada» me parece repelente porque es casi inseparable de la corrupción personal. En algunos casos, parece que eran casos completamente limpios; pero, en otros, parece que no. Y es muy difícil hacer esa distinción. «Oiga, fulano de tal desvía dinero hacia actividades del Partido y él permanece limpio, y hay otros que, además de desviar fondos para el Partido, se ensucian...». De acuerdo: los segundos son un oprobio, pero los primeros hacen posibles a los segundos. A la hora de exigir responsabilidades políticas, hay que exigírselas también a los primeros, a los que se involucran en ese tipo de prácticas... Y, entonces, lo que sucede es que se coloca el Partido como una especie de fin absoluto: cualquier medio vale para salvarlo. Eso lo dijo en cierta ocasión Joaquín Leguina. ¿Por qué eximimos al PSOE de ilegalidad? ¿Por qué consideramos que, en este caso, el fin justifica los medios? No: el Partido no es el fin.

Una de las consecuencias graves del sistema de corrupción institucionalizado, de todas formas, es una distribución del poder completamente enfermiza en el seno del Partido, porque permite que exista un sector «bunkerizado» —uno no sabe muy bien por qué—. Y, desde ese búnker, se esparcen los rumores y los murmullos sobre el resto de los miembros del Partido, incluso sobre miembros del máximo nivel, de la dirección: «Fulano no es de fiar», «Aislar a fulano...». Más tarde, comienzas a darte cuenta de por qué ocurre lo que ocurre: porque no quieren que se sepan determinadas cosas, porque puede que alguien clame exigiendo responsabilidades y exigiendo que esas prácticas terminen.

Aquellos «Fulano no es de fiar» y «Aislar a fulano...» eran prácticas corrientes en el Partido. Uno sospecha: «Bueno, tal vez esa financiación no era para el Partido, sino que se destinaba a esas actividades sectarias, a esas actividades de un partido dentro del Partido...». Pero eso uno no lo sabe con certeza: la sospecha genera una especie de gusano dentro de las entrañas del Partido, de desconfianza extremadamente corrosiva. Uno acaba no fiándose de nadie dentro del Partido Socialista.

Y, en el Partido, yo creo que la gente veía en Felipe la representación del lado más prometedor, el lado más abierto, se le consideraba una persona tolerante, abierta, que no tenía miedo a la crítica. Pero había otros que no respondían. Supongo, por tanto, que, en buena parte, se trataba de confianza en él, por señales que lanzaba continuamente. Esas señales las captaban los votantes, en general, a través de la televisión, a través de sus discursos... Tal vez les llegaba alguna información sobre su vida —bastante ejemplar—. Algunas personas que le conocen más lo saben a través del conocimiento directo. Felipe ha mantenido siempre sus raíces socialistas muy profundas y ha mantenido un tipo de vida que ha sido siempre ejemplar. Por tanto, es difícil pensar que, en su forma de vida, se viera afectado. Yo dije en cierta ocasión, en una entrevista, que quien no vivía como pensaba, acabaría pensado como vivía. Y la respuesta de un representante de la *beautiful people*, vinculado entonces al PSOE, fue: «Eso es marxismo barato».

Notas

[1] Herbert Karl Frahm, Willy Brandt (1913-1992), miembro del SPD, fue canciller alemán entre 1969 y 1974. Helmut Schmidt, del mismo partido, sucedió a éste en 1974.

[2] Federico Mayor Zaragoza fue ministro de Educación y Ciencia (1981-1982) y director general de la Unesco (1987-1999).

[3] James Harold Wilson (1916-1995) fue primer ministro británico desde 1964 hasta 1970 y desde 1974 hasta 1976.

[4] Luis González Seara fue ministro de Investigación y Universidades durante los Gobiernos de UCD, entre 1979 y 1981; Juan Antonio Ortega Díaz-Ambrona lo sustituyó en el Ministerio de Educación y Universidad durante ocho meses (26 de febrero-1 de diciembre de 1981).

[5] El historiador José Antonio Maravall publicó su primer gran trabajo en 1966, *Antiguos y modernos*. Otros estudios, como *Estado Moderno y mentalidad social* (1972) o *La cultura del barroco* (1975), se consideran también obras maestras de la historiografía cultural y social española. Investigó distintos períodos de la Historia de España y desde diversos puntos de vista, aunque especialmente trabajó con referencias literarias. Sus *Estudios de la Historia del Pensamiento español* se tienen por uno de los mejores ejemplos de la historiografía de las mentalidades.

[6] Con motivo de la airada polémica sobre el aborto, algunas asociaciones antiabortistas publicaron folletos propagandísticos. Uno de los más famosos tenía por

título «¿Quién mató a Juanito?». Se trataba de un panfleto a modo de cómic en el que se mostraba el desarrollo del feto (Juanito) en el seno materno. Se explicaban gráficamente las modalidades del aborto y aparecía Juanito cortado en pedazos con un cuchillo, atravesado por una espada o succionado por un aspirador. En la última viñeta aparecía Juanito arrojado al cubo de la basura.

[7] Ricardo Díez-Hochleitner fue subsecretario de Estado de Educación y Ciencia desde 1968 hasta 1972.

[8] La llamada «opción sueca» consistía en la «no alineación en tiempos de paz con miras a la neutralidad en tiempos de guerra» (según la Secretaría General del Gobierno de Suecia). En todo caso, Suecia se reservaba la opción de alinearse en la OTAN o modificar su estatus con una simple decisión gubernamental o del Risktad (Parlamento sueco).

[9] Andreas Papandreu (1919-1996) fue primer ministro de Grecia en dos períodos: 1981-1989 y 1993-1996.

[10] La Ley Orgánica Reguladora del Derecho a la Educación se promulgó el 3 de julio de 1985.

[11] José Antonio Maravall murió el 19 de diciembre de 1986.

[12] El título preciso del libro al que hace referencia José María Maravall es *Los efectos de la acción de gobierno en el voto durante la etapa socialista (1982-1996).* CSIC, Madrid, 2000. Sus autores son Ignacio Sánchez-Cuenca y Belén Barreiro.

[13] En agosto de 1990 Irak invadió Kuwait. La coalición internacional, por mandato del Consejo de Seguridad de la ONU, expulsó a los iraquíes de Kuwait durante la llamada Primera Guerra del Golfo, en enero de 1991.

[14] José María Maravall es catedrático de Sociología en la Universidad Complutense de Madrid. Actualmente también es consejero científico del CEACS (Centro de Estudios Avanzados en Ciencias Sociales).

Carlos Solchaga

Socialismo y provocación

«¡Ah! ¡Qué interesante! ¿Se lo has dicho a Felipe?». Ésta fue su primera reacción cuando conoció el proyecto de este libro; tal fue su primer pensamiento. Carlos Solchaga comenzaba nuestra primera conversación (¡fueron tantas!) haciendo, quizás inconscientemente, lo que mayor placer le produce en la vida: romper clichés, ser él mismo, por encima de cualquier otra cosa. En esta ocasión, ha saltado por los aires la imagen, tan apasionadamente elaborada, del socialista autónomo, independiente, provocador. «¿Se lo has dicho a Felipe?». Quien le pudiera oír sin conocerle, pensaría, inevitablemente, en un disciplinado militante socialista pendiente de los dictados del «jefe». No podría imaginar que estamos hablando de un personaje singular, referencia clave de los Gobiernos de Felipe González, que ejerció el poder con pasión y vehemencia, que trabajó para sacar adelante un proyecto político tan socialdemócrata en sus fines, como heterodoxo, provocador y desconcertante en la forma de llevarlo a cabo. Socialista y provocador, Carlos Solchaga caminó por la vida política, por los procelosos mares del socialismo en el poder, de la única forma en la que sabe hacerlo todo: a su manera.

Hablamos por primera vez de este libro en uno de sus despachos en Madrid, una mañana imposible de llamadas de teléfono, de ir y venir en las páginas de su agenda. Cuando se sienta, finalmente, junto a mí, hablamos largo y tendido de lo que más le ha apasionado siempre: la política. Y, como siempre ha sido así, y como le conozco desde hace tantos años, no me resulta extraño que se muestre más interesado en hacer el análisis político de lo que fueron «aquellos años nuestros de nuestros pecados» que de convencerme de las bondades y aciertos de la política económica que, Boyer primero, y él mismo después, impusieron en España. Oyéndole, en aquella primera charla informal, percibí —además de cercanía y afecto— a ese otro Carlos Solchaga que lleva dentro Carlos Solchaga: el mordaz, el sarcástico, el brillante. Parecía decidido a ocultar algunas insospechadas heridas con gruesas capas de ironía demoledora.

En esos días, cuando preparaba con él las entrevistas, se mostraba irritado sobremanera por la forma en la que Alfonso Guerra estaba organizando el aniversario de la llegada al poder de los socialistas. Porque, inevitablemente, él no está en la convocatoria: «Ni yo ni ninguno de los que nos negamos a ser sus servidores», aclara con amargura.

Alfonso Guerra y el poder en el interior del PSOE: son dos vivos rescoldos de los que es fácil que broten chispas, por mucho que haya llovido sobre la memoria de Carlos Solchaga. Ni siquiera Nicolás Redondo le provoca tanto como las batallas contra el «guerrismo». Lo de Nicolás lo recuerda entre brumas de desprecio e indiferencia. Lo de Alfonso y el Partido es algo muy diferente, muy diferente…

En otra ocasión, otra mañana, parecida a la primera, Carlos Solchaga estaba organizando un viaje a Latinoamérica con Felipe: prepara una conferencia en un foro internacional, anda enredado en mil asuntos… Pero cuando se sienta ante la grabadora, recupera la calma y la memoria. Entonces su tono de voz adquiere una tranquila firmeza —tan suya— para explicar, sencillamente, que él es socialista; que eso es lo que ha mantenido siempre, aunque primero se definió como socialdemócrata y luego «más social liberal, que es como me siento más cómodo ahora». Cuando pronuncia estas palabras, me mira de frente —es su forma de mirar a las personas y a la vida— y es fácil comprender que desea ser comprendido y que no haya una respuesta malintencionada por mi parte.

Solchaga dedicará los siguientes minutos a recuperar su biografía y hablar del origen de su compromiso político con la izquierda y con «su» socialismo. Y va a ser tan contundente como insospechado para quienes no le conocen.

Es cómodo y gratificante provocar a Carlos Solchaga, sacar sus pasiones a relucir. Porque no le turba admitir que él estuvo en los Gobiernos de Felipe González amando —como dice el bolero que más le sube la adrenalina— «a dos mujeres a la vez sin estar loco»: el socialismo y la provocación. El socialismo, como sentimiento último, y la provocación, como forma de ejercer el poder. Admite sin rodeos su modo de ejercer ese poder, mientras ve desfilar ante sus ojos a algunas de las «víctimas» de sus más sonadas broncas, incluido Felipe González. Se ríe abiertamente cuando tiene que aceptar que el hecho de haber nacido en Tafalla puede ser una de las claves de su carácter. Pero su rostro y su tono de voz dicen de la serenidad de sus convicciones profundas cuando tienen que defender lo que hizo, optando, muchas veces, por prioridades que no comprendían ni los suyos; sobre todo, algunos de «los suyos». Se crece cuando más grandes son las dificultades para convencerme.

Sólo tiene Carlos Solchaga, en su biografía política, una, digamos, «pasión no satisfecha». Él, Carlos Solchaga, que lo ha conseguido casi todo, no pudo acceder al Partido. Siente como una mala herida el hecho de que apenas tuviera tiempo de salir del rincón en el que Alfonso Guerra lo apartó, «como un apestado». Por eso huye de esa última pregunta, mientras alcanza el abrigo del perchero: «Me voy, ya no tengo más tiempo». Es la única argumentación que podía desarmarme. Porque no me puedo quejar. Carlos Solchaga me ha dado, de verdad, todo su tiempo. Y, de verdad, lo hemos disfrutado. Gracias a su provocadora sinceridad.

LA DECISIÓN PERSONAL de apostar por el proyecto socialista la había tomado tres años antes de incorporarme al Gobierno de Felipe González. Abandoné mi puesto como director del Servicio de Estudios del Banco Bilbao Vizcaya y asesor personal de su presidente, Ángel Galíndez, y dediqué todo mi tiempo a la política.

Por aquellos tiempos, según las normas del Partido Socialista —yo creo que muy sanas, por cierto—, eso significaba que ganaras lo que ganaras, y ocuparas el puesto político que ocuparas, ya fueras parlamentario o, como yo en 1979, consejero del Consejo Preautonómico Vasco, tu dinero pertenecía al Partido, y te pagaban una asignación de cien mil pesetas: más o menos, la tercera parte de lo que yo ganaba como profesional. Recuerdo haber discutido sobre este asunto con Gloria, mi mujer: «Bueno», le dije, «yo creo que esto merece la pena». A ella le pareció bien. Nuestros ahorros, ciertamente, fueron menguando en los años de actividad política. Luego, honestamente, como ministro, ya pude disponer de mi salario, pero era un salario que seguía siendo bastante inferior al que habría tenido si hubiera continuado con mi trabajo. De cualquier modo, ya no era como en los tiempos duros de las cien mil pesetas...

Es cierto que renuncié a una carrera profesional que podría haber sido brillante, pero me considero afortunado. Hablo de la experiencia democrática; es muy difícil que a una generación como la mía, como a la que yo pertenezco, le ocurra lo que a nosotros, y a mí, particularmente: que hayas sido estudiante antifranquista y hayas estado toda la vida deseando terminar con ese régimen de vergüenza, sintiendo la vergüenza ajena cuando salías al extranjero, de comparar tu patria con otros países, o cuando acogías a algún amigo extranjero en España y tratabas de explicarle las peculiaridades en las que estabas obligado a vivir. Y, después, conseguir traer la democracia, transformar y modernizar la sociedad. Y hacerlo, desde una posición protagonista, como me tocó a mí, siendo diputado o ministro de un Gobierno que, sin duda, ha sido la piedra de toque de la modernización de España en el último cuarto de siglo. Yo considero que esta experiencia es un privilegio.

Dar el salto a la política fue una elección que hay que entender en términos de generosidad: no sabías el riesgo que corrías actuando así. En mi caso, yo no puedo sino decir que acerté plenamente: pertenecer a una generación que tiene la oportunidad de conseguir sus objetivos políticos y sociales, transformar el país en la línea que se desea, desde una posición protagonista... Una cosa así sólo ocurre cada dos siglos. Es muy difícil tener esa oportunidad.

Hubo otra generación que trató de llevar a cabo esa tarea, fue la generación de la Segunda República, pero desgraciadamente acabó en el exilio. (Recuerdo la noche que pasó, del 23 de febrero de 1981: mi mujer, Gloria, recibía llamadas de embajadas, para que nuestros hijos pudieran salir de España, cuando se daba casi por descontado que el golpe estaba triunfando, al menos hasta las dos de la madrugada...).

¡Qué es eso de ser socialdemócrata!

El primer Gobierno de Felipe González se forma al calor de un respaldo mayoritario del pueblo español y es un Gobierno que tiene dos o tres objetivos prioritarios. Antes que nada, disipar el miedo a la posible involución y, por tanto, poner a los militares en su lugar, cosa que también habría que hacer con cuidado. Por otro lado, acabar con la crisis económica y tratar de dar la impresión de que un Gobierno de izquierdas era capaz de organizar la vida del país. Entonces, me pareció que ese proyecto —que luego se enriquecería con otros muchos desafíos, como el desarrollo de la política social y del Estado del bienestar— era quizá el proyecto político más atractivo que me hubiera sido dado apoyar. Así que entré en ese Gobierno sin la más mínima vacilación, convencido de que era un privilegio formar parte del mismo, y persuadido, además, de que nuestro éxito sería también el éxito del país; esta nueva fase suponía quemar etapas, dar por concluida la transición, y empezar a hacer una vida normal de aproximación y homologación con los demás países del llamado «mundo occidental».

Mi nombramiento como ministro vino acompañado del intento de colocarme algún tipo de identidad o de etiqueta ideológica, y prendió el debate sobre si yo era un auténtico socialdemócrata o no.

En la actualidad... yo diría que soy más social liberal. Es una etiqueta con la que ya me definí en mis últimos años como ministro, y cuando hice, digamos, mi «despedida oficial», después de dimitir como jefe del Grupo Parlamentario Socialista. Mi posicionamiento ideológico tiene una pequeña diferencia respecto al del socialdemócrata, en el sentido de que, quizás, en lo que ha sido históricamente la socialdemocracia hay una pasión intervencionista en la regulación por parte del Estado que yo comparto muy limitadamente, por no decir que no la comparto en absoluto. Pero, sin embargo, sí defiendo el papel del Estado como redistribuidor de rentas, la existencia de un sistema que cargue la presión fiscal sobre los ricos y permita una redistribución de la renta a favor de los pobres; y creo que esa política debe llevarse a cabo mediante el desarrollo de un Estado con buenas pensiones, buena asistencia sanitaria, posibilidades de acceso a la enseñanza —gratuita—, un sistema de subsidio de desempleo adecuado y otras políticas sociales. Todo ello sí lo comparto totalmente con la socialdemocracia.

Pero aquellos años ochenta eran bien distintos: la discusión en el seno de la familia socialista era mucho más oscura y no se presentaba como ahora. En 1981 dije públicamente que yo era un socialdemócrata y recuerdo que muchísimos compañeros del Grupo

Parlamentario y, particularmente, los más viejos, me echaron la bronca y me dijeron que «qué era eso de ser socialdemócrata como los alemanes, que tenía que haber dicho, sólo, que era socialista». Yo trataba de explicarles que los comunistas siempre se habían llamado a sí mismos socialistas y que decir «socialista», en las circunstancias en las cuales se ha definido el socialismo real, equivalía a introducir una posible fuente de confusión, porque yo comunista no era, ¡todo lo contrario!, y por eso me parecía que yo era un socialdemócrata. Ahora, ya, simplemente me defino como social liberal, pero en la misma línea de lo que entonces pensaba.

Naturalmente, las reticencias de algunos compañeros estaban latentes y las diferencias iban a aumentar cuando, como ministro de Industria del primer Gobierno socialista, tuve que afrontar, entre otros asuntos pendientes que la derecha no había solucionado, la reconversión industrial.

Dispuesto a no ser popular

Cuando se observa desde el punto de vista humano, desde la mirada de la gente que se queda sin trabajo, uno se da cuenta de lo dura que era la tarea de reconvertir sectores industriales. Pero, por otro lado, te das cuenta también —cuando pasas del nivel del problema individual del trabajador que queda en paro a la ética de la responsabilidad— de que, si seguías aportando cantidades de dinero para mantener esos puestos de trabajo —que no eran rentables porque ya no eran competitivos—, estabas condenándolos a fracasar siempre y estabas extrayendo ese dinero de otras partes, de otras familias que no lo necesitaban menos. Solamente desde este nivel de análisis, uno es capaz de hacer política.

Yo era consciente de que en la vida política había que afrontar estos problemas. La reconversión no iba solamente en contra de sentimientos generosos y solidarios de parte de los militantes del Partido y de los sindicatos. Iba también contra una cultura de izquierdas, un tanto voluntarista, y eso era realmente lo que me preocupaba. Los sentimientos tenía que respetarlos, pero me daba cuenta de que era errónea esa cultura según la cual los puestos de trabajo son derechos inamovibles. Y me daba cuenta también de que el error, al final, lo pagaban los españoles. Era necesario modificar esa situación.

Siempre mantuve, ante mí mismo, la idea de que estaba dispuesto a no ser popular dentro de mi propio Partido, siempre que, naturalmente, fuera respetado —cosa que, creo, ha ocurrido siempre—. Y estaba dispuesto a seguir con aquella política, en tanto en cuanto Felipe, como presidente del Gobierno, fuera capaz de apoyarla. Y la verdad es que el presidente me apoyó durante mi gestión en Industria y, luego, también en el Ministerio de Economía, al igual que a Boyer, mi antecesor en este Departamento. Felipe hizo una apuesta radical por la modernización de la economía española. Algunos sectores del Partido, identificados con el «guerrismo», contestaban nuestras políticas, pero yo creo que lo que subyacía en estas diferencias era una lucha por el poder, una lucha por restarnos apoyo y competencias.

GUERRA, LA ESTÉTICA DE IZQUIERDAS

Alfonso Guerra tenía la pretensión de influir, tanto como le fuera posible, en la composición del Gobierno de González, y la verdad es que yo creo —y no sé si él lo ha confesado alguna vez— que ésta fue la razón de que, al poco tiempo de estar en el Gobierno, dijera aquello de que él estaba allí de «oyente». A mi juicio, él se sintió muy frustrado porque en la composición del Gobierno tuvo una influencia relativamente pequeña. En ese momento, surgió la primera confrontación entre Miguel Boyer y Alfonso Guerra. Y Miguel Boyer era un hombre que ya había tenido sus más y sus menos con el Partido Socialista. Primero, fue elegido para la Ejecutiva del Partido y, luego, dimitió de manera muy solemne; pasó al grupo socialdemócrata; volvió luego como parlamentario del PSOE, pero no transcurrió más de un año y medio y dimitió como parlamentario. En fin, era un hombre que, digamos, desde el punto de vista de la militancia partidista, era muy conflictivo. Eso, desde la visión que tenía Alfonso Guerra del Partido y de la militancia, «chirriaba» demasiado.

De todos modos, debo admitir una cosa: al principio, la relación de Guerra con Boyer o conmigo era muy distinta. Cuando Boyer abandonó el Gobierno yo heredé buena parte de aquella confrontación. Pero, al principio, la relación de Guerra conmigo era distinta, porque las historias de Miguel y la mía eran diferentes, aunque éramos amigos y todo el mundo lo sabía. Yo creo que Guerra prefería acariciar la idea de tener un frente económico dividido, y lo intentaba teniendo mejor relación conmigo que la que tenía con Miguel Boyer. No fue tan dura nuestra relación, aunque es cierto que Alfonso Guerra siempre quiso salvar los muebles de lo que él consideraba una «estética de izquierdas» frente a lo que teníamos que hacer los que debíamos enfrentarnos con problemas serios de transformación del país.

Alfonso Guerra ha conseguido algunos logros muy particulares en lo que se refiere a la proyección de su imagen, desde su supuesta exquisita sensibilidad —casi suprapolítica—, hasta su pretendida profunda intelectualidad y humanismo, pasando por sus posiciones de izquierda. Yo, la verdad, casi no suscribo ninguno de estos rasgos definitorios en la imagen de Alfonso Guerra, no sólo ya en lo que toca a su imagen popular sino en la imagen generada en los medios. Pero, bueno... no quiero hablar demasiado de Alfonso. Creo que él ha tenido un éxito impresionante al vestir, digamos, su propio papel, sus propias características y su propia definición de la manera que a él le ha gustado más, tenga o no tenga que ver con la realidad.

Dicho esto, nuestra relación empeoró considerablemente cuando yo hice algo que, quizá, era discutible, pero que a mí me pareció importante en el camino de sincerarse con los ciudadanos. Ocurrió allá por el mes de mayo de 1983, cuando dije públicamente que los 800.000 puestos de trabajo que figuraban en nuestro programa electoral —a mí me ha parecido siempre una solemne tontería aquella propuesta— no era previsible que pudieran realizarse en el cuatrienio de Gobierno. Aquello dificultó las relaciones entre Alfonso Guerra y yo; y, poco a poco, fueron brotando una serie de desencuentros importantes. Eso se tradujo en que yo no pude celebrar un buen mitin en un lugar importante mientras Guerra dirigió el Partido: nunca se me invitaba a un lugar destacado y, si lo era, la invitación procedía de disidentes, a los que Alfonso y el «aparato» del Partido les hacían saber inmediatamente lo disgustados que estaban porque yo hubiera participado en un mitin de cierta resonancia.

Las cosas se pusieron mucho más difíciles a finales de los ochenta y a principios de los noventa. Por estas razones, una de mis quejas permanentes a Felipe era que, simplemente, me hubiera gustado poder exponer con libertad en el Partido mis puntos de vista, en vez de estar siempre «etiquetado», denostado, por la corriente mayoritaria.

Felipe, ante estas quejas, tenía una actitud, digamos, muy pragmática. Era una actitud que yo tengo que respetar, aunque no siempre me parecía acertada. Felipe, en cuanto a las discusiones entre Guerra y Boyer, o entre Guerra y yo —discusiones que tenían que ver con el Gobierno—, me atrevo a decir que nos daba la razón a nosotros en el 99 por ciento de las ocasiones. Y Guerra aguantaba y aguantaba. En esos momentos, supongo que era cuando más se sentía, simplemente, «oyente» en el Gobierno. Yo he visto a Guerra en batallas que difícilmente podía ganar a menos que tuviera buen fundamento, que por lo general no era el caso. En esas ocasiones, a Felipe no le importaba dejar desasistido ante los demás a su segundo, a su hombre de confianza.

Alfonso, por otro lado, creía que muchas de las políticas que estaba haciendo el Gobierno no entraban dentro de la corriente de la tradición histórica del Partido. Y es verdad que al propio Partido le producía un *shock* que alguien cerrara Sagunto y que los compañeros de UGT de Sagunto se quedaran sin trabajo, como es natural. O les chocaba que alguien hablara mucho de la inflación y que había que eliminarla mientras el desempleo seguía subiendo, o les chocaba que alguien hablara en términos de ortodoxia económica, porque ellos pensaban más en la distribución. Pero Felipe era perfectamente consciente de que, para seguir gobernando con éxito, era absolutamente indispensable el seguimiento de una política económica, digamos, disciplinado y a veces resignado —desgraciadamente, hay que decirlo, porque se hizo muchas veces, no digo en contra del Partido, pero llevándolo a rastras—. Y ése era el papel de Alfonso Guerra, papel si podemos llamar, quizás, a algo más sucio, pero que él cubría con todos sus componentes estéticos. Eso lo llevó a una situación cada vez más difícil, porque cada vez con más frecuencia también tenía que apoyar cosas que él mismo, en privado, y en algunas declaraciones públicas, miraba con desprecio, con falta total de aprecio.

Cuando Guerra abandonó el Gobierno, se convirtió, desde el Partido, en una de las trabas críticas más duras para el desarrollo del Gobierno del PSOE.

LOS MUROS DE NICOLÁS CONTRA CORCUERA

Otras personas que, de alguna manera, iban notando que perdían poder eran las que pertenecían al grupo de Nicolás Redondo. Al final, crearon otro núcleo de poder que empujaba la estrategia autónoma de la UGT. Este viraje, en mi opinión, era una necesidad histórica: la idea de un sindicato como correa de transmisión de un Partido, o viceversa, un Partido cuyo Grupo Parlamentario sólo sirve para empujar las propuestas que hace el sindicato, pertenecía a épocas de finales del siglo XIX o primer tercio del siglo XX, pero ya no pertenecía a los años finales del siglo XX. Ése había sido uno de los grandes problemas que había tenido el laborismo en Inglaterra: su dependencia excesiva de la ideología y de la estrategia de las Trade Union había provocado que mucha parte del electorado desconfiara del partido. En la UGT surgió un grupo de personas, como Saracíbar, o José Luis Corcuera durante un tiempo, que mantuvieron posiciones que irritaron a Nicolás Redondo.

En los primeros dos años de Gobierno, el papel de José Luis Corcuera fue crucial para situar el apoyo de la UGT respecto al Gobierno. Porque Nicolás Redondo era un hombre de estrategia en la UGT, pero no era hombre de negociaciones ni de tácticas inmediatas: eso quedaba para los hombres que habían empezado a hablar de reconversiones con los Gobiernos de UCD y que habían estado en las negociaciones colectivas de los grandes sectores. De todos ellos, el más cualificado era, obviamente, José Luis Corcuera. Yo debo confesar que, sin su ayuda, hubiera sido realmente imposible llevar a cabo la reconversión en sectores como el naval o la siderurgia. A cambio, Corcuera conseguía condiciones muy buenas para los trabajadores. De hecho, si de algo me acuso en el tema de la reconversión es que ésta resultó algo cara, teniendo en cuenta el dinero de que disponíamos. No es que no se lo merecieran quienes sufrían la reconversión, sino que fue cara de acuerdo con el dinero de que disponíamos.

Corcuera fue el hombre que buscó puentes, porque entendió las posiciones del Gobierno. Él era, entre los hombres de la UGT, el que tenía la visión política más amplia y, al mismo tiempo, la más próxima a la realidad. Durante algún tiempo, José Luis Corcuera trató de compatibilizar las posiciones del Gobierno que chocaban —y lo entiendo— con algunos objetivos de la UGT. Aguantó en una posición que le fue llevando a reflexiones próximas a la racionalidad del Gobierno, en el sentido de que un Gobierno no puede mirar sólo los puntos de vista de una parte del país, sino que trata de observarlos todos. Pero Corcuera, a medida que fue aproximándose a los puntos de vista del Gobierno, fue creando todo un muro de desconfianza a su alrededor, muro levantado por una persona tan insegura —siempre lo ha sido— como Nicolás Redondo. Hasta que al final, Nicolás Redondo tuvo la convicción de que su colaborador no colaboraba con él sino con el Gobierno, y, desde ese momento, le hizo la vida imposible... Tanto es así, que hubo que acudir en ayuda de Corcuera en el siguiente congreso del Partido, para tenerlo en la Dirección, hasta que en 1988 Felipe lo nombró ministro del Interior.

Es posible que yo fuera arrogante

Nosotros, desde el punto de vista de la necesidad de un enfoque macroeconómico del país más ortodoxo, no nos creíamos, como creyeron los socialistas franceses, que con una subida del gasto público íbamos a conseguir descender el desempleo, teniendo, como teníamos, una inflación del 14 por ciento. Creíamos que, primero, era imprescindible luchar contra la inflación y, que una vez que se hubiera saneado el país, empezaríamos a crecer y a crear empleo. De hecho, como se vio con el paso del tiempo, eso es lo que sucedió. Lo que ocurrió fue que la primera etapa —realmente, de sangre sudor y lágrimas— duró más tiempo del que nosotros estimábamos. Yo recuerdo a Boyer diciéndome, poco antes de abandonar el Gobierno: «Carlos, hemos llegado demasiado tarde. Estamos haciendo un esfuerzo de corrección y de ajuste, y el fruto macroeconómico no se ve...». La verdad es que, a partir de 1986, sí se vieron los frutos, pero no se habían percibido entre 1983 y 1985, cuando muchos de mis compañeros y buena parte de nuestra base electoral decían: «Están ustedes haciendo una política que, más bien, le correspondería a un Gobierno de derechas, con la promesa o la ensoñación de que llegará la parte buena. Y la parte buena no viene».

Sin embargo, en 1986, cuando ya empezaban a sentirse, allá por junio, los primeros efectos de la recuperación económica, mucha gente no valoró tanto este cambio de coyuntura hacia el crecimiento y la creación de empleo como la sensación de haber tenido, durante cuatro años, un Gobierno que gobernaba desde la responsabilidad.

Estoy dispuesto a aceptar las críticas que se han formulado en el sentido de que, tanto Boyer como yo, quizás no explicábamos suficientemente nuestras políticas, ni a la sociedad ni a la militancia socialista. Ya sé que se nos ha tachado de soberbia, de mostrar actitudes propias del despotismo ilustrado. Recuerdo una cosa que solía repetirme Felipe. Me decía que no había que cansarse de explicar, que la democracia consistía en persuadir: tenías que volver una y otra vez a la gente, tratando de convencerla de que, lo que estabas haciendo, estaba bien. Y, realmente, así como creo que traté de ser pedagógico en muchas de mis iniciativas, también es verdad que, en otros momentos, di por sobreentendido, o di por hecho, que las políticas que estaba proponiendo, las políticas que yo defendía, eran incluso evidentes. Y a lo mejor no lo eran.

También es cierto que, cuando sufres una tensión muy fuerte, no cuidas perfectamente los modos. Yo, por ejemplo, soy una persona con carácter muy polemista, y reconozco que esa tendencia a la polémica a veces me ha llevado, cuando me he estado enfrentando con gente que era próxima a mi sentir político, gente de la UGT, a veces de Comisiones Obreras, a mantener, quizás, una actitud que algunos han podido interpretar como arrogante, aunque yo no creía que lo fuera. Pero no puedo negar que, a lo mejor, lo parecía. Y lo importante en política es lo que parece.

Quizás se me pueda acusar de no haber dado explicaciones, pero no de haber hecho sólo lo que yo quería. Porque lo que sí es cierto es que las políticas, en general, eran aprobadas por el Gobierno. ¡Cuántas horas he pasado en ruedas de prensa, explicando el contenido de una ley! La de presupuestos o la de transformación, la Ley de Reconversión, o el Plan Energético Nacional, o el Impuesto sobre la Renta de las Personas Físicas... Durante mi gestión, sobre todo en Hacienda, ha habido una enorme transparencia. Lo que sí es cierto es que, cuando crees firmemente en algo y llevado por tu entusiasmo —o como quieras llamarlo—, por la necesidad de llevarlo a la práctica, corres el riesgo de ser desconsiderado con otros, o de dar por sobreentendido que las cosas son evidentes. Y resulta que no es así, por eso hay algunas personas que, cuando me han visto en un debate público, hablan de «arrogancia». Y es posible, es posible que tengan razón.

Y, por lo que respecta a nuestros compañeros del Gobierno, algunos nos veían —a Boyer y a mí— como privilegiados, bajo el manto protector de Felipe González. Pero no tenían ninguna razón, era justo lo contrario. La realidad era que, en aquellas iniciativas que a nuestros compañeros del Gobierno les gustaban menos, en materia de ajuste económico, o de subidas de impuestos, o asuntos semejantes, simplemente, te dejaban solo. No formaban equipo ni decían: «Vamos a explicárselo a las bases y a nuestro electorado...». No. Te quedabas solo y, si te descuidabas, había algunos que, desde el Partido, proveían de argumento a los que te iban a criticar. Esto ocurrió con cierta frecuencia, aunque a mí no me parece una cosa particularmente mala, porque no hay nada mejor que un Partido tenga sus puntos de discrepancia y de debate interno, que no sea una máquina monolítica. Aunque es verdad que te resta alguna eficacia: cuando la UGT dice que estás gobernando contra los trabajadores y a favor de los más ricos —aunque las estadísticas decían todos los días lo contrario—, o cuando te dicen que las diferencias entre ricos y pobres están aumentando, que cada vez los ricos son más ricos y los pobres, más pobres —mientras, insisto, las estadísticas decían justamente lo contrario—. Estabas generando pensiones no contributivas donde no existían, habías extendido la asistencia sanitaria hasta hacerla universal, habías creado decenas de miles de becas de estudio donde antes no había y, mientras, alguien, olvidando la realidad, te niega el pan y la sal; cuando ese alguien representa legítimamente a los trabajadores, como es el caso de la UGT, te resta mucha legitimidad.

Ése es el riesgo que tienes que correr a veces en los debates internos: que te resten alguna legitimidad en la conducción económica del país y en los procesos de modernización que la acompañan. Los que tuvimos a nuestro cargo esas responsabilidades no contamos con la comprensión y el apoyo de la mayoría: tropezamos con una falta de apoyo claro, transparente, indubitable... cosa que, por otro lado, nunca reproché, porque acepté que el Partido era así. Pero eso resta legitimidad en tu tarea.

Mariano Rubio, la 'beautiful' y el pacto con la burguesía

Avanzado el tiempo, en 1992, aparentemente, tuve un problema de mayor calado que el de legitimidad, cuando Mariano Rubio, amigo personal mío y gobernador del Banco de España aparece relacionado con el escándalo de Ibercorp[1]. En ese momento, parece que la implicación de Mariano Rubio —y de otros amigos suyos relacionados con la llamada *beautiful people*— podría haber tenido algo que ver con el manejo de información privilegiada. Tengo que decir, en contra de lo que se ha asegurado, que Mariano Rubio, ante esa circunstancia, decide que tiene que dimitir, y yo estuve de acuerdo. Sin embargo, le dije: «Esto no es cosa mía, es cosa del Gobierno. Tú sabes que tu nombramiento lo hace el Rey a propuesta del presidente del Gobierno: tendremos que hablar con Felipe González». Y Felipe no veía razón para que, con los datos que teníamos entonces, se formalizara esta dimisión. Con aquellos datos, no se implicaba en nada degradante al gobernador; parecía que era una cuestión, fundamentalmente, de estética. Tuvimos una larga reunión, Felipe, Mariano y yo, durante la cual, Mariano no dijo toda la verdad, se reservó alguna información que aparecería dos años después. En aquel encuentro, llegamos a la conclusión de que Felipe tenía razón, Mariano no planteó su dimisión y yo lo acepté. A los pocos días, tenía que presentarme en el Congreso en relación con la interpelación sobre este tema, y no distinguí entre las posiciones previas que habíamos tenido el presidente del Gobierno y yo. Respaldé la última decisión, porque era lo que tenía que hacer.

Por aquel entonces, se extendió la idea de que la llamada *beautiful people*, la gente del poder financiero —que no le debía nada al poder socialista, ya que eran ricos por su casa—, se había aprovechado de mí, y también de Felipe, en el sentido de que habían rentabilizado bien la situación y nuestra buena fe. Pero yo no estoy de acuerdo; sin entrar en que, para mí, todo aquello de la *beautiful people* era un invento sociológico.

Nuestra relación con la llamada *beautiful people* fue una relación que, en la medida en la que existió, estuvo motivada, fundamentalmente, por el interés de estar, de llegar al tope y de tener cerca a una parte de un empresariado que, generalmente, había sido muy reaccionario. El objetivo era, simplemente, que nos aceptara y nos comprendiera. Ese empresariado lo encontramos, fundamentalmente, con la ayuda de Claudio Aranzadi y otras personas que, después, se apartaron de la *beautiful people*. La verdad es que la mayor parte de las personas que entraron en contacto con la *beautiful people*, una de dos, o eran ricos de siempre, y no se hicieron ricos con el socialismo, o no eran ricos y no son ricos ahora.

El pacto necesario con la burguesía de este país, tan reticente al principio con los socialistas, fue una cuestión de tiempo. Quiero decir que la confianza no la suscitas por un discurso, ni la suscitas con una medida política o económica. La confianza surge cuando ven una forma de actuar, cuando estableces una pauta de comportamiento, cuando acaban por decir: «Bueno, quizás va en la buena dirección»; o añaden: «Quizás no son unos rojos locos, como habíamos temido»; o «Quizás son capaces de orientar el trabajo en la Administración Pública, que está perdida». (Conseguir que se trabajara en la Administración tampoco era nada fácil en 1982 o 1983). Creo que así, a través de nuestra actuación, como siempre ocurre en la vida, nos fuimos ganando la confianza y el respeto, y, más adelante, la colaboración. Aunque... es cierto que, en algunos casos, tardó mucho en conseguirse; en otros, ni siquiera se consiguió. Por ejemplo, yo quise tener muy buenas relaciones con los banqueros cuando era ministro de Hacienda, pero debo decir que, excepto con uno —cuyo nombre no mencionaré—, nunca fui a comer a ningún banco, nunca acepté ninguna invitación personal de ningún banquero, en absoluto, a no ser algún festejo social, más o menos público, en el que podíamos coincidir... pero nunca, nunca acepté invitaciones personales. Si un banquero quería verme —y con frecuencia querían verme—, venía a mi despacho, en horas de despacho.

Y respecto a los empresarios, sí fuimos conscientes de que no podíamos gobernar con la desconfianza de todo el mundo y, por tanto, necesitábamos algún tipo de aliado. Ya se suponía que el ejercicio del poder, digamos, en una organización racional del trabajo, nos conduciría, al menos, a contar con el respeto y la creciente confianza de la burguesía o la alta burguesía. Yo creo que las cosas se produjeron así: no había un plan concreto y determinado. Y la verdad es que el resultado fue algunas veces tan exitoso que algunas personas, como Nicolás Redondo, desconfiado por naturaleza, acabaron afirmando que «el Gobierno se estaba arrojando en brazos de la patronal». Pero lo cierto es que la propia patronal nunca tuvo buenas relaciones con el Gobierno. Las relaciones que yo tuve con el presidente de la CEOE, con José María Cuevas, primero como ministro de Industria y, más adelante, como ministro de Hacienda, siempre fueron corteses y necesarias, pero nunca fueron buenas relaciones, porque Cuevas tenía posiciones muy partidistas.

El «conocimiento carnal» de Felipe

Digan lo que dijeran, Felipe González no era un *parvenu* para los representantes de la gran banca, del poder financiero o de la clase empresarial. Felipe podía haber sido un *parvenu* en 1975, cuando, a la muerte de Franco, era sólo un chico que se llamaba *Isidoro*, un abogado laboralista sevillano. La derecha, entonces, no sabía quién era ni conocía sus relaciones con la memoria histórica del PSOE, que tenía que ver con el Gobierno republicano y con las grandes figuras del exilio. Entonces sí era un desconocido: nadie sabía si tenía la intención de modernizar el Partido o de seguir la línea cuasi revolucionaria que durante los años treinta había caracterizado a la organización, línea que parecía haber quedado inhibida durante el período del exilio, cuando, de alguna manera, la tendencia socialdemócrata y la ideología social liberal que representaba Prieto se impuso en el Partido.

Pero cuando llegamos al Gobierno, en 1982, Felipe era ya muy conocido. Lo que necesitaba Felipe González era pasar del conocimiento como figura —que ya era respetable y no producía gran temor— a lo que podríamos llamar el «conocimiento carnal», el conocimiento que da la proximidad. Y, en ese aspecto, sí que algunos desempeñamos un papel, y de manera mucho más destacable, quizás, Miguel Boyer. Miguel Boyer había estado muy relacionado con una clase empresarial situada en el entorno de algunos bancos, pero también de la Renfe, donde el propio Leopoldo Calvo Sotelo había sido presidente, en su tiempo. Miguel Boyer trabajó con Calvo Sotelo, en la época en que Renfe era el *holding* público más importante del país. También estaba relacionado con la gente que provenía del Instituto Nacional de Industria (INI). Boyer era, pues, entre las personas situadas en el entorno del Partido, la que tenía más contacto con lo que podríamos llamar la «élite empresarial» del país. Y Miguel por su lado, yo, en menor medida, por el mío, facilitamos que existieran reuniones que ya se estaban celebrando desde hacía tiempo... Todo lo demás, lo puso Felipe.

Recuerdo que, ya en plena campaña electoral, Felipe tuvo una reunión con los famosos «Siete Grandes», los siete banqueros que tenían en su cúpula a Aguirre Gozalo, presidente de Banesto. Y Aguirre Gozalo, cuando salió de aquel encuentro, dijo que Felipe González, entre los candidatos, era el mejor. Ocurría que Felipe, que tenía cierta formación económica, por sus estudios, pero que no era un experto en economía, tenía una extraordinaria capacidad para absorber lo que podemos llamar «visiones económicas del mundo» y para apreciar lo más relevante en la economía nacional e internacional, o en la economía industrial, o en la financiera. Con el curso del tiempo, y hablando con gente del equipo económico, como Boyer, como yo, y como otros, se formó una idea muy clara de la situación, y era capaz de exponerla de una manera mucho más fértil de cara a las audiencias y, en algún sentido, más creíble, por ser menos técnica que la que exponíamos los que éramos economistas. Yo creo que Felipe se ganó la confianza personal de los poderes económicos del país de manera casi automática.

Incluso, tras los contactos con la Asociación para el Progreso de la Dirección —donde estaba representada la clase empresarial—, con la banca, con el Círculo de Empresarios, con las cámaras de comercio, los empresarios decían: «Éste es un hombre que entiende el lenguaje de la economía y la relevancia que tiene en la sociedad moderna». Eso lo supieron ver casi desde el principio. Sin embargo, estuvieron vigilándonos con toda la atención para ver si nuestros primeros pasos eran los adecuados, es decir, si nos daba igual o no el déficit público, si queríamos o no luchar contra la inflación, si nos dábamos cuenta de que la peseta estaba sobrevaluada y devaluábamos o no, si hacíamos una devaluación y si ésta iba acompañada de una política restrictiva y no de una política expansiva... Cuando vieron que todo lo hacíamos conforme al «manual», y con más decisión y coraje que el que habían empleado los Gobiernos de UCD, lo que había sido desconfianza inicial —«a ver cómo lo hacen»— se fue convirtiendo en un respaldo, al principio, tácito, y ya en los primeros años, yo diría casi entusiasta.

Contra la aristocracia de los trabajadores

Yo creo que la confrontación, la falta de entendimiento, surge desde los sindicatos, y particularmente del sindicato hermano UGT, y más concretamente: desde sus propios dirigentes sindicales.

Sin embargo, la mayor parte de la sociedad no compartía aquellas posiciones. La prueba es que el grado de respaldo al Gobierno, la diferencia de votos entre el PSOE y el PP, o sobre cualquier otra alternativa de partidos de izquierda, como Izquierda Unida, después de años de gobierno, seguía siendo gigantesca... Lo que nunca reconocían —ni los sindicatos ni la izquierda política—, y menos públicamente, es que lo primero que hizo aquel Gobierno, en uno de su primeros Consejos de Ministros, fue decretar la semana de cuarenta horas. A continuación, empezó a trabajar el tema de las pensiones con el fin de generalizar la aplicación de las mismas, subir las mínimas al nivel del salario mínimo interprofesional, cosa que se consiguió pasados unos años. Es decir, desde el principio se adoptó una serie de medidas que difícilmente podía decirse que pudieran perjudicar en absoluto a los trabajadores.

Pero lo que no podía evitar nadie era reconocer que la industria siderúrgica, o la industria de los grandes bienes de equipos eléctricos y no eléctricos, la industria de la construcción naval, una parte importante de la minería, la propia producción de electricidad, con empresas que estaban endeudadas en la época, habían caído en una crisis que arrastraban desde los ocho o diez últimos años. Y no tenían perspectiva de salir de aquella crisis. Esta situación tenía dos consecuencias. La primera, que, en la medida en que mantenías estas empresas mediante subvenciones y apoyos, estabas gastando mucho dinero que necesitabas para otros proyectos, como extender la educación, mejorar las pensiones o la cobertura del sistema de salud nacional. Estabas dedicando una parte importante del presupuesto a mantener unos puestos de trabajo que, de acuerdo con el desarrollo tecnológico y con los presupuestos de todos los economistas, no podían sobrevivir —al menos, no sobrevivirían todos ellos— si no se producía un ajuste muy claro y una mejora notable en la competitividad en las empresas de estos sectores.

Pero, en segundo lugar, estabas creando, en un país donde crecía el desempleo brutalmente, dos tipos de trabajadores: unos, que componían la «aristocracia de los trabajadores», empleada en estos grandes sectores. Puesto que representaba una enorme fuerza política y social, obtenían una subvención permanente para seguir trabajando, aun cuando, en verdad, su productividad fuera muy baja. Y, por otro lado, los otros trabajadores de pequeñas y medianas empresas, de otros sectores, que, simplemente, se encontraban sin trabajo. Como es natural, era una situación que no podía durar eternamente y, por esa razón, se produjeron los intentos serios de reconversión. Pero aquella reconversión no se llevó a cabo, simplemente, echando a aquel que sobrara, o cerrando las fábricas que no eran productivas —la verdad es que no lo eran—. Desde luego, no se le dijo a la gente: «Usted se queda sin trabajo, y me olvido de usted».

Los fondos de protección del empleo se administraron durante muchos años, y recolocaron a mucha gente, aunque no a todos. Además, la reconversión se hizo teniendo en cuenta el impacto considerable que el cierre de determinada producción podía repercutir en un ámbito determinado, por ejemplo, en Sagunto. ¿Qué ocurrió al final? Que la gente aceptó que la reconversión había sido dura; también reconoció que había sido un poco sorprendente que unas medidas tan racionales —y a veces tan severas— las hubiera aprobado un gobierno socialista en vez de un gobierno de derechas. Pero la gente supo después apreciar el valor de aquella medida. Y yo recuerdo que el eslogan con que fuimos a las elecciones de 1986 era «Un Gobierno que gobierna». Y el mensaje que se ponía de manifiesto, fundamentalmente, como señal de que estábamos gobernando, era que habíamos afrontado problemas difíciles como la reconversión industrial, y lo habíamos hecho en beneficio de todos y sin tener en cuenta un cálculo electoral, porque el proceso de reconversión fue muy duro.

Recuerdo, entre otras, aquellas imágenes de las fuerzas del orden cargando contra los trabajadores. Eran imágenes durísimas. Recuerdo el caso de alguna persona muerta en una manifestación; recuerdo el caso de otra persona que perdió un ojo por un impacto de bala... y algún otro suceso desgraciado. Toda esta situación me impactó muchísimo, porque la gente venía directamente a mí, como si yo fuera el agente directo encargado de reprimir los desórdenes públicos... y me impactaba mucho, ésa es la verdad.

Pero cuando uno considera globalmente el resultado, el proceso no fue tan duro como podía haberlo sido. En toda la Europa de la época se produjeron incidentes, en el Reino Unido, en Italia, en el norte de Francia, también en Bélgica... Es decir, fue un momento en el que la subida de los precios del petróleo demostró que una parte importante de nuestras actividades productivas en Europa eran ya inviables en las nuevas condiciones y que había que reajustar la oferta. Entonces, hubo que hacerlo, era una desgracia, pero...

No estás ahí para que la gente te quiera

La verdad es que mucha gente me dijo después que, durante ese proceso, yo daba la imagen de «un chulo» queriendo poner firmes a los trabajadores.

Si transmití esa imagen, no era la que quería transmitir. Lo que sí quería proyectar era una imagen de firmeza, en el sentido de que, si había que hacer algo, no podía frenarse por comportamientos que llevaran al desorden público después de haber hecho muchos esfuerzos por negociar. Porque, naturalmente, si las protestas tuvieran su origen en algo que yo hubiera impuesto *manu militari*, comprendo que hubiera desorden público, especialmente en el caso de que yo no hubiera hecho todo lo posible por llevar adelante un tema tan delicado como éste. Pero habíamos pasado meses y meses en negociaciones que terminaban a las dos de la madrugada, en cada uno de los sectores. A pesar de todo, incluso existiendo a veces un acuerdo general, a veces surgían problemas particulares porque, en algunas factorías, o en algún lugar, la propia base obrera no seguía los acuerdos que habían firmado sus sindicatos o parte de sus sindicatos... Bueno, entonces te dabas cuenta que tenía que prevalecer la autoridad y el buen sentido, aunque fuera costoso.

Aquella época y aquella situación me demostraron una cosa: que no existe nada parecido al cuento de hadas aplicado a la política. Por más que tú provengas de un partido de izquierda y tengas la simpatía de unos o de otros, cuando, de verdad, pensando en el interés general, te enfrentas a unos intereses concretos —que son perfectamente legítimos, yo no estoy hablando mal de ellos como si el interés particular fuera menos importante que el general— y debes velar por la defensa del interés general, cuando te metes en intereses particulares, sabes que vas a tener problemas. Y sabes además otra cosa, algo de lo que la gente no se da cuenta cuando está metida en política: que a quienes les afecta negativamente una decisión tuya van a armar un ruido tremendo; y a quienes le parece bien, como les parece lógico que hagas las cosas bien, no van a estar ahí para defenderte. Aunque exista una mayoría que esté a favor de lo que haces, nunca se manifestará; se manifestará siempre la minoría afectada. Y esto me lleva a otra reflexión: yo tuve la fortuna, como consecuencia de esta experiencia de la reconversión, y de algunas otras, de aprender algo que todo político debería aprender muy pronto: que no se puede aspirar a estar en el poder para que la gente te quiera. Hay que estar en el poder para que la gente respete lo que haces.

En Aceriales estábamos a punto de llegar a un acuerdo y la empresa se había constituido, por estas cosas que los calendarios a veces imponen, como la piedra de toque de cómo podían ser los procesos de reconversión, digamos, en el ejemplo de la nueva filosofía que yo trataba de impulsar. En este caso, el principal dilema al que nos enfrentábamos era si se rescindía el contrato de trabajo a las personas que aparecían como excedentes. Por lo tanto, había que decidir si tenían que buscar, con ayuda, otro puesto de trabajo, o si, por el contrario, hacíamos una primera suspensión de empleo, con lo cual, la relación contractual del grupo de empresas Aceriales continuaba viva. A mí me parecía que si esta relación laboral continuaba viva, había muy pocas probabilidades de que esas personas, separadas de su puesto de trabajo en términos de suspensión del contrato, fueran a buscar de manera seria otro puesto de trabajo alternativo. Yo consideraba que ese método significaba mantener un problema enquistado para toda la vida. Como consecuencia de esta diferencia de criterio, llegamos a una huelga, una huelga que soportamos. Y los empresarios me decían: «Si el Gobierno no resiste, nosotros tampoco resistiremos...». «No, no, el Gobierno resiste», les decía yo. Pero, mientras la huelga estaba en marcha, y cuando yo creo que estábamos muy cerca de que se fuera apaciguando el tema, Felipe González decidió cambiar el rumbo y optamos por la suspensión temporal de los contratos de trabajo.

ALFONSO GUERRA ME CONVENCIÓ PARA QUE ME QUEDARA

Felipe recibió muchísimas presiones, presiones del nacionalismo vasco... pero, sobre todo, presiones procedentes de nuestro propio Partido y de la UGT. Hubo una delegación del Partido Socialista de Euskadi que fue a verle, hubo otra delegación del Partido Socialista Obrero Español que fue a verle, hubo contactos con UGT... En fin, a Felipe lo presionaron tremendamente. Era una cuestión muy delicada y él era el único que podía tomar una decisión de esa naturaleza. Felipe adopta la decisión de modificar la estrategia inicial y yo presenté la dimisión como ministro de Industria. Felipe, había tomado esa decisión porque, quizás, lo mas útil políticamente era hacer caso a aquellas presiones.

Yo no se me sentí desautorizado por Felipe, y no presenté la dimisión pensando en categorías morales o estéticas. Sólo me parecía que Felipe se estaba equivocando y que, si se equivocaba en algo que era tan fundamental, sería muy difícil rectificar más adelante.

Le entregué una carta con la dimisión, pero también estuvimos una hora hablando a última hora de la noche. Al día siguiente, me dijo que acudiera al Consejo de Ministros y que, después, hablaríamos de cómo presentar públicamente la dimisión. Todo esto sucedía después de haber hecho un esfuerzo muy grande por persuadirme de que no la formalizara.

Por sorprendente que parezca, fue Alfonso Guerra el que se encargó de convencerme, no en razón del tema en concreto sino con el argumento de que la formación del Gobierno era muy reciente —aunque no era tan reciente: llevábamos ya quince meses en el Gobierno— y que él pensaba que sería muy perjudicial para la imagen del Gobierno que el ministro de Industria presentara la dimisión por esta razón. Y me hizo pensar y repensar la dimisión, y, bueno..., al final acepté quedarme. Me quedé, pero con la absoluta conviccion de que aquello había sido un error y que aquello iba a dificultar las cosas en el futuro.

Boyer tenía una preocupación: pensaba que tal vez estábamos «llegando tarde» a la reconversión y creía que, quizás, la «cirugía» que aplicábamos era demasiado leve. Y, al fin y al cabo, eran consideraciones que uno debía tener en cuenta. En cuanto a la tardanza, no era achacable a nosotros, ni Miguel pensaba que lo fuera. Él creía que medidas de la naturaleza de la reconversión de la que nosotros estábamos hablando debían haberse iniciado en 1979 y 1980, pero con decisión, que es lo que no hizo el Gobierno de UCD. Algunos planes de reconversión hizo, pero tan tenues, con tan poco propósito, que quedaron olvidados. Por lo tanto, si llegábamos tarde o no, en cualquier caso ya no tenía solución. Pero yo creo que el tiempo demostró que fuimos capaces de avanzar en la reconversión y, además, fuimos también capaces de reasignar recursos una vez que entramos en la Unión Europea, y vivir un quinquenio de desarrollo en nuestro país, de 1986 a 1991, como no se ha vivido en la Historia de España desde la muerte de Franco.

Yo diría que la genté llegó a la conclusión de que, aunque no siempre la razón estaba del lado del Gobierno, en cuanto a los procedimientos o las formas, la razón sí estaba del lado de la necesidad de reconvertir. Lo que sí es verdad es que éste es un país —y esto hay que reconocerlo— en el que la gente es generosa y tiende a ponerse en el lado de aquel que lo está pasando mal, y, además, lo comprendo. Eso es perfectamente natural, y los sindicatos, conocedores de estas motivaciones, explotaron a veces esta contraposición Gobierno/sentimiento público. Y hay que reconocer que, para nosotros, esto tuvo un coste de deterioro electoral —no cabe la menor duda de que lo tuvo— que fue manifestándose con el tiempo. Pero a aquel deterioro por la reconversión había que sumar el espíritu de confrontación de Nicolás Redondo y de la dirección de UGT: todo ello restó legitimidad de izquierdas al Gobierno; nos quitó, de manera deliberada, legitimidad y algunos votos.

No hay que engañarse: en 1996, por la derecha, nada nos hizo daño. Las dos razones por las que perdimos las elecciones fueron la crítica deslegitimadora de UGT, que en la mayor parte de los casos tenía pocos fundamentos, y la crítica deslegitimadora derivada de los escándalos que nos afectaron. ¡Y ésa sí tenía fundamento!

UNA PROMESA IMPOSIBLE DE CUMPLIR

Yo no quería aguar la fiesta a nadie cuando dije que no veía posible la creación de los 800.000 puestos de trabajo. Lo que ocurres es que, cuando llevas ya medio año en el Ministerio de Industria y ves desfilar por tu despacho a infinidad de personas que aseguran que en breves días tendrán que cerrar la empresa, cuando ves que, de verdad, se está cayendo el país, y alguien te pregunta «¿Usted cree que es posible crear 800.000 puestos de trabajo...?», a menos que seas un caradura, debes contestar: «Pues verá... yo creo que no». Eso fue lo que yo dije: «Yo creo que no». Y quizás, en aquel momento, no me di cuenta de cuánto podía importar a algunos el mantenimiento de lo que yo entendía que no podía ser una promesa electoral sino un compromiso moral.

Es verdad que el compromiso de la creación de los 800.000 puestos de trabajo estaba en el programa electoral, en una forma en la que, en mi opinión, nunca debería aparecer en los programas. Una cosa es decir: «Espero que el año que viene se creen tantos puestos de trabajo», como quien dice: «Espero que la economía crezca tanto». Pero es muy ridículo decir que el Gobierno se compromete a conseguir determinados crecimientos de la economía, porque la gente que cree que un Gobierno tiene capacidad para contraer estos compromisos le otorga al Gobierno un poder taumatúrgico que no tiene. En fin, yo pensaba que todo el mundo era como yo, que no creía en estos poderes del Gobierno, por eso simplemente dije: «Yo creo que no va a ser posible...». Lo primero que debo reivindicar es que yo tenía más razón que un santo, y los que hicieron la promesa, o los que mantuvieron la promesa, no la tenían. No es que esto sea muy importante, pero, después de todo, nos conviene poner las cosas en su sitio.

Dicen: «Éste fue el que nos aguó la fiesta»; pero, al mismo tiempo, habría que añadir: «Éste fue el que tuvo la honradez de decir lo que no iba a conseguirse», porque así se demostró. E insisto, hasta el momento en que yo pronuncio ese comentario, Alfonso Guerra no tiene nada que ver con el asunto de los 800.000 puestos de trabajo.

Pero ocurrió que, en el Consejo de Ministros, Alfonso Guerra plantea que él tiene que ir como invitado, en representación del Gobierno y del Partido, al congreso de la UGT y nos pregunta qué va a decir allí, después de lo que ha dicho el ministro de Industria... Él abandonó aquel Consejo de Ministros con el compromiso de tranquilizar las aguas, pero Alfonso Guerra tiene una manera muy peculiar de tranquilizar las aguas: las primeras palabras de su discurso de saludo a los congresistas de UGT fueron: «No hay que hacer caso de esos agoreros...».

Nos sentábamos en el Consejo de Ministros y no nos dedicábamos a hacer de agoreros: nos dedicábamos a hacer predicciones, que era lo que los ciudadanos esperaban de nosotros. Pero, en fin, ésa es la forma tan peculiar que tiene Alfonso Guerra de resolver problemas: consiste en que él siempre tiene que quedar por encima, como el aceite. Lo cierto es que, para ello, no le importó dejarme a mí a los pies de los caballos.

A pesar de todo, yo he podido convivir con Guerra durante un tiempo. A mí me parece que Guerra era un magnífico dirigente del Grupo Parlamentario. Durante los años que estuvimos en la oposición, trataba de ordenar los trabajos, cuidaba de todos los parlamentarios, tenía interés personal por todos ellos... Pero, junto a este reconocimiento —que no me importa conceder—, tengo que decir que Alfonso Guerra tenía una concepción leninista del Partido. Esta idea, naturalmente, pasaba por la ocultación de la información hacia abajo, por el mantenimiento de la disciplina hasta unos niveles verdaderamente extremos, por la eliminación del debate siempre que no conviniera, y cosas por el estilo... Son argumentos y actuaciones que una persona con mi educación liberal y mi forma de ser difícilmente encaja. Por tanto, no es que yo tuviera, en principio, nada en contra de Alfonso Guerra, pero, siendo tan diferentes, siempre que surgiera una situación delicada, había una probabilidad superior al 90 por ciento de que acabáramos enfrentados.

Y, viéndonos en posiciones enfrentadas, ya fuera por el tema de los 800.000 puestos de trabajo o por políticas industriales que yo llevaba a veces al Consejo de Ministros, yo creo que el mayor problema radicaba en la tendencia de Alfonso a patrimonializar el Partido. A los que representábamos puntos de vista más liberales, más socialdemócratas, más modernos que los suyos, nunca se nos dio la oportunidad de luchar en el seno del Partido; si queríamos hacerlo, teníamos que refugiarnos en una auténtica minoría, sin una sola posibilidad de tener poder en el Gobierno. Pero si estábamos en el Gobierno, él se creía con la capacidad de imponer su disciplina, para que no discutieras su visión y su forma de llevar el Partido. Yo creo que Alfonso Guerra tiene una visión bastante anticuada de lo que es el papel del socialismo y, por eso, él mismo pretendía mantenerse en el Gobierno, como el aceite —como siempre he dicho—, por encima de todos: simplemente, de «oyente», para poder señalar cuándo una política tenía un efecto negativo en la opinión pública, o en el Partido o en nuestros seguidores más fieles.

FELIPE, POCO DOTADO PARA LA PELEA

Por debajo de todas estas actitudes subyacía una batalla por el poder y, aunque legítima, una ambición de poder. Alfonso Guerra quería una posición de poder para imponer sus puntos de vista, y la tuvo durante mucho tiempo en el Partido, porque él creía que así funcionaba un partido socialista, y así era como se ganaban las elecciones. Sin embargo, otras personas queríamos tener una posición de poder en el Partido con el fin de contrarrestar esos puntos de vista, o con el fin de exponer los nuestros y darles una oportunidad. Y la verdad es que no todos entramos en esa batalla con las mismas armas: para 1982, y durante mucho tiempo —y con la connivencia de Felipe—, Alfonso Guerra se había quedado con todo el «aparato» del Partido. De vez en cuando, se le escapaba una cosita en Cataluña, o una cosita en el País Vasco, otra cosita en Navarra..., pero lo cierto es que prácticamente todo el «aparato» del Partido estaba en sus manos. No se podía luchar en pie de igualdad para exponer tus ideas. No había manera.

Creo que la connivencia, el apoyo que Felipe prestaba a Alfonso, y viceversa, tenía como base fundamental el que, en algún sentido, los dos podían ser complementarios. Felipe era un hombre que sentía una cierta aversión por las luchas internas del Partido, igual que, por ejemplo, por las reorganizaciones de Gobierno. La verdad: aun teniendo como tiene una inteligencia política poco usual, de las mayores que yo he conocido en mi vida, Felipe no estaba hecho para estas situaciones; no era para la pelea para lo que estaba mejor dotado, ni mucho menos. A él le gustaba, sobre todo, la política de Estado, tanto la doméstica como la internacional, las reformas del Estado, las mejoras institucionales, la buena gestión de los diversos aspectos de las políticas públicas... eso era lo que le gustaba. Y la manera de poder abarcar todo eso con cierta libertad de maniobra consistía en que alguien cumpliera esas otras funciones propias de un líder, como mantener la disciplina. A Felipe González, insisto, estas funciones «menores», en parte, no le interesaban; y, por otro lado, no era ahí donde aparecían sus mejores cualidades, no era donde sobresalía.

Alfonso Guerra, en ese apartado, era todo lo contrario: todas esas situaciones de pelea eran su fuerte, era para lo que estaba mejor dotado. Porque, exceptuando algunos aspectos puramente estéticos, parecer más o menos de izquierdas, exhibir algunos principios, aparentemente morales, etcétera, era muy difícil oír hablar a Alfonso Guerra de cuál era su ideal de España, de cuál era su ideal de Europa, de cuál era su idea de la gobernación del mundo. La verdad es que yo, sobre todas estas materias, le he oído hablar muy poco, aparte, naturalmente, de dos o tres generalidades casi en forma de eslogan.

Mientras ambos, Felipe González y Alfonso Guerra, tuvieron objetivos relativamente comunes, existía una complementariedad. El problema surgió cuando, crecientemente, los objetivos se fueron separando. Y los objetivos se iban separando en la medida en que Felipe se dio cuenta de que gobernar España implicaba una sensibilidad multidireccional: no se podía tener una sensibilidad sesgada como la tenía Alfonso Guerra en favor del Partido. Y Alfonso —él mismo lo dice— creía que lo que él tenía que hacer era señalar una parte de la calle, una de las aceras, y que Felipe no se alejara mucho de ella. Eso era lo que él creía. En realidad, yo pienso que lo que ocurría era que Felipe estaba yendo por el centro de la calle. Y Alfonso no aceptaba que Felipe fuera por el centro. Ésa es la historia.

Emboscada en TVE: la ruptura UGT-PSOE

Tengo la tentación de volver otra vez a una de esas jugadas de Alfonso Guerra en las que se comprometía a una cosa y, luego, resultaba otra...

Tiene que ver con el tema de la reconversión y con el debate que sostuve en televisión con Nicolás Redondo... El caso es que el líder de la UGT me espetó aquello tan hiriente: «Carlos, tu problema son los trabajadores». Yo estaba dispuesto, y tenía interés, en discutir sobre la reconversión industrial, la marcha de la economía y, sobre todo, quería discutir sobre todos estos aspectos de cara a la próxima negociación colectiva con la patronal y con los sindicatos. Yo estaba encantado de participar en aquel debate. El que aparentemente no quería ir, o estaba mandando recados diciendo que prefería no ir, era Nicolás Redondo. Estuve a la espera de su decisión hasta última hora. Y, cuando ya parece que es inevitable, porque era de arrojo el compromiso... un cuarto de hora antes de que yo saliera para Televisión Española, me llama el vicepresidente del Gobierno y me dice: «Mira, ministro, he hablado con Nicolás Redondo y él no va a "hacer sangre". Va a Televisión... Si nos mantenemos todos tranquilos, estupendo». «¡Ah, pues mira, te lo agradezco mucho!», le dije a Alfonso Guerra.

Yo no sabía cuál iba a ser la actitud de Nicolás. Y así me presenté yo en el debate, y durante media hora de debate recibí todas las bofetadas posibles por parte de Nicolás Redondo, no para mí sino para todo el Gobierno. Bofetadas gratuitas y con tal agresividad que los otros dos participantes, Cuevas por parte de la CEOE y Marcelino Camacho por parte de Comisiones Obreras, estaban sorprendidos: «¡Qué bien!», debieron de pensar, «aquí está su propio amigo destrozando al Gobierno. ¿Para qué vamos a hablar nosotros?».

Televisión Española era, entonces, la mejor televisión de España —no había otra—. Yo pensaba, en aquella situación, que nos estaban viendo entre quince y dieciocho millones de personas y que, por tanto, tenía que tratar de contener la ira que me estaba produciendo aquel ataque inopinado e injustificado de Nicolás Redondo. Pero estaba dispuesto a contenerme dentro de un orden. Porque si el líder sindical contaba con su correspondiente apoyo, yo era ministro, y un ministro de España tenía que mantener cierto estilo. Pero no podía dar, de ningún modo, la impresión de que el Gobierno se arrugaba porque un líder sindical, por muy socialista que fuera, le criticaba en público. Entonces, llegó un momento en que me dije: «A esto hay que contestar», y le contesté con cierta dureza. Pero lo peor de todo aquello es que quedó claro, ante la sociedad, que la ruptura entre UGT y el PSOE ya se había producido y que, habiendo sido tan notorio el acontecimiento de la ruptura, la posibilidad de reconducir las aguas a su cauce era prácticamente nula, como, de hecho, se demostró.

Aquellas acusaciones envenenadas de Nicolás Redondo —«Carlos, tu problema son los trabajadores» o « Carlos, te has equivocado de trinchera»—, frases que me han perseguido como ministro de Economía y como encargado de decir las verdades al Partido, no me produjeron inquietud. Viví todo aquello con bastante tranquilidad, sinceramente. Y esta actitud tiene mucho que ver con aquella primera vivencia de la reconversión, que limitó mucho lo que podían haber sido mis aspiraciones ingenuas de gobernar y de ser, al mismo tiempo, querido y deseado. Como eso ya lo había aprendido muy pronto, e incluso lo intuía desde antes, aquel tipo de consideraciones —«usted se ha equivocado de trinchera y a usted ya no le "ajuntamos", ya no es de los nuestros»— me dejaban más o menos tranquilo. Además, me parecía que eran manifestaciones que, sin dejar de tener un fundamento, estaban manipuladas demagógicamente por quienes las hacían contra mí. Porque ellos, por más que creyeran que representaban el punto de vista de *todos* los obreros, o de *todas* las clases modestas españolas, no lo representaban.

Honestamente, no sé si aquella llamada de Alfonso Guerra para tranquilizarme sobre los derroteros serenos por los que se desarrollaría el debate encerraban o no alguna trampa. No lo supe entonces, y ahora sigo sin saberlo. Lo que sí puedo asegurar, en términos objetivos, es que fue Alfonso Guerra el que me llamó a mí, y no yo el que lo llamó a él. Recibí su llamada, justamente, en mi despacho, cuando me estaba ajustando la corbata y poniéndome la chaqueta para salir hacia Televisión Española. (En aquella época, había teléfono en los coches de los ministros, pero no había móviles. Y me llamó al despacho). Me llamó *él* para decirme que estuviera tranquilo, que Nicolás Redondo le había jurado que no iba a «hacer sangre», que no quería enfrentamiento.

A la única conclusión que puedo llegar, después de lo que ocurrió, es que, una de dos, o él me engañó a mí, o lo engañaron a él.

Y en el caso de Alfonso Guerra —dada la alta opinión que tiene de sí mismo—, esa especie de extraña soberbia luciferina le llevaría a decir que él me engañó, antes que aceptar que pudieron engañarlo a él.

CONTRA LOS POPULISTAS DE LA IZQUIERDA

Mi obsesión por la moderación salarial y mi manera de concebir la redistribución de la renta me enfrentó sistemáticamente con la llamada izquierda de este país. Pero sus críticas, en mi opinión, estaban muy mal fundamentadas. Porque yo no solamente no quería evitar la redistribución de la renta, sino que estaba absolutamente a favor de la redistribución de la renta, pero creía que no se podía llevar a cabo por la vía de subir los salarios, porque si subes los salarios, al final, la lógica de los mercados obliga a los empresarios a subir los precios. Y esa subida de los precios, que es la inflación, resta poder de compra a los asalariados. De manera que esa subida salarial sería sólo un espejismo. Pero, además, esta realidad les obliga, a la vista de la nueva pérdida de poder de compra, a pedir más subida de salarios al año siguiente... De manera que a mí me parecía que la moderación salarial era, en sí misma, una virtud.

Los que pensaban de otro modo y ocultaban esta especie de falso espejismo —que tantas veces ha engañado por la vía populista a la izquierda y a los sindicatos— no reconocían cuál era mi modelo de redistribución de la renta. Mi modelo pasaba, primero, por unos impuestos con una carga fiscal muy importante, para poder gastar en programas sociales. Cuando yo llegué a Hacienda, el número de declarantes del impuesto de la renta no llegaba a seis millones; cuando dejé el Ministerio, eran trece millones. En ese período de unos diez años se duplicaron los declarantes. A los ciudadanos que tenían menos dinero se les rebajó muchísimo la presión fiscal; sin embargo, los que tenían mucho dinero pagaron un porcentaje mucho mayor de la renta: si en 1982 pagaban, por ejemplo, un 27 por ciento, llegaron a pagar un 38 o un 39 por ciento. Es decir, que estabas sacando dinero del más rico, perdonándole los impuestos al más pobre. Con todo ese dinero —al final, el resultado era positivo—, con todas esas maniobras, acudías a la mesa del Consejo de Ministros y decías: «Y, ahora, ¿a quién le doy este dinero?».

Aparte del funcionamiento de la Administración y las inversiones en infraestructuras, lo que hicimos en esos diez o doce años —lo que yo recuerdo— fue extender la sanidad al cien por cien de la población —estaba en un 80 o en un 85 por ciento—, y en eso se gastó mucho dinero. ¿A quién se extendió la sanidad? Fundamentalmente, a los pobres que no tenían ningún tipo de cotización salarial. También ampliamos las pensiones y mejoramos las más bajas, para que llegaran al nivel del salario mínimo interprofesional; creamos las pensiones no contributivas, a las que tenía derecho cualquier español o española mayor de 65 años que nunca hubiera cotizado, y si no tenía otra fuente de renta. Eso se extendió a toda España y es algo que los ancianos de este país no lo habían vivido nunca. Pasamos de gastar el 2,6 a gastar el 4,6 del Producto Interior Bruto en educación; casi duplicamos el número de universitarios —de 750.000 a 1.500.000—; multiplicamos por diez el número de becas, y por seis o por siete la cantidad que se gastaba en las mismas; extendimos la gratuidad de la enseñanza hasta los últimos extremos y la fuimos ampliando por abajo, en la etapa del preescolar, y por arriba hasta los dieciséis años...

En fin, de alguna manera, así era como yo entendía la redistribución de la renta.

«Me arrepiento de aquella frase maldita»

Aquella frase maldita, aquella frase... que me hizo aparecer como el defensor de la «cultura del pelotazo» en España... «En España es donde se gana más dinero en menos tiempo». Me arrepiento de haberla pronunciado. Me arrepiento para siempre de haberlo dicho, porque era una frase susceptible de ser malinterpretada y, en parte, por soberbia no quise corregirla. Solamente reconocí mi error en una entrevista en el *Nuevo Lunes*, que, después de todo, era un periódico de pequeña incidencia. Expliqué lo que había querido decir, pero ya, para entonces, se había formado otra imagen. Y no quise corregir esta frase porque me molestaba haber sido malinterpretado: yo entendía que se había manipulado la interpretación. Pero eso es algo que a mí me habían dicho desde el primer momento: «Aunque lo creas, nunca digas que te han manipulado». Así que tampoco podía decir: «Me han manipulado».

Lo que yo dije, en realidad, era que los tipos de interés a corto plazo —que son tipos de interés a un mes o a tres meses—, en los préstamos que se hacen a través de la banca o entre los propios bancos, eran muy altos en aquel momento. Y añadía la frase: «En España es donde se gana más dinero en menos tiempo». Eso es lo que dije. Y la gente sacó de ahí la conclusión de que, primero, estaba diciendo que España era un país de especulación, lo cual no tiene nada que ver con los tipos de interés a corto plazo; y segundo —ya era un paso más adelante—, al ministro le gusta, precisamente, esa especulación. Entonces, la conclusión era: «¡Señores, especulen! ¡Apúntense a la "cultura del pelotazo"!». La verdad es que siempre me he arrepentido de aquella frase. Es una de esas meteduras de pata que uno tiene en la vida pública y que, una vez que se ha producido, es como si se ha tirado una piedra a un estanque: no hay manera de evitar las olas que produce.

LA HUELGA DEL 14-D Y EL CALDO DE CULTIVO

Yo confiaba mucho en la capacidad de Felipe González para, digamos, capear temporales. Por eso, mi gran sorpresa fue el éxito de la huelga; la señal de que sería un éxito llegó poco a poco. Conforme se iba aproximando la fecha del 14 de diciembre, era evidente que la huelga ya no la podía parar nadie.

La huelga de las pensiones, sin embargo, había sido una huelga muy pequeña, con muy poca repercusión y, sobre todo, era una convocatoria basada en... Si uno reflexiona ahora sobre el fundamento de la crítica de UGT a la Ley de Pensiones y, sobre todo, lo hace desde la perspectiva que permite el tiempo transcurrido, la verdad es que fue un disparate de Nicolás Redondo y de la UGT. Precisamente, el tiempo ha servido para demostrar la mejora derivada para las pensiones y para los pensionistas.

Y la huelga general del 14-D también estaba cogida por los pelos, porque ninguno de los sindicatos dijo que iba a la huelga general de diciembre de 1988 como consecuencia de un desacuerdo con el ministro de Hacienda. Dijeron que iban a la huelga como consecuencia de un desacuerdo con un programa que estaba haciendo el PSOE, el Plan de Empleo Juvenil, al que yo me había opuesto personalmente, aunque no de manera, digamos, pública, ni dramática; pero me había opuesto en mis conversaciones con Txiqui Benegas y con José Luis Corcuera. Y ésa fue la causa esgrimida.

La causa real era que los sindicatos —particularmente la UGT, dirigida por Nicolás Redondo—, que ya acumulaban mucho descontento y que desde 1987 habían optado por una oposición brutal al Gobierno, empezaron a creer que, como consecuencia del enfrentamiento, el Partido quería sustituirles en su labor creando un Plan de Empleo Juvenil y poniéndolos a los pies a los caballos. Nicolás Redondo creía que, con el citado Plan, de pronto, la labor de representación de intereses que había tenido el sindicato empezaba a ponerse en tela de juicio, porque el Partido acudía directamente a ayudar a dos colectivos distintos: con el Plan de Empleo Juvenil, a los jóvenes sin trabajo; a través de las pensiones, a los ancianos. Y eso fue lo que puso de los nervios a Nicolás Redondo, y posiblemente a todos los sindicatos. Y Comisiones Obreras hizo en este caso, probablemente, lo que en tantas ocasiones: apuntarse a lo que decía Nicolás Redondo, porque... ante una huelga, encantados de la vida.

Pero, en fin, volviendo a la cuestión, yo no veía en la reivindicación fundamentos muy serios para que la gente hiciera huelga general: ¡todo porque el Gobierno quisiera aumentar el empleo de los jóvenes! Pero es verdad que, en aquella época, los ánimos venían ya muy caldeados por las confrontaciones debidas a la reconversión o por la reforma de la Sanidad; hay que recordar también los problemas que tuvimos en algunas de las empresas públicas más importantes, incluida la Renfe y el INI; en Educación también habíamos tenido varios encontronazos... Demasiados enfrentamientos entre una forma de gobernar socialdemócrata, moderna, que era la que con mayor o menor acierto representaba el Gobierno, y otra forma de gobernar, ésta con áreas de poder, con parcelas de poder, a la que aspiraban UGT y los sindicatos. Y evidentemente, en esas condiciones, cuando existía ya un caldo de cultivo de confrontaciones relativamente importante, se nos vino encima la huelga del 14-D.

Madrid, un cementerio

Recuerdo bien aquellas horas, las calles desiertas... Ya dije en aquel momento que yo veía Madrid un poco sobrecogido, me parecía un cementerio. Por aquellos días estaba en España el primer ministro austríaco, y estaba también mi colega, el ministro de Economía. Aquella noche, del 13 al 14 de diciembre, Felipe González, como presidente del Gobierno, ofrecía en La Moncloa una cena a la delegación austríaca y estábamos presentes también los ministros, personas importantes de las letras, los deportes, etcétera. Cuando ya se estaban despidiendo nuestros invitados, llega la noticia de que se ha dado el pistoletazo de salida a la huelga, y que a las doce en punto se ha cortado la emisión de Televisión Española. Aquello nos dejó a todos muy impresionados... Antes de despedirnos, estuvimos hablando del tema con Felipe y todos estuvimos de acuerdo en que la huelga, al día siguiente, sería un éxito —no nos cabía la menor duda—. Si uno es capaz de cerrar Televisión Española —cosa que antes sólo ocurría en los golpes de Estado militares—, demuestra una capacidad de fuerza extraordinaria. Por otra parte, nosotros no podíamos haber imaginado hasta dónde querían llegar la UGT y Comisiones; también era evidente que el PP, por un lado, y la CEOE, por otro, acogían la propuesta de la huelga encantados de la vida: «Ya que nosotros no podemos, que alguno le dé una bofetada al Gobierno». Y la verdad es que esta especie de constatación... te produce una depresión muy grande, porque tú no te sientes... En la larga historia que ha tenido este país de injusticias y de maltratos a los trabajadores, tú no te sientes el destinatario lógico de una huelga general con gran éxito. Y piensas que algo está mal, que puede que tú te hayas equivocado...

Me resultaba paradójico: «Puede que yo me haya equivocado, pero, por mucho que me haya equivocado, esto no puede ser normal». Y este tipo de reflexiones son muy deprimentes. Recuerdo que, viniendo hacia el Ministerio de Hacienda, me encontré Madrid vacío y, ya desde el despacho, seguí el lío que se estaba organizando en la Puerta del Sol, donde los piquetes trataban de impedir, y al final lo consiguieron, la apertura de unos grandes almacenes, de Galerías Preciados y El Corte Inglés... Y, bueno, así pasaron las largas horas de aquel 14-D. Los miembros del Gobierno estuvimos en contacto y enseguida pensamos: «No hagamos como los gobiernos autoritarios: negar la realidad y decir que esta huelga ha sido un fracaso».

Una «colleja» al Gobierno

Lo que más me preocupó de aquella huelga fue el desafío que representaba a la madurez del debate político en nuestro país. Es decir, si las reformas que habíamos llevado a cabo, con sensibilidad social, ya fuera la reconversión —nunca dejábamos a nadie en la calle—, ya fuera la reforma de pensiones —que estaba basada en distintas opciones y tuvo unos resultados estupendos—, o ya fuera el Plan de Empleo Juvenil —que, desde luego, no atentaba contra los intereses de nadie, simplemente, trataba de dar una oportunidad a los jóvenes para que trabajaran—, si esas reformas, insisto, merecían la mayor huelga general de la historia de España —exceptuando, posiblemente, la de 1917—, nos encontrábamos ante dos formas de entender la vida: la de los ciudadanos normales y la del Gobierno. Me decía a mí mismo: «A un lado, estamos los que creemos que no hay razones para una huelga general; al otro lado, quienes creen que sí. Y a día de hoy, dejando a un lado la coacción que siempre se ejerce en una huelga general, los ciudadanos parecen estar de acuerdo con la posición de los sindicatos y no con la del Gobierno... No podemos caer en ninguna trampa, tenemos que aceptar los hechos. Lo que tenemos que hacer es convocar elecciones anticipadas».

Y eso fue lo que propuse en el primer Consejo de Ministros posterior a la huelga: «Si los ciudadanos creen, de verdad, que los sindicatos tienen razón, elegirán otro Gobierno; pero si nos eligen a nosotros, sabremos qué es lo que ha pasado aquí». Yo no defendí esta posición por mantenerme, ni por arrogancia, sino porque me parecía que la sociedad se había planteado un dilema grave. Si la respuesta a la huelga general era de verdad equilibrada o proporcionada con los acontecimientos del país, el Gobierno estaría en una situación muy difícil. Pero si la respuesta no estaba equilibrada o proporcionada, lo normal sería continuar, aunque se pagara un cierto coste o existiera cierto deterioro electoral. Elecciones generales: a mí no se me ocurría otra manera de comprobar quién tenía la razón.

Yo entiendo que, en gran medida, este tipo de propuestas, presentadas en esas circunstancias, tienen un cierto tono de intención plebiscitaria... Pero, en fin, el resultado fue que una parte del Gobierno se inclinaba por una propuesta quizás menos definida que la mía... Sentí que mi posición era minoritaria. Pero entendí también cuál era el criterio de González: «No tienes razón y es irrelevante. Tenemos un desafío más importante: tenemos, por primera vez, la Presidencia de la Comunidad Europea y nos tiene que salir bien. Nosotros tenemos que dar, ante Europa, la imagen de ser un país lo suficientemente moderno y con capacidad de organización como para gestionar los asuntos europeos cuando nos toca el turno». Portugal no lo había conseguido: cuando le llegó su turno, solicitó un aplazamiento para seis años después. Y Felipe González, para quien las cuestiones europeas siempre habían tenido un lugar preeminente en sus prioridades, consideraba que el argumento de la Presidencia europea era un argumento muy serio. Por eso me satisfizo mucho cuando, concluyendo ya el período de la Presidencia, me llamó un día a su despacho y me dijo: «Carlos, he pensado anticipar las elecciones». De alguna manera, venía a a decirme: «Creo que tenías razón, pero no nos quedaba más remedio que pasar por estos seis meses».

Pasado el tiempo, estoy de acuerdo con la tesis de que aquella huelga general del 14-D tuvo más de protesta política, en la que se concertaron muchos factores, que de protesta por cualquier reivindicación puntual. Desde esta perspectiva, parece que el argumento era: «Vamos a darle una vuelta al Gobierno, cada uno por nuestra razón, porque, además, es gratis; porque, al día siguiente, no va a pasar nada y tendremos al mismo Gobierno; porque no queremos tumbarlo, lo que queremos, realmente, es darle una colleja».

Pero, en aquel momento, la responsabilidad —quizá también el sentido del drama— nos inducía a plantearnos en serio si el éxito de la huelga significaba una reprobación de la forma en que nosotros estábamos haciendo la política, porque lo que no podíamos hacer, de ningún modo, era ocultarnos el éxito de la huelga. Nosotros preferimos plantearlo de la otra manera, quizá un tanto dramática...

Recuerdo una discusión en la que Felipe González, Jorge Semprún y yo mismo reflexionábamos: «Sencillamente, lo que nos ha pasado es que, en la medida en que nuestras políticas de Estado del bienestar han tenido éxito y han creado una clase media, estamos enajenándonos parte de nuestra base social de apoyo». Éste era un análisis muy normal en aquella época y, además, era verdad; esas cosas ocurren. Pero ese alejamiento crítico no era aplicable a la situación de entonces, ya que en aquella época apenas era perceptible. Empezó a serlo mucho mas adelante, allá por el 92, cuando el nivel de presión fiscal era muy elevado y la economía empezó a ir mal porque se producía la recesión europea.

La huelga creó una situación incómoda. Es verdad que, después, volvimos a ganar en las elecciones de 1989; ganamos con un margen bastante menor que en 1986, pero todavía con mayoría absoluta: contábamos con 175 o 176 diputados. Pero se notaba que se estaba deteriorando la base de apoyo social.

Encuentros clandestinos

Yo entendía a aquellos que me decían: «¿No es posible mantener mejores relaciones con los sindicatos?». Yo mismo promoví una nueva negociación con los sindicatos, y lo hice una vez que el presidente me confirmó en mi puesto, en el nuevo Gobierno. Recuerdo que, recién pronunciado el juramento en el Palacio de la Zarzuela, Felipe y yo volvimos juntos en el coche a La Moncloa, y allí mismo se lo propuse: «Mira Felipe, he pensado que tengo que hacer un esfuerzo por restaurar nuestras relaciones con los sindicatos. Me parece que nos equivocaríamos si ese esfuerzo lo hace el ministro de Trabajo o lo hacen personas que ellos consideran más próximas. Para que tenga más credibilidad, debería hacerlo yo, que se supone que soy más reacio a sus propuestas». El presidente me contestó: «Me parece muy bien».

Y aquel mediodía, o aquella tarde, yo llamé a Nicolás Redondo y le propuse una reunión absolutamente clandestina, porque el nivel de enfrentamiento había llegado hasta tal punto que teníamos que mantener en secreto aquellos encuentros hasta ver si había alguna opción. Cené con Nicolás Redondo y con José María Zufiaur, que en aquellos tiempos tenía gran importancia como asesor suyo. Y uno de los primeros días del mes de enero de 1990, después de hablar con Antonio Gutiérrez, de Comisiones Obreras, me fui, con mi coche particular, a verle a su casa. Estuvimos allí toda la tarde hablando del tema. Y en algún momento de aquel mes de enero, se hizo claro que instalábamos una mesa de negociaciones en la cual ellos seguían hablando de la famosa deuda social. Mi intención era comprobar en qué medida podíamos, al menos, restaurar unas relaciones normales con los sindicatos e intentar que no mantuvieran aquella actitud de constante hostigamiento. (Aun a costa de algunas concesiones, digamos, más literarias que económicas).

Pero, por el camino, ocurrió que en el Ministerio de Trabajo —entonces era ministro Manolo Chaves— calcularon muy mal los costes del desempleo o calcularon mal el coste de las pensiones no contributivas. El caso es que era necesario un gasto muy grande. (Eso me obligó, dos años después, a inspirar al siguiente ministro de Trabajo[2] el famoso «decretazo» de reducción de subsidio del desempleo: era imposible mantener aquellos acuerdos alcanzados con los sindicatos). Durante aquella negociación, hubo un cálculo económico erróneo, cálculo no realizado por Economía, sino por Trabajo. Yo creo que, como en el Ministerio de Trabajo tenían posiciones más próximas a los sindicatos, nunca transmitieron a Economía toda la verdad. Yo sabía que había que pagar un precio para restaurar las relaciones con los sindicatos, y algún precio estaba dispuesto a pagar, pero no uno que pusiera en peligro los equilibrios generales. Al final, los puso en peligro y hubo que corregir el desajuste, en el curso 1992-1993, con el «decretazo», lo cual también fue muy malo... Si hubiéramos podido negociar mejor, habríamos evitado el «decretazo», que fue, digamos, el coletazo de mis enfrentamientos con los sindicatos.

De la soledad y de Felipe

Estar... como predicando la realidad en el desierto, a veces, hacía que me sintiera muy solo... En esos casos, el gran consuelo era el respaldo, prácticamente sin matices, de Felipe González. No digo que Felipe González estuviera de acuerdo con todo lo que yo hacía, pero aun estando, en ocasiones, en desacuerdo, yo sabía que, cuando necesitaba respaldo, él me respaldaba. Y, sin embargo, en el entorno de Alfonso Guerra, en el entorno de los sindicatos, y en el entorno de algunos «barones» regionales que entonces estaban emergiendo...

Esta soledad política se lleva relativamente mal... Por esa razón, empecé a reaccionar. Y comencé lo que yo llamo «mi lucha dentro del Partido»: traté de convencer a otros miembros del Partido de que un partido moderno tiene que hacer determinadas cosas; traté de explicarles que lo que no podía ser era mantener un partido obrerista en manos de los sindicatos, porque seguir la estrategia de los sindicatos es un desastre para el país y para el partido que está en el Gobierno. Y ésa fue la razón por la cual, a partir de 1990 o 1991, yo intervengo crecientemente en las polémicas dentro del Partido, y crecientemente se empieza a distinguir entre Solchaga y el «guerrismo», digamos, dos polos... Muchos eran «guerristas»; muchos, «solchaguistas»; y había quien no se decantaba por ninguno de los dos. Eran dos polos enfrentados, pero yo tenía que situarme: no puedes estar trabajando, haciendo un esfuerzo y haciendo políticas que en modo alguno son gratas para ti, porque tienen un componente impopular, y, encima, que tu propio Partido se sienta muy alejado de ellas y no te respalde.

La distribución de funciones entre Felipe y Alfonso había dejado durante demasiado tiempo el Partido en manos de Guerra. Y la opinión dominante del Partido, siempre que no fuera en contraposición a la de González, la generaba Alfonso Guerra, quien ya había decidido antes de la huelga del 14-D estar en contra de todas las políticas reformistas del Gobierno. Sobre todo, pensaba que su posición estaba cargada de razón —desde su punto de vista— después de la huelga.

Mi apuesta perdida

Yo quería controlar la política económica y llegó un momento en que pensé que sería oportuno hacerlo desde una Vicepresidencia. Mi planteamiento nunca fue semejante al del señor Boyer, en el sentido que yo nunca puse sobre la mesa «o todo o nada, o la Vicepresidencia o me voy». Yo nunca lo planteé así, aunque el presidente del Gobierno, en algún momento, tuvo la preocupación de que, si yo no era promovido al cargo de vicepresidente, tendríamos problemas, porque yo dejaría el Gobierno. Ya por entonces, Felipe estaba pensando, porque me lo confesó, en Pedro Solbes como mi sustituto al frente del Ministerio de Hacienda. Pero la situación final cambió porque, de repente, en los primeros meses de 1991, dimite Guerra como vicepresidente del Gobierno. Y, entonces, había que pensar si se organizaba una Vicepresidencia, si se organizaban dos o ninguna.

Presenté mi candidatura. Le dije al presidente de Gobierno que me parecía que el área económica funcionaría mejor si yo tenía categoría de vicepresidente. Nada más. Ni quise ser el único vicepresidente del Gobierno ni excluí a nadie. Fue el presidente el que insistió en que preferiría tener un solo vicepresidente del Gobierno, se decidió por Narcís Serra y yo acepté aquella decisión. No se puede decir que mi comportamiento en aquella crisis fuera un calco de la que se produjo en 1985, con la salida de Boyer. Para empezar, la aspiración de Miguel Boyer a una Vicepresidencia se produce en una época en que había una organización del tipo «uno sobre uno», y siempre así, primero Felipe y segundo Alfonso, y Alfonso casi a la altura de Felipe. Miguel Boyer quiso ocupar el mismo nivel que Alfonso, y eso sí que planteaba un choque dentro de las fuerzas del Partido y dentro de las relaciones entre Felipe y Alfonso.

Mi caso era distinto: Alfonso había salido ya del Gobierno, y había salido después de un período muy largo en la Vicepresidencia, después de una crisis —abierta por el caso Juan Guerra— que se resolvió mal por la resistencia de Alfonso a aceptar su inevitable dimisión y por la poca competencia que demostró Felipe para resolver aquella crisis. Porque Felipe ofreció «dos por el precio de uno» y acabó donde necesariamente tenía que acabar. La salida de Alfonso dejó un espacio y se pensó en quién podía ser vicepresidente, pero no había nadie en España que dijera que yo no era uno de los candidatos. Ésa es la verdad.

Respecto a aquella situación, tengo claro que sólo en una cosa me equivoqué: en no haber dimitido entonces. Pero no se hubiera tratado de una dimisión entendida como queja o como forma de presión. Debería haber dimitido porque, en aquel momento, era evidente que, no siendo vicepresidente, y a pesar de tener una influencia decisiva en el nombramiento de los ministros del área económica del Gobierno, iba a empezar a tener un apoyo menor del presidente a la hora de tomar decisiones.

Parar los pies a Serra

Efectivamente, poco a poco empezó a notarse, aunque yo nunca me quejaré del apoyo presidencial. Pero se dio aquello que, con cierta gracia, Javier Pradera llamó «una rebelión del comando del gasto público». El supuesto «comando del gasto público» lo formaban Pepe Borrell, Javier Solana y algunos otros ministros del área social. Y eso se notó.

Por otra parte, estaba claro que Narcís Serra, el nuevo vicepresidente, que además es catedrático de Economía Aplicada, tendría un interés evidente por enterarse —y algo más que enterarse— de la marcha de la política económica. Pero, desde el primer momento, por la elección de los candidatos en los diversos Ministerios Económicos, en la que mi influencia fue decisiva, y por cómo quedó compuesta la Comisión Delegada de Asuntos Económicos, que quedaba presidida por mí, era claro que se limitaba mucho la capacidad de Serra para inmiscuirse en estos asuntos.

Él, como vicepresidente de Gobierno, tenía, por otra parte, derecho a tener información. En alguna ocasión se inmiscuyó en las aréas económicas y la verdad es que yo hice todo lo posible por pararle los pies —de manera educada pero muy firme—. Y creo que, en líneas generales, lo conseguí. Cuando yo salí del Gobierno, lo primero que exigió Serra frente al nuevo ministro de Economía y Hacienda fue la Presidencia de la Comisión Delegada de Asuntos Económicos, porque, de no estar ahí, su capacidad para inmiscuirse o su capacidad para controlar la política económica era extremadamente limitada. Yo entiendo que Serra tuviera esas pretensiones, es natural. A mí, Narcís siempre me ha parecido un hombre con una enorme capacidad para componer y negociar, pero quizás tiene unas ideas —en política económica— bastante menos claras de lo que a mí me parecerían deseables para ocupar una posición de responsabilidad del Gobierno. Y, por tanto, siempre he actuado con esa contención frente a él. Pero nuestro entendimiento fue relativamente normal y yo nunca me paré a pensar que él era vicepresidente del Gobierno y que yo no lo había conseguido. Para nada...

Los que estaban verdaderamente amargados por esa contingencia eran los «guerristas», que hubieran estado dispuestos a llegar a un pacto conmigo para que hubiera dos Vicepresidencias: una, política, con Txiqui Benegas al frente, y otra, económica, conmigo. Pero a mí ese pacto no me parecía de ninguna manera razonable, dada mi desconfianza hacia el sector «guerrista» del Partido. Sería una componenda que no acabaría nunca de encajar.

OTRO MINISTRO PARA OTRO REAJUSTE

En 1993 persuadí a Felipe de que, en aquel momento —cuando se agudizaba la crisis económica—, era mejor que otros estuvieran al frente del Ministerio. Porque yo me había ocupado ya de una crisis económica y de la reconversión; después, había hecho frente a la entrada de España en la Unión Europea, luego, había ido sobre la ola de la expansión y el crecimiento económico, y ahora estaba otra vez sobre la ola del reajuste. Me dije: «Bueno, para sortear esta ola todavía nos queda tiempo, pero hace falta la credibilidad de otra persona». Y le dije a Felipe González que dejaba el Gobierno en las siguientes elecciones. También influyó la posibilidad —menos conocida y que discutí con Felipe González— de sustituir a Francisco Fernández Ordóñez, que ya estaba en el lecho de muerte, como ministro de Asuntos Exteriores. Felipe la sopesó y, finalmente, se decidió por Javier Solana para este cargo, lo cual me pareció bien. Era decisión suya.

Debo decir que, así como Felipe González me apoyó sistemáticamente en las líneas generales de mi labor, jamás accedió a un deseo personal mío cuando tenía enfrentamientos, ya fuera con el Partido, o en el seno del propio Gobierno, o, a veces, con los sindicatos, excepto al final, cuando ya salí del Gobierno.

Muchos interpretaron mi salida del Gobierno como una especie de deseo de huir en un momento en el que disfrutaba de un respaldo menor, por parte de Felipe, a mis iniciativas en el aréa económica. Pero eso no es así, al contrario.

Yo estaba persuadido de que el Gobierno ganaría mucho si tenía un nuevo ministro de Hacienda. Se lo dije a Felipe de varias maneras a lo largo de 1992. Y, en 1993, le advertí: «Tú ya sabes que yo no voy a formar parte del próximo Gobierno, ve pensando...». Apenas se celebraron las elecciones del 93, que ganamos, fui a hablar con el presidente, y le dije: «Quiero ser presidente del Grupo Parlamentario». Y me contestó: «Hombre, yo había pensado, en principio, en Joaquín Almunia». «Bueno, pues tú verás». Y, al final, después de pensarlo mucho, aceptó mi proposición. Estaba de acuerdo: sabía que el Grupo Parlamentario estaba dividido en dos. Alfonso Guerra iba a luchar a muerte; no iba a ser una operación nada fácil... Aunque, al final, pudo ser.

Ya sé que, cuando no conseguí ir a Exteriores, mis detractores intentaron hacer creer que Felipe empieza a darme señales de que el mecanismo de confianza que funcionaba entre nosotros, mil por mil, se estaba deteriorando. Pusieron también en circulación la tesis de que aquella supuesta toma de distancias tenía que ver con el caso de corrupción de Ibercorp, que, en teoría, me estaría pasando factura en ese momento. Pero tengo que decir que, en ningún momento, vi a Felipe González tomar distancias conmigo.

La jugada de Mariano Rubio

Además, yo ya estaba fuera del Gobierno cuando se conoce el dato del patrimonio oculto del señor Rubio —ex gobernador del Banco de España—. Esa información aparece en 1994, precisamente cuando condenan al señor Conde por el caso de la Agencia Trust. Por otra parte, no había en ese caso ninguna discrepancia de fondo, entre el presidente del Gobierno y yo mismo, que pudiera dar lugar a una desconfianza. Al contrario, tengo que recordar que, ya en la primavera de 1992, cuando saltan los primeros datos del escándalo —entonces, sólo aparecía como un tema de «información privilegiada», no de ocultación de patrimonio—, el presidente era, en aquel momento, algo más partidario que yo de sostener a Rubio en el cargo. Y yo hice lo que en otras muchas ocasiones: respaldar esa decisión. Me parecía que eso formaba parte de la lealtad que le debía al Gobierno.

Dos años después, a Felipe y a mí nos tocaba descubrir que, con los datos que se manejaban entonces, lo que parecía un problema estético se convierte en un problema ético de primera magnitud. No era sólo que Manolo Rubio pudiera tener algo que ver con un asunto de información privilegiada sino que, además, había acumulado unos cien millones de pesetas, producto de una operación que había ocultado al fisco. Esto era otra cosa.

Yo no comprendo cómo un funcionario —ni de la escala alta ni de la baja—, particularmente, un funcionario con una responsabilidad pública como gobernador del Banco de España, puede mantener una situación fiscal de ocultamiento de patrimonio. Me di cuenta de que Mariano Rubio no había jugado limpio con nosotros. Una cosa es que yo, humanamente, lo pueda comprender, pero, política y moralmente, me parece rotundamente condenable.

Pero, por otra parte, hay algo más que discutible: por algo que constituye un acto de moral privada —pagar o no pagar los impuestos—, por actuaciones de una persona que yo no había nombrado —al gobernador del Banco de España lo nombra el Rey a propuesta del presidente del Gobierno—, por prácticas fraudulentas que yo, cuando era ministro, no tenía por qué conocer, ¿debo o no debo dimitir como responsable del Grupo Parlamentario Socialista? ¿Y debo o no renunciar al escaño?

En ese momento, yo le digo a Felipe que presento mi dimisión... Bueno, le comunico que puede utilizar mi puesto de jefe del Grupo Parlamentario Socialista. Y ofrezco esta disposición no como Alfonso Guerra, al cabo de un año, sino a los dos días de que se destapara toda la magnitud del presunto delito que implicaba a Mariano Rubio. Recuerdo que mantuve una conversación con Felipe —conversación que ocultaré cuidadosamente hasta el final de mis días— en el despacho del jefe del Gabinete, en el Congreso de los Diputados. Y no llegamos a ninguna conclusión que forzara mi dimisión; sacar esa conclusión sería absolutamente atrevido.

Yo creo que, en aquel momento, el presidente del Gobierno, como tal, o yo, como jefe del Grupo Parlamentario, estábamos en una situación dramática, porque surgían por doquier todos los temas de Mario Conde, rebosando por aquí y por allá... Y un escándalo financiero, aunque sea de origen privado, hace daño a un Gobierno. Teníamos también encima, aquellos días, la huida de Roldán, la dimisión del ministro de Interior... Era una situación extraordinariamente crítica, la peor que vivió el Gobierno socialista...

A mí me resultaba difícil decir: «Yo sigo aquí. Sigo de jefe del Grupo Parlamentario Socialista». Pero todo esto sucedía sin que yo hubiera sabido nada de esas actividades u omisiones de Mariano Rubio, porque, probablemente, tampoco había modo de saberlo, ni vigilando, ni vigilando... ¡Cualquiera sabe qué declaración de la renta hacen los demás! Sin embargo, algunos sectores no interpretaron bien mi dimisión: «Algo hay para que Carlos Solchaga dimita...».

La entrevista más dolorosa

Yo creo que, con mi dimisión, liberé al Partido de algún lastre. Y, a partir de ahí, se trató de reconstruir. Pero ocurría que, teniendo detrás a los mastines del PP, no nos iban a dejar un momento de respiro, por muchas dimisiones que hubiera. En esos momentos, y en los anteriores, he tenido a todo un ejército de periodistas buscando entresijos en mis finanzas, en las de mi mujer... Y nunca han encontrado nada. ¿Qué iban a encontrar?

Cuando ya se habían destapado todos los detalles del escándalo de Ibercorp, yo tuve una larga discusión —en la que no voy a entrar— con Mariano Rubio. Fue en su casa, cuando ya tenía una situación imposible desde el punto de vista fiscal. Él argumentaba no sé qué sobre los límites del delito fiscal y yo le dije que lo que había hecho era una falsificación fiscal grave, impropia de un alto funcionario del Banco de España... Y entonces... En fin, yo me daba cuenta de que me estaba intentando decir que no era así, y le dije: «No. Mira, Mariano: me estás engañando». Mantuvimos la entrevista en su casa porque era la forma más discreta, vivía cerca de las Cortes y, aprovechando que yo iba hacia el Congreso, me pasé por su casa... Y la verdad es que nuestro encuentro pasó totalmente desapercibido, en aquellos días en que nosotros dos teníamos detrás continuamente a la prensa. Aquella fue una de las entrevistas políticas y humanas más dolorosas que yo recuerdo. Y una de las cosas que sirvió para desarmarme un poco, dentro de mi enorme desilusión, fue encontrarme con una persona que ya había pensado que iba a terminar en la cárcel de Carabanchel... Yo había estado viendo todo el escándalo político sin reparar en las connotaciones penales... Y la verdad es que aquello me dejó un poco abrumado... ¡Bastante desilusionado estaba yo, como para...!

Pero la gente no piensa en términos de proyecto político... No todo el mundo está pensando que sus actividades personales, privadas, las que tienen que ver con su hacienda o su patrimonio, se tengan que aderezar en función de un proyecto político del cual forma parte. Además, hay que entender que Mariano Rubio no era un participante del proyecto en el mismo nivel en que lo era yo. Él era un alto funcionario... Sin embargo, él era un referente, una imagen poderosa que tenía la responsabilidad de tutelar a los demás. Lo que sí fue un problema es que cayera en esa contradicción, porque él siempre fue de verdad un funcionario honrado, que quiso ejemplarizar, sobre todo, el sistema bancario, que actuó correctamente en temas como Rumasa, en muchos problemas de crisis bancarias... Yo pienso que, mucho mayor que el daño que pudo hacer al proyecto socialista fue el daño que hizo a la institución, el daño que hizo al Banco de España y a la institución pública en general. Un responsable que no cumplía con sus obligaciones fiscales... Todo aquello le afectó muchísimo, y estoy persuadido de que su muerte por cáncer, al poco tiempo, fue acelerada por ese malestar... Yo creo que ese mal moral le estuvo comiendo por dentro los últimos años de su vida.

El hecho era que el escándalo, esta vez, tenía su protagonista en la figura del gobernador del Banco de España: un «broche de oro» para el saco de la corrupción. Son cosas que pueden ocurrir, y que, desgraciadamente, ocurrieron, y ocurrieron en la persona de la que, a priori, yo menos hubiera sospechado. Pero, frente a este escándalo —si se quiere, una transgresión privada, aunque por parte de una persona pública obligada a ser ejemplar—, se produjeron transgresiones públicas y en nombre de lo público. ¡Y ésas sí que hacían daño al proyecto socialista! Porque ésos sí que decían que estaban actuando en nombre del Partido Socialista, que querían algún dinerito para la financiación socialista; otros creían que hacer política de Estado consistía en hacer tales o cuales cosas por encima de las leyes. Ésos sí que pusieron en peligro el proyecto socialista, y lo traicionaron con más vigor que quienes, eventualmente, lo perjudicaron no teniendo el grado de compromiso de los militantes respecto del éxito del mismo.

Pero lo peor de esta tremenda situación de escándalos es que, además de ser crítica, estuvo extraordinariamente mal gestionada. Dejamos que las cosas se nos complicaran demasiado, y el Gobierno no dio, en ningún momento, la impresión de que supiera cuál era el punto hasta el que podía y quería llegar. La gente tuvo la impresión de que aquello se disolvía. Pero, a pesar de eso, la fuerza enorme que comunicaba el Gobierno de la Nación le permitió resistir hasta la primavera de 1996, dos años más, aunque hay que reconocer que en estado bastante renqueante. Fueron unos años, digamos, en los que la capacidad del Gobierno para diseñar la agenda del debate político y para hacer política se redujo extraordinariamente.

EL SUFRIMIENTO DE LOS BIEN NACIDOS

Es difícil saber por qué a Felipe González, un político con gran instinto, se le fueron las cosas de las manos. Es difícil saberlo. Yo pienso que hubo algunas delegaciones de poder en las que, quizá, el presidente se equivocó... Y también creo que algunas de las situaciones derivadas del pasado pasaron factura no sólo al presidente, sino al Gobierno en general. Quiero decir... esa historia de los GAL, que jamás debió haber ocurrido, pasó una factura muy importante... Para un Gobierno formado por personas bien nacidas... hace sufrir mucho. Hay otras personas que, simplemente, se echan a la espalda ese tipo de cosas: «Ésta es la política de las alcantarillas», y la política de no sé qué... Pero no es el tipo de gente como Felipe González ni como ninguno de nosotros.

Esos errores del pasado y otros que fueron apareciendo fueron pasando las cuentas... Como los disparates en el sistema de financiación del Partido, a los que el Gobierno había hecho caso omiso, había estado al margen, no se había enterado... Se pasaron las cuentas, prácticamente, todas a la vez, en una serie de acontecimientos que algunos aprovecharon también para organizar una buena estrategia de derribo del PSOE.

Todo ello fue bloqueando una parte importante de la gestión y condujo a la sensación de que era gratis golpear al Gobierno. Para mí, la crisis empieza a no tener punto de retorno cuando los ciudadanso tienen la sensación de que el Gobierno no es capaz de reconocer los errores, de mostrar su arrepentimiento, de pedir perdón por los errores hasta que no han saltado a la luz. Y, durante el último Gobierno, en alguna medida, prevaleció el punto de vista que obligaba a «componer como se pueda componer» frente al de «hacer lo que hay que hacer». Esta actitud fue parte de un largo e innecesario deterioro del Gobierno y, sobre todo, del PSOE.

Si Felipe González ha dicho que este último Gobierno fue el único que pudo hacer con las manos libres de ataduras... yo la verdad no lo sé. No sé si Felipe era totalmente libre... Espero que no sea totalmente cierto, porque el Gobierno no era, ni mucho menos, el mejor en su forma ni el mejor de los que ha tenido, todo esto dicho con mi mayor respeto a todos los que lo componían. Yo creo que, como siempre, existiría una combinación de aspectos... Hubo sorpresas, gente sin duda muy válida pero que no contaban en absoluto en la carrera para ser ministros y, de repente, aparecieron como si se estuviera a toda máquina cerrando el plazo corto de un Gobierno... Y por supuesto, hubo puntos débiles y puntos fuertes.

Un desacierto y una desgracia

Sobre el papel que jugaron los independientes, el ministro de Justicia —más adelante de Justicia e Interior— y la selección de Garzón como secretario de Estado... prefiero no juzgarlo. Yo creo que basta con leer las crónicas de la época o algunos libros —como el de Pedro J. Ramírez, en el que se cuenta cómo el periodista aupó al PP y a Aznar al Gobierno— para hacerse una idea cabal de cuál fue la aportación de algunas personas a aquel Gobierno. Yo creo que su aportación fue, en general, muy poco valiosa.

Quede claro que la inclusión de los independientes en el Gobierno me parece bien. ¿Cómo podría yo criticar los independientes? Cuando llegué al Ministerio de Industria, exceptuando al subsecretario, a Luis Carlos Croissier, al director de Minas, Juan Manuel Kindelán, y al director de Industrias Químicas y Textiles, Miguel Angel Feito, todos los demás altos cargos de mi Ministerio no tenían el carné del PSOE. O sea, yo no podría decir que recurrir a independientes sea tanto como meter enemigos en el Gobierno, especialmente cuando se tiene constancia de que esas personas están en la misma órbita ideológica y comparten una misma visión de lo que es España y de lo que debería ser España. «Recurrir a independientes es traer enemigos a casa»... es el tipo de juicios que hacen los sectarios, aquellos que quieren hacer valer la antigüedad del carné, o el mero hecho de tenerlo. Yo no pertenezco ni quiero pertenecer a esa clase de gente. Ahora bien, una cosa es que uno recurra a independientes para formar un Gobierno y otra cosa es que aparezcan independientes de los que no se sabe casi nada y de los que no se puede uno fiar, de los que no han tenido apenas experiencia política y, mucho menos, experiencia en puestos de gestión. Haber tenido experiencias de otra naturaleza —muy buena, si se quiere— no es lo mismo que tener experiencia de cómo se hace política cuando se está trabajando en un partido socialdemócrata y, por tanto, con cierta disciplina de partido. Contar con personas así es una operación de alto riesgo, a menos que se disfrute de una situación muy favorable, que permita disimular sus indisciplinas, sus fallos....

Pero ocurría que estábamos en una situación totalmente contraria: el Partido Popular, a las pocas semanas de haber perdido las elecciones de 1993, empezó otra vez a bombardear, con ayuda de *El Mundo* y de la COPE, las posiciones del PSOE. Fueron incapaces de admitir la derrota en aquellas elecciones: hay que recordar lo que anunciaron Alberto Ruiz-Gallardón y Javier Arenas, desde la sede del PP, cuando estaban persuadidos de que ganaban las elecciones. Lanzaron el mensaje de que había habido trampa porque ellos no podían perder. Son cosas que te hacen prever que, en momentos semejantes, algunos experimentos como los que se hicieron en aquel Gobierno... Por eso no quiero creer que todos fueran idea de Felipe González, porque eran extremadamente arriesgados...

A toro pasado, muy poca gente diría que algunos de aquellos nombramientos fueron un acierto. Ahora todo el mundo diría que no fueron aciertos; tampoco digo yo que, necesariamente, el caso de Juan Alberto Belloch, que se mantuvo hasta el último momento, fuera una desgracia; no, simplemente digo que no fue un acierto. Y, en el caso del juez Garzón, pues sí: fue una desgracia, porque es muy difícil desligar su paso por la política de su actuación posterior respecto de todo el tema GAL. Lo creo una desgracia no porque considere que es un hombre, digamos, venal, sino, sencillamente, porque si era ministro, no podía ser juez. Es así de sencillo. Cabe la posibilidad de que otro juez hubiera reabierto el caso, porque, al fin y al cabo, el informe estaba en la fiscalía. El único problema era si, en un momento determinado y transcurrido un plazo, se suponía ya prescrito el caso y las acusaciones de los Amedo, Domínguez, y todo lo demás. Por eso, hay que pensar que si él hubiera sido ministro de Justicia, o ministro del Interior, ¡o Dios sabe qué!, no habría estado en ese caso. Y es probable que no hubiera estado en otros.

Un ambiente insufrible

La «limpieza» en Interior... era una situación contradictoria inevitablemente. Es el tipo de situación en la que hay que sentarse y pensar: «Bueno, ¿vamos a reconocerlo? Sí. Entonces, si vamos a reconocerlo, ¿cuál es nuestro objetivo? Digamos, ¿purificación? ¿Qué tenemos que hacer a continuación? ¿Qué cabezas deben rodar?». Cuando reconoces errores importantes en la gestión política, naturalmente tienes que sacar las consecuencias políticas. El problema es que no se quisieron reconocer parte de aquellos errores en aquel momento —aunque tampoco podían negarse del todo— y, por lo tanto, tampoco se quisieron sacar las consecuencias hasta el final. Y el resultado fue lo que yo considero una mala gestión de aquella crisis. Seguramente, ninguna gestión hubiera sido buena, porque el ambiente era insufrible y el ambiente mediático hacía la atmósfera aún más irrespirable. Pero, a pesar de todo eso, es evidente que allí no se trazó una frontera respecto a qué cosas se reconocen, cuáles no, qué gentes asumen su responsabilidad, quién no, y cómo seguir hacia adelante. Nada de eso hubiera salido gratis. No quiero decir que si se hubieran tomado decisiones de esa naturaleza, se habría salido de rositas. Habríamos tenido también una crisis costosa, pero, seguramente, de menor duración, y un efecto de deterioro sobre el Partido y sobre la propia autoestima de los militantes del Partido mucho menor.

Y, volviendo a Belloch: yo creo que, en algunas actitudes, por ejemplo, las que aparecen en el libro de Pedro J. Ramírez —las supuestas «filtraciones» facilitadas desde el Ministerio del Interior al diario *El Mundo*—, si son verdad, y sospecho que lo son porque, de lo contrario, Belloch las hubiera desmentido, se comportó con una gigantesca frivolidad. ¿Que esos hechos, además, impliquen que tenía objetivos ulteriores y que, por eso, se comportaba así? En ese caso, sería distinto. Pero yo quiero creer que, más bien, se trata de frivolidad. Cuando compruebas que desde uno o varios medios de comunicación están bombardeando sin piedad contra el Gobierno, es una frivolidad ofrecer una cara amable a ver si te salvas un poco de la quema, o creer que, en última instancia, con una mezcla de cara amable y, al mismo tiempo, de ejercicio de la autoridad, se pondrá en su lugar al medio correspondiente o a la persona correspondiente... Sí, me parece una frivolidad. ¿Pensó Belloch así en ese momento? Si lo hizo, no conocía a Pedro J. Ramírez. Se equivocó gravísimamente, porque a éste no le podías engatusar con este tipo de cosas. Por eso digo que el comportamiento me parece frívolo, porque yo creo que nace de la idea de que él podía dominar la situación y la relación con los medios de comunicación. Sobre las versiones, cuyo fundamento desconozco, que establecen que Belloch aspiraba a la sucesión, prefiero ni hablar. Lo que sí puedo decir es que si, en algún momento, Belloch llegó a creer que pudiera ser el sucesor de Felipe González, verdaderamente, era ya el colmo de las frivolidades. Eso era no conocer ni el Partido, ni el país, ni el Gobierno, ni nada...

Oídos sordos para la bonanza

Mientras al último Gobierno socialista le sobrevienen todos los últimos casos de corrupción y sus escándalos, la economía empieza a ir bien. Empieza a ir bien a finales de 1994: Europa se está recuperando y, con ella, España. La crisis de 1992 y 1993, como ya había ocurrido en cierta medida con la crisis del petróleo, la vivimos al mismo tiempo que toda Europa, pero como teníamos unas estructuras muy rígidas en el mercado de trabajo y como habíamos perdido mucha competitividad por la combinación de una inflación alta y un tipo de cambio de la peseta demasiado alto, nuestro ajuste fue más radical. Por esa razón, nosotros, junto con Alemania, fuimos los países con una tasa de decrecimiento más elevada. Los demás sufrieron algo menos.

Y cuando transcurrieron dos años de ajuste, duros, comenzó la recuperación. España empieza a ir mucho mejor. Y ahí yo creo que lo que se hace, simplemente, es una política correcta desde el punto de vista monetario, por parte del Banco Central, y una política fiscal que todavía tiene déficits demasiado elevados, porque se tarda mucho tiempo en salir de una crisis económica como ésa y, sobre todo, se tarda mucho en que lo reflejen los ingresos tributarios, pero se va conformando razonablemente.

Se da otra circusntancia, además, crucial para la recuperación económica: el cambio en la estrategia de los sindicatos. El cambio se debe, sobre todo, a un hecho esencial: Nicolás Redondo abandona la Secretaría de UGT debido a la crisis que atraviesa el sindicato por el «caso PSV». Sale Nicolás Redondo y quienes le suceden, junto con la dirección de Comisiones Obreras, han aprendido lo que significa defender una política de salarios altos y una política de enfrentamiento total con el Gobierno cuando se vive una situación de crisis económica global. Y, entonces, deciden cambiar y optan por una estrategia de moderación salarial. Todas aquellas disputas que había habido conmigo, y que hereda Solbes —aunque durante un tiempo muy corto—, desaparecen, porque la gente comprende, y además lo dicen los propios sindicatos, que la única manera de garantizar el empleo y su crecimiento consiste en ser moderado en la subida de los salarios y que la inflación suba poco: así se mantienen los salarios reales y la capacidad de compra de los asalariados. Y, claro, esta actitud... es una cosa maravillosa.

Pero, en ese momento de relanzamiento de la economía, ya nadie quiere escuchar el mensaje del Gobierno. Aunque las cosas empiezan a ir mejor, tarda en calar en el sentimiento de los ciudadanos que la situación es mejor. Y, por tanto, cualquier intento de decir que la economía va un poco mejor, o que el desempleo ha dejado de crecer, o que el empleo está creciendo —cosa que ocurrió en el último bienio del Gobierno socialista— queda ahogado por el ruido del sentimiento de que todo está mal, incluida la economía, porque acaba de atravesar una crisis muy grave. El mensaje de que la economía mejoraba no traspasaba.

Tengo que decir que, a mí, pese a todo, lo que todavía me sorprende es el altísimo nivel de credibilidad que tenía el Gobierno, después de casi catorce años de estar en la responsabilidad del poder, y de los tres últimos años de acoso mediático generalizado. ¡Bastante se hizo, dada la situación que se estaba viviendo!

Hay un momento en el cual uno no puede confiar en la capacidad más o menos carismática de una persona para atravesar las barreras; a veces las barreras son de tal densidad... han creado tal cortina de humo, que es casi imposible...

Como es natural, yo veía menos a Felipe González en la última etapa. Por primera vez, yo no seguía los asuntos de Gobierno en el día a día. Desde mayo de 1994 hasta marzo de 1996, cuando se celebraron las elecciones, no seguí a diario los asuntos del Gobierno. Pero percibía en Felipe una actitud anímica obviamente muy distinta a la que yo le había conocido. Yo le había visto pasar por momentos de apuro y de dificultades, todos los habíamos atravesado: no se podía decir que durante el tiempo en que yo había estado en el Gobierno hubiera sido una época de vino y rosas. No. Pero ahora yo le encontraba en un estado anímico mucho menos fuerte, mucho menos capaz de resolver problemas que en otra época.

Sin embargo, en 1996, estuvo otra vez a punto de ganar las elecciones: las perdimos por sólo trescientos mil votos. Yo creo que eso se debe, en parte, a que, en todo político de raza, hay un doble personaje. Uno es el candidato y otro es el gestor. Yo veía a Felipe un poco más decaído de lo habitual en el personaje de gestor. Como candidato, siempre sale la raza de político que dice: «A mí éstos no me ganan».

Modernización y credibilidad

En el balance de esa gestión de trece años de Gobierno, en esa recuperación de la memoria, la figura y el liderazgo de Felipe cuenta mucho, es absolutamente decisivo. Felipe González representa la mejor imagen del Gobierno. Es un hombre, en general, con un talante que muchos acogen no sólo con benevolencia, sino con entusiasmo, con pasión positiva —aunque todos cometemos a veces errores—. Creo que, por otro lado, fue uno de los políticos clave en este país: surge en un momento clave, con una visión bastante clara del Estado y con deseo de aprender más para completar aquellas zonas relacionadas con la transformación y la modernización de España sobre las que él conocía menos... Ninguno sabemos todo sobre todo.

He hablado de «modernización», un concepto aplicado a la gestión de los años de Gobierno socialista. Sin embargo, hay otra palabra que a mí me gusta más para definir ese impulso en la gestión, es una palabra mucho menos bonita, pero que lleva implícita la cualidad de «comprobable» —uno puede comprobar si esto es verdad o no—, aunque reconozco que está desprovista del aspecto ideológico o positivo que tiene la palabra modernización. La palabra en cuestión es «homologación»: «homologación de España con las democracias modernas europeas». Eso sí se puede comprobar; se puede comprobar si España se parece de verdad al resto de Europa o no, si antes de los Gobiernos socialistas España se parecía a Europa, si ahora la sociedad española se parece más a la inglesa o a la sueca... naturalmente, con nuestras propias características y nuestras señas de identidad.

Y yo creo que las políticas que yo aporté en mis años de Gobierno fueron parte de esa homologación, de esa transformación de un país con una economía muy protegida, muy poco dada a la competitividad, no abierta a la competencia externa... Fuimos transformando el sistema y dirigiéndolo hacia una economía muy semejante a las economías europeas, aunque todavía tiene cierto nivel de protección, pero muy distinto del que tenía aquel país que habíamos heredado del franquismo y con el que, muy lentamente, casi sin ningún éxito, trataba UCD de luchar. Yo creo que ésa fue parte importante de la labor de las políticas económicas.

La segunda parte importante de nuestra labor en ese terreno fue lograr credibilidad internacional, en el sentido de crear unas políticas, en general, ortodoxas, que mantuvieron siempre el apoyo —yo diría, incluso, entusiasta— del Fondo Monetario Internacional. En aquella época de críticas, los críticos llegaron a decir que el FMI escribía sobre España lo que yo les dictaba. ¡Es el colmo! La credibilidad es muy importante. Se pueden hacer grandes transformaciones sociales en el campo de las pensiones, de la sanidad, de la educación pública, de los subsidios o del desempleo, pero sólo se pueden llevar a cabo si, desde el ámbito internacional, creen en un país abierto, si creen que estas transformaciones son compatibles con los equilibrios económicos.

Sin mezquindad ni sectarismo

Me habían reconocido muchas cosas como, digamos, gestor de la Economía, pero no se podía decir que tuviera igual grado de reconocimiento como hombre del Partido, como socialista... Para mí fue muy importante obtener, después de las etapas de Gobierno, la representación del Grupo Parlamentario Socialista. Fue una de las pocas veces en que yo me he presentado a algo dentro del PSOE. Naturalmente, yo tengo influencias y apoyos dentro del Partido, y nunca hice caso, nunca me produjo amargura, el deseo de los «guerristas» de ningunear mi faceta política dentro del Partido. Yo sabía que eso no concluía en nada, que eso no tenía credibilidad dentro del Partido, aunque, desde luego, me hacía las cosas más difíciles. Lo importante fue que, por primera vez, el Grupo Parlamentario Socialista empezó a tener influencia y peso en el conglomerado Partido-Gobierno-Grupo Parlamentario. El Grupo Parlamentario empieza a representar algo importante en el conjunto de la maquinaria de toma de decisiones, cobra un peso político significativo y se demuestra que yo actúo, en el poder que se me había otorgado como jefe del Grupo Parlamentario, sin ninguna mezquindad ni sectarismo.

Nadie ha podido, a lo largo de todos estos años, acusarme de ser desleal con el Partido Socialista, o de coquetear con otras fuerzas políticas, o de no haberme puesto siempre a disposición de la dirección del Partido si me necesitaba, o de no haber hecho trabajos propios de un político sin pedir nada a cambio... aun cuando haya estado muy en desacuerdo con cosas que he hecho y que he dicho. Ninguna de mis posiciones políticas o de mis orientaciones de política económica fueron interesadas, nunca las hice para quedar bien, para quedar «de bonito», o para que un grupo de personas próximas a mí se beneficiara económica, ideológica o políticamente. Y yo creo que todo eso, al final, sirve para que obtengas la única recompensa que te puede dar la vida pública, aparte de tu propia satisfacción: el respeto de los demás.

Notas

[1] Véase nota 22 en José Barrionuevo y nota 7 en Alfonso Guerra.

[2] Manuel Chaves fue sustituido al frente del Ministerio de Trabajo y Seguridad Social por Luis Martínez Toval, el día 27 de abril de 1990.

Joaquín Almunia

El dedo en todas las llagas

«España nunca ha tenido, en los dos últimos siglos, tantos problemas históricos resueltos y tan pocos desafíos profundos por resolver». Con este contundente balance resume Joaquín Almunia los años de los Gobiernos socialistas. Lo afirma con la rotundidad inconfundible de su talante, de su carácter, de su forma de estar en la política y en la vida: diciendo siempre las cosas «de una vez». Resulta poco menos que imposible encontrar un hueco en el que sembrar la duda, en el que colocar la pregunta insidiosa que introduzca arena en los cimientos de su argumentación.

Aunque lo sorprendente, lo inesperado, es que la reflexión de Joaquín Almunia no resulte tan autocomplaciente como era de temer después de escuchar tan enfáticas afirmaciones... (No, no... corrijo; me corrijo: no ha sido enfático en ningún momento; más bien, lo contrario; más bien, muestra una sencillez demoledora, cáustica). Ni mucho menos complaciente. Ni muchísimo menos. Porque, convencido como está, apasionadamente, de la dimensión histórica que el cambio socialista supuso para España, no renuncia a poner en marcha los mecanismos de una autocrítica demoledora, feroz en ocasiones, juzgando los errores que dieron al traste con más de trece años de socialismo en el poder. Sin trampas, sin lamentos inútiles, sin contemplaciones, Almunia irá poniendo el dedo en todas las llagas, sin pasar por alto las más dolorosas. Precisamente...

Hablamos en su despacho, cercano al Congreso de los Diputados, una tarde lluviosa y una mañana de sol de invierno. Y, luego, en su casa, mientras nos entraba la Plaza de Oriente por las ventanas. Y otra tarde más, hasta que la noche concluyó con cena familiar y muchas risas; risas que nos defendían, a él y a mí, del dolor de las heridas que habíamos tocado con las manos, una y otra vez.

Las cicatrices hablan del paso del tiempo, pero no hay rastro de ese cinismo endurecedor que exhiben algunos políticos que padecemos en estos días. Sencillamente, porque Joaquín Almunia no es un cínico. Es un hombre de bien.

Enemigo acérrimo del «guerrismo», es capaz de elogiar la inteligencia de Alfonso Guerra; crítico con el talante de Miguel Boyer, afirma que las políticas económicas de los Gobiernos socialistas fueron la base en la que pudo apoyarse el Estado del bienestar. Almunia, que fue uno de los líderes más notables del movimiento de «renovación» que surgió en el Partido como alternativa al «guerrismo», da muestras de una honradez política poco común cuando admite, sin rodeos, que «lo único que nos unía a los "renovadores" era contra quién estábamos».

Con ironía y un punto de amargura, recuerda «aquellas reuniones con Felipe, en las que yo me daba cuenta de que, al vernos, estaba pensando que tampoco nosotros le íbamos a resolver el problema». Un problema, el del futuro, el de la sucesión, que Almunia señala como un grave error y lo carga en la cuenta del propio Felipe González: «Felipe lo hizo mal, de la peor manera posible». No le arredra el hecho notorio de ser a un tiempo el crítico y el sucesor, y no teme poner otro dedo en otra llaga.

Demoledor contra la corrupción, Almunia se pone en la piel de los decepcionados votantes socialistas; habla por su boca y por su corazón. Por eso, cuando afirma que «por encima de la frustración, el balance de nuestra acción de Gobierno es impresionante», y describe lo que se hizo en su Ministerio de Trabajo, la legitimidad está fuera de toda duda, la legitimidad es absoluta. Es difícil, por no decir imposible, encontrar una descripción más estremecedora que la que hace Joaquín Almunia para trasladarnos la angustia de los socialistas, atrapados en la red de los aprovechados de aquel momento. Porque él no se hace trampas, no se engaña. Quizás porque nunca ha engañado a nadie. Su personal introspección en la noche de aquella engañosa «dulce derrota» de 1996 desborda lucidez y honradez.

Pero nada resulta más elocuente que la conclusión final, las últimas líneas de todo un ejercicio intelectual, tan difícil, plaga-

do de dudas, certezas y verdades. En ese punto, encuentra las verdaderas razones de la derecha para tratar de expulsar a Felipe González del Gobierno: «Todavía no le han podido perdonar a Felipe que haya hecho vivir a toda una generación, o a varias generaciones de españoles, la ilusión por la política, por encima de cualquier otro interés».

Joaquín Almunia mantiene ese espíritu por encima del tiempo.

LA DEL 96 FUE UNA derrota anunciada desde mucho tiempo antes. Es más, desde el año 93, vivíamos «de prestado». Habíamos recibido la victoria del 93 como una victoria extraordinaria, por lo que tuvo de inesperada. Nos sorprendió a nosotros mismos y, sobre todo, sorprendió a Aznar. Pero duró poco la alegría, porque ya teníamos muchos problemas y, en el mismo otoño del 93, en Galicia, tuvimos un resultado muy malo. Luego vinieron las elecciones europeas del 94 y tuvimos un resultado desastroso; después, las municipales y autonómicas del 95, y otra vez tuvimos pésimos resultados.

Pero no se trataba sólo de resultados electorales. Lo preocupante era toda la sarta de escándalos, uno detrás de otro, que nos iba golpeando hacia abajo. Teníamos a nuestros propios electores absolutamente desazonados, cuando no cabreados, con nosotros. Era duro a veces encontrarse con la gente en la calle; no entendían que el PSOE pudiese aguantar lo que estaba aguantando: escándalos, decepciones... Y el Partido lo soportaba todo con una actitud resignada: «Bueno —decían—, hay que sobrevivir, ya pasará el temporal»; y, por otro lado, todo se soportaba con una actitud dolida, porque la gente fuese tan injusta con el PSOE: «Con la cantidad de cosas que hemos hecho, la cantidad de cosas que hemos conseguido para los españoles, y ahora nos pagan con la moneda del desprecio y de la crítica». Estábamos condenados a la derrota.

Cuando Felipe anunció, en julio de 1995 —después de una reunión con Pujol, creo recordar— que las elecciones se celebrarían tras la Presidencia Europea, empezamos a preparar las maletas para pasar a la oposición, para tratar de enderezar las cosas en la oposición, ya que no habíamos sabido hacerlo desde el Gobierno.

Me atrevo a decir, incluso, que yo tenía conciencia de que, por muchas razones, necesitábamos pasar a la oposición. Porque no habíamos sido capaces de afrontar el final de un ciclo político, de dar una respuesta ante los escándalos, de organizar la sucesión de Felipe González, que día sí y día también decía que se iba... El relevo de Felipe ya se había preparado con anterioridad, porque Felipe —desde el verano del 95 y a lo largo del otoño— nos había dicho que se iba. Nos habíamos reunido con él en varias ocasiones, y nos había hecho saber que esta vez no se podía presentar, que esta vez era definitivo, que teníamos que pensar quién era su sucesor. Recuerdo que yo era uno de los pocos, quizás el otro era Juanma Eguiagaray[1], que, de vez en cuando, decíamos: «Es verdad: Felipe tiene derecho a irse y no podemos negar la hipótesis de que Felipe tenga que ser relevado por alguien... Si él dice que se va, no puedes encerrar a Felipe en una habitación con siete llaves y decirle: "No, te quedas y vuelves a ser candidato"». Y, después de varias reuniones, comidas y cenas, llegamos a la conclusión de que el sucesor tenía que ser Javier Solana.

La noche de las elecciones yo estaba en Ferraz[2]. Los avances de los resultados nos empezaban a dar buenas noticias... Los sondeos «israelitas»[3] decían que el PP ganaba, aunque por poco... Pero los primeros resultados del recuento global, del que vale, nos situaron, durante una parte de la noche electoral, por delante. De modo que, por un lado, sentimos una inmensa alegría, una cierta tranquilidad, ante la certeza de que aquello no sería una derrota estrepitosa. Aznar, si ganaba, como parecía que ganaría, iba a tener que pactar para gobernar y eso iba a moderar sus bajas pasiones. A la vez —lo reconozco—, en un momento determinado de la noche, yo pensé: «Bueno, y si tampoco ganan esta vez, y vuelve a repetirse la historia del 93 en sus expectativas frustradas por voluntad de los votantes, ¿qué van a hacer? Después de toda la conspiración, de toda la bilis que han puesto en la forma de hacer la oposición, de toda su histeria «antifelipista», antisocialista, después de esta época de crispación... Si esta gente no gana, son capaces de cualquier cosa».

Ese pensamiento refleja lo que habíamos vivido hasta entonces, sobre todo desde 1993 a 1996. Fue una época de deterioro de las reglas de juego, de deterioro de los mínimos que deben presidir la convivencia entre fuerzas políticas distintas, y entre responsables políticos. Respecto a aquella noche del 6 de marzo de 1996, ojalá que siempre que se pierdan unas elecciones se pudieran perder así, con esa sensación de tranquilidad. Luego, vistas las cosas con perspectiva, quizá fue una noche demasiado tranquila. Pensamos que, gracias a una derrota por la mínima, todas nuestras penas se habrían expiado y que el confesor nos habría absuelto. Simplemente creíamos que no había nada que hacer, y que podíamos seguir como si tal cosa... El «ser natural» de los electores españoles era votarnos y sólo teníamos que esperar en la puerta de nuestra casa a que pasase el cadáver político de Aznar. Él cometería errores; la derecha española sería tan truculenta como lo había sido durante el resto de su historia. Y nosotros volveríamos a ganar: sería algo natural. Como ocurrió con la «mayoría natural» de Fraga en los setenta, nosotros creíamos que teníamos la «mayoría natural» en los ochenta. Y, obviamente, no fue así.

«TODOS LOS SOCIALISTAS APARECÍAMOS COMO CORRUPTOS»

Las causas de la derrota estaban claras; por lo menos, para mí, estaban muy claras desde hacía bastante tiempo. Por un lado, el desgaste político. A lo largo de los años, un gobierno tan activo y tan reformador y tan beligerante con los problemas como el Gobierno socialista, va acumulando desgaste. Y, a lo largo de los años, se cometen errores, y hay caras que empiezan a ser rechazadas por sectores de tu propio electorado y que tienes que ir cambiando. Además, durante los últimos años, habíamos tenido que superar una recesión muy fuerte que había generado un fuerte aumento del paro y pérdida de puestos de trabajo. Algunas reformas habían provocado choques —otra vez— con los sindicatos: la reforma del desempleo o la reforma del mercado de trabajo. Veníamos arrastrando ese desgaste desde los ochenta, pero todavía era muy asimilable en las elecciones del 89 y en esa ocasión obtuvimos la mitad de los diputados en el Congreso. Pero cuando se cerró la puerta de la Expo 92 de Sevilla y se clausuraron los Juegos Olímpicos de Barcelona, nos empezó a caer encima. Pero, ¿ese desgaste y la recesión económica, por sí solos, nos hubiesen llevado a la derrota? Creo que sí; pero las cosas se hubieran desarrollado, probablemente, de otro modo.

Hay gente en el Partido que no se atreve a valorar, aún hoy, los escándalos de corrupción en toda su dimensión. Sobre todo, no se atreven aquéllos que no fueron capaces de reaccionar frente a los escándalos inmediatamente. Durante años, caímos en la equivocación de considerar que las críticas eran ataques de nuestros enemigos, que no podía existir un socialista corrupto y que el Partido se podía financiar como le diera la gana. Ante todo, creíamos que si alguien tenía carné del Partido Socialista, por muy golfo que fuese, había que protegerlo, había que ampararlo; pensábamos que los partidos están para eso, porque somos una familia... Aquello era letal, aquello era un veneno que nos estaban inoculando dentro. Y para cuando la mayoría del Partido se dio cuenta de los errores enormes que estábamos cometiendo, por no saber reaccionar frente a la corrupción, ya era demasiado tarde. Para entonces, ya todos los socialistas aparecíamos como corruptos, o como encubridores de corruptos, o como cómplices de los corruptos. Muchos socialistas piensan: «A nosotros se nos exige mucho más que a la derecha: cuando la derecha roba, cuando la derecha se lo lleva a su casa, cuando la derecha caciquea, cuando la derecha ejerce el poder de forma autoritaria, no se lo echan en cara del mismo modo como nos lo echan a nosotros». Yo siempre he dicho que a mí me enorgullece que a nosotros nos exijan más que a la derecha, desde un punto de vista ético, desde el punto de vista del comportamiento público que, como políticos, debemos tener. ¡Sólo faltaba que se considere que somos iguales que la derecha y que los valores del socialismo democrático, en cuanto al manejo del dinero público, a la transparencia, a la ética, a la honradez, no se diferencien de la derecha! Yo creo que se diferencian, y muy profundamente. Por lo tanto, pensaba, y pienso, que cada vez que hay un socialista o un alto cargo socialista, o un miembro del Partido, que se corrompe, hay que dar una respuesta durísima. En vez de ser comprensivo, porque es un compañero, hay que ser más duro, precisamente porque tiene carné del Partido. Entre otras cosas, porque ésas son nuestras convicciones. Por lo menos, ésas son mis convicciones y las de la inmensa mayoría de los socialistas: que el dinero público es del público, es de la gente, es de los ciudadanos. No es nuestro. Nosotros somos puros administradores y debemos ser escrupulosos. Pero, además, cuando no se responde ante la corrupción —como nos ocurrió a nosotros—, cuando se titubea en la respuesta ante la corrupción de tus propias filas, se está, de forma involuntaria, llamando y convocando a nuevos golfos: «Éstos, si tienes el carné del Partido, te dejan robar. Pues vamos allá, pidamos el carné del Partido y "ancha es Castilla...”». Algo de eso ha habido durante unos años, y esa actitud no nos la perdonan los ciudadanos.

No creo que se hubiera perdido la memoria de todo lo bueno que se había hecho. Pero ocurre que los ciudadanos no están dispuestos a votar diez veces en agradecimiento por la construcción de la misma carretera. Es decir, el ciudadano no está dispuesto a votarnos diez veces porque hayamos consolidado la democracia, porque hayamos ingresado en Europa, o porque hayamos favorecido el Estado de bienestar. El votante piensa: «Muy bien, eso usted lo lleva en su activo y yo se lo reconozco, y se lo agradezco, y lo valoro eternamente, y no se me va a olvidar. ¿Quién universalizó la sanidad pública? El PSOE. ¿Quién amplió la educación hasta duplicar el número de alumnos en la universidad? El PSOE. ¿Quién equiparó a las mujeres y a los hombres en los estudios y, en buena medida, en otros aspectos? El PSOE. Ahora bien, ¿tengo que votarle a usted siempre por lo que hizo en el año 80, en el 82, en el 84, o en el año 92? No. Y, además, por pertenecer usted a un partido de izquierdas y contarme lo que ha hecho —que tiene usted derecho a pedirme que se lo valore y que se lo agradezca—, tiene ahora que ofrecerme algo más: ¿qué va a hacer en adelante? Si ha transformado la sociedad hasta aquí, ¿qué más cambios va a introducir? La sociedad en la que vivimos no es perfecta; si fuese perfecta, no haría falta política, no harían falta partidos, no harían falta ideas. Todavía quedan muchísimas cosas por hacer y usted me tiene que decir qué más va a hacer. Y si es incapaz, porque está desgastado o porque ya no se le ocurren nuevas propuestas, ni nuevas reformas, o porque usted está preocupado por sus líos internos y está peleándose en el interior de sus sedes, si ni siquiera tiene el coraje de responder ante los escándalos que tiene en sus propias filas, pues, mire, le conviene un paso por la oposición».

Pero, por encima de la frustración de no ser capaces de responder a tiempo a los problemas que nos llevaron a la derrota, es verdad que el balance de los trece años y medio de Gobierno socialista es impresionante. Y para mí es un orgullo haber formado parte del Gobierno que ha consolidado la democracia, que ha conseguido que España ingrese en la Comunidad Europea, que ha construido un Estado del bienestar, que ha universalizado los principales servicios públicos, que ha modernizado la economía, ha modernizado las actitudes, ha sometido a las Fuerzas Armadas al poder civil democrático... Es un inmenso orgullo y una inmensa satisfacción.

Esa noche electoral del 96, mi reflexión enlazaba con diciembre del 82. Recordaba la foto del primer Gobierno socialista en los escalones de La Moncloa, y me decía: «De todos modos, hemos respondido a lo sustancial. En 1982 teníamos pendientes, encima de la mesa, problemas históricos de España; en lo sustancial, nosotros los hemos dejado resueltos. Y quienes van a gobernar ahora son muy de derechas y muy criticables en muchos aspectos... espero que no lo destrocen». España nunca ha tenido, en los dos últimos siglos, tantos problemas históricos resueltos y tan pocos desafíos profundos por resolver. El único desafío importante pendiente de resolver es el terrorismo. Y, en conexión con el terrorismo, queda en suspenso la situación del País Vasco, el encaje del nacionalismo vasco en el conjunto de la España democrática. En el resto, hemos resuelto las iniciativas que han permitido resolver esos problemas; desde luego, no hemos sido los únicos, pero sí hemos sido los protagonistas en la resolución de esos problemas. Y eso es una satisfacción enorme.

YO NO ESTABA EN LOS PLANES DE FELIPE

Mi nombramiento como ministro de Trabajo fue una carambola. Yo no estaba en los primeros planes de Felipe para formar Gobierno. No estaba escrito en tinta, aunque podía estar en lápiz, tal vez en una lista colateral en la que estuvieran los nombres de personas con las que se podía contar. Pero, entre los primeros nombres con los que Felipe González intenta ir armando el Gobierno, el mío, desde luego, no figura. Es más, en el Ministerio de Trabajo, como de todos es sabido, Felipe piensa poner a José Luis Corcuera. Tras proponérselo, Corcuera le pidió tiempo para responderle, y cuando lo hizo, le contestó: «Mira, Felipe, Nicolás Redondo y toda la Ejecutiva de la UGT me dicen que no debo ser ministro de Trabajo, que no quieren que haya un ministro de Trabajo que proceda de la UGT porque se va a crear mucha confusión...».

Se me propuso entonces el cargo. Y yo acepté. No me sentí agraviado por ser el recambio. Tenía 34 años y ninguna vocación de ser ministro. Mi aspiración era colaborar, desde cualquier puesto, en aquella etapa de Gobierno del Partido. Si hubiese podido elegir, quince días antes de la formación del Gobierno, habría dicho que a mí me gustaría estar en el gabinete de La Moncloa. Pero, en la negociación entre Felipe González y Alfonso Guerra para que este último estuviese en el Gobierno, se produjo la ubicación del gabinete bajo la Vicepresidencia, y, con Guerra, ya ni siquiera me hubiera interesado. De todas formas, ya hubiese encontrado yo cualquier cosa: había miles de posibilidades abiertas. En un momento en el que cambiaba todo, eso era seguro. Además, yo era parlamentario, y con 34 años no tenía urgencia por subirme a un coche oficial.

Cuando Felipe recibe la negativa de Corcuera, habla conmigo en el Congreso. Probablemente fue el día del debate de investidura —a finales de noviembre, tres o cuatro días antes de constituirse formalmente el Gobierno—, y me dijo: «José Luis Corcuera me ha dicho que no quiere ser ministro, que no está dispuesto a ser ministro en contra de la UGT; he pensado que tú debes ser el ministro de Trabajo; has trabajado como economista en la UGT... Es verdad que hay tensiones con la UGT, las conoces perfectamente...». Felipe se refería a las diferencias surgidas con la UGT durante la elaboración del programa electoral, del cual yo había sido coordinador. Él había participado en una reunión con Nicolás Redondo, en la que yo estaba presente, en la que hubo sus más y sus menos a la hora de encajar algunas peticiones de la UGT en el programa. Y se veía claramente que las relaciones entre el sindicato y el Partido no iban a ser mejores por el hecho de que estuviéramos en el Gobierno. Era necesario delimitar los territorios respectivos. Le comenté esta idea precisamente a Felipe y le dije: «Yo no tengo con Nicolás la relación que sería deseable, nos conocemos mucho, hemos trabajado juntos, pero ha habido roces...». Y me dijo: «Nada, nada, no me importa; tú conoces el asunto, conoces los temas del Ministerio de Trabajo perfectamente, y tú puedes ser el ministro». La verdad es que había colegas míos en el Gobierno, compañeros de Ejecutiva, que aterrizaban en puestos desconocidos totalmente para ellos. No tenían ni idea de lo que se iban a encontrar: se iban a empezar a enterar de los asuntos cuando llegaran a sus despachos. Por supuesto, un ministro de Defensa socialista sólo podía empezar a conocer los asuntos de Defensa cuando llegara al Ministerio: no podía saberlo de antes. Y otro tanto le ocurriría al ministro del Interior. Ernest Lluch, por ejemplo, llegó al Ministerio de Sanidad y, hasta entonces, no había tenido ninguna relación directa con el sector sanitario. En mi caso, y en el caso de algunos otros, habíamos tenido ya alguna relación con el departamento que nos correspondía. Por eso yo empecé a tomar decisiones muy rápidamente.

Las sonadas discusiones entre Boyer y Guerra

Respecto al peso de los distintos ministros en aquel primer Gobierno socialista de 1982, es verdad que Miguel Boyer tenía un papel muy importante. Así estaba diseñado por Felipe y así se había pactado con Boyer. Y, hasta su dimisión, en junio de 1985, Boyer mandaba mucho en el área económica, incluso... se pasaba por el Arco del Triunfo el programa electoral. Decía: «¡Bah!, eso es lo que dice el programa electoral, pero lo que tenemos que hacer es esto otro». Y, naturalmente, había tensiones.

Además, conociendo el carácter de Boyer, es fácil imaginarse cómo se desarrollaban algunos debates en el Consejo o en la Comisión Delegada de Asuntos Económicos. Pero yo siempre he tenido una relación fluida con Miguel. Lo conocía desde bastantes años antes.

En el Ministerio de Trabajo conseguimos hacer muchas cosas en contra de la opinión de Miguel Boyer. No era fácil, pero si desplegabas algunas artes... Yo las fui aprendiendo con el tiempo. Por ejemplo, a Miguel Boyer le apasionaba ver una memoria económica bien hecha cuando se tomaba una decisión. Y yo pedía a mi gente en el Ministerio que, cada vez que tuviésemos que negociar con el Ministerio de Economía y Hacienda, pusiesen especial cuidado en la redacción de una memoria económica bien documentada, bien elaborada y bien presentada. Y eso, en algunos casos, me sirvió para sacar adelante decisiones importantes.

Yo creo que la clave de que Felipe le diera tanto poder a Boyer, no solamente en la gestión sino en la orientación global de la política económica, tiene que ver con una de sus dos grandes preocupaciones. Felipe tenía claros dos obstáculos con los que no quería tropezar durante su Gobierno. Uno era la inseguridad ciudadana. Quería evitar por todos los medios el desorden en la calle y la sensación de que el orden público se le iba de las manos a un Gobierno de izquierdas. Y, en segundo lugar, quería evitar que pareciera que el Gobierno socialista era incapaz de hacer frente a una situación económica dificilísima. «Que no nos pase lo que les ha pasado a los franceses hace un año», decía Felipe.

Porque los socialistas franceses llegaron al Gobierno a mediados del 81 —año y medio antes de nosotros— y tenían pactado un programa común de la izquierda con el Partido Comunista Francés —desde principios de los setenta, actualizado antes de las elecciones del 81—. Era un programa de nacionalizaciones y de política de expansión de la demanda; pretendían conseguir crecimiento a fuerza de expandir la demanda interna. Y fue una política económica que fracasó de forma estrepitosa y que les obligó, año y medio después —poco antes o poco después, no recuerdo bien, de llegar nosotros al Gobierno— a corregir y dar un giro de 180 grados en su política económica. Y, desde ese momento, fueron dando traspiés hasta que, en 1986, perdieron las elecciones. Ganó la derecha y se produjo la primera «cohabitación», con François Mitterrand como presidente y con Jacques Chirac como primer ministro[4].

Así que, para conseguir salir de la crisis, recuperar el crecimiento, animar la inversión y evitar que el dinero se fugase de España —como se había fugado en el período transcurrido desde las elecciones de octubre hasta la constitución del Gobierno—, Felipe confió en Miguel Boyer. Él era el encargado de dirigir una política económica ortodoxa. Por eso le dio un gran poder de coordinación dentro del Gobierno, lo cual provocaba tensiones con los ministerios sometidos a ese control y, además, con la Vicepresidencia de Alfonso Guerra. Claramente, Guerra comprobaba que aquel ministro de Economía y Hacienda, que no era vicepresidente, tenía mucho más poder que él en una serie de ámbitos —en algunos, no en todos—. Y había una especie de pugilato para ver quién conseguía llevarse el gato al agua en las discusiones. Y la verdad es que un 90 por ciento de las batallas entre Guerra y Boyer, las ganaba Boyer. Porque, al final, el apoyo de Felipe solía inclinarse de su lado. Las discusiones entre Guerra y Boyer, en pleno Consejo de Ministros, eran sonadas. Por ejemplo, Boyer hacía una propuesta, y entonces Alfonso le decía: «Eso lo podían decir los arbitristas del siglo XVI». Boyer le miraba y le contestaba: «Abelardo era del siglo XII». Así, en ese tono, se desarrollaban algunos Consejos de Ministros. Felipe González observaba, tiene muchas tablas... Y, finalmente, decía: «Queda aprobada la propuesta del Ministerio de Economía». Y ya está.

Sin duda, el estilo de Boyer no es recomendable para nada ni para nadie. Es un hombre extraordinariamente inteligente, brillante, e irónico, pero a la vez muy despectivo con cualquiera que le lleve la contraria, y como tiene una fuerza dialéctica notable, naturalmente hay gente que se lo piensa dos veces antes de enfrentarse en terreno abierto con él. Boyer no sólo tenía poder, sino que tenía artillería para desarmar otras argumentaciones.

La esquizofrenia del Partido

Pero, vistos los resultados... Cuando Miguel deja de ser ministro, ya hemos superado la crisis. La economía española empieza a crecer y a crear puestos de trabajo, estamos mucho mejor preparados de lo que uno podía imaginar para dar el paso del ingreso en la Comunidad Europea el 1 de enero de 1986. La verdad es que los resultados de la primera década del Gobierno socialista —hasta que llega la recesión del 92—, con crecimiento económico, creación de empleo, reducción de desigualdades, ampliación de la educación, mejora de las pensiones o la extensión en el acceso a la sanidad son el «manual del socialdemócrata». Conseguimos todos esos avances con unos instrumentos que, teniendo en cuenta la cultura de la izquierda de la época, eran muy heterodoxos. En la actualidad, a esa política se la hubiese llamado la Tercera Vía. Y si Miguel Boyer no hubiera tenido esa actitud de «aquí estoy yo, y me voy a enfrentar contra todos los elementos, contra todos los convencionalismos, contra todas las inercias de una izquierda que tiene que modernizarse, y se van a enterar de cómo se hace una política económica...», si hubiésemos tenido a alguien con una actitud menos prepotente... Por otro lado, teníamos un Partido que continuamente lanzaba el mensaje de que «ésa no es la política que queremos; hay que hacer otra política en cuanto se acabe el Gobierno de coalición; ya está bien de coalición entre el PSOE y los amigos de Miguel Boyer, o la *beautiful people*».

Aquélla era una actitud muy peculiar del Partido: por un lado, apoyaba ciegamente al Gobierno en el Parlamento, en la calle o en las campañas, y por otro lado, en sus discusiones políticas, criticaba al Gobierno. Era una actitud esquizofrénica. Pienso que, si en vez de mantener esa esquizofrenia entre el discurso altanero de Boyer y las reticencias y las críticas más o menos soterradas del aparato del Partido, hubiésemos tenido un equipo de comunicación que se hubiera planteado una explicación de nuestras decisiones, habría sido fantástico: «Vamos a explicar, en términos inteligibles, por qué y para qué hacemos lo que hacemos». Sí, habría sido fantástico; habríamos descubierto nosotros la Tercera Vía.

En los ochenta hubo un déficit de explicación política. Ese déficit se aprecia en los resultados que obtuvimos en los balances de los diez primeros años de Gobierno. Yo había salido del Gobierno en el 91 y, a continuación, me ocupé, entre otras cosas, de dirigir, en una fundación, un programa de investigación sobre distribución de la renta. Y llegué a tiempo para suministrar los datos obtenidos para la campaña electoral de 1993, datos que utilizó Felipe en los famosos debates de televisión. Las cifras, que podían empezar a evaluarse entonces, reflejaban cómo se habían reducido las desigualdades sociales en España durante los años ochenta. Y era impresionante: España, y algún otro país europeo, no recuerdo si era Holanda o Suecia, fueron los dos únicos países que, durante los ochenta —que es la época del neoliberalismo, de Reagan y de Thatcher, de la reticencia hacia lo público—, habían aumentado el peso del sector público y habían reducido las desigualdades de forma espectacular. Y, aquí, eso se consiguió con políticas que criticaban los que se llamaban a sí mismos socialdemócratas clásicos y auténticos: decían que eran políticas neoliberales. Pero, en la política, ¿qué importa? ¿El instrumento que se utiliza o el resultado?

A pesar de ello, había quien nos decía, en el comienzo de los noventa, que habíamos sido unos «neoliberales de mierda», que habíamos traicionado los ideales del socialismo. Ahí está Nicolás Redondo, que sigue diciendo eso, que no quiere enterarse todavía de lo que hizo el Gobierno socialista en políticas sociales, en reducción de desigualdades o en la mejora de las redes de bienestar. Sin embargo, sí nos faltó comunicación. Porque quienes se ocupaban de la explicación, que eran los del aparato del Partido, nunca asimilaron como propio ese tipo de políticas; más bien, las consideraban una imposición de algunos amigos de Felipe. Todavía Alfonso Guerra va diciendo por ahí esas cosas, que «él era la piedra que impedía que otros entrasen en la cueva de no sé quién...». ¡Aquí, los únicos que entraron en la cueva fueron los que se lo llevaron a su casa!

Pararle los pies a Boyer

Estoy seguro de que hubo «ministros de gasto» que, hasta 1985, sufrirían lo suyo por culpa de Boyer. Yo, en la Seguridad Social y el Desempleo, que eran mis grandes presupuestos del Ministerio de Trabajo, no me quejo, porque son presupuestos sobre los cuales la capacidad de decisión de Hacienda, al menos entonces, no era tan grande como en otras áreas. Quizás yo tenía más margen y más autonomía. Desde el Ministerio de Trabajo, subimos las pensiones en todas las legislaturas socialistas; creo que en todas. Pero, en la primera, que es la dura, la de la crisis y la de la ortodoxia «boyeriana» en los presupuestos, las pensiones ganaban poder adquisitivo en razón de tres puntos o tres puntos y medio cada año. La cobertura del desempleo se extendió de forma considerable, con una reforma de la Ley de Protección de Desempleo que ofrecía más garantías a los desempleados.

Entiendo que otros colegas del Gobierno, Obras Públicas[5], o el propio José María Maravall en Educación, tuvieran dificultades. Yo le planteé dificultades de gasto a Ernest Lluch —y tenía muy buena amistad con Lluch, y la mantuvimos durante aquellas discusiones que teníamos— porque, entonces, la financiación de la Sanidad dependía en buena medida del presupuesto de la Seguridad Social. Yo hacía el presupuesto y tenía que subir las pensiones. Pero Lluch se quejaba de que mis cuentas limitaban más de lo necesario su actuación. A pesar de ello, en aquellos años, incluimos —él y yo— en la cobertura sanitaria del Insalud a siete u ocho millones de personas.

A pesar de esta, digamos, posición privilegiada de mi departamento, también es cierto que, en algún caso, me vi obligado a puentear a Boyer y a utilizar a Felipe para sacar adelante algún proyecto. Recuerdo, por ejemplo, la reforma de las pensiones. El sistema de pensiones que heredamos en 1982 era un sistema desbocado: iba directo a la crisis; no sólo porque había problemas de desempleo y de destrucción de puestos de trabajo, y por tanto menos cotizantes, sino porque alguna de las medidas que se habían adoptado en los últimos años del franquismo y en los primeros años de la transición, en los Gobiernos de UCD, empezaban a tener un efecto de desequilibrio tremendo en el sistema. Se producían unos fraudes pavorosos en las pensiones por invalidez. En algunas provincias de España, parecía que había habido una guerra, dado el número de inválidos que registraba y de cómo había ido creciendo la cifra en los últimos años. Se daba también el proceso llamado «compra de pensiones», por el que, cotizando lo mínimo —dos años para la base reguladora de la pensión, y diez años de cotización a lo largo de toda la vida laboral—, ya se tenía derecho a la pensión. Y como había un complemento de mínimo, era una pensión mucho más cara que la que se había cotizado. Con diferencia. Era necesario, entonces, introducir medidas de ajuste, y empezamos a discutir.

Yo presenté los primeros informes en el Consejo de Ministros. Se los presenté a Felipe y a Boyer. Naturalmente, Boyer quería ir mucho más allá. Quería hacer un ajuste del sistema mucho más fuerte y rebajar las pensiones. Incluso había determinadas personas que habían influido en Boyer y él no dejaba de prestar atención a quienes decían que había que introducir algunos mecanismos de capitalización dentro del sistema público... Aquella fue una batalla tremenda. Yo quería hacer una reforma en el sistema de las pensiones, era necesario hacerla, y, por supuesto, me puse a trabajar en ella. Pero no quería la reforma de pensiones que sugerían desde Economía y no me quedó mas remedio que hablar con Felipe directamente. Le dije simplemente: «Es necesario ir hasta aquí, pero no es necesario ir más allá; ir más allá es, pura y simplemente, rebajar las pensiones, para joder al personal y para mayor alegría de algún fondo de pensiones». Felipe lo entendió y optó por mi reforma de pensiones, que sólo pretendía establecer una situación mas equilibrada del sistema. Y, al final, sacamos la reforma que yo quería, aunque Comisiones Obreras y Nicolás Redondo plantearon algunos problemas. Ahora, quince o diecisiete años después, todo el mundo dice que esa reforma estuvo muy bien... En cualquier caso, y a pesar de dirigir un ministerio que lógicamente mantenía roces objetivos con Economía y con Industria, yo tenía muy buena relación personal con Boyer, y también con Carlos Solchaga.

EL AUTORITARISMO DE SOLCHAGA

Con Carlos Solchaga, y con la política de reconversión industrial, también surgieron desacuerdos, porque Industria siempre tendía a que la reconversión supusiese un ajuste de plantillas más duro. Y, desde el Ministerio de Trabajo, intentábamos aportar fórmulas, buscar mecanismos y soluciones que fuesen lo menos traumáticas posibles, y que propiciasen suspensión de contratos, en vez de despidos. Procurábamos mayores indemnizaciones, tener en cuenta la protección por desempleo y las prejubilaciones. Intentábamos buscar fórmulas más asumibles y más llevaderas. La verdad es que el plan de reconversión y la crisis económica tuvo impactos políticos inevitables. Pero yo, además, como ministro de Trabajo, viví todo aquello como una situación muy dura. Recuerdo las concentraciones que, un día sí y otro también, se celebraban en esa especie de parque que hay en el recinto de Nuevos Ministerios, donde se ubica el de Trabajo. Venían por allí comités de empresas en crisis, empresas que no salían en los periódicos, empresas pequeñas que no tenían plan de reconversión, pero tenían una crisis, y había despidos, y había gente que no tenía bien asegurada su protección por desempleo por culpa de unas cotizaciones mal hechas... Con todo aquello teníamos que lidiar. Y era durísimo.

Pero siempre he tenido claro que ser ministro de Trabajo no implica ser un sindicalista contra el Gobierno. Por lo tanto, asumes tu responsabilidad, y tienes una responsabilidad individual en el área que te ha correspondido gestionar y una responsabilidad colectiva como equipo de Gobierno. Me decían muchas veces: «Usted, que ha trabajado como economista en la UGT, ¿cómo puede decir que no a una propuesta de la UGT?». Y yo contestaba que mi situación era la misma que la del Secretario General de la UGT: él era militante distinguidísimo del Partido Socialista —pudo, de hecho, haber sido secretario general del PSOE en vez de Felipe González— y como era sindicalista, tenía que llevar la contraria al Gobierno en una serie de cosas. Ésas son las responsabilidades que a cada uno le corresponden... Ahora, en lo personal, el drama humano es durísimo. A la vez, en el Ministerio de Trabajo he tenido, probablemente, las mayores satisfacciones humanas de todos mis años de Gobierno, al tener contacto y conocer a gente excelente de una asociación de minusválidos, o de una asociación de pensionistas, o de un comité de empresa, o al tratar con sindicalistas que, sabiendo que se estaban jugando su empleo, o el de sus compañeros, venían con ganas de encontrar una salida, y mostraban una fantástica capacidad de razonamiento para buscar soluciones imaginativas.

En cualquier caso, era evidente que había que hacer una reconversión. Lo que discutíamos era cómo hacerla. Al final, triunfó la tesis de Miguel Boyer que favorecía la suspensión de contratos y perdió el Ministro de Industria. Andado el tiempo, Carlos Solchaga sustituiría a Boyer como ministro de Economía[6], un departamento cuyos titulares a menudo van mucho más allá de lo que les pide el sentido político y la lógica. Sin olvidar que también importa, y mucho, el carácter de las personas. Y tanto en el caso de Boyer como en el de Solchaga, siendo como son personas muy diferentes en muchos aspectos, los dos tienen algo que, en parte, es bueno para un político, pero que tiene también sus costes y que hay que embridar y frenar: su tendencia a tomar las decisiones que ellos creían que eran justas con independencia de lo que pensara el resto del mundo. Y, en política, sobre todo cuando te ocupas de las vidas humanas, del bienestar de las personas, de su situación familiar y laboral, tienes que escuchar mucho y tienes que valorar por qué los que tienes al otro lado de la mesa critican con insistencia las medidas que te propones adoptar. Yo creo que tanto Boyer como Solchaga se dejaron arrastrar, en algunas ocasiones, por un sentido excesivo de la propia autoridad por encima de otras razones. Carlos, que tiene un carácter muy distinto al de Miguel Boyer, a lo largo del tiempo aprendió mucho, y fue un ministro de Economía mucho más flexible de lo que lo había sido, al principio, en Industria. Carlos, por ejemplo, después de la huelga general de diciembre de 1988 y, sobre todo, después de las elecciones de 1989, se puso al frente de la negociación social. Recuerdo a Manolo Chaves, entonces ministro de Trabajo, desbordado por la velocidad con que Solchaga pactaba con Nicolás Redondo y con Antonio Gutiérrez, en cenas que duraban hasta no sé qué hora de la madrugada. Boyer fue ministro durante mucho menos tiempo que Carlos, y el pulso que le echó a Felipe por obtener una Vicepresidencia que le diera más capacidad de decisión y de coordinación en el área económica del Gobierno acabó, en 1995, con su salida del Gobierno.

«¿YO TAMBIÉN CESO?»

Recuerdo que Felipe había abierto la primera crisis del primer Gobierno de la primera legislatura y yo fui a tomar café con él a La Moncloa para comentar los cambios. Estos cambios, en realidad, no me afectaban, porque yo iba a continuar como ministro de Trabajo. Ese mismo día por la noche, Felipe nos había convocado a todos los miembros del Gobierno saliente a una cena de despedida en La Moncloa, y al día siguiente, después de la visita al Rey para informarle de estos cambios, estaba convocada una rueda de prensa. Entonces, yo llego a tomar ese café y Felipe me dice: «Joaquín, hay una noticia nueva que descabala todo esto: Boyer me ha dicho hace un rato que dimite, que no va a seguir bajo ningún concepto». Le pregunto el porqué, y no recuerdo exactamente en qué términos me lo comenta Felipe, pero es lo que, más o menos, se sabe: la presión de Boyer por conseguir la Vicepresidencia y dejar de estar sometido a las tensiones con Guerra, etcétera. Felipe me sugirió: «Le he dicho a Carlos Solchaga, que es amigo suyo, que trate con él, a ver si puede hacer algo. Esto es un lío tremendo... Tú, que tienes buena relación con él, mira a ver si puedes hacer algo también. Yo creo que ya ha tomado la decisión y que no va a dar marcha atrás, pero, bueno, si puedes, habla con él y me cuentas». Efectivamente, yo hablo por teléfono con Boyer y me contesta: «No, no. Me voy. Mira, he decidido irme; es una etapa de mi vida, es una decisión firme y ya no tiene marcha atrás». Yo le dije: «Hombre, lo deberías considerar, pero tú verás... Si has tomado la decisión, tuya es». Carlos llegó a hablar con él personalmente y, al cabo de varias horas, se supo que no había forma de convencerle.

Esa noche nos reunimos durante la cena, en «La Bodeguilla», horas después de que Carlos Solchaga y yo —y probablemente algunas personas más que hubiesen hablado con Felipe— nos hubiéramos enterado de la dimisión de Boyer. Pero la mayoría de los miembros del Gobierno saliente no sabía lo que estaba ocurriendo. Y recuerdo perfectamente a Fernando Morán preocupado, porque había quedado a las doce de la noche para entrar en directo en una emisora de radio. Era una situación un poco surrealista: Felipe no nos despedía, ni nos decía nada. Javier Solana, que ya entonces tenía dotes diplomáticas, tomó la palabra y dijo: «Bueno, pues ya que el presidente no nos dice nada, yo creo que es bueno que le digamos al presidente que, pase lo que pase con cualquiera de nosotros, hemos estado felices y orgullosos de haber colaborado en este momento histórico...», o algo parecido. Morán repetía: «Yo he quedado a las doce de la noche con un periodista, ¿qué le digo? ¿Va a haber cambio de Gobierno? ¿Sí? ¿No? ¿Por qué no nos dice nada?». Y Felipe miraba para otro lado y «silbaba». Porque Felipe tiene una capacidad ilimitada para «silbar». Acabada la cena, abandonamos «La Bodeguilla» y atravesamos el palacio. Estábamos en las escalerillas de La Moncloa esperando a los coches. En ese momento, pasa Miguel Boyer y le dice a Javier Moscoso: «Bueno, encantado de haber colaborado contigo durante este Gobierno». Y Javier Moscoso, me mira y me dice: «¿Qué pasa? ¿Que yo también ceso?». Le contesté: «No, Javier, el que se va es él».

Después de esa cena, fuimos a tomar una copa a un chiringuito del Paseo de Rosales. Estábamos allí Narcís Serra, Javier Solana, Ernest Lluch, Carlos Romero, Jose María Maravall y yo. No sé si había alguien más. Y, claro, comentábamos lo ocurrido: «Oye, vamos a ver, ¿qué va a pasar aquí? Vamos a compartir información, ¿tú qué sabes?». Y empezamos a comentar lo que sabíamos cada uno. «Bueno, pues la situación es ésta: Boyer ha dicho que se va definitivamente». Acordamos mantenernos en contacto al día siguiente, porque aquello podría ser un caos. Era la primera crisis de Gobierno de Felipe González. Pensábamos que se le podía ir de las manos. No se sabía cómo iba a acabar aquello. Y los ministros, en medio de este caos, con la sorpresa de la salida de Boyer, intentábamos, a esa hora de la madrugada, compartir información y minimizar el desastre.

El abandono de Boyer se produce en un momento crítico. Pero Felipe no podía aceptar, en ese momento, el reto de nombrarle vicepresidente, no podía poner a Boyer en el mismo nivel que al vicesecretario general del Partido, Alfonso Guerra. En el ámbito del Gobierno, él podía mantener un equilibrio, y en los temas económicos le podía dar la razón al ministro de Economía. Pero, en términos políticos, no era posible nombrar a dos vicepresidentes para que uno de los dos le sustituyera cuando se fuese. El peso específico político de uno y de otro era muy diferente; la imagen que se desprendería hacia el Partido y hacia el propio electorado socialista era muy diferente. Yo creo que Felipe había encontrado ese equilibrio en el 82, convenciendo a Alfonso de que fuese vicepresidente en determinadas condiciones; pero, cuando vio que los intereses de Boyer generaban tensión, ya no pudo permitirlo. Años más tarde, el papel de Guerra y el peso de Guerra eran distintos; pero, entonces, nadie podía aparecer como un puro contrapeso político, como un contrapoder.

ALFONSO, CON UN PIE DENTRO Y OTRO FUERA

El peso político de Guerra era muy importante. Alfonso llevaba todos los temas autonómicos. Claramente, el ministro Tomás de la Cuadra[7] actuaba en función de lo que Alfonso decía. Alfonso llevaba también los temas de Justicia bastante de cerca, todos los temas institucionales, todos los nombramientos de gobernadores civiles y delegados de Gobierno. Barrionuevo, de vez en cuando, «metía» algo, pero la mayor parte de los nombramientos los hacía Alfonso

Guerra. También eran suyos algunos asuntos de política exterior; algunos, muy curiosos: Argelia, por ejemplo. Sin embargo, algunos de nosotros pensábamos que tenía que hacer más cosas. Después de las elecciones de 1986, recuerdo que Javier Solana, José María Maravall y yo fuimos a cenar una noche con Felipe y le dijimos: «Alfonso Guerra tiene que ocuparse más directamente de la coordinación. Esto de que esté de «oyente», de que en algunas cosas se meta en todo y, para otras, es como si no estuviese en el Gobierno... esto, así, no funciona. Si quiere estar en el Gobierno, que esté en todo, que no ande por detrás con la gente de su gabinete y con la gente del Partido diciendo: «¿Qué hace éste? ¿Por qué se va a hacer eso? Me han dicho que se va a hacer lo otro...». No, no —dijimos—: que aparezca públicamente, presidiendo la Comisión de Subsecretarios, y allí coordina todo y allí se discute. Que se acabe eso de que esté con un pie dentro y otro fuera, y que nuestros directores generales, de repente, reciban una llamada de no sé quién del Gabinete de La Moncloa, y otra de no sé quién del Partido, diciendo cosas como que «Guerra está interesado en...». Eso no puede ser. O sea, que se formalice más su función, su estatus. Y, de hecho, lo conseguimos: a partir de la segunda legislatura, Alfonso Guerra presidió la reunión de subsecretarios.

Yo no sé por qué Guerra había asumido ese papel de «oyente». No sé lo que le pasaba por la cabeza... No soy capaz de descifrar la psicología del personaje. Mi hipótesis es que él pensaba: «Yo, que soy el guardián de las esencias del Partido Socialista, el que de verdad sabe lo que es ser socialista y qué deben hacer los socialistas, y cómo deben veranear, no me quiero casar con la política de un Gobierno en el que yo no mando demasiado en algunas áreas. Y como no tengo vara en el área económica, no me quiero contaminar. Eso es de "los otros"». Yo creo que esta actitud, exhibida durante años, al final, nos hizo mucho daño. El Partido apoyaba ciegamente al Gobierno: ¿había una huelga? Contra los huelguistas. ¿Había un conflicto por no sé qué? A favor del Gobierno. Pero, a la vez, el discurso del aparato del Partido era de escepticismo e, incluso, de desconfianza sobre lo que hacía el Gobierno en una serie de áreas. A mí me parece que eso es esquizofrénico y que nos debilitó mucho. La satisfacción de los propios afiliados con lo que hace su Gobierno, la capacidad de defender y explicar lo que hace el Gobierno, la capacidad de difundir, de estar dotado para hablar con los sectores de la sociedad, en la calle, todo se debilitaba mucho por esa especie de «apoyo desconfiado» del Partido. Era un apoyo leal, pero distanciado, desconfiado. La verdad es que apoyaban siempre la actuación del Gobierno, pero diciendo: «Habría que hacer otras cosas...».

En la primera legislatura, en mayo del 83, Alfonso ya había expresado su frustración por no controlar los ministerios económicos. El hito es la polémica con el ministro de Industria después de que éste hiciera pública la inviabilidad de cumplir el compromiso electoral de los 800.000 puestos de trabajo. Yo puedo contar cómo se incluyó en el programa electoral lo de los 800.000 puestos de trabajo. Ese compromiso se añadió, digamos, como una «guinda», por motivos electorales: no podríamos salir diciendo otra cosa. Se incluyó por ingenuidad, por voluntarismo, por demagogia... una mezcla de todo. Necesitábamos salir asegurando que nosotros íbamos a conseguir que el paro se reduciría en los primeros cuatro años. Yo era el coordinador del programa electoral y llevé a la Ejecutiva las estimaciones que estaban haciendo los economistas que colaboraban con nosotros sobre cómo podían evolucionar las cosas en los primeros cuatro años. Y los economistas decían: «Supongamos que aquí recuperamos un crecimiento tal, pero la avalancha de paro que hay, y que por lo menos al principio va a seguir habiendo, es tal, y la destrucción de empleo es fuerte, y los jóvenes que están entrando cada año en el mercado de trabajo son tantos, y vienen inmigrantes, y el acceso de la mujer al mundo laboral, etcétera. En fin, el resultado es que no vamos a ser capaces de crear empleo. En una hipótesis razonablemente optimista, podremos decir, en 1986, al final de la legislatura, que hemos reducido el paro; podremos decir: "Llegamos al Gobierno con dos millones de parados y ahora hay menos de dos millones de parados". Y esto es lo que hay».

Ésa era la situación real, pero en la Ejecutiva del Partido me dijeron: «Bueno, pero en el programa electoral tenemos que decir que nosotros somos capaces de reducir el paro». Creo recordar que es Alfonso el que lo dice, y transmite que eso es lo que le ha dicho a él el Comité Electoral. Y me pide: «Tú tráenos una estimación corregida sobre cuántos empleos hay que crear para que podamos dar trabajo a los demandantes del mercado laboral». Bueno, pues esto es hacer una regla de tres, esto no es ciencia, es aritmética pura. ¿Cuánto va a evolucionar la población activa? ¿Cuánta gente va a estar pidiendo trabajo? ¿Cuántos empleos hacen falta para que toda esa gente, y uno más, tenga trabajo? Y salían ochocientos mil. Y eso fue lo que él decidió que se pusiera en el programa.

Yo coordinaba el programa, pero no estaba en el comité electoral. Y no me opuse porque la Ejecutiva tomó una decisión... y, bueno, los que estábamos allí, no le prestamos la atención debida. Discutimos mucho más sobre cómo figuraba nuestro compromiso electoral sobre el aborto, o sobre el referéndum de la OTAN. En esos aspectos sí hubo una discusión acerada respecto a los términos, las formas, las frases... Pero, por lo que tocaba al trabajo, «vamos a salir creando empleos...». «Pues vale». Felipe tampoco lo tuvo en cuenta, no le concedió importancia. Sin embargo, el propio Felipe González hizo una campaña de regeneracionismo, de calmar ánimos: era una campaña de ganador que se ve ya gobernando y que dice: «Yo no voy a hacer demagogia, sino todo lo contrario, voy a calmar».

Pero el Partido funcionaba así: temas electorales, Alfonso. Los carteles, por ejemplo. Alfonso los llevaba allí y decía: «Ésta es la foto de Felipe, mirando al horizonte; es la que me gusta. ¿Qué os parece el eslogan? "Por el cambio". Os gusta, ¿verdad? Fondo azul, igual que Mitterrand, fondo azul... Ahora hay que hacer el listado de cien medidas de las que vamos a tomar...». Todo esto se hacía sobre la base de un programa preparado. Era el Comité Electoral quien lo llevaba a cabo. Y el que sabía de elecciones y de Comité Electoral era Alfonso.

Solchaga cuestionó la viabilidad de la creación de los 800.000 puestos de trabajo. Al fin y al cabo, era un compromiso de nuestro programa electoral, y yo creo que lo dijo de forma brutal. En un programa electoral, siempre hay aspectos que te gustan mucho y otros que te gustan menos; pero, una vez que estás ahí, tienes que modular mucho cómo lo manejas. Puedes decir: «Bueno, lo vamos a intentar; es verdad que nos hemos encontrado una situación más difícil que la que pensábamos». Es decir, se pueden decir las cosas de una manera más suave, y no «a la navarra». Pero también es cierto que ese modo de hacer las cosas forma parte del carácter de Carlos, que cree que es mejor pegar un brochazo en vez de explicar y matizar las cosas.

El «guerrismo», o el control de la sucesión

El «guerrismo» no siempre quiso utilizar su poder de la misma forma y con los mismos fines. En aquel entonces, cuando Carlos Solchaga cuestionó la oferta de los 800.000 puestos de trabajo, nadie podía pensar que se le estaba disputando poder político al «guerrismo» en el Partido. Pero, cuando se acerca el final de los ochenta, antes de la huelga general, comienza a crecer entre nosotros una sensación distinta. Nos preguntábamos: «¿Qué pretende Alfonso Guerra? ¿Qué quiere hacer? ¿Por qué se comporta así? ¿Qué es lo que Guerra tiene en la cabeza? ¿Pretende sólo controlar el Partido, para que no se nos desmande, o está pensando en algo más? ¿Qué quiere? ¿Quiere preparar el "posfelipismo" antes de que le pille desprevenido o quiere que Felipe sea una cabeza representativa pero que pasen por él todas las decisiones importantes? ¿Desea convertirse en una especie de fielato por el que pase cualquier decisión, antes de que Felipe pueda decidir? ¿Qué pretende?».

Estas cuestiones se habían planteado así con anterioridad, pero cuando de verdad estalla el asunto es en 1988, el día inmediatamente posterior a la huelga. Se convoca un Consejo de Ministros y, cuando concluye, Felipe come con Narcís Serra. Fue una comida cuyo contenido sólo Felipe y Narcís podrán desvelar. Pero todos pensamos que, en esa comida, Felipe le dijo a Narcís: «Yo dimito y tú te quedas». Yo creo que de ahí arranca una dimensión diferente de Guerra y del «guerrismo». En mi opinión, Alfonso calculaba: «Se ha abierto la sucesión: ahora yo tengo que controlar esto».

Un año después de esa comida —un año y dos semanas después, no sé si ocurrió exactamente el 30 de diciembre de 1989—, estalla el caso Juan Guerra y empieza un debilitamiento objetivo y subjetivo de Alfonso Guerra. Aparte del impacto que tiene en sí mismo el caso Juan Guerra y la forma en que se intenta responder a él, que es desastrosa, y todos los descubrimientos que se van haciendo en torno a lo que sucedía con Juan Guerra y a otros miles de Juanes Guerras que han ido apareciendo a diferentes niveles, resulta que el que se quiere convertir, desde al año 88, en el «cancerbero» que controla toda la sucesión es el que, objetivamente, tiene un torpedo apuntando a su línea de flotación. Así, el «guerrismo» se convierte en un instrumento de defensa en la trinchera, y, desde la trinchera, apunta contra todo el que no se suma a sobrevivir en la trinchera al mando del sargento Guerra.

LOS CELOS DE NICOLÁS

Ya antes de constituirse el primer Gobierno socialista, Nicolás Redondo había sufrido dos reveses: la elaboración del programa electoral, donde él consigue incorporar sólo algunos compromisos propuestos por la UGT, y el ya citado freno a la posibilidad de que uno de sus máximos dirigentes sea ministro. E, inmediatamente constituido el Gobierno, trata de influir en él, no como un sindicato, criticando o negociando, sino tratando de incidir desde su poder, como Nicolás Redondo, en que se hagan o no determinadas cosas.

La primera ley relacionada con Trabajo fue la que abordaba la cuestión de las cuarenta horas semanales. Nicolás Redondo habla con Alfonso y Alfonso me llama a mí —no sé si habla con Felipe, no lo recuerdo—. Pero yo recuerdo llamada de Nicolás y llamada de Alfonso: «Ese compromiso se pactó con UGT en la elaboración del programa: tiene que hacerse cuanto antes». «Habrá que estudiarlo, habrá que verlo un poco...», le dije. «No, no, cuanto antes, cuanto antes». Y tanto Nicolás como Guerra me presionan para que se haga cuanto antes. Yo les dije que sí, que se iba a hacer una ley de las cuarenta horas, pero que era mejor pensar las cosas un poquito. Traté de decirles que hacer una ley sobre las cuarenta horas de trabajo, si se quería hacer simple, era muy fácil, unos pocos artículos serían suficientes. Hicimos el proyecto de ley, se aprobó y se envió al Parlamento. Creo que esos trámites ocurrieron en diciembre de 1982.

La presentación de la ley provocó tensión con la UGT y también con la Patronal, con la CEOE... Se armó un lío tremendo por el contenido de la ley durante el debate en el Congreso y en el Senado. Porque la dificultad técnica de esa ley de las cuarenta horas semanales radicaba en que había convenios colectivos que tenían, en el Ordenamiento Español, fuerza de ley y establecían jornadas diferentes y mayores. ¿Cómo se articula una ley que regule la jornada laboral por debajo de la pactada en los convenios? Existía un tremendo embrollo jurídico de interpretación sobre si debía prevalecer el convenio o la ley, y sobre cómo se debían resolver las discrepancias. Y, además, existía un problema económico, porque había empresas para las que disminuir de la noche a la mañana las jornadas laborales, sin ninguna repercusión sobre el salario, en una situación económica como la que estaban atravesando muchas empresas en el año 83, representaba un coste adicional y, a lo mejor, en vez de crear empleo, lo que hacíamos era destruirlo.

Después del debate parlamentario, quedaba por elaborar un reglamento que formalizara la aplicación de esa ley. En ese proceso, tuve una discusión muy fuerte con José María Zufiaur, que era el representante del sindicato [UGT] en este tema. Y, por supuesto, con Nicolás Redondo también. Al final, el impacto de la reducción de jornada se distribuyó a lo largo de dos años, que era lo más razonable. Pero sacar adelante esa ley provocó una gran tensión, la primera tensión fuerte con UGT.

La segunda ocurrió a raíz de la reconversión que llevó a cabo Carlos Solchaga, en 1983. Y, para colmo, a mediados de año, Nicolás Redondo, que se había ido de viaje —quiero recordar que a Israel—, se entera allí de que dos altos cargos del Ministerio de Economía y Hacienda han hablado, en la Universidad Menéndez Pelayo de Santander, de la posibilidad de flexibilizar el despido. Entonces, Nicolás aterriza en Barajas y arremete contra todos, hace unas declaraciones pavorosas. La respuesta definitiva la da en septiembre, cuando se negocia el presupuesto para el año siguiente, 1984. Nicolás no lo quiere avalar en absoluto. Dice que él no quiere pactar esos presupuestos. En fin, que no hubo pacto para el 84. Pero en enero del 83, cuando se produjo la reconversión industrial, ahí sí se había llegado a un acuerdo con Corcuera, que entonces era dirigente de UGT. Pero con tanto acuerdo con Corcuera y tanta negociación sobre la reconversión industrial con Corcuera, Nicolás empieza a tener celos y desconfianzas de Corcuera.

UNA GRABADORA SOBRE LA MESA

Miguel Boyer y yo iniciamos —más adelante continué yo solo—, en el verano de 1984, la negociación del Acuerdo Económico y Social. Comisiones Obreras dice, al comienzo del proceso, que no quiere firmar, de modo que nos quedamos negociando con la Patronal, CEOE, y con UGT. Al final, Corcuera sí quería firmar el AES, comprobó que se ofrecían buenas condiciones para firmar, y Nicolás... Nicolás dice que no firma, e invoca desacuerdos sobre una cláusula que tiene que ver con la aplicación de una directiva comunitaria sobre despidos colectivos. Hubo que convocar una nueva reunión en octubre. Sin embargo, el 30 de septiembre se cerraba la fecha de presentación de los presupuestos y el Gobierno todavía no los había presentado, porque precisamente faltaban por incorporar algunos elementos de este Acuerdo.

En los primeros días de octubre, Felipe nos convoca en su despacho a Nicolás Redondo, a José María Cuevas y a mí, para cerrar la redacción del Acuerdo. Nos dice que de allí no salimos hasta que no se apruebe un texto que a Nicolás le parezca asumible. Y Cuevas, el presidente de los empresarios, se pone en plan generoso, y dice: «Lo que quiera Nicolás». Y se provoca una situación un tanto chusca, porque es Nicolás Redondo quien tiene la posibilidad casi exclusiva de proponer el texto del Acuerdo. Pero Nicolás no sabe cómo salir de ahí, no tiene capacidad para redactar el acuerdo. Fue una reunión un poco chusca, pero al final salimos de allí con el Acuerdo Económico y Social suscrito.

En todo caso, se iba abriendo un abismo cada vez más profundo entre el sindicato y el Gobierno. Inmediatamente después de la aprobación de la Ley de Pensiones —que Nicolás votó en contra— se suceden nuevos encontronazos de Nicolás Redondo con el Gobierno, esta vez, por el tema de la OTAN.

Pienso que, por encima de la lectura política que se pueda hacer de estos desencuentros, influían también las actitudes personales. Nicolás siempre se ha planteado que él tenía capacidad para influir y condicionar al Gobierno, y a Felipe en particular. Siempre se lo ha planteado así. Piensa: «Yo no quiero estar en el Gobierno a través de un sindicalista interpuesto. Pero yo, que soy Nicolás Redondo, más allá de la UGT, más allá del sindicato, yo, Nicolás Redondo, padre fundador del PSOE renovado de Suresnes, yo, tengo capacidad de condicionar, en los temas que a mí me interesen, la política que hace este Gobierno». Es como si le dijera a Felipe: «Tú estás ahí como un vicario de Cristo en la Tierra».

En esta situación, con la tensión generada, Nicolás empieza a buscar entre los descontentos, desafectos, distanciados, sobre todo en el área económica. Comienza a tantear y a buscar con quién puede contar para ir creando también su red de fieles. A lo largo de los años, se produce una situación muy curiosa: hay momentos en que los fieles de Guerra y los fieles de Nicolás se unen contra el adversario común, pero hay momentos en que los fieles de Guerra actúan contra el frente de Nicolás. Andado el tiempo, hay otros momentos en que los fieles de Guerra y los fieles a Nicolás, o en sintonía con Nicolás, se unen para intentar tocar las narices al Gobierno.

Yo he estado en muchas reuniones con Felipe y con Nicolás, en muchos debates, y tengo que reconocer que algunos de ellos han sido muy desagradables. Por la actitud de Nicolás. Esto ocurre desde las primeras reuniones que yo recuerdo —en torno al verano del 83—, en las que se demuestra que la UGT no está por la labor de llegar a acuerdos, porque las condiciones que pone son imposibles de atender por el Gobierno. A partir de ese momento, va subiendo el tono de distanciamiento y de agresividad. Y la tensión en esas reuniones entre Nicolás y Felipe, a las que yo he asistido, se hace absolutamente insoportable a partir de la huelga general del 14 de diciembre de 1988.

Después de la huelga, Nicolás Redondo se había quejado de que él había hablado una cosa con Felipe en privado y que, luego, Felipe lo recordaba de otra forma en público. Felipe, con un gran cabreo, decidió que a las reuniones con los sindicatos, en particular con Nicolás, iría con una grabadora. Recuerdo una reunión en el despacho de Felipe: asistíamos Antonio Gutiérrez, de CCOO, Nicolás, Felipe y yo. (Yo estaba presente porque el asunto tratado interesaba a los funcionarios; entonces era ministro de Administraciones Públicas). Probablemente estaban también Manuel Chaves y Carlos Solchaga. En esa reunión, y en el momento en que Nicolás tomaba la palabra, Felipe decía: «¡Ah!, ¿vas a empezar a hablar?». Y encendía la grabadora. Era todo muy fuerte. La tensión resultaba insoportable, era absolutamente cortante, brutal. Felipe era mucho más contenido en el tono y en el modo de dirigirse a Nicolás que lo que Nicolás era respecto a Felipe. El secretario general de la UGT protagonizaba momentos de auténtica salida de madre, por el tono, por el gesto, por el contenido, y por todo.

El tema de las pensiones, con la huelga convocada por Comisiones Obreras, y con la batalla que libró la UGT, también había creado un clima enrarecido. Se daba la imagen de que los socialistas no hacíamos lo que había que hacer en el terreno social; una impresión que sólo años después queda desmentida por los hechos, por los datos, por los resultados. Pero en aquel momento era una nube: «Estos socialistas, en el terreno social, no hacen lo que hay que hacer». Pero los pensionistas nos votan mucho más a partir de entonces. Había un mecanismo transitorio en la Ley de Pensiones donde se decía: «Usted puede optar, durante un período, entre la pensión que le correspondería por el antiguo sistema o por la nueva pensión». De forma absolutamente masiva, optaban por la nueva, porque les garantizaba un mecanismo mucho más estable y la revalorización automática.

«Antes de que todo esto se estrelle»

Pese a ello, es muy fácil entender por qué tuvimos entonces tantas dificultades para hacer calar el mensaje de la bondad del nuevo sistema de pensiones. Ocurría que las pensiones iban a una velocidad tal de crecimiento del gasto y de abusos contra el sistema, que yo pensaba: «Esto se estrella, esto no llega a ningún lado. Algún día llegará alguien y decretará el final de este sistema, y entonces sí que vendrán los fondos de pensiones y los intereses privados». Nosotros decidimos que era mejor desacelerar, encauzar, organizar el sistema de pensiones de forma que nos durara en el tiempo. Por supuesto, esos argumentos, en el año 1985, resultaban muy complicados, porque la ciudadanía no tenía ganas de conducir a 120 kilómetros por hora, sino a 150. «Oiga, mire: llevamos dos siglos con la derecha, que nos lleva a paso de carreta; ahora que nosotros tenemos un coche y conducimos, queremos conducir muy rápido». Además, no se había discutido hasta entonces, en serio, cuál era la situación de la Seguridad Social, ni había en muchos sectores un conocimiento, como puede haberlo ahora, de cómo funciona el sistema.

Luego, diez años después, todas las fuerzas políticas, las que apoyamos aquella ley —es decir, el PSOE— y todas las demás —que estuvieron en contra en aquella ocasión— hablan bien de la ley del 85. Los sindicatos no sólo reconocen el sistema, sino que han pactado prolongarlo y proyectar el sistema hacia el futuro. Tener razón diez años después está bien, pero yo hubiera preferido que nos reconocieran la razón en aquel momento.

Si yo me encontrara ahora en aquella situación —en el debate por la modificación de la Ley de Pensiones—, intentaría dedicar mucho más tiempo a la explicación previa, a la pedagogía. Yo creo que, por nuestra parte, había un poco de despotismo ilustrado: «Oiga, ¿nos han votado? Pues, ahora, déjennos hacer lo que estamos convencidos que hay que hacer. Confíen en nosotros y, dentro de un año, vótennos otra vez. Pero entre tanto, déjenme...». Pero la política ya no es eso.

En cualquier caso, a mí no me sorprendieron nada algunas actitudes. Digamos, que esas actitudes eran previsibles. Por ejemplo, la de Comisiones Obreras, el sindicato convocante de la huelga general, con Marcelino Camacho al frente. En un artículo —que me encantaría recuperar, para ver qué fecha tiene; habíamos ganado las elecciones, pero todavía no estaba ni siquiera formado el Gobierno—, Camacho, secretario general de CCOO, ya advertía que nuestra gestión iba a ser un desastre, que íbamos a traicionar a los trabajadores y que íbamos a ser unos «aliados del capital»: «Los socialdemócratas traidores de siempre nos van a dejar en la estacada otra vez». Comisiones Obreras estaba en contra de la Ley de Pensiones, y no me sorprendió que convocase una huelga. En el caso de la UGT, llovía sobre mojado. Es verdad que no convocaron la huelga, pero el conflicto entre la UGT y el Gobierno ya se había ido generando. El desarrollo de las negociaciones del Acuerdo Económico y Social de 1984 indicaba que estábamos agotando la última gotita que quedaba en la copa del acuerdo y de la buena relación entre el Gobierno y la UGT. Por supuesto: la UGT tiene que llevarse bien con un presidente socialista —¡cómo no!—, pero el secretario general de la UGT nunca más podrá imaginar que tiene poder suficiente para decirle al presidente del Gobierno qué es lo que tiene que hacer por la mañana cuando se levanta, o para fiscalizar si lo que hace el Gobierno es de izquierdas o no, en función de lo que diga el señor Redondo. ¿Quién es Nicolás Redondo para decirnos a nosotros qué es de izquierdas y qué no, si probablemente él se ha quedado muy viejo, muy antiguo, para saber definitivamente qué es la izquierda?

Pese al sinsabor de la confrontación, cuando aprobábamos la Ley de Pensiones, vivíamos un buen momento: la crisis económica empezaba a superarse. La economía estaba empezando a crecer y estábamos empezando a crear empleo. Por fin veíamos luz al final del túnel; y un año después, en el 86, ganamos las elecciones. La mayoría de nuestros electores seguían confiando en nosotros, no los habíamos abandonado en el camino. Ahora bien, desde un punto de vista personal, yo estaba convencido de que no debía seguir en el Ministerio de Trabajo: había quemado una etapa, ya tenía graves impedimentos en la relación con los sindicatos y en la relación con la Patronal. Yo dejo el Ministerio de Trabajo en julio de 1986.

Superamos el tema OTAN, que había sido muy angustioso para todos, para el Partido también. El Partido, en la campaña de la OTAN, se porta de maravilla y echa el resto. Tres meses después de ganar —de forma relativamente ajustada— el referéndum de la OTAN, ganamos las elecciones del 86 con una campaña completamente sosa. «Por buen camino», decía el eslogan. En esas elecciones emerge el CDS de Suárez, que nos acaba de descolocar, por ejemplo, con el tema del servicio militar. Nosotros teníamos a una parte del electorado quemado con la OTAN; el electorado sindical estaba un poco magullado, pero también es cierto que esos votantes son más fieles... Al currante no le iban a decir que votase al PP o a Suárez en castigo por el tema de la OTAN, o por la reconversión. Pero todos los sectores urbanos, los jóvenes, los intelectuales, las clases medias, los profesionales, empiezan a fallarnos. Hay mucha menos movilización; es una campaña blandurria, es un programa electoral que no dice nada...

Autonomías: los miedos de Alfonso Guerra

En la segunda legislatura, se cuenta con un nuevo Ministerio, el de Administraciones Públicas, que se ha decidido crear a la vista de que los resultados de la reforma que se había impulsado desde el Ministerio de la Presidencia no habían dejado satisfecho a casi nadie. Había creado problemas en los cuerpos especiales de la Administración, se había ocupado más de cuestiones de personal que de la mejora de la calidad y eficacia de los servicios, no tenía en cuenta suficientemente el desarrollo autonómico que se estaba produciendo ni el impacto que iba a tener el ingreso en la Unión Europea. El desarrollo autonómico tuvo una importancia muy grande. Yo, como Ministro de Administraciones Públicas, dedicaba mucho tiempo a la negociación con vascos y catalanes. Con Juan Ramón Guevara, que era el consejero de Presidencia en Euskadi —en el Gobierno de coalición de nacionalistas con los socialistas vascos—, acordamos una serie de transferencias importantes, entre otras, la de Sanidad. Convergència i Unió —que tenía todavía algo de resquemor por el tema de la Banca Catalana de la primera legislatura— tuvo como representante ante la Administración central a Miquel Roca, que era un negociador por excelencia. Fue un interlocutor fantástico. Pudimos hacer muchísimas cosas. Con uno y con otro, con Guevara y con Roca, discutíamos; no siempre estábamos de acuerdo, pero pudimos sacar temas importantes adelante. Nos ayudó muchísimo Paco Tomás y Valiente, presidente del Constitucional, con el que analizábamos la jurisprudencia del Tribunal. Esos trabajos nos servían para encontrar soluciones que evitasen la presentación de nuevos conflictos por temas autonómicos ante el propio Constitucional.

En 1987 me empecé a plantear la necesidad de igualar competencialmente a las autonomías del segundo nivel, las que se habían formalizado a partir del artículo 143, con las del primero. Yo, personalmente, empecé a tratar el tema con presidentes autonómicos del PSOE y del PP, y ahí tuve un choque fuerte con el vicepresidente. Alfonso Guerra no quería dar el paso de completar el desarrollo autonómico de esas Comunidades del segundo nivel. No sé cuál era la razón de esa resistencia; no sé si se trataba de un temor a que el Estado de las Autonomías se desarrollase demasiado rápido, o un temor a perder poder... A su vez, dentro del Partido, emergen «las baronías». Los presidentes de Comunidades Autónomas, que eran secretarios generales del Partido en sus respectivos territorios, se sentían investidos de un poder que les permitía empezar a discutir con Ferraz. Ya no se limitaban simplemente a decir «sí» a las consignas que venían de la cúpula del Partido. Se produjo entonces un conflicto, recuerdo una situación muy tensa. Habíamos convocado el segundo debate en el Senado sobre el Estado de las Autonomías —el primero había tenido lugar en el 85— y, de cara al mismo, mi discurso, como representante del Gobierno, incluía, entre otros elementos, la apertura de negociaciones para llenar los techos competenciales de las Comunidades del segundo nivel. Esta iniciativa la había acordado yo con Felipe González un día que Guerra no estaba en España. Estaba de viaje y, cuando volvió, se enfadó muchísimo. A partir de ese momento, las relaciones del Ministerio de Administraciones Públicas, las mías en particular, con la Vicepresidencia del Gobierno se fueron complicando cada vez más. La tensión tenía también que ver con las confrontaciones políticas. Porque, en el Partido, iban aumentando los rumores contra la prepotencia de los «guerristas» y contra esa pretensión de Guerra, desde La Moncloa, y de sus amigos, desde Ferraz, de acogotar a todo el que se les pusiese por delante.

Arena en los engranajes

A finales del 86, o ya en el 87, hay un hecho que genera mucha tensión entre Guerra y Solchaga, y que nos afecta también a Manolo Chaves, ministro de Trabajo, y a mí. Chaves y yo nos reuníamos con representantes de la UGT: intentábamos preparar un acuerdo salarial para el siguiente ejercicio, acuerdo en el que estaba muy interesado Alfonso Guerra, que era partidario de que se recompusiese la concertación social. Él siempre tuvo la idea de que la segunda legislatura, la que empezaba en el 86, ya sin Boyer, tenía que ser «más socialista». Solía decir una frase que a mí me parece horrible: «Ya no tenemos por qué estar en un Gobierno de coalición; ahora ya estamos solos los socialistas». Una frase horrible, porque introduce arena en los engranajes. En fin, Manolo Chaves y yo, que habíamos trabajado en la UGT y que conocíamos mucho a la gente del sindicato —a pesar de todos los conflictos, seguíamos teniendo mucha amistad y confianza—, tuvimos una reunión en el despacho de Guerra con representantes de UGT. Explorábamos por dónde podía dibujarse un acuerdo salarial para el siguiente ejercicio y esbozamos un proyecto que parecía razonable. Se lo comentamos a Felipe y él nos dijo: «Pero... el ministro de Economía, ¿qué opina?». «No, el ministro de Economía no ha estado en la reunión», le contestamos. «Bueno, pues id a contárselo al ministro de Economía». Fuimos Manolo Chaves y yo a contárselo a Solchaga, y el ministro de Economía, por las razones «X» propias de su sexo y condición, dijo que no estaba de acuerdo, que hacía falta más moderación salarial, o menos gasto público, no recuerdo exactamente cuáles eran los términos del asunto. En resumen, la segunda legislatura ya empezó con tensiones con los sindicatos. Pero Alfonso Guerra no asume estas tensiones como propias, sino que él, en su faceta de «oyente» del Gobierno, las carga sobre las espaldas del ministro de Economía, «que es el que no nos está dejando hacer lo que hay que hacer en el Gobierno», decía a todo el que quería oírle.

Pese a esa tensión, en 1988, cuando se prepara la huelga general, es Guerra y todos sus efectivos de los llamados «fontaneros de La Moncloa», gente de la Ejecutiva del Partido, algunos sindicalistas de la UGT, como Matilde Fernández, quienes montan los comandos operativos para defender al Partido del frente de la huelga. Pero lo hacen de forma tan torpe que lo que consiguen es convocar a más huelguistas a aquella movilización. En cualquier caso, hay un Estado Mayor, instalado por Guerra en La Moncloa, que es el que prepara la estrategia para tratar de evitar la huelga general, o para reaccionar frente a la misma. La verdad es que es difícil entender esas actitudes contradictorias de Guerra, no parecen encajar en un planteamiento racional. Podría decírsele: «Dado que usted es el que más escepticismo declara respecto de las políticas del Gobierno, usted mismo debería ser el que estuviese más cerca y el que pudiese asegurar canales de diálogo con estos sindicatos que nos están llamando de todo». Pero, no. No era así. Guerra era el mayor crítico de la política económica de Solchaga, pero, a la vez, era el que preparaba el dispositivo contra la UGT y Comisiones Obreras. No sé por qué esta ambivalencia de Guerra. No tengo una respuesta.

Los fuegos nacionalistas, apaciguados

Desde el Ministerio de Administraciones Públicas, seguíamos en el reto de completar el desarrollo competencial de las autonomías del segundo nivel, después del frenazo del Partido y del Gobierno, que no habían querido abordar el tema. El personal del Ministerio, de las Comunidades Autónomas, los expertos, todos trabajamos en el diseño de una estrategia que, al final, se plasma, en 1991, en los Acuerdos Autonómicos que firman José María Aznar y Felipe González en La Moncloa. Los Acuerdos se pueden firmar cuando Guerra ya no está en el Gobierno. Alfonso nunca estuvo en sintonía con la política autonómica que yo entendía que había que hacer y que se desarrollaba, por un lado, con las Comunidades del segundo nivel, y por otro lado, con los nacionalistas vascos y catalanes. Fue una tarea que ocupó muchas horas de discusión, de diálogo, de búsqueda de puntos de encuentro, de superación de conflictos. Yo creo que fue una etapa muy positiva. Aquella época fue la mejor, desde el punto de vista de la relación de la Administración central con los nacionalistas vascos, pero no fue sólo gracias a mí, sino gracias al Gobierno de coalición en Euskadi, con Ramón Jáuregui de vicepresidente. Son los años del Pacto de Ajuria Enea[8]. Este período fructífero de colaboración acaba en 1992 o 1993, cuando empieza a tensarse la relación con los nacionalistas. Y se tensan porque, por un lado, están Jaime Mayor Oreja y José María Aznar insistiendo en el famoso programa del «cumplimiento íntegro de las penas», del año 93, y por otro lado, algunos sectores del PNV empiezan a explorar y buscar una relación con Herri Batasuna.

Con los catalanes había también una relación cargada de pequeños conflictos, pero teníamos asimismo un espíritu de diálogo constructivo y de búsqueda de soluciones. Yo creo que, al principio, una autonomía como la catalana, tan fuerte, tan arraigada, tenía que afirmar su propia personalidad, y más con una personalidad, a la cabeza, como la de Jordi Pujol, que, además de toda su trayectoria como líder del catalanismo, se había encontrado con el follón de Banca Catalana. Él utiliza el fervor nacionalista catalán para defenderse de quienes le intentaban imputar en el asunto de Banca Catalana... Pero, calmado ese tema, y después del fracaso de la «operación Roca»[9], se pudo restablecer un diálogo con los nacionalistas catalanes extraordinariamente fructífero y que contribuyó a apaciguar todos los fuegos, que estaban por allí encendidos, en la relación entre Cataluña y el conjunto de España.

Alfonso Guerra había dejado el Gobierno en enero de 1990. Felipe González dejó transcurrir un pequeño período de tiempo después de la salida del vicepresidente —creo recordar que estos hechos coinciden con la Guerra del Golfo— y después plantea los cambios de Gobierno. Yo salí del Gobierno en marzo de 1991. Felipe me dice que, por algunas razones, que tampoco hace falta explicar, hay que cambiar... De la conversación con Felipe, yo deduzco que las razones de mi relevo residen en el equilibrio: si Guerra ha salido, alguno de los que le ha plantado cara a Guerra tiene que salir también.

Mi salida del Ministerio me pareció algo absolutamente normal: llevaba en él demasiado tiempo, cuatro años y medio. Tenía que haber salido antes, pero como los cambios se retrasaron un año y cuatro meses, tuve que estar todo ese tiempo «de prestado» en el Gobierno. Cada día que llegaba por la mañana al Ministerio, me decía: «¿Por qué hay que seguir todavía con este Gobierno en funciones un día más? Este Gobierno "canta". Tiene que cambiar, y es lógico que me toque a mí cambiar».

El asalto a la Federación Socialista Madrileña

Desde marzo del 91 hasta las elecciones del 93, fui diputado «de base» y, además, como pertenezco a la minoría, a los renovadores, no hago nada en el Grupo Parlamentario, dominado por los «guerristas». Voy al Congreso a votar, nada más. Tengo un pie en la política del Parlamento, pero me dedico a dar clases en la Universidad, a dirigir un programa de investigación en una fundación... Eran momentos en los que en el Partido había mucho conflicto interno y la mayoría «guerrista» todavía era muy amplia. En ese tiempo, surge «la rebelión de Chamartín»: una respuesta a lo que estaba sucediendo en la Federación Socialista Madrileña (FSM), donde, como consecuencia de los vientos que soplaban en la Dirección Federal del Partido, se empieza a tratar de desbancar a Joaquín Leguina, que era presidente de la Comunidad de Madrid y secretario general de la FSM. Esto ocurre en 1990. Alfonso Guerra todavía estaba en el Gobierno, pero ya empezaban a pintar bastos para él, ya había estallado el escándalo de su hermano, Juan Guerra. Y, como consecuencia de este lío, Alfonso y su entorno empiezan a tratar de hacerse fuertes en el Partido, y a tratar de eliminar todo tipo de discrepancia interna en el mismo. Se cargan a José Rodríguez de la Borbolla de la Presidencia de la Junta de Andalucía —eso ocurre, si no recuerdo mal, en la primavera del año 90— e inmediatamente después empieza la operación contra Joaquín Leguina, en la Federación Socialista Madrileña. Y, entonces, algunos miembros de la FSM, entre ellos, tres ministros —Javier Solana, José Barrionuevo y yo—y otros políticos relevantes, como José María Maravall, que había dejado de ser ministro hacía año y medio, José Borrell, que era secretario de Estado, y Miguel Satrústegui decidimos no quedarnos callados ante la operación de descabezamiento de Joaquín Leguina. Decidimos participar en un acto público de apoyo a Joaquín Leguina y, por tanto, de desafío a los intentos que se están llevando a cabo para liquidarlo desde el Partido y con los aliados que tenía el Partido en la FSM: los «acostistas». No podíamos permitir que quienes estaban creando serios problemas de imagen y credibilidad al Gobierno socialista y al PSOE, quienes no sabían atajar los escándalos de corrupción, quienes mantenían un estilo de dirección totalmente autoritario y quienes eliminaban toda discrepancia se salieran con la suya. Aquello fue un aldabonazo muy fuerte, porque es la primera vez que se desafiaba públicamente a la Dirección Federal, que dirigía Alfonso Guerra. Aquel hecho introduce en el seno del Gobierno socialista una clarísima discrepancia respecto de un vicepresidente que —desde meses antes, desde diciembre del 89— está tocado seriamente por el escándalo de su hermano.

El acto de Chamartín no fue un movimiento que buscara su expansión a escala federal; en origen, es un movimiento exclusivamente madrileño. Pero, naturalmente, al ver que aquí se había plantado cara al «guerrismo», otros núcleos de resistencia, en otros lugares, buscan el contacto: empieza a haber llamadas, comidas, cenas, visitas de algunos de nosotros a otras federaciones del Partido... Sin embargo, dos meses después de Chamartín, se celebra el Congreso Federal de 1990 y en él somos «barridos» por los efectivos de la mayoría del Partido, la de Alfonso Guerra. Los que estábamos implicados en la renovación sufrimos una derrota con todas las de la ley.

Felipe nos dejaba «colgados»

Conociendo a Felipe González, escuchándole en público y hablando con él en privado, cualquiera podría deducir fácilmente que Felipe era el más renovador de los renovadores; por talante, por su forma de ver las cosas, por su manera de analizar la situación, por su actitud de no dejarse encerrar en argumentos de aparato, de lealtades corporativas internas del Partido. Él siempre pensó en la sociedad, en los ciudadanos. Nunca he tenido la menor duda de que él es un renovador convencido. Ahora bien, una vez dicho esto, hay que señalar que Felipe, a los renovadores, nos dejaba colgados. Sin ningún tipo de reparo. Hasta que él no vio la posibilidad de tejer en el Partido una alternativa al «guerrismo», no explicitó esas preferencias. Así que, en el Congreso del 90, Felipe no movió un solo dedo, excepto el esfuerzo que hizo por tener a José María Maravall en la Ejecutiva, nada más. Y, probablemente, no podía moverlo, porque no tenía efectivos propios, salvo que se enfrentase abiertamente con Alfonso Guerra, cosa que, claramente, no le merecía la pena; él prefirió jugar con otro ritmo, preservando el ámbito de autonomía de su Gobierno.

Después apareció aquella carta de Txiqui Benegas contra «Los renovadores de la nada». En 1993, cuando redacta aquella carta, Txiqui no imaginaba que, un año depués, al «guerrismo» le tocaría perder la mayoría en el Partido. Probablemente, en aquel entonces, Txiqui no entendía por qué había que renovar algo, o qué era lo que había que renovar. Estaba muy metido en Ferraz, en la batalla contra las acusaciones de corrupción; y no tenía una percepción de lo que la gente estaba pidiendo al Partido. La propia campaña de Felipe González en las elecciones de ese año —campaña hecha frente al Comité Electoral y frente al aparato del Partido—, que supuso la aparición de Garzón o de Belloch, el compromiso del impulso democrático que estaba en el programa electoral de 1993, todo ello no eran sino indicadores de renovación. Pero la verdad es que, por increíble que parezca, no se profundizó en la última oportunidad de renovación sin derrota que tuvimos con la victoria electoral del 93.

El «zapatazo» de Felipe

El electorado nos había dado un último voto de confianza con una victoria levantada a pulso por Felipe, y en pocos meses lo echamos todo a perder. Fueron los meses de la dimisión de Corcuera, ocurrió lo de Roldán... Y no había una capacidad de respuesta. Luego, el escándalo de Mariano Rubio... todos los escándalos... Dentro de la Ejecutiva Federal seguía habiendo gente que prefería la estrategia del «resiste como puedas», en vez de reconocer los errores, en vez de dar respuesta a los mismos y exigir responsabilidades.

Yo viví todo aquello con gran desesperación, quizás con más desesperación por no haber estado, desde el 88 hasta el 90, en el aparato del Partido. Esos dos años, en los que se produce el inicio de los escándalos, yo los vivo más como un afiliado de base que como un dirigente. Y, quieras o no, si estás fuera, lo ves con más ecuanimidad, eres capaz de captar mejor cómo lo están viendo los ciudadanos. Por puro raciocinio político, y también por razones éticas, a mí me parecía una atrocidad lo que estaba ocurriendo. Veíamos cómo un Partido, que seguía teniendo la mayoría política en el Gobierno central y en las instituciones autonómicas, se había atado de pies y manos y era incapaz de reaccionar y de responder en el sentido que sus electores se lo estaban pidiendo.

Felipe ya había pegado un «zapatazo» cuando convoca las elecciones del 93. Lo hace después de esa carta de Txiqui sobre los renovadores y después de mantener unas entrevistas en La Moncloa con Corcuera y con el propio Txiqui Benegas. No sé cuántos más fueron desde la sede del Partido hasta La Moncloa para intentar que Felipe no siguiese exigiendo que alguien diese la cara por el escándalo de la financiación del PSOE, por Filesa. Y no aparecía nadie; sólo Guillermo Galeote, pero nadie creía que él fuera el máximo cerebro, sino todo lo contrario. En el siguiente congreso del Partido, en el del 94, Felipe González decide actuar: no está pasivo durante la preparación del mismo, participa activamente en algunas reuniones y en algunos debates previos al congreso, preocupado por el resultado político de aquel encuentro. En ese congreso, Txiqui Benegas deja de ser secretario de Organización, le sustituye Cipriá Ciscar, y entramos algunos renovadores en la Ejecutiva. El resultado es una Ejecutiva partida en dos mitades: una, que sigue siendo «guerrista», pues Alfonso aparece como vicesecretario general, Paco Marugán sigue en Administración, Txiqui pasa a Autonomías y Matilde Fernández también está en los puestos directivos. Y, en la otra mitad, estamos Ciscar, Paramio, Alejandro Cercas y otros renovadores. Las fuerzas quedan igualadas; quizás los renovadores contábamos con una ligera mayoría. Pero aquel congreso, que hubiese debido ser renovador, para intentar ganar las elecciones del 96, acabó con una salida en falso. Después de este congreso, donde Alfonso dijo que había ganado, se produjo una discusión en la Ejecutiva y posteriormente en el Grupo Parlamentario: se trataba de saber quién debía ser el portavoz parlamentario del PSOE; y se elige a Solchaga. En ese momento, Alfonso Guerra se da cuenta de que ya no controla el Partido, que sus fuerzas ya están en minoría en la Ejecutiva y ahora también en el Grupo Parlamentario. A partir de ahí, se fue consolidando una mayoría renovadora.

Paradójicamente, comenzó a producirse una desorientación total sobre qué significaba «renovarse». Para muchos, significaba pasar de unas filas a otras, pasar de la minoría a la mayoría, pasar de estar con Guerra a estar contra Guerra. Pero renovar el Partido significaba otras cosas que se perdieron por el camino. Porque la atención estaba puesta en responder a los escándalos, responder a una sociedad y a un electorado que se iba cabreando progresivamente contra todo lo que tuviera que ver con los socialistas. Éramos los de Roldán, los de Rubio, los de Filesa... Y quien tenía que dar respuestas, quien sabía lo de Filesa, quien sabía por qué Mariano Rubio había seguido siendo gobernador del Banco de España no respondía, o no respondíamos. Teníamos una actitud defensiva, entre el estupor y la resignación. Y, ahí, la renovación se perdió. La renovación supuso simplemente que, en los órganos de decisión y de representación del Partido, había personas que no eran «guerristas».

El plantel «renovador», alternativa poco sólida

Con dos años de antelación, el Partido da por perdidas las siguientes elecciones, las de 1996. En esos dos años, Felipe se dedica a hacer una tarea de Gobierno muy buena: la economía se recupera, hay una política económica fantástica, la Presidencia Europea del 95 es un éxito extraordinario para España, se aprueban en el Parlamento una serie de reformas muy interesantes... pero, políticamente, todo está perdido. Felipe empieza a pensar en cómo dejar sus responsabilidades, cómo se va a plantear una sucesión, sabiendo que uno de los elementos que aglutinó al «guerrismo» era el control del «posfelipismo», la sucesión. En esa situación, Felipe no sabe muy bien cómo enfocar su marcha. Probablemente, cuando se entrevistaba con los renovadores, viendo el plantel de renovadores que nos reuníamos —ocho, diez o doce—, algunos presidentes autonómicos, algunos ministros, gente de la Dirección, quizás no viera una solución. Felipe nos miraba y creo que pensaba que no éramos capaces de encarnar una alternativa sólida. Y tuvo razón. Lo que se vio a partir del 96, cuando Felipe se tiene que volver a presentar a las elecciones, porque Javier Solana, que era el candidato que al final habíamos convenido, se va a la OTAN, es que aquello no tiene sustancia política, no hay alternativas. Hay baronías, proyectos personales... y el pesimismo incorporado de que la derrota es inevitable, que hay que esperar a que pase la tormenta y a que vengan tiempos mejores.

Yo creo que Felipe no se sentía con fuerzas para asumir las dos responsabilidades que llevaba encima desde 1982: la Presidencia del Gobierno y la Dirección del Partido, aunque ésta la hubiera delegado en Guerra. Probablemente, a partir de un momento determinado, se arrepintió de haber hecho esa delegación tan amplia, pero no se encontraba con fuerzas ni veía instrumentos para recuperar el dominio sobre la organización. Y la amalgama que representábamos los renovadores no le convencía. Yo ya dije una vez, durante una reunión de los renovadores: «Aquí, lo único que nos une es contra quién estamos, o sea, nos une que estamos contra Guerra, porque no nos gusta que mande en el Partido, ni nos gusta cómo lo hace o cómo lo ha hecho. Pero si tuviéramos que escribir aquí, negro sobre blanco, el modelo que queremos para las políticas que debe defender el Partido, y cómo organizarlo, probablemente, cada uno redactaríamos proyectos distintos, porque cada cual tiene una idea diferente».

CONVERSACIONES Y SILENCIOS, UNA SITUACIÓN MUY TENSA

Vale la pena detenerse en un detalle que, en parte, explica la relación de Felipe González y Alfonso Guerra. Me refiero a aquella frase:

«Dos por el precio de uno», con la que salió en apoyo de Alfonso, después del escándalo protagonizado por su hermano, Juan Guerra. Felipe es una persona muy inteligente. Por eso, estoy seguro de que, nada más escucharse, se dio cuenta que había cometido un error político de primera magnitud. Yo creo que hizo esa defensa pública cerrada de Alfonso porque durante el pleno del Congreso que debatía este tema, algunos de los intervinientes, por parte del PP, acusaban a Alfonso en su integridad personal; no lo recriminaban por el descuido en lo que había hecho su hermano, o por haber hecho la vista gorda, sino por llevárselo él mismo. Creo que Felipe «saltó» por eso. Pero, apenas hizo aquella declaración, yo tuve la sensación, por sus gestos, por su aflicción, de que Felipe se había arrepentido. Es muy difícil imaginar aquellos días entre Felipe y Alfonso. Era una situación muy tensa, aunque nosotros no sabíamos muy bien cómo se traducía esa tensión. Entre conversaciones y silencios... Mi impresión es que Felipe estuvo insatisfecho a lo largo del año que transcurrió desde el estallido del caso Juan Guerra hasta el día en que Alfonso Guerra sale del Gobierno. En ningún momento se sintió cómodo manteniendo un vicepresidente en esa situación política.

A los errores cometidos en relación con su hermano, Alfonso añadió un error políticamente tremendo: no saber asumir una responsabilidad y dar una explicación en el Parlamento. Nuestros afiliados, al principio, sentían que lo que había que hacer era defenderse. Ese tipo de reacción es muy frecuente en los partidos; cuando se te echan encima y te quieren comer a bocados, tiendes a defenderte, a no reconocer lo que se ha hecho mal, a salir y responder. Pero eso cada vez era más difícil, porque no era sólo Juan Guerra. Teníamos otros asuntos, y cada vez era más difícil justificarlo como una conspiración de los periodistas, o de los poderes económicos, o de la oligarquía. Yo creo que Alfonso tendió a ignorar la realidad. Tiene muchas virtudes, y es muy inteligente, pero yo le he escuchado, o le he leído, explicaciones sobre lo que estaba pasando entonces, no sólo en relación con temas de corrupción, sino en relación a la situación política por la que atravesaba el Partido, y su tendencia es huir hacia análisis absolutamente alejados de lo que realmente sucedía y de lo que podían ver los ciudadanos normales con sus propios ojos. Se aisló mucho, se encerró en sí mismo, o se dejó rodear de sus fieles y leales, aquellos que nunca le iban a decir que tenía una cana o que tenía una arruga...

«El ángel exterminador»

Alfonso sale del Gobierno en enero del 91 y se ocupa casi exclusivamente del Partido. A partir de ese momento, puede comprobarse claramente una creciente utilización del Partido para asentar una posición propia, para hacerse fuerte y fiscalizar o vigilar lo que hace un Gobierno al cual él ya no pertenece. Las críticas a la gestión del Gobierno socialista, que hasta entonces habían estado prohibidas en el vocabulario «guerrista», se multiplican. Guerra, como vicesecretario general, encabeza una Ejecutiva en la que se escuchan voces y valoraciones críticas hacia el Gobierno, y desde la que —muchas veces con el apoyo del Grupo Parlamentario liderado todavía por Eduardo Martín Toval— se echan pulsos al Gobierno, más o menos velados o no. En 1993, una tramitación de la Ley de Huelga acaba por acelerar la disolución; en aquel caso, el Grupo Parlamentario Socialista pactó con los sindicatos algunas medidas que estaban, claramente, contra las posiciones del Gobierno. Y, todo esto, hasta el 94, lo sufríamos algunos en minoría dentro del Partido. Yo recuerdo que se respondían con virulencia algunas declaraciones mías, o de personas cercanas a mí. Era desesperante. Yo ponía el símil de la película de Buñuel, *El ángel exterminador*, donde pueden verse a unas personas en una habitación; no hay puertas que les impidan salir, pero no saben cómo salir. En el PSOE se veía, cada día que pasaba, cómo se acercaba una derrota estrepitosa. Y nadie parecía tener más preocupación que resistir, para conservar lo que se tenía.

«Cargarse» a Felipe y llevarlo a la cárcel

Desde que salí del Gobierno hasta la campaña del 93 —cuando me llama Maravall para colaborar con él en el comité electoral alternativo—, vi muy poco a Felipe. A partir de esa campaña, sí tuvimos más contacto, cuando yo pasé, primero, a ser portavoz del presupuesto, y más tarde, en el 94, fui portavoz del Grupo Parlamentario, cuando Solchaga dimite del cargo. Carlos Solchaga no tenía que haber dimitido, pero lo hizo por honradez, cuando estalla, por segunda vez, un escándalo financiero protagonizado por el gobernador del Banco de España. Yo pasé a ocupar el puesto de Solchaga y tuve encuentros frecuentes con Felipe.

El presidente fue, en esos años, objeto de una campaña despiadada, dirigida contra él directamente, con todo tipo de herramientas de ataque. Anson lo ha contado muy bien, porque era de los que estaba dentro; él ha contado que estaban dispuestos a cualquier cosa con tal de «cargarse» a Felipe. Él lo vivió con una tensión tremenda, y se le iban viendo, en su actitud y en su modo de comportarse, las huellas del ataque de que estaba siendo objeto. Se encerraba en La Moncloa más que antes, decía que no quería estar todo el día recibiendo a gente que le iba a llorar; se comportó de un modo más esquivo para según qué gente y según qué cosas.

Luego, comenzó a pensar en su salida. Ya sabía que se iban a perder las elecciones, y no sabe cómo dejar su puesto... Se dedicó, con mucho éxito, a aspectos de la política internacional. Respecto al terrorismo, siempre lo llevó muy directamente. Pero en aquellos dos años se refugió más que nunca en su privacidad. También estaban sobre la mesa los GAL: aquella X dibujada por Anguita en lo que pudiera haber sido un organigrama de los GAL... Yo creo que aquello no había otra manera de tomárselo: era una cacería personal. Él sabía que se iba a por él y que se estaban poniendo muchos medios para llevarlo a los tribunales y a la cárcel. No se trataba de esclarecer la verdad, eso les importaba un carajo; a Aznar y a Pedro J. la verdad les importaba un carajo. No era una cuestión de principios morales, era una cuestión de pura instrumentalización para «cargarse» a Felipe González y llevarlo a la cárcel.

Intercambio de cromos y otras deslealtades

La apuesta que hizo Felipe por los independientes en las elecciones del 93 —entendiendo como tales al juez Garzón y otros, aunque realmente es Baltasar Garzón quien los simboliza—, es posible que en términos de rentabilidad electoral produjera resultados; no sé cuántos. Ahora bien, como operación política, visto lo que ocurrió después, y, conociendo a Garzón, era previsible, no fue una buena operación. El ministro de Justicia e Interior, Juan Alberto Belloch, no tuvo el comportamiento frívolo de Garzón. La verdad es que dejó su carrera judicial y sigue en política; no ha vuelto a la justicia con los réditos cobrados de su paso por la política. Pero hay actuaciones muy criticables de Belloch. Yo, desde luego, no critico que suspendiese algún privilegio que pudiesen tener los policías Amedo y Domínguez. Yo le critico que haya utilizado su ministerio para intentar forjarse un proyecto político personal. Le critico muy duramente lo que Pedro J. cuenta en su libro: critico los tratos del periodista con Belloch. El director de *El Mundo* describe —con todo lujo de detalles que nadie desmintió— que tenía tratos con Belloch. En plena avalancha contra el Gobierno, los dos se veían a escondidas y se intercambiaban papeles, cromos, información, y trataban de llegar a algunos pactos. Desde luego, yo entonces no lo sabía, porque, si lo llego a saber, lo hubiera dicho en voz alta. Y, tal y como lo cuenta Pedro J., da la impresión de que Belloch jugaba a dos barajas: por un lado, jugaba a tratar de resolver problemas jurídicos que tenía el Gobierno o sus miembros, empezando por el presidente, y, a la vez, estaba poniendo la otra parte de los huevos en la cesta de Pedro J. Y a mí no me gustaría tener un abogado defensor que jugase con dos barajas. En mi opinión, una de las razones por las que Belloch, en los años 94 y 95, invertía en medios de comunicación, tenía encuentros con Pedro J. y le llevaba sobrecitos con papeles, era porque pensaba que él podía ser candidato a la sucesión de Felipe Gónzalez. En fin, el espíritu de regeneración, digamos, de purificación, que envolvía esas últimas elecciones que ganamos y la composición del nuevo Gobierno, me parecía totalmente necesario; apostar por candidatos independientes siempre, desde la prehistoria, me ha parecido normal... Ahora bien, siempre que estos independientes sean gente capaz, competente, y compartan nuestros valores y nuestros principios éticos. Toda esa operación, ya entonces, y, sobre todo, vista ahora, da una imagen de una gran chapuza.

La sucesión, de la peor manera posible

Está demostrado que hay muchas maneras de hacer fracasar una sucesión. Las cosas se pueden hacer muy mal por muchas vías, y la forma en que Felipe realizó su sucesión al frente del Partido es una de las malas. Felipe se decidió por la vía directa, no avisó a nadie —todo lo más a una o dos personas— y se plantó ante el congreso del Partido: «Yo no me voy a volver a presentar». Nos estaba diciendo: «De aquí a 48 horas tenéis que elegir un nuevo secretario general que, además, me suceda a mí; yo llevo 23 años siéndolo, y he sido, además, un secretario general con un "hiperliderazgo" tremendo; además, he sido durante trece años presidente del

Gobierno». En fin, es posible que haya maneras igual de malas, pero peores, probablemente, ninguna.

No sé por qué lo hizo así. Año y medio antes lo había abordado de otra forma. Ante las elecciones del 96, con tiempo y antelación suficiente, nos planteó a algunos: «Yo no voy a ser candidato. He decidido reuniros para que evaluéis la situación, lo penséis y lo discutáis entre vosotros...». Algo así hubiera sido más sensato. Ya en 1988, después de la huelga del 14 de diciembre, había pensado en Narcís Serra para sucederle, y el tema vuelve a surgir en el 92. Pero yo creo que, en ese momento —son los años 90, 91 y 92—, Guerra y el aparato del Partido tienen suficiente fuerza como para aspirar a ser ellos quienes decidan la sucesión. Y desmontan la sucesión de Serra. Y, en la última ocasión —noviembre o diciembre del 95—, somos unos cuantos los que proponemos a Javier Solana. Aceptó él y aceptó Felipe, pero, finalmente, no pudo ser el candidato en las elecciones del 96 porque se le cruzó la OTAN. Yo creo que hubiese sido un magnífico candidato, estaba en un momento espléndido. Pero esta vez no pudo ser por otras razones, no porque Alfonso y el aparato lo bloqueasen. Alfonso ya no tenía fuerza para cruzarse con nadie, no tenía fuerza para nada.

Y, después, en aquel congreso del año 97, nos encontramos con un nuevo secretario general: yo. Mi elección había nacido de un criterio de Felipe, sin ninguna fuerza orgánica. Desde que asumí la Secretaría General del Partido tuve la conciencia absoluta de que el protagonismo de Felipe seguía siendo muy fuerte, y que su impacto en el electorado y en el propio Partido era mucho mayor que el mío. Sería estúpido compararme con él. Quien se plantee así las cosas, arrastra una confusión muy grande. Y yo creo que no supimos resolver bien el juego positivo de dos dinámicas, la de Felipe González y la del nuevo secretario general que se hace responsable del Partido. No lo resolvimos bien. Yo, aparte de querer a Felipe y de ser su amigo, cuando salí elegido, dije: «Mira, estas sucesiones, así planteadas... Probablemente, será muy difícil salir adelante y recuperar enseguida la altura del vuelo, pero yo voy a intentar, por todos los medios, no ser el típico delfín que pasa a primera línea y lo primero que hace es matar a su padre». Yo no iba a aparecer, porque me parecía estúpido, como el que quiere quitarse de en medio a Felipe, me parecía una locura. Sabiendo, a su vez, que Felipe es un personaje —todavía hoy, y entonces más— que la gente seguía viendo como el valor fiable, pese a todo. La gente le mira cuando habla, y le escucha. Pepe Borrell, que había estado en el Gobierno con Felipe hasta el 96 —yo no estaba desde el 91—, en su campaña de primarias intentaba desmarcarse de lo que habían hecho los Gobiernos de Felipe González. Yo eso no lo puedo aceptar, estoy en desacuerdo con esa posición. Yo no iba a intentar desbancar a Felipe ni a tratar de distanciarme de lo que había supuesto la época de Felipe. Ni se me ocurriría decirle que era mejor que no hablase. Lo que sí hice, como secretario general del PSOE, fue tomar decisiones sabiendo que a Felipe no le iban a gustar, y lo hice en varias ocasiones. Él lo aceptó con tranquilidad y serenidad. Él se dio cuenta de que yo le consultaba mucho menos de lo que él hubiese creído que le iba a consultar. Le hubiese gustado seguir influyendo más. Y se ofrecía para ello, pero sabía que no podía ser; se le escuchaba, pero tener que consultarle cada paso... eso no. Y no le gustaba, pero nunca lo dijo en público. Yo llevé esa situación con sentido común y con un poco de mano izquierda. En algunas ocasiones, sabía que Felipe se quedaba frustrado porque yo no hacía mucho caso de sus sugerencias, sus notas o sus llamadas. Pero nunca tuvimos ningún problema.

El paro y la inmadurez democrática

Nuestra etapa de Gobierno nos dejó, como elementos de frustración, dos tareas pendientes. La primera, en cuanto a resultados medibles y tangibles, el empleo. Fue muy frustrante para el PSOE cerrar trece años de Gobierno con una situación en la que el paro seguía siendo el primer problema del país, en la que aún existía una gran diferencia entre mujeres y hombres en el mercado de trabajo y una gran precariedad laboral, que afectaba sobre todo a los jóvenes. Y la segunda frustración, que ya no es medible por estadísticas o por indicadores, tiene que ver con la evolución democrática de España: yo creo que trece años y medio de Gobierno socialista —gobierno de izquierdas— debían haber hecho posible un mayor cambio en la cultura política de este país, una profundización mayor en los valores democráticos. El pueblo español es muy amante de la libertad, rechaza instintivamente cualquier tipo de totalitarismo o de privilegio; por tanto, sociológicamente, está más a la izquierda que a la derecha, pero todavía tenemos un largo camino que recorrer en cuanto a aprendizaje democrático. España cuenta con una sociedad muy moderna; nuestra modernidad no sólo es económica, sino cultural, de actitudes, de valores, de ejercicio de los derechos, de disfrute de libertades, de creatividad... Pero no supimos superar la inmadurez democrática, la cultura política democrática superficial de nuestro país. No hay aún un respeto por el juego que debe cumplir cada institución. La mayoría parlamentaria se somete al Gobierno todos los días, hay presiones del Gobierno sobre los tribunales de Justicia e incluso sobre el Tribunal Constitucional que pasan desapercibidas, o más desapercibidas de lo que debieran. Hay abusos en el ejercicio de determinadas libertades, a veces de la libertad de expresión, que no encuentran contrapesos en instituciones o personas que defiendan los derechos de quienes han sido perjudicados por esos abusos. Hay una imbricación de intereses privados en intereses públicos muy obscena, a muchos niveles, dentro de los grandes conglomerados económicos, pero también podemos encontrarlo en aspectos relacionados con el urbanismo de una ciudad pequeña. Y el ciudadano todavía no tiene conciencia de que las instituciones, las leyes, las normas y los responsables están para defenderle y él puede hacer valer sus intereses frente a esos poderosos, o frente a esos intereses particulares.

Una generación ilusionada por la política

En nuestro país, la derecha ha tenido casi siempre todo el poder, y los trece años y medio del Gobierno socialista ha sido el período más largo de la historia de España en el que la derecha ha estado alejada del Gobierno. Pero la derecha seguía manteniendo otros poderes y nosotros no quisimos acaparar esos poderes ni acumularlos. Y menos mal que no lo hicimos. Mientras nosotros gobernábamos, ellos seguían teniendo, en buena medida, un poder mediático nada desdeñable; tenían, desde luego, el poder religioso, no sólo con la jerarquía sino también con varias redes cívico-religiosas. Pero ya no podían soportar estar más tiempo fuera del poder político. Y lo han dicho con todo descaro: «Al precio que fuese, teníamos que echar a Felipe». Costara lo que costara, aun a costa de despreciar las reglas básicas del juego democrático. Todavía no le han podido perdonar a Felipe que haya hecho vivir, a toda una generación, o a varias generaciones de españoles, la ilusión por la política, por encima de cualquier otro interés.

NOTAS

[1] Juan Manuel Eguiagaray, ministro de Administraciones Públicas desde el 11 de marzo de 1991 hasta el 14 de julio de 1993, y ministro de Industria y Energía entre el 14 de julio de 1993 y el 6 de mayo de 1996.

[2] Se celebraron el 6 de mayo de 1996.

[3] Se llaman sondeos israelitas los practicados, en jornadas electorales, por empresas de comunicación y no por organismos oficiales. Tienen ese nombre porque se llevaron a cabo, por primera vez, en Israel.

[4] Los períodos de la llamada «cohabitación» en Francia se extendieron desde 1986 a 1988, y desde 1993 hasta 1995.

[5] El ministro de Obras Públicas era Javier Luis Sáenz de Cosculluela.

[6] La sustitución se produjo el 5 de julio de 1985.

[7] Tomás de la Quadra-Salcedo fue ministro de Administración Territorial desde el 3 de diciembre de 1982 hasta el 5 de julio de 1985.

[8] El Pacto de Ajuria Enea se firmó el 12 de enero de 1988.

[9] La llamada «operación Roca» y el fracaso del Partido Reformista Democrático tuvo lugar en 1986.

Javier Solana

Sin rencor

Resulta particularmente difícil hurgar en la memoria de un hombre que, como Javier Solana, confiesa pudorosamente que es feliz y que es capaz de vivir sin rencores. Porque en esa memoria se han borrado todos los rastros del desasosiego y la enemistad, de la ambición y de la ansiedad. Ocurre que Javier Solana vive moderadamente a gusto dentro de su piel, quizás porque se ha avenido a hacerle un sitio, en su interior, a una tristeza que no suele hacer ruido. Ella ocupa un lugar en sus maletas cada vez que su dueño tiene que hacerlas con febril rapidez; no es pesada, no incomoda. Incluso se esconde, más aún, cuando oye a Javier repetir que es feliz y hace el relato pormenorizado del triunfo, razonable, de su vida. Pero ella, la tristeza, está ahí, debajo de su corte de pelo a cepillo, en su mirada todavía ingenua y despistada, entre las dudas de su tono de voz, a veces inaudible.

Está ahí esa tristeza, llena de la cordialidad exhuberante y sincera con la que me acoge, y me convence, de que él, en realidad, ha sido un hombre afortunado. Está delante de mí un insólito Javier Solana, forzosamente «varado» por una lesión en un pie; lo que no le impide dar vueltas alrededor de la mesa mientras habla.

Da vueltas también alrededor de todos los años en los Gobiernos de Felipe González. Porque Javier Solana estuvo en todos; fue el único que estuvo siempre junto a Felipe. «Fueron años fantásticos», asegura.

Y lo fueron. Al menos para él, que tuvo «la suerte» de ser el primer ministro de Cultura de los Gobiernos del PSOE, cuando toda la acción política caía como agua en el desierto. Disfruta cuando cuenta cómo se le arrimó toda la izquierda y cómo la derecha no parecía demasiado incómoda, porque no hubo vetos contra nadie y porque —esto lo digo yo— Javier Solana nunca ha sido un provocador.

«Besos y abrazos» le llamábamos muchos, porque ése era su latiguillo para concluir una conversación, aunque no se estuviera despidiendo. Fueron los años del éxito, de las decisiones, de la esperanza... Se entusiasma como un niño cuando recuerda «aquella decisión de que los museos fueran totalmente gratuitos. Fue fantástico y causó un impacto tremendo». Luego sonríe y no le importa reconocer que «aquello fue un poco demagógico, porque la gente tiene que saber que los museos necesitan ayuda»...

Enseguida llegaron los años difíciles que pusieron a prueba su flema y su buen ánimo. Lo primero, la OTAN. «La primera, en la frente», el bautismo de fuego y de realidad que le despertó de aquella ambigüedad calculada, tan mal calculada. Javier Solana lo recuerda como «aquel enorme esfuerzo» que todavía hoy le acentúa los surcos de la cara, le enciende la mirada, le apaga la voz: «Enorme, enorme; aquello fue muy duro, para Felipe, para todos».

Pero no logra, hurgando en los recuerdos, pensando en voz alta, que surjan nombres y apellidos de gentes con las que tuvo enemistad o distancia en aquella guerra civil que dividió a la izquierda de este país. Porque Javier Solana conservó a los amigos, restañó las heridas y explicó lo inexplicable.

Habla en voz baja de Alfonso Guerra. Pero lo suficientemente claro. Solana fue un «renovador» silencioso, que estuvo donde quiso estar, pero del que es imposible recordar ninguna estridencia. Sencillamente, porque nunca fue su manera de andar por la vida. Caminaba por el PSOE suavemente, con la tranquilidad del que anda por el pasillo de su casa. Llegaba a las reuniones de la Federación Socialista Madrileña en aquella Vespa que hacía volar por los aires su bufanda roja y sus melenas. Y se estaba allí hasta que se quedaba convencido de que había dejado muy clara su forma de pensar sobre el papel del Partido, sobre qué hacer con el poder y con aquella sociedad española que comenzaba a sacudirse el plomo de las alas. No llevaba la cuenta de cuántas veces se anotaban sus palabras de suave disconformidad, ya que, por lo demás, eran pocas. Él prefería decirlas fuera del territorio enemigo, en aquellas cenas junto a José María Maravall, junto a Alfredo Pérez Rubalcaba, junto a Joaquín

Almunia. Y aun así, le gustaba hablar poco y escuchar mucho. Porque la locuacidad, el ardor y la vehemencia los guardaba, celosamente, para los mítines y para convencer a los militantes: los encandilaba con aquel socialismo posible que se le subía al corazón —y a la cabeza— en cuanto ponía el pie en la tarima.

Suavemente, Javier Solana va repasando su ir y venir por todos los Gobiernos socialistas. Sólo cuando tropieza con un brusco y escondido recodo se escuchará el ruido del agua encrespada y de las corrientes más vivas. En ese recodo le aguarda una llamada de teléfono y la voz de Felipe González para pedirle, para explicarle, para decirle... aquello: que ya no sería, como siempre, el número dos de la lista de Madrid, que lo exigía Garzón y la razón... electoral. Con la misma devoción que seguirá hablando de Felipe González, Javier Solana estalla de sinceridad sin maquillar: «Me dolió, me dolió de cojones».

Tampoco pudo ser el sucesor de Felipe, porque la vida suele ser circular y le esperaba en Bruselas la Secretaría General de la OTAN, todo un reto de gloria. Pero eso no puede ocultar aquella otra memoria, aquella llamada, aquel desconcierto. Felipe lo sabe, igual que sabe, con toda certeza, que Javier Solana no le guarda rencor. Nunca lo tuvo.

EN LAS VÍSPERAS de las elecciones de 1982 —después de tantos años en la oposición—, veíamos cómo la posibilidad de llegar al Gobierno se hacía realidad: empezamos a trabajar en programas porque teníamos la certeza de que queríamos responsabilidades de Gobierno. Recuerdo las reuniones con Felipe, cuando analizábamos diferentes esquemas, analizábamos las prioridades, etcétera. Desde que supe que iba a ser ministro de Cultura, tenía en la cabeza la idea de hacer un gesto simbólico que pusiera de manifiesto nuestro interés fundamental por la cultura, y el mismo día que tomé posesión fui a visitar, a su casa, a Vicente Aleixandre, que era el Premio Nobel vivo que teníamos en España. Era un acto de reconocimiento de los valores de la literatura, y aquella visita se convirtió en un acontecimiento. Al día siguiente, la foto de ese encuentro con el escritor sirvió para poner de manifiesto algunas de las líneas de acción del Gobierno respecto a la cultura y a los bienes culturales.

Una vez sentado en mi despacho, las expectativas que habíamos despertado nos aconsejaban elegir, para determinadas responsabilidades —ya lo habíamos decidido antes—, a personas carismáticas, como Pilar Miró, o como Jaime Salinas. Queríamos que estos nombramientos, y otros, marcaran nuestro deseo de situar la cultura en la vida social —y en la vida política—, y nuestra aspiración de dar participación a la gente en el ámbito cultural.

Otro de mis objetivos fundamentales era la creación de infraestructuras culturales y la regularización de los medios de comunicación del Movimiento. Era éste un proceso que el Gobierno anterior no se había atrevido a culminar. Los socialistas lo hicimos; consideramos que era responsabilidad nuestra dar salida a esa estructura de medios de comunicación, que en aquel momento representaba un aparato de poder en manos del Estado, y transferirla a la iniciativa privada. Tuvimos clara desde el principio la idea de que había que normalizar esa situación: un país democrático no podía tener una prensa pública, con todo lo que eso significaba. Yo tenía la ilusión de que esa transferencia hubiera sido aprovechada por los trabajadores de los medios para crear cooperativas, pero no pudo ser, excepto en un caso. La gente que trabajaba en esos periódicos estaba ya desmoralizada por todo lo que había ocurrido en los últimos tiempos y no se atrevió a dar ese salto.

Empezamos a trabajar sobre esos objetivos. Pero el recuerdo que ha quedado más claro en mi mente de aquellos primeros días de Gobierno es aquella foto de Felipe González en la División Acorazada Brunete... Seguro que esa imagen perdurará, durante muchos años, en el recuerdo de mucha gente, igual que en el mío.

Hablar con Felipe muchas horas

Felipe y yo habíamos hablado, durante horas y horas, sobre el futuro Gobierno. Y, desde el principio, sin hacer muchas reflexiones sobre si yo estaba disponible para el puesto de ministro de Cultura, teníamos claro que queríamos darle a la cultura el impulso que la derecha no le había dado. Para los dos era importante, más allá del ministerio sectorial, dar sentido a la acción cultural dentro de la política: era decisivo que la cultura impregnara toda la acción gubernamental. Creo que acertamos, y que lo hicimos con cierto esplendor.

En este país había tanto que hacer, tanto, tanto... Pero había también tantas, tantas ganas, en todos los sectores... Yo no quería hacer solamente relaciones públicas —podía ser una tentación—: queríamos desarrollar una infraestructura duradera que sirviera, además, para borrar esa imagen de la cultura como una página superficial de la acción del Gobierno. Y lo hicimos solos, o en cooperación estrecha con la iniciativa privada; trabajamos muchísimo con la Fundación Juan March. Incorporamos la iniciativa privada en operaciones de gran envergadura, por ejemplo, en Albacete: habíamos elegido esta provincia para probar cómo, con un esfuerzo relativamente modesto, desde el punto de vista económico, se podía elevar, se podía dar un impulso notable, en un período corto de tiempo, a la vida cultural.

Yo diría que el tono cultural del país era... de «medio pelo», pero todo el mundo tenía el deseo de trabajar y de cooperar. Para mí, ese empuje hacia el cambio fue enormemente satisfactorio. No encontré, prácticamente, adversarios en el otro lado, ni gente que no quisiera participar o que no quisiera sumarse a ese movimiento entusiasta. En determinados momentos, tuvimos algún problema con algún sector de la derecha; pero, en general, el mundo de la cultura se volcó con nosotros.

No tuvimos que vencer resistencias de tipo corporativo o personal. Fue tal la esperanza que se generó que incluso algunos sectores de la derecha compartieron la nueva dinámica. El Gobierno de los socialistas suscitó un gran sentimiento de cooperación y deseos de que todo saliera bien.

Recuerdo alguna reacción negativa de la derecha, como la concesión del Premio Cervantes a Rafael Alberti. Tampoco se me ha olvidado aquella especie de monocrítica que se me hacía, desde algún medio de comunicación —de forma abstracta, pero muy insistente—: se me acusaba de dirigismo cultural, del monopolio de la cultura de izquierdas. Fueron campañas persistentes, pero no obtuvieron ninguna aceptación por la mayoría de la sociedad... Era tan grande el deseo de que aquellos aires de antes, que lo habían impregnado todo, fueran borrados; era tan grande el deseo de que la vida política, la vida social y la vida cultural cambiaran de dirección...

Hasta entonces, no se había hecho en nuestro país política cultural, en el sentido en que lo entendíamos nosotros, los socialistas. Había habido algunos gestos, eso sí: por ejemplo, el regreso a nuestro país del *Gernika*, algunas exposiciones... Pero no se había trabajado una política cultural en el sentido amplio del término. Ése era un gran reto, y yo pienso que, honestamente, lo culminamos bastante bien. Creo que nuestros primeros ocho años de Gobierno —por lo menos esa etapa— fueron bastante bien valorados por los ciudadanos.

No me quiero poner flores pero, en todas las encuestas, yo salía bien valorado como ministro de Cultura... Lo más importante de ese período fue el cambio radical que dimos a la estructura cultural; fue un cambio radical, y general, que sobrevivió durante mucho tiempo. Para nosotros no existía la cultura de izquierdas o de derechas, pero nuestra política cultural era de izquierdas. Lo que pretendíamos era facilitar la cultura para todos; la política de izquierdas que podíamos hacer pasaba por conseguir que la cultura fuera de calidad y llegara al máximo de ciudadanos posible. Eso es lo que puede hacerse desde el Gobierno con una perspectiva de izquierdas: generar un clima que permita una máxima calidad cultural, evitar las «culturas malas» y aplicar unas políticas activas que permitan que la cultura sea accesible para la mayoría. Para nosotros, si no era de calidad, no era cultura, y nuestro esfuerzo iba dirigido a que ésta fuera distribuida de manera asequible, que la pudiera disfrutar el mayor número posible de personas. Ésos eran nuestros retos fundamentales y, en gran medida, los cumplimos. Los historiadores lo valorarán.

UNA TENTACIÓN DEMAGÓGICA

De toda mi experiencia en Cultura, la tarea que más satisfacciones me dio fue la puesta en marcha de decenas de infraestructuras culturales, muchos auditorios, en ciudades y en pueblos grandes; recuperamos también un centenar de teatros en toda España. Hoy no estamos los socialistas en el Gobierno, pero ahí ha quedado esa infraestructura extraordinaria para uso de millones de ciudadanos...

Además, tuve que afrontar grandes retos, como el de la ampliación del Museo del Prado. A propósito del Prado... Recuerdo una anécdota que todavía me hace sonreír: había que restaurar *Las meninas* y Felipe me dijo: «Mira, haz lo que quieras, pero ya sabes que si nos equivocamos en esto, es más grave que si nos equivocamos en cualquier otra iniciativa del Gobierno». Pero salió fantástico. Después, iniciamos la negociación de la colección Thyssen, se creó el Museo de Arte Contemporáneo Reina Sofia, que hoy es una de las grandes realidades culturales...

Pero lo más importante que conseguimos los socialistas, a mi juicio, fue que se generara el respeto a la cultura y que se empezara a involucrar a la cultura en la escuela.

Recuerdo que una de las medidas que aprobamos fue la entrada gratuita a los museos. Vista con la perspectiva actual, realmente, fue una decisión un poco demagógica... Pero, entonces, fue un bombazo: ¡los museos, gratis! En uno de nuestros primeros Consejos de Ministros aprobamos la gratuidad en la entrada a los museos. Ésa fue, seguramente, la mejor campaña publicitaria que pudimos hacer para que la gente visitara los museos... Hoy, bien analizada la decisión, creo que aquello tenía una cierta carga demagógica, como ya he admitido, pero teníamos que hacer un esfuerzo para que la gente acudiera a los museos. Fue un gran aldabonazo por lo que aquella frase significaba: «¡A partir de mañana, los museos, gratis!». Tuvo un valor de cambio tremendo; tuvo un valor simbólico extraordinario. Si repasáramos en las hemerotecas aquellos días... Sí, ¡fue un bombazo! No lo volvería a hacer, porque creo que los museos no pueden ser gratuitos; pero, en aquel momento, era necesario hacerlo para poner en valor esas instituciones. Hoy, en cambio, pediría a la sociedad que contribuyera a que los museos fueran mejores con su propio esfuerzo personal, no solamente con los impuestos. Pero, en cualquier caso, fue tremendamente eficaz. Honestamente, no recuerdo ninguna otra decisión importante en la que me equivocara de manera catastrófica. Pudo haber ocurrido con la restauración de *Las meninas*, con la limpieza del lienzo, pude haberme equivocado... Lo pasé mal hasta que Vallejo y Alberti, las dos primeras personas que vieron el cuadro ya limpio, dieron el visto bueno. Quedaron encantados con el trabajo, pero yo no me tranquilicé hasta que les oí decir: «Éste es el cuadro que nunca hemos visto». *Las meninas*, con sus tonos azules... Yo había pasado una angustia profunda mientras se hacían las tareas de restauración.

También me quedaron asignaturas pendientes. Me hubiera gustado profesionalizar más la industria cultural, cuyo peso en las sociedades modernas es muy importante. Me hubiera gustado, impulsar la industria cultural, aunque es algo que se hizo después, cuando yo ya no estaba en el Ministerio.

Pero creo que, como ministro de Cultura, viví una época dulce, no tuve grandes acusaciones ni complicaciones...

Huyendo del sectarismo

Nuestro afán por distribuir el poder, por repartir las responsabilidades, provocó algún problema. Pero era un riesgo que estábamos dispuestos a correr, aunque fuera grande, porque era la primera vez que estábamos en el Gobierno. Teníamos una clara intención de no ser sectarios y hubo una enorme generosidad. Cuando alguna gente nos acusaba de egoísmo... ¡Un camelo inmenso! ¡Todo lo contrario! Nos comportamos —me comporté— con una enorme generosidad. Queríamos, además, dar la sensación de que el nuestro era un Gobierno de izquierdas, pero en el que todo el mundo tenía cabida. Eso nos parecía vital para construir la democracia y para que toda la sociedad se pudiera sentir representada. Fue uno de los grandes activos de la primera parte de nuestro mandato, ¿no? Un Gobierno de izquierdas, de jóvenes socialistas que quieren hacer un país y que quieren construirlo con todos. Y el que no quisiera, que se autoexcluyera. Creo que la sociedad española lo pudo percibir así. Seguramente ha sido uno de nuestros activos más importantes. Hubo un gran pacto entre todos los sectores democráticos, las clases trabajadoras, las clases medias, los profesionales... Era un pacto implícito, no explícito; ese pacto «sobreentendido» era el que nos había llevado al Gobierno, el que nos permitió movilizar tantos entusiasmos.

Ya en mis primeras conversaciones con Felipe —cuando veíamos en el horizonte nuestra llegada a La Moncloa— teníamos claro que queríamos ser un Gobierno nacional, y que queríamos hacer un país moderno, un país a la altura de los países europeos, un país que provocara el orgullo de pertenecer a él, llevarlo a Europa y situarlo en la modernidad. A la vez, queríamos un país justo, teníamos que poner en marcha toda la estructura de lo que podríamos llamar la «sociedad del bienestar», inexistente entonces, o en pañales. Sabíamos que teníamos que hacer lo que le hubiera correspondido hacer a una burguesía moderna, que no lo hizo, porque en España esa burguesía nunca existió. Pero, fundamentalmente, queríamos hacer un país donde todo el mundo cupiera, un país profundamente democrático. Y que nunca jamás pudiera sufrir una nueva marcha atrás.

En aquellos momentos, ni Felipe ni yo intuíamos que podríamos llegar a chocar con algunos sectores del Partido y, más concretamente, con la UGT. No pudimos imaginar que no iban a entender la apuesta del Gobierno por una economía de libre mercado.

Pero no olvidaré nunca —fue algo brutal— las grandes peleas y las grandes discusiones que tuvimos con los sindicatos. Sin embargo, con José Luis Corcuera, hombre de confianza de Nicolás Redondo, recuerdo debates muy fructíferos; nos entendíamos perfectamente con él, incluso en la pelea. Con Nicolás fue todo distinto. Si hubieran dejado a Corcuera como máximo dirigente de la UGT, habríamos llegado a entendimientos decisivos. (José Luis hizo cosas fantásticas; le ganó al Gobierno negociaciones fantásticas, con una capacidad... ¡Hicimos muchísimas cosas! Fue un sindicalista de primera).

Pienso que hubo una falta de visión, por parte de Nicolás, para entender qué se necesitaba para que el país saliera adelante sólidamente, qué había que hacer, en el ámbito de la economía, para que pudiéramos sentar las bases de nuestro Estado de bienestar, para hacerlo de verdad, no sólo sobre el papel. Por ejemplo, todo aquel follón que nos montaron por la reconversión industrial... Yo viví todo el proceso de la reconversión con gran sufrimiento, pero con el convencimiento de que había que hacerla. Había que poner trabajadores en la calle, algo durísimo, pero se trataba de hacerlo de la mejor manera y con las máximas garantías posibles. ¿Que se nos pudo escapar el tono en alguna declaración pública, especialmente a Carlos Solchaga o a Miguel Boyer? Es posible, pero lo que está claro es que hicimos lo que teníamos que hacer.

Pienso que no hay manera de explicar una medida como la reconversión a quien va a padecerla. No puedes convencer a una persona que va a perder su puesto de trabajo, que se va a la calle. Es imposible, por mucho que se lo expliques. Eso es una tontería. La sociedad tiene que entender esas políticas, pero nunca podrá entenderlas aquel al que «le ha tocado la china», aunque se lo expliques por activa y por pasiva. Quizás se podía haber presentado de una manera más cuidada... Pero yo creo que Felipe siempre lo hizo así: no habrá en las hemerotecas una frase de Felipe sobre ese tema que pueda ser criticable y, digamos lo que digamos, la comunicación siempre le correspondía a Felipe.

Pero con Nicolás Redondo pinchamos. No porque Felipe —como algunos han querido interpretar— pretendiera imponer a Nicolás la certeza de que él era el que mandaba, sino porque era Nicolás el que quería mandar en Felipe. Esa relación es muy difícil de explicar... Por ejemplo, visto desde la perspectiva actual, el contrato de inserción juvenil era un proyecto fantástico. Se lo cargó Nicolás Redondo, ¡por narices! ¡Cuando habíamos resuelto un problema grave que afectaba a la gente joven, y a muy bajo precio, va Nicolás y la arma! ¡Hay que ver lo que han sido después los sindicatos! ¡Hay que ver cómo han actuado cuando los socialistas ya no estábamos en el Gobierno! ¡Lo que hubiéramos podido hacer nosotros en el Gobierno con unos sindicatos con una mentalidad un poco más abierta! Nicolás no supo adaptarse a la situación. Y no pudo adaptarse por problemas psicológicos, y por problemas de otra índole que otros podrán contar mejor que yo.

Nicolás no lo soportó

Lo que sí tengo claro es que Nicolás sentía una cierta frustración porque no creía que Felipe iba a dar lo que dio de sí. Nicolás tenía gran respeto por Felipe, pero Felipe se convirtió en un primer ministro muy importante, un gran líder, un «monstruo» nacional e internacional. Y Nicolás no lo soportó. La envidia, la frustración, tienen en esa confrontación un papel importante. No lo sé, pero podría haber gente que dijera, aunque sin razón: «Oiga, que esto lo hemos hecho entre todos». Entonces, aparecen los celos; es como un puente en el que unos se quedan encima y otros debajo. Felipe en lo que sí tuvo suerte fue en que no tuvo problemas internos en el Partido respecto a su liderazgo. Nadie le quería quitar el puesto.

Tony Blair tiene un ministro de Economía que, si pudiera, lo mataría para ocupar él su cargo, pero sabe que no podría ocuparlo. Alfonso tenía la misma certeza: que él no podría ponerse en su lugar. Y los que sí podrían haberlo hecho, no pusieron trabas.

Hay una relación que va surgiendo poco a poco... Alfonso Guerra y Nicolás Redondo, por diferentes razones, creen que son los padres de Felipe González. Eso es así. Mucha guerra psicológica —y muy negativa—, más allá de la política. Porque, en realidad, en la política, tampoco había tantas diferencias. Ante la aplastante evidencia de una personalidad como la de Felipe, que ellos temían que se encumbrara a los cielos, que se convirtiera en un ser intocable, Alfonso intenta pararle por la vía del Partido y Nicolás por la vía del sindicato.

No debemos olvidar, en este contexto, que Mitterrand llegó al Gobierno muy poco tiempo antes que nosotros, con una política que llevó a Francia al desastre, a dos devaluaciones... y a tener que deshacer más tarde todo lo que habían hecho. El mundo era el que era y nosotros teníamos que jugar en ese mundo si queríamos entrar en Europa. Estaba claro que lo que había pasado en Francia no podía ocurrirnos a nosotros. No era posible aplicar una política que no tenía cabida en el concierto internacional en el que España quería insertarse. Insisto: podíamos matizar pequeñas cosas, pero la línea fundamental de cambio, no. Este país debía reconocer y asumir que la inflación era negativa, que se había producido un cambio radical en las relaciones internacionales —son los años de Ronald Reagan y Margaret Thatcher— y España era un país que estaba situado en los dos dígitos de inflación sistemática. No podíamos entrar en el entorno europeo así: había que hacer una reconversión industrial en España, que era un país con una carga corporativista tremenda, con una derecha económica corporativista, nada liberal, nada, en absoluto. La derecha económica servía a sus propios intereses, había sectores productivos enteros que había que abrir, porque ni servían a los intereses generales del país, ni servían a nadie. Sólo servían a unas corporaciones, ya fueran corporaciones de empresarios o de trabajadores. Había que abrir estos sectores, y más valía que se abrieran, porque los Gobiernos anteriores no habían sido capaces de hacerlo. Políticamente, yo defiendo las decisiones que tomamos. ¿Lo podríamos haber hecho con más sutileza? De acuerdo, eso siempre es posible. Pero no nos engañemos: no era la sutileza lo que podía cambiar las cosas.

Yo percibí que Boyer era una personalidad fuerte, y que Alfonso Guerra y él no se llevaban bien, no se respetaban. Uno pensaría que el otro era un «pelón», y el otro, que el contrario era un pedante. No sé... Pero lo cierto es que no se querían, no se estimaban. Y también es cierto que Alfonso Guerra nunca puso una alternativa a esa política económica liberal encima de la mesa. Es decir, yo no la puse tampoco, y yo sentía rabia, pero rabia contra la realidad. A mí, lo que me daba rabia era que la realidad fuera así. Sufrí horrores con las reconversiones industriales, y prediqué en los mítines, y traté de justificarlas, haciendo de tripas corazón, y explicarlas de la manera más abierta posible. Y fui a ver a los mineros, a Gijón, y a otros lugares... Hice todo lo que pude hacer, pero no tenía respuesta para aquella situación. Mi rabia se debía a aquella realidad, que era así de dura y así de jodida... Yo me peleaba contra la realidad, pero no la podía cambiar... Era así de jodida la cosa. En Francia habían muerto algunos obreros de la reconversión siderúrgica... Aquí hicimos una buena reconversión industrial, lo que ocurría era que no se quería que se hiciera, y este Gobierno tenía que hacerla. De ahí nuestra rabia, la rabia de Alfonso. La mía era menor, la verdad, porque Alfonso era más vengativo... A mí me molestaban tremendamente algunas políticas, tremendamente, pero me molestaban porque no quería que se hicieran. Pero yo no tenía otras... Acepto que se podían haber evitado ciertas actitudes, sobre todo por parte de Boyer... Pero nuestra frustración se debía a la realidad, y como no podíamos sustituir la realidad por otra, te tenías que rebelar contra el que representaba esa realidad, con Boyer, con el que te decía que «la vida es así».

Pienso que en aquella huelga general tan injusta hubo un error, hubo sólo un error. Se acumularon todas las tensiones de la reconversión industrial, de algunas medidas de trabajo... Había, sin duda, un malestar subterráneo entre los sindicatos y el Gobierno. La pregunta es por qué la gente optó por los sindicatos. Yo creo que llegó un momento en que la izquierda dijo: «Voy a darles un capón. Que no les abra la cabeza, pero voy a darles un capón». El éxito de la convocatoria fue importante porque nosotros fuimos leales en aquella ocasión y dejamos hacer. La derecha se volcó, los empresarios se volcaron también apoyando la huelga... Recuerdo que, desde la ventana del Ministerio —me había quedado a dormir en el Ministerio—, yo veía la calle de Alcalá vacía, como si hubiera habido una guerra mundial: no había ni un alma, hasta que empezaron a llegar los piquetes...

A Felipe, la huelga le hizo mella. Al menos desde el punto de vista personal. Pero no sé si se sentía responsable de la misma o de no haber sido capaz de frenar a Nicolás. La vivió como un fracaso personal, como un fracaso del país. De todos modos, Felipe no es una persona que exprese sus interioridades de manera clara, pero sé que, para él, fue un fracaso.

Las relaciones con UGT fueron tremendas. Recuerdo la dureza y el dolor que nos produjo cuando teníamos ya encima lo de la PSV y todo aquello. Ellos ya sabían dónde estaban —el estrepitoso fracaso de la cooperativa de viviendas—, toda esa «merdé» en la que estaban metidos, y yo también lo sabía... ¡Y te llevan a la huelga, y te reclaman la deuda histórica, cuando debían de estar pensando en otras cosas, en pedirte «por favor, sácame de este agujero»! ¡Tremendo, tremendo!

Respecto al apagón de TVE, me sorprendió que Pilar Miró no lo calculara, porque yo creo que todos temíamos que iba a haber algo gordo. Y no sabría decir exactamente si teníamos alguna esperanza de que los sindicatos jugaran a amagar y no dar; no puedo recordar si alguna vez pensamos que no iban a ganar. Honestamente, no sabría decirlo. Yo sabía que la enseñanza iba a parar y que los transportes iban a parar. Al final, hubo miedo; porque en los últimos días había una sensación de «operación militar», por parte de Comisiones Obreras, del PP...

El papel del que administra el Presupuesto es repartir, pero... Todavía me arrepiento de algunas faenas enormes de «gasto» que le hice a Solchaga, cuando él estaba en Economía. En Educación, por ejemplo. Se las hice porque entonces yo tenía más peso que él para conseguir dinero. Me arrepiento porque el país pasaba por unos momentos difíciles, con un déficit muy grande y con dos devaluaciones, una de ellas, durante una campaña electoral. Yo entiendo que al ministro de Educación no le queda otra que poner énfasis en el gasto público... Pero una cosa es ponerle énfasis, y otra cosa es «cuánto» y «cuándo». Después de la huelga general nos metimos otra vez en un agujero de riesgo económico muy importante. Solchaga ha sido un ministro socialdemócrata como pocos en el mundo, en el sentido más... Él no lo explicitaba, no lo decía, y parecía que era la bestia parda, pero, la verdad, si analizas las cifras de aquellas épocas... Solchaga fue tratado duramente, pero en sus cuentas públicas fue donde le metimos todos los goles. Aparentemente, él tenía un discurso que algunos pensábamos que no coincidía con la realidad. Hoy, cualquiera puede investigar los datos para comprobar que sí coincidían con la realidad, con la verdad.

ALFONSO Y LA CUESTIÓN DE FONDO

Yo no puedo aportar todos los datos sobre la salida de Boyer del Gobierno: no los tengo. Felipe tenía en mente hacer una crisis relativamente rápida. Nos reunió a algunos —creo recordar que fue una mañana de domingo— y nos dijo: «A ver qué os parece». Tenía algunas ideas, había pensado en el relevo de Fernando Morán, quizás en cambiar algunas direcciones... Pero se complicó la cosa, porque, en ese momento, Boyer le dijo: «A mí me tienes que nombrar vicepresidente». A Felipe se le complicó la cosa... pero, seguramente, Boyer pensaba: «Esto se me va de las manos, se me van las reformas, necesito más poder...». Yo pienso que cada uno es cada uno... En fin, se fue Boyer, salió Morán, salió Julián Campo y yo entré de portavoz. Paso a ser el que da la cara. Creo que Felipe hizo la crisis tan pronto porque necesitaba cambiar a Morán... Felipe vio que no podía conseguir los tres grandes objetivos que pretendía: establecer relaciones con Israel, negociar con Estados Unidos el tema de las bases y encauzar la permanencia en la OTAN, más toda la cuestión europea. La parte europea fue la que le dejó hacer a Morán.

El fondo de la confrontación entre lo que significaba Alfonso y la posición de los que nos definíamos como «renovadores» era clara. La experiencia de Gobierno, la entrada en Europa y la visión de cómo evolucionaba el mundo significaban, para muchos, la necesidad de adaptarse. Lo he tenido claro siempre. Lo que no podíamos hacer era cambiar la sociedad, hacer que algunas gentes vivieran mejor y, luego, abandonarlas... Me preocupaba que la gente pensara: «¡Este tío está loco, se va quedando atrás, se dedica a mejorar la situación de la gente, y luego, la deja tirada!». Me obsesionaba que la gente que había mejorado su situación se nos fuera a la derecha. Eso no podía ser: teníamos que acompañar a esa gente. Yo estaba convencido de que, para eso, tenía que cambiar también nuestra manera de hacer las cosas. Lo que no es posible es seguir siempre igual, continuar en lo mismo cuando cambia la realidad, de la que tú estás orgulloso —porque ha cambiado, y la has cambiado tú—. «Ya he cambiado la sociedad. Ahora la abandono y yo sigo haciendo lo mismo». ¿Estamos locos? Yo pensaba que no acompañar a la gente que nos había seguido era una asimetría y una contradicción total.

Desde esa certeza, Felipe lo vio clarísimo: si has apostado por el cambio, ahora tienes que dedicarte a atender la realidad que tú has conseguido cambiar. Por supuesto, también tienes que echar una mano a los que se hayan quedado atrás, pero tu centro de gravedad no puede estar ya donde no está el país. Y este país ya no estaba en algunas cosas... No estaba en estructuras de partido cerradas, por ejemplo. Estaba en la oxigenación, en la ampliación, en la conciencia de que había que hacer las cosas técnicamente mejor. (Sin duda, el Partido Popular es un ejemplo de que se puede, técnicamente —aparentando que no—, ser una tremenda máquina de poder). Y eso es lo que creía Alfonso: que había que construir una maquinaria de poder dura, dura y dura. Lo que ocurría es que él no era capaz de darle la pátina de modernidad necesaria. De ahí mi crítica fundamental —ya al final de nuestra etapa de Gobierno— a eso que se ha llamado «guerrismo»: «Mire usted, si la sociedad ha cambiado, si estamos en Europa, si se dan estas condiciones, y estas otras... ya no podemos hacer lo mismo que hacíamos cuando estábamos en el arroyo. No puede ser. Y, además, esa actitud no es de izquierdas». Ese encastillamiento... El Partido abandonó a una parte importante de la sociedad. No hace mucho, viajé en helicóptero de Cáceres a Madrid y sobrevolé Getafe: ¡vi más chalés adosados en ese municipio del sur de Madrid que en las urbanizaciones residenciales de Majadahonda! Pedro Castro es el alcalde de Getafe que ha conseguido que esa población tenga una Universidad, que haya más bienestar... ¿Y qué va a hacer Pedro Castro ahora? ¿Abandonar y decir que se va a dedicar solamente al «arroyo»? ¡Saldría por la ventana! ¡No volvería a ser elegido!

Lo que se le tiene que decir a la gente que ha mejorado su nivel es que tiene que pagar impuestos, pero, una vez que han llegado arriba, no puedes quitarles toda su riqueza y decirles que lo tienen que devolver todo en impuestos. A la persona que ha subido un escalón no le puedes decir ahora que tiene que pagar impuestos para que baje, otra vez, ese escalón, porque subirlo le habrá costado mucho esfuerzo. Y esos detalles hay que comprenderlos, para eso debe utilizar la sensibilidad un político de izquierdas inteligente. Naturalmente, le voy a quitar un poquito a ese ciudadano que ha ascendido, para que el que está abajo pueda subir otro poquito. Pero si le quito todo lo que ha ganado, si le cargo impuestos excesivos, se cagará en mis muertos y dirá: «Que venga otro Gobierno y me suba otra vez el escalón».

Estos razonamientos son obvios hoy, pero, entonces, estábamos empezando... La izquierda, el PSOE, vivió toda una transición ideológica y política. Cuando se habla de Tony Blair y de la «Tercera vía», habría que recordar que el PSOE ha sido el partido de izquierdas que fue capaz de transformarse de la manera más inteligente, con un líder valiente que echó el marxismo por la borda.

Blair, para «cargarse» el marxismo en el Partido Laborista, tuvo que echarle valor; nosotros lo hicimos en una sola noche, en Barcelona, mientras cenábamos, Felipe y yo. Fue antes de entrar en el Gobierno, en 1978, después de las elecciones, y lo llevamos al congreso del Partido. Yo era el responsable de comunicación del Partido y llamé a Felipe desde el hotel, y le dije: «Yo creo que hoy hemos escrito una primera página...». Y él decía: «Que no, que no...». Y yo insistía: «Ya verás». Fue la decisión del siglo: se llevó al congreso y lo ganó bien la Gestora. Se arriesgó mucho con la única intención de modernizar el Partido. Luego, vino todo el lío, pero... En fin, lo hicimos. Hicimos cosas tremendas para modernizar el Partido.

Y buena parte de ese proceso de modernización se llevó a cabo mientras gobernábamos, con muchas tensiones. ¿Cómo no iba a haber tensiones? Si nosotros no hubiéramos tenido el final que tuvimos, de escándalos de corrupción... ¡El PSOE es un partido heroico! Si no se nos hubiera venido encima todo aquello de la corrupción, todo aquello de la gente desleal, podríamos habernos detenido a pensar en el cambio profundo de adaptación de un partido de izquierdas a la realidad moderna que nosotros habíamos conseguido. Es algo que hoy alaba todo el mundo: gobernamos el país, hicimos de España lo que es en la actualidad, un país respetado... Es impresionante.

Pero, desgraciadamente, no todo puede ser perfecto. Tuvimos tres lastres graves: un problema sindical mal resuelto, un problema interno —un Partido enquistado, quizás, también, porque Felipe no pegó un puñetazo en la mesa— y una corrupción escandalosa. Pero, afortunadamente, las democracias tienen capacidad para generar los mecanismos que impidan que te perpetúes en el poder. Eso está bien. Pero nosotros tendríamos que haber dejado la responsabilidad del Gobierno un poco mejor.

Los enfrentamientos con Alfonso se producen desde el principio, cuando él comienza con sus dudas: «Sí quiero entrar en el Gobierno», «No quiero entrar en el Gobierno»..., todas aquellas chorradas. Algunas veces, ponía condiciones. Por ejemplo, que se desarrollara una estructura determinada en la Presidencia, en La Moncloa. Alfonso era un hombre de poder, de control de poder, con unas ideas muy simples respecto al conocimiento de la realidad, muy simples para la complejidad de la realidad. Hoy, Alfonso está «desaparecido». Cuando aparecen algunas declaraciones suyas, son las mismas declaraciones que podía haber hecho hace veinte años, o dentro de veinte años. Ahora, él diría que la globalización es mala. Se apunta siempre a la última, pero no ha dicho nada constructivo, nada positivo; en el sentido de mirar hacia adelante, nada. Yo creo que él es, sobre todo, un hombre de poder. Y tengo que reconocer que eso lo hizo muy bien. Fue capaz de ganar elecciones con orden, con concierto. Pero Alfonso no tuvo nunca el coraje —si es que de verdad quería hacerlo— de poner una alternativa sobre la mesa. Supongo que no lo hizo porque no quería arriesgar la unidad interna del Partido o porque no le quedaba más remedio. Se puede pensar lo que se quiera, pero lo cierto es que no supo llevar a la práctica su alternativa, insisto, si la tenía. Lo real es que nunca jugó a las claras, siempre por debajo, del modo más difícil y más oscuro. Aunque es verdad que, en el Gobierno, mantuvo cierta lealtad: una vez que decidió formar parte del Ejecutivo, lo hizo lo mejor que supo, desde su posición...

ENHEBRAR LA ACCIÓN DEL GOBIERNO

Felipe llegó a la conclusión de que el portavoz del Gobierno debía ser ministro. Se decidió por mí, pero me lo había anticipado muchísimo antes de nombrarme. Casi desde que empezamos en el Gobierno, me decía: «Tú acabarás siendo portavoz del Gobierno». ¿Por qué no lo hizo desde el principio? Porque no quería que abandonase el Ministerio de Cultura. Cuando se dio cuenta de que el portavoz tenía que ser un ministro capaz de enhebrar toda la acción del Gobierno, yo debería haber ocupado, para la portavocía, la mitad de la jornada normal, pero la verdad es que yo llevaba una vida de locos, disparatada, tenía gente que me ayudaba mucho, pero trabajaba como una bestia, tenía reuniones... mil cosas. Pero yo creo que conseguimos recuperar un cierto contacto con la gente de los medios, los contactos personales. Trabajaba para los dos ámbitos, como ministro de Cultura y como ministro portavoz. Un buen reflejo de todo lo que tuve que trabajar es que lo hice con barba... Yo creo que no salió mal. Todavía estábamos en una situación relativamente buena.

Cuando dejé el cargo de portavoz, asumí la cartera de Educación; relevé a José María Maravall. Había pasado ya la huelga de los estudiantes, y a mí me correspondió la negociación con los profesores. En el Ministerio de Educación, cada uno de nosotros pasó su ciclo: a José Mari le tocó la Iglesia y le tocó el conflicto con los estudiantes; yo tuve la suerte de conseguir cerrar el acuerdo con los profesores, que fue importante, y terminé la reforma educativa que había abordado, con mucho esfuerzo, José Mari. En mi etapa, dimos un impulso importante a la Universidad y la investigación. Yo dirigía el Consejo de Rectores. Las grandes reformas que hicimos en Universidad e investigación fueron importantísimas. Se pacificó el sistema educativo; sacamos adelante en el Congreso la reforma educativa, la LOGSE, por unanimidad. Recuerdo los aplausos, los diputados en pie... aquello fue un exitazo tremendo. Y, después, empecé a llevar Deportes. Nos pusimos a trabajar en los Juegos Olímpicos de Barcelona. Trabajamos sobre cuatro grandes líneas de acción para Barcelona 92. La verdad es que nos salió muy bien.

Educación; no fui un apagafuegos

De mi etapa como ministro de Educación recuerdo que... Hubo reacciones tremendas por la aplicación del sistema educativo que habíamos puesto en marcha, por todo lo que supuso. Y toda la derecha se me echó encima. Decía que yo no negociaba, que no dialogaba, que no sé qué y no sé cuántos... La verdad es que cuando me hice cargo del Ministerio, lo primero que hice fue volver a tomar contacto con todos los sectores, y se empezó a tener una sensación de mayor flexibilidad en la negociación. No fue una rendición, aunque algunos la presentaran así. No negociamos más que lo que ya estaba negociado: no se cambió nada, pero daba la impresión de que se habían hecho grandes modificaciones...

No es cierto que yo fuera de apagafuegos en la crisis que se había abierto con los profesores, y no dimos más de lo que deberíamos haber dado. La negociación con los sindicatos de profesores de la enseñanza primaria y secundaria nos salió bien, no hubo huelgas. Y con los profesores universitarios lo conseguimos hacer bien también, sin huelgas, sin tensiones. Tuve la gran suerte de tener orden, no tuve líos. Luego, entró Alfredo Pérez Rubalcaba...

Yo estaba convencido de que la reivindicación de los profesores «tocaba», porque se les había obligado a una reforma y había que darles un incentivo de naturaleza económica. Pero no hicimos ningún disparate en la negociación. Yo tenía la suerte de que en

Hacienda estuvieran José Borrell y Elena Salgado, con los que me llevaba muy bien; Alfredo Pérez Rubalcaba, que era mi secretario de Estado, también tenía una buena relación con Hacienda. Pero Borrell, que era secretario de Estado en Hacienda, entendía muy bien estas cosas y me ayudó mucho a sacar el tema adelante.

Hicimos la Ley de Reforma Universitaria, que salió muy bien. Aquello fue fantástico, en el Parlamento, con Convergència i Unió, con el PNV, todo el mundo —excepto el PP, por supuesto—. Recuerdo que me aplaudieron muchísimo en el Parlamento; de aquellos debates salí muy satisfecho.

Después... tengo que decir que estoy muy orgulloso de cómo llevé el problema de los rectores, de cómo los impliqué a todos ellos en la reforma de los planes de estudio de las universidades. Eso salió muy bien. Con los rectores tuve una relación fantástica y me comprometí muchísimo. Me tenían respeto y yo los respetaba: éramos colegas y esa circunstancia hizo más fácil la negociación. (Honradamente, creo que nosotros teníamos una visión clara de lo que era la Universidad y la investigación; y del PP no se puede decir lo mismo). Luego, tuve un problema serio cuando reduje las carreras. Porque yo creía, y creo, que las carreras se pueden hacer en cuatro años en vez de en cinco.

La política exterior y el prestigio recuperado

No quiero ser injusto con los políticos de la transición, porque en aquella etapa también se llevaron a cabo tareas muy importantes para la normalización internacional. Sin embargo, para los Gobiernos de UCD era mucho más difícil gobernar... Hubo que hacer la Constitución, hubo que hacer frente a grandísimos problemas... No en todos los períodos históricos se puede hacer todo. Adolfo Suárez hizo cosas extraordinarias también, pero no pudo dedicarle a la política exterior todo el esfuerzo que, quizás, hubiera deseado. Además, nosotros, que formábamos parte de una «familia» europea, nos dimos cuenta de que UCD no era un grupo sólido para mantener planteamientos internacionales. O, tal vez, no quiso tenerlos.

Nuestra política exterior apostó por el consenso y por la continuidad, de manera que yo me apoyé en lo que había dejado Paco Fernández Ordóñez, que fue muchísimo, muchísimo. Los socialistas nos habíamos trazado un objetivo de normalización general en nuestras relaciones exteriores.

De Latinoamérica nos preocupaba mucho aquella «década perdida». Nadie daba un duro por América; nosotros sí. Y colaboramos mucho con países de la zona.

Hicimos un esfuerzo serio de recuperación del prestigio exterior, por aparecer como un país moderno, de cuarenta millones de habitantes. Estuvimos en Naciones Unidas, estuvimos en el Consejo de Seguridad —yo estuve allí—, y logramos un reconocimiento que nunca habíamos tenido. Buscamos también un entendimiento europeo con peso. Y establecimos una política que fructificó en unas relaciones espléndidas con el mundo árabe. Y todo eso, creando unas relaciones sólidas con Estados Unidos que se revisaron desde la lealtad, pero también desde el respeto mutuo.

En Europa entramos en un momento apasionante. Trabajábamos de cara a 1992 y de cara al mercado único. Felipe desempeñó un papel protagonista y España contaba con equipos muy sólidos... (Últimamente he vivido momentos duros en los que he podido comprobar que España ha desaparecido).

En aquella época, yo tenía, por ejemplo, reuniones para preparar algunos Consejos importantes con los franceses, con los alemanes; celebrábamos reuniones en París, en Bruselas... Tocábamos todos los palillos que se podían tocar, y, prácticamente, España no estuvo al margen de nada de lo que tuviera una cierta relevancia en aquella época. En el golpe contra Gorbachov, por ejemplo, uno de los primeros países que dio la cara fue España, con Felipe. Felipe tuvo una visión clara en el tema de la reunificación alemana, quizás con una visión más larga e intuitiva que otros países. Eso nos dio buenos resultados porque Helmut Kohl fue un apoyo firme en la consolidación de nuestra política de integración en Europa. Kohl fue un gran amigo del Gobierno socialista de Felipe González; se le escuchaba, y era una voz que apostaba por lo que España debía haber significado siempre —de no haber sido lo que fue—: una España europea.

OTAN, momentos amargos

El Partido Socialista, desde la oposición, había articulado aquel eslogan: «De entrada, no», y tuvimos que hacer nuestro proceso de reconversión... Como en tantas otras cosas, la Historia no pasa en balde. La Historia enseña, y no solamente enseña, sino que cambia las realidadades, como he dicho tantas veces. El tema de la OTAN fue un tema enormemente difícil, y a mí me hizo pasar días duros, muy duros... Pasé momentos muy amargos intentando conciliar el avance de nuestro país hacia la homologación europea, hacia los países de nuestro entorno, y el mantenimiento, al mismo tiempo, de una posición duramente «antiatlántica». Hoy, todo sería mucho más fácil, porque ahora todos los países, no solamente los que forman parte de la Unión Europea, sino los que son candidatos a la Unión, quieren entrar en la Alianza Atlántica.

Nosotros, desde la oposición, creíamos que realmente podíamos mantenernos al margen de la OTAN. Durante aquella época lo creíamos casi todos, y yo también, por supuesto. Creía que realmente existía la posibilidad de desempeñar un papel..., de tener en la política exterior un margen de maniobra mayor... Todas esas ideas que creíamos que tenían margen... Pero, poco a poco, se fue poniendo de manifiesto que todas esas ideas entrañaban una gran dificultad de plasmación, que tenían una utilidad, digamos, marginal. No debemos olvidar que, durante el período en el que se replantea nuestro posicionamiento respecto a la OTAN, el Gobierno de Felipe Gonzalez hizo una operación delicadísima, de gran profesionalidad política: llegamos a un entendimiento con los países árabes para el reconocimiento de Israel. Es decir, que el margen de maniobra que le quedaba libre a nuestro país para hacer operaciones de peso fuera de las instancias del ámbito de la Unión Europea y de la OTAN era cada vez más estrecho y más marginal. Y ésa fue la razón política por la cual evolucionamos en la dirección, digamos, «proatlantista». Saber si, personalmente, hicimos a gusto esta evolución... Unos más a gusto, otros, menos a gusto. Pero yo creo que la reflexión fundamental era ésa. La razón de estar fuera de las alianzas era dar a España un margen más amplio de maniobra política en el exterior... Por su Historia, por no haber participado en la Guerra Mundial, por sus relaciones con el mundo árabe; había varias razones que podrían darle un valor añadido a la política exterior del país. Ése era el análisis político, independientemente del razonamiento sentimental, basado sobre todo en la procedencia política de cada uno... Aquel «De entrada, no», por tanto, buscaba adquirir un valor añadido de autonomía. Pero cuando España ya tiene formulada la opción europea, el proyecto inicial se limita. Insisto: se solucionó de manera muy inteligente el tema árabe-israelí. Coincidieron en el tiempo ambas cosas: la política exterior mediterránea y la política exterior europea y atlántica.

Para reconocer la verdad, la decisión de convocar el referéndum de la OTAN fue una decisión complicadísima y dificilísima, quizá insensata desde el punto de vista político, puesto que es verdad que, normalmente, no resulta lógico cargar sobre la espalda de los ciudadanos una decisión tan importante. ¡Cuántos ciudadanos nos decían: «Haced lo que queráis, hacedlo; pero cargad vosotros con la responsabilidad, no nos la carguéis a nosotros»!

En el resultado del referéndum —en el hecho de que ganara el «sí» a la entrada en la OTAN— fue decisiva la participación de la derecha española. Una vez más, la derecha de este país, sin darse cuenta de dónde estaban los intereses nacionales, intentó jugar solamente a hacer el mayor daño posible a los socialistas, y defendió el «no» a la OTAN, tomando una posición que nadie comprendía. No lo comprendieron los españoles, no lo comprendieron los europeos, no lo comprendieron los norteamericanos... Nadie en el mundo comprendía que un partido de la derecha española se posicionara de la manera que se posicionó Alianza Popular ante este asunto. Fue, de algún modo, un revulsivo que movilizó, con una cierta sensación de rabia, a la mitad de los socialistas.

Recuerdo el último acto de campaña: fui con Felipe en el coche al Palacio de Deportes y al llegar... aquella multitud con banderas rojas, diciendo «OTAN, sí». Era toda una respuesta de antiposicionamiento respecto a la derecha. Recuerdo que hice miles y miles de actos durante la campaña. Y cuando había posibilidades de hacer un mitin con más serenidad, siempre planteaba, en defensa de nuestras tesis, que un país tiene que tener bien definidas dos cuestiones: cómo quiere ser —cómo se quiere gobernar— y con quién quiere estar en el mundo. Ésas son las dos grandes respuestas que un país tiene que darse. Les recordaba a aquellas gentes que, hacía muy pocos años, nosotros habíamos aprobado, también por referéndun, una decisión fundamental: cómo queríamos ser. Queríamos ser una democracia, queríamos tener un Estado de Autonomías, queríamos que el poder militar estuviera sometido... Todas esas cuestiones las definimos en un referéndum. Y, ahora, teníamos que definir la segunda cuestión: «con quién», «dónde queremos estar». La pregunta era si queríamos estar en

Europa, y con el vínculo que la mayor parte de los europeos tenían, o no. Éste era el esquema que yo racionalizaba sobre el porqué del referéndum.

Yo defendí nuestra posición con convencimiento, pese a que, tiempo atrás, como toda la izquierda, había mantenido posiciones radicales contra la OTAN. Recuerdo que pensaba... lo que pensábamos todos.

Fue la adaptación de una izquierda, de la izquierda española sobre todo, que no sale de la Segunda Guerra Mundial sin haberse mojado, más bien sale del bando de los perdedores. El tremendo aislamiento de nuestra política, en general, y de nuestra política exterior, en particular, nos había llevado a situarnos, al comienzo, en posiciones izquierdistas más extremas que la media europea. Nosotros sentíamos que teníamos un país que seguía sin poderse explicar del todo. Su aislamiento, el hecho de que no hubiera participado ni en la Primera ni en la Segunda Guerra Mundial —sobre todo en esta última—, que había salido de una dictadura donde ninguno de los temas que se debatían en Europa se debatían en el nuestro, y tantas cuestiones más, nos situaban en desventaja política e ideológica. Y por lo tanto, por mucho que tuvieras relaciones con el Partido, por mucho que viajaras...

Evidentemente, lo que ha sido fantástico, desde mi punto de vista, es que haya habido en España una izquierda con tanto sentido de la nación, que se haya adaptado tan rápidamente, que haya ganado el tiempo perdido por el aislamiento español tan rápida e inteligentemente, y con una capacidad de reflexión y de acción asombrosa. Porque es verdad que, para decidirnos a dar el «sí» a la OTAN, nos basamos en reflexiones que quemaban etapas muy rápidamente. Hicimos una de las campañas más modernas que se habían hecho en Europa. Y lo hizo un Partido que salía de las catacumbas.

La izquierda herida

Nosotros queríamos, a toda costa, una España que no tuviera marcha atrás —desde el punto de vista de la acción—, que tuviera bien asentada su convivencia interna y bien asentadas sus relaciones dignamente con los demás. No queríamos una operación de entrada en las estructuras de la OTAN por la puerta de atrás. De ahí arranca, en cierta manera, nuestra crítica a la decisión del Gobierno de

Leopoldo Calvo Sotelo. Por eso tuvimos que hacer los socialistas algo un poco más duro, con un coste político considerable, con un riesgo político mayor, sin duda. Pero una vez que se asimiló, se pudo cerrar ese tema. Si hubiésemos entrado en la OTAN a la manera de Calvo Sotelo, nunca se habría cerrado esa cuestión, siempre habría sido un tema de confrontación. Lo importante fue que, una vez que ya habíamos dado pasos de gigante en la entrada europea, aquel Gobierno hizo movimientos decisivos, muy al inicio, en el tema europeo. Hicimos una operación muy delicada con el tema de Israel y evitamos el peligro de quedarnos como un país no integrado. Eso hubiera supuesto carecer de cualquier influencia en los foros internacionales; hubiera sido imposible, por ejemplo, que hubiéramos organizado la Conferencia de Madrid sobre Oriente Medio.

Teníamos una gran preocupación: que la gente no entendiera nuestra evolución respecto al tema de la OTAN. Por supuesto, fue la decisión más difícil que tomó aquel Gobierno. Y, precisamente, por la gran preocupación que teníamos de que nuestros votantes no entendieran este nuevo discurso de los socialistas, nos volcamos en una campaña dificilísima, dificilísima, dificilísima... Es verdad que hubo presiones sobre Manuel Fraga; hubo presiones de sus colegas —imagino—; y no solamente sobre Fraga, sino sobre la ultraderecha en general, la ultraderecha política, la ultraderecha social... En el Partido se interiorizó el convencimiento de que no se podrían entender algunos aspectos de lo que se identificó como la corrupción sin entender esto.

El tema de la OTAN produjo muchas heridas en la izquierda. Se nos acusó —a los socialistas— de maniqueísmo, de atrincheramiento en la posición de «conmigo o contra mí». La verdad es que, una vez que tomamos la decisión de someter el tema a referéndum, teníamos no sólo el derecho, sino la obligación de jugar todas las cartas, de explicarlo hasta la saciedad. No es que fuera un derecho, es que era nuestra obligación hacerlo, porque llevábamos al país a una situación límite. Y ya que arriesgábamos convocando un referéndum, no se podía perder, no se podía perder... Hicimos todo lo posible, nos volcamos en la campaña electoral tratando de explicar, de la mejor manera posible, la situación, pero tratando de explicar, con toda crudeza, también, las consecuencias. Yo comprendo que hubo gente para la cual ese momento fue un momento de gran dificultad; para nosotros, también. Porque podíamos fracasar. De ahí viene el convencimiento de Felipe de que aquella opción, hacer el referéndum, fue un error. Y es verdad: si se llega a perder el referéndum, no habría existido salida posible. Felipe no quería ni podía asumir el «no». La verdad es que aquella no fue la decisión más sabia que tomamos en nuestras vidas.

Hay que ponerse en aquellas circunstancias, y ante un Partido que puede perder un referéndum. Y éste no era precisamente sobre si hay que dar de comer a las vacas estabuladas. No era una consulta sobre un asunto menor. Era una de las preguntas más difíciles que un país puede hacerse. Y no podíamos fallar en aquel referéndum, si fallábamos en aquel referéndum, teníamos que abandonar, no podíamos representar al país.

Por lo tanto, díjerase o no se dijera quién iba a gestionar el «no», la gente tenía que saber que un fracaso en un referéndum de esa naturaleza implicaba la lógica salida del Gobierno y de la persona que había organizado el referéndum. En un caso semejante, no podíamos estar obligados a quedarnos: habríamos fracasado. Habríamos fracasado en la pelea. (Felipe ya lo había hecho, el día que perdió el congreso del Partido). No puede obligarse a un gobernante a gobernar lo que no desea. La sociedad puede optar por lo que quiera, «a» o «b»; lo que no se puede hacer es obligar a un dirigente a que haga «a» o «b». Un dirigente tiene que hacer lo que él crea conveniente en un momento dado. No le puedes decir a un responsable político que gestione lo que cree que no es correcto. Eso no es democrático en ningún caso. La verdad es que, precisamente porque Felipe estaba firmemente decidido a marcharse si se perdía el referéndum, la convocatoria del referéndum pudo ser un poco irresponsable. Pero una vez que optamos por aquella decisión, lo cierto es que nos concentramos en ganar. No llegamos a discutir qué haríamos si el presidente se iba.

Fue muy duro. Fue durísimo todo aquello. Hubo mucha gente que sufrió mucho, que lo pasó muy mal... Recuerdo las tensiones que tuve con algunos amigos, fuera de la vida política, amigos universitarios, o amigos míos, colegas de la Universidad... Lo que sí es verdad es que ninguno de ellos abandonó mi círculo de amistades por esa razón. Yo hice lo posible por convencer, explicar, justificar ante todo el mundo nuestra opción; no me oculté de nadie. Me pitaban... pues me pitaban; me insultaban... pues me insultaban; me querían... pues me querían; me aplaudían... pues me aplaudían. Pero no me oculté nunca.

Garzón: una decisión dolorosa

Cuando Felipe inicia aquella campaña para llevar el proyecto socialista a los independientes, yo era ministro de Asuntos Exteriores y estaba muy implicado en muchas tareas. Me enteré de aquellas cenas, de que Felipe y Garzón se veían y... que se veían en lugares públicos, hablando con José Bono, y todas aquellas cosas. Pero yo estaba en Pensilvania, con el Rey. El Gobierno americano le proponía entonces al Rey un gran viaje por Estados Unidos... Recuerdo que yo estaba allí, en Pensilvania, y me llama Felipe y me dice: «Mira, ocurre esto; Garzón pide el número dos por Madrid. Tú siempre has sido el número dos... Entonces, hay que tomar una decisión, pero no la vamos a tomar sin tu consentimiento». Yo le dije: «Bueno, dejáme pensarlo, déjame pensarlo, ahora estoy muy ocupado, estoy aquí con el Rey y no estoy para decisiones; pero si hay que tomar decisiones... ahora mismo me lo pienso. Me imagino que será importante para que me llames ahora». Yo me di cuenta de que, para Felipe, era crucial aceptar las exigencias que le planteaba Garzón. Pero también percibí su actitud de enorme respeto hacia mí. También yo he sido siempre muy sincero con Felipe, y, bueno... Aunque sabía que él tenía que hacer aquello, en su momento le dije lo que pensaba.

La apuesta por los independientes no me pareció mal, en principio. No me parecía mal. Lo que ocurrió fue que hubo independientes e independientes. Hay independientes de verdad e independientes que dependen de otros. Puedo jurar que es la primera vez que hablo de esto y de Garzón en particular. Mejor dicho: la segunda, porque la primera fue aquella conversación desde Pensilvania, por el teléfono móvil..., fue un minuto. Se lo dije al Rey, y él se llevó un disgusto terrible, por mí, claro.

Yo viví el problema de la corrupción en el desconocimiento más absoluto, hasta que se empezó a publicar. Para mí, todo fue una tremenda sorpresa. Porque había que tragar... A Roldán lo conocí un verano, durante unos sanfermines, en Pamplona. Lo conocí a través de una persona de Zaragoza, que era amigo suyo, porque a él no lo conocía de nada. Y, en la Guardia Civil, lo volví a ver una vez que fui a Oropesa...

Pienso que si de algo se tiene que arrepentir el PSOE es de no haber tomado decisiones antes de que aquello pudiera suceder, de no haber actuado, quizás, más rápidamente. Hubo cosas mal hechas, pero, sin duda ninguna, había un convencimiento de que todo aquello era imposible que nos sucediera a nosotros. Teníamos que haber estado con los ojos bien abiertos. Puedes estar gobernando con gente mala, pero teníamos que haber tenido algunos dispositivos para que aquello no ocurriera. Pero nos ocurrió. Punto. ¡Y bien caro que lo hemos pagado! Pero jamás tuve ningún problema por ese tema fuera de España; nadie me hablaba de la corrupción. Jamás vi una mala cara, una pregunta, nada. Y pasábamos por uno de los momentos más difíciles cuando me eligieron como secretario general de la OTAN; y tampoco entonces hubo la más mínima repercusión.

De la gravedad de la corrupción y sus consecuencias no había necesidad de hablar con Felipe. Estaba claro, y él sabía todo lo que estaba en juego, y trataba de arreglarlo, en la medida de lo posible. Y luego... la campaña que se organizó y todo aquello... Yo ya no entré en aquellos asuntos, porque viajaba mucho y no podía estar en el día a día. Pero las dimisiones en cadena... El acoso del PP fue asqueroso, asqueroso; eso sí lo viví, y lo viví muy mal. Eso sí que pudo afectarnos, porque aunque fuera al final, cayeron todos, hasta el ministro de Defensa. Entramos en el caos y, pese a los esfuerzos de Felipe, no pudimos hacer nada... nada.

No es cierto que la memoria de los Gobiernos socialistas se haya cubierto con el olvido y la corrupción. Yo todavía me encuentro con personas que me saludan, y me abrazan, y me dicen: «¡A ver si vuelve usted y a ver si vuelve usted a gobernar!». Es verdad que la derrota electoral fue un *shock* muy grande. Pero no se ha olvidado todo lo que hicimos, ni mucho menos. Es verdad que la derecha ha hecho todo lo posible por ocultar nuestros logros, porque su obsesión era no sólo hacerlo olvidar, sino que no hubiera pasado, que no hubieran existido esos trece años de Gobierno de la izquierda, de una izquierda moderna y tolerante.

Maneras de vivir

Yo vi, claramente, que Felipe se impuso, desde el principio, una forma de cómo hacer las cosas; por ejemplo, él no hacía inauguraciones. Eso era para otros. Felipe no quería hacer ese tipo de cosas, y yo pienso que, quizás, tenía que haber tenido un poco más de presencia. Tenía que haberse mostrado más como un gobernante cercano a la gente, y no solamente como gobernante pegado a las necesidades del país, en términos abstractos. Eso es, quizás, lo único que Felipe no hizo bien como gobernante, porque no quiso hacerlo. Hacía magníficamente las campañas; la gente le quería, pero marcaba una distancia en el día a día. No salía de La Moncloa, nunca fue al cine —aunque antes tampoco lo hacía—, no salió nunca a la calle y, claro, la proximidad es importante en un gobernante...

En Europa, llevó a cabo tareas decisivas que la gente apreciaba, y por eso lo admiraban. Pero es verdad que nunca se decidió a viajar, a acudir a reuniones, a visitar lugares... Y ya no iba a cambiar. Yo sí que lo hacía: yo era muy cercano a la gente, iba a los colegios, iba a las universidades, porque creo que hay algo en la tarea de gobernar que necesita algo de proximidad. Felipe estudiaba los papeles, pensaba, reflexionaba... y no encontraba nunca tiempo para hacer otras cosas, salir a la calle, por ejemplo, como le pedían muchos socialistas. La verdad es que no hubo nadie que consiguiera ponerle «firme» en este aspecto y decirle: «Te estás equivocando». Yo sí le dije algunas veces que se equivocaba, sí que tuve ocasiones de hacerlo. Pero él me respondía: «Yo no voy a cambiar. Soy así y no voy a cambiar. No me lo pidáis porque no lo voy a hacer».

Yo he vivido... Aunque, humanamente, he tenido que ser duro —sólo lo suficiente para no sufrir—, la verdad es que soy un privilegiado: he sido catedrático de Física en la Universidad española. Me expulsaron de la Universidad dos veces, pero conseguí ser catedrático de Universidad contra Franco —cosa impensable—. Ése era mi sueño: conseguir lo que mi padre no pudo conseguir. Porque mi padre quiso ser catedrático en la Universidad y lo anularon, lo anularon políticamente. Cuando mi padre murió, tuve la satisfacción de poder pagarme la carrera; me puse a trabajar a los 17 años. He podido dedicarme a la política toda mi vida. Lo único que he hecho mal ha sido no dedicarle más tiempo a mi familia, no les he dedicado tiempo. He sido una pareja de hecho, o de derecho, no he vivido nada con ellos, no he vivido en casa, no he tratado bien a mis hijos, ni nada de eso... Fui el número dos en las listas de Madrid en las primeras elecciones, fui miembro de la Ejecutiva del Partido, participé en los congresos fundamentales... Tuve, y tengo, una amistad con Felipe entrañable; creo que he sido la persona que le ha tratado con más familiaridad, con el que se ha confesado... Hubo una temporada en la que yo viajaba mucho... pero sigo hablando con él, y sé que hay una cosa importante ahí... He conocido a una persona, Felipe, que es muy importante para mí, que ha sido, y es, mi amigo. He sido ministro durante trece años, el único que ha sido ministro en todos los Gobiernos de Felipe. He sido secretario general de la OTAN, y le di la vuelta a la organización: cuando yo llegué, la OTAN era otra cosa. Hice un pacto con Rusia... Me quitaron el número dos de la lista de Madrid para dárselo al señor Garzón, pero eso es calderilla. Me dolió, claro que me dolió, me dolió de cojones, porque lo sentía de corazón... Y a Felipe, le dije lo que tenía que decirle con pocas palabras. Y a buen entendedor, le sobran las palabras. Además, él me conoce lo suficiente para saber que yo no respiraba por la herida... De lo contrario, él no me hubiera llamado y me hubiera planteado las cosas como lo hizo, compartiendo conmigo la angustia que sentía por hacerme daño.

Juan Carlos Rodríguez Ibarra

Socialismo sin miedo

Hablar largo y tendido con el presidente de la Junta de Extremadura no es empresa fácil. Aunque sea él, Juan Carlos Rodríguez Ibarra, una de las personas más llanas y sencillas que se puedan encontrar, hoy en día, con mando en plaza. Lleva tantos, tantos años, trabajando tan duro y tan sin horario ni medida que es punto menos que imposible conseguir que lo deje, siquiera unas horas. Por eso se agradece que lo haya hecho tan generosamente, aparcándolo todo. O casi todo.

Desde luego, Rodríguez Ibarra sabía que el esfuerzo merecía la pena, porque tenía la oportunidad de poder hablar de Extremadura a lo largo y a lo ancho de su memoria. Repetidamente, los extremeños le otorgan su confianza, para desesperación del Partido Popular, que no logra hacer surcos en esta tierra que parece que hubiera sido socialista desde siempre. Pero no es así, no fue así...

Hubo un tiempo, casi próximo, en el que Extremadura no existía. O existía, pero sólo para unos pocos, que iban a sus despobladas tierras a cazar, que para eso eran suyas y no tenían que dar explicaciones a nadie. Eran los años que Juan Carlos Rodríguez Ibarra recuerda todavía con vergüenza y con pena. Aquellos sentimientos le obligaron a arremangarse y a empezar a poner remedio a tanta incuria y provocación. Eran los años —tan cercanos todavía— en los que en Extremadura, por no haber, no había ni paro. Sencillamente, porque no había ni parados ni ocupados; sencillamente, porque no había gente.

Rodríguez Ibarra lo explica y observa mi gesto... Sabe que está diciendo algo muy duro. Le cuesta explicar cómo era «aquello». Por fortuna, «aquello» no tiene nada que ver con «esto», con la Extremadura actual, donde cada niño tiene un ordenador en la escuela y donde, además de la sociedad de la información, funciona un socialismo sin miedo que ha entregado a la sociedad valores y garantías que Extremadura ya no se dejará arrebatar. Juan Carlos Rodríguez Ibarra está tan seguro de eso como de que sale el sol, todas las mañanas, en esta tierra que le ha devuelto con creces toda la vida y el afán que él le ha entregado.

Rodríguez Ibarra recuerda, con pasión, las luchas a cara de perro con los poderes fácticos de aquella Extremadura injusta. Pero también evoca con amargura las peleas con los socialistas de Madrid, con los Solchaga y los economistas, tan «brillantes», que aconsejaban no construir carreteras en su tierra porque, simplemente, nadie iba a Extremadura. Menos mal que Felipe González cayó en la cuenta de que para conseguir que pasaran los coches por Extremadura no era necesario fabricar automóviles sino construir carreteras. A algunos les costó entender una idea tan simple. Y todavía se están rascando.

Sólo un tema permite que Juan Carlos Rodríguez Ibarra deje de hablar de Extremadura: el Partido. Y eso puede ser estimulante y provocador, al mismo tiempo, porque el presidente de Extremadura es un socialista sin miedo, capaz de enfrentarse con el miedo que provoca, en otros, decir la verdad. Juan Carlos Rodríguez Ibarra utiliza la verdad para hablar de los errores de los suyos, para señalar con el dedo a Alfonso Guerra, para criticar a Felipe González, para reconocer sin ambages que «los guerristas no sabíamos ni conspirar contra el jefe». Su verdad no está aderezada con hiel, pero tampoco con azúcar: estoy hablando con una persona que no sabe templar gaitas, sin duda, porque nunca lo ha intentado ni le interesa.

Sobre todo, Rodríguez Ibarra tiene una ventaja. Cuando afirma: «Un día le dije a Felipe...», se puede estar seguro de que es verdad. Es de los pocos miembros de la familia socialista que le ha cantado las cuarenta a Felipe —nadie sabe cómo Felipe se lo consiente—, aunque, finalmente, sea el propio Felipe el que lo reconoce. Y, además, se lo agradece.

Hablar con Juan Carlos Rodríguez Ibarra, con largas y tranquilas horas por delante, es un viaje exhaustivo por la vida del socialismo democrático reciente, por los caminos de sus aciertos y los rincones oscuros de sus errores, por la gloria y la derrota. Es un viaje sin revueltas, porque a Juan Carlos Rodríguez Ibarra le gustan las carreteras rectas y anchas, como sus verdades. Nadie hablará con tanta rabia de la corrupción como él y nadie como él llamará a las cosas por su nombre. Sobre todo, explicará lo que hizo la derecha en aquellos años que ya no existen.

Ha detenido su trabajo para hablar del socialismo y de los socialistas, y está dispuesto a dedicarme buena parte de su tiempo... No todo. Tiene una cita con su hija: Y eso es sagrado.

RECUERDO BIEN aquella noche del 28 de octubre de 1982, aunque no precisamente la imagen de Felipe González y Alfonso Guerra asomados juntos al balcón del Hotel Palace. No vi la imagen aquella noche, sino al día siguiente, cuando la repitieron en televisión.

La noche de las elecciones yo estaba ocupado con el trabajo del Partido, peleando por el último voto. Estaba en un barrio de Badajoz, el Cerro de Reyes, mi barrio preferido. Era el símbolo de lo que, pensaba, sería la tarea del socialismo: un barrio humilde, pero en el que había mucha gente; había cuatro mesas electorales de mil votos cada una.

UNA NOCHE EN CERRO DE REYES

En ese barrio había ocurrido algo significativo en 1979, cuando yo era diputado: en unas viviendas sociales que había hecho el Gobierno de UCD, el día 31 de diciembre volaron todos los tejados, que eran de una especie de uralita. Yo estaba tomando una cerveza a mediodía con mi mujer, celebrando el fin de año, y vinieron unos vecinos a buscarme —como diputado que era—: se habían quedado sin techo. Le dije a mi mujer que se fuera para casa y yo pasé la Nochevieja con ellos, en manifestaciones y en asambleas ante el Gobierno Civil. Estuvimos haciendo manifestaciones y concentraciones en el barrio, todos los días, hasta que conseguimos una solución del Gobierno. Recuerdo, además, que el gobernador civil que había entonces alardeaba de que a aquel edificio nunca le había llegado una manifestación. Hubo mucha violencia, nos dieron muchos palos.

Siempre iba a ese barrio como interventor, en las elecciones, porque había mucho voto socialista y la derecha siempre había intentado dar «pucherazo». Allí siempre había violencia el día de las elecciones, el día del recuento. La noche que triunfó nuestro Partido, acudí como interventor —además de candidato—, y me quedé al recuento... Era tal la avalancha de votos que tenía el PSOE, que un interventor de Fuerza Nueva hizo repetir el recuento seis o siete veces. De tal manera que el recuento concluyó a las cuatro de la mañana. En algunas mesas obteníamos el 98 por ciento, en otras el 96 por ciento, pero aquel hombre, por un voto de Fuerza Nueva, nos hacía contarlo todo otra vez.

Cuando llegué al hotel donde todo el mundo estaba celebrando la fiesta —ya todo el mundo medio borracho—, me enteré de que habíamos obtenido 202 diputados. Mejor dicho, eran 201 diputados, pero había oído decir a Alfonso Guerra que faltaba uno.

Y ésa era la razón por la que yo no estuve presente en aquel primer momento, cuando Felipe y Alfonso salieron al balcón del Palace.

Estaba allí donde un voto era necesario para conseguir un diputado —como si fueran unas elecciones más—, cuando ya todo el mundo estaba celebrando la victoria.

La verdad es que entonces no hice ninguna reflexión, ninguna. Porque aquello fue una explosión. Cuando llegué al hotel y vi a todo el mundo celebrándolo, con aquella alegría... ¡Yo qué sé!... Me imagino que Felipe, a lo mejor, sí haría aquella reflexión, sobre lo que nos esperaba... Pero, para mí, era algo más emocionante, una mezcla de alegría y de lágrimas. Ver a viejos militantes de la República llorando y abrazándose... Aquello era muy emocionante. Éramos poca gente... No sé, creo que en esa noche no asimilamos lo que significaba para el futuro de España el que nosotros hubiéramos conseguido esa victoria. Tal vez, en el subconsciente, hubiera algo de «por fin hemos llegado» y «ahora se va a ver lo que es un partido de izquierdas de verdad...».

Lo que se me ha quedado grabado de aquella noche es el recuento, aquel esfuerzo, y luego todo el mundo muy contento, mucha gente llorando... En los viejos sí veía cierto gesto de preocupación. La gente tenía miedo. Había gente que pensaba que no nos iba a pasar nada bueno. La gente recordaba la República... Vi a algunas personas mayores que estaban muy ilusionadas, pero muy tristes a la vez. Creo que había una mezcla de mucha alegría y de mucho miedo:

mucho miedo a la reacción de la derecha. Siempre ha habido miedo a la derecha, incluso en los años que hemos estado gobernando. Después, Ramón Rubial, en una reunión —no recuerdo bien si de diputados o de secretarios generales—, sí nos hizo una reflexión sobre lo difícil que iba a ser el papel que teníamos por delante y la resistencia que íbamos a tener. Nos dijo que no estuviéramos tan contentos, porque lo difícil llegaba entonces. Ramón nos echó un jarro de agua fría. Y esta actitud de los viejos me recordaba esa precaución que, además, a mí me ha acompañado durante todos estos años: siempre que ganábamos, siempre había un viejo que me decía: «Ten cuidado». Siempre, siempre. Es decir, me han echado el realismo encima. Yo veía alegría y temor... Y muchas lágrimas.

Una imagen que nunca iba a romperse

Cuando vi la imagen de Felipe y Alfonso por televisión, la verdad es que no podía imaginar que aquello no fuera a durar para siempre. De verdad que no. Siempre he tenido un respeto infinito por la gente que llevaba militando veinte o treinta años en el Partido. Yo, en aquel tiempo, contaba probablemente sólo diez años de militancia y, cuando asistía a un Congreso y veía a un Nicolás Redondo, a un Múgica, a un Felipe, a un Alfonso, a un Llorente, que llevaban militando... Felipe llevaba 24 años en el Partido. ¡24 años en el Partido! Para mí, era una autoridad tan grande que todavía la sigo respetando, y me extraña que los que vienen detrás no sientan lo mismo... o a lo mejor lo sienten y no lo exteriorizan.

Por Felipe y Alfonso sentía predilección, por sus años de militancia y por su inteligencia: creía que estábamos ante un tándem que iba a poder con todo. No pensaba que eso se pudiera romper algún día; porque, además, siempre he creído mucho en la amistad dentro del Partido y en la bondad de la gente. Uno se afilia a un partido de izquierdas no solamente porque tenga en la cabeza un proyecto político —por lo menos, no fue mi caso—, sino porque tienes necesidad de unirte a personas que piensan y sienten como tú. Y, cuando eso se rompe, me siento muy frustrado.

Porque uno no entraba en el PSOE, en aquel tiempo, para gobernar. Ahora tal vez sí, pero entonces no. Yo cuando entré en el PSOE, ¿cómo iba a imaginarme que acabaría gobernando Extremadura si no sabíamos siquiera que iba a restaurarse la democracia?

Me afilié al Partido por una cuestión de inteligencia, creo. Porque lo fácil es dejarte llevar por lo que el ser humano lleva dentro: el egoísmo, el miedo a lo diferente. Mi tesis es que, para ser de izquierdas, hay que poner la inteligencia al lado del corazón, si no... ¿Quién quiere dar una parte de su salario para beneficio de otro? Nadie. «El salario es para mí; al diferente, lo rechazo, porque me da miedo; ayudar a la gente que no tiene...». Renunciar a todo esto necesita inteligencia. Yo entré en el Partido con esa idea y por eso me encuentro tan cómodo cuando estoy con personas que piensan lo mismo que yo. No es necesario que pertenezcan a mi generación. Es decir, yo estoy feliz con un Benegas al lado, o con un Corcuera, porque pienso que nos une la amistad, pero, sobre todo, porque tenemos las mismas ideas. Aunque con estas personas he discutido también con más frecuencia, casi a puñetazos, por defender lo mismo, pero desde diferentes perspectivas. Eran gloriosas las reuniones con Corcuera y Benegas, cuando nos reuníamos para hablar del País Vasco: al final, casi se pegaban, discutiendo. Pero la amistad nunca se ha perdido. Eso yo lo veía entonces reflejado en Felipe y Alfonso: veía que era verdad que pensaban de distinta forma, pero que había una amistad muy profunda en torno a unas ideas muy profundas, y que eso nunca se iba a romper.

No he entendido nunca las maniobras de poder en el PSOE porque yo no estaba en ese Partido por el poder. El poder era necesario, pero no por el poder en sí mismo. O sea, yo habría sido igual de feliz si hubiera estado en la oposición, porque lo que yo he defendido son unas ideas. Si después las llevas a la práctica, es el culmen, pero si no, me gusta estar con gente que piensa igual que yo, que defiende lo mismo que yo. A mí los congresos, antes, me gustaban mucho, porque había unas broncas monumentales. Decían que estábamos divididos, pero era mentira: eso no era división. (Para división, la que hubo después). En los últimos congresos, a mí no me parecía que hubiera peleas. Lo que había, simplemente, era tensión por ver quién pertenecería a la Ejecutiva, y eso, a mí, no me preocupaba.

Nicolás, como una pantera

Yo disfrutaba cuando, por ejemplo, Nicolás Redondo, casi se tira encima de mí, en 1976, en el XXVII Congreso, cuando pedí que no fuera obligatorio militar en la UGT para militar en el PSOE. Y Nicolás casi se me tira literalmente encima como una pantera. Porque eran unos estilos mucho más secos... pero, al mismo tiempo, mucho más amistosos. Es decir, se tiró encima de mí, pero luego nos tomamos un café en el bar que había en el hotel. Ésas sí que eran peleas de verdad, pero dentro de una fraternidad. Y eso es lo que yo veía representado en Felipe y Alfonso. Por eso no me planteaba que Felipe y Alfonso se pudieran pelear, ni que se peleara Nicolás Redondo con Felipe González... Porque yo creía que los dos estaban en lo mismo.

Después, cuando te enteras de que hubo un lío, que si este ministro sí y este ministro no, y no sé qué... Al principio me supuso un trauma. Yo no pretendo ir de buena persona, pero yo estaba en esto por otra cosa. Si rompen mi «club de amistad», el de la gente que piensa como yo, me deprimo. Y me deprimió mucho ver, después, que las cosas no eran así... Por eso yo creo que lo de la corrupción nos cogió tan a contrapié... Porque ¿quién iba a imaginar que alguien estuviera aquí para robar? ¡No te lo podías ni creer! Porque uno no entra aquí para hacerse rico, porque, si fuera así, te habrías dedicado a otra cosa, o te habrías afiliado a otro partido... Uno entra en la izquierda, porque, ¡coño!, tiene unas ideas muy profundas y muy fuertes; entre ellas, no robar. ¡Era increíble que eso pudiera pasar...!

Puede ser, naturalmente: a lo mejor yo veía el Partido desde una perspectiva muy romántica. Y, a lo mejor, si no lo hubiera visto romántico, no habría entrado. Es decir, yo no entro en un Partido porque lo considere un instrumento de poder, sino porque me emociona ver determinadas injusticias y eso me mueve... Porque, en fin, me parece que todo es muy injusto y creo que es necesario hacer algo para remediar esa injusticia. Yo sigo llorando cuando veo a un niño muriéndose de hambre en la televisión, sigo llorando... y me siento muy mal, por no estar haciendo nada. Pienso: si todo el mundo quiere que eso no ocurra, ¿por qué sigue ocurriendo?

ALFONSO Y FELIPE, ALMAS DIFERENTES

Yo creo que hubo dos motivos en la ruptura entre Alfonso y Felipe. Por una parte, nosotros hicimos una gran transformación de España, pero que no tenía emoción. Le faltaba emoción. Eso lo veo ahora, transcurridos veinte años de nuestra victoria en 1982. He visto intelectuales diciendo: «El PSOE nos defraudó». Pero nunca han dicho exactamente por qué. Entiendo que esa gente buscaba emociones fuertes, que existieron, pero que no las vivieron, porque no estaban en situación de poderlas vivir. Es decir, ¿es una emoción fuerte dar una pensión no contributiva a la gente? Yo creo que es una gran emoción, pero ellos no la sentían como tal, porque ellos no tenían ese problema. Pero si hubieran vivido en una región como la mía tal vez lo verían de otro modo. En Extremadura, la mayoría de la gente había estado trabajando toda su vida en el campo, sin que nadie hubiera cotizado nunca por ello a la Seguridad Social, y cuando terminaba su vida laboral se quedaban sin nada. De pronto, un Gobierno socialista les concede una pensión no contributiva, por no haber contribuido, y les restituye un derecho: ¡eso es revolucionario! Pero, para un intelectual, la revolución de verdad era la de Fidel Castro, aunque después quizá se asustaría... Los mismos que subieron al cielo a Fidel Castro, ahora, lo bajan al infierno, inevitablemente.

Tal vez dentro del Partido había dos almas: una, que estaba satisfecha de lo que estaba haciendo —Felipe—, y otra —Alfonso—, que veía que la acción política no tenía la emoción suficiente. Es decir, que debería haber habido otros gestos y otras personas para darle más emoción. Y al mismo tiempo, mientras hacíamos todo aquello —pensión no contributiva, jornada laboral de cuarenta horas, entrada en Europa, etcétera—, propagábamos un discurso distinto a lo que se hacía.

Hemos sido tan torpes que hemos hecho una política socialdemócrata con un discurso liberal. Lo cual es el colmo de la torpeza. Por ejemplo, la derecha hace una política liberal con un discurso socialdemócrata y, nosotros, al revés.

La falta de emoción, por una parte, y el discurso, por otra, produjo un choque. Daba la sensación de que se estaba haciendo realmente lo que decían que hacíamos, cuando lo que hacíamos era lo contrario de lo que se decía. Había un alma más realista, consciente de que se estaba llevando a cabo una transformación importante: Felipe. Y el alma más «romántica» era Alfonso.

Desde el primer día, hubo dos propuestas políticas diferentes. Yo recuerdo que Felipe, en una reunión, nos dijo: «Contamos con 202 diputados: no son suficientes para hacer nuestro proyecto». Y lo explicó: «Porque tenemos una sociedad que, aunque nos haya votado, es muy vulnerable; puede haber una huelga sanitaria, una huelga de educación, una huelga de empresarios y, todo eso junto, no lo paran 202 diputados». Y, sin decir más, nombró su Gobierno. Era un Gobierno para que no hubiera huelgas en la educación, para que no hubiera huelgas en la sanidad o en las empresas. ¡Era como si no hubiéramos tenido 202 diputados! Era un Gobierno para no asustar, y Alfonso, yo creo, no tenía miedo y quería un Gobierno que asustara. Eso explica que, en Sanidad, entrase Ernest Lluch, y no Ciriaco de Vicente, que era el ministro *in pectore*, y que entrara Miguel Boyer y no Eduardo Martín Toval o cualquiera de los que, más o menos, se intuía que podrían ocupar la cartera de Economía, o que entrara Solchaga y no otros.

Felipe se asustó

Yo creo que Felipe se asustó. Tenía miedo a la experiencia chilena, a todos esos temas... Pero cualquiera pensaba —desde luego, yo lo pensaba, y Guerra también— que 202 diputados eran suficientes para hacer lo que queríamos hacer en aquellos momentos, y hacerlo sin contemplaciones. Felipe, no.

Si yo tuviera que dar la razón a alguno de los dos... No lo sé, pero yo creo que Felipe ha acertado más veces que Alfonso. Felipe acertó cuando dejó el marxismo: acertó, y los demás estábamos equivocados. Es difícil imaginar qué hubiera sido del Partido cuando cayó el Muro de Berlín... Felipe acertó, el cabrón... Acertó cuando hizo el referéndum y nos metió en la OTAN. En aquel momento, yo creía que *él* estaba equivocado. Sobre todo, porque estábamos sufriendo una experiencia personal: los que habíamos estado dos meses antes propugnando el «No a la OTAN», dos meses después estábamos diciendo lo contrario. Fue una campaña terriblemente dura: la gente tirándonos monedas, sacándonos pasquines... Yo no lo podía comprender, salvo que él tuviera otras muchas claves. Y yo creo que Felipe las tenía.

Si no hubiéramos dado ese paso, no estaríamos en la Unión Europea. ¿Y qué habría sido de este país si no estuviéramos en la Unión Europea? ¿Qué habría ocurrido si se hubiera hecho caso a la tesis de Alfonso y hubiéramos formado un Gobierno más duro y con menos miedo? No lo sé. No se hizo y, por tanto, es difícil saberlo... Aunque, seguramente, no habría ocurrido nada. Seguramente habríamos hecho las mismas reformas y, a lo mejor, con más fuerza, y no habría ocurrido nada.

Yo creo que, en aquellos momentos, el PSOE podía haber hecho lo que hubiera querido y nadie hubiera tenido fuerza para levantar la voz. Nadie. Creo que la sociedad estaba muy entregada, y los que perdieron, muy asustados. Y, sin embargo, yo tenía la sensación de que era Felipe quien estaba realmente preocupado de lo que podría venirse encima si actuábamos tal y como la militancia pensaba que íbamos a actuar. Y, en ese momento, se rompió la unanimidad. Es decir, Felipe quería una revolución muy tranquila, sin asustar, pero consiguiendo los objetivos; y Alfonso quería aplicar a rajatabla el programa socialista y con un discurso claro. Y lo que se hizo fue lo que dijo Felipe, es decir, aplicar las reformas casi sin que se notara, y con un discurso, además, que era lo contrario de lo que hacíamos.

Solchaga, protagonismo y soberbia

Es posible que ese discurso fuera una cuestión de protagonismo o de soberbia de algunos miembros del Gobierno. Yo tuve una experiencia con Solchaga que abunda esa tesis. Antes de las elecciones de 1982, hubo un conflicto minero muy serio en Cala, en Huelva, y en Jerez de los Caballeros, en Extremadura. Y Felipe estuvo en la mina, acompañándonos, encerrado, y se comprometió firmemente a que, si él ganaba las elecciones, ese proyecto de minería iría adelante. Y, apenas se ganaron las elecciones, a los dos o tres meses, Felipe nos recibe a los mineros, a los representantes sindicales y a mí, que ya entonces era presidente preautonómico. Nos recibe en La Moncloa y, cuando ya tenemos el acuerdo casi cerrado, en la línea que había marcado Felipe y con la que se había comprometido, en ese momento, Felipe recibe una llamada de Fidel Castro, se levanta de la mesa y se va. (La llamada tenía su origen en la crisis de Granada, en América[1]). Y, entonces, Solchaga, que estaba en la reunión como ministro de Industria, dice que si eso sale adelante, él dimite... Sólo llevaba en el cargo un mes. La situación es fácil de imaginar: todos los que estábamos allí éramos todos socialistas... Nos asustamos y acordamos que no le podíamos hacer eso a Felipe. De tal forma que, cuando Felipe volvió a la reunión, se extrañó de que nosotros empezáramos a retirar nuestra propuesta y a buscar una solución alternativa. Felipe nunca entendió lo que pasaba. Yo tampoco se lo he contado nunca, porque a lo mejor ya no le interesa... Pero es que Solchaga nos amenazó con la dimisión, ¡y lo habían nombrado hacía un mes...! Es decir, él no estaba de acuerdo con el proyecto y, por lo tanto, no se llevaba a cabo porque a él no le daba la real gana. Y si se hacía por orden del presidente, él se iba. Después, en la misma reunión, cuando Felipe empezó a extrañarse del asunto, se le dio a entender, más o menos, que había habido una amenaza de Solchaga. Si yo hubiera sido en ese momento presidente —pensé—, habría cesado a Solchaga. Pero Felipe no se dio por enterado. Y recuerdo a Juan Antonio Rosa, que era secretario general de UGT —después fue senador—, comentándolo, diciendo: «Este tío nos traerá problemas, porque echarle un pulso a Felipe al mes de estar en el Gobierno... Esto no va por buen camino».

Pero, al fin y al cabo, aquel era un tema poco importante, que sólo afectaba a doscientos y pico trabajadores. No estamos hablando de veinte mil. Pero el tío dijo que no. Puede imaginarse entonces la situación cuando hubo de hacerse la reconversión industrial.

Solchaga era un hombre que tomaba decisiones, simplemente, para demostrar que mandaba. Yo tuve otra experiencia con Solchaga, poco tiempo después: nosotros estábamos en contra de la central nuclear de Valdecaballeros y yo había comprometido mi continuidad como presidente en aquel asunto. Dije que si se abría Valdecaballeros, yo dimitía. Recuerdo una conversación con Felipe, en un helicóptero, cuando vino a Extremadura a inaugurar un colegio, en los primeros tiempos de su mandato, y me dijo: «Si España necesita Valdecaballeros, se abrirá». Y le dije: «Me parece muy bien, presidente, pero si España necesita Valdecaballeros y se abre, yo dimito». Y ahí quedó la cosa. Me dijo que hablara con Solchaga. Solchaga me recibió en su despacho, a las seis de la tarde, aproximadamente. Yo iba acompañado por dos consejeros míos. Y me dice el tío: «Bueno, mira, muchacho, como me caes simpático, te voy a cerrar un grupo». Valdecaballeros tenía dos centrales. Y le digo: «No, no, compañero. Yo no vengo a que me cierres un grupo, vengo a que me cierres los dos. Me da igual uno que dos, nosotros ya tenemos una central nuclear, que es Almaraz, y no vamos a poner una central nuclear en la cuenca del Guadiana, porque ahí tenemos todos los regadíos. Yo vengo a discutir contigo que estaría dispuesto a aceptar una central nuclear más si cambiamos la estructura económica de Extremadura. Pero mientras la estructura económica de Extremadura se base en la agricultura de regadío, tú no puedes poner una central nuclear ahí, porque la experiencia indica que, cuando ha habido algún accidente en Almaraz, se ha solventado como se ha podido. Pero si eso ocurre en Valdecaballeros, solamente con que se insinúe que hay un accidente, no vendemos ni un pimiento». Y Solchaga dijo: «¡Ah!, pues si te pones en ese plan, te mantengo los dos». Le contesté: «Bueno, esto no parece serio. Este país necesitará energía y tú tendrás hechas tus previsiones de cuánta energía necesita. Si necesitas siete mil megavatios, no puedes quedarte en seis mil; y ahora, porque te cabreas conmigo, ponerlo en siete mil». «Siéntate, que vamos a tomar un whisky. Bueno, venga, a lo mejor te cierro los dos, que ahora me estás cayendo simpático». Eso me dijo.

Y empezamos a hablar... y vuelve a decir: «¡Ah, mira! ¡Como te estás poniendo chulo, te cierro los dos!». Y en ese momento le dije: «¿Sabes lo que te digo? ¡Que te vayas a tomar por culo!». Se lo dije tan cabreado que llamó a Felipe y le dijo: «Acaba de irse el presidente de Extremadura y creo que va a dimitir, porque me ha mandado a tomar por culo...». En ese plan. No era ya una cuestión de intereses. No se trataba de que España necesitara algo o no, se trataba de que él, Solchaga, lo quisiera o no.

Solchaga tenía mucho poder porque Felipe se lo daba. Pero Felipe sí tenía una idea de cierto equilibrio territorial. Por ejemplo, el gas: cuando empiezan a desarrollarse los gasoductos en España y se empiezan a llevar a todas partes, Extremadura se queda sin gasoducto. Y vuelvo a hablar con Solchaga y me dice: «Oye, ¿tú fumas?». Le respondí que sí, y me dijo: «Pues imagínate que no fumas y que sólo fumas un puro al año. ¿Y vienes a pedirme a mí, al ministro de Economía, que te dé un Dupond de oro para encender un puro al año?». Eso fue lo que me dijo el tío. «Pero, bueno», le repliqué, «vamos a ver, ministro: si yo sólo fumo un puro, pero quiero fumar mil puros, tienes que darme el mechero, porque, si no, ¡nunca me podré fumar ni el puto puro que tengo! Yo te pido un gasoducto porque Extremadura necesita elementos de desarrollo. Si no tenemos carreteras, si no tenemos gasoducto, si no tenemos nada de nada, nunca habrá desarrollo».

Su tesis era «la tesis de la locomotora»: «Tú no te preocupes, porque, en el momento en que se desarrollen las zonas ricas, vosotros vais a recoger el rendimiento de ese desarrollo». Ésa era la tesis de Solchaga y de Boyer, la tesis de la locomotora. Con el riesgo de que, al final, la locomotora se abasteciera de la leña que iban echando los vagones que iban desguazando. Al final, el gasoducto se hizo porque Felipe lo quiso y Valdecaballeros se cerró porque Felipe lo quiso, pero estos ministros tenían una idea del desarrollo económico español que no era equilibrada, no era solidaria. Una posición ideológica que no podía compartir.

ESAS GENTES EN LAS QUE SE APOYÓ FELIPE

Seguro que Felipe tenía otra alternativa, otra gente a la que confiar la dirección económica del país. Seguro. Otra cosa es que Felipe no quisiera experimentarla. Pero había gente, dentro del grupo socialista, con unos planteamientos totalmente distintos de los de Solchaga y Boyer. No sé...

También, cada uno es hijo de su experiencia y de su historia y de sus raíces. Por buscarle una explicación: Felipe, cuando llegó a Madrid, se encontró en la más absoluta soledad, porque ni siquiera el Partido de Madrid le apoyaba. Todo lo contrario. Y encontró un empresario que le abrió las puertas —Sarasola, que el pobre ha muerto hace poco[2]—. Pero Felipe no conocía ese mundo. Felipe necesitaba, creo yo, que ese mundo creyera —un poco— en nuestros proyectos o, por lo menos, que no obstaculizaran nuestros proyectos. En aquel tiempo se hablaba de fuga de capitales, de muchas cosas... Por tanto, comprendo también que tuviera que tener a gente que no asustara, sino que fuera del «gremio». Y quizá ésa sea la razón por la que Felipe confió en personas que no asustaban.

Analizar las cosas hoy, y no ponerse en el año 82, es complicado. En 1982 teníamos miedo de que se fugaran los capitales, de que nos hicieran boicot por todas partes. Yo tengo la experiencia del Gobierno autonómico y, en muchas ocasiones, para conseguir un fin he tomado decisiones respecto a personas que debían actuar en mi Gobierno. Por ejemplo, yo puse de consejero de Obras Públicas al ecologista más importante que había en Extremadura: porque yo quería cerrar Valdecaballeros, pero no quería que ése fuera el objetivo principal de mi primer Gobierno. Nombrar consejero a la persona que con más fuerza se oponía a Valdecaballeros garantizaba mi estrategia política. Significaba tranquilidad en ese campo. Nadie en Extremadura creyó nunca que nosotros pudiéramos ganar la batalla contra las centrales nucleares y contra las grandes compañías eléctricas, que lo habían sido todo en Extremadura. Ese nombramiento daba una pátina ecologista a mi Gobierno y me permitía ir avanzando en ese camino, hasta que doblegamos la voluntad del Gobierno central. A lo mejor a Felipe le ocurrió un poco lo mismo. Ahora, estoy seguro de que se podían haber hecho otras políticas económicas, sin duda; y, sobre todo, otro discurso.

AQUELLA «LEY DE HIERRO»

Yo creo que es una injusticia brutal acusar a Alfonso Guerra de ser un elemento desestabilizador en el Gobierno y decir que, además, no planteaba alternativas. Alfonso tenía bastantes ideas. Pero no me cabe la menor duda de que su lealtad a Felipe González le llevaba a no plantear jamás una propuesta al Consejo de Ministros. Es decir, no me imagino yo a Alfonso haciendo propuestas en contra de los ministros económicos del Gobierno, con Felipe de árbitro. Ahora bien, que Felipe y Alfonso hablaban de esos temas fuera del Consejo de Ministros es seguro. Y que las discusiones que tenían eran, sobre todo, por estos ministros, por temas económicos, de eso no me cabe la menor duda. Creo que era imposible que Alfonso se dedicara a diseñar, en el Consejo de Ministros, propuestas contrarias a las que hacía el gabinete económico, porque eso sería una deslealtad enorme con el presidente. Yo creo que, cuando Alfonso se negó a compartir la Vicepresidencia del Gobierno con Boyer, fue porque no quería darle todo el poder económico. Yo creo, honradamente, que Alfonso no quería estar en el Gobierno y no quería ser vicepresidente. Él se ha hartado de decirlo en reuniones privadas. Cuando Felipe le ofreció ser vicepresidente del Gobierno, hizo algunas consultas, porque él no quería, y los demás, yo mismo, le aconsejamos que estuviera presente en el Ejecutivo. Pero yo no creo que Alfonso planteara, cuando ocurrió la crisis planteada por Boyer, que no quería compartir su Vicepresidencia con otro, sino que no estaba de acuerdo con la política económica que estaba dirigiendo el ministro de Economía. No se trataba de una lucha por el poder, por lo menos en lo que hace referencia a Alfonso, ni tampoco creo que fuese una lucha por el poder por parte de Boyer. Era una lucha por llevar adelante programas que eran radicalmente diferentes. Hay mucha maldad cuando algunos de los nuestros dicen que Alfonso no hacía ninguna propuesta en el Consejo de Ministros. ¡Es que no debía hacerlas! Es decir, un vicepresidente no hace propuestas en la mesa de un Consejo de Ministros; yo tengo un vicepresidente y no hace propuestas. Alfonso planteaba alternativas en el Partido y con Felipe. Por ejemplo, en el tema de la vivienda: Alfonso planteó un programa de vivienda muy ambicioso que se discutió en la Ejecutiva, y que fue desautorizado inmediatamente por Solchaga desde Londres.

Yo recuerdo muy bien el día que Alfonso planteó la «Ley de Hierro» de los beneficios empresariales. La planteó en un mitin, en un pueblo de Andalucía, con Sergio Ramírez, entonces vicepresidente del Frente Sandinista nicaragüense. Yo acababa de expropiar cinco fincas en Extremadura, y me procuró tanta emoción aquella expropiación que fui al mitin de Alfonso. Y Alfonso, cuando me vio, hizo una referencia a la reforma agraria extremeña, e hizo la propuesta de la «Ley de Hierro».

Yo sé que a Felipe le molestó muchísimo. Y después Alfonso dijo aquella frase: «Yo cocino los platos y Felipe los sirve». Eso fue el final. Esa frase fue definitiva. (Aunque al final, Felipe hizo una reforma fiscal que llegó hasta el límite de lo legítimo: el 48 por ciento para las rentas más altas; en ese punto se está en el límite de desincentivar el trabajo, porque pasando del 50 por ciento, una reforma fiscal puede fracasar).

Yo vuelvo a insistir en el desencuentro de discursos. Felipe no sólo estaba haciendo esa reforma fiscal y estaba repartiendo beneficios, además, Felipe hoy dice claramente que esa política era la suya. Es decir, cuando Felipe dice que «la inteligencia mayor de un rico es hacer que el pobre se convierta en rico», ¿qué está diciendo? ¡Que hay que repartir beneficios! Felipe creía que el discurso de Alfonso y de los que estábamos con él era un discurso que proponía repartir entre todos lo que había, a lo bestia, y Felipe siempre ha sido partidario de repartir los beneficios. Ahí es donde está la diferencia. A Felipe no le gustaba nada que se expropiaran fincas y se repartieran; le gustaba más que hiciéramos leyes para que se repartiera entre la gente el beneficio que se pudiera obtener de dicha finca.

Pero es cierto que Felipe vio aquello de la «Ley de Hierro» como una gran deslealtad por parte de Alfonso. Luego, Felipe le respondió en una frase: «Se gobierna desde Moncloa y no en Ferraz». Cuando se celebró el famoso Congreso —el XXXII o XXXIII, no lo recuerdo bien—, Felipe empezó a sentir que el Partido estaba tomando demasiado poder en la gobernación de España y puso una barrera inmediata: «Mire usted, aquí, yo soy el responsable del Gobierno». Es una tendencia muy propia de los que gobiernan. Tú tienes la sensación de que la cara te la parten a ti siempre, y después hay un grupo de personas de tu Partido que, unas veces con lealtad y otras sin ella, intentan decidir por ti. Y gobernar es muy complicado y es muy duro. Y cuando descubres que, a lo mejor, lo que se está diciendo desde tu Partido no es todo lo leal que debería ser para con el que está sufriendo las consecuencias de gobernar, sino que lo que se pretende es tenerte como una especie de tonto útil para que te partan la cara y otros sean los que hagan la política, entonces, inmediatamente, te revuelves. Cuando aprecias errores, no te preocupa, cuando aprecias deslealtad, cierto querer controlar, se rompe todo. Esto le ocurre a cualquier gobernante. Y eso fue lo que ocurrió entre Felipe y Alfonso.

El Partido y Felipe

A partir de ese momento, yo creo que Felipe pensó que ya no tenía un vicepresidente que le acompañara en su tarea, le ayudara y le quitara obstáculos, sino que tenía un vicepresidente que, desde el Partido, estaba intentando que él hiciera una política diferente. Y eso no lo consentía. En ese momento, creo, definitivamente se rompe la relación personal. Uno podía apreciar falta de lealtad en el otro, y éste estaba defendiendo el papel del Partido, que también es una posición muy razonable. Porque, sin el Partido, no hay nada, no somos nada. Felipe y Alfonso también tenían dos conceptos diferentes del Partido, seguro. Y era muy difícil que los dos entendieran que lo que hacían no estaba bien. Felipe tenía un concepto de Partido situado en un segundo plano, pero no había quien le convenciera de que él, que era el militante más disciplinado, también tenía más necesidad de este Partido. Felipe hoy, cada vez que escribe un artículo, lo pasa a la dirección del Partido para que se lo corrijan, lo censuren, o lo prohíban... o le den luz verde. Esto no lo hacemos ninguno. Yo escribo un artículo en *El País* y no se lo mando a José Luis Rodríguez Zapatero. Él sí.

Él tenía la sensación de que su idea del Partido era la correcta, y Alfonso pensaba que el Partido era un instrumento tan importante que un Gobierno no podía marginarlo y hacer que casi desapareciera. Porque es verdad que, sin el Partido, no hay Gobierno que resista. A la hora de la verdad, ¿quién sacó al Gobierno del atolladero de la OTAN? ¡El Partido! La gente dice que fue Felipe y no es verdad, aunque él puso una parte muy importante. Quien sacó del atolladero a Felipe fue el Partido. Porque, quince días antes del referéndum, a los secretarios generales nos llamaron al Partido para decirnos: «Señores, esto está perdido y aquí hay que echar el resto». Y todos salimos de Ferraz como balas, diciendo todas las barbaridades del mundo: el Partido dio la cara y ganó el referéndum, porque este Partido, cuando se organiza, es imparable.

Pero el Partido, a medida que se iban sucediendo elecciones, iba quedando en segundo plano, iba adormeciéndose, no tenía vida, no tenía actividad... Alfonso quiso dinamizar el Partido, que decidiera, que se discutiera la política que se estaba haciendo. Felipe no lo entendió, porque pensaba que, cuando se está gobernando, el Partido tiene que ser un acompañante leal que apoye lo que se hace. Sin embargo, Alfonso tenía otra opinión: pensaba que el Partido es un instrumento que pervive cuando ya no se gobierna y que tiene que estar vivo. Yo creo que llevaba razón Alfonso. Cuando Felipe abandonó la dirección, el Partido se quedó en nada: era un partido descoyuntado, no organizado, sin presencia, que se había hecho antipático, que estaba muy mal... y la prueba es cómo lo hemos pagado.

Yo presido un Gobierno y dirijo una Ejecutiva; a mí me pasa muchas veces lo que a Felipe, que la Ejecutiva me aburre. Porque a lo mejor he estado mucho tiempo discutiendo un asunto, dándole vueltas, hablando con gente, etcétera, y llego allí y a cualquiera, en un minuto, se le ocurre decir la primera gilipollez del mundo. Eso enerva muchísimo y da la impresión de que el Partido lo retrasa todo y no sirve para avanzar.

ALFONSO GUERRA ABANDONADO

En política, como en cualquier actividad humana, el factor humano es muy importante. Ante dos hechos iguales, dos personas reaccionan de distinta forma. Por ejemplo, José Borrell tuvo todo el poder y lo desaprovechó. Zapatero no tenía nada, se atrevió y lo aprovechó. Borrell, después de las elecciones primarias, tenía todo el poder para convocar un congreso extraordinario, convertirse en secretario general y quedarse con todo, pero no se atrevió. Le daba miedo. Y Zapatero, que no tenía nada, se presentó en el congreso por casualidad y prosperó. El factor humano.

En política no todo está escrito en los libros, ni todo funciona de acuerdo con estrategias. Felipe llegó a la conclusión de que en el Partido se estaba formando un contrapoder. Alguna razón le dimos también los «guerristas», en algunas ocasiones con mi oposición... Yo he discutido mucho con Alfonso de estos temas. Yo le decía: «Mira, yo tengo una idea de Partido que tú me enseñaste: al secretario general se le puede discutir, pero nunca se le puede hacer una putada». Y se la hicimos cuando nos pusimos en marcha para que Solchaga no fuera presidente del Grupo Parlamentario Socialista, porque Alfonso no quería. Y yo discutí mucho con él. Me moví e intenté conseguir votos para Martín Toval, pero era una cabronada.

Alfonso también estaba dolido. Había salido del Gobierno injustamente, como se ha puesto de manifiesto ahora. Tenía la sensación de que se le había abandonado, de que todo el mundo se le había ido... Alfonso era lo más importante dentro del Partido y, de pronto, se encontró solo, con cuatro amigos. Todos los demás le habían traicionado y tenía una herida abierta por la que respiraba, y por la que ha estado respirando hasta ayer. La tesis de Alfonso era comprensible: «¿Cómo vamos a permitir que este tío sea presidente del Grupo Parlamentario Socialista; este tío, que se está cargando el Partido, que está jugando con el enemigo, que...?». Llevaba razón: no lo podíamos permitir. Pero, al mismo tiempo, había otro factor: el Partido no funciona si al secretario general se le cuestionan decisiones. Más vale decirle que estamos contra él y que se vaya. Este proceso yo lo viví en la Ejecutiva famosa que se extendió de 1993 a 1996: fue horrible. Yo soy amigo de los dos y estaba en la peor de las situaciones, porque, cuando le daba la razón a uno, el otro me miraba para fulminarme. Pero mi tesis era: «Si no queremos a Felipe, vamos a organizar una alternativa contra él y por derecho. Ahora, si no organizamos la alternativa, hay que respetarlo, porque es el secretario general».

El amor-odio y la alternativa

Pero Alfonso nunca quiso plantear una alternativa a Felipe, porque, si hubiera querido hacerlo, lo habría hecho. Y nunca quiso porque cualquier alternativa pasaba por alguien que no fuera él mismo, y esto sí que es un factor humano comprensible. Alfonso nunca quiso dejar de ser el número dos, nunca. Igual que Felipe nunca quiso dejar de ser el número uno. Eso explica muchas de las cosas que nos han pasado.

Felipe nunca planteó una alternativa para sí mismo en serio, porque Almunia, o cualquiera de los que nombraba, era alguien que estaba por debajo de él. Y Alfonso nunca quiso plantear una alternativa porque, quien fuera, se convertiría en el número uno del Partido. Y eso no lo permitía. Siempre había una excusa, nunca era el momento. Yo me acuerdo que, cuando se propuso a Borrell, dijimos: «Bueno, este grupo va a proponer a un candidato, nosotros no». Alfonso se resistía siempre, nunca había nadie suficientemente bueno. Yo participé en algunas reuniones para formar una candidatura en el último congreso, y todo el mundo, dentro del «guerrismo», quería que fuera yo, incluida Matilde Fernández. Pero yo sabía que Alfonso Guerra no quería. No es que desconfiara de mí, es que no quería. Yo tampoco quería, aunque hubiera querido Alfonso, pero estuvimos en Sevilla, reunidos en su casa, y me di cuenta de que Alfonso no quería que hubiera alternativa.

Sucede que, finalmente, el Partido lo han parido entre los dos: Felipe y Alfonso.

Recuerdo una toma de posesión de José Bono, en 1995. Era una cena, en Toledo, y estaban presentes Joaquín Leguina, Txiqui Benegas y otros. Yo dije: «O mandamos a papá y a mamá al asilo, o esto no tiene arreglo. Al asilo, con todos los parabienes y la mejor paga del mundo, pero hay que mandarlos al asilo. De lo contrario, papá y mamá no nos van a dejar nunca ser mayores». Y nunca nos dejaron ser mayores. Hasta que hubo un congreso en el que las cosas empezaron a ser distintas. Ahora es cuando el Partido empieza a ser mayor.

Ellos dos, Felipe y Alfonso, son dos personas que, en la actualidad, tienen unas relaciones muy difíciles, pero son ellos dos. Ellos pueden decir lo que quieran el uno del otro, pero los demás no. Un amor/odio muy complicado.

Había también dos conceptos de vida distintos. Pero no eran conceptos propios de Felipe y Alfonso, sino del grupo de Felipe y del grupo de Alfonso. Todo lo que había alrededor de Felipe y de Alfonso era diferente, tenían raíces distintas, experiencias personales distintas... Yo no desautorizo a nadie, pero no es lo mismo proceder de la burguesía que proceder de la clase obrera. No es lo mismo haber ganado una guerra que haberla perdido.

Yo no meto en ese saco a Felipe, pero la forma de vida de los que le rodeaban... Felipe no hacía una vida escandalosa. Felipe ha tenido siempre una vida muy oculta. No ha veraneado nunca en lugares de fama, se iba a las playas de Huelva, al Coto de Doñana... Yo no creo que Felipe haya escandalizado a nadie con su actuación privada, pero ha habido mucha gente, entre los de su grupo, que sí lo han hecho. En el primer Consejo de Ministros del Gobierno socialista, cuando ganamos las elecciones de 1982, Alfonso dijo aquella famosa frase: «Hay que irse con un pañuelo de cuatro nudos y un botijo». Ya intuía que, a lo mejor, nos íbamos a dejar arrastrar por aquel ambiente que entonces empezaba a desarrollarse en España: la gente guapa. Y, en aquella mesa, hubo gente que calló. Para un grupo, eso no tenía importancia, pero para otro sí. Nosotros éramos gente simpática y, de pronto, nos convertimos en gente antipática. No por la *política* que hacíamos, sino por la *vida* que hacíamos.

El tándem y el juego sucio de Solchaga

A pesar de las peleas internas, se pudo llevar a cabo una acción de Gobierno activa, potente, eficaz; se pudo cambiar este país porque, durante un tiempo, contábamos con una autoridad enorme, moral y política, de estas dos personas: Felipe y Alfonso. Aquello era un valladar. Durante el tiempo que el tándem funcionó, no se podía pasar más allá de ellos dos: tal era su autoridad. Felipe y Alfonso, en un Comité Federal, daban miedo. En los debates —y se celebraban muchos en el Comité Federal—, si te respondían... bueno, ¡te querías morir! Era tal la capacidad que tenían, la dialéctica, la seguridad en sus ideas que... Yo recuerdo que, una vez, me atreví a pedir más competencias para las Comunidades Autónomas, y Felipe... casi me apabulla. Y, además, tenían la habilidad de parecer más autonomistas que tú, ¡cuando era mentira! ¡Si Felipe nunca ha sido autonomista! Y Alfonso muchísimo menos. Pero eran capaces de defender su modelo autonómico como el más autonomista del mundo, «frente a estos tíos —pensaban—, que vienen aquí de las comunidades estas, que se creen que, porque sean presidentes, tienen derecho a pedir todas las competencias de golpe...».

En fin, ellos controlaban datos que tú no tenías. Por ejemplo, los temas de los nacionalismos y asuntos parecidos: tú estabas en tu región y no tenías una visión muy clara de la España que iba a formarse. Era muy difícil discutir con ellos.

Esa bronca larvada dentro del Partido la percibía muy poca gente, porque donde ambos aparecían, Alfonso era el defensor a ultranza de Felipe y de su política. Yo creo que Felipe nunca se lo ha agradecido a Alfonso; y la bronca no se produjo antes gracias precisamente a Alfonso. Yo no sé qué pensaría Alfonso, para sí, pero cuando los militantes estábamos descontentos, cuando creíamos que había que hacer las cosas de otra forma, el que te daba confianza no era Felipe, sino Alfonso.

Nadie podrá decir ahora que él no defendió la política de Felipe a machamartillo, intensamente y con más fervor que el propio Felipe. Y la militancia estaba encantada, porque creía que estábamos haciendo lo que había que hacer; unos, porque lo hacía Felipe y, otros, porque Alfonso lo avalaba. La fuerza consistía en que los dos defendían lo mismo, en público y en reuniones internas.

Alfonso molestaría a Felipe en otros aspectos, pero, públicamente, aquella unión era la garantía que teníamos nosotros, los «guerristas», de que aquello iba bien. Porque, cuando se convocó la huelga general, Alfonso fue quien llamó a la gente para que nos movilizáramos y defendiéramos a muerte la política de Felipe. Si Alfonso no nos llama, no sé qué hubiera ocurrido. En esa ocasión hubo gente que se dejó todo por el camino. Matilde Fernández, por ejemplo, fue una víctima de la huelga general. La gente dejó sus secretarías generales y se enfrentó con Nicolás Redondo. Porque lo dijo Alfonso.

En aquel tiempo, todos sabíamos que Solchaga estaba jugando suciamente con Felipe. Porque si había dinero, tenía que habérselo dado a Felipe para que hubiera podido hacer política con ese dinero. Resulta que no había un duro antes de la huelga, y así se afirmó en veinte reuniones... Y, transcurrido un mes, va Nicolás Redondo a casa de Solchaga y aparecen trescientos mil millones de pesetas. Eso sí que es jugar sucio. Yo no sé si eso lo sabía Alfonso y no sé si lo sabía Felipe. Yo creo que no lo sabían ninguno de los dos. Porque Felipe juraba y perjuraba que no había margen, ni una peseta. Y sí había margen. Un mes más tarde, lo hubo. Y todos arriesgamos mucho. Yo tenía en Extremadura un pacto con UGT y se rompió, porque yo dije: «No puedo firmar un acuerdo con un sindicato que está haciendo una huelga general a mi Gobierno». Felipe tiene que reconocer que Alfonso lo salvó muchas ocasiones.

Extremadura, la tierra inexistente

Yo entré en política a principios de los setenta, con el único objetivo de ir contra la dictadura, pero sin ningún afán de protagonizar la vida política. Tanto es así que, en 1977, cuando se formaron las primeras listas para diputados, yo no iba en la candidatura, porque no quería ser diputado. Y Alfonso Guerra insistió de tal forma que tuve que presentarme en esa candidatura. Al final, me convenció para ir de número tres, bajo palabra de que yo no iba a ser diputado. Nunca supe si me engañó o se equivocó, porque se lo he preguntado mil veces y nunca me ha dado una respuesta. Pero lo cierto es que yo iba en contra de mi voluntad, que me llevé un gran disgusto cuando salí elegido diputado y que pensé que, pasados los cuatro años de legislatura, yo volvería a mi vida profesional, a la enseñanza, que me gustaba mucho. Después, las cosas se complicaron y ya no solamente tenía que ir de número tres, sino que me obligaban a ir de número uno... porque las cosas habían ido muy bien, habíamos sacado tres diputados en vez de uno. El número uno era Luis Yáñez, que regresó a Sevilla, y la lista extremeña, de nuevo, quedaba vacante.

En 1978 se formalizó la preautonomía extremeña y se constituyó una Asamblea Preautonómica, que presidía Luis Ramallo, en la que había hay dieciocho miembros de UCD, seis del PSOE y uno del PCE. Cuando se eligió a Ramallo, los socialistas —que estamos más acostumbrados a la democracia— exigimos un debate de investidura, cosa que a UCD ni le sonaba. Nosotros elegimos a nuestro candidato para hacer el discurso de investidura. Como yo era el más joven de los seis socialistas, me encargaron a mí que hiciera el debate. Por supuesto, seis contra dieciocho, era imposible. Pero yo hice mi discurso: estuve dos o tres horas hablando... Y de nuevo la misma historia: volvía a ser el candidato del PSOE por ser el más joven, no por mis méritos ni porque yo quisiera. En diciembre de 1982, después de las elecciones generales, en la Asamblea Preautonómica extremeña estábamos once miembros del PSOE y trece de UCD. Dos miembros de UCD me votaron a mí y me convertí en presidente preautonómico sin quererlo. El Partido, entonces, decidió que yo fuera el candidato a presidente. Hubo una gran pelea interna, en un comité regional que empezó a las seis de la tarde y terminó a las siete de la mañana, hora a la que yo acepté ser candidato. Quiero decir esto porque yo nunca, de verdad, le he tenido ningún apego al cargo público, sino todo lo contrario. Con lo cual, deduzco que he hecho apuestas excesivamente arriesgadas con la secreta esperanza de perder. Y eso, al final, se ha convertido en un círculo vicioso, de tal manera que, cuanto más arriesgada era la apuesta y ganaba, más prestigio acumulaba. Y más encadenado estaba.

Tiempos de mucha dificultad

Extremadura era una región que no tenía nada. Solo había dos poderes: el poder de la tierra, los terratenientes, y el de las cajas de ahorro y las compañías eléctricas. El resto no existía. Y, de pronto, aparece un Gobierno socialista, joven, sin experiencia de gobierno. La primera reflexión seria: el asunto de Valdecaballeros se convirtió en un símbolo de que Extremadura era una región con un poder autonómico de verdad y no quería producir más energía nuclear. Emprendimos una campaña contra Valdecaballeros y conseguir su cierre fue lo que nos confirió, de verdad, el prestigio. Hasta entonces, nos habían votado como se vota al presidente de la Diputación.

Extremadura era una región que no tenía conciencia de autonomía, como muchas otras. La idea que se tenía de autonomía se expresaba en preguntas: ¿para qué servía? ¿Para que hubiera más políticos? ¿Para que costara más dinero? Nadie creía en ella. Ganada la batalla de Valdecaballeros, la gente empezó a pensar que teníamos una fuerte responsabilidad y un gran poder. Eso provocó un efecto que me aterrorizaba: en una región que no tenía nada, la gente consideraba que ya había un poder de verdad y que iba a respaldar algunas decisiones que el pueblo iba a tomar autónomamente.

En Extremadura estaba pendiente, desde la Edad Media, la redistribución de la tierra. Se había intentado en dos o tres ocasiones y siempre había fracasado. Se intentó más en serio con la República, aunque se habían formulado otros intentos de reforma agraria, en el siglo XVIII, con Jovellanos, en el siglo XIX, con Mendizábal, pero eran remedos de reformas agrarias. Al final, hubo unos ochenta o noventa mil jornaleros que fueron propietarios de las tierras. Después, UCD hizo una ley que era papel mojado.

Cuando empezamos a gobernar nosotros, la gente pensó que había llegado el momento de hacer una reforma agraria. Y empezó a producirse una tímida ocupación de fincas. Aquello hubiera ido a más si la Junta de Extremadura no toma la decisión de ocupar ella misma las fincas. En aquel momento, casi todo el mundo consideró peligrosa esa acción de la Junta de Extremadura, tildándola de intervencionista y cutre, pero fue una medida que consiguió detener una revuelta de consecuencias incalculables. Expropiamos cinco fincas: la que pertenecía a la hermana del marqués de Cubas, la de la duquesa Falcó, una finca en Mérida, de la familia López de Ayala, la finca de la duquesa de Alba... Eso frenó a la gente. Pensaron: «Si hay un Gobierno que está dispuesto a hacer una reforma agraria, no hace falta que la hagamos nosotros espontáneamente».

Fueron tiempos de muchas dificultades: la poca burguesía emprendedora que había en Extremadura pensó que era inútil hacer negocios porque había un Gobierno socialista duro y radical. Pensaban que si abrían una fábrica, se la expropiaríamos. Pero hoy puedo decir que los propietarios de tierras en Extremadura nunca nos agradecerán lo suficiente lo que hicimos. Porque, si no llego a hacerlo, no sé cómo hubiera terminado. En Extremadura había miles de jornaleros que no tenían nada que perder. Era como la película de *Los santos inocentes*[3]. Extremadura, hace veinte años, era eso. La gente estaba en los pueblos esperando a que alguien les contratara; y estaba viva esa terrible frase que las mujeres decían a los maridos cuando llegaban a su casa: «¿Te ha caído jornal?». Y había gente a la que no llamaban nunca, no solamente porque eran rojos, sino porque eran débiles. Era terrible; la gente, en el resto de España, no sabe lo que era esto. Era como un pase de prostitutas esperando a que el cliente eligiera a la mejor. ¡Los jornaleros se paseaban por delante del señorito demostrando su fortaleza para que les contrataran! Se contrataba al que más aceituna cogía, al que más tomates cogía... El jornal ascendía a lo que quería el dueño. No había legislación, ni Seguridad Social. Los jornaleros del campo nunca tuvieron desempleo agrario. Estaban a lo que caía. El que podía aguantarlo, se quedaba, y el que no, se marchaba. En los años sesenta se marcharon un millón de extremeños —que se dice pronto—: la mitad de la población. Hoy, si alguien visita cualquier pueblo de Extremadura, comprobará que, en los años sesenta, ese pueblo tenía, por ejemplo, 6.000 habitantes; hoy tiene 2.000. Todo era así. Todos los pueblos de Extremadura redujeron a la mitad su población. Abandonaron su tierra miles de extremeños. Este pueblo no tenía ni fuerza para sublevarse.

Los poderes fácticos de Extremadura nos recibieron mal, con desprecio. Pensaban que aquello del «triunfo de los socialistas» había sido una casualidad que duraría poco. Ellos tenían el dinero, el poder, la prensa, todo. Nosotros sólo teníamos votos, que era lo que no tenían ellos. Al final, esto ha ido cambiando y hoy puedo decir que contamos con el apoyo de estos sectores. Pero, al principio, sí que nos enfrentamos a la resistencia de los sectores que tenían el poder económico. Sobre todo, a la de los propietarios de la tierra y a la de las cajas de ahorro y las compañías eléctricas. En esos frentes es donde más resistencia había.

TANTA GENTE SIN NADA

Naturalmente, Extremadura era una región tan desigual que había más gente que no tenía que gente que tuviera: nosotros conseguimos representar a la gente que no tenía. Yo puse en marcha una estrategia basada en mantener un núcleo de voto duro y, a partir de ahí, ir avanzando a otros sectores de la población. Y ha dado buen resultado. Hicimos una política claramente socialista y de izquierdas, sabiendo claramente que había un sector de la población que no la apoyaría nunca. Es más, sigue sin apoyarla. En Extremadura hay un 38 o 39 por ciento de la población que no vota nunca socialismo, pase lo que pase, esté la región como esté, hagamos lo que hagamos. Yo creo que es una cuestión de tradición: que les juraron a sus padres en el lecho de muerte que nunca votarían a los rojos. Estoy convencido.

Las fincas extremeñas, antes, tenían relación con el prestigio, aunque a sus propietarios les costara dinero. Las tenían para venir los fines de semana y presumir en Madrid de que tenían fincas en Extremadura. Pero no les daban dinero, les costaban dinero. Ahora, de pronto, comienza a formarse un sector agrario muy competitivo, que está produciendo mucho. Eso explica el crecimiento de la región y ellos están satisfechos. No digo el sector empresarial nuevo, sino esa medio-nobleza rancia extremeña, los que no nos van a votar nunca, aunque ahora están mucho mejor que antes. Los nuevos empresarios, creo, nos votaron por primera vez en las últimas elecciones. Es más, yo creo que la mayoría absoluta nos la dieron ellos. Porque nosotros, en 1995, perdimos la mayoría absoluta; era el peor momento de los socialistas y, en democracia, cuando un Partido pierde la mayoría absoluta, es muy difícil que la recupere; todo lo contrario, empieza a declinar. Y, en 1999, recuperamos la mayoría absoluta. Estoy seguro de que se debió al voto del empresariado extremeño. Se trata de una derecha nueva, formada recientemente, una burguesía empresarial que, creo, ahora vota al PSOE, pero no es un voto fijo: si le va bien, nos vota, y si no, no.

Las cajas de ahorro habían estado tradicionalmente al servicio de la derecha. De pronto, llegamos los socialistas y nos hicimos cargo también de las cajas. Tuvimos críticas de todo tipo. Todavía sigue habiendo una desconfianza hacia los políticos en las cajas de ahorro. Pero, desde que los políticos están presentes en esas instituciones, las cajas de ahorro van en España como nunca. Las Cajas de Ahorros de Extremadura y de Badajoz, que estaban en la ruina —las iban a comprar Caja Madrid y La Caixa—, son hoy empresas muy saneadas, teniendo en cuenta las dimensiones de Extremadura. Y gestionadas por políticos. Ahora quieren suprimir la cuota de los políticos, introducir iniciativa privada... En fin, quieren cargarse las cajas de ahorro. Pero, al principio, ésos eran temas tabúes, sagrados para ellos. Como la tierra: la consideraban irrenunciable, para su único uso y disfrute.

El desprecio de algunos de «los nuestros»

Debo reconocer que Felipe a mí nunca me presionó. Jamás me dijo qué era lo que no tenía que hacer en Extremadura, aunque sí, en algunas ocasiones, me aconsejó lo que había que hacer. En 1996, por ejemplo, yo pronuncié un discurso sobre la incorporación de Extremadura a la nueva revolución tecnológica de la información. Aquellas palabras surgieron después de muchas conversaciones con Felipe sobre este asunto. Felipe me abrió los ojos para que la región entrara por ese camino. Pero ni de Alfonso ni de Felipe tuve nunca críticas. Ni siquiera cuando arreciaron las críticas por las expropiaciones de fincas. No sé si eso le gustaba a Felipe. A Alfonso, sí. A Alfonso le gustaba porque me llamaba, me felicitaba y me animaba. Felipe nunca me habló de eso. Pero si le hubiera disgustado, yo creo que me lo habría dicho. Felipe conoce bien esta tierra y conoce bien Andalucía. Tiene el sentimiento de lo que han sido estos territorios. Yo no me sentía acosado nunca. Sí me sentía acosado por otros en el Partido. Por Solchaga, Boyer, Almunia, etcétera. Esta gente sí hablaba despectivamente de mí y de mi política. Decían que era una política antigua, que era una política socialista arcaica, que no tenía ningún sentido... Ellos pensaban, igual que la derecha, que aquí los ciudadanos eran analfabetos y que no importaba lo que se hiciera, porque no reaccionarían... El «socialismo de Puerto Urraco», eso decían. Esa frase terrible —hacía referencia a los sucesos de Puerto Urraco[4]— era muy hiriente. La inventaron ellos. Unieron «socialismo» y «Puerto Urraco» para describir Extremadura como una sociedad rural, triste, gris, tercermundista. Esa expresión me molestó y me dolió mucho. Sobre todo, me dolía saber que había salido de gente de mi Partido.

Las expropiaciones de fincas no se hicieron por razones económicas. Se llevaron a cabo, como he dicho, en parte, para evitar males mayores. Y, en segundo lugar, porque, al final, era un ejemplo pedagógico de lo que había que hacer con el campo. Nosotros no teníamos industria, sólo teníamos el campo, y había que hacerlo funcionar.

Si expropias la finca de la duquesa de Alba, que es un apellido muy ilustre, otro propietario con menos nombre empieza a temerse lo peor. Y la gente empezó a cultivar la tierra. Lo que ocurrió es que la reforma llegó tarde, porque llegó al mismo tiempo que Europa comenzó a prohibir algunas producciones. Por una parte, nosotros obligábamos a la gente a que pusiera sus fincas a producir y, por otra parte, Europa entregaba dinero para que no se produjera. Ésta ha sido la contradicción de la reforma agraria en Extremadura y en Andalucía. Llegamos tarde. Aquí se peleaba por lo que, en otras regiones, se hacía desde el punto de vista urbano. Seguramente, en Barcelona, la disputa se fijará respecto a la distribución del urbanismo. Porque la reforma agraria la hicieron en el año 1492, con los Reyes Católicos: ahora lo que reparten es urbanismo. Pero, en Extremadura, lo que había era tierra, no urbanismo, y era lo que se repartía.

El Gobierno socialista de Madrid desempeñó un papel clave en el despegue industrial de Extremadura. Con dos acciones: una, construir una autovía, la autovía Madrid-Badajoz, y prolongarla después hasta Lisboa. Eso ha sido fundamental, porque nos ha abierto una salida que no teníamos. Extremadura no llegaba a ningún sitio. Extremadura tenía una situación geográfica muy complicada, porque la frontera portuguesa era hermética: nos encajonaba entre Madrid y la nada. La situación geográfica histórica explica muchas cosas.

Una autovía que pasó... por encima de Solchaga

Felipe abre una vía, la autovía, cuando Solchaga no creía en ello. Por la misma razón del puro: «¿Cómo vamos a hacer una autovía por una zona por la que no circulan coches?». Y Felipe dijo: «Si no se abre, nunca va a haber coches que circulen». En aquel tiempo, costó ciento cuarenta mil millones de pesetas. Se inauguró en 1992 y se construyó entre 1988 y 1992. Es verdad que, con los datos en la mano, el índice de circulación de vehículos no justificaba una autovía: era «antieconómico» en aquel momento, pero tuvimos un apoyo. Y el segundo apoyo fue el siguiente: Felipe tuvo una idea —que suena a risa si no fuera porque nos hizo un gran favor—: declarar muchas zonas extremeñas en «declive industrial». Si no había industria, ¿cómo iba a haber declive? Pero aquello permitió que, en algunas zonas, hubiera subvenciones a fondo perdido del Gobierno central de hasta el 60 por ciento. Es decir, en un negocio de cien millones de pesetas, el Gobierno ponía sesenta. La Junta de Extremadura aportaba más ayudas, de modo que implantar un negocio en Extremadura casi salía gratis. Esa actuación permitió que hubiera mucha gente que empezara a apostar por la industria.

Las primeras industrias que empezaron a florecer fueron, sobre todo, las de transformación agroalimentaria. Existía una conciencia de males históricos irremediables, por ejemplo, la peste porcina. Había una cabaña ganadera que estaba a punto de desaparecer: el ganado porcino, el jamón. Cuando yo llegué a la Presidencia de la Junta, en 1983, había sólo 2.500 madres ibéricas, porque había una peste porcina desde hacía cuarenta años y todo el mundo pensaba que era endémica y que no se podía eliminar. Por lo tanto, la peste porcina africana mantenía nuestras fronteras cerradas. Es decir, que el jamón nos lo comíamos nosotros, porque no se podía vender fuera. Había una raya, que era la raya roja, que impedía sacar productos del campo extremeño. Hoy hay 120.000 madres ibéricas, es decir, la ganadería de cerdo ibérico está tan asegurada que el Ministerio de Agricultura se ha visto en la obligación de redactar una norma para que se pueda identificar al cerdo ibérico.

No había paro porque no había gente

Así que las primeras industrias fueron las agroalimentarias, que eran las más fáciles de organizar en mi región. Era necesario transformar sus productos agrarios y no venderlos a granel, como se hacía antiguamente. (He inaugurado, recientemente, una fábrica de arroz. Extremadura es la segunda potencia europea de arroz, por encima de Valencia, con diferencia. Pero toda la vida nos hemos dedicado a producir arroz y venderlo a Valencia. Subvención actual: cero euros; en tiempos de Felipe González, 60 por ciento).

Y se ha empezado a diversificar la producción. Porque la gente ha visto que los negocios que se montaban en toda la región —en toda— funcionaban bien. En un pueblo de dos mil habitantes se puede encontrar una fábrica importantísima o una siderúrgica prodigiosa, como la de Jerez de los Caballeros: la mejor de Europa.

Todo, a fuerza de sufrimiento. Cuando yo fui a Madrid a pedir una siderúrgica en Extremadura, mientras se estaban desmontando todas las siderúrgicas españolas, las carcajadas se oyeron en todo el Ministerio... Hoy es la mejor siderúrgica de España, con diferencia.

Pero fueron esos dos aspectos —la desaparición de las fronteras gracias a las vías de comunicación y las ayudas del Gobierno central— los que permitieron la inversión.

La educación pública en Extremadura era rudimentaria, tercermundista. Escuelas malas y una tradición lamentable: los niños, a los once o doce años, abandonaban el colegio y se iban a trabajar. José María Maravall, también desde el Gobierno, hizo una labor espectacular. La educación, no solamente en Extremadura, en toda España, dio un salto cualitativo impresionante. Hoy, la Universidad de Extremadura está formando a 29.000 universitarios. De ellos, aproximadamente 25.000 son extremeños. Por fuerza, eso es beneficioso para la región. Son universitarios que están trabajando en la región, haciendo proyectos y actuando en la sociedad de la información. Yo creo que ésa es nuestra salvación, pero hace falta otra generación.

Extremadura estaba muy atrasada. Era la nada. Daba miedo. Y, ahora, el esfuerzo ha sido tan enorme que, en cualquier dato estadístico, de cualquier fuente, puede observarse que las dos regiones que más han crecido, desde el año 1995 hasta hoy, son Baleares y Extremadura, con una media del 4,8 Baleares, y 4,6 nosotros. Este crecimiento, a lo largo de seis años, es un gran crecimiento. Estamos en un circuito y somos los que damos las vueltas más rápidas. ¡Por supuesto!, algunos, sobre todo la derecha, dicen: «Oiga, que ustedes siguen siendo los últimos». Estamos dando las vueltas más rápidas, ¡pero nos llevaban mil vueltas de ventaja! En Extremadura no había ni índice de paro: ¡no había paro porque no había gente! La diferencia era tan brutal entre la España desarrollada y ésta, que no se puede medir el esfuerzo de la región por los índices, sino por cómo avanza y cómo progresa.

Cuando yo llegué a la Presidencia de Extremadura, había un 34 por ciento de población activa agraria. Hoy tenemos el 14 por ciento. Siete puntos por encima de la media española. Es cierto que todavía hay gente en el campo que sobra, pero también la había en la mina, y los mandaron a su casa con la prejubilación... En Extremadura no mandan a nadie a su casa. ¡En Extremadura, esa población, del 34 al 14 por ciento, se ha incorporado a otros trabajos por huevos! Ese porcentaje ha sido asumido por otros sectores, pero sin ayuda de nadie. Además, ahora ya no tienen la espita de la emigración. Ahora se quedan aquí, y resulta que teníamos 130.000 parados, y ahora 57.000. Y con una incorporación activa de la mujer al trabajo. Ahora, Extremadura ha empezado a entrar en el camino de la modernidad.

Una propuesta imparable

Yo lo tuve muy claro cuando, en 1999, en las elecciones, nosotros hicimos la campaña y ganamos las elecciones con el discurso de la sociedad de la información. Y hay que tener valor para ir a dar un mitin a un pueblo de 2.000 habitantes, diciéndoles: «Yo les voy a meter a ustedes en la sociedad de la información, en una revolución tecnológica en la que nunca hemos estado». Y la gente votó esa propuesta. La gente sabe que cuando no estuvimos les fue muy mal. Y sin comprender muy bien, a lo mejor, qué es lo que se proponía, nos votó. Yo me di cuenta de que nuestra propuesta era imparable cuando gané las elecciones con ese discurso. Hay gente que comprende que eso es bueno aunque, como siempre en esta región, los poderes fácticos son bastante incrédulos.

Hasta hace muy poco tiempo, no se han creído que nosotros somos los primeros en la revolución tecnológica. Por fin. El *Washington Post* publicó un domingo, en dos páginas, en portada la primera, un reportaje en el que se señalaba claramente que Extremadura era la primera región en Europa que estaba rompiendo el imperio de Bill Gates. Ahora hay un ordenador por cada dos niños en toda la región. Pero eso no se podría sostener si tuviéramos que pagar a Bill Gates la cuota de utilización. Entonces, se nos ocurrió hacer un *software* libre, basado en Linux, que nos cuesta 400 millones de pesetas. Nos ahorramos 5.000 millones de pesetas todos los años. Para que esos niños estén «conectados» y que los centros de salud estén «conectados», tendríamos que pagar una licencia que no puede soportar la Administración. Por eso hemos hecho nuestro propio *software*, y todas las revistas especializadas en el mundo lo cuentan: «Un pequeño territorio en España le hace la guerra a Bill Gates».

Nosotros estamos enseñando primera lengua extranjera a los cuatro años. Ahora que el Gobierno del PP propone la primera lengua extranjera a los siete años, nosotros, a los cuatro, y el año que viene será a los tres. Los niños empiezan en nuestra escuela a estudiar inglés a los cuatro años; cuando tengan ocho, ya sabrán inglés y empezarán a estudiar un segundo idioma. Así que, cuando salgan de las escuelas, con dos idiomas, más su idioma nativo, sabiendo lo que ofrece esta nueva sociedad... Yo creo que Extremadura será otra región.

TENER VOZ

Y creo que lo que ha ocurrido en Extremadura es que la gente necesitaba tener voz. Es decir, Extremadura tenía el sentimiento de que no era nada, de que no contaba en nada, de que no figuraba en nada. Y quería ser. De pronto, se encuentran con alguien que es capaz de ganarse una voz en España. Eso, para los extremeños, es más decisivo que comer. «Por fin se cuenta con nosotros —piensan—. Por fin pintamos algo. Esta gente lo hará mejor o peor, pero como nadie había hecho nada...». Cualquier cosa que hagas se nota más.

En Extremadura, una biblioteca se nota más que en Madrid. Este pueblo quería voz, y cuando se encuentran con un presidente que tiene voz, que se le escucha, que se le oye —unas veces mejor y otras peor—, que se le entiende más o menos... Creo que eso es lo que a la gente le da confianza, fe. «Somos alguien, estamos en España, contamos». Creo que ahí está la clave. No era tanto hacer carreteras ni posibilidades de vivir mejor... no. Era darles a los extremeños un lugar en España. Hoy, los extremeños se sienten muy orgullosos de que uno pregunte por el presidente de Murcia y nadie sepa quién es, y, en cambio, si se pregunta por el de Extremadura, todo el mundo lo sabe. Eso a la gente le gusta. Porque, durante mucho tiempo, no sabían ni que existía Extremadura.

Otro éxito ha sido mantener a la gente en los pueblos. Era una política muy cara, muy difícil y, políticamente, muy arriesgada. La prueba es que hemos perdido votos en las ciudades. Porque la política más fácil es invertir en ciudades. Hacer llegar abastecimiento de agua a un pueblo de mil habitantes es costosísimo, y hacerles una piscina, más. Es más cómoda la política que tenían antes los gobiernos de derechas: echar a las gentes de los pueblos. Llevar la banda ancha a todos los pueblos de la región... Eso no lo hace el mercado, nunca. Mantener a la gente en los pueblos, ha sido, creo, el mayor éxito de nuestra política y la que más satisfacción ha dado a la gente. Yo siempre digo: «Antes, vivir en los pueblos era un castigo: no había ni luz, ni agua, ni teléfono, ni asfalto... ni nada. Hoy es un lujo, hoy lo tienen todo».

Los más chulos

Para entender cómo se hizo la reconversión industrial hay que situarse en aquel momento —ahora las cosas se ven desde otra perspectiva—. En aquel momento, yo sí entendí muy bien lo que ocurría, y la gente del Partido se preguntaba por qué éramos nosotros los que teníamos que mandar a los trabajadores a su casa. Yo creo que la gente, los ciudadanos, son bastante listos y, en cada momento, encargan a los partidos que hagan determinadas cosas que otros no pueden hacer. Y una reconversión industrial no puede hacerla un gobierno de derechas. Pero la izquierda sí: teníamos la incomprensión de los ciudadanos, pero a la vez, una cierta confianza de que, cuando se hacía, es que no había más remedio. No se podía entender que un Gobierno socialista fuera cruel con los suyos. Lo que la gente del Partido pensaba era: «No es posible que nosotros hagamos esto». Pero, al mismo tiempo, se concluía: «Debe de ser absolutamente necesario, porque Felipe lo hace...». Pero sí se discutían los ritmos. ¿Por qué todo de golpe...? ¿No se puede aplicar la reconversión en un sector durante un año y otro al siguiente...? «¡No eche usted a cinco mil obreros a la calle! ¡Eche usted, si no queda más remedio, a mil quinientos! Pero poco a poco...». Eso era lo que se discutía y lo que se echaba en cara a los ministros económicos. No se trataba de discutir la medida en sí: la mayoría —sin entender de economía, que no entendíamos— pensábamos que, cuando Felipe lo hacía, sería necesario. Lo que ya no veíamos con tan buenos ojos era la forma de hacerlo y, sobre todo, la velocidad... Y ese aire chulesco: «Ustedes, los de la derecha, no han sido capaces de hacer una reconversión, y ahora venimos los socialistas, que somos los más chulos, y nos llevamos por delante a treinta mil obreros». Eso era lo que la gente no soportaba. En Extremadura no tuvimos que dar muchas explicaciones, porque aquí no hubo reconversión industrial. Sencillamente, porque no había industria.

La reconversión industrial y la política económica del Gobierno también provocó el enfrentamiento entre Nicolás Redondo y José Luis Corcuera. En ese conflicto ocurrió en parte lo que sucedió entre Alfonso y Felipe. Los militantes creían que una conversación de Felipe lo arreglaba todo; que era un problema de enemistad personal y no de concepciones políticas diferentes. El día antes de la huelga general, la esperanza consistía en que, si se reunían los dos —Felipe González y Nicolás Redondo—, se acabaría el conflicto. Porque vivíamos en unos momentos donde no se sospechaba de nadie; se tenía una idea tan cabal de la gente, que se pensaba bien de Felipe González y bien de Nicolás Redondo. A nadie se le ocurría que se quisieran hacer daño.

Pasado el tiempo, uno cree que UGT no se portó todo lo bien que debía con el Gobierno socialista. UGT, como casi todos los ciudadanos, le exige más a un gobierno de izquierdas que a uno de derechas, cuando lo lógico sería lo contrario: que a la derecha se le pidiera más y a la izquierda, menos. El caso es que la ruptura con UGT nos deslegitimó mucho. Sobre todo hizo mucho daño a los que creíamos en la coexistencia del sindicato y el Partido. Porque nuestra idea se basaba en que había un Gobierno que tenía dos patas: el sindicato y el Partido; si te falla una de las patas, se te cae el proyecto. Y esa pata falló. Hay una ruptura con el sindicato hermano, UGT, y a los que creemos en la socialdemocracia clásica, nos deja groguis, porque el proyecto está cojo. Es verdad que hizo daño también a los que pensaban que Nicolás Redondo representaba a un sector que pedía reparto. Y la huelga general contra el proyecto socialista también los deslegitimó mucho.

Felipe también se equivocó

Con el paso del tiempo... Yo hoy me quedo con Felipe González más que con Nicolás Redondo. Creo que fue excesivo: ¡hacernos una huelga general por un plan de empleo juvenil que ni siquiera había salido del cajón! Es posible que también influyera el factor humano. Y es posible que el sindicato no tuviera otra cosa que hacer más que pedir reparto, que también era su papel. Ahora bien, algo falló cuando no hubo capacidad de entendimiento. No sé si fue error del Partido, del sindicato, de los puentes... Pero nos habría ido mucho mejor si no hubiéramos terminado como terminamos. Es evidente que nos hizo un daño enorme. Ahora, visto con la perspectiva del tiempo, entre Felipe y Nicolás, me quedo con Felipe. Pero entre Nicolás y Boyer, yo me quedo con Nicolás.

No sé si en el origen de la confrontación entre Felipe González y Nicolás Redondo había dos concepciones distintas de lo que debía ser el socialismo, o si había un problema de enemistad personal... Yo creo que hubo un problema de entendimiento. Yo comprendo que el presidente del Gobierno no podía hacer lo que querían los sindicatos... Pero de ahí a no tener en cuenta a los sindicatos, también hay un trecho. Creo que también Felipe tuvo su parte de responsabilidad. No le hubiera costado nada mantener encuentros más frecuentes con UGT, discutir algunas políticas, variar el ritmo, como en el caso de la reconversión industrial... A lo mejor, quizás, hubiera convenido establecer unas reglas de juego... Hacer lo que pedía UGT no era sensato, pero tampoco lo era tenerlos constantemente enfrente. No sé si era posible: unos decían que sí, otros que no. Los puentes no funcionaban... Ramón Rubial iba todas las semanas a tomarse un cafelito a la sede de la UGT, a ver si conseguía algo.

De José Luis Corcuera tengo la mejor de las opiniones. Creo que es uno de los políticos más listos que hay en España, de los que mejor analizan la situación, y de los que, en aquel momento, analizaban muy bien la relación Partido-sindicato.

Corcuera, en un principio, en la reconversión industrial, fue el sindicalista más duro de la negociación. Gracias a él, hoy muchos obreros reconvertidos están recibiendo unas pensiones que para sí las quisiera cualquier trabajador. Al final, José Luis dejó el sindicato y entró en el Gobierno. Yo creo que, en ese momento, se consuma la ruptura entre el sindicato y el Partido, cuando Felipe nombra ministro a un sindicalista y no nombra ministro al sindicalista que dice Nicolás Redondo, sino al que él quiere. Yo creo que, entonces, se rompió definitivamente cualquier tipo de puente, de entendimiento. Porque Corcuera era el hombre que unía al Partido y al sindicato, era un hombre muy bien valorado por Felipe y era la mano derecha de Nicolás Redondo. Cuando todo se rompió, al final, se quemaron las naves: uno decide colocarse en un lugar y el otro, en el lado opuesto.

¿Estuvo detrás Alfonso?

No es verdad que, en aquella crisis, Alfonso Guerra estuviera detrás de Nicolás Redondo. Por lo que yo sé, no es verdad. En aquel tiempo, tan traumático para nosotros, Alfonso Guerra estuvo claramente a favor de Felipe González, absolutamente volcado. Alfonso Guerra fue el que nos citó a los secretarios generales regionales, cuando ya estaba convocada la huelga general, y nos puso en movimiento para defender al Gobierno. Alfonso Guerra decía que era fundamental que la huelga fracasara, para el futuro del Partido y para el futuro del Gobierno. Movilizó a tanta gente como pudo y sacó de UGT a más de una persona que estaba tan ricamente instalada; hubo quien se quedó tirado en el camino porque rompió amarras con UGT. Alfonso les hizo ver la importancia de luchar contra UGT para que la huelga no triunfara. No es verdad que Alfonso Guerra conspirase contra Felipe en esta ocasión, es mentira. Los que conspiraban eran, supongo, los que negaban a Felipe González la capacidad de maniobra económica para parar esa huelga y los que, después, pactaron con Nicolás Redondo los efectos de la huelga. El que traicionó a Felipe González, en mi opinión, fue Solchaga. Y el equipo económico. Yo no sé con qué se hubiera conformado UGT. Y no sé qué pensaría Felipe cuando, un mes después, apareció el dinero. Fue un desgaste innecesario y absoluto.

Aquella fue una huelga política, como un ajuste de cuentas contra el Gobierno socialista. Se imbricaron muchos factores. Uno, la chulería... Aquel lenguaje era imperdonable. Sobre todo, cuando hay gente que pasa necesidad. En segundo lugar, yo creo que en este país había ganas de hacer una huelga general, desde hacía muchos años: no fuimos capaces de hacérsela a Franco y había ganas de hacerla. Ahora bien, creo que era una huelga política, porque las razones no justificaban una huelga general: un sindicato de clase haciendo una huelga general por el sueldo de los funcionarios... Yo creo que la gente estaba cabreada porque estábamos haciéndonos antipáticos.

Al principio, en los años ochenta, nosotros éramos gente «simpática». Yo creo que la gente quiso darnos un escarmiento. Los ciudadanos empezaron a percibir que nos comportábamos como si fuéramos la razón pura y dura, que sólo nosotros teníamos la razón, que lo que había que hacer era sólo lo que decíamos nosotros, porque lo decíamos nosotros, porque teníamos mayoría, porque éramos socialistas, etcétera. Empezaron a tener la sensación de que el país estaba secuestrado. Los ciudadanos consideraban que éramos un Partido necesario, deseado, pero, al mismo tiempo, habíamos perdido la credibilidad y la proximidad, la cercanía. Pero sigo pensando que somos deseados porque nos vuelven a votar después... Nos dejaron un mensaje: «No deje usted que la economía mande: le hemos elegido a usted no para que haga las cosas mejor que la derecha, sino para que haga cosas que no puede hacer la derecha, y de forma distinta y con un lenguaje distinto a como lo hace la derecha». Si alguien se detiene a leer el programa electoral de 1988-1989, no encontrará una sola idea a la que asirse. Es pura literatura. Felipe lo explicaba como si hubiera algo. Pero, desde el año 1987 para acá, no se dice nada. Es bastante difícil que alguien se entusiasme con eso. Los ciudadanos detectaban una forma de gobernar del PSOE instalada en la pura razón, la pura economía. La política quedaba a un lado.

ILUSIÓN, IDEOLOGÍA... Y ECONOMÍA

Después de la huelga general hubo otras elecciones y volvimos a ganar. Eso nos condujo a pensar que llevábamos razón. No recuerdo si es por esa época cuando empieza a liarse el grupo ese... el «sindicato del crimen».

Lo cierto es que el Partido se cierra y, cuando uno se cierra por temor a una especie de conspiración externa, algo muy grave ocurre. Porque, al final, de tanto cerrarte, terminas por no ver la realidad.

De todos modos, lo que creo es que hay mucha gente en España que vota socialismo no porque quiera mejores condiciones económicas, sino porque quiere otra forma de hacer política: quiere entusiasmarse con algo. ¿Por qué perdemos votantes? Mi tesis es que, cuando nosotros hacemos lo mismo que la derecha, pero mejor, no vamos a ningún sitio. Porque la capacidad de gestión se da por supuesta a los gobernantes. A los que tenemos un nivel de vida aceptable, votar al Partido Socialista por razones económicas no nos satisface, porque, por razones económicas, votamos a un partido de derechas: siempre nos saldrá más barato. Votamos a un partido de izquierdas porque esperamos que transforme la sociedad, que haga algo distinto, que le dé un nuevo impulso a la sociedad, que entusiasme con un proyecto, que, aunque proporcione menos beneficio económico, proporcione más satisfacción personal y humana. «No sólo de pan vive el hombre», decía el Evangelio, y hay mucha gente que no vive sólo de pan, que tiene su vida resuelta... Un proyecto socialista puede atraer a esa gente, a fuerza de ideología y de ilusión. Y la ideología desaparecía en aquellos tiempos. En los últimos programas electorales no hay ideología, hay pura gestión. Yo no me entusiasmo con la gestión.

Yo creo que Felipe, después de la huelga, quería cambiar. Organizó un congreso en el que intentó darle al Partido un nuevo protagonismo y hacer una Ejecutiva más fuerte. Recuerdo que nos reunió a Joan Lerma y a mí, y nos dijo: «Se acabó el cuento de que mandéis delegados a la Ejecutiva. A vosotros os quiero dentro, y quiero elegir una Ejecutiva fuerte, y quiero que el Partido recupere el pulso». Yo creo que Felipe sí se dio cuenta de que era necesario cambiar... Felipe aceptó muy mal la huelga. La entendió como una injusticia. Yo creo que no estaba preparado, y la vivió con un gran dolor. Creo que ésa ha sido la única vez que, tal y como yo lo vi, quería abandonar, porque consideró que no era justo: era el presidente del Gobierno que más mejoras y más transformaciones sociales había conseguido. Y le hicieron una huelga general. Felipe era un hombre dolido y casi vencido. Perdió mucha ilusión; creo que, aquel año, Felipe se desfondó. Reaccionó, como buen político que es, pero comenzaron los líos dentro del Partido, empieza la corrupción... Y todo se derrumba. Creo que el Partido ya no tenía respuesta. Cuando una cosa viene mal, viene todo seguido.

Juan Guerra: dos, uno y ninguno

Lo ocurrido con Juan Guerra, el hermano de Alfonso, fue un error político. Todos tuvimos la culpa. Nadie es capaz de reconocer que en su familia puede haber cosas... Tienen que ser los amigos los que te lo hagan ver. No le dimos crédito porque nos contaban historias... Decían que era un hombre que estaba haciendo muchos favores, sin cobrar... Recuerdo una historia que me contaron... Al parecer le había comprado un coche a uno por hacerle un favor. Como se decían tantas burradas de nosotros, costaba trabajo creerlas. Yo veía que, en algunos medios de comunicación, decían cosas de mí que eran falsas, y no tenía por qué creer que lo que decían de otros era verdad. Había mucha difamación. Y eso también nos perjudicaba...

Decían cosas horribles de nosotros. Cuando yo ocupé la Presidencia de la Junta de Extremadura, tuve que hacer una rueda de prensa en la vivienda oficial, porque decían que yo me había hecho una vivienda con grifos de oro, bañeras romanas... Y lo decía la propia izquierda. Porque se supone que los que venimos de clase humilde, cuando llegamos al poder, venimos a enriquecernos. Y se supone que, como no hemos comido nunca caliente, nos vamos a hartar de comer caliente. Nadie discutía nunca que el obispo o el gobernador civil tuvieran un palacio, pero que el presidente —socialista— de la Junta tuviera una casa... Todo el mundo lo criticaba, incluso la izquierda.

Alfonso Guerra tenía muchos hermanos. Y alguno de ellos lo estaba pasando muy mal. Y lo comparabas con la derecha: ningún tipo de la derecha hubiera permitido que un hermano mayor, como el que tenía Alfonso, estuviera cobrando el PER. Eso era de alabar.

Como se difama tanto, uno tiene la tendencia a no creer...

¿Quién se podía creer que Roldán estuviera robando? Si era un hombre al que todo el mundo apreciaba, si lo veíamos en los funerales de las víctimas del terrorismo y lo elogiábamos. ¿Es que Felipe González iba a nombrar ministro a Roldán sabiendo que era un sinvergüenza?

Los ladrones no estaban en el «guerrismo»

Respecto al asunto de Juan Guerra, yo le dije a Alfonso: «Esto se salda con una dimisión». Y Alfonso me dijo: «Ya he dimitido y no me la han aceptado». Alfonso dice que dimitió y no le dejaron. Es difícil saber si era verdad. Un sector del Partido se encargó de hacer del caso un escándalo superior a la dimensión que verdaderamente tenía, y que hoy podemos constatar. Había quien estaba todo el día para arriba y para abajo con el «caso Juan Guerra»: parecía el ladrón mayor del reino, y luego resulta que los ladrones de verdad no estaban en el «guerrismo». Estaban en otro lado. ¿Dónde estaba Mariano Rubio? ¿Dónde estaba De la Concha? Ahí sí que había datos que nunca nos atrevimos a poner encima de la mesa. Y eso sí que lo hablé yo con Felipe. «He oído que el De la Concha ese se ha divorciado, y que la mujer le pide tres mil millones de pesetas... ¿Este tío de dónde saca tres mil millones de pesetas? ¿Cómo se puede ser presidente de la Bolsa y ganar seis mil millones de pesetas? ¿Me lo puedes explicar?». No recuerdo qué me contestó exactamente, pero, más o menos, me dijo que no había nada que sospechar...

Alfonso negó a Felipe que lo de su hermano fuera cierto y Felipe le creyó. Por eso hizo la apuesta de «dos por el precio de uno». Si eso hubiera sido así, tendría que haber dimitido Felipe también, porque eran «dos por el precio de uno». Si era cierto que le engañó y Felipe comprometió en el Parlamento «dos por el precio de uno», tendría que haber dimitido. A ver si la historia le da la razón... o a ver si es que era verdad que Alfonso Guerra le presentó la dimisión y no se la aceptó. Porque si Alfonso Guerra hubiera dimitido, si hubiera presentado la dimisión y se la hubieran aceptado, hoy Alfonso Guerra sería Zapatero. En ese caso, Alfonso Guerra habría seguido su carrera con toda la dignidad del mundo, y cuando se provocara la crisis del Gobierno con la dimisión de Felipe, ¿quién se hubiera hecho con ese congreso? Alfonso, sin duda. Porque el «guerrismo» tenía mucha fuerza y, ante la afirmación de la dimisión de Felipe, Alfonso le habría sustituido... si Alfonso hubiera estado bien situado, si hubiera dimitido... Pero las cosas no sucedieron así. Lo cierto es que, en ese momento, la estrella de Alfonso Guerra empieza a palidecer... Y se comienza a librar la gran batalla dentro del Partido. Porque había un interés especial en eliminar a Alfonso Guerra y todo lo que representaba en el Partido.

Yo no sé si a raíz del asunto de Juan Guerra y otros casos de corrupción, Felipe empezó a sentirse incómodo con Alfonso en el Gobierno. Existía una ruptura absoluta entre los dos y se pone de manifiesto en la Ejecutiva que se formó en el XXXIII Congreso. Era la peor Ejecutiva en la que yo he estado. Yo creo que era la peor que ha habido en la historia. Era una Ejecutiva dividida en dos: siempre se planteaban los temas de tal modo que sólo había dos posibilidades, o blanco o negro. La culpa la tuvimos todos. Esa Ejecutiva no tendría que haber existido. Las medias tintas nunca me han gustado. Ésta es mi forma de entender el Partido. Aquello no era «ni chicha ni limoná». Ni siquiera se estaba allí porque se tuviera la confianza del secretario general. Era una pelea sin sentido que hacía sufrir a mucha gente. Todo el mundo quería alinearse y comprobar que los demás también estaban alineados, y había personas que no querían estar alineadas, excepto con lo que consideraban razonable y sensato.

Es posible que Felipe estuviera más cómodo con los «renovadores». No lo sé. Parecía evidente que Felipe no estaba cómodo con Alfonso, pero también es cierto que Felipe se portaba bien con mucha gente que pertenecía al sector de Alfonso. No creo, de verdad, que Felipe estuviera pensando: «Voy a marginar a esta parte del Partido porque me molesta», sino: «Tengo una ruptura con Alfonso».

Los «guerristas» lo hicimos mal

Yo no quiero convertirme en juez de nadie, porque los hechos son como son, y los factores eran muchos. Ahora bien, pienso que cuando uno no está de acuerdo con el secretario general, plantea una alternativa. Esto es lo que yo no he entendido del «guerrismo», porque siempre he sido leal al Partido y, sobre todo, con la persona que lo encabezaba. En mi «cultura» de Partido se establece que el secretario general es una persona a la que se le tiene lealtad absoluta. Se discute mil veces, pero uno debe explicar su opción. Si se quiebra la confianza con el secretario general, o le presentas una alternativa o te marchas a tu casa. Yo creo que en el «guerrismo» lo hicimos mal desde que empezó la ruptura entre Alfonso y Felipe, al querer estar... no sé para qué, si para influir, o para molestar, o para fastidiar, o para impedir que las cosas fueran por donde no queríamos.

Felipe ya había dado un paso muy claro hacia el «sector renovador» del Partido cuando dijo la frase aquella: «Se gobierna desde Moncloa, y no desde Ferraz». Que fue tanto como decir: «Respecto al Partido... puede usted quedarse con él, puede usted intentar utilizar a la gente que quiera, que el Partido no va a influir en este proyecto». Incluso en la campaña de 1993, Felipe intentó organizar una oficina electoral fuera de la sede del Partido. Porque Felipe tenía la sensación de que se le hacía la vida imposible. Creía que él tenía las ideas muy claras y que no era capaz de llevarlas adelante porque estábamos ahí, fastidiando. Y buscaba siempre comprensión y apoyo en el otro lado.

En aquella reunión Ejecutiva, en la que Felipe planteó organizar una oficina electoral fuera de Ferraz, se acordó que Felipe hiciera un Comité Electoral. Felipe me llamó dos días después: «No soy capaz de componer el Comité Electoral». Y le contesté: «Pero, ¡coño!, ¿no te ha dicho la Ejecutiva que hagas tú el Comité Electoral? Pues hazlo tú. La Ejecutiva te ha dado poderes para que hagas lo que te salga de las narices... Haz el favor de hacerlo». «Sí, pero es que si pongo a fulano, no sé qué...». Le dije: «Mira, Felipe, no te escudes en nada: si te han dicho que lo hagas, hazlo. Yo te apoyo. Si yo no te apoyara, no te habría dado facultades para hacerlo, no habría votado a favor de la Ejecutiva».

A Felipe le daba miedo tomar decisiones que pudieran ofrecer una imagen de división más profunda en el seno del Partido, porque eso repercutía electoralmente. Estuvimos viviendo una ficción de unidad que era falsa. Felipe tomó su camino, y yo lo critico: ese camino no era el mejor, como se puso de manifiesto con los acontecimientos posteriores que nos llevaron finalmente al desastre. Hubiera sido más honrado, por nuestra parte, no haber estado presentes en esa Ejecutiva. Si no nos quieren, nos vamos y construimos una alternativa. Pero no se formulaba una alternativa, porque nadie quería ser esa alternativa. Todo el mundo quería influir... y esas cosas, así, no funcionan.

Felipe me explicó así su ruptura con Alfonso: «Nosotros estábamos haciendo una obra en la que vosotros no creíais, y creíais que esto no era socialismo y esto es socialismo. Y nosotros hemos hecho esto, y esto, y esto, y vosotros nunca lo habéis creído, y, al final, el que llevaba razón era yo». Felipe hace la crónica de su mandato y es verdad que se cuentan muchos logros. Y era en ese punto donde fallaban las cosas.

Pero Felipe nunca habla con rencor de Alfonso. Nunca. Es más, cada vez que habla de Alfonso, siempre añade: «Alfonso, que es tan listo, sin embargo no veía esto, y esto, y esto...». Lo dice en un sentido cariñoso, no despectivo. Cuando se produce la separación entre los dos, también hay una desbandada general: hay personas que se unen a Felipe y le doran la píldora y lo separan radicalmente de Alfonso, y hay personas que se quedan con Alfonso y, seguramente, hacen lo mismo. Yo creo que faltó algo... Creo que quedaban sólo dos o tres personas con mucha lealtad: Corcuera, Benegas y yo. Benegas es un hombre que me encanta, una de las cabezas más privilegiadas que tenemos en el Partido, y quien más sabe de lo que ocurre en País Vasco.

EL MINISTERIO SOMBRÍO Y UNA HISTORIA INEXPLICABLE

Nunca he entendido la etapa del último Gobierno socialista. No entendí la decisión, de Felipe o de quien fuera, de colocar a Garzón como número dos. Algo habría para que lo señalaran como número dos, pero ello suponía, ni más ni menos, que desplazar a todos los históricos del partido, como a Javier Solana, por ejemplo. Alguna razón habría, y es verdad que muchos pensamos que se trataba de terminar con la corrupción. Y menos comprendí que, una vez que Garzón iba de número dos en la lista de Madrid, no fuera ministro de algo, porque creo que estaba en esa lista para ser ministro, y que ésa era su ambición. Y fue menos comprensible todavía que Belloch ocupara el Ministerio de Justicia e Interior, y que Margarita Robles fuera la número dos de Interior. Es decir, yo nunca entendí que un Ministerio de Interior se pudiera poner en manos de dos jueces, porque un juez, por propia formación profesional, debe jugar con una absoluta limpieza, y eso, en un Ministerio del Interior, no siempre se da. Yo nunca he estado en un Ministerio del Interior, pero me imagino que, de vez en cuando, las colaboraciones extrañas que se producen no son consecuencia de la buena voluntad de la gente, sino de dinero, de pagar... Le he preguntado a Felipe, mil veces, por esta circunstancia: que hubiera dos jueces en el Ministerio; y nunca me ha dado una explicación razonable. Yo creo que ésa es la parte más inexplicable de la historia de ese Gobierno Socialista. ¿Qué se pretendía conseguir? ¿Terminar con la corrupción? De acuerdo, pero si se había destinado a un juez para ello, no se le utiliza, se le expulsa de mala manera y, encima, se le cabrea. Luego vienen las venganzas... Porque todo lo que hizo Garzón fue una venganza contra nosotros.

Felipe no quiere hablar de estos temas, de Garzón, de Belloch... Temas de seguridad, de terrorismo... no los trata. Habla del terrorismo genéricamente. Puede justificar algunas decisiones que se tomaron, pero no... Al menos, a mí, jamás me ha dado una explicación profunda de temas de Interior, de temas de terrorismo... Por eso no sé explicar qué es lo que sucedió. Sí sé, y eso se lo he dicho muchas veces al interesado, que Corcuera nos hizo un mal servicio al dimitir, porque, si no hubiera dimitido —y dimitió por su cabezonería vasca—, seguramente las cosas habrían funcionado de otra manera. No sé cómo, pero de otra manera. No habría entrado Asunción, ni Belloch. No sé qué habría ocurrido, pero todo hubiera sido distinto. Y, desde luego, a mí me ofrece muchas más garantías Corcuera que cualquiera de los que llegaron después. Porque creo que Corcuera es un hombre honrado, es militante del Partido y tenía una idea muy clara de lo que perseguíamos. Él dice que el Tribunal Constitucional actuó bajo presión para declarar inconstitucional el artículo famoso de la «ley de la patada en la puerta», con la intención de que él dimitiera.

Yo no creo que los ministros de Interior que vinieron después de Corcuera mejoraran la imagen de ese Ministerio, al precio de tanto deterioro y tanto daño. Porque, cuando Garzón se va, y organiza ese escándalo... Cuando detienen a Sancristóbal y, primero, hace unas declaraciones diciendo que era una conspiración contra Felipe y después se convierte en testigo de cargo... No, creo que no, que Interior no daba imagen de más limpieza. Yo creo que, para explicar todo esto, alguien debería tener la valentía de decir que la «transición democrática» no fue tan ejemplar. Nuestra transición, pienso yo, está llena de porquería. Y nosotros la heredamos. Se hicieron muchas cosas que eran necesarias, porque no fue una revolución. No se acabó con el régimen, sino que hubo que hacer una especie de compadreo con todo el mundo... Yo no creo que la gente se convirtiera en demócrata de la noche a la mañana: había muchas personas que estaban implicadas en el régimen anterior y, de pronto, se hicieron demócratas. No, no. Yo creo que hay muchos agujeros negros. Y alguna vez habrá que averiguar qué hay detrás.

El último equipo de Interior, sobre todo Margarita Robles, hizo mucho daño al PSOE. Belloch tenía aspiraciones políticas y, seguramente, no buscaba dañar al Partido. Al final, él quería ser el líder del Partido, desde mi punto de vista. Pero sí quería construirse una imagen a costa de lo que fuera, pasando incluso por dejar mal a los que habían estado antes en el Ministerio del Interior. Respecto a Margarita, yo creo que fue absolutamente desleal con nuestro proyecto.

ALFONSO Y EL TRABAJO SUCIO

Yo creo que se ha sido muy injusto con Alfonso. ¿Por qué Alfonso se «carga» a Rodríguez de la Borbolla? ¿Por voluntad propia o porque se lo ordenan? ¿Y Alfonso Guerra a quién coloca al frente de Andalucía? A Manuel Chaves. Fue él quien lo destinó allí. Es decir, como mínimo, Chaves le debe algo a Alfonso Guerra: haberlo nombrado para dirigir Andalucía. El pago que después han tenido con él ha sido muy ingrato. Es comprensible que Rodríguez de la Borbolla le odie. ¡Pero Manuel Chaves...! ¡Si él llevó a Chaves a Andalucía! O, cuando se «cargaron» a Rafael Escuredo: ¿quién eliminó a Escuredo? ¿Y quién se llevó las culpas por la defenestración de Escuredo? Se las llevó Alfonso, pero se lo «cargó» Felipe...

Alfonso hizo, a veces, el trabajo sucio para Felipe. En cualquier caso, no vayamos a comparar la etapa de Alfonso Guerra dirigiendo el Partido con la etapa de Almunia, o la última etapa de Felipe; porque puede que Alfonso Guerra apartara a alguien porque le molestara, pero, con Almunia, no quedó ni uno. Compruébese en Andalucía, provincia a provincia: no queda ni uno. Ni en Castilla y León. En Galicia queda Francisco Vázquez[5]...

Es muy injusta la imagen que se tiene de Alfonso Guerra. Yo creo que Alfonso Guerra no tenía el control del Partido que se le atribuye. Lo que ocurría era que determinadas personas pensaron que, estando cerca de Alfonso Guerra, podían conseguir sus objetivos y, cuando no los conseguían, le echaban la culpa a él. Más «guerrista» que Zapatero no había nadie. Yo conocí a Zapatero con los «guerristas». Después, por las razones que fueran, cambió y se alineó con los «renovadores».

Yo nunca he sentido la sensación de persecución que se atribuye a Alfonso. Todo lo contrario. Yo creo que ayudaba mucho a la gente. Solamente actuaba cuando creía que el Partido necesitaba cambios; entonces, eso sí, él movía los instrumentos para realizar esos cambios. También es cierto que él tenía esa responsabilidad, ¿no? El poder era Felipe. Nos hemos equivocado todos. El que mandaba era Felipe y Alfonso Guerra era la imagen... Alfonso hacía el trabajo del policía malo, y estaba bien que fuera así. Pero el poder era Felipe. Nos equivocamos todos. El que mandaba era Felipe, y Alfonso tenía la imagen... En el fondo, todos añoramos tener un Alfonso Guerra al lado.

Yo fui la primera persona con la que habló Alfonso Guerra cuando dimitió. Vino a Cáceres y tuvo una conversación privada conmigo. La explicación que a mí me dio fue la siguiente: había presentado la dimisión porque Felipe no tenía confianza en él y ya no tenía lugar en ese Gobierno. Añadía que Felipe le había aceptado la dimisión. Ésta es la explicación que me dio a mí. Luego dio otras explicaciones en el congreso del Partido, en Cáceres, pero ésta es la que me dio a mí.

Yo creo que, en ese momento, se acabó el Partido. Con la dimisión de Alfonso, el Partido perdió cualquier peso en el proyecto y dejó de marcar estrategias; dejó de ser una máquina electoral y, a partir de ese punto, el PSOE naufragó constantemente. Hasta ahora. Alfonso era el que mantenía el Partido en tensión, en vilo, el que utilizaba el Partido para apoyar a Felipe González siempre... Cuando se decide romper la disciplina en el Grupo Parlamentario votando en contra de Solchaga —nosotros cometimos el error—, ocurrió que, por única vez, no se apoyaba a Felipe González. Pero salvo en ese caso, no conozco ninguna etapa en la que Alfonso Guerra haya sido desleal desde el Partido con el Gobierno. Sólo en esa ocasión.

El Partido se puso en manos de personas —Cipriá Ciscar, Joaquín Almunia y otros— que le dieron la vuelta completamente, que terminaron con todo, arrasaron con todo... Era rara la Ejecutiva en la que no había un cambio de secretario general en cualquier provincia. Todas: una a una fueron cambiando. Era sistemático. Yo me salvé, seguramente porque no pudieron conmigo, pero dieron la vuelta a todas las federaciones...

FELIPE ME SALVÓ DE LA VENGANZA

Hubo un tiempo —allá por el año 1988 o tal vez en 1989— en que se llevó a cabo una operación para apartarme de la dirección en Extremadura. Yo creo que, detrás de todo, estaba el «grupo de Chamartín» y Alejandro Cercas, con el que hoy tengo una gran amistad. Cuando percibí que, efectivamente, existía una operación para «eliminarme», le pedí una entrevista a Felipe y fui a verlo a La Moncloa. Y le dije: «No hace falta, Felipe, que emprendáis ninguna operación, porque yo sé que, cuando el "aparato" se pone en marcha, es imparable. Vais a tardar, calculo yo, un año y medio en echarme, pero no es necesario: eso es agotar energías y dividir el Partido. Ya tienes la solución: me voy. Cuando quieras que no esté al frente de los socialistas extremeños, no hace falta que envíes a nadie ni que organices ninguna operación: yo me voy al instante. Puede haber razones que a mí se me ocultan, y que pienses que yo no soy la persona adecuada, por lo tanto, no hagas una guerra, por favor, porque va a deteriorarnos mucho, vamos a perder las elecciones y, al final, vais a ganar. Y como sé que vais a ganar y a mí no me apetece la guerra, me voy». Felipe me dijo: «Vete tranquilo, que no hay guerra. Se acabó. Si hay alguna guerra, en este momento se ha acabado. Vete para casa; vete para tu pueblo, no hay problema, yo tengo confianza».

Yo no sé si Felipe sabía lo que estaba en marcha, pero lo paró. Felipe y su «aparato» han tenido siempre claro que a mí no había que hacerme la guerra, porque yo, si tal batalla se planteaba, me iba. Y, seguramente, por esa razón, yo me salvé cuando el Partido quedó en manos de los «renovadores». No lo sé; tampoco le pedí explicaciones. Pero, seguramente, ésa fue la razón: siempre se ha sabido en el Partido que a mí no hacía falta tocarme las castañuelas para que abandonara. Yo me iba solo. Cuando tú no muestras aprecio al cargo ni tienes ganas de fastidiar, ni de joder... No lo sé, pero ésa puede ser la explicación.

Yo creo que los «renovadores» querían otro Partido. Ellos pensaban que se podía perder Extremadura y que no ocurriría nada si, a cambio, se ganaba Calatuña, se ganaba Madrid y se ganaban zonas que a ellos, seguramente, les interesaban más. Esto Almunia siempre lo ha pensado y lo ha dicho. Almunia, cuando era candidato, tuvo una conversación conmigo en la que me dijo que lo imprescindible era ganar en algunas zonas, y Extremadura no estaba entre ellas. Tenían la idea de que Extremadura aportaba pocos diputados. No era como Andalucía, o Cataluña, donde no da igual ganar que perder, porque pueden establecerse diferencias de veinte o treinta diputados. Aquí, como mucho, te «colaban» uno o dos...

Y después, y sobre todo: no nos querían. A mí esa gente me desprecia. Yo creo que me desprecian porque tenemos dos formas distintas de ver la vida, la sociedad... El libro que ha escrito Almunia[6] indica claramente el desprecio que me tiene. Escribió un capítulo dedicado exclusivamente a los «barones». Yo no existo. No es que me preocupe no estar en el libro de Almunia, pero si habla de los «barones»... parece que uno de los «barones» del Partido era yo. Y no existo. Es el desprecio de personas que no nos veían con buenos ojos: nos veían como una rémora, como un obstáculo. Preferían gente más en su línea, un Julián Santamaría, que les venía bien; en esa operación querían promocionar a Julián Santamaría, que es de Mérida...

Corrupción y preguntas sin respuestas

Al final se impuso el mensaje de la corrupción, caló en la sociedad.

No quiero ser sectario, pero si, en 1993, nosotros hubiéramos perdido las elecciones, no habría ocurrido nada. Es decir, todos esos escándalos habrían sido una anécdota. Hay unas declaraciones del señor Anson en la revista *Tiempo* en las que se afirma que habían organizado una conspiración para terminar con Felipe «como fuera», incluso arriesgando la estabilidad del Estado. Es muy grave.

Yo creo que los casos de corrupción no se pueden ocultar, ni estábamos preparados para aceptar que existían. Teníamos una idea tan idílica de lo que significaba pertenecer al Partido Socialista, que no te entraba en la cabeza que alguien estuviera corrompiéndose. Ahora bien, el exceso de crítica sobre hechos aislados...

¿Qué sucedía? Que había doscientos o trescientos mil militantes, muchos de ellos ocupaban cargos de responsabilidad y miles de alcaldes. Pero, cuando se trata de corrupción, siempre se habla de Mariano Rubio, de Luis Roldán, pero no se va más alla: porque fueron tres o cuatro. El PP, junto con muchos medios de comunicación, tuvo la habilidad de hacer una herida de la que no fuimos capaces de recuperarnos. No importaba lo que hiciéramos: se dimitía por las cosas más absurdas, por las cosas más tontas.

Si comparamos cómo son ahora las cosas y cómo eran antes, fue una injusticia lo que les ocurrió a Barrionuevo y a Corcuera. Es decir, cuando un guardia civil le pega un tiro en la cabeza a una terrorista en la entrada de un piso, se investigaba de arriba abajo y de abajo arriba, porque pudiera tratarse de una utilización ilícita del poder por parte del Ministerio del Interior. Sin embargo, cuando un etarra aparecía colgado en un monte del País Vasco, con un tiro en el lado contrario de donde tenía la pistola, resulta que era un suicidio... Y si hablamos de hechos semejantes, puedo poner ejemplos y no parar: Lasa y Zabala, o el terrorista que, al parecer, iba detenido por la Guardia Civil, y se tiró a un río y se ahogó; se trajeron médicos desde Suecia para hacer autopsias, se hicieron diez autopsias, se demostró que no estaba muerto cuando se tiró, que se ahogó... Bueno, pues dicen que lo mató la Guardia Civil.

Yo creo que, honradamente, hubo una persecución brutal contra nosotros. Yo creo en la inocencia de Barrionuevo y de Corcuera. Estoy convencido de que nosotros no inventamos la guerra sucia, que la guerra sucia se hacía... desde que existe ETA. Y me imagino que seguirá habiendo guerra sucia. Yo no puedo comprender que a nosotros se nos tratara tan mal en este asunto, sólo lo puedo entender si tengo en cuenta la irresponsabilidad del PP. Es decir, la persecución formaba parte del plan para quitarnos el poder «como fuera».

EL GAL ES LA TRANSICIÓN

A Barrionuevo lo condenaron con unas pruebas que valían en unos casos y, en otros casos, no valían. Es decir, el testimonio de Sancristóbal valía para un caso y, para otro, no valía. Lo condenaron a base de testimonios sin confirmar. Lo única prueba aportada para condenar a Barrionuevo era la existencia de una llamada, desde una comisaría del País Vasco, diciéndole a Barrionuevo que tenían a Segundo Marey...

En cuanto al GAL... Yo creo que el GAL es la transición. Yo no estoy dispuesto a que mi Partido pase a la Historia como el que inventó la guerra sucia contra ETA. En primer lugar, porque la guerra sucia estaba inventada desde hacía tiempo. No en vano, hay cuarenta y tantos muertos antes de que llegáramos al Gobierno y veintisiete, después, con nosotros en el poder. ¿Por qué el ministro del Interior anterior a nosotros, Martín Villa, hoy está felizmente retirado con cuatro mil millones de pesetas de indemnización y Barrionuevo fue a la cárcel? ¿Por qué? ¿Por qué Suárez preside hoy la Asociación de Víctimas del Terrorismo sin haber ido a un funeral de una víctima en su vida? Sin embargo, los que se tragaron todo el sufrimiento fueron a la cárcel. De verdad: no lo puedo comprender. ¡Me sublevo!

Lo malo es que aquellos asuntos se mezclaron, además, con la historia de la corrupción económica. Pero ahí tampoco son todos iguales. Es decir, el tío que se corrompe para llevarse dinero a su casa es más corrupto que el que se corrompe para darle dinero al Partido. Yo sé que hay gente que piensa que es una doble moral intolerable, pero no es lo mismo. Y lo está diciendo alguien que en la puta vida ha cogido dinero para el Partido. Nunca. Y ofrecimientos he tenido. Pero no es lo mismo hacer un negocio para que el Partido pueda hacer una campaña, que hacerlo para enriquecerse uno mismo. Yo no lo justifico, pero distingo.

Los de la derecha tienen votos y, además, tienen dinero, tienen medios de comunicación, tienen poder económico, financiero, tienen todo. Nosotros no tenemos más que votos. Es una lucha desigual. Y de vez en cuando, a lo mejor, ha existido tentación de intentar equilibrar la balanza. Yo lucho en Extremadura contra la derecha en condiciones de inferioridad. Pero es el cinismo lo que me saca de quicio. ¿O es que alguien cree que el Partido Popular se está financiando legalmente? Yo no tengo pruebas, por lo tanto no puedo acusar, pero nadie me podrá decir que la cinta magnetofónica del caso Naseiro es falsa, porque es verdad. Y quien se benefició de ello se llama Zaplana, que puede ser presidente del Gobierno. No es justo: no es justo que, porque una decisión judicial establezca la invalidez de una prueba, esta gente pase a la Historia como los «limpios» y nosotros como los «marranos» de la política española. ¿Pero esto qué es? Y Ángel Sanchis, forrado de millones... —si será malo que hasta Franco lo procesó cuando tenía gasolineras en Extremadura—, este tío... ¿Cómo es posible que Zaplana dijera en esa cinta magnetofónica que «yo estoy aquí para ganar dinero, para hacerme rico» y que Corcuera haya sido procesado por comprar unos pendientes a las señoras de algunos responsables de Interior?

No reaccionamos ante la corrupción porque no estábamos preparados para asumir que pudiera existir. Ahora sí. Ahora ya sabemos que puede haber gente que se corrompa y estamos excesivamente vigilantes. Pero antes no estábamos preparados y no supimos cómo reaccionar. Además, algunos de ellos, ni siquiera eran de los nuestros. ¿Qué clase de socialista era Mariano Rubio? ¿Por qué teníamos nosotros que endosarnos la responsabilidad de un tipo que se lleva no sé cuántos millones de pesetas? Llegó un momento en que todo lo que ocurría —lo malo— caía en la espalda de los socialistas, y era muy injusto.

Yo creo que a Felipe le dolió más la corrupción de la *beautiful people;* le dolió mucho lo de Mariano Rubio, mucho, porque pensaba que esa gente no se iba a corromper nunca. A lo mejor, en los casos que afectaban directamente al Partido, pensaba que había razones que pudieran explicar alguna actuación. Pero, con esos personajes, creo que se llevó una gran decepción. Es verdad que Felipe les apoyó hasta el final. Desde luego, yo no digo que los «renovadores» fueran corruptos... Pero es verdad que, por afinidad, por proximidad sociológica, Felipe se sentía más cómodo en ese ambiente.

Revolución y emoción

La dirección del Partido, hasta ahora, me ha permitido decir lo que pienso honradamente. Yo creo que a nadie le molesta que alguien le señale los errores, si sabe que no tienes intención de destruirlo, en política o en cualquier otro aspecto. Yo siempre fui leal con Felipe y con Alfonso, pero también fui capaz, al mismo tiempo, de cantarles las verdades del barquero, a los dos.

Y lo mismo ocurre con Zapatero. Nuestras relaciones fueron malas, al principio. Pero ahora, creo, son bastante mejores. Sencillamente, porque le hablo con la misma claridad con que hablaba a Felipe y a Alfonso. Y estoy seguro de que Zapatero, ahora mismo, agradece lo que le digo.

Perdimos las elecciones en 1996, pero sólo por 300.000 votos de diferencia. Yo creo que eso se explica porque nosotros siempre somos un Partido deseado y, en aquel momento, ya no teníamos la credibilidad de años anteriores. Por eso perdimos por tan poca diferencia, porque la gente quiere a este Partido. Éste es un Partido de una importancia capital en la vida política española, tanto si está en el Gobierno como si está en la oposición. Sin nosotros no se podría hacer nada. Ahora bien, la gente también sabe que hay veces que, a lo mejor, es necesario que gobierne la derecha, para llevar a cabo políticas que nosotros no podemos hacer. Por ejemplo, los ciudadanos pensaron que el Partido Popular podría solucionar el tema del terrorismo y, si no lo hace, es por errores suyos. Pero, a nosotros, cuando no nos quieren en el Gobierno, nos quieren muy cerca del Gobierno. Porque saben que éste es un Partido fundamental en la estructura de España. Nosotros no tenemos más que el voto y el territorio. Ellos, los dirigentes de la derecha, pueden hacer el proyecto que les dé la gana, de una España unida o desunida, su proyecto sale siempre adelante, con libertad y sin libertad, con democracia y sin democracia, con golpe de Estado o sin él: la derecha siempre hace su proyecto. Pero ¿cómo vamos a querer nosotros romper un Estado, si es lo que necesitamos para hacer la política que queremos? ¿Cómo vamos a querer nosotros cargarnos España? Si no tenemos España, no tenemos nada... aunque sea solamente para llevar adelante nuestro proyecto. Un socialista sin Estado no es nada. Y, en ese aspecto, también hubo una gran contradicción en el seno de nuestro Partido: había personas que creíamos que el Estado era fundamental y otras pensaban que no, que todo era un producto contable, y de liberalismo y de mercado. Pero sin Estado, un proyecto socialista no tiene futuro.

En mi opinión, hicimos una revolución sin emoción en España. El país que nos encontramos y el país que dejamos no se parecen en nada. España es, en la actualidad, un país sin miedo al golpe de Estado, moderno; conoció una expansión hacia el mundo y la entrada en la Unión Europea; se llevó a cabo una política de igualdad social extraordinaria, en educación, en sanidad: se universalizó casi todo; se aprobaron pensiones para gente que nunca las había tenido...

Creo que fue una revolución, pero sin emoción. Y se explicó mal: no se utilizó un lenguaje transformador, sino un lenguaje de gestión. Yo creo que Felipe González hizo una gran tarea en España. Solamente le quedó por hacer una cosa: conseguir que no hubiera una España con dos velocidades; es decir, un cierto reequilibrio territorial. Esto no lo hizo, seguramente, porque no le dio tiempo. Pero España no puede seguir teniendo unas regiones muy desarrolladas y otras poco desarrolladas. Yo he aprovechado la oportunidad. Es por eso que me mantengo aquí, en Extremadura.

Y he decidido repetir —esto puede parecer una petulancia o una impertinencia—. En Extremadura no hubo reconversión industrial. Así que la reconversión industrial soy yo.

Notas

[1] La invasión estadounidense de Granada se produjo el 25 de octubre de 1983. La intervención respondió a la demanda de la Organización de Estados Caribeños (OECS).

[2] El empresario Enrique Sarasola (n. 1937) murió el 2 de noviembre de 2002.

[3] Mario Camus dirigió la película *Los santos inocentes* en 1984, protagonizada por Alfredo Landa y Francisco Rabal. Se trata de una adaptación cinematográfica de la obra homónima de Miguel Delibes, publicada en 1981.

[4] El 26 de agosto de 1990, ciertas disputas vecinales concluyeron en la llamada «matanza de Puerto Urraco», en Badajoz. Nueve muertos y más de una docena de heridos fue el balance de aquella trágica noche.

[5] Francisco Vázquez (n. 1951) es alcalde de A Coruña desde 1983.

[6] Joaquín Almunia, *Memorias políticas*. Aguilar, Madrid, 2001.

José Bono
Ante el espejo

Sentarse a conversar con Pepe Bono, sobre cualquier asunto, es... sufrir las consecuencias. Porque todo es previsible, cordial, perfecto, insoportablemente «natural». Porque, como todas las mañanas, Pepe Bono se habrá mirado en el espejo y habrá llegado a la aplastante conclusión de que todo está en su sitio y que no hay motivo alguno para cambiar las cosas de lugar, ni la historia de su rincón, ni el gesto de su rostro, ni su verdad del lugar en la que duerme, tranquila, junto a su conciencia. Como la clave del éxito consiste en no decepcionar a su espejo, con pretexto ni sobresalto alguno, José Bono se dispone a ser el que siempre ha sido. No hay razones para aceptar el riesgo de separarse, ni un milímetro, de la imagen elegida.

Pese a todo, José Bono no renuncia a un sentido del humor que hace más llevadera la conversación, que provoca la risa, la carcajada incluso. Magistral resulta su evocación de los tétricos momentos previos al temido fusilamiento, en la noche del 23-F, en los que, haciendo gala de una flema insuperable, se permite el lujo de tranquilizar a un aterrorizado Leopoldo Torres asegurándole que «las balas no hacen daño». Magistral es también su descripción de la noche del triunfo electoral en la que acaba por llevarse al huerto al pobre gobernador civil de la provincia, para el que llega a pedir un aplauso del «respetable» público socialista. (Es seguro que aquella noche el gobernador tuvo muy claro a quién iba a votar en las siguientes elecciones).

En fin, José Bono es insuperable cuando hace de José Bono.

Por eso no encaja bien ni se puede creer —aunque Bono empleara algunos minutos en intentar convencerme— que aún recuerde el «miedo escénico» que le producía venir a Madrid y acudir a las reuniones del Comité Federal, y tener que relacionarse con unos y con otros compañeros del Partido: «Porque yo soy de pueblo y a mí aquello me sobrepasaba». Pero como él no muestra más interés que yo en semejante asunto, sonríe —él siempre sonríe— y pasa página.

Se detiene en lo que quiere detenerse, pasa como por ascuas en lo que, a estas alturas, ya considera anecdótico. Por ejemplo, su conocida condición de «guerrista» furibundo, más que ningún otro; mucho más que el propio Alfonso Guerra. Me cuesta Dios y ayuda no acabar yo también en el «huerto» que él me tiene preparado de antemano.

En la memoria de José Bono no hay lugar para la introspección, ni hay dudas, ni sufrimiento, ni un segundo para la reflexión. Piensa que no hay tiempo para eso ni se trata de eso. Bono viaja, a toda velocidad, por su camino hacia la gloria, hacia sus inatacables, espectaculares, mayorías absolutas, y sólo hace parada y fonda en sus duelos al sol con los sucesivos Gobiernos socialistas que se opusieron a sus razonables apuestas en Cabañeros o en las Hoces del Cabriel. Es inevitable detectar un claro regodeo en su enfrentamiento con el propio Felipe González, a propósito de todas aquellas batallas. En ese punto, José Bono desacelera su marcha triunfal. Se escucha un silabeo y su deleite como ruido de fondo de la propia historia que va reconstruyendo minuto a minuto: «Felipe me dijo, y yo le dije, y entonces él me dijo...». Aunque es de justicia reconocer que, en esta parte del relato de sus «hazañas bélicas», José Bono reproduce, como nadie, algunas de las más conocidas tácticas de Felipe González para esquivar el cuerpo a cuerpo y despistar al enemigo. Sólo que Felipe, como se dice vulgarmente, no sabía bien «con quién estaba hablando».

No hay un monumento al sarcasmo más logrado que cuando José Bono asegura que las cosas que sucedían en Madrid, en el Partido, «me venían como de lejos, porque yo estaba aquí —en Toledo—, a lo mío». Porque, a la hora de la verdad o a la de la conspiración, José Bono estuvo siempre en el lugar adecuado, en el momento oportuno. Y por si yo tenía alguna duda, él se encarga de añadir a su evocación, tan personal, la reproducción literal: ¡las actas! ¡Las actas de sus intervenciones en el Comité Federal! Bono denunciaba entonces la resistencia de la Dirección del Partido, y de Alfonso Guerra, a tomar medidas contra la corrupción. Merece la pena la secuencia y trasladarse con la imaginación al dramatismo de aquellos debates, en los que el protagonismo de José Bono se alzaba por encima del silencio.

José Bono se oculta detrás del enigma para no explicar las razones de su conversión paulina a la militancia «antiguerrista», consciente, sin duda, de que así provoca la especulación más perversa, y se comporta y habla como lo que es: un poder inamovible en su feudo.

Este José Bono nada tiene que ver con aquel candidato, sudoroso, que enjugaba en el pañuelo la ansiedad y la angustia cuando soñaba con ese otro poder no alcanzado: el del Partido. Afortunadamente, para este José Bono, que se mira en su espejo, eso no es el objetivo de este libro.

Un año antes de que los socialistas llegáramos al poder, viví directamente aquel fatídico día del 23-F. Estaba en la Mesa del Congreso y la primera impresión que tuve al ver a Tejero fue de gran sorpresa. Casi anuló mi capacidad de reflexión durante unos instantes. No tuve duda de que se trataba de un golpe de Estado. No caí en la tentación de pensar que era un grupo de la Guardia Civil que entraba en el Congreso para librarnos de un supuesto atentado de ETA. No me ocurrió como a la esposa de un diputado, que llamó a Pepa Molina, la mujer de Donato Fuejo, diciéndole: «Ha sido espantoso, tiros y todo, pero no te preocupes, que cuando salía, ya entraba la Guardia Civil». Lo primero que sentí fue miedo, temía por nuestras vidas, porque estaban disparando en el interior del Congreso. Los tiros resonaron como bombas, y la actitud de los guardias era la de unos facinerosos que iban a cometer un grave delito; no era la disciplinada presencia de un ejército rebelde.

La sensación que tuve es que, otra vez, nuestros esfuerzos habían sido inútiles y, en ese macabro juego de la oca, un juego al que tantas veces nos han sometido los «salvapatrias» de turno, nos metían otra vez en la casilla del pozo, en la de la cárcel. Recuerdo que, yendo al baño, me preguntó Miguel Ángel Martínez: «¿Qué crees que pasará?». Y le contesté: «Pues que pueden matarnos...». Leopoldo Torres me comentó: «Oye, ¿harán daño las balas?». Y, como si fuese experto, le dije: «No, creo que no». Leopoldo Torres y yo, la semana anterior, habíamos contratado un seguro de vida para los diputados, y la única broma que se permitió fue pasarme un papelito con una cuenta: «350 diputados por 30 millones, igual a 1.050 millones». Debajo de los números, una anotación: «La ruina de La Unión y el Fénix», que era la compañía con la que habíamos contratado el seguro.

Mi sensación fue que estábamos cercanos a la muerte y, especialmente, se acrecentó ese sentimiento cuando sacaron del hemiciclo a Felipe González, a Alfonso Guerra, a Adolfo Suárez, a Agustín Rodríguez Sahagún, a Manuel Gutiérrez Mellado... y no sé si a algún otro[1]. En ese momento, en el acta que redactamos en el Congreso, que es un acta secreta, Víctor Carrascal y yo escribimos: «Se impuso un espeso silencio...», y creo que en el acta finalmente apareció: «El silencio era lúgubre».

El asalto se produjo durante la investidura de Calvo Sotelo. Don Leopoldo no era un líder en quien los socialistas tuviéramos mucha esperanza. El Gobierno se encontraba en estado de descomposición, los rumores de golpe eran intensos, aunque, hasta el momento del asalto al Congreso, no supimos que era más real de lo que pensábamos. Pero no tuve sensación de que los socialistas podíamos ganar las elecciones siguientes hasta que, en el mes de mayo, los miembros de la Mesa del Congreso fuimos invitados a las elecciones francesas. En los días que estuvimos en Francia, todos tuvimos una sensación de libertad que aquí no disfrutábamos.

UN APLAUSO PARA EL GOBERNADOR

El inicio del juicio por el 23-F, el «pacto del capó», las componendas para buscar, más que una solución, una salida al golpe de Estado, dejaban en precario la libertad y la democracia. Por eso mi sentimiento respecto de la probable victoria del PSOE no empecé a barruntarlo hasta el mes de mayo de aquel año 81. En el fragor de la campaña electoral francesa, y oyendo los comentarios de los diputados de UCD que estaban con nosotros, nos percatamos que UCD se descomponía y que nos tocaría gobernar. La corriente de ilusión hacia el PSOE vino después, pero, en 1981, lo que estaba claro era que UCD desaparecía. Nos quedábamos sin adversario.

Un año más tarde, el 28 de octubre, en una noche bien diferente a la del 23-F, los socialistas ganamos por mayoría absoluta[2]. El día de las elecciones voté en Salobre (Albacete), mi pueblo, por la mañana y me fui a Albacete. Me llamó el gobernador civil, de UCD, para decirme que había ido a verle un grupo de personas, más bien adineradas y de derechas, para trasladarle el miedo que sentían ante una victoria del PSOE. Le dije que no tenía ningún motivo para temer. Ya se daba por descontada la victoria... No se habían abierto las urnas aún, pero todos teníamos la sensación de que la victoria ya se había producido. Traté de tranquilizarle con mis mejores palabras y argumentos, pero sin demasiado éxito; me dijo: «Mira, yo te voy a dejar un altavoz portátil, por si esta noche hay alguna dificultad. Tú, como jefe del PSOE en Albacete, podrás calmar a los grupos más exaltados que pudieran celebrar su victoria con algún tipo de acto que pudiera intranquilizar a la población...». Yo dejé el aparato aquel en el maletero de mi coche y le dije que no iba a utilizarlo: «Es más —añadí—, te invito a que, como gobernador civil, esta noche vengas a la sede del PSOE, donde te vamos a recibir como a una autoridad legítima». Al principio lo dudó, pero me llamó a las seis de la tarde preguntándome si mantenía la invitación y cuánta policía necesitábamos para garantizar el orden cuando él llegara. Le respondí que lo que necesitaba es que no hubiese ni un solo policía en la sede del PSOE. Efectivamente, a las once de la noche se presentó el coche del gobernador: creo recordar que era un 1.500 negro, antiguo, con el banderín de su autoridad. La calle estaba absolutamente llena de gente y recuerdo que contribuí —físicamente— a abrir paso al coche para que llegara hasta la misma puerta de la sede del Partido. Al menos dos mil personas ocupaban el lugar y, cuando el gobernador se bajó del coche oficial, pedí un aplauso para el representante del Gobierno democrático de España. Le aplaudieron todos y vi entonces lágrimas en algunos compañeros mayores que, sin duda, afloraban por tantas emociones contenidas. Todavía, cuando lo recuerdo, se me ponen los pelos de punta. Le invité a una copa de cava —en un vaso de plástico—. Estuvimos siguiendo el escrutinio, se quedó una media hora y se fue con los mismos aplausos con los que había llegado. Y, naturalmente, muy sorprendido.

Tuve entonces la seguridad de que, por primera vez en la historia de España, iba a gobernar un partido que tenía tanto interés en lograr el progreso de su pueblo, como que ese progreso no se dirigiera contra nadie. Recuerdo que cuando se iba, el gobernador me comentó: «Me han preguntado las personas a las que recibí esta mañana que dónde duermen esta noche. Pero ahora, después de esto, comprendo que no hace falta que abandonen sus domicilios». Y, en tono de broma, le respondí: «Algunos no suelen dormir en sus domicilios, pero no por razones políticas, sino sentimentales. Diles que pueden seguir con sus aventuras, porque ahora, incluso, las podrán hacer públicas, en la medida en que va a gobernar un partido progresista».

Ana o Victoria

La guerra civil acabó en el 39. Pero sus secuelas aún estaban presentes y afectaban a mucha gente. Es probable incluso que algunos, habiendo mantenido comportamientos indignos durante la posguerra y la dictadura, sintiesen su propia conciencia atribulada. Sin embargo, lo que yo percibí fue la grandeza de un Partido que se había dejado a muchos militantes y seguidores en las tapias de los cementerios y del exilio. Esa noche, el único sentimiento que afloraba de modo generalizado era la ilusión, la reconciliación, el deseo de progreso e incluso de olvido. No percibí ningún sentimiento de revancha.

No quería que se terminara aquella noche de elecciones. Y, en cierto modo, no acabó, porque no me acosté. No pude festejarla con mi familia porque mi segunda hija, Ana, había nacido cuatro días antes. Por cierto, Landelino Lavilla, junto a quien había estado en la Mesa del Congreso, me dijo: «¿La llamarás Victoria?». Le contesté que la familia iba por un camino y la política por otro... y que ese nombre era más propio de monárquicos.

Pasamos la noche en blanco, disfrutando de los resultados electorales de pueblo en pueblo, entre abrazos, felicitaciones y lágrimas de emoción. Por oleadas, la gente estuvo entrando y saliendo de la sede del Partido hasta las diez de la mañana; personas que antes nunca habían dicho lo que pensaban aparecían por allí, y unas traían el carné de militante de su madre, o la sentencia de muerte de su padre, y todas con la emoción que aquellas circunstancias les producían. Desde el punto de vista político, lo único que hice a la mañana siguiente, antes de volver a casa, fue visitar de nuevo el Gobierno Civil para que me dieran los resultados oficiales. El gobernador me preguntó: «¿Cómo pensáis hacer la transmisión del poder?». Le contesté: «Tranquilo. Habrá investidura y, por lo menos, durante dos o tres meses estarás en tu puesto». Y le veía... no nervioso, sino generosamente dispuesto a compartir su experiencia.

Le expliqué que nosotros no teníamos nada que hacer, aunque hubiéramos ganado las elecciones, hasta que el Congreso de los Diputados invistiera como presidente a Felipe González.

Cuando toda España hablaba de Juan Guerra

Sentí alegría al ver por televisión aquella imagen de Felipe y Alfonso en la ventana del Palace; no podía imaginar que hubiese entre ellos ningún tipo de disenso o de discrepancia, por mínima que fuera. Más bien creía que lo que existía era un perfecto reparto de papeles y una amistad antigua, profunda y permanente. Después, al ir conociendo más su relación verdadera, ha ido cambiando mi interpretación de aquella imagen de la ventana. Creo tener suficientes datos para afirmar que la relación entre Guerra y González tuvo un componente político mucho más fuerte que el afectivo o el amistoso. Lo cual no significa que no hubiera acuerdo y entendimiento en lo que era esencial; pero, quizá, rara vez cenaron juntas las familias o se reunieron para celebrar juntos los acontecimientos personalmente importantes fuera de la política...

Empecé a percibir diferencias entre ellos, en cuanto al modo de dirigir la acción de Gobierno, seis o siete años después. Por ejemplo, en el nombramiento de Pilar Miró como directora general de Radiotelevisión Española: ésta no fue una decisión consensuada. Yo estaba más en la línea de lo que defendía Alfonso Guerra que de lo que defendía Felipe González. Tenían discrepancias en aspectos relativos a la política social y Alfonso se situaba en posiciones más solidarias, más cercanas a las personas con menos capacidad económica, a la gente más humilde; Felipe, por su propia condición de presidente, cultivaba una imagen más condescendiente con los poderosos, con el mundo de la banca o de la empresa. Recuerdo que, en las reuniones, Alfonso siempre se manifestaba más cercano a los planteamientos reivindicativos de los sindicatos, y no es que Felipe estuviera en contra, pero hacía consideraciones en las que no eran absolutamente coincidentes.

Con Alfonso mi relación era de confianza, y aunque alguna vez también le escuché críticas al jefe del Gobierno, éstas nunca fueron inmisericordes, al menos en aquella primera etapa. Luego hubo discrepancias más fuertes, y Juan Guerra resultó ser un elemento muy importante, tal y como yo percibo la historia de ese divorcio político. No pretendo decir que fuera el único, pero sí que recuerdo una reunión de la Comisión Ejecutiva en la que yo mismo dije: «Toda España habla de Juan Guerra, ¿cómo no vamos a hablar aquí de él? Y debemos alegrarnos de que se le absuelva si es inocente y alegrarnos si le condenan y es culpable. El PSOE no ha nacido para defender a nuestros familiares». Aquello cayó bien en los círculos que entonces se denominaban «renovadores», y no tanto en aquéllos con los que yo simpatizaba, los «guerristas». Pero si a Alfonso le sentó mal, a mí no me lo dijo; simplemente me comentó, en una comida posterior a aquella reunión: «Ya has prejuzgado a Juan Guerra». Ni siquiera dijo «a mi hermano». Yo le expliqué que no era un prejuicio, sino la expresión de lo que creía que debía decir.

Después hubo discrepancias palmarias. Por ejemplo, cuando Felipe propuso a Solchaga como portavoz del Grupo Parlamentario. Pero nunca pensé que aquellas diferencias, que yo achacaba más al carácter o a la influencia de amigos de unos y de otros, iban a acabar con su relación de un modo tan definitivo.

Las primeras diferencias graves se visualizaron con el cese de Alfonso Guerra como vicepresidente del Gobierno. Anteriormente se habían podido percibir muchos movimientos, pero entonces se produjo una visualización clara. Y fue en ese momento cuando pude apreciar un verdadero divorcio entre los llamados «renovadores» y los llamados «guerristas». Siempre creí que el Partido fue muy leal con el Gobierno y aguantó bien aquella afirmación de Felipe González: se gobierna desde La Moncloa y no desde Ferraz. Y también aguantó bien algunos nombramientos que no siempre se recibían con satisfacción. El Partido funcionaba casi exclusivamente para dar apoyo a nuestro Gobierno, y lo hacíamos de un modo ilusionado, entusiasta y sin necesidad de que se impusiera disciplinariamente. Había una responsabilidad compartida y predominaba la idea de que era necesario defender a aquel Gobierno en todo momento, porque eran muchas las amenazas que tenía, tanto desde las viejas posiciones golpistas como desde algunos sectores económicos.

La distancia entre Madrid y Toledo

Mi dedicación, intensa y exclusiva al trabajo en Castilla-La Mancha, desde el año 1983, me mantenía alejado de esa conflictividad que podía ir larvándose entre el Partido y el Gobierno. Algunos compañeros me acusaron de haberme convertido en uno de los arietes más duros contra Alfonso Guerra, de cambiar de caballo de forma rotunda. Incluso me han llamado traidor. Pero no tengo conciencia de haber sido ni una cosa ni otra. Lo que sí es cierto es que, más que cambiar de caballo, como Saulo, me caí del mío.

Con Alfonso Guerra tuve una enorme decepción, que pertenece más al ámbito personal que al político. Y, además, no estoy dispuesto a hacer daño a nadie con mis palabras, ni con mis recuerdos; tampoco a Guerra. Solamente revolvería en mi memoria si tuviera que defenderme de alguna acusación que considerara indigna. ¡Esa acusación, la de traición, se ha hecho a tanta gente en el Partido...! A presidentes autonómicos como Chaves, hoy presidente del Partido además, a Jerónimo Saavedra, a Collado, a Marcelino Iglesias; a responsables como Quijano, Cercas, Antolín, Cipriá Ciscar...; a Teófilo Serrano, o a Carmeli Hermosín, a viejos amigos como Luis Yáñez, a expertos tan relevantes para nuestra organización como Luis Pérez o Nacho Varela... Tantos «traidores», entre comillas, deben tener explicación distinta de la deserción o la infidelidad. Pero habiendo pasado el tiempo, no quiero remover sucesos que, por mi parte, aunque no están olvidados, sí están cicatrizados.

Mi relación con Guerra había nacido en los contactos que se llevaron a cabo con motivo de la formalización de la «Platajunta»[3] y con motivo de las sucesivas reuniones entre el PSOE y el Partido Socialista Popular de Enrique Tierno Galván, en el que yo militaba. Se proponía una unificación de ambos partidos y yo era un firme partidario de aquella relación. Cuando se estaba construyendo esa unidad, dentro del PSP, Tierno Galván era el más reacio. Recuerdo que, en el Congreso de Torremolinos, la primera votación fue contraria a la unidad. Se leyeron notas e incluso algún telegrama de saludo a aquel Congreso por parte del Felipe González, de Willy Brandt y de François Mitterrand, para que los compañeros vieran que no íbamos a ser mal recibidos en el PSOE y en la Internacional Socialista. Así conseguimos ganar los partidarios de la unidad, pero por escaso margen.

Alfonso Guerra, cuando entramos en el PSOE, tuvo conmigo un comportamiento generoso. No éramos «patas negras» y algunos nos veían como intrusos, pero él me hizo un hueco en el Partido y también me hizo un hueco en sus afectos. La relación siempre era jerárquica, de superior a inferior. Ha sido una constante en las relaciones de Guerra con los compañeros; no ha habido un trato de igualdad prácticamente en ningún caso sino más bien de subordinación aceptada. En cuanto a los planteamientos políticos, mi coincidencia con él era total. Yo estaba mucho más de acuerdo con lo que Guerra representaba que con lo que podían representar sus detractores dentro del Partido. Le veía más cercano a mí, incluso desde el punto de vista de nuestra historia familiar y social, quizás porque yo tampoco era hijo de catedrático ni tenía una historia aristocrática, digamos, dentro del socialismo. A Felipe González se le veía distante. Si lo pudiéramos comparar con una procesión, Felipe era el santo que iba en las andas y Guerra era el cura que ponía orden en las filas y que decía hacia dónde debía dirigirse aquella procesión; era el que estaba en la cercanía. Felipe, sin embargo, en aquella época, era una especie de Yahvé que no podía ser nombrado, ni invocado, ni tocado más que por un grupo muy selecto de escogidos. Yo lo percibía extraordinariamente distante.

Guerra tenía mucho poder en el Partido. Su palabra era ley, incluso, a veces, sus pensamientos. Y había quien interpretaba lo que pensaba, en ocasiones en contra de su propia voluntad. Es famosa la anécdota de Pepote de la Borbolla, que un día se acercó a Guerra y le dijo: «Yo quiero ser de los tuyos, dime qué debo hacer». Alfonso le respondió: «Mira: hay una raya que separa a los míos de los que están contra mí». De la Borbolla insistió: «Pues dime dónde está la raya». Y Alfonso: «¡Ah, no! ¡Esa raya la cambio yo todos los días!». No sé si esta conversación será cierta o no, pero pone de manifiesto el poder, la gran seguridad que Guerra tenía en sí mismo y, también, una arbitrariedad evidente.

No entré en la Ejecutiva del Partido hasta 1990. Y, en mis conflictos con el Gobierno, que han sido importantes, el enfado contra mí provenía tanto de Guerra como de González. Cuando me posicionaba en contra de alguna decisión del Gobierno central para defender a Castilla-La Mancha, no sólo tenía enfrente al ministro de turno, sino a González y a Guerra. He sufrido cada vez que algunos compañeros consideraban mi actitud de defensa de Castilla-La Mancha como una deslealtad con el Partido o con el Gobierno. Uno de los hechos más llamativos fue un telegrama que recibí para que me abstuviese de legislar sobre la Universidad. Entonces eran muchos los que, desde el Ministerio de Educación, decían que la Universidad de Castilla-La Mancha no debía existir; hacían bromas hablando de «Harvardcete». Pero me tomé muy en serio que Castilla-La Mancha debía tener Universidad y actué indisciplinadamente ante aquel telegrama. También lo hice cuando me dijeron que Cabañeros iba a ser un campo de tiro y lo declaré Parque Natural. Lo recuerdo como una verdadera hazaña, sobre todo, por poder mantener aquella decisión, dado que algunos se incomodaron de una manera extraordinaria. Narcís Serra, entonces ministro de Defensa, casi me echó de su despacho, pero le dije que en aquel despacho tenía algo que hacer y que no me iba... Eran conflictos ante decisiones del Gobierno central que no acepté cuando perjudicaban a Castilla-La Mancha.

Para mí, el momento más duro de todos llegó con motivo de la autorización gubernamental de un trasvase de agua del Tajo al Segura. Declaré con rabia que el Gobierno había tomado una decisión «ilícita, injusta y arbitraria». Ganamos en el Tribunal Supremo, pero dos años después. Estuve a punto de tirar la toalla... No me faltaban motivos; porque, en defensa de nuestra posición, hubo una manifestación contra el trasvase y un chico de las Juventudes Socialistas, Francisco Ruiz Cazalla, cayó al pantano de Buendía y se ahogó. Fue un momento durísimo. Desde entonces, decidí no callar ante el disparate de política «grantrasvasista» del ministro Borrell. Quería hacer de España un queso gruyer, lleno de túneles y acueductos.

Durante bastante tiempo, hasta finales de los ochenta, estuve alejado de la dirección del Partido y, aunque pertenecía al Comité Federal, no hablé nunca en él. Me encontraba tranquilo y cómodo en cualquier lugar de Madrid, excepto en Ferraz, en donde se apoderaba de mí una especie de miedo escénico. No porque nadie me lo impusiera; era fruto de mi carácter, de mi timidez. Luego me he dado cuenta que otros se sentían como yo, pero entonces de esto no se hablaba.

Recuerdo que, para mí, fue un importante avance dar una conferencia en el club Siglo XXI, en 1989. Iba nervioso, incómodo, me resultaba difícil hablar con la fluidez con que lo hacía en mi tierra. Me presentó Juan Luis Cebrián, que entonces era el director de *El País*, a quien conocía muy poco, pero le pregunté si me quería presentar y lo hizo. Y aquel acto, con independencia de su relevancia política, que era escasa, me ayudó a ganar confianza en mí mismo, a perder timideces y a mostrarme como era, también en Ferraz.

Un dios menor

En 1983 yo no esperaba ser el candidato a la Presidencia de Castilla-La Mancha. Recuerdo que la propuesta fue estudiada en una Comisión Ejecutiva. Me llamaron, primero Alfonso Guerra y luego Felipe González, para decirme que aceptara. Lo hablé con mi mujer y no lo dudé. Pero no tenía muchas esperanzas de ganar porque, en Castilla-La Mancha, hasta en las últimas elecciones de la Segunda República, cuando en España ganaba el Frente Popular, aquí ganaban los monárquicos. Era una región, entonces, con una imagen muy conservadora. ¿Quién iba a pensar que aquí, pasado un tiempo, fuéramos a batir el récord de todas las autonomías, con cinco mayorías absolutas consecutivas del PSOE?

Ser candidato no representaba ningún sacrificio. Había entrado en el Partido en 1969, había sido abogado en el Tribunal de Orden Público, me había enfrentado a la dictadura, había sentido los zarpazos del poder totalitario. Estábamos en un momento en el que la acción política me la planteaba casi como un servicio a la sociedad. No tenía necesidad de renunciar a ninguna ambición política en Madrid porque, en realidad, yo nunca he salido de provincias. Era diputado «de a pie» por Albacete, en donde tenía mi casa, y vivía la política con intensidad, recibiendo cada lunes a más de treinta personas en el despacho de diputado que tenía en la sede del PSOE.

Las personalidades con que contaba entonces el PSOE en Castilla-La Mancha eran muy relevantes: Virgilio Zapatero, en Cuenca; Leopoldo Torres, en Guadalajara; Paco Ramos, en Toledo; Manolo Marín, en Ciudad Real... Yo era el último de la fila y, probablemente, todos los que he citado tenían muchos más méritos e incluso más capacidades que yo para haber sido candidatos a la Presidencia de Castilla-La Mancha. Pero en aquel momento se estaba eligiendo a un «dios menor»: no era la hora de los importantes, y yo no era importante.

Cuando entré por primera vez en Toledo, siendo ya candidato, me encontré en una enorme valla con mi fotografía. Fue la primera vez que me vi en semejante tamaño, y alguien había escrito debajo: «Se busca». Quien me acompañaba dijo: «Esta noche tenemos que venir a borrarlo». Y yo le contesté: «Déjalo, todavía no me conoce nadie...». Y no lo borramos. Efectivamente, yo era entonces un perfecto desconocido, y sólo cabía modestia y trabajo paciente.

Militares, marqueses, cuneros y obispos

Soy de un pueblo pequeño de la provincia de Albacete, Salobre, y conocía mi tierra. En 1983, había 80.000 viviendas en Castilla-La Mancha que no tenían váter. Recuerdo que di aquellos datos en un discurso en donde el Rey estaba presente y me preguntó que dónde hacían sus necesidades. Le contesté que en la cuadra, en el corral o donde podían. Había 118 núcleos de población sin luz eléctrica. Teníamos un nivel de analfabetismo del 16 por ciento en términos absolutos y severos, pero casi el 40 por ciento de la población manifestaba no haber leído nunca un libro o no entender lo que leían. Éramos la única región de España que no tenía Universidad, pero teníamos dos centrales nucleares. En fin... con estos datos, el cuadro queda compuesto. La verdad es que en Castilla-La Mancha no se había reclamado la Autonomía. Algunos, incluso, en un editorial de *El País*, recuerdo que la calificaban como «un invento», y llevaban razón. Lo que ocurre es que ha sido el mejor invento que le ha ocurrido a esta tierra en su reciente historia. Y ahora, de entrada, se puede decir algo que hasta la derecha acepta: que hoy Castilla-La Mancha tiene quien la defienda, tiene voz y su voz se escucha.

Nunca he sido cercano al nacionalismo, pero me he hecho regionalista en el contacto con la realidad de mi tierra. Me he impuesto como un deber moral defender a esta tierra y hacerlo de manera autónoma. No porque se tenga Estatuto de Autonomía se es autónomo. La autonomía es la capacidad para defender un proyecto sin dependencias jerárquicas de otro poder que puede anularte. Cuando tomé posesión de mi cargo, juré defender a Castilla-La Mancha, no al PSOE ni al Gobierno central, sea del partido que sea. Por eso he intentado ser autónomo de mi partido, de los medios de comunicación, no estar de rodillas ante nadie, aunque tampoco de espaldas, y, sinceramente, se ha producido un avance espectacular. Pero, sin ser nacionalista, he querido generar un sentimiento de pertenencia y arraigo a esta tierra, de orgullo personal en relación con el lugar de donde se es, lo que ha tenido efectos positivos de autoestima.

Seremos, junto con Cataluña, la única región de España que tendrá sus capitales de provincia unidas mediante una red de alta velocidad ferroviaria; somos la región de España con menos conflictividad laboral, los que tenemos el índice más bajo de deuda per cápita y, sin embargo, por ejemplo, estamos entre las primeras regiones de España en crecimiento económico: nuestras exportaciones se han duplicado en los últimos cinco años. Por dar algún dato significativo, desde que tenemos competencias en materia educativa, gastamos 103 millones de pesetas [620.000 euros aproximadamente] más de lo que gastaba el Gobierno central antes de transferirlas, y 113 millones de pesetas [cerca de 680.000 euros] más que hace un año en materia sanitaria, cuando aún era competencia del Gobierno de Aznar.

En términos políticos, representamos una posición progresista, moderada, respetuosa con quien no piensa del mismo modo, y eso me ha permitido conseguir lo que parece un milagro laico: cada día y medio laborable del último año, hemos firmado un acuerdo con el Gobierno de Aznar. Sin embargo, cuando gobernaba González y no estábamos de acuerdo (Hoces del Cabriel, Cabañeros, Plan Hidrológico...), nos supimos oponer. Enfrentarse cuando era preciso al Gobierno de Felipe González y poder pactar con el de José María Aznar ha generado un patrimonio difícil de medir. En Castilla-La Mancha hay mucha gente que vota al PP en elecciones generales y al PSOE en las autonómicas. Aznar ganó en Castilla-La Mancha por 130.000 votos en las elecciones generales y nosotros ganamos por los mismos votos al PP en las autonómicas.

En el 83 aquí, en Castilla-La Mancha, los poderes fácticos se podían dividir en tres grupos: el poder militar, que en Toledo era muy importante, el económico y el eclesiástico.

En Castilla-La Mancha, y concretamente en Toledo, hay una presencia notable de jefes y oficiales del ejército. Cuando llegué, uno de los periódicos más leídos era *El Alcázar*, que no era precisamente misericordioso con nuestro Gobierno; y hasta he llegado a recibir amenazas de muerte anónimas por instalar una biblioteca en el Alcázar de Toledo. Pero, poco a poco, y con independencia de cuál sea el voto mayoritario que se produzca dentro del colectivo militar, hoy no hay inquietudes ni mutuos reparos, a pesar de que la Fábrica de Armas se ha convertido en sede de la Universidad y de que el Alcázar de Toledo alberga la tercera biblioteca más importante de España. Para mí, este capítulo militar se cerró cuando instalamos esta biblioteca y dije aquello de que «las armas rinden honores a los libros». La Asociación de Excombatientes me llamó pidiéndome que albergara en ella los archivos de la Guerra Civil de los excombatientes franquistas. Desde el punto de vista social, di por saldado ese proceso de evolución mutua, de un Ejército que ha servido lealmente con la Constitución y de una sociedad que ha dejado de verlo como el Ejército victorioso de una Guerra Civil.

Desde el primer momento, centré mi actividad en los problemas económicos de la región, sabiendo de antemano que Castilla-La Mancha no tendría futuro si no éramos capaces de ser un foco de atracción empresarial y de inversión. Los empresarios suelen elegir instalarse, entre otras razones, allí donde menos conflictos se producen, y Castilla-La Mancha es la región de España con menos horas perdidas por conflictos laborales. El «efecto frontera» con Madrid, la pujanza de Albacete, hacen que hoy pueda decir, sin ningún tipo de reserva, que son muchos los empresarios que nos ven sin recelo y no son pocos los que están más tranquilos con mi Gobierno que con uno del PP. El Partido Popular es un avispero de problemas. Se llevan muy mal entre los propios dirigentes y eso es un foco de desconfianza.

La derecha del terrateniente, del adinerado por las rentas de la tierra, no es políticamente relevante en Castilla-La Mancha. Incluso las grandes fincas de caza y los grandes latifundios hoy pertenecen más a la aristocracia bancaria que a la de sangre. Mantengo con todos una relación cordial. Aquí se hizo una asociación, dirigida por un abogado muy extremista, para defender lo que decían que eran los derechos de caza amenazados, y hoy tenemos una ley de caza que se ha hecho con el consenso de prácticamente todos los propietarios de cotos; porque la caza, además de una actividad de ocio, es una industria que enriquece a esta región. Yo no recuerdo ningún conflicto serio con los «ricos» que tienen propiedades en la región. Electoralmente, lo mismo pesa el marqués que su pastor. Pero hay algo de lo que me siento orgulloso: en mi región no hemos cultivado el odio social, y esto acaba dando buenos resultados y rindiendo frutos. Aquí hay gente muy de derechas que respeta a mi Gobierno y sabe que yo soy el primer defensor de sus derechos. La paz social es muy importante y la conflictividad es un fenómeno raro en el paisaje regional.

Mayor resistencia encontré, sin embargo, en quienes podríamos denominar los dirigentes de la derecha política, personas acostumbradas a mandar en el antiguo régimen, imbuidos de la idea de que yo era un realquilado con derecho a cocina que me iría pronto, porque ésta era una región que ellos creían que les pertenecía.

También tuve que enfrentarme con la práctica de los cuneros. Castilla-La Mancha está muy cerca de Madrid. En 1911, un periódico llamado *El Manchego*, publicaba estos versos: «Si aspiras a diputado, / busca distrito en La Mancha. / Allí, no siendo manchego, / segura tienes el acta». Y aquí hemos tenido cuneros muy famosos y seguimos teniéndolos: esa clase política que cree que su mérito depende de llevarse bien con las cúpulas madrileñas; básicamente, son partidarios del PP, aunque también hay alguno del PSOE.

También la Iglesia me recibió sin echar las campanas al vuelo. Don Marcelo González Martín[4], a quien el día 4 de marzo de 2003 entregamos la Medalla de Oro de Castilla-La Mancha, me recibió en el año 1984 con una pastoral agria porque no declaramos festivo el día de San José. Se debió a la equivocación de un consejero, que creyó que el 19 de marzo de aquel año era domingo. Don Marcelo acababa aquella pastoral, que se leyó en todas las iglesias, diciendo: «¿Qué se puede esperar de un presidente que no venera ni respeta al santo de su nombre?». En aquella época, el obispo de Sigüenza (Guadalajara) me impidió ser padrino en el bautizo de una niña porque, pese a ser cristiano, soy socialista. En Cuenca estaba, ni más ni menos, monseñor Guerra Campos[5]... Es decir, que de la Iglesia en Castilla-La Mancha no puede afirmarse que estuviera en la línea más progresista del Vaticano II. Pero ahora puedo recordar que fui al entierro de Guerra Campos, aunque me pusieron al lado de Blas Piñar en el protocolo; a don Marcelo le hemos concedido la más alta distinción regional, y él ha tenido la cortesía de regalarme el pectoral con el que entró en la diócesis primada, cuando le nombraron cardenal.

Por cierto, no ha habido en España un Gobierno que haya sido tan favorable a los intereses de la Iglesia como el de Felipe González. La enseñanza religiosa recibió un impulso que no había tenido en tiempos de UCD ni en el franquismo, y eso lo reconoce la Iglesia. La renovación de los acuerdos con la Santa Sede se hizo de manera consensuada y, gracias a ellos, la Iglesia recibe hoy del Estado más dinero del que se llevaría por la cruz que los ciudadanos hacemos en la declaración de la renta. El principal problema que tuvimos con la Iglesia surgió con la legalización del aborto, porque ahí chocaban una posición de orden moral, muy respetable, por parte de la Iglesia, y una obligación por parte del Estado de legislar para todos los ciudadanos, y no sólo para los católicos.

Yo tuve una discusión con un obispo de la región que me recriminaba que no contestase públicamente a la ley del aborto, siendo cristiano. Le dije: «Señor obispo, si a su casa llega una señora diciéndole que ha abortado, ¿usted llama a la policía para que la metan en la cárcel porque ha cometido un delito?». Y él me respondió: «No, no. Mire, señor presidente, la Iglesia está para perdonar». Y, naturalmente, le repliqué: «O sea, ¿que la Iglesia está para perdonar y yo estoy para condenar? No acepto el trato».

Siempre he defendido que el aborto entraña un fracaso, y no conozco a ninguna mujer que haya ido a abortar alegremente; pero tampoco creo que el Estado deba ser el brazo secular de la Iglesia, porque la libertad de conciencia es uno de los principios de nuestra Constitución. No estamos en un Estado clerical ni en un Estado confesional, aunque algunos gobernantes creamos que el mensaje de Cristo podría muy bien inspirar políticas progresistas y, concretamente, políticas del PSOE.

Los obispos, las jerarquías y los sacerdotes me han recibido, con alguna excepción, de manera fraternal. Y cuando ha habido algún problema en el orden institucional, por suerte, hemos sabido resolverlos. Pero debo reconocer que la Iglesia me ha tratado generosamente. Quizá la clave haya estado en que me han visto como a un amigo. No me pedían cuentas de lo que hacían mis compañeros socialistas en el Gobierno. Nunca recibí una crítica directa por ser socialista, exceptuando aquella del obispo de Sigüenza. Y, sin embargo, son numerosas las reuniones que he propiciado, en esta época y en la anterior, entre la cúpula del PSOE y la jerarquía católica. Reuniones, encuentros, superación de dificultades... He hecho de correa de transmisión de unos y de otros. Incluso ahora, José Luis Rodríguez Zapatero me ha encargado alguna tarea en esa dirección y creo que van bien las cosas.

La derecha, sin embargo, miraba con recelo esas buenas relaciones. Digamos que había una tradición política española que consideraba a la izquierda como anticlerical y a la derecha como la propietaria de Dios. Si en ese sentido les he roto esquemas, es su problema. Imagino que a algunos dirigentes del PP les gustaría verme ateo y anticlerical; pero en eso han fracasado, porque yo soy como soy, y aunque no he hecho exhibición personal, tampoco he negado mi fe.

Un momento muy importante en ese acercamiento entre la Iglesia y mi Partido fue cuando a Felipe González le dieron el premio Carlomagno. Felipe me preguntó si podría conseguir que don Marcelo dijera la misa de acción de gracias en Aquisgrán. Hablé con él, se lo pedí y, después de evaluar las razones por las que le invitaban y las posibles dificultades, fuimos en el avión desde Barajas, junto a Felipe, sus ministros y su familia, hasta Aquisgrán, donde don Marcelo pronunció una homilía cargada de afecto a España y a sus gobernantes.

El acercamiento entre mi Gobierno y la Iglesia se pudo apreciar también el primer año en el que don Marcelo me pidió que fuese a la procesión del Corpus, después de una tradición interrumpida en la que dicha procesión, normalmente, la presidía una autoridad civil, por lo general el ministro de Justicia. Yo evalué aquella invitación y accedí a ir. Desde entonces han venido cambiando muchas cosas en la relación del PSOE con la Iglesia en la región. Al fin y al cabo, de los alcaldes socialistas de Castilla-La Mancha, más del 60 por ciento se confiesan católicos.

El Partido Popular en huelga

En la historia de los Gobiernos socialistas hubo un momento que marcó un antes y un después, que fue la huelga general del 14 de diciembre de 1988. Lo hicimos mal, creo que trabajamos mal en aquella ocasión. Dimos a la huelga del 14-D tanta importancia que ayudamos a la propia convocatoria. Aquel día mucha gente fue a la huelga no tanto por los motivos que se invocaban desde los sindicatos, sino porque la batalla política que dimos en contra contribuyó a que se transformase en una huelga política. La participación de la oposición, del PP y de los empresarios en contra del Gobierno de Felipe González fue especialmente decisiva para aquel éxito. Se lo apuntaron Marcelino Camacho y Nicolás Redondo, pero no fue menos un éxito de los empresarios y de la derecha. De esa época, la conciencia más clara que tengo es la oposición de la UGT al Partido y la posición tan contraria de Nicolás Redondo al PSOE. Y también la posición del PSOE, tanto de Felipe González como de Alfonso Guerra, contra Nicolás Redondo.

Antes de aquella huelga general habíamos tenido un primer aviso de los ciudadanos. Desde mi punto de vista, ese aviso serio fue el referéndum de la OTAN; fue un gasto enorme tener que esforzarnos tanto para ganar lo que en aquel momento era casi una decisión personal de Felipe González. Como salió bien no hay que aplaudirlo, pero los socialistas hicimos un gran esfuerzo, primero de autoconvencimiento y, después, de convencimiento a la sociedad española en un tiempo récord. Nos acostamos contrarios a la OTAN y nos levantamos favorables a ella. En aquella ocasión, Felipe ejerció su liderazgo de un modo verdaderamente magistral y, por los resultados, acertado.

Aunque, en mi opinión, percibí que nos apartábamos gravemente de la sociedad cuando toda España hablaba del «caso Juan Guerra». Incluso los medios de comunicación públicos le dedicaban extensos espacios informativos. Pero en la Ejecutiva del Partido pasábamos meses sin hablar de ello. Parecíamos autistas, y ése era el principal síntoma de que algo no estaba funcionando de manera adecuada.

LOS «BARONES», UN PODER FRENTE AL PODER

Llegó un momento en que los poderes autonómicos comenzaron a emerger frente al poder central de la dirección de un Partido que, por otra parte, tenía una tradición muy jacobina y muy centralista. Recuerdo que Miguel Boyer, cuando apenas disponíamos de mil millones de presupuesto, afirmó que la causa del déficit público eran las autonomías, lo cual era un despropósito absoluto. Los ministros, en general, no veían con buenos ojos el poder emergente de las Comunidades Autónomas, aunque se trataba de un proceso imparable. Las Comunidades Autónomas iban creciendo en poder, en presupuesto, mientras algunos ministros creían que el Estado acababa y empezaba en el paseo de la Castellana... Y junto a esta consolidación de las autonomías, se producía la circunstancia de que algunos secretarios generales del Partido en una región eran, al mismo tiempo, presidentes autonómicos, y esto les daba un cierto poder ante la dirección federal. Cuando ese proceso se inició, yo no tuve dificultades en lo que al Partido se refiere, porque mi relación personal entonces con Guerra permitía que se superaran esas diferencias.

Nunca tuve dificultades con Guerra en lo que al desarrollo del poder autonómico se refiere, quizá por la relación personal que manteníamos. Pero es cierto que el Gobierno no veía bien el creciente poder de lo que ya entonces se llamaban los «barones» del PSOE. Recuerdo que celebramos una reunión de presidentes autonómicos socialistas en Toledo, e iba a venir el responsable de la Ejecutiva Federal, Abel Caballero; pero en el último momento decidió no hacerlo porque pensó que podría ser malinterpretado. Nos decía que no era una reunión orgánica, y yo le argumenté: «Pues claro que no es orgánica, es una reunión institucional». Pero no estaba bien visto que los presidentes autonómicos nos reuniésemos o que tuviésemos contactos al margen de Ferraz.

En mi caso, el creciente poder de Castilla-La Mancha no se veía mal en los ámbitos del Partido, porque se me consideraba leal en la dirección que marcaban quienes lo gobernaban. Mis problemas fueron, en cambio, con el Gobierno. A veces costaba poder hablar con los ministros incluso por teléfono, o que respetasen el decreto de protocolo en virtud del cual en las Comunidades Autónomas éstos estaban subordinados protocolariamente al presidente. Los de Interior y Defensa eran los que más se resistían a aceptar que la representación del Estado en la Comunidad no eran ellos, sino el presidente de la Comunidad.

De los «barones» de entonces, sólo quedamos dos, Juan Carlos Rodríguez Ibarra y yo, porque Manuel Chaves, entonces, era ministro. Pero aunque no se viera bien ese poder autonómico emergente, sí se valoraban, y yo creo que se valoran, los votos. Por tanto, si los resultados eran favorables, los más jacobinos tenían que tragarse algunos sapos que no eran de su agrado. Guerra era el que tenía la fama de jacobino, pero recuerdo el desprecio con el que el Ministerio de Educación nos trataba, concretamente su titular, José María Maravall, y la poca consideración que se tenía hacia el hecho autonómico de manera generalizada. Recuerdo que, en una ocasión en que Maravall me citó en Madrid para hablar de la Universidad, me hizo esperar hora y media hasta que me recibió, y no me agradó. Pero yo quería traerme la Facultad de Bellas Artes a Cuenca y aguanté ese tiempo y el que hubiera sido necesario.

Algunos nos veían, en cierto modo, como personas que usurpábamos el poder que ellos habían alcanzado. Y a los que destacaban más entonces, como Joan Lerma, probablemente les tenían más inquina. Pasado tanto tiempo, y sin que yo tenga una relación fluida con Lerma, creo que no fueron justos en el trato que le dieron como representante de la Comunidad Valenciana; ni fue justo el que dieron a Rafael Escuredo, que tuvo que dejarlo; o el que daban a Joaquín Leguina. Y, si hiciéramos un repaso, probablemente saldría alguno más.

Pero también he vivido, incluso he sufrido, la desconfianza de algunos sectores del Partido. Venir del PSP no era un buen origen. Empezar, al mes de ser presidente autonómico, proclamando que Cabañeros era un lugar digno de ser respetado tampoco parecía un buen comienzo. Me miraban no con desprecio, sino con asombrado desprecio. ¿Cómo se me ocurría plantear aquellas cosas? Por eso cuando, diez años después, el Congreso de los Diputados votó Cabañeros como Parque Nacional, hice algunas llamadas a quienes más se habían opuesto; no las hice, ni mucho menos, con intención de humillarles, pero sí con la intención de recabar una justa reparación. Llamé a Narcís Serra, que ya entonces era gran amigo mío. Al propio Felipe González le dije que esperaba que comprendiese la alegría que sentía porque él hubiese votado sí al Parque Nacional de Cabañeros. Apenas me contestó, duró poco la conversación, pero no fue desagradable, aunque no le debió de gustar mucho. Ocurrió que incluso el Rey se interesó por este asunto. Me decían que yo ponía en peligro la defensa nacional... En fin, tonterías para asustar a los niños chicos.

Siempre defendí que el Partido era un instrumento, y jamás comulgué con la tesis de Lenin de que era preferible equivocarse con el Partido que acertar sin él. Yo era «guerrista», pero las tesis del «guerrismo» nunca las clavé como dogmas en la puerta de mi casa. Y a las pruebas me remito. Creo no exagerar si digo que hoy mantengo la misma posición que entonces, y que lo que yo hacía era una broma al lado de lo que hoy resulta común y ordinario. En ese sentido, fui un adelantado. Mis discrepancias de entonces no suscitarían hoy ninguna crítica en actuaciones de otros presidentes autonómicos. De hecho, cuando Ibarra y yo firmamos el Plan Hidrológico con Aznar, recibimos la bendición de Zapatero. En las épocas de González, a principios de los ochenta, aquello hubiera sido motivo de expediente disciplinario, porque entonces era la época del fotógrafo, la época en la que «el que se movía no salía en la foto».

Otro de los enfrentamientos que me dieron fama de desleal y peligroso en algunos círculos del Partido fue el que mantuve con Borrell por las Hoces del Cabriel. Pero, al final, los hechos son contundentes; estoy donde estoy, y algunos de los que me acusaban de traicionar la línea oficial no están ni en la línea oficial ni en el Partido, de modo que aquellas acusaciones no me preocupan lo más mínimo. Borrell es una buena persona, pero en una época estuvo poseído de una cierta soberbia técnica, y todo había de hacerse como él decía. Creía que la autovía entre Madrid y Valencia sólo podía hacerse del modo que él proponía, y, al final, tiene el trazado que yo apunté, y los coches pasan y no ha ocurrido nada especialmente grave. Pero le disgustó mucho que me opusiera.

En cierta ocasión, Felipe González me llamó a capítulo, con motivo de las Hoces del Cabriel, para decirme que el lunes siguiente entrarían las máquinas. Yo le dije que no, porque lo iba a impedir la Guardia Civil. Fue uno de los momentos más duros de mis discusiones con González. Esto ocurrió en 1994. Felipe, entonces, me recordó que yo no tenía competencias respecto a la Guardia Civil, y yo le dije: «Sí, sí, pero ordenarás lo que te plazca a través del gobernador civil». «Ah, por supuesto», me aseguró. «Pero es que el gobernador civil no te va a hacer caso a ti sino a mí», le dije. «Pues lo cesaré...». «Bueno —admití—, lo cesarás el viernes siguiente, que hay Consejo de Ministros, pero el lunes no van a entrar». Y, efectivamente, el gobernador civil fue cesado y yo lo nombré consejero de Administraciones Públicas. Y no entraron las máquinas.

Felipe llegaba hasta el límite, pero al ridículo... nunca; porque es muy inteligente. Y cuando volvía de aquella reunión, pensé que yo también tendría que dimitir; que si el jefe del Gobierno insistía, tendría que abandonar el cargo. Era una época en la que Felipe prefería defender el criterio de los ministros antes que ceder en un asunto de esta naturaleza. Yo jugaba con alguna ventaja: primero, porque Borrell no era la estrella del Gobierno, y segundo, porque Rubalcaba y Serra me echaron alguna mano. Y, luego, porque mi oposición a los deseos de González era firme pero era amable, nunca fue estridente; incluso en los momentos más graves, procuraba colar alguna sonrisa...

Recuerdo también cuando, en relación con Cabañeros, Felipe me decía: «Bueno, esto lo exige la defensa nacional...». Me contó una película en su despacho, y veía que yo asentía a lo que él iba diciendo, que era que Cabañeros fuera un campo de tiro. Y empezó a hablarme de economía, de política internacional... Y, cuando me iba, me dio las gracias y me dijo que, al día siguiente, me enviaría no sé qué documentos. Le contesté: «Bueno, se los enviarás a mi sucesor, porque yo, desde este momento, no soy presidente de Castilla-La Mancha. Si tú crees que la defensa nacional está afectada por mi decisión sobre Cabañeros, yo vuelvo atrás en mi decisión, pero será el último decreto que firme». Se quedó muy sorprendido, porque yo aceptaba: no quería interferir en sus planes de la defensa nacional, pero no iba a seguir como presidente. Él tuvo clara mi posición desde el mismo instante en que se lo dije. Se quedó en silencio y luego me respondió: «Tú verás».

Yo, naturalmente, salí de La Moncloa muy confundido. Esperé acontecimientos y declaré Cabañeros Parque Natural. Y no me llamó nadie durante meses, no sonó ni un teléfono oficial. Después hubo personas que me llamaron por teléfono para darme la enhorabuena por lo que había hecho, por el comportamiento que estaba teniendo... Pero, durante algún tiempo, Felipe estuvo molesto conmigo por aquello. Hoy día no, en absoluto. Además, Felipe González valora a la gente que mantiene su criterio. Le gustan los «jesuseros», le gusta que lo halaguen y le den la razón, pero valora también a quien tiene criterio.

Lo pasé mal en el asunto de Cabañeros; pero con los siguientes conflictos, el trasvase o las Hoces del Cabriel, sabía que había más gente en el Partido a mi favor que, por ejemplo, a favor de Borrell.

El hombre que quería ser más alto

Aunque he firmado muchos acuerdos con el Gobierno del PP, la verdad es que con Aznar no tengo ninguna sintonía. Me han dicho que se enfadó mucho porque hice un comentario sobre dos fotografías. En una yo aparecía más alto que él y en otra, posterior, él aparecía más alto que yo, e hice el comentario de que, o yo había encogido o él se había puesto alzas, y aquello le incomodó, según me han reconocido amigos del Partido Popular.

Con Aznar me reuní en 1996 y no he vuelto a estar con él. Cuando nos hemos encontrado en actos públicos le he guardado el respeto que me merece el jefe del Gobierno de España, pero no tengo con él sintonía personal. Sin embargo, hay en su Gobierno personas con las que me llevo bien, incluso con algunos tengo una relación de amistad. Cuando en el Gobierno del PP aceptaron mis propuestas sobre las Hoces del Cabriel yo no podía rechazarlas porque me las ofreciera el PP; y cuando en el Plan Hidrológico Nacional, a Ibarra y a mí nos dieron lo que pedíamos, tuvimos que firmar; y si en materia de transferencias sanitarias me dan 17.000 millones más de lo que inicialmente pedía el PP de Castilla-La Mancha, ¿cómo iba a decir que no? Tengo mucha mejor relación con el

PP del Gobierno que con los dirigentes del PP de Castilla-La Mancha. Pero eso no está mal visto en mi Partido; incluso Zapatero, en alguna de estas «discrepancias», me ha llamado para felicitarme o para darme la enhorabuena por la negociación.

YO DI LA SEÑAL DE ALARMA

Cuando Guerra anunció su dimisión, en un congreso de los socialistas en Extremadura, existía entre nosotros una relación de afecto sincero. Yo ya sabía que iba a dimitir, porque me había enseñado una carta que había dirigido a Felipe unos meses antes. Era una carta de dimisión en la que pedía que no se hiciera coincidir su salida con la de Carlos Solchaga. Así que yo sabía que Guerra iba a dejar de ser vicepresidente del Gobierno. Lo que aún no tengo claro es si dimitió o lo cesaron. Pensé que, en aquel momento, comenzaba el principio del fin del PSOE en el Gobierno. Porque el binomio González-Guerra había funcionado bien, había dado buenos resultados y su ruptura quedó a la vista de la opinión pública en ese momento. Fue entonces cuando calculé que iban a ir incrementándose las discrepancias y haciéndose públicas las que, hasta entonces, permanecían en ámbitos discretos. Sabía que el poder lo tenía Felipe y que los españoles a quien querían era a Felipe González. Respecto a Alfonso Guerra, unos le temían, otros le teníamos afecto, pero la corriente mayoritaria de afecto hacia el PSOE se debía a Felipe González. Y tuve miedo de que la llamada *beautiful people* del PSOE tomase el poder. A mí, francamente, no me agradaba que Solchaga tuviese más poder porque, sin hacer ningún juicio negativo de su persona —no tengo motivos para hacerlo—, su política nunca me pareció la acertada, y sus modos de expresión menos acertados todavía. Si más tarde me desligué del «guerrismo» fue por una razón muy clara: yo era leal al Partido, leal a mis ideas y a mis principios; intentaba serlo a mí mismo y a Guerra; pero, en un momento determinado, estas dos lealtades entraron en contradicción, y opté por seguir siendo leal a mí mismo, a mis principios y al Partido, aun corriendo el peligro de que no se me comprendiera.

Fui uno de los primeros en lanzar señales de alarma ante el asunto de la corrupción, así como frente al enroque pasivo que comenzaba a percibirse claramente en la dirección. Invoco el testimonio de las actas de la Comisión Ejecutiva Federal y las cintas grabadas que existen en Ferraz. Naturalmente, yo tengo una copia. Volver a escucharla creo que deja las cosas meridianamente claras:

«José Bono.— [...] Añade que no comprende cómo, a estas alturas, se pregunta por cuál sea la acusación que nos hacen en relación con Filesa y que de lo que nos acusan es de haber recibido varios millones de pesetas a cambio de no se sabe qué; y cree que debemos responder sí o no y asumir la responsabilidad que se tenga que asumir» (Acta de la CEF, día 25 de abril de 1994).

«José Bono.— Afirma que la causa más importante de la derrota electoral ha sido la corrupción y, singularmente, los casos de Luis Roldán y Mariano Rubio. Considera que el golpe recibido el 12-J sólo podremos superarlo si los ciudadanos perciben que reaccionamos positivamente. Nuestra parálisis podría ser interpretada como desánimo o indiferencia. Propone una política más cercana a la realidad y afirma que no deberían tener puestos directivos quienes no quieren que ganemos las elecciones.

»Cita como medidas concretas a adoptar: la prohibición de las sociedades meramente instrumentales cuyo objetivo es la evasión de impuestos; la posibilidad de modificar la Ley Electoral para acercar más a los electos y los electores; efectuar transferencias a las Comunidades Autónomas en cumplimiento del pacto suscrito hace dos años; aceptar el servicio militar profesional...» (Acta de la CEF, día 18 de julio de 1994).

Lamentablemente, la realidad venía a darme la razón. Hablé con insistencia y reiteración contra la idea —tan generalizada como cómoda— de que lo importante era la situación económica. Muy pocos compartían mi análisis político:

«José Bono.— Considera que estamos tratando una materia importante y que no vale restarle trascendencia diciendo que España tiene otros problemas. "La corrupción es uno de los problemas que tiene España [...] y de los graves". Lamenta que se haya concedido más tiempo a las declaraciones de Juan Carlos Rodríguez Ibarra sobre la necesidad de renovar a toda la dirección que a la corrupción y añade que "en cinco años que llevo como miembro de la dirección se ha gastado más tiempo en la CEF en criticar las recientes manifestaciones de Ibarra que en estudiar los Filesas y otros [asuntos], y eso es peligroso. Desde hace tiempo se ha tratado de quitar importancia a un fenómeno que es grave y que, entre otras consecuencias, nos ha hecho perder las elecciones. Aún recuerdo a quienes mantenían que hablar de corrupción era un planteamiento histérico y defendían que lo políticamente importante era la situación económica". "No se trata —añade— de celebrar autos de fe socialistas ni juicios morales, sino de impedir que se repitan casos tan graves de corrupción como los que hemos padecido"» (Acta de la CEF, 8 de julio de 1996).

GARZÓN, FELIPE Y LAS CAUSAS DE NUESTROS MALES

Quizá por eso no resulte extraño que yo presentara a Garzón a Felipe González, y que Garzón entrara en las listas... Fue una especie de vacuna contra el fenómeno de la corrupción, y dio sus frutos de una manera tan clara que el Comité Federal, por unanimidad, votó que Garzón fuese el segundo de la lista de Madrid, incluso antes que Solana. Hoy, pasados ya diez años, tengo la convicción de que en aquella votación se pretendía resolver la situación en la que habíamos entrado, más que hacerle un favor a Garzón. Yo no tenía poder en el PSOE —ni lo tengo ahora— para colocar a nadie en el segundo lugar en la lista de Madrid. Sólo hice una propuesta de entrevista entre Garzón y González; quien tomó la iniciativa fue González y quien adoptó la propuesta fue el Comité Federal. Y no sólo por presiones de González, porque la votación fue unánime. Cada uno votó lo que quiso y todos votaron a favor, probablemente porque todos queríamos ganar las elecciones del 93. ¿Garzón influyó en aquel resultado? Unos creemos que más, otros creen que menos.

Creo conocer bien a Garzón y tiene, como todo ser humano, sus defectos y sus virtudes. Pero Garzón no se inventó a Roldán, como tampoco se inventó a Pinochet ni a tantos otros a quienes ha perseguido. Hacer un juicio de intenciones sobre las resoluciones de un juez ni me corresponde ni quiero hacerlas, pero tengo la impresión política de que hubo un momento en el que a Garzón ya no sólo se le trató sin la consideración que, según algunos, se le debía —yo no entro en eso—, sino evitando la consideración interesada que el PSOE debía haber tenido. A Garzón se le trató, cuando abandonó las tareas de Gobierno, de un modo desconsiderado. E intuí que aquello podría tener consecuencias y lo avisé, pero mi poder era muy escaso cuando Garzón entró y cuando salió. Felipe, en aquellos años, en torno a 1995, estaba muy... no diré «pasado de rosca», sino demasiado sobrepasado por acontecimientos que le superaron y que desconoció en su origen. O no les atribuyó la importancia debida, y luego fue incapaz de controlarlos de una manera adecuada. Yo creo que no es exagerado decir que, cuando Garzón se va, Felipe no estaba en su mejor momento como gobernante. Hubiese podido controlar la situación, pero creo que ya estábamos en la pendiente de caída.

De todos modos, si yo tuviera que hacer un diagnóstico de la causa de nuestros males, diría que Roldán se lleva la palma y Mariano Rubio le anda muy cerca, y, con ellos, cuantos participaron en fenómenos de corrupción de una manera tan llamativamente escandalosa. Es decir, la culpa de nuestros males no la tienen Belloch, ni Garzón, ni Margarita Robles... La tienen Roldán, Mariano Rubio, Juan Guerra y todos los que no quiero recordar. Creo que, en los momentos de decadencia, no es posible culpar de la pendiente inclinada a los que están resbalando por ella. Hubo causas previas para que nuestra decadencia se iniciara y esas causas son los casos que he citado. Los que colocan el plano inclinado por el que nos vamos deslizando son, básicamente, todos esos personajes y, también, quienes no consideraban importantes los indicios de sus actuaciones delictivas.

El comportamiento de Barrionuevo y Corcuera —es evidente— difiere mucho del que tuvieron Asunción y Belloch; el de los primeros se corresponde más con una antigua cultura de Partido, y el de los últimos, más con un planteamiento de salvar la situación sin asumir responsabilidades del pasado. Recuerdo cuando un detenido de ETA —no recuerdo bien su nombre, tal vez se llamaba Arregui— murió después de ser detenido, en la época de Rosón[6]. Algunos miembros del Ministerio de Justicia decían en el Parlamento: «Estos *rosónidos* —en referencia a Rosón— se han cargado a Arregui». Era una expresión que pretendía ser exculpatoria de quienes la hacían. En nuestro caso, no se llegó a circunstancias tan graves como ésta, pero en esa época éramos víctimas de la conspiración que Anson narró con posterioridad, y probablemente no se tuvo conciencia clara de que nuestros enemigos políticos no estaban dentro, sino fuera. Algunos, quizá, quisieron salvarse, o pensaron que se salvaban, tratando de convencer a nuestros adversarios de sus bondades particulares o personales, de las que yo no dudo.

Creo que si en algunas regiones como Castilla-La Mancha, Extremadura o Andalucía los ciudadanos han seguido apoyando de una forma mayoritaria a los socialistas, el secreto está en la cercanía, en no aislarse en una burbuja, creyéndose los halagos y renunciando a las críticas o rechazándolas. El secreto está en la cercanía, un elemento esencial, y, luego, en el trabajo. Mi carácter me obliga a trabajar de manera intensa, por tanto, ahí, no me cabe ningún mérito. (Si me tumbo en la playa, me aburro). Trabajar con intensidad, estar cercano, conduce a que muchas gentes, incluso de derechas, nos den su confianza, porque saben que somos leales a lo que juramos y que, para defender a esta región, no lo harían con más fuerza los de la derecha. El CIS ha publicado recientemente una encuesta en la que se pregunta: ¿usted cree que su presidente autonómico defiende a su Comunidad? Ganamos en Castilla-La Mancha, a gran distancia de Juan José Ibarretxe y de Jordi Pujol: diez puntos de diferencia. Eso me satisface. Porque los ciudadanos valoran mi esfuerzo.

En cualquier caso, las elecciones de 1995 fueron muy difíciles en Castilla-La Mancha. Ganamos por los pelos. Fue una victoria a la que, en mi opinión, contribuyeron dos cosas: una, la ayuda de la oposición; los dirigentes del PP estaban muy mal preparados para gobernar y los ciudadanos lo percibieron. Y, en segundo lugar, tomé una posición que me llevó a decir en un acto público que, entre Aznar y Roldán, yo también votaría a Aznar, pero que yo no era Roldán, y traté de explicar esa circunstancia. Algunos se quedaron muy sorprendidos. Pero los alcaldes que perdieron las elecciones entonces, cuando deberían haberlas ganado, las perdieron por Roldán, sin duda. Nosotros ganamos por un punto y medio, y el Partido Popular llegó a quedarse a 14.000 votos.

No sé a quién habría que hacer responsable de los errores de la última etapa de Gobierno socialista. Si tuviese que hacer un juicio moral, mi veredicto sería otro del que emana del meramente político. El máximo responsable siempre es el que más aplausos recibe, el que más gloria recibe y el que más honores acumula, y por eso, políticamente hablando, el máximo responsable siempre es el jefe del Gobierno. Pero éste es un juicio meramente político. Si hiciera un juicio de otra naturaleza, personal, moral o de intenciones, no me atrevería a culpar a Felipe González. Es uno de los políticos más importantes y más decisivos para el progreso que ha tenido España en la época moderna. Felipe González acabó con el ruido de sables, consolidó la democracia, remató el ingreso de España en Europa, generalizó el sistema de pensiones, el de la sanidad y el de la enseñanza. Y cerró una etapa de odio social que había nacido en España a principios de siglo y que se acrecentó extraordinariamente en la época de la Guerra Civil y la posguerra. Por tanto, mi juicio no puede ser más favorable ni mi calificación más alta.

Entre las servidumbres o defectos del Gobierno socialista, creo que hubo una cierta soberbia, en el sentido de creerse que el poder no tendría fin, que la mayoría parlamentaria llevaba aparejada la razón en todo. En lo que a la comunicación se refiere, fuimos verdaderamente desastrosos. Querer ignorar que el pueblo español es más indulgente con un gobernante incompetente que con episodios de corrupción tan graves como los que nos ocurrieron fue un grave error. Cuando al jefe del dinero se lo llevan los guardias y al jefe de los guardias se lo llevan a la cárcel por llevarse el dinero, las cosas no pueden ir peor.

Notas

[1] Agustín Rodríguez Sahagún (1932-1991) fue ministro con los Gobiernos de UCD hasta 1981. Fue también alcalde de Madrid. Manuel Gutiérrez Mellado (1912-1995) fue vicepresidente y ministro para la Seguridad y la Defensa desde 1977 hasta 1979.

[2] En las elecciones celebradas el 28 de octubre de 1982, el Partido Socialista Obrero Español (PSOE) obtuvo más de diez millones de votos, que le permitieron contar con 202 diputados en el Congreso.

[3] La organización llamada Junta Democrática, constituida con el Partido Comunista de España y otras asociaciones de izquierda, y la Plataforma Democrática de Convergencia, cuyo centro era el Partido Socialista, se reunieron en la mesa llamada Coordinación Democrática, más conocida como Platajunta, en marzo de 1976. Las primeras exigencias de esta reunión de organizaciones políticas fueron: liberación de presos y detenidos políticos, libertad sindical, libertad y derechos nacionalistas y apertura de período constituyente.

[4] Cardenal emérito de Toledo.

[5] Monseñor José Guerra Campos (1920-1997) era obispo de Cuenca.

[6] Joseba Arregui murió el 13 de febrero de 1981.

Manuel Chaves

Historia viva

Cuando comienza a hablar, lo primero que uno piensa es que con Manuel Chaves hay que hablar mucho. Porque el presidente de la Junta de Andalucía es, además, o sobre todo, una buena parte de la historia viva del PSOE. Fue uno de los primeros en unirse a Felipe en Sevilla, allá por los años de «la foto de la tortilla», y ha visto y vivido tantas cosas que a veces le cuesta ordenarlas. Porque todas se le agolpan en la memoria y se pelean por salir. Es la sencillez y la bondad en una pieza y posee el don de la serenidad. Además, Manuel Chaves, que ha sido testigo y protagonista de tantas cosas, tiene una condición singular, que va tan unida a él como su estatura o su suave acento andaluz: la credibilidad. Chaves tiene una ventaja sobre otros dirigentes del PSOE, que le hace fuerte: nunca ha tenido la necesaria pasión por el poder para crearse enemigos, salvo los que tal vez intentaran, sin resultado alguno, romper su lealtad con Felipe.

Nos encontramos en Madrid, en su despacho de la sede del PSOE. Chaves ejerce de presidente del Partido. A nadie, nunca, se le pudo ocurrir mejor idea, porque esa responsabilidad le viene como un guante a medida; y al Partido también, empezando por su secretaria, que está encantada, «porque ya sabes cómo es Manolo, que se cae de bueno». Todas las semanas viene a Madrid para trabajar con Zapatero y con Rubalcaba y con... Pero las llamadas de Sevilla no le dejan un instante de sosiego, y tiene que salir y entrar y dejar el hilo atado en cualquier lugar de la conversación. No importa. Chaves desata el hilo atado con tanta facilidad que ni se nota: «Lo habíamos dejado en la Facultad de Derecho, y te digo, de verdad, que yo nunca pude imaginar, cuando conspirábamos y esas cosas, que nosotros, los socialistas de entonces, podríamos llegar a gobernar algún día este país». Tendremos que volver a retomar el hilo de la conversación muchas veces, cada vez que nos vemos en su despacho de Ferraz. Pero él está tan cómodamente sentado en el sillón de su memoria que ya no la va a perder hasta el final, por mucho que lo llamen y lo reclamen. Da toda la impresión de que Manolo Chaves lleva pensando en la reciente historia del Partido y de los Gobiernos de Felipe González mucho, mucho tiempo, y que sólo estaba esperando que alguien le propusiera decir en voz alta todo lo que había estado pensando.

No es que Chaves ejerza la memoria selectiva para contar algunas cosas y olvidar otras; él habla de todo, lo recuerda todo. Algunos hechos le preocuparon mucho, como la huelga del 14-D; otros le dolieron mucho, como la «madrugá» a la que lo sometió Carlos Solchaga en la negociación con los sindicatos el día después. Manolo Chaves lo cuenta todo por debajo de las historias que parece que está contando; como si él y su memoria fueran, en realidad, dos almas separadas.

Narra «su aterrizaje forzoso» en aquella Andalucía minada por el «caso Juan Guerra» y recuerda, con la amargura justa, cómo se le quedó el cuerpo cuando Alfonso Guerra ya se le había adelantado en la celebración del triunfo... Lo singular es oírle hablar con su serenidad más verdadera: parece que fueran cosas que le hubieran ocurrido a otro; se ríe y se delata: quisiera mostrar un encono que no va con su talante.

Se traiciona una sola vez; intenta mantener la misma calma y no puede. Trata entonces de explicar su experiencia cuando comprendió, claramente, que Alfonso le obligaba a elegir entre él y Felipe González. «Pero yo siempre he tenido claro que mis referencias y mi opción siempre han estado del lado de Felipe. Incluso cuando organizaron aquella operación para que yo fuera el sucesor, enseguida le pregunté a Felipe que si él sabía algo... Y resulta que ni él ni yo teníamos ni puta idea».

Durante todo el tiempo y en todo momento, me quiere convencer —y lo consigue— de que, en realidad, todas las batallas entre los socialistas le venían «chicas», que ninguna le quitó el sueño más allá de lo razonable. Quizás por eso todos le han mirado y requerido cuando los oleajes vinieron demasiado fuertes, para que pusiera calma en medio de la tempestad. Por eso go-

bierna Andalucía, porque es una tierra donde la izquierda es mayoría y donde él se siente como pez en el agua. Aunque todavía no se le ha quitado el susto —lo repite una y otra vez— de verse siendo candidato en Sevilla. Porque se lo debía a Alfonso. Pero, sobre todo, porque Felipe no le echó un cable...

Hoy, todo eso no es agua pasada. Porque el molino, de vez en cuando, gira. Como ahora.

MI PRIMER CONTACTO con el Partido Socialista fue en la Universidad de Sevilla. Allí conocí a Guillermo Galeote y a Luis Yáñez, que estaban en la Facultad de Medicina, a Felipe González, que estaba en la Facultad de Derecho y que me llegó a dar algunas clases de Derecho del Trabajo, y también a Alfonso Guerra, que trabajaba como profesor en la Escuela Técnica de Arquitectura, de donde procedían los que entonces llamaban aparejadores. Éstas fueron las primeras personas que yo conocí pertenecientes al Partido.

Yo era un dirigente estudiantil durante la dictadura, y creo que, lógicamente, los partidos políticos estaban «a la caza», por decirlo de alguna manera, de personas que destacaran políticamente o que tuvieran algún papel relevante dentro de la Universidad. Creo que la influencia del Partido Socialista en aquellos años, su influencia cualitativa o intelectual, era muy superior a su fuerza cuantitativa, a su fuerza numérica. Yo creo que contaban con muy pocos afiliados. En la Universidad, incluso fuera de la Universidad, la fuerza mayoritaria era el Partido Comunista. Y, en el campo sindical, la organización más fuerte era Comisiones Obreras. Yo conocía a muy poca gente fuera del ámbito universitario que perteneciera al Partido Socialista. Cuando terminé la carrera, empecé a colaborar, aunque yo me dediqué a la enseñanza universitaria en la cátedra de Derecho del Trabajo. Tuve muchos contactos con el bufete en el que trabajaban Ana María Ruiz Tagle, Rafael Escuredo, Antonio Gutiérrez y Felipe González. Más tarde se incorporó Manuel del Valle.

Yo creo que ahí estuvo el germen; en ese ámbito fue donde el Partido, y también la UGT, entra en contacto con las fábricas, con los obreros, con los líderes sindicales y, en mi opinión, en esos años se fraguó un núcleo socialista muy importante, muy activo: desde luego, fue el núcleo más importante desde el punto de vista de su influencia intelectual e ideológica y por su preparación teórica, más que por su presencia física. La influencia que este grupo tuvo en el conjunto del Partido, sobre todo en las reuniones que se tenían fuera de España, en Toulouse, en París o en Pau, se deben fundamentalmente a esa preparación intelectual. Sobre todo, dicha influencia se debe a una persona: Felipe González.

El liderazgo de Felipe González se fraguó de una forma muy natural, porque era el mejor. Porque era el hombre que tenía más capacidad de análisis, mucha más capacidad de convencimiento, de convencer dialécticamente, y yo creo que también era una persona con una gran preparación. Ésas fueron las razones que lo convirtieron en líder del grupo y que después lo convirtieron también en el líder en el cual puso sus miras la gente del «interior» cuando se planteó en el Partido la discrepancia o el enfrentamiento entre el exterior y el «interior», entre Llopis y el «interior»[1]. Yo creo que la capacidad de liderazgo de Felipe era natural.

El Partido Socialista surgía entonces de una forma casi embrionaria, y sin embargo, luego y a lo largo de los años, se convirtió en el referente político y social. Pero es necesario repetir que la fuerza del Partido Socialista o la fuerza de UGT en relación con Comisiones Obreras o con sus equivalentes en el campo sindical y político no era comparable, ni en organización ni en número de militantes, ni en penetración en el tejido social o en la Universidad. Era, desde luego, mucho menor. Nuestra influencia era mucho más cualitativa.

Lo que pensaban Felipe y Alfonso

El éxito del Partido Socialista, en mi opinión, se basa en tres elementos. El primero, Felipe González. Sus condiciones innatas de liderazgo —que ya había demostrado dentro del Partido— se trasladan lógicamente al conjunto de la sociedad cuando salimos a la luz pública. Eso se pudo apreciar claramente cuando se comenzaron a tolerar algunos mítines: en encuentros como el famoso acto público de la Facultad de Derecho, cuando Felipe se dio a conocer como *Isidoro*, su liderazgo se hizo patente. Yo creo que la opinión pública española percibe esas capacidades. En segundo lugar, la memoria histórica. Grandes sectores de la población española mantenían viva la memoria histórica, y no solamente pervivía en los que habían participado en la Guerra Civil y en la posguerra inmediata. La memoria histórica se transmitió también de padres a hijos y recordaba al Partido Socialista y lo que había representado el Partido Socialista como partido protagonista y hegemónico en la izquierda. Y, la tercera razón del éxito democrático del PSOE, a mi juicio, es Europa: fue decisivo el hecho de que el Partido Socialista español fuera el homólogo del Partido Socialdemócrata alemán, del Partido Laborista inglés, del Partido Socialista francés, etcétera, que eran partidos de gobierno, que eran partidos que no asustaban, que eran partidos democráticos, que eran partidos que no expropiaban, que no le habían arrebatado las cosas a la gente. Porque yo recuerdo que, algunas veces, ese temor, esa reserva, pervivía en muchos ciudadanos. Yo creo que eso también le otorgó al Partido una dimensión importante cuando se presentó a las elecciones. Debo señalar, de todos modos, que estos tres fundamentos del éxito no están ordenados aquí por orden de importancia.

Yo tengo la impresión de que, ya en aquella época, personas como Felipe González o Alfonso Guerra pensaban que, alguna vez, podrían llegar a gobernar este país. Ellos entendían que el franquismo, la dictadura, en algún momento, tenía que acabar. Tengo que decir que a mí nunca se me ocurrió pensar que el Partido Socialista pudiera ser un partido de gobierno, que pudiera gobernar ganando unas elecciones. Nunca se me había pasado por la cabeza. Y, sin embargo, habíamos formulado muchos análisis teóricos de cómo tenía que ser un gobierno socialista, pero simplemente en una dimensión teórica. Nunca vi al Partido Socialista en La Moncloa, nunca vi al Partido Socialista como grupo mayoritario en la Carrera de San Jerónimo. Nunca he hablado de este tema con Felipe, pero creo que Felipe sí lo pensaba. Porque Felipe González tiene una ventaja sobre los demás: en su análisis llega mucho más lejos que el resto, por los menos, más lejos que yo.

Pienso ahora que, entonces, las diferencias de talante, de pensamiento y de actitud política entre Felipe González y Alfonso Guerra, si las había, eran tan difíciles de detectar que prácticamente uno llegaba a la conclusión de que esas diferencias no existían. En aquel grupo sevillano, incluso cuando el grupo sevillano extendió su influencia sobre el resto del Partido, en los Congresos de Toulouse o de Suresnes, era muy difícil apreciar que pudiera haber diferencias entre Alfonso Guerra y Felipe González. Era difícil, entre otras cosas, porque era Felipe González quien hacía los análisis, quien marcaba los objetivos, quien determinaba la estrategia que se había de seguir. Alfonso Guerra, como todos los demás, se dedicaba a complementar o a completar las directrices generales. Pero era Felipe González el que marcaba el camino, el que tenía el liderazgo —y no solamente un liderazgo carismático, sino un liderazgo que se presentaba como una mejor capacitad de análisis, un mejor desarrollo de estrategias y de tácticas políticas—.

Pero Felipe y Alfonso, vitalmente, eran dos personas distintas. Fuera del ámbito de la política, del grupo político, los amigos eran distintos y las aficiones también eran distintas. Yo tengo la impresión de que, excepto en los contactos políticos y en las reuniones políticas, y a pesar de que Felipe González y Alfonso Guerra mostraban una relación estrecha, fuera de ese ámbito no se veían ni tenían contacto, ni tenían aficiones comunes, ni actividades privadas compartidas. Yo creo que Alfonso era una persona mucho más rígida que Felipe. Felipe era una persona mucho más abierta. Alfonso Guerra siempre quería dar la impresión —no digo que no respondiera también a su carácter— de tener una vida monacal, de cartujano; quería aparentar siempre gran austeridad. Y Felipe era muy distinto: era mucho más vitalista, mucho más alegre, contaba muchos chistes... Antes contaba muchos chistes, ahora ha vuelto a contarlos también, cuando se ha quitado «el manto».

La foto de la tortilla

Respecto a aquella mítica foto de Sevilla, «la foto de la tortilla», la verdad, nunca hemos podido llegar a la conclusión de que, efectivamente, comiéramos tortilla. Cuando lo hemos discutido entre nosotros, nunca nos hemos puesto de acuerdo sobre si efectivamente estuvimos comiendo tortilla. En la foto simplemente se nos ve... creo que a Felipe se le ve mondando una naranja. Se hizo después de una asamblea de la UGT que, curiosamente, habíamos perdido frente a otros grupos de la UGT de Sevilla.

Aquella foto se hizo al lado de Puebla del Río, pero nunca hemos podido localizar el lugar exacto. Algunos de los que estábamos en la foto, concretamente Pablo Juliá, Josele, Juan Antonio Barragán y yo, dimos un paseo por allí —hace ya ocho o nueve años—

y no fuimos capaces de localizar el lugar. En la foto, que yo recuerde, aparece mi mujer —empezaré por mi familia—, que estaba embarazada de mi hijo mayor; aparecen también Alfonso Guerra, Luis Yáñez, Felipe González, Carmen Romero, Carmeli Hermosín, la hija de Máximo —creo que se llamaba Rosa—, Josele Amores, que ahora está en la Caja San Fernando, Juan Antonio Barragán, que trabaja en la Cartuja... No recuerdo exactamente quién más aparece en esa foto. Tendría que volver a ella; no sé si estaba Curro Rodríguez y su mujer Mari... Se intentó recomponer esa fotografía hace unos cuantos años, en un lugar distinto; trataron de hacer una foto con los mismos que aparecíamos en la antigua... Pero el «ambiente» no era muy adecuado y al final no se hizo la foto, porque las diferencias fundamentales, las diferencias entre Felipe y Alfonso, ya habían empezado a aparecer. Creo también que se intentó hacer nuevamente esa foto para tratar de cerrar las diferencias y de arreglar un poco la situación, pero todo resultaba ficticio. Aquello quedó simplemente en una comida a mediodía, en un restaurante, en la Venta Real de Antequera.

FELIPE APOSTÓ MUY FUERTE POR ALFONSO

Es difícil explicar qué ocurrió en el interior del Partido, qué nos enfrentó. Cuando el Partido Socialista gana las elecciones en el 82, recuerdo que hubo una rueda de prensa de la Ejecutiva en la que, al parecer, Alfonso Guerra había dicho que no quería estar en el Gobierno. Al menos, eso he oído.

Después, en la Ejecutiva, intervinieron dos o tres personas, entre ellas, yo. Guillermo Galeote le dijo a Alfonso que tenía que entrar en el Gobierno, que no podía quedarse fuera del Gobierno, de eso estoy seguro. Pero yo no creo que ahí estuviera el germen de las diferencias, de la separación entre Felipe González y él.

En mi opinión, llega un momento —tal vez a partir de las segundas elecciones, a partir del 86— en el que Felipe González se da cuenta de que hay que renovar el Partido. Y también creo que todos los «temas» del hermano, de Juan Guerra, también influyeron mucho. Felipe se da cuenta de que había apostado demasiado fuerte por Alfonso Guerra. Y no sólo en el asunto del hermano. Todo guardaba relación con la posición o la imagen política que Alfonso Guerra trasladaba del Gobierno hacia la opinión pública. Junto a este último aspecto, hay un sector dentro del Partido —incluyo a Javier Solana, a Narcís Serra, o al propio Carlos Solchaga, por citar a algunas de las personas emblemáticas de aquel entonces— que también influye, lógicamente, y que pretende introducir cambios importantes que no se podían producir con Alfonso Guerra dentro del Gobierno y con él organizando el Partido. Aquella teoría de que nadie se «moviera» dentro del Partido, el hecho de que fuera poco condescendiente —por ejemplo, cuando Carlos Solchaga intentó entrar dentro de la Comisión Ejecutiva—, todas esas cosas fueron decisivas y fueron las que marcaron la separación entre Alfonso y Felipe.

Yo era muy amigo de Felipe y de Alfonso, pero yo había entrado en el Partido con un punto de referencia muy claro: Felipe González. Eso lo tenía muy claro; pero también era importante Alfonso Guerra. Para mí, el tándem Felipe González-Alfonso Guerra era el éxito del Partido, como organización y de cara a la opinión pública y al electorado. Al menos, eso era lo que yo pensaba entonces. Yo hablaba mucho con Felipe, pero siempre que le hablaba era para tratar de arreglar la situación entre él y Alfonso, siempre... En algún momento, hubo quien me llamó «guerrista». La verdad era que yo procedía de Andalucía y Alfonso Guerra tenía una gran influencia en Andalucía: prácticamente controlaba la situación. Por tanto, yo no estaba en la misma línea de Solana o de Leguina, de Maravall o de Serra, que eran quienes hablaban conmigo para convencerme de la necesidad de esa renovación del Partido.

Respecto a mi ruptura con Alfonso... Hubo algo que me molestó muchísimo: cuando fui a Andalucía en el año 90, se dijo que Felipe me envió allí. No es verdad. Voy a revelar algo que nunca he dicho: Felipe nunca me ordenó que me trasladara a Andalucía. De hecho, Felipe no quería que yo fuera a Andalucía, no lo quería, ésa es la verdad. Porque, en realidad, no había ninguna razón objetiva para que yo abandonara el Gobierno. Fue un empeño de Alfonso Guerra. Todo el mundo piensa que Felipe González me había enviado a Andalucía, pero no es cierto. Felipe González respetó la decisión que yo tomé, pero políticamente no la vio con buenos ojos.

Un largo deterioro...

La ruptura entre Felipe y Alfonso supuso un verdadero trauma en el Partido. La fecha formal, desde mi punto de vista, en la que se pone sobre el papel la ruptura, fue la reunión de la Comisión Ejecutiva Federal donde se elige a Carlos Solchaga como portavoz del Grupo Parlamentario. En esa Comisión Ejecutiva Alfonso propone que siga como portavoz Eduardo Martín Toval, mientras que la propuesta de Felipe era Carlos Solchaga, y en esa reunión fui yo quien decidió: el voto decisivo fue el mío. Entonces, muchos «guerristas» pensaban que yo estaba con Alfonso y que la propuesta de Felipe no podía ser. En ese momento, desde un punto de vista formal, tuvo lugar la fractura, la ruptura entre Alfonso y Felipe. Recuerdo que, inmediatamente después, se celebró un Comité Federal —porque la propuesta tenía que trasladarse desde la Comisión Ejecutiva Federal al Comité Federal— y la propuesta que se presentaba anunciaba a Carlos Solchaga como portavoz. Alfonso Guerra nunca aceptó que yo votara a Carlos Solchaga.

Pero ya antes había habido un proceso largo de deterioro en esa relación. Lo que les separó fue un conjunto de cosas; no se puede decir que fue una sola idea o una sola actitud. Yo lo que creo es que, efectivamente, Felipe se dio cuenta, en primer lugar, de los problemas que existían dentro del Partido. Fueron problemas que yo viví como ministro de Trabajo, enfrentamientos entre Carlos Solchaga y Alfonso Guerra, y con buena parte del Gobierno... Y también creo que, lógicamente, Alfonso Guerra quería tener su ámbito de influencia y su «ámbito de actuación», controlar de algún modo una parte del Gobierno.

Algo de eso hubo, y, sobre todo, Felipe se dio cuenta, en un momento dado, de que había que renovar el Partido, de que el Partido estaba muy cerrado en sí mismo, de que no se renovaba personalmente, ni ideológicamente, porque el control que tenía Alfonso Guerra era un control absoluto. Cuando Carlos Solchaga quiso entrar en la Ejecutiva, Felipe entendió que no podía hacerlo. En ese momento, Felipe González se dio cuenta de que Alfonso Guerra controlaba el Partido y los congresos hasta tal punto que no existía ninguna posibilidad de acción.

Yo creo que todos esos problemas fueron los que acabaron separándolos.

Y, luego, el «tema» de Juan Guerra... Felipe tenía bastante confianza en Alfonso Guerra en aquellos momentos. Después de tantos años con Alfonso Guerra, lógicamente, era difícil creer que aquello se había dado, que aquello era cierto. Para mí también lo era: yo nunca lo creí... hasta que la cosa fue evidente. La posición de Alfonso estaba marcada por el hecho de preservar la honorabilidad y la honradez de su familia o por salvar su responsabilidad política, no lo sé. Al final él reconoció que, efectivamente, su hermano había estado utilizando el despacho que el vicepresidente del Gobierno tenía en la Delegación del Gobierno en Sevilla: en ese caso, se podría haber averiguado inmediatamente su responsabilidad. Yo creo que eso fue lo que no quiso aceptar nunca. Ni ha aceptado nunca, evidentemente.

Alfonso jugaba «a la contra»

Felipe tenía que tomar todos los días decisiones de Gobierno, y, a veces, Alfonso se las desmontaba. Parecía que jugaba «a la contra». El responsable de la política económica era Carlos Solchaga, era el ministro de Economía, y, naturalmente, la política económica del Gobierno, en aquellos momentos, trataba de ser más flexible y de adaptarse a Europa, a las necesidades europeas. Recuerdo una situación significativa: Felipe González estaba en Bruselas, «peleando» con los problemas de nuestra integración en Europa, y a Alfonso no se le ocurrió mejor cosa que proponer una «Ley de Hierro de los Beneficios» contra los empresarios. ¿Por qué lo hizo? Porque yo creo que Alfonso Guerra es un esteta de la política. Aunque siempre ha querido aparecer como el malo, como el hombre duro, nunca ha querido asumir una decisión política que conllevara un coste electoral y, sobre todo, un coste personal. Él era el duro de la película, un papel muy atractivo a la vista de mucha gente dentro del Partido Socialista, y funcionaba muy bien. Porque era el que aparecía delante de la opinión pública como el hombre que mantenía las «esencias», el que mantenía la unidad del Partido. Lógicamente, cuando el Gobierno tenía que tomar una decisión política dura, él no estaba de acuerdo, porque ahí no quería aparecer.

Hay distintas opiniones sobre si Alfonso Guerra dimitió o fue Felipe quién provocó esa dimisión. Yo solamente puedo dar mi opinión: estoy convencido de que llegó un momento en que la separación parecía inminente. La falta de comunicación entre uno y otro era tan grande que todos veíamos venir la ruptura. ¿Cómo? No sabíamos cómo iba a ser. Mi opinión personal es que fue una decisión de Felipe. Recuerdo que Alfonso Guerra me llamó para decírmelo y me dijo que Felipe le había escrito una carta. Me presentó el asunto diciéndome que no había sido cesado. Alfonso no utilizó la palabra «cesar» en ningún momento. Yo creo que Alfonso Guerra había llegado a un acuerdo con Felipe González: su salida del Gobierno la anunciaría el propio Alfonso Guerra, y, efectivamente, lo anunció como una dimisión y lo anunció en Extremadura, en un mitin, en Mérida.

FELIPE QUISO IRSE VARIAS VECES

Los «renovadores», la gente que no estaba de acuerdo con la postura del «guerrismo», finalmente, ganaron la batalla, al menos formalmente. Felipe González, que seguía esa forma de pensar, apoyó aquella alternativa. Y, sin embargo, los renovadores no lograron hacerse con lo que se llama el «aparato» del Partido. Yo pienso que ese fracaso se produjo porque la «renovación» nunca fue completa. Alfonso Guerra siguió siendo vicesecretario del Partido y yo recuerdo que, hasta el congreso de 1994, tuvimos que pactar con Alfonso Guerra, porque todavía tenía un respaldo muy importante y condicionaba el congreso. Y, además, hay otro elemento, otro factor que lo explica: estábamos en pleno declive; el GAL, Juan Guerra y la corrupción ya nos habían contaminado del todo. La renovación llegó tarde y no fue capaz de remontar esa situación. Primero, porque no tuvo la fuerza suficiente, porque todavía no controlaba el Partido; y, en segundo lugar, porque los escándalos habían adquirido tal fuerza ante la opinión pública que fue imposible remontarlo. Además, tampoco encauzamos correctamente la sucesión al frente del Partido.

Para ser justo, hay que entender que Felipe quiso dejar la primera línea de actuación política. Quiso dejarlo cuando aún estaba en el Gobierno. Estas cosas son fáciles decirlas a posteriori. Pero, en aquel momento, era mucho más difícil. Es decir, lo lógico es que la sucesión, con todas las dificultades que conlleva una sucesión, se hubiera desarrollado estando en el poder. Si la sucesión se hubiera hecho estando en el poder, antes de perder unas elecciones, seguramente el trauma que sufrió el Partido habría sido bastante más reducido. Formalizar una sucesión una vez perdidas las elecciones, en plena falta de credibilidad y falta de generación de confianza hacia el electorado fue, efectivamente, un error, un error...

Yo sé, con toda seguridad, que Felipe se quiso ir en 1990 y no sé si antes, en 1988, con la huelga del 14 de diciembre. Pero estoy convencido de que, en el 92, Felipe quiso dejar de ser la cabeza visible del PSOE. Yo creo que él pensó en Narcís Serra como sucesor, de cara a los acontecimientos del 92. Alfonso Guerra quería que fuera yo el sucesor, o «conspiró» un poco para ello. Es decir, cuando se rumorea que Felipe se quiere ir y que está pensando en Narcís Serra como presidente, Alfonso Guerra, que era contrario a los renovadores, intenta actuar. Yo tenía entonces muy buena relación con Alfonso Guerra y acababa de ganar unas elecciones en Andalucía, en el 90. Fue así.

Recuerdo que hubo una reunión al respecto. Creo que en aquella reunión estaban también Txiqui Benegas y Carlos Sanjuán. Los tres me hablaron de la necesidad de que, ante una eventual sucesión, yo estuviera en primera línea. Lo primero que pregunté fue si Felipe estaba al tanto. Pero Felipe no tenía ni idea. Entonces fui a ver a Felipe González, tuve una comida con él, en una finca, y le conté lo que estaba ocurriendo; le aseguré, además, que de «aquellas cosas» yo no quería saber absolutamente nada. Él no sabía nada, no tenía ni idea. Yo creo que, a partir de ahí, se rompe, se frustra una operación posible porque, entre otras cosas, los propios renovadores no permitieron que Felipe abandonara el Gobierno. Felipe González proporcionaba mucha seguridad, mucha confianza.

Seguramente Felipe tenía razón cuando quiso retirarse, porque si el Partido tenía una posibilidad de renovarse realmente y dar un salto cualitativo y recuperar la credibilidad, todo pasaba por hacer algo parecido —salvando las distancias— a lo que ocurrió en el XXXV Congreso: la elección una persona nueva que tuviera la capacidad suficiente para cambiar el Partido. Es una hipótesis... Pero tenía que haberse hecho mientras el PSOE estaba en el poder.

Felipe siempre ha sido el mismo

Yo conozco a Felipe desde que estábamos en la Universidad. Pero mi trato con Felipe, y el suyo conmigo, cambió cuando fui ministro. Efectivamente, la relación de ministro a presidente y de presidente a ministro condiciona mucho la relación personal, al menos en mi caso. Existe una cierta distancia... Es difícil de explicar: digamos que, en esos momentos, se establece una especie de relación jerárquica. Que te llame el «presidente» y que el «presidente» te llame «ministro», cuando hemos estado toda la vida llamándonos Felipe y Manolo... Eso marca la diferencia. Entonces, ya no se tiene la confianza para decirle determinadas cosas. Quizás era más problema mío que suyo...

Felipe siempre ha sido el mismo. Yo no creo en aquello del «síndrome de La Moncloa». No, en esas cosas no he creído. Felipe es una persona a la que le gusta mucho el aislamiento; es una persona que tiene una gran capacidad para estar solo desarrollando sus aficiones; la tenía antes de ser presidente, la tuvo como presidente, y la tiene ahora. No es una persona a la que le guste ir a bailar, no es una persona a la que le guste ir al cine, no es una persona a la que le guste ir al fútbol, no es una persona a la que le guste pasear —pasear por la calle—. No. Pero eso era antes y después. A Felipe le gusta mucho leer, y le gusta quizás ver la televisión, le gusta pasear por el campo y le gusta estar en su casa con los amigos. La verdad: no di crédito a aquellas teorías del encerramiento y del enclaustramiento de Felipe como consecuencia de estar en La Moncloa.

Soy muy amigo de Felipe y nunca he ido al cine con él. Y nunca he entrado en una discoteca con Felipe... Creo recordar que una sola vez en mi vida he estado en una discoteca con él, en Sevilla, hace ya muchísimos años —probablemente ni siquiera se había restaurado la democracia—. Pasear por una avenida de Sevilla, por la calle Sierpes... eso nunca. Nunca le ha gustado ese tipo de cosas.

Felipe nunca inauguró nada. Y yo alabo esa actitud. Yo, que tengo que acudir a muchas inauguraciones y que no me atrevo a decir que no. Felipe, por el contrario, solamente inauguró la autovía, el desdoblamiento de Despeñaperros. Y fue a la apertura de la Expo 92 de Sevilla. Pero inaugurar carreteras, o embalses, o algún centro cultural... No, de eso nada. Felipe nunca inauguró nada. Estoy convencido de que si alguien decide investigar en la hemeroteca la presencia de Felipe en inauguraciones, no encuentra más de uno o dos actos semejantes. Entre otras cosas, porque Felipe tiene pavor a las lápidas.

«MANOLO, TE VOY A HACER MINISTRO»

En el 82, cuando Felipe González formó el primer Gobierno socialista, yo no estaba en aquella fotografía de la escalinata. Estaba en la ejecutiva de la UGT y en la del PSOE, en las dos. Porque yo desarrollaba mi trabajo en la ejecutiva de UGT. Entonces se tomó una decisión en la comisión ejecutiva de UGT: ningún miembro de la comisión ejecutiva podía estar en el Gobierno. Aquella fue una decisión que yo apoyé —voy a ser muy sincero— aunque creía firmemente que tenía posibilidades de entrar en el Gobierno. Pero apoyé aquella posición de UGT porque, en realidad, me aterraba la posibilidad de estar en el Gobierno. Creía que Felipe me iba a llamar y yo consideraba con bastante respeto —bastante temor— la posibilidad de ser ministro. Uno siempre se plantea: «¿Estaré a la altura? ¿Estaré suficientemente preparado para ser ministro?». En realidad, Felipe nunca pensó en mí en un primer momento, en quien pensó fue en José Luis Corcuera. Pero Nicolás Redondo dijo no y ni siquiera se lo llegó a proponer.

Sin embargo, tengo que reconocer que cuando Felipe me nombró ministro en el 86, no me lo esperaba[2]. (Soy un exagerado: siempre piensas que puedes estar en la lista). Sin embargo, en el 86 no lo esperaba. Yo creí que iba a continuar Joaquín Almunia, porque yo consideraba que lo estaba haciendo bastante bien.

Recuerdo que me llamó Felipe y me dijo: «Manolo, te voy a hacer ministro y...». Yo nunca he sido ambicioso. En este Partido, he tenido tanta suerte —o tal vez sea que he hecho las cosas bien—, que, al final, no he tenido que luchar por los cargos, simplemente han llegado. Nunca he tenido que dar codazos, nunca he tenido que hablar a escondidas ni intrigar. Entonces, sí le pedí alguna explicación a Felipe: «¿Por qué? ¿Qué razones tienes para hacerme ministro? Creía que Joaquín Almunia lo estaba haciendo bien...». Me dijo: «Es que a Joaquín Almunia lo quiero pasar a...». «Bueno, tú verás qué es lo que haces», le contesté.

Es posible que Felipe González pudiera pensar que yo podía recuperar las relaciones con UGT, y así lo hice. Y también es probable que pensara que Joaquín Almunia, en ese sentido, estaba quemado. A lo mejor pensó que... Yo creo que Felipe le dio mucha importancia entonces a la reforma de la Administración Pública, y pensó que Joaquín Almunia, desde el Ministerio para las Administraciones Públicas, podía afrontar esos temas.

En 1985, Joaquín Almunia había tenido que sacar adelante la Ley de Pensiones, que marcó la ruptura con UGT. Aunque yo creo que la ruptura con UGT se remontaba a varios años antes, mucho antes del 86. En mi opinión, esa quiebra se plasma justamente en 1982. Hubo dos factores fundamentales: uno fue la ley de las cuarenta horas, que era en realidad un compromiso electoral del Partido Socialista. Se estableció aquella ley de las cuarenta horas, pero hubo algunas enmiendas que se añadieron finalmente y que no gustaron a la UGT. Ésa fue una razón que empezó a marcar el distanciamiento. Y, en segundo lugar, creo que Nicolás Redondo quería «mandar» en el Gobierno. Es decir, él no quería tener a un ugetista como ministro de Trabajo porque lo que quería era «mandar» en el Gobierno. Él consideraba que podía ser un presidente del Gobierno bis o algo similar; creía que podría decir: «Oye, ponme estos ministros». Sobre todo, yo creo que quería que el Gobierno respondiera a criterios que él pudiera marcar.

Aquella fue una buena etapa desde el punto de vista económico. Efectivamente, de todos los años de la transición democrática, incluidos los años de Gobierno de José María Aznar, el 87 y el 89 fueron los dos años de mayor creación de empleo. Lo que ocurrió fue que también creció mucho la población activa y el paro no se redujo tanto como se está reduciendo ahora. Yo no recuerdo exactamente cuántos empleos se crearon, pero fueron muchísimos. Y también fue un período, al menos durante mi presencia en el Gobierno, en el que aumentó mucho el gasto social. Se promulgó la Ley de Pensiones No Contributivas, se mejoraron notablemente las pensiones... En términos generales, creo que, en la medida en que se pudo repartir más, se repartió más. Se ampliaron también las partidas para el seguro de desempleo, las pensiones contributivas, se aumentaron las ayudas familiares, los puntos por ayudas familiares por hijos.

Yo creo que los problemas entre UGT y el Gobierno no estaban ahí. Solchaga dijo aquella frase que hacía referencia a «la cultura del pelotazo», dijo aquello cuando, efectivamente, había mucho dinero. Entonces fue cuando los sindicatos elaboraron la teoría de la «deuda social», en el sentido de que se estaba enriqueciendo el empresariado, había un *boom* económico y, sin embargo, los sindicatos, los trabajadores, no estaban recibiendo lo que les correspondía, a pesar de que hubo un aumento considerable de gasto social en aquella época. Si a eso se unen todas las cuestiones psicológicas que existían en la relación entre Felipe González y Nicolás Redondo, la ruptura entre UGT y el Partido Socialista desde muchos años antes, y también el hecho de que los sindicatos necesitaran una autoafirmación importante, entonces es fácil explicar la convocatoria de la huelga de 1988. Y yo creo que hubo una decisión predeterminada de ir a la huelga. Es decir: «O nos dais todo lo que pedimos o vamos a la huelga».

Se negociaron cuatro o cinco puntos durante todo ese trimestre, antes de la huelga general. El plan de empleo juvenil... Quizás nos «pasamos» un poco en el plan de empleo juvenil, o yo me pasé, si debo asumir toda responsabilidad. Creo que me pasé de una manera importante cuando planteamos el plan de empleo juvenil: era un contrato que facilitaba mucho la contratación de los trabajadores jóvenes, pero esa contratación favorecía a los empresarios. Pero yo no creo que fueran contratos basura... Eran contratos de seis meses para jóvenes mayores de 18 años... El contrato basura fue posterior... Pero, efectivamente, no era un contrato que respondiera a la estabilidad que entonces pedían los sindicatos.

Probablemente los sindicatos tenían razón en pedir más y probablemente el Gobierno tenía que haber concedido más. Y tal vez pudieron tener razones de fondo para romper una negociación, pero a mí nadie me puede negar que hubo una decisión preconcebida de llegar a la huelga. Yo no quiero dejar de reconocer que los sindicatos pudieran tener razones, es posible que las tuvieran en muchos terrenos, quizá incluso se podía haber cedido más. Pero creo que los sindicatos buscaron el pulso con el Gobierno porque les interesaba, desde el punto de vista sindical, decir «aquí estamos, en estos momentos», en una época en la que se hablaba de especulación, de «pelotazos», de «enseñar los dientes». Y yo creo que también nos tenían ganas...

Solchaga no quería negociar

Como ministro de Trabajo, durante los cuatro años, tuve bastantes encontronazos con Carlos Solchaga. Concretamente, recuerdo cuando Solchaga presentó aquellas 27 medidas sobre la flexibilidad laboral. Tuve una bronca tremenda con Carlos. También recuerdo algunas subidas de salario mínimo... Algunas batallas di y prefería ganarlas antes que respaldar a un ministro de Economía. Era una época en la que, evidentemente, había un *boom* económico, pero los ajustes todavía no se habían terminado. Aunque la economía gozara de buena salud en aquel momento, no podías tirar la casa por la ventana, porque la crisis que comenzó en 1992 y 1993 se podía haber adelantado en nuestro país.

De todas maneras, Carlos Solchaga no era una persona que tuviera el más mínimo interés por la negociación. La prueba está en que, cuando se comienza después del verano la negociación, en el último trimestre de 1988, yo sabía que no iba a haber ningún acuerdo, y así se lo dije a Felipe. Los sindicatos utilizaron de una manera inteligente el tema del contrato juvenil y fueron a la huelga. Inmediatamente después de la huelga, se abrió un proceso de negociación, en el primer semestre del 89. Ese primer proceso de negociación fracasó totalmente porque la posición de los sindicatos fue tan maximalista que no hubo acuerdo. Esa negociación me la «tragué» yo, entera, enterita, sin ninguna implicación de Felipe, que ni siquiera habló con Solchaga.

Después sacamos adelante un decreto que recogía, prácticamente, las posiciones que nosotros manteníamos. Pero llegó un momento en que la relación del Gobierno con los sindicatos era tan mala —estoy hablando de septiembre del 89— que el propio Carlos Solchaga tuvo que hablar con Felipe; le dijo que había que arreglar la situación con los sindicatos. El presidente, entonces, convocó una mesa y se llegó a ciertos acuerdos. Él se ocupó de las pensiones, arregló el asunto —o lo arreglamos— y después Felipe se quitó de en medio. Aquel acuerdo fue posible, sobre todo, porque Felipe González todavía podía aguantar a Nicolás Redondo por entonces. Pero Carlos Solchaga y Nicolás Redondo ni se hablaban. Entre Felipe González y Nicolás Redondo no había ninguna comunicación, pero había respeto. Entre Carlos Solchaga y Nicolás Redondo no había ni siquiera respeto, por las posiciones chulescas que mantenía el primero respecto al segundo. Y no sólo ocurría con Nicolás. Yo he visto a Carlos Solchaga echarle algunos pulsos al propio Felipe González.

Recuerdo, por ejemplo, que Nicolás Redondo, en las negociaciones con Carlos Solchaga, se puso de acuerdo con Antonio Gutiérrez y decidieron no encabezar las delegaciones de UGT y CCOO en el Ministerio de Economía. Estábamos preparando la reunión en La Moncloa, Felipe González, Joaquín Almunia, Carlos Solchaga y yo. En ese momento, llamaron por teléfono para avisarnos de que los sindicatos habían dicho que Nicolás Redondo no venía a la reunión de Economía. Solchaga montó un número allí en la mesa, y dijo que no iba a la reunión y que esa reunión se disolvía... que era una falta de respeto... Felipe González concluyó que la reunión se tenía que celebrar y que Carlos Solchaga tenía que estar allí. El ministro dijo que no, que él no iba a esa reunión. Dijo que no delante de Almunia y delante de mí. Dijo que ni hablar. Y no fue. Quisimos convencerle de que no cayera en la provocación, que aquello era lo que los sindicatos querían... Y que no, y que no... Sobre la marcha tuvimos que montar la reunión en el Ministerio de Trabajo y la tuve que presidir yo. Y, hablando mal, Felipe «se la tuvo que envainar...». Pero yo tengo la impresión de que Felipe González se llevaba muy bien con Carlos Solchaga. Tenía mucha confianza en él. Carlos Solchaga era muy chulesco: un navarro de Tafalla y presumía de ello... Estaba molesto porque no pertenecía a la Ejecutiva y no podía tener «cancha política» dentro del Partido, y, en realidad, nunca tuvo el respaldo del Partido... Yo, con Solchaga, tenía una relación bastante fría. Sin embargo, una vez que los dos salimos del Gobierno, recompusimos bastante la situación.

La huelga: un éxito sindical inútil

No puedo olvidar la huelga general, porque yo era ministro de Trabajo. Las dimensiones de la huelga eran difíciles de prever. Yo creo que la huelga fue importante, sobre todo, porque Madrid paró y la televisión paró. Y eso fue lo que, al final, marcó la huelga. El comunicado personal de Felipe reveló la importancia que había tenido la huelga y el coste político. Yo estaba convencido de que no había posibilidades de parar la huelga, porque no había intención de negociar. Recuerdo que nosotros, en el Gobierno, discutíamos, que había dos posiciones que podíamos adoptar ante la huelga: una, no entrar en el debate sobre la huelga, no entrar en una dialéctica con los sindicatos sobre si la huelga era mala o buena o si respondía o no a alguna razón profunda; y la otra, entrar al trapo. Felipe era partidario de esta posición, de entrar en debate con los sindicatos, y no quería que la huelga les saliera gratis. Quizá se hizo lo adecuado, o no, eso nunca se podrá saber; pero el debate entre el Gobierno y los sindicatos pudo alimentar la huelga, pudo tal vez concederle más resonancia. En todo caso, la huelga fue un éxito sindical que, después, ni siquiera supieron rentabilizar.

La huelga, para el Partido, supuso descubrir cosas que nunca habíamos imaginado: que una huelga general pudiera tener lugar durante un Gobierno socialista. Para empezar. En segundo lugar, ocurrió un hecho que también nos sorprendió: abuchearon a Felipe González en la Universidad. Fue como si despertara de un sueño, porque él nunca creyó que eso le pudiera ocurrir en realidad. Nunca pudimos imaginar que los universitarios y los trabajadores se volvieran contra nosotros. Yo, en aquel momento, no fui consciente de que Felipe quería dimitir. No tengo constancia, recuerdo el comunicado lacónico de Felipe, que reflejó mucho su estado de ánimo, pero yo no fui consciente de que él, en aquel momento, tomara la decisión. Ahora sí creo que Felipe, a partir de ese momento, pensara en irse. Sucedió que nadie había previsto, dentro del Gobierno, la hipótesis de una huelga general. Nadie. Nadie...

Al menos yo no hubiera imaginado un escenario semejante. No sé si Carlos Solchaga o Felipe... pero tengo la impresión de que ellos tampoco habían previsto esa hipótesis. Ni siquiera conociendo la relación de Nicolás Redondo con Felipe González, basada en el rencor y en el resentimiento... Creo que eso influyó, pero no voy a llegar a la conclusión de que ése fuera el factor más importante en la convocatoria de la huelga. Había una ruptura total, ya entonces.

Creo que Nicolás, como ya he señalado, siempre había tenido la pretensión de «mandar» en el Gobierno. Nicolás tenía una idea preconcebida, a partir sobre todo de 1985, cuando se aprueba la Ley de Pensiones: su idea era que aquel Gobierno no era un gobierno socialista. Y tenía la concepción de que el Gobierno hacía una política neoliberal. Era la época de las grandes frases, de las grandes ideas, de la deuda social, de la flexibilización... Y yo creo que, incluso desde esa perspectiva, Nicolás Redondo pensó que una huelga general podía ser un aldabonazo para el PSOE... Posiblemente, en su idea, conseguiría incluso cambiar la política del Gobierno.

Después de la huelga, Felipe aguantó el tirón. El argumento que yo le planteé a Felipe fue el siguiente: «De acuerdo: ellos han ganado y tú lo has reconocido; ahora tenemos que empezar un proceso de renegociación, tenemos que negociar con los sindicatos».

Si hubo o no ministros que dijeron que la negociación no era conveniente, yo no lo sé. Pero toda la negociación me la «cargué» yo. No vi a Carlos Solchaga, reivindicando o reclamándome la negociación porque la quisiera hacer él... Nadie se apuntó a la mesa, ni siquiera el ministro para las Administraciones Públicas. Se negociaron pensiones, seguros de desempleo, formación profesional... cuatro o cinco asuntos que se discutieron en una misma mesa. Y no hubo salida en esa negociación. La presidí yo en el Ministerio de Trabajo; día a día consultaba con Felipe, y algunas veces hablé con Carlos Solchaga. Recuerdo que el gasto social que pusieron encima de la mesa los sindicatos podía estar por encima del medio billón de pesetas sobre lo que ya había. Una barbaridad. Ellos exigían el cien por cien. Y no podíamos darles aquello, y creo que hicimos bien en no llegar hasta ahí, porque entonces hubiéramos perdido todo el crédito, aparte de las consecuencias monetarias. Yo defendí que las posiciones que el Gobierno había mantenido en la negociación se tenían que plasmar en un decreto ley, porque había modificaciones legales que se aprobaban en el Parlamento. Y esa posición la respaldó Felipe. Fue el gasto social más importante que hubo en esa legislatura. Y se aprobó el decreto ley. Aunque, en vez de medio billón, fueron doscientos mil millones de pesetas.

Después de la huelga, los sindicatos estaban crecidos. La tesis sindical en aquella negociación era: «Hemos ganado una huelga; ustedes tienen que ceder en todo lo que pedimos...». Rendición sin condiciones. Yo recuerdo que en el seno de la UGT hubo un debate fuerte, en el Comité Confederal: reprochaban a los dirigentes que la negociación no hubiera terminado en un acuerdo que les hubiera permitido rentabilizar la huelga del 88. Justo Fernández, por ejemplo, que no era nada sospechoso de coincidir con el Gobierno, fue uno de los que lo defendió.

Y, después del verano, Solchaga le planteó a Felipe que había que recomponer las reuniones con los sindicatos. Se abrió entonces la negociación y se llegó a un acuerdo.

A pesar de la huelga

Yo creo que la huelga también tuvo alguna influencia en el bajón electoral de 1989. Sufríamos ya un desgaste progresivo. Pero esos desgastes son normales en la labor del Gobierno e imagino que la huelga del 88 también influiría algo... Seguramente hubo un sector de la población que se retrajo y que optó por la abstención. Pero ganamos con la mayoría absoluta en el 89: nos quedamos justo en el límite de la mayoría absoluta. Estuvimos a punto de perder la mayoría absoluta por un escaño que anduvo perdido por ahí... por Orense... De todos modos, aunque fuera con una pérdida sensible de votos, recuerdo que las elecciones del 89 nos reconfortaron a todos, y lo vimos como un respaldo a un Gobierno que había sufrido una huelga general. Porque los votos valen más que una huelga, evidentemente.

Pese a todas las dificultades, pusimos en marcha un ambicioso plan de modernización de la Seguridad Social, para que la Sanidad tuviera su cobertura en los Presupuestos Generales del Estado, y el resto de la Seguridad Social dependiera de las cotizaciones. Sin separar las fuentes de ingresos, aquel plan se puso en marcha conmigo en el Ministerio. Ésa fue una de las actuaciones más importantes. La separación de las fuentes no se llevó a cabo al cien por cien, porque tenía que hacerse de una manera progresiva, y se fue completando en años sucesivos. Pero el Partido Popular todavía no lo ha terminado.

Otra ley importante de ese período fue la Ley de Pensiones No Contributivas, que también representó un gasto importante. La crisis de la Seguridad Social empieza a partir de 1990; entonces se empezaba a hablar de ello y, sobre todo, a partir de 1992, con la crisis económica. Nosotros no tuvimos dificultades en los años anteriores porque, desde 1987 a 1990, y sobre todo de 1987 a 1989, fueron años de mucha creación de empleo. Y, por eso, los gastos de seguro de desempleo disminuyeron bastante y aumentaron considerablemente las cotizaciones.

La promesa no cumplida de los 800.000 puestos de trabajo también pudo dañar la credibilidad del Gobierno. En 1982 hubo muchas discusiones a la hora de elaborar el programa electoral, concretamente en este punto, y hubo personas que no estimaban oportuno incluir el compromiso de la creación de 800.000 puestos de trabajo. No recuerdo quiénes no lo consideraban oportuno; sólo recuerdo que la discusión se desarrolló entre técnicos y economistas, no entre políticos. Y yo creo que algunos consideraron que no existían las condiciones adecuadas para crear esos 800.000 puestos de trabajo. Y no sé qué ministro —no sé si fue Boyer o Solchaga— llegó a decir que esa promesa era imposible de cumplir... Fue Solchaga. Yo estaba entonces en la UGT y recuerdo que Nicolás Redondo montó en cólera. En mi legislatura se crearon más de un millón de puestos de trabajo, desde 1986 a 1990; pero, entonces, en 1982, Solchaga tenía razón.

La gente no creyó que se hubiera creado tanto empleo porque, entre otras cosas, el paro no disminuyó apenas. Creció mucho la población activa. Pero el Gobierno actual, el del Partido Popular, que «vende» empleo por un tubo y reducción de paro, mira las estadísticas... y el paro sigue siendo la máxima preocupación de los españoles, más que el terrorismo. Lo que ocurre, creo yo, es que la gente es bastante más sensata de lo que los políticos a veces creemos. Digo esto en el sentido de que los ciudadanos son conscientes de que el problema del paro es muy complicado de resolver. Por eso yo no quiero justificar lo de los 800.000 puestos de trabajo, porque si no hubiéramos planteado ese objetivo, probablemente, habríamos ganado de la misma manera. Yo creo que todo lo que nosotros hicimos, desde el punto de vista de consolidar y de ampliar el Estado de bienestar, fortalecer el sistema público, aumentar las pensiones —se aumentaron durante esos años—, la extensión de la obligatoriedad de la asistencia sanitaria, los temas de educación, todo ello fue fundamentalmente lo que otorgó credibilidad al PSOE; aparte de otros asuntos, como la OTAN, las relaciones con Europa, etcétera.

La amargura de un fracaso

A mí me sustituyó en el Ministerio Luis Martínez Noval, y algunos consideraron que fue una propuesta de Alfonso Guerra. Pero yo estoy convencido de que Martínez Noval no fue una propuesta de Alfonso Guerra. Cuando yo le pregunté a Felipe quién iba a ser mi sucesor, él me dijo que Luis Martínez Noval y me sorprendió, porque era un político que no tenía absolutamente ninguna relación con el mundo laboral. Intervenía en la Comisión de Economía; lo conocía Carlos Solchaga, quien tenía buena opinión de él, y Felipe González le había oído algunas intervenciones en el Parlamento y también tenía muy buena opinión de él. Y ésa es la razón por la cual Felipe González lo nombra mi sucesor. Después, efectivamente, Luis Martínez Noval apareció del lado «guerrista». Pero el nombramiento fue de Felipe. Estoy convencidísimo de que no fue ninguna propuesta de Alfonso Guerra.

El caso es que dejé el Ministerio, en 1990, para irme a Andalucía. Y, la verdad, yo tengo muy buen recuerdo de los cuatro años de gestión en el Gobierno central. Naturalmente, siempre me voy a acordar de 1988. Tengo la amargura de no haber evitado la huelga, del fracaso de la negociación previa a la huelga. Sí estoy contento del decreto ley que pusimos en marcha tras el fracaso de la segunda tanda de negociaciones, después de la huelga... La gente de la UGT reconoció después la importancia de aquel decreto, aparte de otras leyes. La Ley de Cooperativas también se hizo en mi mandato, y la Ley de la Regulación de la Inspección de Trabajo; y le dejé hecha a Luis Martínez Noval la Ley de Consenso Económico y Social. Fue, además, un período en el que se creó mucho empleo, el más importante, en este aspecto, de toda la transición. Y yo creo que, salvo ese incidente de la huelga, que marcó toda una gestión política y todo un período, de lo demás no estoy descontento, no me siento insatisfecho.

Yo había estado «encantado de la vida» de ser ministro. A nadie le amarga un dulce. Desde otros puntos de vista, insisto, la huelga del 14-D me dejó un mal recuerdo. Nadie puede sentirse satisfecho ante una huelga general, pues es un elemento muy definitorio de una gestión. Aunque no se puede decir que el ministro de Trabajo fuera el único responsable. Todo el Gobierno era responsable, porque, de hecho, la huelga iba dirigida contra todo el Gobierno, contra Felipe González; y creo también que iba dirigida, más que contra mí, contra Carlos Solchaga. Pero todos fuimos responsables. Al ser una huelga de trabajadores, es razonable que se vinculara con el Ministerio de Trabajo y Seguridad Social.

Quizá el poso de amargura por la huelga era más intenso en mí, porque era ministro de Trabajo, pero el poso de amargura que dejó en todos los socialistas fue tremendo. Sobre todo, porque fue una huelga en que hubo de todo: se apoyó no solamente desde la oposición, lo cual podía ser explicable, sino que fue una huelga en la que los empresarios se esforzaron «a tope» para que fuera un éxito. No se ha vuelto a dar un caso como aquel. Quizá, desde mi punto de vista, la huelga marca el comienzo del declive de los sindicatos, porque no supieron aprovechar la situación que se dio en aquellos momentos, porque no supieron rentabilizar el éxito de la huelga. Se emborracharon de éxito y no supieron poner los pies en el suelo y tratar de obtener una serie de reivindicaciones que les hubieran permitido, ante el conjunto de los trabajadores y de la sociedad española, justificar el porqué de la huelga.

Andalucía, la baza de Alfonso Guerra

Cuando me fui a Andalucía, empezó una etapa muy distinta de mi vida. Si de mí hubiera dependido, no me habría ido de Madrid, porque toda mi vida, prácticamente desde que estuve en la UGT y después en el Partido, se había desarrollado en el ámbito nacional, de política nacional y era en donde yo me movía mejor. Y no me hubiera importado volver otra vez al Parlamento nacional. Mi familia ya se había asentado en Madrid.

En contra de lo que se ha comentado, Felipe siempre me dijo, desde el principio, que aceptaría la que fuera mi decisión, pero creo que él quería que yo me quedara en Madrid. Porque no veíamos tampoco una razón de fondo por la que yo me tuviera que ir a Sevilla. La única razón plausible era el enfrentamiento que Pepe Rodríguez de la Borbolla mantenía con Alfonso Guerra. Ésa era la única razón. No había otra. Sí es verdad que Pepe tenía un nivel de rechazo entre la población andaluza, pero también tenía un nivel de aceptación muy importante, y en aquel momento las encuestas hablaban de buenos resultados. Por tanto, la única razón que explica el cambio es que Alfonso estaba enfrentado con Rodríguez de la Borbolla. Aquel enfrentamiento tenía su origen, creo, en el hecho de que Pepe buscara su ámbito de autonomía. Y trató de buscarlo al margen de Alfonso. Y eso también afectaba a la relación entre el Partido y Pepote. Era un enfrentamiento personal.

Pero, además, creo que Alfonso Guerra, en plena crisis, en pleno apogeo del «caso Juan Guerra», necesitaba una cierta legitimación. Y esa legitimación pasaba por este discurso: «Yo he ganado las elecciones en Andalucía». Si el que ganaba las elecciones en Andalucía era Pepe Rodríguez de la Borbolla, simplemente ganaba Pepe Rodríguez de la Borbolla. Si se presentaba otra persona —en este caso yo—, y esa otra persona se presentaba porque se lo había pedido Alfonso Guerra, porque era una operación política suya, ya no sólo ganaba el nuevo y ganaba el PSOE, sino que también ganaba él. Y ése es todo el contexto político de la operación.

Naturalmente, yo fui a Andalucía porque la presión era enorme. Cuatro personas gestionaron el cambio: Alfonso Guerra, Guillermo Galeote, Txiqui Benegas y Carlos Sanjuán. Yo rechacé la propuesta durante algún tiempo; incluso en algún momento creí que había ganado la batalla. Luego comprendí que no. Porque, en el fondo, soy un sentimental, y yo me sentía deudor de Alfonso Guerra, en mi carrera política; consideraba que alguna vez me había apoyado en algunas cosas... No es que fuera «guerrista». Simplemente era una persona que todavía no era consciente del enfrentamiento, que no vislumbraba o no detectaba la fractura entre Alfonso Guerra y Felipe González.

«Te vas a comer todo el marrón»

Yo hablé con Felipe muchas veces sobre este tema. Él me decía: «Sé lo que está pasando. Sé que te sientes deudor de Alfonso Guerra, pero, bueno, haz lo que quieras. Respetaré lo que decidas».

Yo me acuerdo que algunos compañeros míos de gabinete me decían: «¡Tú estás loco! ¡No te vayas a Andalucía! ¡Te vas a comer toda la mierda, todo el marrón de lo de Juan Guerra...!». Y, al final, no sucedió; entre otras cosas, porque creo que hice una buena campaña.

Los «guerristas» echan a Felipe la culpa de la caída de Pepote, pero Pepote fue una víctima de Guerra. En aquella época, Felipe «dejaba hacer» a Alfonso en Andalucía. Alfonso era el hombre que controlaba Andalucía. Por lo tanto, no creo que Felipe tuviera ninguna especial relación con Pepote. Yo me imagino que, en aquella época, ya habían empezado las diferencias entre Felipe González y Alfonso Guerra. Y Alfonso quería quitar a Pepote, no solamente porque se había enfrentado con él, sino porque Alfonso tenía una necesidad de legitimarse con una victoria en Andalucía, en el modo que he explicado. Recuerdo que ocurrió una de esas cosas que escenifica muy bien Alfonso Guerra. Cuando se ofrecieron los resultados electorales, quedó claro que *yo* había ganado por mayoría absoluta[3]. Celebrábamos, como es habitual, la fiesta del Partido en el hotel Macarena y, naturalmente, tras conocer el recuento, me presento en el acto, y me encuentro con que Alfonso Guerra ya estaba allí, había dicho unas palabras... Cuando yo llegué... No es que nadie me echara en falta, pero, en fin... Él aprovechó que yo no estaba; no esperó a que yo entrara con él o él entrara conmigo...

Por tanto, repito, aunque los «guerristas» insisten en que fue Felipe quién se cargó a Pepote, no tienen ningún dato que respalde esa afirmación, no son capaces de poner encima de la mesa ningún dato, ningún argumento, ningún hecho, ninguna prueba, en definitiva, que pueda justificar esa afirmación. Eso es mentira. Otra cosa es que Felipe, como señalé, «dejara hacer» a Alfonso. Si, en aquellos momentos, Felipe me hubiera dicho: «Manolo, no quiero que te vayas a Andalucía», me habría dado un alegrón impresionante. Pero no me lo dijo. Porque Felipe es así. Él sabía las presiones a las que yo estaba sometido y él considera que cada uno tiene que tomar sus decisiones y tiene que ser responsable de las decisiones que toma. Ahora bien, yo sé que él también tenía sus presiones, porque recuerdo que Alfonso Guerra y Txiqui Benegas estaban continuamente hablando con él.

Pero si Alfonso pensaba que iba a controlarme en Andalucía, hizo un mal negocio.

Aunque el auténtico mal negocio de Alfonso Guerra fue romper con Felipe. Alfonso Guerra fue responsable, en aquel momento, de la división del Partido: obligó a la gente a elegir. Eso es objetivo. Yo lo digo en pocas palabras, pero fue así. A mí también me obligó a elegir, y no porque a mí me interesara políticamente una opción más que otra, sino porque yo me sentía mucho más vinculado humanamente a Felipe que a Alfonso, creía mucho más en lo que representaba Felipe para este país que en lo que representaba Alfonso. Ésas fueron las razones de mi elección, más que mi interés político personal.

Yo me situé, en 1994, antes de las elecciones, en el filo de la navaja: aposté y estuve a punto de perder en el Congreso de Andalucía de aquel año. El Partido estaba dividido; yo aposté y, por muy pocos votos, se ganó en Huelva y en Málaga, que eran los lugares donde creíamos que íbamos a perder. Ganamos el Congreso. Pero si yo hubiera perdido ese Congreso, no habría seguido siendo presidente de la Junta de Andalucía. Yo creo que Alfonso obliga a elegir a partir de su cese o dimisión como vicepresidente del Gobierno. Es verdad que, anteriormente, ya había problemas y enfrentamientos, porque los «renovadores», Joaquín Almunia, Narcís Serra, Javier Solana... también se equivocaron en algunas cosas.

De todos modos, cuando Alfonso Guerra deja el Gobierno, el conjunto de la organización visualiza que hay una ruptura y es entonces cuando la gente se ve obligada a elegir.

Yo viví el «caso Juan Guerra». Y, quizás por algunas razones personales, nunca he querido entrar en estos temas. El Partido, y yo el primero, no queríamos creer algo que teníamos la sospecha que estaba ocurriendo. Bajo ningún concepto podíamos pensar que el hermano de Alfonso Guerra —no con su consentimiento, pero sí haciendo la vista gorda y mirando para otro lado— estaba haciendo lo que estaba haciendo desde el despacho de su hermano. No me lo podía creer y creo que Felipe, en algún momento, tampoco se lo podía creer. Para mí, efectivamente, la teoría de la conspiración de la prensa tenía cierta verosimilitud.

Cuando se estaba comentando en Madrid que tal vez podría ir a Sevilla como candidato a la Presidencia de la Junta de Andalucía, asistí a una manifestación contra el terrorismo en la capital de España. Recuerdo que Suárez me cogió del brazo y me dijo: «Manolo, allí te vas a comer todo el marrón del tema Juan Guerra...». Y, en el Consejo de Ministros, me regalaron un cuadro. En un papel, por la parte de atrás, firmaron todos los ministros, entre ellos Paco Fernández Ordóñez, que me hizo una dedicatoria: «Manolo, si te vas a Andalucía, que no te pase nada y que Dios te coja confesado». Estas anécdotas reflejan el ambiente que se respiraba entonces. Mucha gente me dijo, cuando ganamos las elecciones del 90: «Has salvado a Alfonso Guerra».

LOS «PELOTAZOS» DE LA 'BEAUTIFUL PEOPLE'

Cuando estalló el «caso Juan Guerra», aparecieron simultáneamente otros escándalos, como el de Mariano Rubio, o los que protagonizaron gentes próximas a la llamada *beautiful people*. Unos y otros, en el interior del Partido, se enzarzaron en una pelea respecto a qué corrupción era peor, si la de «cuello blanco» o la otra, la que podría personalizarse en Juan Guerra. Lo que ocurrió después con Filesa... ¡Por favor! Yo creo que es verdad que en aquella época se produjo un *boom* económico como no había tenido lugar desde hacía muchos años en España, y, sobre todo, contando con la apertura hacia Europa y la entrada en la CEE. Y esa efervescencia económica, lógicamente, también fue aprovechada por alguna gente para hacer sus negocios y especular: era lo que entonces se denominó el «pelotazo».

Aunque desde algún sector del Partido se intentó echar la pelota en el tejado del vecino o del contrario, la verdad es que, en esos casos, la responsabilidad era de todos. Se trataba de personas en las que se había depositado cierta confianza; algunas de ellas que no tenían «cultura de Partido» —otras, sí— y, al final, arrastraron la caída del Partido. No solamente lo puedo decir ahora, también lo pensaba entonces, cuando estalló todo aquello... Yo creo que lo del «cuello blanco» o no, son algunas argumentaciones que se preparan a posteriori para tratar de justificar determinadas posiciones políticas en el Partido y ante los congresos, pero no eran objetivas, no nos engañemos. Muchas veces se dijo en el Partido: «A Felipe le corresponde lo de Mariano Rubio, lo del GAL y lo de Roldán; y a Guerra le corresponde lo de Juan Guerra lo de Renfe y lo de Filesa».

¡Por favor! Lo de Mariano Rubio y lo de Juan Guerra no tenía nada que ver con la financiación del Partido. Eran operaciones puramente personales. Ahora bien, lo de Filesa sí tenía que ver con la política: efectivamente, fue una operación de financiación del Partido. Todo se debió a la gran deuda del Partido. Fue una operación para cubrir las deudas del Partido. Lo digo a posteriori, porque yo entonces no tenía ni idea de lo que estaba ocurriendo y todos los miembros de la Comisión Ejecutiva, incluido Felipe González, no tenían ni idea de lo que estaba ocurriendo.

Por otro lado, yo creo que esa actitud tenía mucho que ver con... no voy a decir «con la tradición», porque es una expresión demasiado benigna, y sería injusto utilizarla, pero sí guardaba relación, en parte, con lo que habían sido los «métodos» que habían seguido los partidos de izquierdas, los partidos socialdemócratas de toda Europa para financiarse. El PCE había contado con la «vía Moscú», y los partidos socialdemócratas también empezaron a hacer este tipo de cosas. Los partidos de derechas tenían vías de financiación mucho más abiertas, porque tenían créditos mucho más benignos y más fáciles con los bancos que los partidos de izquierdas. Fue un fenómeno europeo, en la línea de la sacralización del Partido, y abundaba en la idea de que el Partido es un fin en sí mismo y que el fin justifica los medios... Yo creo que Felipe no sabía lo que estaba ocurriendo. Yo tampoco. Y creo que el 99 por ciento de la gente del Partido tampoco lo conocía. Que eso nos exima de responsabilidades morales o algo... no lo sé.

Dicen que la operación de Filesa se llevó a cabo para pagar el déficit que había generado la campaña de la OTAN. Pero nadie se puso a indagar de dónde salía el dinero de la OTAN, porque todo el mundo pensaba que salía de donde salió realmente: de los créditos. La operación se realizó después, para pagar aquellos créditos. Y, al final, la principal víctima fue el propio Partido. Sí; fue una injusticia... Algunos lo pagaron. Guillermo Galeote, por ejemplo. Pero creo que es injusto.

Copié la campaña de Tierno en Madrid

Yo temía que el «caso Juan Guerra», que todo aquello, me pudiera perjudicar. Por eso, cuando llegué a Andalucía, basé mi campaña en dos pilares: me negué a hablar con Alfonso Guerra del tema de su hermano. No era mi tema, no hablé, me negué; y, por otro lado, evité cualquier tipo de controversia y de confrontación política con otros partidos. Por eso no tuve encontronazos con el PP ni con IU. Hice una campaña elevándome un poquito, por encima del bien y del mal. En cierto sentido, copié algunos detalles de la campaña de Tierno Galván en Madrid. Y, afortunadamente, me fue bien, sin insultos, sin descalificaciones personales, lo cual se debía también a mi carácter y a mi forma de ser.

Y con el Partido, en Andalucía, no tuve ningún problema prácticamente hasta los prolegómenos del Congreso del 94. Hasta entonces, tuve una buena relación personal con Carlos Sanjuán, aunque es verdad que estaba muy mediatizado, porque, prácticamente, el primer Consejo de Gobierno que se hizo fue un consejo pactado con Carlos Sanjuán... Pero, fuera de eso, la ruptura vino en el Congreso del 94, cuando el Partido se divide entre «renovadores» y «guerristas», y Felipe y Alfonso toman posiciones distintas.

El caso es que yo recibí una Andalucía marcada por el estigma de Juan Guerra. Eso era un «marrón» que estaba ahí encima... No, no es que estuviera presente, pero siempre estaba ahí... en las ruedas de prensa... Y, al final, yo recuerdo que estaba siempre muy preocupado e incluso harto ya de que, en las comisiones ejecutivas del Partido, todo el debate fuera jurídico. Como Carlos Sanjuán era jurista, era comandante jurídico, todo giraba sobre el mismo asunto; y las ruedas de prensa, todos los días protestando... No salíamos del mismo tema. Era una auténtica pesadilla y yo siempre quería huir de ese tema porque ni nos interesaba ni nos aportaba nada.

Recibí también una Andalucía agitada por el enfrentamiento entre la institución del Gobierno autonómico y el Partido, con un cierto deterioro de la figura del presidente, que era una persona muy vapuleada por el Partido y por Alfonso Guerra. Reafirmar el prestigio de la Presidencia fue una de mis principales preocupaciones.

LA MALA IMAGEN DEL PER

Pero también es verdad que yo recibí una Junta de Andalucía con muchas competencias. Uno podrá decir que estuvieron mejor o peor negociadas, pero ya se habían transferido —en la época de Rodríguez de la Borbolla— las competencias de Educación, las de Sanidad... En esa época se transfirieron, precisamente por el Gobierno socialista, las competencias más importantes. Yo accedí a la Junta de Andalucía cuando ésta contaba con unos instrumentos muy poderosos para hacer política.

Y ya que tenía aquellas competencias... Para mí, sobre todo, era muy importante quitarme de en medio algunas cosas que todavía seguían pesando en la imagen de Andalucía. Por ejemplo, el tema de la Reforma Agraria, especialmente, una vez que habíamos entrado en la CEE. La ley que había puesto en marcha Rafael Escuredo de la reforma agraria estaba muy bien, tenía la carga ideológica de siempre, pero era un brindis al sol...

Y luego estaba el PER [Plan de Empleo Rural], que es un sistema de protección de Extremadura y Andalucía, vinculado al mundo agrario, al mundo rural... Tampoco proporciona una buena imagen. Se vincula a algunos fraudes que se produjeron, a algunos juicios, porque efectivamente hubo fraude... Del PER también surge el agravio comparativo que podía provocar con otras Comunidades Autónomas, que tenían, como nosotros, población activa agrícola y no contaban con ese subsidio. Pero Andalucía, como Extremadura, es una región que sufrió una reconversión agrícola muy fuerte, con la población agrícola activa más numerosa de España, y se corría el riesgo de mantener una población sin trabajo y cuya única salida fuera trasladarse a las ciudades. Con el PER se fijan las poblaciones agrícolas en los pueblos. Se crean, gracias al subsidio y al PER, infraestructuras y equipamientos en los pueblos, se produce un determinado nivel de modernización de esos pueblos. Empiezan a contar con equipamientos importantes, casas de cultura, polideportivos, piscinas, etcétera. Y también se solucionan muchos problemas relacionados con las infraestructuras. Permite la creación de parques empresariales, que se vayan formando pequeñas y medianas empresas y cooperativas. Es decir, que es un elemento importante para desarrollar la estructura social y territorial de Andalucía. Dicho esto, el PER no representa más del uno por ciento del PIB de Andalucía. Las reestructuraciones de Hunosa, de Astilleros o del Acero han sido mucho más caras que el PER.

Mi preocupación, en aquellos primeros años, era consolidar Andalucía, no solamente como una fuerza dentro del PSOE, sino también como una fuerza en el contexto del Estado: era importante que Andalucía tuviera «peso». Era decisivo hacer valer el «peso» de cerca de siete millones de habitantes y jugar fuerte en el Estado de las Autonomías. Sufríamos un lastre fuerte: la credibilidad del PSOE estaba por los suelos y yo tuve que aguantarlo durante esa época; tuve que soportarlo, porque estuve en dos procesos electorales, el de 1994 y el de 1996, que los gané a pulso.

EVITAR LA FRACTURA DEL SUR

Yo creo que los andaluces siguieron votando a los socialistas porque, sociológicamente, la mayor parte de la población es de izquierdas, o de centro izquierda, y eso se aprecia en las encuestas perfectamente. Yo tengo para mí que, a pesar del deterioro que sufrimos, hay una cuestión que reviste especial importancia. Trataré de explicarlo desde el principio. ¿Por qué Felipe González cuando va a Andalucía, más que en ningún otro lugar, tiene la aceptación y el cariño que tiene? Yo creo que no es solamente porque sea socialista, sino porque los ciudadanos comprendieron la tesis que nosotros hemos defendido —y que es verdad—: que había un peligro de fractura en España, entre un norte desarrollado y un sur que miraba hacia África, con unos rasgos de subdesarrollo claros, sin autoestima, sin señas de identidad, salvo la miseria, la ruralidad, la agricultura y el paro. Yo creo que todo el mundo, al final, reconoce el esfuerzo que hizo Felipe para evitar esa fractura.

Y en el 92, aunque se plantearon problemas de celos entre Sevilla y otras ciudades andaluzas, como Málaga y Granada, al final todo el mundo reconoció que era un esfuerzo de infraestructura para Andalucía. Con la Expo 92, la gente se dio cuenta de que hubo un proyecto para Andalucía, para evitar la fractura con el resto del país.

Lo que había que hacer era, fundamentalmente, romper con muchos tópicos. Esas acusaciones que siempre habían considerado a Andalucía tierra subsidiada, tierra subvencionada, dependiente, sin futuro... Ésa es la gran lucha que he tenido siempre, porque creo que ya no se corresponde con la realidad. Y creo que la Expo fue un símbolo de modernidad, porque se presentaron en Andalucía todas las novedades mundiales, desde el punto de vista tecnológico, del ocio, arquitectónico, etcétera: todo estaba allí. No hay que olvidar el hecho de que el primer tren de alta velocidad fuera el tren Sevilla-Madrid. Todo ello influyó mucho en ese cambio de imagen que pretendíamos. Yo creo que eso, al final, ha quedado en el subconsciente de la gente.

Por eso, al final, en el 96, cuando ya estaba cantado que se perdían las elecciones generales, también se daba por hecho que yo las iba a perder en Andalucía, por muy poquito, pero que las iba a perder. Y, sin embargo, me llevé una agradable sorpresa: las ganamos. Ocurrió otro tanto en el 94: yo no lo esperaba, pero las gané, y bien ganadas.

Respecto al proyecto en Andalucía, me siento muy orgulloso. Aunque no he sido yo el único protagonista, y no me quiero apuntar el cien por cien de los logros, yo colaboré en el objetivo que se había marcado Felipe González: evitar la fractura entre el norte y el sur de la que hablé anteriormente. Fuimos conscientes de que teníamos que eliminar dos cuellos de botella que estaban lastrando la economía andaluza y el desarrollo. Uno era la formación, y el otro era la infraestructura. Gracias a nuestro esfuerzo en Educación, que era competencia de la Junta de Andalucía, y en infraestructuras, gracias al esfuerzo nacional pero también complementado por nosotros, dio resultado el proyecto y se eliminó gran parte de esos cuellos de botella.

Andalucía fue la primera comunidad de España que, con sus propios medios, comenzó la construcción de una autovía, la autovía transversal desde Sevilla hasta Almería, que hemos terminado hace muy poco tiempo. En mi época se han creado cuatro universidades y, si me atribuyo la Universidad Internacional, cinco: la de Huelva, Almería, Jaén, la segunda de Sevilla —Universidad Pablo Olavide— y la Internacional.

Sobre todo, me siento orgulloso porque yo creo que en la última década Andalucía se consolidó como un poder en el resto de España. Eso se evidenció a partir de la llegada del PP al Gobierno central: era difícil que en el conjunto nacional se pudiera tomar una decisión sin contar con lo que decía Andalucía, a no ser que se quisiera asumir el coste político. Pudieron y lo hicieron, pero eso tendrá costes políticos para ellos.

Los Reinos de Taifas

Mientras tanto, en el Partido, continuaban produciéndose los movimientos por el poder y, por esa época, surgió el llamado «poder de los barones». Siempre nos ha molestado mucho que nos llamen «barones», pero son términos que, al final, uno acaba aceptando.

Es lógico que, en un Partido que se estructura federalmente, los secretarios generales regionales siempre tengan una cuota de poder. Y lo que yo creo es que, en un momento dado, cuando la dirección federal del Partido es débil, se nota mucho más el poder de los «barones», es mucho más ostensible, se exterioriza más y se ejerce también más. En mi opinión, esas muestras de poder aparecen generalmente en épocas previas a los congresos y, sobre todo, cuando la dirección federal es muy débil, como por ejemplo, a partir de Joaquín Almunia. Los «barones» ocupan un espacio político de poder que la dirección federal abandona. En ese contexto, adquieren notoriedad los «barones» que tienen más fuerza —porque tienen más respaldo— y, sobre todo, si acumulan la Presidencia de una Comunidad Autónoma. Es así. Por eso, durante la época de Joaquín, nos llamaban «los tres tenores» a Pepe Bono, a Juan Carlos Rodríguez Ibarra y a mí... Éramos los que poníamos políticas encima de la mesa; éramos el reflejo de las políticas de izquierdas y ocupábamos ese poder, no desde una perspectiva egoísta, sino fáctica. A partir de la llegada de José Luis Rodríguez Zapatero, los «barones» vuelven a adoptar una velocidad de crucero, normal. Antes, era la velocidad de un reactor.

Respecto a los poderes regionales, Alfonso Guerra utilizaba el argumento de que las Autonomías iban a dividir al PSOE, que los «reinos de taifas» acabarían por desvertebrar al Partido. Pero, sobre todo, empezó a utilizar ese argumento en un momento de gran debilidad, fundamentalmente para acusar a la dirección del Partido, también, de debilidad. Este ataque se produjo cuando perdió el poder dentro de la Dirección Federal del Partido, en la época de Almunia, en la época en la que ocupó el cargo de subsecretario general. Alfonso Guerra utilizó aquel argumento, principalmente, como arma política. Pero no tenía ningún fundamento. Yo nunca he creído en la teoría de los «reinos de taifas»... El PSOE siempre ha sido un partido que se ha estructurado federalmente. Siempre ha sido así.

El poder de los «barones» empieza a partir de 1994. Cuando el Partido se fractura, en el Congreso de 1994, hay algunos «barones» y algunas personas importantes que adquirimos cierto protagonismo, sobre todo intentando solventar el enfrentamiento entre Alfonso y Felipe. Es verdad que, en ese congreso, Alfonso Guerra entró también en la Ejecutiva, como vicesecretario general, pero ya no tenía, prácticamente, ningún poder, porque Txiqui Benegas deja de ser el secretario de Organización y Cipriá Ciscar asume el cargo. A partir de ese momento, los «barones» empezamos a tener un poco más de poder. Exigimos que se nos escuche cuando se toman decisiones que nos afectan.

En el Congreso de 1994, cuando, prácticamente, ganan los «renovadores», el liderazgo de Felipe ya no era el mismo que en otras épocas. Quizá el problema que se planteó, o el que tuvimos, fue que no supimos resolver el problema de la sucesión, como ya avancé en su momento. Teníamos tanto miedo al vacío, a caernos al precipicio, que no queríamos que Felipe se fuera. Y, en definitiva, no dejamos que Felipe se fuera. Tuvimos que perder unas elecciones para dejarlo ir. Y, por eso, la alternativa renovadora no salió adelante.

Ahora hay otra alternativa —muy bien vista por Felipe— que, de alguna manera, responde a aquel deseo frustrado de organizar un Partido más abierto a la sociedad, menos leninista. Felipe formuló aquella propuesta teóricamente, y muchas de aquellas ideas son las que se están poniendo en marcha hoy. En aquel tiempo, con todo lo que estaba cayendo, aquí era imposible esa alternativa... Porque, en realidad, los renovadores estaban tan implicados en las peleas del Partido como los demás... Reaccionaron tarde y cuando la sucesión no se había resuelto.

Así que aquello fue una pelea por el poder dentro de la organización, una pelea que también tenía sus elementos de diferenciación. Es decir, que la gente tomaba como punto de referencia el talante de cómo se ejercitaba el poder, dentro y fuera del Partido, las formas, el control de la organización... Todos esos elementos también servían para juzgar en parte la alternativa. Pero es lógico: todo debate o toda polémica con mayor o menor intensidad dentro de un partido político es también, en el fondo, una pelea por el poder. Si uno preguntaba en aquella época qué es lo que ofrecían los «renovadores», lo cierto es no sabían qué responder, salvo que se citaran algunos de los elementos que acabo de mencionar. Sí querían más apertura en el Partido y dejar atrás aquello de que «el que se mueva de la foto, no sale».

Tampoco los llamados «guerristas» sabían qué decir si se les preguntaba qué pretendían, salvo repetir los tópicos de la socialdemocracia, las izquierdas, los trabajadores... O sea, jugábamos mucho con las palabras y no había un programa bien estructurado.

Felipe, naturalmente, estaba con los renovadores. Lo que ocurre es que se «dejaba querer»: no quería interferir directamente en la pelea. Yo lo entiendo, porque era el punto de referencia de todo el Partido, y no quería que los ciudadanos o los militantes lo vieran como la referencia de una sola parte del Partido, frente a la otra. Hasta que Alfonso Guerra no pudo aguantar más y salió a la palestra. En 1994, a Solchaga y a mí —que nos entendíamos y teníamos relaciones con la otra parte— nos propuso una ejecutiva de consenso. Nos reunimos varias veces. Y Alfonso Guerra impuso que no entrara Carlos Solchaga en esa Ejecutiva. Fue cuando Corcuera salió diciendo aquello: «Hemos perdido otra vez el Congreso...».

LOS «INDEPENDIENTES»: UN ERROR DE LOS «RENOVADORES»

Ya en 1993, después de ganar las elecciones, Felipe González había dicho que, por primera vez, había constituido un Gobierno con las manos absolutamente libres. Y era verdad, porque Alfonso no pintaba nada y ya no tenía ninguna fuerza para imponer a nadie. Y Felipe se trajo a Narcís Serra. Lo que ocurría es que Narcís no era Alfonso, en relación con el Partido. Pero también supuso una liberación para mucha gente y para muchas organizaciones dentro del Partido. Narcís, salvo en el PSC (Partido Socialista de Cataluña), no tenía influencia en el conjunto de la organización. Pero Felipe formó el Gobierno que él quiso. Coincidiendo con la decadencia del Partido.

Felipe González trataba de buscar, por todos los medios, savia nueva. Y entraron en escena Garzón, Ventura Pérez Mariño, etcétera. Yo, entonces, vi bien la operación de Garzón. Pero, a posteriori, es muy fácil hacer las reflexiones y buscar explicaciones. Por supuesto, cuando uno se encuentra en una situación tan difícil como en la que nos encontrábamos nosotros en 1993, cuando había perspectivas serias de que podíamos perder las elecciones, Felipe González empieza a esforzarse en dar la imagen que habían dado los renovadores: apertura a la sociedad. Y recurrió a personas de esas características. Pero no parece que los elementos a los que se acudió fueran trigo limpio. Los resultados están ahí... En aquel momento nadie lo podía prever. Pero es evidente que fue una operación bastante negativa. Yo creo que Felipe apostó por los independientes porque, cuando los «renovadores» ganaron la pelea, efectivamente tenían que dar algunos golpes de efecto que demostraran que la «renovación» se trasladaba a la apertura del Partido. Y creían que la introducción de personas independientes podía dar esa imagen de apertura, de renovación, de savia nueva. Y creo que influyó, de cara a las elecciones de 1993; creo que nos ayudó a ganar las elecciones.

Más tarde se vio que fue un error. Conociendo un poco la personalidad de Garzón, si hubiera sido ministro —que creo que eran sus expectativas—, seguramente nos habríamos evitado algunos problemas. Es un hombre al que le gusta tanto el foco, que si hubiera sido ministro... La gran pelea surge cuando nombran a Belloch y «largan» a Garzón. Son errores que se cometen: no puedes «fichar» a una persona, generar una expectativa y después darle una patada en el culo.

Si algunos miembros del Partido que estuvieron en el Gobierno, Pepe Barrionuevo, José Luis Corcuera o Rafael Vera, que han pasado por los tribunales, han llegado a pensar que aquel Gobierno, el de 1993, había venido a meterles en la cárcel... yo creo que eso es una exageración. Pero sí es verdad que algunos ministros se quisieron quitar las pulgas, quisieron alejarse de todo este problema, e incluso lo condenaron. En cierto sentido, estas personas se sintieron abandonadas: eso sí que es verdad. El equipo de Belloch y toda esta gente quiso cortar rápidamente con aquello.

Colocar independientes en puntos estratégicos del Gobierno, en mi opinión, respondía al afán de renovación. Yo no quiero ser muy sectario, ni lo soy, pero tengo una «cultura de Partido» y esa cultura nos conduce muchas veces a sacralizar el propio Partido... como una droga que a veces nos cuesta abandonar, tenemos que hacer un esfuerzo muy grande para prescindir de ello y que no nos impregne y nos condicione el pensamiento y las reflexiones.

Todo ello me hace pensar que es verdad, que gente como aquella... Yo considero que Garzón es una mala persona, lo era antes y lo es ahora; es un gran simulador y un individuo muy inteligente —tiene que serlo para hacer lo que ha hecho... y lo que sigue haciendo—; es una persona a la que han estado a punto de darle un Premio Nobel. Pero, quitando a estas personas, hay otras que no tienen la «cultura de Partido» y a las cuales yo no les voy a negar nunca que puedan aportar ideas y actitudes al Partido. Belloch, por ejemplo: no es santo de mi devoción, porque tiene una «cultura de Partido» totalmente distinta a la mía, pero yo no lo voy a condenar ni a estigmatizar por eso. Creo que este Partido no puede ser solamente de los de «la foto de la tortilla», creo que eso sería un error.

A Belloch lo han llegado a llamar traidor. No es santo de mi devoción, ya lo he dicho, pero cada uno tiene su corazoncito y sus ambiciones políticas... Belloch ahora escribe en *La Razón*. A mí nunca se me ocurriría escribir en *La Razón* o en *El Mundo*, pero el hecho de que yo no lo haga no quiere decir que los demás tengan que dejar de hacerlo...

LOS APESTADOS DE INTERIOR

La actitud de estos personajes tiene relación con lo que han vivido otros, como Barrionuevo, Corcuera o Vera. He oído que el Partido los había abandonado, y la dirección del Partido, y que el Estado mismo los había abandonado. Yo lo entiendo perfectamente: es un drama lo que están viviendo, y el único que mantiene un poco el contacto con ellos soy yo. Nos criticaron que Felipe y otros muchos fuéramos a la cárcel de Guadalajara a apoyar a Barrionuevo y a Vera. Pero, al margen de cualquier consideración o de cualquier análisis político, era un gesto de amistad. Era lo mínimo que se podía pedir a Felipe, porque esa gente había trabajado para Felipe, aparte de cualquier consideración. No hubiera sido correcto que Felipe hubiese hecho una consideración política —«Yo no debo de ir, porque me van a implicar en todo esto...», y ese tipo de cosas—. Fue un acto humano y personal para con estas personas, y eso lo valoro mucho. A pesar de su coste político.

No sé si lo que pasó con el juicio de los GAL fue una injusticia. Uno se encuentra con una sentencia del Tribunal Supremo en una sociedad democrática, y es muy difícil proclamar que es una injusticia, tienes que aportar muchas pruebas para poder decir que esa situación es injusta o que responde a una presión política. Yo creo que hubo presión política, desde otros partidos, también con orientaciones desde los órganos judiciales, la prensa... Pero yo no soy capaz de aportar una prueba. Yo sólo me guío por mi criterio personal, que es por lo que nos guiamos todos. Es decir, Pepe Barrionuevo, sobre todo él, es una persona que cae muy bien en el Partido y al que todo el mundo le tiene simpatía. Porque nadie cree que fuera una persona deshonesta, o una persona corrupta, y porque nadie cree que fuera verdad lo que han dicho de él. Y yo, desde el punto de vista humano, por muchas sentencias que haya, siempre voy a estar con Pepe Barrionuevo, y le he apoyado, y no me importa que me hagan una foto con él, independientemente del coste político que pueda tener esa foto. Yo, en esas circunstancias, reacciono humanamente, no políticamente. Y yo creo que ésta no es una opinión personal, sino una opinión que es compartida por mucha gente dentro del Partido.

Ahora ellos se sienten solos, incluso han llegado a quejarse del tratamiento que les da la nueva Ejecutiva. Pero ellos tienen que tener en cuenta que es muy difícil, desde su posición, hacer una análisis. De la misma manera que ellos no podían implicar a Felipe y que Felipe no podía implicarse con ellos —porque entonces toda la etapa socialista se hubiera visto mucho más negra de lo que fue—, así la Ejecutiva actual debe mantener las distancias. Políticamente, es así. Pero, ¿qué significa no «abandonarlos»? ¿Ofrecerles un lugar político dentro de la organización? Yo creo que eso es difícil y es desgastar la nueva situación en la que se encuentra el Partido y desgastar a la nueva Ejecutiva. Yo soy así de duro. Ahora bien, humanamente, todo lo que quieran. Yo creo que la nueva Ejecutiva quiso romper con toda aquella situación. Fue una decisión y no me atrevo a juzgarla, no quiero.

Perder y ganar

Al final, el PSOE perdió las elecciones en 1996, pero por muy pocos votos. A pesar de todo, después de trece años de Gobierno y con todo el viento en contra, Felipe González perdió las elecciones por 300.000 votos. Yo creo que se dieron esos resultados electorales porque la reserva o el temor a la llegada de la derecha en este país todavía era muy fuerte. Los buenos resultados en Andalucía —siete millones de ciudadanos— también supone algo.

Yo comparo la situación de 1993, y también, en cierto sentido, la de 1996, con la de 1979 en relación con el PSOE. Es el miedo al cambio. En aquel momento, en 1979, el miedo frenó el avance del PSOE; y en 1993, o en 1996, el miedo frenó a un partido de la derecha. Ése fue el factor más importante. La prueba está en que, cuando ese miedo se elimina —en el 2000— pegan el zambombazo, y ese zambombazo, estoy convencido, no lo hubiera evitado ni Felipe González.

En 1996 se pone de manifiesto, en el voto, la influencia de la corrupción. La corrupción se acumuló en 1996, no en 2000, y toda la falta de credibilidad, todos los problemas de generación de confianza, todos los problemas de corrupción, Filesa, Roldán, el GAL, todo ello se acumula en 1996 y se pierden las elecciones. El PP no obtuvo una mayoría más amplia por el miedo a la derecha del que he hablado. El miedo al cambio. Y ese miedo desaparece entre 1996 y 2000. Hacen una gestión normal, en colaboración con el PNV y con CIU, y en 2000 ganan por mayoría absoluta. Como el Partido Socialista no había ofrecido ninguna alternativa, ni de liderazgo, ni había resuelto sus problemas, lo tuvieron fácil.

Ahora bien, yo pienso que ahora existe una mayor perspectiva y más normalidad dentro del Partido. Ahora puede ponerse en la balanza todo lo que representó la corrupción y lo que representó la gestión de los Gobiernos socialistas, y la gente empieza a valorar aquella actuación y la modernización que supuso para este país. Yo creo que ha sido la etapa de modernización más importante que ha tenido este país en el siglo XX, sin ninguna duda. Sobre todo, se consiguió la consolidación de un sistema político. El sistema político se consolidó durante la etapa socialista, se consolidó el sistema de monarquía parlamentaria, la democracia, y, al mismo tiempo, se produjeron los acontecimientos más importantes de la historia moderna de este país: la entrada en la Unión Europea —que la hicimos nosotros—, el ingreso en la OTAN... Felipe critica mucho el tema del referéndum, dice que ésa no fue una decisión de Estado. Pero, al fin y al cabo, España es el único país que entra en una organización de este tipo con un referéndum, y creo que eso le confiere una legitimidad tremenda. Eso sí lo he discutido mucho con Felipe y no estoy de acuerdo con él.

NOTAS

[1] Rodolfo Llopis (1895-1983) fue dirigente del Partido Socialista en el exilio. Durante la dictadura del general Francisco Franco, se denominaba «interior» cualquier actividad política clandestina en España.

[2] Manuel Chaves ocupó el Ministerio de Trabajo y Seguridad Social desde el 25 de julio de 1986 hasta el 27 de abril de 1990. Fue sustituido por Luis Martínez Toval.

[3] Las elecciones andaluzas se celebraron el día 23 de junio de 1990, y Manuel Chaves fue investido presidente de la Junta de Andalucía el día 27 de julio de ese mismo año.

Joaquín Leguina

De pensamiento, palabra y obra

El de omisión es el único pecado de los registrados en el catecismo del padre Ripalda que no habrá cometido Joaquín Leguina durante el tiempo en que formó parte del poder socialista. Pero los otros, todos, sin privarse de ninguno. Sobre todo, cometió pecados de pensamiento, porque Joaquín Leguina ha convertido eso de pensar en un ejercicio vicioso.

Repasando su singular recorrido por los vericuetos del socialismo español, se llega a la conclusión de que todo lo que le ha sucedido ha sido, más que nada, por pensar. En sus ideas surgen las palabras inconvenientes que más tarde conducirán, inexorablemente, a las «malas conductas»; o lo que es lo mismo, a esos pecados de obra que son tan difíciles de perdonar. Especialmente, si uno no muestra el necesario arrepentimiento.

Aunque en eso del arrepentimiento, nunca se sabe... Cuando menos, Joaquín Leguina habrá sentido, alguna vez, la tentación de volver al lugar del crimen, a desandar lo andado, a decirle a alguien lo que en su momento no supo o no pudo decir. Por ejemplo, a Felipe González. Probablemente le hubiera gustado decirle cuatro cosas, después de aquella encerrona con cámaras de televisión incluidas, a cuenta del lío aquel del tres por ciento... Felipe le hizo ir a La Moncloa asegurándole que era para hablar de otras cosas...

Aunque, ahora que lo pienso, no estoy muy segura de que el catecismo Ripalda y el «señormíojesucristo» se refieran a ese tipo de arrepentimiento.

El caso es que esos malos pensamientos han sido lo peor en Joaquín Leguina. Porque el primer día en que decidió pensar en serio sobre su futuro, en la política, fue cuando determinó saltar de

Convergencia Socialista al PSOE. Y aunque no lo recibieron demasiado mal, lo cierto es que Leguina creó un gran problema de reubicaciones, asientos y reasientos. Menos mal que Alfonso Guerra puso orden en todo aquello... (Téngase muy en cuenta el desenfado y sentido del humor con que Leguina narra las escenas. ¡Con lo fácil que le hubiera sido hacerle un traje a Alfonso, que es lo que se podía esperar de un renovador masacrado como él!).

En otra ocasión le dio por pensar —él pasa el día pensando, o escribiendo, que es peor—, cogió la chaqueta y se fue a ver a Felipe para decirle que, precisamente, se lo había «pensado» muy bien y que quería ser presidente de la Comunidad de Madrid. Era lo que le faltaba por oír a Felipe González. (En este escenario hay que añadir lo que Alfonso Guerra pensaba, por su cuenta, de las autonomías, en general, y de la de Madrid, en particular). Pero Joaquín Leguina ya había pecado de pensamiento; así que se dispuso a pecar de palabra, más que nada, por coherencia.

Y ya puede imaginarse que el tiempo que empleó en consumar el pecado de obra fue lo que tardó en ganar las elecciones autonómicas. Por eso vino lo del pecado del tres por ciento...

Además, no contento con eso, Joaquín Leguina se hizo amigo de Alberto Ruiz-Gallardón... Ahora caigo: el flamante presidente madrileño también cometió ese pecado de omisión que yo no encontraba al principio. Es evidente lo que no hizo: envenenar sin piedad a su enemigo Alberto, como era, sin duda, su obligación, en términos de lógica política.

Bromas aparte, tengo que reconocer que mis encuentros con Joaquín Leguina no me han conducido por la ruta del pecado —no era eso de lo que se trataba—, pero sí me han mostrado ideas peligrosas y transgresoras: pensar contracorriente, desmontar el pensamiento previsible, atreverse a hablar bien del enemigo. Charlar con Joaquín Leguina es una aventura intelectual que oxigena el cerebro. Su opción por el relativismo de las cosas, por el buceo permanente y tranquilo en la condición humana, hace trizas todos los clichés, todos los «ismos» que se han incrustado en la historia del poder socialista. Un poder nacido aquella noche de 1982 y que Leguina recuerda junto a sus viejos amigos del PCE, entre otros.

Gracias a esa condición suya de vivir en libertad, incluso dentro de un Partido, es por lo que Joaquín Leguina es capaz de desarrollar, sin esfuerzo, la contrahistoria del PSOE que gobernó este país.

En su interior, Leguina —al que persiguieron los «guerristas» de Madrid porque lo hacía bien y no podía ser— es libre para hacer el elogio de Alfonso Guerra y decir que lo de Juan Guerra fue una broma al lado de lo que vino después; y es libre para «echarle un cable» a Barrionuevo. Y para afirmar que Belloch y Margarita Robles fueron «dos alacranes» y quedarse tan tranquilo. Así que, cuando llegamos a la conspiración de la derecha y la corrupción, Leguina se supera a sí mismo, cargado de razón.

Lo que ocurre es que Joaquín Leguina es un pecador sin la más mínima intención de arrepentirse.

CUANDO, EN LA primavera de 1995 y en plena «roldanada», perdimos las elecciones en la Comunidad de Madrid, me hice el propósito de pasar una larga temporada dedicado a olvidar o, mejor dicho, a dejar reposar mis recuerdos de doce años, necesariamente preñados de la institución que yo había presidido. Pensé y sigo pensando que en la vida (y la política es una parte de la vida) ni la añoranza ni la nostalgia son buenas compañeras. La añoranza, porque es «echar de menos» y la nostalgia (literalmente, «el dolor del regreso»), porque no hay vuelta atrás posible: en cierto modo, vivimos sobre una bicicleta, artilugio que no permite apearse ni tiene marcha atrás. Pasados más de siete años desde que se colocaron aquellas urnas que nos fueron contrarias, creo estar en condiciones de mirar atrás sin ira y sin dulzura, y sí con objetividad subjetiva, valga la —sólo aparente— contradicción.

MADRID, UN CHIRINGUITO MÁS

Las relaciones entre el Gobierno de la Nación y el de una Comunidad Autónoma, sobre todo si están regidos por miembros del mismo partido político, son fuentes de morboso interés. Entre otras cosas, porque las diferencias tienden a ocultarse; y no hay en el mundo asunto que excite más a los periodistas que desvelar secretos. En mi caso, como presidente de una Comunidad, tengo la sensación de que fueron «secretos a voces», pero, aunque así fuera, quizá pueda tener algún interés mi visión de algún desencuentro, que los hubo, y también de los acuerdos que condujeron a la realización de proyectos notables. Por ejemplo, las miles de viviendas públicas de la operación «barrios en remodelación» que construimos en Madrid durante aquellos años con el decidido apoyo del Gobierno central y, muy especialmente, con el de quienes dirigieron el Ministerio de Obras Públicas (Julián Campo y Baltasar Aymerich) en el primer Gobierno socialista.

Tras las elecciones de 1987, que ganó Juan Barranco en el Ayuntamiento de Madrid, Felipe González sugirió que el alcalde y yo le invitáramos a cenar. Barranco se encargó de recibirnos en su casa, que había trasladado a las dependencias municipales, en el número 69 de la calle Mayor. (Él vivía desde tiempo atrás en Alcorcón). González nos presentó allí las líneas básicas de un proyecto de mejora para el transporte público en Madrid que, una vez puesto en marcha, fue denominado «Plan Felipe». Aquellos cambios que convirtieron, por ejemplo, a Cercanías de Renfe en una pieza relevante del transporte metropolitano se llevaron a cabo con el impulso y la iniciativa del entonces presidente del Gobierno. La línea circular (la número 6) del metro se cerró también en esa operación. Conviene recordar al respecto que más del 75 por ciento de las inversiones en el metro madrileño las pagó entonces el Estado, cosa que no ha vuelto a repetirse. La ampliación de las autopistas radiales, también la M-40, y tantas otras inversiones en infraestructuras, completaron el plan. Si se habla de apoyos gubernamentales a Madrid, desde luego, aquel fue uno de los más relevantes y eficaces que nunca se han hecho en la capital y su entorno.

Hubo tres momentos en los que comprobé la mucha verdad que encierra la sentencia militar según la cual «del jefe y del mulo, cuanto más lejos más seguro». En otras ocasiones, sin embargo, pude hacer mía una frase campesina, aquella que dice: «Quien a buen árbol se arrima, buena sombra lo cobija».

Llegamos a la Comunidad de Madrid con mucha fe y algo de ciencia, la que habíamos adquirido en los ayuntamientos a partir de 1979. Concretamente, yo había sido concejal de Hacienda en el Ayuntamiento de la capital, teniendo como alcalde a Enrique Tierno Galván. Poner a funcionar una institución es, en todo caso, una experiencia que tiene sus ventajas. Al fin y al cabo, se trata de una creación y por ello es algo que enseña, exige y emociona. Desde la bandera, felizmente instalada, al himno, tan olvidado por tirios y troyanos. Pero un proceso fundacional tiene también serios inconvenientes y abundantes dificultades. Hacerse oír y sentir, levantar el vuelo, nunca son cosas fáciles y esas dificultades tienen su más clara expresión en el desconocimiento y en la incomprensión. «¿Qué pintan éstos?» o «Un chiringuito más» fueron frases aplicadas al caso. La realidad fue que los medios de comunicación, especialmente aquel que entonces marcaba agenda y estrategias, es decir, *El País*, mostraron su voluntad de ninguneo con una constancia digna de mejor causa. *El País*, durante mucho tiempo, pensó que aquel asunto del «café para todos», de las autonomías a gogó, era un error de las Cortes Constituyentes y de los partidos, que convenía corregir. Para los mandamases de *El País* sólo existían el País Vasco y Cataluña y, con benevolencia, Galicia y algo de Andalucía. Las demás autonomías debían tratarse como se merecían: con menosprecio... Por si acaso, en una revuelta del camino, aprovechando alguna crisis —como ocurrió con el 23 de febrero de 1981—, se daba un giro y un cambio constitucional volvía a dejar las cosas en su sitio. La Ley Orgánica para la Armonización del Proceso Autonómico (LOAPA) se convirtió en la Ley del Proceso Autonómico (LPA), porque el Tribunal Constitucional anuló catorce artículos de la antigua ley en agosto de 1983.

AQUEL MALDITO TRES POR CIENTO

La virulencia y el cabreo del periódico se me mostró en todo su esplendor en el invierno de 1983, con ocasión de un recargo del tres por ciento en la cuota del IRPF que explicaré con brevedad.

Los recargos autonómicos en los impuestos estatales estaban —y están— autorizados en la LOFCA[1], base de todo el sistema de financiación autonómica; pero, respecto al IRPF, quienes aplicaron recargos en primer lugar fueron los municipios, llegándose a crear en aquel tiempo una dispersión fiscal llamativa y confusa. Así las cosas, se nos ocurrió una idea: que los Ayuntamientos madrileños renunciaran a cualquier recargo y que éste —un tres por ciento— lo asumiera la Comunidad, para crear un fondo que se repartiría entre todos los municipios de la región madrileña. Todas las instituciones parecieron estar de acuerdo: los municipios del

PSOE y los otros, y, sobre todo, la dirección del Partido Socialista, comprometida entonces con un discurso en pro de la corresponsabilidad fiscal. Por convencimiento, es cierto, pero también por meter el dedo en el ojo a Jordi Pujol, a quien se consideraba un pedigüeño profesional que gastaba dinero sin apechugar con el inconveniente de recaudarlo.

Para la Comunidad de Madrid, disponer de un fondo municipal podía representar —eso pensamos— un elemento de poder real con una doble finalidad: la primera, plantear y dirigir los planes de inversiones; y la segunda, tener asegurada cierta complicidad de los Ayuntamientos, incluido, claro está, el de la capital. Puesto en funcionamiento el nuevo mecanismo, es decir el recargo, mediante ley de la Asamblea de Madrid, empezó el calvario y no por los ataques de Alianza Popular, que fueron más bien folclóricos, sino por el bombardeo tipo Dresde —por no decir Hiroshima— que lanzó *El País*. Seis editoriales, seis, me dedicaron, llamándome de todo menos guapo. Y de aquella corrida no había de salir vivo. Les era necesario dejar claro que un «invento» como la Comunidad de Madrid no podía prevalecer sobre la «opinión pública» ni sobre el Gobierno de la Nación, al que en crónicas y editoriales llamaban a capítulo.

El PSOE no podía dejarnos con el culo al aire, pues para ello tenía que contradecir su discurso fiscal, y el Gobierno se encontraba en parecida tesitura. Así que nuestros jefes, convencidos de que no convenía enfrentarse a *El País* y deseosos de mostrar su poder, idearon una estrategia quizá no original, pero sí habilidosa: metieron en danza al Defensor del Pueblo y en lugar de recurrir, ellos mismos, la Ley del Recargo ante el Tribunal Constitucional —lo cual hubiera paralizado dicha ley—, consiguieron que la recurriera el Defensor, a la sazón, Joaquín Ruiz-Giménez. Alguien del Gobierno —y me malicio quién— le llevó el recado a Ruiz-Giménez y éste se avino. Lo que el Gobierno no sabía era que días antes habíamos celebrado una comida el Defensor y yo, junto a seis o siete comensales más, y había surgido en la conversación el asunto del recargo. Todos allí pudieron oír a Ruiz-Giménez elogiar la Ley como justa y redistributiva. Su cambio de posición y su recurso ante el Tribunal Constitucional, que no paralizaba la ley, pero sí la hería de muerte, son hechos que ya están en ese basurero que se conoce como «cosas de la política».

La encerrona de Felipe

En cuanto me enteré de que el sedicente Defensor del Pueblo había presentado el recurso, llamé al presidente del Gobierno —y secretario general de mi Partido— para comunicarle que me disponía a congelar la Ley *sine die*, como en efecto hicimos, y la Asamblea, con nuestra mayoría absoluta, lo aprobó de urgencia. González me pidió que fuera a La Moncloa para que charláramos. Era por la mañana y me fui para allá de inmediato. En el despacho estaba el presidente con Miguel Boyer, entonces ministro de Economía y Hacienda. No decidimos nada, pues la cosa ya estaba decidida, pero sí que charlamos y pude percibir, o quizá comprobar, algunas cosas acerca de las relaciones entre ambos personajes. Al despedirnos, Felipe González me propuso que volviera por La Moncloa a primera hora de la tarde para dar explicaciones a la prensa. Reconozco que no tuve reflejos y tampoco pensé que me estaba invitando a una encerrona. Así que, después de comer, volví al palacete, lugar donde en los amargos días de noviembre de 1936 el general Kléber instaló su cuartel general para impedir que los franquistas entraran en Madrid. Los cámaras de las televisiones revoloteaban por el bien nutrido jardín que rodea la casa y nosotros, bajo un sol impropio del invierno, paseamos por aquellos pagos, hablando de la mar y de los peces, pero no del recargo, cuya muerte ya estaba perpetrada. Aquel «paseo bajo los olmos» resultó ser, a través de los medios, la demostración irrefutable de quién mandaba y quién obedecía. Los del Gobierno debieron de descansar y, por qué no decirlo, yo también, aunque mi descanso se pareciera más al de aquel que, sufriendo un fuerte dolor en una muela, se la sacan sin anestesia. Pero descanso, sí que fue.

Años más tarde, cuando ya Ruiz-Giménez había dejado de ser el Defensor del Pueblo y AP se había refundado, es decir, había cambiado la A por una segunda P, el Tribunal Constitucional dictó sentencia, dándole toda la razón a la Comunidad de Madrid, es decir, rechazando de plano y en todos sus términos el recurso interpuesto por el mentado Defensor y por el puñado de diputados y senadores de AP que, tan «autonomistas» ellos, habían recurrido también la Ley. El Constitucional dejó en evidencia la chapuza jurídica que contenían los recursos, pero nadie se dio por aludido. Todos callaron como putas... y yo, aunque sonriendo para mis adentros, también.

Una noche de emoción y prudencia

La victoria socialista de octubre de 1982, con un resultado tan abrumador, fue una alegría; éramos una generación nueva que llegábamos al poder y que nos tocaba mojarnos, por primera vez en nuestra historia personal, colocándonos en el Gobierno. Yo conocía a Felipe González, sabía cómo estaba este país, y pensé, como cualquiera, que podíamos fracasar, pero nunca por un golpe de Estado. Yo creo que, precisamente, el golpe de Estado de 1981, que liquidó a UCD y puso al PSOE en el Gobierno, desempeñó un papel parecido al de una vacuna. El miedo a fracasar siempre se tiene, y se considera. Pero nunca tuve miedo a que esa victoria acabara con un golpe de Estado. Entre otras cosas, porque en España había entonces una clase dirigente que estaba dispuesta a pactar; el nuevo empresariado español estaba más interesado en que nos preparásemos para entrar en Europa. Los golpes militares siempre se producen con éxito cuando hay una quiebra social, es decir, cuando las clases sociales no pueden entenderse o la clase dirigente se ve postergada y teme su propia desaparición. No era el caso.

Aquella noche del 28 de octubre asistí muy poco a las celebraciones; estuve un momento en la del Palace, pero había tanta gente que, a pesar de la alegría, no era agradable físicamente, hacía un calor tremendo y me fui muy pronto a mi casa. Estuvimos allí con muchos amigos, viendo la televisión, que era la mejor forma de verlo. Me emocionó mucho ver algunas entrevistas que hizo la televisión —entonces sólo había una— a gente en la calle. Por ejemplo, a una chica que conocía, y que conozco, que es de Vallecas. Estaba en la sede del PSOE, que estaba llena de gente; aquella chica dijo una frase que me emocionó mucho: «¡Qué pena que mi abuelo no haya podido ver esto!». Yo creo que esa frase resume bastante bien una muy buena parte de las ilusiones que estaban allí contenidas: recuperar al PSOE como partido gobernante, cosa que nunca había logrado en época de paz, en la Historia de España. Fue muy emocionante aquello, me dejó muy emocionado.

Pienso que la dirección del PSOE había estudiado lo que podía suponer una explosión de alegría popular en la calle, y decidió, yo creo que con buen criterio, no animar demasiado al personal, digamos, para no asustar. No sé si esa prudencia de los primeros momentos pretendía no provocar a los poderes fácticos, pero, en todo caso, pretendía no provocar a quienes no nos habían votado, que eran muchos. Creo que fue prudente y estuvo bien hecho. Porque el PSOE sabía que tenía que tomar inmediatamente medidas que no eran, precisamente, revolucionarias. Y en efecto, esas medidas se tomaron inmediatamente: el primer día que se gobernó, devaluaron la peseta, y eso no es muy popular. Se hizo una reforma, que yo creo fundamental, básica, espectacular y silenciosa —todo a la vez—: la reforma militar. Y otra medida fue la reconversión industrial. Esas dos reformas concretas no se podían llevar a cabo con apoyo popular, quiero decir, a base de apoyos masivos y manifestaciones y mítines; se tenía que hacer con el Boletín Oficial del Estado.

Cada país tiene su historia. Y yo creo que fue el inicio de esos cambios bastantes profundos que se produjeron en el área militar lo que dio, digamos, la imagen simbólica del presente que se avecinaba.

Para aquellas elecciones de 1982 yo trabajé bastante con un grupo de economistas. Lo que hacíamos era un puro reformismo: seguíamos un modelo socialdemócrata tradicional, no había demasiada originalidad intelectual ni aventurera. Hay un hecho previo que yo creo que predetermina lo que se hizo después: la victoria de Mitterrand en Francia. El proyecto de Mitterrand era un proyecto que se demostró rápidamente inviable, así que la vacuna la habíamos tomado de nuestros vecinos. Otra cosa es cómo se hiciera la política económica, quién la llevó a cabo... Pero, en líneas generales, yo creo que el equipo que hizo el programa electoral, que coordinó Joaquín Almunia, y en el que participó muchísima gente, lo hizo francamente bien. No sólo por los textos, sino por la movilización intelectual y política que consiguió. Era un programa socialdemócrata optimista, no había ni una sola nacionalización.

¿Por qué lloraban los comunistas?

En el entorno socialista había entonces también gente del Partido Comunista, y muchos estaban a punto de saltar al PSOE. Las discusiones con mis amigos del PCE venían de lejos, desde antes de la muerte de Franco. Los que entramos en el PSOE rápidamente sosteníamos que había un espacio político que, claramente, podía ser ocupado por un partido como el socialista, mientras que ellos, los comunistas, negaban la mayor, como era lógico. Como la lucha contra Franco fue más potente desde el lado comunista, ellos pensaban —y seguramente Carrillo también— que ese espacio lo podía ocupar el PCE. Y, estando en esas discusiones, llegó el 28 de octubre de 1982. Aquellos eran comunistas españoles, que se habían afiliado al Partido Comunista no porque tuvieran una fuerte ideología leninista, sino por cuestiones de acción y de pensamiento; pensaban que el PCE era el partido de la «reconciliación nacional», con una fuerte implantación, que se había reafirmado con la operación de la Junta Democrática y que estaba en el buen camino. Pero yo, entonces, pensé que aquel no era el caballo ganador y empezaron las discusiones. Pero eran unas discusiones muy amigables, muy de compañeros, muy de haber peleado juntos en miles de batallas.

Describiré el trauma que supuso para el PCE el resultado del 28 de octubre de 1982 con una escena de aquella noche. Yo, como candidato en Madrid, tenía que pasear a la hora del recuento de votos por los colegios electorales. Fui a un colegio de enseñanza media en el barrio de Chamberí, y estuve hablando con uno de los interventores del PCE, al que conocía de la universidad. El recuento ya estaba muy avanzado. (En ese colegio ganó Alianza Popular). Entonces, aparecieron dos chicas y un chico y reconocieron al interventor del Partido Comunista; las chicas venían llorando y se dirigieron a él, a mí no me conocían de nada, creyeron que yo era un camarada más. Les preguntó: «¿Por qué lloráis?». Y contestaron: «Venimos de Vallecas... ¡La derrota, la derrota! ¡Se han puesto a votar como locos al PSOE!». Yo creo que es bastante significativo.

Recuerdo también unas frases de Simón Sánchez Montero esa noche, en la sede del PCE, que reprodujo algún medio de comunicación. Dijo lo siguiente: «Algo nos pasa cuando la gente está contenta y nosotros no». Yo creo que, esa noche, el PCE perdió realmente las posibilidades. El pozo de votos de aluvión que había augurado Carrillo no se compadecía con la realidad. Es decir, el PCE como alternativa política de gobierno desapareció aquella noche.

Nombres, herencias, ideas y pragmatismo

Yo tenía una formación marxista, de análisis marxista, del nuevo marxismo, no sólo de Marx —al que he dedicado más horas de las que probablemente he dedicado a cualquier otro autor en mi vida—. Pero, desde el punto de vista político, a mí Marx nunca me cayó demasiado bien, como político. Porque yo creo que era un maniobrero y no me gusta nada esa actitud. Ese estilo agresivo que luego heredaron Lenin y compañeros mártires... no me gustaba; eso de los bakuninistas en acción no me caía nada bien, desde el punto de vista político. Desde el punto de vista intelectual, sigo pensando que Marx es una de las cabezas más potentes que ha habido en la Historia. Pero, a esas alturas, cuando el PSOE ganó las elecciones, yo creía en un proyecto socialdemócrata, en avanzar poco a poco, bascular los poderes reales en la sociedad a favor de otras clases que no fueran las de siempre. Creía y sigo creyendo en eso. Y en cierto modo, pese a todos los pesares, los cambios producidos desde el Gobierno de González iban en esa dirección; no sólo en la dirección de dar más bienestar a los más pobres, a los de abajo —que también—, sino también de bascular, de equilibrar el poder social. Yo creo que en la etapa de González, a pesar de los traumas del final, el poder de los intelectuales era mayor que antes y el poder de las capas medias, de los trabajadores, también, tenían más poder social, más influencia social. Eso demuestra que no es lo mismo un gobierno de derechas que un gobierno de izquierdas.

El modelo social europeo lo construyen, en buena parte, los partidos socialdemócratas. Y el PSOE estaba en esa línea. El desencanto que luego muchos dijeron sentir por la forma de gobernar de los socialistas era un desencanto sobre sus propias expectativas, no sobre las expectativas que hubiera predicado, en este caso, González o el PSOE. A lo mejor mucha gente pensó: «Ahora es la mía». Pero no puede «ser la mía» al mismo tiempo que es «la de todos». El autor que no había publicado decía: «Ahora es la mía», pero no por eso publicaron su obra; o el obrero que decía: «Ahora es la mía» y «Ahora voy a ganar mucho dinero y a trabajar menos»... Evidentemente, eso crea frustraciones. Pero no porque alguien les hubiera dicho: «Ahora es la vuestra»; eso no es verdad. Nadie se lo dijo. Pero todo el mundo tiene derecho a ilusionarse, es un derecho que uno puede usar. Yo no recomiendo que se use, pero se puede usar. Y cuando uno se sienta en un mitin a escuchar a González, por ejemplo, o a cualquier otro líder que sea de verdad, que tiene lo que llaman «carisma», ese líder también tiene la capacidad de transmitir cosas que no son las que se desean transmitir, pero la transmite incluso con el gesto. Entonces, los ciudadanos interpretan cosas que no están en el texto. Es normal y ocurre con todos los líderes que ha habido y habrá.

Todo partido que está en el poder intenta sobrevivir, mantenerse en el poder; pero las cosas no se ven del mismo modo cuando se mira desde abajo que cuando se observa desde arriba. Generalmente, se ven más claras desde arriba.

Antes de llegar el PSOE al Gobierno, antes de ganar las elecciones, había habido aquí un entierro, uno de los mayores que ha habido, que era el traslado de los restos de Largo Caballero. Fue un entierro en todo el amplio sentido de la palabra «entierro», porque Largo Caballero había sido, de toda la vieja guardia socialista de antes y durante la guerra, el más significativo defensor de la revolución. Aquí, el PSOE no enterró el marxismo, enterró a Largo Caballero. Yo creo que el pragmatismo es una virtud y, en ese sentido, los socialistas tenían que ponerse a gobernar, porque era su obligación y su necesidad; y se pusieron a gobernar e hicieron algunas cosas muy importantes. Voy a poner un ejemplo de pragmatismo: Rumasa. Cualquier otro gobierno, sobre todo de los anteriores, hubiera alargado el asunto cambalacheando, como lo habían hecho ya. El Gobierno del PSOE, muy acojonado, me consta, pensó que todo el sistema financiero se podía venir abajo con la quiebra de las empresas de Rumasa y tomó una decisión arriesgada y drástica; una buena decisión. Yo creo que fue un acto de responsabilidad... Ahora se critica, que si se hizo mal.... Había que hacerlo en horas y se hizo en horas, pensando que se podía venir abajo el sistema financiero, que no tenía la estabilidad actual; entonces estaba muy delicado, muy enfermizo.

Siempre he pensado, y el tiempo me ha dado la razón, que el PSOE desarrolló ese pragmatismo por instinto de gobierno y de poder, por la voluntad de ejercer el poder legítimamente adquirido; y, también, hay un dato que quizás haya que tener en cuenta: el PSOE estaba gobernando antes de 1982 en muchos Ayuntamientos y algunos de los líderes que estaban en la política municipal pasaron al Gobierno. Ese sí que fue un baño de pragmatismo, porque un Ayuntamiento es lo más pegado al suelo que un político pueda imaginar. Y estos socialistas lo habían hecho bien; muchos de ellos, muy bien.

Un neófito entre tantos sacerdotes

Cuando recuerdo aquellos primeros años de neófito... Creo que es necesario ilustrar aquello.

La verdad es que el PSOE era un partido nuevo en buena parte, sobre todo, porque habían entrado muchos socialistas que procedían de su padre y de su madre. El nuevo PSOE había nacido de un núcleo relativamente pequeño, cohesionado, de amigos, y de entrega mutua de confianza, a los que se fueron uniendo partidos y grupos de distinto origen.

Yo entré en el PSOE procedente de un grupo que se llamaba Convergencia Socialista, que tenía muy poco de pensamiento social cristiano. Y tengo que decir que no nos trataron nada mal. No sé qué pensarían de nosotros. Posiblemente hubiera algo de desconfianza por parte de los «pata negra». Al fin y al cabo, los que llegaron de fuera, sobre todo si venían diciendo cosas poco acordes con la marcha militar, desafinaban un poco. Pero no puedo decir, sin faltar a la verdad, que a mí, particularmente, me trataran mal; todo lo contrario: me trataban muy bien, políticamente hablando, es decir, me dieron responsabilidades bastante altas. En ese sentido, no me puedo sentir maltratado. La entrada del PSOE en el Gobierno fue como la entrada en el horno donde se iba a cocer esa masa.

Yo ya había hecho con el PSOE la campaña electoral de 1977. Siguiendo el modelo que se utilizaba entonces, al menos en Madrid, nos metieron en un grupo a tres personas: un viejo de la República, un joven del PSOE y un *parvenu* (un recién llegado al Partido). El viejo, en nuestro equipo, se llamaba Cipriano García, la joven era Carmen García Bloise y el *parvenu* era yo. Evidentemente, yo tenía mucho más que ver con Carmen García Bloise: los dos habíamos vivido en París, conocía su historia, ella conocía la mía y acabamos siendo muy buenos amigos, amigos personales y amigos políticos.

Sin embargo, yo notaba en Carmen una cierta... no diría desconfianza personal, no sé como describirlo... la sensación de que yo era un advenedizo... A lo mejor, porque no estuve en Suresnes... En fin, tiene muy poca importancia. Es una sensación que está bien para desmenuzar en una novela, pero que no tiene ningún interés político, y a las obras me remito. Lo cierto es que ella siempre confió en mí, y yo en ella, por supuesto: era una persona excelente. Y cuando, más tarde, hubo problemas, como ocurre en la vida, siempre nos pudimos entender. A eso me refiero... Es un matiz que está bien para una novela, pero que en una historia práctica no tiene ningún interés.

Creo que todos los Gobiernos socialistas tuvieron una impronta «felipina» muy clara. Por supuesto, hubo piezas sugeridas o recomendadas por Alfonso Guerra o por Miguel Boyer en su momento, o por Carlos Solchaga después, pero yo creo que tenían una impronta muy «felipina».

Si repasamos el primer Gobierno, la impronta de la que hablo es clarísima: había gente muy variopinta, no formaban un bloque homogéneo. Había personas, incluso, cuya pertenencia al PSOE era dudosa, como Carlos Romero, Fernando Ledesma, Julián Campo, José María Maravall. Eran personas, ante todo, «muy de Felipe González». Hubo una persona que estuvo en todos los Gobiernos de Felipe González, del primero al último: Javier Solana. Solana no hizo ningún papel despreciable: tuvo tres carteras, y llevó con éxito las tres. Y era bueno... No se pudo hacer una foto de la última cena sin San Juan. Yo creo que Javier no fue el sucesor porque, en un momento dado, al final de la legislatura 1993-1996, se le ofreció una oportunidad muy relevante: ser secretario general de la OTAN. En esas circunstancias, quedarse para suceder a Felipe hubiera sido una operación doméstica inaceptable, como lo hubiera sido haber impedido su traslado para quedarse aquí como «sucesor». Yo creo que González decidió apoyar esa candidatura, que no se hubiera producido con George Bush, pero sí con Bill Clinton. Apoyó esa candidatura por muchas razones: sobre todo, porque interesaba tener a un socialista español en ese puesto, después de toda la batalla con el referéndum, que fue uno de los momentos más críticos y difíciles que había pasado el Gobierno. Y eso eliminaba de la carrera sucesoria a Javier Solana. Si no hubiera sido por esa circunstancia, supongo que habría podido ser el sucesor que hubiera preferido Felipe González. Javier Solana, en un momento dado, en lo que yo considero que fue un error notable de Alfonso Guerra, salió de la Ejecutiva Federal del Partido, y con él salieron Almunia y algún otro. Eso fue en el Congreso Federal. Al poco tiempo se celebró el Congreso de Madrid y los que abandonaron la Ejecutiva Federal entraron en la Ejecutiva de la Federación Socialista de Madrid (FSM). Javier Solana, aparte de ser de Madrid, de ser socio fundador del nuevo PSOE, tenía una actividad muy importante en la Universidad, era diputado por Madrid, el número dos, tradicionalmente, detrás de Felipe González. Naturalmente, era el que pintaba; y ahora podría pintar mucho, si quisiera... Javier Solana, lógicamente, era un hombre que tenía, tiene y tendrá un gran prestigio entre nuestros compañeros, sin duda.

UN CANDIDATO SIN BENDICIÓN

Cuando se formó el primer Gobierno de Felipe González, yo era concejal del Ayuntamiento de Madrid. Hubo un cierto vaciado de personal del Ayuntamiento de Madrid, porque algunos se fueron al Gobierno, de ministros o a ocupar otros cargos. Yo me quedé ahí como palo del pajar, en buena medida, sosteniendo lo que era el grupo municipal. Nunca quise ser teniente de alcalde, nunca quise ascender en aquel escalafón, quería seguir en el puesto en el que estaba, que era muy importante desde el principio: concejal de Hacienda.

En un momento dado, cuando se hizo el Estatuto de Autonomía de Madrid —que lo redacté yo, entre otros—, se consiguió el consenso con UCD y con Alianza Popular... En fin, parecía lógico que yo me postulara para la nueva institución autonómica. Por entonces, yo era diputado y concejal, y estuve en esa situación durante varios meses, viajando de la plaza de la Villa a la plaza de las Cortes. Además, tenía un cargo importante en el Congreso de los Diputados: era portavoz en la Comisión de Economía. Así conocí también a Boyer, porque era su portavoz.

Al primero que consulté fue al alcalde de Madrid, a Enrique Tierno. Le expliqué cómo estaban las cosas —la posibilidad de presentarme a las elecciones autonómicas— y me contestó: «Bueno, todo esto está muy bien y yo lo apruebo, no se preocupe. Pero no me deje usted solo aquí. Tiene que buscar gente fuera del Ayuntamiento, porque vamos a ganar las elecciones y del equipo original se nos han ido todos. El único que queda es usted. Así que usted, que es el secretario de esto de la FSM, me arregla la lista». Y me dispuse a hacerlo.

Luego fui a hablar con González. Ésa fue un entrevista curiosa. Yo lo veía con cierta frecuencia, pero aquel día fui a plantearle mi candidatura: «Ya está aprobado el Estatuto de la Autonomía de Madrid y he pensado que podría ser yo el candidato a la Presidencia, si a ti te parece bien». Todavía estoy esperando su respuesta, no me dijo ni que sí ni que no. Seguramente si se lo pregunto a él ahora, dirá: «Hombre, no lo dije porque se daba por supuesto». Pero no me dijo: «Sí, me parece bien». Eso no me lo dijo.

El caso es que se hizo una lista bastante buena, creo yo, para el Ayuntamiento de Madrid. Tierno siempre estuvo contento con la gente que tuvo allí, en especial, con Juan Barranco, al que no conocía de nada pero con el que enseguida se llevó muy bien. Yo dejé el Ayuntamiento y ahí empezó otra vida para mí.

«Café para todos»

Como presidente de la Comunidad, tuve problemas dentro del Partido, mejor dicho, con el Gobierno. Por ejemplo, con el asunto del tres por ciento que ya he comentado... Se portaron bastante mal. Pero digamos que, en general, no creo que tuviera yo más problemas que José Bono o que Juan Carlos Rodríguez Ibarra. Además, Bono e Ibarra tenían la ventaja de estar más lejos de los centros de poder y, por tanto, más seguros.

Es verdad que muchos dirigentes del PSOE, cuando llegaron al Gobierno, no veían claro el encaje del Estado de las Autonomías; de ahí la frase que se le atribuye a González: «¿Dónde está el Estado?». Pues el Estado está distribuido, por eso hemos hecho esta Constitución, ¿no?

Hubo experiencias bastantes chuscas. Por ejemplo, el asunto de la Televisión Autonómica preocupaba mucho, quizás con razón. Es decir, les preocupaba que, en los informativos de la televisión de Andalucía, de Madrid o de Castilla-La Mancha —ahora ya tiene también televisión—, apareciera como político principal el presidente de la Comunidad; decían que las referencias respecto al Gobierno de la Nación se iban a perder. Pues así es, efectivamente, no se equivocaban: aparecen primero los presidentes autonómicos y, luego, el Gobierno de la Nación. Pero en un periódico de provincias ocurre lo mismo. Eso es así, pero claro, eso está en la Constitución, y luego en los Estatutos de Autonomía.

Los estatutos de Castilla-La Mancha, de Extremadura, de Madrid, o de Castilla y León, que también fue gobernada por el PSOE, fueron redactados después de la LOAPA, pero se vio en seguida que aquello saltaba. Antes de que el Tribunal Constitucional desautorizara la LOAPA, se veía que aquellas rejas de la jaula en que habían querido meter a las autonomías no resistirían, saltarían por los aires.

Por ejemplo, los primeros Estatutos decían que el Parlamento Autonómico se reuniría dos meses al año. Eso era imposible, porque sólo el debate sobre los presupuestos ocupa un mes y medio. Así que saltó por los aires en la práctica. Luego llegó la sentencia del Constitucional, suprimió la LOAPA y...

Cuando todavía estaba yo gobernando, fue el PSOE quien dio un impulso y acordó con el PP una serie de reformas que cedían a las Autonomías competencias que no estaban en los Estatutos, en Sanidad, en Educación... En esa época, Juan Manuel Eguiagaray era ministro de Administraciones Públicas. No he hablado con él de este asunto, pero supongo que, como casi todos, vio que aquello no se sostenía y que era mejor extender un cierto nivel igualitario... «café para todos». Al principio, era café corto de todo y, después, un café largo.

Mi crónica de la huelga general

Había desde el principio, dentro del Gobierno, dos concepciones de la política: una, la de Alfonso Guerra, y otra, la de Boyer y toda la compaña. De todas formas, desde el primer Gobierno, también había allí otra gente que no estaba en ninguna tribu.

Desde el punto de vista político, yo creo que hasta la huelga general del 14-D, la política económica y todo lo que conlleva la dirigía el grupo de Boyer, estuviera o no estuviera él. Lo cual debía de ser bastante incómodo para Alfonso Guerra. Algunas frases que dijo: «Estoy de oyente», y otras... Pero dentro del Partido, como tal, Alfonso Guerra nunca perdió pie, más bien al contrario. Esa situación se mantuvo sin demasiados chirridos, hasta que surgió el problema de la FSM, y el Congreso Federal posterior. El día que se inaugura el Congreso, aparecen unas declaraciones de Almunia en *El País,* en las que decía: «El "guerrismo" es un barco sin piloto y sin rumbo». Ese congreso fue un desastre, a mi modo de ver, porque en lugar de equilibrar la Ejecutiva, lo que se consigue es que se haga una Ejecutiva muy sesgada; salen de la Ejecutiva personas como Almunia, Solana, muy claramente adscritos al presidente del Gobierno y que jugaban un papel de equilibrio, y se configura una Ejecutiva muy vinculada a los «guerristas». Yo creo que ese momento fue el principio de la batalla, que ya había tenido su prolegómeno en Madrid.

Hay otro cambio, de cara al exterior, más significativo: la huelga general, que creo que rompe... cambia a la UGT. Es decir, previamente a la huelga general, en el cambio de Gobierno que hace Felipe González, en el verano de 1987, entran a formar parte del Gobierno Matilde Fernández y José Luis Corcuera, que habían sido dos importantes sindicalistas en dos de las grandes federaciones, concretamente, Matilde en la de Químicas y Corcuera en la del Metal. Aunque Corcuera y Matilde ya estaban en la Ejecutiva de Nicolás Redondo, eran los padres, por decirlo de alguna manera, de esas federaciones y lo seguían siendo. Eso ya anuncia cómo se las traían González y Nicolás Redondo. La huelga tenía componentes objetivos y subjetivos, especialmente por la actitud de la UGT. Nicolás Redondo y compañía hicieron una «limpieza étnica» dentro de la propia UGT y defenestraron a varios secretarios de federaciones, concretamente, al que había sustituido a Corcuera en Metal y a otros. Aquello dejó a la gente del Partido muy trastornada. Las cosas estaban muy complicadas.

Mucho antes del 14 de diciembre de 1988, los sindicatos anunciaron para ese día su intención de convocar una huelga general contra la política social del Gobierno. Fue un largo tiempo de zozobra, como la que se produce en el ánimo de quien contempla a dos trenes moviéndose a toda velocidad sobre las mismas vías, pero en sentido opuesto. Las reuniones del Comité Federal del PSOE o del confederal de UGT tomaron aires de leva general y aunque algunos ingenuos, de uno y otro lado, intentamos que se produjera un acuerdo para evitar el choque, fracasamos como estaba mandado.

Todas las mañanas, a la hora de la ducha, con una tenacidad estajanovista, Apolinar Rodríguez (UGT) y Agustín Moreno (CCOO) soltaban por las distintas emisoras de radio sus encendidas soflamas, apabullando al personal. Notables dirigentes de UGT que se opusieron a la huelga fueron eliminados de sus cargos sin más trámites, en un ejercicio de limpieza de la retaguardia propio de la más añosa práctica castrense. La cosa, pienso yo, venía de atrás, y el último chispazo está fechado en el verano anterior, cuando Felipe González nombró ministros a José Luis Corcuera y a Matilde Fernández, ya distanciados de Nicolás Redondo, de quien habían sido relevantes puntales.

Hubo que fijar los servicios mínimos y en el campo del transporte público se produjo el acuerdo, lo cual debió traer consigo algún inconveniente en el seno del Gobierno, pues no todos estuvieron conformes con que, entre otros, el ministro de Transportes (José Barrionuevo), responsable de Renfe, propiciara el acuerdo con los sindicatos en este punto relevante.

Dormir en la Puerta del Sol

La noche del 13 al 14 de diciembre me fui a dormir a la Puerta del Sol y, muy temprano, por la mañana, ya sabíamos que, al menos en Madrid, la huelga era un éxito. Un éxito corroborado por numerosos cierres patronales, pues algunos empresarios veían con buenos ojos que los sindicatos le metieran una notable tarascada al Gobierno del PSOE.

Como todo el mundo sabe, en Madrid, al inicio de la calle Preciados, en la Puerta del Sol, se encuentra una de las tiendas más visitadas de El Corte Inglés, que abrió sus puertas. Y las mantuvo abiertas, aunque no creo que aquel día vendiera mucho género, pues desde primera hora se agolpó allí un nada despreciable número de sindicalistas intentando «informar a los trabajadores» mediante diversos y reiterados gritos, entre los cuales el más suave era: «¡Esquiroles!». Seguí desde mi ventana las evoluciones de los manifestantes y la presencia de la policía con creciente aprensión, pensando que si los ánimos se calentaban —lo cual era más que previsible— acabaría por surgir un chispazo y la consiguiente tragedia. Pedí a Interior y reiteré la petición de que se retirara de allí la policía y que indicaran a El Corte Inglés que cerrara sus puertas. Se me dijo que era necesario asegurar el ejercicio del «derecho al trabajo», tan constitucional como el de huelga. Pues bien, en una de ésas, un nutrido grupo de sindicalistas decidió cambiar de acera y se vino junto a la fachada de la antigua Dirección General de Seguridad, que ya era sede de la Comunidad de Madrid ... y me vieron asomado a la ventana. Comenzaron los gritos, atemperados por la fiesta y un cierto cachondeo. Pronto se impuso una consigna: «Si tienes cojones, baja». Agapito Ramos, que estaba allí conmigo y había pasado la mayor parte de su vida siendo abogado laboralista, ligado a los sindicatos, me dijo: «¿Qué? ¿Bajamos?». A lo que contesté: «¿Por qué no?». Y bajamos. Se abrió el viejo portón de madera y ocurrió lo peor: fuimos recibidos con aplausos y vivas, llenándonos además las solapas de pegatinas sindicales. Por suerte, no había periodistas por allí, pero sí un fotógrafo, que dejó constancia del evento, por otro lado, poco relevante.

No estuve a favor de la huelga, que representó una ruptura entre el sindicato y el Partido que ya no tuvo arreglo. Pero nunca me sentí militante antisindical y, más, teniendo en cuenta el apoyo que el Gobierno de la Comunidad de Madrid, entonces en minoría parlamentaria, estaba recibiendo de CCOO y de UGT. Tengo algo más que una sospecha de que aquella foto en la puerta de la sede de la Comunidad me trajo, algún tiempo después, algunos disgustos cuando «alguien» la tomó como pretexto para decidir que yo sobraba al frente de las listas del PSOE en la Comunidad de Madrid. Pero ésa es otra historia.

Sin embargo, la huelga general tuvo otro efecto público: cambió las políticas económico-sociales del Gobierno; digamos que forzó el cambio, y hubo giros muy positivos, en términos de cobertura de desempleo, de gasto social, etcétera, que se desarrollaron de modo importante, aunque probablemente no estaban en el guión. Cuando ahora se exhiben los avances en ese cambio, se olvida que ese impulso lo dio la huelga, sin duda alguna. No hubo cambios de personas en el Gobierno, pero sí de políticas.

PSV: voluntad e incompetencia

Otro episodio, más largo y más doloroso, que quiero recordar, tuvo que ver también con los sindicatos, concretamente, con la UGT. Me refiero a la quiebra de la cooperativa de viviendas PSV.

En el segundo quinquenio de los años ochenta se produjo un crecimiento notable de la economía española, al que se sumaron muy fuertes inversiones públicas en infraestructuras (carreteras, autopistas, ferrocarriles AVE, Juegos Olímpicos de Barcelona, Exposición Universal de Sevilla, etcétera). Se produjeron, naturalmente, efectos beneficiosos, pero también alguno perverso, como el aumento de los precios de las viviendas, que comenzaron a subir a partir de 1986. Las constructoras vieron aumentar su cartera de pedidos y, lógicamente, acudieron con menos entusiasmo a cubrir los concursos para la edificación de viviendas protegidas en sus diversas variantes. Era un buen momento para impulsar el sistema de cooperativas, y así lo hizo la Comunidad de Madrid, facilitando, por ejemplo, suelo a bajo precio. El movimiento cooperativista tomó fuerza y a él se unieron UGT y CCOO. El primero de estos sindicatos quiso aprovechar ese impulso para construir un sistema sindical de servicios, tal y como lo habían hecho, por ejemplo, los sindicatos alemanes en épocas pasadas. La perspectiva de encontrar viviendas de calidad, baratas y bien comunicadas —en Valdebernardo, por ejemplo— atrajo al proyecto a muchos miles de nuevos cooperativistas. Siempre tuve miedo de que la bola de nieve, que se incrementaba día a día, acabara por arrollar el proyecto de UGT, al no poder deglutir aquella demanda creciente, y así se lo hice ver en diversas ocasiones a los dirigentes del sindicato y, por supuesto, a los gestores de las cooperativas (PSV).

En el sistema cooperativo, los cooperativistas van pagando a cuenta una mensualidad, pero esas entregas no bastan para levantar los edificios. Se precisa un crédito hipotecario para comenzar a poner ladrillos y terminar la obra. Los créditos hipotecarios, negociados con las entidades financieras por los gestores de las cooperativas, los suscriben individualmente cada uno de los cooperativistas. Para facilitar esa decisiva gestión financiera, llamé a mi despacho al presidente de Caja Madrid y a los gestores de PSV. El presidente de la Caja se comprometió a asumir buena parte de las hipotecas, que son, en general, un negocio seguro, siempre que las distintas promociones estuvieran convenientemente separadas, como era lógico y, además, exigible por ley. Los gestores de PSV prometieron presentar los documentos requeridos durante la semana siguiente... y hasta hoy. No fueron capaces de presentarlos. ¿Qué ocurrió?

En apenas cuatro años desde su nacimiento, la cartera de suelo y viviendas en ejecución había adquirido el mayor volumen en el ámbito inmobiliario español de aquellos años. La estructura de gestión, necesariamente inmadura, no fue capaz soportar las exigencias de un proceso cuya dimensión no dejaba de crecer. Aunque el diseño de la actividad inmobiliaria era esencialmente correcto, su expansión a otros ámbitos de actuación, no siempre directamente conectados con la promoción de viviendas, careció de soporte y planificación financiera adecuados. Tengo la convicción moral de que los gestores de PSV no cometieron desfalco alguno, pero sí la tengo de que, arriesgadamente, abarcaron más de lo que podían apretar. De suerte que siguieron adquiriendo suelo sin ponerse, pasito a pasito, a edificar las viviendas, creando así una confusión de propiedades y un lío en la madeja que luego les fue imposible desenredar.

Amargo recuerdo

Comenzó entonces una etapa de la que tengo amargo recuerdo, pues los cooperativistas, como era lógico, pensaron que PSV los había engañado. Cundió la desconfianza y, sin poder suscribir las hipotecas, todo el tinglado se vino al suelo. Sin tener responsabilidad directa alguna, nos vimos envueltos en la vorágine y, naturalmente, recurrimos al Gobierno, cosa que también hizo la UGT.

Algunos líderes del sindicato, escabulléndose de sus responsabilidades —que eran muchas—, decidieron «politizar» el asunto y, sin razón alguna, propalaron la mentira de que el fracaso de PSV se debía al Gobierno, que no quería ayudar, y argumentaban que esa supuesta acción gubernamental tenía como fin vengarse de los sindicatos por la pasada huelga general.

Ésta es una versión interesada y absolutamente falsa de lo que sucedió. Si algo pudo achacársele al Gobierno, fue su excesiva paciencia: no intervino las cooperativas, intentando así resolver el problema con el menor daño para la UGT. Narcís Serra, entonces vicepresidente del Gobierno, y su jefe de Gabinete, Antonio Zabalza, dedicaron todo tipo de esfuerzos personales y políticos para resolver el problema. Y el ministro de Trabajo, José Antonio Griñán, también.

Finalmente, este último consiguió que una persona de su confianza, Valeriano Gómez, se hiciera cargo de la gerencia de PSV y salvara la situación. No sé con qué argumentos convenció Griñán a Gómez para que se hiciera cargo de aquel avispero, pero he de decir que Valeriano Gómez lo hizo todo bien... Y ahí están las casas, edificadas y habitadas, para demostrarlo. Si los miembros del Gobierno actuaron con buena voluntad y con eficacia, como lo hicieron, es obvio que fue con el conocimiento y el apoyo de su presidente y eso debe quedar bien claro.

La actuación del Gobierno de la Nación y del Gobierno de la Comunidad Autónoma posibilitó la construcción final de más de quince mil viviendas de protección oficial, a unos precios que nunca sobrepasaron los módulos oficiales entonces vigentes (ninguna vivienda adjudicada superó los 14,5 millones de pesetas); precios, hay que decir, que para sí quisieran los actuales demandantes de vivienda en los PAU madrileños[2]...

Con toda probabilidad, además, las acciones gubernamentales impidieron que las consecuencias de la crisis de PSV acabaran con la propia UGT. También debo decir que Alberto Ruiz-Gallardón, entonces jefe de la oposición, nunca hizo sangre a propósito de aquel fiasco, y pudo haberlo hecho. Al contrario: se comprometió, si ganaba las elecciones, a ser uno más para resolver el problema, cosa que hizo cuando fue presidente de la Comunidad de Madrid, en la primavera de 1995.

FELIPE-ALFONSO, UN MISTERIO SIN RESOLVER

No sé qué ocurrió entre Felipe y Alfonso a raíz del asunto de Juan Guerra... No lo sé. Pasar de una amistad personal y política de muchos años a un distanciamiento semejante... No se puede explicar desde fuera. Lo tienen que explicar los protagonistas y, de esa explicación, sacar alguna cosa en claro. Puedo explicar mi posición. Yo no estuve muy de acuerdo con las políticas económicas que hacía el Gobierno, ni tampoco con Alfonso Guerra, pero no con las ideas que él expresaba sino, sobre todo, con las actitudes internas respecto al Partido, que me parecieron siempre rechazables; este espíritu de «los nuestros» y «los otros»... Por supuesto, comparado con lo que está ocurriendo ahora, aquello me parece propio de las hermanitas de la caridad... Entre otras cosas, Alfonso Guerra fue quien me pidió que fuera a hablar con Luis Gómez Llorente para que éste aceptara ser presidente del Congreso de los Diputados, en vísperas de las elecciones del 82... Mensaje que transmití sin ningún éxito, pero que resulta bastante demostrativo del trato que se daba entonces a los disidentes. Es decir, a los críticos no se les daba una patada en el culo, sino más bien al contrario: el Partido se mostraba bastante generoso con ellos. Pero, dentro del Partido, estas diferencias entre «los nuestros» y «los otros» siempre me parecieron y me siguen pareciendo horribles. No en cuanto a las ideas, sino, quizá, en la forma de expresarlas. Pero, naturalmente, cada uno tiene su forma de expresión y su forma de llegar al público.

Pienso que el fondo de la divergencia entre Felipe y Alfonso no radica en que tuvieran dos formas diferentes de entender el

Partido en relación con la sociedad o con el Gobierno. Porque cuando uno delega de tal suerte en otra persona, como Felipe delegaba en Alfonso, será porque tiene confianza en ella. Felipe se podía haber plantado en ese Congreso al que he hecho referencia antes, donde sacaron de la Ejecutiva a dos de sus peones más importantes. Yo creo que el fondo es una separación personal... Dice González que ha sufrido una decepción... habrá que saber por qué. En el fondo, insisto, creo que late, más que otra cosa, una cuestión personal. Es verdad que había divergencias, pero las había desde hacía mucho tiempo. Tampoco creo que Felipe apoyara la cacería contra Alfonso que se desató a raíz del asunto de su hermano. El «caso Juan Guerra» fue un asunto desgraciado, y no creo que nadie en el PSOE lo avalara y echara más leña al fuego. No quiero pensarlo... Lo que está claro es que aquello fue una caza mediática de una trascendencia enorme... Claro que, previamente, había ocurrido lo de Pilar Miró, que también tiene un polvo...

La pira inquisitorial

Pilar Miró y compañía echaban la culpa a los «guerristas» de aquello... y todo el lío era por un vestido. Pilar Miró estaba convencida de que había sido gente próxima a Alfonso. Yo, a día de hoy, no estoy nada convencido de que fuera así. Ahora bien, lo que sí se puede demostrar es que el «caso» de Pilar Miró —que era un vestido— ocupó tantas primeras páginas y páginas en conjunto de periódicos en España como las que ocupó el asesinato o el suicidio —que nunca se supo lo que fue— del financiero Alexander Stavinsky. Me refiero a aquel gran escándalo de los años treinta en Francia, antes de la guerra... Lo de Juan Guerra se multiplicó por cuatro... Por tanto, es evidente que había un interés clarísimo en encender la pira en la plaza de la Signoria para quemar a Savonarola, está clarísimo.

Tanto un caso como el otro me parecen socialmente injustos y personalmente deplorables. No es verdad que Alfonso Guerra estuviera implicado en nada, y en los juicios contra Juan Guerra no se ha demostrado nada jamás, y los jueces, al final, dijeron que no había pruebas de nada de Juan Guerra... ¡Oiga, pues devuélvame el rosario de mi madre...! ¿Quién repone ahora, no sólo el honor, sino todos los daños y perjuicios? Eso va gratis, y con Pilar Miró, igual. El proceso judicial fue semejante.

Lo que se dio en llamar la corrupción del Partido a través del tema de Filesa... Yo creo que Felipe, de esto, no tenía idea, o poca idea, y parecía decir: «Mire usted, déjeme en paz; no me meta usted en este lío...».

Yo creo que él pensaba en alguna dimisión, que no se produjo, en el seno de la Ejecutiva. Creo que pensaba que Alfonso dimitiría... Por supuesto, esto sólo es una percepción. Pero la salida de Alfonso del Gobierno no tuvo que ver con Filesa. Una cosa es el cese de vicepresidente de Gobierno y otra cosa es lo de Filesa, que es posterior, puesto que saltó a la luz en la etapa terminal del Gobierno, cuando Alfonso ya no era vicepresidente.

EL CHISTE MALO DE JUAN GUERRA Y EL MAGMA DE LA RENOVACIÓN

El asunto desgraciado del hermano de Alfonso Guerra, que, como se ha visto a largo plazo, era absolutamente un chiste malo, removió las fuerzas internas dentro del Partido, en mi opinión. Finalmente, produjo la dimisión del propio Alfonso Guerra. Una serie de personas que habían estado con él a partir un piñón, se pasan al otro lado, y se crea entonces ese magma de «la renovación».

En Madrid, se convierten en «renovadores» todos los «guerristas», desde Alejandro Cercas, que era diputado, hasta Teófilo Serrano, que era el secretario general de la Federación Socialista Madrileña —lo cual crea otra segunda crisis en la federación—, y otros muchos. Los que se llamaban «fontaneros», muchos de ellos, también se pasan al otro lado. Con lo cual, lo verdaderamente admirable del «guerrismo» fue que se mantuvieran unidos y aguantaran el tirón, un tirón muy fuerte.

En la Federación Socialista Madrileña, de la que yo fui secretario general durante once años —me parece... o nueve; en cualquier caso, muchísimos—, los «guerristas» eran pocos, eran muy pocos y estaban metidos en la Ejecutiva, tocando los pies de vez en cuando. Fueron los primeros que abandonaron a Alfonso Guerra en cuanto éste perdió el poder. O sea, que parece que eran más «felipistas» que «guerristas». Mi experiencia como secretario general fue muy mala en la etapa final, por las maniobras de los «guerristas», pero no creo que fueran directamente contra mi persona. Yo creo que sólo querían controlar una federación socialista.

Pero los «renovadores» no tenían suficiente fuerza política: el PSOE perdió las elecciones generales y Felipe González abandona la cabeza del Partido. Se creó entonces la nueva Ejecutiva, que dirige Joaquín Almunia, a la que yo pertenecí. Fue una Ejecutiva que, en fin, creo que, aparte de las controversias internas existentes, tomó decisiones estratégicas lamentables; por ejemplo, convocó las elecciones primarias. El día que Almunia, por su soberana voluntad, convoca las primarias, deshace definitivamente la posibilidad de una «renovación» del Partido según las viejas claves. Perdió las primarias, perdió todo crédito y, además, ese día, se perdieron las elecciones generales.

La virtud de los «guerristas» es que siguieron apoyando con pasión a Alfonso Guerra cuando éste ya no tenía poder que repartir. Eso es algo que les honra. Por tanto, hay que deducir que había una adscripción a ese liderazgo en función de unas ideas o de una ideología. Ellos pensaban —porque yo entonces hablaba frecuentemente con ellos, y más ahora— que había dos formas de entender la política social, básicamente. Quiero decir que algo más que pasteles se repartían allí. La divergencia política o ideológica de fondo entre el «guerrismo» y los «renovadores» estaba en su diferente visión de las políticas sociales. Pongo un ejemplo que no es trivial: la Ley del Suelo que hizo el PSOE, una ley progresista —si aún estuviera en vigor, habría evitado lo que está ocurriendo con el suelo en la actualidad—. Esa ley la hizo Javier Saénz de Cosculluela, en contra, clarísimamente, de las decisiones que Boyer y Miguel Ángel Fernández Ordóñez estaban tomando sobre este tema. Por tanto, sí había diferencias. Y quien lo niegue, niega la realidad.

La «renovación» era un magma bastante más complicado. Pero que había diferencias ideológicas dentro del seno del Gobierno, el ejemplo que he puesto lo demuestra, y hay muchísimos más. Otra cosa es que, como he dicho antes, muchos de los que no participábamos de las ideas que podían mantener Boyer, Solchaga, Miguel Angel Fernández Ordóñez y otros muchos, estuviéramos en la «renovación» porque pensábamos que el Partido necesitaba otros métodos de gestión. O sea, se mezclaban varias cosas. Y, a algunos, como es mi caso, que no estaba ni estoy en las posiciones que se pueden adscribir a lo que los «guerristas» llamaban liberalismo —que no está mal definido—, tampoco nos gustaba la otra opción. Eso es lo que convierte a la «renovación» en un magma.

CULTURA DE APARATO

Las posiciones, digamos, oficiales del Partido, eran: «El Partido apoya al Gobierno y está ahí para transmitir a la sociedad los logros del Gobierno». Bueno, es una posición muy cómoda, pero un Partido es algo más que eso. También debiera de ser una fábrica de ideas... Yo creo que, en ese sentido, la llegada al Gobierno del PSOE dejó a la organización, que era muy joven, en una situación de la que no se ha recuperado. Y además crea una «cultura de aparato», que bueno, bueno, bueno... Yo creo que, en parte, muchos «renovadores» luchaban precisamente contra esa «cultura de aparato», que tenía, como elemento más pernicioso, la endogamia. Y el hecho, por ejemplo, de intentar las primarias, creo que, fatalmente, fue un intento de evitar la endogamia. O el hecho de que las votaciones, que antes eran colectivas, sean individuales ahora... Todo ello forma parte de esos cambios en contra de la endogamia que —hay que decirlo todo— han fracasado rotundamente. Porque ahora el Partido es más endogámico, bastante más, que cuando estaba Alfonso Guerra...

La división que identificaba al «guerrismo» con la izquierda y a los «renovadores» con la derecha liberal no es exacta, pero es una parte de la verdad. Es una parte pequeña de la verdad, pero parte de ella. Y la otra parte es que había mucha gente que quería cambiar los métodos internos de funcionamiento y las formas —incluso externas— de expresión del Partido.

Los «renovadores» apostaron por un modelo de Partido menos endogámico, más abierto, pero nunca fueron capaces de desarrollar una alternativa al «guerrismo». Yo creo que la Ejecutiva de Almunia, de la que formé parte, cometió el gran error de tirar muy pronto por la ventana el liderazgo con que contábamos. En año y medio no se pueden hacer esas cosas, ni bien ni mal. Es decir, los cambios que pregonaban no pudieron cuajar. El problema es que la «renovación» siempre se colgó de la figura de González... Y yo creo que Felipe González siempre ha dado mucho más crédito a los motejados de liberales que a los «renovadores»... Quizá por eso fracasaron.

Las ideas, en política, aunque se pretendan sustituir por la publicidad, la imagen y otras zarandajas, son importantes. Lo quieran o no lo quieran los actores políticos, las ideas políticas son importantes. En el «sector renovador» no faltaban ideas; lo que faltó fue sentarse a estructurar esas ideas. Y nadie se quiso sentar a hacerlo por miedo a ofender al «jefe». Eso es lo que yo pienso. Ahora, pasados los años, creo que lo menos que se puede y se debe hacer es mirar las cosas con objetividad, e intentar olvidar viejos agravios, porque no tienen ningún sentido para la vida individual ni colectiva.

Frustración de lo que pudo ser

Ahora bien, los «renovadores» tienen la frustración de lo que pudo ser. Porque la «renovación» pudo cambiar el Partido. No se consumó porque nadie quiso sentarse seriamente a elaborar un documento que nos colocara, no en manos de donde decían los «guerristas» que estábamos, sino en manos de un proyecto renovado. Y no se hizo porque los que estaban más cerca de González creo que siempre temieron... no la reacción del «jefe», sino que no se adscribiera a un proyecto, negro sobre blanco. Seguramente lo conocían mucho más de lo que lo puedo conocer yo y debían de saber que las ideas de política concreta que tenía Felipe González estaban más cerca de otros que de nosotros mismos... Estaba más cerca de lo que se llamó la *beautiful*... Estoy convencido de que ha sido y es así. Y no hay más que ver las posiciones que tienen ahora los nuevos dirigentes del Partido respecto a la política económica y quiénes son sus asesores de política económica. Porque Solchaga, de alguna manera, está detrás de la iniciativa que cuajó con la candidatura de Zapatero. Poco antes del Congreso último, el que ganó Zapatero por nueve votos —gracias a Alfonso, que le prestó, no nueve, muchos más de nueve votos—, coincidí con Solchaga en una fiesta y me dijo: «No seas tonto, tú vente con mis chicos». A lo cual le contesté: «Como tú eres mucho más listo que yo, siempre vas tres pueblos por delante. Así que, la próxima vez, me avisas con tiempo». En broma.

Una víctima agradecida

Dicen que yo fui una de las víctimas del «guerrismo». Pero, si es así, ya me gustaría ser siempre esa víctima... Entonces lo viví como una agresión.

En un momento dado, me dicen que me vaya, así, crudamente. José Acosta me lo dijo... por sinceridad... Las razones que se me dieron... Fue la huelga general la que me trajo estos achaques, porque, durante la huelga general, traté de mantener una posición equilibrada, aún con el riesgo de que me dieran de hostias por un lado y por el otro. Así ocurrió en mi caso: primero, las recibí de gente del PSOE y, luego, de la UGT. Después de aquella huelga, en los meses siguientes —concretamente, antes del verano siguiente—, en una comida, me lo dijo Acosta, así, directamente: «Mira, que te vayas». Y me dijo que me fuera porque no comulgaba con el Partido, por haber sido rebelde. ¿Por qué me dijo aquello? Lo tendría que decir Acosta. En cualquier caso, yo le contesté: «Eso tiene un trámite». Y, después del verano, me puse a defenderme y no pudieron conmigo.

No sé si Alfonso Guerra estaba detrás de esa ofensiva... Creo que no. Creo que el origen de la ofensiva, la idea maravillosa de echarme, no viene de él. Yo creo que viene de la propia FSM. Hay que tener en cuenta que Acosta estaba entonces en la Ejecutiva Federal... Naturalmente, cuando pasó lo que pasó, los «guerristas» que estaban en Madrid y, luego, todos los «renovadores», se subieron a ese carro... victoriosos. Una vez puesta en marcha la dinámica, se subieron, eso es evidente. De hecho, quien me sustituyó al frente de la Secretaría General —no me consiguieron echar, pero, naturalmente, dejé de ser secretario general— no fue uno de Acosta, fue Teófilo Serrano, que era de los «renovadores». Pero una cosa es que Alfonso conociera toda la operación que se había montado contra mí —como era lógico que lo supiera—, y otra cosa es que fuera él el impulsor, cosa de la que tengo algo más que dudas. En realidad, tiendo a pensar que no.

Dos alacranes en el bidé

La última etapa de Gobierno socialista, es decir, de 1993 a 1996, la recuerdo con horror. Porque cada vez que llegaba a casa, ya de noche, y me sentaba a ver un poco la televisión, y veía lo que pasaba, juro que tenía la sensación de que aquello era un mal sueño, que me metería en la cama y, al día siguiente, habría desparecido aquello. Imagino que si esa sensación la tenía yo, que no estaba en el Gobierno, más agudizada la tendrían quienes estaban en el Gobierno, aguantando todos los chaparrones durante todos los días del año. Fue horrible.

Y en esa etapa horrible se desató una corriente que me recordó mucho lo que viví en los últimos meses en el Chile de Allende.

La prensa había perdido absolutamente cualquier cualidad de objetividad en la información: todo era un puro derroche de ataque y de descalificación. Daba miedo. Yo hubiera preferido que hubiéramos perdido las elecciones en 1993. Nos hubiera ido mejor.

Fue terrible: cada día salía una cosa más. Recuerdo que, un verano, estaba comiendo en mi pueblo, con mi padre y unos parientes; tenían puesta la televisión en el comedor y apareció Gabriel Urralburu[3]... Yo no me lo podía creer... Era una tortura para los que no estábamos en el Gobierno; me imagino lo que debía de ser para los que estaban en el Gobierno, para el presidente del Gobierno... Una cosa aterradora.

Además, algunos de los que entraron en ese último Gobierno socialista no contribuyeron precisamente a que aquello fuera menos terrible. En 1993, el número dos en la lista de Madrid era el juez Baltasar Garzón, gran fichaje. ¡Por favor! ¡Si lo llevan de número dos, le tienen que dar un Ministerio! (Si se gana...).

Ya lo decía Churchill: «No se puede engañar a todos todo el tiempo...». Yo creo que en ese punto empieza el lío. Ese «maltrato», entre comillas, que recibe Garzón, iba a tener unas consecuencias terribles para el PSOE.

Pero, además, se nombra ministro de Justicia a Juan Alberto Belloch —e inmediatamente después de la huida de Roldán, también se le da la cartera de Interior—. Belloch... ¡Bueno, bueno, bueno! Hay un cuento que se llama *El aprendiz de brujo*, al que puso música un compositor que se llamaba Paul Dukas[4] y al que puso imágenes Walt Disney. En esa versión del cuento —la película se llama *Fantasía*[5]—, el aprendiz de brujo es el ratón Mickey. Y eso es lo que pasó. La de Belloch fue una actitud de aprendiz de brujo: el agua subía y subía y no sé si nadie sacaba en calderos el agua que inundaba el edificio.

Felipe metió a un par de alacranes en el bidé: Belloch y Margarita Robles, de la que no hay más que oír sus opiniones. Son las del PNV, ni más ni menos. Tendrá mucho derecho a tener esas opiniones, desde luego, pero no dentro del PSOE. Y la persecución que se hizo de los anteriores responsables que habían pasado por aquel Ministerio... Ahí está la lista. Me parece una falta de solidaridad y un desprecio absoluto, no sólo por las personas, sino también por los resultados políticos que aquello generaba. No entenderé nunca esta selección de personal. ¡No se puede meter al zorro en el gallinero, hombre! Si había cosas que arreglar, se tenía que haber encargado a gente de dentro, capaz de renovar aquello, pero no a aquellos personajes que, después, no sé si por error o con mala intención, crearon muchos problemas. Todo aquello estaba planeado para conseguir —no nos engañemos—, la cabeza de Felipe González. Y la campaña se apoyó con filtraciones desde el propio Gobierno... ¿Cómo es posible que ocurrieran esas cosas? No sé cómo Felipe puso a Belloch allí, en Interior, sabiendo de dónde venía. No sé. A lo mejor le gustó poner a la zorra a cuidar de las gallinas. Eso, que lo cuente él. Pero aquello parecía como la película de Berlanga: *Todos a la cárcel*[6].

Yo creo que, a pesar de lo que diga la sentencia del Tribunal Supremo, a José Barrionuevo y a Rafael Vera los condenaron sin pruebas. Los condenaron los periódicos. «¿Cómo se van a ir de rositas, después de este escándalo?». Esto es lo que decían Pedro J. Ramírez y compañeros mártires... También lo dijo muy bien Francisco Álvarez Cascos: «Diga lo que diga el Tribunal, éstos son culpables».

Pues así estuvo la cosa. Y otro tanto ocurrió con el general Rodríguez Galindo, ¡con todos los comandos que detuvieron siendo él jefe de la comandancia de San Sebastián! Y también lo condenaron, a él y a sus hombres. Sin pruebas. Todo eran convicciones morales... ¡Las convicciones morales se las guarda usted en su bolsillo! Es un escándalo que un general de la Guardia Civil como Rodríguez Galindo esté en la cárcel...

Por lo poco que yo sé, Belloch aseguraba que esto lo iba a controlar él enseguida. Claro que también decía que iban a hacer «limpieza» en el Ministerio del Interior. Pero... ¿había corrupción en Interior? La respuesta es «no». Porque, si la hubiera habido, habría salido.

Y la broma de los regalos de Corcuera... es una broma... una broma. Por tanto, no había corrupción. ¿Que había lados oscuros...? ¿Y en qué Ministerio del Interior del «mundo mundial» no los hay? No tengo más que decir.

ASESINATO CIVIL, MUERTE CIVIL

Yo, entonces, no escuché esa historia de que Belloch aspiraba a suceder a Felipe. Estaba ya más ocupado en lamerme las heridas que en oír esas cosas. Sólo diré que oí a una jueza una frase que me dejó impactado: «Belloch es la peor persona que he conocido en mi vida». Lo cual me llevó a defender a Belloch, a quien no conocía, con armas y bagajes. Y ella me dijo: «Ya te irás enterando». (No digo el nombre de la jueza).

En esos momentos, en 1993, yo había vuelto a ser elegido presidente de la Comunidad y esta última legislatura fue bastante cómoda, bastante tranquila para mí. Porque, contando con el apoyo externo parlamentario de IU, todo fue bastante pacífico. Por tanto, las heridas que tenía que lamerme no eran heridas personales, o de mi trabajo. Lo que me dolía era ver a personas a las que yo conocía —era amigo de muchas de ellas, como Barrionuevo o como Vicente Albero—, y en todo caso compañeros de Partido, en aquella situación: ver todo el camino que se estaba recorriendo y cómo iba acabando... Eran, algunas, personas a las que veía casi todos los días y veía cómo lo estaban pasando. No era precisamente agradable. Y otras personas con las que tenía menos relaciones, como Corcuera... Lo que hicieron con él me sigue pareciendo un auténtico asesinato civil, una muerte civil. Antonio Asunción, por ejemplo. No está entre mis amigos íntimos, pero ¿qué pasó con este hombre? Es un tipo valioso y fue una injusticia tremenda que tuviera que dimitir porque el otro sinvergüenza, Roldán, se marchara. Lo de Julián García Vargas y Narcís Serra, con los cuales tenía mucha más relación que con otros... Era una cosa tan injusta, tan disparatada...

Me parece tremendo. ¿Cómo no iba a estar dolido? No sé si tanto como ellos, pero en esa línea, porque la solidaridad es ponerse en el lugar del otro. Esto no hay que olvidarlo. Hay que pasar página pero no olvidarlo.

LA GRAN FRUSTRACIÓN

Yo creo que la gran frustración de toda la etapa socialista es el final de la película. Y algunas cosas se podrían haber evitado; por ejemplo, comprobando el currículum de Roldán, cosa bastante fácil de hacer. Eso para empezar. Y creo que la traca final sí se pudo evitar, evitando algunas de las causas y evitando también que se montara un «carajal mediático».

Creo que el ataque final tenía financiación y se llamaba Mario Conde. ¿No se podría haber evitado? A pesar de todo, en 1996 perdimos por poco más de 300.000 votos. Los que entonces estaban en la oposición no tenían crédito. Aznar no levantaba ningún entusiasmo. Y mucha gente, ante ese ataque tan visible, por tierra mar y aire, contra los socialistas, debieron pensar: «Bueno, si atacan así desde la oposición, ¿qué nos harán desde el Gobierno?». Es una reflexión que seguramente hicieron muchos ciudadanos.

Pero, en líneas generales, yo creo que el PSOE administró bastante bien el triunfo de 1982. Y aunque sufrió el desgaste que produce estar en el Gobierno, los españoles le permitieron estar más de trece años y cambiar y desarrollar muchas cosas. Desde la entrada en Europa, hasta la modernización de las Fuerzas Armadas —aspecto fundamental para el futuro de la democracia en España—. También aportó mucho en el campo más duro, en el terrorismo.

Creo que cuando los socialistas llegaron al Gobierno en 1982, las cosas estaban mucho peor que cuando salieron. Así de claro. Y también está claro el avance en la consolidación de una España moderna, desde el punto de vista social, cultural, de las infraestructuras... Los Gobiernos socialistas construyeron más infraestructuras que cualquiera de los Gobiernos anteriores, desde Recaredo. Me parece que la herencia fue muy buena y defendible. Ahí deberían estar los historiadores y los periodistas, para recordarlo...

Notas

[1] La Ley Orgánica de Financiación de las Comunidades Autónomas (LOFCA) se promulgó en 1980, pero ha sufrido constantes modificaciones, la última el 27 de diciembre de 2001.

[2] Programa de Actuación Urbanística.

[3] Gabriel Urralburu fue presidente de los Gobiernos socialistas de la Comunidad Foral de Navarra entre 1984 y 1991. Fue acusado de corrupción y de cobrar comisiones ilegales por obras públicas.

[4] Paul Dukas (1865-1935) es autor del *scherzo* sinfónico *El aprendiz de brujo* (1897).

[5] La película *Fantasía* (James Algar, 1940) fue una de las propuestas más innovadoras de la factoría Disney, en ella se mezclaban animación y música clásica. Una de las piezas más populares, precisamente, muestra al famoso ratón Mickey ejerciendo el papel de aprendiz de brujo con música de Paul Dukas (véase nota anterior).

[6] Luis García Berlanga fue el director de *Todos a la cárcel* (1993), en la que intervenían, entre otros, José Sacristán, Manuel Alexandre y Amparo Soler Leal.

José Barrionuevo
La imposible libertad del exilio

«No han conseguido convertirme en una persona amargada; eso sí que no lo han conseguido».

Es una de las primeras cosas que me dice José Barrionuevo, en la primera mañana en la que vamos a conversar acerca de todo lo pasado y lo vivido. Desde su nombramiento como ministro del Interior del primer Gobierno de Felipe González hasta este mismo día en el que me recibe en su casa, lo pasado y lo vivido se mezclan, se confunden en su memoria, pero se reordenan rápidamente, sin que apenas haya surgido la primera pregunta... Todo está a flor de piel lacerada, sembrada de hieles que no se pueden tragar.

Nadie lo diría. Porque su acogida es cálida y su aspecto tranquilo: «Anda, tómate el café y un trozo de roscón... Ya verás... Es el mejor que se hace en Madrid...». Nadie lo diría, pero este hombre que me espera sentado en un sofá, leyendo bajo una tenue luz indirecta, tiene todavía muchas y singulares cosas que decir a quien quiera escucharle sin prejuicios. Cosas tristes, terribles, cosas que a nadie ha dicho porque nadie se las ha preguntado, porque a nadie interesan, porque la historia oficial ya está escrita con letras de piedra, imposibles de fundir...

Guadalajara. Un esperpento que no podía haber soñado, «porque, para mí, era un horizonte imposible, algo nunca imaginado». Y, luego, Felipe, siempre Felipe: «Aquí estuvo, sentado en este mismo sofá, antes de salir para acompañarme hasta la cárcel; había venido a comer con toda mi familia y, luego, me acompañó. Ya ves... sentado aquí, junto a mí». Guadalajara. Los rituales carcelarios insufribles, las lealtades, sorbidas como agua, los olvidos que no quiere olvidar, las anécdotas, las emociones y las risas. Y los bonsáis que le llevaba Felipe, siempre Felipe... Y, finalmente, la respuesta, seca y tajante, a la pregunta casi imposible: «Nunca pude amenazar a Felipe con "tirar de la manta" porque no había ninguna manta de la que tirar».

José Barrionuevo vive convencido de haber sido, sobre todo, el rehén de la derecha para desprestigiar el proyecto socialista. Y conserva en la memoria —y en el corazón— la secuela de todos los agravios, de todo lo mal pasado y lo malvivido. Desde sus cotidianos viajes al «país de los funerales», donde Juan Alberto Belloch iba a las manifestaciones que convocaba Herri Batasuna, hasta el juicio que dictó una sentencia «injusta y vergonzosa como no ha habido nunca en este país».

Aquella mañana, Esperanza, su mujer, nos dejó solos. Pero, en nuestro segundo encuentro, se quedó con nosotros, y no precisamente como «observadora imparcial»... Es una conversación agotadora, demoledora, que cala hasta los huesos, que se prolonga hasta la madrugada. Y continúa después, de pie, en el pasillo, sin que ninguno veamos el momento de poder, de querer dejarlo ya... Cuando salgo a la calle, me doy cuenta de que son las dos de la mañana, de que no hemos cenado, a pesar de que, a pesar de las horas, me habían ofrecido «algo para picar». No hubiera podido con un solo bocado, después de todo lo que había escuchado. Fueron palabrass muy duras, palabras para no olvidar, palabras para entender...

José Barrionuevo no parece tan interesado como yo en valorar lo que hizo como ministro del Interior del primer Gobierno socialista. «¡Qué más da!», me dice. «Eso ya no le interesa a nadie». Pero consigo que lo recuerde. Aunque es imposible que en la memoria de todo lo hecho no se cruce la evidencia de todo lo deshecho. Es implacable, hasta la osadía, con Garzón: «Le dije a Felipe que aquella operación era un grave error, y ahora parece que ya se ha dado cuenta»; con Belloch, demoledor; insultante con Margarita Robles. No se blinda, no se anda con rodeos, acusa, denuncia: «Esa señora espió a Rodríguez Galindo; le tendió una trampa para que fuera a la cárcel». Se puede decir más alto, pero no más claro.

Han perseguido a sus hijos en la Universidad y se ha visto en la necesidad de aceptar una colecta del Partido. Ahora trabaja en unas dependencias municipales, adonde acude todas las mañanas... a leer el periódico. Y no le sirve de nada negarlo, pero la verdad es que está lleno de amargura. Tanto, que sueña con la libertad de un exilio imposible, porque no tiene dinero para rehacer su vida, con su mujer, fuera de España. Yo argumento que la huida es la evidencia de la derrota, pero su respuesta es bien clara y bien desoladora: «Pero... ¡si nos han vencido! ¿No te das cuenta?».

CUANDO PIENSO, ahora, en aquel momento de la entrada en la cárcel de Guadalajara, difícilmente podría evocar lo que se me pasó por la cabeza porque, en aquellas circunstancias, en aquellos instantes, la emoción del momento no me dejaba pensar en muchas más cosas.

Según nos dijeron después, aquella había sido la mayor manifestación popular que se había producido en Guadalajara en todos los tiempos y la mayor concentración de personas habida jamás en la ciudad. Eran, sobre todo, amigos y militantes socialistas. Tuve que intervenir, además, y tuve que sobreponerme a la emoción para dirigir unas palabras a la gente. Y luego, pasar a través de todos para entrar en la cárcel, después de haber afirmado que, como siempre, íbamos a respetar la legalidad, que la sentencia que nos condenaba era injusta, pero que tenía una apariencia de legalidad y que, consecuentemente, la íbamos a acatar, como hicimos. Dentro nos esperaba el director de la prisión, que estaba tan afectado como nosotros. Me imagino que lo habían preparado, pero no sabían muy bien cómo llevar a cabo las prácticas habituales de la cárcel: te toman los datos, la filiación... Todas las formalidades se cumplimentaron, por supuesto, pero la situación apenas te deja pensar en otra cosa. La primera noche que dormí en la cárcel no la recuerdo con precisión. Supongo que pensé, inevitablemente, en todas las circunstancias que nos habían llevado hasta allí.

Debo decir algo sobre lo que he reflexionado mucho a posteriori: que he pasado momentos muy amargos, pero nunca he sido una persona amargada; no han logrado convertirme en ello. Al contrario, podría decir incluso que soy una persona feliz, que no me han defraudado algunos aspectos de mi vida anterior a lo sucedido. Por ejemplo, he sentido el apoyo del entorno familiar, mi mujer y mis hijos, del entorno de amistades más íntimas y de innumerables personas que no conocía y que hacen que nuestra existencia cotidiana sea muy grata.

Una desgracia inmensa, enorme

Que aquello era injusto está acreditado en la mecánica misma de cómo se dicta la sentencia que nos condenó, y en todo lo que rodeó ese juicio. En la sentencia del Tribunal Supremo que nos condenó a Vera y a mí a once años de cárcel por el secuestro de Segundo Marey[1], cuatro de los magistrados, uno de ellos el presidente del Tribunal, hacen un voto particular diciendo que los hechos no han sido como los relata la mayoría que condena. Y que no se nos podía condenar, ni a Rafael Vera ni a mí, porque no había pruebas. Nos condenaron sin pruebas, lo cual, en el fondo y en la forma, es una práctica inadmisible en un Estado de derecho. Por otra parte, teniendo en cuenta cuál había sido nuestra trayectoria, el trato que recibimos fue injusto, en el sentido supralegal del término, en el sentido puramente humano. A mí siempre me ha resultado extraña esa teoría cristiana sobre la salvación según la cual una persona que había sido justa toda su vida y, al final, cometía un pecado, se condenaba; y viceversa, un individuo que toda la vida había sido un malvado, si al final hacía acto de contrición, se salvaba. A mí eso me pareció siempre, y me sigue pareciendo, injusto. Esa estricta interpretación religiosa es la que nos aplicaron a nosotros. Porque nuestra conducta era evidente, nuestra conducta pública era conocida por todo el mundo y era una conducta regular, normal, dentro del cumplimiento de nuestro deber; todo el mundo sabía que había sido una conducta sacrificada y a favor de los ciudadanos. Aun en el supuesto, que no era cierto, de que hubiéramos cometido una incorrección, no era justo que la respuesta de las instituciones de nuestro país, que nosotros habíamos defendido, se basara exclusivamente en esa incorrección y no se tuviera en cuenta todo lo demás. En ese sentido digo que era injusta. Pero, además, era injusta en un sentido legal, porque no había pruebas contra nosotros. Hubo que forzar las interpretaciones y la corriente jurisprudencial que había hasta entonces, violentarla, para poder condenarnos. La única prueba que había contra nosotros era la declaración de un coimputado, Julián Sancristóbal. Eso fue todo.

Entonces había —y sigue habiendo, porque la única excepción ha sido nuestro caso— una corriente jurisprudencial del Tribunal Constitucional que estimaba que, por la mera declaración de un coimputado, si no hay otras pruebas, no se puede condenar. Esto se lo saltaron. Se saltaron también la interpretación tradicional en cuanto a la prescripción. Había una demanda o una querella que se había interpuesto, hacía no sé cuánto tiempo, contra José Amedo y que decía: «Y todos los demás que resultaran implicados...», o algo parecido. Siempre se había dicho que para que se interrumpiera la prescripción, la persona acusada tenía que estar perfectamente identificada y tenía que haberse dirigido una acción legal contra ella. Pero nos procesaron, no sé cuantos años después, por esa denuncia. En cuanto a la calificación del delito, se le dio credibilidad a Sancristóbal en todo lo que nos acusaba, menos en las circunstancias de la retención o del secuestro de Marey; en eso no se le hizo caso, sino que se hizo caso de lo que habían contado en algunos periódicos. A todo eso me refiero. Se violentaron las reglas del Estado de derecho para poder condenarnos. Eso, en cuanto a la legalidad estricta. El tema legal es lo que reflejaron los cuatro magistrados que consideraron que había que absolver, y ahí quedó. Pero, a nivel personal, ir a la cárcel, para cualquier persona, es una desgracia inmensa, enorme. Quizá hay que ponerse un poco en la piel de alguien en cuyo horizonte vital es imposible que nunca se haya planteado una circunstancia semejante, alguien que jamás haya podido pensar que una cosa así le pudiera ocurrir. Es absolutamente increíble, inesperado, insólito.

«No amo a esta España»

No sólo no estoy amargado, sino que soy feliz. Pero no cabe duda de que esas circunstancias sí me han transformado. Tengo, por ejemplo, un escepticismo total respecto a las élites españolas, a las élites políticas, periodísticas, judiciales, etcétera. Me siento muy defraudado, por la baja calidad de esas élites. Es más, a veces lo llevo al extremo de pensar en algo que va a ser ya imposible, dada mi edad: que me gustaría poder vivir fuera de España. No me siento contento, pero no en el sentido del clásico: «Amo a España porque no me gusta». A mí me pasa lo contrario: no amo a esta España y no me gusta. Es cierto que aquí tengo mis raíces, y más aún, tengo una gran satisfacción personal del contacto con la gente común. Pero me siento muy defraudado por las élites, porque no han tenido el valor cívico de hacer lo que decía Julián Marías: «Correr algún riesgo por defender una causa justa».

En aquella situación, había cosas que teníamos que combatir muy solos, porque quienes habían organizado todo este tomate, que tuvo éxito, naturalmente no iban a quedarse a mitad de camino, no iban a dar su brazo a torcer. Había quien no estaba concernido por el asunto, pero como podía perjudicar a otros, que eran competidores suyos, en el terreno político o en lo que fuera, no se implicaban. Y luego estaban los directamente concernidos, en términos generales, miembros de la dirección del PSOE; algunos de ellos, quiero ser justo en eso y no generalizar, no participaban en el linchamiento, pero tampoco querían ser linchados.

Pero aquella tarde, en Guadalajara, la verdad es que los vi a todos. José Borrell había ganado las elecciones primarias, ya era el candidato y se había consolidado la situación que luego se llamó «bicefalia». Joaquín Almunia, después de un amago previo de dimisión, al haber perdido las primarias, se mantuvo como secretario general del PSOE y Borrell lo aceptó también. Y allí, en Guadalajara, estaban los dos: Almunia, como secretario del Partido, y Borrell, como candidato, como líder, digamos. Entonces tuvimos también el apoyo de una persona que, para mí, era lo más venerable y quien representaba la tradición del Partido: Ramón Rubial. Algún tiempo después fue a visitarnos a la cárcel y nos contó algunas de sus experiencias carcelarias. Y también estuvieron en Guadalajara Felipe González, Alfonso Guerra, Txiqui Benegas, Manuel Chaves, José Bono y otros.

Más tarde supe quién no estuvo allí. Supe que alguno, quizá para hacerse perdonar no sé qué, dijo que él no había ido y que había considerado aquello como un error. Eso lo dijo José Luis Rodríguez Zapatero. A mí me parece que es un error por su parte, porque para mí fue la mayor movilización espontánea que se ha producido en el interior del PSOE para defender una causa justa frente a los poderes en general, luchando con lo único que ha tenido la izquierda siempre, la gente en la calle. Yo creo que hasta el mitin de Vistalegre[2] no ha habido otra movilización semejante. Luego, después de mi estancia en Guadalajara, un poco a regañadientes —yo creo que por hacerle una concesión a Javier Pradera, el prologuista de su libro—, Joaquín Almunia, que ya había perdido las elecciones, dijo que esa movilización había sido un error. Yo, naturalmente, no comparto esa opinión, porque estoy persuadido de que salimos de la cárcel gracias a esa movilización. Porque las cosas cambiaron y el mismo Tribunal Supremo que nos condenó por mayoría, el mismo, los mismos jueces, por unanimidad, propusieron más adelante que nos indultaran, y el Gobierno lo tramitó con una diligencia encomiable.

EL DESASTRE DE INTERIOR

Aquellas imágenes de la cárcel de Guadalajara, vistas por televisión, debieron causar un impacto fuerte. No quiero ser vanidoso, porque, en ese momento, no tuve conciencia de su importancia. Todavía, y han pasado más de cuatro años, me encuentro con personas —algunos me dicen que son de derechas o del PP— que me comentan la impresión que les produjo esa imagen. En cierta ocasión, después de salir de la cárcel, un secretario de Estado del PP —no quiero citar su nombre por no perjudicarlo—,vino con su mujer a saludarnos: «¡Qué alegría verle, ya en la normalidad! No sabe usted el mal rato que pasamos, cómo nos afectó aquello...». Es decir, que sí debió causar un impacto muy grande. Un familiar muy próximo de uno de los magistrados que formaba parte del Tribunal que nos condenó, me dijo que había llorado en casa viendo las escenas. No era sólo nuestra imagen, Vera y yo entrando en la cárcel. Era también la presencia de Felipe González ante aquella puerta verde... Tengo un retrato que me envió un pintor socialista de Cádiz, basándose en esa foto. Es un retrato al óleo en el que aparece Felipe González dándome un abrazo en la puerta de la cárcel, y uno de los personajes que está allí mirando, en el retrato, es Pablo Iglesias. Lo tengo en mi casa de la sierra.

Yo agradecí que Felipe estuviera allí, lo entendí como un testimonio de solidaridad. Estuvo en mi casa aquella misma tarde, antes de ir a la cárcel. La gente de la derecha sectaria —porque hay gente de la derecha que es comprensiva y liberal— siempre tratan de ver ahí una contradicción.

Pero yo lo que creo es que el último Gobierno de Felipe González, en lo que se refiere al área de Interior, fue un desastre. Se lo he dicho a él. Y él, al tener ese equipo de Interior, también fue un desastre. No sé si Felipe acepta esto o no; al menos acepta que yo se lo diga. Pensará que sangro por la herida. Además, yo creo que, en el fondo, admite que aquel último Ministerio del Interior fue un error. Aunque expresamente no lo reconozca, implícitamente sí. Vio que aquello no era como le habían dicho, una cosa controlada —lo que yo llamo la «teoría del acotamiento»—; vio que era falso que hubiera que hacer ciertas cosas pero que a él nunca le iba a llegar, ni a mí tampoco, y que se iba a detener en otros escalones. A mí esa teoría, que sin duda existió, me parece de un cinismo y de una cobardía moral enorme, pero no cabe duda de que, durante algún tiempo, en algunos medios, esa teoría circuló. Después, fue evidente que era un desastre y una equivocación. Felipe adoptó unas actitudes de solidaridad evidentes. Por supuesto que se puso a favor de corriente, pero él también animó esa corriente, y el hecho de que él estuviera en Guadalajara contribuyó a que esa corriente se consolidara y fuera más fuerte, sin duda. Pero Pepe Borrell, que también recibía muchas incitaciones, por ejemplo, desde el diario *El Mundo*, para que se separara de nosotros, no se separó. Almunia tampoco, al menos en ese momento. Todos mantuvieron la solidaridad y el apoyo a mi familia, en todo. El Grupo Parlamentario Socialista hizo una colecta para sostenernos económicamente, porque, naturalmente, me despojaron de la condición de diputado y mis ingresos ascendían entonces a cero pesetas Y yo siempre he vivido de mi trabajo. El Grupo Parlamentario organizó aquella colecta voluntaria. Al parecer, alguno se negó a participar... No sé quién fue ni quiero saberlo. Pero la casi totalidad de los diputados decidieron hacer una aportación para que a mi familia se nos mantuvieran los ingresos que yo tenía como diputado. Es decir, que hubo muchos gestos de solidaridad. Hubo también algunas actitudes emocionantes. La persona a la que le compramos los periódicos vino a visitar a Esperanza, a mi mujer, cuando me metieron en la cárcel, para decirle que tenía pocos ahorros pero que tenía algunos, y que estaba a nuestra disposición para lo que necesitáramos. Hubo muchos gestos de ese tipo.

En la trayectoria del disparo

Recuerdo y aprecio aquellos momentos en los que Felipe me apoyó. Por mi parte, naturalmente, quería que él estuviera presente, y estuvo. Pero no hubo que forzarle. En los últimos momentos, estuvo aquí, en mi casa, comiendo con nosotros, y él mismo preparó el viaje desde mi casa. Salimos de mi casa juntos; fuimos hasta la cárcel en el mismo coche. Felipe también vivió aquello con amargura, e imagino que también con algún complejo de culpa. Pero lo cierto es que él participó y fue con mis hijos para organizar la solidaridad, y estuvo con ellos, e incluso firmó, como abogado, nuestro recurso ante el Tribunal Constitucional. En casos así, sentirse culpable debe de ser habitual; ocurre como con el sentido de la responsabilidad. Si a una persona con la que tú has estado de acuerdo y con la que has trabajado como compañeros en el mismo equipo, le ocurre una cosa como ésa, es lógico el sentimiento de culpabilidad, por el propio sentido de la responsabilidad. Además, el último Gobierno de Felipe González en esta área fue un desastre, como ya he dicho. Y no puedo adentrarme más en la interioridad de una persona. Él no lo va a reconocer explícitamente, pero implícitamente sí. Toda su actuación en el proceso fue así. Él fue a declarar al juicio y su declaración fue impecable. Por supuesto, dijo la verdad y trató de arreglar aquel desaguisado.

Hay quienes han dicho que Felipe nos acompañó a la cárcel de Guadalajara por temor a que yo pudiera, en esa expresión tan borde y tan grosera que se utiliza, «tirar de la manta». Primera cuestión: yo no tengo manta de la que tirar. Segunda cuestión: a Felipe González se le puede acusar de muchas cosas, pero de estúpido, no. Y sabe que yo soy incapaz de cometer una infamia. Él nunca tuvo en ese punto ninguna duda ni pudo tenerla. Aunque, al final, Felipe, en un nivel distinto, ha sido también víctima de esto, de todo este conglomerado, de eso que se ha llamado «la conspiración». A mí, realmente, me pasó lo que me pasó porque estaba en la trayectoria del disparo. Pero el disparo no iba dirigido a mí. El objetivo de ese disparo no era yo, aunque yo sufriera la peor parte. El objetivo del disparo era Felipe. Los que organizaron todo eso, naturalmente, hicieron lo posible para desacreditarle a él, y, de paso, a mí, por supuesto.

Pestiños y bonsáis

Cuando Vera y yo estuvimos en la cárcel, recibimos gran cantidad de testimonios de apoyo. Conservo sacas enteras de cartas. Tratamos de contestar a todas y contestamos a muchas... Pero, además, recibíamos muchas cosas en especie. Recibimos, desde mi tierra, un camión de frutas y de verduras que, naturalmente, no pudo entrar en la cárcel, así que, de acuerdo con el Partido de Guadalajara, se distribuyó aquella mercancía por la ciudad y la provincia. Pero, de vez en cuando, sí nos llegaban algunas cosas que en la cárcel registraban y dejaban pasar. Había una familia —creo que vivía en Ciudad Lineal, en Madrid— que elaboraba unos pestiños dulces, muy ricos, y nos pasaron algunos. El día que salimos de la cárcel, había una muchedumbre allí, en la puerta; había mucha gente que se acercaba como para darnos la mano; estaba la televisión, las cámaras, la policía haciendo un cordón... Y había una mujer mayor que me decía: «¡Barrionuevo, Barrionuevo, acércate, por favor!». Como todo el mundo gritaba, no sabía a quién dirigirme... Y, de pronto, oigo: «¡Barrionuevo, acércate, que yo soy la de los pestiños...!».

Para organizar mi vida en la cárcel, fue de mucha ayuda estar junto a Rafael Vera, que había tenido esa experiencia en solitario y es una persona muy metódica. A Vera lo metió Garzón en la cárcel, a él solo. Hacía poco que había sido secretario de Estado y Garzón había estado con él en el Ministerio del Interior. Fue al final del Gobierno socialista, porque yo recuerdo haber estado en La Moncloa con Alfredo Pérez Rubalcaba y con alguno más la noche que Garzón lo mandó a la cárcel[3]. Lo metieron en la cárcel por el sumario de Marey. Y estuvo varios meses en Alcalá Meco, casi seis meses. Cuando estuvimos juntos en Guadalajara, organizábamos el día de una forma muy metódica. Unos amigos de Coslada nos pagaron una suscripción a *El País*, que era una suscripción excelente, porque, cuando nos levantábamos por la mañana, estaba el periódico ahí; lo leíamos con el desayuno. Luego nos llevaban la prensa local los compañeros del Partido de Guadalajara, que también habían pagado una suscripción.

Nos levantábamos muy temprano, como todo el mundo. Estábamos en un módulo aparte, los dos solos. Llevaban el café con leche e, inmediatamente, arreglábamos nuestras celdas. Después nos abrían las puertas para salir a un patio que había allí y estábamos toda la mañana haciendo ejercicio. Nos duchábamos, comíamos, echábamos un poquillo de siesta y nos poníamos al trabajo diario de oficina. Pepe Bono nos había regalado un ordenador, y nos lo dejaban utilizar, aunque no podíamos conectarlo a la línea telefónica, no podíamos tener Internet. Pero sí podíamos utilizarlo para escribir y contestar las cartas. Contestamos, creo, más de dos mil cartas. Pasábamos la tarde en ese trabajo de «oficina». Los abogados podían ir libremente y de vez en cuando iban unos u otros. Y teníamos bastantes visitas. Al parecer, desde la dirección de la cárcel, a veces trataban de establecer algunas restricciones, supongo que por el qué dirán. Pero había bastante presión desde fuera. También hicimos un jardín en el patio; cavamos, arreglamos la tierra, nos trajeron, desde fuera, abono y semillas, y organizamos aquel jardín en el patio. Felipe González contribuyó a ello, porque estaba entonces con lo de los bonsáis y nos llevó sabinas y pinsapos para hacer bonsáis. Hicimos dos bosquecillos y Felipe dio el visto bueno. Nos regaló un libro y nos dio algunas instrucciones directas.

Felipe fue a vernos varias veces a la cárcel. Mi hijo le hizo alguna vez una fotografía. Fueron todos los líderes del Partido, todos pasaron a vernos. Pepe Bono fue con frecuencia, seguramente porque, al estar la cárcel en su Comunidad, se sentía más obligado. Y también fueron Borrell, Almunia, que compartió pan y queso con nosotros, y Juan Carlos Rodríguez Ibarra. Con Felipe, cuando venía, hablábamos de cómo organizar las cosas para que pudiéramos salir de la cárcel, y comentábamos un poco las incidencias.

El fiscal Granados, con la jauría

Una de las impresiones que he tenido después —por eso hablo de la cobardía moral de las élites de nuestro país— es que se extendió, en algunos de esos ambientes de analistas lúcidos, la idea de que, con nuestro encarcelamiento, se acababa con el terrorismo. Es decir, que nosotros éramos la moneda de cambio. Diez días después de meternos en la cárcel, ETA declaró la tregua[4]. Este hecho reafirmó absolutamente a estos analistas en su teoría, y creo que también al Gobierno, porque luego acudió a las negociaciones con ETA en Suiza. Entonces se presentaba a Arnaldo Otegi como el Gerry Adams vasco[5]... No hay más que acudir a las hemerotecas del momento. Hubo una parte muy considerable de las élites de nuestro país que cometió voluntariamente una injusticia. Muchos de ellos me lo dicen ahora, que fue una injusticia, que cometieron a sabiendas una injusticia pensando que eso iba a tener un rédito político, unos para afianzarse en el poder y desacreditar al adversario, y otros porque pensaban, por cuestión de soberbia personal, que esto era como un intercambio de rehenes, y que ETA se iba a acabar con un intercambio de rehenes. A eso me refiero cuando hablo de la cobardía moral de las élites de este país, judiciales, periodísticas, políticas, etcétera. Algunos lo hicieron a sabiendas, otros se dejaron llevar por la corriente.

Por supuesto, nosotros nos dábamos cuenta de que éramos los rehenes de la derecha, que nos quería utilizar para desprestigiar todo el proyecto socialista. Ahora, cuando oímos declaraciones hablando de «los que van ladrando su rencor por las esquinas» y de «los profesionales del rencor», yo digo: «¡Caramba, qué fuerte!». Si muchos del propio Gobierno del PP —en privado, claro— me dicen: «¡Qué putada lo que pasó, lo que se hizo contigo!». Es más, me consta que se presionó en su momento a los magistrados más afines al PP para que nos condenaran. Y luego también, en el Tribunal Constitucional, para que no se admitieran nuestros recursos. Nunca se pueden obtener pruebas de ello, naturalmente, pero los magistrados que eran más afines a la derecha tenían una consigna y estaban presionados. Eso me parece evidente y yo no tengo la menor duda. Es sintomática también la actuación del fiscal José María Luzón, un señor del Opus Dei, que asciende en el escalafón apenas concluye el juicio. Y uno de los magistrados que nos condenó, Luis Ramón Puerta, pasó a ser presidente de la Sala Segunda del Tribunal Supremo.

No cabe duda de que la derecha maneja muy bien el tema de la Justicia. Y hay que decir, también, que el PSOE, con sus complejos, ha puesto en cargos importantes, dentro del aparato de la Justicia, a personas profundamente desleales e inmorales, que han hecho la pelota todo lo posible para conseguir esos cargos y luego han actuado de una forma desleal, vendiéndose para no tener problemas. En lugar de defender la Justicia o de dar la cara, se han dejado llevar por la corriente, para no tener problemas. La derecha, en ese aspecto, es más inteligente. Cuentan con grandes recursos para organizar el sistema judicial y promocionan a personas leales para con ellos. Por el contrario, nosotros, en la última etapa de Gobierno de Felipe González, nombramos a fiscales generales del Estado que, visto lo visto, lo que hacían era, frente a las evidencias y frente a la justicia, defender lo que proponía la «jauría» contra nosotros. Por ejemplo, Carlos Granados.

Las trampas de Margarita

Y la política de Juan Alberto Belloch en aquel tiempo... A mí Belloch me invitaba a comer y a cenar y me decía siempre que lo que estaban haciendo era un ajuste de cuentas con el pasado. Pero resultó que el pasado eran los Gobiernos socialistas anteriores, no era Franco, porque, aquí, ajuste de cuentas con los franquistas no ha habido nunca. Y eso lo llevó hasta sus últimas consecuencias Margarita Robles contra la persona que más se había distinguido en los Cuerpos de Seguridad, en la lucha contra ETA, el general Rodríguez Galindo. Margarita Robles le organizó reuniones con el gobernador civil Juan María Jáuregui —asesinado por ETA[6]— para ver si conseguían que hiciera alguna declaración que pudiera inculparle... Ésta fue una de las actividades de esta señora en aquel Ministerio. Le tendían trampas a un hombre que se había portado bien, a un general de la Guardia Civil, de mentalidad más bien conservadora, pero que se había portado lealmente, un general constitucional, que se había comportado de acuerdo con las leyes y de acuerdo con su Gobierno, aunque fuera socialista. Por eso le odia la derecha.

No llego a tanto como para pensar que, como dicen algunos, el objetivo de los dos ministros que sucedieron a Corcuera, Asunción y Belloch, era meternos en la cárcel a Corcuera y a mí. Asunción estuvo muy poco tiempo; yo tuve buena relación con él... No lo sé. Por cierto, yo conocí a Asunción en el banquete de bodas del segundo matrimonio de Luis Roldán; le conocí como íntimo amigo de Luis Roldán.

A mí me parece que lo que hicieron es fruto de un comportamiento sectario. Hubo muchas personas que, sin ser socialistas, se arrimaron al PSOE y terminaron entrando en el Partido, después de haberse enfrentado a la política del PSOE. Es una política de trepas y hacen lo que consideran que es más conveniente para esa estrategia de trepar. ¿Que el «ajuste de cuentas» con el pasado era lo que defendían unos cuantos medios de comunicación, y eso se jaleaba, y eso daba un cierto aire...? ¡El «ajuste de cuentas» con el pasado se refería sólo a los Gobiernos socialistas anteriores! El grave error de Felipe González consistió en eso: ¿cómo se le pudo pasar por la cabeza que era posible mejorar la situación metiendo a aquellos jueces, a Ventura Pérez Mariño y a Baltasar Garzón, en las candidaturas? ¿Cómo pudo pensar que eso era posible?

Pero eso fue lo que hizo, en lugar de hacer una cerrada defensa de la gente que, dentro del Gobierno y dentro del PSOE, se había comportado correctamente, y siempre de acuerdo con el Partido y con el Gobierno. ¡Siempre! Yo creo que Felipe se equivocó, sencillamente; le equivocaron y se dejó equivocar. Él pensó que con eso iba a arreglar las cosas, pero, evidentemente, no las arregló. Había un sector de la prensa muy importante que estaba en la línea —luego también ha rectificado— del «ajuste de cuentas» con el pasado. Después han visto hasta dónde llegaba: no es que afectara a unas personas y los Gobiernos socialistas se lavaran las manos, no. Ese ajuste de cuentas se llevaba por delante todo.

Yo creo que Felipe se dio cuenta del error cuando vio lo que estaba ocurriendo de verdad. Me parecía una indignidad; que me llevaran a contestar a las declaraciones de Damborenea o de Sancristóbal o de Roldán... Yo no me quería someter a eso. Y también me equivoqué, porque lo acepté. No tenía que haberlo aceptado nunca; nunca debí someterme a un juicio que estaba predeterminado, porque la sentencia estaba dictada antes de empezar. Nunca debí aceptarlo.

Yo siempre pienso que Felipe actuó de buena fe. Se equivocó, pero actuó de buena fe. Él pensó que eso iba a arreglar las cosas. Después se dio cuenta de que poner a aquella gente en Interior había sido un error. El objetivo último de esta gente era trepar. Son unos trepas, como éste que hay ahora, Diego López Garrido, que está en la Ejecutiva del PSOE. Éste era un tigre contra la «ley Corcuera», la Ley de Seguridad Ciudadana, y ahora que el Gobierno de derechas está dictando leyes mucho más duras —lo de Corcuera era agua de anís al lado de las leyes que está haciendo el Gobierno de derechas—, ahora no se le oye decir nada. Pero contra la «ley Corcuera» era un tigre. Este señor es un trepa, no tiene principios. Son personas que no saben lo que es el PSOE, no saben lo que es la lealtad, no saben lo que es comportarse con dignidad, no cometer infamias. De eso no saben. Sólo saben trepar.

EL «CABREO» DE GARZÓN

Antes de nombrar ministro a Belloch, Felipe me llamó. Y le dije que me parecía un error. Me contestó: «No. Estás equivocado, este juez no es como otros jueces en los que tú estás pensando...». Le dije: «Bueno, tú sabrás. Yo lo considero un error». Para empezar, no había hablado con él en su vida. Habló por teléfono: estaba en un acto en Almería y habló con él por teléfono. Pero, personalmente, nunca había hablado con él. Pero yo sí que había seguido la conducta de Belloch, y había seguido en la prensa su actitud, sus formas de comportarse... Estaba en la Audiencia de Bilbao y me combatía porque, según él, la lucha antiterrorista era fatal; había que negociar y había que ser más complaciente con el PNV.

Fue también una equivocación profundísima meter a Garzón, pues Garzón aspiraba a ser ministro, y de Interior, a ser posible. Ahí hubo algún problema interno y, en la recta final, Belloch adelantó a Garzón, con lo cual se produjo un efecto perverso doble: uno, el nombramiento de Belloch como ministro del Interior, que era un nombramiento equivocado en sí mismo. Y dos, el nombramiento, además, cabreaba mucho a Garzón, a quien habían llevado de número dos en la lista de Madrid. Apenas se nombró a Belloch ministro del Interior, lo primero que hizo fue despedir a Garzón con bastantes malos modos. Entonces, Garzón organizó una rueda de prensa en el Congreso y dijo: «Éstos se van a enterar...». ¡Y nos enteramos! Lo cual demuestra que fue un error meter a Garzón ahí. No venía a cuento de nada dejarle creer que iba a ser ministro. Sí parece claro, a la vista de cómo sucedieron las cosas, que Felipe González no le hizo promesa en firme, pero dejó que Garzón se lo creyera. Y cuando, además, se le despide de malos modos, el error se multiplica por dos.

Mi conclusión es que los independientes no añaden nada, y sí quitan algo... Es mentira que añadan votos. En las generales de 1996, el PSOE hizo un pacto con IU; no añadió nada, y quitó mucho... Yo no fui a la presentación de la candidatura de Madrid, y estuve pensando en retirarme. Pero muchos amigos me dijeron: «No, el hombre del Partido eres tú, el advenedizo es ése, faltaría más...». Y me mantuve. Además, cuando Felipe me dijo que Garzón iba en la lista —también le dije que me parecía un error—, lo único que le pedí es que no lo pusiera inmediatamente delante de mí. Me dijo que el problema no era ése; que el problema es que iba de número dos, y lo tenía que poner delante de Javier Solana, que estaba en Nueva York. Y, después de llamarme a mí, tuvo que llamar a Javier Solana para decírselo. No sé si, de haber nombrado ministro a Garzón, no se hubiera reabierto el caso GAL. No lo sé. Yo, en esas especulaciones, no entro, porque en la mentalidad de esas personas soy incapaz de ponerme. Son personas a las que no comprendo, porque yo «circulo en otra onda». Son personas tan virtuosas y tan intachables, que los irregulares y los delincuentes como yo no sabemos juzgarles...

Objetivo: la destrucción de Felipe

Cuando yo llegué al Ministerio del Interior, uno de los primeros trabajos fue cambiar a todos los gobernadores civiles. A todos. Quise conservar alguno de UCD, pero cuando le propuse continuar a uno de ellos, me dijo que continuaría el tiempo necesario para que encontrara a otro, pero que él era de UCD y lo lógico es que nombrara a uno nuevo. Se cambiaron también todos los jefes superiores de Policía. Los cambiamos a todos. La mayor parte de los que yo nombré continuaron con los siguientes Gobiernos; algunos hasta ahora, que se han jubilado por razón de edad. Eran funcionarios que habían estado con el franquismo, no tan comprometidos como algunos magistrados, que, por supuesto, no tuvieron ningún problema. Porque cuando llegamos los socialistas al Gobierno, toda la cúpula militar, todos los militares, habían hecho la guerra con Franco. Luego, por razón de edad, esto ha ido pasando, pero incluso generales que eran muy afectos a la causa democrática, como Aramburu Topete o como el propio Sáenz de Santamaría, habían hecho la guerra en el bando de Franco. Nosotros hicimos la Ley de Fuerzas y Cuerpos de Seguridad del Estado, que sigue en vigor. Hicimos civil a la Policía, pusimos como norma de actuación de las Fuerzas de Seguridad el código deontológico del Consejo de Europa... ¿Qué reforma de esa magnitud se ha hecho antes o después? Yo destituí, aunque luego traté de repescarle, al comisario Ballesteros, que era el que llevaba la lucha antiterrorista con los Gobiernos de UCD. Y le destituí porque tuvo una metedura de pata respecto al Gobierno socialista. Nombré a gente nueva, funcionarios que habían hecho las oposiciones a policías cuando vivía aún Franco, como en todas las otras actividades... Yo también hice la oposición de inspector de trabajo cuando estaba vivo Franco. Los funcionarios de policía que estaban actuando eran policías nuevos y todos ellos demostraron que estaban muy vinculados y muy a favor de la causa democrática. Así que se cambiaron todos los jefes superiores de Policía, y se cambiaron por funcionarios mucho más vinculados a la democracia y al espíritu de lo que debe ser una Policía democrática, muy diferentes de los que tuvo Rosón[7].

A mi antecesor, Rosón, le hicieron ir a declarar a la Audiencia de Bilbao. Mi actitud fue pensar que los ministros de UCD habían actuado correctamente y que, si había alguna incorrección, sería del que la había cometido, pero que no estaba implicado el Gobierno de UCD. Procedí en consecuencia y los defendí y, desde el Ministerio del Interior, pagué la defensa de los funcionarios que estaban afectados. Desde luego, lo que no hice fue desacreditar la lucha antiterrorista que habían llevado los Gobiernos anteriores. A mí me parecía que eso afectaba al fondo de la legitimidad democrática y por eso adopté esa actitud. Alguien pensó después que había que tener una actitud distinta, y trataron hechos que eran semejantes de una forma muy distinta, para implicar al Gobierno socialista. A mí me parece que eso supuso un gran retroceso, aparte del daño personal... Respecto a eso, cada uno asumimos el que nos ha tocado. Pero ha sido un gran retroceso en la lucha antiterrorista. Ahora hay un señor, un profesor vasco, que me ha dedicado un libro diciendo: «Nos equivocamos, pero todavía no queremos reconocerlo...». Y no voy a decir su nombre. Pero es cierto: nuestro proceso fue una injusticia manifiesta. El juicio en el que me condenaron fue una farsa; me condenaron en virtud del testimonio de un señor al que habían prometido que iba a salir muy bien de esto. De hecho, eso fue el juicio: un montaje para deslegitimar al Gobierno socialista. Pero tuvo unas consecuencias que superaron el hecho de la deslegitimación. Querían destruir a Felipe González: ése era el objetivo.

Sancristóbal salvó su dinero

A Sancristóbal le prometieron que no le iba a pasar nada y que iba a salvar su dinero. Éste es un señor que, entre cualquier otra cosa y el dinero, él elige el dinero; comportarse dignamente, ser leal a quien se ha portado bien él, todo eso es secundario al lado del dinero. Lo tiene y es multimillonario... Ahora anda por ahí, en Marbella, haciendo negocios.

José Amedo y Michel Domínguez no eran jefes de nada. Eran policías de base, que habían estado en etapas anteriores también.

Yo he insistido mucho con lo del caso GAL. Cuando yo llegué, hice lo que pude, y las consecuencias se extendieron a la época de José Luis Corcuera... el caso de Ballesteros, en el caso aquel del bar Hendayais[8]...

Yo conocí a Amedo cuando estaba ya en la cárcel. Yo he ido muchas veces al País Vasco, a los funerales: me gustaría saber si hay alguna foto en la que esté con Amedo. Nunca había visto su cara hasta que no estalló el lío y estuvo en la cárcel. Yo no sabía nada de ese señor. ¡Si era un policía que estaba en Bilbao...! Parece que presidía las corridas de toros y cosas semejantes. De eso me he enterado después. El testimonio de Amedo no tuvo que ver con mi condena. ¿Cómo iba a ser determinante el testimonio de un policía contra un ministro al que no había visto nunca? El testimonio determinante, y ahí está la sentencia, fue el de Sancristóbal. Los demás decían: «A Sancristóbal le oí una vez...», «Sancristóbal me dijo...». No hay más que Sancristóbal. A Amedo lo «trincaron» porque cometió un fallo: se gastaba el dinero con su tarjeta. Las partidas que le daban de fondos reservados, cuando iba a Portugal o a algún otro sitio, las ingresaba en su cuenta, y luego pagaba a los confidentes o a los mercenarios con su tarjeta. Por eso le engancharon, porque había una prueba física. A Amedo lo convirtieron en un personaje, sobre todo, cuando empezó a hacer denuncias contra el Gobierno socialista y contra sus mandos. Parecía que el agente 007, a su lado, era una zapatilla rusa. Pero Amedo, dentro de todas sus cosas, tuvo su valor... Porque aquí parece que hay algunos espíritus puros... Algunos me decían: «Oye, la lucha contra la criminalidad no es una cosa de espíritus puros...», pero parece que todavía hay algunos espíritus puros. Cuando había que hacer misiones de información en Francia, a mí me hubiera gustado encontrar a gente de la escuela diplomática, pero no había ninguno disponible. Yo le ofrecí a la jueza Manuela Carmena que se viniera conmigo...

Me convertí en un especialista en temas de seguridad porque, cuando se celebraron las primeras elecciones municipales democráticas, en el año 79, yo iba en la candidatura del Ayuntamiento de Madrid y estaba en la comisión que redactó el programa municipal adaptado a Madrid. Yo todavía era subdirector general de Trabajo y por eso era especialista en temas laborales, sindicales y sociales, y también sabía algo respecto al funcionamiento de la Administración. Pero, al distribuirnos los temas para el programa electoral del Ayuntamiento de Madrid, en aquella época había habido bastantes atentados y como había bastante inquietud ciudadana por estos temas de la seguridad, Alonso Puerta, que era el número dos en la lista, detrás de Tierno Galván, dijo que había que hacer algo de temas de seguridad en el programa. Preguntó un par de veces quién se iba a encargar y yo, como era un joven voluntarioso, dije: «Venga, yo haré un par de folios...». Y los hice. En las elecciones, empatamos con UCD, pero llegamos a un acuerdo con los nueve concejales del Partido Comunista, que votaron a Tierno. Entonces hicimos un equipo de Gobierno conjunto. Al distribuir los cargos, yo fui nombrado teniente de alcalde, dado el número en el que iba en la lista. Había un departamento encargado de «seguridad y policía municipal» y, a la hora de distribuir las tareas, Alonso Puerta, que era un poco «coñón», dijo: «¿Quién se va a encargar? Tú, que eres el especialista, el que has hecho la parte del programa electoral de este tema». Así que me ocupé de la policía municipal, y la verdad es que fuimos muy activos y se ve que nos hicimos notar. En esos años mantuve muy buenas relaciones con Juan José Rosón. Primero coincidimos cuando él era gobernador y nosotros estábamos en el Ayuntamiento, y luego seguimos manteniendo buena relación cuando él pasó a ser ministro de Interior. Nos veíamos con cierta periodicidad. A él le gustaba charlar conmigo y yo me llevé siempre bien con él.

Una propuesta a la que no supe decir no

Cuando el PSOE ganó las elecciones en el 82, yo formaba parte del gabinete de Felipe González. Felipe González quiso hacer una transición, digamos, ejemplar, en la que hubiera buena sintonía y comunicación con los ministros salientes. Él tenía también buena impresión de Juan José Rosón, habló con él, y Rosón le debió de dar mi nombre. Como Felipe ya me conocía, me llamó en noviembre... La dirección del PSOE estaba, entonces, en Santa Engracia y nos gastábamos bromas unos a otros sobre si nos había llamado o no Felipe. Un lunes, estando en mi despacho en el Ayuntamiento, me llamó la secretaria de Felipe González, que era Miriam Solimán, la que luego estuvo con Javier Solana. Yo me lo tomé a broma, pensé que era una broma, y, entonces, se puso Felipe y me dijo que me fuera a tomar un café con él, que quería hablar conmigo de un tema que me podía imaginar. Me lo dijo de sopetón: quería que yo fuera ministro del Interior. Y le dije: «Me impresiona, pero, dada la situación en la que estamos, es una propuesta a la que no se puede decir que no». Enseguida empezamos a hablar de que la experiencia del Gobierno socialista tenía que enlazar con la experiencia histórica de los Gobiernos progresistas de la Segunda República, y que un problema que había ocasionado el desastre en el que terminó la Segunda República había sido el orden público y la seguridad ciudadana. En aquella época, pensábamos, no se habían sabido controlar esos temas y no estábamos dispuestos a que nos ocurriera algo parecido. Ésa era una de las preocupaciones que tenía Felipe González. Me dijo que el problema del terrorismo había que afrontarlo con mucha energía. En principio, acepté el cargo, aunque lo quería consultar en mi casa y con algún amigo. Me pidió que fuera muy discreto. Lo consulté en casa, donde se quedaron muy afectados, y con algunos amigos muy íntimos, con Joaquín Leguina, con Ana Tutor... Y acepté definitivamente.

Enseguida me llamó Rosón y, la verdad, aquellos días estuvimos muy unidos. Fuimos juntos a un acto de entrega de despachos en la Academia de Policía de Ávila; mantuve reuniones con sus colaboradores: con el director general de la Guardia Civil, que era Aramburu Topete; con el jefe de la lucha antiterrorista, que era el comisario Ballesteros; con el director de la Policía, que era Fernández Dopico... y con todos sus colaboradores más próximos.

Rosón me presentó un panorama preocupante. El asunto ETA estaba incontrolado. En el tema de Francia, a pesar de la ayuda que le había prestado Txiqui Benegas, y que él agradecía, no se había conseguido avanzar. En los Cuerpos de Seguridad había problemas; Rosón tuvo que recurrir a convocar promociones numéricamente muy elevadas, para que ingresaran muchos policías; pero eso planteaba otros problemas, porque los agentes se habían incorporado precipitadamente, habían tenido poca formación y, a menudo, no sabían manejar los temas de la calle. También me dejó dos o tres asuntos secretos, que, en su opinión, había que mantener; y los mantuvimos bastante tiempo, aunque algunos resultaban caros..., todo cuesta. Eran relativos a la información contra el terrorismo. Entonces ya le dije a Rosón que yo no tenía más remedio que cesar al director de la lucha contra el terrorismo, que era el comisario Ballesteros. Primero, porque estaba muy significado; y, segundo, porque había hecho unas declaraciones bobas, un poco negativas para el PSOE. Lo que ocurrió fue que algunos sindicalistas disparatados fueron por allí presentándose poco menos como los nuevos propietarios de los despachos y, de alguna forma, les dio crédito. Yo le dije a Ballesteros que le tenía que cesar, aunque iba a estar protegido e íbamos a tener atenciones con él. Pero también le dije que a mí me defraudaba que el jefe de los Servicios de Información de este país estuviera tan mal informado sobre quiénes éramos. Por eso lo cesamos.

Al único alto cargo que mantuve del equipo de Rosón fue al director general de la Guardia Civil porque, dada la singularidad de este cuerpo, el director tenía que ser un teniente general en activo del Ejército de Tierra, según la normativa vigente entonces. El director era José Luis Aramburu Topete, un hombre muy competente, bien formado, ilustrado, del Cuerpo de Ingenieros y había tenido un buen comportamiento en lo del 23-F. Los demás altos cargos, todos cambiaron. Nombramos director de la Policía al que había sido el número uno de su promoción, que era entonces jefe superior de Policía de Barcelona, y cambiamos a todos los jefes de Policía de toda España y a todos los gobernadores. En algunos lugares, como el País Vasco, la verdad, atendimos a los criterios que nos dio el Partido Socialista de Euskadi, porque pensamos que era una zona en la que había que tener el máximo cuidado. Nombramos, en Guipúzcoa, a Julen Elgorriaga, que había sido alcalde de Irún; en Vizcaya, a Julián Sancristóbal, que había sido alcalde de Ermua; y, en Álava, nombramos a un compañero mío de la Inspección de Trabajo.

Seis bandas terroristas y cincuenta asesinatos

La situación en aquellos años podría resumirse así: poquísima información; cincuenta asesinatos al año, de media; colocación de bombas, a diario, en sucursales bancarias y en centros públicos, en el País Vasco y en otros lugares; había seis o siete bandas terroristas actuando; sólo en el País Vasco había cuatro bandas: ETA-militar, ETA político-militar, Iraultza y los Comandos Autónomos Anticapitalistas. Rosón había tomado una decisión audaz, que nosotros apoyamos inicialmente: un acuerdo con Mario Onaindía y con Juan María Bandrés[9] que conduciría a la desaparición de ETA político-militar. Pero, hasta ese momento, sólo se había hablado, y apenas se había iniciado el proceso de reinserción. Aquel plan suponía indultar a bastantes terroristas que estaban en la cárcel y examinar muchos casos de implicados que estaban en Francia, para asegurarse de que no tuvieran delitos de sangre, y todo eso era complicado. Entonces, antes de tomar posesión en el Ministerio, hicimos una reunión en casa de Joaquín Leguina, que había conocido en la Universidad de Bilbao a Mario Onaindía. Cenamos en casa de Leguina, con Bandrés también. Yo allí me enteré un poco del tema y les dije que iba a asumir ese acuerdo, que íbamos a ir hacia delante. Pero aún había cuatro bandas actuando en el País Vasco, aún tenía fuerza el GRAPO, había derivaciones del FRAP[10], había grupos terroristas internacionales, integristas o de extremistas árabes, y además, grupos raros... Por ejemplo, al periodista José Antonio Gurriarán le puso una bomba el Ejército Armenio de Liberación... Y había terroristas en Cataluña y en Galicia. Ése era el panorama.

Desde nuestra posición, existía una cierta inseguridad respecto a las Fuerzas de Seguridad. No sabíamos bien cómo responderían. Hay que tener en cuenta que la Policía Nacional estaba militarizada y la dirigía un general del Ejército de Tierra. La Guardia Civil, por supuesto, también era un organismo militar. Y todos los generales que estaban al mando cuando llegamos habían hecho la guerra en el lado de Franco. Algunos, que sabíamos que habían asumido la democracia plenamente, también habían combatido en el ejército de Franco. Teníamos la legislación que teníamos. Y, como detalle, cuando nosotros llegamos, no se había enviado nunca una comisión rogatoria a Francia, es decir, una petición de ayuda judicial a los jueces franceses; ni siquiera había impresos, no se sabía cómo hacerlo.

Así que una de las cosas que teníamos que hacer era conseguir acuerdos con Francia; acuerdos políticos tan amplios como fuera posible. Otra tarea pendiente era dar eficacia, dentro de la ley y de las prácticas democráticas, a los Cuerpos de Seguridad. En esas líneas tratamos de avanzar.

«Lo que nos cuenta este español no es posible»

El ministro del Interior francés era entonces Gaston Deferre[11], que era un político de mucho prestigio. Cuando me entrevisté por primera vez con él, no ocultó que le complacía que yo supiera hablar francés; pero me veía como si fuera su hijo, como un chaval, ¡qué le iba yo a contar! Recuerdo que, en cierta ocasión, me invitó a almorzar con sus colaboradores. Yo iba con mis folletos, mis papeles, y me preguntó: «Oiga, ¿es verdad que hay un Parlamento en el País Vasco?». Le contesté: «Pues sí, hay un Parlamento, y hay partidos independentistas; pero no sólo eso: en el País Vasco hay una Policía que depende del Gobierno vasco, que se está desarrollando, y también cobran sus propios impuestos. Mira, aquí traigo un folleto del Estatuto Vasco». Y se lo di. Estaba en español y en euskera, no en francés. Lo miró por encima y observé que hablaba con su secretario de Estado en un *patois* —él era de Marsella— que no entendí bien, no era un francés académico. Aproximadamente, venía a decir: «El español este ha venido a quedarse con nosotros; esto que nos está contando no es posible...». Con el tiempo, Deferre y yo llegamos a ser amigos. Yo le admiraba y lo sentí mucho cuando murió. Creo que la buena relación que tuvimos fue fruto, prácticamente, del primer encuentro; fue a partir de ese primer encuentro cuando él empezó a tener una cierta predisposición favorable hacia nuestros problemas con el terrorismo. Deferre tenía muchas fotos en las que aparecía saludando a jefes de Estado, y me fijé en una foto concreta: estaba con Salvador Allende en su despacho. Le pregunté si le había conocido y me dijo que sí, que había hablado alguna vez con él; me preguntó, a su vez, si yo sabía algo de Allende. Yo conocía bastante bien la situación en Chile y cómo se desarrolló el golpe de Estado contra Allende, porque aquello, como a casi todos los de mi generación, me afectó mucho. Hablamos de ello. Creo que le sorprendió un poco, porque puede decirse que yo tenía más información que él. Y así se anudó una buena relación. Terminamos firmando los «Acuerdos de la Castellana» en los que, entre otras cosas, la parte francesa decía que nunca más considerarían a un terrorista como un refugiado político. Aquellas negociaciones se formalizaron en 1984, creo recordar[12]. Es verdad que aquellos acuerdos se establecieron sobre una base: Felipe González, cada vez que se entrevistaba con Mitterrand, sacaba el tema. Él ha contado la anécdota de que cuando le llevaba a Mitterrand la cifra de policías y de guardias civiles asesinados, en una ocasión, el presidente francés le dijo que no sabía si sus propios cuerpos de seguridad habrían podido aguantar esto sin hacer una revuelta o sin plantear un problema.

Funerales, a escondidas

En aquella época, en el País Vasco, la única representación que había del Estado era la policía y el PSOE. Bueno, y las oficinas de Correos y los Paradores de Turismo. Y poco más. Gregorio Peces Barba me contó que una vez fue a Bilbao, a un funeral, en época de UCD, y que fue al Gobierno Civil de Vizcaya: tuvo la sensación de estar en un fuerte; estaban allí, rodeados. Porque era el único lugar donde podían estar. Yo, por eso, desde el primer momento, de acuerdo con los dirigentes del PSOE, traté de hacer actos públicos. Había habido muchas críticas, quejas por la falta de atención a las víctimas y porque los funerales se hacían poco menos que a escondidas. Incluso en la época de UCD, con ocasión de un atentado en Basauri, fue Leopoldo Calvo Sotelo, cuando era presidente del Gobierno, como para instaurar una etapa distinta, en la que se les iba a dar a las víctimas la máxima dignidad. Era tal la inquietud y el miedo, que hubo una especie de motín en el cuartel de Basauri, y los policías retuvieron al presidente del Gobierno allí, en el cuartel; estuvo varias horas retenido, sin que le dejaran salir. Y quizá por eso, esa buena intención no se repitió. Pero yo, desde el primer momento, con el apoyo impagable de los compañeros del Partido Socialista de Euskadi, decidí formalizar un acto de homenaje cada vez que había un atentado. El primero que hicimos fue a mediados de diciembre de 1982.

Yo tomé posesión el día 2, y el día 3 la policía mató en un tiroteo a Martín Luna, uno de los jefes del GRAPO, en Barcelona[13]. Entonces tomé una decisión que, en la Policía, no sentó bien... En la información que me presentaron, me dijeron que Martín Luna tenía un hijo, que vivía con su madre en Barcelona, y que la policía mantenía una vigilancia constante sobre su domicilio, porque pensaba que algún día Martín Luna iría a verle. Efectivamente, así ocurrió y la policía, no sé si al entrar o al salir de la casa, le dio el alto; él disparó y la policía disparó y lo mataron. A mí se me ocurrió, con una ingenuidad juvenil, que, dentro de la tragedia y teniendo en cuenta que se trataba de un jefe de una banda terrorista, había ahí una criatura que era inocente, y que había algo emotivo, porque este hombre, que era un terrorista, quería a su hijo, se había jugado la vida y la había perdido por ir a verlo. Entonces les dije a los policías que tenían que ir a visitar a la familia y ofrecerle ayuda, que nos podíamos encargar de la educación del niño, de pagarla, porque queríamos que su hijo se incorporara plenamente a la sociedad, que no fuera un proscrito. Los policías se resistieron mucho, dijeron que aquel no era su papel, pero lo hicieron. Me consta que esto provocó una sorpresa enorme en la familia; debieron de pensar que era una especie de trampa y, por otra parte, estaba muy caliente lo sucedido: su marido y el padre de su hijo había muerto a tiros de la policía, y no aceptaron la ayuda. Pero no creo que fueran virulentos en el rechazo.

A mitad de diciembre de 1982, los etarras tirotearon a dos guardias civiles en la estación de Irún y los mataron. Uno cayó sobre las vías y otro, creo recordar, en el andén. En aquella época, estaba todavía secuestrado el empresario Orbegozo[14], que llevaba por lo menos un mes en manos de los «poli-milis» (lo habían secuestrado en la época de Rosón). Tras el atentado de Irún, me desplacé a Guipúzcoa, para hacer un homenaje a las víctimas. Los cuerpos los habían llevado al Gobierno Civil de San Sebastián y allí hicimos un acto fúnebre. Pero luego decidí que se hiciera la ceremonia religiosa en una iglesia, no en el Gobierno Civil. Tuve algunos problemas con Setién[15], por el tema de las banderas: nos exigió que quitáramos la bandera de España que cubría los féretros para entrar en la iglesia. Eso me ocasionaba también algunos problemas con las Fuerzas de Seguridad, pero les dije que aquéllas eran las condiciones que ponía el obispo, que a mí me parecía lamentable, pero que las cumplía porque yo quería que tuvieran un funeral en una iglesia. Setién argumentaba que la Iglesia tenía que ser neutral, y que si se enterrara a un etarra, tampoco iba a dejar que hubiera símbolos; lo cual no era verdad, porque, cuando eso ocurría en un pueblo de Guipúzcoa, no había quien quitara la ikurriña.

A los funerales íbamos muy pocos. En Guipúzcoa había tal opresión que la gente de derecha que iba a estos actos era muy poca. Iba muy poca gente. Íbamos los compañeros del muerto, las familias, dirigentes del PSOE... Debo decir que era muy frecuente la presencia de Jaime Mayor Oreja en esas ocasiones. Cuando yo llegué al Ministerio, él era el delegado del Gobierno, y estuvo todavía más de un mes conmigo, siendo también mi delegado del Gobierno en el País Vasco; porque el delegado que queríamos nombrar, que era Jáuregui, era el secretario general de la UGT en Euskadi y Nicolás Redondo ponía pegas, y se tardó en convencer a Redondo para que Jáuregui accediera a la Delegación del Gobierno.

De todas formas, y haciendo referencia a los problemas que encontrábamos los políticos en Euskadi, debo decir que, a mí, en Guipúzcoa, me abucheaban muy poco. Donde más problemas tenía era en Navarra, muchos problemas. Me daba rabia, porque veía a veces a los propios guardias atemorizados. La situación era mucho mejor en Guipúzcoa, quizá porque allí hubo dos mandos excelentes de las fuerzas de seguridad: en la Guardia Civil, Enrique Rodríguez Galindo, y en la Policía Nacional, que todavía estaba militarizada, Paulino García —creo recordar—, que era comandante del Ejército y un mando muy eficaz. Entre los dos lo organizaban todo muy bien, con gran dignidad. Había más problemas en Vizcaya. Allí acudían individuos de extrema derecha y gritaban contra el Gobierno y contra mí, porque les molestaba mucho que yo hubiera instaurado la costumbre de finalizar los actos fúnebres dirigiendo unas palabras a los asistentes, y terminar diciendo: «¡Viva la Constitución!», «¡Viva la Guardia Civil!» o «¡Viva la Policía Nacional!», «¡Viva el pueblo vasco!». La extrema derecha decía que era la Constitución la causante de todo aquello. Teníamos dos problemas: por una parte, esa extrema derecha que no aceptaba la Constitución, que según ellos era el origen de aquella situación, y, por otra, los «súper progres», que, cuando yo daba esos gritos, decían que recordaba la época del fascismo. Ahora veo a algunos de ésos, sujetando pancartas, y ahora todo les parece poco contra el PNV y en defensa de la Constitución. No hay más que acudir a las hemerotecas...

Un sargento por encima del Rey

Esa costumbre, hablar ante los medios y animar a las víctimas, comenzó tras ese primer atentado de mi mandato al frente del Ministerio del Interior, el atentado de Irún. Al final de la ceremonia religiosa, muy emocionado, dirigí unas palabras a la gente, glosando las figuras de los asesinados, abracé a las familias, que se comportaban siempre de una manera ejemplar, sufriendo calladamente... Incluso algunos de los familiares más cercanos de los asesinados trataban de animarme a mí. Cuando concluyó el acto religioso, decidimos desplazarnos a la estación de ferrocarril de Irún, donde los habían asesinado, para depositar unas flores y realizar un acto de homenaje. Me había puesto de acuerdo con Enrique Casas, porque me dijo que la gente del Partido iba a acudir. Y, cuando estaba todavía en el despacho del gobernador civil, me llamó el gobernador civil de Navarra, Francisco Javier Ansuátegui —ahora es delegado del Gobierno en Madrid—; me dijo que la Guardia Civil había dado con el lugar donde tenían secuestrado a Orbegozo y lo había liberado. Luego supe cómo había sido. Y había sido un sargento, el sargento Guerrero, un guardia civil concienzudo, clásico, hasta con el bigote clásico, con sus guardias de puesto. Había decidido cuadricular todo el territorio que tenía a su cargo e ir haciendo registros sistemáticos, y aquel día habían llegado a una borda, una pequeña cabaña que usan los cazadores, y les pareció que había alguien dentro. Llamaron a la puerta y no les abrieron. Entonces uno de los guardias se encaramó para quitar alguna teja y asomarse desde arriba, para ver si había alguien, y vio que Orbegozo estaba allí... Fue una intervención limpia, por parte de guardias civiles de un puesto común. Esto no lo supe con tanto detalle entonces. Luego, pasado el tiempo, le dije a la Junta de Generales de la Guardia Civil que había que darle la Medalla de Oro al sargento Guerrero, y hubo una cierta resistencia, porque esa condecoración sólo se le había dado al Rey y a algún ministro. Yo afirmé que este sargento, el sargento Guerrero, se la merecía más que el Rey y que los ministros, y que había que dársela. Y se la dieron. Es una de las satisfacciones de mi paso por la política.

Con esa información, sabiendo que habían liberado a Orbegozo, fui a la estación de Irún. Me señalaron las vías donde habían asesinado a los guardias; bajamos a las vías, depositamos unas flores y, desde allí, rodeado de gente, improvisé un discurso y comenté la liberación de Orbegozo. Dije que, en un momento en que estaban al mismo tiempo velando a sus muertos y organizando un acto fúnebre, los guardias civiles no habían dejado su trabajo y habían conseguido liberar a Orbegozo; que éstos eran los funcionarios que nosotros queríamos. Lo dije muy emocionado. Y, como estaban metiéndome encima los micrófonos de las radios, salió en las emisoras un tono de voz muy fuerte; pero yo sólo hablaba para dirigirme a los asistentes, a pulmón, no había megafonía... Pero, en fin, en la radio salió un tono de voz excesivamente fuerte. También por eso hubo críticas de los que no habían votado la Constitución: porque había hablado muy fuerte. Decían que era una brutalidad: ¡un discurso gritando...! Después me llevaron al cuartel de la Guardia Civil en Irún y allí me ofrecieron una cerveza. Había un montón de oficiales de los grupos antiterroristas, de la Guardia Civil de tráfico y de otras secciones. Un oficial me dijo: «Le quería decir una cosa en nombre de mis compañeros, señor ministro. Se ha producido un cambio de Gobierno, y nosotros, como es normal, teníamos una cierta incertidumbre sobre quién iba a venir o cómo iba a reaccionar el Gobierno ante estos temas, o ante nuestros compañeros o ante las víctimas del terrorismo; y, al oírle a usted en la estación de Irún, queremos decirle que nos ha emocionado y hemos visto que usted también lo estaba, y esas dudas que teníamos, ya no las tenemos». A partir de entonces decidí ir a todos los funerales de personal del Ministerio del Interior, de policías o de guardias civiles. Y tuve que asistir a muchos... En algo más de cinco años, al menos la mitad de los que morían entonces eran miembros de los Cuerpos de Seguridad, a un promedio de sesenta muertos al año. Puede calcularse entonces: treinta muertos por cinco años, ciento cincuenta funerales. A veces, cuando se producía alguna discusión dentro del Gobierno, Narcís Serra decía, para valorar las actitudes ante el fenómeno del terrorismo: «Hay que hacer una distinción entre los ministros que vamos a funerales y los que no vais a funerales».

Entre la derecha y los «progres» de salón

Si hubo críticas dentro del Gobierno por mi labor, jamás fueron en público. Por el contrario, cuando nos reuníamos varios compañeros, con nuestras mujeres, yo podía sentir que demostraban un afecto especial y solidaridad para conmigo. Las críticas, en esa época, procedían sobre todo de un ambiente nacido en la oposición a la dictadura, en el que consideraban que hablar bien o defender a los Cuerpos de Seguridad era negativo, era ser facha. La prensa de derechas, como estaba en el poder un Gobierno socialista, «daba mucha caña» e insistía en que no lo hacíamos bien. Y la prensa menos de derechas —porque prensa de izquierdas nunca ha habido— adoptaba la actitud de los «progres» de salón, para los que defender la Constitución o el Estatuto era sospechoso: ellos decían entonces que había que negociar con ETA. Sufrí una presión constante. Recuerdo un debate que tuve en el Congreso con Santiago Carrillo, con el que luego siempre me he llevado bien. Santiago decía que ETA había luchado contra el franquismo, y que los antifranquistas se lo teníamos que reconocer. Y yo le contesté: «Mire:

lucharon contra el franquismo por un accidente. Los etarras, en su propia documentación, dicen que, realmente, contra lo que luchaban era contra España; que, en ese momento, gobernaba Franco y le tocó a él, pero para ellos no hay distinción». Hoy puede entenderse que la motivación terrorista era exactamente ésa, pero, entonces, cuando le dije eso a Carrillo, no lo quería admitir; le llegué a decir incluso que esas ideas las expresaban los mismos terroristas y que estaban en los documentos de ETA. Ese apoyo «pseudoprogre» a las tesis etarras, lo mantuvieron entonces personas como Fernando Savater. Debo decir que siempre se ha querido interpretar a ETA más allá de lo que la propia banda pensaba, y se le concedían unos objetivos o unas facultades de análisis que no coincidían con lo que ETA había explicado. Yo decía a veces: «Los etarras son crueles, son fanáticos, pero no son mentirosos; dicen la verdad respecto a sus objetivos, dicen lo que pretenden. Cuando, en un panfleto, dicen que quieren una Euskadi reunificada, no es que digan que quieran negociar un Estatuto, sino que quieren establecer una dictadura, y en eso es en lo que creen».

Yo tuve un problema enorme con un atentado, el famoso «caso Linaza»[16], que también prueba cómo se portó el PSOE con sus antecesores, y el trato que recibimos nosotros de nuestros sucesores. El «caso Linaza» viene de la época de UCD, siendo ministro Juan José Rosón. Hubo un atentado muy sangriento en Ispaster, con un tiroteo en el que murieron cinco o seis guardias civiles y dos o tres etarras; parecía ya una guerra de guerrillas en toda regla. Entonces, la Guardia Civil supo que el jefe del comando que había hecho ese atentado, que se escapó, era Tomás Linaza. Su padre vivía en Ispaster. Le detuvieron y, según parece, le golpearon para que diera información sobre su hijo. Esto se transformó en un caso judicial, que protagonizó una jueza, Elisabeth Huertas. La jueza dijo que la Guardia Civil no colaboraba con ella en la investigación de estos supuestos malos tratos al padre de Tomás Linaza. Abrió una investigación y citó, en una ocasión, a más de cien guardias civiles, para que comparecieran a declarar en su juzgado. A mí me pareció que esto era un despropósito total y que había que hacer algo para atajarlo. Me opuse y me resistí legalmente a que las cosas se hicieran de esa manera, y recibí unas críticas tremebundas de los comentaristas «pseudoprogres» y de las asociaciones de jueces. Debo recordar que este caso no me afectaba a mí, ya que, cuando sucedieron los hechos, no gobernaba el PSOE; todo había sucedido en la época de UCD.

Otro caso: Zabalza —no recuerdo su nombre[17]—. Lo detuvo la Guardia Civil y apareció esposado y muerto en el río Bidasoa, después de algún atentado. Pedí información y la Guardia Civil me informó que se había escapado, que lo habían perseguido y que se había tirado al Bidasoa. En realidad, estos detalles se conocieron después, porque se había escapado y tardaron en encontrarlo. Creo recordar que lo encontraron unos pescadores, aguas abajo. Se formó una polémica que, al parecer, todavía se mantiene. Se le hicieron tres autopsias. Además de los forenses oficiales, vino una forense de Dinamarca, de una asociación contra la tortura, designada por Herri Batasuna. Yo dije a la Guardia Civil: «Yo confío en la versión que me habéis dado; si es mentira y se demuestra, presento la dimisión». Nosotros, entonces, vivíamos en el Ministerio, y estuve hablando con Esperanza, mi mujer: estaba muy preocupado con este asunto, porque era sospechoso. Pensaba: «Como me hayan engañado, me voy». Estuvimos toda la noche esperando. Me parece recordar que fue Andrés Casinello, que era jefe del Estado Mayor de la Guardia Civil, quien me llamó. Me dijo que Zabalza se había ahogado en el río; que lo probaban exámenes del Instituto de Toxicología español y de otros organismos extranjeros. Era elemental: si lo habían tirado al río ya muerto, no tendría agua en los pulmones; pero si se había tirado y había caído vivo, al tratar de respirar le habría entrado agua en los pulmones. Zabalza tenía agua en los pulmones y, además, resultó que el día y a la hora a la que dijo la Guardia Civil que se les había escapado y le habían perdido la pista, se había producido una denuncia: una fábrica, aguas arriba, había arrojado un vertido al Bidasoa de un material que se emplea para los tornos y las fresadoras, que se llama «taladrina», un material contaminante. Y Zabalza tenía rastros de taladrina en los pulmones. Todo coincidía. Pero aquello fue como lo del tiro en la nuca de Lucía Urigoitia[18]. *El País*, en un momento dado, quiso echar un pulso y demostrar que ellos podían cargarse al ministro del Interior. Felipe González me lo contó. Yo he ido a declarar por el caso Zabalza, y por supuesto, también Vera y Galindo, y creo que aún no se ha cerrado. Lleva veinte años abierto.

La relación con los jueces en el País Vasco no siempre era complicada; con unos jueces sí y con otros no. Hay que establecer una comparación. Cuando Mayor Oreja era ministro[19], un etarra que se llama Geresta aparece, creo que en Rentería, con un tiro en la sien derecha, y tenía la pistola en el lado izquierdo; le habían arrancado muelas después de muerto, tenía una mano en el bolsillo, la pistola en el lado contrario del que tenía el tiro. No hubo ninguna investigación. Fue un suicidio. Todo legal. Confirmado[20]. Caso Lucía Urigoitia: entró la Guardia Civil en el piso donde estaba el comando del que ella era la jefa; hubo un guardia herido, con un tiro en el pecho, que no le mató porque llevaba chaleco antibalas; este guardia declara que, en el tiroteo, ella cayó y, cuando estaba en el suelo, le disparó; entonces él también disparó, en defensa propia. Yo he ido a declarar por este caso.

POLI-MILIS, EL ÚNICO CAMINO

Entre las reformas legales que llevamos a cabo, yo derogué la Ley Antiterrorista; llevé al Congreso la legislación vigente en la actualidad y traté de que se asimilara a la legislación común, que los crímenes terroristas fueran considerados como los demás; reduje a cinco los diez días que se podía retener a las personas con autorización de los jueces, y desaparecieron todas las especialidades existentes hasta entonces.

Hubo algunas sorpresas. Por ejemplo: el PNV y Euskadiko Ezquerra (con Juan María Bandrés), que no habían recurrido la Ley Antiterrorista que autorizaba detenciones de diez días, recurrieron la nueva ley ante el Tribunal Constitucional. El PNV me aseguró que no la iban a recurrir, en un acuerdo que logré con ellos en el Senado. Belloch era, en ese momento, juez en la Audiencia de Bilbao. Y, siendo juez, iba a las manifestaciones contra el Ministerio del Interior que organizaba Herri Batasuna. Es fácil imaginar lo que yo pensaba cuando le veía ahí. Por eso le dije a Felipe que era un error que nombrara a este señor. En aquella época, toda la «progresía» hablaba mal de la Audiencia Nacional: decían que era un Tribunal de Excepción que había que eliminar y que había que darles las competencias a los jueces del País Vasco. Yo defendí precisamente esa postura: ceder la jurisdicción a los jueces vascos. Y lo hice cuando se preparaba la reforma de la Ley de Enjuiciamiento Criminal. El ministro de Justicia, que era entonces Fernando Ledesma[21] se negó a tal cesión: dijo que era imposible que los jueces del País Vasco asumieran esas competencias. Como yo defendía la posición contraria, Belloch se sumó a la postura del Ministerio de Justicia. Se puede comprobar en las hemerotecas, la reforma es del año 86. Curiosamente, ahora que la Audiencia Nacional está siempre en todos los procedimientos que tienen gran repercusión mediática, no hay protestas para que desaparezca un Tribunal de Excepción, como es la Audiencia Nacional, y sus competencias pasen a los jueces territoriales normales. Yo sigo pensando que eso sería lo mejor.

Hicimos la Ley de Fuerzas y Cuerpos de Seguridad del Estado que hoy está en vigor. Conseguimos el Pacto de Ajuria Enea: lo firmaron todos los partidos; los partidos de ámbito nacional firmaron el llamado Pacto de Madrid; y más tarde se firmó otro en Navarra también. Los tres pactos tenían contenidos similares. Llegamos a acuerdos con Francia; cambió la actitud del Gobierno francés con la presidencia de Mitterrand, eso se lo tendremos que agradecer siempre, y empezó a entregarnos terroristas, mediante extradiciones. Cuando yo llegué al Ministerio, había cuatro bandas terroristas en el País Vasco y, cuando dejé el cargo, sólo quedaba ETA militar. En mi época, mantuvimos los acuerdos con Onaindía —que me parece más leal que Bandrés, que no se comportó como una persona leal— para la desaparición de ETA político-militar. El fiscal jefe de la Audiencia Nacional era un señor que se comportó excepcionalmente bien; se llamaba Melitino García Carrero, y había sido un jefazo de la organización sindical del franquismo. Se llegó a un acuerdo con él para que los «poli-milis» que se entregaran a la policía, si confesaban la verdad, firmarían una declaración en la Audiencia Nacional —en la que quedara sentado que aceptaban las vías democráticas y dejaban las armas— y se les eliminarían todas sus causas pendientes. Era necesario que dijeran toda la verdad, puesto que si ocultaban algún delito, siempre se les podría abrir otra causa y devolverlos a la cárcel. Además, en la declaración de la Audiencia Nacional, se había evitado escrupulosamente hablar de arrepentimiento: sólo se hablaba de aceptar el juego democrático y el abandono del camino armado. Todo aquello lo organizó el fiscal Melitino García Carrero, y todos los jueces lo aceptaron. Muchos etarras de la organización político-militar se reintegraron a la vida normal con este procedimiento.

Intxaurrondo: realidad y leyenda

Uno de los asuntos que sigue coleando es Intxaurrondo. Intxaurrondo fue un acuartelamiento que se empezó a edificar en la época de UCD, y se continuó en nuestra época. Queríamos tener a los guardias civiles de Guipúzcoa, que era la zona más delicada, en un lugar seguro, porque vivían con sus familias. Intxaurrondo es un barrio de San Sebastián en donde vive gente de todo tipo; pero el acuartelamiento de la Guardia Civil está formado sólo por unas casas de vecinos encuadradas en un perímetro de protección. Hay una leyenda negra: parece que en aquel lugar hay mazmorras, que es un castillo donde hay verdugos encapuchados que utilizan cadenas y grilletes... Había gente interesada en crear esa imagen, porque era un enclave donde los guardias civiles podían vivir con una cierta seguridad, y había que «cargárselo». Intxaurrondo no es más que un grupo de casas dotadas de un sistema de seguridad para que las familias puedan vivir tranquilas. En realidad, las dependencias oficiales de la Guardia Civil están en San Sebastián. La leyenda negra no es más que una fantasía alimentada por el «que se vayan» y por esta campaña en la que cayó, lamentablemente, el equipo del último Gobierno de Felipe González, que fue un desastre en todos los aspectos: político, en la lucha antiterrorista y en el terreno humano y en lo personal.

No creo ciertas informaciones según las cuales los guardias civiles de Intxaurrondo recibieran mal a Margarita Robles, cuando ésta era secretaria de Estado de Interior y fue a visitar el acuartelamiento. La Guardia Civil es un cuerpo muy disciplinado. Es imposible que se atrevieran a decirle nada, sino todo lo contrario. Es más, durante mucho tiempo, la persona en la que más se apoyó Margarita Robles fue el general Rodríguez Galindo. Naturalmente, porque producía éxitos. Hubo asesinatos terribles como el de Francisco Tomás y Valiente cuando estaba Margarita Robles en el Ministerio. Y uno de los pocos a los que tenían para agarrarse, para ofrecer éxitos, era el general Rodríguez Galindo. Lo que sucede es que, en un momento dado, empiezan a aparecer informaciones tendenciosas en *El Mundo*, continuando con la leyenda negra y los mismos ataques. Algo parecido a lo que ocurre, en otro nivel, conmigo. Es decir, de lo que se trataba era de desacreditar al Gobierno socialista, y Rodríguez Galindo, un símbolo en la institución, era un general de la Guardia Civil más bien conservador, pero se comportaba lealmente con el Gobierno socialista. Para la derecha ha sido un símbolo de aquello a lo que hay que dar un escarmiento. Es decir: los «nuestros» no pueden colaborar con los socialistas, con los rojos, y el que se sale de esa norma, recibe un escarmiento, aunque sea un héroe de la lucha antiterrorista.

«Yo en ese carro no me subo»

Fue en ese momento cuando se puso en marcha esa especie de «ajuste de cuentas con el pasado», que era un absurdo y un disparate. Porque ese ajuste de cuentas se hizo sólo para con los Gobiernos socialistas anteriores, como he repetido tantas veces. El último Gobierno que presidía Felipe González trataba de ajustar cuentas con otros Gobiernos que también había presidido Felipe González. ¡Éste es el disparate! No sé si Felipe se dejó seducir por esos planes pero, efectivamente, eso es lo que ocurrió. ¿Lo apoyó con entusiasmo? ¿Con voluntad? Creo sinceramente que no, pero es evidente que eso fue lo que ocurrió. Yo creo que Felipe, en esa etapa, estaba muy acosado por problemas de todo tipo. Había sucedido lo de Roldán, que fue catastrófico. Pero hubo más. Hubo un momento en que me llamó Felipe preguntándome si yo iba a dimitir «también». Ese mismo día metieron en la cárcel a Mariano Rubio[22]; dimitió el ministro de Agricultura[23], porque había hecho una inversión en unos fondos opacos —era legal, no muy «bonita», pero legal, y se trataba de una pequeña cantidad—; dimitió Carlos Solchaga, que ya no era ministro, pero era el jefe del Grupo Parlamentario; Solchaga dimitió porque Mariano Rubio había sido alto cargo, presidente del Banco de España cuando él era ministro de Economía. Yo hablé con él y le dije: «Oye, Carlos, ¿no es una pasada que dimitas también de diputado?». Y me contestó: «Sí, es una pasada, pero he visto una nota de La Moncloa en la que dan por hecho que voy a dimitir». Yo le aseguré: «Pues a mí me ha llamado Felipe González y me ha preguntado que si voy a dimitir, que Corcuera dimitía...». También había ocurrido lo de Roldán... Yo era diputado, y le había dicho antes a Felipe que tenía una oferta de trabajo de una empresa privada y que estaba pensando si dimitir de diputado e irme. Entonces, Felipe González me llamó y me dijo: «Mira, van a meter en la cárcel a Mariano Rubio, dimite el ministro de Justicia, Solchaga, Corcuera se va también...». Yo le respondí: «¿Cómo? ¿Cómo? Felipe, todos éstos van en un carro que pone "Corrupción", y yo en ese carro no me subo». Ésa era la actitud y el estado de nervios en que estaba el presidente. Y Corcuera, que ya había dimitido como ministro, dimite también de diputado. No sé por qué. Le llamé y le dije: «Bueno, ¿pero esto qué es?». Me contestó que lo hacía por lo de Roldán... «Pero bueno», le pregunté, «¿qué culpa tienes tú? También Roldán estuvo conmigo, aunque menos y antes...».

Roldán, un homenaje insólito

Roldán estuvo a punto de ser ministro. Me lo dijo el propio Felipe González. Y cuando estaba valorando la posibilidad de hacer ministro a Roldán, José María Irujo publicó en el *Diario 16* dos páginas con todas las fincas que tenía Luis Roldán, con el número del registro y dónde estaban situadas. Conseguir esos datos era dificilísimo entonces, porque había que ir registro por registro por toda España... A mí nadie me ha dicho de dónde salió esa información, pero sigo sospechando que salió del propio Servicio de Información de la Guardia Civil. Era una información demasiado exacta. Una cosa es que recibas un soplo, y otra es que tengas todas las inscripciones registrales de todas las fincas, lo de París, lo de la Isla Guadalupe...

Recuerdo que, cuando yo estaba en la cárcel, una diputada de Zaragoza, Carmen Solano, que fue de UCD y luego del PSOE, iba a vernos a la cárcel y un día me contó una anécdota. En el currículo que usaba Roldán aparecía que era economista e ingeniero industrial; ese mismo currículo lo había entregado a la hora de presentarse a las elecciones municipales, porque era concejal de Hacienda del Ayuntamiento de Zaragoza. Él se presentó en su tierra, en su ciudad, con ese currículo y nadie dijo nada; no era economista ni ingeniero industrial, pero lo ponía en su currículo y tenía tarjetas. Cuando se le nombró director general de la Guardia Civil, el Colegio de Ingenieros Industriales de Zaragoza, encantado de que uno de su profesión fuera director de la Guardia Civil, le organizó una cena de homenaje con todos los colegiados, porque un compañero suyo era director de la Guardia Civil. ¿A quién se le ha ocurrido examinar alguna vez el currículo de algún cargo público? ¿A quién se le ocurre comprobar si son ciertos o no los datos? A nadie, jamás. Porque no hay que tener título universitario, ni para ser director de la Guardia Civil ni para ser ministro.

Roldán era teniente de alcalde y concejal de Hacienda en el Ayuntamiento de Zaragoza, con el alcalde Ramón Sáinz de Baranda. Nosotros, para los cambios de gobernadores civiles, teníamos muy en cuenta los informes de las delegaciones locales del PSOE y, salvo en el País Vasco y en parte en Cataluña, Alfonso Guerra, que era vicepresidente del Gobierno, tenía empeño en algo que parecía elemental: que no se nombraran gobernadores a personas que hubieran nacido en la misma ciudad en la que iban a desempeñar ese cargo, para que no estuvieran conchabados y no tuvieran intereses en asuntos locales.

El subsecretario de Interior era Carlos Sanjuán, y él se encargaba de ir haciendo entrevistas a los candidatos a gobernador; luego me entregaba los informes y yo, una vez tomada la decisión, despachaba primero con Alfonso Guerra y luego llevaba la propuesta al Consejo de Ministros. Pero antes de llevarla al Consejo de Ministros, yo tomaba la precaución de tener una entrevista personal con el candidato elegido, para verle la cara, además de contar con los informes que me daba Sanjuán. Entonces, se decide nombrar delegado del Gobierno en Navarra a un señor de Zaragoza. Un miércoles —el Consejo de Ministros era el viernes—, este señor se fue a Pamplona para hablar con Ansuátegui, al que iba a sustituir. Y Ansuátegui le presentó un panorama tremendo. Es verdad que había habido un bombazo un tiempo antes, y aún no se había arreglado un trozo de muro del Gobierno Civil. Aún estaba protegido con sacos terreros. Y Ansuátegui le decía: «Mira cómo estamos, aquí no puedes salir, hay atentados por todas partes, esto es peligrosísimo...». En fin, el hombre aquel se acobardó, volvió a Zaragoza y convocó a la prensa, el tío merluzo, y dijo que le iban a nombrar gobernador civil de Navarra, pero que había decidido renunciar, antes de que lo nombráramos. Los del Partido en Zaragoza me llamaron desolados. Esto ocurrió el jueves, y al día siguiente tenía que llevar el nombramiento al Consejo de Ministros. Así que decidí no llevarlo. Entonces, me llamó el alcalde de Zaragoza, Sáinz de Baranda, y me dijo: «Oye, hay un follón en Zaragoza inimaginable con esto; hasta tal punto estamos avergonzados todos los aragoneses y todos los zaragozanos, que te quiero pedir por favor: que me nombres a mí gobernador de Navarra, por el buen nombre de Aragón...». Yo conocía a Sáinz de Baranda, porque habíamos coincidido cuando yo era representante en el Ayuntamiento de Madrid, y le contesté: «No, hombre, ¿cómo vamos a quitar al alcalde de Zaragoza, para nombrarlo...? Es desnudar a un santo para vestir a otro. No puede ser. Sinceramente, pienso que es más importante ser alcalde de Zaragoza». Nueva llamada de Sáinz de Baranda: «Bueno, si yo no puedo ser, entonces que lo sea mi mano derecha, el primer teniente de alcalde, Luis Roldán...». Yo conocía también a Luis Roldán, de las reuniones municipales. Lo consulto y me dicen que vale. Y así fue como nombramos a Luis Roldán gobernador de Navarra, por este suceso, de un día para otro. En este caso, no tuve la entrevista previa con él, dada la precipitación del caso, aunque, como digo, lo conocía.

«Ese Roldán no era el que yo conocía»

Luego llegó el nombramiento de director general de la Guardia Civil. Había habido siempre mucha presión para que el director de la Guardia Civil no fuera un militar. Habíamos prolongado más de lo que era reglamentario el nombramiento del general Sáenz de Santamaría, y ya estaba en vigor la Ley de Fuerzas y Cuerpos de Seguridad, que reformaba la Guardia Civil y facilitaba que el director pudiera ser un nombramiento político, no un mando del Ejército. En el Gobierno nos planteamos nombrar a un civil y, tras estudiar las candidaturas, se hizo una terna. Tenía que ser un nombramiento conjunto, de Defensa y de Interior: Interior proponía una terna y Defensa elegía entre esos tres. En la terna que yo presenté estaban: Eligio Hernández, que era mi favorito; el gobernador civil de Barcelona, que luego sustituyó a Roldán en la Guardia Civil, Ferrán Cardenal; y Roldán, que era el tercero. Narcís Serra, que era entonces el ministro de Defensa, al parecer no se llevaba bien con Ferrán Cardenal; a Eligio parece que no le conocía; y sí conocía bien a Roldán, de su etapa municipalista, cuando fue alcalde de Barcelona. Además, Roldán había sido hábil y trataba con la gente del Gobierno. Así que, de la terna que yo propuse, Defensa eligió a Roldán.

Luego, cuando se supo todo lo que había robado Roldán, yo dije la verdad de lo que fue mi relación con él. Dije que ese Roldán que estaba viendo no era el que yo había conocido; que el que yo conocí era otra persona. Yo creo que la ascensión de Roldán fue posible porque él tenía buena relación con Defensa, y Serra tenía una buena impresión de él. Cuando Corcuera dimitió de Interior, dejó a Felipe un poco fuera de juego; no quería que dimitiera, porque era un buen ministro. Entonces, todo el mundo tenía una buena impresión de Roldán: la prensa, los medios de comunicación, todo el mundo. También estaba Antonio Asunción, que tenía un buen cartel como director de Prisiones y que había tenido muy buena relación con el Ministerio de Interior en la etapa de Corcuera; y yo creo que Corcuera propuso a alguien más. Pero creo que las bolas estaban rodando a favor de Roldán —eso lo ha contado Felipe— y se daba como nuevo ministro de Interior. Entonces fue cuando se publicó esa información de Irujo en el *Diario 16*. A partir de ahí todo se precipita, Roldán queda desechado y se nombra a Toni Asunción.

Cuando yo dejé Interior y me sustituyó Corcuera, en mi cuenta de resultados estaba apuntado, por ejemplo, que había un promedio de cincuenta asesinatos al año, y esa cifra se redujo a veinte; no teníamos legislación, y se reformaron la Policía y la Guardia Civil; no teníamos relaciones con Francia, y dejamos unas relaciones muy buenas, con un buen nivel de cooperación y la concesión de las primeras extradiciones; la formación de la Policía, que consistía en un curso de un mes en el que se enseñaban movimientos con el mosquetón y a desfilar, pasó a ser un curso completo, donde se les enseñaban prácticas policiales, criminalistas, Derecho administrativo, político y constitucional; en la Guardia Civil establecimos cursos para todos: para guardias, oficiales, suboficiales, las unidades y los cuerpos especiales; y se articularon planes de emergencia, que antes no existían, y de protección civil. Esto es *grosso modo*, el balance de mi gestión. Y, además, estaba funcionando el Acuerdo de Ajuria Enea, donde estaban representadas todas las fuerzas políticas vascas; y el Acuerdo de Madrid, donde estaban todas las fuerzas parlamentarias nacionales. Las leyes que hicimos siguen en vigor; los acuerdos con Francia, por supuesto, se han mantenido.

Un hombre muy activo

Muchos de los problemas que aparecieron más adelante surgieron a raíz de los nombramientos de delegaciones gubernamentales. Es el caso de Roldán, y también de otros, como se verá: para el nombramiento de los gobernadores civiles, como se dijo, se tenían en cuenta, sobre todo, los nombres que proponía el Partido. En el caso del País Vasco fue especial y aceptamos directamente los nombramientos que nos propuso el Partido en Euskadi; los guipuzcoanos propusieron a Julen Elorriaga, que había sido alcalde de Irún; el Partido de Vizcaya propuso a Julián Sancristóbal, que era alcalde de Ermua, y se le nombró. En estos casos, debo decir que, antes de su nombramiento, no conocía a ninguno de los dos; después tuve mucha relación con ellos, como es obvio, porque yo iba mucho al País Vasco, a los funerales, y también celebrábamos muchas reuniones para tratar el tema de la lucha antiterrorista.

En el verano del 83 hubo unas inundaciones en Vizcaya. Entonces, por decisión de Felipe González, se acordó que el *lehendakari*, que entonces era Garaicoetxea[24], asumiera el mando total de todos los efectivos, para que lo coordinara todo. Pero, sinceramente, no sé dónde se metió: no se ocupó mucho del asunto. Y, sin embargo, el gobernador de Vizcaya, que era Sancristóbal, desarrolló un dinamismo espectacular... Estuvo en todas partes, dando la cara, presentando, ayudando... Es más, Felipe González fue con un helicóptero a comprobar el desastre; no pudo aterrizar en muchos sitios, porque había tormentas con peligro, y finalmente logró aterrizar en Bilbao. Allí le atendió el gobernador civil. Garaicoetxea apareció por el aeropuerto, pero cuando Felipe le pidió información, el propio Garaicoetxea miraba a Julián Sancristóbal para que éste ofreciera la información disponible, porque era el que sabía qué estaba ocurriendo. Cuando volvió a Madrid, el presidente del Gobierno dijo: «Pues hay un gobernador estupendo en Vizcaya, ha funcionado de miedo...».

En 1984 yo había nombrado director de la Seguridad del Estado a Rafael Vera, y se había aprobado en el Parlamento una ley endureciendo las incompatibilidades. Entonces, el subsecretario de Interior era Carlos Sanjuán, que también era diputado. En el tiempo que trabajamos juntos, no tuvimos mala relación, pero hubo siempre un problema: que él consideraba que el ministro tenía que haber sido él. El caso es que vino a verme y me dijo que, como tenía que optar entre ser subsecretario o ser diputado, que se lo había pensado mucho y que prefería ser diputado y dimitir de subsecretario. Esto provocó una crisis interna con la que no contaba. Entonces hablé con algunas personas, entre otros, con Sancristóbal, para ofrecerles el cargo de subsecretario. Y Sancristóbal me dijo que él quería seguir en la lucha contra ETA, y que el puesto de subsecretario tenía aspecto de centrarse más bien en temas administrativos; así que me lo agradecía, pero no; añadió que si la oferta fuera para encargarse de la Dirección de la Seguridad del Estado, que en aquel momento tenía la misma categoría que la Subsecretaría, entonces estaría dispuesto a aceptar. El caso era que ninguna de las personas de mi confianza quería ir a Interior. Se lo ofrecí a Manuela Carmena, una jueza y tampoco quiso aceptar. Con tantos problemas, quería cerrar esa crisis cuanto antes. Entonces hablé con Vera, que era la persona con la que más confianza tenía, y le dije que le iba a pasar a él a subsecretario y que iba a poner de director de la Seguridad del Estado a Sancristóbal, dejando claro que la segunda persona del Ministerio era el subsecretario. También le aseguré que él iba a seguir asistiendo a las reuniones de la mesa antiterrorista y que iba a seguir siendo el viceministro. También le dije que tenía que hacer ese cambio porque no tenía a nadie para la Subsecretaría. Rafa Vera se cabreó como una mona, pero lo nombré subsecretario y nombré director de la Seguridad del Estado a Sancristóbal, que estuvo año y medio en ese puesto. Lo cesé en el 86, cuando hice una reordenación en el Ministerio, porque no estaba muy conforme con él. A Rafa nunca le cayó bien y eso provocó una disfunción en el Ministerio. Rafa y Sancristóbal se llevaban mal, querían estar los dos en el mismo sitio, y yo era más amigo de Rafa y me fiaba más de Rafa. Así que aproveché que tenía que hacer una remodelación en la que, desdichadamente, salió Sáenz de Santamaría y se nombró a Roldán como primer director civil de la Guardia Civil. Entonces salió Sancristóbal y nombré a Vera, otra vez, director de la Seguridad del Estado, esta vez ya con categoría de subsecretario de Estado; pasé a la Subsecretaría a Martín Palacín, que era el director de Tráfico, y cambié también al director general de la Policía: este puesto estaba ocupado por un policía, y puse a un hombre del Partido, Rodríguez Colorado[25].

Cuando cesé a Sancristóbal, le ayudé para que reorganizase su vida, y él hizo la operación de Marconi. Los franceses que tenían la propiedad de Marconi me llamaron a mí, porque era ministro, y me contaron que una persona estaba interesada en su negocio. Me preguntaron que si era hombre de confianza. Les dije que sí. Y le cedieron Marconi por una peseta...

A Sancristóbal le sentó mal que le cesara. Se lo tomó muy mal. Pero no creo que a partir de ahí se convirtiera en mi enemigo... Sé que no le gustó, pero no creo que lo que hizo después fuese una especie de venganza. Lo de Marey empezó mucho después, y ahí pasaron cosas que él entonces no podía saber ni hasta entonces sabía, por ejemplo, todo el episodio de Garzón.

Yo creo que todo empezó con un despecho de Garzón, y eso ocurrió mucho después de que Sancristóbal abandonara el Ministerio. Sancristóbal me incriminó porque le convenció Garzón. Su propio abogado, Stampa Braun, cuenta que Garzón, en una entrevista, le dijo: «Su cliente se está equivocando y está llevando una defensa muy mala. Ahí hay dos puertas: una va a la cárcel, y saldrá por esa puerta si mantiene la actitud que está manteniendo hasta ahora; pero si tira hacia arriba, por el camino recto, entonces saldrá por esa otra puerta, que va a la calle». Entonces, sucedieron varias cosas. Sancristóbal estaba muy preocupado por su dinero, se había metido en Marconi, se había metido en otros muchos negocios, que eran estafas, diciendo que era amigo mío, y había hecho mucho dinero. Entonces estaba en la cárcel con Miguel Planchuelo, que había sido jefe de Policía en Vizcaya cuando él estaba de gobernador. La Audiencia Nacional ordenó que pusieran en libertad a Planchuelo, y Garzón sabía que Planchuelo estaba a punto de hacer lo que él quisiera, porque era un hombre de carácter débil. Así que, cuando la Audiencia Nacional le puso en libertad, Garzón abrió otro sumario de los que tenía en el cajón, volvió a citar a Planchuelo y le colocó en la misma alternativa: «O tira usted hacia arriba, o va a la cárcel». Entonces Planchuelo mantuvo la misma declaración, y fue a la cárcel. (Por cierto, este segundo sumario que abrió Garzón, por el que Planchuelo fue a la cárcel, luego fue archivado y no hubo ninguna acusación ni nada de nada contra nadie). En la cárcel, Planchuelo estaba otra vez con Sancristóbal. La explicación que da Sancristóbal a su traición es ésta, aunque hubiera otras cosas: su versión es que Planchuelo se hunde y le dice que va a declarar lo que quiera Garzón que declare; Sancristóbal se escuda en eso y trata de justificarse diciendo que él no empezó, sino que el asunto ya no tenía remedio, porque Planchuelo iba a ceder a la presión de Garzón. Y como él también estaba en la cárcel y le habían dicho que, si hacía lo propio, también salía, pues, efectivamente, lo hizo. Durante un tiempo, cubrieron las apariencias, poco después salió en libertad. Luego, cuando nos condenaron, él entró en la cárcel después que Rafael Vera y yo. Le dejaron salir de España para que fuera arreglando sus cuentas. Roldán hizo lo mismo, a través de intermediarios. Así que él salvó su dinero, que era lo que le interesaba.

En el juicio, cuando oía a Sancristóbal decir aquellas cosas sobre mí, me venían a la cabeza dos citas. La primera es del Marqués de Sade, que dice: «No hay buena acción que no reciba su justo castigo». La segunda dice así: «Hay gente que no perdona nunca que le hayas hecho favores». La sentencia del juicio por el caso Marey recoge lo que Sancristóbal declaró contra mí. Dice que me llamó la noche del secuestro, que me contó que se habían equivocado de persona y que yo le dije que siguiera adelante. Así lo explicó, más o menos, con todos sus adornos. Pero en el juicio se puso de manifiesto que no pudo ser así, que no pudo tratarse de una sola conversación. De modo que él dijo entonces que efectivamente no fue así, que hubo dos conversaciones. Y cuando mi abogado planteó algunas preguntas para que precisara aquella situación, Sancristóbal acabó diciendo que había habido muchas conversaciones y que, esa noche, como había muchos nervios, nos llamábamos constantemente. ¡Es mentira! Yo no he dicho nunca, y tampoco lo diré ahora, cuál fue mi intervención en ese caso, pero, desde luego, no fue en el secuestro, en el que no tuve absolutamente ninguna participación ni conocimiento. Pero sí tengo que decir que yo no le hice ningún daño al señor Marey. Yo he mantenido en este asunto siempre una misma actitud y es la que voy a mantener en adelante. Simplemente digo que lo que dice Sancristóbal es falso, es mentira: no existió esa conversación telefónica, una conversación telefónica que, por otra parte, es la única prueba que tuvo en cuenta el Tribunal para condenarme, frente al criterio generalizado de la jurisprudencia y de la doctrina y de la práctica española, según la cual, con la sola declaración de un coimputado, no se puede condenar. No hubo otro testimonio. Sancristóbal, además, contó aquello de una forma inverosímil. Dijo que estaba en un despacho con Damborenea, Planchuelo, Amedo... Lo cual es absolutamente inverosímil. Es increíble que un gobernador civil decida llamar al ministro para contarle algo muy confidencial y esté hablando delante de tantas personas. Es simplemente imposible. Sancristóbal era, por otra parte, la «criatura política» de Damborenea y estuvieron muy vinculados durante algún tiempo.

Coces contra el aguijón

Damborenea fue el secretario general del PSOE de Vizcaya. Era una persona muy apreciable. Cuando le conocí, le admiré durante un tiempo, como muchos españoles... Por otro lado, Jáuregui me ha confesado que la persona que más daño le ha hecho en la vida ha sido Ricardo García Damborenea, hasta por razones familiares. No obstante, el propio Jáuregui reconoce que, cuando se produjo el asesinato de Enrique Casas[26], fue Ricardo García Damborenea quien consiguió que el Partido en Euskadi no se hundiera: fue agrupación por agrupación, animando a la gente, y dando la cara y apareciendo en las manifestaciones. Ricardo García Damborenea tuvo una actitud muy valiente y mucho coraje personal durante bastante tiempo.

Y ahora se están haciendo discursos políticos que él nunca llegó siquiera a plantear. Por ejemplo, señalar que Álava era el punto débil del nacionalismo vasco, o que había que mantener una buena relación con el PNV pero, al mismo tiempo, no permitirles determinadas actitudes prepotentes o abusivas. Esos diseños ya los hizo Ricardo García Damborenea, pero entonces estaba en minoría. En la actualidad, la actitud de distintas organizaciones contra la violencia de ETA y la política que sigue el Gobierno del PP van mucho más allá que lo que defendió en su día Damborenea.

Él tenía la ambición de ser el secretario general del Partido Socialista de Euskadi (PSE), pero la dirección del Partido en Madrid apoyaba a Benegas, que es también una persona muy estimable. Ahora bien, hay que decir que el apoyo de la dirección de Madrid a Benegas, frente a Damborenea, llegó en algunos casos a extremos en los que se violentaron las aspiraciones de los militantes. Si no hubiera habido presiones de la dirección de Madrid, muy posiblemente Damborenea habría obtenido la mayoría cuando se enfrentó con Benegas, porque se quedó a muy pocos votos... Yo creo que la imposibilidad de acceder a Secretaría General del PSE ocasionó en él una frustración y un rencor que se fueron acentuando con el tiempo y, frente a una actitud quizá no del todo democrática de la dirección de Madrid, él comenzó a «dar coces contra el aguijón». Cada vez que intentaba algo, se enfrentaba más a la dirección de Madrid. Porque, durante un tiempo, Damborenea fue también el presidente del Comité Federal. Es decir, era un personaje de bastante importancia en el Partido. Esa actitud suya, radicalizándose paulatinamente, en contra de Txiqui Benegas —que, insisto, es una persona estimable— y en contra de la dirección de Madrid, porque le habían hecho una faena, propició que se fuera quedando cada vez más aislado. Poco a poco, iba teniendo menos partidarios en Guipúzcoa; en Álava, le ocurría otro tanto; incluso en Vizcaya le fallaban los apoyos. Y llegó un momento —no sé cuál fue el pretexto— en el que abandonó el Partido y fundó otro que se llamaba Democracia Socialista. A la vista de cómo se fueron desarrollando las cosas después, está claro que la dirección de Madrid apoyaba a Benegas porque era una persona más razonable y más adecuada para aquel momento político del País Vasco.

Mentiras, incompetencias y sospechas

Al final, nosotros nos «comimos» el tema del GAL. Nosotros, que lo habíamos sufrido en nuestras propias carnes. Y el Gobierno socialista pagó un precio político muy alto. El daño que se hizo aún duele. Yo creo que el daño no se ha reparado, ni en lo personal ni en lo político. Lo que sucede es que ha pasado el tiempo y, naturalmente, aquel encarnizamiento se ha disipado. Pero el daño se hizo y no se ha reparado; ni siquiera nos han pedido disculpas. Yo sigo teniendo que ir a la cárcel dos veces por semana, no puedo salir de Madrid sin permiso, no puedo tener un cargo público, no puedo votar, no puedo salir al extranjero. Me quedan todavía ocho años —la condena por inhabilitación se extendió hasta los trece años, y se estableció en 1998—. En las vacaciones de verano, tengo que venir a firmar a la cárcel.

No, no se ha pasado. El otro día fui a firmar a las nueve de la mañana —no acudo los mismos días ni a las mismas horas, por razones de seguridad— y entró el director de la cárcel en ese momento. Como para hacerse el amiguete, me dijo: «Ten paciencia, que ya te queda poco». Me volví hacia él y le contesté: «¿Cómo poco? Si quieres decir que me queda menos, claro que sí».

Me condenaron por el secuestro de Segundo Marey y por malversación de fondos públicos: Sancristóbal también dijo que se le había entregado dinero para pagar el secuestro. Nadie había visto ese dinero; se comprobó que no había habido salida de fondos reservados por esas fechas, pero no importó: le dieron credibilidad a él. Y, como el delito de malversación de fondos públicos requiere, según el Código Penal, provecho personal, dicen en la sentencia que mi provecho personal, aunque fuera una equivocación, era obtener el reconocimiento de que la lucha antiterrorista funcionaba bien. Consideran que eso es equiparable a meterte el dinero en el bolsillo. Yo confío en que no se repita nunca esa interpretación excepcional que se ha hecho de las leyes y de la jurisprudencia en mi caso, porque quiero que mi país sea un Estado de derecho. Si se utilizara ese criterio con carácter general, no lo sería.

Cada uno se cree lo que se quiere creer. Ya he hablado del clima político y mediático que existía en aquellos años. Yo no tengo «manta» de la que tirar: siempre he dicho la verdad; todo lo que he dicho es verdad. He dejado de decir algunas cosas porque me parece que, por mi propio ejercicio de la responsabilidad, no debería decirlas, porque yo adquirí unos compromisos cuando me dediqué al servicio del Estado, y voy a ser leal con esos compromisos.

Felipe González pudo haber adoptado otras actitudes políticas, evidentemente. Pero yo no comparto en absoluto la teoría que se ha venido postulando, sobre todo desde la derecha. Aseguran que si Felipe hubiera hecho una especie de autoinculpación, esto se habría salvado. Si Felipe hace una cosa semejante, le procesan y se lo llevan por delante. Porque la tradición de nuestra Justicia no es democrática, es inquisitorial; los procesos políticos están muy influidos por el ambiente y por los poderes. Pero sí creo que, políticamente, Felipe pudo haber adoptado otras actitudes. Ya me he referido a su último Gobierno, que fue el peor Gobierno, con diferencia. El primero fue muy bueno; en lo que se refiere a Interior, mi sucesión fue muy buena: José Luis Corcuera mejoró mi gestión, y las cosas mejoraron. Pero, después, las actitudes que adoptó Felipe fueron una equivocación. Fue una equivocación haberse dejado intimidar en este y en otros temas.

LAS COORDENADAS DE LA SOSPECHA

De Antonio Asunción yo tengo un buen concepto. Primero, como director de Prisiones y, visto lo visto, dado que el otro candidato era Luis Roldán, fue un acierto que lo nombraran ministro del Interior. Estuvo muy poco tiempo al frente del Ministerio[27], pero en ese corto período tuvo siempre un trato deferente para conmigo; continuó la práctica que se había mantenido hasta entonces: establecer una buena relación personal entre los ministros entrantes y salientes en Interior. También la perpetuó Belloch y ha continuado hasta el gobierno del PP. Pero Asunción tuvo una mala relación con Vera. Rafael Vera fue el primero que empezó a pensar que se estaban produciendo grandes desastres.

En la siguiente gestión, a cargo de Juan Alberto Belloch, sí se sucedieron hechos que me parecen tremendamente negativos. Más que imputárselos a él personalmente, los desastres son atribuibles a Margarita Robles, que estaba equivocada y era una incompetente total, tramposa y mala persona además. Belloch era el ministro y lo consintió, o no pudo volverse atrás. Por ejemplo Margarita Robles llevó una política vengativa hacia los anteriores responsables de Interior absolutamente injustificada y, desde luego, disparatada y el general Rodríguez Galindo fue, sin duda, el principal perjudicado por esa política. Además, fue una incompetente, por ejemplo, en los nombramientos. Nombró gobernador civil de Guipúzcoa a Juan María Jáuregui —que luego fue asesinado por ETA—: fue un verdadero dislate, un desastre, porque era un enemigo de las Fuerzas de Seguridad y de la actuación policial. Jáuregui quería entenderse con ETA y consideraba que la actuación de la policía era poco menos que un gesto fascista. Y eso lo alentaba una señora como Margarita Robles. Eso y otros disparates. Se entregó dinero de los fondos reservados a indeseables, a delincuentes profesionales, a contrabandistas, y el dinero lo entregó ella. Lo que pretendían era deslegitimar la actuación de un Gobierno democrático que había avanzado mucho, en todos los terrenos: en el orden legal, en el orden de las relaciones internacionales, de la actuación de la Policía, siempre dentro de unas coordenadas absolutamente democráticas. No eran, desde luego, las mismas coordenadas que se siguieron después: las coordenadas de la sospecha, de la maledicencia, de pagar a delincuentes para que hicieran declaraciones falsas... Son actitudes que nada tienen que ver con la justicia, ni con la práctica democrática ni con la lucha antiterrorista.

«Renovadores» y «guerristas», las mismas prácticas

No sé qué ocurrió exactamente entre Felipe y Alfonso, no lo sé. Tengo algunos indicios... Debo decir que soy amigo de los dos. Les quiero a los dos, he tratado de mantener una buena relación con los dos y creo que lo he conseguido. Me parece que el distanciamiento entre ambos fue un desastre para el Gobierno y para el PSOE, porque, en la época en la que trabajaron de común acuerdo —aunque no eran tan amigos como se afirmaba—, cuando se respetaban y actuaban coordinadamente, fue la mejor etapa del Gobierno y del PSOE. En las motivaciones personales no se puede entrar. Lo lamento mucho, porque los dos me parecen personas muy estimables y de primer orden en el aspecto político, los dos son figuras de máximo nivel.

Seguramente salí del Gobierno, no lo sé con precisión, por indicación de Alfonso Guerra, por haber participado en una defensa de Joaquín Leguina, al que gentes que se proclamaban como «guerristas» pretendían descartar como candidato a la Comunidad Autónoma de Madrid. A mí me pareció que ese intento no era adecuado ni justo, y defendí a Leguina, que era mi amigo y al que, además, consideraba el mejor candidato. Creo que aquel gesto sentó mal en ambientes «guerristas», y salí del Gobierno cuando era ministro de Transportes.

Aquel movimiento se organizó más tarde en la corriente que llamaron de los «renovadores». Primero, no eran renovadores, y, segundo, algunos de ellos —que luego llegaron a tener cargos o influencias importantes en el Partido— fueron muy virulentos con los seguidores de Guerra, más incluso de lo que, dicen, habían sido los «guerristas» con ellos. Esta actitud me pareció mal y, en muchos casos, se ha visto que ese movimiento tenía como finalidad, sencillamente, sustituir a Guerra y a la gente más próxima a él. Los «renovadores» criticaban prácticas de los «guerristas» que les parecían incorrectas. Pero ellos utilizaron después esas mismas prácticas, incluso a mayor escala: dieron paso al sectarismo y alejaron de determinados puestos a personas que eran de esta u otra corriente.

Juan Guerra: una desmesura para liquidar a Alfonso

El «caso Juan Guerra» fue, en parte, el desencadenante de todo lo que ocurrió después, porque fue el primer asunto... Aquello me pareció desproporcionado y, aunque las de Juan Guerra no fueran unas prácticas correctas, la verdad es que eran insignificancias. Se montó una polvareda y una algarabía que no tenía nada que ver con los hechos en sí, sino con el objetivo de tratar de liquidar políticamente a Alfonso Guerra. A mí todo aquello me pareció una desmesura, a la vista de la insignificancia de las acusaciones que, como se vio después, no eran ni delitos.

Con Juan Guerra se siguió un procedimiento absolutamente inconcebible en un Estado de derecho: se señaló primero al culpable y luego se investigó su vida, por delante, por detrás, por arriba y por abajo, a ver qué había de irregular. Yo creo, a la vista de lo que ocurrió después, que, entre los grandes casos que hubo, el de Juan Guerra era nada; no era más que una persona que utilizó la importancia de su hermano para hacer cosas... no presentables, pero no delitos. Aquello fue una desmesura absoluta, destinada a liquidar políticamente a su hermano, pero sin base delictiva.

En el «caso Filesa» ocurrió que se le dio todo el crédito a un señor que hizo un chantaje, que pidió dinero amenazando con que, si no se le daba, iba a empezar una campaña de denuncias. Entonces se le despidió, él hizo esa campaña y se le concedió todo el crédito. Porque, cuando se trata de acusar a socialistas, los que acusan tienen todo el crédito del mundo; y si tratas de oponerte a esa corriente de opinión, parece que eres un vendido, un entregado.

Sobre todo, hubo personas del PSOE que lo utilizaron a nivel interno. Es verdad que la derecha, en este punto, ha demostrado siempre una mayor cohesión y ha cerrado filas; y cuando se trata de asuntos que les afectan, los jueces encuentran que todo es legal o ha prescrito. Ya lo hemos visto. Ha habido financiaciones irregulares de todos los partidos políticos, pero se han tratado de diferente manera: cuando se examinan las cuentas del PP, donde hay incluso grabaciones en las que dicen que se afilian a ese partido para enriquecerse y que se cobran cuotas o que hay otras prebendas, resulta que el delito ha prescrito. Y cuando se examinan las cuentas del PSOE, aparecen las «grandes historias».

Ha existido financiación irregular en todos los partidos, pero a los únicos a los que se ha condenado ha sido a los socialistas. Los únicos que han ido a la cárcel por este motivo son la gente de izquierdas. La financiación irregular de los partidos de derechas es mucho más importante, pero nunca ocurre nada...

...Y los fondos reservados... tras examinar por arriba, por abajo y en todos los lugares imaginables, nos absolvieron a los miembros del Gobierno y se dejó bien claro que no hubo el menor indicio de enriquecimiento o de ingresos irregulares de los ministros. Se condenó a un secretario de Estado porque su suegro era rico; la sentencia dice que no había pruebas, pero luego da un salto y dice que el patrimonio de su suegro tiene que ser necesariamente suyo... Su suegro tiene otros dos hijos más, que también son herederos de ese patrimonio.

Bueno... Roldán sí actuó delictivamente. Pero ha ido a la cárcel.

Dejaron de contar conmigo

Inmediatamente después de salir de la cárcel, cuando estaba muy caliente todavía la movilización de los amigos frente a la cárcel de Guadalajara, tuvieron lugar las elecciones municipales, en las que el PSOE prácticamente empató con el PP. Creo que no hubo más de 100.000 votos de diferencia. Yo participé en esas elecciones, estuve en dos pueblos, y no parece que mi presencia tuviera un efecto negativo. Participé en la campaña electoral de mi pueblo y de Coslada: en Coslada ganamos las elecciones por primera vez y, en mi pueblo, que siempre habíamos obtenido mayoría absoluta, conseguimos un concejal más. Después, se celebraron las elecciones generales, con el liderazgo de Almunia, que dijo que se había equivocado. Almunia tomó algunas decisiones con respecto a las municipales. Una fue el acuerdo con IU; y otra, despegarse de «esto», decir que no nos iban a favorecer más, que la concentración de la cárcel había sido un error... Sí, «romper con el pasado»; lo que le aconsejaban Pedro J. Ramírez y Javier Pradera. Pradera siempre tiene que tener un líder indiscutible; primero fue don Carlos Marx, luego fue Stalin y ahora es Baltasar Garzón. Bueno, aquélla fue la mayor derrota del PSOE durante la etapa democrática.

Salí de la cárcel el último día del año 1998, y las municipales fueron en la primavera de 1999. Hasta que comenzó la campaña de las elecciones municipales, yo pasé una temporada en la que iba por los pueblos recibiendo homenajes... Recuerdo que fui a Ciudad Rodrigo, fui a Andújar, y a cuatro o cinco ciudades más.

Cuando llegó el momento de trabajar en la campaña de las elecciones municipales, en el Partido no debatieron si era conveniente o no mi participación. El debate no se produjo hasta la siguiente campaña, la de las elecciones generales, que fueron inmediatamente después. Me llamaron de algunos pueblos, y yo mismo les preguntaba si habían consultado con el Comité Electoral. Y me decían: «No, no. No importa: aquí hemos acordado que vengas...». Yo insistía y les sugería que consultaran con la dirección del Partido; finalmente, el Comité Electoral decidió que no debía desplazarme ni hacer campaña. No argumentaron nada. Les dieron explicaciones a los del pueblo, a quienes habían solicitado mi presencia allí. Pero a mí no me dieron ninguna explicación. Simplemente, no iba. Y ya está.

Deseo un exilio imposible

Los trece años de Gobierno socialista significaron la modernización y la transformación de este país en muchos aspectos, no sólo económicamente, también en las costumbres; fue una revolución social —que ya estaba iniciada— en distintos ámbitos: en la educación o en el papel de la mujer, entre otros. Hubo una transformación social enorme, un esfuerzo de modernización para constituir una sociedad democrática en todos los aspectos. Salvo en uno, que es un gran fracaso: la Justicia. En España sigue existiendo una Justicia no democrática, con una práctica inquisitorial, con una connivencia de acusaciones y de jueces. En la mayor parte de los casos habituales, la Justicia funciona de una forma razonable, por sentido común; la mayor parte de los jueces y de los magistrados son personas razonables, que actúan con criterios de razón. Pero hay una minoría que no es así y, en algunos casos, cuando dichos jueces tienen proyección pública, estas prácticas inquisitoriales que perviven en nuestra Justicia se ponen plenamente de manifiesto. Entonces es cuando esa minoría de jueces actúa como los jueces de horca y cuchillo tradicionales. Ahí es donde está, en mi opinión, la carencia fundamental de nuestra democracia. Además, esta verdad aparece en todas las encuestas: cuando se les pregunta a los ciudadanos por el funcionamiento de la Justicia, éstos tienen una opinión muy negativa, fruto de la experiencia; es decir, no hay ningún sector de la Administración donde se trate tan mal a los ciudadanos, con tan poco respeto, donde los asuntos se resuelvan con tanta lentitud. Y es así hasta el punto de que todos los abogados razonables aconsejan a sus clientes que no se metan en pleitos, que lleguen a los arreglos que puedan, pero que no se les ocurra presentar demandas ni hacer denuncias, porque sería mucho peor.

De los ministros de Justicia que yo conocí, yo creo que el mejor, o el menos malo, fue Enrique Múgica. Pero el interés corporativo predomina sobre cualquier otra consideración y es imposible avanzar en la democratización, en mejorar el trato al ciudadano, en que se funcione como un servicio público normal, donde los expedientes entren, no se pierdan, se resuelvan en un plazo razonable, se les dé a los ciudadanos respuestas coherentes cuando van a interesarse por sus temas, se les trate razonablemente bien y no se les insulte y se les tenga sentados, ahí, como delincuentes...

Aunque duela o moleste oírlo, a mí, al final, no me ha compensado todo lo que he hecho. Yo creo que, en las circunstancias en las que estuve y cómo actué, con los datos que tenía en ese momento, no hubiera podido hacerlo de otra manera. Creo que he trabajado correctamente por este país y por esta sociedad, y pienso que los ciudadanos con los que me relaciono así lo ven, porque me tratan afectuosamente y me hacen la vida muy agradable. Pero no me siento cómodo en este país. Creo que las instituciones se han portado mal conmigo, que he tenido un mal pago y una mala respuesta. Consecuencia: me alegro mucho de que mis hijos no tengan la menor intención de dedicarse a la política, que, como decía Lincoln, «no es una profesión para gente honorable»; lo que no quiere decir que no haya personas honorables en la política, que las hay. Pero tal y como están las cosas, no es una profesión para gente honorable. Por otra parte, como ya señalé, siento una gran decepción respecto a las élites políticas, económicas, judiciales o periodísticas. Y esa decepción me conduce a un deseo que sé que nunca podré realizar porque no tengo dinero para convertirlo en realidad: desarrollar mi vida fuera de este país.

NOTAS

[1] Segundo Marey fue secuestrado por los Grupos Antiterroristas de Liberación (GAL) el día 4 de diciembre de 1983. Fue liberado nueve días después.

[2] En el mitin de la plaza de toros de Vistalegre, celebrado el 27 de octubre de 2000, se proclamó el liderazgo socialista de José Luis Rodríguez Zapatero, y tal fecha se considera, entre los socialistas, como el principio de una nueva etapa del Partido.

[3] Alfredo Pérez Rubalcaba, de quien se habla anteriormente, fue ministro de Educación y Ciencia desde el 22 de junio de 1992 hasta el 14 de julio de 1993; y ministro de la Presidencia desde esa fecha hasta el 6 de mayo de 1996.

[4] La banda terrorista decidió establecer una tregua el día 17 de septiembre de 1998 y dio por concluido ese período el 28 de noviembre de 1999.

[5] Gerry Adams era el principal líder del Sinn Fein, brazo político de la banda terrorista IRA (Ejército Republicano Irlandés), que proponía la independencia de Irlanda del Norte o la anexión a la República de Irlanda. En 2001 comenzó el proceso de paz en Irlanda del Norte, aún no concluido y sometido a continuos retrocesos.

[6] Juan María Jáuregui Apalategui fue asesinado por ETA en Tolosa (Guipúzcoa) el 29 de julio de 2000.

[7] Juan José Rosón Pérez (1932-1986) fue ministro del Interior desde el 2 de mayo de 1980 hasta el 3 de diciembre de 1982.

[8] El día 24 de noviembre de 1980, grupos antiterroristas cometieron un atentado en el el bar Hendayais, en el que murió una persona y otras diez quedaron heridas. El comisario de policía Ballesteros fue juzgado años después por este atentado.

[9] Juan María Bandrés, abogado, era el líder del partido vasco Euskadiko Ezquerra, que se unió al Partido Socialista de Euskadi en 1993; desde entonces, ambas formaciones concurrieron juntas a las distintas convocatorias electorales bajo las siglas PSE-EE.

[10] Frente Revolucionario Antifascista y Patriótico.

[11] Gaston Deferre (1910-1986) fue ministro del Interior entre 1981 y 1984, bajo el gobierno de Pierre Mauroy.

[12] Los llamados Acuerdos de la Castellana se formalizaron el 14 de junio de 1984.

[13] José Barrionuevo fue ministro del Interior desde el día 3 de diciembre de 1982 al 12 de julio de 1988. Martín Luna, miembro del PCE(r) y de los GRAPO, fue asesinado el día 5 de diciembre de 1982. José Barrionuevo fue, tras dejar la cartera de Interior, ministro de Transportes, Turismo y Comunicaciones hasta el 11 de marzo de 1991.

[14] Saturnino Orbegozo fue secuestrado por la banda terrorista ETA. Tras dieciséis días de cautiverio, fue finalmente liberado el 14 de noviembre de 1982 por la Guardia Civil. ETA pedía, por su liberación, 600 millones de pesetas.

[15] José María Setién, obispo emérito de San Sebastián. Abandonó su cargo tras 27 años al frente de la diócesis.

[16] Tomás Linaza, detenido en Bilbao el 14 de mayo de 1981, fue torturado en el cuartel de La Salve. Varios miembros de la Guardia Civil fueron condenados por aquellos hechos. Veinte años después, ETA asesinó a José María Lidón, magistrado ponente de aquella sentencia condenatoria.

[17] Mikel Zabalza, murió el 26 de noviembre de 1985. Dos guardias civiles estaban implicados en aquella muerte: Felipe Bayo y Enrique Dorado (Intxaurrondo).

[18] Lucía Urigoitia, *Luci*, murió el 26 de julio de 1997. Pertenecía al comando Donosti.

[19] Jaime Mayor Oreja fue ministro del Interior con el Gobierno de José María Aznar (PP) desde el 6 de mayo de 1996 al 10 de julio de 2002. Abandonó el Gobierno central para dirigir el Partido Popular del País Vasco.

[20] José Luis Geresta, perteneciente a la banda terrorista ETA, murió el 20 de marzo de 1999.

[21] Fernando Ledesma fue ministro de Justicia desde el 3 de diciembre de 1982 hasta el 12 de julio de 1988.

[22] Mariano Rubio fue gobernador del Banco de España. Fue procesado por el caso Ibercorp, que saltó a la luz pública en febrero de 1992. Dos años después fue condenado.

[23] Vicente Albero Silla. Dimitió el 4 de mayo de 1994.

[24] Carlos Garaicoetxea fue *lehendakari* desde 1979, cuando aún no estaba formalizado el Estatuto de Autonomía del País Vasco, hasta 1985. Tras graves conflictos con la dirección de su partido (PNV, Partido Nacionalista Vasco), Garaicoetxea impulsa la creación de Eusko Alkartasuna (EA).

[25] José María Rodríguez Colorado, director de la Policía Nacional, también fue condenado por la Audiencia de Madrid en el caso de los fondos reservados.

[26] Enrique Casas Vila fue asesinado el 23 de febrero de 1984.

[27] Antonio Asunción fue ministro del Interior desde el 23 de noviembre de 1993 hasta su dimisión, el 30 de abril de 1994.

José Luis Corcuera
Verdades como piedras

Sentarse junto a José Luis Corcuera, con un magnetófono encendido sobre la mesa, es un ejercicio peligroso. Porque se corre el riesgo de ser súbitamente abducido al incontrolable lugar de una memoria tan viva y tan en pie de guerra, que es prácticamente imposible digerirla a la misma velocidad con la que surge. Evoca su experiencia de Gobierno, como ministro de Interior, como sucesor de Barrionuevo, pero también ejerce, apasionadamente, su condición de «observador» nada neutral de todos los años de Gobierno de Felipe González. Y lo hace como es y como vive —todavía— todo lo sucedido: con el corazón en la cabeza y en la garganta. Arrojando a la cara de los «sinvergüenzas» sus verdades, verdades que suenan como piedras.

José Luis Corcuera no decepciona, no escurre el bulto, no disimula el enorme placer que le proporciona la oportunidad de llamar al pan, pan, y al vino, vino, de una vez por todas. Habla sin complejos, sin ataduras, sin cálculos. Y, aunque parezca mentira, todavía se duele de aquella «encerrona» con la que Felipe González le cazó para ser su segundo ministro de Interior. Él se defendía de aquella propuesta como gato panza arriba, «sencillamente, porque yo no tenía ni zorra idea de todo eso». (Esas duras piedras que arroja sobre su propio tejado no le hacen mella alguna: sabe de sobra que Felipe González siempre ha pensado que él fue un buen ministro de Interior). Es cierto que cuando Barrionuevo le entregó la hoja de ruta a Corcuera, éste no estaba muy seguro de cuál era la puerta por la que se entraba al Ministerio. Porque lo suyo había sido, hasta entonces, la bronca, la pelea a cara de perro con Nicolás Redondo. Aún hoy, cuando lo recuerda, es como si se le encendieran todas las «bajas pasiones» a un tiempo. Cuando habla de Nicolás y de todo lo que le tuvo que aguantar, a José Luis Corcuera se le enciende el rostro, se «encocora». Tiene un gesto indescriptible, a medias bufido, a medias risa sorda, o una expresión perversa de la que se puede deducir cualquier cosa... Y, luego, esa muletilla tan suya, a modo de conclusión impotente, porque no ha logrado expresar el tamaño sin medida de la indignación que siente: «¡Anda, que tiene tela, tiene tela!». Pero, como le ocurre a Felipe González, los rencores verdaderos contra Nicolás se los guarda, no los deja escapar ni muerto, aunque sabe que yo los conozco.

«Es que tienes una profesión, chica... No sé cómo algunos aguantáis ahí». Ha sido necesario soportar el «chorreo» interminable contra los medios de comunicación, en general, y contra «algunos finos analistas», en particular. Pero, superada la furia, Corcuera se aviene a las preguntas más duras, más incómodas, a las que responde de forma clara, exhaustiva, contundente: desde el asunto de las joyas hasta los fondos reservados, desde el fichaje de los independientes hasta la guerra sin cuartel contra Garzón. Sus verdades como piedras vuelven a caer sobre los rostros de quienes fueron sus enemigos, de los jueces y fiscales que lo persiguieron, pero, sobre todo, de los que llegaron los últimos en la lucha contra ETA y «ahora nos quieren dar lecciones». Tiene una peligrosa memoria de elefante para recordar cuándo, cómo y dónde le advirtió Aznar que no excluiría nada, ni siquiera la lucha contra el terrorismo, para poder llegar a La Moncloa.

«¡Amá! ¡A ver qué le das a María Antonia!». Se lo dice a su mujer, a Marga, cada vez que llego a su casa. (Siempre olvido el camino y acabo perdida por Majadahonda... ¡En fin! He ido tantas veces a su casa que sus perros, tan gruñones como inofensivos, me ignoran descaradamente). Un vaso de agua, una cocacola, un café con leche... Siempre nos sentamos José Luis Corcuera y yo en los mismos lugares de la mesa, de la que se levantó la última tarde para pedirle a un vecino la última cinta, porque él había agotado todas las que yo llevaba.

La doble moral, los dobles raseros y el cinismo son sus caballos de batalla. No hay quien lo detenga. Tampoco a la hora de reconocer los errores. Sólo hay un registro en el que Corcuera pierde pie, casi a propósito: cuando hablamos del Partido, de «eso del "guerrismo"... ¡Hay que ver las tonterías que habéis dicho los periodistas!». La lealtad a «los suyos» le puede, incluso cuando se ve obligado a elegir entre Alfonso Guerra y Felipe González... ¡Hay que verlo haciendo equilibrios imposibles! Aunque tiene mucho interés en que quede bien claro que él fue quien salvó a Felipe, in extremis, en aquella última batalla contra Alfonso por el control del Grupo Parlamentario.

Finalmente, no quiero pasar por alto un hecho importante: sólo yo puedo valorar la paciencia y la consideración que me demostró José Luis Corcuera... ¡No me puso de patitas en la calle cuando le espeté la primera pregunta sobre la mantita de joyería! Él se fió de mí y yo de él. Naturalmente.

Aquellos días, sentado en el banquillo de los acusados, en el juicio de los fondos reservados, no fueron los peores de ese período. Yo tuve muy claro, desde el momento en que se abrió aquella cacería, que el asunto terminaba en un juicio, y por tanto, tenía muy asumido que iba a estar sentado en el banquillo. Pero no fueron los peores días.

Lo pasé mucho peor en los años anteriores; cuando, a partir de 1994, Pedro J. Ramírez, uno de los mayores sinvergüenzas de este país, se dedicó a difamar, a falsear la realidad, a acusar sin prueba alguna —como se ha demostrado— sobre temas patrimoniales, usos indebidos de dinero público, contando o falsedades o medias verdades... Ésos fueron los peores años, porque no me podía defender. En el juicio me he podido defender; poco, pero me he podido defender. Es necesario recordar que, en el juicio, estaba presente el señor fiscal, Fernando Luzón, ese dechado de virtudes que antes del juicio daba por supuestos hechos que no tenían nada que ver con la realidad, imputaciones falsas... ¡un responsable público como él! Llegó un momento en que tuvo que pedir ayuda a su padre —el fiscal del Tribunal Supremo, José María Luzón—, porque creía que se iba a encontrar allí con unos pusilánimes que iban a decir sí o no, y que no le iban a contestar.

Yo me sentí mal sentado en el banquillo, porque la familia se siente mal, los amigos se sienten mal, te ven en televisión...

En el juicio, yo era consciente de que el objetivo de quienes lo habían «montado» era exhibir la imagen de un ministro socialista sentado en el banquillo. Así que sentía, desde la indignación, una especie de afán de revancha; ganas de decir: «Vamos a aclarar todas o, al menos, muchas de las inexactitudes que se han estado diciendo durante años sin que nadie haya defendido la presunción de inocencia de las personas».

Sin presunción de inocencia

En España ocurren cosas curiosísimas. Para todo el mundo existe la presunción de inocencia, excepto para algunos socialistas a los que quisieron crucificar durante unos cuantos años. Para nosotros no había tal presunción de inocencia. A mí se me acusaba de haber hecho unos regalos en Navidad. Naturalmente, ya se encargó el sinvergüenza al que me acabo de referir de hablar de joyas, para dar a entender que eran regalos increíblemente caros. Y yo hice regalos durante todos los años que fui ministro. Algunos de los que me he visto en la obligación de hacer, a alguna personalidad importante, no los he contado porque, primero, eran reservados en función de mi cargo, y en segundo lugar, porque se hicieron para obtener unos mejores resultados en asuntos que tenían que ver con la seguridad de los ciudadanos españoles. Pero como era tal el desmadre que se generó en el país, no había ninguna posibilidad de defenderse. Absolutamente ninguna. Había que esperar al juicio para defenderse o, por lo menos, para intentarlo. Aunque es verdad que nuestro sistema judicial permite escasamente la defensa de un inocente.

La ventaja que tiene un fiscal como el que nos encontramos en este juicio, respecto de los acusados, es de tal naturaleza, que debo decir que, si hubiéramos estado en pie de igualdad, ese fiscal, para los que estábamos sentados en el banquillo, habría sido un entremés. Lo que ocurrió fue que abusó de que llevaba toga. Porque eso fue lo que hizo: abusar. Espero que él y su padre, en fin, su padre ya es mayor..., en algún sitio se tiene que reflejar su actuación incorrecta...; será en una úlcera de estómago, será... Pero algo les tiene que ocurrir.

Nunca pensé que podría ocurrirme algo así, verme sentado en el banquillo; ni como persona ni como ministro. Pero, desde 1994, sí tenía la convicción de que iba a ocurrir. Porque venía rodado el asunto; porque el PP, probablemente, de la forma más irresponsable que se puede recordar en la política española, empujaba en esa dirección; porque todo confluía para castigar, en el Ministerio del Interior, eso que algunos canallas de la información en España han dado en llamar el «felipismo». Y como tenía clara cuál era la situación, tuve que aguantar improperios, desinformaciones, una campaña de desprestigio increíble, calumnias sobre mi patrimonio... Pero llegó un momento en que, después de seis años investigando mi patrimonio, el de mi familia, el de mis hermanos, el de mi madre, el de toda mi gente, resulta que el fiscal, durante el juicio, dijo que no me había enriquecido. Eso, para mí, era fundamental.

Yo fui al juicio —lo puedo asegurar— con una gran tranquilidad de conciencia, porque eso para mí era fundamental. Yo me he podido equivocar, seguro que nos hemos equivocado; pero eso es una cosa y otra es meter la mano en la caja. Y cuando fuimos al juicio y el fiscal dijo que José Luis Corcuera no se había enriquecido, al menos, ya se había aclarado algo; algo que, por supuesto, yo ya sabía.

Tuve una satisfacción increíble cuando me interrogó el fiscal: me lo hubiera comido con patatas fritas. Y no me lo comí con patatas fritas porque aquel señor tenía la ayuda del presidente del Tribunal. Pero a ese individuo, a la luz de aquel interrogatorio, yo lo hubiera enviado a la universidad otra vez, sin ninguna duda, a un cursillo de reciclaje. No he visto más incompetencia en mi vida. Si hubiera sentido común en este país, sentido de la crítica, análisis objetivo... El interrogatorio que el fiscal Luzón hizo a Pepe Barrionuevo y a José Luis Corcuera, de verdad, de verdad, fue demencial: a este hombre habría que enviarlo a cualquier lugar, pero en ningún caso nombrarlo acusador en ningún tribunal. Insisto, que si no hubiera contado con el amparo del Tribunal —de acuerdo con las formas en las que aquí se imparte justicia—, este buen señor lo habría pasado mucho peor de lo que lo pasó. Porque ese hombre no solamente acusó sin pruebas, no solamente pidió condenas sin motivo, sino que no defendió a las personas. Permitió filtraciones falsas del sumario, sin tomar ninguna iniciativa para defender el secreto del sumario... Se publicaban noticias de un sumario declarado secreto, que él tenía que proteger como representante del Ministerio Público, y no lo hizo; pero lo peor de todo es que se filtraban noticias de un sumario secreto que, además, eran falsas, que no existían en el sumario. De tal forma que, sobre todo, ese medio de comunicación, *El Mundo*, las amplificaba y parecían verdades, aunque procedían de falsedades. Y el Ministerio Público no defendió la presunción de inocencia de las personas. A mí, eso, me parece una corruptela.

Pedro J.: un problema de higiene democrática

La impotencia frente a los titulares de los medios de comunicación era absoluta. En 1994, cuando *El Mundo* empezó... cuando se empezó a decir que el ex ministro Corcuera tenía una casa maravillosa en una urbanización maravillosa de Madrid —siendo rigurosamente falso—, cuando comenzó esa campaña de abuso hasta extremos inconfesables, respecto de la honestidad de las personas, yo sabía que eso terminaba en un juicio; sin duda, yo lo sabía. A mí no me sorprendió. No había narices judiciales para oponerse a una campaña mediática de esa naturaleza. No las había. Y, además, nosotros éramos del PSOE. Si hubiéramos sido de otro partido, tal vez no nos habrían ocurrido estas cosas. Pero éramos del PSOE.

Aquella campaña mediática pretendía relacionar a un ministro socialista con un asunto de dinero. Algunos de mis vecinos creían, hace tres o cuatro años, que ya no vivía donde vivo; pensaban que vivía en Las Lomas, en esa casa de la que hablaba *El Mundo*... Y yo vivo en la misma casa desde 1985, nunca he dejado de vivir en esa casa. Incluso cuando era ministro, vivía en ella. Yo no he vivido en el Ministerio. Sigo viviendo en mi casa. Entonces, ¿cómo se puede hacer frente a eso? Si no tienes respaldo mediático, de ninguna forma. De ninguna.

Todo aquello me produjo una sensación de infinita tristeza: el hecho de comprobar el grado de insolidaridad al que algunos llegaron durante ese período de tiempo; pero también tengo que expresar aquí infinito agradecimiento por la solidaridad que otros muchos tuvieron durante esos momentos. Así que me refugié en los amigos y en la familia, y a esperar que resplandeciera la verdad.

Recuerdo la tristeza que me producía la actitud de algunas personas que no reaccionaron como yo esperaba... Aunque tengo la impresión de que hay mucha gente llana que, después de toda aquella intoxicación, nunca creyó que yo me hubiera enriquecido. Naturalmente, hay personas a las que se les ha hecho dudar, seguro, porque resistirse a esa presión es, francamente, muy difícil. Tenemos el antecedente de Luis Roldán y, con esos antecedentes es muy difícil sustraerse a tanta presión. Pero no; no soy de los que me siento maltratado en mi vida diaria. Yo salgo, me tomo unos potes por Madrid, y puedo asegurar que jamás he sentido un desaire o desafecto... Más bien al contrario.

Y respecto de algunos miembros del Partido, la verdad: siempre he sentido su aliento y su solidaridad de los que me importan; y de quienes no me importaban antes, no me importan ahora, y no me importarán en el futuro, tampoco he sentido ni su afecto ni su desafecto. Me hubiera gustado sentir su solidaridad, y no la he sentido. Pero ésos son unos mierdas. No voy a decir nombres, pero son unos mierdas, en el sentido de que no prevalece en ellos un sentido solidario de compañeros, ni esperaron a que se aclararan las cosas, ni pensaron si sería cierto o no lo que se dijo. Es más, no me interesa hablar con quienes le hacen confidencias o le cuentan cosas o le dan primicias a Pedro J. Ramírez; no tengo el más mínimo interés en hablar con ellos... ¡pero ninguno! No sé si entre ellos habrá alguno en la actual dirección del PSOE, pero no lo creo.

Cuando la nueva Ejecutiva decidió no seguir pagando a nuestros abogados, sólo hubo un problema: alguien se lo contó a *El Mundo*. Porque a mí me parece que el PSOE tenía el derecho de hacer lo que hizo; tenía todo su derecho. Como anteriormente ejerció su derecho de pagar a los abogados... Por tanto, si a mí me llaman del Partido y me dicen: «Oye, José Luis, mira, estamos en esta situación, ya sea económica o política, y hemos llegado a esta conclusión...», y me lo dicen *a mí*, yo no hubiera dicho nada. A mí lo que me indigna es que eso se ofrezca como «material para la guerra» a un amoral como Pedro J. Ramírez. Eso me molesta. Eso sí, eso me molesta, porque eso es dar munición al enemigo. Pero no me molesta que se tome esa decisión; como no me molestaría si se toma la contraria. He estado en la dirección del Partido y sé que hay ocasiones en las que la situación económica no es buena, o en que la política juega esas malas pasadas... Soy capaz de entenderlo, siempre que se me diga *a mí*. Lo que no acepto es que yo me entere por el periódico y, además, por un panfleto. No sé por qué lo hicieron, ni sé por qué *El Mundo* accedió a recibir información de la dirección socialista. No lo sé. Tal vez ocurra que los equipos de investigación que tiene *El Mundo* sean unos fenómenos, que se enteran de todo... De todo lo que les quieren contar...

Yo creo, sinceramente, que Pedro J. Ramírez, por su trayectoria, se ha transformado en un problema de higiene democrática de España, de pura salubridad democrática. Este hombre que ha cambiado tanto, que hoy habla en sus periódicos de ETA —y no se parece en absoluto al que hablaba de ETA hace unos años—, es el mismo que publicó una entrevista de cinco páginas con las declaraciones de los que componían, según él, la «dirección de ETA»; este hombre es el que iba a ver a presos de ETA, diciendo que él iba como periodista, pero luego publicó su libro y nos enteramos que no iba como periodista, sino que iba acompañado de un miembro de la redacción para tratar de favorecer al presunto miembro de ETA... No es un demócrata. Pedro J. Ramírez es un hombre autoritario, con mucho poder, conseguido a la sombra del PP. Pedro J. Ramírez no puede ser feliz. Yo, en los próximos años, con independencia de lo que ocurra —porque me pueden meter en la cárcel—, seré más feliz que él. Porque él no puede ser feliz. ¿Cómo puede ser feliz un hombre que, conscientemente, hace tanto daño, de forma injustificada? Pero algo le pasará... ¡Yo qué sé!... El pelo ya se le está cayendo... ¡A ver si tenemos suerte y se le cae el pito...!

¿Y SI EN VEZ DE JOYAS, HUBIERA REGALADO JAMONES?

Esa imagen tan perversa que se ha pintado de mí, en mi despacho del Ministerio, con la manta de joyería sobre la mesa, eligiendo joyas para las esposas de mis colaboradores, la han utilizado hasta la náusea. La explicación es sencilla, y yo he intentado ofrecerla con contundencia, la he dado... Otra cosa es que eso haya aparecido en los medios de comunicación. ¡Pero yo lo he dicho todo con contundencia!

El Congreso de los Diputados y el Senado en España, y todos los Ministerios, hacen regalos a sus miembros por más valor de lo que yo regalaba a las señoras de quienes trabajaban en el Ministerio del Interior. Pero es muy sencillo. Yo llegué en 1988 al Ministerio. Como tenemos una gran capacidad de olvido, tengo que recordar que cuando ETA mataba en España a mucha gente, cuando estos intelectuales que ahora están, afortunadamente, en contra del terrorismo, entonces no estaban tan claramente en contra del terrorismo, o cuando mataban a un guardia civil, estábamos en la iglesia cuatro y el del tambor. A todos éstos que ahora salen en la radio, en la televisión, en las manifestaciones, yo, entonces, no les veía; no iban a los funerales. Ahora les dan programas de radio, les dan programas de televisión...; naturalmente, algunos o algunas de ellas con sueldos importantísimos, porque, de repente, se han dado cuenta de que en España hay terrorismo.

Pues no: el terrorismo en España existe desde hace muchos años. Y hay personas que no se han distinguido en el pasado por su actitud contra el terrorismo. Por ejemplo, cuando Fernando Savater le dijo a Ernest Lluch que era «tibio», yo me acordé de la madre de Savater; porque Savater no le puede llegar nunca a Lluch a la suela de los zapatos. Porque la lucha contra el terrorismo no es de hace dos años, o de hace tres, o de hace cuatro... Me parece muy bien que Savater haga ahora lo que hace, pero me hubiera gustado haberle visto en la misma actitud hace quince años. Y no le veía entonces en la misma actitud que ahora. ¡Que llame «tibio» a Ernest Lluch, que lo mató ETA! Me indigna, me indigna hasta el extremo de que me acuerdo de su madre.

Entonces, en aquellos tiempos, la gente que estaba en el Ministerio, los gobernadores civiles que estaban en el norte, y los que estaban en algunas otras comunidades de España lo pasaban muy mal. Les «quité» las vacaciones en el mes de agosto, no se fue nadie de vacaciones, e hice volver a algunos colaboradores que ya estaban de vacaciones. Yo sabía que sus familias les empujaban a abandonar esa responsabilidad política y a dedicarse a otra cosa más cómoda. Llegaron las Navidades y me encontré con la necesidad de tener con ellos un detalle de reconocimiento por su esfuerzo... Y podía hacerlo, porque la norma que entonces existía me permitía hacerlo, o yo creía que me permitía hacerlo. Yo les quería hacer un obsequio; no sólo invitarlos a cenar, sino hacerles un obsequio. Y decidí que la mejor forma de seguir contando con su apoyo en el puesto que tenían y, en algunos casos, aligerar la presión familiar, era hacerles un obsequio a sus señoras. Y ésa fue la decisión. Tan sencillo como eso. De la que no me arrepiento en absoluto, por cierto. Y quise hacerlo yo, personalmente, porque era algo muy personal. No quería dar una instrucción y que se gastaran doscientas mil pesetas en cada regalo; quería que costara ochenta o noventa mil pesetas y, por eso, quería hacerlo yo. Y punto. Así de sencillo. Por supuesto: podía haber regalado un neceser de belleza a las mujeres y, a los hombres, un libro. Pero... ¿y si hubiera ido a una jamonería? ¿Y si en vez de haber regalado un artículo de joyería de ochenta mil pesetas hubiera comprado un par de jamones de cinco jotas? ¿Hubiera pasado algo? ¿Y si en vez de comprarle una sortija de ochenta mil pesetas, insisto, les hubiera regalado una caja de plata de un cuarto de kilo? ¿Les hubiera llamado la atención? Pues Federico Trillo, cuando era presidente del Congreso, les regaló a todos los diputados una caja de plata. Por cierto, un regalo muy discutible, porque los diputados son funcionarios públicos y está prohibido hacer regalos a los funcionarios públicos. Las señoras de mis colaboradores no eran funcionarios públicos... Pero, en fin, ésa es otra cuestión. No estoy hablando de la legalidad. Estoy hablando de cómo se cebaron conmigo... Incluso en el supuesto de que hubiera sido un error... Lo que es verdaderamente terrible, sobre todo en estos cristianos de misa diaria, es la falta de caridad cristiana para, digamos, justificar un error. Se puede hacer una crítica, pero actuar con esa saña... Ahora mismo y en las condiciones de aquellos tiempos, yo lo volvería a hacer.

Como se ve, la explicación era muy sencilla. Por eso lo presentaron, poco menos, como que yo era un marchante de joyería. Y la verdad es que me sentí incapaz de contrarrestar esa maledicencia mediática. Pero como ya me había ocurrido en otra ocasión, supe, desde el principio, que era imposible ir contracorriente.

Yo hice una ley que algunos llamaron la «ley de la patada en la puerta», y otros, la «ley Corcuera». Por cierto, fue una ley que se aprobó con el apoyo en el Parlamento de casi todos los grupos, excepto del Partido Popular. El PP, más adelante, promulgó una ley de videocámaras, de vigilancia en la calle... Pero eso, ¡naturalmente!, no atentaba contra la dignidad de la gente... ¡Por supuesto que no! Y se aprobó... Es decir, se ponen las videocámaras en la calle y se puede grabar a cualquiera... ¡pero con control judicial! La llamada «ley Corcuera» sólo contenía una palabra inconstitucional: el Tribunal Constitucional dijo que había que cambiar «constancia» por «evidencia». Pero, por esta modificación, algunos periodistas la transformaron en una «ley inconstitucional». Lo cual es una desfachatez, una falta de ética al deber de informar y al derecho que tienen los ciudadanos a ser informados correctamente. No es verdad que la ley fuera inconstitucional. La ley era plenamente constitucional. Es decir, cuando Federico Trillo presentó cinco motivos de inconstitucionalidad, no acertó en ninguno. No le dieron la razón en ninguno. En cambio, él se pavoneaba por ahí diciendo que había ganado el recurso... Es rigurosamente falso.

Y, entonces, me di cuenta de que es imposible ir contracorriente, porque como se acuñe en los medios de comunicación una expresión, es imposible, imposible, acabar con ella. No importa que sea mentira, que sea media verdad... no importa. El deporte es acuñar expresiones. Y yo sabía que, contra eso, no podía luchar. Era imposible.

¿Dónde están los sobresueldos?

Aparte del tema de las joyas, se montó contra mí otra campaña sobre los fondos reservados. Si se pagaban sobresueldos, etcétera. Pero, vamos a ver: los fondos reservados, por su naturaleza —por lo menos eso fue lo que me dijeron cuando llegué al Ministerio del Interior—, eran eso: «reservados». Yo tenía una partida, creo recordar que eran... no recuerdo si eran setenta y tantos millones, y me aseguraron que ese dinero era de libre disposición del ministro. Y así era. Como lo son ahora. Ahora también son de libre disposición del ministro, y se da por supuesto que el ministro los utiliza correctamente.

Yo dije una vez en el Parlamento que si un funcionario público francés me ayudara a detener a un comando de ETA, probablemente le haría rico. Y me dijeron de todo menos bonito: «¡Qué dice usted! ¡Eso, además de ser ilegal, es la compra de un funcionario público extranjero!». Aquello lo dije sólo como ejemplo. Pero ocurre que no tiene sentido preguntar acerca de esos fondos. A los servicios de inteligencia o a las fuerzas de seguridad que tienen fondos reservados, en EEUU o en Francia, no les preguntan a qué los dedican. Porque se da por supuesto que los utilizan para cumplir mejor la función que tienen encomendada. Para eso tienen los fondos. Y para eso los utilicé yo. Y nada más. En España se utilizaban para que funcionara bien la seguridad del Estado. Y nada más. La pregunta es: ¿sobresueldos? ¿Dónde están los sobresueldos?

Lo que ocurrió fue que la derecha tuvo que utilizar el tema del dinero porque eso era lo que hacía daño de verdad. Por eso se utilizó, y por eso apareció en los periódicos: «Fulano tiene un patrimonio... Tiene esta casa...». ¿Alguien recuerda el patrimonio que se le atribuyó al general Enrique Rodríguez Galindo? ¿Alguien recuerda la campaña mediática que se desplegó en España para tratar de llevar a la opinión pública la idea de que el general Rodríguez Galindo se había enriquecido con la lucha antiterrorista? Y bien: ¿cuántas líneas se han publicado sobre la falsedad de aquellas imputaciones? Ninguna. ¿Quién sabe que el único patrimonio que tiene el general Rodríguez Galindo es su casa, que está hipotecada y con una situación de embargo? Pero se hizo aquella campaña —todo era mentira— para desacreditarle; porque había que desacreditarle.

Al general Rodríguez Galindo, como hombre dedicado a la lucha contra el terrorismo, no se le podían poner objeciones. Pero había que desacreditarle. Primero, socialmente, y, luego, si era posible, utilizar algunas de las cosas que ocurrieron en España para implicarlo en ellas. Tengo que decir dos cosas: lo primero no es verdad y lo segundo tampoco. Porque, aunque haya una verdad judicial, la sentencia que le condenó no dice la verdad. Y supongo que yo tengo el mismo derecho a decir que esa sentencia no dice la verdad, que otros, desde los medios de comunicación, cuando dicen que otras sentencias, que a ellos no les gustan, no se ajustan a la verdad. Así pues, en el caso del general Rodríguez Galindo y del coronel Ángel Vaquero, la sentencia que dictaron los jueces no se ajusta a la verdad.

No les gustaba un obrero que llega a ministro

Para los que desencadenaron toda esa campaña es posible que yo fuera una pieza especialmente importante, porque yo, además, era electricista, el hijo de un obrero. Pero en ese juego entraron muchos que, teóricamente, son «humildes» representantes de los medios de comunicación, que también son «demócratas de toda la vida» y de extracción «humilde». Algunas veces, cuando les oyes, parecen proletarios de tercera. Lo que ocurre es que en esta sociedad hay un enorme cinismo. ¡Pues claro que hay cinismo! Los que utilizan la demagogia para desacreditar a los demás son ésos que ven que Corcuera, que procede de una extracción obrera, llega a ministro —cosa que no les gustó en absoluto— y que hace un regalo —menos importante, seguro, que los que les hacen a ellos de vez en cuando—. Porque tienen una enorme ventaja: tienen una plataforma para desacreditarme a mí, y yo no tengo ninguna para contar la verdad respecto a ellos. No para desacreditarles, sino para contar la verdad. Y contra eso no se puede luchar. ¿Qué puedo hacer? Pero a mí ésos me la sudan. Me la sudan. Porque yo vivo donde vivía. Tengo un sueldo, que es de lo que vivo. No tengo prebenda alguna, no tengo bienes patrimoniales, como bien ha quedado acreditado después de estar investigando durante más de seis años. La mitad de ellos, la mitad, no aguanta ni la cuarta parte de lo que yo he aguantado.

Estuve seis años sometido al control Parlamentario, con muchas intervenciones en el Parlamento, con muchos debates; y lo que hace falta es ir al *Diario de Sesiones*, a ver cuándo estos «percebitos» me ganaron un debate. ¿Cuándo algunos de esos catedráticos —no sé dónde les tocó el título— me derrotaron en un debate? ¿Cuándo alguno de esos pseudointelectuales me derrotó en un debate? ¿Cuándo me ganaron un debate en el Parlamento? Eso es lo que les jode.

Todavía recuerdo un debate que tuve con el presidente de la Comunidad de Madrid. Alberto Ruiz-Gallardón, muy educadamente —naturalmente, sin demagogia—, me decía: «Ya sabe usted, ministro, que, en el minuto y medio que ha empleado en su intervención, se han producido 374 delitos en España». (No recuerdo exactamente la cifra que utilizó). Y era verdad. Pero hoy se le podría decir: «Oye, Alberto, ¿te acuerdas lo que le decías al ministro Corcuera en 1993 respecto al número de delitos que se cometían en un minuto y medio? Ahora, ¿qué tendría que decirte a ti, ahora que se cometen el doble? ¿Qué tendrías que decir tú?». Seguro que tendrá alguna explicación. Naturalmente, tendrá alguna explicación «no demagógica».

Ésa es la vida. Ésa es la política... Es así. Yo nunca hubiera hecho lo que hizo él. Nunca. Pero es exactamente lo mismo que cuando, ahora, José María Aznar llama «carroñeros» a los miembros de la oposición, porque ejercen el derecho a la crítica. Y este hombre dice que son «carroñeros»... Y él, ¿qué era cuando utilizaba el terrorismo para ganar cuatro votos? ¿Es que la gente no se acuerda de lo que decía José María Aznar? ¡Es increíble!

«No te metas en política, hijo»

No sé si seré muy objetivo, pero creo que mi padre era un hombre admirable. Tenía sus costumbres, su cuadrilla, con la que estaba todos los días... No le gustaba salir de Portugalete y, cuando yo fui ministro, no vino a Madrid. Luego, posteriormente, vino dos veces. Mi padre, supongo, vivió con orgullo mi trayectoria. Tampoco era un hombre que lo exteriorizara demasiado, pero supongo que se sentía orgulloso de que su hijo fuera ministro del Gobierno de España. Él siguió viviendo donde vivía, donde vive todavía mi madre, en una casa de alquiler en Portugalete. Mi padre murió hace dos años y, por tanto, no tuvo la fortuna de ver cómo se resolvió el juicio contra su hijo. En cambio, tuvo que padecer la persecución de algunos, no sólo hacia su hijo, también hacia él mismo, hacia su mujer, hacia mis hermanos... es decir, hacia toda la familia, porque a toda la familia la han mirado... Afortunadamente, a mi padre, a mi madre y a mis hermanos, poco hay que mirarles, porque poco tienen. Sí recuerdo que mi madre, que no entendía estas cosas de la política, cuando se enteró de que era ministro o que iba a serlo, me dijo: «No te metas en política, hijo... ¿Por qué te has metido en política?». Y eso que yo que llevo en política muchísimos años y ella lo sabe, porque me ha visto en la Ejecutiva de la UGT, me ha visto en la Ejecutiva del Partido, me ha visto siendo diputado... Supongo que pensaba que eso no era política...

Y supongo, también, que lo han pasado mal, porque cuando ocurren las cosas que aquí han ocurrido, haces infeliz a muchas personas, y estoy seguro de que mi madre y mis hermanos han sido infelices. Pero, seguramente, más por lo que oían que por lo que yo les contaba; porque saben cómo vivo, saben cómo soy, saben cuál es mi forma de ser y, por tanto, jamás han dudado de mi integridad. Pero ha sido muy duro para ellos...

Exactamente igual que para mi mujer y mis hijas; y exactamente igual que para algunos amigos, que se han visto injustamente involucrados en una cacería sin piedad alguna y sin prevención, con una falta de humanidad... Yo siempre he tenido fama de duro, pero cuando veo actuar a esos canallas, me digo: «¡Esto es increíble! ¿Cómo se puede ser tan malo? No entra en mi esquema mental ser tan malo, ser tan mala persona...». Hay cosas que sólo las malas personas pueden hacer... Más allá de que seas periodista, o político, hay cosas que solamente son capaces de idear, o pensar, aquellos que tienen un fondo corrupto, un fondo de mala persona.

Mis padres nunca pusieron ninguna pega a mi dedicación a la política, o a mi trabajo en el sindicato... Más pegas me han puesto en mi casa. En casa, sí. Por ejemplo, yo nunca he contado con el apoyo de mi familia para mi carrera política; más bien al contrario. Yo vendí la casa que tenía en Portugalete para comprarme la que tengo ahora en Madrid; y la vendí tarde porque mi mujer creía que si yo vendía la casa de Portugalete, no íbamos a volver allí... Y siempre —creo que hasta 1985—, tuvimos la idea de volver a Portugalete, eso es verdad. Pero, bueno, las cosas vinieron rodadas, y en absoluto buscadas.

Yo creo que jamás he buscado un lugar en la política. Es más, yo me he resistido a aceptar cargos en política que me hubieran llenado de orgullo y que sólo su mero ofrecimiento ya me llenaba de orgullo. El presidente del Gobierno me ofreció ser ministro en 1982 y no acepté; más allá de lo que diga Nicolás Redondo —que convendría que sometiera a revisión sus últimos juicios sobre el particular, aunque sólo sea para ajustarlos a la verdad—. Insisto: a mí Felipe me ofreció en 1982 ser ministro de Trabajo y no acepté. No dejé de serlo porque la Comisión Ejecutiva de UGT dijera que ningún miembro de esa Ejecutiva iba a ser ministro, no. Yo rechacé, previamente, el cargo. Porque siempre he tenido un cierto temor de no dar la talla en puestos que jamás imaginé que pudiera ocupar... Es como un temor reverencial. Por tanto, cuando me hicieron ese ofrecimiento, sentí un orgullo tremendo y un miedo escénico —también tremendo—, y prevaleció el miedo sobre el orgullo de ser ministro.

Ocurrió algo semejante cuando me eligieron para ser ministro del Interior: si yo hubiera estado en Madrid, lo más probable es que no hubiera sido ministro. Pero estaba en Canarias... fue una conversación telefónica y no pude regresar a tiempo. Pero si yo hubiera estado en Madrid, y Felipe González me hubiera llamado y me hubiera hecho ese planteamiento, le habría recordado algunas cosas y algunos compromisos a los que habíamos llegado el año anterior y, probablemente, no habría sido ministro del Interior. Pero eso no impide que, cuando te ofrecen ser ministro y, además, de esa cartera, deba considerarse un orgullo. Y yo estoy orgulloso de haber sido ministro del Gobierno de España.

Nicolás Redondo no tenía ni idea

Creo que Nicolás Redondo contó a los periodistas que él fue el que puso el veto porque no quería que ningún miembro de la Ejecutiva de UGT estuviera en el Gobierno. Eso no es verdad. Voy a contar, exactamente, cómo ocurrió.

Después de ganar las elecciones en 1982, Felipe González va a ver al Rey, y el jefe del Estado le encarga formar Gobierno A la salida de la entrevista con el Rey, los periodistas le preguntan si le ha comunicado al Rey cuál va a ser el Gobierno, y Felipe les contesta que le ha enseñado una lista escrita a lapicero, dando a entender que aún era necesario ajustar algunos nombres. Al cabo de unas horas, era mediodía, Felipe González me llamó y fui a verle. Me dijo cuál era el Gobierno que había pensado y me comunicó que yo sería ministro de Trabajo. Estuvimos hablando —más que discutiendo, hablando— sobre la conveniencia o inconveniencia de que yo entrara en ese Gobierno; y fui yo el que planteó más problemas que nadie.

Entre otras cosas, Nicolás Redondo no sabía nada de aquella entrevista, no tenía ni idea, dicho sea de paso. El único cambio que hizo Felipe en aquel Gobierno fue el siguiente: Joaquín Almunia, que iba a ser jefe de Gabinete del presidente del Gobierno, pasó a ser ministro de Trabajo.

De la reunión con Felipe, fui a la sede de la UGT; llamé a Nicolás y le dije que quería verle. Y fui yo quien le dijo que Felipe me había ofrecido ser ministro; y fui yo quien le dijo que había rechazado el ofrecimiento; y fui yo también quien le dijo que tenía que reunir a la Comisión Ejecutiva para que ningún miembro de la misma accediera a pertenecer al Gobierno. Porque yo sabía que, si había un acuerdo de la Comisión Ejecutiva, eso me daría más argumentos para rechazar la oferta de Felipe González. Así fue. No como Nicolás lo cuenta.

Lo que contó Nicolás Redondo en la Comisión Ejecutiva fue lo que yo le conté a él. Cuando Nicolás Redondo dijo que Felipe González quería que un miembro de la Comisión Ejecutiva fuera ministro de Trabajo, que no dijo el nombre, fue porque se lo había pedido yo, no porque Felipe se lo encargara a Nicolás. Ésa es la verdad. Pero da igual... Nicolás también ha dicho —eso lo he leído yo en una carta— que todo ocurrió en una reunión en la que estaban presentes Alfonso Guerra, José María Zufiaur, Felipe González, él y yo, y en la que Felipe dijo que era yo el elegido Y es rigurosamente falso. No hubo tal reunión donde eso se dijera. La propuesta me la hizo *a mí* Felipe González, estando los dos solos. Y debo decir que no me causó mucha extrañeza, porque en la campaña electoral de 1982 se hicieron una serie de fotografías en las que se identificaba a determinadas personas con determinadas áreas de Gobierno. Y en aquellas fotografías, en el área de trabajo, pusieron la mía. En ese momento fue cuando empezaron los problemas con Nicolás Redondo.

Una «leve» confusión

Aunque Nicolás Redondo empezó a tener verdaderas dificultades conmigo, o yo con Nicolás Redondo, cuando se trabajaba en la Ley de Reconversión Industrial. Pero fue fruto de su absoluta incompetencia. Yo pacté con Felipe González la suspensión de los contratos de trabajo, en vez de la rescisión. Lo pacté con él un sábado, en La Moncloa, en plena reconversión industrial, cuando estábamos discutiendo la Ley de Reconversión Industrial.

La UGT no aceptaba, bajo ningún concepto, la rescisión de los contratos. Estuvimos discutiendo con el Gobierno y no había forma de llegar a un acuerdo. Entonces, un sábado —yo solía llamar a Felipe a menudo, o me llamaba él— fui a ver al presidente a La Moncloa y le dije que no había ninguna posibilidad de pactar aquella ley con los sindicatos si no se cambiaba la rescisión de los contratos por la suspensión, y él aceptó el planteamiento. Yo le dije que llamara a Nicolás para arreglarlo con él; porque no era bueno que fuera yo a la Comisión Ejecutiva a decir: «Me ha dicho Felipe que acepta». Era mejor que él hablara con Nicolás y que, entre ambos, lo arreglaran. Y efectivamente, así fue. Felipe González llamó para fijar una cita con él —se verían el lunes—. Creo recordar que esa ocasión fue la primera vez que Nicolás Redondo iba solo a una reunión de esa naturaleza. ¡Y se equivocó de artículo! ¡Nicolás Redondo se equivocó de artículo...! Fue a La Moncloa, le montó una bronca a Felipe y le dijo que era inaceptable un artículo de la ley. Y Felipe, probablemente con muy mala leche, sin duda, le dijo: «Pero, hombre, este artículo que me dices... este artículo es vuestro: lo ha hecho la UGT; si quieres lo cambiamos...». El otro perdió los papeles, no buscó el artículo que se refería a la rescisión y a la suspensión y volvió a la Comisión Ejecutiva diciendo que Felipe no aceptaba.

Dada la situación, yo pedí tiempo, dije que aquello era una barbaridad, que no lo podía entender y que quería hablar de nuevo con Felipe, con el presidente del Gobierno.

Le pregunté: «Pero, ¿qué ha pasado, si estaba arreglado el sábado?». Y me contó lo que había ocurrido: «Pues ha entrado así... ha dicho de todo, se ha equivocado de artículo y yo no lo he querido sacar del error. Entonces, como no sabía de qué artículo se trataba...». Y ésa es la verdad. Esto también lo sabían la difunta Carmen García Bloise, Martínez Cobos y un montón de personas.

Cuando volví a la Comisión Ejecutiva, les dije: «El presidente del Gobierno ha dicho que se quita la rescisión y se pone suspensión». Y entonces... este artista, Nicolás, montó en cólera. Pero todo ocurrió así y ahí empezaron las dificultades.

El asunto llegó hasta tal extremo, que se montó una campaña —concretamente, en *El País*— diciendo que Corcuera quería desbancar a Nicolás Redondo. Con intención de frenar el bulo, en una reunión de la Comisión Ejecutiva, acordamos que el secretario general enviase una circular desmintiendo esas afirmaciones. Pasaron las semanas, el secretario general no enviaba la circular... y llegué a la conclusión de que, si no la enviaba, era porque no quería enviarla, o porque tenía dudas de mi lealtad hacia él, lo cual es legítimo.

El día de San Isidro —tal vez un día antes o un día después—, iba yo a los toros con mi mujer, la dejé en la plaza, fui a una reunión de la Comisión Ejecutiva —se había convocado a petición mía— y presenté la dimisión.

Porque llegué a la misma conclusión a la que me refería antes: ¿cómo se combate el rumor de que estás tramando una operación contra tu secretario general? Dices que no es verdad. Dices diez veces que no es verdad, pero sigue subiendo la marea. Y, entonces, yo llegué a la conclusión: «Bueno, yo ya he dicho que no. Él no manda la circular desmintiéndolo. Conclusión: esto no va a parar. ¿Cómo puedo yo demostrar que no estoy planeando ninguna operación contra el secretario general?». Y también llegué a la conclusión de que solamente podría demostrarlo de una forma: dimitiendo. Y dimití y me marché. Así dejaba claro que no participaba en ninguna operación.

Pero parece que Nicolás siempre intentó introducir la idea de que yo era el que traicionaba a la UGT, apoyando la estrategia económica de Felipe González; parece que se trataba de afirmar que yo era el sindicalista del «felipismo», algo así como el espía del Gobierno en el sindicato y, por lo tanto, el traidor.

Es curioso que quien se distinguió en tantas ocasiones por pedir ayuda al Partido para poner orden en el sindicato, diga esas cosas... Si las dice, me parecen de chufla. Nicolás Redondo, en estos temas, me aguanta tres segundos. Porque resulta que fue él quien acudió a pedirle ayuda a Felipe González —no ayuda, exactamente, sino a pedirle que el Partido creara grupos sindicales del Partido en el sindicato, como en la República— para poner orden en la organización sindical; fue él quien estuvo a punto de no ser secretario general en el Congreso de Barcelona. (Nadie como yo sabe lo que hubo que hacer para salvar aquel congreso). ¡Que él me diga a mí que yo era el espía del Gobierno...!

¿Quién, con otros, ha contribuido a definir la política sindical de la UGT en mayor grado que él? Porque él, de estas cosas, no tiene ni puta idea. Si, en 1982, yo hubiera aceptado entrar en el Gobierno, y hubiera sido ministro de Trabajo... En 1983 hubo una reunión en el Ministerio de Trabajo, a la que asistieron cinco ministros y dos secretarios de Estado, con Nicolás Redondo, Antón Saracíbar, José María Zufiaur, otro más procedente de la Comisión Ejecutiva de UGT, y yo. Si yo entonces hubiera sido ministro y le hubiera oído decir a Nicolás Redondo lo que dijo en aquella reunión, lo echo a patadas del Ministerio... Nicolás dijo allí las cosas más inconsecuentes, más bordes y más maleducadas... Expulsó a dos personas de la reunión, a los dos secretarios de Estado. Entre otras cosas, dijo que él había ido a reunirse con ministros, y que allí, «salvo que no haya visto el último BOE, aquí veo gente que no son ministros». Y se tuvieron que ir: dos secretarios de Estado. Uno era Pepe Borrell y otro era el secretario de Estado de Administraciones Públicas, creo.

Nicolás actuó con mucha beligerancia contra Felipe González y la política económica de su Gobierno. Yo creo que, al principio, en los años anteriores a 1982, se tenía la impresión de que, en España, el día que ganara las elecciones el PSOE, las relaciones entre el Gobierno y el sindicato podrían ser semejantes a las existentes en Suecia y los otros países nórdicos, donde las organizaciones sindicales tenían una gran presencia en la vida política y económica del país, y el secretario general del sindicato tenía reuniones periódicas con el presidente del Gobierno, en las que se discutían aspectos que, supongo, tenían relación con la sociedad y, fundamentalmente, con los derechos de los trabajadores. No estoy seguro, pero creo que alguien pensó que, aquí, los viernes se reuniría el Consejo de Ministros y, unos días antes, el presidente del Gobierno hablaría con el secretario general del sindicato para dar un repaso al orden del día del Consejo de Ministros y poder discutir aquello que pudiera tener interés. Lo cierto es que eso no se produjo, y causó enfado.

Es verdad que hubo un momento en el que la situación económica era muy complicada y la negociación colectiva fue difícil; nos metimos con la Ley de Reconversión Industrial, que creó muchas tensiones entre el sindicato y el Gobierno... Se creó tensión con la jornada de 44 horas, porque después de acordarla hubo algunas pretensiones de posponer su aplicación al año siguiente. Esas tensiones generaron un deterioro en las relaciones entre la organización sindical y el Gobierno, y también entre quienes representaban ambas organizaciones; yo creo que las relaciones eran más turbias entre quienes las representaban que entre las bases de ambas organizaciones. El clima, en cualquier caso, se fue deteriorando.

Cuando veía el enfrentamiento que mantenía Nicolás Redondo con el Gobierno, yo creía, sinceramente, que Nicolás Redondo tenía menos razones que el Gobierno socialista. Lo creía sinceramente. Y lo sigo creyendo. Creo que el Gobierno socialista tuvo, a veces, una sensibilidad que no era la que tenía que haber tenido; tenía que haber administrado mejor el poder que tenía, tenía que haber hecho más esfuerzos, porque en las negociaciones tiene que haber confianza mutua... En fin, que hay que darle muchas vueltas. Y ahí, probablemente, el Gobierno tuvo más de un fallo. Pero Nicolás Redondo tuvo un comportamiento... Y los hechos actuales lo demuestran: era una deriva.

Yo dejé el sindicato, entre otras cosas, porque no estaba de acuerdo con una organización que hacía cosas que a mí me parecía que no eran correctas. Y creo que Nicolás Redondo empezó a hacer cosas incorrectas. Que Nicolás Redondo le diga a José Luis Corcuera que la UGT tenía que ser como la CFDT en Francia, es decir, absolutamente independiente del Partido... Que Nicolás Redondo me diga eso *a mí*... ¡Él, que ha defendido toda su vida lo contrario! ¡Anda, que tiene tela!

Yo creo que hay que buscar la independencia, pero lo que no se puede olvidar es que hay raíces comunes, y yo estaba en esa posición. Pero en la UGT empezó a prevalecer la primera: la que propugnaba la absoluta independencia. Es cierto que el Gobierno cometió algunos errores. Ya he dicho que hubo falta de sensibilidad del Gobierno en algunos casos. Por ejemplo, cuando Felipe aceptó cambiar lo de la rescisión por la suspensión, en la Ley de Reconversión Industrial, Carlos Solchaga le presentó la dimisión a Felipe. Volvíamos Antonio Puerta, Nicolás Redondo y yo de Bilbao, donde habíamos tenido una asamblea. (Yo, entre otras cosas, he ido a más fábricas que Nicolás Redondo en toda su vida, porque a las asambleas de las fábricas iba el «menda lerenda»). Cuando llegamos al aeropuerto de Madrid, se acercó una azafata, preguntó por mí y me dijo que llamara a La Moncloa, al presidente del Gobierno. Entonces, le dije a Nicolás: «Me acaban de dar el recado de que llame al presidente del Gobierno». Nicolás se molestó, porque es muy celoso... Y Felipe me llamaba para que fuera a ver a Carlos Solchaga —¡yo, que había combatido contra su postura con todas mis fuerzas durante un año!— y lo convenciera de que no dimitiera. Y allí me fui yo... No sé si lo convencí, pero no dimitió. Supongo que no lo convencería yo, que lo convencería el presidente del Gobierno, pero no dimitió. Yo le dije que íbamos a trabajar juntos, que la Ley iba a salir bien, que estaba de acuerdo: que todos nos habíamos pasado. En fin, las cosas que se dicen cuando somos compañeros... todas esas cosas.

Yo fui durante años el «niño bonito» de Nicolás Redondo. Y dejé de serlo porque me di cuenta de cómo era.

Yo lo tenía idealizado. Pero empecé a darme cuenta, a partir de 1983 —y básicamente a partir de aquella reunión en el Ministerio de Trabajo—, de que me había equivocado. En 1980, entramos Antón Saracíbar y yo en la Comisión Ejecutiva de la UGT; él era el secretario general de Euskadi, y yo el secretario general del Metal. Nicolás Redondo dijo que los dos teníamos que entrar necesariamente en la Ejecutiva, y nosotros no queríamos entrar. Y Manolito Chaves, que era a quien Nicolás había encargado que le fuera hilvanando la Ejecutiva, nos llamaba: «Que ha dicho Nicolás que subáis». Subíamos: «No estamos de acuerdo».

Al final, Nicolás, para convencernos a Saracíbar y a mí de que entráramos en la Comisión Ejecutiva, llamó a Felipe González. ¡Es verdad...! ¡Nicolás llamó a Felipe! Por eso yo, cuando oigo hablar de la separación del sindicato y del Partido, me río a mandíbula batiente...

Yo creía que Nicolás era un hombre más equilibrado, pero, en aquella reunión del Ministerio de Trabajo a la que me refería antes, vi a un hombre con una soberbia fuera de lo común, jugando un papel que no le correspondía... ¿Cómo es posible que el secretario general de la UGT, por muy familia que sea del PSOE, haga lo que hizo allí? ¡Es inconcebible! ¡No puede ser! Decía: «Si tuvieras vergüenza... Ese cuadro se caería de vergüenza...» —había un cuadro de Indalecio Prieto en la sala—.

Y, además, para explicarle a Nicolás Redondo la cláusula de revisión salarial que hicimos con la CEOE, tenía que dedicarle un día entero...

Con Boyer y con Solchaga yo no tuve una relación muy problemática... Vamos a ver: yo he discutido muchísimo con Carlos Solchaga, sobre todo y fundamentalmente cuando trabajábamos en la Ley de Reconversión Industrial. También he discutido mucho con Miguel Boyer; pero con Miguel yo tenía una relación distinta, porque Miguel fue asesor de la Federación del Metal cuando yo era secretario general, en 1976 y 1977, y habíamos tenido mucha relación. De todas formas, con Miguel yo he negociado menos que con Carlos en estas cuestiones.

Con Miguel yo he tenido siempre una relación muy afectiva y muy clara: «No estoy de acuerdo», «Estoy de acuerdo», «Eres un bárbaro; o dejas de ser un bárbaro o...»; pero sin faltarnos. Con Solchaga, en aquella época, teníamos discusiones más subidas de tono. No hace falta insultarse para tratar de llegar a un acuerdo, pero sí eran discusiones con mucha vehemencia.

Con Solchaga había más tensión y, además, Solchaga creía que iba a ganar la pelea y no la ganó. La ganó la UGT. Porque el sindicato planteó que hubiera un Proyecto de Ley de Reconversión, y lo consiguió; planteó la suspensión de los contratos, en lugar de la rescisión, y lo consiguió; planteó cómo se deberían de producir las jubilaciones... En fin, ¡que me presenten un Plan de Reconversión en el mundo mejor que el español!

Ministro a la fuerza

Yo entré en el Gobierno en julio de 1988. Habíamos tenido una reunión, meses antes... Ese mismo año se había celebrado el congreso del Partido, y yo, entonces, estaba en la Comisión Ejecutiva, era vocal.

Nos llamó Felipe y nos reunimos con él. Creo recordar que asistimos a la reunión Alfonso Guerra, Guillermo Galeote, Txiqui Benegas, Paco Marugán y yo. Estuvimos hablando de la preparación del congreso; dimos nuestras opiniones y yo le dije al presidente que quería dedicarme a otra cosa, pero él me contestó que tenía que continuar en la Comisión Ejecutiva y que, si no continuaba en ella... Dio a entender que tendría que entrar en el Gobierno. Le dije que no, que prefería seguir en la Comisión Ejecutiva.

Se celebró el Congreso y fui nombrado responsable de Política Institucional del Partido. Estando en Canarias, me llamó el presidente del Gobierno, pero yo había cambiado de hotel y no me localizaba. Debieron de avisar al delegado del Gobierno, que me encontró y me dio el recado. Llamé a Felipe —eran probablemente las seis de la tarde, más o menos; después de comer, seguro—. Y Felipe me dijo que iba a hacer un cambio de Gobierno y que yo iba a ser ministro del Interior. Yo le contesté por teléfono que si estaba loco: le recordé la conversación previa al Congreso y le dije que quería discutirlo con él, que estaba en Canarias y que no era una cuestión para discutir por teléfono. Me dijo que volviera a Madrid.

Estuve buscando un avión, no había vuelo; estuvimos, incluso, buscando con el delegado de Gobierno un avión para que me pudiera trasladar a Madrid... Había uno de hélices, pero llegaba muy tarde... En fin, que llamé a unas personas a las que siempre he respetado muchísimo, para contarles mis penas. Uno era Alfonso Guerra, otro, Fernando Abril Martorell, y otro, Ricardo Visedo. Recuerdo que Fernando Abril me dijo: «¡Ah, pues está bien eso, José Luis!»; y le pregunté: «Pero, ¿cómo dices eso?». Hablé con Alfonso, que me dijo más o menos lo mismo... Creo que Alfonso ya conocía el asunto y le parecía bien, eso es lo que yo deduje. Lo cierto es que volví a llamar al presidente del Gobierno para decirle que no tenía posibilidades de salir de Canarias para poder discutir ese tema con él en Madrid... Me dijo que ya sabía que había estado hablando con determinadas personas, lo cual quiere decir que se lo dijo Alfonso, seguro. Le advertí que no podría llegar antes de la mañana siguiente y me dijo: «Bueno, en fin, pues mañana, cuando llegues, te veo, pero quizás se filtre». Y, por la noche, estaba yo inaugurando una Casa del Pueblo en Las Palmas, y un periodista de la Ser —serían las once, más o menos— me dice que ya se había filtrado la composición del Gobierno. Lo había filtrado, naturalmente, Felipe González, seguro.

Al día siguiente, me di cuenta, por primera vez en mi vida, qué era esto del rumor de que uno va a ser ministro: cuando llegué al aeropuerto para coger el avión, me estaban esperando y me trataron de una forma distinta a como me trataron cuando llegué a Canarias.

Cuando llegué a Barajas, llamé a Felipe González; le dije que estaba en Madrid, y me recomendó: «Antes de venir a verme, vete a ver a Barrionuevo y habla con él». Y eso fue lo que hice. Cuando llegué a Madrid, ya era ministro; no había jurado, pero ya estaba la cosa hecha.

Esa noche dormí fatal. Debo decir que si yo hubiera estado en Madrid, dudo que hubiera sido ministro... Si hubiera podido hablar con el presidente del Gobierno, como hice la ocasión anterior, dudo que hubiera sido ministro. Porque en el cara a cara con Felipe tengo muchas posibilidades.

Naturalmente, no soy muy objetivo en el recuerdo... A lo mejor me llama Felipe y me deshago como un azucarillo, pero, tal y como lo recuerdo, tal y como estaba yo de impresionado, sobre todo por aquellos temas del Ministerio del Interior... (No tenía ni zorra idea del asunto...). Pero si yo estoy en Madrid, Felipe las tiene tiesas para convencerme.

Cuando te ofrecen estas cosas, hay dos sentimientos encontrados: uno es de temor y otro, de satisfacción. Yo no creía que se iba a desencadenar todo tan rápido, que el mismo día que Felipe me llamó, ya lo tenía decidido y lo iba a filtrar por la noche... Al final, me dejé nombrar porque tal vez también pensé que tampoco me disgustaba tanto ser ministro... ¡Yo qué sé...! Pero si hubiera estado en Madrid, le habría recordado a Felipe el compromiso al que llegamos en la reunión previa al Congreso. También le habría preguntado qué demonios iba a hacer yo en un Ministerio que no conocía; porque había estado con Barrionuevo sólo en dos o tres ocasiones.

Pero al mismo tiempo, naturalmente, cuando un presidente del Gobierno en el que tú crees, al que admiras, te dice que vas a ser ministro del Interior, que, probablemente, es uno de los puestos de más confianza que hay en el Gobierno, también eso te satisface desde el punto de vista personal... El ego también funciona... No sé.

A Alfonso le pareció muy bien, él estaba de acuerdo. Le dije por teléfono: «Pero ¿estáis locos?». (Porque yo le hablaba en plural, entonces). No recuerdo muy bien el contenido de la conversación con Alfonso, pero tuvo que ser, aproximadamente, de ese tenor. Lo que sí recuerdo es que me dio la impresión de que ya lo sabía y que estaba de acuerdo. Yo creía que Fernando Abril me iba a ayudar a fortalecer mi posición... ¡Y me contestó que eso estaba bien...! Hablé con esas tres personas y con mi mujer, que se puso a llorar. Y el llanto le duró unos días.

Esa noche no dormí. Estaba acojonado, de verdad. Estaba acojonado ante esa responsabilidad. Yo no había tenido relaciones con la Guardia Civil, ni con la Policía... Cuando pensaba en tanta responsabilidad, estaba realmente abrumado... Lo pasé muy mal. Las primeras 48 horas las pasé muy mal, estaba muy tenso.

Cuando fui a ver a Pepe Barrionuevo, él ya sabía que iba a verle, porque el nuevo Gobierno se había dado a conocer la noche anterior y ya lo sabía todo el mundo. Yo había tenido antes un encuentro muy dramático con Pepe Barrionuevo, con motivo del atentado de Hipercor[1]. Pepe Barrionuevo quiso dimitir. Y no solamente él. Barrionuevo quiso irse por muchas razones, entre otras, por el maltrato que sufría por parte de los medios de comunicación. Por supuesto, cuando hoy vemos cómo tratan al Ministerio del Interior y lo comparamos con los modos de entonces... Era tan tremendo el tratamiento que se le daba, desde los distintos «foros», en una época y en la otra, que no me extraña lo que ocurrió. No solamente iba a marcharse Pepe Barrionuevo, sino que todos sus colaboradores estaban dispuestos a irse... Rafael Vera, José María Rodríguez Colorado, Luis Roldán, en fin, el conjunto de la dirección del Ministerio estuvo en un tris de irse cuando sucedió lo de Hipercor. Txiqui Benegas, Paco Marugán y yo fuimos en aquella ocasión a ver a Barrionuevo, para decirle que tenía el respaldo de la Comisión Ejecutiva del PSOE, y, naturalmente, poniendo todo el Partido detrás del Ministro del Interior. Valoramos incluso la conveniencia de hacer un comunicado—creo que lo hicimos—. Fue una reunión tremenda, porque allí se veía el drama del Ministerio del Interior en aquella época: lo veías desde fuera.

Ésa fue la primera vez que tuve yo un contacto directo con lo que sentían de verdad los que sufrían con los atentados de ETA... Fue el primer contacto que tuve con la realidad: cómo se vivía en el Ministerio del Interior un atentado como el de Hipercor. Fue tremendo. Fue una reunión dramática. Estaba todo el Ministerio hecho polvo, pero no sólo porque había habido un atentado, sino porque, en los medios de comunicación, se les estaba dando un trato que no era justo. La soledad que existía entonces en el Ministerio del Interior era proverbial. Todos estos, los Elorza, Savater y todos estos, ¿estaban en primera línea combatiendo a ETA entonces? No estaban; en aquel entonces veían a Herri Batasuna de diferente manera a como la ven ahora, y esto no es una crítica, porque me encanta que hayan cambiado; pero me gustaría que reconocieran que antes no pensaban o no decían lo mismo que ahora piensan o dicen.

Cuando fui a ver a Pepe Barrionuevo, antes de hacerme cargo del Ministerio del Interior, me puso un poco al corriente. A Barrionuevo, en aquellos tiempos le preocupaba básicamente el terrorismo de ETA. Pero no sólo el de ETA. Porque, en aquel entonces, había otros terrorismos en España: funcionaban Terra Lliure, el GRAPO... Lo de aquella época no tiene nada que ver con ésta. Paradójicamente, el Gobierno del PP parece que quiere dar la impresión de que estamos en el peor momento de la ofensiva terrorista, y no es verdad: estamos en el mejor momento... Si a cualquier ministro de los años ochenta—y no sólo a ministros del PSOE, también a otros, como Rodolfo Martín Villa[2]— le plantean que la actividad de ETA en su época hubiera sido como la del 2002, con sus saltos de contento llegarían a la Luna.

Barrionuevo no me habló del GAL ni de nada parecido. No me dijo absolutamente nada. A la semana de haber ocupado el cargo, o a los diez días, metieron en la cárcel a Amedo y a Domínguez[3]. Pero Pepe Barrionuevo no me dijo nada en absoluto en relación con esto. Él me puso al corriente de lo que estaba en su conocimiento, e imagino que no me puso al corriente de lo que no conocía.

Yo llegué al Ministerio formando parte de un Gobierno que venía gobernando desde 1982, y yo era absolutamente corresponsable y partícipe de los Gobiernos de mi Partido. Yo no formé parte de un Gobierno que surgió de la nada, sino de un Gobierno que venía gobernando desde 1982 y, por tanto, todos los acontecimientos posteriores pertenecen al Gobierno de mi Partido. Por eso yo no le he recriminado jamás nada a Pepe Barrionuevo. Estoy seguro de que él me informó de lo que estaba en su conocimiento y nada más. Además, me hacía la siguiente composición de lugar: yo no era una persona que tuviera una relación permanente con el ministro del Interior, no era su amigo; yo conocía muy por encima a las personas que formaban parte del Ministerio del Interior; por tanto, si el nombramiento del nuevo ministro se hubiera hecho para tapar algo, habrían escogido a un amigo, digo yo, ¿no? Pero yo jamás he trazado una línea en ninguna responsabilidad que haya tenido en la vida de mi Partido... Yo no he hecho una línea de separación: «Hasta aquí es el anterior; de aquí en adelante, es mío». No.

¿Quién salvó a Segundo Marey?

Cuando el Tribunal Supremo condena a Barrionuevo por el secuestro de Segundo Marey, tengo exactamente el mismo derecho que tienen todos los prebostes que en este país han sido y son respetuosos —dicen ellos— con las decisiones de los jueces a manifestar mi desacuerdo con determinadas sentencias del Tribunal Supremo. Y, en concreto, con esa sentencia. Discrepo absolutamente: esa sentencia no hace justicia. Esa sentencia, en lo que se refiere al ministro del Interior, a Pepe Barrionuevo, es rigurosamente injusta.

Cuando uno lleva muchos años en el Ministerio y ve cómo se están fraguando algunas de las cosas que luego han pasado, uno se forma una opinión, que no es la del ciudadano que sólo lee los periódicos, sino la de un ciudadano con mayor acceso a la información. Y tengo elementos suficientes para decir que esa sentencia no debería permitir que durmiera tranquilo ninguno de los que la dictaron. Porque es injusta. Yo estoy convencido, en ese caso, de que el ministro del Interior no estaba al corriente de ese asunto y no participó en él. Y no sólo eso: estoy absolutamente seguro que le salvó la vida al señor Marey. Barrionuevo tendrá que decirlo, pero mi impresión es que le salvó la vida.

Hago estas afirmaciones porque hago un cálculo, probablemente subjetivo, de qué es lo que ocurrió y en qué momento se enteró el ministro de lo que había ocurrido. Pienso que, cuando se enteró —en ese esquema en el que yo imagino lo que ocurrió—, el ministro dijo que se le pusiera en libertad... Cuando se enteró.

Ocurre que quienes aceptan que otros persigan de cualquier forma a los terroristas, y además construyen un discurso que explica por qué eso está bien, llegan a otras conclusiones... Probablemente, lo que le hubieran pedido al ministro de la época es que se hubiera ido al juzgado de guardia para denunciar al gobernador civil, o a no sé quién... Tendría que haber ido a denunciar a unos funcionarios porque no habían hecho lo que tenían que hacer. Eso es probablemente lo que creo que hubiera decidido esa gente que fue tan crítica con Pepe Barrionuevo.

Yo jamás lo he hablado con él, pero la convicción íntima que tengo de esos acontecimientos es que, si en algún momento el ministro del Interior se enteró, sirvió para que ese hombre fuera puesto en libertad. No tengo dudas. Como he dicho, a mí Pepe Barrionuevo en ningún momento me habló para nada del GAL, ni me dijo: «Ten cuidado con esto... Sigue esto de determinada forma...». Por lo tanto, tengo que llegar a la conclusión de que no sabía nada. Entonces ya se había escrito bastante de Amedo y todo aquello, y si Barrionuevo lo hubiera sabido, me habría dado alguna llamada de aviso... Nunca lo hizo. En relación con eso, Pepe Barrionuevo estaba absolutamente tranquilo.

No estaba dispuesto a que me rompieran la cara

Cuando llegué al Ministerio —ya he dicho que era un lugar desconocido para mí y que implicaba una responsabilidad tremenda—, me di cuenta de que allí estaría en el ojo del huracán permanentemente. Entonces, tomé la decisión de tratar de conseguir que las personas que había en el Ministerio, que tenían experiencia, continuaran conmigo. Nadie me dijo absolutamente nada en contra. Recuerdo que Pepe Barrionuevo me habló muy bien de todos sus colaboradores. Y no cambié al secretario de Estado, ni al director de la Policía, ni al director de la Guardia Civil. Pero todo lo demás sí lo cambié. Al subsecretario, al secretario general técnico, al director general de Protección Civil y a casi todos los gobernadores civiles de España, poquito a poco... En los aspectos más importantes del Ministerio, sin ninguna duda, aposté por la continuidad.

A mí me gusta pensar que yo he sido un ministro que ha continuado la línea política de un Gobierno que, entre otras cosas, presidía el mismo presidente del Gobierno. En eso no me duelen prendas. Por no cambiar, no cambié ni a mi jefe de Gabinete, que era el mismo que estuvo con Pepe Barrionuevo. Lo hablé con él, le dije lo que yo pretendía, me satisfizo lo que me contestó, y le mantuve. Lo que sí le dije es que íbamos a trabajar de otra forma. Yo no estaba dispuesto a ir al Parlamento a que me rompieran la cara todos los días. Yo me leí, durante el mes de agosto de 1988, todas las intervenciones de Pepe Barrionuevo en el Parlamento, y todas las agresiones —porque no se pueden llamar contestaciones— a Pepe Barrionuevo. Hubo momentos en que la oposición lo maltrató inmisericordemente, y como eso queda reflejado en las actas del Congreso, las leí todas.

Le dije a mi jefe de Gabinete: «A partir de ahora, esto va a cambiar. Esto de ir al Parlamento a poner la cara para que me la partan... en absoluto. A partir de ahora, vamos a ir al Parlamento a contestar lo que nos pregunten, pero no, desde luego, a poner la cara para que nos la partan. El día que la oposición tenga razón, se la daré; y el día que no la tenga, si el otro me muerde la asadurilla, yo se la morderé a él». Si a mí un diputado me trata correctamente y me señala un error, es posible que yo lo reconozca si tiene fundamento; ahora bien, si el trato es barriobajero, utilizando falsedades para poner en dificultades al ministro, yo le trato exactamente igual que él me trata a mí; y si muerde, yo muerdo.

Aquel terrorismo y aquellos intelectuales

Cuando me hice cargo de Interior, estábamos en una situación muy complicada. ETA mataba cinco, seis o siete veces más que ahora. No hay más que mirar lo que ocurría años atrás. Entonces, cuando se detenía a un comando... ¡Había comandos en los que se detenía a casi ochenta personas! Era una época en la que los comandos —los llamados «comandos operativos»— no actuaban solos: había comandos de información y había una infraestructura concedida por una parte de la sociedad vasca —hoy no se la conceden: eso, afortunadamente, ha ido cambiando con el tiempo—.

Por tanto, la situación de entonces, comparada con la de ahora, era mucho peor; era más difícil combatir a ETA entonces que ahora. Había una opinión pública que no se movilizaba como lo hace ahora; había unos medios de comunicación que no se movilizaban como ahora; había unos intelectuales que no se movilizaban como ahora. Probablemente, porque entonces mataban sólo a guardias civiles y policías, y hoy, en fin, en menor escala, pero hacen menos distingos. Es decir, la situación de entonces, en comparación con la de ahora, no tiene nada que ver, por fortuna. Hubo años —antes de que yo llegara al Ministerio— en los que el ministro tenía que ir cada tres días a un funeral. Y no iba tan acompañado como ahora cuando hay un asesinato de ETA. Nada tienen que ver lo que dicen los creadores de opinión, los intelectuales de ahora, con lo que decían entonces. ¡Nada que ver! Entre otras cosas, ahora, cuando hay un atentado, está muy claro que la responsabilidad, la culpa, la tienen los terroristas. En aquel entonces, era perfectamente posible oír durante días y días, o leer en los periódicos, que llamaban al ministro estúpido, y a la policía, y a la Guardia Civil porque no se encontraba al «comando Madrid». Ahora no; ahora está muy claro dónde reside la responsabilidad y quiénes son los canallas: los que matan.

Recuerdo que la primera vez que Francia entregó a presuntos miembros de ETA por el procedimiento de urgencia —creo recordar que fue en el año 1986, o en 1987—, cuando los enviaron a España en autobuses, expulsados por el procedimiento de urgencia, casi hubo huelga general en Euskadi. El Gobierno vasco estuvo en contra; hubo un debate nacional sobre si eso era correcto o no... «La seguridad jurídica», decían, cuando entregaban a presuntos miembros de ETA.

No nos acordamos, ¿verdad? Como no nos acordamos, ahora que se discute si hay que hablar de ETA o no, ahora que se plantea que no hay que hacer propaganda, que en España ha habido directores de periódicos que le han dado cinco páginas de su periódico a la dirección de ETA para que explicara por qué mataba y asesinaba en España. Eso lo hizo *Diario 16*, cuando lo dirigía Pedro J. Ramírez. ¿Es posible imaginar hoy un periódico dándole a la dirección de ETA cinco páginas para que se explique? ¡Hoy es impensable! Entonces, no sólo no era impensable: se hacía. Y se hacía porque había que dar a conocer los puntos de vista de «todos». Hoy, este mismo sinvergüenza, Pedro J. Ramírez, puede montar un escándalo si yo voy a comer con Xabier Arzalluz. ¡Tiene tela! Este mismo, que dio cinco páginas a ETA, hoy se rasga las vestiduras si el PSOE habla con el PNV. ¡Así es la vida!

«La huelga nos pilló en bragas»

La huelga del 14-D fue la huelga más general que le hicieron los sindicatos al Gobierno socialista. Todos los intentos posteriores no llegaron a alcanzar esa cumbre. ¡Todo ha cambiado tanto...! Ahora oigo a Nicolás Redondo hablar en la COPE, dando doctrina en la cadena de los obispos... Recuerdo que, entonces, cuando se discutía la negociación colectiva, decía: «¿Qué es esto de la previsión de inflación? Los trabajadores tienen que tener garantizada la previsión de inflación y además, más; porque tienen que participar del reparto de la tarta general». Eso era lo que decía. Es decir, los salarios tenían que crecer por encima de la inflación. Durante el Gobierno del PP, hemos tenido unos años en los que el crecimiento de la economía ha sido superior, incluso, al de la inflación, y los salarios no han llegado a crecer lo que crecía la economía. ¡Tiene tela! Estas circunstancias, con un Gobierno socialista, y con Nicolás Redondo, hubieran originado no una huelga, sino doscientas.

Para mí, personalmente, fue un trauma, porque yo procedía del sindicalismo. No estaba de acuerdo con aquella huelga, entre otras cosas porque ya hacía tiempo que no estaba de acuerdo con Nicolás Redondo. Pero tengo que decir que fue una huelga que nos pilló en puñeteras bragas. No hicimos nada para ponerle cortapisas, se paró la televisión, todo, los comercios... Recuerdo que llamé al presidente del Gobierno por la noche para decirle: «Felipe, esto ha sido un desastre, porque la huelga ha tenido tela marinera».

Aquel día me fui a más de cuarenta kilómetros de Madrid, a ver si podía dar con un lugar donde comer un bocadillo. Y no lo encontré. ¡Aquello fue tremendo! Insistí: «Felipe, la huelga ha sido un éxito, pero hay una cosa que nos debe llenar de satisfacción: no ha habido ningún herido». Y me dijo el presidente: «¡Joder, pues sólo hubiera faltado que además de haber hecho lo que les ha salido de las pelotas, hubiéramos tenido algún herido!».

Me tocó lidiar, años después, con otra huelga general, pero ya había aprendido. Llegué a la conclusión de que aquello de la huelga tenía mucho que ver con la imagen: la sensación de que todo está parado. No se produce en las afueras de Madrid, sino en el centro. Por eso, en la segunda, decidí que El Corte Inglés no lo cerraban... (No sé si fue en el año 91...). Entonces, en vez de desperdigar a los policías, los concentré en dos o tres lugares, y zurramos la badana. Les advertí a los sindicatos: «Tened cuidado, que esta vez no va a ser como la otra». Y no lo fue.

Desde luego, la huelga del 14-D fue traumática para todo el Partido. ¡Después de haber trabajado tanto con el sindicato, que unos años antes se confundía con el Partido...! ¡Pues claro que supuso para muchos compañeros un trauma muy importante! Algunos manifestaron la inconveniencia de que eso se produjera, claro que sí, muchos; pero no recuerdo rupturas de personas con relevancia en aquellos momentos. Hubo discusiones sobre si había que ceder más o menos, si concediendo lo que pedía el sindicato, o una parte de lo que se pedía, se podría detener la huelga... Pues claro, esa situación sí que se produjo, en todos los ámbitos del Partido, de la Administración y del Gobierno.

Pero una vez que se produjo la huelga, yo no recuerdo que haya habido personas que hayan traicionado al Partido o al Gobierno. No lo recuerdo. Alfonso vivió aquello tratando de hablar con la UGT hasta los extremos más insospechados: intentando que no se llevara a efecto la huelga. Todo aquello respondía también a una ofensiva política en la que se habían implicado otros sectores de la sociedad. El PSOE llevaba seis años gobernando, había ganado dos elecciones por mayoría absoluta. A veces daba la impresión de que todo parecía poco. En las relaciones de Felipe con Nicolás, no tengo la menor duda de que en el 90 por ciento de las ocasiones tenía bastantes más razones Felipe González que Nicolás Redondo. Pero, entonces, una de las críticas que le hacían a Felipe González desde las plataformas mediáticas venía a decir que no era socialista; y de Nicolás Redondo decían que era un «histórico». ¡Y eso lo decían los liberales!

Los buenos momentos duraban poco

Me cuesta mucho hablar de mi gestión como ministro del Interior.

Los peores momentos, sin ninguna duda, fueron los atentados. Son momentos terribles. Yo creo que no hay nadie que sienta un atentado más que los responsables del Ministerio del Interior, excepto la familia más cercana. El primero que viví de cerca ocurrió al poco de llegar, en Estella. En aquella época, la Guardia Civil tenía coches semiblindados y los etarras utilizaban un explosivo, el amonal, que producía mucho calor y llevaba aluminio, y se fundían los cristales. Aquel primer atentado fue contra la Guardia Civil. Pero si tuviera que citar algún atentado que me causó especial indignación, fue el de Vic, el de la casa cuartel[4]. Fue tremendo. Al día siguiente, teníamos localizado al comando y hubo un despliegue importantísimo de funcionarios de los Cuerpos de Seguridad, despliegue al que tuvieron acceso los medios de comunicación. Tuve que rogar a una emisora de radio que no diera la noticia, porque los terroristas podían estar oyendo la radio y enterarse de que teníamos rodeada la casa donde se escondían. La respuesta fue indignante... Tuvimos que adelantar la operación para que no nos la reventaran y, en vez de esperar a la noche, a que estuvieran durmiendo, hubo que entrar de día.

Otro momento tremendo, para mí, fue el día en que un presunto etarra se tiró por la ventana de una comisaría de Bilbao y se mató. Al mismo tiempo, una detenida, presunta miembro de ETA, que fue trasladada al cuartel de Tres Cantos, murió aquella noche. Aquello fue tremendo, y al día siguiente tuve que ir al Parlamento a dar explicaciones pormenorizadas de lo que había ocurrido. Algún editorial dijo que la presunta miembro de ETA tenía hematomas en los brazos y daba a entender que había habido malos tratos. Naturalmente, otros medios se hicieron eco inmediatamente, sin tener en cuenta que había estado perfectamente atendida por el forense y que sufría una enfermedad que, cuando se la tocaba, se le quedaban manchas... Y en el momento de meterla en el coche, hubo que cogerla. ¡Aquello fue tremendo!

Buenos momentos, hubo muchos. Lo que ocurría es que duraban poco. A mí me gustaría saber en qué época de la lucha antiterrorista se han detenido a los comandos más importantes de ETA. Que lo digan los que entienden un poco de esto. Que revisen la época que va de 1989 a 1993 y que la comparen con cualquier otra. Ya está: sólo se necesita revisar esa cuestión. Yo sólo sé que hoy se detiene a un «piernas» y el ministro del Interior da una rueda de prensa. Quiero que me digan cuántas ruedas de prensa he dado yo cuando se ha cogido al «comando Eibar» o al «comando Barcelona», o a la cúpula de ETA. En los últimos tiempos, ¿cuántas veces han detenido a la cúpula de ETA? Muchas, ¿no? Pues eso.

Una de mis mayores satisfacciones fue la operación de Bidart. Yo creo que, en la lucha contra ETA, en mi opinión, hay dos operaciones que son las más importantes, por este orden: Sokoa y Bidart. Sokoa, que ocurrió en la época de Barrionuevo, fue importantísima porque proporcionó información de la que nunca habían dispuesto las Fuerzas y Cuerpos de Seguridad del Estado respecto a ETA, sobre su entramado financiero... Muchos años después de aquella operación, se seguía trabajando con la información que se encontró en la fábrica Sokoa. Pero, desde el punto de vista de golpe al «aparato» de ETA, sin duda, la más importante fue Bidart. Fue una operación concienzuda de la Guardia Civil, en colaboración con Francia. Una investigación del general Rodríguez Galindo que, después de muchos meses de trabajo, dio el resultado apetecido. Se consiguió detener a la que de verdad era la dirección de ETA, que era el «grupo Artapalo». Fue una operación muy larga, una operación en la que la Guardia Civil estuvo detrás de los etarras durante muchos meses, consiguiendo mucha información; y, al final, en una de las reuniones que tenían los de Artapalo, los cogieron a todos y se pudo desmantelar la dirección de ETA. Fue muy importante. En esta operación, el papel que jugaron el general Galindo y quienes estaban a sus órdenes, fue absolutamente crucial. La búsqueda de información y los meses y meses que llevó esa operación se trabajaron desde el cuartel de Intxaurrondo, a cuyo frente estaba el general Rodríguez Galindo, que hoy está en la cárcel.

En política no se debe esperar el agradecimiento de nada: el político debe trabajar para hacer las cosas bien y algunas veces le salen regular y otras, mal. Pero a los funcionarios... En esta sociedad, a aquel que cumple con su obligación, y lo hace bien, se le reconocen sus méritos; a un abogado, por ejemplo. Pero, en las Fuerzas y Cuerpos de Seguridad, a los que tienen un comportamiento distinguido, a los que trabajan todo lo que sea necesario, a los que no cogen vacaciones, a los que viven o han vivido en unas condiciones extremas, que se les reconozca el mérito... No. Aquí, no. Aquí es imposible. Y tenemos a gente que ha dejado media vida defendiendo la seguridad de sus conciudadanos y está en la cárcel.

Yo creo que la sentencia que condenó al general Rodríguez Galindo y a sus hombres por los asesinatos de Lasa y Zabala es injusta[5]. Porque los hechos que la sentencia dice que son probados, no son ciertos. Antes me preocupaba hacer estas afirmaciones, porque decir que estabas en contra de una sentencia era casi un sacrilegio; o decir que lo que había hecho un juez era una barbaridad constituía un desacato. Pero sólo cuando nos ocurría a nosotros. Ahora bien, cuando le sucede a un periodista o a un gerifalte, todos aquellos que nos acusaban de criticar las sentencias no se privan de criticar las sentencia de los jueces si les conviene. Yo digo que la sentencia que condenó al general Rodríguez Galindo es una sentencia injusta y tengo motivos para decirlo, aunque no sean hechos que hayan ocurrido durante mi época de responsabilidad política en el Ministerio del Interior.

No sé lo que hará el Gobierno. Creo que la petición de indulto está pendiente de informes del Tribunal sentenciador, pero no sé lo que hará el Gobierno. Parece que tienen miedo a eso que llaman la «opinión pública».

ETA no se acabará si se va contra el PNV

ETA tenía entonces una estructura tal que, si venía un comando a Madrid, previamente venía otro que buscaba información sobre su objetivo. Y cuando tenían la información, venía el comando operativo, que era el que asesinaba. Tenían infraestructura múltiple. Los comandos no se movían alegremente para ir de Madrid a Móstoles: iba uno, hacía el recorrido, volvía y les informaba. Alrededor de los asesinos del comando operativo había una infraestructura de viviendas, de gente que les prestaba su colaboración, que les cedía pisos de seguridad...

Ha habido comandos... por ejemplo, uno importantísimo, que también lo desactivó el general Galindo con sus hombres: el «comando Eibar». Había cometido más de treinta asesinatos. Cuando se desactivó aquel comando —hubo un tiroteo tremendo en la frontera de Irún—, se detuvieron a sesenta colaboradores. Hoy no ocurre eso. Hoy no hay gente dispuesta a darle cobijo a un comando, como había entonces. Por tanto, hemos avanzado; parecerá poco, pero es muchísimo. La gente ya no está dispuesta a dar cobertura a los comandos. Ni siquiera aquellos que pueden justificar hechos violentos se atreven a acoger a los comandos. Todo apunta a que el terrorismo es superable.

Creo firmemente que se vencerá a ETA. El apoyo social a ETA es cada vez menor. El conjunto de la sociedad civil se moviliza cada día más. Hoy es perfectamente posible que el director de un periódico salga de una detención y diga que le han torturado, y el conjunto de los medios de comunicación cierren el asunto diciendo: «Ésa es la técnica de ETA para manchar a los funcionarios». Y es verdad, pero hoy y hace diez años. Sólo que, hace diez años, eso no se decía. En aquella época, había que abrir una investigación. Todos, incluso los filósofos y periodistas, todos han evolucionado en exceso, en mi opinión... Como todos los conversos: se han pasado siete pueblos. No hay nada más que ver hoy un funeral, cuando ETA asesina a una persona, y compararlo con los funerales que había entonces, cuando asesinaban a un guardia civil o a un policía... No me molesta que esto ocurra, al contrario. Pero sucede que los que hoy acuden a funerales y manifestaciones, no pueden decirme nada, a mí, que iba a los funerales cuando ellos no iban.

Y eso no es todo. Yo no sé si me he equivocado o he acertado, pero una de las cosas de las que me siento más satisfecho, en relación con la lucha antiterrorista, es haber fomentado, favorecido, unas relaciones estrechas con el PNV. Porque yo soy de los que opino que ETA y lo que representa, si se va contra el PNV, no se terminará nunca. Yo creo que acabar con ETA, que representa a una parte cada vez más pequeña de la sociedad vasca, requiere una colaboración lo más estrecha posible con el PNV. Y, hoy, se da la paradoja de que, sin ninguna duda, en la relación con ETA, las cosas están mejor, y en cambio, políticamente, estamos peor.

Siempre he tenido una relación muy fluida con Xabier Arzalluz. Ya lo conocía, antes de ser ministro, aunque no había tenido un trato cotidiano... de tomar vinos con él. Pero, desde que llegué al Ministerio, tuve la impresión de que me podía entender con él, y puedo decir que a mí no me ha faltado nunca a la palabra dada. Así de sencillo. Como, además, da la puñetera casualidad de que Xabier Arzalluz es el Presidente del PNV —que, además, es el partido que gobierna en Euskadi, aunque no con mayoría absoluta—; como da la casualidad de que entonces gobernaba con el PSE; como a mí me parece que es un partido que está en contra del terrorismo —lo creo firmemente—; como creo que sería un partido feliz si se acabara ETA; como creo sinceramente que Xabier Arzalluz, el día que se vaya, si ha dejado de existir ETA, será una de las personas más felices; como le conozco como demócrata desde mucho antes que a otros demócratas actuales, que no lo eran entonces; como existen todas estas razones, qué le voy a hacer: me he llevado bien con él, y espero seguir llevándome bien con él. Mi relación con Arzalluz me ha servido para hablar con una mayor transparencia, para conseguir una mutua confianza. Si no se genera un clima de confianza entre las personas, es absolutamente imposible avanzar, creo yo. Tienes que saber que no estás buscando a ningún confidente de nada: simplemente, estás discutiendo la mejor forma de cómo acabar con una lacra como el terrorismo. Si encuentras sintonía en tu interlocutor, si no te miente, si no te sorprende, si no te engaña, aumenta la confianza. Y como a mí Xabier Arzalluz ni me ha mentido, ni me ha sorprendido ni me ha engañado, debo decir que he tenido buenas relaciones con el PNV.

Estoy hablando del PNV que firma el Pacto de Ajuria Enea, con el partido que, junto al resto de los partidos de todo el arco parlamentario, fija en qué condiciones se tiene que producir la desaparición de ETA, qué márgenes tiene la política para encontrar una solución. Yo me encuentro con un PNV que, con todos los partidos, apoya la decisión de abrir el período de conversaciones con ETA en Argel y se hace con el conocimiento de la opinión pública. Podíamos haberlo hecho de forma secreta, pero no; se hizo con el conocimiento de la opinión pública y con el respaldo de todos los partidos. Yo me sentía respaldado por Manuel Fraga, que era entonces el interlocutor del PP, y por Rodolfo Martín Villa, después, y más adelante por Francisco Álvarez Cascos. Aquella fue una operación que se hizo con el consentimiento del conjunto de los firmantes del Pacto de Ajuria Enea, a los que se informaba quincenalmente de la marcha de las conversaciones. En la lucha antiterrorista, a mí me parece que eso es muy bueno y, dicho sea de paso, a eso llamo yo consenso.

Hubo una campaña, no sólo buena, sino inteligente —porque era necesario dar sensación de normalidad, más allá de que existiera la lacra del terrorismo—, una campaña del Gobierno vasco que promocionaba el turismo en Euskadi: «Ven y cuéntalo». Creo recordar un chiste de Mingote, en el que hacía una crítica a aquella campaña; y la titular de esa campaña, Rosa Díez, que entonces era consejera de Turismo del Gobierno vasco, se querelló contra Mingote. En Euskadi había entonces más violencia que ahora. Y a esta misma persona, a Rosa Díez, la oyes hablar hoy y te preguntas: «¿Pero cómo es posible? ¿Qué habrá pasado?». Y lo que ha ocurrido es que se ha producido el Pacto de Lizarra, que añade, a los problemas de terrorismo, un planteamiento político rupturista. Pero ocurre también que, cuando se produce el Pacto de Lizarra, Rosa Díez estaba en el Gobierno vasco, y recuerdo que en el PSE hubo un debate sobre si salir o no salir de ese Gobierno. Y ella no fue precisamente la que más se distinguió por las ganas de romper con el PNV.

Y, entonces, uno no entiende nada, o lo entiende todo. Y como yo soy de los que entiendo todo, tengo para mí que estas personas no me merecen el menor crédito. Ya sé que es complicado, porque dicen que están amenazados... Bueno, pues yo lo puedo decir, porque yo también estoy amenazado, ¡y mucho antes que ellos!

Pero lo políticamente correcto en este momento es no hablar con el PNV, distanciarse cada vez más. A mí eso me parece un error. Yo no estoy de acuerdo con el PNV. Milito en un partido político distinto del PNV, que tiene un proyecto político distinto; pero el PNV es, en este momento, el mayor partido de Euskadi, con el que hay que hablar. Habrá que tratar de llegar a un mínimo común denominador porque, de lo contrario, todo tiende a la separación. Lo que dicen algunos, respecto a la necesidad corregir los desajustes que se producen en la vida política y social del País Vasco, con esos planteamientos, en mi opinión, separa más que une. Y a mí me gustaría hacer una política más transversal.

Yo ya sé que el PNV y Xabier Arzalluz dicen cosas que a mí no me gustan; pero hay muchos que dicen cosas que a mí no me gustan y no por eso les condeno a la hoguera del infierno. En mi época, estas cosas no ocurrían. Yo sólo digo que desde 1988 a 1993, el PNV fue leal al pacto que había suscrito: el Pacto de Ajuria Enea. Debo decir también que el partido menos leal de todos —por lo que yo he conocido— fue el Partido Popular, que, en un momento dado, fue el primer partido que cuestionó algunos de los contenidos del Pacto de Ajuria Enea. Por tanto, que no vengan a reescribir la historia, porque ésta es la verdad.

Yo he tratado de llevarme bien con todos los partidos políticos y, en general, creo que con todos he tenidos unas relaciones cordiales; también con el PNV, porque, entre otras cosas, les conozco desde hace tiempo, de mucho tiempo antes de ser ministro, de antes de estar en Madrid, de cuando estaba viviendo en Portugalete; y he tenido con ellos unas relaciones cordiales, en la discrepancia, pero cordiales. Y como creo que la solución de esa tierra es hacer políticas no de confrontación, sino transversales, que no ahonden en la separación de dos comunidades o en dos planteamientos antagónicos; como creo que hay una oportunidad para que se consiga ese denominador común que nos permita vivir en paz y en libertad, me parece que hay que hacer ese esfuerzo.

Yo no tengo la menor duda de que el PNV defiende el final del terrorismo. Pero ocurre que nos encontramos ahora con otra nueva corriente: los que defendían, hace unos años, que Herri Batasuna no tenía nada que ver con ETA, hoy afirman que el PNV es el brazo armado de ETA. Eso es una indecencia intelectual contra la que es muy difícil luchar, porque la propaganda es terrible.

Yo abandoné el Ministerio dejando vivo el Pacto de Ajuria Enea.

Lo de Argel nos salió bien

En la lucha antiterrorista hay épocas en las que se está bien, y en otras se está muy mal. En cuestión de información, sobre todo. El año 1988 fue muy mal año. No es igual contemplar la lucha antiterrorista cuando tienes a mano instrumentos para combatirla, que cuando no tienes apenas instrumentos. Y no puedes ir por las esquinas quejándote; siempre tienes que dar a entender que tienes mucha información.

Dadas las circunstancias, tomamos aquella decisión de negociar con ETA en Argel. Por muchas razones; pero, entre otras, hay una que a mí me parece permanente: creo que, en algún momento de este proceso —no estoy diciendo ninguna barbaridad, porque así se acabó con ETA político-militar—, sería deseable alcanzar una desaparición definitiva de lo que ellos llaman «lucha armada», del terrorismo. Ojalá eso fuera posible. Yo lo buscaría, pero no sólo yo... El señor Aznar es el único presidente del Gobierno al que le oído decir que ha dado autorización para que, en su nombre, se abra un diálogo con el «Movimiento Nacional de Liberación Vasco». Tiene tela marinera... Y allí fueron a hablar, a Suiza, que hasta llevaron a un obispo. No sé para qué, pero lo llevaron...

La reflexión sobre la conveniencia de abordar aquellas negociaciones de Argel la hicimos nosotros solos, no tuvo nada que ver ningún partido. Después, una vez madurada esa decisión, se consulta a los partidos firmantes del Pacto de Ajuria Enea sobre la posibilidad de llevar a cabo esas conversaciones. Y, entonces, encontré comprensión, no sólo en Xabier Arzalluz; también la encontré en CiU —por cierto, éste es un partido que siempre ha estado en la mejor disposición en todo lo relativo a la lucha antiterrorista y con el Ministerio del Interior—.

El caso es que, por la información que teníamos en ese momento, llegamos a la conclusión de que era posible iniciar esas conversaciones con ETA. En el pasado hubo otras épocas en las que no era posible, pero parecía que, en ese momento, del otro lado, del lado de ETA, había cierta disposición. En ese otro lado, en ETA, hablamos con Antxon, con Belén y con Makario[6]. (Los tres fueron extraditados y están ahora en España, cumpliendo condena). Los tres estaban en Argel, después de la muerte de Txomin, en 1987.

Yo fui dos veces a Argel, aunque no a hablar con ellos, porque yo no los conozco ni he estado nunca con ellos. Las dos veces que fui a Argel —que son las dos únicas ocasiones en las que ni María Santísima se ha enterado de adónde he ido— fue para hablar con el Gobierno argelino. Valoré la información que me dieron y el análisis que hicimos nosotros fue que la cosa no estaba madura. Y así se lo dijimos a los partidos. Es decir, cuando yo informo a los partidos, les digo que creo que no va a salir bien, porque creíamos —y teníamos razón— que el asunto no estaba lo suficientemente maduro como para que saliera bien. Pero teníamos un compromiso del Gobierno argelino: si no salía bien, iban a mandar a dónde nosotros quisiéramos a los tres etarras; y nos íbamos a quitar de encima el referente que había sido Argel durante muchos años para los movimientos de liberación nacionales de muchos lugares del mundo; entre otros, para ETA.

Argel era un referente, porque allí se entrenaron los comandos terroristas hacía mucho tiempo, y, además, Argel era un país que había hecho su propia liberación nacional.

Ésa fue la operación. Y debo decir que salió como esperábamos, aunque no sin dificultades. La cosa no estaba madura para llegar a un acuerdo con ETA, como se demostró. Para seguir hablando, ponían la condición de que anunciáramos que eran conversaciones políticas. Y no lo aceptamos, porque no se podía. Los tiempos han cambiado... Pero habría dado igual si hubiéramos aceptado, probablemente, porque el tema no estaba maduro... Pero el objetivo de sacar de Argel a los cabecillas de ETA se cumplió plenamente: Antxon, Belén y Makario se fueron a Santo Domingo, donde nosotros dijimos.

Hay quien piensa que las negociaciones de Argel fueron un error. Lo dicen algunos que no tienen ni zorra idea de esto, pero creen que saben mucho. Sobre todo, analistas políticos... Pero no falto a la verdad si digo que el esquema de esas conversaciones, el guión que se pactó con los partidos políticos, fue exactamente lo que se hizo. No se movió ni una coma. Todos los partidos políticos recibieron información sobre cada viaje que se hizo a Argel; incluso el comunicado final se pactó. Se hizo todo en el marco del Pacto de Ajuria Enea.

Recuerdo que, antes de empezar, me reuní con los directores de los periódicos, para decirles lo que íbamos a hacer, lo que esperábamos de ellos... Incluso me adelanté y les dije lo que yo creía que iba a ocurrir. Y cuando les dije que probablemente ocurriría «esto», les rogué, por favor, que si no salía bien —que ojalá saliera—, cuando los de ETA fuesen deportados a otro lugar, que no pusieran encima de la mesa el gas o acuerdos económicos... Que no, que no había nada respecto a intereses económicos con Argel. El compromiso era con el Gobierno argelino, porque ellos creían que se podía avanzar. Y como yo tenía dudas de que eso fuera posible, los argelinos me habían dado garantías de que, si ellos estaban equivocados, se hacía lo que yo dijera. Y así fue, y así se hizo.

No costó poco trabajo que los enviaran a Santo Domingo. Tuvo que ir Rafael Vera a Argel, porque no encontrábamos al responsable que se había comprometido a hacer la deportación de los etarras. Yo tuve 48 horas mi dimisión encima de la mesa. Porque los argelinos no nos los mandaban donde nosotros decíamos que había que mandarlos... No encontrábamos al responsable que se había comprometido... Estaba en un balneario. Y si no los metían en un avión, si no los expulsaban de Argel, yo presentaba la dimisión, inmediatamente. Porque aquello no fue un diseño de Felipe, que era uno de los críticos, aunque lo autorizó... Hay que entender al presidente del Gobierno: cuando hacías un movimiento, él se ponía en lo peor. Y continuamente te estaba tocando los «cataplines» para que no te desviaras. Pero, desde luego, si Felipe no hubiera estado de acuerdo, no lo hubiéramos hecho. En definitiva, aquello no fue un fracaso. Ocurrió lo que era previsible. En el análisis del Ministerio del Interior, esas conversaciones no iban a tener éxito, y así se lo dijimos a los partidos políticos. Y, entonces, si creíamos que no iba a fructificar, ¿por qué lo hicimos? Porque teníamos el compromiso del Gobierno de Argel de que expulsarían de allí a los etarras. Y eso no era poco.

Aznar pudo parar el Pacto de Lizarra

Respecto a la ruptura del Gobierno de coalición con el PNV, en Euskadi, yo tengo una mezcla de impresiones, de opiniones y de información. Yo creo que hubo un momento en el que el PNV, y su presidente al frente, llegaron a la conclusión de que la inmovilidad que se había producido en la superación de la lucha antiterrorista no conducía a nada bueno. Y tomaron la decisión de moverse en el mundo del nacionalismo radical, con mejor o peor acierto. Tengo información de que ese planteamiento de moverse en el mundo de los violentos, para ver si era posible acabar con la violencia, se le comunicó al presidente del Gobierno de la época: José María Aznar. Se lo dijo el presidente del PNV, Arzalluz, quien trató de averiguar si el Partido Popular estaba dispuesto a que realizaran juntos ese movimiento. Parece que el PP no quiso, y el PNV tomó la decisión de hacerlo en solitario, porque el PSOE no podía tomar parte en ninguna decisión de esa naturaleza si el partido del Gobierno, y el Gobierno en sí, no lo autorizaban. Y como no lo autorizó, el PSOE, leal al Gobierno, se quedó donde se tenía que quedar.

Aquel planteamiento desembocó en las conversaciones que dan origen al acuerdo de Lizarra. Conversaciones que —tengo la seguridad— el presidente del Gobierno conocía. Y, en mi opinión, si las conocía, las pudo parar, con los medios que hoy existen para filtrar reuniones reservadas y este tipo de cosas. En cualquier caso, si no lo sabía, no las frenó porque no lo sabía; si lo sabía y no frenó las conversaciones, fue su decisión. Y eso, a mi modo de ver, condujo a una equivocación. Yo creo que el PNV se equivocó en el Pacto de Lizarra: todo aquello produjo un agudizamiento de las diferencias políticas tremendo. Yo hubiera tratado de reconducir al PNV a las posiciones anteriores. Pero creo que ese intento no lo ha hecho nadie con seriedad: se pretendió hacer un plebiscito, adelantando las elecciones al Parlamento Vasco, y enfrentando al bloque constitucionalista contra el nacionalista. Y ocurrió lo que ocurrió —que es lo que ocurrirá siempre, si nos ponemos en manos de estos estrategas de cuarta que parece que están diseñando el devenir de la política en el País Vasco—: que el PNV ganó con diferencia.

No hay peor cosa que un converso, porque le pueden más otras cosas que la objetividad. Y como aquí hay mucho converso, la cosa no puede ir bien.

Durante mi mandato dediqué especial cuidado y atención al mantenimiento de los criterios y el espíritu del Pacto de Ajuria Enea, al que dediqué muchas energías.

Recuerdo un atentado que se produjo en San Sebastián, donde fueron asesinados dos funcionarios de la Policía. Entonces expresé mi esperanza de que algún día, a los que apoyaban y justificaban el terrorismo, se les correría a gorrazos por las calles de los pueblos de Euskadi. Y me pusieron a parir intelectuales y pseudointelectuales, diciendo que era un bruto y preguntándose cómo podía decir aquellas cosas. Hoy, esos mismos, gritan como energúmenos e insultan descaradamente a sus contrincantes políticos. Y a ésos les ponen la Laureada de San Fernando. ¡Pero así es la vida!

El camino del insulto, de abrir diferencias, de hurgar en las diferencias para hacer una sima de separación entre aquellos que están contra el terrorismo, me parece un profundo error. Hay gente, incluso de mi Partido, que ahora pone en cuestión aquella política de acuerdos que permitió a los socialistas gobernar con el PNV. Pero tal vez resulte que eso lo dicen precisamente quienes estuvieron en aquel Gobierno de coalición con el PNV, lo cual ya es demasiado para el cuerpo... Yo creo que esa política no fue un error. Ojalá fuera posible reproducir ese estado de cosas, porque eso querría decir que no estaríamos en la actual situación de ruptura política, o de ruptura de los elementos básicos de unidad que había entonces.

Cuando algunos dicen que en el tema del terrorismo jamás hemos estado peor que ahora, cometen una falta a la verdad histórica que me produce irritación. Es decir, no puedo compartir el autoritarismo de estas personas que tenían razón cuando defendían que HB era una cosa distinta a ETA y, ahora, que dicen todo lo contrario, también la tienen. Son unos autoritarios. A éstos les das un poco de poder y se hacen unos dictadores de primera; y, además, nunca piden disculpas. Dicen: «Hay mucha gente que hoy se tiene que ir de Euskadi». Y es verdad que hay mucha gente que se siente amenazada, y que ha tenido que abandonar su tierra. Eso no es nuevo: ocurrió a finales de los setenta. Mucho más que ahora. Pero, entonces, había peores condiciones, más atentados, ETA estaba más fuerte, tenía mayores apoyos en la sociedad vasca, muchos más que ahora. Por tanto, quien dice que ahora estamos peor, miente como un bellaco.

¿Qué es lo que está mal, fundamentalmente peor? La política está peor. Porque hoy suceden cosas que no sucedían entonces, justamente cuando había un Gobierno de coalición. Por tanto, la situación política era mejor entonces. Y ahora se pretende arreglar esto enfrentando... Ésta no es la forma de arreglar los problemas.

Me cuesta mucho trabajo aceptar sin levantar la voz que me dé lecciones de algo, o me llame «tibio», quien, de repente, ha descubierto que ETA mata, quien hace un par de años ha empezado a ir a los funerales, una persona a quien yo jamás vi en las decenas y decenas de funerales de víctimas de ETA a los que acudí: ese filósofo amante de los caballos Fernando Savater. Yo estoy encantado de que esté ahora en este bando. Aunque debo decir que está en nuestro bando *ahora*, pero que *antes* no estaba. En conclusión: que no acepto que Mikel Azurmendi me dé a mí lecciones de nada.

Aznar convirtió ETA en el MNLV

Cuando en España se habla de que hay temas que, por responsabilidad, no se deben utilizar para conseguir votos, al señor Aznar habría que decirle que, en la historia reciente de la España democrática, si ha habido alguien que ha utilizado el terrorismo para conseguir votos, ha sido él. A costa de cualquier cosa, incluso a costa de romper el consenso o de crear las condiciones para romperlo. Pero, lo que hace la vida... La vida hace que un buen día vea al presidente del Gobierno en televisión, diciendo que autoriza, en su nombre, a que se tengan conversaciones con el «Movimiento Nacional de Liberación Vasco». Aznar transformó la banda terrorista ETA en el MNLV; y no ocurrió nada.

A mí no me asombra nada de lo que haga Aznar, porque creo que lo conozco muy bien. Todavía recuerdo la primera vez que vino a verme, siendo yo ministro del Interior. Vino para decirme que, a partir de ese momento, nada estaba ajeno a la crítica política. Yo le dije: « Como hasta ahora. Hasta ahora, exceptuando la lucha antiterrorista, porque tenemos el Pacto de Ajuria Enea, por el cual las diferencias las discutimos en privado, en todo lo demás, la crítica política se hace todos los días». Y me contestó: «No. No me ha entendido usted: cuando digo que *nada* habrá ajeno a la crítica política, digo *nada*». Lo dijo con mucho énfasis, como un hombre sin complejos. Y efectivamente, cumplió su promesa, porque a partir de entonces el Partido Popular utilizó el terrorismo como arma electoral.

Por cierto, recuerdo que, cuando se dieron por finalizadas las conversaciones de Argel, Aznar, recién llegado a la dirección máxima del PP, se permitió hacer una crítica, en un acto público, sobre algunos extremos del comunicado final. Y yo le dije: «Sé lo que es el debate político. Sé que hay ocasiones en que se cometen excesos». Pero es que ese exceso de su parte me había molestado especialmente, porque el párrafo al que se refería su crítica no era mío: lo había propuesto Fraga. Y le dije que, si quería, como tenía el texto de su puño y letra —de Fraga—, podía hacerlo público. Naturalmente, no lo hice, porque soy un poco más responsable que él o, por lo menos, en aquel momento lo fui. Pero podría haberlo hecho.

En aquellos años, los partidos del Pacto de Ajuria Enea nos reuníamos y discutíamos, y lo hacíamos de verdad: llegamos incluso a discutir textos que, en pura teoría, le correspondía redactar al

Gobierno. Pero los discutíamos con los partidos de la oposición, porque estábamos en un pacto. Nosotros hacíamos un borrador, llamábamos a los partidos, discutíamos el borrador y se hacían las modificaciones que juzgaban convenientes.

El primer desacuerdo

En 1988 creo que se había producido ya una pérdida de confianza mutua entre Felipe y Alfonso. Y pienso que esa desconfianza comenzó en el año 85. Las dificultades —si se pueden llamar así— empezaron con la salida del Gobierno de Miguel Boyer. Creo que, en ese momento, hubo una diferencia de opiniones entre los dos que dejó un poco tocada esa relación.

Es la época en que Felipe intenta hacer varias Vicepresidencias y Alfonso no acepta esa variante. Creo que Felipe González quería hacer una cosa que, a mí, después de estar en el Gobierno, me parece bastante lógica: dejar de ser el paraguas donde se cobijen todos los ministros cuando tienen una dificultad.

En ese momento, como digo, tiende a hacer algo bastante lógico: nombrar dos vicepresidentes. Uno se haría cargo de los temas más políticos, y otro, de los temas económicos. Así, el presidente despacha con los dos vicepresidentes y se queda para él con un par de ministerios o tres: los de Defensa, Exteriores e Interior. Eso es lo que yo creo que quería hacer Felipe en el año 1985. Creo que le trasladó ese planteamiento a Boyer, o Boyer a él, pero creo que eso estaba bastante hecho.

Mi impresión es que, cuando habla con Alfonso y le dice cómo cree él que va a remodelar ese Gobierno, Alfonso le muestra su desacuerdo. No le dice que no lo haga, le dice que no está de acuerdo, y que si lo hace, él deja el Gobierno y se dedicaría sólo al Partido. Felipe entendió que esa actitud era una desautorización a su legítimo derecho para decidir cómo cree que tiene que hacerse el Gobierno. Naturalmente, si hubieran sido amigos de toda la vida, lo más probable es que estas cosas se hubieran hablado; pero como yo creo que no lo han sido, cada uno se queda con la amargura de sentir que uno no le trata bien y que el otro no le deja hacer lo que tiene que hacer.

Fue entonces cuando comenzó a deteriorarse la confianza que tenían y el entendimiento sin necesidad de hablarse. Eso es lo que creo que ocurrió en 1985. Lo viví muy de cerca, estaba al corriente de lo que había ocurrido, porque solía ir a menudo a ver al presidente. Además, yo estaba en la Comisión Ejecutiva del Partido y, por tanto, cuando se reunía la Ejecutiva, también estaba allí el vicepresidente del Gobierno, Alfonso Guerra, que era el vicesecretario general del organismo del Partido.

En fin, yo tenía conocimiento, más o menos, de cómo estaba ese asunto y, en 1988, no me llevé ninguna sorpresa en relación con lo que ocurría. Alfonso me decía en alguna ocasión: «Haces esfuerzos por arreglar estas cosas, pero tu problema es que, al final, cuando llegues al precipicio, tú siempre estarás con Felipe». Y siempre le decía que tenía razón, que igual que él. Hasta anteayer...

Los problemas de un guerrista-felipista

Hay quienes siempre me han etiquetado como «guerrista», a pesar de que era conocida mi admiración por Felipe. En cambio, los «guerristas» siempre me han etiquetado de «felipista», incluso cuando intenté arreglar lo que, probablemente, no tenía arreglo.

La verdad es que yo estaba en una tierra de nadie, y ése es el peor sitio en el que uno puede estar, porque eres sospechoso para los unos y para los otros. Pero a mí eso siempre me ha dado igual. Yo creo que todas estas cosas tienen mucho que ver con la ficción. Por ejemplo, los «renovadores». Pero, vamos a ver: «Si yo te conozco mandando en el Partido hace veinte años... ¿Qué pasa? ¿De qué eres renovador? El primero que te tienes que renovar eres tú». Todo esto de que hay que dejar paso a... Pero, ¿quién lo dice? ¿Por qué el Partido va a tener que tirar por la borda la experiencia de personas que han demostrado con hechos, primero, que son socialistas, y, segundo, que son responsables, que tienen conocimientos y capacidad? A mí me parecería una barbaridad que mi Partido prescindiera de Alfonso Guerra y de Felipe González. Lo que ocurre es que la discrepancia la llevamos a un nivel de dramatismo... El problema surge cuando los discrepantes empiezan a querer tener ejército, porque, entonces, se busca el aval para tenerlo.

Aquello de los «renovadores», que empezó a trastocar los fundamentos del Partido, no era nada que no fuera la impresión de que detrás pudiera estar Felipe González. Porque si Felipe no hubiera avalado aquello, aquello no habría sido nada. O sea, nada con agua, resultado: nada. Lo que entonces se llamaba «guerrismo», en las bases del Partido, era doscientas mil veces más fuerte.

Nos metimos en un fregado de «renovadores». Pero hay que ver ahora dónde están los «renovadores». Y se sigue renovando... pero yo los conozco a todos desde hace veinte, veinticinco o treinta años.

También decían que el «guerrismo» copaba la Ejecutiva del Partido. Pero resulta que las Ejecutivas las hacía Felipe González. Por supuesto que en los congresos ganaba eso que se llamaba «guerrismo»; porque era gente que tenía más respeto a los elementos históricos e identificativos del Partido.

Los «renovadores» decían que había que hacer un Partido más abierto a la sociedad. Había alguno que decía: «Hay que acabar con las Casas del Pueblo, porque el Partido tiene que estar en la sociedad». ¿Cuántos años han pasado? Muchos... ¿Y dónde está el Partido ahora? Por cierto, los que preconizaban aquello, ¿cuándo demonios han estado en la sociedad? ¿En qué pueblo de Euskadi tomaban potes con la gente? ¿Dónde se relacionaban con la sociedad? Resulta que hoy se dice lo mismo; hoy se dice que el Partido está «abierto a la sociedad».

A Alfonso se le atribuyen cosas con las que tuvo poco que ver y otras, con las que tuvo que ver, no se las atribuyen. ¡A ver si ahora también Pepote Rodríguez de la Borbolla va a ser una víctima de Alfonso Guerra! Hay un montón de gente que ha hablado en nombre de Alfonso y otro montón de gente que ha hablado en nombre de Felipe. Yo siempre he estado al lado del presidente del Gobierno, aunque en algunos temas he estado al lado de los «guerristas»; pero he tenido siempre la capacidad de discernir entre aquellas cosas que me gustaban más y las que menos, de uno y otro lado.

Felipe González me encargó la organización del Congreso de 1993, cuando los «renovadores» estaban en auge. Aquel congreso, que, teóricamente, ganaron los «renovadores», fue el más preparado que he vivido en mi Partido. Allí decidimos, incluso, los presidentes de las ponencias; estuvimos preparando, en reuniones previas al congreso, todos los desajustes que se podían producir, quiénes entre los «renovadores» que habían ido más lejos podían decir en la apertura del congreso algún inconveniente, y quién iba a contestar a los «renovadores». El secretario general del Partido me entregó una lista de nombres con los que componer la Comisión Ejecutiva. Debo decir que, excepto dos nombres, todos los que fueron elegidos estaban en la lista. Aquella lista la negociamos Juan Carlos Rodríguez Ibarra y yo, y aquel congreso sirvió para conocer a la gente. Ni Juan Carlos ni yo íbamos a entrar en la Ejecutiva, porque ni podíamos ni queríamos.

El valor de la discrepancia

En 1988, cuando yo entré en el Gobierno, las relaciones entre éste y el Partido eran muy buenas. Incluso cuando había discrepancias, ya fueran personales —las menos—, ya fueran por contenidos políticos distintos, yo creo que el PSOE, en esa época, era un ejemplo en Europa.

Yo miraba alrededor y veía las dificultades que existían en el funcionamiento de un Partido. Las dificultades se derivaban del hecho de que ese Partido hubiera obtenido la mayoría absoluta en tres ocasiones sucesivas. En el Partido se generaban dificultades para estar en la sociedad, porque casi todo el espacio lo ocupaba el Gobierno... En esas circunstancias, a mí me parece que el comportamiento del PSOE, la forma en que apoyó al Gobierno, no tiene parangón en la izquierda europea. Claro que hubo diferencias, que algunas veces incluso se oían fuera del Partido. Eso es normal. El Partido Socialista no debe ser un partido en el que no se produzcan debates, discrepancias, en el que haya unanimidad al cien por cien. No somos clones. Por tanto, incluso con diferencias internas, éste es un partido que ha tenido a gala cerrar filas en los momentos en los que ha tenido que cerrarlas, discrepar cuando ha tenido que discrepar, pero, en lo sustancial, respaldar al Gobierno. Eso es una evidencia. Y Alfonso Guerra no sólo se ha distinguido en ese apoyo; yo creo que, incluso en estos momentos, con el cambio de liderazgo en el Partido, a mí me parece que el Partido ha mantenido un comportamiento bastante honorable en su conjunto.

Seguramente ningún «guerrista» habrá discutido con Felipe más que yo. He discrepado mano a mano con Felipe muchas veces, pero desde la creencia de que era mi obligación. Cuando uno respeta a alguien, como yo respetaba al presidente, lo más coherente es darle tu opinión, aunque sólo sea para que disponga de cuatro opiniones distintas y pueda decidirse por una. Hubo mucha menos lealtad de algunos «renovadores» hacia Alfonso Guerra, que de Alfonso Guerra respecto de algunos «renovadores». Entre otras cosas, porque la campaña que organizó «la renovación» contra él —con lo de su hermano, por ejemplo— fue muy fuerte. Aquella campaña tuvo tela marinera... Yo creo que, en ese momento, se planteó un debate en el seno del Partido, pero se utilizaron procedimientos que no se tenían que haber utilizado. Empezamos a debatir en los medios de comunicación... Siempre se ha discutido en el interior del Partido y, naturalmente, algunas de estas discusiones se han trasladado a la opinión pública, como no puede ser de otra forma. Pero en aquella ocasión se debatía fuera y las consecuencias llegaban al interior del Partido. Aquello no me gustó, en absoluto.

La renovación no era alternativa

A raíz de lo de su hermano, y luego, cuando saltó lo de Filesa, algunos apuntaban a Alfonso como el culpable de todo. Eso de Filesa es otra de las cosas... Yo antes hablaba de impostura. La impostura tiene que ver con la actitud de partidos que utilizaron temas como el de la financiación para atacar al PSOE. Como si los demás partidos fueran vírgenes. El PP era virgen, no recurrió nunca a financiación irregular; ni CiU... ¡No es verdad! En este país ha habido problemas de financiación de los partidos políticos en la transición democrática, y los partidos no siempre se han financiado de forma ortodoxa. Pero el pagano electoral, el que ha recibido electoralmente las mayores críticas y la mayor erosión, ha sido el PSOE. Y aquí, también, al margen de la erosión lógica, cuando ocurren cosas así, se produce una erosión política. Pero el bombardeo mediático al que sometieron al PSOE causó un daño probablemente irreparable, y hubo miembros del PSOE que se hicieron los longuis, como se dice. Se conoce que los mítines que hacían en sus circunscripciones se pagaban con las cuotas de los militantes... Es una gran impostura. Y hacer responsable de eso a Alfonso Guerra, es otra gran impostura. Al final, lo que ocurrió fue que los «renovadores» desencadenaron una ofensiva contra el «guerrismo» para, luego, no ser capaces de ser alternativa. Aquello, «la renovación» no cuajó en nada. En mi opinión, porque no había nada que defender. Lo que ellos decían, lo decíamos todos, los «guerristas» y todos. La pregunta es: ¿qué han hecho? Allí donde mandan los prebostes de esa «renovación» no ha cambiado en nada el funcionamiento del Partido.

La ley de «la patada en la puerta»

Un momento decisivo de mi etapa en el Ministerio tuvo lugar cuando hicimos la Ley de Seguridad Ciudadana, que se conoció como «ley de la patada en la puerta». Pero formulamos aquella ley porque había multitud de autos de algunos jueces que se expresaban del siguiente tenor: «La policía sospecha de unos individuos. Se cree que se dedican al tráfico de droga. Un buen día, dichos individuos cogen el coche y se van. La policía va detrás. Piensan que los van a perder y que se van a escapar; les paran, registran el coche, y encuentran droga, y les ponen a disposición del juez». Y el juez se despacha con un auto que dice que los pone en libertad porque se les ha negado «un derecho fundamental: el derecho a la libre deambulación». Soy casi textual.

En otra ocasión, había un individuo en búsqueda y captura. Los funcionarios de policía, en previsión de que pudiera visitar cierta casa —que pudiera ser de su propiedad—, se apostaron en las proximidades. Efectivamente, el individuo apareció, y cuando fue a entrar en su casa, le detuvieron. El individuo en cuestión, que ya tenía una cierta práctica legal —porque lo habían detenido varias veces—, sabía que en el calabozo podría hacer frío y, como no llevaba ropa de abrigo, les dijo a los funcionarios que le dejaran coger un jersey... en su casa. Los funcionarios accedieron: entraron en su casa, lo acompañaron para que no se fugara, cogió la ropa de abrigo y lo llevaron ante el juez. Y cuando le contaron lo que había ocurrido, el juez les dijo: «¿Cómo? ¿Han entrado ustedes en su casa sin mandamiento judicial?». Puso en libertad a aquel sujeto y no «empapeló» a los policías de pura casualidad.

Aquella ley fue un intento de adecuar algunos instrumentos legales para ofrecer un mejor servicio a los ciudadanos y para luchar con mayor eficacia contra la inseguridad ciudadana. Se discutió ampliamente con el Defensor del Pueblo. Hubo un debate durante meses en el seno de la sociedad —que era, por otra parte, lo que yo creo que había que hacer—.

Para apreciar a qué límites llegaba la incomprensión de la época, recordaré aquella cuestión del carné de identidad. Decían los medios de comunicación: «Vamos a tener que ir con el carné en la boca. Y si estás en la playa, tienes que llevar al carné en el traje de baño...». Se decían estas tonterías para desacreditar una norma. Porque lo que dice la ley es que, cuando un ciudadano sea requerido, se tendrá que identificar. Y añade: «Por cualquier procedimiento». El recibo de la luz, el carné de identidad, el de conducir... Habrá que identificarle, se tendrá que identificar si ha cometido una falta.

Un individuo de... de la izquierda abertzale se identificó con aquel carné llamado de «identidad euskaldun» —una documentación que inventaron en Herri Batasuna—. Por supuesto, como su identificación se correspondía con la del titular, la juez lo puso en libertad. Los periódicos de Madrid pusieron el grito en el cielo: «Pero ¿cómo es posible? ¿Con el carné de identidad vasco?». ¿Pero no decían que eso era llevar en la boca el carné de identidad?

Lo cierto es que hubo un debate general en los medios de comunicación. Los jueces también opinaban. Se celebró un debate en el Parlamento y se aprobó con bastantes apoyos: CiU apoyó la ley; creo que el PP e IU se quedaron fuera. Había un artículo que decía que la policía, cuando tenga constancia de que en un domicilio se está vendiendo droga, podrá intervenir. ¡Eso fue terrible! ¡Eso era un atentado contra todos los derechos! Un escándalo: ¡la policía podía entrar en cualquier casa...! Tuve que soportar críticas desmesuradas. Y probablemente es la ley más constitucional de las que han llegado al Tribunal Constitucional, porque modificaron sólo una palabra: «constancia» por «evidencia».

Sucede que yo he defendido, durante toda mi vida, ideas distintas a las que me atribuyen. En un debate parlamentario, fue tal la tensión que allí se creó, que dije: «Es tal mi convencimiento de que yo tengo razón y usted no, de que la ley no responde a una política de cercenamiento de las libertades, que si el Tribunal Constitucional declara inconstitucional un solo artículo, yo dimito: me voy. Porque yo estoy defendiendo algo que creo que es constitucional; de lo contrario, no lo defendería».

Se hizo tanta demagogia... Y como me comprometí, hice lo que tenía que hacer. Si no lo llego a hacer... Hubo gente que me dijo: «Ésa no puede ser la razón». Doy mi palabra de honor que no hubo otra razón que no fuera ésa. Si me llego a quedar, los Pradera[7] y compañía me hubieran seguido matando, sin ninguna duda. Si me voy, soy un blandengue, un irresponsable, por cumplir mi palabra; y si no la cumplo, me hubieran seguido matando. Y me dije: «Bueno, ya llevo muchos años de ministro, y no hay nadie imprescindible ». Y tomé la decisión de irme.

A Felipe no le sentó muy bien mi dimisión. Estuvimos hablando. Le dije que me iba a ir... Creo que él me conoce muy bien..., y supo que me iba a ir. Porque no le dije: «Presento la dimisión para que tú me digas...». Le presenté la dimisión y estaba presentada. Me dijo que me lo pensara 24 horas, pero creo que fue más bien para que le diera mi opinión sobre quién podría ser el sustituto. Porque él sabía que mi dimisión iba en serio y que me la tenía que aceptar. Comentamos muchas cosas, porque en nuestras conversaciones solemos hablar de distintos temas.

En realidad, ya quise dejar el Ministerio anteriormente, después de las elecciones de 1993. Cuando Felipe González se disponía a formar Gobierno, le dije que pensara en sustituirme y le recordé que yo ya llevaba mucho tiempo. Me pidió que continuara y continué.

Lo que yo no podía imaginar era que, a partir de mi dimisión, se iba a producir la situación que se produjo en el Ministerio del Interior. Porque, cuando yo llegué al Gobierno, llegué a un Gobierno que llevaba en el poder desde 1982 y, por tanto, llegué para continuar con una política: la del Gobierno de mi Partido. Así entiendo yo la política. Pero hay otras personas que la entienden de otra forma, cuidan más su imagen, su presencia pública, filtran más, comen más con periodistas, desayunan, meriendan, cenan, les cuentan los intríngulis de aquello que les perturba y, al final, en mi opinión, terminan en manos, a veces, de desaprensivos.

Asunción hizo lo que yo no hubiera hecho

El día que se analice la gestión de Margarita Robles como secretaria de Estado de Interior, será una cosa tremenda. En mi opinión, ha sido una gestión nefasta, porque lo ha hecho mal. Simplemente, fatal. Yo creo que es una cuestión de actitud. La actitud de un responsable político produce efectos buenos, malos o perniciosos. En cualquier caso, esto es opinable, y yo opino que no hemos tenido un secretario de Estado menos efectivo y responsable que Margarita Robles. Ella y Belloch decían que Barrionuevo y yo les pusimos muchos obstáculos en sus planes para sanear el Ministerio del Interior. Pero cuando un responsable abandona el Ministerio, pinta menos que cualquier cosa... ¿Qué obstáculos? O sea, la incompetencia se justifica diciendo que hay obstáculos. ¿Qué pasa? ¿Que los demás no los teníamos? ¿Pero de qué tenía que purificar el Ministerio? Sí. Llegaron dos jueces: a decir que el Ministerio era la cueva de Alí Babá... Pues, nada: cuando quieran comparamos el patrimonio de los dos, de Margarita y Belloch, con el mío. No tengo ningún problema.

Antes de que aparecieran Belloch y Margarita, estuvo en el Ministerio Toni Asunción. Cuando Felipe insinuó que podría nombrarlo ministro, yo no puse objeciones. Toni Asunción había sido secretario de Estado de Prisiones y mantenía unas relaciones espléndidas con el Ministerio y con el secretario de Estado, Rafael Vera. Los contactos, lógicamente, eran continuos y Asunción ya conocía a muchos funcionarios, y conocía algunos de los problemas que tenía el Ministerio del Interior. De modo que yo creía que podía ser un buen candidato.

Analizar la gestión de Asunción es difícil, porque estuvo muy poco tiempo. Pero él tomó una decisión que yo nunca hubiera tomado. Cuando Garzón se metió en política, yo dije que Garzón no estaría en el Ministerio del Interior mientras yo estuviera; de ahí que se le adscribiera a Asuntos Sociales, me parece recordar. Pero cuando yo dejé el cargo, una de las primeras decisiones que tomó Asunción —él o el Consejo de Ministros; en cualquier caso, sería con su beneplácito— fue llevar a Baltasar Garzón al Ministerio del Interior. Yo me opuse siempre porque conozco muy bien a Garzón, conozco cómo instruye los sumarios, su actuación en la Audiencia Nacional mientras fui titular de Interior; conozco su forma de ser, y, con ese perfil, desde luego, no iba a estar en el Ministerio del Interior siendo yo ministro... ¡Bajo ningún concepto! A mí Garzón siempre me ha merecido un juicio muy negativo porque, en mi opinión, es un protagonista de primera división, o lo era. Ha filtrado lo que no tenía que filtrar, o ha permitido que se filtre. En la «operación Nécora» —entonces era yo ministro del Interior—, hizo cosas incomprensibles. Y por tanto, yo tenía —y tengo— un criterio negativo de Baltasar Garzón. Había discrepado conmigo públicamente, por ejemplo, respecto a Ley de Seguridad Ciudadana. Incluso llegó a redactar artículos. Por eso, yo jamás le hubiese llevado al Ministerio del Interior. Es más, jamás lo hubiera llevado a la política. Pero tiene derecho de pernada social. Un juez puede pasar a la política, y de la política a la judicatura, y actuar incluso contra quienes han sido sus superiores jerárquicos. ¡Y no pasa nada!

Desde luego: fue Felipe Gonzalez quien llevó a Baltasar Garzón a la política... Yo le dije que era un error. Se lo dije de la forma más vehemente posible. Cuando quisieron que fuera a Interior, me negué a aceptarlo. Y si hubiera recalado en Interior, yo me hubiera marchado. Cuando Felipe me decía, o daba a entender, que Garzón había llevado muchos votos al PSOE, yo le recordaba que habíamos conseguido perder en muchos lugares en los que no habíamos perdido nunca, por ejemplo, en Valdemorillo o en Valdemoro. Porque este juez es un hombre muy «ilustrado», pagado de sí mismo... Yo no lo hubiera hecho. Punto.

Yo recuerdo que, en cierta ocasión, aceptaron la recusación de Javier Gómez de Liaño porque el padre de uno de los que quería imputar había tenido un problema con el juez, o algo semejante. A mí, Gómez de Liaño no me aceptó la recusación que hice de Baltasar Garzón —cuando todo el mundo en España conoce las discrepancias de José Luis Corcuera con Baltasar Garzón— porque era amigo suyo... Por aquel entonces, Gómez de Liaño era amigo de Garzón, y los dos jueces actuaban en comandita. A mí nadie me tiene que decir quién es Baltasar Garzón. Cuando Felipe me dijo que habían hecho ese fichaje, no me lo creía. Creo recordar que le dije a Felipe: «Será un golpetazo». Pero claro, como Garzón era un «intocable»...

Volviendo a la gestión de Asunción: yo creo que no le dio tiempo a hacer casi nada. Quiero pensar que, como él ha dicho, Roldán le engañó. Pero Roldán le engañó en varios asuntos, no sólo cuando se fugó. Cuando yo dejé el Ministerio, se empezó a descubrir el patrimonio de Roldán y las explicaciones de ese patrimonio que los periodistas sacaban a la luz. Luis Roldán —creo— trató de justificarlo con su ministro, diciendo que el dinero se lo habían dado... O sea, que se lo había dado yo. Y Asunción se lo creyó. Pero yo hablaba a menudo con Asunción: él ha estado comiendo en mi casa dos veces, siendo ministro. Y en los meses que Asunción estuvo en el Ministerio no cambió nada allí, absolutamente nada. Durante el período de tiempo en el que estuvo Asunción en el Ministerio, las cosas se seguían haciendo exactamente igual que cuando estaba yo. Por tanto, no debió de descubrir cosas extrañas... Dicen que él intentó cambiar a Rafael Vera y que se quejaba de que Barrionuevo y yo le pusimos dificultades. Pero lo cierto es que Toni Asunción llega al Ministerio en octubre y Rafael Vera se va en enero. O sea, que lo despidió. Si lo hubiera querido cambiar antes, lo habría cambiado: un ministro del Interior se va al Consejo de Ministros, propone un cambio, y si lo propone y lo defiende, no hay la menor duda de que lo consigue. Yo no hice nada para que no quitara a Vera, no hablé con nadie. Pero tengo mi opinión: yo no lo hubiera despedido.

Belloch y Margarita: una labor nefasta

Juan Alberto Belloch, aunque lo pareciera, no tenía nada de todopoderoso. Nada, en mi opinión. Belloch no ha tenido más poder que yo, ni cuando tenía dos carteras. Porque eso no depende de cuántas carteras tienes, sino de cuánto mandas, y ambas cuestiones no van siempre al mismo ritmo.

Yo estuve con Belloch muchas veces, me llamó en muchas ocasiones, y siempre le di mi punto de vista. Si él y Margarita Robles han dicho que sanearon la corrupción que había en el Ministerio, si es cierto que dicen eso, deben pensarlo bien... Porque cuando ellos llegaron al Ministerio, el ministro sustituido no era yo, era otro. Si es verdad que dicen eso, que Margarita Robles y Belloch entran en el Ministerio y se encuentran con una situación no justificable, se la encuentran de un ministro que no soy yo, ni Pepe Barrionuevo. Por tanto, quien tendría que contestar es el ministro a quien sustituyen, no yo. Además, si es cierto que afirman tales cosas, Margarita Robles ha tenido muchísimas oportunidades para haberse ido a un juzgado de guardia. Pero Margarita Robles ha declarado en juicios, y no la he oído decir esas cosas que dicen que dice; por tanto, si no lo he oído en lugares en los que hay que decir la verdad, una de dos: o no las dice, o ha faltado a la verdad donde no se puede faltar a la verdad. Por tanto, si hago caso de lo que dicen que dice, mi juicio también es muy negativo; pero si hago caso a sus testimonios en autos judiciales, ese juicio varía...

Mi opinión sobre lo que hicieron Belloch y Margarita Robles guarda relación con el tiempo en el que estuvieron en el Ministerio: que llegó un momento en que se creó en el país un foco de atención sobre el Ministerio del Interior, y sobre las corruptelas, verdaderas o falsas, que decían que había en su seno. Existía una especie de reclamación general para «limpiar» el Ministerio. Entonces, se empieza a actuar en el Ministerio de una forma que nunca me ha gustado: fomentando el chismorreo, el chivateo, trasladando medias verdades o mentiras a los medios de comunicación. Eso a mí me parece una labor nefasta, y quien haga ese tipo de cosas es un irresponsable absoluto.

¡Belloch no lava mejor que yo! En cuanto a la corrupción en el Ministerio, niego la mayor. Y si nos remitimos a los acontecimientos, desde luego, queda claro, en mi opinión, que Belloch no lava mejor que yo. No tengo ningún problema en comparar períodos de gestión. Si se refiere a fondos reservados, debo decir que el Ministerio del Interior tenía fondos reservados y el Ministerio de Justicia, también. Yo sé qué son fondos reservados y no puedo exigirle que explique cómo los empleó; si él tiene ganas, que lo cuente. Me refiero a los fondos reservados del Ministerio de Justicia.

Cuando Belloch y los suyos llegaron a Interior, no sé qué se encontraron. Yo sé lo que dejé, y creo que se encontraron lo mismo que yo dejé. Asunción hizo más o menos las mismas cosas que yo hacía. No he oído a nadie hablar mal de Asunción, así que no encuentro razón por la que tiene que hablar mal de mí y de Barrionuevo. No lo entiendo.

Yo he sido Ministro del Interior en un Gobierno de Felipe González y mí no me ha cesado Felipe González. Yo pedí el cese. Y creo, sinceramente, que, en la consideración de Felipe González, tengo yo bastantes más puntos que Belloch.

Felipe González nombró ministro de Justicia a Belloch; y un bien día se encontró con la dimisión de Antonio Asunción. Creo que optó entonces por el camino más sencillo: unificar Interior y Justicia. Siendo Belloch ministro de Justicia, yo fui quien convenció a Asunción para que fuera nuevamente responsable de Instituciones Penitenciarias, porque Belloch me pidió que lo convenciera. Ya he dicho que existía una magnífica relación entre Justicia e Interior, y más concretamente, con la Dirección de Instituciones Penitenciarias, por razones obvias. Porque, entre otras cosas, el frente de los presos de ETA es algo que Interior tiene que tener siempre en cuenta. Había unas relaciones espléndidas entre Asunción, en Instituciones Penitenciarias, y Rafael Vera en la Secretaría de Estado. Y conmigo también.

Ahora bien, si lo que ha dicho Margarita Robles es que el Ministerio del Interior pagaba con fondos reservados la Comisión Nacional de Policía Judicial, yo tengo que decir que es verdad. Se lo he dicho yo, claro que sí. Entre otras cosas, porque no había dotación presupuestaria para eso. Pero ocurre que en esa comisión estaban el presidente del Tribunal Supremo, el ministro de Justicia, jueces, fiscales y el Ministerio del Interior. Y la sede había que pagarla; y los cursos de policía judicial había que pagarlos. Pero si ella se refería a pagos no justificados, a maletas llenas de dinero que iban y venían, supongo que eso es lo que hacía ella, ¿no? Los fondos reservados cuando los utilizaba Margarita Robles, ¿qué eran?, ¿incoloros? ¿No había sobres para meterlos y dárselos a quien correspondiera? Supongo que, en alguna ocasión, dependiendo de la cantidad, se utilizaría una maleta... Digo yo.

«Le dije a Margarita que si fuera un tío le daba dos hostias»

Yo no sé con qué frecuencia se veían Belloch y Felipe. Supongo que se reunían habitualmente. Pero tengo la impresión de que la señora que dirigía la Secretaría de Estado vería pocas veces a Felipe. Dudo que haya despachado alguna vez con él... Ha habido tanta gente que ha invocado el nombre de Felipe González o de Alfonso Guerra para dar a entender que contaban con el beneplácito del jefe, que pongo en cuestión todas esas habladurías. Si a mí alguien me ha hecho daño desde el Ministerio del Interior —y vive Dios que alguno me lo ha hecho—, estoy seguro que no ha sido con el beneplácito de Felipe González. Estoy seguro. Invoque lo que invoque. Yo no quiero dar mi impresión subjetiva sobre las personas. Pero de los resultados políticos de una gestión sí puedo dar mi opinión, y diré que no he conocido Secretaría de Estado con peores resultados que la que ocupó Margarita Robles. Ésa es mi opinión, fundada en datos, en impresiones, y en el conocimiento del ánimo que existía en las Fuerzas de Seguridad, cuando esta persona las dirigía. Eso no es una opinión sobre su persona, que también la tengo... Mi impresión es que esta mujer, de no haber sido por la cuota, no podría haber llegado jamás a ese puesto. Belloch siempre decía que era una persona de su máxima confianza... Pero, ¿por qué la conocía? ¿Por sus autos? Dicen que tuvo una gestión importante en los juicios rápidos, cuando se celebraron los Juegos Olímpicos de Barcelona, y esas cosas. Pero ser bueno en su profesión es una cosa, y otra bien distinta es ser bueno en una profesión que no es la suya. Yo a Felipe le di muchas veces mi opinión sobre esta señora. Le dije lo que pensaba de ella, pero con poco éxito, porque siguió siendo secretaria de Estado.

Si hubiera compartido mi criterio, probablemente, la habría cesado.

En cierta ocasión le dije a Margarita que si fuera un tío le daba dos hostias y la sacaba por la ventana. Belloch estaba presente... La verdad es que me siguió hablando, a pesar de todo.

Lo que sí está claro es que aquella no fue precisamente la mejor etapa del Gobierno socialista y, en concreto, del Ministerio del Interior. Porque estas personas a las que me he referido generaron inseguridad en todo.

Yo tengo la idea de que, cuando uno dirige a un grupo de personas, de cualquier condición, uno tiene que hacerse responsable de lo que hace ese colectivo. Llegado el momento, y en el supuesto de que haya dificultades, tiene que dar la cara, aunque se la partan, por ese colectivo. Sobre todo, debe ser así cuando se lucha contra el terrorismo en unas condiciones tan complicadas. Tus subordinados tienen que saber que, en el supuesto de malos entendidos, de denuncias falsas, uno tiene que dar la cara por ellos: tienen que sentirse arropados en su trabajo. Y cuando los funcionarios y los colaboradores se encuentran con personas no les dan esa sensación de seguridad, los subordinados tienen sensación de soledad.

A mí me parece que se rompieron muchos lazos. Su actitud, en mi opinión, fue muy cobarde, porque iban a salvar su propia posición, con independencia de lo que se rompiera. No estoy de acuerdo con esa forma de proceder.

La inmoralidad de Garzón

Es posible que si Belloch le hubiera concedido algún cargo relevante a Garzón, éste no hubiera reabierto el sumario de los GAL. Pero eso no hay que ponerlo en el debe de Belloch, sino en el debe de Garzón, que actúa de una forma u otra dependiendo del premio que le pueden dar.

Lo que ocurrió después fue una inmoralidad. Que Garzón, después de pasar por la política, después de ser responsable político del Ministerio del Interior, vuelva a la judicatura y reabra un sumario que tiene relación con funcionarios de Interior, es una inmoralidad, una impostura. Lo cual no quiere decir que no lo tuviera que haber abierto otro juez... Pero no él. Porque se puede interpretar que actuaba sin la independencia que se exige a un juez imparcial. Lo de Garzón no tiene nombre.

Yo, que sé lo que ocurrió con Garzón —porque me lo contó Belloch—, creo que es una de las mejores cosas que Belloch ha hecho en su vida. (Además, se da la circunstancia de que, en la antesala de donde ocurrió, había una persona que lo oyó, y también me lo contó). Fue un espectáculo que define perfectamente a Garzón, pero en ese caso el ministro actuó como tal.

Belloch llamó a Garzón, que entonces estaba de secretario de Estado para la lucha contra la droga, aunque aspiraba a más. Y Belloch no estaba dispuesto a concederle más. Entonces, Garzón le dijo, o le dio a entender al ministro, que estaba equivocado, y le preguntó si no había hablado con el presidente del Gobierno... El ministro le aseguró que el presidente del Gobierno no le había dicho nada. Garzón cogió el teléfono y dijo: «Póngame con el presidente del Gobierno, que quiere hablar el señor Garzón con él». Naturalmente, el presidente no se puso al teléfono. Este chico entendía que su interlocutor era el presidente del Gobierno.

No era la primera vez que hacía estas cosas. Yo recuerdo que cuando el señor Garzón estaba en el Ministerio de Asuntos Sociales, solía comunicarse con el Ministerio del Interior y, de vez en cuando, le mandaba cartas al secretario de Estado, en las que le pedía documentación y... cosas. Un día le envió una carta en la que decía que, siguiendo instrucciones del presidente del Gobierno, le pedía... no sé qué, una retahíla de documentos: las operaciones antidroga que se habían producido en los últimos años, las operaciones de lucha contra la droga que estaban en marcha... Quería que la Policía y la Guardia Civil le redactaran informes... Entonces, el secretario de Estado me pasó a mí la carta: «Que venga a verme». Y cuando vino, le dije: «Pues a mí no me ha dicho nada el presidente... Pero tú, ¿para qué quieres saber cuántas operaciones están en marcha? ¿Qué coño te importa eso a ti? No te voy a dar esa información, pero si me la pide el presidente del Gobierno, tampoco se la doy, no vaya a ser que el papel se quede en alguna esquina de alguna mesa y se estropee la operación. Pero... ¿para qué quiere saber el presidente del Gobierno qué operaciones tiene en marcha la policía si ni yo mismo lo pregunto? Eso no es posible. Pero si tuviera esa información, a ti, desde luego, no te la daba. Los estudios no los haces tú, los hago yo, los hace el Ministerio». Y él me decía: «No... es que me has interpretado mal, ministro».

Así que, como yo lo conozco muy bien, debo decir que lo que hizo Belloch es lo que hubiera hecho yo... A mí no se atreve a decirme nada. A mí eso no me hubiera ocurrido, porque jamás hubiera estado en el Ministerio del Interior. A mí Garzón me ha tratado siempre de usted. Siendo yo ministro y él juez o diputado, a mí siempre me ha tratado con mucha prudencia. Y de usted.

La mayor ilusión de Garzón, por ejemplo, era meterme a mí en la cárcel. Incluso filtró a un periodista que me iba a meter un miércoles. Llamó a declarar a Amedo, e intentó que le dijera que yo estaba al tanto de pagos hipotéticos que se habían hecho, o no, al señor Amedo. Toda su ilusión era que Amedo le dijera que yo lo sabía.

En cualquier profesión, si una persona hubiera hecho tantas cosas mal como ha hecho Garzón, dejaría de ser profesional. Si fueran así las cosas, Garzón sería bedel de Justicia. Yo estoy totalmente de acuerdo en no haberle comprado con un cargo. Es probable que, si le hubieran nombrado ministro, el sumario del GAL, que tenía en el cajón, no lo habría sacado; pero no lo sé. A lo peor se le hubiera ocurrido que quería ser vicepresidente. Es un hombre que sabe jugar bien su presencia en el conjunto de la sociedad... Que un juez mande a la cárcel injustamente a una persona, ¿es para elevarlo a los altares? Pues está en los altares, y es una de las cosas más injustas que ocurren en España.

Yo no sé en qué estaría pensando Felipe. No sé lo que tendría en el subsconsciente cuando nombró a todas estas personas y colocó a tantos independientes en su último Gobierno. Pero, sin duda, estaba menos fresco que de costumbre. Ésa es mi opinión. Alfonso también lo ha dicho, de otra forma. Yo lo digo a mi manera. Felipe tomó una decisión que, a mi juicio, no fue acertada. Punto. Nada más. Pero yo, en ese Gobierno, pude hacer una política que era muy aceptada en este país. La política del Ministerio del Interior, durante mi mandato, tenía más respaldo social que con Belloch. No tengo la menor duda. Yo siempre he sacado mejor nota que él.

Notas

[1] El día 19 de junio de 1987, en el centro comercial de Hipercor, en Barcelona, la banda terrorista ETA perpetró uno de los atentados más salvajes de su sangrienta historia. R. Morales, T. Daza, J. Vicente, S. Vicente, M. C. Mármol, S. Cabreri-

zo, S. Cabrerizo, L. E. Salto, M. E. Eyre, M. Amez, M. Martínez, M. Manzanares, J. Valero, L. Ramírez, F. Caparrós, C. Ortega, M. Moreno. M. R. Valldellou, B. Serrer, M. P. Diéguez y J. Valls perdieron la vida en aquella ocasión.

[2] Rodolfo Martín Villa (n. 1934) fue ministro de la Gobernación (1976-1977) y ministro del Interior desde el 4 de julio de 1977 hasta el 6 de abril de 1979.

[3] José Amedo y Michel Domínguez fueron condenados en julio de 1991 a 108 años de prisión por la Audiencia Nacional.

[4] La banda terrorista ETA atentó el día 29 de mayo de 1991 contra la casa cuartel de Vic (Barcelona) y resultaron muertos J. Salas, B. Luque, M. P. Quesada, A. C. Porras, M. C. Rosa, V. Ruiz, R. Mayo, F. C. Díaz, J. Chicoa y N. Ribó.

[5] Véase nota 3 en Juan Alberto Belloch. José Antonio Lasa Arostegui y José Ignacio Zabala Artano fueron asesinados el 16 de octubre de 1986.

[6] Eugenio Etxebeste, *Antxon*, Belén González, *Carmen*, e Ignacio Arakama Mendía, *Makario*, eran, en principio, los representantes de ETA en Argel, aunque no todos se consideraban, en el seno de la banda, capacitados para llevar a cabo una negociación —Belén González, por ejemplo—. Fueron deportados en 1987.

[7] Javier Pradera es analista político y periodista. Colabora habitualmente en el diario *El País* y en la cadena SER. Es director de la revista *Claves de razón práctica*.

Antonio Asunción
Libertad vigilada

La memoria de Antonio Asunción empieza antes de su llegada al Gobierno, como ministro del Interior, para sustituir a José Luis Corcuera. Ya había pasado lo suyo dirigiendo las cárceles donde se reorganizaban, todos los días, los presos de ETA. Hasta que él llegó. Lo último que le había «caído» fue una huelga de hambre de los GRAPO, que estuvo a punto de acabar con su salud y con su peculiar forma de autodefensa, consistente en un sano e inteligente cinismo a partes iguales. Con esas dos armas, la inteligencia y el cinismo, se defendió también en los cinco meses más intensos de su vida. Cuando, finalmente, aceptó aquel reto endiablado del Ministerio más duro, envenenado de leyendas y realidades, Antonio Asunción no acierta a entender por qué Felipe González le dio un poder a medias, un Ministerio a medias y, lo que es peor, una confianza a medias. No acierta a entenderlo incluso hoy, aunque recuerda que su nombre venía avalado por una espléndida gestión en las cárceles, donde había demostrado que él sí sabía dónde estaba el secreto de la autoridad y cómo y con quién había que ejercerla sin contemplaciones.

Llevábamos dos semanas —y una cena— hablando de cómo fue todo aquello. Así que nada me hacía sospechar que Antonio Asunción, que ejerce de levantino libre, fuera a dejarse intimidar por la grabadora y a salirse por la tangente. Pero, la verdad: uno no llega a conocer nunca a las personas y, en aquel primer trance, Asunción inició un camino errático que no nos llevaba a ninguna parte. A mitad de cinta —de las de noventa minutos—, opté por cortar por lo sano, parar la grabadora y preguntarle, sin rodeos, por la razón o razones de su cambio de actitud. Aquel «plante» mío, un tanto descarado, maleducado, si no me valiera la confianza y la amistad, fue como mano de santo. Porque cuando volví a poner en marcha aquel aparatito —habría que buscar la manera de que no tengan una impertinente lucecita roja cuando están grabando— Antonio Asunción se había transformado. Era tal como es.

También puedo decir que ya habíamos tenido tiempo de discutir, de negociar y de volver a discutir. Pero lo cierto y la verdad es que él había llegado al convencimiento de que podía hacer compatible su sinceridad de siempre, su libertad de espíritu, con su condición de socialista, su fidelidad a un proyecto y su insobornable discreción. Así que comenzó a hablar relajadamente, sinceramente, despiadadamente, incluso, si el momento lo requería. Su única escapatoria empezaba y terminaba en una varita de cristal —o de plástico— con la que se empeñaba en remover el contenido de la copa que estaba vacía desde hacía mucho tiempo.

Durante aquellas horas, Antonio Asunción llegó a decir cosas difíciles de decir. Incluso respecto de Felipe González, por supuesto de José Luis Corcuera, y, sobre todo, de Juan Alberto Belloch. Pero en ningún momento ha renunciado a apoyarse en la exculpación que se encuentra en el interior de la condición humana, a modo de explicación de sus duras palabras. Además, Asunción juega con ventaja cuando vuelve sobre sus pasos y cuenta todo lo que quiere contar, que es todo lo que puede contar. Porque, de todo lo que vio y vivió, sólo le quedan sus convicciones socialistas. Ahora basta con escuchar, inevitablemente, algunos retazos de sus conversaciones telefónicas para percibir lo lejos que le queda todo aquello. Hoy «sólo» es un sólido hombre de negocios que viaja por el mundo con una maleta y una memoria privilegiada y peligrosa.

Hay que oír a Antonio Asunción para entender por qué la fuga de Roldán fue un desastre para todos y una liberación para él, que se sentía en aquel Ministerio como si estuviera en libertad vigilada. Y hay que seguir escuchándole para saber por qué motivo le repugnan aquellos que «decían que defendían a Felipe y nunca tuvieron claro dónde tenían que poner la raya para no pasarse». Hay un punto de indignación a la hora de argumentarlo; privadamente primero y abiertamente después. Confiesa que nunca llegó a comprender por qué Juan Alberto

Belloch cesó a todos los altos cargos del Ministerio del Interior que él había nombrado cinco meses antes. Pero no quiere «novelear» con eso. Y no huele a resentimiento su descarnada descripción de quien fuera el todopoderoso biministro de Justicia e Interior.

Su discurso tiene todas las trazas de un ajuste de cuentas con efecto retroactivo.

DE MIS CONVERSACIONES como ministro con el presidente del Gobierno hay cosas que sí se pueden contar... Con otras, uno tiene que ser respetuoso. Pero no creo transgredir ninguna regla ni molestar a nadie si cuento algunas.

Es fácil deducir las razones por las que Felipe González decidió elegirme para ser ministro del Interior. José Luis Corcuera había presentado la dimisión por la sentencia del Tribunal Constitucional sobre la Ley de Seguridad Ciudadana. Él la había promovido y se sintió desautorizado. Había anunciado en los medios de comunicación que dimitiría si el Constitucional le tocaba una coma, y cumplió su palabra.

Ya habían saltado los primeros indicios de lo que iba a ser el escándalo Roldán... Es obvio que, dadas las circunstancias, el presidente del Gobierno quería que nadie perteneciente a aquel equipo sustituyera a Corcuera. No sé cuál era la motivación exacta pero, sin duda, la decisión de Felipe era romper totalmente con aquella etapa. Por eso introdujo en el Ministerio del Interior a dos personas que no teníamos nada que ver con el equipo anterior, aunque trabajábamos colateralmente. Uno pertenecía al ámbito de la Justicia, Baltasar Garzón; y el otro, al de la administración penitenciaria: yo.

Nos envió a los dos al Ministerio. Yo ocuparía el cargo de ministro y Garzón sería secretario de Estado del Plan contra la Droga. Éramos la otra cara de la moneda, y hubo un claro antagonismo, incluso muchísima resistencia por parte del equipo anterior —sobre todo contra Garzón—. Por todo ello siempre he pensado que aquel relevo respondía a un deseo notabilísimo de cambio y de ruptura por parte de Felipe. Él quería cambiar totalmente la dirección de ese Ministerio.

Felipe quería romper con la etapa Corcuera

Felipe quería, sobre todo, que el Ministerio funcionara y, por supuesto, que hubiera una continuidad con la línea política y estratégica del Gobierno, porque también era un Gobierno presidido por él. Pero, obviamente, al cambiar a las personas que dirigían el Ministerio por otras tan opuestas como nosotros dos —Garzón y yo—, estaba claro que no íbamos a mantener determinadas formas de actuar. Al fin y al cabo, el presidente tenía el propósito de darle más poderes a Garzón y a mí me había nombrado para formar el nuevo equipo que iba a configurar el Ministerio del Interior.

En el Ministerio del Interior había un problema que estaba ya en los medios de comunicación: el «caso Roldán». Y aunque no era un motivo de máxima preocupación en aquel momento, sí resultaba irritante. Pero estas cosas no se saben hasta que no se comprueban: estábamos al principio y no se sabía si aquello era cierto o no... Los problemas importantes en aquel momento eran los relacionados con el terrorismo... Había cosas que resolver, teníamos situaciones muy complicadas en aquel momento. Sobre todo, se percibía una situación de desgaste político fuerte. Estábamos en una época en la que comenzaba a percibirse claramente, indisimuladamente, el distanciamiento entre el Partido y el Gobierno. Con los años, te das cuenta de que todo es un poco mimético, que las situaciones se repiten...

No recuerdo muy bien qué me dijo Felipe González cuando me pidió que me hiciera cargo del Ministerio del Interior... Han pasado ya diez años. Creo que hablamos de temas que conocíamos los dos, de asuntos que había pendientes... Me di cuenta de que él estaba preocupado, sobre todo, por el funcionamiento de un Ministerio del Interior que quería seguir muy de cerca. Así lo entendió siempre Felipe González, porque el terrorismo, en esa época, era un problema que convulsionaba a la sociedad española. Sin duda, quería tener un conocimiento muy cercano de la situación. El caso GAL ya había estallado hacía tiempo, aunque era algo que había sucedido mucho antes, en la etapa de Barrionuevo. No se habían producido todavía acusaciones ni de Roldán ni de otros sobre aquel espinoso asunto, aunque más tarde hubo acusaciones de Roldán y de algún otro más que estaba en ese mundillo, pero de unos contra otros... Mi llegada a Interior pareció bastante normal, rutinaria, pero no fue así...

CESÉ A ROLDÁN INMEDIATAMENTE

Cuando llegué al Ministerio, me encontré con unas formas de gestionar muy diferentes a las que yo tenía en la cabeza. Así que lo que hice fue reordenar el Ministerio, gestionarlo de otra forma, tratando de racionalizar costes, de crear objetivos que había que cumplir... Traté de darle un sentido más moderno a aquella Administración.

La principal diferencia... Lo que yo notaba, lo que más me preocupaba, era que había unas inercias anteriores, que estaban ahí, y que yo trataba de conducirlas fijando unos objetivos muy claros. Había problemas clarísimos: había muchos policías, pero siempre parecían escasos porque muchos se dedicaban a tareas que no les eran propias y que podría desempeñar otro tipo de personal —administrativos, compañías de seguridad, etcétera—. Todos esos policías no se dedicaban a la prevención del delito, que es la parte esencial del trabajo de las Fuerzas de Seguridad del Estado. Además, aquí, en España, realizan funciones de las que no se ocupan en ningún país de Europa, como custodiar las cárceles. Esa tarea, en otros países, la llevan a cabo los funcionarios de prisiones.

Yo había pensado que había dos o tres mil agentes, dedicados a esos menesteres, que podían estar fuera, en la calle; a ese número podrían añadirse las Fuerzas de Seguridad, Policía y Guardia Civil que hacían los traslados y diligencias judiciales entre los juzgados y las cárceles... Al final, había cinco mil funcionarios que se podían relevar de funciones que no les correspondían y dedicarlos a las funciones propias de prevención del delito en la calle.

Tampoco veía muy claro el proceso de transferencias a las Comunidades Autónomas. Yo partía del convencimiento de que, cuando se transfieren policías a una Comunidad Autónoma, sin competencias sobre la Seguridad del Estado —por aquello de acallar las voces reivindicativas de los presidentes de las Comunidades que tienen competencias en Seguridad—, al final tienes un par de miles de policías que se dedican a funciones secundarias. En fin, que había muchas cosas que reordenar en aquel Ministerio...

Una de las acusaciones que se hizo a los anteriores ministros es que mantenían todavía a muchos «poderes fácticos» de la época franquista. Tengo que decir que en el Ministerio me encontré con que había personas ocupando cargos relevantes en la Seguridad del Estado que llevaban años allí, que estuvieron conmigo y también después, porque eran funcionarios capaces. Creo que ése no era el problema. Los funcionarios que tuvieron que vivir la etapa franquista... la tuvieron que vivir, pero tampoco la eligieron. Lo que hay que considerar, sobre todo, es el comportamiento de estas personas cuando llega la democracia, cómo actúan en libertad. En ese sentido, yo creo que no había allí altos cargos a los que se les pueda hacer ningún reproche, ni siquiera a aquellos de los que se pudieran tener ciertas dudas en cuanto a su talante democrático. No. Tuvieron que vivir lo mismo que tuvieron que vivir todos los españoles que tengan más de cincuenta años. Les tocó vivir esa etapa.

El margen de maniobra que me dejó Felipe González era total y, de hecho, cambié a todo el equipo del Ministerio. El cese de Roldán, por ejemplo, no lo hizo mi sucesor. Lo hice yo... A Roldán lo cesé yo inmediatamente, nada más llegar. Creo que llegué un viernes, que es el día que se reúnen los Consejos de Ministros, y a la semana siguiente ya llevé el cese de Roldán. Él había dicho que quería irse y yo le cogí la palabra rápidamente; ante un escándalo como el que se estaba organizando, lo normal es que la gente se retire, se defienda y no implique al resto. Como Roldán me dio medio pie para que lo sustituyera, lo hice.

Tuvimos una conversación muy breve, porque como él ya había dicho que quería irse, le dije: «Mira, tal y como me has pedido, creo que este tema lo vamos a resolver inmediatamente». Él tampoco opuso gran resistencia: al viernes siguiente llevé su cese al Consejo de Ministros, y se acabó. Cuando se fue, creo recordar que no recomendó a nadie para sustituirle. Tuve muchas recomendaciones y, sin duda, Ferrán Cardenal tenía una recomendación muy clara, la del vicepresidente del Gobierno, Narcís Serra. Pero, además, Ferrán Cardenal era una persona a la que yo conocía, que encajaba en el esquema que yo tenía de cómo debían funcionar las cosas en la Guardia Civil. Cuando me sugirieron su nombre me pareció muy bien, y por eso lo nombré.

Vera no quería marcharse

El cese del secretario de Estado, Rafael Vera, también fue una decisión mía, y todo el equipo del Ministerio se quedó «a cuadros». Esa salida fue más traumática, porque él se resistía frontalmente a marcharse. Llegué a hacer consultas para ofrecerle alguna embajada y le llegamos a ofrecer dos, la de Buenos Aires y la de Lisboa, para que se marchara del Ministerio sin más problemas.

La verdad es que preferíamos pactar su salida, llegar a un acuerdo razonable con él. Y yo no podía ofrecerle una embajada porque quien las adjudica es el Ministerio de Asuntos Exteriores. Digo esto para que quede claro que, si yo se lo ofrecía, era porque tenía el beneplácito del presidente del Gobierno.

Rafael Vera se resistía a dejar el cargo porque creo que estar en ese Ministerio produce algunas transformaciones en las personas. Se puede perder la noción de la realidad. Y, entonces, cuando uno piensa que lleva el Estado en la espalda, lo mejor que puede hacer es salir corriendo, o que lo echen inmediatamente. Con esa idea, no se debe estar en un puesto así...

Y yo quería cesar a Rafael Vera porque quería hacer mi propio equipo. Estaba a gusto con Garzón, tenía ya mi Secretaría de Estado, ése era mi equipo. Y Rafael Vera no era de mi equipo, no podía serlo porque representaba una etapa de la que yo quería corregir muchas cosas, muchas cosas... Por lo tanto, yo no tenía la menor intención de mantenerlo allí y, si su salida se demoró más tiempo, fue porque él se resistió mucho. Incluso hubo muchos problemas porque yo tampoco veía muy clara la línea que Vera estaba llevando con respecto al terrorismo...

Yo tenía mis propios criterios, conocía muy bien el mundo de ETA desde dentro, desde las catacumbas, desde las cárceles... Conocía esa parte y conocía la otra, y tenía mi propio criterio respecto a ello. Pero había personas que —parecía— tenían en exclusiva la posibilidad de entender ese problema, y que todo lo demás estaba vetado a mentes que no fueran las suyas.

Rafael Vera argumentaba que quería seguir allí, básicamente, por el tema de ETA; él quería implicarse en la solución final, cosa que yo ya preveía que no iba a ser inmediata... Cuando hay tres generaciones implicadas en el conflicto... esas cosas nunca se solucionan rápidamente. A veces ocurre que el objetivo se diluye y el medio se convierte en el fin, como ocurre con toda la gente que está implicada en ETA: la coyuntura les conduce a transgredir, a cruzar la línea, como ocurre con cualquier otro delincuente, y, una vez que han cruzado la línea, ya no pueden retroceder...

Yo hablé con muchísimos etarras en las cárceles y pude constatar que son personas con escasa formación, que incluso no conocen bien ni cuáles son las instituciones vascas, ni cómo se comportan y, sin embargo, están metidos en un ambiente que les rodea y que les impide ver la realidad. Es obvio que el terrorismo no va a tener una salida mágica, de un día para otro. Se desarrollarán ciclos, el terrorismo irá aminorando poco a poco, hasta que, al final, el muñón se caiga.

Tenía planes para Garzón

Cuando cesé a Vera, quedó vacante la Secretaría de Estado de Interior. Garzón estaba ya en el Plan contra la Droga. Entonces vi que había competencias que —en concreto, el mando sobre las Fuerzas de Seguridad del Estado—, mientras estaba Vera en la Secretaría de Estado, no podía darle a Garzón. (En el Ministerio del Interior es el secretario de Estado quien tiene el mando sobre las Fuerzas de Seguridad, no el ministro). Al dejar vacante esa plaza, ya pude delegar en Garzón algunas competencias sobre los cuerpos policiales. Pero dejé vacante la Secretaría de Estado y no nombré a Garzón para ese puesto porque, entonces, tendría que dejar el Plan contra la Droga. Así que Garzón se quedó con el Plan contra la Droga, con competencias sobre las Fuerzas de Seguridad del Estado. Pero el plan que yo tenía en la cabeza era progresivo; yo pensaba ir incorporando competencias en su gestión, hasta que él ejerciera de secretario de Estado de Interior... Yo intentaba hacer una transición respetuosa con el pasado, sin romper muchos platos, pero una transición clara y sin dudas. Naturalmente, alguna que otra sopera cayó por el suelo.

En ese momento, para mí, Garzón era una persona de absoluta confianza... Ya lo conocía anteriormente y habíamos coincidido cuando él estaba en la Audiencia Nacional y yo estaba en Prisiones, y siempre tuvimos puntos de contacto. También habíamos tenido nuestros desencuentros, pero todo estaba ya superado. Teníamos total confianza en él, tanto yo como el presidente del Gobierno. Porque quien lo nombró secretario de Estado no fui yo: él vino al Ministerio como secretario de Estado para el Plan contra la Droga. El presidente del Gobierno lo había decidido y yo estaba de acuerdo. Por eso Felipe también estuvo de acuerdo cuando yo le di más competencias y lo situé como secretario de Estado de Interior «de facto». Es algo que yo pienso que Felipe tenía también en mente, y que lo había hablado con Garzón. No es que hubieran hablado exactamente de lo que Garzón podría llegar a ser en el Ministerio del Interior, porque yo creo que esas cosas Felipe no las habla. Pero sí sobre el hecho de que Garzón tuviera competencias en el mando policial... No tengo la menor duda de que estaba hablado, porque Felipe me lo ha contado también.

Todo esto no hubiera sido posible con José Luis Corcuera en el Ministerio, pero él ya había dimitido entonces... Sin duda fue una solución que Garzón llegara al Ministerio después de la salida de Corcuera, porque, evidentemente, con Corcuera no podía ser. Conmigo sí. Sin duda, el relevo de Corcuera fue la coyuntura idónea para que Garzón llegara al Ministerio y para que hubiera un cambio radical en Interior. Así se podría propiciar todo lo que, sin duda, estaba ya planificado y en la mente del presidente del Gobierno.

Garzón y yo éramos dos personas que no teníamos nada en común pero que, sin embargo, éramos compatibles y podíamos trabajar juntos perfectamente. Con el equipo anterior hubiera sido imposible...

La verdad es que no sé, exactamente, cuál es la razón de fondo de esa animadversión de Corcuera y José Barrionuevo hacia Garzón. No lo sé exactamente... No sé qué pasaba entre ellos, ni supe nunca por qué había ese antagonismo. Yo conocía ese antagonismo, incluso los dos me hicieron muchísimos reproches, porque yo nunca quise darles explicaciones, ni a Corcuera ni a ningún otro. Porque yo tenía, naturalmente, consentimiento del presidente del Gobierno para hacer ciertos cambios; pero tuve que soportar muchos reproches y alguna impertinencia que otra también.

Barrionuevo y Corcuera me llamaban continuamente... Yo creo que me llamaban porque les preguntaba poco, y ellos esperaban estar ahí, como ejerciendo una tutela sobre el novicio. Pero el novicio quería andar solo. Ése fue también, sin duda, un motivo de roces entre nosotros.

CORCUERA SE ENTROMETÍA CONTINUAMENTE

Al llegar al Ministerio me encontré, por una parte, con una gestión que era atípica, donde se seguían procedimientos que no eran los ordinarios. Y como había siempre una caja de recursos de donde se podía echar mano y pagar sin procedimiento administrativo, pues buena parte del gasto quedaba ahí... Me refiero a los fondos reservados, claro. En mi opinión había mucho gasto que debía de ir al capítulo de gasto corriente, no al de gasto reservado, y, la verdad, había ahí un puñado de cosas bastante llamativas.

Salieron en el juicio... alquileres de pisos de la policía judicial, compartidos con el Tribunal Supremo, con el Consejo General del Poder Judicial; había también alguna cuenta compartida... Había cosas extrañas, de procedimiento, y eso fue lo que, naturalmente, tuvimos que reordenar.

Pero había también en torno al Ministerio un trasfondo político que se deterioraba día a día. La prueba evidente es que yo acabé presentando la dimisión. Porque tuve que soportar mucha intromisión por parte del anterior equipo, mucho forcejeo con el presidente del Gobierno, al que presionaban continuamente, mucha apuesta y mucha bravuconada, también...

Como aquello de la ley de inmigración. Yo había pactado un acuerdo por el que no habría intervención judicial en el arbitraje para la solicitud de asilo político, porque los partidos políticos aceptaban que el alto representante de ACNUR dirimiera los conflictos. Eso, ahora, tampoco sería admisible, hacerlo sin intervención judicial, posiblemente ese tema ya ni se plantearía, pero en aquel momento yo había llegado a ese acuerdo con todos los partidos. Y, después, la presión de mi antecesor sobre el presidente del Gobierno me dejó en un ridículo espantoso. Hubo que volver a reconducir todos los cambios que yo había ya negociado con el portavoz socialista en las Cortes, que era Solchaga, y que también se vio obligado a reunirse otra vez con todos los ministros... Yo me sentí desautorizado por el presidente del Gobierno y percibí que Felipe González recibía una presión muy fuerte del anterior equipo de Interior, de Corcuera.

También ejercieron una continua presión en los temas de terrorismo. Existía una línea marcada anteriormente y ésa era la dirección que algunos miembros del Ministerio querían seguir; soporté, incluso, algún desafío de gente vinculada al equipo anterior; afirmaron que no irían por los cauces por donde yo quería llevarlos, que sólo irían por donde estaban marcados previamente. No voy a citar nombres ahora, pero sí afirmaré que existía un desafío constante para tratar de imponer que la línea marcada por el equipo anterior era la verdadera y la adecuada, y que todo lo demás era la penumbra o el fracaso. Y la verdad es que fue un fracaso: a los seis meses me marché de allí...

Mi impresión, repito, es que había una presión muy fuerte sobre el presidente del Gobierno por parte del anterior equipo, y que Felipe se sentía incómodo conmigo. Desde el principio percibí que a ellos no les gusté nada, porque no les aseguré la continuidad en mi forma de actuar. Todo lo contrario.

EN LA CAJA NO HABÍA NADA

No sé si al final me enteré de todo lo que ocurría realmente en aquel Ministerio. De algunas cosas, sin duda, sí. Y puse rápidamente el remedio a algunas cosas de las que me enteré. Por eso reordené administrativamente la gestión, para sacar de los fondos reservados todo lo que tenía que resolverse por la vía de procedimiento administrativo, en el capítulo de gasto corriente o de personal, y establecí un presupuesto para esos gastos. Pero, por lo demás, no hay pruebas documentales de los fondos reservados y, por tanto, no sé en qué se gastaban los dineros anteriores. En la caja no encontré nada, porque, naturalmente, no había justificantes y estaba previsto por la ley que no los hubiera. Por lo tanto, no tengo nada que decir ni sé de lo anterior.

Lo que sí creo es que había pagos de los fondos reservados —que también se vieron en el juicio— que tenían que haber sido incluidos en capítulos de gasto corriente; y era el tema que había que reconducir. Yo ya expliqué ante el juez en qué gastaba yo los fondos reservados, dejando claro, además, que el que le retiró a Rafael Vera la caja de los fondos fui yo. Y lo hice porque asumí sus responsabilidades cuando lo cesé. Por eso el sucesor de José Luis Corcuera fui yo, y no Belloch...

Yo creo que mis predecesores utilizaban tanto el recurso a los fondos reservados porque ese método obviaba el trámite administrativo, y hay cosas que son más fáciles de hacer sin la incomodidad de realizar expediente, sin la molestia de cumplir una serie de trámites.

Se ha dicho que en el Ministerio del Interior andaban con bolsas de dinero para arriba y para abajo, de forma habitual... no creo que eso fuera así. Yo solamente he oído hablar de esas bolsas de dinero cuando andaba por ahí Francisco Paesa, que era un zascandil[1]... Pero no dejan de ser habladurías que yo tampoco sé si son verdad o no.

A Barrionuevo y a Corcuera los procesaron por el tema de los fondos reservados, pero no condenaron a ninguno de los dos. Y yo no tengo constancia de que se hubieran cometido delitos en ese punto. Lo que observé durante mi estancia en ese Ministerio —ya lo dije ante el juez también— es que había prácticas de procedimiento administrativo que no eran adecuadas; pero sólo porque con ese dinero de fondos reservados se hacían pagos que perfectamente se podrían haber incluido en un capítulo presupuestario ordinario.

Sería poco elegante, posiblemente, si expresara todo lo que pienso sobre la política de Interior antes de mi etapa, y pienso que debo ser respetuoso con el presidente del Gobierno que me nombró, con mis antecesores... Y por lo tanto... Yo no lo hubiera hecho de esa forma. A la hora de nombrar ministros, evidentemente, lo hubiera hecho de otra. Creo que ése era un Ministerio clave para el Gobierno, y que posiblemente Felipe tenía que haber dado más directrices desde el primer momento... Porque, al final, la responsabilidad es de quien nombra a los ministros... Yo nunca hubiera formado ese equipo... Pero fue así, y ya está... Yo creo que ahí, en ese Ministerio, hay inercias que, posiblemente, sean como el pecado de la carne... y, en ese sentido, el ser humano es muy vulnerable al elogio, a la adulación, a sentirse el emperador, y... Eso... En el Ministerio del Interior había unas élites que lo sabían hacer muy bien... Rápidamente, te rodeaban, te envolvían y te encerraban en una caja... y no te dejaban ver la realidad... Hay que tener mucha fortaleza para romper eso y no dejarse embaucar...

Prefiero no hacer más comentarios.

El mundo oscuro

Era obvio que los cambios en Interior no podían hacerse de la noche a la mañana. Yo tenía la experiencia de las cárceles, que era más complicado. Era mucho más complejo el mundo penitenciario que el de Interior, mucho más complicado, porque aquello es la penumbra absoluta... Ahí no mira nadie, y había una serie de problemas que mi antecesor acometió de firme... Juanjo Martínez Zato dio allí dentro unos golpes tremendos. Yo trabajé más la parte logística e intendencia, y del desarrollo de la Ley... Pero mis antecesores trabajaron muy duro en los derechos fundamentales.

El cambio democrático empezó con UCD, porque García Valdés creó la ley —impecable— de prisiones, y después trabajaron en el mismo asunto Martínez Zato y otros. Todos tuvieron un comportamiento, a mi modo de ver, muy bueno, pero Juanjo demostró ser una persona de convicciones firmes e hizo el gran cambio de los derechos fundamentales en las cárceles, que era muy complicado. Porque en las cárceles no están los abogados, no los puedes llamar, como lo hace quien está en libertad o quien está detenido en comisaría. Ésa era la parte más oscura del sistema penal y se trabajó muy bien en ese ámbito... Por lo que tocaba al Ministerio, no era un problema de malos tratos ni de este tipo de cuestiones, porque eso no existía, sino de inercias que estaban fuera del procedimiento. Pero yo lo dejaría ahí, simplemente.

Un delincuente muy torpe

La fuga de Roldán no tenía ninguna lógica. Uno siempre piensa que hay más inteligencia. Y eso era de tener muy poca cabeza, porque suponía autoinculparse más todavía... Porque en el sumario... ¿Qué había en el juzgado? No había nada... Recortes de periódicos... Y ni siquiera había una acusación, sino una citación para declarar... La verdad: huir fue una torpeza de tal magnitud que siempre piensas que alguien que ocupó los cargos que Roldán ocupó tendría más sustrato intelectual. Incluso sabiendo todo lo que él sabía —y los demás no sabíamos—, la mejor forma de defenderse no era la de poner tierra de por medio. Fue la forma más infantil de reaccionar, posiblemente... En esa situación, yo me sentí ridículo, porque le suponía un cierto nivel de inteligencia a este personaje... Entonces vi que no lo tenía, vi que era un personaje totalmente mediocre. La verdad es que ahora pienso que el poder ejerce tanta influencia que yo también quedé totalmente confundido con lo que irradiaba este personaje cuando estaba en el poder... Y, después, con la actuación que tuvo, demostró ser lo más torpe que he visto en un delincuente. ¡Y he visto muchos!

Felipe González se equivocó al nombrarme

La verdad es que a mí no me dio tiempo a hacer el cambio que quería hacer. Hice lo que pude, diseñé cuatro cosas, y tampoco me sentí después con ánimo para seguir... Estaba claro que yo no tenía la confianza del presidente del Gobierno. Y había algunos detalles que ya lo apuntaban. Era una batalla perdida.

Y me pareció que la fuga de Roldán —no se presentó ante el juez— era una buena ocasión para dimitir. Aunque, en realidad, Roldán no se escapó. No existía ninguna orden de detención cuando se fue, ni tenía por qué estar custodiado, ni vigilado, ni nada de nada.

El momento político era muy complicado. Pensé, en un principio, que yo hubiera podido resistir en el Ministerio y haber detenido a Roldán, a lo mejor, a los dos meses, si me hubiera sentido realmente respaldado, apoyado por el presidente del Gobierno. Pero no era así, y pensé que lo mejor era asumir esa responsabilidad y liberar al presidente de la carga máxima de la que podía liberarlo personalmente en ese momento, presentando una dimisión digna y asumiendo la responsabilidad de la huida de Roldán. Y retirarme...

La pérdida de la confianza del presidente fue un proceso gradual. Creo que el principio fue la Ley de Extranjería. Además, la persistencia del terrorismo y la enorme presión que el anterior equipo ejerció sobre el presidente del Gobierno en ese aspecto fueron enturbiando el ambiente. Felipe fue cambiando también... Yo lo comprendo perfectamente.

Creo que a Felipe no le gustó que le presentara la dimisión, y yo no sé si me lo ha perdonado. Posiblemente, le hubiera gustado que yo hubiera seguido al frente... Posiblemente, le hubiera gustado que yo pactara con el equipo anterior... Creo que, para Felipe, lo ideal hubiera sido que yo me hubiera entendido con los ministros anteriores. Pero eso ya depende de la disposición que uno tiene para pactar o no pactar, y como yo no estaba dispuesto, pensé que lo mejor era dejarle totalmente las manos libres, ser respetuoso y procurar aliviarle la carga al máximo. Pienso que, en ese momento, con mi dimisión por aquella «fuga» escandalosa —«fuga» entre comillas, pero fuga al fin y al cabo—, liberé a Felipe de una presión muy fuerte. Siempre he pensado que no le gustó nada mi dimisión y lo he constatado cuando he tenido ocasión, cuando hemos coincidido alguna vez... Se equivocó conmigo también al nombrarme, sin duda. En cualquier caso, el tiempo todo lo suaviza...

Pero la verdad es que, durante el tiempo que fui ministro, Felipe me atendió siempre que quise hablarle de los problemas del

Ministerio. Yo le podía llamar a las tres de la mañana, o a las cinco de la mañana si era necesario. Él siempre estaba dispuesto y mostraba su opinión con una gran claridad en todos los temas, y apuntando siempre... abiertamente... Ahora bien, de otros temas...

La verdad es que un ministro no tiene que ir a contarle todas las minucias de un Ministerio al presidente del Gobierno, porque no está para eso. El ministro está para resolver problemas, no para ir a contárselos al presidente... Por eso yo a Felipe le argumentaba poco. Pero creo que tenía muchas quejas de los otros ministros, que estaban continuamente presionándolo... Pero yo no; yo era el ministro en aquel momento, por tanto yo no tenía que justificar nada... Eran los demás los que estaban ahí, presionándole... En dos ocasiones noté esa presión: la primera vez fue muy notoria y pública, y la repito porque no se me va a olvidar. Yo tenía planteados algunos términos de la Ley de Extranjería que modificaban lo anterior, y Felipe lo rechazó; dijo que tenían que quedar como lo anterior, y yo quedé muy desautorizado en ese momento. La segunda ocasión fue con motivo del terrorismo: era muy escandaloso; venía mi antecesor, Corcuera, y me decía: «Que esto lo hagas así, por cojones, o no lo harás...». No hacía falta más... Y después se iba y le daba la vara a Felipe. Supongo que Felipe estaba ya harto, hasta las narices de oírle, porque al final me decía: «Oye, a ver si arregláis algo, dejadme tranquilo...».

Supongo que, tras la huida de Luis Roldán, podía haber otras alternativas a la dimisión. Una, para mí, era aguantar el tirón y, en dos meses, detener a Roldán. Se podía haber hecho antes, sin duda... Pero no me apetecía tampoco... Porque yo siempre he pensado que en los lugares hay que estar si estás bien y motivado. Estar por estar... nunca estuve en ninguna parte. Mi motivación en el Ministerio del Interior estaba ya bastante quebrada y, al no tener motivación y estar en medio de una situación como aquella, políticamente muy degradada, me pareció que lo más prudente en mi caso, o lo más inteligente, era hacer lo que hice. La verdad es que no me costó mucho tomar la decisión ni tuve que pedir ningún consejo, porque nadie de mi equipo sabía que iba a hacerlo, sólo un par de personas. Y nada, por la mañana, cuando fui a la rueda de prensa, lo hice.

Llamé al presidente del Gobierno. Se lo dije por teléfono: «Mira, no te pregunto; simplemente, te digo que voy a dimitir. Y creo que es lo mejor. Por tanto, es una decisión irrevocable». Él no me dijo mucho, tampoco yo le dejé mucha opción... Él fue muy correcto; él siempre es muy correcto. Cuando fui a la rueda de prensa, lo comuniqué públicamente. Después le envié una carta y, unos días más tarde, fui a verlo. Conversamos y, en todo momento, se comportó con una corrección absoluta. Porque Felipe es un hombre, como todo el mundo sabe, de una gran talla política. Yo siempre le estaré agradecido: fui ministro porque él me nombró. He tenido admiración política por él y la sigo teniendo. Pero después de aquello, tampoco nos hemos visto. Cada uno estamos en una parte distinta de la vida y de la política.

Tal vez, me quedó la frustración de no haber hecho en el Ministerio lo que quería hacer. Crear un Ministerio moderno, dinámico, de servicios, transparente; como lo había hecho en las cárceles. En el Ministerio del Interior podía haberse hecho con más facilidad, porque el conjunto de los hombres y mujeres que trabajaban allí estaban muy dispuestos a hacer ese cambio. Y eso es lo que me dejó un poco frustrado, porque creo que se podría haber hecho.

Los «renovadores» sí tenían alternativa

Cuando yo entré en el Gobierno, el Partido estaba ya muy descompuesto. La crisis —la batalla— empezó con la salida de Alfonso Guerra de la Vicepresidencia. En esto sí que hubo un antes y un después. Se podrá estar de acuerdo o no con Alfonso Guerra, pero no se puede negar que es un hombre de una gran capacidad política y que el Gobierno estuvo muy bien dirigido con su actuación como vicepresidente. El tándem que formaba con Felipe funcionó muy bien durante muchos años, hasta que el divorcio produjo lo que produjo: una división interna, un enfrentamiento muy abierto, en 1993, en el Grupo Parlamentario, cuando eligieron portavoz a Solchaga con la oposición de Alfonso. A partir de ahí se aceleró una descomposición interna que nada pudo parar.

Alfonso podía haber estado en el Partido trabajando cuatro años más... Pero el desgaste va minando por aquí y por allá, los descontentos iban azuzando y fijándose más en el propio Partido que en el adversario... Las luchas internas en los partidos siempre son por el poder, como es obvio.

Yo fui diputado hasta 1996. Era diputado y ministro... Pero en 1996 ya no quise ir en las listas, porque me metí en la pelea del Partido por la «renovación»...

No es verdad que los «renovadores» no plantearan una alternativa. Claro que los «renovadores» tenían alternativa; y, sin duda, el Partido es hoy más democrático gracias a ello. Porque, como es natural, cuando hay un poder absoluto, hay menos democracia interna, y el Partido era menos democrático cuando había poder absoluto que ahora, que está compartido... Yo creo que aún no es suficiente. Creo que hasta que los partidos políticos no incorporen en su seno lo que la sociedad tiene, actuarán de forma perversa; porque los partidos no son democráticos y, sin embargo, son los garantes de los pilares de la sociedad española. ¡Vaya contradicción!

Todos los partidos son parecidos: funciona el dedo, funciona todo lo que en política criticamos del funcionamiento de la sociedad... Cuando entras en un partido, haces una especie de dejación de funciones o de privación de libertad; por eso, muchos jóvenes, cuando miran dentro del Partido, dicen: «Yo tengo que renunciar aquí dentro a libertades que tengo en la calle... Pues no entro. ¿Para qué?».

Ésa es la gran asignatura pendiente que tienen todos los partidos europeos todavía. Cuando aquí todavía combatíamos el estado feudal y las monarquías absolutistas, en Estados Unidos estaban reformando el sistema democrático en el estado de Wisconsin, en 1840. Hay diferencia.

Yo creo que, en el caso del PSOE, hay un ejemplo de lo que es tener el poder y actuar con generosidad democrática: Almunia. Convocó elecciones primarias y las perdió: convocó un referéndum dentro del Partido para perderlo... ¡Una honestidad a prueba de bomba!

Yo creo que Felipe no apoyó nunca a los «renovadores». Pero es un hombre inteligente y sabía que negarse abiertamente a eso era una tontería. Pero si hubiera podido, se habría puesto enfrente.

En cuanto a mí... Que desde mi propio Partido me puedan acusar —que lo han hecho por activa y por pasiva— de haber entrado en el Ministerio como un elefante en una cacharrería, y que me acusen de insolidario, de acusador... La verdad, me es un poco indiferente que piensen así. Hice lo que tenía que hacer y lo volvería a repetir.

A Belloch sólo le interesaba su ego

Me considero responsable, en parte, del nombramiento de Juan Alberto Belloch para sustituirme en Interior. Soy corresponsable desde que fue nombrado vocal del Consejo General del Poder Judicial por la cuota del PSOE, porque aplaudí a Enrique Múgica cuando propuso su nombre. Después, también apoyé su nombramiento como ministro de Interior. O sea, en esto, asumo que fui uno más de los que metimos la pata...

La verdad es que, después, con su comportamiento, yo creo que Belloch ha defraudado a mucha gente que creíamos que era de otra forma, que era otra cosa. Pero el tiempo todo lo pone en su sitio, sin duda. Lo que yo vi en Belloch es que tenía interés solamente en su poder personal. Cuando se comentaban los problemas, parecía que todo lo positivo siempre lo había hecho él y todo lo negativo... la culpa era del anterior, que era un lelo y no se enteraba. Quedé bastante defraudado con él. El que llegó después de Corcuera fui yo; él llegó después de que yo ya hiciera los cambios que me dio tiempo a hacer. Sin embargo, lo que él transmite constantemente es que él cambió el Ministerio del Interior... Cambió a los que estaban nombrados hacía seis meses, oiga. Conmigo no mantuvo ninguna conversación para intentar mantener la línea política de un equipo que llevaba tan poco tiempo. Cesó a personas que yo creo que no debió cesar, pero, en fin... Creo que alguno de mis colaboradores se quedó durante algunos meses...

Le ocurrió igual con las cárceles. En Prisiones también tuvo una clara voluntad de romper con lo anterior y nombró a un director general que combatía a mi equipo. Por eso me sentí muy relajado cuando Jaime Mayor entró y me preguntó: «Oye, yo quiero hacer lo que hacíais vosotros, ¿a quién pongo?». Y le contesté: «Pues ahí está mi equipo». ¡Y puso a mi equipo! Conmigo, el director general de Instituciones Penitenciarias era Ángel Yuste.

Con Belloch, todo lo que servía a su ego y al autobombo funcionaba. Y pienso que quien hizo una labor importante fue Margarita Robles, y sé que tuvo que enfrentarse a Belloch muchas veces para hacer su trabajo. Sé que Margarita y él tuvieron problemas...

Margarita Robles es una mujer muy íntegra. Se podrá estar o no de acuerdo con ella, pero nadie puede dudar de su honestidad ni de su integridad. Y ya no es ni diputada, ni secretaria de Estado, ni nada de eso... Yo creo que ella hacía siempre lo que pensaba que tenía que hacer y que, en ese sentido, siempre fue muy coherente. Creo que Margarita Robles consiguió muchos objetivos que tenía previstos, y que le faltó tiempo para conseguir otros. Pero ella no engañó a nadie, porque es honesta; planteó una línea y la siguió.

Uno de los problemas que tuvieron Belloch y ella —al menos yo he oído algo de eso— surgió cuando, al parecer, Margarita intentó impedir unos pagos que Belloch quería hacer a Amedo y a Domínguez. De todas formas, son cosas que no conozco bien... Yo, desde luego, no pagaba a Amedo y a Domínguez. Por eso no estoy seguro de que esas cosas que corren por ahí sean verdad. Si hay una opinión casi unánime en el Partido contra Belloch, es porque Belloch practicaba una especie de utilización constante de personas para los fines que él tenía previstos.

BELLOCH ENGAÑÓ A LÓPEZ AGUDÍN

Fernando López Agudín fue jefe de prensa de Belloch y, luego, publicó un libro contando supuestas interioridades del Ministerio[2]. Creo que su información procedía directamente del ministro, pero después Belloch intentó desmarcarse de Fernando...

Yo creo que el ministro engañó muchas veces a Fernando. El ministro Belloch engañó a su jefe de prensa, porque las informaciones que le transmitía no siempre eran ciertas. Tengo la convicción absoluta de que Belloch era el autor o la fuente de información principal del libro que escribió López Agudín... Naturalmente, de todo no, pero sí del hilo conductor. Y lo que, desde luego, no me creo es que el director del Gabinete de información de un Ministerio escriba un libro de ese cariz sin la aprobación del ministro. A mí López Agudín me llegó a pedir que presentara el libro. Lo comentamos, porque yo le tengo gran estima, pero me pareció que no era conveniente presentar aquel libro. Primero le dije que sí, pero después pensé que no era bueno hacerlo y que tampoco le beneficiaba a él. Así que rechacé su ofrecimiento... Creo que en aquel momento no lo entendió muy bien. Después, lo ha entendido perfectamente, sobre todo cuando se dio cuenta de que había sido engañado. Pero no porque el libro fuera todo mentira. Yo creo que las cosas no son tan taxativas, no son falsas o ciertas: hay partes que son verdad y otras que no lo son... Digamos que el libro me parecía muy de Belloch. Un libro así no se hace si no se anima. Por tanto, creo que si Fernando lo hizo, fue porque tuvo el apoyo de su ministro para hacerlo. Si no, no lo hubiera hecho.

El problema de Belloch es que toda la vida no se puede estar así y engañar a todos al mismo tiempo. Cuando le conviene, en el

Partido, es más «aparato» que el propio «aparato» y, cuando no le conviene, es el más rompedor. Es muy complicado, pero al final pues las cosas siempre acaban apareciendo... Creo que Belloch es la clase de persona que, allí donde está, siempre quiere ir más allá que los otros.

«TODO ES BASTANTE NORMAL»

Pienso que el desgaste que sufrió el Gobierno por el tema de la corrupción es lógico, porque la corrupción no es tolerable. Por tanto, los ciudadanos hacen muy bien en castigar a quien trata el tema con cierta tibieza. En ningún momento hay que olvidar que ésos son casos puntuales que existen dentro de todos los partidos políticos, y que lo que el ciudadano tiene que percibir es si el partido realmente tiene la energía para repeler esos casos y separarlos rápidamente, acotarlos y tratarlos. El ciudadano no tuvo entonces la percepción de que el PSOE actuaba como debía actuar, sino que respondió de otra forma. Creo que, también, cuando se plantean estos temas, la visión de conjunto se pierde, porque tampoco el ciudadano estaba votando en 1996 por la gestión del año 82, sino por el último ejercicio. Lo demás estaba ya resuelto, validado, aprobado y archivado. La utilización que hizo la oposición de esos temas fue la que hará siempre y la que haríamos nosotros. Creo que, en ese tema, la oposición estaba en su papel.

Yo soy socialista y, por tanto, no soy objetivo a la hora de valorar los trece años de Gobierno socialista. Además, he participado en las tareas de gestión de mi Partido, desde el Gobierno local de mi ciudad[3], hasta el Gobierno de la nación. Estoy implicado en la gestión socialista desde la A a la Z.

A mí me parece que la aportación del PSOE ha sido muy importante en la transición española, en el cambio de este país, y me parece que el verdadero cambio se produce cuando gobierna el PSOE. Yo creo que, en ese sentido, mi calificación es alta, muy alta, claro que sí. Por lo demás, me parece todo como bastante normal: se acaba un ciclo, empieza otro...

Ahora hay un Gobierno [del Partido Popular] que está también muy tocado. Ése es el desgaste del poder y, naturalmente, también oigo decir a los dirigentes del PP que la oposición socialista es irresponsable al tocar temas de Estado que deben unir... Un poco parecido a lo que sucedía antes. La cantinela de calificar de irresponsables a quienes se atreven a mover ciertos temas llamados «de Estado» ya la había oído antes. Eso se oirá siempre. Yo creo que está bien separarse un poco de la política, porque se adquiere una perspectiva diferente. Hay cosas que son iguales en el PP, en el PSOE y en todos los partidos.

Yo creo que, en los trece años de Gobierno, el PSOE cumplió muy bien su papel. Lo cumplimos sobradamente. España se situó en el contexto internacional —antes no contaba para nada— y ésa era una asignatura pendiente muy importante. Bien cierto es, también, que aquel grupo de dirigentes socialistas de los ochenta hacía política europea, posiblemente, porque tenían su gallinero muy tranquilo; y en algo contribuía tal vez Alfonso Guerra a que el gallinero del socialismo español estuviera tranquilo, para que González hiciera política internacional. Aquel grupo, no lo olvidemos, fue el que generó lo que hoy tenemos en Europa, el que empezó apostando por la Europa solidaria, por la cohesión de Europa a través de la moneda, tan ventajosa... Tenían una visión de conjunto de una Europa que ahora, más bien, parece una cooperativa. Ese grupo cumplió su papel. González lo cumplió perfectamente. Y, con González, digo el PSOE.

FELIPE LIBRE DE TODA SOSPECHA

Pienso que Felipe González siempre ejerció un liderazgo, y también creo que se cansó, que se llegó a aburrir del liderazgo. Porque eso puede aburrir y cansar mucho. Es un hombre de una talla internacional sin discusión. No sé si le resulta conveniente estar, en la actualidad, tan cercano a la política. Pero, de todas formas, lo superará todo, porque es un hombre que tiene un gran bagaje, ha aportado muchas cosas a este país y eso se lo reconocerán, sin duda. Los escándalos de la corrupción quedarán ensombrecidos y empequeñecidos, todas esas manchas de tinta se van a limpiar al sol; y cuando digo el sol, digo el tiempo, que lo va a limpiar. Felipe quedará libre de sospechas y lo que permanecerá será el poso importante de un hombre de Estado, que fue quien puso en primera fila a un país como España, que estaba en la cola. Realmente, fue él quien dio el empujón fuerte. Yo no lo veo, ni voy a cenar con él, ni nada de eso, o sea... que no estoy en su corte. Pero hay que reconocer que eso es así, y que el tiempo va cargando de identidad todas las cosas. Cuando hagamos el repaso y la revisión de la Historia de España desde 1982 hasta 1996, comprobaremos que el país del 82 era otro bien diferente, era otra cosa...

NOTAS

[1] Véase nota 5 en el capítulo de Juan Alberto Belloch.

[2] Véase nota 6 en el capítulo de Juan Alberto Belloch.

[3] Antonio Asunción (n. 1951) es natural de Manises, Valencia.

Juan Alberto Belloch
Relato para conciliar el sueño

Para poder recuperar a Juan Alberto Belloch es preciso llamarle por teléfono a Zaragoza, ciudad por la que pasa su renacida carrera política. A estas horas y tras las elecciones municipales del 25 de mayo de 2003, ya es alcalde. Me gusta imaginar a quien fuera todopoderoso ministro de Justicia e Interior contemplando el discurrir de las caudalosas aguas del Ebro. Me gusta pensar que, sin duda, el rumor del río y la corriente le habrá ayudado a aclarar su memoria, a limpiar sus recuerdos de malas brumas…

La verdad es que, por mi parte, hubiera preferido dar un paseo, largo y apacible, como la complicidad que tuvimos, en vez de someterme a aquel angustioso encierro, en su minúsculo despacho del Senado… Estuve atrapada entre su inagotable y cordial locuacidad, y el humo de los incontables cigarrillos que fumaba sin piedad… (En su disculpa diré que apenas se dio cuenta de cuánto puede molestar el humo). Para la siguiente cita, nos trasladamos a otro espacio donde se podía, al menos, respirar.

Comienza y concluye el relato de Juan Alberto Belloch recuperando al personaje central de su vida política: Felipe González. Parece claro que, si de él dependiera, no hablaría de otra cosa que no fuera Felipe, cuya figura salpica la conversación como si fuera su amuleto, su rehén y su coartada, todo en una pieza. A Juan Alberto Belloch le gusta pensar que Felipe González ya le seguía la pista antes de conocerle personalmente. Precisamente, cuando él era un joven juez que ejercía en el País Vasco y le buscaba las vueltas a Barrionuevo a cuenta de los derechos humanos y las presuntas torturas a los etarras. ¡Cosas de la vida y el destino! Aunque para él nada fue casual… Belloch está convencido de que Felipe ya le seguía de cerca y con interés.

Hacía mucho tiempo que no le veía; hacía mucho tiempo que no charlábamos durante horas, como antes. Quizás por eso no había tenido la ocasión de comprobar lo mucho que ha cambiado. Habla de otra manera, piensa de otra manera. Ahora, Juan Alberto Belloch ya no es independiente, como cuando llegó al Gobierno de Felipe González, cuando a Felipe le llegaba el agua al cuello y Juan Alberto le hizo creer que le iba a echar una mano. Ahora Juan Alberto es militante socialista. Se afilió al Partido Socialista cuando el PSOE perdió las elecciones en 1996. Debe de ser ésa la razón de su fervoroso discurso de «aparato»; el discurso y la organización interna que a él tanto le molestaban cuando era independiente. Debe de ser ésa la razón por la que Juan Alberto me sorprende repitiendo, hasta la saciedad, los argumentos que necesita para explicar su actuación como ministro del Interior. Me sorprenden, tengo que reconocerlo, las reiteradas referencias a la honorabilidad de sus antecesores, Barrionuevo y Corcuera, y la «odiosa obligación» de hacer lo que hizo, «porque no le quedaba otro remedio». Me sorprende su viva preocupación por la opinión que de él se tenga en el interior del Partido, por demostrar, por activa y por pasiva, que él nunca fue un traidor; entre otras cosas, porque él se limitó a hacer lo que le indicaba Felipe González... Felipe. Pobre Felipe, tan manoseado... utilizado incluso para que Juan Alberto pueda darse la oportunidad de desmentir su personal ambición, tan llevada de boca en boca cuando era el poder más visible del Gobierno. En aquel entonces, Belloch se dejaba querer por las lenguas de doble filo que lo señalaban como el autoproclamado sucesor, desaparecido Serra e imposible Solana. Hoy hace acopio de toda su vehemencia para argumentar, con la lógica del más disciplinado militante, que aquello «era una especulación sin fundamento», que él no pertenecía al Partido y que, por lo tanto, no tenía la más mínima posibilidad...

A estas alturas, se me ha fumado encima al menos diez cigarrillos. Y cuando los aplasta contra el cenicero parece como si quisiera hacer desaparecer, de la misma forma, algún testigo incómodo tantas confidencias que realmente parece haber olvidado...

Cumple, al final, con el tributo sincero (por lo menos a mí me lo parece) del reconocimiento a la labor de Felipe González durante más de trece años de Gobierno. Y jura no haber

leído ciertos libros donde se dicen ciertas cosas, terribles, sobre su actuación en la última singladura, terrible también, del Gobierno de Felipe. Esto... ya no sé si creérmelo. Porque esos libros contienen relatos incompatibles con un sueño tranquilo. Tengo la impresión de que el relato de Juan Alberto —con el que he vivido, como periodista y como amiga, tantas cosas—, es, sobre todo, un relato para poder conciliar el sueño, sin necesidad de tomar un somnífero.

YO ERA VOCAL EN el Consejo General del Poder Judicial. Me había designado el Congreso, pero, realmente, mi nombramiento se debió al empeño enorme del entonces ministro de Justicia, mi amigo Enrique Múgica. Él fue quien, contra viento y marea, se dedicó a promover que yo fuera vocal del CGPJ, apoyado por el Grupo Parlamentario Socialista.

Había un aspecto que hacía de mí un personaje no demasiado grato para algunas personas del PSOE. Concretamente: en la Audiencia de Bilbao, y siendo yo presidente, se vieron los primeros procesos contra miembros de la Guardia Civil en el País Vasco por malos tratos. Las primeras sentencias condenatorias, los primeros procesos, se pusieron en marcha siendo yo presidente de la Audiencia Provincial de Bilbao. Todo ello me había acarreado una relación no particularmente cordial con el ministro de Interior de turno, e incluso, en algunos momentos, junto con la jueza Elisabeth Huertas —que ahora está en el [Tribunal] Supremo—, llegué a protagonizar portadas como si fuéramos los enemigos del Estado, por dedicarnos a hacer nuestro trabajo de jueces con absoluta objetividad e imparcialidad. Pero si se quería hacer una lectura política, la única que se podía hacer, en mi opinión, era que el Estado también era culpable cuando los funcionarios policiales vulneraban las normas y que el Estado se legitimaba precisamente en función de unos jueces que no cerraban los ojos frente a los abusos y los sucesos que pudieran cometer las Fuerzas de Seguridad... Pero, naturalmente, eso pesaba en mi biografía, desde el punto de vista político, bastante más que mi biografía de juez, que es de la que me siento particularmente orgulloso. Simplemente, hice mi trabajo. Y lo volvería a hacer, sin ninguna duda.

Lo cierto es que, para el juego de la política en Madrid, lo que más me lastraba era ser uno de los jueces vascos que no comprendíamos la labor de Estado. La policía tenía que trabajar «con red», se decía en aquellos años, y si los jueces la perseguíamos, resultaría que no podría hacer su trabajo: detener a los terroristas y a los delincuentes. Ésa era la dinámica. Puesto que yo no aceptaba esa «red», mi perfil no era favorable para ser vocal del Consejo. Pese a ello, fui nombrado vocal y, desde mi responsabilidad en el Consejo, yo multipliqué por doce, y más, el esfuerzo presupuestario dedicado a la formación de los jueces. Y eso lo conseguí directamente de Felipe González.

Aquel fue el primer contacto directo y personal que tuve con Felipe González. Aunque, en realidad... La primera vez que nos vimos fue con ocasión de un programa de televisión en el que se hablaba de personas que pertenecían a la década de Felipe... Un poco por los pelos —porque él tendrá ahora, supongo, unos 61, y yo tengo 52—. Pero, en fin, ciertamente encajábamos, más que por edades, por perfiles, sobre todo. Y yo lo vi física y personalmente durante una conversación, ese día, el día que nos encontramos para hacer la foto de rigor en televisión.

Pero el primer contacto político ocurrió cuando yo era vocal del Consejo General del Poder Judicial. Fui elegido vocal en 1991 y allí estuve dos años: en 1993 fui al Gobierno. En aquella primera ocasión le presenté a Felipe mi proyecto para la formación de jueces y él me apoyó presupuestariamente. A partir de ese momento, hubo encuentros esporádicos, pero nada más. A esos encuentros se pudo añadir lo que pudiera saber de mis «hazañas», entre comillas, en el País Vasco, que no sé si... En fin... Por lo visto, no debieron prejuzgar mucho su criterio... Pero, de todos modos, lo curioso es que se celebran las elecciones y las ganamos. Yo, por entonces, no era militante del PSOE; era independiente, y lo fui hasta que perdimos las elecciones en 1996.

La justicia tiene solución

Fui a ver a Felipe a La Moncloa y lo que recuerdo es que, apenas entré, me dijo: «Bueno, ¿tú no decías siempre que la Justicia tiene solución?». Y, en ese momento, comprendí que Felipe me seguía desde hacía tiempo, porque yo, cuando era más jovencillo, organicé un gran congreso —entre otros muchos, en realidad— de juristas;

participaron jueces, abogados, más de mil quinientas personas... Le pusimos un título romántico y optimista: «La Justicia tiene solución». Fue un congreso que organizamos cuando yo tenía treinta años, más o menos... Y, entonces, cuando me dijo esa frase... «¿No dices que la Justicia tiene solución? Pues ¡hala! ¡Adelante!».

Acto seguido, se produjo algo significativo, un hecho curioso: Felipe me indicó: «Bueno, ahora, para formar el equipo, habla con Narcís Serra...». Pero yo le contesté: «No, presidente, el equipo lo propongo yo. Para mí es... —no creo que llegara a decir «condición», tampoco era una situación en la que pudiera emplear una palabra tan fuerte—, ...es, para mí, un *ideal* necesario, imprescindible, nombrar a mi propio equipo». Y me contestó: «¡Ah, bueno! Pues, nada; pero, simplemente, pasa y lo saludas. Y le dices que lo del equipo ya lo hablarás conmigo».

Entonces, yo salí del despacho y, ya con Narcís, éste me dijo: «Bueno, vamos a ver a qué personas nombramos». Yo creo que ya tenía todos sus nombres preparados, así que le advertí: «No, no... Eso, yo... En fin... Ya he hablado con el presidente y... bueno, ya os propondré los nombres que a mí me parecen adecuados para hacer ese trabajo».

Y, a partir de ese momento, efectivamente, yo tuve la potestad de nombrar al equipo que yo quise, en todos los puntos y en todos los extremos. Felipe González me autorizó a ello. Por lo cual, es obvio que el único responsable de lo que hiciera todo el equipo y yo mismo, soy yo mismo, porque tuve absoluta libertad en el nombramiento de mi equipo. Acudí fundamentalmente a personas que habían sido de mi confianza, con las que había trabajado toda la vida y que era gente muy valiosa. Sobre todo, acudí a Teresa Fernández de la Vega, a la que todo el mundo conoce porque sigue en la política activa —¡y de qué modo!—. Yo creo que es una de las mujeres más valiosas de la esfera política.

TOMÁS Y VALIENTE RECHAZÓ EL CARGO

Recordando aquella época, lo cierto es que yo llego al Ministerio de Justicia, digamos, en una situación extraordinariamente favorable. Es decir, todos los medios de comunicación consideran mi nombramiento de una manera claramente positiva, consideran que hay una persona independiente que va a intentar arreglar las cosas. Recibo apoyo claro y manifiesto de colegios de abogados y de los sectores jurídicos. Y, únicamente, se ponen en guardia —es comprensible— en la Asociación Profesional de la Magistratura, porque yo procedía de Justicia Democrática —cuando era un crío—, y, en esas fechas, pertenecía a Jueces para la Democracia. Pero, salvo una cierta prevención por parte de ese sector, los sectores jurídicos —que me conocían mucho y bien— me reciben de manera positiva.

Además, en esa primera etapa, pude desarrollar el trabajo muy tranquilamente. Fue un período excelente. Solamente aparecen dificultades cuando acumulo Interior. En mis tres años en el Gobierno, hay un año y medio en que se hizo todo de una manera muy positiva y en un clima muy agradable, en el que las situaciones no generaban dificultades. Después, las cosas se complican cuando, primero, dimite José Luis Corcuera, después dimite Toni Antonio Asunción... Yo fui el candidato del presidente para ocupar el Ministerio, eso lo sé, porque Tomás y Valiente rechazó el puesto. Tomás y Valiente, que para mí es mi héroe —mi otro héroe es Vives Antón, vicepresidente del Constitucional; ambos son mis dos modelos jurídicos o mis maestros—, rechazó el cargo, y no porque no le gustara, sino porque, siendo, como era, el presidente del Tribunal Constitucional, consideraba que pasar a ser ministro de Justicia perjudicaba claramente la visión y el carácter institucional del Constitucional. Quien es presidente del Constitucional no puede convertirse en ministro, porque la Constitución está por encima del resto de los poderes. Tomás y Valiente, que era un hombre absolutamente fuera de serie, por puro decoro institucional profundo, rechazó el cargo. Yo creo que fue él quien sugirió mi nombre.

En aquella época comenzamos a desarrollar políticas muy positivas. Empezamos al mismo tiempo varios trabajos: desde el Código Penal, que aprobó el Congreso en 1995, hasta la Ley del Jurado, la Ley de Asistencia Pública, la Ley de Asistencia y Protección a la... Se transforma la Ley Orgánica del Poder Judicial, otorgando muchos más poderes y competencias al Consejo, dotándolo de capacidad de autogobierno... Y, todo, lo podemos hacer sin ningún problema... Eran textos fundamentales y se formularon precisamente en un clima perfecto. En fin, con las dificultades lógicas que implica coordinar este tipo de actuaciones, pero todo el mundo colaboraba y ayudaba en el empeño. Y, de algún modo, nuestro Ministerio estaba al margen de la «melé». Ya empezaba a haber dificultades, pero nuestro Ministerio estaba compuesto por personas que eran algo así como «los buenos de la película», los que no tenían conflictos graves.

Hay que tener en cuenta que, en esos momentos, tras la victoria electoral del PSOE contra todo pronóstico, ya empezaba a haber dificultades. Yo tenía la sensación de que disparaban con pólvora... pero ya era obvia la conspiración que denunció mi buen amigo Luis María Anson. Ya era obvia, ya había manifestaciones de ese tipo por todos lados, y por todas partes había fuego racheado. Y nuestro Ministerio era una especie de tienda de la Cruz Roja en medio de la batalla, lleno de independientes, de gente que no teníamos prácticamente ningún papel dentro del PSOE. Había algún director general que sí pertenecía a la organización política, pero tampoco fueron elegidos precisamente porque fueran militantes, sino por su perfil. Como había magníficos profesionales socialistas, evidentemente, se acudió también a ellos, pero no respondían a ninguna realidad orgánica del Partido, ni eran nombramientos propuestos por unas u otras tendencias, que por entonces ya se dibujaban en el horizonte.

Al margen de la batalla

Nosotros estábamos al margen de la contienda interna, porque no éramos parte ni miembros relevantes del Partido. Muchos de nosotros ni siquiera éramos miembros del Partido. Y, en la guerra exterior, éramos un poco eso: el hospital de la Cruz Roja que está fuera de tiro. Por tanto, vivíamos aquella situación con la sensación de que a nosotros no nos pegaban cañonazos, que nosotros podíamos seguir haciendo nuestro trabajo, siempre apoyados por Felipe González. De vez en cuando, llegaban indirectamente problemas de cualquier compañero del Consejo de Ministros... Como el ministro de Justicia, de alguna manera, es el abogado del Consejo de Ministros, indirectamente podían llegar consultas técnicas sobre lo que procedía o no procedía. Pero, realmente, nosotros estábamos absolutamente al margen de la batalla.

El problema se empieza a agravar el día en que José Luis Corcuera dimite. Esa dimisión genera muchas complicaciones. Lo primero era resolver el problema de quién sucedía a Corcuera, lo cual no era fácil. Se formularon diversos planteamientos: algunas personas proponían a Vera; otras, a Roldán o a Luis Fernández. El propio José Luis, creo recordar, proponía a esos tres... Había otras personas que, curiosamente, proponían a ese navarro que después resultó... ¿Cómo se llamaba? ¡Ah, sí! ¡Urralburu!

Yo, abiertamente, postulé a Antonio Asunción, porque había trabajado conmigo durante dos años. Era un hombre que, desde la Secretaría de Estado de Instituciones Penitenciarias, había hecho un trabajo excelente, que apreciaba el propio Felipe González —me constaba—, porque presentamos juntos los nuevos proyectos de las cárceles y toda la reforma penitenciaria. Y, por una razón fundamental, porque las Instituciones Penitenciarias, entonces, eran parte fundamental y fuente de información permanente en la lucha contra los terroristas —cosa que, desgraciadamente, no ocurre ahora—, lo cual hacía que, de manera habitual, Asunción tuviera que coordinar sus trabajos con el Secretario de Estado de Interior. Quiero decir que Antonio Asunción conocía bien el mundo concreto de Interior y y el mundo del terrorismo, elemento clave para cualquier ministro del Interior, y lo conocía perfectamente en una de las dimensiones en que se puede llegar a conocer mejor: desde las prisiones y desde el colectivo de presos etarras. Por tanto, era un hombre sólido, un buen gestor, un buen administrador y un hombre que, además, conocía muy bien el tema del terrorismo. Me pareció que lo podía hacer bien.

Después de la crisis de la fuga de Luis Roldán —que provocó la dimisión de Asunción—, era necesario que se hiciera cargo del Ministerio alguien que tuviera autoridad política objetiva —el vicepresidente— y que debería acumular la cartera de Interior para intentar afrontar lo que, evidentemente, era una crisis. Que el director general de la Guardia Civil fuera un prófugo de la Justicia, objetivamente hablando, era un escándalo sin matices. Era imposible disimular o minimizar el problema. Yo consideré que la autoridad política objetiva para asumir el Ministerio del Interior le correspondía al vicepresidente del Gobierno y consideré que el perfil más adecuado era Narcís Serra. Yo quería continuar, por otro lado, porque aún no estaban consumados todos los trabajos que habíamos iniciado en Justicia. Es difícil saber por qué Felipe no tomó en cuenta la opción de Serra, pero yo creo que, ya por entonces, podían existir motivos políticos. Luis Roldán era un hombre que había tenido una relación, no sé hasta qué punto intensa, pero una relación bastante estable, en cualquier caso, con el vicepresidente del Gobierno y despachaba con él habitualmente. Yo creo que, probablemente, al propio Narcís, sabiendo que había tenido ese contacto con Luis Roldán, no le debió parecer —a él, o al presidente, o a los dos juntos— políticamente adecuado que pasara a ser ministro del Interior una persona que había tenido una relación directa, profesional y política, con Roldán.

Por otra parte, ningún político avisado, y Narcís Serra lo era, podía aceptar el Ministerio del Interior. Para aceptarlo en aquellas circunstancias hacía falta ser menos avisado y tener menos experiencia para atreverse a meterse en aquel berenjenal. Cualquiera sabía que ese cargo no podía deparar más que problemas.

Desde el punto de vista de Felipe, yo siempre pensé que quizá mi propia posición —estar en ese «hospital de la Cruz Roja», respetado por todos los medios de comunicación hasta aquel momento y respetado por el colectivo jurídico—le permitía ofrecer la imagen que él pretendía, imagen que, por otro lado, se corresponde exactamente con lo que él me pidió. El presidente creía que yo era un ministro, no sólo ni siquiera chamuscado, sino claramente en alza. Cualquiera que repase los medios de aquellos tiempos comprobará, claramente, que yo era una persona que no había participado en ninguna guerra, ni dentro ni fuera. En todo caso, Felipe González tal vez pensaba que yo daba el perfil adecuado para intentar lo que era obvio: intentar ver qué ocurría en Interior, qué había pasado en la Guardia Civil, y tratar de hacer lo que por entonces declaré: un razonable ajuste de cuentas con el pasado. (Aquellas declaraciones me acarrearon muchas dificultades, por cierto). Ese era el trabajo que me había encargado Felipe. Entonces, a él se le ocurrió la fórmula de fusionar ambos ministerios. Fórmula que, por cierto, habíamos sostenido Rodolfo Martín Villa[1] y yo: los únicos que habíamos apostado siempre por la necesidad de unir ambas carteras.

FELIPE NO TENÍA ALTERNATIVAS…

Hay mucha gente que cree que yo acepté hacerme cargo de ese «Superministerio», con Justicia e Interior, por pura ambición. Los que se queden con esa idea tienen lo que se llama una perspicacia psicológica digna de... en fin... nadie sensato.

Si realmente uno quería hacer carrera política, lo lógico era quedarse en Justicia, continuar con los asuntos de rigor y no entrar en un terreno que sólo podía traer consecuencias desagradables. Yo conocía los problemas existentes, porque Toni Asunción ya había ocupado el Ministerio de Interior y era un buen amigo y compañero. Entrar en Interior con un director de la Guardia Civil fugado, mientras nos acusaban... Un diputado —creo recordar que fue Luis Ramallo[2]— dijo que a Roldán se le había atado a una losa de cemento y que estaba en el fondo del mar, y que aquello había sido un asesinato de Estado para evitar que confesara lo que podía contar contra los socialistas en general, contra Felipe, contra el Gobierno, etcétera.

Yo acepté el Ministerio del Interior, simplemente, porque no tenía más remedio que aceptarlo, porque me lo pidió Felipe González de manera expresa y directa, y porque el presidente no tenía alternativa en ese momento. Así de simple. Y no tenía alternativa por lo que hemos analizado antes. Yo le dije: «Presidente, aquí se trata de acabar con toda forma de corrupción». También la externa, de la que se hablaba menos, pero que era importante: entonces estaban presentes temas como los de Mario Conde, como los de De la Rosa... Parece que se ha olvidado, pero fruto de la actuación de aquel Gobierno fue también desvelar un foco de corrupción absolutamente privada, ajena o externa al aparato del Estado.

Yo siempre defendía la tesis siguiente: «Presidente, si luchamos desde el Gobierno contra la corrupción, tanto la que pueda afectar a nuestra gente como la que pueda afectar al exterior, no sólo hacemos lo que tenemos que hacer, porque es imprescindible, esto no puede continuar así, sino que, además, yo creo que eso lo apreciarán los electores y terminarán diciendo que, por primera vez en la historia, un Gobierno se depura a sí mismo y entra realmente dentro de sus sentinas...». Desgraciadamente, existían. Y Felipe me dijo: «Claro, hay que hacerlo. Tienes razón, por principio, pero por eso perderemos las elecciones generales». Lo cuento porque es significativo hasta qué punto Felipe tenía absolutamente claro que necesitaba hacer ese trabajo y que, para eso, la persona adecuada debía tener prestigio externo y no participar en las peleas internas del Partido. Y, evidentemente, era tan claro que me correspondía, que me metí. Así de simple: porque no tenía salida. ¿Cómo podía decir que no, viniendo las cosas tan mal dadas? Decir que no cuando las cosas vienen bien dadas es muy sencillo, pero cuando las cosas vienen mal dadas... Obviamente, no pude negarme.

Yo era la persona que podía hacer ese trabajo concreto: dirigir el Ministerio del Interior en una situación de crisis, con problemas internos gravísimos, y dejarlo aseado.

Dejamos un Ministerio ejemplar

Y así lo dejé... Cuando nosotros nos fuimos del Ministerio del Interior, era ejemplar en todo, absolutamente en todo. Tuvimos que hacer un proceso de transición, cosa que a veces no se valora, del PSOE al PP, sin que nadie se pudiera encontrar debajo de ninguna alfombra ningún tema que no estuviera como la patena. Luego no sólo era realista, era factible. Y lo hicimos. Mi equipo y yo. Margarita Robles, sin duda, desempeñó un papel protagonista en este caso. No quedó ni un solo foco de corrupción, a ningún nivel, dentro del Ministerio del Interior. Pero está claro que no sirvió para detener el conjunto de escándalos existentes; porque, es evidente, nuestra actuación generaba a su vez escándalo. Si se ordena investigar en serio el «caso Lasa y Zabala»[3], ello puede no gustarle a las personas que, directa o indirectamente, puedan sentirse concernidas. Pero había que hacerlo y lo hicimos. Y, así, en todos los casos. Si se detiene a Roldán, con toda clase de dificultades... Muchas personas no querían que se le trajera a España, porque tenían miedo de que Roldán pudiera hacer declaraciones... Eran personas que habían colaborado con él... Me interesa mucho que esto quede claro. Y lo hicimos, sin duda, porque conté desde el primero hasta el último segundo con el apoyo, al cien por cien, de González. Tuve el apoyo político de Felipe, permanentemente, frente a toda clase de problemas y de personas a las que no les gustaba en absoluto que el trabajo fuera dejar como una patena el Ministerio del Interior.

Aquel trabajo me condujo a enfrentarme con personas que antes habían tenido responsabilidades en el Ministerio. El primer atisbo de las dificultades que se avecinaban lo tuve a raíz del «caso Garzón». Creo que aquel fue el origen: cuando Garzón, como consecuencia de no haber obtenido sus deseos reales, vuelve a la Audiencia Nacional y comienzan los procedimientos judiciales. En ese momento, yo percibía en muchos sectores del Partido un modo de acusarme... Los amigos lo hacían directamente, y los enemigos, a escondidas: decían que yo era el responsable de que se hubieran iniciado ese tipo de procedimientos judiciales, por no haber mantenido a Garzón en el Ministerio. ¡No sé cómo! ¿De secretario de Estado del Interior? ¿Hubiera sido mejor? ¿Era lo que quería él? Me miraban como si hubiera puesto una daga en el corazón de Garzón, una persona con la que se había contraído un cierto compromiso y que podría crear muchos problemas.

Le dije a Garzón que no

Con Garzón nunca he tenido relación personal, ésa es la verdad, porque no pertenecía a Jueces para la Democracia y, por lo tanto, nunca estuvo en nuestro mundo profesional ni tampoco personal. En el primer encuentro que yo tuve con él, me dijo: «Mira, Juan Alberto, yo creo que a ti te van a hacer ministro de Interior. A mí no me pueden hacer ministro de Interior, yo comprendo que acabo de llegar, y que estoy en un Ministerio con menos responsabilidad. Pero creo que te van a hacer a ti ministro del Interior y creo que me deberías apoyar a mí para que yo te suceda en el Ministerio de Justicia».

En ese momento le contesté que no podía apoyar esa pretensión por la sencilla razón de que yo quería continuar en el Ministerio de Justicia y que pensaba, además, que el Ministerio del Interior —tal era mi criterio entonces— debería asumirlo el vicepresidente del Gobierno. Por tanto, concluí, no le podía ayudar a que ocupara el puesto que yo no quería dejar. Me comentó que estaba llamando a Felipe González por teléfono y que no había posibilidad de comunicar con él.

Cuando me nombran ministro de los dos ámbitos, vuelvo a tener una segunda entrevista con él. Me pide, entonces, que, ya que no es ministro, que se le nombre secretario de Estado del Interior. Le volví a decir que no, porque para secretaria de Estado del Interior ya tenía prevista a una persona: Margarita Robles, que era de mi absoluta confianza, porque había trabajado conmigo durante quince años. A él no le conocía de nada. Margarita Robles, además, era mi subsecretaria de Justicia en aquel momento; lo lógico era que pasara a ser secretaria de Estado de Interior. Por tanto, le dije, no podía acceder a su petición. Sí que le dije que podría ser secretario de Estado de Drogas, que estaría encantado de que lo fuera, y que trabajaría conmigo; e incluso le dije que estaba abierto a estudiar la posibilidad, que él había apuntado con anterioridad, de poder reproducir, con alguna variable, el modelo de la «vía norteamericana», para que tuviera un mando efectivo sobre los servicios de seguridad. Eso sí se lo ofrecí, porque consideraba que eso ampliaba su Secretaría de Estado y podría colmar su ambición legítima de continuar en política en un tema en el que era especialista, puesto que había trabajado mucho, en la Audiencia Nacional, en materia de tráfico de drogas. Además, daba un perfil, en muchas ocasiones, más de fiscal o de jefe de policía que de juez. O sea, que encajaba en el perfil y que, por tanto, yo estaba dispuesto a ceder en aquel aspecto y planteárselo al Gobierno para que lo apoyara. Él me dijo que no lo aceptaba y que, por tanto, ya dimitiría cuando considerara oportuno, para él, dimitir. De modo que tuve que plantearle la situación claramente: no podría dimitir cuando más le conviniera; tenía exactamente veinticuatro horas para decidir si aceptaba o no, porque yo tenía que nombrar al equipo. Y, efectivamente, de manera inmediata... No recuerdo exactamente cómo se desarrolló la secuencia concreta: no sé si yo lo llegué a cesar o que él presentó la dimisión antes del cese, pero que fue una cuestión de horas.

En cualquier caso, la historia fue así. Desde mi punto de vista.

Para el que lo quiera oír: a los que me reprochaban que no le hubiera dado una salida a Garzón, les respondía: «Muy bien, pero ¿qué queríais? ¿Que lo nombrara secretario de Estado del Interior? ¿Eso es lo que sería más adecuado?». Naturalmente, ante esa pregunta, preferían no responder.

No, Garzón no era el adecuado secretario de Estado del Interior, por la razón obvia de que la discreción no es la virtud que le acompaña. Seguro que tiene otras muchas virtudes, pero la de la discreción no es la que acompaña al juez Garzón. Y, para ser secretario de Estado del Interior, la discreción es requisito *sine qua non*. Por tanto, Garzón no daba el perfil de secretario de Estado del Interior...

Lo de ser ministro... Eso ni siquiera se lo trasladé al presidente, porque lo último que se me ocurriría en mi vida es decirle a Felipe que tenía que hacer ministro de Justicia a Garzón. Pero, en cuanto al desarrollo de mis conversaciones con el juez, sí se lo planteé a Felipe González: «Ha pasado esto, esto es lo que pide, yo creo que no puede ser porque no da el perfil, le he ofrecido esto otro y yo creo que, para el trabajo que hay que hacer, ese "ajuste de cuentas con el pasado", el perfil ideal lo da Margarita Robles, que tiene la misma imagen, y además es de mi confianza...».

Felipe me daba la razón. Simplemente, le pareció bien mi decisión. Pero no me amparo en su opinión. La decisión fue mía. Lo hice, y lo volvería a hacer mil veces, sin vacilación alguna. Por tanto, no me escudo en la opinión del presidente. Simplemente, Felipe dijo, por decir la verdad, que le pareció lógico que no lo hiciera secretario de Estado del Interior. Pero ese apoyo lo verbalizó muy poco. Felipe raramente entraba en esas cosas. Cuando nombraba a un Ministro, normalmente le dejaba mucho margen para actuar conforme a su propio criterio, pero es verdad que si tú sabías que estaba en desacuerdo también te enterabas...

No pensé en lo que podía hacer Garzón

Sinceramente, no pensé que esa negativa a las aspiraciones de Garzón fuera a tener las consecuencias que tuvo. Lo que nunca se me pasó por la cabeza es que el secretario de Estado del Ministerio del Interior pudiera volver a sus labores de juez penal. Eso es lo que a mí no me cabía en la cabeza. Ya no hablo de que sea legal o no. Hablo de sentido común. Yo nunca pensé que quisiera volver a un destino judicial que, antes o después, iba a ver casos relacionados con el Ministerio del Interior. Y no me refiero sólo a temas relacionados con el GAL, sino a los temas con los que él había trabajado en el Ministerio relacionados con el tráfico de drogas. ¿Cómo puede ser que un juez tenga una información privilegiada fuera del sumario en materias que después va a juzgar? Por lo tanto, no es que no lo calculara, es que no me lo imaginé, simplemente, porque no me parece el comportamiento judicial que mantenemos prácticamente todos los jueces. No es normal. Es decir, si te vas, te vas a otro espacio, a otro sitio.

Pero también tengo claro que, aunque hubiera sabido que la consecuencia era que iba a poner en marcha o a acelerar los procesos contra el PSOE, eso no hubiera modificado un ápice mi decisión.

Hay que tener en cuenta una cosa muy clara: a mí no me parece mal, en absoluto, y comprendo que eso es polémico para algunos en mi Partido, que los jueces investiguen a fondo los casos del GAL. Me parece que depurar esas organizaciones que son terrorismo de Estado forma parte necesaria de un Estado democrático sano y civilizado. Por tanto, lo que yo critico a Garzón no es, en modo alguno, que depurara responsabilidades en ese ámbito; y en lo que tuvo que ver con el Ministerio... Yo apoyé desde el Ministerio investigaciones sobre crímenes concretos del GAL. O sea, que no confundamos los temas. Esos procedimientos se tenían que poner en marcha.

Cuando Garzón volvió a la Audiencia Nacional y reabrió el sumario de los GAL, sí pensábamos todos que podía estar movido por la venganza. Pero, en fin... Visto el tiempo transcurrido, y el perfil posterior de Garzón, yo creo que sus motivaciones son bastante más complejas. Yo creo que es el juez mediático por definición, que es un auténtico enamorado de los medios de comunicación, que cuando pasan seis meses sin que aparezca su figura en los medios, consigue llevar a cabo alguna actuación judicial espectacular. Muchas de sus actuaciones son ciertamente notables, como la de Pinochet: la verdad es que fue un asunto espléndidamente bien llevado y un tema muy difícil; otras veces, no lo son tanto; pero lo que es obvio es que no aguanta seis meses sin estar en los medios.

Él estaba decepcionado con Felipe González y supongo que conmigo también. Puede que ésa fuera la razón de sus actos. Pero también pudo actuar movido sólo por su sentido de la justicia. Lo ha demostrado después. Es decir, en la foto fija de entonces, vista su trayectoria, está junto lo bueno y lo malo. El vicio y la virtud.

Una limpieza dolorosa

Yo sé que algunos dirigentes del Partido pensaron —y piensan— que mi actuación era como una patada en el corazón de los socialistas. Pero yo estoy convencido de que la familia socialista, si se entiende por tal los socialistas y los votantes socialistas, no sólo comprendieron lo que hice sino que me lo han agradecido permanente y establemente. En todas partes me agradecen, de manera permanente, que, sin ser militante del Partido, me dedicara a trabajar de una manera especialmente eficaz para que el Partido recuperara credibilidad. Y eso sí lo percibieron. Hasta el punto de que, después de todos estos acontecimientos, en cualquier encuesta sobre afinidad y simpatía por los distintos ministros, dentro de los socialistas, yo era precisamente uno de los más votados. Precisamente, porque ellos sí entendieron muy bien el trabajo que yo había hecho. Y, a medida que pasan los años, lo entienden cada vez mejor. Ésta es la realidad.

Obviamente, a las personas que tenían la responsabilidad política del Ministerio no les puede «parecer bien» —vamos a decirlo así de suave—que se investiguen hechos que tuvieron lugar mientras ellos eran ministros. Por supuesto: es obvio. Es algo explicable y normal. Yo no me puedo quejar en absoluto de que a José Barrionuevo le parezca muy mal que yo facilitara, cumpliendo mi obligación estricta y en la medida en que los jueces me lo pedían, la instrucción de su sumario... Lo puedo entender. Pero así son las reglas del juego. Comprendo que quien tiene la responsabilidad política preferiría que su ciclo hubiera terminado sin consecuencias personales. Esas consecuencias, probablemente, son injustas, porque tanto él como Corcuera son dos personas honestas, y lo creo sinceramente. Pero no sólo se trata de consecuencias personales: lo que más les dolerá, probablemente, no es tanto su suerte personal, como que su obra, su período de tiempo, las personas que nombraron, les hayan creado dificultades extraordinarias. Por eso es lógico que estén dolidos y lo entiendo perfectamente, y no pretendo evitarlo. Pero es obvio que no se podía hacer el trabajo de otro modo. Había sólo otra opción: dedicar tiempo y actividad a esconderlo. Es obvio que, para ese trabajo, Felipe González no hubiera nombrado a Juan Alberto Belloch ministro del Interior. Ni yo me hubiera dejado nombrar. Para mí fue muy doloroso todo ese proceso, aunque ellos no lo hayan visto así. Pero no había más remedio.

Ya sé que ellos me han tachado de traidor, ya sé que hasta se ha llegado a afirmar que yo me había propuesto que Barrionuevo y Corcuera acabaran en la cárcel... Francamente, pienso que ese pensamiento es propio de psicópatas o de personas a las que el dolor les impide ver la realidad. Sólo cabe una de esas dos visiones. Es absolutamente disparatado.

Es todo más sencillo. ¡Claro que quisimos dejar limpio el Ministerio! Punto. ¿Que eso produzca consecuencias residuales? ¿Que ése era nuestro objetivo? No. Nuestro único objetivo, y el mío, mi objetivo, era muy claro: cumplir un encargo, dejar limpio un Ministerio. Y lo cumplí. ¿Que eso después acarreara consecuencias...? Cuando inicias un procedimiento de ese tipo no puedes ni siquiera medirlas. ¿Que la acusación contra mí es que no lo tapé y propicié la investigación? Bendita sea esta acusación: estaré siempre orgulloso de ella, porque era exactamente lo que tenía que hacer y lo que debía hacer y lo que se me encargó hacer.

FELIPE LO TENÍA CLARO

Yo, desde luego, lo tenía muy claro y Felipe González tenía muy claro quién era Juan Alberto Belloch. Yo no llegaba de la nada; llegaba tras veinte años ejerciendo como juez... Y ya entonces tuve problemas... precisamente, también con Barrionuevo, por hacer juicios contra guardias civiles por malos tratos en el País Vasco.

Yo no creo en la excusa de las «cuestiones de Estado» que obligan a tapar acciones dudosas ni creo en la excusa de que, cuando se trata de terrorismo, hay que aceptar la parte inevitable de corrupción vinculada a la eficacia de la lucha. Felipe Gonzalez dijo una vez que «al Estado también se le sirve desde las cloacas». Si se pretende hacer de esa frase una interpretación expansiva, según la cual están justificados el crimen o el robo para la «causa mayor» de lo que fuere, tanto en la lucha contra el terrorismo como en cualquier otro objetivo, en ese caso, desde luego, en todo lo que yo sé, Felipe jamás habría hecho esa declaración. Ni por razones éticas ni por razones prácticas. Porque cada atentado del GAL complicaba, dificultaba y retrasaba la colaboración de Francia y de otros servicios de inteligencia y de policía de todo el mundo. No sólo era un crimen detestable: era una estupidez manifiesta, que perjudicaba directamente los intereses de los españoles en la lucha contra el terrorismo. La visión romántica del GAL, como pacificadora, me parece intolerable. Y Felipe la vivió en primera persona, porque él sabía, y eso sí recuerdo haberlo hablado con él, lo que ocurría cada vez que había un atentado de los GAL, lo que ocurría con la relación con Francia y lo que suponía: se cortaba la información, porque los pequeños circuitos de colaboración que se habían creado se volvían a quebrar. Por tanto, en el puro plano de la eficacia contra el terrorismo, el GAL fue un lastre brutal. Fue un dislate que perjudicó la colaboración con Francia, y Felipe lo vivió en primera persona. Por tanto, es el que mejor lo puede saber.

Es cierto que para que funcionen las cloacas —los confidentes de los que se nutren los servicios de información— hay que pagarlas. Naturalmente, para eso están los fondos reservados. De eso no hay ninguna duda, los informantes se pagan. ¿Cómo lo iban a hacer si no? Nadie puede obtener información sin pagar. Es de cajón. ¿Es que alguien cree que yo hubiera podido detener a Luis Roldán sin aplicar fondos reservados? Es absurdo. No hay una sola operación policial, de mínima envergadura, y más si es una operación importante, que no implique tener que pagar a confidentes, a traidores, a desleales, a gente que está necesitada... Si no pagas a los informantes, no tienes información. Pero, por esa parte, a Barrionuevo y a Corcuera nadie les acusa de nada. Por pagar a confidentes no han recibido ninguna sentencia condenatoria. Porque nadie, ningún juez —y eso yo sí que lo sé—, puede condenar por ese tipo de acciones. Eso lo podría decir Barrionuevo, Corcuera o cualquier ministro del PP. ¿Cómo no vas a pagar a los informantes? ¿Cómo vas a suprimir los fondos reservados? ¿O cómo vas a llegar a un grado de transparencia en los fondos reservados que determine el que tengas que decir el nombre de la persona.? Yo hice la Ley de Fondos Reservados en mi período al frente del Ministerio y, según esa ley, ningún diputado puede preguntar por esa partida, ni preguntar cuántos confidentes hay, o quiénes son o cómo son... Eso sería una locura, de orates. Pero, que yo sepa, ninguno de los dirigentes ministeriales tuvo problemas con la Justicia en relación con ese tipo de prácticas.

Sus problemas fueron otros. En el tema de los GAL, lo que hicimos mi equipo y yo fue responder. El «caso Lasa y Zabala» sí partió de una investigación nuestra; los otros casos, no. En los demás casos lo que hicimos fue dar a los jueces lo que nos pedían y decirle a la policía que cumpliera con su obligación.

En cuanto a que las sentencias que les condenaron fueran injustas o no, yo, la verdad, no me sé pronunciar. En términos puramente sociales, cuando una sentencia es firme, es la verdad oficial. Que, desgraciadamente, muchas veces la verdad oficial no coincide con la verdad real, es cierto. La verdad oficial es ésa pero la verdad real pudo no ser ésa... De lo que sí estoy convencido es de que tanto Corcuera como Barrionuevo han sido injustamente tratados, en términos sociales. De eso no tengo ninguna duda. Porque, en definitiva, se les ha achacado, con pruebas o sin pruebas, toda clase de desafueros. Se les criminalizó de manera general, se les imputaron responsabilidades de todo tipo no demostradas ni acreditadas, y se les puso al pie de los caballos.

Y es verdad el cinismo de todos aquellos que, mientras el GAL estuvo presente, lo apoyaban de manera sistemática en sus columnas y en sus artículos, o en sus entrevistas... Esos sí que actuaban conforme a la teoría de los secretos de Estado y «cuestión de Estado»: no publicaban ni una línea sobre los GAL y, si publicaban alguna, era más bien para estimular la acción... Esas mismas personas, después, reprocharon a Barrionuevo y a Corcuera, de una manera delirante y desaforada, que no estuvieran suficientemente al tanto para vigilar, porque «algo deberían saber...». Ese discurso es de un cinismo de tal calibre que sufrirlo en primera persona es absolutamente injusto. De eso no me cabe duda.

Por otro lado, tampoco me cabe duda de que ser ministro del Interior, en cualquier época, y más en la de Barrionuevo, que fue especialmente dura, es algo tan terrible que lo menos que se puede tener hacia una persona como él es profundo respeto, en cualquier caso.

CUANDO EL ESTADO ERA LA POLICÍA Y EL PSOE

Ya he dicho que yo tuve problemas con Barrionuevo, por los juicios a policías y guardias civiles en el País Vasco. Pero insisto en que fue una época muy dura. Yo llegué a Bilbao en 1981, cuando el golpe de Tejero. Y, en aquellos años, el Estado no existía en Euskadi. Solamente existía la policía y el PSOE.

Estuve en Bilbao desde 1981 hasta 1991. Por tanto, viví de cerca el tiempo en que Barrionuevo era ministro del Interior. Y lo viví como juez. Es obvio que tampoco había jueces. En aquella época, en Euskadi, los jueces aguantaban un mes. Yo tuve que cambiar la Ley Orgánica unos años después, para que no se pudieran ir de manera inmediata. Pero los jueces aguantaban allí un mes, dejaban a la familia fuera del País Vasco, estaban refugiados en pisos que parecían pisos de sargentos, con seis jueces hacinados, con las maletas en el pasillo...

El primer día que yo llegué a Bilbao, me puse junto a una ventana, y me dijeron que me apartara, que estaba a tiro de no sé quién. Que los jueces estuvieran juntos era, prácticamente, inevitable, porque no había más mecanismos de presencia de España, como Estado, en el País Vasco. Todo lo demás estaba huido, en todos los ámbitos, en todas las profesiones. Cuando asesinaban a alguien, nadie acudía... Aparecían tal vez cuatro miembros del PSOE... había problemas, incluso, para celebrar el funeral, los curas se negaban a oficiarlo... era un clima brutal. Fue una villanía que todo aquello se utilizara después... Porque, realmente, aguantaron como pudieron: había una situación insostenible de desaparición del Estado.

Poco a poco, el Estado ha ido consolidándose en Euskadi y el Estado existe, aunque haya polémica y confrontación. Pero existe. En aquella época, no existía. Lo cual hacía aún más difícil el trabajo. A ello había que añadir la sensación de sentirse y ser realmente acusado.

La situación obligaba, me imagino, a establecer vínculos de solidaridad entre los propios políticos y los policías. Era la solidaridad típica de quien está en un fuerte rodeado de apaches. La inevitable solidaridad que surge de la desgracia compartida y el mantenimiento de un ideal de Estado compartido. El contexto estaba en el fondo de todas las relaciones de afecto y, probablemente, también generó incapacidad, en momentos determinados, para poder pensar que, personas que han estado contigo, luchando codo con codo, puedan ser capaces después de aprovechar la situación para lograr fines espúreos. Yo creo que ese tipo de solidaridad puede llegar a limitar la posibilidad misma de aceptarlo. Tu compañero, el hombre que ha estado contigo en un funeral, o en la jefatura de un comando... pensar que después te va a fallar, y que en realidad, hace otras cosas distintas... Eso es muy complicado y eso puede haber influido en la actitud inmediata de defensa que José Luis Corcuera mantenía. Yo recuerdo que José Luis, cada vez que iba al funeral de cualquier policía, era como si se tratara de su hijo; era incapaz de aceptar un análisis objetivo de la situación. Ese mundo era así. Cualquier análisis de la situación que no parta de ese dato es un análisis absolutamente injusto.

Por eso, cuando Pedro J. y *El Mundo* acusaban a Rodríguez Galindo de ser un criminal, yo no tuve ninguna duda y lo ascendí a general de la Guardia Civil. Ninguna. Porque había detenido a no sé cuántos comandos terroristas. Porque había sido el «político» más eficaz contra el terrorismo. Y eso no significa que yo tuviera que tratar de impedir que un juez lo condenara por un hecho concreto. Ahora me produce repugnancia ver a Galindo en la cárcel, sin ninguna duda, y me parece una injusticia absurda que no se le haya concedido el indulto. Pero una cosa es que aprecie los valores y la eficacia de alguien, y otra cosa es que diga que eso le excusa, que sea distinto del resto de los ciudadanos en el tratamiento ante los tribunales. Eso sí que es romper el Estado. No se le puede pedir a nadie que utilice un cargo público para intentar impedir que la Administración de Justicia haga su trabajo.

MINISTROS, BANQUEROS, ESPÍAS Y DELINCUENTES

Con Barrionuevo, creo recordar, no tuve ninguna relación mientras fui ministro. José Luis sí que me llamaba, muchas veces. A veces para echarme broncas y, a veces, para lo contrario. Para todo. José Luis cogía el teléfono para todo. Con él sí tuve una relación normal y constante... y tormentosa. Yo creo que él siempre es tormentoso, en general. No creo que conmigo fuera una excepción. Pero yo siempre he tenido... así como con Barrionuevo nunca he tenido una relación personal, a José Luis Corcuera siempre le he profesado afecto, y por eso le aguantaba las broncas... La verdad es que tampoco le hacía mucho caso. Se quejaba de todo lo divino y de lo humano. No lo hacía porque existiera un procedimiento judicial en marcha —él sabía perfectamente que yo, ahí, no podía hacer nada, y, aunque hubiera podido, no lo iba a hacer—. No, no, las broncas eran muy variadas. Me llamaba cada vez que se hacía algo que no se correspondiera con lo que a él le parecía bien, desde una medida de reorganización hasta una actuación policial, o las declaraciones de Margarita, por ejemplo. Margarita Robles hacía algunas declaraciones que le ponían frenético y, entonces, tenía la bronca garantizada. Era muy variado en sus broncas, pero no lo hacía para intentar presionarme o para que yo dejara de aplicar la Ley. Eso jamás lo hizo. Me conoce bien, supongo.

La verdad es que comentarios como que nos estábamos «cargando la estructura de Interior», que habíamos entrado «como un elefante en una cacharrería», esas cosas, las leíamos en la prensa. Pero a mí nadie se atrevió a decirme cosas de ese tipo. Ni desde fuera ni gente del Partido. Entre otras cosas, porque sabían, todos los del Partido, que esas decisiones estaban avaladas por el presidente del Gobierno. Si no hubiera sido así, habría prescindido de mis servicios. Yo las leía en la prensa. Periódicamente leía una declaración... un comentario... o gente que me decía: «Pues van diciendo de ti no sé qué...». Pero a la cara, no. En algún momento sí tuve la sensación de que estábamos yendo más lejos de lo que el propio Felipe González podía prever. En los temas, por ejemplo, del CESID...

Es un tema complicado. Pero de esos temas, evidentemente, no puedo hacer comentarios. Pero sí hubo consecuencias no previstas.

Ocurrieron hechos que, realmente, revelaron más de lo que podíamos creer. Por ejemplo, las conexiones que se produjeron, sobre la marcha, entre personas variadas: Mario Conde, o De la Rosa, o el célebre Sancristóbal, que fue director general... De repente, claramente, se veían actuaciones en conjunto, y comunicación permanente de datos, después apoyados por los medios de comunicación...

A estas alturas, hay cosas que todavía me siguen sorprendiendo. A un personaje como Sancristóbal, incluso hoy, sigo sin entenderlo. Lo que ocurrió con él no era previsible. Pero no tuve ninguna duda, nunca, de que todos los que habían sido debidamente controlados y con los cuales se habían tomado medidas iban a hacérnoslo pagar. Felipe tenía menos dudas aún. Él, insisto, lo veía claro. Ninguna de esas medidas nos hacía ninguna gracia. La intervención de Banesto no nos hizo ninguna gracia, pero era obvio que aquello iba a tener consecuencias de todo tipo... El que después aparecieran personajes del CESID dentro del propio... O sea, que la acumulación de todos los temas y la trabazón de todos los temas era imposible de predecir, de preverlo. Esa parte sí que nos sorprendió un poco a todos: que se llegaran a poner de acuerdo tantas personas en tantos temas, para actuar globalmente, y que, además, encontraran apoyo mediático, de una manera tan fuerte y clara. Y apoyo del PP, obviamente.

A mí también me han atribuido conexiones perversas con personajes de pésima catadura, como Francisco[4] Paesa, por ejemplo, en relación con la detención de Luis Roldán. Evidentemente, no voy a dar nombres de nadie de los que colaboraron en la detención de Roldán. Pero no hay ninguna contradicción. Naturalmente, para obtener la información que necesitábamos para detener a Roldán, se utilizaron toda clase de informantes, de toda condición y de toda ralea, y además se utilizaron métodos para tratar de equivocar al que buscábamos. Pero tanto es así que yo fui objeto de una querella: se querellaron contra mí, no recuerdo quién fue, no sé si fue el propio Roldán, por detención ilegal y por, precisamente, utilizar los fondos reservados para conseguir información. El Tribunal Supremo lo tuvo muy claro: determinó que mi actuación no solamente era legal, sino que era «manifiestamente justa». Y lo era porque, dentro de lo que dicen no sólo el Tribunal Supremo y el

Tribunal Constitucional, sino el Tribunal Europeo de Derechos Humanos, queda absolutamente claro que el estándar de garantías que merece un delincuente en Occidente se cumplió. En EEUU está permitido, incluso, emplear la violencia para atrapar a un delincuente y llevarlo al país. Pero, concretamente, la utilización de cualquier técnica policial destinada a confundir a la persona que se persigue, para atraparlo, no sólo es legal, es que es manifiestamente justo, y estaba así amparado por la jurisprudencia de todos los tribunales que existen. Por eso la querella que se presentó contra mí fue desestimada con esa frase que recordaré siempre: «No sólo fue legal, sino que fue manifiestamente justo». Y lo es utilizar informantes de cualquier tipo para detener a un delincuente de esas condiciones y es absolutamente justo no comportarse frente a un delincuente como una rata cursi: «Mire usted, haga usted el favor...».

Se desató una campaña feroz contra mí, pero lo que me preocupaba de verdad era que cualquiera hubiera asesinado a Roldán, en cualquier país de este mundo. Si eso hubiera ocurrido, para siempre habría sido un crimen de Estado. La única preocupación real era que este hombre podía ser asesinado en cualquier lugar del mundo, por una infinidad de motivos. Desde las mismas empresas que se encargan de la protección de este tipo de personas, en las que trabajan ex agentes del servicio secreto de determinados países, hasta sus propios enemigos personales. Es decir, en cualquier momento, Roldán podría haber aparecido muerto en cualquier lugar del mundo. Y es evidente que, hubiéramos hecho lo que hubiéramos hecho, hoy se seguiría hablando del crimen de Estado cometido por el Gobierno de Felipe González. Por tanto, sin perjuicio de la utilización posterior que se ha hecho de la detención de Roldán, es una de las cosas que he hecho en toda mi vida de la que me siento más orgulloso. Política y personalmente.

Por cierto, un magistrado del Supremo llegó a decir que, como la detención había sido ilegal, teníamos que devolver a Roldán, dejarle escapar y volverle a buscar. Porque, al pobre, lo habíamos traído engañado.

Se decían dislates de todos los calibres. Se decía que, por descontado, no iba ser condenado por ningún delito. La tesis favorita de *El Mundo* sugería o afirmaba que había un pacto, un acuerdo secreto, por el cual no se le podía juzgar ni condenar por ninguno de los delitos de los que se le había acusado. Se le juzgó y se le condenó por la totalidad de los delitos de los que se le había acusado. Se libró de uno en la Audiencia, y fue condenado por él posteriormente. Jamás han pedido disculpas por eso. Y no fue fácil la detención. Como había sido muchos años director general de la Guardia Civil, tenía amigos por todas partes del mundo...

En el caso de Luis Roldán, la verdad, en algún momento pensé en tirar la toalla, porque cometimos errores de comunicación muy evidentes. Es más, yo cometí un error fundamental: nombrar a un determinado jefe de prensa. Años después, todo el mundo sabe que la operación de captura de Luis Roldán fue un éxito, pero, en medio del fregado, el tratamiento ante los medios de comunicación —que nosotros favorecimos por no hacer las cosas bien— era un motivo objetivo para presentar la dimisión. Ésa es la verdad. No por haber detenido a Roldán, sino por no haber sabido explicarlo... Porque, para mí, no era fácil tampoco. No había clima propicio, pero yo estoy convencido de que hubo errores claros en la forma de transmitir la información. Llegué a decirle a Felipe que quería irme y él me dijo que no lo aceptaba, bajo ningún concepto; me preguntó que si estaba loco. Dijo algún taco más, pero tampoco es cosa de repetirlo todo...

Si no encontraba a Luis Roldán, yo me lo «comía» como ministro del Interior, pero Felipe González se lo «comía» como presidente del Gobierno. Y eso afectaba a todos, a todos y a cada uno de los socialistas. Yo solamente habría sido el brazo ejecutor del «crimen», pero quien me lo habría ordenado, habría sido él. Era tal nuestra alegría por haber resuelto el problema que, la verdad, pasamos el mal trago mediático sin más apuros... A uno no le gusta que lo pongan a caldo de una manera particularmente... En fin, el día que se capturó a Roldán pudimos respirar y el resto de los problemas nos parecían infinitamente menores.

¿Quién es la «garganta profunda»?

El jefe de prensa al que me refería anteriormente, después de salir del Ministerio, escribió un libro que pretendía ser un «ajuste de cuentas con el pasado», pero disfrazado de *best seller*[5]. Yo me negué a leerlo, no lo he leído. Igual que no leo *El Mundo*. Por lo que yo puedo valorar, por lo que me dicen amigos que lo han leído, ni siquiera se ajusta a la realidad en muchísimos de los temas que apunta. Yo no lo he leído, porque me parecería un deshonor leer semejantes cosas, pero lo que es obvio y estoy en condiciones de juzgar, es que Fernando López Agudín estaba presente en todas las reuniones en las que estábamos sólo cuatro o cinco personas pertenecientes a los niveles altos del Ministerio: era director general —ni siquiera era jefe de prensa— y formaba parte de todos los equipos de las reuniones. Me parece un acto impresentable e inadmisible que utilizara aquella información para, después, hilarla conforme a un discurso que le conviniera. Era información obtenida mientras ejercía como director general de un equipo en el Ministerio del Interior...

López Agudín decía que él no se inventaba nada y que en el Ministerio había «gargantas profundas» que se lo habían dictado, dando a entender que una de ellas era Margarita Robles. Pero yo no la creo capaz de hacer eso. Me parecería una inmoralidad. Además, yo, expresamente, dije que no quería que se publicara nada más. Que no lo iba a hacer yo y no lo iba a hacer nadie. Ese libro, a lo mejor, deberíamos escribirlo las personas que vivimos aquello, dentro de quince años, cuando ya no tenga ninguna trascendencia y no haya nadie que pueda sufrir las consecuencias. Pero no creo que Margarita autorizara la difusión de todo aquello ni que Fernando se pueda amparar en consentimientos ajenos. Otra cosa distinta, que no me extraña, y que me han contado, es que ella aparece en ese libro como la «buena». Digamos que es cierto que, desde el principio, tenía con ella una relación que dejó de ser «homeopática», porque él tenía que haber sido director de Comunicación del Ministerio de Justicia e Interior y, en la práctica, era sólo director de Comunicación de Interior. Estaba permanentemente al lado de Margarita Robles, puesto que era su colaborador inmediato, y tal vez, por esa vía, pudo haber obtenido información. Lo cual convierte su actuación, aún, en algo más terrible. Lo cierto es que había quejas en Justicia, y con razón, porque en este Ministerio no se difundía la parte más bonita y más positiva; las quejas se extendían al hecho de que lo que correspondía estaba más descuidado de cara a los medios de comunicación, y sin embargo, el director de Comunicación estaba todo el santo día tratando los temas de Interior. De modo que es más que probable que tuviera una buena relación con Margarita Robles. Pero de ahí a que ella autorizara o alentara... No...

Me han acusado de traidor. Pero ¿traidor por qué? Eso, realmente, es inconcebible. ¿Cuándo he tenido una conducta contraria a los valores que predicamos o que predican los militantes del PSOE? ¿Podrían citar una sola vez en que haya actuado así? ¿Mi gran error es que no tapé la basura? Si es ése... orgullosísimo estoy de haber cometido ese error.

Y también se ha dicho que yo era la «garganta profunda» del Gobierno para el periódico *El Mundo*. Eso es un poco de risa. Cualquiera que diga eso, que recoja toda la información y se lea todas las crónicas de *El Mundo* desde el principio hasta hoy —porque todavía hoy, de vez en cuando, se molestan en darme un «viaje»—. Sería muy extraño que yo fuera la «garganta profunda», dado el tratamiento que los medios de comunicación me otorgan. Si ha habido un medio de comunicación, si ha habido alguien que, de manera constante, me ha puesto a caldo sistemáticamente, ése ha sido *El Mundo*. Más que ningún otro medio, y por una razón muy clara: precisamente, porque no le quise dar nunca información. Los medios de comunicación siempre te retribuyen en especies, siempre. Es una norma de los periodistas, del mismo modo que la policía necesita informantes.

Yo me he negado a desmentir esa acusación. Lo han intentado un montón de veces, pero me he negado. Lo mismo que no he leído ninguno de esos libros y jamás en la vida se me va a ocurrir entrar a discutir con una persona que, entre otras cosas, yo no considero íntegra. No entro ni en eso ni en nada.

Se han publicado más de veinte libros sobre esta materia, cada cual con afirmaciones más esotéricas, y jamás se desmintió ninguna. Y no las desmiento porque no me divierte hablar de ello. Pero los hechos hablan por sí solos: ¿a qué ministro han tratado peor, o a qué autoridad de Interior han tratado peor, exceptuando los casos de Corcuera y Barrionuevo? A Belloch, que es el ministro contra el cual se han cebado más insistentemente... Me parece una fanfarronada, y las personas de buena voluntad deberían quitarles de la cabeza semejante basura. El que, pese a todo lo dicho, siga queriendo pensar otra cosa, que lo haga. Es su problema.

Un esfuerzo que conduce a la melancolía

Fue un esfuerzo de los que conducen a la melancolía. Hicimos un esfuerzo, durante mi etapa en Interior, para salvar la situación electoral del PSOE. Yo se lo dije así al principio a Felipe, porque al principio lo creía realmente. Pero, después de un año, ni yo mismo pensaba que aquel trabajo serviría para ganar las elecciones generales.

Era una situación de crisis generalizada, estábamos inmersos en un marasmo total: cada vez que tapabas un escándalo, se destapaba otro. Pero creo sinceramente que nuestro trabajo fue muy útil para el Gobierno de Felipe González y para Felipe González. No haber detenido a Roldán o no haber librado al Gobierno español de una lacra que no se podía cuantificar... hubiera sido algo que generaciones enteras habrían sufrido. Por tanto, objetivamente hablando, al margen del sentido de la justicia, políticamente hablando, fue definitivo.

Pero si aquel fue el caso más importante, podemos ir repasando todos los demás. Si cualquiera de aquellos temas no hubiera quedado resuelto y bien resuelto, se habrían convertido en bombas de relojería de utilización inapelable por parte del PP, una vez que llegara al Gobierno. Desde el caso de Mario Conde hasta el caso de De La Rosa, todos los temas de los GAL, todos los temas de Perote... La lista es interminable.

La verdad es que todas esas personas que podían chantajear al Estado se quedaron sin balas en la recámara, se vaciaron, y se anuló cualquier caso que hubiera quedado «vivo» de ese período.

No creo que sin aquella investigación hubiéramos ganado las elecciones. Quien lo crea es que no veía cómo estaba el país en ese momento y cómo venían las cosas. Pero el problema era, además, que la alternativa política habría hecho el trabajo que no hubiéramos hecho nosotros. Y ya no sólo para deslegitimarnos o utilizarlos en contra, no: es que habrían tenido que hacerlo.

No se trataba del Quijote contra molinos de viento. El Quijote o los Quijotes, Felipe y todo el equipo del Ministerio de Justicia e Interior, frenamos las aspas de muchos molinos de viento, y en lugares en los que ya no han vuelto a girar.

FELIPE NO ERA LA «X» DE LOS GAL

El sumario de los GAL, y todo lo que acarreaba, provocó una de las situaciones más difíciles. En un momento dado, había un convencimiento general de que Felipe González podía ser la «X» de los GAL, de que Felipe González era la persona que manejaba y conducía —incluso dirigía— aquella siniestra historia.

Yo estaba y estoy absolutamente persuadido de que Felipe González era absolutamente inocente en términos políticos y en términos jurídicos. Pero no se trataba de un acto de fe, por lealtad a mi presidente y, además, amigo, sino que era una conclusión basada en la información que yo poseía.

Yo era consciente de que Felipe González «se subía por las paredes» con este asunto, porque la persistencia del asunto del GAL perjudicaba de manera directa y notable sus relaciones con Francia. Pero también supe, después siendo ministro, la versión de Francia, incluso de sus dirigentes. A todos les causaba indignación ver cómo estaba siendo juzgado Felipe, a pesar de que intentaban controlar esa situación y atajarla. Cosa que logró, por cierto, mucho más tarde, José Luis Corcuera. Como yo tenía esa convicción, a partir de ahí no tenía ningún problema de conciencia. Si yo hubiese tenido la más mínima sospecha de que Felipe González pudiera estar implicado en esos crímenes, habría presentado la dimisión, por descontado, y no lo habría hecho, como lo han hecho otros, alegando motivos de conciencia, ni con grandes palabras, sino que habría aprovechado cualquiera de las miles de crisis que había en ese momento para presentar discretamente mi dimisión, por algunos de los errores que cometimos y, por tanto, tampoco habría sido llamativa. Pero yo no habría seguido un solo día en el Gobierno si hubiera tenido la más mínima duda de que Felipe González era absolutamente ajeno a los GAL.

Por descontado, había juicios paralelos en los medios de comunicación. Se apoyaban en una lógica aplastante: si aquellos hechos los conocía o alentaba el Ministerio del Interior, cómo no iba a saber nada el máximo dirigente del Gobierno, aplicando el término militar de la «obediencia debida».

Durante aquellos años, el presidente del Gobierno era Felipe González. Ése es un hecho objetivo que, en términos políticos, fue explotado con cinismo y con descaro. Pero no se puede presentar más que ese puro y simple elemento. De ahí que, en términos judiciales, ocurrió lo que tenía que ocurrir, porque no existía ningún indicio, de ninguna naturaleza, para poder proceder contra Felipe González. En aquel clima de dislate permanente en que vivíamos, hasta el más mínimo dato, minúsculo, que pudiera llevar a esa conclusión, hubiera determinado la apertura de su proceso. Naturalmente, en cualquier caso, se hubiera sobreseído, pero la simple apertura del proceso GAL se basaba estrictamente en un acoso político. Se trataba de sacar a Felipe del Gobierno, sin que importaran los medios, porque sabían que era inocente. Claro que lo sabían.

El problema era que los jueces tenían sobre su conciencia una tarea muy complicada: toda la marea iba a favor... «Bueno, abrimos el proceso y después ya lo resolveremos». Podía ser una actitud profundamente cobarde, jurídicamente insostenible, pero socialmente aceptada. Afortunadamente, la mayoría del Tribunal Supremo no quiso entrar al trapo.

¿Los argumentos? Yo creo que el único argumento que utilizaban era el «Pte.»[6]. Discutían si aquella abreviatura significaba «pendiente» o «presidente», cuando es obvio que Felipe González jamás despachaba con Emilio Alonso Manglano, jamás. De modo que aquel «Pte.» solamente se podía utilizar como «presidente» en función de una operación que, hoy en día, es ridícula, pero que, en aquel momento, resultaba muy valiosa.

La sentencia condenatoria de Barrionuevo utilizaba precisamente el argumento de que era imposible que esas cosas se hicieran sin conocimiento del ministro del Interior. Esa lógica también se podría aplicar al presidente del Gobierno. Pero en nada se parece a la realidad, que es muy distinta.

El presidente está, de hecho, al tanto de las cosas y, en su caso, los responsables de los Ministerios. Pero, en muchas ocasiones, el ministro ni siquiera es capaz de controlar todo lo que ocurre. Las cosas no funcionan así y, precisamente, por esa mera especulación abstracta, ningún tribunal hubiera procedido contra Felipe González. En el caso de Barrionuevo, desgraciadamente, existía otro tipo de elementos y de materiales, más o menos viables. Pero, en su caso, no se trataba de la mera responsabilidad ministerial, sino que existía otro tipo de pruebas que hacían posible, en términos jurídicos, la sentencia. Sentencia discutible, sin duda, pero existían mimbres con los que poder tejer el cesto. ¿Injusto? La Historia dirá... Eso es otro tema. Pero existían elementos que permitían que se le imputaran algunos delitos. Jamás existió ningún elemento que permitiera imputar a Felipe González.

Todo aquello lo vivimos juntos Felipe y yo de una manera solidaria, porque era una situación disparatada. Realmente, una de las bases de nuestra confianza es que los dos sabíamos que era falso. Yo diría que, incluso, puede ser que algún socialista lo dudara. Yo, desde luego, no.

El caso de Julio Anguita[7], la verdad, es un caso muy especial. Anguita, cuando dijo que Felipe González era la «X» de los GAL, obró desde la más estricta conciencia de sí mismo, pues hizo probablemente las canalladas más grandes que se han realizado desde 1976. No me refiero sólo a ese hecho, que en sí mismo es una canallada, porque deslegitima a cualquier persona, y más a una persona de izquierdas que crea en los valores y en los derechos constitucionales. Se trata de algo más: llegó a pactar de manera directa con el PP, siguiendo una estrategia determinada que ha hundido a un «glorioso» Partido Comunista de España, que jugó un papel esencial en la transición y que murió en la miseria.

Conspiración contra las instituciones

Hubo un momento en que tuve la sensación cierta —no puedo fijar el instante preciso— de que Felipe estaba convencido de que perdería el proceso. Daba por supuesto que eso iba a ocurrir. Y, sinceramente, yo le decía que no, que no era posible. Evidentemente, Felipe González sabía que le iban a absolver, porque no había nada de nada, pero sí pensaba que la maniobra terminaría con terribles consecuencias. Por lo que yo hablé con él, puedo asegurar que lo que le preocupaba de verdad era si las personas que estaban dispuestas a organizar semejante locura se detendrían ahí, si no intentarían poner en jaque al resto de las instituciones del Estado, sin ninguna excepción, incluso a la Corona, con tal de concluir esa maniobra.

Yo soy amigo de Luis María Anson. Cuando Anson denunció la conspiración —éste es el único dato objetivo con que contamos—, actuaba en él —en mi opinión— el sentido de lealtad a las instituciones y ese sentido de la lealtad le obligaba a hacerlo. Luis María Anson sí que cree en las instituciones, no sólo en la Monarquía, sino también en los Servicios de Inteligencia, de inteligencia militar, y se dio cuenta de que los organizadores no se detenían, que se cobrarían todas las «piezas» posibles si ello servía a sus fines. Anson creía que esa «cuestión» podría terminar funcionando y podría acabar con todas las Instituciones del Estado.

Felipe González estaba perfectamente convencido de que lo que había hecho —no sólo él, en realidad, sino los socialistas en general— era una aportación a la Historia de España que no habría manera humana de borrar. Y, al margen de cualquier otra consideración, nunca pensó que, al final, en vez de pasar a la Historia como el responsable del cambio y de la modernidad de este país, podría pasar como un delincuente responsable de tramas gravísimas. Nunca tuvo esa percepción. Nunca tuvo miedo de que se olvidaran los años socialistas. Le indignaba que los demás no tuviéramos capacidad para reivindicar lo que habíamos hecho. Le irritaba profundamente que estuviéramos aceptando, tal como lo veía él, la ola de acusaciones y que no tuviéramos la capacidad suficiente para reivindicar y defender lo evidente: que Felipe González y el PSOE consiguieron que España dejara de ser «diferente», que dejáramos de ser ese territorio perdido del Sur y que nos sintiéramos integrados en Europa. Aquella fue la fuerza que le permitió soportar todas aquellas miserias encadenadas.

35.000 razones

No hay nada que compense la tortura permanente que supone el sillón de ministro del Interior. (Sobre todo y en particular, en aquellas circunstancias que vivimos).

Era dificilísimo tratar de tapar todas las vías... desde las que respondían a hechos reales a las que sólo eran fruto de maquinaciones y operaciones para hundir al PSOE... A mí, ese nombramiento no me compensó nunca. Ni siquiera quise ser ministro del Interior. Después de haber visto los resultados de las elecciones de 1996, cogí un puro y dije: «Bueno, se acabó el tiempo...». Lo sentí, porque, efectivamente, habíamos perdido, pero, en términos humanos y personales, fue un descanso... un alivio sin límites. No estuve a gusto en ese Ministerio ni un solo segundo, desde la noche misma que acepté el cargo, hasta el día en que perdimos las elecciones: no fui feliz ni una sola hora. Todos los momentos fueron de extrema tensión y de extrema dificultad.

Pese a todo, es sorprendente todo lo que hicimos. Yo les regalé a todos mis compañeros un libro que debía de tener más de ochocientas páginas, en el que estaban todas las leyes aprobadas durante nuestro período. Se las solté todas, para que fueran conscientes de que habían trabajado y que era un trabajo excelente, y que, en plena crisis, pudimos hacerlo.

Muchas veces me han preguntado cómo podía aguantar Interior y, además, Justicia. Pero era al revés: Justicia era lo que me daba fuerzas para seguir adelante. Siempre dedicaba cuatro o cinco horas a los temas de Justicia. No sólo porque fuera mi obligación como ministro: también era mi necesidad. Yo me desenganchaba de Interior, el día que tenía suerte, durante tres, cuatro, cinco o seis horas. El día que no tenía suerte, no podía dedicarle ese tiempo, pero siempre estaba al tanto del proceso legislativo que, afortunadamente, habíamos estado preparando con un año y medio de antelación. Y, para ser completamente justos, era un proceso legislativo que llevábamos preparando los socialistas desde 1982: el Código Penal de 1995 es un código cuyos primeros trabajos se elaboraron de manera estable y permanente desde aquel año y trabajaron en ellos todos los ministros de Justicia socialistas. Nosotros llegamos cuando las cosas ya estaban «a tiro hecho» y pudimos concluir trabajos que previamente había elaborado toda una generación.

Y quiero subrayar otra cosa que me parece interesante. Tuvimos mayorías absolutas y nunca se nos ocurrió hacer un Código Penal en ellas. Se redactó cuando no teníamos mayorías absolutas, cuando estábamos más equilibrados. No queríamos imponer un Código Penal por mayoría, porque nos parecía un disparate, y lo logramos. Un Código Penal nuevo supone un esfuerzo ímprobo de negociaciones infinitas. Hacer un Código Penal es la labor más prolija: hay en torno a 35.000 cuestiones. Y lo pudimos hacer bien. El día de su promulgación fue, sin duda, el día más feliz de nuestra trayectoria política.

También nos atrevimos con la Ley del Jurado: habían pasado años sin que nadie se atreviera a abordarla, y lo hicimos pese al bloqueo sistemático en medios. El conjunto del medio jurídico, los juristas, se resistía a que lo hiciéramos. Y eso obligaba a cambiar la mentalidad del conjunto del ámbito jurídico, porque muchos jueces no querían cambiar sus hábitos y sus costumbres y consideraban que los ciudadanos no podían juzgar en el caso de un delito. Fue una batalla, sobre todo, contra los juristas, que lo veían como una restricción de sus competencias, de su función, de su rol, de sus privilegios, de sus hábitos...

La Ley de Asistencia de las Víctimas garantizó, por primera vez, la protección de las víctimas. Afortunadamente, no la han recortado «estos señores»: está ahí y funciona. Por primera vez, se incorporó en la Justicia española el concepto de que el Derecho Penal debe orientarse hacia la protección de las víctimas. Ya habíamos hecho todo lo que teníamos que hacer para proteger a los culpables y faltaba proteger a las víctimas. Y lo hicimos sin demagogia para los delitos que podíamos hacerlo.

Hicimos...¡tantas cosas! Me duele que a los socialistas no se les valore el coraje de hacer un Código Penal que, sustancialmente, respondía a las exigencias de un Código Penal reformista, progresista. Y lo hicimos en medio de aquel sarao.

No todo en Interior era oscuro. Yo lo pasaba mal continuamente, pero no todo era malo. En el tema de seguridad ciudadana, por ejemplo, se hicieron cosas muy interesantes y que han funcionado. Los hechos son muy claros: cuando nosotros estábamos en el Gobierno, se registraban unos índices concretos de delincuencia y, ahora, siete años después, los datos son bien distintos. Ello se debe a los supuestamente eficaces, los que iban a tener fuerza —no como nosotros, que éramos unos «blandos»—. Pues nosotros, los «blandos», mantuvimos unos índices de seguridad envidiados en toda Europa. Ahora no hay nada que envidiar: hemos entrado en un proceso de quiebra.

También nos dijeron que el nuevo Código Penal dejaría libres a 30.000 presos, y dejó libres a 422... Nuestra política en temas de seguridad fue excelente. Aunque, cuando teníamos un repunte de un punto en el incremento de la delincuencia, teníamos que soportar una moción de censura. Con nosotros había menos inseguridad ciudadana, infinitamente menos que la que hay ahora. Y eso lo hacíamos en medio de la crisis. La mayor parte de atribuciones a la policía, que yo incorporé desde el Ministerio, aún se mantienen, pues, a la hora de la verdad, no han podido prescindir de ellas.

Cuando dejamos el Ministerio, teníamos abierta una línea de negociación con ETA, no tiene ningún sentido ocultarlo. Lo cierto es que el Gobierno del PP la cegó. El dato que le había dado yo a Mayor Oreja, entre otros, en la transferencia de poderes, es que había una línea abierta que dirigía personalmente Margarita Robles. Pero era una línea que estaba autorizada por mí y por el presidente del Gobierno. Nosotros pensábamos que era una buena vía.

Ahora ya no sirve para nada. Yo creo que los dirigentes del PP cerraron aquella vía porque, en aquel momento, el Gobierno de Aznar aún seguía empeñado en la utilización partidaria del terrorismo, y seguía actuando, no como Estado, sino como oposición. De entrada, pensaban que todo lo que nosotros habíamos hecho estaba mal. Y todo, porque se habían llegado a creer sus propias mentiras. Pensaban, además, que podrían abrir otras vías a través de la Iglesia. Esperaban abrir otras vías para mantener el contacto.

Un hombre honesto y dos muertos

La situación de Rodríguez Galindo se debe, también, a un juicio paralelo en la opinión pública.

Lo primero que hay que aclarar es que se trata de un hombre que se encuentra en una situación económica familiar grave, de auténtica necesidad. Entre otras cosas, por si alguien tenía dudas, hay que dejar absolutamente claro que él no estaba implicado en temas de carácter económico, aunque se intentó investigar de cien maneras posibles. Pero no era el caso. Por lo tanto, para restablecer su honor, convendría dejar claro ese aspecto.

En cualquier caso, yo tengo una opinión precisa sobre esa sentencia. Yo creo, sinceramente, que Galindo no fue responsable de aquella operación ni de los crímenes de Lasa y Zabala[8]. Si se quiere, cualquiera puede dudar del general Galindo en otros aspectos, pero no creo que haya nadie que pueda dudar de su inteligencia. Demostró su inteligencia a lo largo de toda su carrera profesional. Entiendo que, para mis compañeros jueces, ese argumento puede no resolver nada y, a lo mejor, como juez, yo llegaría a la misma conclusión, pero, en términos personales, ¿se puede aceptar que si Galindo hubiera tenido algo que ver con esos crímenes, habría dejado que sus cadáveres estuvieran durante años en un depósito? Me parece imposible. Ése es mi criterio. Pero, en un Estado de derecho, hay que atenerse a las reglas del juego y, cuando hay una sentencia, ésa es la verdad oficial.

En ese proceso, los medios de comunicación fueron los tribunales más crueles. Ejercieron de fiscal, de tribunal de Instancia, de tribunal de apelación, de Tribunal Supremo, de Tribunal Constitucional y de Tribunal Europeo; excepto de abogado defensor, ejercieron de casi todo. Aquella declaración de Francisco Álvarez Cascos —«la opinión pública ya ha juzgado»— fue una de las grandes demagogias que se han dicho en este país desde 1978. Su frase determinaba que, en términos de opinión pública, fuera probablemente irreversible modificar el veredicto. Y... bueno, es verdad que los jueces son mucho más independientes respecto de las presiones del poder directo que respecto de los climas de opinión. El proceso contra el general Galindo fue uno de los casos en los cuales, probablemente, había muchos elementos para condenar —de hecho, lo confirmó así el Supremo—, pero también había muchos elementos para absolver. Y, en esas situaciones en las que hay elementos a favor y en contra, un determinado clima de opinión hace muy difícil que los jueces sean independientes y permite que venza la tesis favorable a ese juicio popular ya emitido, aunque, por supuesto, haya que sostenerla jurídicamente ya que, de lo contrario, no se inclinarían por la opinión pública. Ése, desgraciadamente, es el límite más importante que tiene la independencia de los jueces.

Galindo, que es un militar honesto, en todo el sentido de la palabra, cuando estuvo en Intxaurrondo, tuvo que soportar un clima de acoso global que provocó diversas investigaciones por malos tratos. También se dictaron condenas en las que, en algún caso, tuvieron que ver mis compañeros socialistas. Y ocurrió, desgraciadamente, en Bilbao, donde asimismo tuvimos ese tipo de problemas. Pero nunca he pensado que los malos tratos tuvieran como objetivo obtener datos. ETA no necesita en absoluto de ningún maltrato para decir todo lo que sabe y más, e incluso para inventárselo. En los casos en que se demostraron malos tratos por parte de los guardias civiles y, desde luego, en los que yo juzgué, siempre se trataba de una reacción, ante sus mujeres, que los llamaban «calzonazos», ante un clima de horror, de lágrimas, de tristeza, de hijos, de viudas... Los malos tratos tenían su origen en una rabia profunda, que no tenía nada que ver con necesidades de la investigación policial, ni mucho menos.

LA CONFIANZA DEL PRESIDENTE

Cuando Felipe González me preguntaba cuál era el desarrollo previsible del proceso —por los papeles del CESID—, yo le daba mi opinión y, en ese caso, se la daba como juez. Y yo siempre le dije que no había ninguna posibilidad jurídica, de ningún tipo, de que pudiera ser implicado y de que se pudiera abrir un proceso penal contra él. Eso era objetivamente cierto... Pero yo nunca le vendí nada; nunca le dije: «No te preocupes, que yo te lo arreglo». Yo era persona de su confianza, ¡pues claro que sí!, porque llevábamos un montón de temas juntos y la confianza es imprescindible. ¿Cómo no va a ser el ministro del Interior una persona de confianza del presidente? Todos los ministros deben serlo, pero el de Interior...

Y porque tuve mucho margen de libertad, tuve también muchas críticas. (No hay nada peor que alguien piense que eres el chico favorito de la casa... Ya se sabe: el resto de los hermanos reacciona de una manera... es natural. Los ministros no son muy distintos de una familia en este tipo de mecanismos y reacciones).

Insisto: yo sí le aseguré a Felipe que no había ninguna posibilidad jurídica de que se iniciara contra él un procedimiento. Pero decir que yo «utilizaba» esa afirmación es una interpretación perversa. En realidad, me parece una chorrada: la prudencia política, bien al contrario, me hubiera aconsejado decir: «Pues ya veremos», «la cosa está jodida», «está complicado...». Pero la verdad es que yo me negué a actuar así, porque me negaba a tomar muchas precauciones. Eso hubiera sido, políticamente, más adecuado y, sin embargo, en ese tema lo tuve siempre claro: era imposible que lo procesaran, y así se lo dije. Y lo hice porque creía, honradamente, que eso era lo que tenía que hacer. Eso es cierto. Que a partir de ahí, se interprete como que yo lo aprovechaba... me parece completamente absurdo.

La obligación de un ministro de Justicia es asesorar jurídicamente, decir de verdad su dictamen cuando le preguntan. Lo contrario es jugar. Y yo no jugué, dije que no existía ningún riesgo. Quien no se lo creía era precisamente Felipe González, pero yo, desde luego, se lo aseguré siempre. Pensar que eso podía influir en Felipe... Quien dice eso sólo demuestra que tiene una pésima opinión de Felipe González. No ya de mí, que, por descontado, también, sino, sobre todo, de Felipe González.

Ambición política

Se decía que yo era un posible sucesor de Felipe González, es cierto. Porque cuando dimitió Narcís, Rubalcaba y yo ejercíamos las funciones de aquella vicepresidencia efectiva. Pero, de nuevo, es un asunto absolutamente dislocado. Pensar que alguien que ni siquiera era militante del PSOE pudiera ser el candidato a suceder a Felipe González no se le puede pasar por la cabeza ni a un demente, ni al más autocomplaciente consigo mismo. Nadie puede imaginarse eso como mínimamente verosímil. Ahora llevo cinco años en el PSOE; pero no hace falta estar en el PSOE para comprender que un sucesor necesariamente tiene que pertenecer al PSOE y, además, bragado de militancia en el PSOE. Eso lo puede hacer un Aznar, nombrar de repente a un independiente...

González es un socialista y aunque lo hubiera deseado —cosa que tampoco creo, sinceramente, porque no creo que yo posea las características para ello—, jamás lo hubiera hecho, ni lo hubiera podido hacer, aún en el supuesto de que hubiera querido. Por tanto, mi hipotética sucesión es uno de esos camelos que han ido circulando. Sé que se ha llegado a asegurar que yo interpretaba interesadamente los silencios de Felipe, pero la verdad es que por mi cabeza no pasó ni un solo instante la posibilidad de que yo pudiera ser el sucesor. Y por la cabeza de Felipe, creo, tampoco. Es tan obvio como lo he expresado: ¿cómo es posible concebir que se busque fuera del Partido al nuevo secretario general y, por lo tanto, al candidato? Pero ése era entonces el planteamiento... Es un dislate... Naturalmente, si suponían que yo quería ser presidente, no me extraña nada.

Estar en política, sin ambición, no sirve para nada: ni para la causa que pretende uno defender ni para sí mismo. La ambición es un componente fundamental de la profesión de político y creo que de cualquier profesión seriamente entendida. Por tanto, «ambición» no es un término frente al cual me rebele. Lo que me parece inaudito es que alguien lo utilice como acusación, cuando es un rasgo constitutivo de la clase política. Lo que dije en su momento, simplemente, fue que yo no tenía ambiciones de ser el sucesor de Felipe, entre otras cosas, porque mi inteligencia me decía que carecía de toda opción. Una cosa es ser ambicioso y otra cosa es ser un idiota. Y lo segundo, sinceramente, no lo he sido nunca. En lo que se refiere a la sucesión de Felipe González, la acusación es completamente falsa. A partir de ahí, pues claro que tenía ambiciones.

Quería reformar íntegramente la Justicia y, en algunos aspectos, me quedé en el alero, desgraciadamente. Por ejemplo, en la ampliación de las causas de eximente para el aborto. Se me quedaron en el tintero algunas cosas que quise hacer y no pude. La Reforma de la Ley de Enjuiciamiento Criminal, por ejemplo, que sigue pendiente, y que era una apuesta fundamental desde mi perspectiva. Pero tenía la intención de culminar una serie de procesos que estaban en marcha, y lo conseguí.

En Interior, tenía la ambición de convertir ese Ministerio en un Ministerio absolutamente normal, y logré su normalización. Ésas sí eran ambiciones reales.

A partir de ahí, la ambición de querer ser presidente del Gobierno... no he tenido más que la que he comentado. Y punto.

La segunda ocasión en que me metí en esos berenjenales fue para apoyar a Bono. Evidentemente no se trataba de mí, sino de apoyar a Bono, que me parecía buen candidato. La verdad: la idea de presentarme como candidato no se me ha pasado más que en ese instante concreto en el que dije: «Si no hay candidato, yo me presento». Pero tampoco era tan ingenuo como para pensar que yo podría ganar frente al aparato del PSOE. Eso lo podía hacer Bono o Borrell, e incluso mejor Bono que Borrell, probablemente, en aquel momento. Pero yo, obviamente, sabía que no podría. Al menos quería dejar constancia de que yo, que había propuesto las primarias, no dejaría que se vaciaran de contenido, que se convirtieran en un camelo escrito en un papel y que no tuvieran virtualidad práctica.

Ahora sigo teniendo ambiciones de estar en la primera fila de la política. Lo que ocurre es que mi ambición la he llevado ahora al terreno municipal, probablemente porque es la única administración en la que no he trabajado. He estado en todas las administraciones y, ahora, lo que yo quiero es trabajar como alcalde de la capital de mi tierra[9]. Pero sigo estando en política y sigo teniendo ambición política. Y no veo por qué hay que pedir perdón a nadie por eso.

El Gobierno navegaba en una galerna

Sé que en el interior del PSOE mucha gente dice que el último Gobierno socialista, de 1993 a 1996, fue el peor Gobierno de Felipe González. Paradójicamente, él dice que fue el único Gobierno que hizo con las manos libres.

Yo, sinceramente, creo que, como Gobierno, era un buen Gobierno. Y es verdad que Felipe llegó a reivindicar que era un buen Gobierno. El problema no es que fuera bueno o malo, sino en qué circunstancias se gobernaba. Es evidente que, en la placidez de 1982, trabajar con el viento a favor era extraordinariamente sencillo, mientras que en la etapa final era extraordinariamente complejo y difícil.

Creo que era un Gobierno técnicamente impecable, de un altísimo nivel intelectual, en términos generales. Creo, sinceramente, que, con excepciones —que siempre las hay, en un sentido o en otro—, fue el equipo de más alto nivel de preparación que ha pasado por un Gobierno socialista, y gracias a eso pudimos sobrevivir. Porque, sin duda, sobrevivimos a algo que, desde otro punto de vista... No había más referente que el Gobierno. ¿Qué hacía entonces el Partido? Si nos ponemos todos a pensar quién llevó el timón, cuando todo iba como iba... Era el Gobierno el que aguantó la militancia socialista, el que aguantó la reivindicación. Probablemente, como decía Felipe, lo resistimos todo sin ser capaces de transmitir y reivindicar, con toda la fuerza que hubiera sido necesaria, las bondades de aquel Gobierno socialista.

Llevábamos el timón de la nave en medio de una galerna. Los que vivieron en un lago pacífico pueden mirar con complejo de superioridad a aquellos que lo hicieron mejor. En un lago tranquilo, un niño de siete años sabe llevar el barquito, y si hace un poco de brisa, además, lo dirige maravillosamente. Me parece increíble que alguien tenga la cara dura de enjuiciar la actuación de un Gobierno que actuó con galerna, tomando como referencia la actuación en un paisaje con el viento en calma, y más: con el viento a favor. El que, desde la paz del mar, pretende criticar a los que tuvimos que llevar el timón en plena galerna, está cometiendo un acto injusto; incluso me atrevería a decir que está cometiendo, en algún caso, un acto deshonesto.

LA CORRUPCIÓN NO ERA NUESTRA

Y que se vincule la corrupción con nosotros es indignante. Porque la corrupción, precisamente, surgió en épocas en que no gobernaba el equipo de 1993-1996. En ese Gobierno tuvimos que liquidar problemas que habían surgido en otros períodos, cuando la mar estaba en calma. Es el colmo.

Me parece obvio y, sobre todo, inevitable, que los ciudadanos enjuicien con total libertad nuestro trabajo, pero que, desde ámbitos relacionados con otras épocas del Gobierno, se permitan la crítica en esas cuestiones, me parece el colmo de la falacia. Fuimos el Gobierno que acabó con la corrupción, no el Gobierno que la hizo. Fuimos el Gobierno que llevó la causa socialista, en plena galerna, a una situación en la que hemos podido recuperarnos en un tiempo relativamente muy corto, precisamente, porque llevamos el barco bien llevado. Por tanto, lecciones, según de quién, ninguna. Sólo de la opinión pública, no de los que tuvieron que hacer el trabajo en condiciones extraordinariamente más sencillas y, pese a todo, no pudieron impedir que surgieran focos de corrupción, cuando las condiciones del Gobierno deberían haber posibilitado más capacidad de control.

Si se hubiera abordado la corrupción en su momento —por ejemplo, el «caso Juan Guerra» en 1990, y sucesivas historias, como Filesa—, si se hubiera abordado con el coraje que nosotros tuvimos, quizá ese último Gobierno no habría padecido las consecuencias y no habría perdido las elecciones. Pues claro. Y si no hubieran existido esos fenómenos en pasados Gobiernos, el Gobierno que nombró Felipe en 1993 habría estado perfectamente capacitado para ganar las elecciones. De eso no hay ninguna duda. Se le vinieron encima asuntos que pertenecían a otros tiempos, no a ese Gobierno, que se limitó a aguantar el chaparrón y a limpiar la mierda.

¿Por qué no se reaccionó a tiempo contra la corrupción? Hay un primer aspecto: la solidaridad mal entendida respecto al terrorismo, cerrar los ojos. Pero hay un segundo aspecto estructural. Creo que los socialistas, si algo habíamos asimilado históricamente, incluso los que no teníamos carné, como yo, era que los socialistas podíamos equivocarnos en todo, excepto en la honestidad. Eso era una convicción profunda, arraigada, al margen de cualquier evaluación. Y, de hecho, no era sólo cosa nuestra. No sólo lo opinábamos los socialistas de nosotros mismos, lo opinaba toda la ciudadanía respecto de los socialistas. La corrupción era lo último que podíamos imaginar en nuestras filas. Por eso el golpe fue tan duro.

Cada vez que aparecía un caso, la mera sospecha de algo irregular generaba objetivamente un escándalo, tanto en el conjunto de la sociedad como en el conjunto de militantes socialistas. No importaba que algún caso fuera objetivamente importante: aunque no lo fuera, provocaba escándalo. Diría más: los militantes socialistas eran los más escandalizados y más cabreados. ¡A ver si se enteran ya algunos dirigentes de nuestro Partido, que nunca lo entendieron, nunca! Los más indignados con la corrupción eran los militantes socialistas: a mí sí que me lo decían cuando me iba pueblo por pueblo. Lo viví y lo palpé, de manera permanente y estable. Y de ese prejuicio global de nuestra honestidad —y lo siento, porque puede parecer una crítica a Felipe—, Felipe es el prototipo: no podía aceptar la posibilidad de que a una persona responsable socialista pudiera interesarle el negocio, el dinero... Eso era algo que no cabía en su cabeza.

Todo se enlazaba: un hombre de la tradición socialista, con esos conceptos prerracionales madurados; una ciudadanía convencida de la honestidad secular de los socialistas; unos escándalos, multiplicados, sin duda, por los medios de comunicación y por unas operaciones conspirativas...

Pero las conspiraciones sólo funcionan cuando hay una base real. Si no hay base real, no funcionan. Echar todas las culpas a las conspiraciones es una forma de defenderse. Aquella conspiración fue posible porque hubo elementos sobre los cuales tejerla, y porque se supieron explotar y aprovechar corrupciones reales. También fue posible por el grado profundo de depresión en el que estaba sumida la inmensa mayoría de los socialistas: cada mañana nos levantábamos y no queríamos ni oír la radio, ni leer el periódico, ni escuchar una tertulia, ni ir al bar a tomar un café. Ese sufrimiento brutal que padeció nuestra gente es el que debería hacer reflexionar a quienes critican el Gobierno de 1993-1996; un Gobierno que logró erradicar esa vergüenza para el socialismo, para los militantes socialistas y para la opinión pública. Con costes, pero fue el trabajo duro que hizo *ese* Gobierno. No lo hizo ningún otro.

Yo creo que no se investigaron los casos de corrupción porque, al principio, Felipe no los creyó. Pensó que eran elementos imposibles en la estructura de nuestro Partido; creyó a sus colaboradores cuando se los desmentían... En ese aspecto, Felipe González es bastante poco desconfiado: cuando tiene un colaborador y le pregunta una cosa y el otro le dice lo que hay, no le he visto jamás una reacción de desconfianza. Para que él empiece a reconsiderar la opinión de uno de sus colaboradores, se lo tienen que decir cien veces y cien personas y tienen que ofrecerle cien datos distintos. Por eso, en el Gobierno de 1993 él dio instrucciones muy claras de lo que había que hacer en todos los temas de corrupción. ¿Tarde? No lo sé. La Historia nos juzgará a todos.

FELIPE LES QUITÓ EL PODER

La derecha tiene tanto miedo a la sombra de Felipe González porque él les arrebató su prenda más preciada: «El poder es siempre de los nuestros». Eso creen... Del mismo modo que la honestidad es el concepto prerracional definitorio de la izquierda, el concepto prerracional de la derecha es que el poder es suyo. Es así de simple. Y Felipe González se lo arrebató. Durante un larguísimo período de tiempo. Tan largo, que llegaron a temer sinceramente que no lo podrían recuperar nunca más... Llegaron al borde del golpismo civil... Todo valía, porque *eso* era *suyo*.

Eso hizo Felipe, el autor del gran «delito». Les robó su noción prerracional definitoria: «El poder es mío». Yo creo que ése es el verdadero poder de Felipe. Todo lo demás, son menudencias...

Notas

[1] Rodolfo Martín Villa (n. 1934) fue ministro del Interior desde el 4 de julio de 1977 hasta el 6 de abril de 1979. Posteriormente ha desempeñado distintos puestos en empresas privadas y el Gobierno del Partido Popular le ha encomendado distintas misiones (en Chile, por el conflicto a causa de la solicitud de extradición de Augusto Pinochet, o en Galicia, por el hundimiento del petrolero *Prestige)*.

[2] Luis Ramallo, diputado del Partido Popular. Fue uno de los parlamentarios más activos y mordaces a la hora de denunciar la corrupción. Insinuó que el Gobierno socialista había mandado asesinar o había hecho desaparecer a Luis Roldán para que éste no pudiera explicar presuntas tramas o corruptelas.

[3] José Antonio Lasa Arostegui y José Ignacio Zabala Artano fueron secuestrados y posteriormente asesinados el 16 de octubre de 1986, en Foya de Coves, Busot, Alicante, cubiertos con cal viva y enterrados. La primera sentencia condenatoria por estos crímenes se dictó el 22 de septiembre de 1992, pero el proceso continuó durante ocho años, hasta la sentencia del Tribunal Supremo, el 26 de abril de 2000, que condenaba a Enrique Rodríguez Galindo, a Ángel Vaquero, a Enrique Dorado, a Felipe Bayo y a José Julián Elgorriaga Goyeneche por el delito de asesinato.

[4] Francisco Paesa es uno de los personajes más escurridizos del espionaje y el contraespionaje español. Entre sus distintas actividades, estuvo envuelto también en la detención de Luis Roldán, aunque no se ha logrado averiguar a ciencia cierta hasta qué extremos. Al parecer, fue también comisionado de la ONU en Santo Tomé y director del Banco Central de Guinea.

[5] Fernando López Agudín, *En el laberinto. Diario de Interior, 1994-1996*. Plaza & Janés, Barcelona, 1996. El autor es colaborador habitual en las páginas del diario *El Mundo*, dirigido por Pedro J. Ramírez.

[6] El debate público y judicial se centró en averiguar si la anotación «Pte.» se refería a «presidente» o a «pendiente», ya que de una u otra interpretación se derivarían impensables consecuencias políticas.

[7] Julio Anguita (n. 1941) fue coordinador general de Izquierda Unida desde 1989 a 2000.

[8] Véase nota 3.

[9] Juan Alberto Belloch se presentó en las listas del PSOE a la alcaldía de Zaragoza en las elecciones municipales del 25 de mayo de 2003.

Ramón Jáuregui

El «morroi»

Intuyo que él había pensado en liquidar el compromiso que había contraído conmigo en un par de horas. Y que luego se dio cuenta de que tenía que contarme tantas cosas que no sabía ni por dónde empezar. Probablemente se percató entonces de que todo «aquello» había sido mucho más importante de lo que él mismo sabía…

Debió de ser el contraste inevitable con lo que hoy sucede en el País Vasco lo que le hizo caer en la cuenta del peso de la historia, de su historia. Ramón Jáuregui quiso comenzar con su sencilla biografía, para señalar, muy intencionadamente, que fue un obrero que llegó a ser abogado. Desde luego, yo nunca hubiera sospechado que fue alguna vez obrero, porque Ramón Jáuregui tiene aspecto de haber sido abogado desde que era pequeño.

Lo que sí era Ramón Jáuregui, cuando ya no era abogado, sino dirigente de la UGT en aquel Euskadi de 1982, era un «bienmandado». Y él quiere que eso quede bien claro. Porque, de otro modo, ¿cómo se entiende que aceptara, sin rechistar, aquella encerrona que le hizo Felipe González cuando lo envió a las misiones, o sea, cuando lo nombró delegado del Gobierno en el País Vasco?

Del panorama que Ramón Jáuregui se encontró al asumir tamaña responsabilidad… Tal vez sea mejor que el lector lo conozca cuando se adentre en su relato. Sólo diré que Ramón Jáuregui lo cuenta con el mismo estremecimiento con el que lo vivió, y que se le hace «transparente» el pensamiento cuando, inconscientemente, cae en la tentación de comparar «esto de ahora» con «aquello que nos tocó a nosotros». Es entonces cuando se le desata la lengua y cuenta —y no para— aquella durísima historia, en la que, como alguien dijo muy certeramente, «la única presencia del Estado en el País Vasco de entonces era la Policía y el Partido Socialista».

Ramón Jáuregui optó por ser... el Partido Socialista. La voz y la voluntad de Felipe González en aquellos días turbulentos. De ahí saldría, con la decisiva complicidad de Txiqui Benegas, la política de cohabitación con los nacionalistas, el Gobierno de coalición. Y en aquellos días se formuló también el Pacto de Ajuria Enea, sobre una mesa grande que logró algo insólito: atar a una de sus patas al PNV. En otra pata estuvo, durante mucho tiempo, la Constitución.

Ramón Jáuregui fue también, en aquella etapa de cesiones, pactos y concesiones, el «morroi». Y se ríe ante mi desconcierto, mientras me explica sin ningún pudor, con un realismo que me sobrecoge en medio de las risas, lo que significa en euskera la palabra «morroi». Es como una especie de «mozo de cuerda» que... Jáuregui lo explica mejor.

Ramón Jáuregui tiene todavía clavadas en la retina ciertas imágenes representativas de lo que fueron sus primeros días como «vicelehendakari» del Gobierno Ardanza. Son escenas tan humillantes como el «oficio» de «morroi» al que estaban destinados los socialistas. Aunque termina por reconciliarse con aquella historia. Pone todo el énfasis en argumentar que aquel esfuerzo mereció la pena. Cuando le pregunto por qué está tan seguro, me responde de forma contundente: «Porque logramos entre todos que la gente comprobara que podíamos ser dos mayorías enfrentadas, pero que éramos capaces de entendernos y de pactarlo todo. ¿Te parece poco?».

No me parece poco, sino mucho. A la vista de lo que sucede hoy... Pero, sobre todo, me parece singular que alguien tan joven —todavía— como Ramón Jáuregui sepa —y me lo repetirá varias veces— que «la historia del PSOE y del PNV en el País Vasco han sido dos historias paralelas».

No le amarga llegar a la conclusión de que los nacionalistas no le agradecieron nunca el esfuerzo a aquel «morroi», medio engañado, que luego fue un «vicelehendakari» insobornable. Quizás porque, más tarde, en la más que azarosa peripecia del Partido Socialista de Euskadi, encontró al otro lado de la mesa a un Xabier Arzalluz dispuesto a creer en su inocencia cuando estalló lo del GAL. Es el único momento de la entrevista en el que me doy perfecta cuenta de que Ramón Jáuregui desearía que las horas fueran minutos y los minutos segundos. Y acabar de una vez con este encuentro que iba a ser tan corto...

En 1982, yo tenía 34 años. Era uno de los valores en alza en la UGT; era una especie de niño mimado, porque todavía era un chaval... En realidad, soy un obrero: desde los 14 años trabajé en una fábrica, pero, además, era abogado. De modo que, en el Partido y en la UGT de Euskadi, yo era la imagen de una persona que, procediendo del movimiento obrero y de la margen izquierda, sin embargo, había conseguido ser ingeniero técnico y abogado.

Era abogado de la UGT, trabajaba con Txiqui Benegas y con Enrique Múgica en el despacho; tenía todos los parabienes. Cuando era secretario de la UGT, tenía mucho peso en el Comité Confederal de la UGT, mucho impacto; recuerdo que mis intervenciones eran muy seguidas. Digamos que Nicolás se había fijado en mí para el futuro...

Y, de pronto, cuando llega la victoria del PSOE, en 1982, Felipe me llama y me dice que quiere que sea delegado del Gobierno en el País Vasco, un puesto que, por cierto, casi nadie quería ocupar; recuerdo que tanto Txiqui, como Enrique Casas, como José Antonio Maturana, como otros, lo rechazaron. Pero, al final, supongo que Felipe y Txiqui decidieron que lo ocupara yo. Y Nicolás Redondo nunca me lo perdonó. Probablemente hay un reproche que hacer a los socialistas de toda España de aquellos años ochenta: que abandonamos la UGT. Era un sindicato fuerte, y podía serlo más, pero, de pronto, cuando el PSOE ganó las elecciones, vaciamos la organización sindical, salvo algunas excepciones. El último en salir fue José Luis Corcuera, que pasó del sindicato al Partido también por sus diferencias con Nicolás... Pero, bueno, mi caso fue uno de los más notables, creo yo.

Nicolás nunca colaboró bien con Felipe en nada. Yo creo que Nicolás Redondo —esto no es más que una especulación personal— interpretó que lo que decidimos en Suresnes... Yo estuve allí en 1973, y creo que aquella decisión de volcar en Felipe todo el liderazgo del Partido, en detrimento suyo, seguramente nunca le acabó de parecer bien. Por otro lado, Nicolás siempre se aferró a la ortodoxia del socialismo que, desde el sindicato, le atribuía ese rol, supongo, o se lo atribuía él. Además, ocurrió otro fenómeno nada desdeñable y en el que intervino mucho José María Zufiaur: cuando se produjo la fusión entre USO y UGT, José Mari impulsó una recuperación de la autonomía sindical respecto del Partido y reivindicó una diferencia respecto a la cultura propia de los partidos socialdemócratas en toda Europa: que existiera una correa de transmisión con el Gobierno en el sindicato. Nicolás fue recuperando esa autonomía —por otra parte, comprensible— y la independencia se acentuó desde la toma del poder por parte del PSOE. Lo que ocurre es que se podía haber propiciado la autonomía desde un proceso consensuado, y no a portazos, como lo hizo él, y deslegitimando al PSOE cada vez que podía.

Yo entonces pertenecía a la UGT y, aunque era de San Sebastián, vivía en Bilbao como secretario de la organización sindical. Estábamos viviendo los primeros años, durísimos, de la reconversión industrial, y Felipe me llamó y me cambió la vida. Yo viví los peores años de mi vida, desde el punto de vista político, en la Delegación del Gobierno. Realmente fueron unos años muy dolorosos en todos los sentidos, teníamos una presión terrorista brutal... A mí, la cuestión policial nunca me sedujo y, de hecho, nunca me dediqué a ella. Prácticamente dirigí la Delegación como lo que ahora no se hace y nunca se ha hecho: como una representación política del Gobierno de España en Euskadi, acreditando, representando, legitimando a España en Euskadi. Me volqué con la reconversión industrial, en cosas que más adelante han ido pareciendo normales; pero si había un IPC español, yo daba el IPC vasco, si había un crecimiento del PIB español, yo quería dar el PIB vasco, para hacer natural el engranaje institucional que habíamos establecido entre Autonomía y Estado. Y, por supuesto, me ofrecí como el colaborador máximo del Gobierno central: ése era mi papel.

LA VIOLENCIA LO ENVENENA TODO

Son los años que van de 1983 a 1986. Son los años en los que la acción terrorista es más persistente. Teníamos semanas con tres o cuatro atentados, varios funerales en un mismo día... El asesinato de Enrique Casas, en febrero de 1983... Eso lo recuerdo bien. Estábamos en las vísperas de una campaña electoral. Fui a recibir a Alfonso Guerra al aeropuerto y, cuando veníamos del aeropuerto al Hotel Ercilla —pensábamos charlar un rato antes del mitin que se iba a celebrar en Bilbao esa tarde—, llegó la noticia... Nos encontrábamos en el hotel, en una situación que no olvidaré nunca: Txiqui estaba en un rincón, llorando, y después todos los demás...

Fueron años marcados por el conflicto político en todos los sentidos. Carlos Garaicoetxea[1] no colaboraba, la acción policial estaba profundamente deslegitimada porque ni la sociedad vasca ni el PNV querían aceptar esa acción, porque se cuestionaba todo, al Estado, a la Policía, no digamos a la Guardia Civil... Cualquier detención, cualquier acción policial, estaba sometida a la sospecha de la tortura. No olvidemos que son los años en los que había atentados contra terroristas en el sur de Francia, el GAL actuaba de vez en cuando, había manifestaciones contra las acciones terroristas del GAL en Francia... Son unos años en los que yo me refugié en la acción política de la Delegación de Gobierno. Sin embargo, había tal pasión, la violencia lo envenenaba todo de tal manera, que la política casi no era posible.

Podríamos hablar de cuatro fases que definen lo que nos ha ocurrido en los últimos 25 años en Euskadi. Hay una primera fase de ilusión democrática y autonómica, y de unidad gestada sobre la memoria histórica del PNV y del PSOE, a partir de 1977, cuando las urnas ponen a cada uno en su lugar. Y, en ese sentido, yo recuerdo el «olfato» de Enrique Múgica antes de las primeras elecciones: la mayoría creíamos que toda una panoplia de partidos pequeños, desde la ORT[2] hasta el Movimiento Comunista, iban a tener una alta representación electoral, simplemente porque invadían la calle y porque no sabíamos todavía lo que opinaba el pueblo; pero Enrique siempre decía: «La memoria histórica está ahí, ya veréis cómo PNV y PSOE seremos los grandes partidos de Euskadi». Y, efectivamente, así fue.

Yo creo que el período que va de 1977 a 1980 representó la unidad. Recuerdo que formamos un frente autonómico, el PNV y el PSOE, para ir al Senado juntos. Hicimos el Estatuto; hicimos la Constitución... aunque el PNV, al final, no participó; hicimos el primer Consejo General Vasco, que presidió Ramón Rubial, que quería ser un embrión que conectara el viejo Gobierno vasco del exilio y el futuro Gobierno autonómico. Hicimos un Gobierno de concentración en ese Consejo General Vasco. Hicimos la campaña juntos, conseguimos la legitimación social del país respecto a esa apuesta autonómica; hubo unas primeras elecciones autonómicas —ganó Garaicoetxea—; iniciamos un período de apoyo total a ese Gobierno, yo diría que de enorme generosidad con el PNV, que era el que había ganado las elecciones, y con el Gobierno Vasco, a quien queríamos dar toda la fuerza y toda la potencia para que desarticulara la violencia... No olvidemos que, en 1978, ETA tomó una decisión irreversible y que todavía nos marca: consideró que todo el entramado democrático español era de cartón piedra y que la autonomía vasca que se dibujaba en el Estatuto de Guernica era insuficiente, literalmente, «una mierda», que era una cosa «para las Vascongadas», como decían ellos despectivamente. Ésa fue la decisión de ETA. ¡Después de la amnistía y cuando no había quedado ni un solo preso de ETA en ninguna cárcel! Esa decisión ha marcado la vida del País Vasco en los últimos 25 años y sigue marcando el presente en gran medida.

En esa primera fase, hasta 1980, hubo una apuesta unitaria por construir la democracia en Euskadi, el autogobierno vasco, por acabar con ETA y hacerlo desde la generosidad, desde el desarrollo del autogobierno, desde la amnistía, etcétera. A partir de ese año, hasta 1986, el PNV caminó en solitario e impuso sus marcas, sus símbolos. Euskadi adoptó un nombre que es el que inventó Sabino Arana, asumimos una bandera que inventó Sabino, un himno que Sabino ideó para la Euskadi que él había soñado. El gobierno de UCD se volcó, nosotros también. Y el PNV, para tratar de convencer al ala radical del nacionalismo de que no hacía falta matar y que comenzaba un proceso de autogobierno muy potente, impuso una cultura, un modelo social y político, a los que no éramos nacionalistas. Y todo lo aceptamos. La violencia nos atacaba y vivimos estos años convulsos, tremendos, entre 1980 y 1986. Fue una etapa brutal de deslegitimación del Estado, deslegitimación de la acción policial, contraterrorismo incontrolado, una ETA que mataba a cincuenta personas cada año, un desentendimiento político muy grande... El PNV se rompió[3] y entramos en una tercera fase, que, a mí, personalmente, me marcó mucho, porque representa gran parte de mi vida política y personal.

IMPOSIBLE UN 'LEHENDAKARI' SOCIALISTA

Cuando el PNV se rompió, en las elecciones de 1986, el PSE, encabezado por Txiqui Benegas, obtuvo diecinueve diputados; el PNV, diecisiete; y Eusko Alkartasuna, trece. Es conveniente explicar estos comienzos porque han dado lugar a muchas especulaciones: es la etapa en la que el PSE intentó formar un Gobierno tripartito, el llamado «Gobierno de la Seguridad Social», con Eusko Alkartasuna y con Euskadiko Ezkerra. Durante tres meses, Txiqui, Juanma Eguiagaray, Maturana y un grupo de dirigentes del Partido negociaron con Garaicoetxea.

Yo creo que los nacionalistas nunca quisieron aceptar la posibilidad de un *lehendakari* socialista. Éste es un reproche que yo hago, no a Garaicotexea, ya que se supone que él quería ser *lehendakari* y que no aceptaría a ningún otro, pero sí a Euskadiko Ezkerra, que luego acabó siendo socio nuestro y se fusionó con el PSOE en 1991. Pero, en aquella etapa, Euskadiko Ezkerra también tenía la convicción de que el *lehendakari* no podía ser socialista, que tenía que ser nacionalista. Y, entonces, como no podían oponerse a la fuerza de los números, plantearon una tabla reivindicativa de autogobierno máximo, de exigencias imposibles, y, concretamente, pusieron sobre la mesa el famoso problema de la Seguridad Social, la fractura de la caja única, etcétera. Aquellas exigencias dieron al traste con la negociación.

Tres meses después de una negociación interminable, el propio Txiqui me dijo que explorara un poco al PNV. Ésta es una historia que, más o menos, ya se ha contado, pero a mí me hizo ese encargo porque yo estaba al margen de aquella negociación. Yo todavía era Delegado del Gobierno y, además, en esa etapa, yo mantenía un nivel de relación muy bueno con el PNV y con el Gobierno vasco, porque mi deber era colaborar con ellos. En secreto, cuando todavía no habían concluido las negociaciones con Eusko Alkartasuna y con Euskadiko Ezkerra, yo llamé a Ramón Guevara y ahí se inició la historia... Nos reunimos y le pregunté por las condiciones en que ellos estarían dispuestos a reiniciar negociaciones con el PSOE. El PNV, al haber perdido las elecciones y no poder configurar un Gobierno con sus socios nacionalistas, se había retirado con toda prudencia a sus cuarteles. Pero, en esa reunión con Guevara, supimos que su «condición» era ostentar la Presidencia. Hubo un período de discusión entre los socialistas para decidir la opción que teníamos que asumir. El Partido tenía la responsabilidad de dar un Gobierno a Euskadi, porque había ganado las elecciones, pero no se lo podía dar, porque no podía configurar una alianza con los demás partidos. Y el PNV, sabedor de que habíamos fracasado en las negociaciones del tripartito con EA y EE, nos exigió la Lehendakaritza. Teníamos dos opciones: o reconocer ante el país que no había posibilidad de formar Gobierno y que había que hacer unas nuevas elecciones, tal y como marca nuestra ley, o negociar con el PNV un nuevo marco. Y allí nació una cultura política que presidió la política vasca durante doce o trece años, algún tiempo más incluso que el Gobierno socialista en España. Hasta 1998, aproximadamente.

Condenados a entendernos

La historia del PSOE y del PNV durante el siglo XX es una historia paralela. No voy a decir que es dulce, porque, naturalmente, ha habido diez mil conflictos y, además, era conocida la aversión entre socialistas y nacionalistas: la misma que tenía Sabino Arana hacia los maquetos. No hay que olvidar que el socialismo vasco es un socialismo de inmigración, construido sobre las minas vizcaínas y sobre los núcleos industriales guipuzcoanos. Pero, junto a eso, aunque no estuvieron en el Pacto de San Sebastián[4], luego intentamos hacer el Estatuto. Indalecio[5] Prieto estuvo con ellos, construyendo la Autonomía en la República. No coincidimos en el Estatuto de Estella, pero sí más adelante, en el de 1936, y, desde luego, coincidimos en el período republicano, con más o menos tensiones. Durante los cuarenta años de la dictadura franquista, estuvimos juntos en el Gobierno del exilio y lo sostuvimos juntos. Y el período predemocrático, hasta las elecciones de 1977, lo recorrimos con bastante fraternidad... Sí, incluso fraternidad cabría decir, porque había un móvil común: recuperar la libertad y el autogobierno para Euskadi. Y la razón última de ese entendimiento político es que somos dos partidos democráticos, que tenemos una concepción del País Vasco diferente, pero que hay una serie de convergencias. Por ejemplo, la defensa de la identidad que hacemos los socialistas no es igual que la que hacen los nacionalistas, pero defendemos la identidad y nos parece un elemento importante de nuestra realidad. Hay historia común, hay coincidencias democráticas, hay convergencias de valores y hay una relación personal que se ha labrado durante muchos años.

El caso es que, en ese momento, el PNV nos dijo que quería la Presidencia del Gobierno vasco. Y tomamos una decisión en la que coincidíamos absolutamente todos. Yo, desde luego, fui el primero en considerar que, desgraciadamente —y es duro decirlo—, el país no permitía la posibilidad de un *lehendakari* socialista. No lo permitía matemáticamente, porque no lo permitía. Es así. Y, además, el período histórico, en cierto modo, lo explica: era una carambola que el primer partido de Euskadi fuera el PSOE. La mayoría social y política que se había articulado después del Estatuto de Guernica era nacionalista; sólo un hecho circunstancial —la brutal ruptura interna del PNV— nos permitía ser el primer partido. Pero, ideológicamente, no éramos el partido de la mayoría: éramos una minoría mayoritaria sin apoyos políticos. Y éste era un análisis que compartíamos todos. El propio Felipe González avaló, en ese momento, nuestro acuerdo con el PNV. Años más tarde, sí escuché algún reproche, pero, entonces, yo no recuerdo ninguna valoración contraria a aquella decisión. Felipe lo entendió y lo apoyó. Y, de hecho, yo negocié —no con él, sino con sus ministros— cuál debía ser el modelo de pacto con el PNV, porque este pacto también planteaba problemas respecto a los compromisos que el Gobierno central asumía. Obviamente, no se trataba de las peticiones que nos hacía Garaicoetxea para que se transfiriese la Seguridad Social con caja propia al mes siguiente; no eran ésas, pero eran otras. Yo negocié con Almunia horas y horas el pacto con el PNV, y Joaquín fue, entiendo que por mandato de su presidente, una pieza clave en esa negociación. Joaquín, siendo ministro de Administraciones Públicas, en 1987, se volcó con este pacto, y lo hizo porque el Gobierno español estaba de acuerdo con él. De aquí surgió un acuerdo que implicaba al Gobierno central, lo que prueba que hubo un apoyo explícito de Felipe en aquella historia.

Lo que yo recuerdo es que negocié intensamente en ese marco, porque Txiqui Benegas me lo pidió. Pero yo no hice nada al margen de la negociación. El Partido había hecho este razonamiento: «No podemos presentarnos ante el electorado y decirle que no hemos podido formar un Gobierno, porque eso, si se produjera una nueva convocatoria, podría tener consecuencias en los resultados electorales y nadie sabe muy bien en qué dirección podrían decantarse».

El pacto imprescindible

Sobre todo, comenzamos a vislumbrar las ventajas de un pacto y, en ese momento, se tejió aquel acuerdo que, sustancialmente, tenía varios puntos de apoyo: primero, había un *lehendakari* nacionalista, pero también había un *vicelehendakari* socialista. Segundo, en el reparto del poder, el PSE se llevaba todas las áreas de gestión política; el PSOE quería las áreas políticas de gestión, porque sabíamos que el PNV quería quedarse con algunos elementos simbólicos y con los elementos que corresponden al *lehendakari*, que son la Consejería de la Presidencia, la Consejería de Hacienda, la de Interior —con la Ertzaintza— y la de Cultura. Así que hubo un reparto que coincidía con lo que cada uno buscábamos. El resultado fue que los socialistas nos quedamos con un *vicelehendakari* y seis consejeros, que gestionaban el 80 por ciento del presupuesto vasco: la Sanidad, la Educación, la Industria, los Transportes, la Vivienda, en fin: las grandes áreas de gestión. Ése fue el acuerdo en cuanto al reparto de poder. Es absolutamente falso que los socialistas nos quedáramos con lo que no le interesaba al PNV. Hicimos una apuesta. Una apuesta en la que, respetando que el presidente del Gobierno vasco tenía que tener un par de áreas claves, en el resto, nosotros, los socialistas, teníamos que resolver la gestión política. Ésta fue la primera experiencia de coalición que se produce en España en toda la etapa democrática, así que allí estábamos gestando una ingeniería de acción política en la que no se conocían los mecanismos.

Es cierto que, más adelante, a la hora de hacer balance, los propios consejeros socialistas que estuvieron en aquel Gobierno lamentaban no haber tenido un poder real. Pero, en mi opinión, no se puede contemplar la política vasca si no es sobre la base del pacto permanente.

Para seguir con el esquema del acuerdo que adoptamos en su momento: otro de los puntos de apoyo de aquella decisión fue el compromiso de establecer un pacto antiterrorista —que Txiqui venía pidiendo desde 1980—. Uno de los grandes elementos de distanciamiento en la segunda fase de las negociaciones con Garaicoetxea consistió en que el PSOE abanderaba en solitario, y reiteradamente, un discurso de «unidad democrática», y no de fractura —que la había— contra el terrorismo. Ése era el tercer elemento básico que apoyaba nuestra política.

Otras bases fundamentales eran la política de entendimiento con Madrid y el respeto al marco jurídico-político. Estos elementos son muy importantes y, ahora que se han perdido, podemos apreciarlo. Pero cada pacto de gobierno con el PNV —se hicieron otros dos más, más adelante— tenía una cláusula muy importante de sometimiento al marco y al ordenamiento jurídico-político establecido por la Constitución. Cosa que ahora es... una nostalgia. Porque ahora se hace la política contraria; no es que ya no se incluya ese precepto, sino que se combate abiertamente.

Así era el pacto: un acuerdo en el que el PNV asumía la Presidencia, se repartía el poder y existía una rivalidad interna para ver quién rentabilizaba los aciertos de la acción política. La rivalidad estaba presente en las reglas implícitas de ese pacto; existía un compromiso por hacer un frente antiterrorista, había un marco de entendimiento con el Gobierno central y había un marco de respeto al ordenamiento jurídico. La gran consecuencia era una apuesta por la pluralidad, por el reconocimiento de la pluralidad. Una apuesta absolutamente clara por establecer la transversalidad como elemento configurador de la «construcción nacional» de Euskadi... Y utilizo una terminología que es propia del nacionalismo vasco, no mía.

Pero parece claro que la «construcción nacional» que el nacionalismo vasco puede hacer de Euskadi es la derivada de un pacto de pluralidad, del reconocimiento del otro, de la aceptación del diferente y de un pacto permanente con la otra identidad, que no es nacionalista, que es una identidad distinta. Puede ser un nacionalismo español anacrónico, o un neonacionalismo español, o tener una concepción federalista, o lo que se quiera, pero hay otra identidad, que no me gusta definirla como «no nacionalista», pero que, claramente, no es nacionalista vasca.

La «construcción nacional», así entendida, produciría sobre la sociedad el efecto de un bálsamo... La política, a veces, es mucho más que una norma, o que una ley, más que un acto político; es simplemente una práctica y una cultura, y un liderazgo en valores, y una filosofía. El pacto PNV-PSE trasladó a la sociedad vasca un bálsamo de tolerancia, de respeto, de reconocimiento del otro y de apuesta por la pluralidad. Y ésta, en mi opinión, es la gran asignatura pendiente del país, sobre todo ahora. En ese aspecto, se ha retrocedido...

El 'morroi' del Gobierno

Cuando firmamos el pacto de Gobierno, los socialistas formamos, en primer lugar, un equipo muy potente. Yo me siento muy orgulloso y casi nostálgico de la relación que establecimos un grupo de personas... Éramos una verdadera piña: Milagros García Crespo —entonces consejera de Economía; más tarde estuvo en el Tribunal de Cuentas—, José Ramón Recalde, José Miguel Martínez Lera, José Manuel Freire —que se encargó de Sanidad—, Ricardo González Orús —en Industria—... Se configuró un equipo muy potente, muy capaz. El PNV no lo recibió bien. Todo lo que el nacionalismo había venido haciendo desde que ganó las primeras elecciones autonómicas, desde que ganó Garaicoetxea, era una especie de apropiación de «mi» casa. La imagen de cómo fuimos recibidos los socialistas en aquel Gobierno de coalición se parece a esta figura muy propia del País Vasco, del caserío vasco, que se llama el *morroi*, que recuerda la emigración vasca de finales del XIX. El *morroi* era el mozo que se contrataba para trabajar en el caserío cuando la familia no podía atenderlo, generalmente porque los hijos habían abandonado la casa. Al *morroi* se le dejaba vivir en el desván o en la cuadra, pero no entraba a formar parte de la familia. Algo de esto hubo. Recuerdo, por ejemplo, que, al entrar físicamente en la sede del Gobierno, el primer día, resultó que la Vicelehendakaritza era una figura que no tenía cartera adscrita, y, por lo tanto, yo no tenía despacho. Entonces, me ofrecieron un rincón que estaba en una zona... que no podía ser. Tuve que ponerme firme y pedir el despacho.

El edificio, el Lakua, es un viejo geriátrico que no llegó a utilizarse como tal, y cuando se constituyó el Gobierno vasco, se metieron allí. Las salas eran muy pequeñitas, los váteres tenían barras para apoyarse y no había un despacho grande. Pero había una capilla que se había preparado para unas monjas que iban a dirigir el geriátrico: habían convertido la capilla en despacho y era la sala más grande. Me parece recordar que aquella oficina se le había dado a la Secretaría de Política Lingüística. A mí me pareció que ése era el despacho que dignamente debería ocupar el *vicelehendakari*, y tuve que pedírselo firmemente al *lehendakari*. De otro modo, me hubieran «colocado» uno de los despachos que... Es decir, fueron racaneando todo lo que pudieron: la desconfianza era total. Nos mirábamos de reojo a todas horas.

Fueron años de enorme tensión. Yo sufrí mucho con la tensión que implicaba la gestión política: los Consejos de Gobierno, la aprobación de los decretos, el orden de los consejeros, diez mil detalles... En todo, el nacionalismo quería taparnos y dejar claro quién mandaba allí, y nosotros queríamos sacar la cabeza... Era una tensión continua.

Con todo, mi relación personal con el *lehendakari* se mantuvo siempre dentro de las formas. Con el paso de los años, nos hemos reído de aquellos tiempos, cuando ellos y nosotros éramos tan recelosos... Naturalmente, nos reímos cuando la pelea se resolvió y el PNV volvió a adquirir el control de la situación. Es evidente que el beneficiario inicial de esa primera apuesta fue el PNV, porque en sucesivas elecciones pasó de diecisiete a veintidós diputados. Al igual que en las coaliciones de Gobierno en los Ayuntamientos, el alcalde rentabiliza gran parte de la gestión, en el Gobierno autonómico ocurrió lo mismo: que el *lehendakari* Ardanza llegó a rentabilizar incluso su apuesta de liderazgo del Pacto de Ajuria Enea, con su discurso moderado, sus aportaciones enormemente positivas contra ETA, cuando reivindicaba no solamente la discrepancia en los medios con los terroristas, sino también respecto a los fines... Era un *lehendakari* arropado y legitimado por el primer partido del país, que le apoyaba, y eso le proporcionó un buen resultado electoral. Pero ocurría que, al mismo tiempo, estábamos resolviendo el «problema vasco»: estábamos encauzando la política desde una visión estatal.

Grandes acuerdos y grandes renuncias

En esos años, estamos en 1987, existía un acuerdo para el desarrollo del autogobierno. Para empezar, los grandes pactos autonómicos con Joaquín Almunia fueron fundamentalmente tres. Por una parte, el desarrollo de la Ertzaintza. Ese plan lo llevó a cabo, fundamentalmente, José Luis Corcuera; segundo, la transferencia de la Sanidad: se crea la Osakidetza y la gestionamos nosotros; y tercero, un acuerdo financiero que permitía que el modelo del concierto económico se sostuviera sobre las bases que habían pactado Suárez y Garaicoetxea, a pesar de que sabíamos que ese modelo era extraordinariamente ventajoso para el País Vasco. Tanto Almunia como Solchaga, como Corcuera —por cierto, los tres vascos—, estuvieron en el núcleo de estos acuerdos.

Por supuesto, los grandes acuerdos implicaban muchas renuncias también para nosotros en la política vasca. Recuerdo, hablando de la Ertzaintza, una que me dolió particularmente: en aquellos años, *Diario 16* publicó las pruebas de cómo los socialistas habían sido discriminados para acceder a la Ertzaintza... Eran fichas manuscritas de los responsables de la Consejería de Interior, aludiendo a la militancia socialista de los padres de determinados chavales que se habían presentado a las primeras oposiciones... Era un escándalo y, además, nos hería en nuestras propias carnes. Tuvimos durísimas trifulcas en relación con esta materia, y exigimos responsabilidades. Ellos argumentaron que querían hacer una policía en la que no hubiera infiltrados de ETA, y que había muchos informes, de tal y cual... Pero aquellos informes acabaron siendo informes de sectarismo puro, no de seguridad frente a ETA. El argumento general que aportaban era que estaban haciendo una inspección de las familias, de los entornos, que a alguien se le habría escapado hacer aquel apunte... Negarían, supongo... ya no recuerdo en qué términos se desenvolvió la cuestión, pero supongo que negarían esa discriminación. Es verdad que, después, todo aquello acabó. Hoy, la Ertzaintza cuenta con 8.000 policías, y son de su padre y de su madre: todos... salvo algún núcleo más selecto, la cúpula, que sigue siendo, desde luego, de obediencia nacionalista. Pero, en fin, los *ertzainas* ya no son necesariamente nacionalistas.

Este ejemplo sólo fue uno de los dificilísimos debates internos. El campo educativo fue tremendo y la discusión ideológica en relación con el euskera, tremenda... El Joseba Arregui que conocemos ahora no tiene nada tiene que ver con aquel Joseba Arregui, casi fundamentalista, de aquellos años. Se enzarzaba en peleas constantes con José Ramón Recalde en los debates de aquellos años. No olvidemos que José Ramón Recalde era coportavoz del Gobierno, porque también exigimos un portavoz paralelo.

En fin, fueron unos años dificilísimos. Pero la consecuencia es que el país veía en la cúspide a Ardanza y a Jáuregui, como expresiones de dos mayorías sociales enfrentadas —con riesgo de división interna en el país— que pactaban, que lo pactaban todo, y que guardaban las formas, y que construían un Gobierno y que gobernaban juntos. Yo siempre creí en ese proyecto. El momento más duro fue cuando tuvimos que hacer balance electoral. Y, en 1990, los resultados no fueron buenos.

LA REAPARICIÓN DE LA DERECHA

A medida que progresaba aquella coalición, ocurrió un hecho destacable: la reaparición del espectro político de la derecha. Yo siempre he dicho —ya sé que es un argumento que puede parecer un tanto sutil— que, en gran parte, la emergencia, la reaparición de Jaime Mayor Oreja en el País Vasco, a finales de los ochenta —más bien casi ya en 1990—, es consecuencia, precisamente, del clima de estabilidad, de serenidad y de pluralidad que estableció el Gobierno de coalición.

La derecha estaba literalmente «desaparecida», en parte también por la persecución terrorista de los primeros años ochenta contra UCD. Había estado malamente representada por el PP, con dos diputados, y con Jaime, que se marchó cuando perdieron las elecciones en 1982. (Él mismo me traspasó a mí los papeles, porque fue delegado del Gobierno). Esa derecha, de pronto, empieza a construirse en Euskadi, insisto, porque nosotros instalamos un clima político de pluralismo y de reconocimiento a cualquiera. Porque la coalición PNV-PSOE había establecido el marco que permitía que se creara un modelo de aparición de la derecha española que estaba oculta. No hay que olvidar que, en las elecciones del año 86, cuando Txiqui y el PSOE ganamos las elecciones con diecinueve diputados, el viernes anterior, víspera de las elecciones, la primera página del *ABC* recomendaba votar a nuestro candidato y el periódico salió a la calle con una portada en la que aparecía una fotografía de Txiqui Benegas... porque no había derecha en Euskadi.

Ese espacio para la derecha empezó a crearse, y se nutrió en buena parte, con el discurso antinacionalista que empieza a darse en el País Vasco. Pero nosotros no participamos en él. Porque el segundo partido a partir de 1990 —el primero hasta entonces—, en vez de disputar la alternancia al Gobierno nacionalista, se coaligó con él y renunció, en cierto modo, a su propia opción política.

Algunos consideran que ese gran esfuerzo fue un error; yo afirmo que en absoluto fue un error. Es cierto que tuvo un resultado negativo para el Partido, pero ello se debió, en gran parte, a que también existía una recomposición de fuerzas. Y mucho voto prestado. De hecho, han pasado ya muchos años y nosotros tampoco hemos conseguido ir mucho más allá, porque los espectros sociales del País Vasco son los que son. Nosotros habíamos obtenido una gran victoria electoral en 1986, en gran parte por la ruptura del nacionalismo vasco, pero, sobre todo, porque no había derecha.

También el PSE tuvo nueve diputados. Ahora tenemos trece[6]; pero también tuvimos diecinueve, dieciséis y doce diputados. A mí no se me puede negar la capacidad de autocrítica cuando reconozco que el resultado electoral de la coalición con los nacionalistas no fue beneficioso. Es evidente. Pero yo siempre creí en esta política. Creí que era la política del país, que era la política de España, de una España que incluía a los nacionalismos, que trataba de hacer un Estado incluyente... Esa política se construía pensando realmente en el objetivo de conseguir la paz y con la idea de que el nacionalismo se sintiera cómodo en España. También se desarrollaba con la intención de componer una sociedad vasca armónica, que no se fracturara.

Éstas eran las bases. Y, desde luego, no había un móvil partidista; porque si hubiera existido, nos habríamos quedado en la oposición en 1990 cuando, con el resultado de las primeras elecciones con un Gobierno de coalición, el PNV nos pegó la primera puñalada. Porque hizo un pacto con Eusko Alkartasuna y con Euskadiko Ezkerra, que fue el llamado «Gobierno tripartito» de 1991. Ese pacto fue una puñalada, aunque ellos digan que el PSE no quiso pactar. Éste es uno de mis reproches más serios a Ardanza y a Juan Ramón Guevara, que fue el que llevó adelante aquella negociación: hacer un pacto con EA y con EE y dejarnos fuera, después de lo que habíamos hecho durante cuatro años. Aquel acuerdo pone en evidencia, en parte, que nunca creyeron, de verdad, en los pactos que nos llevaron al Gobierno de coalición. Y aquí empiezan mis dudas también, que las confieso...

La traición de Ardanza

Aquel Gobierno de nacionalistas fue lo que se llama un «Gobierno sietemesino», porque nació en enero o febrero de 1991 y, en septiembre, Arzalluz nos llamó —a Txiqui y a mí— para preguntarnos qué haríamos por recomponer la coalición. Era la etapa en la que EA había empezado a reivindicar la independencia en los Ayuntamientos y los del PNV vieron que la relación con EA no funcionaba. Entonces, nos propusieron una reedición del pacto.

Nosotros, que habíamos sido expulsados de la coalición siete meses antes, pusimos condiciones y establecimos un nuevo pacto, porque, evidentemente, el PSE recuperó toda la razón.

Ese mismo año de 1991 hicimos un nuevo pacto de coalición, con una pequeña adhesión de EE, que ya estaba incluido, y Fernando Buesa fue nombrado *vicelehendakari*. En las negociaciones y en la conclusión del pacto me sustituyeron Fernando Buesa, Rosa Díez, Maturana, Paulino Luesma y un grupo de compañeros... Yo me quedé fuera, en gran parte también como respuesta personal a lo que Ardanza nos había hecho. Yo delegué, por así decirlo, mi representación, por mi prurito personal, porque consideraba que no había sido bien tratado por Ardanza... Porque cuando se formalizó el pacto PNV-EA-EE, me sentí traicionado, literalmente: me pareció una verdadera marranada. ¿Dónde habían quedado esos cuatro años de una gestión extraordinaria en el país, con la industria, con la sanidad, con todo...? El desarrollo autonómico era inmenso, los acuerdos económicos, excelentes; en fin, habíamos practicado una política solvente y... ¡el resultado electoral que aquella política le había proporcionado al PNV! ¡Y nos dejaron fuera! Yo me sentí, literalmente, maltratado, y mi decisión fue no volver a ese Gobierno. Y me quedé fuera, en parte, también, para desarrollar una política más libre: colocamos a unas personas de «alto *standing*» —políticamente hablando— en la gestión del Gobierno, pero yo me quedé fuera para poder hacer política con más autonomía.

Más tarde, se empezaron a ver en el PNV algunos movimientos que permitían intuir lo que ocurrió después.

El triángulo, digamos, «intelectual» del PNV sobre el tema del terrorismo está formado por Joseba Eguíbar, Juan María Ollora y Gorka Aguirre. Los tres, ya en los primeros años noventa, formulan un escenario de salida de la violencia basado en propuestas antagónicas a las que se proponían en el Pacto de Ajuria Enea.

El gran conflicto que acaba en el pacto nacionalista de Lizarra[7] se inicia tiempo atrás y no hay que olvidar que está escrito. Porque Ollora escribió un libro —en 1995, me parece recordar— en el que todo lo que se describe es lo que ocurrió después. Yo diría que eso sí que merece un capítulo especial e interesa sistematizar un poco las diferencias.

AJURIA ENEA: LA COMPLICIDAD NACIONALISTA

Toda la política que el Gobierno socialista articuló con el PNV en torno a este período de gobiernos de coalición tenía el objetivo de integrar al nacionalismo vasco en un proyecto de España, sin que fuera necesaria su participación en la gobernabilidad. Toda la política de pactos con el PNV en el Congreso de los Diputados tenía ese objetivo. Ello implicaba también que el nacionalismo vasco liderara la lucha contra ETA, como elemento fundamental de deslegitimación del cordón umbilical nacionalista hacia la violencia; eso quería decir, naturalmente, que había que pactar la estrategia antiterrorista y que había que establecer un nivel de confianza y de complicidad, valga la expresión, entre los dos Gobiernos, el de España y el de Euskadi, acerca de los elementos que articulaban la política antiterrorista, desde un mediador hasta la política penitenciaria... Pero todo se basaba en la confianza que Ardanza mantenía con Felipe González, y que también Arzalluz, implicado en la gestión del PNV, mantenía con su Gobierno, con el Gobierno central y con el PSOE.

Este escenario, más o menos, canalizado a través de los diferentes ministros de Interior, configuraba una estrategia. Cuando Enrique Múgica puso en práctica la política de dispersión, había un corolario, que se llamaba reinserción. La dispersión la llevaba a cabo el Gobierno español, pero la reinserción la hacía el PNV, que estaba sobre el terreno, en el territorio de la sociedad vasca, y sugería, a través de las familias, qué personas querrían volver y a quiénes había que separar de la banda. Porque esa actuación respondía a una política para fracturar el colectivo de presos de ETA. Y era una parte de una estrategia.

Si hubo interlocutores para saber qué ocurría en el interior de la banda terrorista, o se presentaba en la Embajada de España en Buenos Aires el señor Adolfo[8] Pérez Esquivel diciendo que tiene un mensaje de ETA, si, en fin, hubo ese tipo de cosas, que las hubo en todo ese tiempo, ¿por qué negarlo? Todos lo sabíamos. Lo sabía Belloch, en su caso, con Ardanza, y, desde luego, Felipe González. Estas actuaciones implicaban una corresponsabilidad en la estrategia. Eso era el Pacto de Ajuria Enea: un liderazgo del nacionalismo vasco en la lucha contra el terrorismo, con un *lehendakari* que agrupaba a los partidos políticos... La imagen más gráfica de la corresponsabilidad es la del *lehendakari* Ardanza en las escalinatas de Ajuria Enea, acompañado de Arzalluz, Mayor Oreja, Jáuregui, Madrazo y Mosquera, diciéndole al país: «Estamos juntos y no toleraremos esta agresión», cuando matan a Miguel Ángel Blanco y en alguna otra ocasión también.

Ése era el liderazgo institucional que provocó grandes movilizaciones en Bilbao, con Gesto por la Paz, con todo el pueblo vasco, contra ETA. Fue un proceso que, acompañado de la eficacia policial que se inició fundamentalmente en Bidart, acabó convirtiendo al terrorismo, a partir de mediados de los años noventa, en un terrorismo prácticamente terminal, con diez o doce muertos al año, parecido al que tenemos ahora. Por tanto, quienes niegan que aquel camino fuera bueno, se equivocan, porque aquel camino cambió la historia vasca en relación con el terrorismo; de 1987 a 1998 fue un camino *in crescendo*.

El Pacto de Ajuria Enea funcionaba, aseguraba la paz, no en cuatro días, ni en cuatro años, pero ése era el camino. Por decirlo gráficamente: había unidad de la democracia contra ETA; se reiteraba aquel mensaje según el cual el nacionalismo democrático que no podía coincidir ni en medios ni en fines con ETA; se producía un aislamiento político de la violencia, y se mantenía también una oferta de diálogo para cuando se abandonara la violencia; había pluralidad en la política vasca, y un pacto entre las fuerzas políticas vascas; había un buen entendimiento entre Madrid y Vitoria, un marco jurídico-político aceptado y lo que podríamos llamar un proyecto de un Estado incluyente de los nacionalistas, no solamente respecto a los vascos, sino también a los catalanes. Esa política respondía a los grandes parámetros del Estado español de los noventa, y a una de las grandes tareas pendientes del proceso constituyente que se inició en el año 1977.

Yo, ahora, me pregunto si lo que está ocurriendo en este momento en España responde a un horizonte de esa naturaleza o si, por el contrario, no nos encontramos ante unas bases antagónicas, un cuestionamiento muy serio del Estado como un modelo de poder territorial que aglutine, un modelo incluyente. Me pregunto si no se está presentando, con enorme virulencia, una tentación segregadora, o una tensión desarticuladora. Ahora existe una unidad nacionalista para acabar con ETA, pero pagando el precio político que exigen los terroristas: ése es el esquema de Lizarra.

El nacionalismo vasco se ha desplazado, ha abandonado la unidad democrática, ha abrazado la unidad nacionalista y ahora ofrece a ETA un modelo de proceso en el que, dejando la violencia, puede alcanzar sus objetivos. Eso es el «Plan Ibarretxe»: una oferta del nacionalismo gobernante al entorno político de la banda terrorista para que ésta, abandonando la violencia, pueda hacer viables sus objetivos[9]. El problema es que ha surgido de nuevo el enfrentamiento en el seno de la familia nacionalista, porque ETA no quiere depositar en el PNV la gestión de su historia: odia a los *jauntzos* y a los *burukides* del PNV casi tanto como a los españoles[10]. Pero lo que importa es que el PNV ha hecho esa oferta y, por tanto, ha roto el modelo anterior de unidad democrática.

Finalmente, lo que frustró aquella política de «cohabitación» fue, en mi opinión, el problema de la gestión en el seno del Pacto de Ajuria Enea. Es ahí donde cristalizaron las diferencias. En el resto de la política, mientras gobernamos en España, mantuvimos la relación con el PNV.

LOS AÑOS DIFÍCILES. LO QUE NUNCA HE CONTADO

Hubo un período particularmente difícil, que fue el período del último Gobierno de coalición, de 1995 a 1998. En ese Gobierno, tras nuestro peor resultado electoral —en octubre de 1994: sólo obtuvimos doce diputados—, en ese Gobierno, digo, se produjo uno de los momentos más deprimentes de mi vida política. Yo llevaba ya casi ocho años en esa apuesta, volvía a ser el candidato y, repito, tuvimos muy malos resultados. En aquel momento, tuve todas las tentaciones del mundo de abandonar, y me siento orgulloso de haber aguantado el tirón. Pero me pareció que se avecinaba un momento tan malo y era tan malo el que estábamos viviendo, que abandonar era un acto de cobardía. (Ya sé que bajo estas palabras grandilocuentes se suelen ocultar sentimientos egoístas o muy personalistas, pero, en mi caso, no es así). Hago esta confesión porque fue un momento delicadísimo en mi vida: en 1994 descubrimos que estábamos con doce diputados —caída libre—. Además, yo era el candidato. Se iba a formar un nuevo Gobierno y la política del PSOE declinaba. Porque hablamos de finales de 1994, cuando ya teníamos todos los escándalos en la puerta, o se estaban produciendo.

Yo me mantuve firme y, además, hablé con Txiqui. Le dije: «No tenemos más remedio que volver a hacer la coalición y, además, yo debo involucrarme otra vez». Él lo veía igual que yo. Consideraba que el marco de referencia de nuestra política, en un momento de declinar de los socialistas, no podía ser más que la de seguir dando pruebas, con nuestra presencia institucional, de nuestra propia fuerza y, desde luego, seguir apostando por una política en la que creemos sinceramente. El partido lo aceptó así y yo entré como Consejero de Justicia y de Trabajo. Pasamos unos años muy difíciles, en los cuales el PNV sostuvo de una manera impertérrita su confianza en los socialistas vascos, y en mí en particular, a pesar de que eran momentos delicados.

Esto no lo he contado nunca, y quizá pueda ser el momento: yo tomé posesión de la cartera de Justicia en enero de 1995, cuando todos los escándalos nos estaban rodeando, con la investigación del GAL en marcha, y los fondos reservados, y todo lo demás... Yo tenía tal confianza en mí mismo que le dije a Ardanza, cuando hicimos esa coalición, que no tuviera ninguna duda de su apuesta por mí. Porque no puedo olvidar que Jaime Mayor Oreja saludó mi presencia en ese Gobierno diciendo que yo era una «bomba de relojería». No me olvidaré de esas palabras... Eso significaba que yo era una persona que no iba a salir bien parada de lo que él suponía que iba a ocurrir, de todas las investigaciones que acompañaron a esa etapa. A mí aquello me dolió inmensamente; no digo que no lo voy a perdonar, pero fue un golpe que no olvidaré. Tanto a Ardanza como al propio Arzalluz, yo les di todas mis garantías personales de que, jamás, nada podría involucrarme en esas investigaciones, porque tenía la certeza de ello, porque nunca estuve mezclado en ninguno de esos asuntos. Pero uno nunca sabe lo que puede pasar en procesos en los que, además, las pretensiones de inculpación eran generalizadas y había intencionalidades políticas muy claras y un deseo de manchar a toda la cúpula socialista. Y yo le aseguré de antemano al *lehendakari* Ardanza —y eso sólo lo sabemos él y yo— que, si había una mínima implicación de cualquier tipo, en cualquier cosa, tendría mi dimisión en su mano. Y se lo aseguré para que quedara claro que jamás iba a ser una rémora en aquel Gobierno. Ellos confiaron en mí, y me consta que esa decisión también la sabía Arzalluz, porque también hablé con él. Y Arzalluz reaccionó de la misma manera: aceptando esa muestra de confianza que les daba y devolviéndome la misma. Porque, de hecho, ellos hicieron una apuesta por nosotros en un momento muy delicado para el PSOE, e hicimos una coalición para un Gobierno en el que Ibarretxe era el *vicelehendakari*. Y yo entré en ese Gobierno para seguir haciendo nuestra política.

Nunca se hizo el cambio en la policía

No sé si a Arzalluz y a Ardanza les pareció extraño que el delegado de Gobierno en Euskadi en aquellos tiempos tan difíciles, cuando el GAL actuaba, no supiera absolutamente nada. Pero lo cierto es que todo aquello formaba parte de un ámbito policial que yo nunca asumí, porque mi trabajo en la Delegación de Gobierno fue profundamente político y porque la cuestión estrictamente policial siempre se llevó al margen de mi actuación y yo nunca intervine. De eso se encargaban otras personas y yo nunca me involucré. Era algo que transcurría fuera de mis ámbitos de competencia e, incluso, fuera de mis ámbitos de actuación. Tampoco creo que eso signifique que había otro sector de mi Partido que hacía una política paralela. Nunca he compartido esa apreciación, por mucho que judicialmente haya dado lugar a determinadas sentencias. Yo siempre he pensado que aquella cuestión se gestó, más bien, en espacios parapoliciales, y no sé qué tipo de apoyo político pudieron tener; pero nunca he creído que el poder político o el Gobierno estuvieran involucrados en esas decisiones. Yo nunca he creído eso y, de hecho, cuando he tenido que aportar mi versión sobre esos asuntos, cuando he ido de testigo a algunos juicios, siempre he dicho lo mismo. Siempre recuerdo una frase de Felipe González, cuando tomamos posesión, que para mí marcó en gran parte su conducta y la mía: «Nosotros somos el Estado: nosotros hacemos las leyes y somos los primeros en cumplirlas». Jamás he abandonado el espíritu y la letra de esa afirmación.

Mi impresión es que el Partido no hizo una transición policial como la que hizo en el aparato militar y que, en ese sentido, fuimos dependientes de las fuerzas policiales. Mi percepción es más bien que un Gobierno democrático, acosado por la violencia como lo fue el Gobierno socialista, era demasiado dependiente, prisionero, de una eficiencia policial que estaba en manos de una policía que no había hecho su transición. Fueron años muy difíciles. Yo creo que el PSOE hizo las cosas cuando pudo hacerlas, probablemente. No puedo juzgar críticamente esa etapa porque, seguramente, no puedo sentir o identificarme con las mismas sensaciones que tuvieron los protagonistas. No sé... Es un poco... Lo mismo que si hablara de la tortura. Seguramente, al principio, la policía no estaba sometida a los mismos controles y a las mismas exigencias que lo está ahora.

Yo creo que son tiempos que marcan la historia. El aparato militar estuvo mucho más disponible y fue más permeable, porque había intentado un golpe de Estado que fracasó y Narcís Serra pudo maniobrar con más facilidad. El aparato policial era demasiado importante para un Gobierno democrático acosado. Tiendo a pensar que el contexto puede hacer más comprensible ese tipo de situaciones, pero no quiero que esto sirva de justificación. Y no tengo ninguna duda de que el aparato político del Partido nunca tuvo que ver con aquello. Otra cosa es que algunas personas hubieran podido tener una mayor relación con los aparatos policiales.

El hecho de que al final del año 1987, cuando yo ya llevaba casi cuatro años de delegado del Gobierno, fuera mi Partido el que me propusiera para *vicelehendakari*, es la prueba, al menos en parte, de lo que significaba mi presencia en la política vasca. Sin embargo, no dejo de reconocer que ese otro plano político —más político— que representa el haber sido delegado en aquella etapa tiene unas connotaciones que yo asumo y que, en cierto modo, reconozco como una limitación a mi propia trayectoria, a mi propia vida política.

«YO TE LLENO LA PISCINA»

En cualquier caso, lo que interesa ahora es dejar claras las bases de aquel nuevo pacto, en el año 94, que dio lugar a la última apuesta por un Gobierno de coalición.

Paralelamente, el Pacto de Ajuria Enea había entrado, yo diría, en una fase muy tumultuosa, porque se enfrentaron dos vertientes: la del PNV, que creía poco en Ajuria Enea, y la del PP, que estaba ejerciendo su última etapa de oposición al Gobierno socialista —utilizando en buena medida el tema terrorista como baluarte—. El Partido Popular expresaba esa oposición también en Ajuria Enea, porque Jaime Mayor Oreja estaba reivindicando un protagonismo propio, censurando determinadas políticas, ya sea respecto el tratamiento de los presos, ya sea respecto el protagonismo del *lehendakari* y el nacionalismo vasco en la lucha contra ETA, ya sea contra las «tomas de temperatura»[11], etcétera.

Es decir, en el seno de Ajuria Enea surgieron dos posiciones enfrentadas. Una nacía del nacionalismo: Garaicoetxea reivindicando la autodeterminación; Ollora, Eguíbar y Aguirre reivindicando un método distinto —no en el mismo pacto, sino paralelamente—, porque Ajuria Enea, con el aislamiento político de la violencia, en su opinión, no acababa con la violencia. La segunda posición la representaba el Partido Popular, que venía marcando serias distancias en relación con la estrategia del propio pacto. Esto coincidió en el tiempo con el desentendimiento entre el PNV y el PSOE, el desencuentro entre el Gobierno central y el Gobierno vasco, la ruptura de la complicidad que, durante años, había regido ese pacto.

Todo estalló años más tarde, cuando se firma el Pacto de Lizarra, en 1998.

Cuando el PP llega al poder tras ganar las elecciones, en 1996, se produce, como todo el mundo sabe, un acuerdo entre PNV y PP, que lleva a Arzalluz a fotografiarse debajo de la gaviota, dando un abrazo a José María Aznar. El dirigente nacionalista vino a decir, más o menos, que Aznar había hecho más por el acuerdo con los nacionalistas en diez días que los socialistas en diez años. Lo cierto es que el esquema de ese acuerdo fue parlamentario, desde luego, porque el PP no tenía la mayoría absoluta. Pero de ese esquema, no sé si intencionadamente o no, pero en la práctica así fue, se dejó de lado la estrategia antiterrorista. Y es en este punto donde, en mi opinión, está el detonador de la ruptura de este castillo de naipes. Es decir, en 1996, el Partido Popular y el Partido Nacionalista Vasco firman ese pacto pero no incluyen el tema terrorista. Esgrimieron el Pacto de Lizarra, pero Lizarra es posterior.

Hay un par de frases que siempre salen a relucir cuando se habla aquella conversación que tuvieron en La Moncloa Aznar y Arzalluz. Al parecer, cuando Xabier Arzalluz le pidió al presidente que intentara una salida, que buscara un camino para que el mundo del nacionalismo radical se pudiera integrar, Aznar, que no cree en ello, dijo la famosa frase: «Yo no me tiro a la piscina sin agua». Y Arzalluz le contestó: «Pues yo te la lleno». Y allí nació ese doble papel que uno y otro han estado desempeñando, hasta llegar a un antagonismo feroz. Allí se inició un camino en el que el PP cortó todo tipo de contacto y endureció sus posiciones, mientras el PNV se alejaba a la búsqueda de un acuerdo con otros nacionalistas y con ETA.

En medio de todo, ocurre un hecho importantísimo: el asesinato de Miguel Ángel Blanco y el nacimiento del «espíritu de Ermua»[12].

Se difundió un mensaje antinacionalista, porque la respuesta a la crueldad del asesinato de Miguel Ángel Blanco incluía una doble censura al nacionalismo: una, por no haber acabado con el terrorismo, después de veinte años gobernando en Euskadi; y dos, la protesta tiene una connotación contra el nacionalismo, porque lo mataron en nombre del nacionalismo. La furia que surge del pueblo vasco es, en parte, una censura al nacionalismo, por ese doble motivo. Justo o no, este sentimiento fraguó.

Y, en mi opinión, el PNV se asustó y vio que la situación derivaba hacia el peligro de que la violencia no acabara nunca, se expandiera y provocara una contestación social que arrastrase al propio nacionalismo hacia su fin.

ETA, en esos momentos, se estaba reordenando e, inteligentemente, ofrece al nacionalismo vasco una solución. Y entonces gestan el Pacto de Lizarra. En el medio, Ardanza, que conoce todas las claves, ve que ya no puede sostener más el «chiringuito», e intenta, con el «Documento Ardanza», una salida de transición para llegar hasta las elecciones autonómicas de enero de 1998. En marzo de ese año se rompe el Pacto de Ajuria Enea, cuando el PP se niega a la reinserción de presos de ETA. Éste es, más o menos, el cuadro gráfico que refleja esa ruptura.

CON FELIPE, LIZARRA NO HUBIERA SIDO POSIBLE

Yo no sé si Felipe llegó a desmarcarse formalmente en algún momento de la política de «cohabitación» que mantuvimos los socialistas vascos con el PNV. En alguna ocasión me pareció que hizo algún comentario, como queriendo decir que quizás fue una cesión exagerada o inconveniente. A mí me parece que ese tipo de juicios son razonables. Yo mismo, a veces, me pregunto si el nacionalismo vasco nos lo ha agradecido, y quizás acabo concluyendo que no.

Aunque también entiendo que si el PSOE se hubiera mantenido en el Gobierno vasco o en el Gobierno de España, seguramente no habríamos permitido lo que ha sucedido. Dicho en dos palabras: yo no creo que el Pacto de Lizarra se hubiera podido producir siendo Felipe González presidente del Gobierno, porque el clima de la relación con el PNV no habría permitido a los nacionalistas semejante traición. No se puede juzgar ese tipo de situaciones, pero entiendo que toda nuestra apuesta tenía una lógica y hubiera podido seguir avanzando. Que Felipe, a pesar de eso, pueda decir hoy que cedimos demasiado... No sé si él lo piensa, pero ahora, desgraciadamente, lo piensan muchos compañeros, incluso algunos protagonistas de aquella etapa. Y yo creo que no tienen razón. Quiero decirlo de una manera gráfica y rotunda: nunca estuvimos mejor. Y creo que, cuanto más pasa el tiempo y más se está agudizando el problema vasco, con la unidad nacionalista girando hacia la independencia, con la ruptura del marco jurídico-político, con la ruptura de la convivencia entre dos comunidades, más nostalgia aflora en muchas personas aquel modelo de convivencia que gestamos.

Un vasco en Madrid

En la última campaña electoral que ganó el PSOE, en 1993, yo formé parte del Comité de Estrategia Electoral porque Felipe me lo pidió. Sí, al final, Felipe me llamó. Yo fui portavoz del Comité de Estrategia.

Aguanté dos meses, pero me marché porque mi experiencia fue mala. Me encontré con un Partido fracturado. Felipe quería hacer la campaña por su cuenta, con Maravall y con un grupo de gente de su confianza, y me trajo a mí para eso. Pero, finalmente, él dirigía su campaña desde La Moncloa, y quería que yo fuera la cara amable del Partido... Pero a mí no me aceptaban ni Txiqui, ni Alfonso Guerra ni ninguno, porque ellos estaban en la Dirección y... Yo me sentía como un pingüino en un garaje.

No me permitieron hacer aquel trabajo. Me metí en la oficina de la calle Gobelas, donde se había instalado el Comité de Estrategia, y me sumergí en un quehacer que... No sé exactamente cuál era, porque no tenía competencias. Y apenas concluyó la campaña, volví al País Vasco.

Se ganaron las elecciones y se suponía que Felipe me iba a nombrar ministro. Yo le pedí que no lo hiciera y le dije que quería ganar las elecciones en Euskadi. Llamé a Narcís Serra, que entonces estaba coordinando algunas de las conversaciones para la formación del Gobierno, para decirle: «Dile a Felipe que yo no quiero ir a Madrid, que yo no quiero ser ministro, que quiero quedarme en Euskadi». Por entonces, se acababa de firmar la fusión con Euskadiko Ezkerra.

En Euskadi, en 1993, habíamos tenido un magnífico resultado, el mejor de las últimas décadas. Aprendí euskera y dije que quería ser *lehendakari* en las siguientes elecciones. Y con esa ingenuidad que me caracteriza a veces, me metí en un charco que me llevó a donde me llevó después.

Volví al País Vasco con la impresión de que el Partido estaba mal y que entre Felipe y Alfonso no había ninguna relación. Que Alfonso era el gran cerebro de las campañas y del Partido, pero que se le había marginado; que teníamos que hacer la campaña unos cuantos novatos, y que Felipe la hacía por su cuenta. Era una situación en la que, además, se estaba materializando la ruptura durante una campaña electoral. La marginación de Alfonso era total, Alfonso tenía su plan con Txiqui y compañía, que veían muy mal todas estas decisiones... Yo recuerdo que, en esa etapa, Txiqui estuvo particularmente desagradable conmigo, porque no aceptaban que yo viniese del País Vasco a dirigir la campaña... Fue una experiencia particularmente ingrata, sí.

NOTAS

[1] Carlos Garaicoetxea fue presidente del Consejo General Vasco (ente preautonómico) entre 1979 y 1980, y *lehendakari* desde 1980 hasta 1985. En 1984 se produjo la gran crisis del Partido Nacionalista Vasco, que concluyó con la escisión de un sector encabezado por el propio Garaicoetxea, que fundó Eusko Alkartasuna (EA).

[2] Organización Revolucionaria de Trabajadores.

[3] Véase nota 1 en este mismo capítulo y nota 24 en el capítulo de José Barrionuevo.

[4] El Pacto de San Sebastián se formalizó en agosto de 1930, en el Hotel Londres de la capital donostiarra. Se trataba de un pacto de la izquierda española y estuvieron presentes destacadas figuras políticas: A. Lerroux, M. Azaña, N. Alcalá Zamora, M. Maura e I. Prieto, entre otros. Los aspectos más destacados del pacto hacían referencia a la organización autonómica del Estado, especialmente en Cataluña y el País Vasco.

[5] Indalecio Prieto (1883-1962), miembro del Partido Socialista, fue ministro de Hacienda y de Obras Públicas durante la Segunda República.

[6] En las elecciones autonómicas del País Vasco, celebradas el 13 de mayo de 2001, el PNV obtuvo 33 escaños; PP, 19; PSE, 13; EH, 7; IU, 3.

[7] El Pacto de Lizarra se firmó en la localidad navarra de Estella (Lizarra en euskera) el 12 de septiembre de 1998. Estuvieron presentes los representantes del PNV, IU/EB, HB, EA, ELA/STV, LAB y otras organizaciones políticas, sindicales y sociales. Los objetivos últimos del Pacto de Lizarra eran la promoción del autogobierno vasco o la independencia para favorecer la disolución de la banda terrorista ETA.

[8] Adolfo Pérez Esquivel (Argentina, 1931), Premio Nobel de la Paz en 1980.

[9] Juan José Ibarretxe propuso, tras la victoria electoral de 2001, un plan para convertir el País Vasco en un Estado Libre Asociado respecto a España. Su intención era presentar dicho plan ante el Parlamento vasco en septiembre de 2003, aunque existió un debate enconado en la sociedad vasca y española durante los meses previos.

[10] La traducción literal de *jauntzi, –en* es 'señores', 'jefes', 'poderosos'; se denominan *burukides* a los miembros de las directivas del PNV.

[11] Se denominan «tomas de temperatura», en el contexto de la actividad política en el País Vasco, a los contactos con miembros del extremismo nacionalista para calibrar las posibilidades de negociación o conocer detalles sobre la actividad de ETA.

[12] Miguel Ángel Blanco fue asesinado por ETA el 12 de julio de 1997. Las terribles circunstancias en que se produjo el crimen —tras una amenaza de muerte en 48 horas si no se actuaba conforme a las exigencias de la banda terrorista— generaron un movimiento social en Ermua, donde Blanco desarrollaba su actividad política como miembro del Partido Popular. Dicho movimiento social contra el terrorismo y contra el nacionalismo excluyente se denominó el «espíritu de Ermua».

Txiqui Benegas

Dos raíces

Euskadi, el Partido, el Partido, Euskadi... Ha vivido siempre Txiqui Benegas de esas dos raíces, alimentadas de una pasión poco común por la política. Una pasión reconocida por todos, admirada, incluso, por aquellos que estaban condenados a ser sus enemigos en el Partido. Pasión reconocida incluso por aquellos a los que Txiqui bautizó, de forma atroz, como «los renovadores de la nada»: «¡Claro, coño! ¡Si aquello era la leche! ¡Todo el mundo se arrimaba a Felipe a ver qué pillaban, cuando lo que había que hacer era cerrar filas! ¡Que los del PP iban a por Felipe...! Pero eso a ellos les daba igual».

Todavía hoy defiende esa tesis con vehemencia, aunque el gesto de Benegas revela que ya está curado de todos los espantos. De aquellos de la insurrección renovadora y de tantos otros que le tocó vivir cabalgando, a lomos de todo riesgo, de Euskadi a Madrid, de Madrid a Euskadi.

No ha perdido, con el paso del tiempo, su capacidad para el análisis contundente, para decir las verdades más insoportables, para desmontar en pocas palabras los recursos del cinismo y la falsificación política. Todo lo contrario. Incluso ha adquirido —quizás porque el tiempo de exilio que vive en el interior de su Partido le ha procurado una distancia apasionada de las cosas— una facilidad mayor para el diagnóstico. Y una piensa, cuando le observa ejercer silenciosamente su condición de diputado de a pie, que anda por ahí una de las mentes más claras de los socialistas españoles y que algunos harían bien en escuchar sus opiniones.

Y no estaría de más, tampoco, que escucharan lo que piensa y lo que dice de todos los años que ha vivido la política, entre Madrid y Bilbao, con engañosos descansos en Donosti, su tierra.

Fueron años entre su incombustible fe «guerrista» y su devoción por Felipe González; porque Benegas padece, desde siempre, una peligrosa esquizofrenia, un tener y no tener el corazón —y la cabeza— repartidos entre dos lealtades imposibles de atender a un mismo tiempo. Al final, y como no consigue aclararse en medio de tanta confusión, acabará por llevar su contradicción personal y política a una conclusión delirante, pero que es, cuando menos, su verdad: «Pero... ¡joder! ¡Si es que todos los "guerristas" éramos más "felipistas" que nadie!». Y se queda tan ancho. Además, me doy cuenta de que le importa un bledo que yo no me lo crea. Porque él no lo ha dicho para convencerme a mí, sino para que quede escrito. Y escrito queda.

Su madre, su raíz, es el PSOE. Y su padre, la política en Euskadi, en la que Txiqui Benegas se dejó la piel todos los días, todas las horas, todo el tiempo que fue necesario para poner en pie un proyecto político de cohabitación con los nacionalistas. Éste es, sin duda, su mayor orgullo, su más preciada prenda de vocación socialista, de sacrificios preñados de sentido, de sentido común y sentido del Estado. A evocar esos tiempos y esos afanes se presta Txiqui Benegas con vivo apasionamiento: parece que está dispuesto a volver a empezar una tarea en la que se ha dejado media vida. Y me asegura que no entiende nada de lo que sucede ahora. Pero la lucidez le juega una mala pasada y se nota a la legua que, en realidad, Txiqui Benegas entiende demasiadas cosas.

Se le hace cuesta arriba hablar del Partido, de sus avatares, de sus penosas historias, del final de aquellos penosos días. Percibe, claramente, que su defensa numantina es inútil; porque otros escribieron la historia con un culpable previamente señalado: Alfonso Guerra. A su defensa acude Benegas con un gesto de hastío que no es cansancio, sino evidencia de la dureza del deber que voluntariamente se ha impuesto. Reúne todo el coraje del que es capaz, replica, protesta, ilustra con escenas de todo lo vivido. Y no encuentra las palabras que necesita para describir «toda aquella locura de Barbero, que fue una persecución despiadada». Así que, cuando nos ponemos a desmenuzar el odioso capítulo de la corrupción, le noto, por primera vez, realmente cansado, agotado, aburrido de intentar explicar lo inexplicable. Me doy cuenta de que esa tarde, en la que hemos acabado por mezclar nuestras memorias de todo aquello, hemos acabado, también, percibiéndonos como amigos. Pero no es cierto que la memoria compartida sea más fácil de sobrellevar.

Tuvieron que pasar algunos días, después de aquella primera conversación, para darme cuenta de que Txiqui Benegas se había fabricado una trampa fatal. Fue cuando, en medio de sus reiteradas afirmaciones de devoción hacia Felipe, reconocía el verdadero motivo que le obligó a rechazar un puesto en su penúltimo Gobierno: «Yo era secretario de Organización y no podía dejar el Partido, con la que estaban preparando "los otros"».

La verdad es que me estuve debatiendo entre la carcajada y la ternura cada vez que rebobinaba la cinta y lo volvía a escuchar...

DEBERÍA EMPEZAR por remontarme a los años 1971 o 1972, cuando se crea el PSOE de Euskadi. Hasta entonces, era la Federación Socialista del País Vasco o, como muchas veces se denominaba, el Comité Central Socialista de Euskadi. A raíz de este cambio, ingresamos en el Partido un grupo de personas jóvenes que habíamos terminado la carrera de Derecho y que habíamos conectado con los jóvenes sindicalistas de la «margen izquierda»[1]. Se inicia la militancia, inicialmente, en la clandestinidad, pero se va produciendo un proceso de extensión e implantación fuerte y seria del PSOE en Euskadi, que culmina con nuestra legalización como Partido en marzo de 1977, como Partido Socialista de Euskadi (PSE). Debo decir, como anécdota, que Enrique Múgica y yo fuimos a inscribir el Partido como Partido Socialista Vasco, y nos encontramos con que ese nombre ya estaba inscrito por un grupo de Mondragón y, por tanto, no podíamos utilizar ese nombre. Así que tuvimos que inscribirlo como Partido Socialista de Euskadi. Se celebró el primer Congreso aquel mismo año de 1977, en Igueldo, en San Sebastián. En ese congreso fui elegido secretario general del Partido. Teníamos militantes muy valiosos en la dirección del Partido y fuimos capaces de marcar la iniciativa en el País Vasco.

Una vez que Suárez había reestablecido la relación con Josep Tarradellas[2], nos planteamos hacer algo similar en el País Vasco, y se nos ocurrió la idea de constituir el Consejo General del País Vasco. Era una especie de preautonomía. Esa opción surgió porque, en Cataluña, Tarradellas no tenía Gobierno, y lo que se hizo entonces fue restablecer la figura de la Presidencia de la Generalitat, pero sin órgano institucional efectivo. Nosotros dimos el paso de crear un órgano preautonómico, que después se extendió en toda España. Fue una propuesta del Partido Socialista de Euskadi y dio buenos resultados. Por eso decidimos optar a la Presidencia del Consejo General del País Vasco. Después de una votación en la que empatamos siete veces, entre Ramón Rubial y Juan Ajuriaguerra, finalmente, el primer *lehendakari* de esta etapa fue Ramón Rubial. Él fue quien convocó y ordenó a los diputados que elaborásemos con rapidez el Estatuto de Gernika, para presentarlo, una vez aprobada la Constitución, en las Cortes.

Fue una etapa brillante del PSE, entre 1977 y 1979, cuando llevábamos la iniciativa política en el País Vasco. Tuvimos enfrentamientos muy fuertes con el PNV, a cuenta del terrorismo, porque no nos poníamos de acuerdo ni en el diagnóstico ni en la salida que podía tener una posible negociación. Era la época en la que el PNV defendía una negociación directa entre ETA y el Gobierno de España. Empezaron a surgir algunos problemas.

Muchos problemas, en política, tienen carácter personal, pero se revisten con alguna justificación ideológica, política o de posiciones. Empezó a surgir por entonces, dentro del PSE, la reivindicación vizcaína. Era la organización más fuerte del PSE, pero las responsabilidades más importantes las teníamos los guipuzcoanos, fundamentalmente Ramón Jáuregui y yo. Eso creaba una disfunción. El Partido en Vizcaya, que tenía una extracción muy sindicalista, encontró un dirigente capaz de competir o de oponerse a los guipuzcoanos: Ricardo García Damborenea. Es una época de enfrentamientos, pero dentro de una «cultura» de Partido. Los enfrentamientos eran más fuertes en los congresos... Lo que yo representaba y los apoyos que yo tenía ganábamos por muy poco en los congresos; pero, una vez que terminaban, el Partido funcionaba con bastante coherencia, con bastante unidad; con voces plurales, pero dentro de un mismo proyecto político. Así conseguimos ganar las elecciones de 1986.

Ganar las elecciones y perder el poder

El Pacto de Ajuria Enea es del año 1987 o 1988. Hasta entonces, fueron años de confrontación y discrepancia muy profunda con el PNV por el tema del terrorismo. Yo, entonces, planteé, en una conferencia en el Club Siglo XXI, la necesidad de crear un frente democrático contra ETA. Es decir, planteé la necesidad de ser capaces de trazar una línea divisoria: en una parte, estaríamos los demócratas; y en otra parte, los intolerantes y los violentos. Y a esto siempre se oponía el PNV. Recuerdo que, en cierta ocasión, Carlos Garaicoetxea me dijo, en el Parlamento Vasco, que lo que yo estaba proponiendo era un «coro de plañideras». Era una época en la que el PNV calificó las extradiciones de etarras de «genocidio contra el pueblo vasco».

Damborenea, dentro del Partido, utilizaba el lenguaje más duro y más abrupto contra ese tipo de nacionalismo, pero, en el fondo, estaba de acuerdo en la necesidad del frente democrático. Y cuando conseguimos el Pacto de Ajuria Enea, todo el Partido lo apoyó, incluido el propio Damborenea. Lo que ocurrió es que, más adelante, trasladó sus discrepancias a nivel nacional.

Me nombraron secretario de Organización de la Ejecutiva Federal del PSOE en el año 1984, y en 1985 celebramos un congreso del Partido en Euskadi, en el que, no estando clara mi sustitución, decidimos que yo continuara como secretario general del PSE. Teníamos elecciones autonómicas en 1986 y yo era el candidato a *lehendakari*. Y ganamos; es decir, tampoco fue una decisión muy desacertada. Damborenea y la gente del PSE de Vizcaya utilizaron un argumento de peso para tratar de cambiar la Secretaría General: no había una incompatibilidad estatutaria, pero sí formal, en el trabajo diario del secretario de Organización del PSOE y el secretario general de Euskadi. Pero perdieron también ese congreso, a pesar de que el argumento era fuerte. Tenían bastante razón.

Cuando ganamos las elecciones autonómicas de 1986, se produce, en mi opinión, un punto de inflexión. Ahora se ha puesto de moda decir que ése fue nuestro mayor error histórico, porque, habiendo ganado las elecciones, cedimos la Presidencia al PNV, como si hubiéramos tenido miedo a gobernar. Y es todo lo contrario. Intentamos, por todos los medios, formar un Gobierno. Pero no había manera de formarlo con nosotros en la Presidencia, porque no lo quería nadie; ni siquiera los de Euskadiko Ezquerra, con los cuales nos fusionamos después. Entre los diecisiete diputados nuestros y los nueve de Euskadiko Ezquerra, hubiéramos tenido veintiséis, y hubiéramos formado un Gobierno, no con una mayoría clara, pero sí con un apoyo suficiente como para gobernar. Pero Euskadiko Ezquerra nos dijo que o el *lehendakari* era Bandrés o no aceptaban. Yo no podía aceptar que el partido que tenía nueve diputados tuviera la Presidencia. Lo intentamos con Eusko Alkartasuna, con Garaicoetxea, que se sumó a esa negociación con Euskadiko Ezquerra. Para formar Gobierno con nosotros nos exigieron la ruptura de la caja de la Seguridad Social vasca. Además, también decían que el presidente tenía que ser Garaicoetxea. Y yo no podía aceptar, por principios, la ruptura de la caja de la Seguridad Social. Nos quedaba el PNV. Hablamos con ellos y nos dijeron con claridad que si el *lehendakari* era del PSE, preferían estar en la oposición. Yo ya había agotado el plazo de los tres meses que tenía para formar Gobierno y, si no lo formaba, deberían convocarse, otra vez, elecciones anticipadas. Pudimos haber optado por esa alternativa, por repetir las elecciones. Pero decidimos lo que nos parecía más prudente: formar Gobierno, cediendo la presidencia al PNV. Y, en ese caso, pudimos imponer nuestras condiciones.

Esta actitud negociadora del Partido Socialista de Euskadi chocaba, a nivel interno, con el tremendismo que representaba Ricardo García Damborenea. Ricardo acumulaba los réditos del españolismo que podía representar una derecha que, en aquella época, prácticamente no existía en el País Vasco. Al final, conseguí que se impusiera la visión más moderada y flexible que mantenía nuestra Ejecutiva. Yo intuía que, en ese momento, esa apuesta era más sensata que la confrontación a cara de perro. Pero si pude reconducir al PSE hacia esa línea más abierta, menos fundamentalista, fue porque, al fin y al cabo, las líneas de acción política las marcaba la Ejecutiva del Partido, de la que yo era secretario general, porque nosotros ganábamos democráticamente en los Congresos. Y Ricardo García Damborenea los perdía. Pero, evidentemente, eran momentos dramáticos. Habían asesinado a Enrique Casas, y a Germán González en un pueblo de Guipúzcoa[3]. Empezaban los atentados contra el PSOE...

Discurso claro y final oscuro

Para sostener al Partido en aquellos momentos se necesitaban discursos muy claros, y creo que eso forma parte del mérito de Damborenea. Porque luego, en la política general, imperaba más o menos la idea del acuerdo con el nacionalismo para construir un país plural, y del acuerdo de todos frente a la violencia. Luego,

Damborenea trasladó esas diferencias a nivel nacional y mantuvo discrepancias muy fuertes con la Ejecutiva Federal, con Felipe González. Damborenea apoyaba también muchas de las tesis de la UGT —más radical en aquel entonces— y de Nicolás Redondo. Hasta que hizo ciertas manifestaciones que provocaron una apertura de expediente; él mismo, antes de la culminación del expediente, anuncia que va a formar otra formación política y que se va a presentar a las elecciones en Andalucía. De esas manifestaciones, que fueron bastantes, hubo una muy sonada, cuando el Partido convocó en Sevilla un acto de apoyo al Gobierno autónomo, a la Junta de Andalucía, y pidió que acudieran militantes de toda España. Y Damborenea vino a decir algo así como que «ese tipo de concentraciones le recordaban a las concentraciones de Franco en la Plaza de Oriente». Eso fue lo que provocó que lo suspendieran de militancia.

El PNV se acercó a nuestras posiciones

En 1986, el PSE se convierte en un referente de lo que puede ser el constitucionalismo para la gente que no se siente independentista ni nacionalista. Porque, efectivamente, el PP tenía entonces una representación muy escasa... No recuerdo exactamente si obtuvo dos diputados en las elecciones de aquel año. Yo recuerdo que el diario *ABC*, en la jornada de reflexión, publicó en portada una fotografía mía pidiendo el voto para el PSE en Euskadi.

Ya estábamos construyendo la Comunidad Autónoma y yo siempre pensé que había que construirla sin imposiciones, sin actitudes excluyentes, con una voluntad de integración. Para eso había que hacer comprender al nacionalismo vasco que el Estatuto era de todos y que la arquitectura de la Comunidad Autónoma tenía que hacerse mediante acuerdos y pactos. Por otra parte, yo siempre he pensado que la división en la lucha contra ETA era nefasta, y por eso había una necesidad de llevar al PNV a posiciones que dejaran de avalar o justificar indirectamente el terrorismo. Eso se consiguió con claridad en el Pacto de Ajuria Enea. Hay que juzgar la historia por la situación que se daba en aquel entonces en el País Vasco. Y el PNV de entonces también entendía algunas cosas. Por ejemplo, entendía algo tan fundamental como que no cabe una negociación política con una organización terrorista y que cualquier solución y planteamiento de futuro tienen que llevarla a cabo los representantes legítimos del pueblo vasco.

Todo esto lo asumió el PNV después de que nosotros ganáramos las elecciones del 86. Y asumieron también, con claridad, que el futuro de Navarra solamente lo pueden decidir los navarros, y que era necesaria la colaboración internacional —que hasta entonces la rechazaban— y la eficacia policial para acabar con ETA. Es decir, el PNV se acercó a nuestras posiciones en la lucha contra el terrorismo. Hicimos una política penitenciaria pactada en todo con el PNV: la política de dispersión, de acercamiento y de reinserción.

Felipe conocía muy bien la realidad, porque había venido muchas veces al País Vasco, durante la etapa de la dictadura. Hablaba conmigo, hablaba con Ramón Rubial, también con Damborenea hablaba mucho del tema vasco. Pero tenía, además, un conocimiento directo por todas las veces que íbamos a Portugalete a las reuniones de la Ejecutiva, o las veces que iba a la cárcel a visitar a los compañeros detenidos... Iba en calidad de abogado... Él tenía sus fuentes de información y sus amigos, gente de fuera del Partido, que también le informaban de la situación vasca... empresarios...

Felipe tenía muy claro que un problema complejo no se puede simplificar. Y el problema vasco es muy complejo. Había que desarrollar una política integral, en todos los frentes. Felipe tenía muy claro que el poder municipal era fundamental, porque tener alcaldes socialistas, como tenemos hoy, en todo el País Vasco es muy importante. Casi un 60 por ciento de la población vasca tiene alcaldes socialistas. Atraer al PNV a una posición de aceptación del marco constitucional y estatutario era fundamental, y también lo conseguimos. El problema del terrorismo no estaba resuelto, pero sí controlado, dentro de la Constitución y el Estatuto de Autonomía. En la medida en que se normaliza la situación en el País Vasco, cuando los socialistas autonomistas nos pusimos de acuerdo con los comunistas, el Partido Popular empezó a tener unos resultados electorales adecuados a la estructura de un partido de ámbito estatal. Y consigue esos resultados a costa del PSE, que pierde votos.

En aquella época se hizo lo que había que hacer, y funcionó bien, y lo hicieron los Gobiernos de Felipe González. Estuvimos a punto de terminar con el terrorismo, funcionó el Pacto de Ajuria Enea, y José Antonio Ardanza, no al principio, pero sí al final, fue un *lehendakari*, si no aceptado por todos, por lo menos, no rechazado por una gran parte. Luego todo se rompió y entramos en unos años que son un desastre, cuando se dinamita el pacto de Ajuria Enea y cuando el PNV firma el Pacto de Lizarra[4].

El dato objetivo es que una determinada política ha propiciado que no haya entendimiento ni acuerdo entre dos gobiernos que están cometiendo la irresponsabilidad de discutir sobre la situación del País Vasco como si se tratara de un enfrentamiento personal. Eso es lo que están haciendo el Gobierno vasco y el Gobierno de España en la actualidad.

XABIER ARZALLUZ: UNA PERSONA DIALOGANTE

A mí me tocó negociar todo con Xabier Arzalluz[5]. Él era el máximo dirigente del PNV y yo era el secretario general del Partido. Así que tuvimos que negociar desde el frente autonómico —cuando fuimos juntos a las primeras elecciones para el Senado— hasta la estructura del Consejo General del País Vasco. Después negociamos el Estatuto de Autonomía de Gernika, las principales leyes del País Vasco, etcétera. Es decir, lo negociamos prácticamente todo en aquella época. Incluso los gobiernos de coalición y el Pacto de Ajuria Enea. Las negociaciones con Arzalluz eran duras, pero yo conseguía llegar a acuerdos con él, porque éramos dos personas que sabíamos lo que queríamos. Creo que fue una persona negociadora, durante toda aquella época... No hay más que ver su discurso sobre en el tema de la amnistía, que también la negociamos con él, en octubre de 1977[6]. Fue un político hábil, un orador brillante, como es hoy, y un político pragmático: sabía qué era posible conseguir y hacer en cada momento. Yo me entendí con él con relativa facilidad, aunque también discrepamos en muchas cosas en aquel entonces y tuvimos algunos enfrentamientos duros. Sobre todo, cuando formaron aquel Gobierno que duró nueve meses, el «tripartito», con Eusko Alkartasuna y con Euskadiko Ezquerra. Entonces tuvimos una bronca y unas palabras muy duras.

Yo creo que a Arzalluz le informan mal y piensa que está cerca de conseguirse el final de ETA. Él creía que el final de ETA, después de lo ocurrido en Ermua[7], requería, entre otras cosas, romper los gobiernos de coalición con el PSOE, y romper Ajuria Enea. Creía que ése era un precio que debía pagarse a cambio de la paz definitiva, y decidió pagarlo. También creía que la tregua tenía un carácter de tregua irreversible[8]. Yo creo que lo creía honradamente. Pero también pienso que cometió una enorme equivocación, porque, sin ningún tipo de prueba real, sin ninguna declaración de cese definitivo de la violencia, se firmó el Pacto de Lizarra. Su actitud tuvo un efecto terrible, porque legitimó a ETA y sus objetivos. Y, además, firmó solo, cuando los problemas que se podían plantear, si no había allí un partido de ámbito estatal, no los podría solucionar un frente nacionalista. Eso no ha hecho más que agudizar el enfrentamiento.

El PNV no estuvo en la Comisión Constitucional, pero los nacionalistas colaboraron en la redacción de la Constitución. Aunque luego hicieron campaña contra la Constitución por el tema de la disposición adicional, la de los derechos históricos[9]. Yo soy testigo, con Alfonso Guerra, de que UCD les ofreció tres fórmulas, tres redacciones, para que escogieran una. El PNV dijo que sí a una de esas tres disposiciones, pero luego se consultó con Suárez, y Suárez dijo que no. Imagino que Adolfo Suárez no podía ir hasta dónde quería el PNV. Y, entonces, no aceptaron la Constitución. Nosotros pensábamos que, aceptando esa disposición, hubieran aceptado la Constitución. Pero a Arzalluz se lo preguntaron en una reunión de la Comisión del Estatuto y se negó a aceptarla.

Arzalluz es una persona muy dialogante en el vis a vis. Esto no se corresponde con el radicalismo de muchas de sus intervenciones públicas, también debo decirlo. Hay una etapa en la que uno podía fiarse de lo que negociaba con Arzalluz, porque se cumplían todos los pactos. Y hay otra etapa en la que los pactos se rompen. Se rompen en las elecciones en las que el candidato es Nicolás Redondo[10], las elecciones de 1997, cuando ya no es posible formar ningún Gobierno de coalición. Después de esas elecciones, no hicieron el Gobierno de coalición porque el PNV ya tenía un acuerdo con ETA. Hasta ese momento, sí se cumplieron los pactos que se firmaban con el PNV y con Arzalluz. A partir de ahí, no. A partir de ahí, en realidad, prácticamente no hay ningún acuerdo.

Hay otro momento en el que a mí también me pareció que fueron desleales. Ocurrió cuando, después del primer Gobierno de coalición, Ardanza forma el Gobierno tripartito, con Eusko Alkartasuna y Euskadiko Ezkerra, que dura nueve meses. Se da cuenta del error y rectifica. Ése fue otro momento en el que me pareció que actuaron con bastante deslealtad. Estaba negociando con nosotros y no llegábamos a un acuerdo en algunos temas, fundamentalmente en el asunto de la Seguridad Social. Y, al mismo tiempo que estaba hablando con nosotros, estaba negociando con Eusko Alkartasuna y con Euskadiko Ezquerra.

Cuando se rompió la coalición y Ramón Jáuregui salió del Gobierno vasco, en 1997, hubo quienes plantearon que no solamente el PSE se desprestigiaba, sino que había sido utilizado en ese Gobierno de cohabitación, en el que el PNV se había reservado los elementos claves. En otras palabras, que estábamos allí de acompañantes y que esto avalaba y legitimaba la ruptura. Pero yo creo que las cosas no fueron así, porque fue un momento en que el Gobierno no estaba funcionando. Veíamos que el PNV empezaba a pactar en el Parlamento con Herri Batasuna. Pactó con ellos la Ley del Deporte y también intentó pactar la reforma del Reglamento de la Cámara. Eso nos pareció intolerable: que, existiendo un Gobierno de coalición, no pactara con sus socios, sino con otros. Hubo otros momentos complicados, por algunas declaraciones de Arzalluz... Luego, Ardanza le obligó a rectificar. Por ejemplo, cuando dijo que gobernaba con nosotros tapándose la nariz... Yo creo que Arzalluz no estaba aludiendo al GAL, sino más bien a los problemas de corrupción. El escándalo Roldán, el escándalo de Navarra, Mariano Rubio... vino todo seguido. Estuvimos a punto de irnos del Gobierno cuando Arzalluz dijo aquello, y le exigimos una rectificación. Rectificó Ardanza, y él... más o menos.

Por qué Arzalluz se enamoró de Aznar

Más tarde, cuando nosotros salimos del Gobierno, empezaron a hacer declaraciones tremendistas. El Arzalluz de los últimos dos o tres años no es el Arzalluz de antes. Yo no sé si se radicaliza porque otros lo hacen, o porque está muy aislado, o porque no tiene a nadie que le frene. Hay declaraciones que son inaceptables, como lo del Rh negativo... Él dice que, en realidad, no las dice así, que las dice en euskera... Pero es verdad que, en los años que van de 1993 a 1995, se produce un clima... Tuvo un lapsus de enamoramiento con Aznar, cuando afirmó que en catorce días se había avanzado más que en catorce años... Arzalluz, incluso, intentó cerrar con Aznar el tema de ETA... Entonces fue cuando tuvo lugar la famosa historia de la piscina con agua y sin agua, y toda aquella «movida»[11].

Arzalluz sí que creyó, no sé si ingenua o interesadamente, que Aznar era un demócrata, y sí que creyó que iba a negociar con ETA... Todas estas cosas hacen que el Arzalluz de los últimos años sea una persona bastante contradictoria.

En política, la gente cambia bastante. El Aznar de la primera legislatura tampoco tiene nada que ver con el Aznar de la segunda. El Aznar de la primera, por lo menos, tenía bastante apagado el componente autoritario de su personalidad. También el PNV es un partido cambiante. Precisamente, uno de los problemas del PNV es que tiene un proyecto cambiante, no un proyecto estable y claro. Primero, fueron fueristas, porque en la Comisión Constitucional votaron en contra de la autodeterminación y Arzalluz, en unas declaraciones, dijo que esto de la autodeterminación eran «virguerías trotskistas». Luego, sobre todo Arzalluz, elaboró bastante la idea del «pacto con la Corona». Después, dijeron que el Estatuto de Autonomía había sido el mayor logro histórico para el País Vasco. Ahora, defienden la autodeterminación, la independencia, el Estado libre asociado...

Y, todo, lo hacen sin congresos. Nosotros tenemos un mérito: en la etapa de Gobierno socialista, el proyecto no fue otro más que la Constitución y el Estatuto, y el PNV estaba cómodo en esa etapa... En aquella etapa fue cuando se hizo la declaración del Teatro Arriaga, cuando Arzalluz dijo que, con la independencia, acabaríamos plantando berzas.

Cuando se rompe el Pacto de Lizarra, Arzalluz se sube a una tribuna y dice que ETA miente, que el PNV no había firmado ningún papel en el que los terroristas ofrecieran una alternativa, que el documento existió, pero que lo devolvió sin firmar. Y explica que no lo firmaron porque él consideraba que no tenía ninguna viabilidad la exigencia de ETA de no presentarse a las elecciones generales. Arzalluz, entonces, desacredita el planteamiento, porque dice que ETA les pone exigencias de secta, de locos... Ahora Ibarretxe lo replantea todo. Pero no dice qué va a hacer con Navarra ni dice cómo va a hacer la consulta del Estado libre asociado, ni cómo va a conseguir que la consulta se haga sin violencia... Estamos ante un proyecto que no tiene nada claro, que es unilateral, que no es compartido, que no tiene el apoyo que tuvo el Estatuto de Autonomía, y que está fraccionando por la mitad a la sociedad vasca. Y los proyectos que producen fracturas tan profundas en una sociedad son muy graves. Los frentes fraccionan.

El PNV hizo lo mismo en la República. Se fueron a Estella con todos y es cuando llaman ahora hacer el «Gibraltar vaticanista»[12]. No estuvieron en el Pacto de San Sebastián tampoco, pero lo reclamaron. Se fueron a Estella, hasta que Indalecio Prieto, allá por 1936, consigue llevarlos a la vía del Estatuto de Autonomía. La historia de «llevar» al PNV a asumir la unidad de España y la Constitución es un empeño de los demócratas españoles, y hay que conseguirlo. Estuvimos a punto.

Las sabias advertencias de Rubial

Se ha querido ver mi situación en el Partido como algo esquizofrénico, porque Alfonso tiraba de un brazo y Felipe del otro. La actuación del Partido, como Partido de Gobierno, fue desigual. La historia de los trece años de Gobierno socialista es un proceso desigual. Yo creo que es brillante en los nueve o diez primeros años, muy brillante. Y, desde el punto de vista interno, surgen problemas que creo que, al final, no supimos encauzar adecuadamente. Digo que esos primeros años fueron brillantes porque Ramón Rubial, en la primera ejecutiva del Partido, después del triunfo del 28 de octubre —estábamos brindando con champán, porque el día anterior había sido su cumpleaños—, empieza la Ejecutiva diciendo: «Compañeros, compañeras: menos alegrías, porque esto no va a ser un camino de rosas. Lo intentamos en 1917, en 1934, en 1936... y siempre fracasamos. No conseguimos que la libertad fuera algo consolidado e irreversible en España, dimos con nuestros huesos en las cárceles, en el exilio y en los cementerios. Y esta vez, que es la cuarta oportunidad que tenemos, no podemos volver a fracasar. Tenemos que tener, como primer objetivo, que la libertad sea algo irreversible para España, y hacer de este país un país democrático, europeo, que deje de ser el enfermo de Europa». Pienso que el gran mérito de Felipe González es que él tuvo claro que debía desarrollar un proyecto nacional, y lo diseñó.

Cuando se analizan los planteamientos del Partido en la República, el primer error que se cometió es que no prevaleció la idea de que el primer objetivo era la convivencia y la estabilidad democrática. El Partido Socialista era un partido de resistencia, reivindicativo —como todos los partidos socialistas de entonces—. El primer objetivo eran los trabajadores y la lucha de clases y ese pensamiento primó sobre la idea de la construcción nacional y el asentamiento de las libertades para todos. Y creo que Felipe lo tenía muy claro desde Suresnes, donde empezó a diseñar el proyecto político, con las dosis de moderación que ello requería. Porque no se trataba de diseñar un proyecto de Partido, no era sólo eso. Se trataba, además, de formar un proyecto nacional, para que, cuando gobiernen otros, el proyecto no se desvirtúe. Y Alfonso creo que mantenía, dentro de ese diseño, a ciertos sectores situados más a la izquierda, que podían no entender algunos aspectos de la política nacional. Y también le correspondía mantener un sentido de disciplina de la militancia y una «cultura» de partido. Esta estrategia o división de funciones resultó positiva durante muchos años, aunque con discrepancias, con grandes debates. Y no siempre salía adelante la posición que mantenía la dirección del Partido. El tema de la OTAN provocó un debate enorme, y en la Comisión del Congreso, se ganó por los pelos.

Recuerdo que, en mi etapa de secretario de Organización, no teníamos unas reglas establecidas, pero había algunas cosas claras: el Partido elaboraba el programa, elegía el candidato, y el candidato, si ganaba las elecciones, tenía autonomía y libertad para nombrar su Gobierno. El Gobierno daba cuenta, a través de su secretario general, del desarrollo del programa al Comité Nacional. Esto funcionó así sin que este método estuviera realmente escrito. Todos los partidos socialistas europeos venían a estudiar nuestro modelo de partido. El Partido fue modélico; y hubo momentos de enormes dificultades en los que se demostró. Fuimos un partido muy disciplinado. Al final, hubo enfrentamientos, pero sostuvimos sin fisuras la relación entre Partido y Gobierno los nueve o diez primeros años de Gobierno. Pudimos ser más críticos en algunos aspectos de la gestión económica, pero, hasta el final, se mantuvo la relación.

El «guerrismo» era «felipista»

Por situarnos al principio: había una confrontación muy abierta entre Miguel Boyer y Alfonso Guerra. A partir de esa confrontación, empezó a acuñarse el término «guerrismo» para identificar a un sector del Partido que se oponía a las políticas neoliberales de Solchaga. Ahora bien, sobre el «guerrismo», yo haría algunas matizaciones. La primera es que el «guerrismo» fue, fundamentalmente, «felipista». El candidato del «guerrismo» y por quien siempre luchamos en los congresos como indudable secretario general era Felipe González. Y cuando Felipe quería abandonar, fue el «guerrismo» el que siguió optando por Felipe, porque creía que era el mejor candidato. Siempre se defendió que Felipe era el mejor candidato a presidente de Gobierno y el mejor secretario general.

Pero hay un momento en que, cuando vienen mal dadas... El asunto del hermano de Alfonso, y, luego, surgen asuntos de corrupción muy graves, y salta el tema de la financiación del Partido, el tema de Filesa... En ese punto, a ojos de algunos que no están en el Partido, se empieza a pensar que el Partido puede ser un hándicap para el líder. Y, no sé... Hay un momento en el que algunos dirigentes de la llamada «renovación» comienzan a teorizar... en el sentido de encauzar la organización hacia un modelo de «partido parlamentario». Ellos piensan que un partido no necesita tener unas estructuras tan pesadas, tan amplias, de Casas del Pueblo, de militancias, de agrupaciones locales, sino que un partido necesita un líder y un líder en cada provincia capaz de ganar las elecciones parlamentarias. Entonces, el funcionamiento del Partido se limita al líder y al Grupo Parlamentario. Los «renovadores» opinaban que un modelo semejante es mucho más fácil de financiar y de sostener económicamente y que, además, no se vería contaminado por la corrupción. Algo de esto se habla en la «reunión de Chamartín». Y eso es lo que empieza a dividirnos. Quizá también se cometen errores.

Hubo un congreso que fue un error. Teníamos una Ejecutiva de treinta y un miembros; de ellos, treinta nombres discutidos y pactados. Faltaba uno, y Felipe planteaba que fuera Javier Solana... y no hubo manera de que fuera Solana, porque Alfonso no quiso. Quizá eso también abrió una fractura... Temas relacionados con la televisión... No hubo un entendimiento entre una parte del Partido y Pilar Miró... En fin, todas esas cosas fueron abriendo brechas. Yo estaba en medio, porque siempre me he llevado bien con Alfonso y con Felipe, y he pretendido tener una relación de lealtad con los dos. Visto ahora, con distancia, tengo que confesar que siempre me quedé con la amargura de haber fracasado cada vez que intentaba ver si aproximaba posiciones entre ellos... Son dos personas muy inteligentes, brillantes, y cuando había reuniones a tres bandas, veía que no terminaban de decirse todo lo que cada uno pensaba, porque sabían mantener la cordialidad de una relación de muchos años. Pienso que también pesó, al final, el hecho de que llevábamos muchos años en el Gobierno.

Pero yo creo que no fue una sola cosa lo que les separó de forma definitiva. Por ejemplo, cuando Boyer exige ser vicepresidente económico del Gobierno, Alfonso no sólo se opone, es que le dice a Felipe que si accede a la petición de Miguel Boyer, que no cuente con él; o él es el único vicepresidente o se va. Ésa es la primera vez que se produce un enfrentamiento claro entre los dos.

Por otro lado, los problemas de la corrupción influyeron de forma decisiva en el deterioro de la relación entre Alfonso y Felipe. Fue entonces cuando aparecieron gentes que aprovecharon la situación para plantearle a Felipe que había que cambiar el modelo de Partido... Creo que Felipe siempre ha sido un hombre de Partido y que estas propuestas nunca las veía claras.

Pero había un entorno que... En realidad, pensaban que, para cambiar el modelo de Partido, había que acabar con Alfonso Guerra. Hubo un momento en que yo sentí que no se estaba jugando limpio, y no me refiero en modo alguno a Felipe González, todo lo contrario. Incluso en los momentos más complicados, por ejemplo, cuando me hicieron aquella grabación en la que hablaba de Dios y de[13]... Por razones que no vienen al caso, yo tenía que hablar con Felipe ese día a las nueve de la mañana y, efectivamente, me llamó, y me dijo: «Bueno, yo te llamaba por... —el tema del que habíamos acordado discutir—, pero me he encontrado con esto...». Le contesté: «Mira, Felipe, yo lo siento, yo presento la dimisión, pero esto me parece un terrorismo informativo que no podemos aceptar. Es una conversación privada». Y Felipe me dijo: «Tienes razón, no debemos aceptar que pueda publicarse una conversación privada, nuestra o de cualquier persona de este país. Tienes razón». Y esto lo digo con reconocimiento hacia su persona, porque otro no hubiera reaccionado así.

«Los renovadores de la nada»

Yo me di cuenta de que en el asunto Filesa, no se estaba... Debo decir, aunque la gente no se lo crea, que yo tuve conocimiento de Filesa porque me llamó Rosa Conde —yo estaba en un Comité Federal— para comentarme la posibilidad de que yo pudiera «parar» una información que iba a salir en *El Mundo*, relacionada con un chileno que contaba no sé qué historias de la financiación del PSOE. Y dimos la cara. Asumimos la responsabilidad, aguantamos los registros que nos hizo el juez Marino Barbero y todo el ataque que hubo contra el Partido... Dando la cara en un tema que no era estrictamente de Organización, ni de Paquito Marugán, que accede a la Secretaría de Economía como consecuencia de la dimisión de Guillermo Galeote. Entonces, cuando veo que el ataque se eleva de tono, cuando veo que no iba contra Guillermo ni contra mí, sino contra Felipe, y se produce el abucheo en la Universidad, yo empiezo a pensar que quizá haya que asumir responsabilidades. Para que el asunto no llegara hasta Felipe, que, efectivamente, no sabía nada ni se había ocupado de la financiación del Partido. Así que llamé a Felipe y le dije: «Oye, mira, como amigo, porque yo no tengo nada que ver en esta responsabilidad, si hace falta presento la dimisión para parar esto...». Al día siguiente lo vi escrito en el periódico. Felipe estaba con otras personas —me callaré sus nombres— cuando yo le llamé por teléfono. Fue entonces cuando me decidí a escribir aquella carta contra «Los renovadores de la nada». Entonces ya sabía que algunos «renovadores» estaban pidiendo mi dimisión, hablando con los periodistas... Me pareció que no se estaba jugando limpio dentro del Partido y por eso escribí esa carta. Hoy sigo pensando que los «renovadores» no venían a renovar nada, sino a sustituir un poder por otro. El problema es que lo que efectivamente era una lucha por la sustitución en el poder dentro del Partido se plantea como un problema de renovación ideológica. Pero ellos no aportan ninguna idea seria para llevar a cabo esa renovación. No digo que dentro de los «renovadores» no hubiera gente con ideas, pero, como colectivo, no ofrecían ninguna alternativa.

El caso es que, ante esa situación, en el Partido cerramos filas para preservar lo que había que preservar... Sabíamos que, en otros países, los problemas de financiación se habían llevado por delante a los líderes. Y, con esto, no estoy diciendo más que lo que he dicho. En otros países donde hubo problemas de financiación de los partidos —y donde no hubo un partido que mantuviera ciertos principios y una lealtad fuerte— se llevaron por delante a los dirigentes máximos. Eso fue, exactamente, lo que quisimos evitar nosotros, los llamados «guerristas». Precisamente.

Respecto al «caso Juan Guerra», creo que se exageró deliberadamente la dimensión del problema. Desde mi punto de vista, era algo que afectaba sólo a un hermano de Alfonso; las culpabilidades del hermano no tenían por qué trasladarse a alguien que no tenía nada que ver. Y creo que Alfonso lo demostró... Aparte del hecho en sí, también hay que valorar la campaña brutal de desprestigio de Alfonso Guerra, del PSOE y del Gobierno, sobre todo cuando se alían los enemigos del Partido en aquel entonces. Después se comprobó, porque confesaron, que hubo una coordinación para poner en marcha una conspiración.

Cuando Felipe dijo aquello de «dos por uno», yo creo que quiso decir que las pretensiones de implicar a determinados políticos socialistas en asuntos de corrupción no sólo tocaban a Alfonso, sino que se procuraba llegar «más arriba». También con Filesa hubo un intento de ir a por Felipe González. Cuando los periódicos, el *ABC*, el de Luis María Anson, el de Pedro J. Ramírez, piden la dimisión de Felipe González, quieren que responda como secretario general, y desde el Partido hicimos una defensa férrea. Aparte de que la instrucción del juez Barbero era una locura. Barbero no entendió nunca que los partidos tenemos dos contabilidades, y las tenemos por ley. Pero él no lo entendió nunca, y tampoco lo saben los ciudadanos, porque no tienen por qué saberlo. Pero un juez sí tendría que saber qué es la contabilidad ordinaria del partido y cuál la contabilidad de las campañas electorales, que va al margen.

UN TRATO DIFERENTE CONTRA EL PSOE

Aquí en España no hubo, durante diez años, una Ley de Financiación [de Partidos Políticos]. El propio Tribunal de Cuentas nos dijo que la Ley de Financiación no se iba a aplicar, porque los que habían hecho esa ley se daban cuenta de que era inaplicable y que hacía falta un período de transición en los partidos para ordenar su contabilidad.

El PSOE tiene, aparte de la contabilidad nacional, las diecisiete contabilidades regionales, las cincuenta contabilidades provinciales, y seis mil contabilidades en las organizaciones locales. Cada agrupación local es independiente en su contabilidad y en su gasto. ¿Cómo se controla eso? Y no tuvimos un período de tiempo adecuado para poder ordenar, de verdad, la contabilidad del Partido.

Aparte del problema de la OTAN, que fue un referéndum en el que se gastó mucho dinero y se desequilibró el presupuesto del Partido. A partir del referéndum de la OTAN, se va arrastrando un déficit muy alto... Hay un momento en que nos llegan a embargar la subvención parlamentaria, la subvención de partidos, por impago de la propia deuda.

Lo que sí es cierto y demostrable es que no se trató a todos los partidos de igual manera; no se dio el mismo trato al PSOE que a otros partidos, sobre todo de la derecha. Repito que el presidente del Tribunal de Cuentas nos aseguró que la ley se iba a aplicar con mucha flexibilidad, que no se señalaba un período transitorio, pero que, en la práctica, iba a ser algo parecido a un período transitorio para que nos pudiéramos adaptar. La Ley de Financiación de Partidos es de 1987; es decir, la hicimos los socialistas. Hasta 1987, no había ley y, hasta esa fecha, los partidos se financiaban cada uno como podía, con créditos, con donaciones... Además, tuvimos que realizar un gasto inicial enorme, porque en 1977 no teníamos ni un duro. Tuvimos que pedir créditos para poder presentarnos a las primeras elecciones.

A partir de la puesta en marcha de la Ley de 1987, se empieza a llevar una contabilidad muy rigurosa. Entonces, salta primero aquel asunto del PP de Valencia, el «caso Naseiro», y luego salta Filesa. Más o menos, lo que se nos vino a decir fue que esos dos asuntos se iban a archivar por nulidad, porque la información, en un caso, procedía de un pinchazo ilegal y, en el otro, procedía de documentos robados. Así que estos dos asuntos se iban a archivar y, a partir de ahí, había que llevar con absoluta claridad el asunto de las cuentas de los partidos. Pero en la práctica no fue así. Se archivó el tema del PP y a nosotros no nos archivaron Filesa, sino que el caso se utilizó para hacer una ofensiva muy seria contra el PSOE. En Ferraz se defendió al Partido. Al mismo tiempo, nos estábamos defendiendo de una instrucción caótica, de un juez que no se enteraba de nada y no hacía más que llevarse papeles, y más papeles..., y nunca acababa el asunto. De hecho, el juez Barbero lo tuvo que dejar, porque no se enteraba de que tenemos dos contabilidades por ley.

EL PP NO PODÍA CON FELIPE

Hay, quizás, un momento en el que Felipe asume que la corrupción no es sólo un invento de la derecha. Desde luego, la derecha no se inventó a Roldán. Ni inventó a otros compañeros que protagonizaron casos manifiestos de corrupción. Pero también es cierto que la derecha y los medios de comunicación utilizaron estos hechos tratando de transmitir la imagen de que un Gobierno honesto era un Gobierno corrupto. La verdad es que la inmensa mayoría del Partido tuvo un comportamiento honesto y correcto, y la inmensa mayoría de los militantes del PSOE viven de su salario dignamente.

Se intentó, a través de una conspiración y un ataque brutal, dar la imagen de que éramos una cuadrilla de... nos llegaron a decir que éramos una «panda de salteadores de caminos». Rubial y yo no estábamos dispuestos a soportar aquello y pusimos una querella... ¡Y todo con el objetivo de acabar con González!

Lo que ocurrió en España, en esos años, fue que la derecha se dio cuenta de que a González no le podían ganar las elecciones en una confrontación limpia. En 1993, el Partido Popular se da cuenta de que no puede con González. Ya en ese año, la campaña no fue limpia... Y se dieron cuenta de que, para ganar, tienen que hacer juego sucio contra Felipe y contra el PSOE. ¡Claro! Los compañeros llamados «renovadores» no sabían medir lo que había de corrupción individual... ¡Roldán! Todos habíamos hablado con Roldán y habíamos estado con él, pero éramos incapaces de sospechar nada; ni de él ni de otros compañeros de Navarra, como Gabriel Urralburu. El Partido no es una agencia de policías para detectar esas cosas... Es decir, no hay esa «omisión *in vigilando*» de la que nos acusaron. Hay compañeros que no acaban de entender que esos hechos, que son reales, no se pueden imputar a la derecha, los hechos en sí mismos...

Nunca fui el rehén de Alfonso Guerra

No creo, insisto, que fuera un hecho concreto lo que acabó minando la confianza de Felipe en Alfonso. Fueron una serie de circunstancias que llevaron a Felipe a la conclusión —no entro en la valoración de esa decisión— de que Alfonso en aquel momento, como vicepresidente, tenía dificultades tanto en el propio Gobierno como ante la opinión pública. Y que, por eso, no debía seguir en el Gobierno. Había un evidente deterioro, al final, en las relaciones entre los dos. Pero para mí es muy difícil establecer una relación de culpabilidades en esas discrepancias, porque yo observo lo que ocurre, pero no puedo evaluar los sentimientos de cada persona. Lo que sí puedo decir es que, durante la mayor parte del tiempo que duró el Gobierno socialista, hubo un apoyo clarísimo de todo el Partido a Felipe, incluido el «guerrismo». Ni Alfonso ni el «guerrismo» plantearon nunca un proyecto alternativo al de Felipe González. Y puedo asegurar que el candidato del «guerrismo» siempre fue Felipe. El «guerrismo» fue siempre «felipista», aunque el propio Felipe lo dudase.

¿Qué es el «guerrismo» y qué es el «felipismo»? El primero que dice que no es «guerrista» es Alfonso Guerra. Yo creo que Felipe y Alfonso son dos personalidades muy fuertes, que marcaron irreversiblemente el Partido. Mientras funcionó la colaboración, todo fue perfecto. Y cuando se rompió y la discrepancia entre los dos era manifiesta, la nueva situación tuvo también un reflejo tremendo en el seno del Partido. Porque hay una «cultura de Partido», de disciplina y de una idea de un socialismo al servicio de los más débiles, pero que no es sólo patrimonio de lo que se llama «guerrismo». Hay gente que no se llama «guerrista» y tiene también una «cultura de Partido» muy fuerte, por ejemplo, los hermanos Cobo[14] y otros dirigentes del Partido, que tienen una «cultura de Partido» muy sólida: son incapaces de hacer daño al Partido y tienen sentido de la disciplina. Pero, naturalmente, la disciplina se demuestra cuando uno está en desacuerdo y, sin embargo, acepta lo que dice la mayoría.

Es cierto que Alfonso ejerció el poder de forma clara en el Partido. Pero los «guerristas» éramos mucho más flexibles de lo que se decía entonces. No es verdad que no hubiera «renovadores» en la Ejecutiva ni que no pintaran nada. Los ministros sí podían ser miembros de la Ejecutiva. Es cierto que eran incompatibles con las Secretarías de Áreas, pero eso no era cosa de los «guerristas»; eso fue una decisión que la inmensa mayoría del Partido adoptó en un congreso. Yo estuve personalmente apoyando a José María Maravall hasta el final. Además, los «renovadores» no existieron desde siempre, surgieron al final. Y Solana estuvo durante mucho tiempo en la Ejecutiva, y Joaquín Almunia, y Carlos Solchaga, y Maravall...

Yo nunca he sido un rehén ni de Alfonso ni del «guerrismo». He tenido discrepancias con los «guerristas» en la última etapa, aunque antes tampoco estaba totalmente de acuerdo con lo que hacían en muchas ocasiones. Siempre traté de mantener mi propia autonomía.

Y respecto a Felipe González, cuando no estaba de acuerdo, también se lo decía. Yo no estuve de acuerdo con el nombramiento de Solchaga como portavoz del Grupo Parlamentario, porque pensaba que fraccionaba el Partido y que no había razones serias para relegar a Martín Toval, que era un buen portavoz. Y así se lo dije a Felipe. Supongo que no le gustó, pero no me dijo nada, sólo algo así como «lo lamento». No recuerdo bien qué me dijo.

He estado vinculado tanto a Felipe como a Alfonso, porque yo sentía una profunda admiración por Felipe González, lo mismo que un profundo respeto por Alfonso Guerra. He tratado de portarme con lealtad con los dos mientras se pudo... Pero creo que la visión de Estado, la responsabilidad, el sentido de Estado no se pierde porque uno rechace un cargo público. Se pierde... porque se pierde la visión de Estado. Con mi decisión, no tomé parte por ninguno de los dos. Yo era el secretario de Organización de todo el Partido, no de una fracción. Traté de serlo siempre y eso, para mí, era mucho más importante que ser ministro.

Cuando las cosas se deterioran, repito, no cabe atribuir la responsabilidad a una sola parte. Creo que no fuimos capaces de entendernos con los que querían cambiar el modelo del Partido, con los que decían que lo querían más flexible, más abierto... Yo siempre he criticado la teoría del Partido «abierto a la sociedad». Creo que no se trata de que un Partido esté abierto a la sociedad, sino de que esté *en* la sociedad, y cuando uno está en la sociedad es cuando se perciben las demandas de esa sociedad. No fuimos capaces de convencer, a los que querían cambiar el modelo del Partido, de que había que buscar una fórmula en la que estuviéramos cómodos todos y en la que nadie valioso se sintiera marginado. Pudo haber gente valiosa que se sintiera marginada, y por eso decían que nuestro modelo del Partido excluía a determinadas personas.

Tres veces le dije no a Felipe

Después de la dimisión de Guerra, hubo una crisis de Gobierno y Felipe me ofreció el Ministerio para las Administraciones Públicas. Yo rechacé el ofrecimiento, fundamentalmente, porque me parecía más importante ser secretario de Organización del Partido y, además, porque no veía clara la crisis tal y como la estaba planteando. Porque la salida de Guerra del Gobierno también se podía haber compensado con la salida de algunas otras personas, de Carlos Solchaga, por ejemplo, y no fue así. Además, ser ministro implicaba dimitir como secretario de Organización de la Ejecutiva Federal y, por tanto, habría que elegir un secretario de Organización nuevo. Alfonso estaba en Australia, en un congreso de la Internacional Socialista, y me llamó para informarse de cómo iba la crisis de Gobierno. Hablé por teléfono con él, y le expliqué el Gobierno que estaba planeando Felipe. Él había tenido también una conversación con Felipe y me pareció que lo que yo le estaba contando no coincidía con lo que él había hablado con Felipe. Así que me preguntó cuáles eran mis planes. Le dije que lo estaba pensando. Alfonso me dijo que tenía absoluta libertad para decidir lo que me pareciera más conveniente. Yo pensé que lo mejor era quedarme en la Secretaría de Organización. No porque no me gustara el Gobierno que estaba configurando Felipe; simplemente, creía que era mejor seguir en la Secretaría de Organización.

Algunos compañeros «guerristas» con los que hablé me dijeron que debía aceptar, que no podía rechazar el ofrecimiento. Otros me dijeron que era más importante continuar en la Secretaría de Organización, porque, de lo contrario, se planteaba un problema muy complicado: mi sustitución en el Partido. Esa sustitución podía abrir una batalla muy fuerte. Entonces, finalmente, yo opté por quedarme en el Partido. Fue, quizá, la decisión que más me ha costado tomar. Porque era muy duro decirle «no» a Felipe, al presidente del Gobierno. Me lo planteó tres veces. Yo tomé aquella decisión porque creí que era lo mejor para el Partido, tal y como estaban las cosas, y no consideré que fuera positivo abrir esa pelea por la Secretaría de Organización. Estamos hablando del año 1993: se empezaba a romper el Partido y empezaba a haber una batalla interna muy fuerte: los «renovadores» habían pasado, claramente, a la ofensiva.

Insisto en que me costó mucho tomar la decisión de no entrar en el Gobierno. Lo pasé muy mal. Tampoco es que pensara mucho en mi situación: sólo que me parecía una decisión muy seria decirle que no al presidente del Gobierno. Ser secretario de Organización, para mí, era muy importante; yo nunca he sido una persona que haya ido por ahí «perdiendo las decencias» por ser miembro del Gobierno, ni por ser ministro. Porque ser secretario de Organización, creo, es lo más importante que he sido en mi trayectoria política, y lo valoro como un gran honor.

En la campaña de las elecciones de 1993... —no recuerdo exactamente— hubo un comité electoral en el que estaba Jáuregui... estaba Maravall, Obiols, Serra..., y Guerra... yo estaba también... No me acuerdo bien... Estaba Rosa Conde... Y Maravall, que acompañaba a Felipe en los viajes...

Algunos interpretaron que Felipe no quería nada con el aparato de Ferraz y que se montó su «película» con Maravall. Pero lo más grave es que, al final, hay gente que dice que Alfonso, en ese momento, jugó a que Felipe perdiera las elecciones. Y eso es una barbaridad.

La campaña la diseñó Guerra, la presentó Guerra al Comité Federal, y creo que también fue Guerra el coordinador. Y, desde luego, en esas elecciones, todos jugamos a ganar. Felipe no quería presentarse y, entre las personas que hablaron con él para hacerle cambiar de opinión, estuvo Alfonso.

Todos nosotros estuvimos diciéndole que no podía renunciar en esos momentos y que la única forma de ganar era con él como candidato... Se hizo todo lo posible por ganar. Lo que ocurrió fue que el ataque... Yo creo que fue un milagro ganar esas elecciones, porque el ataque fue brutal. Yo he oído decir que hubiera sido mejor perder las elecciones de 1993...

Últimas frustraciones: una negociación con ETA

A lo largo de los años 1992 y 1993 se llevó a cabo uno de los intentos más serios para intentar conseguir un cese definitivo de la violencia. El ministro del Interior era José Luis Corcuera. Nuestro objetivo inicial era que ETA abandonara las armas y, a partir de ahí, poder hablar de paz en el País Vasco. Fue un trabajo muy discreto que se alargó durante un año y medio.

Por una parte, Rafael Vera mantenía relaciones con la Fundación Carter y, a partir de ahí, tenía sus vías. Corcuera me dijo que intentara ver cómo se podía llegar hasta ETA a través de alguna otra vía, para ir comprobando los términos de las negociaciones o contactos. Yo utilicé a Jonan Fernández, el responsable de Elkarri, que siempre ha sido una persona seria y que tenía buena información. Analicé todas las negociaciones con ETA, desde la primera, de Rodolfo Martín Villa, en la que también participé, cuando Txomin Iturbe le propuso un viaje a Suiza y Martín Villa, al final, no aceptó. (Con buen criterio, porque Iturbe le planteaba una reunión con fotógrafos).

Me di cuenta de que siempre existió una ausencia de «método». Se realizaron intentos pero nunca se pactó una metodología para resolver el problema. Éste es un tema en el que los principales protagonistas de los acuerdos de paz en Irlanda del Norte insistían mucho. Porque a ellos les costó mucho ponerse de acuerdo en el método, en cómo iban a pactar y a discutir y cuáles eran los términos de la negociación. Les costó más pactar ese aspecto que entrar en los problemas de fondo. Entonces, Jonan y yo, informando siempre a Corcuera y, desde luego, a Felipe González, nos pusimos manos a la obra para diseñar un método. Incluimos la exigencia de períodos claros sin víctimas mortales, la creación de grupos de trabajo secretos y la búsqueda de un escenario que permitiera hablar sin la presión de los periodistas. Como resultado de todas estas conversaciones, Jonan elaboró un papel de metodología, sin discutir ningún otro problema, que Corcuera supervisó. Cambió algunas cosas, y se le dijo a Jonan que fuera a Santo Domingo a ver a Antxon Etxebeste. Ha pasado mucho tiempo y no voy a entrar en muchos detalles, pero Etxebeste dio el visto bueno y nosotros exigimos que hubiera interlocutores por su parte para hablar de la metodología... Antes de nombrar interlocutores, se le exigió a ETA que no hubiera ningún atentado a lo largo de 1992, para ver si lo hablado hasta ese momento iba en serio. Y fue verdad: no hubo ningún atentado durante la Expo ni durante los Juegos Olímpicos. Entonces, Antxon envió un fax a Vera, nombrando tres interlocutores: el ex alcalde de Vergara, Elcoro, Josu Saliaga y Carmen Holanda, que nunca fue a las reuniones. Empezamos a reunirnos en secreto, concretamente, en Navarra, y se hizo un diseño de metodología. El plan consistía en lo siguiente: un período prolongado sin atentados; cumplido ese período, se nombrarían interlocutores discretos que conocieran bien el problema, para empezar a reunirse, siempre con discreción; los interlocutores asumirían las responsabilidades, salvo que el Gobierno, después, aceptara lo que allí se hablara. Se pacta el país en el que desarrollar las conversaciones, para evitar publicidad... La idea era que los encuentros tuvieran lugar en EEUU, porque, decían, en alguna ocasión, Etxebeste tendría que acudir a las reuniones. Con todo esto hicimos un paquete de metodología, de cómo empezar a trabajar. Los propios interlocutores dijeron que tenían que consultar, para dar el visto bueno a todo. Entonces se produjo la dimisión de Corcuera y nombraron ministro del Interior a Asunción. Los interlocutores se trasladaron a Santo Domingo y no les permitieron ver a Etxebeste. Y ahí se rompió toda la negociación.

Pero lo que quiero dejar claro es que, en aquella operación, se empezó cumpliendo el Pacto de Ajuria Enea escrupulosamente, en particular el artículo diez, que exigía un cese inequívoco de la violencia. Arzalluz conocía esta operación y estaba de acuerdo, le pareció bien. Todos esos contactos los mantuvimos durante un año y medio, totalmente en secreto, como he dicho. Y estuvimos a punto de conseguirlo... Cuando Asunción y Belloch llegaron al Ministerio y Vera se fue, los de ETA entendieron que esa vía estaba agotada. Después vendría la etapa de Adolfo Pérez Esquivel.

Los independientes, una arriesgada apuesta de Felipe

Por casualidades de la vida, Felipe nos consultó la «operación Garzón» a Corcuera y a mí, que estábamos con él un sábado o un domingo viendo un partido de fútbol. Nos preguntó: «¿Qué os parecería que Garzón fuera en los primeros puestos de la lista de Madrid?». Por supuesto, nuestra primera reacción fue de sorpresa, y le dijimos: «Pero... ¿es posible?». Yo debo confesar, para ser honesto, que le dije: «Sería una operación magnífica». Y Corcuera también estaba de acuerdo. Ahora bien, la experiencia que hemos tenido con los independientes —y no me refiero sólo a Baltasar Garzón y a Ventura Pérez Mariño— es que lo son tanto, que no se dan cuenta de que a veces no se está de acuerdo con todo lo que ocurre en un Partido, o con todas las decisiones que se toman en él. Pero, precisamente, es en esos casos en los que tendrían que demostrar el compromiso con un proyecto en sus líneas generales y en sus líneas globales. Y, a la hora de la verdad, el independiente entiende mal este aspecto de la acción política.

Los independientes son una opción muy interesante, porque dan una imagen de apertura; pero hay que exigirles un grado de compromiso muy serio, incluso en la discrepancia. En aquel momento, y tal y como estábamos... Yo le pregunté a Felipe si había pensado hasta dónde podía llegar ese compromiso con los independientes, y me contestó que, naturalmente, se daba cuenta de los problemas que se planteaban. Pero la verdad es que le dijimos que era una buena operación, porque, desde el punto de vista político, pensábamos: «Nosotros tenemos encima una acusación permanente de corrupción. La punta de lanza de esa acusación ha sido la judicatura, entre otros, Garzón... Que este nombre aparezca en nuestras listas, acompañándonos en el proyecto, desde el punto de vista político, tiene un efecto enorme». Otra cosa eran los riesgos de la operación. Felipe los veía claramente, como nosotros...

Quizás si Juan Alberto Belloch no hubiera expulsado a Garzón de aquella forma —tan innecesariamente torpe—, no se habría destapado la caja de los truenos. Pero yo no sé qué ocurrió con Garzón, no sé lo que pasó ahí. Yo sé lo que pasó en el Congreso: que hubo una votación en la que no estaban de acuerdo ni Garzón ni Ventura Pérez Mariño, otro juez. Me parece que se trataba de un debate sobre el Estado de la Nación. La votación resolvía si había que crear una comisión de investigación sobre la financiación de los partidos. Ellos dos no estaban de acuerdo con lo que votamos los socialistas y Ventura anunció que dimitía. Lo dijo allí mismo, en el Congreso, en ese momento... La verdad es que provocó una situación explosiva que le sirvió en bandeja al PP el escándalo... Pero, de lo que ocurrió entre Garzón y Belloch, no sé nada... No sé si después Garzón se vengó con el asunto del GAL. No soy capaz de imaginar las intenciones de un juez. Lo que sé es que algunos casos los instruyó muy mal. En mi caso, por ejemplo, me llevaron al Supremo simplemente porque, cuando le preguntaron a Damborenea si el secretario general del Partido en Euskadi —que entonces era yo— estaba enterado de aquellas cosas, Damborenea dijo que sí, y punto. No tenían ninguna otra acusación... Por el tema del GAL nos citaron a Felipe, a Serra, a Barrionuevo y a mí. Y yo estaba en los papeles simplemente por esa declaración de Damborenea: ni siquiera era una acusación, sino una contestación a una pregunta. Y Garzón fue capaz de meterme a mí personalmente en un sumario tan delicado, como para aparecer vinculado al GAL, cuando yo no tenía ningún tipo de vinculación con esos temas. Entre otras cosas, porque puedo demostrar cómo, desde el Partido, hemos condenado muy duramente todos los atentados del GAL.

Algunos medios de comunicación también me han querido relacionar con los fondos reservados, contando que yo andaba metido de patas en el tema del pago a policías... Poco menos que llevando una maleta de acá para allá. Yo hice una rueda de prensa para desmentirlo, porque me parecía una fantasía increíble. Lo había contado Fernando López Agudín en su libro[15]. Llamé a López Agudín y le pregunté: «¿A ti quién te ha contado eso, si es todo mentira?». Y me contestó que es que a él se lo habían dicho... Todo falso, absolutamente falso.

Belloch era el primero que podía decir que todo era falso, porque era él quien, supuestamente, me daba el dinero de los fondos para meterlo en el maletín. Y Belloch ha desmentido con total rotundidad esa historia, que no sé quién la inventó... La inventó alguien para hacer daño, como todas estas cosas, pero es absolutamente falsa. La prueba es que yo, en todo el proceso del GAL, nunca estuve imputado. Ni en temas del GAL ni en temas de financiación. Sólo me llamaron a declarar para un trámite, para ver si se pedía el suplicatorio para unos diputados, que luego el Tribunal Supremo negó.

Hay quienes califican a Belloch de traidor por su gestión en el Ministerio del Interior, pero yo no utilizaría ese calificativo. Yo creo que hubo serias discrepancias —que no traiciones— respecto a la forma de actuar del equipo anterior y, desde luego, no se hizo en la época de Belloch una defensa clara de las etapas anteriores. También había una concepción muy diferente de cómo había que dirigir la lucha antiterrorista y las relaciones con el Gobierno vasco.

Hubo contra nosotros una campaña feroz, aunque es cierto que la «conspiración» se apoyó en hechos aislados de corrupción: Roldán, el gobernador del Banco de España, Juan Guerra... En ese punto, empezamos a perder las elecciones, porque todo aquello nos hizo mucho daño.

La derecha aún teme a Felipe

Yo creo que el logro más importante de los Gobiernos socialistas fue, sin duda, que cumplimos lo que nos recomendó Rubial en aquella primera reunión, después de ganar las elecciones. Porque logramos que la democracia fuera irreversible y borramos para siempre la idea de que África empezaba en los Pirineos. Creamos el Estado de bienestar y encauzamos de forma definitiva el Estado de las Autonomías. En el País Vasco logramos la mayor etapa de estabilidad política, gobernamos con el PNV y conseguimos la mayor unidad de los demócratas frente al terrorismo.

Yo creo que la derecha todavía tiene miedo a Felipe González, porque nunca tendrá, como él tuvo, sentido de Estado.

NOTAS

[1] Se denomina «margen izquierda» a los núcleos de población situados a la izquierda de la ría del Nervión (Barakaldo, Portugalete, Santurtzi, entre otros). Desde el punto de vista social, se trata de localidades obreras alimentadas por la inmigración del resto de España. Constituyen el vivero del voto socialista en Euskadi.

[2] Josep Tarradellas (1899-1988) fue el presidente de la Generalitat de Catalunya en el exilio (1954-1977) y presidente de la Generalitat Provisional desde 1977 a 1980.

[3] Enrique Casas fue asesinado en Guipúzcoa el 23 de febrero de 1984 y Germán González el 27 de octubre de 1979.

[4] Véase nota 7 en el capítulo de Ramón Jáuregui.

[5] Xabier Arzalluz (n. 1932) es el presidente del Euskadi Buru Batzar del PNV. Sustituyó a Carlos Garaicoetxea en 1980.

[6] La amnistía se decretó el día 6 de octubre de 1977 para todos aquellos presos que no hubieran sido condenados por delitos de sangre.

[7] Con motivo del asesinato de Miguel Ángel Blanco (12 de julio de 1997) se produjo una reacción social de repulsa generalizada hacia ETA y HB/EH en Ermua, en el País Vasco y en el resto de España. La rebelión ciudadana llegó a límites peligrosos, pero fue aplacada desde los distintos partidos políticos.

[8] La tregua unilateral de ETA se extendió desde el 18 de septiembre de 1998 hasta el 28 de noviembre de 1999.

[9] «Disposición adicional primera. La Constitución ampara y respeta los derechos históricos de los territorios forales. La actualización general de dicho régimen foral se llevará a cabo, en su caso, en el marco de la Constitución y de los Estatutos de Autonomía».

[10] Nicolás Redondo Terreros (n. 1958) fue secretario general del PSE-EE desde 1989 hasta 2002.

[11] El episodio al que se refiere Txiqui Benegas se describe pormenorizadamente y en su contexto en el capítulo de Ramón Jáuregui.

[12] Se trata de una expresión histórica pronunciada por Indalecio Prieto a propósito de las relaciones del Partido Nacionalista Vasco y la Iglesia, y el apoyo del Vaticano a las posiciones políticas de Sabino Arana. El líder socialista dijo: «Éstos quieren convertirse en un Gibraltar vaticanista».

[13] Los servicios secretos españoles registraron determinadas conversaciones telefónicas en «barridos» rutinarios de radioescuchas, mediante los cuales, como es habitual en todos los países del mundo, se controlan las actividades de las embajadas extranjeras. Cuando se produjeron estas grabaciones, aún no existía la infraestructura de telefonía móvil actual. En aquellos registros sonoros, que debían haber sido destruidos, Txiqui Benegas parecía referirse despectivamente a Felipe González como «Dios». Un miembro de los servicios secretos, Juan Alberto Perote, vendió o filtró los contenidos de esas cintas a la prensa. El rey Juan Carlos y otros personajes destacados de la vida política y social española también aparecían en aquellos registros.

[14] Los doctores Carlos y José Martínez Cobo pertenecen al grupo de socialistas «históricos». Fueron los animadores de la renovación del Partido Socialista en Suresnes (1974). Son autores del libro *La primera renovación. Intrahistoria del PSOE.*

[15] Véase nota 6 en Juan Alberto Belloch.

Rosa Conde

Comunicando por encima del ruido

El primer asunto, de verdadera importancia, que tuvo que comunicar Rosa Conde ante todo el país fue que la huelga del 14-D había sido un duro golpe para todo el Gobierno; pero, sobre todo, para Felipe González. Hacía pocos meses que Felipe la había nombrado portavoz de su penúltimo Gobierno y parecía que aquello la iba a hundir. Pero Rosa Conde no se arredró y fue capaz de conducir aquel avispero de preguntas hacia un clima de comunicación transparente, al menos.

Nunca dejó traslucir su desconcierto posterior al conocer que el dinero que no había para detener a los sindicatos y desconvocar la huelga apareció después casi milagrosamente. Recuerda Rosa Conde que se le quedó el cuerpo frío cuando Solchaga anunció que sí se disponía de aquella cantidad. Fue en una reunión improvisada en su despacho de portavoz a la que habían acudido, una tarde después de la huelga, Felipe González y Alfonso Guerra. Rosa, que no tenía mucha experiencia en navegación por los procelosos mares de la política —porque lo suyo siempre habían sido las encuestas de opinión—, no entendió nada.

Desde entonces, Rosa Conde optó por no separarse de Felipe González. Porque lo que sí tenía claro era de quién podía fiarse para que su trabajo fuera eficaz.

Durante media mañana y una tarde, larga y entera, me explicó cómo fue su aprendizaje de la política, tratando de entenderse bien con los ministros, que no era fácil, y escuchando a Felipe González, que jamás le dio una consigna y, mucho menos, una orden. Sólo un consejo: «Me conformo con que sepas decir "No comment" cuando sea necesario».

Fueron tiempos difíciles, en los que Rosa Conde tuvo que afrontar situaciones en las que la comunicación podía arreglarlo todo o estropearlo todo. Por ejemplo, la percepción que tenían los españoles de la Guerra del Golfo, que fue muy negativa al principio y aceptablemente digerida al final. «No sólo porque las circunstancias eran bien distintas —recuerda Rosa con la mirada puesta en aquellos años—, sino porque hicimos una labor de explicación permanente, porque nunca ocultamos nada». Cuando le hago la observación —a micrófono cerrado— de que, afortunadamente, a Felipe le tocó aquella guerra y no ésta[1]*, Rosa Conde me responde con la misma contundencia de sus reflexiones grabadas: «Mira, estoy segura de que Felipe nunca hubiera hecho las barbaridades que está haciendo Aznar».*

—Hablemos, por ejemplo, de los trabajos y los días que rodearon las negociaciones con ETA en Argel...

Ante mi sugerencia, Rosa Conde recuerda, con discreta hilaridad, la insólita pareja que componían ella y el ministro del Interior, José Luis Corcuera, para concluir que, finalmente, se complementaban. Porque Corcuera ponía el «bufido» que todos los periodistas esperaban y ella, la mano izquierda y la suavidad que eran necesarias en aquellas tensas reuniones. Fue una política de puertas abiertas que Rosa Conde recuerda con agradecimiento a los medios de comunicación, porque se manejó información sensible «y todo el mundo respondió con sentido de la responsabilidad; nadie nos hizo una faena».

La verdad es que uno recuerda que en aquellos turbulentos días, llenos de ansiedad, Rosa Conde aguantó bastante bien y sujetó, como pudo, las riendas de los caballos. Siempre tuvo una especial habilidad para pedir algo difícil, como si fuera tan sólo un favor personal.

De los momentos de gloria, Rosa Conde recuerda la campaña de Maastricht y la Conferencia de Paz de Oriente Medio, su orgullo. De los momentos más duros, su distanciamiento, lento pero inexorable, de Alfonso Guerra. Ella no puede ni quiere olvidar que fue Alfonso el que la sacó del CIS para llevarla al Gobierno, para que Felipe González la conociera. Por eso se le hace cuesta arriba responder, y rechaza, con continuos aspavientos, las preguntas sobre las causas de esa ruptura. No se acuerda si lo llamó o no lo llamó por teléfono cuando Alfonso dejó la Vicepresidencia del Gobierno. Además, Rosa no quiere meterse en jardines cuando le preguntan por los cismas del PSOE. De repente, se acuerda de que ella no estaba en el Partido, que ella fue de los independientes que, más tarde, «por coherencia», se afiliaron.

Se rebela contra la situación por la que tuvo que pasar el socialismo en el poder en los momentos más difíciles y acepta, abiertamente, que, además de todo, «no supimos comunicar lo que estaba ocurriendo y permitimos que la derecha nos tapara la boca». Así de simple. Luego, admite que aquello era muy complicado porque había una hipersensibilidad en los medios de comunicación: «Ya en mi época, todo lo que sonara a socialismo, contaminaba; era casi imposible encontrar algún punto de complicidad... Nadie nos quería echar una mano».

De Felipe ha aprendido muchas cosas. Pero reconoce que algunas son imposibles de aprender, «como su capacidad de ver mucho más lejos, con un horizonte distinto al que teníamos los demás».

ENTRÉ EN EL Gobierno, como ministra portavoz, en julio de 1988. Era la primera vez que había mujeres en el Gobierno: estábamos Matilde Fernández y yo. Las dos representábamos perfiles completamente diferentes... Previamente, en el Partido habían tenido lugar distintos debates sobre la cuota del veinticinco por ciento, sobre si era necesaria o no, y debates públicos en los medios de comunicación, con posiciones a favor y en contra de la cuota... Curiosamente, Matilde y yo, días antes del cambio de Gobierno, habíamos participado en un debate en televisión representando posiciones distintas: yo defendía la introducción de la mujer en la política y su entrada en cargos de responsabilidad, pero sin la cuota del veinticinco por ciento, y Matilde defendía la cuota. Las dos mujeres que entramos en el Gobierno representábamos las dos caras de la misma moneda: la necesidad de que las mujeres entremos en política. He de decir que, con el paso del tiempo, yo me «convertí» también a la cuota; ahora soy firme partidaria de la democracia paritaria, quizá por aquello de que es de bien nacidos ser agradecidos... Yo no había militado nunca en el PSOE, pero cuando se me propuso ser diputada por Jaén —en las elecciones de 1989—, acepté, y poco más tarde pedí la entrada en el Partido... Me parecía mas congruente mi presencia en el Parlamento si yo era miembro del Partido.

He de reconocer que yo entro en el Gobierno de la mano de Alfonso Guerra. Felipe González no me conocía. Me había visto sólo una vez. Yo había sido directora general del Centro de Investigaciones Sociológicas (CIS) y la noche electoral de las autonómicas y municipales de mayo de 1987 fui a La Moncloa a darle los últimos datos a Alfonso Guerra. Felipe González entró al despacho de Alfonso Guerra y fue la primera vez que nos vimos. Estuvimos juntos un par de horas, analizando los primeros resultados de las elecciones, y ya no lo volví a ver. Honestamente, creo que fui ministra por Alfonso Guerra.

«No comment»

Felipe podía haber comentado —según he oído después, no porque él me lo haya dicho— que me había visto en dos debates en TVE. Uno había sido en el programa de Mercedes Milá, *De jueves a jueves*... Creo que era el día anterior al referéndum de la OTAN... No, el día después; pero me tuve que comprometer con el programa antes de conocer el resultado. Participé en aquel debate... En La Moncloa o en algún sector del Partido, al parecer y desde el punto de vista político, apreciaron mi intervención. Más adelante, participé en el debate sobre la cuota del veinticinco por ciento del que he hablado. Son los dos momentos públicos por los que Felipe González me conoce. Es verdad que me conocía por mi trabajo en el CIS, pero, de hecho, el que me llama, en un primer momento, es Alfonso Guerra. Me llamó a su despacho y me dijo: «Llevas mucho tiempo preguntando —era directora del CIS, como he dicho, y había sido antes subdirectora— y ahora queremos que te pregunten a ti... Quiero que seas ministra y te va a sorprender». Y yo quise saber: «¿Ministra de Defensa?». Si me iba a sorprender, me pareció... Le pedí diez minutos, no más, para pensármelo, salí de su despacho, lo analicé y hablé por teléfono con mi marido para decirle que me habían propuesto ser ministra... En todas las quinielas, el ministrable era mi marido, Álvaro Espina, no yo. Él había sido ministrable en varias ocasiones; yo creo que ser ministro estaba en su trayectoria: era ya secretario de Estado.

Y una vez que le dije «sí» a Alfonso, bajé a ver a Felipe, que me dijo poco. Es curioso... Me dijo: «Lo único que te pido es que en una rueda de prensa seas capaz de decir: "*No comment*"». Siempre pensé mucho sobre aquello, porque, la verdad, no me dio más instrucciones, ni más indicaciones; tuvimos una conversación personal muy grata.

Recuerdo que había unas fotos encima de su mesa, de él, de Alfonso Guerra, de algunos miembros del Gobierno... y estuvimos comentando cómo, desde 1982 a 1988, habían envejecido todos. Hablamos sobre cómo envejecen los ministros, lo dura que es la tarea de gobierno, y sobre cómo habían cambiado físicamente muchos compañeros, él también, a lo largo de esos años... Fue una conversación muy poco política; creo que él estaba interesado en ver mi reacción en la relación interpersonal, porque políticamente ya me conocía por mi trabajo en el CIS... supongo que ésa era la razón.

Felipe nunca me dijo lo que yo tenía que decir, nunca me dio instrucciones. Pero, pacientemente, ha dedicado muchas muchas horas a hablar conmigo, a analizarme, a decirme, a contarme... Me acostumbré a oírle «pensar» en voz alta. Lo hacía para trasladarme lo que había detrás de la política que estábamos haciendo... (Yo siempre intentaba no sólo ofrecer la información respecto a las decisiones que se tomaban o sobre lo que estuviera ocurriendo, sino explicar en qué contexto se producía, a qué respondía los hechos... es decir, trataba de crear argamasa en torno a la información, darle una unidad lógica).

Desde el primer día... Yo entré en el Gobierno un miércoles. El viernes hice mi primera rueda de prensa y me presenté con lo que había oído en mi primer Consejo de Ministros, sin tener más instrucciones... La verdad es que fui valiente, pero los que me nombraron también lo fueron, porque era un riesgo.

Nos fuimos al precipicio

Todos los lunes despachaba con el presidente. Felipe veía a las diez al ministro de Exteriores; a las once, al portavoz; y a las doce, al ministro de Defensa. En algún sentido, además de coordinar las tareas de información, yo hacía de correa de transmisión con un conjunto de ministros que tenían menos hilo directo con el presidente. Digamos que también introducía esa cohesión de información dentro del Gobierno.

Siempre recuerdo, como algo muy curioso de aquel momento, mis conversaciones con Claudio Aranzadi[2] —que fue uno de los ministros con los que tuve, y tengo hoy, una relación de amistad—. Analizábamos la suerte que habíamos tenido de entrar en el Gobierno en un momento en el que había una situación económica excepcionalmente buena. Hacía ya dos años que estábamos en la UE y el proceso de integración había sido muy bueno; superada la crisis económica, se habían empezado a realizar ya las tareas de modernización del país, de mejora en el Estado del bienestar... Era un momento, políticamente, muy bueno. No había crisis entre Gobierno y Partido, no había crisis entre Felipe González y Alfonso Guerra, no había dificultades de relación entre Grupo Parlamentario, Partido y Gobierno... Era un momento dulce de la vida política. Pero, pocos meses después, nos encontramos con una huelga general. Y tengo que reconocer que ese contraste me sigue sorprendiendo. ¿Qué ocurrió entre julio de 1988, cuando entro en el Gobierno, en un momento dulce de la vida política, y el 14 de diciembre, en el que sufrimos aquel, como reconoció Felipe, «duro golpe»?

Nunca he analizado muy a fondo el comportamiento de Nicolás Redondo y de la UGT. Me resulta difícil. Pienso que, políticamente, yo me oriento bien; sin embargo, con los sindicatos me cuesta trabajo, a veces, entender sus reacciones, sus comportamientos... Pero creo que... Nicolás Redondo abandonó su escaño en el Parlamento en 1985, cuando se aprobó la Ley de Pensiones. Ese momento generó una confrontación enorme entre Nicolás Redondo y Felipe González. Y, honestamente, creo que no fue responsabilidad de Felipe González, sino de Nicolás Redondo, que siempre creyó que, en los Gobiernos de Felipe González, él iba a dirigir las políticas sociales o iba a tener la última palabra en esas cuestiones... Y Felipe, desde el primer día, entendió que la responsabilidad del Gobierno era sólo suya —ni siquiera del Partido—: era sólo suya.

Felipe trabajó codo con codo con el Partido, pero no podía hacerlo con UGT, sobre todo, porque Nicolás Redondo no se portó de forma leal con Felipe, especialmente en la huelga general. Existía una confrontación larvada desde 1985 y el Plan de Empleo Juvenil fue, realmente, una excusa para la huelga general. No digo que sólo la enemistad de Nicolás Redondo provocara la huelga del 14-D, porque fue algo que fue creciendo con el tiempo. De septiembre a diciembre, los sindicatos trabajaron duro para preparar aquella huelga. Seguramente, estábamos atravesando un momento... Lo veo ahora, con la distancia, y creo que llegó un momento en el que los ciudadanos decidieron que tenían que castigar a su Gobierno... por algo.

Comenzaron a producirse críticas sobre determinados comportamientos, se hablaba del «rodillo socialista», de la prepotencia... Y no supimos reaccionar bien. Así como el día de la huelga reaccionamos muy bien, tengo la sensación de que durante los meses de su gestación, sabiendo lo que se nos avecinaba —porque veíamos que la huelga iba cuajando y que iba a ser importante— no supimos reaccionar bien. Y no digo «reaccionar» en el sentido de conceder a los sindicatos lo que pedían antes de la huelga. Nosotros habíamos hecho lo que teníamos que hacer: mantener nuestra posición, puesto que lo que se lidiaba en aquel momento no era esa reivindicación sino algo mucho más profundo. Era una confrontación a la que había que darle salida. Ante esa situación, no supimos reaccionar bien... (Tendría que buscar en la hemeroteca mis propias declaraciones: no estoy hablando de los demás, sino de mí misma). Hablábamos con demasiada dureza de la huelga, quizá con cierta crispación, con falta de serenidad. Sabíamos que la huelga general iba a tener un fuerte impacto —aunque no tanto como el que tuvo—, pero no hicimos las declaraciones adecuadas. Era caminar hacia el precipicio sin poder evitarlo. Y nos fuimos al precipicio.

EL APAGÓN QUE GANÓ LA HUELGA

Sabíamos lo que iba a ocurrir pero, sobre todo, lo supimos a las doce de la noche en punto —es algo que yo siempre recordaré como algo muy impactante—, cuando se interrumpió la señal de Televisión Española. Pilar Miró era directora de TVE y... fue muy curioso, porque, durante los dos meses de gestación de la huelga, yo hablé en varias ocasiones con Pilar Miró, y ella siempre me dijo: «Cuéntame lo que tú quieras, pero yo siempre haré lo que yo crea». Eso hay que decirlo en su honor, ahora que se reivindica tanto la transparencia informativa, y que se cuestiona tanto lo que hizo la televisión pública en nuestra época. La verdad es que Pilar Miró, durante los dos meses previos a la huelga, defendió siempre la independencia de la televisión pública, y llevó ese principio hasta el final, con el respeto absoluto por mi parte, y por parte del Gobierno. Pero sí recuerdo haber hablado con ella sobre la posibilidad de que se diera un parón informativo en televisión, y ella siempre me aseguró que no ocurriría nada; que, aunque hubiera huelga al 90 por ciento, la televisión seguiría funcionando.

Habíamos celebrado una cena en La Moncloa, con un mandatario internacional europeo, y volví a casa tarde... Llegué, puse la televisión, me iba a dar una ducha para volver al Ministerio... y la emisión se cortó. En ese instante, me llamó Alfonso Guerra, y me dijo: «Rosa, ¿tú no me habías dicho que la televisión no se cortaría?». Le contesté: «Sí, eso es lo que creía, pero se ha cortado». Y Alfonso me dijo: «Yo tengo dos televisiones: una está en negro, y otra da la señal». Le confirmé lo que ocurría en mi casa: «Pues yo la tengo en negro». Llamé a Pilar Miró y me dijo que el «corte» de Televisión Española se había dado desde Navacerrada. Alfonso Guerra llamó a Felipe González, le explicó los datos que me había dado Pilar Miró en esos primeros minutos...

En ese momento, por si no lo sabíamos ya, entendimos que la huelga iba a ser total y absoluta. Hasta el punto de que... Recuerdo que, a las cinco de la mañana —yo ya estaba de vuelta en el Ministerio—, tenía la radio puesta y oigo decir a Miguel Gil, que era subsecretario del Ministerio, que el consumo eléctrico, que es un indicador de actividad, apenas había variado respecto de los días normales, y que era un consumo casi normal. Le llamé y le dije: «Miguel, ¿cómo haces estas declaraciones?». Y me dijo: «Es el análisis que se está haciendo en este momento en el Gabinete de Crisis de La Moncloa». Yo le contesté: «Mira, yo vivo en el centro de Madrid, he venido hasta el Ministerio a las dos de la mañana, y no hay absolutamente nada, no se ve un coche en la carretera de La Coruña, no hay nadie por la calle...». A partir de ese momento, se dejaron de hacer declaraciones de ese tipo.

A pesar de nuestros errores anteriores, el día de la huelga reaccionamos muy bien... La verdad es que si yo hubiera tenido la voluntad política de tener más control sobre Pilar Miró, tendría que haber estado más encima de la situación, y haberla presionado para que ella controlara... Pero, mi forma de hacer política no incluye el control a las personas. Yo entendí que estábamos hablando de un momento difícil para el país, y que Pilar Miró haría lo que ella considerara que tenía que hacer desde su responsabilidad. En cualquier caso, estoy segura de que ni Alfonso Guerra ni nadie me ha responsabilizado a mí del apagón de televisión. Es posible que yo pudiera ser responsable; es verdad que yo no «atornillé» la situación, que sólo hablé con Pilar de la necesidad de que aquello no ocurriera, porque no quise hacer un control férreo.

Creo que la televisión funcionó como tenía que funcionar, y que pasó lo que tenía que pasar. O sea, sucedió algo que, en ese momento, era inevitable; era muy difícil que se pudiera parar aquel golpe.

Estuve todo el día al frente del Ministerio Portavoz para, cada media hora o cada hora, ofrecer la información de lo que estaba ocurriendo. No hicimos declaraciones, pero fuimos dando información de lo que estaba pasando... Había un cierto estupor, porque nosotros no sabíamos que la huelga llegaría a tener la respuesta que tuvo. En aquellos momentos, los ministros tuvimos pocas palabras, porque, la verdad, teníamos mucha responsabilidad. No sabíamos, en ese momento, las consecuencias de lo que estaba sucediendo. Era muy difícil de analizar.

UN DURO GOLPE

El único que lo vio todo perfectamente claro fue Felipe. Ese día habló poco, muy poco. Felipe, cuando los problemas son grandes, tiene un gesto duro y habla poco, pero está analizando la situación. Siempre recordaré —fue algo que me chocó mucho— la reunión de la Comisión Delegada de Asuntos Económicos, que se celebró al día siguiente de la huelga, el jueves. Yo formaba parte de dicha comisión. Estábamos en la reunión y Felipe me llamó, y me dijo: «Vente para acá». Cuando llegué a su despacho, a La Moncloa, me entregó un folio, escrito a mano, que decía: «Ayer hubo una huelga general que fue un duro golpe para el Gobierno». Felipe convocaba a los sindicatos, para el día siguiente, a la mesa de negociación. Eso ocurrió al día siguiente de la huelga, a las doce de la mañana. Guardo todavía el papel con la hora a la que me lo entregó. Con ese papel, yo entregué una nota con la reacción del Gobierno.

Pienso, sinceramente, que nuestros posibles errores de comunicación durante los días previos a la huelga —porque aunque habíamos analizado bien la situación, lo comunicamos mal— se compensaron con la reacción ante el éxito de la huelga. Al día siguiente, Felipe reconoció claramente el éxito de la huelga, recogió velas y convocó a los sindicatos a la negociación.

Felipe tiene —eso lo he aprendido trabajando con él— una gran capacidad para analizar siempre dos pasos por delante de los demás. Yo creo que él sintió que la huelga era desproporcionada, pero real; que había habido una respuesta social contundente contra el Gobierno. El detonante podía haber sido la enemistad con Nicolás, o la falta de sintonía entre el Partido y la UGT, pero lo real era que esa huelga había sido total y absoluta.

Madrid era un páramo. A mí todavía se me ponen los pelos de punta cuando lo pienso, porque, naturalmente, cuando estás en el Gobierno y tienes que responder ante una cuestión semejante...

El dinero, sobre la mesa

La única rueda de prensa que yo he retrasado fue, precisamente, la que correspondía a la huelga. La huelga tuvo lugar un miércoles; la reacción del presidente del Gobierno, un jueves; el viernes se celebró el Consejo de Ministros y, por la tarde, había una manifestación en la Puerta del Sol. Yo no ofrecí la rueda de prensa habitual de los viernes: la trasladé al sábado. Necesitaba más tiempo y fue una decisión mía. Felipe, como casi siempre, no me dio ninguna instrucción. Rara es la ocasión en que me haya dicho: «Hay que ir por aquí». Se suponía que las conversaciones que habíamos mantenido a lo largo de la semana me tenían que dar las claves sobre lo que yo debía decir. En este caso concreto, Felipe y yo no hablamos antes de esa rueda de prensa que, políticamente, fue una de las más difíciles para mí. Ya no recuerdo el contenido, pero sí recuerdo que fue muy difícil, porque el golpe había sido muy duro y porque empezábamos un proceso de negociación con los sindicatos. Pero yo no tenía todavía todas las claves para comentar hasta qué punto podíamos ceder o podíamos flexibilizar nuestra postura.

Carlos Solchaga, el ministro de Hacienda, había argumentado, antes de la huelga, que no había manera de ceder, que las pretensiones de los sindicatos no eran asumibles. Pero, inmediatamente después de la huelga, su posición cambió. Si no me flaquea la memoria... cuando Carlos Solchaga dice —por primera vez— que sí hay dinero para satisfacer las demandas de los sindicatos, lo dice en mi despacho.

Las negociaciones con los sindicatos se empezaron a celebrar en una de las salas inferiores del Ministerio Portavoz y, después de la primera sesión, cuando terminaron, a las doce de la noche, subieron a mi despacho Felipe González y Carlos Solchaga —que venían de la reunión— y Alfonso Guerra, que vivía entonces en La Moncloa. Empezamos a analizar aquella reunión, cómo habían ido las conversaciones con los sindicatos... Y Carlos Solchaga, de repente, puso el dinero sobre la mesa. Me llevé una gran sorpresa porque habíamos mantenido la imposibilidad de... Creo que también se sorprendieron el presidente y el vicepresidente del Gobierno, aunque no estoy segura, nunca se lo pregunté.

Aquello fue muy fuerte: eran las doce de la noche, en mi despacho. Recuerdo perfectamente, incluso, dónde estábamos sentados cada uno. La reacción del presidente y del vicepresidente fue muy correcta. Yo diría que no estaban del todo en antecedentes... Pero también es verdad que es misión del ministro de Economía embridar las situaciones y ser flexibles cuando el agua te ahoga.

En ningún caso analizamos la huelga como el resultado de una confrontación entre UGT y el Gobierno. Tampoco se analizó exclusivamente como un conflicto económico. Cuando Felipe dijo: «Ha sido un duro golpe», estaba valorando la protesta en toda su dimensión. El origen de aquel conflicto respondía a una enemistad personal de Nicolás Redondo con Felipe, y de UGT con el PSOE, pero, no hay que engañarse: la sociedad lo secundó. Y lo secundó, porque había algo... porque existía algún malestar con el Gobierno. Y yo creo que lo había, porque estaba empezando a hacer mella...

Las cosas son muy complicadas...

Nosotros, con los medios de comunicación, perdimos la sintonía rápidamente. Quizás porque ellos y nosotros éramos en parte lo mismo. Es decir, la generación que estaba entonces en los medios de comunicación y en el Gobierno era la generación que había luchado contra el franquismo y que había hecho posible la transición. Algunos de los periodistas del «sindicato del crimen» habían sido amigos personales de Felipe González; otros, que no pertenecían al «sindicato del crimen», habían sido amigos nuestros, compañeros, formábamos parte del mismo círculo... Habíamos sido cómplices... Pero cuando estás en el Gobierno, dejas de ser cómplice del que tiene la obligación de observarte, de analizarte y de ser crítico; y tú tienes la obligación de defender tus posiciones. En fin, se crea una distancia muy difícil de salvar. Yo creo que las diferencias, y la falta de sintonía con los medios de comunicación, tienen ese origen: nuestra complicidad con esos profesionales durante la transición.

Por eso se había decidido crear el Ministerio Portavoz, para que hubiera una persona que mediara en ese conflicto. Recuerdo que Javier Moscoso me comentaba que los dos teníamos una tarea imposible, que a los dos —en distintos momentos— nos habían encomendado una tarea imposible: a él, conseguir que la Función Pública funcionara; a mí, llevar a cabo una tarea de transparencia y servir de puente con los medios de comunicación. Y yo siempre supe que mi tarea era imposible. Porque, al margen de las ruedas de prensa, el trabajo del portavoz es un trabajo continuo de relación personal.

Yo pasaba diez, doce o trece horas diarias hablando por teléfono con los periodistas, con los directores de medios... Porque, al final, necesitas recoger y trasladar mucha información, y ésa es una tarea que requiere implicación personal. Pero, durante la huelga, yo sabía que era una causa perdida... Aquello era una avalancha, como una ola: la estás viendo y sabes que, cuando es muy grande, te tienes que tapar la nariz, meterte debajo y que te pase por encima. A mí, la huelga me pareció eso: una ola que se me venía encima... y no me quedó más remedio que taparme la nariz, meterme debajo y esperar a que la ola pasara. Hice todo lo que pude para enfrentarme a ella, pero yo sabía que...

A veces, los problemas políticos parecen la semilla en la tierra. En aquel momento, la pregunta era siempre la misma: ¿por qué? Todos los indicadores objetivos eran positivos. Sin embargo, algo flotaba en el ambiente contra el Gobierno. Quizás fue la prepotencia, la seguridad que mostraba, la mayoría absoluta... La crítica que me trasladaban los directores de los medios y los periodistas con los que yo hablaba se refería a nuestra actitud poco dialogante. Básicamente, cuestionaban nuestra falta de diálogo. O sea, si tengo que decidirme por una causa o un rasgo esencial en aquel caso, por lo que me llegaba a través de los medios de comunicación, sería la falta de diálogo, nuestra actitud prepotente.

«Parar» a Felipe

Después de aquello, después de la huelga, Felipe piensa en abandonar, piensa en dimitir... Yo creo —por lo que él me contó— que ya en las elecciones de 1989, le escribió una nota a Alfonso Guerra, diciendo: «Yo ya he cumplido con mi tarea, me puedo ir...».

Felipe González siempre ha pensado que él estaba ahí, hacía el esfuerzo, gobernaba, pero que no iba a quedarse eternamente, porque ésa no era su profesión ni su tarea... Yo no conocía entonces a Felipe, pero pienso que siempre acarició la posibilidad de abandonar el Gobierno en cualquier momento. La huelga acrecentó esa posibilidad, pero creo que sólo fue un elemento más... Él llevaba ya un tiempo —y quizás estas cosas no se deban reconocer— sopesando esa posibilidad: cada vez que hacía una entrevista, a lo largo de la misma, siempre había un momento en que le decía al periodista: «Bueno, yo me iré, en las siguientes elecciones no me presentaré». Y he de reconocer que, aunque no soy muy intervencionista, ante aquella afirmación —que siempre me comentaban los periodistas—, yo los convencía de que aquello no debía aparecer, que era contraproducente. Y la verdad es que, uno detrás de otro, todos me fueron haciendo caso.

Hasta que llegó una periodista, que se llama Susana Olmo —es muy amiga mía; yo le tengo mucho afecto, no sé si ella a mí— y le hizo una entrevista en la campaña de las elecciones de octubre de 1989. Yo llevaba casi un año evitando aquellos avisos... Pero, efectivamente, Felipe González le dijo: «Éstas son las últimas elecciones a las que me presento». ¡En mitad de la campaña electoral! Cuando la periodista me comentó estas declaraciones le dije: «Susana, esto no lo saques». Pero Susana me contestó: «Me lo ha dicho, y yo soy periodista y lo tengo que publicar». Yo insistí: aquella declaración no podía salir a la luz pública. Pero ella habló con el presidente del Gobierno y creo que fue la primera vez que él me llamó muy enfadado —recuerdo que estaba enfermo, con gripe, y me llamó desde la cama— para quejarse y preguntarme por qué censuraba una entrevista suya. Llevaba razón. Yo no tenía por qué censurar esa entrevista. Lo hice porque consideraba que, políticamente, era durísimo que el presidente del Gobierno dijera que abandonaba, después de una huelga general y en medio de una campaña electoral. Fue exceso de celo... Supongo que lo he tenido a lo largo de mi vida. Pero Felipe González me dijo: «Eso es lo que pienso. Lo he dicho y tiene que hacerse público». Efectivamente, yo ya no volví a decir una palabra. Susana Olmo me ganó esa batalla.

Recuerdo que la reacción de Alfonso Guerra a esas declaraciones fue durísima. No entendió cómo yo había permitido que esa entrevista saliera a la luz. Pero yo no podía hacer más; hice más de lo que debería haber hecho...

En cualquier caso, yo creo que la huelga del 14-D no fue determinante en la decisión de abandonar la dirección política —al contrario de lo que mucha gente creyó—. La huelga fue una gota más en una decisión que él venía acariciando desde el mismo día que llegó a La Moncloa. Ello no quiere decir que él no hiciera su trabajo al cien por cien. Siempre se esforzó al máximo, pero, al tiempo, acariciaba la idea de irse y, en aquel momento, pensó honestamente que ésa era su última campaña. Lo pensó y, de hecho, mucho tiempo después, pudimos ver cómo estuvo haciendo gestiones para no presentarse en las elecciones de 1993. Pero Javier Solana le jugó una «mala pasada» —en el buen sentido— y aceptó el cargo de secretario general de la OTAN. Esa circunstancia rompió el esfuerzo de Felipe de buscar un sucesor, de encontrar un consenso en relación con ese sucesor, consenso que, por otra parte, ya existía.

Recuerdo bien aquel día: se había celebrado la reunión de la Ejecutiva en la que se había discutido este tema; él no deseaba presentarse como candidato pero el supuesto sucesor no se hallaba disponible. Supo que tenía que mantenerse como candidato —¡otra vez!— para las elecciones de 1993. Estaba muy impactado, en el sentido de que sabía que había que aceptar aquella situación, que ya no se podía negociar un nuevo consenso en torno a ninguna otra persona.

Serra, el sucesor frustrado

En 1989, cuando Felipe González hizo público, por primera vez, su deseo de abandonar la dirección política, cuando lo planteó en el seno del Partido, él pensaba en Narcís Serra como sucesor. Recuerdo que Narcís Serra me comentó un día que Felipe lo había citado para conversar después del Consejo de Ministros. (Esto ocurrió en diciembre del año anterior, en 1988). Cuando Narcís Serra me lo dijo, yo sabía para qué lo había hecho llamar Felipe González. La cuestión era que Narcís tenía un compromiso, una comida, y me comentó que no sabía si decirle al presidente que aplazara aquella conversación. Pero yo le dije: «Tienes que ver a Felipe». Porque sabía qué le iba a plantear. Y creo —me consta— que se lo planteó.

También es cierto que Felipe, con el transcurso del tiempo, cambió de opinión. Lo recuerdo bien... Me sonrío sola cuando lo pienso... Porque creo que Felipe González nunca le dijo a Narcís Serra que había cambiado de opinión. Felipe González le planteó la sucesión a Narcís Serra, pero nunca, posteriormente, le dijo que había cambiado de parecer. Y, además, pienso —pese a lo que se ha dicho y lo a que se pueda creer— que en ese cambio de opinión no influyó en absoluto Alfonso Guerra. Mi sensación es que Felipe tenía, políticamente, más independencia de criterio respecto de Alfonso de lo que se ha dicho. Y cuando se produjo la salida de Alfonso del Gobierno, el presidente demostró que tenía más independencia de criterio y de actuación de lo que se pensaba en el seno del Partido, o de lo que él dejaba que se interpretara.

No sé si Alfonso Guerra llegó a invocar su derecho a intervenir en la sucesión de Felipe, aunque encaja perfectamente dentro de la personalidad de Alfonso que lo hiciera. Además, a Alfonso nunca le gustó Narcís. De todos modos, Felipe pensó en Narcís, en su momento, porque valoraba extraordinariamente el papel que había desempeñado al frente del Ministerio de Defensa: sus primeros momentos al frente de esa responsabilidad, su firmeza en el proceso de toma de decisiones, cómo se enfrentó a una situación difícil, cómo frenó un proceso que podía haber sido traumático para el país o cómo modificó el estamento militar. Quizás Felipe extrapoló esa valoración positiva de Narcís a la posibilidad de que fuera presidente del Gobierno... pero incluso algunos miembros del Gobierno que mantenían una relación buena con Narcís no acababan de comprender qué había visto Felipe González en Narcís Serra. No lo sé...

Narcís fue nombrado vicepresidente en 1991, pero hasta el año 1993 no tuvo poder real como vicepresidente. El período anterior puede considerarse de transición. Narcís tenía sólo un poder relativo... Siempre recuerdo que Rodolfo Martín Villa, en alguna ocasión, me comentó que la peor etapa de su vida política fue cuando era vicepresidente, «porque ser vicepresidente —me decía— es no ser nada: no tienes gestión directa, no tienes responsabilidad». No fue el caso de Narcís: creo que cubrió un hueco con mucha dignidad, pero es verdad que no tenía un papel estelar.

Y Felipe, por la razón que fuera, cambió de opinión respecto a Narcís como sucesor. Pero, insisto, así como afirmo que Felipe tomaba sus decisiones con más independencia de criterio de lo que la leyenda sugería, también creo que Alfonso Guerra decía menos de lo que dicen que decía. Y lo sostengo porque lo he visto durante los años que he compartido labores de gobierno con Felipe y Alfonso —con ambos mantenía buena relación—.

Sí, yo mantenía una buena relación con Alfonso... hasta que él dejó el Gobierno. Se abrió entonces un distanciamiento. Yo creo que él interpretó que yo...

Siempre recordaré que, al poco de llegar yo al Gobierno, Carlos Solchaga —que es un personaje muy curioso— me dijo: «Veo que estás haciendo un esfuerzo por llevarte bien con Alfonso Guerra y con Felipe González, y eso es imposible; en un momento determinado, tendrás que optar». En aquellos años, yo pensaba que eso no podía ser cierto, pero, al cabo del tiempo, me di cuenta de que si tú no elegías, otro elegiría por ti. Pero también creo que Alfonso Guerra era muy respetuoso con Felipe González. Es posible que Alfonso pudiera reivindicar su derecho a intervenir en la sucesión, puede que eso estuviera en el ambiente... pero dudo que, si se lo llegó a plantear a Felipe, lo hiciera de una forma agria o dura. Sin embargo, sí es posible que a Felipe le pudiera llegar claramente el mensaje. Lo cierto es que había cierto rechazo en el Partido, porque Narcís no era un «pata negra». Pero quiero insistir en que Alfonso siempre fue respetuoso con Felipe.

La corrupción, aquello parecía imposible

Después de la huelga general, yo creo que recuperamos bien nuestra imagen ante la opinión pública.

La auténtica inflexión, el desafecto, en esa relación del Gobierno socialista con los ciudadanos, se produce a partir de los casos de corrupción y de la manipulación que hacen de los mismos el Partido Popular y los medios de comunicación afines.

(Siempre pienso en la diferencia que hay entre el PP y nosotros. Con nosotros, había una unión afectiva: es decir, nuestro votante no sólo nos votaba porque fuéramos eficaces o porque tuviéramos un proyecto, sino porque existía cierta relación afectiva. La gente se sentía identificada personalmente con Felipe, con el proyecto socialista... Con el PP no ocurre lo mismo. A Aznar la gente no lo quiere. Los ciudadanos le dieron sus votos, en parte, porque nosotros teníamos problemas y, en parte, porque se presentaba como un gestor eficaz... Ahora que ya ha dado la imagen de ineficacia —no está sabiendo hacer frente a las situaciones— el desafecto será muy rápido, porque sólo se le apoya por razones prácticas, de eficacia).

El afecto a Felipe y al PSOE era muy fuerte, y en el 14-D se nos dio un capón, duro y fuerte, pero limpio. Digo limpio porque, entre otras cosas, los sindicatos tampoco tenían mucha razón y, además, no supieron gestionar el éxito de la huelga. Si no hubiéramos tenido después los problemas que tuvimos, el desafecto al Gobierno no se habría producido.

Es verdad que los casos de corrupción son muy importantes, pero son lo que son: no explican la totalidad del problema que tuvimos entre 1991 y 1996. La explicación del problema general reside en la manipulación vergonzosa e indigna del PP y en el corifeo de medios de comunicación que lo apoyaron. Sigo pensando que en la resolución del problema de la corrupción, seguramente, nos equivocamos. Porque no lo supimos ver, porque tardamos en verlo. Porque todas las personas —y los políticos también— analizamos por introspección y nos parecía que aquello era imposible.

Lo que ha dicho Felipe González es verdad: a él lo han acusado tantas veces de tener propiedades donde no las tenía, de hacer tantas cosas que no hacía, que, en los primeros momentos, cuando saltaron otros escándalos en los medios, pensó que aquello era más de lo mismo. Y ese análisis lo hicimos muchos de nosotros. Sobre todo, los que habíamos sufrido acusaciones o investigaciones pensábamos que aquellas noticias eran «más de lo mismo».

Mala fortuna: ahora, eran verdad.

Empezamos con el «caso Juan Guerra», y no supimos reaccionar. Pensamos que era un tema menor, que con la intervención de Alfonso estaba zanjado. Los medios de comunicación se cebaron en un tema que yo creo que no era dramático, aunque era erróneo, incorrecto. En ese punto, seguramente, empezamos a no hacer frente a la situación con la firmeza que un Gobierno tiene que responder. Se tardó en reaccionar. El presidente del Gobierno tardó en tomar decisiones; el propio Alfonso Guerra —supongo— tardó demasiado en ser consciente de lo que estaba ocurriendo. Y perdimos un tiempo vital, estuvimos desorientados, sin ofrecer respuestas, cuando al otro lado teníamos, no a unos adversarios políticos, sino a unos enemigos que estaban dispuestos a cualquier cosa con tal de acabar con nosotros.

Recuerdo, aunque vagamente, que estuve en una reunión del Grupo Crónica —un plantel de periodistas muy diversos que se reúnen en el Hotel Miguel Ángel— y yo hice, en relación con el «caso Juan Guerra», una defensa cerrada de una situación sobre la que no tenía suficientes elementos de juicio. Pero defendí mi postura honestamente, creyendo que hacía una defensa justa, sin darme cuenta de que, posiblemente, hubiera sido mejor reconocer una parte del problema. Sin embargo, nosotros nos empecinamos en aquellas explicaciones —en mi caso, por respeto a Alfonso—. Yo siempre le he tenido mucho afecto, aunque ahora nos hayamos distanciado, porque conmigo, políticamente, se portó muy bien y la relación era muy cordial. Y pensé que, si él no reaccionaba, no había que reaccionar. Y quizás, unos por otros, otros por unos, por el respeto que nos tenemos mutuamente, por respeto a los espacios de cada uno, no supimos... Ahora bien, también estoy segura de que si hubiéramos cortado de raíz aquello, «ellos» habrían seguido con su estrategia. El deseo del PP de acabar con Felipe González y con el PSOE era tan grande que hubieran sido capaces de todo.

Tal y como se sucedieron los acontecimientos, era inevitable que Alfonso abandonara el Gobierno. En la vida, hay que asumir responsabilidades políticas y creo que Alfonso sabía que tenía que asumirlas por lo que ocurrió con su hermano. Sigo pensando que lo sucedido con Juan Guerra no era un drama. Después de tanto tiempo, sigo pensando que el coste político que tuvo para el Partido no guarda relación con lo que ocurrió. Pero Alfonso tenía que asumirlo porque, entre otras razones, la presión del Gobierno sobre Felipe era muy fuerte, también lo era la presión del Partido, la del Grupo Parlamentario, la de los medios de comunicación... La presión mediática era fortísima. Creo que Felipe concedió a Alfonso el margen que tenía que concederle. Yo viví aquellos momentos. Y eran muy difíciles. Muy difíciles.

En la Guerra del Golfo

Teníamos una gran dificultad para conectar con los medios de comunicación. Ello se debía, precisamente, a la voluntad política del Partido Popular y de una parte de los medios de comunicación de acabar con el Gobierno de Felipe González. También es verdad que, durante ese tiempo, tan tenso y difícil, el Gobierno tomó algunas iniciativas importantes que los medios de comunicación comprendieron, con gran sentido de la responsabilidad por su parte.

Uno de los episodios más difíciles que recuerdo —con afecto y positivamente— fue el esfuerzo que hicimos para conectar con la sociedad, a través de los medios de comunicación, a propósito de las conversaciones de Argel. El presidente del Gobierno decidió, en el momento de iniciarse las conversaciones con ETA, que el ministro de Interior, José Luis Corcuera, y yo habláramos con los sectores más representativos de los medios de información. Y lo hacíamos, prácticamente, cada dos o tres días, a medida que iban evolucionando las conversaciones. Explicábamos a los responsables de los medios de comunicación en qué consistían esas conversaciones, qué estaba ocurriendo, sobre qué se podía informar, qué temas eran reservados o cuáles eran las cuestiones más delicadas. Recuerdo muy positivamente esas reuniones con los periodistas, aunque eran difíciles y duras. También recuerdo aquellos encuentros en el Ministerio del Interior con cierta simpatía, porque la personalidad de Corcuera y la mía —no será necesario que lo explique— son completamente distintas.

Nuestras actitudes, la de José Luis y la mía, eran dispares. Él «reñía» a los representantes de los medios, les exigía... Yo pensaba que si, de alguna manera, estábamos buscando cómplices en los medios de comunicación, en un asunto tan importante para el país, teníamos que ser más comprensivos, más... explicativos. Pero creo que hicimos un tándem que funcionó. No sé cuál será la valoración de José Luis Corcuera —él era el ministro y, por tanto, tenía más datos que yo— sobre las consecuencias de ese esfuerzo de comunicación, pero yo creo que incluso los medios más enfrentados al Gobierno respondieron positivamente y entendieron los límites de la información.

Por eso, yo quiero reivindicar también la voluntad y la decisión de Felipe González de hacer un esfuerzo de comunicación, de buscar un puente con los medios. Él sabía que, en los temas importantes, teníamos la obligación de convencer a la opinión pública, y una vía muy importante para conseguirlo eran los medios de comunicación. Cuando estás en el Gobierno, inevitablemente hay momentos de desencuentro con los medios, pero si haces un esfuerzo de comunicación, los puedes compaginar con ciertos elementos de comprensión.

En este momento —y dado lo ocurrido en Irak— estoy rememorando la posición de España en la Guerra del Golfo de 1991. Cuando se desencadenó el conflicto, teníamos a la opinión pública totalmente en contra, no ya de la guerra, sino de nuestra participación mínima en aquel asunto. Por ejemplo, aún no se sabía si el conflicto podría desembocar en la utilización de la fuerza. Durante esa década, España se había incorporado al mundo y la sociedad española sabía que los conflictos internacionales ya no le eran ajenos. Pero había que hacer un esfuerzo y explicarlo, para que la sociedad pudiera asumir ciertas posiciones del Gobierno. Cuando comenzó el conflicto, con la invasión de Kuwait —el 4 de agosto de 1990—, Felipe González organizó un Gabinete de Crisis del que formaba parte el ministro de Defensa, el ministro de Exteriores y yo, como ministra portavoz. Nos reuníamos diariamente, y mi papel consistía en ofrecer posteriormente esa información a la opinión pública. El 16 de agosto tuvimos que tomar la decisión de enviar los primeros barcos al Golfo, y la opinión pública era completamente contraria a esa expedición. Pero nosotros empezamos a trabajar, no para comprar medios —como hace el Gobierno del PP—, sino para explicar el porqué de nuestra posición: la cooperación internacional, la cohesión internacional, nuestra participación en un conflicto internacional... Y la opinión pública acabó dando un vuelco espectacular. De hecho, cuando, en marzo de 1991, se produce la invasión terrestre para liberar Kuwait, habíamos conseguido un cambio radical en la opinión pública. Y se había conseguido aquella modificación en la opinión general por el esfuerzo del presidente del Gobierno y por el esfuerzo de los ministros, estando presentes y explicando las decisiones: en el mes de septiembre —un mes después de la invasión de Kuwait—, sólo el 20 por ciento de los españoles apoyaba la posición del Gobierno; en enero, esa cifra asciende hasta el 39 por ciento; y en marzo —días antes de la invasión terrestre—, ya alcanzaba el 65 por ciento de los ciudadanos. Las cifras del apoyo y del rechazo a la posición del Gobierno se habían invertido en seis meses.

Felipe González sabía que tenía que liderar la posición del Gobierno, pero tenía que hacerlo con el apoyo de la opinión pública. Y ese apoyo se consiguió con una combinación de presencia en el Parlamento, de traslación de información a los medios de comunicación y de presencia directa en la sociedad. Era el único modo de explicar la presencia de España en ese conflicto.

(Es todo lo contrario de lo que ha hecho el Gobierno del Partido Popular en la nueva crisis de Irak, en 2003. En realidad, Aznar y González tienen dos concepciones distintas de la política. Para el Gobierno del PP, lo mediático es muy importante: todo lo hace en función de los medios de comunicación, pero la opinión pública no le importa nada. Sin embargo, para nosotros, para los Gobiernos socialistas, la opinión pública era muy importante, aunque no determinante. Es decir, si el Gobierno decidía que tenía que hacer algo, lo hacía, pero dirigía su esfuerzo a intentar modificar la opinión pública cuando ésta era contraria. Y yo creo que ésa es la diferencia entre un responsable político que tiene el liderazgo de la sociedad y el que no lo tiene).

Por lo que respecta a mi tarea, yo creo que esa época fue quizás el mejor período de colaboración con los medios de comunicación... Pese a los momentos difíciles, sobre todo con los primeros bombardeos de Bagdad. Desde mi punto de vista y como responsable de la relación con los medios de comunicación, fue un momento muy positivo.

Sin reductos en los medios de comunicación

Es bien cierto que, en algún momento, tuvimos dificultades o, mejor, incomprensión, por parte de algunos medios de comunicación, en relación con la lucha antiterrorista. Pero, hasta el final, es decir, hasta que el Partido Popular decidió utilizar políticamente el terrorismo, yo creo que todo funcionó razonablemente bien.

Las cosas se torcieron cuando el PP, desesperado por alcanzar el gobierno, utilizó dos elementos: la corrupción, por un lado, y la lucha antiterrorista por otro. Los socialistas no recriminamos esa actitud en su momento, ni lo hacemos ahora, pero creo que deberíamos denunciar ese comportamiento político, porque ha resultado nefasto. Por ejemplo, el general Galindo está en la cárcel porque el señor Federico Trillo se empeñó en que acabara en la cárcel. Y Aznar no dejó de utilizar todos los mecanismos a su alcance para acabar con algo esencial en la lucha antiterrorista: el esfuerzo de los ministros del Interior y de las Fuerzas y Cuerpos de Seguridad del Estado. Aznar que, en ese sentido, es una persona de una deslealtad política sin límites, y Pedro J. Ramírez y todos sus secuaces, dispuestos a «cargarse» a Felipe González como fuera, utilizaron todos los medios a su alcance para lograr su objetivo, ante una sociedad que, de pronto, se abrió las venas por asuntos que ahora pasan desapercibidos. Ejemplo: muchas personas que hoy forman el colectivo de Basta Ya —que es un movimiento importante— están haciéndole el juego al PP. Es realmente escandaloso.

Los argumentos del Partido Popular tuvieron mucha fuerza porque pudieron sumar los medios que tenían comprados a cierto desencanto de otros medios en relación al Gobierno. Hasta entonces, en los momentos delicados, los medios habían reaccionado bien. Otra cosa fue cuando el PP empezó a utilizar también el tema del terrorismo... Fue brutal. No se trataba sólo de que no apoyaran la lucha antiterrorista... es que actuaron con una falta de responsabilidad sin precedentes en la Historia de España —sobre todo, tratándose de un partido que pretendía gobernar—.

Respecto a mi relación con los medios de comunicación, yo nunca fui muy optimista. Siempre supe que había núcleos irreductibles, aunque yo seguía reuniéndome con esos núcleos irreductibles. De hecho, cuando Pedro J. Ramírez estaba tratando de levantar su periódico, me invitó a comer con todo su equipo, para hablarme de su periódico, *El Mundo*. Yo intenté disuadirlo y le decía que aquel periódico no iba a tener espacio. Yo sabía que él era un enemigo —porque no es un adversario—. Él es un enemigo porque él mismo se ha colocado en esa posición, y es irreductible. En definitiva, yo conviví, de alguna manera, con esos núcleos irreductibles, pero seguía viéndome con ellos porque era mi obligación. De todos modos, sabía que aquella relación era imposible.

Y empecé a comprobar que todo era mucho más difícil cuando el PP se alió, al margen de los métodos democráticos de actuación, con el «sindicato del crimen». El objetivo era acabar con Felipe González y con su Gobierno.

Especialmente difícil fue el período comprendido entre 1993 y 1996. Para entonces, apenas nos quedaban reductos en los medios de comunicación y empezamos a tener dificultades. Felipe ha dicho muchas veces que, en esos años, se tomaron decisiones importantes —por ejemplo, el Código Penal de la democracia es de aquella época— y se adoptaron iniciativas importantes, pero todas quedaron absolutamente ensombrecidas por el empeño del PP de acabar, por el medio que fuera, con el Gobierno socialista.

TRABAJAR CON FELIPE

Aquellos ocho años de Gobierno —primero como ministra portavoz y luego como secretaria general de la Presidencia— tienen, para mí, un valor incalculable. Desde el punto de vista personal, fue una época de gran esfuerzo. Para empezar, después de aquel encuentro con Alfonso Guerra y después de que me dijeran que tenía que aprender a decir *«No comment»*, recuerdo que pasé unos meses en los que me dolía el cuerpo por dentro: del miedo que tenía, de la responsabilidad. A veces, tengo que cerrar los ojos cuando me acuerdo de cómo soportaba las críticas que me hacían. Yo he sido uno de los ministros más criticados, y soy consciente de ello. Me criticaban porque decían que me equivocaba mucho y que no hablaba correctamente, pero nunca me hicieron una crítica de fondo.

Quedan algunos malos recuerdos. Pero aquellos años fueron, con diferencia, los más importantes de mi vida. Estaba dispuesta a darlo todo. Y lo di: dediqué a esa tarea las 24 horas del día, durante ocho años.

En la memoria se mezclan los momentos buenos con los malos, pero el conjunto es bueno. Si tuviera que hacer un balance, podría decir que viví momentos muy gratos.

Por ejemplo, con la campaña de Maastricht. Antes de la votación en el Congreso, lanzamos una campaña de información para que la sociedad española conociera el Tratado de Maastricht[3], que tenía una importancia determinante para el futuro de la Unión Europea. No es que hubiera una voluntad de rechazo en la opinión pública, pero sí era un tema complejo. Hicimos la campaña con los humoristas de los distintos medios de comunicación, de una forma muy especial colaboramos con Peridis y Forges. Estábamos de acuerdo con todas las fuerzas políticas parlamentarias. Y obtuvimos la satisfacción de que la sociedad española llegó a tener un nivel muy elevado de conocimiento del Tratado de Maastricht...

Tengo buen recuerdo también de la Expo de Sevilla, en 1992, porque a mí me correspondía la parte «agradecida», la de explicar lo que se estaba haciendo. El trabajo duro era para Virgilio Zapatero, que era el ministro responsable.

Uno de los momentos más gratificantes fue la Conferencia de Paz de Oriente Medio que celebramos en Madrid[4]. Creo que fue uno de los trabajos más importantes de mi Ministerio. La portavocía era en realidad un Ministerio muy pequeño y contábamos con muy pocos colaboradores. Me acuerdo que un día me llamaron Felipe González y Paco Fernández Ordóñez para decirme que se iba a celebrar la Conferencia de Paz —creo recordar que en el plazo de diez días— y yo tenía que organizar un centro de prensa para más de tres mil periodistas. Era la primera vez que se concentraban en España miles de periodistas internacionales y preparamos un centro espectacular... Ahora se hacen habitualmente despliegues parecidos, pero aquella era la primera vez... Y creo que el trabajo de cooperación del Ministerio de Asuntos Exteriores con el de Interior y el de Exteriores conmigo fue muy positivo... El ministro Paco Fernández Ordóñez ya estaba enfermo...

El conjunto de la actividad de un ministro portavoz es muy bonito, porque es verdad que, si uno se empeña, puede conseguir —aunque no siempre— trasladar a la sociedad lo que quiere... Había que salir cada viernes en la rueda de prensa... Personalmente, tuve también momentos muy malos. Por ejemplo, yo acostumbraba a leer muchos periódicos, y muchas veces me encontraba la «negrilla» con mi nombre. Pero, en fin, a veces uno tiene que aprender a trabajar con críticas muy duras... Yo siempre tuve la confianza del presidente del Gobierno y, creo, la confianza del Gobierno, con el que me llevaba razonablemente bien, pero, sobre todo, tenía la seguridad de que estaba haciendo un trabajo importante.

A veces me cuesta distinguir entre el período de ministra portavoz y el período en el que estuve en la Secretaría General de la Presidencia. Porque, durante el tiempo que ocupé el cargo de portavoz, además de ser la cara del Gobierno, realizaba una función que continué realizando después: la colaboración con Felipe González en la tarea de Gobierno, en el análisis de las situaciones o en la elaboración de informes sobre temas determinados; en fin, yo era, podríamos decir, la jefa del Gabinete del presidente del Gobierno. Y esa colaboración es uno de los trabajos más gratificantes, porque, para cualquier político, trabajar mano a mano con el presidente del Gobierno, aprender de él...

Recuerdo algunos acontecimientos internacionales que tuvieron lugar en aquel período. Recuerdo como algo muy positivo la caída del Muro de Berlín, recuerdo haber vivido con el presidente del Gobierno su reacción la noche que vimos todos por televisión, el 28 de noviembre, la caída del Muro. Él estaba muy impactado. Felipe estaba viendo, en sus conversaciones con Gorbachov, que algo importante estaba a punto de suceder en los países del Este, al otro lado del Muro de Berlín. Y, por otra parte, estaba muy identificado con las políticas de Alemania y con la trayectoria de Helmut Kohl. Creo que la primera llamada que hizo, en aquel momento, fue a Helmut Kohl.

En la parte negativa del balance, recuerdo que fueron muy difíciles todos los momentos relacionados con atentados y algunos elementos de la política antiterrorista. También, la huelga del 14-D... por mi poca experiencia para conocer los entresijos de un Gobierno y para obtener toda la información necesaria...

AQUELLA CAMPAÑA DEL 93

Las elecciones de 1993 se convocaron después de la crisis generada por la carta de Txiqui Benegas: «Los renovadores de la nada». La carta se publicó poco antes de la Semana Santa de 1993 y abrió un conflicto en el Partido muy importante. Recuerdo una Semana Santa muy difícil, con una presión de los medios fortísima para conocer la reacción de Felipe, del Gobierno. Yo tuve que interrumpir mis vacaciones para volver y hacer frente a esa presión mediática. No sé si Felipe estuvo muy preocupado en ese momento. No lo sé, porque Felipe suele ser muy reservado; cuando no quiere dar información sobre algo, no la da; incluso su imagen corporal es bastante controlada. Yo creo que fue duro para él, pero no más que en otras ocasiones. Cuando he visto realmente preocupado al presidente del Gobierno ha sido con motivo de asuntos relacionados con el terrorismo. Recuerdo con un dramatismo muy especial el día que asesinaron a Tomás y Valiente. Yo estaba en el Partido, reunida en el Comité Electoral. Me llamó y fui a su despacho. Estuvo tres horas callado. Fue un golpe fortísimo.

En esas elecciones, las de 1993, se formó un Comité Electoral en el Partido, dirigido por Alfonso Guerra y en el que estaba Ramón Jáuregui como portavoz. Recuerdo haber tenido reuniones con él para coordinar desde La Moncloa... Pero, si la memoria no me falla, Jáuregui, asustado por lo que vio, dejó la campaña a la mitad y desapareció... Entonces... había una dirección de campaña en el Partido, pero es verdad que el presidente del Gobierno le pidió la colaboración a Maravall para llevar su campaña personal. De hecho, Maravall acompañó a Felipe en los actos públicos; le ayudaba a formular el discurso de campaña, etcétera. Recuerdo que mi participación y la del Ministerio que yo dirigía fue muy importante también en aquella campaña... Es decir, hubo una dirección de campaña en el Partido, pero, en esta ocasión, no se ocupaba directamente de Felipe González. La campaña de Felipe la llevó personalmente Maravall junto al equipo de La Moncloa, que, en esos años, era yo. Creo que Jáuregui abandonó... Yo diría, por ser discreta, que no había precisamente una coordinación excelente entre los dos núcleos de decisión. Aquello era muy complicado. Felipe González, por otro lado, siempre ha hecho la campaña que él ha querido; es decir, siempre ha sido muy respetuoso con las demandas requeridas por el Partido —incluso en su forma de vestir—, pero el discurso político de campaña siempre lo marcaba el propio Felipe González. Yo interpreto que él decidió que su campaña se organizara desde La Moncloa, con Maravall, porque quiere ganar las elecciones y se da cuenta de que la responsabilidad... En otras ocasiones, él había compartido con todo el Partido la responsabilidad de ganar las elecciones, pero, en ese momento, se da cuenta de que su esfuerzo personal es determinante —y lo fue—. Quería hacer ese esfuerzo, pero también quiso que le resultara lo más cómodo posible. Felipe, para trabajar bien, tiene que trabajar cómodo, por eso siempre confía en alguna persona, y le concede mucha responsabilidad y se apoya mucho en ella. En ese momento, él entendió que tenía mi apoyo desde La Moncloa y que necesitaba un apoyo más, porque hay que decir que yo también tenía que hacer mi propia campaña: yo era todavía diputada por Jaén.

Nuestros datos nunca indicaron que fuéramos a perder las elecciones de 1993. De hecho, yo nunca tuve un momento de duda, aunque era muy difícil... El primer debate televisivo con Aznar fue muy difícil, porque el presidente del Gobierno estaba muy cansado... y perdió ese debate, evidentemente. Y yo tengo mi propia teoría sobre algo de lo que ocurrió. Es una teoría muy simple, pero tiene algo que ver con la verdad... A Felipe González se le recomendó que no mirara a Aznar sino al entrevistador, cosa que, desde el punto de vista mediático, era un gran error. ¿Quién se lo dijo? Es un secreto que yo guardaré siempre —en público y en privado—. Pero aquel debate, que no se ganó por múltiples razones, se perdió, en gran medida, porque se ofreció la imagen del presidente del Gobierno mirando siempre a un lugar donde no tenía que mirar. Mientras hablaba, miraba al moderador, no a Aznar.

Aquello no era normal: Felipe González siempre mira de frente, al que le habla. Era una ruptura en su comportamiento habitual, pero lo hizo por disciplina. Maravall, básicamente, preparó los dos debates con Felipe y con un equipo de personas que siempre han preferido permanecer en el anonimato, y yo lo he respetado. A mí me pidió Jose María Maravall que no hiciera públicos los nombres de las personas con las que había trabajado. Me lo pidió hace muchos años, días después de aquel debate. Lo que yo no puedo recordar es si, de alguna manera, el Comité Electoral intervino en el segundo debate, si hizo alguna recomendación... Si lo dice Alfonso Guerra, así sería, pero, desde luego, el peso de la campaña se llevó desde La Moncloa.

Ganamos las elecciones y dieron comienzo «los años difíciles».

El 'dossier' del hermano de Alfonso

Yo tardé mucho tiempo en ponerme el sombrero de miembro del Gobierno porque, como nunca esperé ser ministra, me costó. De hecho, siempre recuerdo una conversación con Carlos Solchaga en la que yo le dije: «Vosotros, los políticos...». Y él me respondió: «¿Y tú qué eres?». En ese momento, me di cuenta de que yo estaba tardando tiempo en incorporarme a esa —para mí— nueva forma de hacer política.

Poco a poco, me tuve que poner el blindaje para asumir el papel de dar la cara todas las semanas, sabiendo que me iban a preguntar siempre por lo mismo, por los escándalos de corrupción. Fue todo paulatino, todo empezó poco a poco, y casi sin que nos diéramos cuenta.

Recuerdo que, en el caso de Juan Guerra, yo recibí el primer *dossier* de los problemas del hermano de Alfonso. Antonio Asensio[5], que vino un día a hablar conmigo, me entregó el *dossier*. Y debo reconocer que, cuando lo empecé a leer, no pude creérmelo. Y lo digo con la distancia del tiempo. Tampoco era para rasgarse las vestiduras... En todo caso, no supe ver, desde el primer momento, la dimensión política que aquello podría tener. De hecho, yo cogí aquella información y, casi sin terminar de leerla, se la envié a Alfonso Guerra. Ni me quedé con copia ni le di mayor importancia. Pero fue fue creciendo... Creo recordar alguna declaración mía, muy criticada, en la que aseguraba que el tema estaba zanjado. No fui capaz de darme cuenta de que aquel asunto iba a ser utilizado con la saña con que fue utilizado por el «sindicato del crimen» y por el PP. Fue muy difícil.

Yo creo que el fondo del distanciamiento entre Alfonso y yo... Hay distancias que crecen sin palabras. La reacción de Alfonso, cuando yo le entregué el *dossier* de su hermano, fue el silencio. Y yo lo respeté. Me cuesta mucho trabajo criticar públicamente a Alfonso Guerra, porque le tenía —y le tengo— mucho respeto, y conmigo se portó muy bien, tanto cuando yo era directora del CIS, como en los años de Gobierno. Pero el distanciamiento, creo, nació en aquella época y con el «caso Juan Guerra». No hablar tenía una parte positiva, porque significaba que nos respetábamos mutuamente; pero también tenía una parte negativa: si hay distanciamiento, nunca llega a aclararse. Yo pienso que, en su salida del Gobierno, quizá yo no le di el apoyo que él hubiera necesitado. Creo que ni siquiera lo llamé cuando abandonó el Gobierno, no lo recuerdo... Simplemente, nos fuimos distanciando. Pero lo cierto es que yo no estuve al lado de Alfonso en aquel momento; y no lo hice porque, en ese momento, la dificultad política ya empezaba a ser grande y yo, sin hacerlo voluntariamente, había elegido. Y había optado claramente por Felipe González.

Luego, lo de Luis Roldán... y volvió a ocurrir lo mismo. Cuando *Diario 16* empezó a publicar la información, nuestra primera reacción fue la de no creérnoslo, porque él lo negaba, y porque, con anterioridad, había habido muchas otras acusaciones a miembros del Gobierno, y muy especialmente a Felipe González, que no eran ciertas. Por lo tanto, nuestra primera reacción ante los temas de corrupción fue la de no asumirlos como algo real. Y ése fue el primer error que cometimos: no percatarnos, desde el primer momento, de que aquello era cierto, que iba a ser utilizado de forma malsana por el PP y por el «sindicato del crimen», y que iba a tener la dimensión que tuvo.

Hasta 1993 hubo acontecimientos importantes gracias a los cuales el Gobierno podía respirar —en el período inmediatamente anterior comprobamos que la crisis remitía y se celebraron la Exposición Universal de Sevilla, los Juegos Olímpicos de Barcelona y la Conferencia de Paz sobre Oriente Medio—. El clima se hizo irrespirable a partir de la legislatura de 1993. Yo la viví con mucha intensidad pero fuera del Gobierno, desde la Secretaría General de la Presidencia. Una parte de mi responsabilidad como ministra portavoz había sido la organización de las entrevistas del presidente del Gobierno, es decir, su comunicación con los medios. Y, hasta 1993, ese tipo de relaciones no ofrecía dificultades; a mí, como portavoz, no me era difícil convencer al presidente de la necesidad de conceder entrevistas, de hacer ruedas de prensa, o de aparecer en los medios... Pero los años que van de 1993 a 1996 trajeron más dificultades porque, en un momento determinado, se analiza la situación y se consideran menos convenientes sus comparecencias. Se consideró más conveniente que lo hicieran otros, para no «quemar» al presidente. Y el hecho de que Felipe González no apareciera ante la opinión pública iba siempre en detrimento de la política del Gobierno porque, naturalmente, la capacidad de comunicación de Felipe González era altísima: ése era uno de los elementos de comunicación más potentes que tenía el Gobierno.

Es posible que con la distancia se vean las cosas de otra manera... La presión del PP y de los medios de comunicación tuvo que ver con la corrupción. Pero también con otro tema mucho más delicado, con los GAL. Y con aquel asunto entrábamos en un mundo mucho más complejo: la política contra el terrorismo.

El objetivo era incriminar a Felipe. Pienso que, en términos generales, durante esos años, respondimos bastante bien. Pero era muy difícil. Era una tormenta brutal. Aquello era imparable y acudieron a todo: a la media verdad, a la mentira, al chantaje, a la utilización de todos los medios, sin darse cuenta de que ponían también en peligro la democracia, como Luis María Anson reconoció mucho tiempo después... Creo que la revelación pública que hizo Anson de aquel «contubernio mediático» —del que se erigió en representante cualificado— contra el Gobierno socialista tiene mucho que ver con esa imagen tan potente que él tiene de sí mismo y del papel que ha tenido en la historia reciente de España. Desde que él dirigía la Agencia EFE hasta, por supuesto, toda su época en *ABC*, él se consideró un elemento crucial de ese proceso: padece esa megalomanía. Creo que eso fue lo que le llevó a hacer aquellas declaraciones; también tendría su parte el hecho de que estaba en un momento bajo. Anson dejó el *ABC*, ignoraba en qué punto estaban sus relaciones con el Gobierno y, por si acaso, quiso desmarcarse y buscar un nuevo espacio: su salida de *ABC* lo situaba, aparentemente, sin espacio en los medios de comunicación. Y lo buscó a costa de lo que fuera. Por esa razón, denunció el «contubernio mediático». (Anson no tenía muy buena relación con el

Gobierno. Ahora ya es, de nuevo, el periodista del Gobierno, pero entonces no lo era). De no ser por las declaraciones de Anson, uno de sus protagonistas, nunca se hubiera conocido el alcance de aquella operación de «acoso y derribo» al Gobierno socialista. Sin embargo, ahora, el PP procura no hablar de aquel período, porque sabe que Anson ha desvelado una parte importante del papel que jugaron los propios dirigentes del Partido Popular en aquel montaje.

Una marea que se llevó todo por delante

Yo estaba ya al frente de la Secretaría General, pero muy cerca del presidente del Gobierno. Y tengo la seguridad de que, pese a las dificultades, él hacía esfuerzos importantes por mantener el ánimo. Pero, sin duda, el Felipe González de 1993 no es el de 1982. El potencial del Felipe González de los primeros años no es el del último Gobierno, aunque, en honor a la verdad, debo decir que le oído comentar que ese Gobierno —al que se le presentaron muchas dificultades para trasladar a la opinión pública sus logros— fue uno de los Gobiernos que tomó decisiones más importantes. Sin embargo, es verdad que el último Gobierno pudo tener algunos aspectos más flojos, entre otras cosas porque, en aquellos momentos, fue más difícil la cohesión del Partido con el Gobierno y fue más difícil la comunicación con los medios de información. Ese Gobierno estaba lastrado.

Aun así, estoy en absoluto desacuerdo con la tesis que algunos mantienen según la cual hubiera sido mejor que el PSOE perdiera aquellas elecciones de 1993. Creo que mucha gente lo dice porque creen que, perdiendo, nos hubiéramos reconciliado.

El último Gobierno de Felipe González hizo cosas importantes, pero la marea fue tan enorme que se lo llevó todo por delante. La implicación de Felipe quizá fue menor que en Gobiernos anteriores, porque las dificultades, sobre todo, los ataques a su propia responsabilidad, eran mayores. En ese sentido, quizás hubo un repliegue, no en la responsabilidad interna, que la siguió asumiendo, sino de cara al exterior. Hacia el exterior y en políticas que él siempre había llevado muy directamente dejó más margen a sus ministros, al de Interior, al de Exteriores... Porque el ataque personal era tan fuerte que, quizá, él entendió que era más prudente mantenerse en un segundo plano, con una implicación menor.

Sé que el tema de la corrupción le dolió y le preocupó mucho. Pero lo que le afectó de verdad fue esa campaña feroz que lo señalaba como la «X» de los GAL. Le afectó, aunque la fortaleza psicológica de Felipe González es impresionante. Es un hombre con una fortaleza personal que he visto en pocas personas. Sin embargo, yo creo que le preocupaba que ese tema pudiera hacerle daño al Partido, porque era muy difícil luchar contra la presión continua y constante que ejercían los dirigentes del PP y los medios de comunicación que estaban junto a ellos. Era una marea contra la que era muy difícil luchar... Pero tengo la sensación de que siempre podía más su fortaleza personal... En todos los años que trabajé junto a él, sólo le he visto quebrarse con los atentados terroristas. Sólo en esas situaciones, donde se mezclan la política y la humanidad, es donde he visto quebrarse a Felipe González.

La avalancha de casos de corrupción le afectó, tuvo un efecto muy negativo en él. Felipe González no podía imaginarse que aquello pudiera llegar a producirse... En realidad, tampoco fueron tantos casos, aunque eran importantes. El golpe fue fuerte, porque le desconcertó. Él nunca pensó que durante sus Gobiernos... De hecho, podemos hacer un repaso por todos sus Gobiernos y por todos sus ministros, y no hay nadie que se haya aprovechado de una situación de privilegio. De eso, él estaba muy orgulloso... Precisamente, el golpe fue muy fuerte porque la honestidad de Felipe es muy clara, porque no le atrae el dinero y porque él ha considerado siempre a todos los demás socialistas en los mismos términos que él se ha considerado a sí mismo. Pero, de pronto, sucedió algo que no tenía previsto y que le desconcertó, le desarmó. Yo creo que, desde el punto de vista político, reaccionó, y desde el punto de vista personal, sufrió un choque muy fuerte.

Felipe, una visión de futuro

El mérito esencial de Felipe González durante los trece años y medio de Gobiernos socialistas fue su visión de futuro. Yo destacaría ese aspecto. Señalaría ese rasgo que le permitía siempre ver más allá. Ése fue su gran éxito como gobernante: no sólo supo analizar lo que estaba pasando, sino que siempre anticipaba y reaccionaba ante el futuro. Recuerdo muchas ocasiones en las que, al analizar una situación determinada, él llegaba a una conclusión a la que yo no llegaba... Al principio —cuando discutíamos sobre cualquier situación— yo le rebatía; luego aprendí a esperar y a valorar que el tiempo acaba dándole la razón. He conocido a políticos muy buenos; de hecho, en nuestro propio Gobierno y en nuestras propias filas hay buenos políticos, pero ninguno con esa capacidad de anticipación. Ése es el éxito de Felipe, además de la seguridad que tiene en sí mismo. Por último, yo diría que sus «méritos» son la confluencia de dos factores: una personalidad política muy potente y una personalidad humana muy atractiva. Sin esas cualidades, Felipe González nunca hubiera sido un político de la dimensión que hemos conocido.

La derecha sigue buscando en Felipe el punto de referencia de los ataques al socialismo porque él sigue siendo un elemento central para los socialistas. Es decir, hay una aceptación absoluta del liderazgo de José Luis Rodríguez Zapatero, nadie lo cuestiona, ni se pone en tela de juicio su buen hacer en la cuestión interna del Partido, ni en la respuesta social. Pero Felipe González sigue siendo un elemento sustancial del PSOE. Y sigue habiendo un afecto enorme hacia la figura de Felipe González, un reconocimiento muy grande por lo que ha hecho, un profundo respeto a su personalidad política... Eso queda siempre. Por esas razones, el PP tiene obsesión por Felipe González... Es más, yo diría que Aznar no hubiera hecho la propuesta de irse después de ocho años de Gobierno si no hubiera sido para intentar dejar en mal lugar —y contraponerse— a Felipe González. Pero está siendo víctima de su propia decisión. Todo ese «haber» de Felipe sigue viéndose en el Partido como algo muy positivo. Y la derecha no sabe ver, no sabe distinguir, la capacidad que puede tener un Partido para aceptar a un nuevo líder, una nueva época, una nueva situación, unos nuevos dirigentes y, al mismo tiempo, seguir queriendo y respetando a una persona que ha sido, durante 25 años, su secretario general, y durante casi catorce, presidente del Gobierno.

NOTAS

[1] Guerra de Irak, marzo y abril de 2003. José María Aznar, presidente del Gobierno español, decidió apoyar sin fisuras la invasión de Irak, promovida por George W. Bush (EEUU) y Tony Blair (Reino Unido). La llamada «Reunión de las Azo-

res», en la que participaron los tres mandatarios, fue, en realidad, una declaración de guerra contra el régimen iraquí. La invasión comenzó el día 20 de marzo y se dio por concluida el 22 de abril de 2003. La posición del presidente español quebró, a juicio de la oposición, las tradicionales relaciones con la UE, con Latinoamérica y con el mundo árabe. Todos los grupos parlamentarios en el Congreso de los Diputados consideraron que la guerra había sido ilegal, injusta e inmoral, y buena parte de la ciudadanía expresó su descontento en numerosísimas manifestaciones y concentraciones contra la guerra y contra la posición del Gobierno.

[2] Claudio Aranzadi fue ministro de Industria y Energía desde el 12 de julio de 1988 hasta el 14 de julio de 1993. En su última participación gubernamental se hizo cargo de Comercio y Turismo.

[3] El Tratado de Maastricht entró en vigor el 1 de noviembre de 1993, aunque se firmó el 7 de febrero de 1992. Se denomina también Tratado de la Unión Europea porque con este acuerdo se renovó la designación institucional, que convertía la CEE en la UE.

[4] La Conferencia de Paz sobre Oriente Medio celebrada en Madrid tuvo lugar el 30 y el 31 de octubre de 1991.

[5] Antonio Asensio (n. 1947) era empresario y editor, presidente del Grupo Zeta. Murió el 20 de abril de 2001.

Alfredo Pérez Rubalcaba

Mensajes para nadie

Le tocó lo peor. Lo supo al día siguiente de que «estallara» la última victoria electoral de Felipe González, en junio de 1993. Lo supo mejor todavía —por si alguna duda le quedaba— cuando Aznar empezó a pedir elecciones anticipadas, a los dos meses de haberse celebrado las elecciones. No había tenido tiempo de ponerse ni un solo día al sol. Ya para entonces, él y la derecha eran viejos enemigos, se conocían de antiguo, desde las batallas del Ministerio de Educación. Ya sabía cómo se las gastaban y era cuestión de abrir el paraguas y esperar, pacientemente, a que escampara.

Pero sucedió que no dejó de llover. Es una cosa que nunca sucede, porque siempre escampa, pero... Realmente fue muy singular: aquella lluvia que nunca cesó. En principio, sólo llovía agua. Y él agarró con fuerza el paraguas y se dispuso a cruzar la calle: había al otro lado unas gentes con las que él deseaba hablar y contarles todo lo que iban a hacer los socialistas; a él se lo había contado Felipe, lo de la «renovación» y todo lo que se iba a poner en marcha. Sería el asombro de aquellas gentes cuando lograra cruzar la calle y les tuviera cerca... Pero fue imposible: no dejaba de llover, y los charcos se hacían cada vez más grandes. En realidad, aquellos charcos eran enormes. No había manera de cruzar la calle, que era lo que él quería y lo que estaba intentando. Además, empezaba a preocuparse: le parecía que aquel grupito que estaba al otro lado de la calle comenzaba a impacientarse y a mirar el reloj y a enviarle miradas un tanto turbadoras...

Luego, la cosa empeoró. No sólo no dejaba de llover... agua (eso le preocupaba menos; al fin y al cabo, era físico de profesión y conocía bien el proceso de la condensación de las nubes y...), sino que, de repente, empezó a ocurrir algo que hasta entonces nunca había sucedido —al menos nunca le había sucedido a él, ni a ninguno de los físicos que él conocía—: súbitamente, comenzó a caer del cielo algo que no podía ser agua, ni siquiera granizo... Le rompió el paraguas y a punto estuvo de romperle la cabeza: ¡eran piedras! ¡Puras y duras piedras! Ante aquel insólito fenómeno atmosférico —yo digo que nunca antes se había visto ni sufrido—, él corrió a refugiarse bajo una marquesina de un café en el que solía reunirse con los «renovadores» de su Partido, aunque aquel día, y con aquel temporal, aún no había llegado nadie todavía... Pero era seguro que, al menos, Almunia y Maravall estaban a punto de llegar.

Cuando pudo hacerse con el control visual de la situación, desde su seguro refugio, pudo comprobar dos circunstancias realmente alarmantes: los destrozos que estaban haciendo en el pavimento las piedras, que seguían cayendo del cielo —o del infierno, ya no estaba muy seguro de sus conocimientos de física—, eran como socavones. La segunda cuestión verdaderamente alarmante era que aquel grupito de personas que parecía que habían estado dispuestas a esperarlo, cuando comenzó a llover, había desaparecido. Se preguntó entonces, con angustia, quiénes iban a ser los destinatarios de sus mensajes, de todo lo que le había contado Felipe González, de tantas cosas. Enseguida se respondió a su incómoda pregunta llegando a la conclusión de que, por razones obvias —o sea, las piedras que seguían cayendo y destrozando la calle—, nadie estaba dispuesto a escuchar su mensaje y que era más bien inútil lanzar mensajes a nadie. Cuando acababa de comprender que, además de inútil, aquel esfuerzo suyo era más bien estúpido, comenzó a oír un extraño ruido sobre su cabeza, y comprobó que a la marquesina, debajo de la cual se había refugiado, le estaban saliendo unas preocupantes grietas.

Entonces, decidió refugiarse en el café: por dentro, se parecía mucho al Consejo de Ministros y, en una salita interior, había una tarima y una mesa con fondo azul, muy parecida a la que tenía él en La Moncloa para hacer las ruedas de prensa.

Decidió ocupar su lugar, llamó a un ministro del ramo para que le acompañara y empezó a hablar a los periodistas, como hacía siempre, largo y tendido, de todo lo que había dicho Felipe González. Hasta que se dio cuenta de que los periodistas no estaban, y el ministro del ramo le aclaró que era normal, todos estaban en una rueda de prensa de Aznar, y además, como estaban lloviendo piedras, era comprensible que no se atrevieran a venir.

Fue en ese momento cuando Alfredo Pérez Rubalcaba, ministro portavoz del último Gobierno de Felipe González, se despertó. Comprobó con alivio que, tras los cristales, volvía a llover sólo agua. Como siempre. Se hizo un café y encendió la radio. Se quedó de piedra.

Era su propia voz anunciando al país que Aznar había ganado las elecciones.

YO CREO QUE LA Educación es, probablemente, uno de los sectores en los que hubo mayor continuidad a lo largo de toda la etapa socialista. A José María Maravall le sustituyó Javier Solana, que formaba parte del mismo núcleo político, del mismo sector del Partido, con el mismo pensamiento; por tanto, fue una herencia natural. Y a Solana le sucedí yo, que trabajé con Maravall y con Solana: además, los tres formábamos parte de la misma «cultura política» del Partido. Los tres éramos universitarios, nos habíamos formado en la vida política durante nuestra etapa universitaria, los tres teníamos una vocación idéntica, vinculada a la educación y la investigación... Estas características permitieron que la política educativa fuera muy coherente; aunque, naturalmente, eso no quiere decir que no hubiera proyectos e ideas cuyo resultado no pasara de regular e, incluso, que hubiera detalles en los que ni siquiera llegamos a pensar. Es decir, que la política fuera coherente no significa que ahora, visto retrospectivamente, yo afirme que el cien por cien de lo que hicimos estuvo bien, porque no es verdad. Pero lo cierto es que, en su conjunto, fue una política coherente.

La coherencia de la que hablo parte de un principio: la educación tiene un valor extraordinario para los socialistas y es probablemente la palanca más importante que tienen un Estado y un Gobierno para garantizar la igualdad de los ciudadanos. Maravall, Solana y yo compartimos el convencimiento de que en la educación, además de conocimientos, se enseñan valores. Y un país como España, que había dejado atrás recientemente una dictadura

—con valores muy cutres—, tenía que revisar todos los valores que se transmiten en la escuela. En las sociedades modernas, el conocimiento es el motor del desarrollo y, por tanto, al mismo tiempo que la educación se convertía en un elemento de igualdad, era imprescindible para desarrollar la economía: es decir, cuantos más estudiantes haya y más lejos lleguen, tanto más justa será la sociedad y tanto más capaz de desarrollarse.

En el objetivo de ofrecer más educación a más gente, tal y como nos habíamos propuesto los socialistas, había dos elementos confluyentes: una voluntad igualitaria —en el mejor sentido de la expresión: garantizar la igualdad de oportunidades— y una voluntad de mejorar la capacidad de competir y de desarrollarse de España en un mundo en el que los países compiten por la inteligencia que sean capaces de aportar sus individuos a los procesos productivos y no de acuerdo con las materias primas que posean. Tales ideas están ahí clavadas, en el corazón de la política educativa socialista, que se desarrolló, básicamente, sobre esos ejes.

El consenso, un valor roto

Otra característica de la política educativa socialista —se ha roto en la actualidad— fue el consenso. Esto puede sonar raro, porque la gente recuerda la gran manifestación de la derecha educativa contra la Ley Orgánica del Derecho a la Educación. Sin embargo, si uno comprueba el desarrollo de la LODE y la política educativa después de aquel conflicto, llegará a la conclusión de que, al final, la LODE fue un buen territorio de acuerdo para el consenso y, de hecho, la propia Iglesia católica y sus organizaciones, a partir de 1984 y 1985, comenzaron un proceso de diálogo que culmina con la LOGSE. Ésta fue una ley, cierto, que un sector de la derecha rechazó, pero la LOGSE llevó la firma de numerosas instituciones y colectivos: la Conferencia Episcopal, la Federación Religiosa de la Enseñanza, las Confederaciones de Centros de Alumnos... Es decir, incluso las asociaciones privadas, el sector privado de los sindicatos también firmó aquella ley. En definitiva, toda la educación confesional firmó la LOGSE y, de hecho, una parte de ella aún resiste, y defiende los principios educativos de la LOGSE frente a los ataques de la derecha. Por tanto, yo creo que la historia de la educación de los socialistas y, en buena parte, de UCD

—con sus matices— es la historia de la búsqueda de un consenso que resuelva nuestro problema educativo histórico que ha sido, básicamente, el enfrentamiento entre los sectores privados de la educación y la educación pública. Dicho de otra manera: la inexistencia de un Estado que se preocupara de la educación como servicio público, y no se limitara a ser subsidiario del sector privado.

Yo desarrollé una política educativa que puede calificarse como «muy continuista» respecto a la que planteó Javier Solana. De hecho, yo fui el secretario de Estado que, junto con Javier, negocié la LOGSE. Y creo que, cuando abandoné el Ministerio, lo que dejé fue un sistema educativo esencialmente pacificador, un sistema educativo cohesionado por unos principios que todos habíamos aceptado. La extensión de la educación obligatoria hasta los dieciséis años, en condiciones de igualdad, es un principio que todo el sistema educativo acepta. Y, además, yo creo que había un método instalado: el consenso.

Yo entendía que la educación española necesitaba consenso. Primero, porque el Estado autonómico hace ingobernable la educación sin consenso; es decir, es un disparate pretender que el Gobierno legisle sin tener en cuenta quién va a aplicar la legislación —las Comunidades Autónomas— y quién tiene competencias para completar esa legislación —las Comunidades Autónomas—. Pero diré más: la pretensión de que el Gobierno legisle y el profesor haga en el aula lo que el Gobierno dice es otro disparate si no hay un consenso previo. Al final, el proceso educativo se desarrolla entre el profesor y el alumno, y dicho proceso depende mucho más de la actitud del profesor, de las ganas que tenga el alumno, del compromiso que se adopte, del grado de consenso sobre lo que se está haciendo, etcétera, que de lo que indique el BOE. Yo tenía esa percepción, probablemente anclada en mi tradición docente, y peleé denodadamente porque el consenso fuera un instrumento básico de funcionamiento en la educación. Y creo que lo conseguí. De hecho, firmé muchísimos acuerdos en mi época de secretario de Estado y en la de ministro. Por eso, al final, cuando abandoné el Ministerio de Educación, creo que había un consenso en torno a cuatro o cinco objetivos básicos que tenía la educación española por delante. Y eso es lo que, precisamente, se rompió con el Gobierno de la derecha.

La verdad es que yo no fui capaz de intuir que la derecha volvería otra vez a la carga para deshacer lo hecho... Aunque el PP es el único partido del arco parlamentario que no votó la LOGSE. Pero se abstuvo; no fue capaz de votar en contra, no se podía poner en contra de ese consenso. En la primera legislatura, el Partido Popular no contaba con mayoría suficiente para romper la LOGSE, porque ni CiU, ni Coalición Canaria ni el PNV apoyarían esa idea. Sólo cuando consiguió la mayoría absoluta, decidió ponerlo todo patas arriba... Cuando la derecha llegó al Gobierno, vi claramente que percibieron que se había consolidado un sistema en el que los valores de la educación española eran firmes. Nosotros habíamos hecho realidad la pretensión de que los chavales lleguen tan lejos como puedan y habíamos conseguido el objetivo de que la educación tuviera que preocuparse de los que aprenden muy rápidamente pero, sobre todo, de los que tienen dificultades con la educación, desde una perspectiva personal.

Los dirigentes del Partido Popular, además, llegaron a la conclusión de que la educación debería ser el instrumento que estableciera la próxima frontera en la desigualdad. Es decir, es probable que, en un país como el nuestro, la desigualdad entre ricos y pobres dé paso a otra mucho más lacerante: la desigualdad entre los que saben y los que no saben.

Por tanto, preocuparse de la gente que no sabe es un problema político y moral. Ése es el principio que rechaza la derecha. La derecha nos acusó a los socialistas de que el sistema educativo español era un sistema más preocupado por la igualdad que por la competencia, y no es verdad. No es cierto. La LOGSE tiene un título de calidad de la educación. Y es verdad que ese título exige recursos económicos y compromiso del profesorado. Si olvidamos la educación pública y damos la espalda al profesorado —que es lo que ha hecho la derecha durante cuatro años—, es muy fácil derribar el edificio. Así ha preparado el cambio el Partido Popular. El Gobierno del PP ha estado cuatro años desentendiéndose de la educación española, para gritar inmediatamente: «¿Lo veis? ¡El sistema socialista es una basura!». Pero, ¡por favor! ¡Usted lleva cinco años gobernando! ¡Usted no me puede decir, cinco años después de acceder al Gobierno, que la educación pública está muy mal y que la culpa es de la LOGSE! ¿Qué ha hecho usted en cinco años? ¿Es culpa de la LOGSE o es que usted...?

No se han conformado con cambiar aquello que no funcionaba, o introducir algún artículo... No. Han tenido que ponerlo todo patas arriba, desde la Universidad hasta la escuela infantil. Creo que lo han hecho así porque ellos, en su análisis, han considerado que existía un sistema educativo basado en valores progresistas y que la sociedad española les había dado un mandato para cambiar esos valores.

Lo que más le molestaba a la derecha

De todo lo que hicimos en materia educativa, lo que más le molestaba a la derecha, básicamente, era la igualdad. Pienso ahora que, para la derecha, la educación debe estar fortalecida por un sistema de vallas, de tal manera que vayan avanzando los más listos, como si se tratara de un sistema de selección permanente, y esa selección se basa en el esfuerzo... Yo estoy de acuerdo en que a los chavales hay que pedirles esfuerzo; el problema es que el Estado, los profesores o las familias también deben esforzarse. El esfuerzo es un valor, pero no puede ser el único. Que los jóvenes tengan capacidad e iniciativa es muy importante, pero no puede ser el único valor. El problema es la concepción de la educación desde una sola perspectiva. Pero creo que hay algo más: creo que hay revanchismo. Cuando José María Aznar habla de «"progres" trasnochados», para referirse a los rectores y a los que defendemos determinados valores, está diciendo, en el fondo, lo que piensa: que el sistema educativo que estos señores han establecido está basado en valores trasnochados y que tenemos que establecer otro sistema basado en nuestros valores —los de la derecha—, basados en el neoliberalismo, que son: «a quien Dios se la dé, San Pedro se la bendiga». Ésa es la historia. En el fondo, si uno lo analiza con detenimiento, ve claramente que para Aznar la educación... Ha puesto toda la educación patas arriba, y no la sanidad. Para él, la educación tiene un sentido, porque es verdad que la educación forma a gente y forma en valores, y lo tiene muy claro; y los valores del sistema educativo de la LOGSE —que no son los del PSOE, que son los de todos y que incluso puede decirse que son los valores de la Constitución— a Aznar no le gustan. ¿Por qué hace una revisión de la transición? Porque es parte de lo que él llama la «segunda transición».

Esto tiene una «lógica» política, la de Aznar. Él parte de la idea de que España hizo una transición mal hecha. Y es verdad que fue un «pendulazo»: después de cuarenta años de dictadura, tuvimos que viajar al otro lado. Eso supone, para ellos, que la izquierda tiene un peso que, socialmente, no debe tener y que es fruto de un momento histórico; y cree que hubo que hacer unas concesiones a los nacionalistas que los nacionalistas no tienen por qué tener... En definitiva, Aznar piensa que quien salió beneficiado de la transición fueron la izquierda y los nacionalistas, y que eso configura unos valores que no son los valores reales de la sociedad española; de ahí su necesidad de llevar a cabo la «segunda transición».

En su primera legislatura, Aznar no tiene mayoría y no puede dirigir esa «segunda transición», pero, apenas consigue la mayoría absoluta, interpreta y cree que tiene los votos suficientes para establecerla. Su idea consiste en poner a cada cual en su sitio: a los socialistas, a los nacionalistas, a los sindicatos... Y hacer una sociedad más cercana a lo que él piensa. Cree que sus ideas son las de los españoles. Y, en esa lógica, se inscribe todo lo que ha ocurrido: el rechazo y el enfrentamiento con los nacionalistas, la revisión del Estado de las Autonomías para recentralizar competencias, la reforma laboral para minimizar la capacidad a los sindicatos, el ataque a la educación para cambiar los valores... Incluso el cambio en la política exterior...

Su «segunda transición», como digo, tiene una lógica, y en esa lógica, la educación forma parte de los objetivos del PP. Por eso, cuando él dice «"progres" trasnochados», está diciendo lo que realmente piensa: «Ustedes han hecho un sistema educativo que se basa en los valores del 68. Estos "progres" que mandan en la educación... Lo que tiene que hacer el sistema educativo es preparar tipos para competir, para pegar codazos y para abrirse paso en la selva de la sociedad». Ése es el tema. Por tanto, nada es casual, todo es coherente, y en ese espectro político, han tocado Autonomías, sindicatos, educación, política exterior... Es muy coherente, es la «segunda transición». Es la filosofía de la selección desde el primer momento: el que vale, vale, y el que no... No les importa que cuanto más abajo se establezca la selección, más difícil les resultará salir adelante a los ciudadanos cuyos orígenes sociales sean modestos. La escuela iguala poco a poco las diferencias, pero si la selección comienza a los seis años, ya se sabe lo que va a ocurrir con los jóvenes de doce o quince años. Significa que van a eliminar del sistema educativo a aquellos muchachos que no tienen bibliotecas en su casa, a los muchachos cuyos padres no tienen carrera...

Por eso, nosotros damos la batalla.

Después de todos nuestros esfuerzos, es terrible. Si un niño tiene dificultades en la escuela hasta los doce años, o hasta los catorce o, incluso, hasta los dieciséis años, ¿ello ha de significar que, a esa edad, tenga que ver toda su vida condicionada? Es un disparate de tal naturaleza...

Otro aspecto clave es que han borrado de un plumazo el consenso. Por eso ha estallado todo. Se han cargado el consenso que había sobre la autonomía universitaria —un valor fundamental para la Universidad—; se han cargado el consenso de las Comunidades para gobernar con ellas; se cargaron el consenso sobre la necesidad de ampliar la educación para todos, un consenso sobre participación... Han ido rompiendo los consensos básicos. Había, finalmente, un consenso por el que la escuela privada y la pública trabajaban conjuntamente: el Estado le pagaba a la privada, pero, a cambio, la privada se comprometía a no seleccionar. En estos años, poco a poco, la escuela privada ha ido ganando privilegios y ahora hace lo que le viene en gana. En resumen: me das el dinero y yo educo a quien quiero, y los chavales con problemas... a la pública. Ha desaparecido en la práctica la idea que los socialistas promovimos: si usted quiere llevar a su hijo a un colegio concertado, lo puede hacer, sea cual sea su origen social... Ése era el concierto; es decir, el Estado concede el dinero, pero usted garantiza las reglas del juego. Poco a poco, la derecha ha ido conquistando terreno otra vez, de tal manera que ahora estamos en el peor de los escenarios: «dinero sin compromiso». No para todos. Hay colegios que sí lo mantienen, pero la sensación que tiene la ciudadanía es que, efectivamente, cada uno hace lo que quiere. Si hay un problema con los emigrantes —puesto que hay que ofrecerles educación—, si fracasan, si hay jóvenes que fracasan, todos ésos... a la escuela pública. Y están volviendo a crear una doble red: la privada, para los chavales que van bien, y la pública, para los que van mal. El problema de esa doble red es que hay gente que sólo tiene acceso a la enseñanza pública.

El Gobierno del PP ha ido rompiendo todos los consensos que se habían creado durante 25 años, y eso es lo que a mí más me duele... No se trata ya de que cuestionen tus leyes: se han cargado el consenso. La esencia de la educación es la tarea compartida.

UN RETO ENDIABLADO

Yo, en teoría, paso por ser un hombre de Solana, pero quien me llama al Ministerio de Educación es Maravall. Y lo más importante:

quien me convence es él. Yo hacía política universitaria y científica. Entonces fue cuando Maravall, en un momento determinado, me dice que necesita a alguien para preparar la LOGSE; le contesté que yo no sabía nada de educación, salvo los grandes principios. Por no tener, no tenía ni hijos... Quiero decir que, al no tenerlos, no sabía prácticamente lo que era la EGB. Recuerdo que una mañana me llevó al parque madrileño del Retiro a dar un largo paseo, y me convenció; y nunca se lo he agradecido lo suficiente. Porque es verdad que, para un universitario, apreciar el sistema educativo en su conjunto es muy importante. Los universitarios tendemos a creer que lo más importante es la Universidad, y no es verdad; lo más importante es la educación primaria y, si me apuras, la infantil. Para mí fue un aprendizaje maravilloso. Maravall fue el que me inoculó el veneno educativo, porque antes yo me centraba y me ocupaba casi exclusivamente de la política universitaria y de la política de investigación.

Después de las elecciones de 1993, que para mí fueron las más duras, Felipe me ofreció ser ministro de la Presidencia y portavoz del Gobierno. La verdad: fue un reto endiablado, muy difícil. En aquellos momentos... Cuando te hacen una oferta de esa naturaleza siempre tienes dos pensamientos. Por una parte, pensé que aún había mucho que hacer en Educación —se ha convertido en lo que más me gusta en el mundo—. Pero, a la vez... Recuerdo que hablé con Maravall, porque la oferta formal me la hizo Felipe González, pero me la anunció Narcís Serra. Y con el único que hablé de esta propuesta fue con José Mari Maravall, que me dijo: «¡Claro que debes decir que sí! ¡Te llevan al núcleo mismo de la política, al corazón mismo, y eso es un salto muy importante para ti! Después de todo, en política educativa llevas diez años, ya has hecho casi todo lo que tenías que hacer...». Pero lo pasé mal. Felipe me lo comunicó un sábado, y yo acepté. Pero en lugar de volver a casa, desde La Moncloa me fui al Ministerio de Educación y me senté en mi despacho, y estuve allí cuatro horas, mirando los libros... Porque aquella era mi casa. ¡Yo trabajaba quince horas allí...! Era como el Conde de Montecristo: iba por los pasillos a las diez de la noche... por el Ministerio, buscando a algún subdirector al que «darle la vara»... Es verdad: era mi casa... Desayunaba, comía y cenaba allí... Lo pasé mal, sí. Pero aún no sabía lo mal que lo iba a pasar en el otro puesto. Si llego a saber lo que me esperaba... ¡me cuelgo de la lámpara, en la entrada de Alcalá 34!

EL «IMPULSO DEMOCRÁTICO»

Felipe es una persona, que, aparte de ser encantadora, es muy seductora y, además, es capaz de venderte cualquier cosa... Nosotros ganamos las elecciones de 1993 cuando teníamos unas pésimas perspectivas y donde parecía que el resultado iba a ser muy reñido. Felipe echó el resto en aquella ocasión. En esas elecciones se producen dos fenómenos: el primero —muy cierto—, que la gente tenía miedo a la derecha y a lo que suponía. (Sólo ahora podemos ver con perspectiva que ese miedo era razonable; en el 2000, probablemente, la ciudadanía creyó, inocentemente, que tal miedo no existía, o no tenía sentido). Y, en segundo lugar, es verdad que Felipe González conservaba todavía una capacidad política espectacular: era una persona muy querida, con un gran liderazgo, y fue capaz de incluir en su discurso elementos de cambio... Fue la época en la que planteamos el «impulso democrático». Dijimos a los españoles: «De acuerdo, hasta aquí hemos llegado: hemos hecho algunas cosas bien, algunas cosas mal, y empezamos a tener un problema de relación política con nuestros electores, empieza a haber síntomas de desinterés en la gente, empiezan a aparecer algunos casos de corrupción que a los ciudadanos les repelen... Por tanto, vamos a cambiar. E introducimos, para efectuar ese cambio, una pieza nueva en la oferta política: el "impulso democrático", una revisión de todo el funcionamiento de esta democracia y de las instituciones: limpieza, transparencia, reglas del juego más claras...». Ésa era la oferta electoral más llamativa.

Felipe me llamó a mí, en parte, para desarrollar esa tarea concreta institucional y por eso me ofreció el Ministerio de la Presidencia. Cuando me propuso ese cargo, insistió mucho en esos aspectos y en las relaciones con las Cortes. Me dijo que quería que me ocupara de los que serían, finalmente, nuestros socios parlamentarios, los partidos nacionalistas. Contaba con que yo era alguien con capacidad de diálogo y que había demostrado que tenía cintura y horas de vuelo. Y, por otro lado, había que poner en marcha el «impulso democrático»; esa labor la desarrollaríamos bajo la dirección de Narcís Serra, directamente. (Yo creo que Narcís desempeñó un papel muy importante en mi nombramiento; probablemente, también Javier Solana tuvo algo que ver, pero Narcís, desde luego). En aquel momento, Felipe me dijo que el cargo ministerial implicaba también la portavocía del Gobierno, pero que no tenía que convertirme en un portavoz permanentemente, y que pensara a quién podría tener de segundo. Me habló muy bien de Miguel Gil, de quien yo tenía una buena opinión... Le dije que no lo había pensado, pero que... así, a priori, Miguel Gil podía seguir conmigo. Felipe pensaba que Miguel podía desempeñar, en realidad, la tarea cotidiana de portavoz. De modo que yo abandoné su despacho con la idea de que iba a ser, sobre todo, ministro de Relaciones con las Cortes y que me ocuparía especialmente del «impulso democrático», y menos de la portavocía del Gobierno.

Felipe me dejó claro, en aquel momento, que lo que más le preocupaba, básicamente, era cumplir lo que habíamos prometido en esas elecciones. Cumplir con el discurso por él mismo enunciado: «He entendido el mensaje».

Era un momento difícil desde el punto de vista económico, el mundo no despegaba de la crisis y era verdad que había que dar un impulso, un empujón, en el área económica. Para cumplir con ese objetivo, Felipe lleva al Gobierno a Pedro Solbes. También era necesario impulsar el área política, y para eso nos lleva a Narcís y a mí. Narcís iba a coordinar las dos grandes áreas de economía y desarrollo político, incluido el «impulso democrático». La idea era, básicamente, gobernar sobre dos pilares: en primer lugar, desarrollar un cambio en las reglas del juego, profundizando los usos y métodos democráticos; y, por otra parte, poner en marcha procesos de reforma económica para despegar y aprovechar lo que, con toda seguridad, iba a ser un despegue internacional. Es decir, procesos de liberalización, reformas económicas y políticas. Felipe quería hacer una legislatura reformista, profundamente reformista, manteniendo los ejes de las políticas del Partido en sanidad, en educación y otras áreas decisivas. Pero, la verdad, esa política, finalmente, se truncó.

En cualquier caso, Felipe González, en la oferta de la tarde aquella de sábado, hizo más hincapié en las relaciones con los grupos nacionalistas —se suponía que nos iban a dar apoyo— y en el tema de las reformas políticas, que en mi cometido como portavoz... Finalmente, fue esta tarea la que me ocupó más tiempo y más esfuerzo.

Salir a dar la cara

Por fin conseguí despegarme de la mesa del Ministerio de Educación y es muy cierto que me encontré con otro ministerio muy bien organizado. En realidad, yo asumí dos ministerios, el Ministerio Portavoz y el Ministerio para las Relaciones con las Cortes, y los dos estaban perfectamente organizados. Uno, el de Relaciones con las Cortes, lo había dirigido Virgilio Zapatero, y el Ministerio Portavoz, Rosa Conde. Estaba todo informatizado...

Por ejemplo, el trabajo en el Consejo de Ministros, que a mí, al principio, me abrumaba —yo era el secretario del Consejo de Ministros—, estaba dispuesto perfectamente. Virgilio dejó un ministerio impecable, y Rosa, exactamente igual. En el Ministerio Portavoz, Rosa tenía muchas líneas de información, líneas de comunicación con los ciudadanos... Por eso yo no modifiqué en nada la estructura: me limité a sumar los dos ministerios. Dejé a Miguel Gil de portavoz, y rescaté a Enrique Guerrero de Educación para diseñar el Ministerio de Relaciones con las Cortes. Pero mantuve al subsecretario de Presidencia, Fernando Sequeira. Por tanto, reuní a los dos equipos, y sólo incluí a Enrique Guerrero, porque se trataba de crear un puesto nuevo, el de Relaciones con las Cortes.

No me costó nada «aterrizar» desde el punto de vista administrativo —siempre es un lío—. No modifiqué nada, porque las dos máquinas funcionaban perfectamente. Tenía un problema: habíamos decidido no nombrar más secretarios de Estado y, por tanto, no conseguí que Miguel Gil acudiera al Consejo de Ministros. Por esa razón, lo que Felipe me había comentado —que yo no iba a salir los viernes a explicar la referencia del Consejo—, se convirtió en algo imposible: el que sale los viernes a la rueda de prensa del Consejo de Ministros tiene que estar sentado en la mesa del Consejo. Así que, aparecí el primer viernes, y ya no pude dejar de aparecer.

Después de aquellas elecciones, tan difícilmente ganadas, el país estaba expectante. Yo creo que había cierta expectación; creo que la gente estaba pensando: «Vamos a ver si son capaces de salir...». Era casi como si nos hubieran dado una última oportunidad. Es verdad que en las elecciones recuperamos oxígeno, porque estábamos muy mal. Las encuestas decían que podíamos perder y el resultado permitió que saliéramos muy reforzados. También es cierto que el PP nunca encajó esa derrota electoral. Y no sólo en la noche aquella en la que Javier Arenas y Alberto Ruiz Gallardón dieron una rueda de prensa cuestionando la legitimidad y el resultado de las urnas... Recuerdo que, en agosto de ese año, dos meses después de tomar posesión el Gobierno, Aznar, en una entrevista —creo que en el *ABC*—, hablaba ya de elecciones anticipadas... No había ocurrido nada todavía. Es verdad que, más tarde, pudieron pedirlas o no, cuando aparece el tema de Roldán, por ejemplo, pero, en ese momento, aún no había ocurrido nada de eso... Pero Aznar pedía elecciones anticipadas. Es decir, el PP no pone en marcha su estrategia de romper todo e ir a por todas, y no aceptar nada, cuando aparecieron los casos de Roldán u otras corrupciones... No es verdad. Aznar decidió su estrategia la noche de las elecciones: «He perdido por Televisión Española y, por tanto, he perdido por las malas artes del PSOE; luego la victoria del PSOE no es legítima en términos democráticos y voy a por ellos». Ésa es la reflexión de Aznar. Y, a partir de ahí, plantean una legislatura parecida a los bombardeos norteamericanos sobre Bagdad: «Conmoción y pavor»[1]. Ésa fue la estrategia. Y eso implicaba romper todos los puentes de diálogo con el Gobierno, incluida la política antiterrorista.

¡Qué doble vara de medir!

Cuando Aznar reivindicaba, en plena crisis de la Guerra de Irak, la legitimidad democrática de sus decisiones, me dio pie a recordar cuál fue su actitud cuando Felipe fue abucheado en la Universidad Autónoma de Madrid. Ya entonces, en 1992, Aznar afirmó que aquello era la expresión del rechazo de los españoles al presidente del Gobierno. ¡Qué cosas, qué doble vara de medir! Yo viví el abucheo de la Autónoma como ministro de Educación. Lo de la Autónoma no fue entonces más que un síntoma, no nos engañemos.

Es verdad que en política hay síntomas que, en la medida en que se ponen de manifiesto, al final acaban siendo interpretados como el anuncio de una enfermedad grave... Ocurría que nos habíamos «desenganchado» por completo de los jóvenes, lo cual merece dos reflexiones. Una: que es muy difícil «encandilar» a un joven que no ha visto más que un presidente de Gobierno desde que tiene uso de razón, Felipe González. El PSOE era el «poder» para los jóvenes, era el «régimen». Ahora bien, dicho esto, había errores, no nos engañemos. Esa sensación expresada en la frase «sois el régimen» se puede calificar o cualificar, pero es verdad que habíamos cometido errores... Por eso hicimos todo un programa, una parte nueva: el «impulso democrático». En el fondo, fuimos a las elecciones reconociendo hechos sustanciales: «Nos hemos equivocado y hay que rectificar».

Aquel «impulso democrático» todavía no se ha puesto en marcha; hay muchas de aquellas medidas que, sin duda, serán parte del trabajo del próximo Gobierno socialista... Están ahí, pendientes... Porque nosotros no lo pudimos hacer entre 1993 y 1996, porque el PP no quiso... No quiso hacer un solo acuerdo en toda la legislatura —¡ni uno!— y después, simplemente, se ha desentendido de todo. Por eso: porque fue la legislatura de «conmoción y pavor».

Los primeros meses fueron razonables. Desde luego, fue complicado dar los primeros pasos, sobre todo, porque era la primera legislatura en la que el Partido Socialista gobernaba con CiU, con el PNV y con Coalición Canaria. Cada proyecto de ley exigía su «masaje» y es verdad que hay sectores a los que les cuesta más esa disciplina parlamentaria. El Parlamento, en esas circunstancias, adquiere un peso distinto...

Es decir, todo cambió y, por otro lado, en el Gobierno había bastantes miembros nuevos. Pero el problema comienza cuando surgen los temas más gordos de corrupción... Es cuando... Yo creo que, a partir de la intervención de Banesto, empieza a surgir todo. No quiero decir que todo tenga su origen en Mario Conde... No es verdad, algunas cosas, sí, y otras, no. Pero, a partir de ese momento, primero aparece el escándalo del Banco de España, después Roldán, después el tema de los fondos reservados y acaba en el asunto del GAL. Es una legislatura marcada por los escándalos, ésa es la realidad. Y, naturalmente, en términos de comunicación, hay una noticia, dos, tres..., y ya puedes esmerarte en hacer las mejores leyes... no tendrán ninguna repercusión. Por eso, ahora lo veo... Puedes hacer una ley de sanidad fantástica donde dices que vas a curar todos los cánceres en quince días, pero si ese día aparece en la prensa que Roldán robó el cepillo de la Guardia Civil... estás jodido, sencillamente.

Yo creo que un Gobierno está mal cuando pierde el control de la agenda. Es en ese momento cuando empiezas a dar manotazos de ahogado y es muy difícil mantener el control de la situación. Incluso a este Gobierno [el de José María Aznar], que controla tantos medios de comunicación, no le ha sido fácil. El Gobierno puede tener un control de la «agenda», entre comillas, porque tiene la iniciativa, porque —como les digo siempre a mis compañeros de

Partido—, el Gobierno «hace» y la oposición, «dice». El Gobierno puede *hacer* cosas y la oposición, todo lo más, puede *decir* cosas. Esta relación permite que siempre sea el Gobierno el que lleve la iniciativa y, por tanto, pueda comunicar algo a los ciudadanos mientras la oposición siempre se mantendrá a expensas de lo que el Gobierno dicte. Si tienes la capacidad de *hacer*, también tienes la capacidad de decidir la agenda. Salvo que haya acontecimientos que se escapen por completo a tu control, en los cuales tú mismo seas la parte negativa. Y eso fue lo que nos ocurrió a nosotros.

Recuerdo que iba al Consejo de Ministros y salía de allí... Había un aspecto, además, en mi situación, que hacía las ruedas de prensa de los viernes más difíciles: yo heredé una costumbre de Rosa Conde que me parecía muy bien; consistía en aparecer con un ministro que explicara la ley sectorial que se hubiera aprobado en el Consejo de Ministros. Entonces... ¡Puede imaginarse el escenario! Ley de Creación de Espacios Naturales... Aparecía con Luis Atienza; él lo explicaba, y yo me «comía» a Roldán. Era la de Dios. ¡Era terrible...! ¡Y así, dos años!

Creo que había dos elementos en ese sufrimiento político. Uno, la corrupción; y otro, su consecuencia política: la fragilidad del pacto parlamentario.

En la rueda de prensa había como un menú... los asuntos del día... El menú del día, que se lo comía el ministro que estaba a mi lado. Y luego, las secciones fijas: en primer lugar, Convergència, PNV, «Pujol ha dicho...», «Arzalluz no sé qué...», etcétera. Estado de la coalición, vamos a decirlo así. Y en segundo lugar, asuntos varios de golferías. Era muy fuerte. De modo que, realmente, la posibilidad de «colocar» algo, de ofrecer algo positivo, era muy complicada.

Yo trataba de explicar las cosas, porque siempre he sido un docente, y creo que lo más parecido a un profesor es un portavoz. Trataba de no perder la serenidad, cosa que, en muchos casos, estaba muy lejos de sentir; era un ejercicio de autocontrol. El portavoz de Gobierno tiene que dar la sensación de que controla la situación, y había cosas que controlaba y cosas que controlaba menos, pero ése era mi trabajo. Trataba de promover algo que yo creo que un Gobierno tiene que difundir cuando la sociedad vive con una cierta inquietud: serenidad. Los Gobiernos tienen que mostrar serenidad. Yo trataba de dar la imagen de que el Gobierno mantenía la calma, que había cosas que aclarar y que para eso estaba la justicia, pero que nosotros seguíamos actuando en términos de los intereses generales, y añadía que eso era lo que teníamos que hacer...

Es verdad que mi estado de ánimo, a veces, era otro bien distinto... He dicho que mostraba una firmeza y una serenidad que distaban mucho de lo que yo sentía. No es exacto eso. Porque yo, personalmente, lo pasé muy mal, pero creo que, políticamente, lo que tenía que hacer era mostrar serenidad ante los medios de comunicación, y lo conseguí. Felipe daba serenidad al Consejo de Ministros... Y yo nunca perdí la brújula en ese sentido. El Gobierno, frente a lo que surgía, debía actuar con honradez, con transparencia, pero sobre todo, ofrecer y mostrar serenidad. Nosotros seguíamos desarrollando nuestro trabajo y, de hecho, mejoró la economía...

Pero es bien cierto que la agenda iba por otro lado. En todo caso, todo aquello no impedía nuestro trabajo, y mi obligación era la de transmitir a la ciudadanía que, además de actuar en otros temas que estaban surgiendo, seguíamos gobernando. Nunca el Gobierno del 93 perdió la brújula en los temas de la vida cotidiana. Perdimos la agenda, pero no la brújula.

LAS MALAS ARTES Y ESE CANSANCIO DE LAS GENTES

Habíamos ganado las elecciones con una apuesta que la gente entendió: regeneración democrática y apuesta por el cambio, apoyada en la credibilidad de Felipe González sobre todo. Pero llegó un momento en el que percibimos que los ciudadanos que nos habían dado esa última oportunidad estaban agobiados por los casos de corrupción y comenzaban a interpretar que aquella apuesta quizá había sido equivocada. Creo que a mitad de la legislatura es cuando empezamos a percibir ese ambiente político.

Se produjeron dos hechos distintos. Algunos de aquellos casos de corrupción eran fruto de una pinza mediático-política brutal, que mantenía a los medios «dando leña» y a la oposición también... En aquellos momentos, no había forma de llegar a un acuerdo en nada. Absolutamente en nada. Era una actitud deliberada. Y las preguntas son: ¿no ofrecíamos diálogo? ¿No dimos buenos nombres para ocupar cargos que deberían nombrarse por consenso? ¡Qué va! Simplemente, no querían; pretendían colapsarlo todo; era una estrategia según la cual contra el PSOE valía todo. Esa estrategia tenía una base política —el Partido Popular— y una base mediática, que todos conocemos muy bien. Y se retroalimentaban. Salían los fundamentos en los periódicos, la oposición lo estudiaba, repercutía en el Parlamento, al día siguiente, la oposición hacía lo que indicaba la prensa... Es decir, todo estaba perfectamente coordinado. No estoy diciendo que hubiera una mesa... Cuando se habla de la conspiración, la gente tiende a pensar que hay una mesa en la que están sentados unos individuos conspirando. No. Simplemente, había una confluencia objetiva. Es probable que esa mesa de conspiradores llegara a existir, pero yo no la conocí. Fue Anson el que lo contó más tarde, y fue el primero que me ofreció una explicación de lo que estaba ocurriendo, de una forma honesta, en los términos en los que luego los explicó públicamente: «Llegamos a la conclusión de que no podíamos echaros si no era con malas artes». Y a esa misma conclusión llegaron en el Partido Popular, por su parte... Eso me lo contó Anson en 1995 o en 1996, siendo yo ministro. Tardó dos años en contarlo en público, pero a mí me lo había contado mucho antes: «No te engañes, Alfredo, éste es el resultado...». Y yo le decía: «Pero, Luis María, eso tiene sus límites, ¿no?, y los límites son el Estado, las instituciones... Es decir, no os podéis llevar por delante todo, por echar a González... Esto tiene que tener unas reglas políticas, éticas...». Y me decía: «Sí, pero... Ya sabes, si no lo ponemos todo en marcha, González es la leche...».

Es verdad que a José Luis Corcuera ya le había advertido Aznar y le había comunicado cuál era su idea de oposición y lo que pensaba hacer: valía todo, incluso la utilización de la lucha antiterrorista. Y así lo hicieron. Incluyeron la política antiterrorista como objeto de crítica política. Pero, realmente, eso llega al paroxismo en la legislatura de 1993 a 1996, cuando asesinan al general Veguillas[2]. Esa mañana, Aznar, desde El Escorial, pone en cuestión toda la política antiterrorista, empezando por la reinserción. Lo recuerdo perfectamente... A Veguillas lo asesinaron un viernes por la mañana en la plaza de Ramales, cerca de donde vivía; y recuerdo muy bien cómo estaba Narcís, porque la víctima había sido su subdirector general... Nunca he visto a Narcís y a Felipe tan afectados. Recuerdo que, antes de salir a la rueda de prensa del Consejo de Ministros, me pasan las declaraciones de Aznar, que estaba en los cursos de verano de El Escorial. Es en ese momento cuando Aznar, por primera vez, formula una crítica frontal a la política antiterrorista del Gobierno. Y es la primera vez que yo respondo a esa crítica. Aznar había dicho que la política antiterrorista era un desastre, que los terroristas campaban por sus respetos; criticó la reinserción y afirmó que, ante reinserción, dureza y cumplimiento íntegro de las penas... Rompió todo; fue una declaración terrible, de confrontación abierta. Y yo le respondí afirmando que la política antiterrorista debe ser un elemento de consenso, en la línea del Gobierno, que no podía cuestionarse de esa forma... En fin, yo salí a defender la política del Gobierno, no porque nos sintiéramos atacados o criticados —a esas alturas...—, sino porque creíamos que ellos ya iban a por todas y que no les preocupaba en absoluto el daño que podían hacer en temas cruciales, que nos trascendían, en asuntos de Estado.

MARIANO RUBIO, LO QUE FALTABA

Yo era consciente de que aquellas comparecencias de los viernes eran el elemento de credibilidad que le quedaba al Gobierno en aquellos momentos ante la opinión pública. Porque lo cierto es que el Gobierno funcionó muy bien durante toda la legislatura y, de hecho, el pacto con CiU, con el PNV y con CC funcionó milimétricamente. Creo que fue un Gobierno que actuó y la prueba es que Pedro Solbes sentó las bases de la salida de la crisis económica. Eso lo ha reconocido hasta el propio Rodrigo Rato[3]. Nosotros nos encontramos una situación de empleo desastrosa y dejamos una economía creando empleo; en fin, se actuó, y mucho.

Pero ocurría que la agenda política, a partir del año 1994, no era la que el Gobierno trataba de imponer —una agenda de reformas—. La agenda real era, básicamente, una agenda salpicada de escándalos, con una oposición terrible que no cede en nada y que no quiere avanzar en nada. Por tanto, creo que mi política de comunicación era casi una política de «despejar balones». Cada viernes había un Consejo de Ministros donde, realmente, el Gobierno, más que explicar, se explicaba. Ésa es la realidad. Sobre todo a partir de 1994 ese clima se hace permanente, esa especie de opacidad en la cual era imposible, prácticamente, hablar de nada que no fuera el escándalo de la semana o del mes o de los tres meses —algunos duraron mucho—. Pero no recuerdo un Gobierno ni con tensión interna ni con tensiones con el Partido. Existía una buena coordinación con el Partido, a través, básicamente, de Txiqui Benegas y de Cipriá Ciscar; había una coordinación excelente con el equipo parlamentario... De hecho, no hubo prácticamente ningún problema, exceptuando el de Ventura Pérez Mariño y el de Baltasar Garzón. Las relaciones con los socios eran correctas y no hubo tiranteces, aunque es verdad que la agenda que el Gobierno intentaba poner en marcha pasaba muy desapercibida... Por no hablar del impulso democrático, que quedó frenado. Y se frenó, sobre todo, porque se trataba de incluir modificaciones legales que exigían acuerdos parlamentarios amplios, no sólo ceñidos a los pactos con CiU, PNV y CC. Exigían acuerdos con el PP y el Partido Popular se negó en redondo a avanzar en nada. En resumen, y aparte de esto, yo creo que la legislatura quedó completamente oscurecida por los follones.

El primer follón, si no recuerdo mal, fue el de Mariano Rubio, cuando aparecen sus papeles... Aquello colocó a Carlos Solchaga en una posición muy difícil y decidió marcharse. Solchaga era un excelente portavoz del Grupo Parlamentario y yo tenía con él una relación espléndida. Luego, vino Almunia, que también era amigo. En ese aspecto, yo tuve mucha suerte. Como ministro de Relaciones con las Cortes, tuve dos portavoces excepcionales, muy buenos parlamentarios, con mucho predicamento en el grupo. Pero la crisis de Solchaga, además, coincidió con la salida de Corcuera, que se va por la famosa Ley de la «patada en la puerta»... Fueron días realmente insufribles. Tratábamos de asumir aquella sangría de dimisiones en cadena.

La verdad es que a mí no me gustaría hablar mal de Mariano Rubio, porque está muerto y yo apenas lo conocí... Creo que le vi dos o tres veces en mi vida. Tengo la impresión de que él hizo algo que no estaba bien, es evidente. Probablemente hizo algo que empañó una carrera funcionarial impecable... porque él fue funcionario durante mucho tiempo, e incluso recuerdo, cuando se murió, unas declaraciones muy elogiosas de Rodrigo Rato. Pero es verdad que él hizo una chapuza fiscal y lo peor es que no le dijo a Felipe González la verdad. Porque Felipe, según cuenta Carlos Solchaga, le dio la oportunidad de marcharse y Mariano Rubio le prometió solemnemente que no tenía ningún motivo para irse, y Felipe le creyó. Ése fue el problema de Mariano Rubio: que traicionó la confianza de Felipe González. Pero, dicho esto, es una persona que ha fallecido y que, en su vida, cometió ese error.

Sé que el escándalo de Mariano Rubio fue un elemento de tensión en la enconada guerra que había a esas alturas entre dos sectores del Partido que no estaban destinados precisamente a entenderse... Pero también es cierto que en esa época, mientras yo estaba en el Gobierno —entre 1993 y 1996—, más allá de alguna pequeña tensión —más bien de tipo orgánico, en la organización del Partido—, yo no me sentí con falta de apoyo por parte del PSOE. Por ejemplo, mis relaciones con Txiqui Benegas, que era formalmente de la otra «banda», digámoslo así, fueron siempre muy correctas; no tengo nada que reprochar a Txiqui; al contrario, en aquella época, cuando había que echar una mano, Txiqui estaba en primera línea. Y aunque yo era formalmente un «renovador», sin embargo, no tuve nunca en mi acción de Gobierno la sensación —ni tengo ninguna prueba— de que nadie perteneciente al llamado sector «guerrista» me pusiera palos en las ruedas, nunca la tuve. Nunca tuve peleas con Txiqui, que era mi homólogo y con el que hablaba casi todos los días. De hecho, todo el mundo sabe que somos muy amigos y nuestra amistad nació en aquellos días. Es curioso que, probablemente, era tanta la presión externa, que nuestras peleas internas quedaban minimizadas. Otra cosa es que en los congresos volvieran a aparecer otra vez las familias... No voy a negar a estas alturas que el tema de Mariano Rubio fue una especie de espantajo, de elemento de agitación, que el «guerrismo» utilizó, igual que los «renovadores» utilizaron el tema de Juan Guerra... Pero mi trabajo no se vio afectado por ello.

Cuando dimitió Solchaga... Yo recuerdo muy bien aquella tarde, porque Solchaga consultó a mucha gente. A mí, entre otros. Estuvo conmigo en mi despacho. Yo había tratado con él de secretario de Estado a ministro, y nunca coincidí con él cuando ocupé la portavocía. Y siempre tuve con él una relación excelente. Recuerdo que aquella tarde... Yo entendía que Solchaga quisiera dejar la silla vacía, pero le dije: «Hombre, no dejes el escaño, no me parece que...». (Luego se ha visto mucha asunción de responsabilidades políticas... En realidad, muy poca. La mayoría las asumimos todas nosotros, los socialistas. Y, a partir de 1996, es como si hubiéramos asumido las nuestras y las del PP para diez años). Pero recuerdo su discurso de despedida del Grupo Parlamentario, y recuerdo el aplauso que el Grupo tributó a Carlos Solchaga: yo no he oído un aplauso tan largo, tan cerrado, tan unánime... Carlos actuó de un modo muy inteligente y «cosió» muy bien el Grupo Parlamentario; no fue sectario, nombró portavoces de todos los ámbitos y consiguió un comportamiento del Grupo que luego Joaquín Almunia mantuvo. Por eso digo que, curiosamente, yo no noté, en mi actividad política, la tensión existente dentro del Partido. Era tan fuerte el aguacero que la gente cerró filas, en el mejor sentido de la expresión, a la hora de trabajar.

Desde la distancia, la situación interna del Partido en aquellos momentos y la «pelea» entre «renovadores» y «guerristas», ahora que han pasado los años...

EL MITO DE CHAMARTÍN Y LA SUCESIÓN DE FELIPE

Sé que nadie se creerá lo de Chamartín, porque sobre eso se ha elaborado todo un mito. Aquella reunión aparece en el escenario político como la puesta en escena de la familia «renovadora». Yo no sé por qué acudió cada cual allí, pero conozco el origen de aquella convocatoria, porque en aquella historia yo estuve muy presente; como mucha otra gente, por cierto. No sólo estuve yo. Y aquello fue estrictamente un movimiento de un sector de la Federación Socialista de Madrid (FSM) para defender a Joaquín Leguina, que en aquel momento estaba siendo cuestionado por la Ejecutiva Federal del PSOE. No tenía otro sentido. Leguina estaba siendo objeto de un acoso directo y frontal por parte del «guerrismo». (En aquellos momentos, Alfonso dirigía la Ejecutiva).

Aquella escenografía con ex ministros y con ministros, probablemente, se interpretó como un cierre de filas; no se trataba, en opinión de algunos, de un movimiento de apoyo a Leguina por parte de un sector de la FSM, sino de la puesta en escena de una corriente «renovadora» enfrentada al «guerrismo». Pero no era ésa la intención inicial, ni mucho menos. Aquello se convirtió en algo distinto a lo que era en un principio, y se produjo ese cambio porque había una tensión sucesoria latente.

Es verdad que Felipe había hecho varios amagos de irse y varios intentos de provocar la sucesión... Ahora, viendo las cosas retrospectivamente, pienso que ése fue el elemento desencadenante.

De todos modos, yo no estaba en Ferraz ni conocía esa casa bien y mis relaciones orgánicas eran más bien escasas. No he sido nunca miembro de la Ejecutiva de la FSM. Con eso lo digo todo. Es decir, yo siempre he sido una persona que me he movido en ámbitos relacionados con la Administración y por cargos que he desempeñado... pero nunca en el seno del «aparato» del Partido... Lo que se palpaba entonces era una especie de proceso de sucesión abierto, en el cual los distintos sucesores y las distintas familias tomaban posiciones. Y es verdad que también se notaba cierta insatisfacción respecto a algunas formas de funcionamiento del Partido. En fin, eso estaba ahí, latente. Es seguro que para mucha gente ése era un elemento, digamos, táctico. Algunas personas utilizaron la bandera de la «renovación» interna, de los cambios, de la «democratización» del Partido, entre comillas, del avance en los procesos de democracia interna. Seguro. Desde luego, en mi caso, yo no me sentí nunca afiliado a ninguno de los posibles sucesores de Felipe González, nunca nadie me habló en esos términos.

Es verdad que yo cuestionaba algunos de los sistemas de funcionamiento del Partido, y en el caso de Leguina, sencillamente, me indignó que alguien que lo estaba haciendo bien, que estaba trabajando muy bien en la Comunidad y que contaba con un apoyo razonable en la FSM fuera eliminado por el hecho de haberse enfrentado con el vicesecretario del Partido. Aquello me pareció poco democrático y fue eso lo que me movió. Es decir, mi opción no se expresaba en el sentido de promover un cambio para situar a alguien que sustituyera a Felipe. No. Yo era «felipista», y lo sigo siendo. No tenía expectativas en esa supuesta sucesión —ni yo ni nadie entre mis amigos, nadie me habló jamás de suceder a Felipe González—. Lo que sí es verdad es que había pautas de comportamiento en el PSOE que a mí no me gustaban, y como nunca me he callado nada, pues tampoco me callaba eso. Nunca he tenido ningún problema en levantar la mano en una asamblea de mi Partido y decir lo que pensaba, nunca. Pero supongo que la lectura política pasa por suponer que el Partido mantenía abierto un proceso de sucesión. Supongo que había una toma de posiciones, de cara a ese proceso, que se extendió durante varios años. Y también es verdad que el Partido, en algunos momentos, ha tenido dos almas, y esas dos almas estaban ahí, luchando. La llamada «renovación» tenía un origen madrileño y catalán.

Es posible que, en aquella batalla entre «guerristas» y «renovadores», un aparato de poder quisiera sustituir a otro... Pero también es cierto que el Partido se había ido alejando de la ciudadanía. A partir de determinado momento, cuando empezaron los problemas, en lugar de abrirse, para intentar tomar la iniciativa frente a la sociedad, avanzar y explicarse, se cerró como una almeja. El aguacero que soportábamos contribuyó a ese cierre de filas, pero, sobre todo, tuvieron influencia, en este sentido, algunas formas organizativas incompatibles, seguramente, con el funcionamiento de un partido en una sociedad como la española. Yo lo denuncié en su momento y lo sigo denunciando.

Han cambiado muchas cosas desde entonces. Eso era lo que a mí, en principio, me movía: estábamos cerrándonos, el reclutamiento era paulatinamente más endógeno, cada vez se desconfiaba más de la gente que no pertenecía a la organización...

Por una parte, en la medida en que el Partido perdía poder, lógicamente, el poder se repartía entre menos individuos; pero, al mismo tiempo, era un proceso de cierre de filas lógico en un Partido que se sentía acosado. Ambas circunstancias coincidieron. Pero mis motivaciones para «militar», entre comillas, en eso que se llama «renovación», tenían muy poco que ver con la sustitución de Felipe González, que yo no veía como un paso inmediato ni me preocupaba. Más bien, al contrario. Yo quería que continuara Felipe, fui «felipista» hasta el final. Y lo sigo siendo.

Corrupción: cuando la farmacopea sustituye a la cirugía

Hubo también un problema relacionado con la incapacidad de reaccionar frente a determinadas cuestiones. Existía cierto enojo por no haber sabido reaccionar más rápidamente ante temas que estaban sobre la mesa. Había casos de corrupción que probablemente hubieran exigido cirugía y en los cuales nosotros aplicamos farmacopea... Había muchas razones para el enfado. Porque hay gente que...

La gota que colmó el vaso fue el «caso Roldán». A nadie se le podía ocurrir que una persona que había desmantelado la cúpula de ETA fuera un corrupto. Había también algo de auténtica sorpresa. Quiero decir que no sólo nos movíamos por «mala fe», o intentando tapar escándalos, o cerrando filas «hasta que escampe». No, no. Yo no fui el único que se llevó una sorpresa cuando Roldán salió como salió... Yo, de hecho, nunca conocí a Roldán personalmente, pero todo el mundo me hablaba maravillas de él. Nunca le traté; hablé personalmente con él por teléfono, una sola vez en toda mi vida, y fue para pedirme un favor, que no le hice, por cierto. Me pidió algo sobre la selectividad... alguien que quería aprobar sin... Y le dije: «Mira, Luis, lo siento mucho, pero yo he sido el autor de la norma según la cual se accede a la Universidad por nota. Como te puedes imaginar, lo último que voy a hacer es llamar a nadie para decirle que no sé quién, un general de no sé qué...». Al menos no me pidió que le convalidara algún título que no tenía... Yo insistí ante sus presiones: «Mira, Luis, lo siento, pero en la Universidad se entra por estricto baremo de méritos, y si tienes un cinco, entras, y si no, no». Es verdad que él fue muy prudente, y que no me dijo: «Mételo»; sino: «Mira a ver si se puede hacer algo». Le dije que no se podía hacer nada. Ésa es la única vez que he hablado con él en mi vida. Pero sí es verdad que, a tenor de lo que me decía la gente, Roldán era una especie de ídolo. ¿Quién iba a imaginar que este individuo era un golfo?

A veces reaccionamos tarde, es cierto. Los temas de corrupción no se atajaron a tiempo. Unos, porque no nos atrevimos, y otros, porque nos sorprendieron. Es verdad que el Partido perdió reflejos. Seguramente el PSOE no estaba preparado para lo que ocurrió, y puede que, en parte, hubiera mucha ingenuidad. Éramos la ciudad alegre y confiada, pensábamos que por el hecho de que la gente llegara al PSOE y se hiciera un carné, ya era de los nuestros. No nos dimos cuenta de que la estadística es implacable y que cada organización tiene un porcentaje de golfos. A nosotros nos correspondía un porcentaje de aprovechados y, en ese aspecto, es cierto que tuvimos falta de reflejos... en algunos casos.

Probablemente quisimos cerrar los ojos ante una realidad que teníamos delante. Ahora es muy fácil decirlo, pero en aquel entonces resultaba mucho más complicado. Es probable, insisto, que si le hubiéramos cortado la cabeza al primer golfo que apareció por la puerta y la hubiéramos expuesto en la plaza pública, tal vez habría sido todo de otro modo. Aquella situación es algo que no nos podemos volver a permitir. Al final, la máxima debe ser: «Confía en todo el mundo pero desconfía de todo el mundo».

Distanciamiento y nuevos nombres

No sabría decir con certeza cuál fue la razón, o las razones, de la ruptura entre Alfonso y Felipe, ni de cómo se fue gestando el enrocamiento del «guerrismo». Porque, cuando yo llegué al Gobierno, la relación ya estaba muy quebrada. Yo entré en el Gobierno en 1992, cuando Alfonso ya no pertenecía al mismo. Es más, en el Partido su posición era ya bastante secundaria. Entre 1993 y 1996 ya no existía esa tensión o, al menos, yo no la viví. Además, la tensión externa era tan fuerte para el Gobierno, que todos los temas internos pasaron, para mí, a un segundo plano. Lo último que me preocupaba era si había tal lío en una federación o en una agrupación... Todo aquello me parecía anecdótico.

No soy capaz de dar con la clave de aquella ruptura entre Felipe y Alfonso. Creo que había un distanciamiento ideológico, básicamente, en la forma de concebir el Partido... Y también en las acciones de gobierno. Creo que convivían dos visiones muy distintas. Pero el distanciamiento personal no tiene nada que ver con el distanciamiento político. Creo que, realmente, había diferencias políticas y creo que ése es el origen de la cuestión.

Yo no conozco su relación actual; ni conozco tampoco cuál era en aquellos años. Felipe nunca me habló de Alfonso ni Alfonso de Felipe. Con Alfonso he tenido una relación muy escasa; he hablado poco con él. Con Felipe he hablado mucho y, siempre que he hablado con Felipe de Alfonso, he sentido que tenía cariño y respeto por él; y siempre que hemos hablado de las diferencias, siempre las ha situado en el terreno de lo político, nunca en el terreno de lo personal. Pero, la verdad, cuando yo llego al Gobierno, este problema no aparece entre las preocupaciones del Ejecutivo.

Cuando Alfonso Guerra se queda sin responsabilidad en el Gobierno, aparte de enrocarse en el Partido, no colaboró en la medida que se esperaba. Y la elección de Carlos Solchaga como portavoz del Grupo Parlamentario es, en parte, el exponente de esa guerra abierta entre Alfonso y Felipe. Porque Alfonso se enfrenta a Felipe apostando por la candidatura de Paco Vázquez. Es verdad que se desató un pulso entre los dos. Pero en ese pulso, al menos como yo lo vivo en el Parlamento, Carlos lo cierra inteligentemente. Carlos tuvo la habilidad de saber que tenía el Grupo Parlamentario con una correlación de fuerzas de setenta a treinta a su favor, pero quería contar también con ese treinta por ciento, que era su «oposición» interna. Y, con el paso del tiempo, las tensiones se diluyeron mucho. Cuando comenzaron los problemas, yo no percibí esos conflictos. Me remito al discurso de despedida de Carlos. Él era una de las bestias negras del «guerrismo» y, sin embargo, logró desactivar las tensiones. Esa tensión disminuyó por dos razones. En primer lugar, por la buena actitud de Carlos, y, además, por los gestos del propio Gobierno. El Gobierno no entró en esa batalla, entre otras cosas porque algunos ministros poco tenían que ver con la batalla interna; Pedro Solbes era ministro de Economía, Ángeles Amador, ministra de Sanidad. Era gente ligada al PSOE, pero no tenía una historia dentro del Partido y sus órganos de gobierno. Y, en segundo lugar, porque todos tratamos de hacer un esfuerzo. Más adelante, cuando comenzaron a surgir los problemas de verdad, aquellos conflictos internos pasaron a segundo plano. Estaban ahí, sí, pero pasan a segundo plano. Recuerdo las reuniones de coordinación, a las que asistían Txiqui y Cipriá, Joaquín Almunia, Narcís y yo, y las recuerdo como reuniones de trabajo normales, donde lo que primaba era la colaboración. Los temas que provocaban tensión se apartaban.

La batalla sucesoria estuvo presente en nuestras peleas internas hasta el final. Y es cierto que, en el Partido, la gente de Alfonso, que era vicesecretario, tuvo la pretensión de convertirse en lo que él llamaba «El Partido». Él, Alfonso, lo identificaba con su propio pensamiento y con su propia posición; y, en teoría, era el grupo llamado a elegir al sucesor de Felipe. Eso sí es cierto. Ese pulso siempre ha estado latente, en medio de todos nuestros problemas. Y eran conflictos que, de verdad, aturdían al último Gobierno de Felipe —un buen Gobierno, en mi opinión—.

Recuerdo que las primeras valoraciones del Gobierno fueron positivas, incluso las de la prensa más conservadora. Era un Gobierno técnicamente capacitado; que tenía gente nueva... Era un Gobierno adecuado para llevar a cabo nuestros objetivos. El problema fue que la agenda la confeccionaron otros. Nuestra acción política pasó a segundo plano porque las circunstancias... Durante el tiempo en que se desenvolvió la investigación de la «comisión Roldán» no se hablaba de otra cosa. Ya podía hacer el Gobierno lo que quisiera... nadie lo supo. Sencillamente, porque las circunstancias políticas no permitieron hacer nada en sentido contrario. Es verdad que no era un Gobierno con una extracción partidaria tan nítida como los anteriores. Felipe apostó por personas que, sin ser ajenas al Partido, no estaban inmersas en la vida partidaria: Pedro Solbes, Ángeles Amador, Carmen Alborch, Juan Alberto Belloch, Cristina Alberdi... Eso es completamente cierto. Ésa era la apuesta de Felipe.

INTERIOR: FATALISMO Y CULPABILIDAD

Se ha hablado mucho del Ministerio del Interior y nos hemos preguntado si nos equivocamos en algunos casos... La verdad es que yo, en ese sentido, soy bastante fatalista. Yo creo que el Gobierno podía hacer muy poco. Al final, Roldán es un golfo; el Gobierno puede hacer lo que sea, pero él es un golfo. Y ni quisimos ni pudimos ocultarlo. Por otro lado, si hubiéramos querido «taparlo», no lo habríamos conseguido. Pero no quisimos. Nosotros votamos la «comisión Roldán» y pusimos a disposición de los parlamentarios todos los documentos de la comisión, todos. Los buenos y los malos. Y, entre otras cosas, no había quien se los leyera, eran cajas de documentos... Aparecieron determinadas acciones de las que el Gobierno no sabía nada. ¿Hubiera podido hacerse otra cosa? Yo creo que es difícil de imaginar...

La actuación de Belloch en el Ministerio del Interior... En fin, hubo algunas declaraciones de Juan Alberto que no gustaron, algunas afirmaciones quizá un tanto desabridas para con algunos de sus antecesores. Aquella etapa estuvo absolutamente judicializada. Más allá de las comisiones de investigación en el Parlamento, fuimos todo lo transparentes que podíamos ser. No podíamos ni debíamos hacer otra cosa...

Una buena parte de los incidentes que surgieron, sobre todo, en los años 1995 y 1996, fueron incidentes judiciales, que poco tenían que ver con la actividad del Gobierno. El Gobierno tiene que cumplir con lo que los jueces le mandan. Desgraciadamente, al final, sobre ese Ministerio llovieron culpas, algunas de las cuales le correspondían, y otras, no.

La judicialización de la vida política de esa etapa correspondió, sobre todo, a la tarea del Ministerio del Interior. Pagaron justos por pecadores, se hicieron acusaciones generales y cayeron sobre determinadas personas algunas acusaciones completamente falsas. Pero algunas de ellas eran ciertas.

El problema de esta historia fue que la golfería de Roldán, una vez que se demostró, permitió «construir» una serie de casos, algunos de los cuales eran completamente inciertos. Por ejemplo, yo recuerdo el «caso Palomino», el «caso del búnker de La Moncloa»... Todo aquello era mentira, de principio a fin. Y, sin embargo, el «caso Roldán» permitió dar una apariencia de credibilidad a cualquier otra cosa. Digamos que, a partir de Roldán —es verdad que fue un caso escandaloso—, todo es creíble. Hubo un tiempo en que todo lo que se decía de nosotros era creíble. Y, en esa situación, pagaron justos por pecadores. En paralelo, se desarrolló una actuación judicial absolutamente inquisitorial en algunos extremos. De hecho, hay procesos judiciales que acabaron en nada. Procesos que dieron portadas y portadas... En definitiva, en aquel caldo de cultivo valía absolutamente todo.

Juan Alberto Belloch y yo íbamos juntos a todas partes. Se decía que éramos una pareja de hecho. ¡Naturalmente! Los problemas estaban ahí, sobre la mesa, y yo tenía que dar la cara todos los viernes por problemas que, a veces, no eran míos. En aquel momento, no tuve la sensación de que Juan Alberto estuviera traicionando al Gobierno o estuviera siendo desleal. Es verdad que luego se han escrito y se han dicho cosas de él a las que nunca ha respondido. Pero, al final, cada protagonista escribe la historia como cree que le va mejor en ella. Es cierto que luego han aparecido sombras de sospecha y libros publicados con historias que yo, personalmente, no conocía y cuya verosimilitud tampoco puedo atestiguar ni afirmar. Yo, en aquel momento, no tuve la sensación de que Belloch actuara tal y como sugieren esos libros y algunos comentarios. Juan Alberto estaba, en muchos momentos, desbordado. Porque Interior era un Ministerio que dependía del auto judicial que le llegara al día siguiente por la mañana. Pero es verdad que se han dicho cosas muy duras de Belloch que han quedado ahí, sin respuesta.

Si pienso en todo aquel asunto de Garzón... Yo lo pasé tan mal que he procurado aislar...

He sacado algunas conclusiones políticas de los tres años de Gobierno, de 1994 y 1995, sobre todo. Guardo un buen recuerdo de las personas que trabajaron junto a mí. Desde luego, tengo un buen recuerdo de mi equipo, que me soportó; de Almunia, que se portó como un caballero; de Solchaga, que se portó como un señor; de Narcís, que siempre me ayudó... Un buen vicepresidente para mí... El resto... La verdad es que no he tenido mucho interés... Fue una época muy convulsa, y muchos comportamientos de aquella época tienen más que ver con individuos saltando en busca del salvavidas que con malvados. Yo creo que di la cara todo lo que tenía que darla, cumplí con mi conciencia y he hecho una especie de paréntesis.

Hay cosas que se me han ido olvidando.

En cuanto al comportamiento de Garzón, hay división de opiniones. Hay gente que, honradamente, piensa que se le maltrató, porque no se cumplieron sus legítimas expectativas de poder; otros dicen que tuvo un comportamiento absolutamente deshonesto que, al final, culminó sacando a la luz un sumario y ejerciendo la venganza. Yo no soy quién... No sé si el sumario estaba o no estaba en aquel cajón. Lo que sí es verdad es que, en su salida del Gobierno, hubo, por su parte, cierto despecho, aunque él nunca me lo comentó explícitamente. Quiso ser ministro de Justicia e Interior, y no es una opinión. Es información pura y dura. Y no estoy seguro de que, satisfaciendo sus exigencias, sus ambiciones, se pudiera haber evitado el problema que generó. Yo tuve una conversación —una conversación concreta— antes de la crisis de Gobierno en la que se nombró a Juan Alberto titular de los dos ministerios. Fue una conversación con Garzón, y se me quedó grabada. Él me vino a decir... No lo expresó con claridad, pero sentí que me estaba trasladando un mensaje respecto a lo que pretendía ser. No era una amenaza, pero sí un mensaje sobre qué deseaba alcanzar.

Tengo grabada la escena de Garzón en una plaza de toros —un festival, en Valencia—: le chillaron, le pitaron. (La gente nos silbaba a los socialistas, no sé de qué problema se trataba entonces...). Recuerdo que aquel día yo estaba viendo la televisión en directo: era el telediario de Antena 3 —no sé con quién estaba, creo que estaba con mi jefe de gabinete, con Javier—, y me acuerdo perfectamente de que, cuando vi la escena y vi que Garzón entraba en la plaza y le silbaban, le dije a Javier: «Baltasar se va». No fue una especie de premonición, sino de apuesta... Y, efectivamente, al poco tiempo se marchó. Yo creo que él no podía soportar según qué cosas...

No sé si él actuó por venganza después. No me atrevería a hacer un juicio que, en definitiva, es moral. Pero lo que sí sé es que él tenía aspiraciones que no vio cumplidas. Y eso lo sé, me consta; de eso estoy seguro. Pero tampoco hay que olvidar que Juan Alberto Belloch y él tenían una relación muy mala. Yo entendí que era muy fuerte, para Juan Alberto, nombrar de número dos en el Ministerio a alguien con quien no se trataba. No sé si lo trató bien o no; a mí Juan Alberto me jura que sí... Hay historias por ahí que dicen que lo trató mal. Lo que sí sé es que la crisis de Gobierno la hizo Felipe y la hizo como mejor le pareció; y la fusión de los dos Ministerios era un intento, entre otras cosas, de colocar la Justicia en Interior para ofrecer un mensaje político de que iba a imponerse la transparencia a ultranza en ese Ministerio. Y ese mensaje político tenía sentido en aquel momento. Así lo pensó Felipe y así me lo explicó... ¿Hasta qué punto eso frustró una expectativa de Baltasar Garzón? Por la conversación que yo tuve con él, poco antes de esa crisis, yo diría que sí, yo diría que él tenía aspiraciones, aunque nunca me sugirió ningún tipo de enfado ni de cabreo. Simplemente, me dijo dos o tres frases inequívocas. Felipe no se oponía a que Garzón tuviera alguna responsabilidad en el Gobierno. De hecho, la tuvo, como secretario de Estado contra la Droga. Yo sé que, cuando se produjo su nombramiento, hubo cierta tensión, porque él quería tener, desde la Secretaría de Estado contra la Droga, mando directo en las Fuerzas de Seguridad. Y al final se le concedió. Quiero decir que él tenía esa pretensión —no sé si alguien se lo había prometido o no, lo ignoro— y, al final, lo consiguió: el Gobierno le otorgó poder sobre la Policía y la Guardia Civil en lo referente a temas de drogas. Ahora bien, yo creo que aspiraba a más. Lo creo sinceramente.

Felipe nunca me comentó nada respecto a la presión o al chantaje de Garzón... En eso, era hermético.

Aquellos años de plomo

En mi relación con Felipe González puedo hablar de dos etapas. Cuando me nombra ministro, no lo conocía. Lo había visto una vez en mi vida. Es verdad que más adelante, en La Moncloa, tuve una relación con él muy cercana. Eran tiempos muy duros y Felipe era una persona bastante hermética, muy poco hablador, una persona que se lo guardaba todo. Bueno, era su forma de ser y, probablemente, gracias a eso, lo aguantaba todo... Tenía una fortaleza enorme. Nunca dejó de presidir los Consejos de Ministros, de tomar decisiones... En ningún momento. Me hace muchísima gracia cuando oigo decir por ahí que Felipe era un vago o... Felipe trabajaba, leía los papeles, conocía los temas... Era un hombre impresionante. A pesar de todo lo que estaba cayendo, nunca, nunca dejó de ejercer su puesto con una híper responsabilidad. Yo lo recuerdo en los Consejos como una persona que leía los *dossieres* y que sabía de qué hablaba. Cuando yo tenía alguna duda en la rueda de prensa... A veces sabía más que el propio ministro de turno y sabía cómo explicar las cosas. Tenía una cultura política... espectacular. ¿Vago Felipe? ¡Cualquier cosa menos eso! Siempre fue presidente del Gobierno y nunca dejó de serlo mientras permaneció en el cargo. Y, después de salir de La Moncloa, yo he podido llegar al otro Felipe, el Felipe sin cargo: un tipo expansivo, divertido, gracioso, relajado... Con él puedes pasar toda una noche riendo, desde que empieza hasta que acaba. Pero a ese Felipe no lo conocí en La Moncloa.

La corrupción torturó a Felipe; lo llegó a enloquecer. Sobre todo, por la sorpresa. Yo tengo alguna prueba, por ejemplo, cuando salió el tema de Urralburu[4], yo creo que a Felipe casi le da un pasmo. «¡No puede ser! ¡Es imposible lo que nos están contando! ¡No es posible!». Yo vi a Felipe... No podía creérselo... Eso le golpeó mucho.

Le dieron «leña». Felipe ha soportado en este país lo que no está en los libros... ¡Lo que han dicho de Felipe González en las radios, en los periódicos...! ¡Era terrible! En su honor, debo decir que nunca dejó de ejercer su cargo, nunca le vi tirar la toalla, nunca le vi bajar los brazos... Nunca. Lo que sí es verdad es que todo aquello lo convirtió en un hombre más reservado, poco dado a hablar. Era una persona, digamos, que podía soportar mucho más de lo normal.

Era esa etapa de plomo en la que dimitían constantemente los ministros. Incluso Narcís dimitió. Fue un disparate. Creo sinceramente que no había para tanto y que aquellas dimisiones fueron un poco compulsivas. Pero había un factor psicológico que nos llevaba a tomar aquellas decisiones... Ya no teníamos fuerza, no teníamos capacidad para resistir. Además, no contábamos con mayoría parlamentaria y se notaba muchísimo. Teníamos un problema de falta de credibilidad muy fuerte. Y cuando se esfuma la credibilidad política y, además, no se cuenta con una mayoría parlamentaria, la capacidad para resistir es muy pequeña. Al final, sólo resistimos por Felipe. Ésa es la verdad. El Partido nos sustentó, pero también estaba muy golpeado. Haciendo un símil químico o médico, es como cuando un enfermo sale de una operación: está débil y es más susceptible de contraer una infección. Nuestra situación era muy parecida. Cuando se está débil políticamente, cualquier problema es un gran problema. Quizás ahora puedo admitir que aquellas dimisiones en cadena, aparte de ser innecesarias y no solucionar nada, daban la sensación de que quienes nos acosaban tenían razón... Ocurría que tampoco teníamos mucha capacidad de reacción.

El problema al final era que teníamos un socio, CiU, que pedía cabezas. Yo creo que la cabeza de Narcís, la verdad, no la pidió nadie. Y creo que fue el propio Narcís el que llegó a la conclusión de que no podía más... que había que dar un paso atrás. Se fue con mucha dignidad. Fue por aquel debate terrible de las cintas del Cesid... Lo que contaba Narcís era verdad: todo lo relativo al espacio radioeléctrico... Era verdad. Es cierto que aquellas cintas no se destruyeron y alguien —Perote o quien fuera— se las quedó. En ese caso, hubo un fallo en el Cesid, porque aquellas cintas nunca tenían que haberse guardado: tenían que haberse destruido. Era cierto que un «barrido» radioeléctrico permitía recoger todas las conversaciones... en aquel momento.. Pero alguien guardó aquellas cintas, probablemente pensando en hacer una jugada con ellas y, finalmente, así fue. No es verdad que el Gobierno espiara, pero es verdad que hubo un fallo en los sistemas de seguridad de los servicios secretos. Alguien, políticamente, era responsable... Yo creo que fue un exceso que llegara al vicepresidente... pero él había sido ministro de Defensa en la época en que se produjeron las grabaciones. Y ése fue el motivo. Dimitió porque dio la cara como ex ministro de Defensa, no por ser vicepresidente años después. Fue un fallo de Emilio Alonso Manglano. Pero a Manglano lo engañaron... Una guerra entre el número uno y el número dos del Cesid, y el número dos arremetió contra todo. Había una responsabilidad política, pero no una responsabilidad personal.

Si nos arrugábamos tan rápidamente era porque no teníamos fuerza. Porque, políticamente, estábamos muy débiles.

HABLAR PARA LA PARED

Era muy difícil esperar de los medios de comunicación una actitud ecuánime. Porque los escándalos, objetivamente, fueron muy graves. Tuvimos al gobernador del Banco de España metido en un problema de dinero negro y al director de la Guardia Civil metido en un problema de latrocinio... Y eso es muy complicado de neutralizar. A ello hay que sumar los catorce años de un Gobierno, con el agotamiento natural de estos casos y el desgaste de esos cinco lustros... El tiempo en política puede compararse al tiempo de la vida... El tiempo envejece, los años pasan y las marcas te van señalando.

Había una sensación de «fin de época». Yo creo que aquel Gobierno de 1993 tenía un crédito limitado. Durante el primer año, mal que bien, pudo capearse el temporal. (Aunque teníamos unos problemas económicos espantosos: la peseta, la bolsa, los tipos de interés... Todo aquello, recuerdo, era una especie de tortura). Teníamos un crédito político, pero no era el de 1989 ni el de ocasiones anteriores. Habíamos ido gastando crédito y, finalmente, ese crédito se volatilizó entre 1994 y 1995.

En los medios de comunicación se instaló una fortísima sensación de «fin de ciclo». Y a partir de ese momento, cuando los medios vieron a un Gobierno agotando el final de un ciclo, hubo quienes, sencillamente, abandonaron el barco y se instalaron a la sombra del poder que amenazaba con ocupar la dirección del país. El PP aparecía como «los que llegaban» y nosotros como «los que nos íbamos». Al final, todo eso se suma y puede entenderse el resultado.

Yo casi nunca entré en las batallas mediáticas. Traté siempre de ser portavoz del Gobierno. Aunque se dijo que, en el Consejo de Ministros, yo disparaba, no es verdad: yo siempre me defendía... Intenté siempre, en todos los medios, salvar el papel institucional, porque pensaba que, cuando yo hablaba, era el Gobierno de España quien lo hacía, no el Gobierno del PSOE y, desde luego, no el PSOE. Pero es verdad que, a veces, me defendía. Recuerdo perfectamente que, cada viernes, a las doce, Rodrigo Rato hacía su rueda de prensa. Yo salía a las dos de la tarde con un pliego de cargos al que tenía que responder. Nunca atacaba, siempre respondía. Pero, hasta el final, traté de mantener una cierta neutralidad en cuanto a mi relación con los medios de comunicación. Y hablaba prácticamente con todos, y no dejé de ir a la COPE... Iba al programa de Antonio Herrero. Iba, me plantaba allí y me defendía. Daba la cara como un enano. Nunca dejé de ir a ningún lugar ni de dar la cara.

Desde 1994 tuve la sensación de que todo era inútil, de que hablaba para la pared. Mis ruedas de prensa tenían dos partes. En la primera, comentaba las acciones del Gobierno; en la segunda, respondía a todas las acusaciones que nos hacían. Los medios acudían a las ruedas de prensa por la segunda parte, no por la primera. ¡Dedicaba media hora a explicar siete fantásticos proyectos de ley! Y luego llegaban las preguntas...

Durante la primera parte de la legislatura había bloques de preguntas, como en los informativos. Un bloque: «Tensiones con Convergència y con el PNV». Hacían sistemáticamente esa pregunta. Se acaba la rueda de prensa e inmediatamente empezaban los periodistas, que si una votación, que si un acuerdo... El hecho de no tener un pacto de Gobierno nos debilitó extraordinariamente, porque cada votación era una incógnita, una sorpresa. Cada viernes había que construir una teoría sobre la estabilidad del Gobierno. Cada viernes debía responder a un bloque de preguntas que se llamaba «inestabilidad gubernamental»: alguna declaración de Miquel Roca, de Joaquim Molins, de Iñaki Anasagasti...

¡Cada viernes! Y ese bloque fue dando paso a lo que llamaríamos «crónica de sucesos», a partir de 1994 y 1995.

Una siniestra actuación de Aznar

No hubo tampoco muchas cosas gratificantes respecto al terrorismo... Se detuvieron comandos... pero no... En todo caso, en este caso, la memoria me hace trampas: recuerdo mejor los atentados que las detenciones. Por ejemplo, recuerdo con horror el asesinato de Francisco Tomás y Valiente, de Paco, porque yo tuve que decírselo a su hija, que trabajaba conmigo. Cuando empezaron a salir los teletipos, Ana, que es encantadora, subió a mi despacho sin saberlo... y yo le di la noticia. Era funcionaria de La Moncloa. Me llamó mi secretaria, Pilar, y me dijo: «Aquí está Ana Tomás; quiere verte, está llorando». En ese momento, me llamó Margarita Robles y me dijo que habían matado a Paco Tomás y... Tuve que decírselo yo. Fue terrible. Yo quería mucho a Paco Tomás. De hecho, yo sólo he dado una conferencia en el [Club] Siglo XXI y me presentó él, cuando yo era ministro de Educación. Y para Felipe fue un golpe tremendo... Terrorífico. Recuerdo el entierro, el funeral, en el Tribunal Constitucional... Horroroso. Y no olvidaré nunca la manifestación. No olvidaré nunca que salíamos nosotros, pegados a la Puerta del Sol —teníamos el coche en la calle Arenal—, y estaba Aznar haciendo declaraciones... Fueron las famosas declaraciones en las que nos echaba la culpa. Cuando subimos al coche, las oímos. Pasamos a su lado, estaba rodeado de periodistas y estaba haciendo aquellas terribles declaraciones: «Sí, los madrileños han salido contra ETA, pero también contra este Gobierno, que es incapaz de solucionar el tema del terrorismo». Recuerdo que Felipe se negaba a ir a la manifestación; no le gustaba, consideraba que su obligación no era ésa... Decía que el presidente del Gobierno no se manifiesta. Ésa era su tesis...

Aznar, con aquellas declaraciones tan siniestras y oportunistas, se estaba autoinvistiendo, de forma anticipada, como presidente del Gobierno. Yo creo que él pensó que, por ser Paco Tomás amigo de Felipe, aquella manifestación pudiera dar la sensación de que la gente quisiera arropar al Gobierno, y quiso cortar de raíz esa posibilidad. Su actitud fue malvada; yo tengo la impresión de que fue un malvado... Siempre he pensado que, si en vez de tratarse de Paco Tomás y Valiente, hubiera sido un desconocido, tal vez no habría hecho aquellas declaraciones. Siempre lo he pensado. En definitiva, aquellas declaraciones no tenían que ver sólo con el atentado, sino con el asesinato de un amigo de Felipe González. Siempre lo he pensado. Nunca me lo he podido quitar de la cabeza. Quería neutralizar la mínima sensación existente en la sociedad de conmiseración, de pena, de solidaridad con el Gobierno, y siempre he pensado que él trató de cortar una ola de simpatía que pensó que podría levantarse en la ciudadanía ante el asesinato, no del presidente del Tribunal Constitucional, sino, sobre todo, de un amigo de Felipe González. Felipe estaba muy afectado. Yo creo que es el momento en que más afectado le he visto. Así como vi a Narcís muy afectado cuando mataron al teniente general Veguillas... Recuerdo a Felipe roto. Muy afectado. Mucho, mucho. En el fondo, no puedes evitar pensar que lo han matado por... todo; también porque era amigo suyo... No puedes evitarlo; aunque, probablemente, en la lógica psicopática de ETA, eso tenga una influencia menor o no la tenga. Pero es inevitable pensarlo. Y Felipe lo pensaba.

Solana, lo mejor que teníamos

Cuando Felipe toma la decisión de volver a ser candidato, sin duda, sufrió otra vez la presión. No es que le obligáramos... El caso tiene una explicación sencilla: el candidato era ya Javier Solana. Nos fuimos de vacaciones; no estaba nominado todavía pero ya había un acuerdo: el próximo candidato sería Javier. Estábamos todos de acuerdo. Ni siquiera Alfonso se oponía. De modo que nos fuimos de vacaciones con Javier de candidato *in pectore*... Pero Javier se va a la OTAN, y con Javier en la OTAN, no hay forma de improvisar un candidato... No había nadie. Lo inevitable era que volviera a presentarse Felipe... Surge su nombre prácticamente como última solución, y él lo aceptó. Lo aceptó y se hizo la campaña él solito. Y casi volvió a ganar...

Para que se confirmara la candidatura de Javier Solana hubo varias reuniones a las que yo no asistía. Eran reuniones de secretarios generales del PSOE. Yo recuerdo que hubo varias en La Moncloa, al menos dos o tres, en las que salió a relucir el nombre de Javier Solana, creo que por unanimidad. Nadie se opuso a la opción de Javier. No estuve presente en esas ocasiones, pero, a la salida, venía Ramón Jáuregui a mi despacho, o hablaba con José Bono... Tengo la impresión de que aquellas reuniones fueron bastante pacíficas, es decir, todos estaban de acuerdo en que Javier era un buen candidato, era un hombre intachable, con un currículo en el que se apreciaba su voluntad de consenso, no levantaba ampollas en ningún sector ni en la sociedad. Era el mejor candidato que teníamos, exceptuando a Felipe. Y, además, Alfonso Guerra ya no tenía fuerza para oponerse. Ésa es la verdad.

La campaña de 1996 fue muy mortecina. Creo que Aznar, deliberadamente, huyó de los combates cuerpo a cuerpo, huyó de los debates. Ellos creían que ganarían, que estaba todo hecho; y se encontraron con que Felipe dio la batalla. Sus mítines fueron excepcionales y sus comparecencias en televisión, espectaculares. Recuerdo una entrevista en televisión... Se grabó en una mañana y fue espectacular... Sacó fuerzas de... Era un monstruo. No sé de dónde sacó las fuerzas... Felipe es un político de raza: hay uno en la Historia.

En la campaña anterior, Felipe ya había tomado la decisión de realizarla fuera del «aparato» del Partido. Se apoyó en José Mari Maravall, en Joaquín Almunia y en mí, y se diseñó una campaña, sobre todo, basada en Felipe. Ya para entonces el malestar entre Felipe y Alfonso era evidente. Además, la sociedad, los ciudadanos que estaban todavía dispuestos a votar al PSOE, a pesar de todo, votaban a Felipe, no al Partido. Porque Felipe era nuestro activo electoral. Prácticamente, el único activo que nos quedaba era él. Es verdad que el PSOE tenía un «suelo» muy fuerte, pero los cinco o seis puntos que nos permitían competir pertenecían a Felipe González. Y eso ocurrió en 1993 y ocurrió en 1996. De hecho, nadie daba un duro por el PSOE. Y, al final, es verdad que también hubo mucho miedo al PP; eso también nos favorecía. Pero, sin duda, Felipe hizo una campaña espectacular. Felipe mantiene que si el PSOE le hubiera seguido, habríamos ganado. Él sostiene la tesis de que el PSOE bajó los brazos, que los «cuadros» del PSOE ya no querían ganar. Sostiene que sólo quería ganar él, y alguna verdad hay en ese razonamiento.

Creo que Aznar no suscitaba ningún entusiasmo y la derecha seguía dando miedo todavía. Hubo mucha gente que, a pesar de todo, no se arriesgó a cambiar: no se fiaba de la derecha. Y, por esa razón, el resultado de 1996 es un resultado un poco raro, como el de las elecciones de 2000: también es raro, porque en 2000 no competimos: el PSOE estaba en muy malas condiciones. En 1996, como ya he dicho, el PP generaba en determinados sectores sociales mucho miedo, mucho pánico, y esa circunstancia, más el empuje de Felipe, produjo un resultado insólito. Pero en 2000 sucede lo contrario: el PP ha cumplido cuatro años de legislatura en los que no ha tocado ninguno de los elementos claves del Estado de bienestar y ha conseguido acuerdos sociales. Los ciudadanos pierden el miedo, la economía les favorece... Y, además, hay un factor adicional: el PSOE no compite, acudió a las elecciones con las manos a la espalda; Joaquín fue vendido a la campaña electoral. Perdimos entonces, en 1996, por 300.000 votos. Pero si hubiéramos ganado... No sé... Pensando en lo que determinados personajes hicieron en 1993... Hubiera generado una tensión política enorme, peligrosa...

Cuando la Historia se serene

Yo creo que, cuando todo se serene y cuando se pueda escribir sin la pasión de lo cercano, seguramente se verá la etapa socialista con muchos más claros que oscuros. Porque esos catorce años fueron años espectaculares para España. Consolidamos la democracia, universalizamos la educación... No había puestos escolares para los niños a los siete años, tuvimos que construir muchos... Había escuelas sin calefacción... Era un desastre... No había sanidad para todos, no había pensiones para todos... Nuestros logros están ahí... Son cuatro elementos claves. También resolvimos el problema con el Ejército...

Yo creo que modernizamos el país espectacularmente. Hicimos una política claramente socialdemócrata. ¡Sin duda! Sólo hay que tomar algunos parámetros: escolarización, población con asistencia sanitaria, población con pensiones... Ahí está la clave... El Estado de bienestar se basa en tres ejes básicamente: pensiones, sanidad y educación. Sin duda. Y si a eso se añade modernización de la economía, el ingreso en Europa, una política exterior que ahora... han dilapidado. Bueno, ciertamente, el balance, en términos generales, es espectacular. Yo creo que la Historia, finalmente, colocará todo en su lugar. Cuando nos alejemos un poco y cuando quienes quieren reescribir la Historia desaparezcan, se comprobará la verdadera dimensión de la etapa socialista. Hay historiadores que quieren inventar la Historia: hay personas que ya están reelaborando la Historia desde 1936 y reelaborando el franquismo, pero cuando esos farsantes desaparezcan, cuando esos escritores a sueldo desaparezcan, cuando aparezcan los verdaderos historiadores, el balance será muy positivo y se recordará como una de las etapas más importantes de España, con independencia de que tuviéramos problemas, que los tuvimos. Y por eso tuvimos que dejar el Gobierno. Ésa es la democracia. Al final, la democracia pone a cada cual en su sitio.

NOTAS

[1] «Conmoción y pavor» fue el nombre de una operación bélica estadounidense desarrollada durante la Guerra de Irak, en marzo de 2003. Consistía en lanzar un bombardeo masivo sobre Bagdad para atemorizar a las fuerzas iraquíes y provocar su dispersión o rendición.

[2] El teniente general del Ejército de Tierra Francisco Veguillas Elices fue asesinado por ETA en Madrid, el día 29 de julio de 1994.

[3] Rodrigo Rato fue ministro de Economía del Gobierno de José María Aznar desde 1996.

[4] Véase nota 3 en Joaquín Leguina.

Narcís Serra

Doblar el acero

Se hacen lenguas, todavía, de aquella virtud singular de Narcís Serra que maravillaba a todos y de la habilidad con la que manejaba los asuntos más difíciles. Pero no podía suponer que fuera tan cierto el dicho popular según el cual «quien tuvo, retuvo». Porque Narcís Serra sigue siendo habilidoso, listo y escurridizo hasta la desesperación. (En este caso, mi desesperación).

Parapetado tras su ordenador y una montaña de libros, enorme, que crece cada día que acudo a sus citas, Narcís se toma su tiempo. Un tiempo que va y viene, desde mis preguntas hasta sus respuestas, prolongado de silencios y de dudas. Siento que voy a empezar a comerme las uñas por primera vez en mi vida.

Cuando arranca —cada vez que arranca se vuelve a tomar su tiempo y su silencio—, llego a la conclusión de que ése ha sido el secreto de su éxito: el tiempo. El mismo recurso que le permitió, contra tantos y tan oscuros pronósticos, llevar la democracia a los cuarteles, doblar el acero. Una empresa que le encomendó Felipe González, sin duda, porque debió de percatarse de la «pasta» de la que estaba hecho el personaje, capaz de acabar con las resistencias más numantinas de aquellos ejércitos de 1982 sin mover las gafas.

«Exacto, exacto; eso es, eso es...». Así empezamos nuestra larga andadura por los pasillos de los cuarteles, por los antedespachos y despachos del Ministerio de Defensa. Narcís eligió ese enorme edificio (antiguo feudo de Fraga) deliberadamente. Para que los jefes militares tuvieran la evidencia de cuán grande e irreversible era el poder civil del que iban a depender.

En los primeros minutos resulta poco menos que imposible sacarlo del rincón de los monosílabos, liberarlo de su extremada prudencia, de su tendencia, casi inconsciente, a rumiar las respuestas, después de haberse tomado su tiempo —otra vez— para reflexionar, parsimoniosamente, sobre las preguntas y las intenciones de las preguntas.

Me doy cuenta de que, efectivamente, he empezado a comerme una uña, mientras calculo que debe de haber alguna manera de que Narcís Serra se decida a contarme su experiencia como ministro de Defensa y como vicepresidente del Gobierno.

Al fin encuentro el pasadizo, el hueco para colarme en su memoria encorsetada. Es a través de sus conversaciones con Felipe González, en el verano anterior al otoño triunfal. Felipe quería hablar en voz alta de sus preocupaciones sobre la OTAN, del «jardín» en el que se había metido y de cómo salir de él rumbo al sentido común. Y encontró en Narcís un confidente discreto y seguro. Porque Narcís era —ya entonces— un «otanista» convencido. Felipe no tenía que hacer el menor esfuerzo para encontrar la necesaria comprensión.

Es ese tiempo de sigilos compartidos el que le esponja a Narcís la memoria, y le quita años, y le desata la lengua. Todo será fácil a partir de ese momento, todo su relato va a ser fluido y sereno, aunque tengamos que sortear, una y otra vez, los trabajos y los sudores que tuvo que pasar para «doblar» el acero de aquellos sables, apenas envainados un año antes de llegar al Gobierno. Hay que avanzar milímetro a milímetro, casi de forma imperceptible, con la medida de su tiempo. El tiempo de Narcís.

Cuando llega a ser vicepresidente del Gobierno y cuenta cómo fue «todo aquello», percibo que Narcís Serra camina por esos días apoyado en el poder de Felipe... ¡Tan solo! Y es entonces cuando empiezo a entender muchas cosas de las que le sucedieron, incluida su frustrada candidatura a la sucesión de Felipe, vigilado de cerca por un Partido, el de Madrid, que no acaba de verle con buenos ojos. Narcís vuelve a blindarse tras su habilidad retórica, buscando algo en el ordenador, detrás de los cristales de sus gafas... Pero sabe que no tiene otro remedio que rendirse a la evidencia, como se rindieron a él los ejércitos ante la abrumadora perfección democrática de la ley que los situó en Europa, por obra y gracia de aquel ministro de Defensa que nunca tuvo que dar una voz más alta que otra.

Así que se rinde. Y habla de Alfonso Guerra más de lo que le gustaría. Y se refugia fervorosamente en aquel homenaje que los socialistas catalanes le tributaron a su regreso a Barcelona. Ellos sí que le agradecieron, de corazón, los servicios prestados.

Lo demás, largo y doloroso, es el relato de la hecatombe final, de todas las dimisiones en cadena, hasta llegar a la suya propia. Merece la pena asomarse a aquel abismo; merece la pena. Porque entonces, sí. Entonces sí que Narcís Serra eleva la voz, habla claro y explica por qué y quiénes dieron el último empujón a aquel Gobierno convulso de Felipe González.

YO HABÍA CONOCIDO a Felipe González cuando yo era alcalde de Barcelona, en torno al año 1979. Dada la situación de penuria de las arcas de mi Ayuntamiento —tenía un Ayuntamiento en quiebra—, traté de movilizar a los alcaldes; y por esa razón entré en contacto, con alguna frecuencia, con Felipe González. En septiembre de 1982, me propuso ser ministro de Defensa de su primer Gobierno. En mi recuerdo, creo que aquella conversación tuvo lugar en la calle Santa Engracia, la sede antigua del Partido en Madrid. Pero llegamos a un acuerdo: buscaría a otra persona. Yo le argumenté que estaba muy empeñado en sacar adelante la obra del Ayuntamiento de Barcelona, que tenía claro el proyecto de ciudad que queríamos, que tenía la candidatura de los Juegos Olímpicos, y que creía que abandonar aquel proyecto, aparte de mis razones personales, era una mala decisión política. Le dije que otros podían asumir la responsabilidad del Ministerio de Defensa mucho mejor que yo. Y lo creía firmemente. Y creo, sinceramente, que Felipe aceptó mis razones.

Pero hubo después un hecho que rompió ese acuerdo. Alrededor de la festividad del Pilar, el Cesid descubrió un nuevo intento de golpe de Estado. Y Felipe González volvió a llamarme: «Tienes que aceptar. No podemos estar así. Tienes que hacerte cargo de esto».

Su argumento era que quería como ministro de Defensa a una persona que tuviera un poco de gimnasia previa en gestión pública y experiencia en responsabilidades de Gobierno. Y que, de entre la gente con la que podía contar, sólo reunían esas cualidades los alcaldes, y que, entre los alcaldes, el que le parecía mejor era yo. Yo acepté a mediados de octubre y me convertí en ministro de Defensa *in pectore*. Felipe González me preparó una entrevista con Alberto Oliart[1], y empecé a celebrar sesiones de trabajo. La primera, antes de las elecciones; las siguientes, entre las elecciones y la toma de posesión, que tuvo lugar el 3 de diciembre.

«Dejemos todo como está»

Mi nombramiento como ministro de Defensa se hizo sobre la idea clara de la continuidad de España en la Alianza Atlántica. Yo era uno de los pocos dirigentes del Partido que, ya entonces, me manifestaba a favor de la permanencia en la OTAN. De hecho, desde el primer momento, Felipe González me encargó que pensase en cómo ir resolviendo aquel asunto. Lo del referéndum no fue una idea mía; fue una necesidad, dada la posición electoral del Partido. Pero, en cambio, sí influí en la decisión que hubo que tomar en el primer Consejo de Ministros sobre si el ministro de Asuntos Exteriores acudía o no a la cumbre del Consejo Atlántico. La reunión se celebraba pocos días después y no estábamos preparados para tomar este tipo de decisiones. Pero el primer Consejo de Ministros aprobó las medidas económicas propuestas por Miguel Boyer, y aprobó la participación del ministro de Asuntos Exteriores en el plenario del Consejo Atlántico. La fórmula que encontramos para no amputar posibilidades de futuro, para mantener abierta la solución de este tema, fue la utilización del concepto «congelación», que no es mío... No recuerdo bien cómo salió a relucir aquella palabra. Yo definiría la situación en la que estábamos como un «dejemos todo como está». Pero esa frase era muy larga. Además, la palabra «congelación» era más dura; suponía lo mismo, pero era más dura.

La «congelación» de la posición española en la Alianza Atlántica fue la fórmula que permitiría, después, desarrollar la estrategia que nos llevó al referéndum y a la confirmación de la presencia española en la OTAN. Si no hubiéramos tenido la agilidad de improvisar esa fórmula y esa palabra en el primer Consejo de Ministros, luego las cosas podrían haber sido mucho más difíciles. Fueron difíciles, pero podrían haberlo sido mucho más.

El equilibrio se logró con esa solución: «Congelamos la presencia; no nos retiramos de ningún organismo en el que estemos, pero no seguimos el proceso abierto por el Gobierno anterior de irnos integrando paulatinamente». Ésta fue la solución. A eso, que hubiéramos podido llamar «nos quedamos como estamos», que habría sido una afirmación floja y hasta ridícula, se le buscó una expresión, «congelación», que ligaba más con la posición electoral.

Era evidente que Felipe González siempre supo que no habría plena integración en Europa sin estar integrados en la Alianza Atlántica; ése era un requisito, una condición para la entrada plena de España en la Unión Europea. Yo creo que esta primera decisión del Gobierno —lo digo con modestia— fue hábil, porque nos permitió mantener esa difícil «patata caliente» durante toda la primera legislatura, nos permitió aplazar este tema... Teníamos otras prioridades, incluso en el tema militar. Así, ganamos tiempo hasta noviembre de 1984, cuando el presidente del Gobierno formula, por primera vez en la democracia española, los puntos de una política exterior y de seguridad nacional, el famoso «Decálogo». Cuando el presidente hace públicos estos puntos, ya está decidido qué había que hacer.

Felipe sabía perfectamente que en el tema de Europa no había compartimentos estancos: en Europa, se está o no se está. Y en un mundo bipolar, como era el de 1982, estar en Europa quería decir estar en las instituciones europeas propias y en las instituciones transatlánticas. Felipe y yo compartíamos plenamente esta certeza... pero yo creo que hubiera sido un error que él hiciera pública, en ese momento, su reflexión respecto al tema de la OTAN. Un líder político responsable tiene que ir valorando los tiempos en los que puede ir impulsando transformaciones de opinión, primero, en su propio Partido, después, en su base electoral, y finalmente, en la opinión pública.

Felipe González supo, a veces, anteponer la evolución de la opinión pública respecto a la base electoral, para impulsar después el cambio en el propio Partido. Éste me parece un buen ejercicio político. Yo creo que los partidos son imprescindibles, pero quien tiene la responsabilidad de gobernar, a través de mecanismos democráticos, debe tener la capacidad de dialogar con la opinión pública del país, y tiene que dirigirse a todo el país y a sus electores, y también a su Partido. Y es legítima la necesidad de mostrar cambios de opinión, y hacerlo donde se cree que estos cambios pueden asimilarse, no donde sea más difícil... Entonces, no podíamos presumir de una democracia consolidada, y eso también hay que tenerlo en cuenta.

El presidente y yo no tuvimos que convencernos el uno al otro de la necesidad de la permanencia en la OTAN. Los dos teníamos parte del convencimiento, casi diría, no explícito... Al principio, no éramos muchos en el Gobierno los que compartíamos esa posición; no creo que muchos ministros intuyeran nuestro criterio en aquellos primeros años.

Tengo que decir que el ministro de Exteriores trabajó en la dirección acordada con absoluta lealtad, a pesar de que su posición personal era contraria a la permanencia en la OTAN. Fernando Morán tuvo que desplegar un trabajo arduo entre diplomáticos y miembros de la Defensa europea para ir dibujando con precisión qué quería decir eso de «quedarnos donde estamos», que no era obvio en muchos casos.

Es posible que esa identificación entre el presidente y yo en un tema tan delicado como el de la OTAN, ese poso de confianza profunda que se estableció entre nosotros, y mi labor como ministro de Defensa, hicieran que, pasado el tiempo, él me volviera a llamar, en un momento muy delicado, para ocupar la Vicepresidencia del Gobierno. Yo creo, además, que otra razón habría que buscarla en esa inclinación que tiene Felipe González a buscar gente tranquila, gente que no reaccione de forma nerviosa o precipitada, a ese intento de mantener la serenidad, aunque los momentos sean muy difíciles... La Presidencia del Gobierno era en aquel momento una responsabilidad enormemente angustiosa, y es razonable que en esa situación, el titular de esa responsabilidad busque apoyaturas de serenidad y de enfriamiento de los problemas, no de acaloramiento.

«El vicepresidente útil»

Felipe González tomó, desde el primer momento, la decisión de nombrar vicepresidente a Alfonso Guerra, con la absoluta convicción de que nombraba a quien convenía nombrar. Y Alfonso Guerra ejerció su cargo, durante las primeras etapas, con verdadero interés. Con el tiempo, el trabajo entre el vicepresidente y el presidente se fue haciendo más difícil, empezaron a aflorar diferencias de posición... Por otro lado, estas diferencias habían existido siempre.

En la estructura de Gobierno en España, y con independencia del Partido que esté en el poder, el vicepresidente «útil» es una persona que debe tener mucha capacidad de gestión, de estudio de papeles... Debe dedicarle muchas horas a los secretarios de Estado y a los subsecretarios, y, por lo tanto, poco tiempo a aparecer en público o a tener una política de presencia exterior y de imagen. Un «vicepresidente útil» es el gestor de temas diarios y el mantenedor de la velocidad media de todo el aparato del Gobierno. Siempre he dicho que el vicepresidente está en la «sala de máquinas»; si el presidente ve un error, está en el puente... Ese trabajo de gestión de la Vicepresidencia, de temas diarios, a veces incómodos, muy distintos, que incluye desde un reglamento de un impuesto a unas contrataciones de obras públicas, ese trabajo, a Alfonso le aburría. Ahora bien, yo creo que esa frase suya según la cual él estaba «de oyente» en el Gobierno era... eso, una frase, más que una realidad.

Durante toda la primera legislatura, la labor de Alfonso como apoyatura política era sin duda más interesante que ese perfil de «vicepresidente útil», perfil que se utilizaría en circunstancias normales. En circunstancias no tan anómalas como la derivada de la primera elección de un Gobierno de izquierdas que se producía en la España democrática. No diré que mi etapa como vicepresidente del Gobierno fuera fácil... pero algunas cosas ya las habíamos consolidado. En mi etapa, sufríamos el acoso al Partido y al Gobierno, pero, desde el punto de vista democrático, todo era mucho más normal... El proceso autonómico estaba funcionando de forma normal, y había sido aceptado por los ciudadanos desde hacía años, el Estado de bienestar estaba apuntalado, España ya estaba en Europa... Los temas políticos de la primera legislatura estaban resueltos.

Yo pienso que la máxima preocupación de Felipe respecto al tema de las Fuerzas Armadas era la misma preocupación que compartíamos todos: «No más golpes de Estado». Y poca cosa más.

El PSOE no tenía elaborada una política militar. Había varias personas, entre ellas Luis Solana, Jorge Semprún, Enrique Múgica, que tenían ideas sobre lo que había que hacer; pero el Partido no tenía un acervo, no tenía una política discutida y asimilada. En cualquier caso, la prioridad en aquel momento era ésa: que no hubiera más golpes de Estado. Además, tampoco teníamos un conocimiento riguroso de lo que había supuesto aquel intento de golpe de Estado que, previsiblemente, tendría lugar el 27 de octubre de 1982, y que me había obligado a aceptar el cargo de ministro de Defensa.

En cualquier caso, era un segundo intento. Por lo que llegamos a conocer más tarde, éste era un golpe más estudiado que el del 23-F, más planeado, con ocupación de emisoras de radio y de televisión, de aeropuertos, estaciones de ferrocarril... Lo que nunca he tenido claro es si detrás de esta planificación, había de verdad conexión con Fuerzas Armadas que pudieran llevar a cabo ese plan. No parecía que se hubiese asegurado el apoyo militar suficiente para ejecutarlo.

Los militares, estímulo y vigilancia

No creo que Felipe llegara a sondear la receptividad de mi nombramiento en el seno de las Fuerzas Armadas. Felipe González era muy consciente de su responsabilidad y el primer equipo de Gobierno lo formó con ideas muy claras de lo que quería, y a quién quería, en cada Departamento. Luego, la realidad modifica las prioridades y genera nuevos problemas, pero Felipe González llegó al Gobierno con una idea precisa de lo que tenía que hacer ese Gobierno socialista.

En el Ministerio, yo empecé a trabajar con un colaborador que traje de Barcelona, José Luis Reverter, que tenía, aproximadamente, los mismos conocimientos que yo de todo el tema militar, y con Lluis Ballvé, que era mi secretario personal.

Por lo demás, obtuve información valiosa de las muy útiles charlas, también sesiones de trabajo, con el ex ministro Alberto Oliart respecto a Emilio Alonso Manglano, que fue para mí un elemento básico de confianza, en las conversaciones y en la consulta. Y, al cabo de poco tiempo, y por consejo de los militares que conocía —Sáinz de Santamaría y el general Arozamena, que entonces ya era capitán general de Madrid; los conocía porque habían sido capitanes generales de Cataluña, no tenía otra fuente—, nombré director de mi Gabinete a un coronel que acababa de ser ascendido a general de brigada. Era el general Veguillas, al que asesinó ETA en 1994, estando yo en Pekín, como vicepresidente de Gobierno. El general Veguillas fue para mí un elemento muy, muy útil. Aportaba toda la información necesaria en cada momento, me ayudó a crear un Gabinete joven y entusiasta —de tenientes coroneles, de capitanes de fragata— que pensó leyes, elaboró documentos... Fue una enorme suerte contar con ese equipo; también fue una buena decisión que el equipo de Oliart siguiera en sus puestos; y una suerte, porque fueron muy leales. Contar con ese tipo de apoyos personales fue de una gran ayuda.

Alberto Oliart fue ministro de Defensa con UCD durante un breve período de tiempo. Había asumido el cargo después del golpe de Estado del 23-F, en 1981, y acabó su tarea con el cambio de Gobierno surgido de las elecciones de 1982. Sólo estuvo un año y medio, pero durante un período extraordinariamente duro. Oliart tuvo que gestionar el juicio del 23-F, seguir, por la mañana, el día a día del juicio y, por la tarde, plantear si había que tomar alguna decisión para el día siguiente. Es muy difícil pensar que tuviera tiempo para otras cosas. Ahora que yo ya puedo decir que conozco la realidad y los problemas de relación entre las Fuerzas Armadas y sus Gobiernos en muchos países, he aprendido que el factor más importante para poner orden democrático, por decirlo de alguna forma, en esas relaciones es que el Gobierno tenga mucho respaldo popular. Con Gobiernos débiles es muy difícil resolver el problema del control militar. Yo creo que Oliart tenía una idea muy lúcida de la situación, y él proponía una serie de medidas que fueran un estímulo profesional para los militares, pero ejerciendo, al mismo tiempo, una vigilancia intensa respecto de lo que estaba sucediendo en el seno de los tres ejércitos. La actuación de Alberto Oliart fue sumamente inteligente.

El ministro «interino» que duró nueve años

Donde encontramos mayor resistencia al cambio democrático —en las Fuerzas Armadas— fue en su mentalidad. Ahí tropezamos con las mayores desconfianzas: desconfiaban de la gestión del nuevo Gobierno socialista. La adecuación de los ejércitos a una situación democrática en España tiene, al menos, tres ejes. Uno, muy estudiado también en otros países, pasa por restablecer lo que se corresponde con una situación democrática normal: pérdida de privilegios, desaparición de cargos y delimitación del concepto de Justicia Militar. Los ejércitos, normalmente, se resisten a perder esas posiciones de privilegio. Otro eje de actuación es el de la modernización del ejército, ligado a las posiciones socioeconómicas de cada país; en el caso español, este eje estuvo «encarrilado» por el hecho de estar en la OTAN. Y hay un tercer eje, una tercera línea de actuación para adecuar los ejércitos a la situación democrática que incide sobre la mentalidad, sobre el cambio de valores, para acercarlos a los del resto de la sociedad. Éste fue el más difícil, el que necesitó más paciencia. Sólo el paso del tiempo, la incorporación de una nueva generación y la modificación paulatina de la formación en las academias lograron culminar ese proceso. Era difícil que los militares que tenían cierta edad pudieran cambiar mucho... Era difícil que el cambio fuera total. En el cambio de mentalidad teníamos las mayores dificultades porque el Ejército español llevaba muchos años imbuido de una formación de adoctrinamiento ideológico en la que el comunismo era el gran enemigo, y la República y la democracia, contrarias a los valores cristianos. El honor, el valor y el «Todo por la Patria» eran elementos definitorios de la profesión. Pasar de esa situación a la introducción de criterios profesionales —la introducción de conocimientos como algo definitorio de la profesión—, pasar del honor a la lealtad, sustituir el valor por la capacidad profesional y la capacidad de decisión, todo ello supuso para el Ejército, para las Fuerzas Armadas, una ruptura traumática con el pasado, con su papel durante la dictadura.

Para algunos sectores del Ejército, la nueva situación política la estaban gestionando unos «rojos», los socialistas. En aquella época, el ministro era «sobrevenido». Había habido ministros de Defensa —militares, por descontado—, y dos ministros civiles de poca duración, por motivos diversos: uno, Agustín Rodríguez Sahagún, el otro, Oliart. El ministro se consideraba, probablemente... Un ministro amonestó a un bedel en un ascensor, porque fumaba, o porque no estaba en una actitud idónea o adecuada. El bedel se dejó reñir, pero cuando el ministro se dirigía a su despacho, en voz baja y para sí mismo, despectivamente, dijo: «Interino...». Eso mismo creo yo que pensaban de mí algunos militares. Probablemente, algunos lo pensaban de buena fe; otros, de no tan buena fe. Pero todos pensaban que mi responsabilidad en el Ministerio no iba a ser una experiencia muy larga... Por lo tanto, como estaban absolutamente en contra de un ministro socialista, y además catalán, se prepararon para una travesía del desierto que no sería larga. Pero, la vida es dura... y les tocó un ministro que duró casi nueve años. Probablemente sea el período más largo de un ministro de Defensa europeo... de gobierno democrático, se entiende. Este factor, junto con el de la fortaleza del Gobierno socialista, fue importante.

Pero las dificultades nos llegaban desde diversos frentes. Ya se había visto, en el período de Gutiérrez Mellado, que los miembros de la oficialidad más conservadores querían ejercer una especie de presión psicológica sobre los demás compañeros. Y era demasiado fácil acusar a un militar con responsabilidad de «vendido al Gobierno», en vez de considerar que era disciplinadamente obediente al Gobierno. Todo esto se fue resolviendo, más que con acciones, con el paso del tiempo. Para diluir la imagen de mi supuesta interinidad, otorgué mucha importancia —viéndolo con la perspectiva actual— al hecho de que situaran el Ministerio de Defensa en el edificio más grande de la Administración Pública que quedaba disponible en Madrid. Esto ya marcó un hito. Porque estas decisiones que tienen traducción externa condicionan poco a poco, y los militares se fueron percatando de la realidad de la situación.

EL PODER CIVIL POR ENCIMA DEL MILITAR

La primera circunstancia que me hizo percibir que el proceso de democratización de las Fuerzas Armadas ya tenía pilares, que ya era una realidad y que podíamos empezar a respirar tranquilos fue el momento en el que aprobamos la reforma de la Ley de Defensa Nacional, la ley 1/84, e hicimos el primer cambio en la Junta de Jefes de Estado Mayor. Cambiamos la ley, nombramos nuevos jefes de Estado Mayor, y, prácticamente, no se produjo ninguna reacción. La ley de 1984 modificaba la de 1980, que la elaboró el teniente general Gutiérrez Mellado, quien había ido tan lejos como había podido en su Ministerio. En aquella ley de 1980, la Junta de Jefes de Estado Mayor era el órgano de mando colectivo, era el órgano superior en la cadena de mando, no quedaba lugar para el poder civil, ningún papel para el Gobierno. Por el contrario, nuestra ley colocaba al presidente del Gobierno en la cima de esa cadena de mando; por delegación suya actuaba en ese puesto el ministro de Defensa. Además, el órgano de mando colectivo, con la reforma, pasa a ser órgano de asesoramiento del presidente y del ministro. Así, quedaba sentado que las decisiones eran del presidente y del ministro; los mandos militares asesoraban, pero no cerraban la cadena de mando. Esta Ley de la Defensa homologaba, igualaba la legislación española, a grandes rasgos, con la de cualquier país democrático europeo.

Yo creo que, si tenemos en cuenta que hacía menos de dos años que sectores de las Fuerzas Armadas habían planificado un fallido golpe de Estado, la aprobación de una ley que colocaba al poder militar por debajo del civil mostraba una actitud firme del Gobierno. Pero yo fui criticado en esa época porque no actuaba, decían que iba «demasiado lento». Durante el año 1983, tuve algunos problemas en relación con los medios de comunicación, e incluso en mi propio Partido los tuve, porque decían que no se estaba haciendo nada en materia de Defensa. Y es verdad que me tomé un tiempo. Aquí tengo que decir que la sintonía con Felipe González fue un elemento importante para tener tranquilidad. Yo despachaba cada semana con el presidente del Gobierno —casi ningún ministro, excepto el de Asuntos Exteriores, lo hacía— y eso me daba la tranquilidad de que lo que estábamos haciendo era conocido y aprobado por el presidente del Gobierno. Yo decidí tomarme un tiempo, aunque fuese largo, de reflexión; pero también sabíamos que no podíamos estar más de un año sin tomar alguna medida respecto al acomodo de las Fuerzas Armadas en la nueva situación democrática.

Y, desde diciembre de 1982, cuando toma posesión el primer Gobierno socialista, hasta finales de julio del año siguiente, dediqué muchas horas al tema de la reforma. Trabajé con mi Gabinete Técnico Militar y con su director, el general Veguillas. Tomé los datos, los materiales y, después, trabajé yo solo el asunto. Guardo aún las notas. Por primera vez —al menos para mí—, utilicé... Había, en aquellos años, esa especie de subrayadores, no rotuladores, iluminadores de colores... E hice el guión de la reforma con iluminadores diferentes para la primera etapa, para la segunda... Lo despaché con el presidente en la primera semana después de vacaciones, y le dije que, una vez que se conociera, la reforma no podía modificarse. Teníamos que pensarlo bien, porque no se podía ceder después. Entonces, Felipe me dijo: «Haz una tramitación urgente, que a fin de año esté la Ley. Habla con el presidente del Congreso, habla con Alfonso Guerra...».

Alfonso, en este tema, me ayudó mucho. Pedí a nuestro Grupo Parlamentario que la Ley de la Defensa tuviera una tramitación lo más rápida posible, porque tenía la prevención de que el debate político de la ley provocase reacciones en el ámbito militar. Por eso quería aprobarla lo más deprisa posible. Y así se hizo. La prueba es que, a pesar de que en el Congreso, durante el último trimestre del año, los Presupuestos son prioritarios, nosotros entregamos el proyecto a finales de septiembre, la ley se aprobó en diciembre y se publicó el 1 de enero.

En el Congreso, en la primera tramitación, Alianza Popular estuvo totalmente en contra; en el Senado, cambió su posición. Y cuando el proyecto volvió al Congreso para la adecuación definitiva, AP lo aprobó. A pesar de todo, logramos que fuera una ley de consenso, sin retocarla, sin aguarla.

Yo tenía mucho interés en que la ley estuviera publicada para la Pascua Militar. La del 6 de enero de 1984 fue la primera Pascua Militar que se celebró con el Gobierno socialista; la de 1983 se canceló porque el Rey había sufrido un accidente de esquí en Suiza.

Los reductos más resistentes

El primer momento de sensación de tranquilidad, respecto al control de la situación, en cuanto a la adaptación de las Fuerzas Armadas a la realidad democrática, lo tuve cuando culminó todo este proceso legislativo e hicimos el primer cambio de jefes de Estado Mayor. Para mí, hacer ese relevo era una papeleta muy difícil. Yo entonces no tenía 40 años y, naturalmente, era muy difícil cesar a tenientes generales... Pero había que cesarlos: estaba claro que el cambio era tan profundo que el antiguo presidente de la Junta de Jefes de Estado Mayor no podía pasar a ser jefe de Estado Mayor de la Defensa. En cualquier caso, las cuestiones de los relevos, durante el proceso de reforma, exigían una voluntad decidida, pero no llegaron a perturbarme seriamente, no me producían especial inquietud. Lo único que me dejaba sin poder dormir, una y otra vez, eran los atentados de ETA.

Respecto a la reforma, yo tenía claro que lo que tenía que «vender» a los militares era que estábamos haciendo lo que era de uso común en Europa. En ese aspecto, me ayudó mucho un ministro francés muy controvertido, Charles Hernu, y el ministro alemán, también controvertido, Manfred Woerner, que luego llegó a ser secretario general de la OTAN. Estos dos ministros se tomaron el tema español como algo que ellos debían tutelar, y venían aquí, o me invitaban a París, para que yo viera la organización del Ministerio, para que yo pudiese preguntar sin testigos cómo se desarrollaban ciertos asuntos o cómo se operaba en el seno de la OTAN. Todo aquello me permitió proponer las reformas no como algo exigido por la democracia, aunque lo fuera, sino como algo muy sencillo: la aplicación al Ejército Español de lo que es común en Europa. Había dos opciones: presentar esa reforma legal como una reforma en nombre de la democracia y del sometimiento de los ejércitos al control civil, o presentarla, simplemente, como un acomodo a lo que son las estructuras legales en este tema en Francia, en Alemania, en Bélgica, en Italia..., en los países de Europa. Decidimos que este segundo enfoque era el más adecuado.

La Ley de la Defensa de 1984 resolvió, de verdad, el problema del control civil sobre las Fuerzas Armadas españolas, pero nosotros la presentamos como una aspiración de la homologación con Europa. Y yo creo que acertamos, porque los militares se rendían frente al argumento de Europa. Por ejemplo, la Armada Española, que en muchas cuestiones mantiene tradiciones más conservadoras que el resto de los ejércitos, es, sin embargo, absolutamente partidaria, y ya lo era entonces, no sólo de la Alianza Atlántica y de Europa, sino de usar las normas europeas y las modalidades de funcionamiento europeas. El Ejército del Aire era absolutamente partidario de estar en la OTAN. En el Ejército de Tierra fue donde encontré reductos resistentes, pero sólo reductos, que no consideraban positiva la integración en Europa. Muchos alumnos de la academia de Zaragoza habían oído cada día aquello de «África empieza en los Pirineos», y acabaron creyéndoselo.

La nueva cúpula militar fue elegida como resultado de los contactos que yo había ido estableciendo, del conocimiento de los militares con los que había contactado y que me parecían más preparados para la nueva situación. El jefe de Estado Mayor de la Defensa, el primer jefe, porque era un cargo de nueva creación, fue el almirante Ángel Liberal Lucini —que ya había sido subsecretario con el ministro Oliart—; el jefe de Estado Mayor del Ejército de Tierra fue Sáenz de Tejada; en el Aire, Santos Peralba, y en la Marina, el almirante Salas.

Creo, modestamente, que cualquier ministro decidido a impulsar las reformas en la dirección que nosotros lo estábamos haciendo habría nombrado, en el año 1984, a unos jefes de Estado Mayor muy parecidos a los que yo nombré. En esto, no pretendo ser nada original ni imaginativo. Yo había tenido, o me había buscado, la oportunidad de conocer a los jefes militares. Desde que fui nombrado ministro, asistía a los Consejos Superiores, a las reuniones de todos los tenientes generales de Tierra, de Mar o de Aire. También me dediqué a visitar instalaciones, y programaba las visitas de forma que me permitieran ir conociendo a generales, o almirantes... A aquellos que me parecía necesario e interesante ir conociendo. Así, pude decidir quiénes debían estar en la cúpula creada con la Ley de Reforma de la Defensa de 1984.

Al general Sáenz de Tejada lo conocí en algunas de aquellas reuniones. Creo recordar, en este caso concreto, que su antecesor en el puesto, el general Escaño, estuvo de acuerdo con nuestra decisión de nombrarle jefe de Estado Mayor de Tierra. El nombramiento del almirante Salas también era una decisión bastante obvia en aquel momento, y fue una decisión aceptada con serenidad en el Consejo Superior de la Armada. Por lo que respecta al general Santos Peralba, había estado en la OTAN, incluso había sido subsecretario dentro de mi Ministerio, y me parecía una persona de mentalidad abierta y preparada para ser, en aquella situación, el jefe de Estado Mayor del Aire. La labor de estos militares, incluso la de los pertenecientes a la cúpula que heredamos al llegar al Gobierno, fue decisiva. La conciencia de que España tenía que consolidar la democracia y que, por lo tanto, los ejércitos tenían que acomodarse a esa situación, era firme en todos los jefes de Estado Mayor que nombramos durante nuestros Gobiernos. Como yo estuve tantos años en Defensa, pude nombrar o proponer, además de la cúpula de 1984, la de 1986 y la de 1989. Renovamos tres veces el mando del Ejército, y el ministro seguía siendo el mismo. Eso produjo una evidencia de estabilidad que fue muy útil.

Un Ejército que quería luchar contra ETA

El cambio radical en las Fuerzas Armadas lo acometíamos en paralelo a una embestida brutal del terrorismo de ETA, que mataba militares y provocaba una tensa situación. El general Lagos, que era el comandante de la División Acorazada Brunete, fue asesinado en los días comprendidos entre las elecciones y la toma de posesión del primer Gobierno socialista. Y una de las primeras decisiones que tomamos fue la de ir, el 8 de diciembre, a la División Acorazada. Era un gesto de reconocimiento, en esa unidad de Brunete, al sacrificio de los militares españoles que caían asesinados por ETA.

También quisimos dejar patente que los socialistas íbamos a enfrentarnos a los problemas, que queríamos tratar la cuestión militar en serio. Estando ya en el Gobierno, el primer atentado que sufrimos —y el que a mí me produjo un enorme impacto personal— fue el del capitán Martín Barrios, un atentado en unas circunstancias... Porque la víctima fue secuestrada y luego fue fríamente asesinada. A consecuencia de este asesinato, se produjo una preocupante reacción por parte de sectores del Ejército que reivindicaban su participación en la lucha contra ETA. Pero eso sí que lo teníamos muy claro el presidente, yo y todo el Gobierno: la implicación de las Fuerzas Armadas en la lucha contra ETA hubiera sido un inmenso error, un error que habría dado argumentos a los etarras, los cuales, precisamente, decían estar en lucha contra el Estado español. Felipe y yo aguantábamos esta situación tan dura —por un lado la reforma, por otro el asesinato de jefes militares— con firmeza y diálogo, con persuasión y paciencia.

En cuanto a nuestra resistencia personal, intentábamos trabajar en otros asuntos. Felipe y yo queríamos evitar que éste fuera el único tema que nos absorbiese.

«Por qué nos habéis metido en este lío»

La actitud que mejor describe la posición de los militares, en relación con el referéndum de la OTAN convocado por el Gobierno socialista, puede resumirse con la siguiente pregunta: «¿Por qué nos habéis metido en este lío?». Ésa era la pregunta. Sectores amplios del Ejército vivieron con gran preocupación los días de campaña del referéndum, y estuvieron muy pendientes del resultado. Se produjo, además, un hecho paradójico: la «fragmentación» —vamos a llamarlo así— de la confianza entre el Ejército y la derecha, en aquel momento representada por Alianza Popular. Los militares no aceptaban que Alianza Popular, que tenía que estar absolutamente a favor de la permanencia de España en la Alianza Atlántica, propusiera el «no» en el referéndum. Y aceptaban de peor grado que su propuesta respondiera al puro partidismo, para ver si así conseguían que cambiara el Gobierno. Ese posicionamiento provocó, a mi modo de ver, una quiebra entre los militares y la formación política más afín a su pensamiento. Esta actitud de la derecha reforzó la autoridad de Felipe González y la mía, porque los militares con responsabilidad sabían que nosotros estábamos por el «sí», por la opción del ingreso en la OTAN.

De cara a ese referéndum, habíamos planteado que España no se integraría en la estructura militar. Era un argumento que parecía imprescindible, pero también es verdad que tenía cierto grado de incongruencia. Era el precio que había que pagar con independencia de su sentido operativo. Daba respuesta a una actitud psicológica que yo creo muy extendida entre la sociedad española del momento: a los españoles no les gustaba que las tropas españolas no pudieran estar al mando de sus destinos. Ese sentimiento era fuerte en España, y sigue estando presente, de otra manera, pero sigue estándolo. Creo que si, en aquellos momentos, nos hubiéramos propuesto la integración militar total en la Alianza, nos habría costado mucho... Imaginemos que el referéndum se gana sin la condición de no pertenecer a la Estructura Militar Integrada, y por lo tanto, hubiera que introducir a España en la Estructura Militar. Habría sido casi imposible conseguirlo, y no sólo por el tema de Gibraltar. Incorporarse a la Estructura Militar Integrada suponía conceder algunos mandos a España, y eso, en aquel momento, era imposible. Había que entrar por la puerta de atrás. Las mayores dificultades para alcanzar el acuerdo de la presencia española en la OTAN provinieron de Portugal, del Reino Unido —por el tema de Gibraltar— y de Francia.

Paradójicamente, esa etapa, de aproximadamente diez años, de integración de España en la OTAN, pero sin pertenecer a la Estructura Militar Integrada, nos permitió ir accediendo a la institución poco a poco. A fin de cuentas, creo que nos ha resultado beneficiosa. Luego, con la transformación de la Unión Soviética y con las transformaciones de la Comunidad Europea era inadecuado, evidentemente, no estar en la Estructura Militar Integrada. Además, en ese momento, ya no había lugar para el debate, ya no era dramático el cambio. Una cosa es entrar en la Estructura Militar Integrada de una Alianza Atlántica pensada para frenar a las tropas soviéticas en el frente de Alemania, y otra cosa es incorporarse a esa estructura en una Alianza Atlántica que proclama que no tiene enemigos en el Este y que, en la reunión de Washington, redefine sus misiones e introduce, por ejemplo, como amenazas el terrorismo o las agresiones al medio ambiente.

En 1988 se resolvió a la vez la forma de estar en la OTAN, el acuerdo con Estados Unidos sobre la reducción de las bases norteamericanas en nuestro país y la entrada en la Comunidad Económica Europea. Los tres temas se resuelven en paralelo. Era obvio que se tenía que conseguir todo a la vez. Porque, no sólo por parte española, sino por parte europea, no se aceptaba la solución si no había garantías.

«Me escandalizó la desprotección del Ejército»

Cuando llegué al Ministerio de Defensa me encontré con una Ley de Dotaciones, aprobada en la etapa de Oliart —y votada por los socialistas—, que fue muy criticada. Algunos la consideraban una compensación a las Fuerzas Armadas por el proceso del 23-F, por todas las tensiones creadas por aquel golpe de Estado. Puede ser así, en parte.

Pero la Ley de Dotaciones —creo recordar que fue aprobada en junio de 1982— ha ejercido una influencia muy importante en la modernización de las Fuerzas Armadas. La Ley de Dotaciones obligó a planificar y a programar a medio plazo. Había que discutir los programas... Y contribuyó a distribuir los recursos entre los tres ejércitos. Este aspecto resultó ser de una trascendencia enorme en años posteriores. Porque reforzó el papel del ministro como árbitro civil, como la persona que estudia los casos y decide cuántos recursos van a cada uno de los poderes. Cuando fui nombrado ministro, la Junta de Jefes de Estado Mayor del Ejército llevaba meses sin poder llegar a un acuerdo sobre la distribución de recursos entre los tres ejércitos, y el ministro no tenía capacidad para decidir sobre el tema.

Al comienzo de mi etapa, esa Ley de Dotaciones planifica los recursos para una serie de años. Pero es a partir de la Ley de 1984 cuando el ministro tiene potestad para decidir sobre el reparto... El Ejército del Aire se dotó de nuevos aviones, los F-18; finalmente acabamos teniendo el portaaeronaves y el grupo de combate.

Después vinieron años más difíciles, de recorte presupuestario; pero durante los años inmediatos a la Ley de Dotaciones los Ejércitos tuvieron un presupuesto que no han vuelto a tener nunca.

Una idea convencional muy arraigada establecía que la derecha era la opción política que más había beneficiado económicamente a las Fuerzas Armadas. Sin embargo, la realidad que heredamos demostraba palmariamente que esa idea era falsa. A mí me escandalizó la situación de desprotección en que nos encontramos el Ejército. Esto lo habría descubierto cualquiera que hubiera estado en mi puesto, pero cuando no vives esa realidad, no tienes presente esa situación. Y la realidad es que los militares no pueden tener sindicatos y eso obliga al ministro a tener que asumir un papel especial en relación con el colectivo militar, no sólo en relación con los mandos, para conocer más profundamente cuáles son sus problemas y poder contraer un mayor compromiso de defensa de esos problemas, o de esos intereses o de esas situaciones en relación con el Gobierno. Los demás colectivos tienen mecanismos, los maestros, los médicos, incluso en la Justicia, tienen mecanismos para expresar sus intereses corporativos; los militares, no. Además, en los primeros años de la transición, yo creo que con muy buena intuición, se hizo una ley muy dura que prohibía la participación de los militares en política, la obligación de abandonar el Ejército si se quería hacer carrera política y la imposibilidad de reincorporarse nunca. Gutiérrez Mellado fue el impulsor de que los militares no tuvieran participación en la política ni en actividades económicas de ninguna clase. Esta última y espinosa limitación encontró una solución lógica —pero que, incomprensiblemente, había sido aplazada— gracias a la Ley sobre Retribuciones que, en 1985, sacamos adelante los socialistas. Esta Ley buscaba un punto de conexión entre los salarios militares y los civiles, de manera que si los salarios civiles se incrementaban, no tuviéramos que discutir o negociar el aumento de los salarios militares; lo que se proponía era que la evolución de ambos fuera, más o menos, en paralelo. Y la fórmula que encontramos para hacer esa ligazón fue equiparar a un general de Brigada con un subdirector general; y a partir de ahí, por coeficientes, ir reduciendo los salarios de coronel, teniente coronel, comandante, etcétera.

Yo creo que el problema crónico de que los salarios civiles acabasen siempre distanciándose de los salarios militares se resolvió y se encauzó desde la aprobación de esta Ley de Retribuciones. Se hizo en paralelo a las Leyes de Plantilla, que contemplaban una gran modificación, sobre todo en el Ejército de Tierra, de la estructura de oficialidad. La «venta» de la ley en el seno del Gobierno, fue precisamente ésta: «Si vamos a aprobar una Ley de Plantillas que reduce seriamente los Ejércitos, vamos a remunerar correctamente a los que se quedan».

Los militares ocuparon el 40 por ciento de las carteras en los Consejos de Ministros franquistas. Por descontado, los ejércitos estaban situados en una posición de garantía del régimen, y eso les concedía unos privilegios y unas misiones totalmente ajenas a las que deben ser propias de los ejércitos. Pero, en paralelo a esta situación, y con la excepción de algunos generales, hay que decir que Franco no trató bien —desde el punto de vista económico— a los militares. Durante la dictadura, los militares tuvieron salarios relativamente bajos, en relación con el resto de la sociedad. Y la exigencia del régimen de Franco de tener guarniciones en todas las capitales, y tenerlas, además, en cuarteles en el centro de la ciudad —por la obsesión de cubrir la posible amenaza del enemigo anterior—, hizo que se sobredimensionase, sobre todo, el Ejército de Tierra, que se creasen muchos mandos. Pero, desde el punto de vista de sus retribuciones y de sus condiciones de vida, no puede decirse que Franco tratara demasiado bien a sus militares. Aquella situación degradada generó corruptelas, como la existencia de «fondos de reptiles»... La dotación de medios era tan escasa que sólo mandando de permiso a los soldados a casa y ahorrando raciones de comida se podía llegar a fin de mes. Todo eso creó una situación que costó mucho corregir luego, porque había calado en la mentalidad de toda la estructura permanente de mando. La corruptela estaba generalizada, una corruptela que, por definición, no va automáticamente a los bolsillos. Pero se sabía que el coronel podía mantener el regimiento funcionando si concedía tantos días de permiso a todos sus soldados; de lo contrario, los dineros presupuestados serían absolutamente insuficientes. O se sabían suficientes sólo para el rancho y, en cambio, inexistentes para el mantenimiento del edificio, para el pago del combustible... Toda esta situación creó fórmulas de funcionamiento que hacían que la realidad y el presupuesto fueran dos temas muy alejados el uno del otro.

Los ejércitos españoles han tenido que superar, en un período relativamente corto, muchas transformaciones. Tampoco era fácil que asimilaran como óptimas, o simplemente como aceptables, nuestras reformas. Ese proceso de aceptación llevó mucho tiempo. Militares que yo respeto mucho, y que han sido colaboradores incondicionales míos en el proceso de democratización de las Fuerzas Armadas, han valorado que, en alguna medida, me excedí en el intento de controlarlos. Lo cual quiere decir que hay un proceso psicológico que toma su tiempo: Pero, precisamente, ésa tiene que ser la tarea del político: hacer lo posible en cada momento, pero sabiendo que la aceptación psicológica va por detrás, no por delante. ¡Si sólo hiciéramos lo que psicológicamente está aceptado, haríamos muy pocas cosas!

Y, en cuanto a nuestros errores, no supimos prever cómo sería la evolución de la sociedad en el tema del servicio militar obligatorio. Teníamos que haber percibido que la sociedad se abocaba claramente hacia un ejército profesional y a que no hubiera servicios militares. Y contamos con muchos elementos para haber hecho un análisis de la realidad... pero no lo hicimos. En nuestro descargo, podría decir que, por otra parte, también teníamos la convicción de que era muy difícil pagar a un ejército profesional. Pero todo lo que sucedía, apuntaba a lo que vendría después.

La objeción de conciencia nos estaba transmitiendo el convencimiento de que los jóvenes no querían hacer el servicio militar; además, tenían un amparo social para decir que no querían hacerlo. La evolución de las cifras de la objeción de conciencia demostraba que no estábamos ante una «objeción de conciencia», sino ante una actitud social que no aceptaba que fuera obligatorio el servicio militar. Y eso no supimos verlo. Eso, pese a que yo tengo el convencimiento de que la supresión del servicio militar obligatorio y la creación de un ejército profesional puede hacer que sólo algunas regiones concretas del país y determinadas capas sociales suministren soldados a ese ejército profesional. A mi juicio, el tema del servicio militar profesional hay que enfocarlo desde la perspectiva del deseo social, y es un sentimiento tan fuerte que es muy difícil contrarrestarlo. Pero no debe enfocarse el tema desde el punto de vista de que un ejército totalmente profesional sea más útil. Eso me parece totalmente cuestionable.

BASES NORTEAMERICANAS: «HAGAMOS UN MAQUILLAJE»

En la conciencia de la sociedad española, las bases norteamericanas instaladas en nuestro país están ligadas a la dictadura y al franquismo. Esa presencia crea también un malestar en la psicología del Partido Socialista y del Partido Comunista, porque las bases americanas son el precio que paga Franco por tener el reconocimiento norteamericano. En el «Decálogo sobre Seguridad» que formula Felipe González —en el otoño de 1984, creo recordar— queda bastante clara la posición del Gobierno socialista respecto a la presencia norteamericana en nuestro suelo. El problema era qué contenido darle a ese tema. Para nosotros, el asunto fundamental, sobre todo, era Torrejón —no queríamos una base norteamericana a las puertas de la capital del Estado—, pero, para las fuerzas norteamericanas, ése fue el punto más difícil.

Yo creo que, en este sentido, nos ayudó mucho la dimisión del secretario de Estado de Defensa, Caspar Weinberger, y su sustitución por Frank Carlucci que, como había sido embajador norteamericano en Portugal, entendía muy bien el problema psicológico derivado de la identificación bases americanas-franquismo.

Nuestro argumento reiterado era: «Estamos haciendo una democracia civil, no estamos haciendo una democracia técnico-militar. No me venga con argumentos técnicos porque estamos cumpliendo las condiciones de un referéndum, y esas condiciones son políticas. Por lo tanto, hay que hacer concesiones políticas, no concesiones técnico-militares». A partir de la resolución del problema en Torrejón, lo demás fue más fácil. Además, como las negociaciones se alargaron, a medida que avanzaban, se fueron desarrollando en un clima muy distinto. Aunque las negociaciones se hicieron en 1988 y el Muro de Berlín cae en 1989, es un hecho cierto que, desde el curso 1985-1986, el clima de relaciones con la Unión Soviética era absolutamente distinto; desde Gorbachov, ya era diferente.

Por otra parte, los norteamericanos, en aquellos momentos, estaban planteando a los europeos la eterna cuestión que ellos llaman el «reparto de las cargas». Querían reducir su presencia en Europa, y querían que los europeos incrementasen sus presupuestos en Defensa para absorber esa reducción de presencia norteamericana. Así que los americanos también actuaban con una cierta contradicción: predicaban por toda Europa: «Me voy a retirar», mientras a nosotros nos decían que retirar de nuestro país sus bases les resultaba un gran sacrificio.

Pese a que coincidía en el tiempo el interés de España por el desmantelamiento de las bases y la voluntad de Estados Unidos de irse retirando de Europa, lo cierto es que la Administración Reagan acogió con una enorme sorpresa que desde España se le dijera: «Mire usted, vamos a renegociar la cuestión de las bases». Les sorprendió tanto que se produjo un hecho absolutamente inusual: el presidente de Estados Unidos me recibió... *a mí*, que sólo era un ministro, cuando él, habitualmente, sólo recibe a sus homólogos. Y no me recibió para decirme nada que no me estuviera diciendo Caspar Weinberger, porque repitió exactamente lo que le habían colocado en un folio: los argumentos de Weinberger. Pero aquel posicionamiento del Gobierno español sorprendió tanto que incluso yo viajé a Washington y fui recibido por el presidente. Antes, había habido llamadas de Felipe González a Jimmy Carter, a Ronald Reagan para preguntarles: «¿Ustedes están dispuestos a dar los pasos necesarios para que este referéndum sobre la OTAN se gane?». La negociación sobre las bases era, precisamente, uno de los pasos necesarios.

Paradójicamente, cuando el referéndum se gana, esa tensión crece. El problema más grave fue esa especie de pragmatismo norteamericano, aislado, a veces, de los principios. Una vez ganado el referéndum, ellos decían: «Esas condiciones son un poco... de mentirijillas. Usted ya tiene ganado el referéndum, no nos exija el cumplimiento de esas condiciones. Hagamos un maquillaje, que parezca que hemos cumplido con las condiciones del referéndum. Y no me haga entrar en temas sustantivos. Busquemos soluciones aparentes». Ésa era la propuesta norteamericana.

Para resolver la incompatibilidad entre su actitud pragmática y nuestra cuestión de fondo innegociable —aquí no tratábamos simplemente de salvar la cara—, enviaron a un embajador. Evidentemente, no pudo resolver el contencioso. Finalmente, se resolvió después de las conversaciones mantenidas por mí y por el jefe del Pentágono —Frank Carlucci— en Bruselas. Además, hubo también horas y horas de negociación por temas poco conocidos, por ejemplo, el estatuto jurídico de los militares norteamericanos que quedasen en España. Pero los temas básicos de la reducción de la presencia norteamericana en nuestro país se clarificaron entre nosotros. Costó. Costó. Pero debo decir, modestamente, que junto con el ministro de Exteriores, Fernández Ordóñez, habíamos decidido hacer un buen trato. Lo cual quiere decir que su gente y la mía lo hicieron.

LAS DIFICULTADES DEL TÁNDEM FELIPE-ALFONSO

En febrero de 1991 Alfonso Guerra deja el Gobierno, y Felipe González me llama a la Vicepresidencia. Si me preguntan..., yo creo que la versión más creíble es que, evidentemente, a Alfonso Guerra no le gustó dejar el Gobierno, pero esto no quiere decir que se negase, ni mucho menos; tampoco significa que el resultado de la conversación fuese un cese. Yo pienso que hay mucho margen, aunque no te guste una decisión, para que la adoptes de común acuerdo con la persona con la que has trabajado durante años. Por otra parte, no creo que ése fuera un proceso de tan sólo quince días. Se fue gestando progresivamente. Creo que los dos fueron asumiendo la situación. Felipe reaccionó con aquel «dos por el precio de uno» —en apoyo de Alfonso durante el pleno del Congreso sobre el «caso Juan Guerra»— frente al ataque del PP y la utilización partidista de ese tema. Pero la continuidad de Alfonso Guerra en el Gobierno la decide ante las dificultades anteriores para trabajar conjuntamente. Quiero decir que el relevo de Alfonso en el Gobierno no se debió a la actitud de Alfonso en relación con los problemas de su hermano —aunque es seguro que tuvo alguna influencia—, sino por la dificultad de Felipe y Alfonso para trabajar conjuntamente en los temas de Gobierno.

Ése fue el motivo más importante que determinó la decisión de Felipe de sustituir a Alfonso Guerra, y no tanto la intención de querer modificar la imagen del Partido, aunque, en alguna medida, ambas cuestiones fueran ligadas. Porque es indudable que Felipe quería un Partido más abierto, menos controlado por un «aparato» que ya llevaba muchos años manejándolo todo, un Partido que permitiera que se iniciasen procesos de renovación de personas e ideas —aunque la palabra se ha usado de una forma despectiva—. Felipe apostaba por un Partido más abierto, que se dirige a toda la sociedad y que intenta no renunciar al voto de la mayoría. Esto es lo que se intentó en aquellos momentos. Ésta era la idea que compartían miembros del Gobierno de ese momento, y personas que tenían una gran relación, de amistad o de trabajo, con Felipe González, como José María Maravall, como Javier Solana o como Carlos Solchaga. Aunque, cada uno, con su acento personal. Es decir, era una actitud claramente mayoritaria y muy claramente compartida en el Gobierno. No había que argumentarla demasiado. Y por eso yo creo que fue calando. No fue un tema de quince días.

Felipe podría haber querido, con mi nombramiento como vicepresidente, hacer visible el triunfo de otras ideas que no fueran las del «guerrismo» o proclamar que mi nombramiento significaba el triunfo de los «renovadores» y otra forma de concebir el Partido... Es posible que fuera así. Sin embargo, esa otra forma de concebir el Partido no estaba claramente definida, no había un diseño nítido de lo que tenía que ser este nuevo perfil. Al principio, esta «nueva forma» era un poco reactiva, se tenía más claro qué era lo que no tenía futuro —lo que no se quería—, que el dibujo de lo que debería ser el futuro del socialismo español. Ya no tenía sentido la continuidad del Partido controlado por un «aparato» nacido de situaciones inevitables y ajustado al período en que nació el propio Partido, de clases trabajadoras, de masas...

En el punto de mira del «guerrismo»

Yo creo que este proceso renovador se inicia cuando los socialistas llevábamos ya diez años en el Gobierno. Y, en aquellas circunstancias, era muy difícil hacer una renovación que volviera a proporcionar otros diez años de impulso para permanecer en el poder. En este sentido, el esfuerzo renovador pudo ser tardío. Pero —desde el primer momento— detrás de muchas de las iniciativas propuestas por el propio Felipe González, por el Gobierno y por el Partido estaba el impulso de aquellos que se consideraban «renovadores». Había muchas ideas, de unos y de otros, que han sido reformuladas por los laboristas británicos de Tony Blair, por los socialistas holandeses de la última década o, incluso, por el socialismo francés. No tuvo éxito entonces, entre otras razones, por la enorme dificultad de renovar el socialismo democrático en Europa. Era muy difícil. Nosotros, además, tuvimos la dificultad añadida de todos los escándalos de corrupción que emergieron mientras intentábamos dar un impulso fuerte al proceso renovador.

El escándalo de Filesa —el tema de la financiación irregular del Partido y la responsabilidad última sobre el mismo— se vivió, desde el nuevo Gobierno y desde el «sector renovador», como un problema que no podíamos manejar bien. Porque no habíamos estado en la Dirección del Partido y nos resultaba imposible conocer esos temas a fondo. Y porque la situación podía acarrear consecuencias tremendas para personas concretas, para compañeros del Partido. Para nosotros era un tema de casi imposible gestión, porque no teníamos acceso a los datos para poderlo gestionar. No podíamos intervenir.

Las acusaciones de corrupción fueron escandalosas y la posibilidad de enviar un mensaje sereno se hizo progresivamente más difícil, cualquiera que hubiera sido la dirección en la que pretendiéramos lanzar ese mensaje. En cualquier caso, yo creo mucho más firmemente en los cambios de ideas y en los ajustes que se producen cuando no se está en el poder que en los que se consiguen mientras se está gobernando. Los cambios de ideas y las renovaciones surgidas cuando se está alejado del poder tienen más calado.

Acepté la Vicepresidencia del Gobierno por dos razones que también van ligadas a dos errores. Primero, acepté porque creía que era mi obligación: en aquel momento, no se podía desertar, pero no lo acepté con ilusión, sino porque había que hacerlo. Y con una perspectiva condicionada por las circunstancias tan conflictivas como las que vivíamos, me puse a trabajar para el Gobierno y no para esa renovación del Partido que, paralelamente, habría sido conveniente realizar. Ése fue el primer error. Pensé que tenía que dedicarme a la gestión gubernamental. Pero cuando se está en labores de Gobierno a través de un Partido, hay que dedicarse también al Partido. Y el segundo error político fue que yo no calculé, en absoluto, una reacción tan hostil por parte de lo que se ha denominado «guerrismo». Esas dos actitudes fueron dos errores importantes por mi parte.

Era consciente de que estaba en el punto de mira del «guerrismo», pero lo viví como una dificultad más en una labor de Gobierno que —sobre todo, a partir de las elecciones de 1993— se hizo muy dura y muy difícil. Pude percibir la hostilidad del «guerrismo» hacia mí, sobre todo, por las declaraciones de compañeros del Grupo Parlamentario, mientras fue controlado por los incondicionales de Guerra. Por eso Felipe decidió hacerse con el control del Grupo Parlamentario. Y venció, pero hubo que luchar, y mucho.

La animadversión del «guerrismo» no se enfocaba exclusivamente hacia el vicepresidente, de ahí las dificultades para conseguir que Carlos Solchaga fuera portavoz del Grupo Parlamentario. ¡Con qué enfrentamientos y con qué dureza se tuvieron que realizar esas votaciones! Igual que para sacar adelante otros temas. Por descontado, todo aquello nos debilitó mucho. Pero nuestra gran debilidad ante la sociedad fueron los problemas de corrupción. Esos escándalos estaban ahí. Con una réplica más clara, o más contundente, se podían haber paliado sus efectos, pero nunca anularlos. Los escándalos los teníamos ahí, ante la sociedad. Eso no se podía ocultar.

La animadversión del «guerrismo» no me causaba gran perturbación personal. Cuando estás gobernando no tienes mucho tiempo para pararte y reflexionar, para alejarte de los problemas y para contemplarlos con perspectiva. Tengo que recordar que era el año 1991, había que abordar el 92, el año de la Expo, el de los Juegos Olímpicos... Poco después de ser nombrado vicepresidente, celebramos en Madrid la Conferencia de Paz sobre Oriente Medio, etcétera. Yo estaba preocupado por una dinámica de gestión diaria... y no por temas pequeños. Es verdad que los problemas urgentes ocultan a veces los problemas importantes. Pero hay situaciones en que los problemas urgentes también son importantísimos. Y ese conjunto de problemas, o de actividades ineludibles, anula a veces la capacidad de detenerse y reflexionar sobre lo que está ocurriendo.

CUANDO LA ECONOMÍA NO INTERESABA A NADIE

Cuando Felipe me llamó a la Vicepresidencia no recuerdo que tuviéramos —justo en esos momentos— grandes conversaciones, tampoco eran necesarias. Ya antes de marzo de 1991, era previsible que la decisión del relevo de Alfonso Guerra se produciría. Recuerdo que Felipe me dijo: «Ha pasado lo que tenía que pasar y te toca...». No recuerdo —tampoco creo que ocurriera— que me diera opción ni que me preguntase «si quería», o «si no quería». Simplemente, «me tocaba».

Habíamos tenido dentro del Partido el conflicto por el «caso Juan Guerra», pero aún no había estallado el escándalo de Roldán... Pensábamos que la gran tarea que debíamos afrontar desde el Gobierno estaba relacionada, cumplida ya una etapa, con el diseño de otra nueva que abordaríamos los mismos que habíamos sido capaces de afrontar la anterior. Ese proyecto estaba en la mente de muchos de nosotros. La idea era cómo continuar, después de haber consolidado la democracia, después de haber situado a España en Europa, después de haber empezado la construcción del Estado de bienestar...

En nuestros debates nos planteábamos aspectos de profundización de la democracia, o de mejora de la democracia, o de radicalismo democrático, o la ejecución de políticas de calidad... Ya no se trataba de generalizar la enseñanza obligatoria, sino de mejorar la enseñanza de todos los españoles; ya no se trataba de universalizar la sanidad, sino de mejorarla. Queríamos dibujar un programa que sirviera para otros diez años. Ésta era la situación en 1991.

En el horizonte, teníamos la celebración del V Centenario, la Expo y los Juegos Olímpicos de Barcelona, que eran elementos que, más bien, daban ánimo y reforzaban la idea de España como país que iba colocándose en el mundo. No eran acontecimientos para el desánimo, sino para el impulso. En el 92 comenzó una crisis económica que marcó los últimos meses de la legislatura, y en las elecciones de 1993, contra todo pronóstico, ganamos —por los pelos, pero ganamos— y empezamos a aplicar una política económica muy sensata que dio buenos resultados antes, incluso, de las siguientes elecciones.

Es verdad que nuestro discurso sobre la buena marcha de la economía no interesaba a nadie. La gente preguntaba sobre la corrupción, no calaba el dicurso de un futuro económico optimista. Lo que sí detectaron los ciudadanos fue que, en el período de Pedro Solbes, hubo un cambio radical en la política económica respecto a la etapa de Solchaga. En parte, es verdad, pero a cada período corresponde su política económica posible, o coherente. Es difícil controlar el déficit presupuestario en un país que camina a marchas forzadas, que quiere superar el enorme déficit de infraestructuras, o que declara que la enseñanza es obligatoria hasta los 16 años, o que está universalizando la Sanidad... ¡Así es muy difícil controlar el déficit! Y en momentos como ésos, la política económica tenía que equilibrar esa laxitud de la política fiscal y del gasto público con unos tipos de interés muy altos, pero que lastraban la inversión privada de quien quería arriesgar su dinero y ponerlo en negocios de futuro. En esto, Solbes merece reconocimiento: lo tenía muy claro... Lo teníamos muy claro todo el Gobierno, pero él puso una especial tenacidad en invertir los términos: «Vamos a hacer una política fiscal muy rigurosa, vamos a controlar el déficit, no vamos a gastar más de lo que podemos; esto permitirá que los tipos de interés caigan y se aproximen a los de Europa». Esa política explica el éxito en el aspecto económico ya en los últimos meses de la legislatura socialista y en los años posteriores, con Aznar en el Gobierno. Una vez más, pienso que es verdad algo que me contó un alcalde alemán: «Mira, los buenos gobernantes siempre trabajan para el éxito de su sucesor, les guste o no». Y esto, en parte, es cierto en todos los niveles.

Yo creo que Solchaga y yo evitamos la confrontación cuidadosamente. Él, desde su posición de ministro de Hacienda, y yo, como vicepresidente muy interesado —por formación, por vocación y por obligación— en los temas económicos. Por descontado, mientras Solchaga fue ministro, yo no presidí la Comisión Delegada de Asuntos Económicos, porque me daba cuenta de que era muy importante que este tema lo llevásemos bien. Era posible que él estuviera acostumbrado a ser un poder fáctico dentro del Gobierno y que no me recibiera muy bien... Bueno, quizás porque, de alguna forma, la diferencia entre la labor de Alfonso Guerra y la mía fue la cantidad de horas que yo invertía en temas de gestión de Gobierno. Yo dedicaba muchas horas a conocer, controlar o impulsar los temas de los distintos ministerios. Sin embargo, Alfonso, que decía que él estaba de «oyente» —por descontado, no era cierto—, intervenía sólo en los temas en los que él intuía que había que ayudar a tomar una decisión equilibrada, en los temas que estuvieran conectados con problemas de Estado. Por ejemplo, en todo lo relacionado con la reforma de la Ley de las Fuerzas y Cuerpos de Seguridad, en el tema sobre el carácter militar de la Guardia Civil, el papel del Ministerio de Defensa... O sea, Alfonso sólo en determinados casos trabajaba y arbitraba. Yo intenté hacerlo en la mayoría de los casos, no sólo en *determinados* casos. Éste era el papel que le correspondía al vicepresidente, tal y como lo concebía Felipe González.

ROLDÁN LO CONTAMINÓ TODO

De todos los escándalos que nos salpicaron, quizás el más grave, por desconcertante e inesperado, también por razón del cargo que ocupaba, fue el de Luis Roldán. Es evidente que yo tenía que haberlo intuido, pero también es evidente que no lo intuí. Él era director de la Guardia Civil y, por supuesto, había despachado conmigo —aunque no muchos temas— cuando yo era ministro de Defensa. Como ministro de Defensa, y en relación con la Guardia Civil, yo tenía algunas facultades disciplinarias, tenía que poner firma a los castigos más elevados, participaba en la decisión sobre promoción de coroneles a generales... Pero el día a día de la Guardia Civil lo llevaba el Ministerio del Interior. También diré que, normalmente, donde más coincidía con Roldán —en circunstancias dramáticas— era en situaciones provocadas por los atentados... Y veía a un Roldán entero, dedicado a las familias de las víctimas, con una gran capacidad humana. El día más impactante fue el del atentado contra la Guardia Civil en Zaragoza. Pasó toda la noche consolando a las familias, esperando a que llegasen otras... Recuerdo un caso en que el único familiar que quedó vivo era un abuelo de Extremadura, que hubo que traerlo desde allí... Roldán estaba pendiente de todo eso... No me quiero excusar, porque sí que debí intuir más claramente qué estaba ocurriendo. Pero ver cómo aquel hombre dirigía una institución castigada frecuentemente por ETA creó en mí la imagen de un Roldán sensible, que sabía lo que tenía entre manos. Mi primera reacción al conocer la noticia del gran escándalo de Roldán fue de incredulidad: aquello no podía ser verdad. La evolución de las evidencias me hizo cambiar, y tuve que asimilarlo. Pero, al principio, no me lo podía creer, simplemente, porque tenía otra imagen, clara, de Luis Roldán. No por otra cosa. Fue un golpe muy duro para mí, para todos, pero, sin duda, para mí, lo fue. Yo había conocido a Roldán durante mi etapa municipal. Luego le perdí la pista, pero le había conocido en la etapa que él era teniente de alcalde, o concejal, del Ayuntamiento de Zaragoza.

Cuando se fueron conociendo las cantidades, la trama... La única explicación que le encontrábamos —no sé si ajustada a la realidad— era que Roldán cambió radicalmente de vida cuando se le murió su hijo en un accidente de moto. Se separó de su esposa y empezó una vida distinta que lo condujo a hacer lo que hizo. Ésa era la única explicación que nos servía, un poco, para entender... Y aunque cometimos muchos errores respecto a la corrupción, tuvimos, desde el primer momento, tanto en el caso de Roldán, como en el del gobernador del Banco de España, la certeza de la importancia que tenían estos escándalos para minar al Gobierno socialista.

Yo no conocí nunca a Galindo. No llegué a conocerlo. Son esos temas en los que te preguntas, no tan sólo sobre el funcionamiento de la Justicia como mecanismo, sino de la Justicia como relación de la sociedad con determinadas personas. Estoy seguro de que si no se hubiera hecho ese paquete inmenso, y sobre todo, si no hubiera existido Roldán, todo esto habría tenido un tratamiento mucho más sosegado. Yo creo que el tema de Roldán contaminó todo y fue lo que permitió activar todo un proceso —que combina jueces, periódicos, etcétera— y que alimentó los demás escándalos. Algunos escándalos podían tener bases reales, pero ese proceso combinado de acoso al Gobierno los amplificaba con unos mecanismos mucho más potentes.

Yo estuve en Guadalajara con José Barrionuevo y con Rafael Vera el día que entraron en prisión. También fue Felipe. Estuve por un sentimiento de solidaridad personal y no por otra cosa. Porque soy muy respetuoso, pero eso no quiere decir que coincida con todo lo que se hizo en aquella época.

Luego, Roldán se escapa, se extiende la maledicencia del Partido Popular, incluso de algunos compañeros nuestros, sobre nuestro supuesto interés, y el mío en particular, en que el ex director de la Guardia Civil no apareciera. Hoy está clarísimo cómo se ocultó. Pero tuve que soportar esa campaña, exactamente igual que cuando difundieron y me acusaron de que yo había pagado el «Informe Crillón», un espionaje a Mario Conde. Más adelante, el Tribunal Supremo dictó que, aunque yo hubiera encargado el informe, estaba dentro de las labores del Gobierno querer conocer las actuaciones de ciudadanos que podían representar un peligro. Pero no era así; la prueba está en cómo se desarrolló todo posteriormente.

Yo era la «mano negra» que impedía que Roldán apareciera —porque, según esa teoría, al parecer yo tenía algo que ocultar—. Era una acusación que no me causó ninguna incomodidad. La incomodidad en política surge más del conocimiento de los propios fallos. Estaba tranquilo, aunque me irritaba mucho, eso sí. En aquel momento, ya se había trazado un plan de desgaste del Gobierno. La estrategia de este plan creo que empezaba por el acoso a Solchaga, y yo tenía que ser una pieza previa al presidente del Gobierno. Eso lo sabíamos. Llegó un momento en que el Partido Popular consiguió que dos o tres diputados —uno de ellos era Ramallo, otro Bahón— me hicieran, en la misma sesión del Congreso, algo así como nueve preguntas sobre el tema de la fuga de Roldán. Como era obvio, salí airoso de esas preguntas. Entonces, mi grupo cambió. Pero es verdad que, antes, creían que alguna connivencia tendría que haber. Pero, sinceramente, no fue un tema que me agobiara demasiado.

Felipe pensó en mí

En 1990, Felipe me comentó, expresamente, que pensaba en mí como sucesor al frente de la Presidencia del Gobierno. Por eso no me extrañó nada cuando, un año después, me encargó la Vicepresidencia; lo consideró adecuado para mí. Pero cuando me comentó, por primera vez, el tema de su sucesión, Alfonso Guerra era todavía vicepresidente. Y el primero que conoció esa reflexión fue Alfonso. Antes o después de hablar conmigo, me consta que Felipe se lo dijo a Alfonso, antes de la crisis de Juan Guerra. No sé si Alfonso lo vería factible o no. Yo no le di la trascendencia de una propuesta formal, sino de una reflexión, un desahogo y una forma de ir pensando cómo se harían las cosas para relevarle a él.

En ese momento, Felipe González llevaba ocho años como presidente de Gobierno. Su reflexión se produce en un momento en el que, aparte de las dificultades de sincronización con Alfonso, él tiene el sentimiento de que le es más fácil dirigirse a los ciudadanos que a su propio Partido, siente el cansancio de los agotadores años de Gobierno, el peso psicológico de estar encerrado en La Moncloa... Todo eso va sedimentando en Felipe la idea de marcharse, idea que, además, no es la primera vez que surge... Dominaba en Felipe el sentimiento de que ya había cubierto una etapa y de que quisiera tener gente disponible que le pudiera sustituir. Aunque sólo fuera para tener la sensación psicológica de tranquilidad, de que, si lo decidía, era políticamente factible marcharse.

Creo recordar que él me confió su deseo de marcharse... en términos de cansancio personal... las reuniones internacionales, los problemas... y el hartazgo. Me lo comentó en esos términos, no en términos de «tenemos unos problemas políticos que no quiero abordar». Felipe no es de los que tiran la toalla. Se trataba claramente de cansancio político. Por otra parte, Felipe comienza a pensar, como dijo luego tantas veces, que él empezaba a ser más el problema que la solución. En el sentido de que él creía que su papel en el Partido, en relación con la sociedad, era tan notorio que estaba taponando la alternativa. Su reflexión era que él concentraba tanto las decisiones, pero también la representación del Partido frente a la sociedad, que estaba impidiendo que pudieran surgir otras personas capaces de hacerlo. Pienso que también le pesaba un poco su hiperliderazgo, muy halagador en teoría, pero que no dejaba de ser una carga. Creo que él hubiera preferido compartir ese papel, o esa responsabilidad, con un equipo de su confianza. Pero no supo, o no pudo, encontrarlo.

La reflexión de Felipe sobre su retirada, y sobre su sucesión, tardó tiempo en ser conocida. Un año después de que lo comentara conmigo —estamos hablando ya de 1991—, se sabe que Felipe piensa en no presentarse a las elecciones de 1993, y me plantea la posibilidad de que yo fuera el candidato. Y yo le dije que no, que no podía ser. Y nunca más, en los años siguientes, volvimos a hablar de ese tema.

Para los «guerristas», el tema sucesorio estaba siempre sobre la mesa... Y nos llegó, a mí el primero, parte del ruido... Aunque, la verdad, no creo que mi «candidatura» fuera un tema que produjera un debate en el Partido. En absoluto. Para esas fechas, yo ya he sido nombrado vicepresidente y creía que esa situación se extendería hasta el final de la legislatura. La posibilidad de que Felipe González lo dejase, y hubiera pensado en mí para sucederle, era previa a mi elección como vicepresidente. Yo no volví a pensar que fuera seriamente posible que él lo dejase y que me correspondiese a mí relevarle. Estábamos en otra dinámica.

Inmediatamente, nos vimos implicados en la labor de Gobierno del emblemático año 92... Y Felipe toma la decisión de no presentarse a las elecciones siguientes, a las de 1993. Ahora, la pregunta era: «¿Se presentará Felipe González a las próximas elecciones legislativas como candidato?». Yo recuerdo con mucha más preocupación aquella situación que la reflexión de 1991, porque Felipe podía dejarlo y había que buscar a otra persona. En aquel momento, personas como Solana, y como yo mismo, somos importantes para convencer a Felipe de que debe presentarse. La situación era crítica, los escándalos de corrupción, el acoso... Nuestro argumento para convencer a Felipe era: «Que sean los votos los que decidan; que no pueda decirse que no has querido aceptar el veredicto de los españoles». Su candidatura a las elecciones sí que fue tema de discusión... Recuerdo a Felipe paseando conmigo por los jardines de La Moncloa... Y le convencimos. Y creo que fue una decisión acertada. Sí. Otra cosa es que piense que, si las hubiéramos perdido por poco, el panorama político posterior no se habría producido. Y ahora estaríamos en otras circunstancias. Si hubiéramos perdido por poco, como decían las encuestas, nos habríamos evitado los años 1993, 1994 y 1995, nos habríamos ahorrado aquellos años tan terribles en los que, por no haber, no había ni un Grupo Parlamentario unido. Además, probablemente, habríamos iniciado antes un proceso de transformación que nos hubiera permitido afrontar nuestros problemas internos y buscar una salida hacia el futuro.

«Nos equivocamos»

En el Gobierno de 1993 surge una situación nueva: Felipe decide la incorporación de personas independientes. A mí me parecía que esta opción formaba parte de la filosofía de la renovación y modernización del Partido. Además, yo estaba en la tradición del PSC, donde los independientes siempre fueron un elemento muy importante. Y pensé que si Garzón aceptaba ser secretario de Estado contra la Droga, podía rendir buenos frutos, y las cosas podrían acabar funcionando. Pero está claro que nos equivocamos y es evidente que las cosas acabaron mal.

La unificación de los Ministerios de Justicia e Interior también fue, claramente, un error. Yo era aún vicepresidente —me fui en octubre de 1995—, pero hay cosas que, a posteriori, ves claramente que no fueron acertadas. En aquel momento no lo vimos...

El tema de la Justicia es muy delicado, es un tema no resuelto en España: cómo preservar y defender la independencia judicial pero lograr, al mismo tiempo, que los estamentos policiales tengan una vinculación clara con la soberanía nacional, o con el pueblo, tengan que responder de errores y tengan estímulos para trabajar mejor... Eso no lo supimos resolver. Y en esta situación, sumar Justicia e Interior, evidentemente, no es caminar en buena dirección.

En los temas de Interior pretendíamos, en aquel momento, hacer una renovación clara en relación con etapas anteriores. Pero no acertamos. La nueva política que queríamos hacer no pretendía ocultar las políticas anteriores, sino gestionar nuevas políticas de Interior, incluso de reforma policial —no concluida— o de ideas nuevas para gestionar la Guardia Civil. Y todo esto, no logramos hacerlo.

Sobre lo que ocurrió en el Ministerio de Interior..., los hechos son tozudos. La verdad es que teníamos que haber sido todos más conscientes de que había una campaña, sólidamente organizada, que sumaba prensa, mecanismos judiciales, mecanismos policiales y, sobre todo, al PP. Y esa suma, contaba, además, con dinero y apoyo, con información proporcionada por personas como Mario Conde, que la había obtenido de la forma que fuese. Frente a todo eso, teníamos que haber ofrecido una política enormemente coherente, bien pensada y bien coordinada.

¿Por qué no hice nada, siendo yo el vicepresidente del Gobierno, por frenar aquello que estaba ocurriendo en Interior? Probablemente, porque no pude. Porque en la división organizada de tareas, con Interior sucedía exactamente igual que con el Ministerio de Asuntos Exteriores: no eran competencia del vicepresidente... Belloch trabajaba muy directamente con Felipe.

«UN FUSIBLE PARA INTERRUMPIR LA CORRIENTE»

El escándalo de las escuchas del Cesid es el detonante de mi dimisión de la Vicepresidencia del Gobierno. Dimito porque tenía el convencimiento de que el tema de las escuchas estaba claramente insertado en una estrategia, en un objetivo perverso de ir «hacia arriba». Era un material divulgado por personas que lo habían obtenido —los juicios lo han demostrado— de Juan Alberto Perote, colaborador del presidente de Banesto, Mario Conde, que se lo había dado de alguna forma... de una forma insensata, como se ha demostrado. Porque, naturalmente, el Tribunal no podía condenar a nadie más sin empezar por el que había cometido el delito, que era el propio coronel Perote.

Estábamos en una situación muy difícil. Íbamos a presidir la Unión Europea a partir del 1 de julio. Aquel semestre podía haber sido terrorífico. Y no sólo esto, sino que, por lo que sabíamos de aquella perversa estrategia de acoso al Gobierno, si esta pieza no funcionaba bien, estaban decididos a atacar a la siguiente... A mí me pareció que, en aquel momento, la única forma de que el Gobierno pudiera cubrir el semestre de la Presidencia Europea —aunque sólo fuera eso— y convocar elecciones inmediatamente después, era mi dimisión. Pero nunca pensé que mi dimisión fuera necesaria desde un punto de vista de mi responsabilidad personal... El delito lo cometió el coronel Perote, persona a la que yo ni conocía ni había nombrado, porque un ministro nunca nombra a un coronel. No era un cargo de confianza. Pero no me pareció lógico, por razones de lealtad personal, que tuvieran que dimitir el director del Cesid, el general Manglano, y el ministro de Defensa, Julián García Vargas, y no tuviera que hacerlo yo. Porque, en ese nivel, sí creo que deben prevalecer las lealtades personales: es necesario que exista una solidaridad de actuación. Yo avalé, y sigo avalando, toda la gestión del general Manglano. Pero cuando Felipe y yo hablamos de este tema, éramos conscientes de que lo que intentábamos hacer era una operación que no lesionara la Presidencia Europea.

Intentábamos ganar tiempo, y convocar después elecciones. Mi dimisión no era una respuesta en sí misma a un problema de responsabilidad política. Ni en mi caso ni en el de Julián García Vargas ni, por supuesto, en el caso del general Manglano. Yo creo que el tiempo ha demostrado que mi dimisión —al margen de algunas de las interpretaciones que se hicieron en aquel momento—

fue un fusible que impidió que la corriente pasara más arriba. Y como ya estaba claro que después de la Presidencia Europea habría elecciones inmediatas podíamos cubrir con más tranquilidad esos seis meses. Así se acababa el problema.

¿Y el Rey?

El tema de las escuchas del Cesid no creó en la Casa Real —el Rey estaba en la lista de los personajes cuyas conversaciones fueron grabadas— ninguna actitud de desconfianza respecto al Gobierno. Al revés... Ocurría que, por supuesto, en este tema querían implicar al general Manglano, persona de la mayor confianza del Rey. Manglano lo explicó en su momento... En los años en que se realizaron las grabaciones, no habría en Madrid más de quinientos teléfonos móviles; la mayoría pertenecía a miembros de embajadas, no a ciudadanos españoles. Las órdenes que se habían dado eran las de traducir las conversaciones que se hicieran en ruso o en árabe... Pero se incumplieron las órdenes. Perote grabó y guardó cintas que pensó que algún día podrían ser utilizadas, como, de hecho, quedó demostrado que hizo. Al minuto de conocerse el tema de las escuchas del Cesid, el propio general Manglano fue a ver al Rey para explicarle lo ocurrido. No hubo ninguna tensión entre la Casa Real y el Gobierno, todo lo contrario. Además, decidieron difundir este tema de las escuchas en el año 1995, lo «levantaron» cuando les fallaron otras piezas, pero las grabaciones fueron realizadas en los ochenta, no recuerdo exactamente en qué año. Nos constaba que en aquellos años no eran una ni dos, sino varias, las embajadas que escuchaban las conversaciones mantenidas desde los teléfonos móviles que había en Madrid.

Yo considero que el Rey pensaba que este asunto era realmente serio y que podían, incluso, ir a por él, porque Mario Conde lo había declarado más de una vez: su enemigo era, incluso, el Rey de España. Nosotros, Felipe y yo, teníamos una buena comunicación con el Rey. Por eso, el tema de las escuchas no produjo tensión alguna. El Cesid siempre estuvo dirigido por Manglano, y Manglano, en su momento —tres años antes de que estallara todo aquel montaje—, había hablado con el Rey.

No creo, ni puedo pensar, que Alfonso Guerra pensara que todo iba mal porque él ya no estaba en el Gobierno. Además, las cosas iban evolucionando y muchos de los «guerristas», en aquellos momentos, comprendían la situación. La tensión se había prolongado durante un año después de la dimisión de Alfonso Guerra, pero luego fue disminuyendo progresivamente. También los alcaldes querían ganar sus elecciones, así como los presidentes socialistas de las Comunidades Autónomas, y la gente fue adaptándose a la nueva situación.

«Le advertí a Conde de que lo vigilaríamos»

A los socialistas se nos ha adjudicado, de alguna manera, el padrinazgo del banquero Mario Conde, se ha resaltado su relación, supuestamente cordial, con Alfonso Guerra. Sí, Mario Conde, en un momento determinado, sedujo a Alfonso Guerra: fueron a Moscú, pagó un Congreso o una reunión o algo así... Yo... esto... la verdad, lo vi como estas aventuras de Alfonso y que acabaron tan mal, como las de las televisiones, o la de crear periódicos... ¿Por qué le sedujo Mario Conde? Bueno, y ¿por qué le sedujo Berlusconi? Era una época en la que también —y a mí nunca me pareció un hombre modélico— les gustaba Craxi, y les gustaba Berlusconi, les gustaba Conde...

Por mi parte, el recuerdo que tengo de Mario Conde es el de haberle citado en el Ministerio de Defensa para decirle que al Gobierno no le parecía bien la actividad destinada a comprar empresas de seguridad y desarrollar mecanismos —vamos a llamarlo así— de «actuación informativa privada». La verdad es que le advertí que lo vigilaríamos. O sea, con él no tuve nunca muy buenas relaciones. Insisto: mi primer contacto con Mario Conde fue para advertirle que no permitiríamos que utilizase mecanismos de «empresas de seguridad», entre comillas, para hacer *dossieres* o para hacer actividades que no... Antes de que el «caso Crillón» me salpicara de lleno, se había producido la intervención de Banesto por el Banco de España, y Mario Conde siempre me atribuyó a mí el impulso de esa decisión respecto a su Banco, cosa absolutamente falsa.

Yo tengo que decir que el Banco de España siempre supo muy bien lo que tenía que hacer, y que nunca se lo anticipó al Gobierno. Ésa es la realidad. Pero, a partir de ahí, empezaron los problemas con Mario Conde. La actuación del Banco de España, que culmina con la intervención de Banesto, fue rigurosa, seria y muy bien llevada. La prueba es que la gestión inspectora y las decisiones de intervención del Banco de España han sido validadas judicialmente. Y el asunto del «caso Crillón», en el que me «descubrían» poniendo en marcha una estrategia de espionaje contra Mario Conde, demuestra cómo se podían montar tinglados escandalosos en aquella época. El clima de acoso generalizado al Gobierno y la imputación sistemática de actividades irregulares permitieron —sobre un tema de escasa entidad— organizar todo un escándalo con el «caso Crillón». Claro que, también, había un periódico detrás... A nivel judicial, el tema llegó hasta el Supremo, porque yo estaba aforado, y el Supremo falló que no había motivo para un juicio penal. Después de este fallo, vinieron las acusaciones de las escuchas del Cesid, acusaciones tan falsas como las del «caso Crillón». ¿Qué relación iban a tener conmigo las escuchas grabadas por Perote en el Cesid en los años ochenta? Pero, en aquel clima y sobre la base de dos hechos tan reales como los escándalos protagonizados por el gobernador del Banco de España y por el director de la Guardia Civil, Luis Roldán, de cualquier asunto menor se llegaba a hacer una montaña...

El «juicio paralelo» funcionaba, y en algún momento consiguieron crearme situaciones de desasosiego a nivel personal. Recuerdo que tuve que aguantar un pleno del Congreso con un griterío que, creo, nunca más se ha producido. Nunca se vio nada igual. No creo que ningún parlamentario haya recibido los insultos que yo tuve que soportar —por parte del Partido Popular— con motivo de mi comparecencia en el Congreso por el tema de las escuchas. Era el año 1995, y yo comparecí después de presentarle mi dimisión a Felipe González, pero no lo habíamos hecho público. El pacto con Felipe era que yo aguantaba en la Vicepresidencia hasta que se llevase al Parlamento el informe sobre las escuchas. Después —a principios de mes— se haría público no sólo que yo había dimitido, sino que también lo habían hecho el ministro de Defensa, García Vargas, y el director del Cesid, el general Manglano.

«Soy un catalán que ha hecho la reforma militar»

Mi dimisión me aparta de la gestión de Gobierno, responsabilidad en la que había trabajado durante trece años. Me fui de Madrid y volví a Barcelona con el convencimiento de que, probablemente, el tiempo recolocaría las cosas en su lugar. Pero, en aquel momento, mi sentimiento era que yo hacía un sacrificio personal que representaba una injusticia respecto de mi trayectoria. Para amortiguar esta sensación, fue decisivo que, apenas una semana después de dejar el cargo, mis amigos de Barcelona me organizaran una cena de apoyo. Vinieron más de mil personas...

Nunca me sentí como un catalán que fracasa en Madrid. Creo que soy un catalán que ha hecho la reforma militar. Eso no me lo quita nadie, y siempre me ha dado mucha tranquilidad. La gestión en la alcaldía de Barcelona y la gestión en el Ministerio de Defensa me produjeron una satisfacción enorme... La Vicepresidencia del Gobierno fue mucho más complicada. Aunque parezca, y es verdad, que ser vicepresidente conlleva más responsabilidades que ser ministro de Defensa, ser ministro de Defensa significa ser el «uno» en Defensa, y ser vicepresidente es ser el «dos» en la Presidencia. No eres el último en la escala de la toma de decisiones. Mi dimisión no fue precedida por una conversación muy larga, o muy difícil, con Felipe. Después de tantos años de trabajo juntos, no necesitábamos muchas conversaciones. Yo sabía lo que él pensaba y él sabía lo que yo pensaba. No necesitábamos explicárnoslo todo. En cuanto a la confianza, nuestra relación permaneció intacta hasta el final.

A mi juicio, los logros más importantes de la gestión de los Gobiernos socialistas fueron la consolidación democrática, la posición de nuestro país en Europa y la creación del Estado de bienestar. La modernización de las Fuerzas Armadas entra dentro de ese gran bloque de consolidación democrática, igual que las leyes que hizo Fernando Ledesma para el desarrollo de la Constitución y los derechos de las personas.

Y los errores..., quizás pueda considerarse un error la incapacidad de crear un equipo potente que tuviera peso, por sí mismo, para suceder a Felipe, y para mandar, y para crear, dentro del Partido, un poder más reflexivo y que estudiara más la realidad... De alguna manera, estos aspectos están conectados con los errores que cometimos en los temas de corrupción. Quizás con un funcionamiento más transparente, con el poder más dividido en el seno del Partido... habríamos evitado todos esos problemas.

Notas

[1] Alberto Oliart (n. 1928) fue ministro de Defensa (26 de febrero de 1981-3 de diciembre de 1982) durante el Gobierno de Leopoldo Calvo Sotelo.

Alfonso Guerra
El «papel» más difícil

«Siempre creí que el PSOE necesitaba un líder, un rostro. Felipe representó para todos ese rostro y esa voz, y lo hizo magníficamente bien». Contra todo pronóstico, contra todos los clichés, es Alfonso Guerra el que habla... después de haber hablado y actuado en los últimos tiempos en términos bien diferentes.

Su despacho de la Fundación Pablo Iglesias, pequeño, sencillo, se ha impregnado de su «sello» inconfundible, del ambiente buscado, de la escenografía recoleta en la que habita el personaje que me espera. Siempre me dedica un tiempo medido, pero siempre acaba por convencerme de que, en realidad, tiene todo el tiempo del mundo para mí. Nada de lo que dice es improvisado, aunque es seguro que no ha pensado en la conversación hasta el momento preciso en el que comienza. No lo necesita. Porque transmite la evidencia de que vive amasando sus pensamientos, en los que ha encontrado un refugio seguro contra la adversidad. Es fácil percibir que no está dispuesto a salirse del guión...

Le pregunto por peras y él me habla de manzanas. Mis deseos, mal ocultados, de que sean los sentimientos los protagonistas de la primera escena, en la que le imagino, se estrellan con el papel que Alfonso Guerra ha elegido. Por eso, aquella imagen en el Palace, sujetando en alto la mano de Felipe González, apenas provoca en él un leve asentimiento («Sí, sí...»). Pero nada más. Está más cómodo evocando aquella noche de aciertos plenarios sobre resultados desbordados, insólitos, que él ya conocía, por supuesto...

Sólo los trabajos y las emociones de la hermosa Exposición que él ha dirigido sobre el exilio de la Guerra Civil, le permiten conmoverse para reflexionar sobre la inutilidad del sufrimiento humano, cuando se cierra el círculo inexorable libertad-dictadura-libertad.

Sabe que va a generar desconcierto cuando afirme que él nunca tuvo problemas con Boyer, sino, más bien, al contrario... Y es cierto que las pretensiones de quien fuera todopoderoso ministro de Economía saltaron por los aires cuando se empeñó en un pulso imposible con el mismísimo Felipe González. El reto del propio Alfonso Guerra, el que Felipe percibió con tanta claridad como para renunciar a arrancarle parte de su poder, no parece tal si uno se atiene a la forma distante, certera, magistral con que Alfonso lo describe. Pero la distancia y la ausencia de pasión que utiliza, deliberadamente, para evocar «aquello» resultará del todo inútil. Porque dejará bien sentado que ése fue el momento en el que comenzó la gran separación, la gran distancia con Felipe González... Y sabe que, por eso, va a resultar imposible que sea creíble su «desapego» del poder. Es una actitud que Alfonso mantendrá a todo trance, como el «ritornello» de una pieza lírica destinado a perdurar en la memoria de la gente.

Se desborda cuando anticipa y exhibe su legítimo protagonismo en tantas cosas y le regocija mirarse con aquel disfraz de «ateo feroz» que lograba acuerdos con la Iglesia, para desconcierto de la izquierda y desesperación de la derecha.

La derecha y la ambición de poder en el interior de su propio Partido. Según Alfonso Guerra, ésas son las claves para entenderlo todo, desde «lo» de su hermano, hasta Filesa («¡Nunca tuve nada que ver con eso!») o la máquina de poder denominada «guerrismo». A duras penas se contiene al expresar su convencimiento de que fueron los «renovadores» quienes terminaron de cortar su cordón umbilical con Felipe. Y no importa que, al final, no acierte a dejar claro si fue él quien dimitió o fue Felipe quien lo cesó. Porque, a la hora de las quejas y los reproches, Alfonso no renuncia a colocar sobre las espaldas de Felipe la carga: «No fui yo quien se separó, precisamente...». Claro que, para entonces, ya había descubierto que «no todo en Felipe eran virtudes», como él se encarga de demostrar...

Ni siquiera en la ráfaga de cólera que altera el tono de su voz para responder a las imposibles preguntas sobre Filesa ha perdido Alfonso Guerra el control de la situación. En todo momento ha sido fiel al papel estudiado.

Sólo hay unos minutos en los que está a punto de concederse un descanso, un respiro. Ocurre cuando habla de su hermano Juan y tiene que reflexionar acerca de todo lo sucedido; se muestra atrapado ante la evidencia de que su asumida responsabilidad de padre de familia, de su modesta familia sevillana, le obligara a mantener aquella defensa numantina. No me mira, no hace falta. Porque es fácil «sentir» el brillo de sus ojos mientras recupera, súbitamente, la memoria de tanto atropello de aquellos días de las «requisas» del juez Barbero: «Mira: ¡si se llevaron hasta una cartilla de "puntos" que yo había reunido cuando era chiquito en Sevilla! Cada cupón era de 25 céntimos y habíamos conseguido juntar hasta doce con cincuenta pesetas».

Es en ese momento cuando emerge una dimensión de Alfonso Guerra que reivindica toda su biografía de forma transversal, desde la raíz. Es verdad que él ha optado por recubrirlo todo con un velo de pudor. Pero no es menos cierto que no percibir eso, para comprenderlo todo, sólo es propio de mentes estúpidas. O cargadas de miseria y de mala fe.

LA NOCHE DE nuestra victoria electoral, en octubre del 82, yo tuve, evidentemente, un momento de alegría, pero sobre todo muchos momentos de reflexión, de no dejarme engañar por lo que sucedía. Aquella imagen, tantas y tantas veces repetida, Felipe y yo asomados al balcón del Hotel Palace, con las manos en alto entrelazadas, contrastaba con mi actitud serena, porque lo cierto es que el triunfo socialista me sumió en un espíritu reflexivo. Precisamente, cuando nos asomamos al balcón, me hice una reflexión un poco contrapuesta con aquel momento de festividad: «Bueno, es verdad que aquí hay mucha gente, pero ¿cuánta gente hay? ¿Cuarenta, cincuenta, sesenta mil personas...? En Madrid hay cuatro millones». Estaba en la idea de que, cuando se moviliza un número importante de personas, siempre creen que representan al mundo... Y sí: había mucha gente, muy alegre, muy feliz, pero había poca respecto a la población que podría reunirse allí. Eso fue lo que pensé. Desconfío mucho de las apariencias de las movilizaciones; es importante una concentración donde hay quinientas mil personas, pero cuando, en vez de quinientas mil, podría haber cinco millones... ya no es tanto.

En cualquier caso, mi espíritu —digamos, contenido— también tenía algo que ver con que yo estaba seguro de que íbamos a obtener aquellos magníficos resultados. Cuando hablábamos en la Dirección del Partido, y yo daba mi opinión de lo que iba a ocurrir, no se lo creían; yo había dicho mucho antes lo que iba a ocurrir el día de las elecciones pero no se lo creían. Por eso, yo estaba quizás un poco mejor preparado para nuestro triunfo, por eso lo acogí con un poco más de serenidad que otros.

Una historia circular

Otra reflexión que me hacía los días anteriores y en la propia noche electoral era sobre lo inútil que son las acciones de los seres humanos en política, que rompen una legalidad normalizada para que luego, al cabo del tiempo, se vuelva a reproducir lo anterior. Pensaba en la inutilidad de hacer pasar a España por una Guerra Civil, por un exilio, por una dictadura larguísima para que, finalmente, se volviera al punto de partida, con aquel terrible desgaste en valores humanos, en vidas, en falta de libertad. ¡Se hace tan inútil...! Lo más grave de todas las dictaduras es que son inútiles; además del sufrimiento y del dolor que causan, no sirven, la gente enlaza su pensamiento histórico con lo anterior a las dictaduras... Entonces, cabe preguntarse: ¿para qué todo aquello? Los ciudadanos vuelven a apostar por el el sistema anterior a la dictadura: la República. El triunfo de los socialistas no podía equipararse absolutamente a un regreso a los tiempos de la República, naturalmente. Pero se vuelve otra vez a negar lo que habían significado esos cuarenta años. ¿Para qué, entonces, se había vivido todo aquello, con tanto dolor, y tanta pena y tanta sangre...? Ésa era la reflexión que dominaba en mí aquella noche... ¿Cuándo la gente más reacia a la democracia va a entender que las dictaduras no sirven de nada, que no rompen el curso de la historia? El curso de la historia avanza, no retrocede. Y los dictadores se tienen que convencer que lo que ellos protagonizan es sólo un paréntesis: nunca cambian el curso del río definitivamente; hacen un meandro, pero el río vuelve a su cauce.

Por supuesto, esa noche tuve también brotes de emoción personal y comprendí, por ejemplo, que el mito de David y Goliat es real. Porque nosotros no sólo ganamos las elecciones, además, pudimos sentir lo que significaba que el aparato del Estado —que lo veíamos tan lejos, porque no éramos nadie—. El todopoderoso aparato del Estado-Goliat llama por teléfono al pequeño David para decirle: «Oye, que no tengo ningún dato. ¿Me podéis dar los datos?». ¿Cómo es posible? Yo tenía un pequeño ordenador 486 —ya ni se vende, es una antigualla— y, con él, era capaz de tener los datos electorales a las nueve menos cuarto de la noche: todo el aparato del Estado no los podía tener hasta las diez de la noche.

En fin, me pidieron los datos. Yo les dije: «Bueno... Sí, te los doy, pero ten en cuenta lo que supone que yo te pase unos datos, que tú los des como oficiales y que luego estén equivocados... Lo que puede caer sobre mí después... —se lo estaba advirtiendo al primer ministro—. Yo te los paso, pero primero los doy yo, para que quede bajo mi responsabilidad».

Así que primero ofrecí yo aquellos datos, luego se los hice llegar a ellos, y ellos dieron como oficiales mis propios datos, los que yo tenía. Por supuesto, me producía emoción pensar: «¿Cómo es posible que nosotros, con cuatro instrumentos de nada, podamos ganarle, no ya en votos, sino incluso en operatividad a todo un aparato del Estado?». Y, en paralelo, la reflexión: «Bueno, en realidad, el aparato del Estado no es tan fuerte, hay que reforzarlo; no está consolidado, es muy vulnerable. Hay una tarea por delante muy importante...».

Cuando estaba adelantando los resultados electorales, era bastante consciente de la importancia del momento. Por eso estaba también pendiente de las reacciones que suscitaba. Cuando anuncié: «PSOE, 202 diputados», no hubo aplausos en la sala, no hubo gritos... Con el paso del tiempo, entendí que aquella reacción —tan aparentemente serena— se debía al enorme tamaño de la sorpresa. Lo normal, cuando se ofrece un resultado como ése, es que la sala reviente... Hubo un gran silencio porque la gente no se «tragó» los resultados: no podían aceptarlo. «Esto no puede ser, esto es demasiado».

Después, cuando se ofreció el recuento inicial, nos dieron un diputado menos: 201. Algunos compañeros me daban con el codo, de broma: «¡Ah!, te has equivocado...». A los cinco días, cuando se hizo el recuento definitivo de votos, nos dieron 202 diputados.

O sea, yo creo que lo tenía bien amarrado. A las nueve menos cuarto, yo ya contaba con los 202 diputados. Ya sabía que habíamos ganado de una manera arrolladora... ¡Y sólo había contado el 7 por ciento de las cincuenta primeras papeletas en 1.350 mesas electorales!

«Ustedes no van a ganar»

Esas cosas no ocurren por casualidad. Le habíamos echado muchas horas... En 1972, yo había creado un Instituto de Técnicas Electorales, que fue la chufla de todo el mundo. Todos decían que yo estaba loco... No había llegado ni la flebitis del caudillo. «Un Comité Electoral, ahora que estamos todos». Es verdad que estábamos en malas condiciones, pero a mí ese Instituto me sirvió para poner un grupo a estudiar, a visitar los centros electorales de todos los Partidos Socialistas europeos y para asistir a todos los procesos electorales en Europa, en Estados Unidos, en Centroamérica y en Suramérica. Toda aquella actividad nos proporcionó un bagaje muy superior al que pudiera tener cualquier otra organización. De ahí mi serenidad: no se trataba de mostrar que yo era mejor que otros, mi tranquilidad se debía a que yo me había dedicado a ello desde el 72 hasta el 82: diez años. Diez años en los que, en este terreno, España era un desierto, no había nada.

Recuerdo que, cuando preparábamos las elecciones del 82, en Estados Unidos perciben que es muy probable que gane el PSOE. Entonces, se interesan en nuestro proceso electoral y envían a un especialista, uno de los más importantes directores de campañas. (Aquel experto, entre otros logros, había conseguido que Reagan ganara las elecciones contra todo pronóstico). Vino a hacer un seguimiento de la campaña y me pidió que le explicara nuestro sistema. Apenas comencé a esbozar nuestra campaña, me dijo: «No podéis ganar, es imposible».

Por supuesto: que un experto, el mejor, dijera que no podíamos ganar... A mi equipo le entraban unos temblores horribles. Yo lo discutí: «Estoy seguro de que vamos a ganar». Y él decía: «Una campaña basada en tres palabras, de las cuales dos son partículas que no tienen contenido y sólo una tiene significado... Con eso, ustedes no pueden ganar». El eslogan era «Por el cambio».

«Bueno, pues vamos a ganar», le respondí.

LA NOCHE DE LOS PERDEDORES

Viví la noche electoral con una mezcla de sentimiento y razón, todo mezclado. Recuerdo que llamé por teléfono a la gente más cercana para compartir aquel momento excepcional.

Me hubiera gustado hablar con una persona... pero ya había muerto. Era Alfonso Fernández Torres, un diputado de los años treinta con el que yo empecé a aprender qué era aquello del socialismo, qué era la izquierda, qué fue la República... Estuvo en la cárcel, condenado a muerte; precisamente, por la condena que le impusieron, no podía ejercer su profesión y trabajaba de vigilante en un garaje. Y, en aquella casetilla del garaje, yo pasaba muchas horas aprendiendo qué era aquello de las izquierdas, el socialismo, la República... La verdad es que me hubiera gustado mucho hablar en ese momento con él, y con muchos otros a los que conocí a través de él.

En mi juventud, yo tuve muchísimo contacto con los vencidos: gente que había pasado por las cárceles, muchos habían sido condenados a la pena de muerte. Todos hablaban de aquello como si se tratara de una historia de perdedores. Me contaban muchas anécdotas, cosas que sucedían en las cárceles... Era una gente verdaderamente perdedora, y con una gran convicción de que su vida era perder. Y esa noche pensé en ellos. Me decía: «Ellos también han ganado. Esta noche estarán vibrando, porque, por fin, ven que han ganado». Cuando yo era joven les había oído repetir: «Yo no quiero morirme sin que muera antes el dictador». Esa idea fue, para muchos de ellos, un reto personal. Y también decían: «No quiero morirme sin ver que gana la izquierda». Pensé mucho esa noche en aquellos perdedores, con caras, con nombres y apellidos...

Tuvimos también horas y horas para la alegría. El latiguillo que repetíamos mil veces, cada vez que llegaba alguien, era: «Por fin lo hemos logrado. Ahora podemos construir otro país».

EL COCINERO, EL 'MAÎTRE' Y LOS COMENSALES

Yo le decía a Felipe: «Gracias a ti, gracias a ti...». Lo expresé así porque era verdad... y sigo pensando lo mismo. Yo creo que Felipe representaba la recuperación del socialismo en España, sin ninguna duda.

En 1977, en el seno del Partido, se planteó una discusión larga y abrupta sobre si el PSOE debería hacer el esfuerzo de ponerlo todo en una cara y una voz, aun a costa de correr el peligro de caer en una apuesta por un líder sobre una peana, y provocar una adoración... Hubo muchísima discusión y yo fui claramente partidario de la tesis de que el Partido necesitaba un rostro y una voz. Se dijera lo que se dijera, el PSOE necesitaba un líder. Felipe representó ese rostro y esa voz y lo hizo magníficamente bien.

Felipe tiene muchas virtudes... Ahora ya sabemos que no todo son virtudes, pero una de sus grandes virtudes es que transmite seduciendo. Los discursos de Felipe son maravillosos cuando lo oyes hablar, y ya no te gustan tanto cuando lees, en el papel, lo que ha dicho. No gustan tanto porque lo más importante no está en las palabras sino en cómo seduce con su manera de decirlas.

Por tanto, yo creo que una parte importantísima de aquella recuperación meteórica del Partido se debió a Felipe González, y esa noche yo se lo expresé así: «Gracias a ti, gracias a ti». Porque era verdad, y sigo sosteniendo que es verdad. Y sus respuestas, generalmente, eran: «Bueno, si no hubiera habido un equipo...». En esa idea del «equipo» insistió una vez un periodista italiano —comentario que a Felipe le molestó mucho—: dijo que a mí me gustaba más «el trabajo de las máquinas» y a él más «el puesto de mando». Añadía que Felipe González estaba más preparado para eso. Fue el mismo periodista que me adjudicó aquella afirmación de que yo hacía los guisos y Felipe los servía.

Para mí, el liderazgo carismático de Felipe fue incuestionable. Tiene además otras virtudes... aunque, como acabo de recordar, no todo son virtudes. Desde el punto de vista del trabajo, yo diría que Felipe es... asistemático, es algo menos organizado de lo que a mí me gusta. A mí me gusta una sistemática muy concreta, muy clara. Yo creo que la sistemática mantenida da muchos frutos, y la asistemática hace perder algunos frutos.

Felipe llevó a cabo, durante muchos años, una acción importante en el Partido: atrajo un aluvión de personas hacia el PSOE. En 1977, cuando el Partido es legalizado, había pocos militantes, y en poquísimo tiempo —del 77 al 79— hicimos unas listas en las que había sesenta mil personas que optaban a cargos públicos. ¡En menos de dos años!

Felipe González, durante muchísimo tiempo, mantuvo una posición que era muy importante para el Partido: nos llegó un gran aluvión de personas —por tanto existían distintas tendencias— y Felipe supo ir, perfectamente, por el medio de la calle. Y esto lo hizo muy bien, hasta que dejó de hacerlo, al final del primer Gobierno. Ahí comenzaron los grandes problemas que, todavía hoy, no se han resuelto.

UN CÓCTEL DEMASIADO FUERTE

En la acción del Gobierno había claramente dos enfoques diferentes. Uno de ellos me pareció a mí, digamos, poco socialista. En el otro espacio —en el que estaba yo—, creíamos que era necesario emplearse más a fondo en transformaciones importantes para la sociedad. El presidente del Gobierno seguía caminando entre las dos posiciones. Hasta que se creó un esquema político —con expresión, como sucedió en el famoso caso de Chamartín— en el que una parte del Partido se oponía a otra. Ese esquema de oposiciones no habría tenido mucha eficacia si una de las partes no hubiera estado en una cierta connivencia con sectores ajenos al Partido, con la *beautiful people*, por ejemplo. Llegó un momento en que arrastraron al presidente del Gobierno a esas posiciones. Arrastraron al secretario general del Partido a espacios que eran tan legítimos como otros cualquiera —no digo yo que actitudes más conservadoras no sean legítimas—, pero, si estás en el timón, tienes que saber llevar el rumbo sin escorarte hacia un lado o hacia otro. Y ahí empezó una serie de ataques internos, dentro del Partido, que degeneraron en una batalla horrorosa...

Alguien ha dicho que Felipe ha comentado que el último Gobierno fue el único que pudo hacer con las «manos libres», sin el peso de mi influencia... Yo no creo que eso lo haya dicho él; por lo menos, no creo que lo dijera así. De haberlo dicho, estaría hablando realmente de una especie de monstruo mítico. Yo creo que mi influencia, la poca o mucha que yo tuviera en el Gobierno, en ningún caso limitaba o ataba las manos del Gobierno. Y, naturalmente, si se lee así, entonces mi influencia debía de ser muy benéfica, porque el último Gobierno fue un desastre, una ruina, y nos condujo a una situación horrible. El último Gobierno, en definitiva, lo único que quería era «ajustar cuentas» con los Gobiernos anteriores. Eso es de locos... Mantener este argumento, más allá de las ideas que se sostengan, es de locos, verdaderamente. Que el Gobierno se dedique a «ajustar cuentas» con los Gobiernos de su propio Partido... Así nos llevó adonde nos llevó... a la ruina.

Si se ha llegado a decir que el objetivo de los ministros de Interior de aquel Gobierno era meter en la cárcel a los anteriores ministros de Interior, yo, realmente, no creo que ésa fuera la intención... no lo creo. Pero el resultado del «ajuste fino» fue que un Gobierno o un ministro y una secretaria de Estado de un Gobierno socialista persiguieron a los ministros de Interior de las etapas anteriores. ¡Eso es horrible! Me llevaría muchísimo tiempo hablar de eso, porque hay trampas freudianas, se han hecho declaraciones, hay escritos... y se ve claramente que no se está diciendo la verdad. Por tanto, objetivamente, eso fue lo que ocurrió. Luego, podemos entrar en si hay testigos que fueron impulsados con ciertos acicates para que dijeran cosas contra los otros, mezclando fuentes de información, mezclando algunos elementos de la magistratura... El cóctel fue demasiado fuerte.

Yo tengo la impresión de que, cuando las cosas empiezan a ponerse turbias, Felipe González quiere escapar, quiere mantener limpia la bandera de la gente del Gobierno. Y, probablemente, pese a tener esa intención, no se toman las decisiones para conseguirlo, sino, más bien, al contrario. Porque presentar a un juez como una estrella gloriosa y hacerlo casi casi sucesor... La verdad es que, bien él, bien los que él había nombrado, tomaron decisiones erróneas.

Felipe, una esponja

Yo creo que Felipe, en aquella época de sus primeros Gobiernos, era una persona de talante progresista, incluso en materia económica. Naturalmente, era muy cauteloso. A él le habían recomendado —y lo ha repetido en varias ocasiones— que al ministro de Economía había que concederle un margen de confianza muy grande, fuera como fuera; de otro modo, la inflación se dispararía y no habría quien la controlara. Él siempre tuvo una gran confianza en las acciones del ministro de Economía de turno, pero su intención, su convicción, era profundamente progresista. Otra cosa es que, después, el trato diario con las personas lo fuera llevando a una posición en la que no se daba cuenta de que estaba cambiando algunos elementos: al final del proceso, esos cambios lo colocaron en otro lugar. Pero yo no creo que ese cambio, hacia posiciones más, digamos, pragmáticas, fuera una decisión consciente de Felipe. Aunque él parecía sentirse muy cómodo...

Felipe es una persona con una gran capacidad de absorción. Tiene una extraordinaria virtud: incluso en temas en los que no está especialmente formado, en un momento determinado, se convierte en un experto. Toma de aquí y de allá, lo absorbe como una esponja y lo devuelve muchísimo mejor elaborado. Puede ser, entonces, que, en algún aspecto, él aparentara sentirse mucho más cómodo de lo que en realidad estaba. Porque Felipe no es una persona simple; lo piensa todo mucho, le da muchas vueltas a los conceptos y los manosea, los amasa... Pero yo creo que su convicción, al menos durante todo el tiempo que yo he estado estrechamente vinculado a Felipe, era una convicción progresista.

Yo no quiero atribuirme el mérito de modificar la política económica del país sólo con mi presencia en el Gobierno. Pero seguro que algunos «elementos» se sintieron mucho más cómodos cuando yo dejé el Gobierno. Se sentían mejor sin mi presencia, eso es un hecho. Carlos Solchaga, por ejemplo, el equipo económico en general, y algunos otros añadidos, como el ministro de Cultura, Jorge Semprún, y otras personas que no estaban en el equipo, pero que se sentían muy vinculados al mismo y que no hablaban más que cuando había que defender a ese equipo económico.

Yo siempre he manejado, y he llevado al Consejo de Ministros, informes muy detallados en los que se explicaba cuándo nuestra intervención, la intervención del Gobierno, podía utilizarse para que determinados grupos tuvieran privilegios. Eso, a veces, molestaba, y seguro que a ciertas personas mi ausencia les reportaba una gran comodidad. No creo que eso ocurriera con Felipe, porque Felipe ha sido una persona muy íntegra. Teníamos grandes discusiones... Cada uno pensaba de una manera, pero reconociendo —y esto es muy importante, nadie puede decir lo contrario— que quien tenía la investidura de la Cámara era Felipe González. Por lo tanto, él podía más. Al fin y al cabo, tenemos que reconocer que la autoridad es de quien ha pasado la investidura. Éste es un elemento muy importante: en el colectivo del Gobierno se discute todo lo que haga falta, pero si el que tiene la investidura decide que se tiene que ir por aquí, se tiene que ir por aquí. Los demás estamos nombrados por quien tiene la investidura. Respecto a eso, yo he sido... he mantenido una lealtad que nadie puede poner en duda.

LA LEALTAD: UNA CONDICIÓN MAL CONSIDERADA

Por esa razón, me tocó, lógicamente, perder no pocas batallas en las discusiones de Gobierno. Pero no sentía ninguna frustración, ninguna. Yo tengo una consideración de mí mismo menor que la que tiene mi peor enemigo. Mi peor enemigo piensa que soy mucho mejor de lo que soy, con lo cual no tengo más que plácet, porque todo el mundo piensa que soy más inteligente, más trabajador, más organizado, todo «mucho más» de lo que en realidad soy. Hasta el que peor me trata dice de mí cosas mejores de las que yo diría de mí mismo. Por tanto, nunca me producía frustración que las posiciones que yo defendía no salieran adelante.

Debería incidir ahora en una cuestión muy importante. La vida moderna ha desgastado principios que, para mí, son fundamentales: uno de ellos es la lealtad. Hoy día se habla mal de una persona leal. Un «leal» es una persona socialmente mal considerada: «Pero si ése es un leal, o un fiel; pero si sólo habla con los fieles...». Sí. Pero la fidelidad y la lealtad deberían ser virtudes de primera magnitud en la vida ordinaria, y en la vida política también. Yo creo en la lealtad a las personas, a los principios... ¡Hay que ser leales! Pero la lealtad se considera, hoy, una cualidad negativa. Para algunos, ser leal es ser sumiso... No, no... Ser leal es mantener la coherencia respecto a aquellas personas y respecto a aquellos principios con los que se convive. A mí eso me parecía fundamental. Por lo tanto, la lealtad no ha producido en mí ninguna frustración, sino todo lo contrario: satisfacciones.

Es cierto que algunas de mis posiciones en temas de política económica no prosperaron, pero otras sí. El balance está ahí. Hay muchas propuestas que he logrado sacar adelante pese a la oposición de algunos sectores del Partido o del Gobierno. Y, sobre todo, hay otras muchas cosas que mi intervención ha conseguido evitar. Incluso, diría, estoy más orgulloso de lo que he evitado que de lo que he logrado. Por ejemplo, yo planteaba: «Esto tiene una lectura positiva, pero por debajo existe esta otra lectura negativa, porque con esta medida lo que hacemos es facilitar privilegios, y yo no estoy dispuesto a que facilitemos privilegios». Y he descrito cómo y quiénes se iban a beneficiar de aquellos privilegios, y he tumbado la decisión y me he sentido tan contento. Hubo, en alguna ocasión... ¡qué sé yo!, intentos de subvencionar determinadas actividades de personajes que a mí me parecían turbios —en aquel momento no eran turbios para nadie, pero yo tenía datos...— y evité esas subvenciones. Repetidamente, tuve experiencias en el Consejo de Ministros respecto a propuestas para subvencionar actividades de personajes muy extraños, y me negué, y gané. Esa partida la gané. No conseguí nada, pero evité algún error y, al final, la historia casi siempre me ha dado la razón. Pero aún no me lo han reconocido.

UN PAÍS PARALIZADO

Cuando llegamos al Gobierno nos encontramos un país muy complicado y, en términos de modernidad, un país por hacer. A la derecha española hay que concederle el mérito que tiene. A la derecha que procede de la dictadura, que decide claramente contribuir, por primera vez en la historia, a recuperar la libertad y no a acabar con ella, hay que concederle el mérito que tiene.

Hasta el año 1977 lo hicieron muy bien, fue perfecto. Adolfo Suárez había sido capaz de desmontar el aparato de la dictadura pero, cuando gana las elecciones democráticamente, no sabe construir otro nuevo. La Ley de Reforma Política[1], con la que nosotros estuvimos de acuerdo, fue un mecanismo perfecto para el desmontaje del aparato anterior. Y, hasta 1977, Suárez conduce muy bien la apertura del sistema. A partir ese año, cuando ya no es un hombre impuesto por un régimen autoritario, sino por los votos, no sabe muy bien qué hacer: primero, tiene dudas sobre la Constitución y se intenta que distintos técnicos redacten la Constitución, fuera del Parlamento. Y gana las elecciones del 79[2] utilizando argumentos que contradicen lo que él mismo había estado construyendo; asusta a la gente diciendo que viene la «horda marxista», y luego no se quiere someter siquiera al debate de investidura. Yo creo que ése fue el error, la piedra de toque de la caída de UCD: desmontaron un aparato autoritario, empezaron a construir un aparato democrático y, cuando llega la piedra de toque, un debate de investidura, se negaron a asumirla: «No, no, por aquí no pasamos: nosotros somos de los anteriores, no hay que hacer investidura». ¡Por favor: está usted desdiciéndose de todo lo que ha hecho en los últimos años!

En 1980 se produjo la dimisión de Adolfo Suárez; el intento de golpe de Estado, en 1981; otro intento de golpe de Estado, en 1982... Y llegamos nosotros, con una legitimidad muy fuerte. Los que entonces se llamaban «poderes fácticos» se amarran los machos, porque «éstos vienen con mucho apoyo». Ése fue un valor fundamental. Si en vez de conseguir 202 diputados, hubiéramos obtenido 176 —que es mayoría, pero no son 202 diputados—, ni funcionarios, ni jueces, ni militares ni medios de comunicación habrían cedido como lo hicieron. Habría existido muchísima más resistencia al cambio.

Además, teníamos una situación económica muy mala. Y una situación internacional complicada también, porque no se había dado el paso de la OTAN ni el paso de la la integración en la Comunidad Europea... Teníamos demasiados frentes abiertos. Desde otra perspectiva, ahora que ha pasado el tiempo, me parece que nosotros cometimos el error de abrir todos los frentes a la vez. Si uno revisa una lista de doce o quince grandes logros de los Gobiernos socialistas —doce, digamos doce—, podrá observarse que cada uno de ellos justifica la acción de un Gobierno de la Historia. Y resulta que no fueron varios gobiernos los que afrontaron esas realizaciones: fue el mismo Gobierno de los socialistas el que las llevó a cabo. Fue una saturación de toma de decisiones.

A menudo, cuando hablo con líderes extranjeros, me preguntan: «¿Cuál fue de verdad el trabajo del Gobierno socialista en España?». «Fue un Gobierno que llegó y decidió», contesto. «De entrada, cuando en España el ordenamiento legal imponía que los trabajadores trabajaran 48 horas a la semana, en el primer procedimiento, el primer día, nosotros establecimos las 40 horas semanales». Y me dicen: «De acuerdo, no sigas: el Gobierno habrá pasado a la Historia como el Gobierno que aprobó las 40 horas...». «No, no», continúo, «resulta que otro Gobierno, después de dos siglos de aspiraciones de pertenencia a Europa, consigue que España ingrese en igualdad de condiciones en la Comunidad». Y admiten: «Es que ese Gobierno habrá pasado a la Historia: lo único que se recordará será eso...». «No, no», insisto: «Hay otro Gobierno que se encuentra con una situación en la que hay un millón y medio de niños que no tienen puestos escolares, y lo resuelve en dos años». «¡No me cuentes más!», me dicen, «ese Gobierno es...». Y, así, voy ofreciendo datos, y uno, y otro, y otro, y, cuando acabo, digo: «Todo eso lo ha hecho el mismo Gobierno». Suelen decirme: «Entonces, ustedes tendrán un récord de reconocimientos...». Y les contesto: «No. Aquí sólo se recuerda la corrupción, el despilfarro...».

Si en cada etapa se hubiera tomado sólo una de esas decisiones y hubiéramos hecho ver que ésta era una decisión trascendental, si en cada legislatura se hubiera tomado sólo una decisión, seguramente el resultado final habría sido mejor, el balance habría sido mejor.

Ahora bien, la urgencia de rellenar esos agujeros era enorme... Había tres millones de personas que no tenían pensiones y había seis millones que no tenían Seguridad Social... Naturalmente, todo era prioritario. Podría haber sido una obra de cien años, no una obra de ocho o diez años. ¡Se hizo todo en ocho o diez años! Quizás acudimos demasiado urgentemente a demasiados temas, y eso impidió poder explicar bien la importancia de lo que estábamos haciendo.

Pero no quedaba otro remedio. Éste era un país paralizado, un país que no estaba en marcha. Yo considero que los liderazgos políticos tienen mucha importancia, pero a los que ponemos el país en marcha siempre nos llaman políticos de consigna. Aquí había un país que estaba parado, que había perdido la ilusión, que había llegado al desencanto, que tuvo ilusión en el 77 y que, en los años 80 y 81 —el miedo al golpe de Estado—, ya no la tenía. Y había que poner en marcha este país ilusionándolo con iniciativas. Por eso hicimos muchas cosas a la vez, para motivar a un país que, económicamente, estaba en una situación escandalosa: los gastos monetarios del Gobierno eran tremendos, había una deuda externa desproporcionada... Yo era muy consciente de que había que atajar el gasto público, aunque tardamos un poco en reorganizar las arcas públicas...

POR LA PUERTA DE ATRÁS

Siempre se decía que la oposición más fuerte la íbamos a encontrar en la Iglesia y en el Ejército. Curiosamente, no fue así. El Ejército se encontró con algo que ellos no habían vivido: la vertebración social, la integración del Ejército en la sociedad democrática. A mí me llegaron a decir, en aquella época: «Al menos, cuando hablamos con usted, sabemos qué es lo que usted quiere que hagamos; en otras épocas no sabíamos a qué atenernos: todo era un "parece", un "opinamos", un "deberíamos"...».

Hubo un momento muy importante. El primer atentado contra un militar, contra un general —en Madrid[3]—, marcó el rumbo de cómo debían conducirse las relaciones con el Ejército. Fue un hecho que casi nos vino dado. Preguntamos qué acto se iba a celebrar con motivo de la muerte del general. Nos dijeron: «Siempre se hacen en la sede de los tres Ejércitos, en el Cuartel General del Ejército. Cuando se acaba el acto, se saca el féretro por la calle de atrás, donde está la ONCE». «Y eso, ¿por qué?», preguntamos. «Para evitar que la extrema derecha... y para evitar que el Gobierno tenga problemas, para que no lo insulten...». En ese momento, lo tuvimos claro y dijimos: «Ni hablar, el féretro lo sacamos por la puerta principal». «Es que la extrema derecha se va a congregar, y el Gobierno allí...», nos decían. «No pasa nada», fue nuestra contestación.

Aquella decisión fue clave, en alguna medida, para facilitar nuestra relación con el Ejército. Yo estaba con los generales, allí, en la sede, en Cibeles, y llegó Agustín Rodríguez Sahagún, el anterior ministro de Defensa con UCD, vio el ambiente que se respiraba, me apartó y me dijo: «Pero ¿por qué...? Cuando yo venía a estos entierros, me insultaban, me zarandeaban...». Se lo expliqué: «Es muy sencillo: tú sacabas a los muertos por detrás y hay que sacarlos por delante». «Sí», admitía Rodríguez Sahagún, «pero es que la extrema derecha...». «No pasa nada». Y, efectivamente, allí estaba la extrema derecha, enfrente. El Gobierno estuvo presente, nos dijeron de todo, pero no ocurrió nada.

Los militares debieron de pensar: «Bueno, aquí hay una gente clara...». Esa actitud fue, en mi opinión, absolutamente determinante: instrucciones claras y consideración por las personas que... Recuerdo muy bien que, en el País Vasco, los mandos de la Guardia Civil nos decían: «Es que ustedes se meten en el fango con nosotros, ustedes vienen a trabajar, y se remangan, y se meten... Antes estábamos prácticamente aislados». Así se venció totalmente la resistencia del Ejército.

HABLAR CON LA IGLESIA

Con la Iglesia, el órgano de encuentro o de negociación era una comisión Estado-Iglesia que estaba formada por tres miembros del Gobierno y tres miembros de la Conferencia Episcopal. Y a mí me tocó presidir esa comisión. Recuerdo muy bien que el cardenal Tarancón me dijo, con muchísima gracia: «Han nombrado presidente de la comisión a Alfonso Guerra: es como si a mí se me estropea un grifo y me mandan un carpintero para arreglarlo». La verdad es que, gracias a que estaba yo, funcionó.

Presidí aquella comisión manteniendo una magnífica relación personal con los señores de la Conferencia Episcopal. Llegué a entablar amistad con el secretario de la Conferencia, con otros obispos, con el obispo Echaren de Canarias... Tuve buenas relaciones con todos ellos. La verdad es que aquello funcionó porque creo que yo introducía un elemento de la racionalidad. «¿Por qué discutir si hay que dar más o hay que dar menos? Vamos a ser racionales: Esto, ¿a quién conviene? Conviene a los estudiantes, conviene a la Iglesia...». Realmente, llegamos a acuerdos muy claros. Por supuesto, cuando alguna declaración de un obispo ponía en tela de juicio lo que estábamos haciendo, yo respondía con una dureza semejante a la que él había empleado, porque me parecía que había que defender no sólo el contenido, sino el fuero.

En aquellas reuniones, yo mantenía que no podíamos amparar un Estado confesional, y a partir de que aceptaran eso, «lo que ustedes quieran». Y no tuve ningún problema en aquella comisión... Bueno, algunas violencias verbales sí que se produjeron en esas reuniones, a veces, porque se decían o se hacían cosas que no estaban dentro del espíritu de nuestros acuerdos. Pero se arreglaba. A ellos nunca les interesó romper.

A algunas personas les sorprendía que, pese a mi imagen de ateo militante y visceral, no me llevara mal con la Iglesia. Pero el entendimiento se produjo porque yo comprendía que la Iglesia es una institución que tiene sus seguidores —para algunos serán mas, para otros, menos— y que son bastantes los ciudadanos que, en España, se declaran católicos. Se declaran católicos prácticamente todos, aunque, de hecho, no lo sean todos. Y esa institución tiene derecho a esgrimir sus propios planteamientos; otra cosa es que haya que darle la razón en todo lo que pretendan. Pero yo, insisto, lo que hice fue introducir un elemento de racionalidad. «Aquí no vengan con quejas», les decía. «Ustedes me dan los datos: cómo estábamos, cómo estamos, lo que ustedes quieren, para qué sirve, a quién beneficia... Y sepan, desde el principio, que el Estado no puede ser confesional, nosotros no amparamos el Estado confesional sino todo lo contrario. Si ustedes me dicen que las monjas de clausura no tienen Seguridad Social, yo lo estudio, porque son personas, y yo llego a un acuerdo con ustedes sobre la manera de que sean atendidas si están enfermas. ¿Que pertenecen a la Iglesia? ¡Como si pertenecen a una secta o a un club de campo! ¡Yo qué sé! En definitiva: son señoras que están enfermas y hay que atenderlas». Yo he llegado a acuerdos de ese tipo. Ahora bien, cuando querían capillas por todas partes... «Oiga, no, esto no puede ser. Esto no tiene sentido: ya tienen ustedes iglesias, que vayan a las iglesias». Ahí sí hubo muchos choques.

De todos modos, el Gobierno socialista ha sido el que más dinero ha dado a la Iglesia a través de los conciertos en Educación, si bien es cierto que lo hicimos por dar cumplimiento a nuestro objetivo de igualdad de oportunidades. Nosotros éramos partidarios de que la enseñanza fuera gratuita para todos. El que quisiera dar a sus hijos una educación en escuelas donde hubiese doma de potros y caballerizas... tenía que pagarla. Ahora bien, había muchos colegios, regentados por órdenes religiosas, a los que iban alumnos de familias muy humildes, y esas familias pagaban esos estudios con muchos esfuerzos, otras ni siquiera podían pagarlos. Entonces, nosotros dijimos: «De acuerdo: nosotros lo pagamos, siempre que en el centro escolar se mantenga un ideario no confesional, que ustedes respeten una inspección y unas normas. Lo pagamos porque queremos que sea gratuito para los estudiantes, no porque queramos que ustedes tengan más dinero para la Iglesia. Establezcamos unos baremos para valorar cuánto cuesta ese tipo de enseñanza, y nosotros la pagamos: sólo para que la enseñanza sea gratuita».

En este sentido, no teníamos ningún tipo de escrúpulo de ideario ni de otra clase, siempre que se respetasen las condiciones pactadas. Naturalmente, ahí tropezamos con algún escollo: cómo se enseñaba la religión o la obligatoriedad de la asignatura. El tema del ideario, el de la enseñanza de la religión, no se resolvió bien, y todavía hoy se arrastra este tema. Se me puede plantear si no hubiera sido mejor ir al fondo de la cuestión: denunciar los acuerdos Iglesia-Estado de 1979. ¡Sólo nos faltaba romper el Concordato Iglesia-Estado, abrir el frente con los católicos! ¡Y otra vez la rememoración de Azaña, de la España no católica!

Yo creo que, durante nuestra etapa de Gobierno, arrastramos una situación no suficientemente clarificada por la primera interpretación que hace la Iglesia de los acuerdos del 79, pero teníamos demasiados problemas como para plantearnos esa cuestión. Pese a todo, nosotros nos desenvolvimos, en esa cuestión, con bastante habilidad. Y no creo que la Conferencia Episcopal lograra imponer —como algunos han afirmado— una especie de Estado confesional encubierto.

En la posición del otro

Yo siempre intento hacer un ejercicio que, a mí, me da muchísimo fruto: me coloco en la posición del otro. Y el otro, la Iglesia en este caso, en el transcurso de los últimos treinta o cuarenta años, ¿ha ganado poder o lo ha perdido? La verdad: ha perdido mucho poder. Nosotros logramos, sobre todo, la libertad de conciencia para los ciudadanos, que no se sintieran «aconsejados» por la Iglesia, que la Iglesia no les condujera en sus costumbres personales, ya no en las sociales... —antes la Iglesia llevaba a los ciudadanos como cogidos de la mano—. Por lo tanto, yo entiendo que el hecho de que alguna parte de la jerarquía de la Iglesia se sintiera «perseguida» significaba que ellos perdían poder. Cuando hablaban, por ejemplo, de «la descristianización de la televisión», desde su punto de vista, naturalmente, tenían razón. Se había pasado de una televisión totalmente eclesial a una televisión en la que aparecían desnudos y se decía lo que se quería... llevaban razón. No es que yo les dé la razón, pero, desde su punto de vista, lo que sentían era la pérdida de la influencia poderosísima que tenían en la sociedad española. Y, en ese sentido, sus quejas, digamos, eran legítimas, aunque yo no esté dispuesto a apoyarlas o a darles la razón.

La Iglesia culpaba al PSOE de la descristianización de la sociedad, lo cual no tenía sentido. «Mire usted», contestábamos, «la libertad de las personas, a mí, en principio, me parece muy bien. Pero no me puede usted cargar a mí la responsabilidad de que eso o aquello suceda. Me parece muy bien que suceda pero no soy yo quien está haciendo eso». Además... yo tenía un arma poderosísima: la Iglesia era la titular de la emisora COPE, un medio de comunicación que descristianizaba más que los otros. Yo les decía: «¿Pero ustedes oyen su emisora? ¿La oyen ustedes? Porque su radio descristianiza más que la televisión...». Y la verdad es que, ante estos comentarios, se pegaban contra la pared y trataban de justificarse: «No, es que estamos cambiando los estatutos... Usted no sabe lo difícil que es...». O sea, me daban la razón de una manera indirecta y quedábamos, claramente, en tablas.

Creo que podemos hacer el siguiente balance: durante la etapa de Gobierno de los socialistas, la Iglesia perdió influencia social. Había tenido una influencia absoluta, por eso no están lejos de la verdad cuando reclaman... De alguna forma, su campo de actuación se ha ido reduciendo notablemente.

Adversarios leales: la Constitución

Para mí, lo he dicho en muchas ocasiones, la lealtad es un valor fundamental. Yo siempre he sido muy leal con el Partido y con el Gobierno. También he sido leal desde la oposición, cuando gobernaba UCD, y con la oposición, cuando nosotros gobernábamos. Esta filosofía podría desmontar muchas de las tonterías que se han dicho sobre mí... Nadie puede argumentar ni una sola circunstancia en la que yo no haya sido leal al proyecto político de mi Partido. Mi supuesta deslealtad, mi supuesta política «alternativa» dentro del Gobierno y dentro del Partido, mis supuestas confrontaciones con Felipe fueron instrumentos que utilizaron algunos —desde el propio Partido, desde fuera del Partido y desde los medios de comunicación— para atacarme a mí, porque tenían la idea obsesiva de que yo era la piedra que les impedía mover al Partido hacia la derecha. Y no creo que yo lo fuera. Bien es verdad que, visto históricamente, alguno puede pensar que tenían más razón de lo que yo mismo pensaba. Ese punto de vista se elaboró como una teoría completamente ficticia, pero no cuajó en ningún ámbito.

Por desgracia, porque me duele negarme, tengo que estar todos los días diciendo «no» a decenas y decenas de peticiones —cada mes, unas cincuenta o sesenta—; se trata de personas que quieren que vaya a hablarles sobre política, sobre socialismo, sobre el Partido... Creo que si hubiera cuajado lo que decían mis detractores, la gente no seguiría considerando —como lo hace, aunque con mucha generosidad por su parte— que yo represento una referencia política para ellos.

Mi sentido de la lealtad y del compromiso —también en el sentido de que lo pactado es lo pactado— ha estado también siempre vivo en mis tratos con la oposición. Eso permitió que lográramos alcanzar, en algunos momentos históricos, acuerdos muy importantes para este país. Recuerdo que, desde 1975, antes incluso de reunirse la Cámara, el presidente, don Antonio Hernández Gil[4], nos convocaba a uno o dos representantes de cada partido para preparar las primeras leyes de la transición, los primeros reglamentos. En aquellos momentos, comenzamos a establecer determinados criterios que yo respeté escrupulosamente. A mi entender, los acuerdos eran para cumplirlos.

El debate para consensuar la Constitución fue largo. Fueron dos meses de trabajo y muchísimas horas de negociación. Pero, cuando pactábamos un tema, ese tema no se removía más. Yo había dado mi palabra en nombre del Partido, y lo acordado quedaba definitivamente comprometido. Mis oponentes políticos siempre me lo decían: «Contigo, peleamos mucho, chocamos mucho, pero sabemos que si, al final, llegamos a un acuerdo, ese acuerdo es definitivo». Y eso, para mí, tiene un gran valor. Es muy importante contar con la confianza de un adversario. El adversario político no es un enemigo al que hay que complacer; es un enemigo político al que hay que enfrentarse y con el que hay que alcanzar grados de renuncia para llegar a un acuerdo. Recuerdo que este espíritu estuvo presente en muchísimos momentos: durante la elaboración de la Constitución, en asuntos relacionados con la conformación de la Cámara, la constitución de la Mesa del Parlamento... Se llegaba a un acuerdo y, aunque viniera otro que quisiera modificarlo, no se cambiaba nada: ya habíamos empeñado nuestra palabra.

LA PIEDRA DE LA CUEVA DE ALÍ BABÁ

Yo me vi, durante un período prolongado de tiempo, involucrado en una acción de Gobierno a la que, de entrada, me había resistido. Tuve serias dudas a la hora de entrar en el primer Gobierno, porque yo no era un político vocacional. En la época de la dictadura, era, evidentemente, un opositor al régimen, pero mi forma de oponerme era más artística que práctica: hacía revistas de poesía... y sólo el muro de incomprensión del régimen, que no me dejaba hacer nada, me llevó a la acción política directa, que no era, insisto, mi actividad vocacional. Cuando el dictador enferma, en 1974, mi actividad política se incrementó muchísimo, pero tenía la idea de que, al llegar la democracia, yo dejaría esa actividad para dedicarme a la vida literaria, o teatral. Por eso no había venido a vivir a Madrid; seguía viviendo en Sevilla, allí daba mis clases... Y, luego, mi actividad de fines de semana: iba a Francia, pasaba a Francia muchísimas veces... no sé cuántas, no las tengo contadas... Tengo contadas las de Portugal: en el 74 pasé clandestinamente 63 veces.

Llegado el año 1977, en la dirección del Partido se dice que vamos a sacar diez o doce diputados. Y yo digo que vamos a tener más de cien. Todo el mundo se ríe... Sacamos cien y yo digo: «Me voy». «No, ahora es imposible», me dicen. «Después del esfuerzo moral de oponerse a una dictadura, ahora que tenemos la democracia... No se le puede dar ahora un corte de mangas a la gente que nos ha seguido». Me convencieron para quedarme y tuve que presentarme a diputado. Lo hice a regañadientes y siempre estaba esperando un momento oportuno para abandonar, en el sentido de dedicarme a lo mismo, pero desde otro ámbito.

Pero llegó 1982 y obtuvimos los 202 diputados... Me dije: «Éste es el momento cumbre. Como el torero que hace la gran faena de su vida, ahora, me corto la coleta». Y va Felipe y, para colmo, me dice que debo entrar en el Gobierno. Yo le comenté: «Muy bien: mi idea era retirarme de la política, y tú, ahora, no sólo no me dices que no siga, sino que pretendes que continúe y que me meta en el Gobierno. No puedo».

Pasamos ahí todo un mes de noviembre con la prensa pendiente: a ver qué pasaba finalmente. Y ocurrió que llegó un momento en el que acepté. Conservo una nota que yo mismo redacté en Bravo Murillo, en una reunión entre Felipe y yo: Felipe González decidió que me integrara en el Gobierno y yo acepté... Y acepté, la verdad, porque me parecía que ya estábamos haciendo el ridículo. Me sentía incomodísimo con las especulaciones diarias de la prensa: que si yo iba a estar en el Gobierno, que si no iba a estar... Y no podíamos empezar con un Gobierno lastrado por esa especie de comedia. No quería que el Gobierno entrara tocado del ala con una polémica sobre si yo había querido estar o no había querido estar... En primer lugar, la verdad es que no tenía muchos deseos. Ya sé que se han difundido distintas versiones sobre aquella actitud mía. Parece que también Felipe González ha dicho, recientemente, que no tiene conciencia de que yo mostrara esa resistencia a entrar en el Gobierno. Probablemente, la memoria le ha hecho un mal servicio; es difícil de entender que Felipe no recuerde esa situación. Pero, por supuesto, cuando alguien me vuelve a preguntar sobre este tema, le digo: «Mire, en lugar de contestarle yo, le invito a que vea cualquier portada de periódico, de cualquier día de noviembre de aquel año: ahí tiene usted la respuesta». No tengo yo que recordarle nada a nadie, porque todos los periódicos están llenos con esa polémica que a mí me resultó un poquito negativa. Y si Felipe ha dicho eso... me inclino a pensar que se le ha olvidado... ¡Son tantas cosas...! En la vida, a uno se le olvidan cosas... Me parece tan poco lógico: yo no puedo entender qué se pretende decir en realidad cuando se afirma que yo no me resistí a entrar en el Gobierno. ¡Si lo sabe toda España!

Otros interpretaban que mi negativa era una especie de pose estética de «desapego al poder». Pero yo no soy muy partidario de atender a ese tipo de comentarios de la gente. Otra cosa son las críticas razonadas. Estos comentarios sobre una pretendida «pose estética» son posicionamientos políticos frente a mi propio posicionamiento político. Yo sé que esos comentarios proceden, sobre todo, de gente a la que no me daba: eran pocas personas, pero pesaron mucho. Son gentes de poder y tenían una idea fija. Ellos decían: «Este Partido es un Partido demasiado radical. Tenemos que traerlo a una zona más tibia, menos caliente. ¿Dónde está el obstáculo? El obstáculo se llama Alfonso Guerra».

A mí me parecía que no tenía nada que perder. Ya lo he dicho gráficamente, con un poco de sorna: «Creían que yo era la piedra que estaba en la puerta de la cueva de Alí Babá. Ellos querían entrar en la cueva y había un tío ahí que no les dejaba pasar». Pensaban que era yo quien les cerraba el paso, cuando, la verdad, yo no tenía tanta fuerza. Pero ellos me la daban y, por tanto, reforzaban mi posición.

¿CUÁNTO VALE UN ATARDECER?

Yo comprendo que hay personas a las que yo no les soy simpático. Ha habido gente, incluso dentro de mi propio Partido, que ha dicho: «Lo mejor es que le caiga una teja al pasar por debajo de un edificio». Eso lo han dicho en comidas de «felipistas» y... yo lo comprendo. En algunos aspectos, yo tengo que ser muy incómodo, porque tengo algunos rasgos del carácter... unos son positivos y otros, no tanto.

Respecto a esto último, en primer lugar, yo siempre he utilizado el mismo lenguaje que utilizo ahora: no hablo como los políticos, hablo como la gente, y eso hace daño a los que sólo saben hablar como políticos. Segundo, resulta que yo tengo otra «afición»: digo lo que pienso; no me lo guardo y, como la mayoría de la gente no dice lo que piensa sino que dice lo que cree que conviene que los otros oigan, ahí surge otro elemento fastidioso, porque a veces digo cosas que dejan desnuda a alguna gente. Y tercero, yo no tengo ambiciones y hay muchos políticos que tienen ambiciones. He dicho muchas veces que si surge una pugna entre otro y yo, si el otro tiene ambiciones, yo no las tengo, y por eso estoy dispuesto a ir hasta el precipicio; desde mi punto de vista, si nos caemos los dos, pues nos caemos los dos; el otro, no, el otro se agarrará como sea al árbol antes de caerse, porque tiene ambiciones.

Yo no tengo ambiciones y comprendo que eso, en política, es una desventaja. Pero a mí no me ha ido tan mal. No falta quien me diga: «Usted, si volvieran a ganar, querría estar otra vez en el Gobierno». No se me pasa ni por la mente. No tengo ningún deseo de ser miembro del Gobierno. Hay mucha gente que está loca por conseguirlo: no viven pensando en ello, están pendientes sólo de eso. A mí me ocurre lo contrario...

Cada persona tiene una formación, un clima en su infancia, en su adolescencia, que le lleva a aspirar a unas cosas o a otras. Yo soy una persona con aspiraciones muy modestas; soy muy austero. A mí no me gusta el lujo —y lo sé porque lo tengo muy racionalizado—, no me gustan los coches ostentosos u otras cosas semejantes. No caben en el féretro. En la tumba no caben. Y si no caben, ¿para qué toda la vida dedicado a coseguir ese tipo de cosas, si después te vas a morir, si no te lo puedes llevar, si se lo queda otro? Esas cosas no me ilusionan: no me ilusiona el oropel, el aparentar más que el ser, el tener más que ser. Actualmente, se poseen muchos artefactos, muchos, y la mayoría de ellos no se tiene ocasión de disfrutarlos. Yo procuro no tener artefactos. A veces me regalan cosas que no sé dónde meter, porque no tengo sitio donde guardarlas, y no quiero usarlas. Si me regalan libros o discos, bien. Eso me encanta.

También disfruto de un paseo por el campo. A mí me gusta... no sé, un atardecer. En cierta ocasión, viajaba en el AVE de Sevilla a Madrid; estaba leyendo un libro precioso; estaba leyendo un párrafo que no se me olvidará —página 130—, maravilloso; llegábamos a Madrid y, entonces, levanté la vista del libro, encantado de lo que estaba leyendo, y... ¡había un panorama de una belleza tan extraordinaria! Había una luz crepuscular; era casi de noche, y había una columna vertical del comienzo del arco iris —sólo un espacio vertical—, con un rosa a la izquierda y verde a la derecha; del lado rosa, estaba el horizonte ennegrecido, y del verde, un horizonte luminoso. Y era algo maravilloso... En peso, si se pudiera valorar, ¿cuánto vale esa imagen en años de Gobierno? Yo creo que ese placer vale mucho más que estar treinta años en un Gobierno. Tener la sensibilidad para apreciar ese momento y disfrutarlo no puede compararse con «estar en el Gobierno». No todo el mundo tiene esa sensibilidad, lamentablemente para ellos... Para mí, ése fue un momento mágico, y prefiero ese tipo de placeres a otros muchos. Ir a un cóctel al que asisten los reyes de Suecia —si es que en Suecia hay reyes, creo que sí[5]—, con doscientas personas de la sociedad española, los doscientos elegidos... «Que no me interesa, oiga, que yo no tengo ningún interés». Si alguna vez he tenido que ir por obligación a alguno de esos actos, para mí ha sido un tormento; para otros es un placer. ¡Qué le vamos a hacer! ¡El mundo se reparte así...! Yo no desprecio nada; lo que ocurre es que hay cosas que para mí son aspiraciones de belleza y otras que no son aspiraciones de belleza.

Las élites han buscado esos latiguillos, como esa imagen de apego al poder, para atacarme, pero no es verdad. Tampoco es cierto —y también se ha dicho— que yo he dirigido el Partido con mano de hierro. No tiene ni punto de comparación con lo que ocurrió después, cuando yo dejé de estar en la dirección del Partido. Hubo muchísima más mano de hierro, muchísima más, aplicada precisamente por los que decían que yo usaba mano de hierro. No hay más que hacer estadísticas. En el tiempo que yo he estado en la dirección del PSOE, ¿cuántas agrupaciones se han disuelto? ¿Y después? ¿Cuántas se han disuelto? No hay comparación. La inmensa mayoría de la gente sabe muy bien que yo soy muy desapegado del poder, sabe que yo soy una persona modesta, humilde, de planteamientos nada excesivos, que no tengo ningún placer en mandar. Hay mucha gente que me tiene un enorme cariño y que no piensa como mis detractores, que yo sé que los tengo, ¡y muchos!

QUÉ COSA ERA ESTAR DE «OYENTE»

Sobre mi manera de actuar y sobre mis expresiones se han elaborado muchas tergiversaciones, no sé si interesadas o no. Recuerdo ahora aquella que me atribuía haber dicho que yo estaba de «oyente» en el Gobierno. Fue una expresión que se utilizó mucho, y fue una de las muchas tergiversaciones periodísticas relacionadas conmigo. Esa expresión fue pronunciada, pero de otra manera, en una comida con periodistas en el Ritz. Yo conté cómo, a veces, yo llamaba por teléfono a un director general para que me informara de algún tema que a mí me interesaba: yo quería oír algo más que lo que se decía en la reunión del Consejo de Ministros... Yo estaba de «oyente» porque quería oír a la gente. También conté, durante ese desayuno, que habíamos abierto una «línea caliente» a través de la cual recibíamos miles de cartas. Cada sábado, elegía entre esas cartas las que consideraba más interesantes y llamaba por teléfono a las personas que las habían enviado, porque yo quería oírlos, yo quería ser «oyente». Y todo eso fue tergiversado, hasta asegurar que yo había dicho que estaba de «oyente» en el Gobierno. Lo que quisieron vender es que yo no me implicaba, que no suscribía las medidas adoptadas por el Gobierno si me parecía que me podían comprometer. ¡Eran chorradas! La opinión pública pensaba, precisamente, que yo tenía el control, que tomaba todas las decisiones de poder. Por supuesto, la idea del «oyente» que no se implica no tuvo el menor éxito, porque, si algo tenía claro la opinión pública, aunque yo siempre he dicho que no era así, ni mucho menos, era que yo tenía el poder y, sobre todo, la información. Éste es otro de los grandes mitos que se ha creado sobre mí: que tenía más información que nadie. Tenía la que podía, pero no tanta.

Sí disponía, en cambio, de un mecanismo que me permitía tener bastante influencia en las decisiones gubernamentales. La Presidencia tenía un Gabinete, formado por gente del Ministerio, que elaboraba informes sobre todo lo que pasaba por subsecretarios[6]. Ese informe, que siempre llegaba al vicepresidente y al presidente, a veces era demoledor y generaba graves dificultades para tomar una decisión concreta. De aquellos informes se desprendía claramente si la decisión debía o no tomarse. Ante todas las decisiones que debían plantearse, incluso en las más pequeñas, yo llevaba un informe redactado previamente. Nuestro sistema de decisión se basaba en los informes que explicaban si existía alguna oposición, si se planteaban dudas o se daba cuenta de lo que estábamos revisando. Lo presentábamos así, y a veces tuve éxito; en otras ocasiones, no.

Recuerdo, por ejemplo, que yo me opuse duramente contra la decisión de entregar unas fichas bancarias que estaban «muertas»... No tuve éxito, aquello salió adelante. Respecto a las entidades financieras, el Gobierno tiene que autorizar que el Banco de España ponga en circulación unas fichas bancarias... Había tres que estaban «dormidas». Una de ellas se entregó al Grupo Ibercorp. Y después resultó lo que resultó[7].

Sin embargo, yo siempre entendí que los proyectos de los ministros eran asuntos importantes, especialmente si el ministro no contaba con las simpatías de algún sector del Gobierno. En esos casos, me empleaba muy a fondo y apoyaba sus proyectos. Fue el caso de Justicia, con Fernando Ledesma; también en Sanidad, recuerdo que estuvimos estudiando el proyecto de Ernest Lluch.

Cuando había oposición, que generalmente procedía de los sectores económicos, bien por cuestiones presupuestarias, bien por cuestiones ideológicas, yo me empeñaba y apoyé, no sólo a esos ministros, también a otros. Apoyé mucho, por ejemplo, al ministro de Educación, a José María Maravall. En aquellos tiempos tan difíciles, al principio, yo le ayudé mucho para sacar adelante la LODE. En el tema de la LODE, evidentemente, había un problema económico, en el capítulo de inversiones, en el que, de alguna manera, se enfrentaban dos modelos de proyecto de Gobierno. Pero también existía una reacción muy dura de lo que la gente llama «sociedad civil»: Carmen Alvear, las Asociaciones de Padres del sector más conservador... Hubo reacciones durísimas. Hicieron una carta espantosa y se la entregaron a los hijos de los ministros. A Fernando Ledesma siempre le llamaban «juez asesino», por el tema del aborto... Esos momentos son de una dureza terrible. En aquellos días, mostrar en privado —y sobre todo en público— un apoyo muy fuerte al proyecto que los detractores pretenden eclipsar, en mi opinión, tenía una gran importancia. Y yo lo hacía, sin ninguna duda. O sea que, de «oyente», en el sentido que algunos han querido darle, nada. Yo siempre estuve muy comprometido con el Gobierno.

NADIE ME PONE DE RODILLAS

Los retos, para mí, son importantes. Yo me crezco con las dificultades y me estimulaba mucho la pelea por sacar nuestros proyectos adelante. Pero la gobernación, en sí, no me producía sensaciones placenteras. Hay mucha «literatura» sobre mi pretendida obsesión por el ejercicio del poder; a mí, el ejercicio del poder, más bien, me ha producido un poco de aburrimiento... Llega un momento en que se convierte en una rutina; tras algún tiempo, uno conoce todas las claves y todo es repetir y repetir, y hay poca creatividad. Yo intentaba siempre insuflar un poco de creatividad, para no aburrirme... Respecto al «placer de mandar», no lo he descubierto. Por ejemplo, nunca he echado una bronca a las personas que han dependido de mí en su trabajo. Uno puede tener una cierta autoridad natural —a mí no me parece mal utilizar mi autoridad moral, si es que la tengo—, pero eso no es «mandar» exactamente. «El placer del mando»... no, no lo he encontrado. Ya sé que hay mucha gente que se vuelve loca, no por el «placer del mando», sino por el placer de pertenecer a la clase que manda, es decir, por aparentar, por aparecer mandando, por aparecer en los círculos poderosos... Pero «la erótica del poder», ¿dónde está? Ya me hubiera gustado a mí encontrar un poquito de erótica en el poder; yo no la he encontrado.

Lo que sí es verdad —sigue siendo verdad— es que yo, en las dificultades, me crezco: si alguien me viene en plan arrogante, me crezco y, desde luego, lo doblo, porque me crezco de una manera tremenda. Y no me pone de rodillas nadie. Porque no me da la gana. Ahora bien, una persona que viene en plan humilde, me saca lo que quiera. Yo tengo dos principios: no me pone de rodillas nadie y no me mete amargura en el corazón nadie. Porque no quiero. A mí las peores cosas, las amarguras, me duran poquísimo. Amarguras, ni hablar: el corazón, siempre limpio.

Yo era consciente de que pisaba muchos callos, muchos, a la derecha y a los llamados «poderes fácticos». Pero como yo, en principio, he sido una persona modesta en el tratamiento, mis relaciones con gente que tiene otros tipos de creencias no han sido malas. Recuerdo que, durante la elaboración de la primera Legislación Militar —estábamos en la oposición—, tuvimos miles de discusiones interesantes en las que yo era «el ogro que quería acabar con la estructura militar» o algo semejante. Finalmente, llegaba el máximo representante de los militares, el general Gutiérrez Mellado, y me ponía de acuerdo con él en dos minutos. Sin ningún problema. Porque yo no soy ningún maleducado que entre «echando la baba» a la gente ni nada parecido. He vivido muchas situaciones en las que he visto cómo me recibían... y he sentido... «Bueno, después de saludarme, ahora están ustedes sorprendidos de que yo no les insulto, ven que podemos hablar...». Eso me ocurría con relativa frecuencia. Yo soy consciente, porque me lo dicen, que hay personas que sienten un poco de temor ante mi forma de ser, o ante mis planteamientos, pero son personas que no han tenido relación conmigo. Hace muy pocos días, una persona que ha tenido relación conmigo me recordaba la noche que nos reunimos en el restaurante José Luis para acordar hacer la Constitución por consenso. Y me recordaba que uno de los participantes en la reunión le había contado que, en un momento determinado, cuando comenzaron a hablar unos y otros, yo empecé a dar golpes en la mesa, diciendo: «Aquí se dicen muchas tonterías, eso no es importante». Tras relatar esta anécdota, me preguntó: «¿Es que estabas enfadado?». «No, no, no», le dije. «Es que me daba cuenta de que allí había que poner orden, y había que dejar claro que, entre Fernando Abril y yo, íbamos a llevar el mando de esa negociación. Había que dejar sentado dónde estaba la autoridad, de una forma pensada, meditada... Yo no tenía ningún enfado». Y me aseguró: «Pues mi amigo estaba atemorizado...». Entonces, aquél manifestaba que sintió temor, pero, después, en larguísimas negociaciones, durante meses, hasta la madrugada, no existía ningún temor y la relación era absolutamente fluida.

SOCIALISTAS Y «BOYERISTAS»

Creo que algunas de las confrontaciones políticas en el seno del Gobierno, aparte de las derivadas del tema económico, se debían, en alguna medida, a la dificultad que tenían algunos para romper moldes. Eso ocurría, especialmente, al principio. En este sentido, hay un aspecto crucial: en 1982, un sector importante del Gobierno tenía la idea de que era necesario ganarse una consideración social, y yo creo que esta idea era una locura. Es decir, según una parte del Gobierno, había que tener en cuenta a todos. Teníamos el fervor de los diez millones de españoles que habían votado al PSOE —o, al menos, una parte importante de esos diez millones; otros se habían agarrado a los socialistas como a un clavo ardiendo al ver que la derecha se hundía—, pero, según la teoría de la «consideración social», teníamos que tener también en cuenta a los sectores que no nos habían apoyado y que no apoyarían nunca al Partido Socialista. Y, según esa teoría, necesitábamos que también nos reconocieran los que no nos habían votado, sectores con cierto predicamento en la sociedad; necesitábamos, al parecer, que nos dieran un aval social, que constataran que había un Gobierno conciliador y competente en la nación.

Entonces, había un sector del Gobierno y del Partido muy atontado. Estaban obsesionados en esa lucha por conseguir que otros nos pusieran el cuño, que nos dijeran: «Esto vale». No era descabellada esa aspiración, pero a mí empezó a parecerme un poco excesiva a partir de 1985, cuando cometen el gran error de no apoyar el «sí» en el referéndum de la OTAN. Si nosotros conseguimos superar el referéndum y ganar las elecciones, tal vez era ya el momento de decir: «Ahora tenemos un aval superior incluso al que podría darnos la derecha». Es decir, si usted busca que le aplaudan los sectores conservadores potentes —el Ejército, la banca, la Iglesia, el dinero o los empresarios—, en aquel momento, tendrían que estar aplaudiéndonos a rabiar. ¡Con lo que ha hecho ahora la derecha! Yo creo que aquel fue el momento de haber soltado amarras. Pero Felipe no lo creyó así. A mi juicio, en 1982 era bastante razonable la cautela, pero en 1986, no.

Frente a los sectores poderosos del dinero hay dos tipos de actitudes. Una, la actitud de quien se siente acunado por el abrazo aristocrático del mundo económico y empresarial. Por otro lado, hubo quien, con cierta ingenuidad, pensaba: «No, es que yo creí que, como comía con los banqueros, les había...». Pero, ¿qué dices? ¿Qué me estás diciendo? Yo creo que, desde la más absoluta ingenuidad, algunos ministros —no necesariamente los del área económica— creyeron que el hecho de que los «banqueros» les echaran flores en las comidas significaba que estaban de acuerdo con nuestra política. Lo que ocurre es que la derecha lo sabe hacer muy bien. Punto. Pero sus posiciones y las nuestras eran bastante diferentes. ¡No vengamos con historias! A usted, al de la derecha, le gustaría que hubiera otro aquí, en el Gobierno. «Tragan» porque no les queda más remedio; yo también, pero eso nada tiene que ver con que estemos «encantados». Muchos han reconocido que esta situación, tal y como se ha descrito, era así.

No tengo la menor conciencia de haber estado enfrentado al ministro de Economía Miguel Boyer. Lo que sí es verdad es que yo defendí muchas veces posiciones muy diferentes, y a veces contradictorias, a las que mantenía el ministro de Economía. Pero yo no he tenido ningún enfrentamiento personal con ningún ministro. Ésa es otra muestra de la teatralidad que le da la prensa a los hechos. Yo siempre hablé con el ministro con total libertad, y expuse mi posición, que a veces no era coincidente con la del ministro de Economía, pero no tuve ningún enfrentamiento con él. Yo tengo una determinada concepción de la vida política y, en ocasiones, cuando se llevaban proyectos concretos a la mesa del Consejo de Ministros, yo mantenía una opinión distinta o creía que no era así como deberían hacerse las cosas. Por ejemplo, había subvenciones a determinadas empresas o... Y yo pensaba de otra manera: «Yo creo que ésta no debe darse...». Y discutíamos. Pero eso me parece lo razonable, que cada uno defienda su punto de vista. Y yo he dado mi opinión siempre.

También se ha esgrimido que yo dije —en los primeros años— que teníamos un «Gobierno de coalición» compuesto por los socialistas y el área económica. Pero el sentido de la expresión era... Vamos a ver: el Gobierno tiene la legitimidad del presidente del Gobierno y eso, para mí, quedó clarísimo desde el primer día. Pero no estaba tan claro para otros. El presidente de Gobierno es el que ha sido investido por el Congreso de los Diputados; los demás están nombrados por el presidente del Gobierno. Por tanto, en definitiva, la última palabra la debe tener el presidente del Gobierno. Eso lo he defendido desde el primero hasta el último día que estuve en el Gobierno. No todos lo defendieron. La legitimidad la tiene el presidente del Gobierno, y su responsabilidad histórica, lamentablemente, es la última: no hay más. Aquí se discute lo que se quiera pero la última palabra la tiene el presidente.

Lo que sí ocurría, en el seno del primer Gobierno, es que había dos proyectos: el de los socialistas y el de los «boyeristas». Eran dos enfoques que, si no irreconciliables, en lo concreto, en el proyecto de cada día, chocaban a veces. Pero el proyecto general del Gobierno era único. El Gobierno tenía tres o cuatro grandísimas prioridades... Más adelante, en vez de tres o cuatro, fueron cincuenta y, repito, creo que eso fue, quizás, en lo que no acertamos demasiado: nos metimos a arreglar demasiados conflictos.

La economía, por ejemplo, era un desastre y había que estabilizarla. Sólo estabilizarla. Yo lo decía con mucha claridad, cuando algunos, los sindicatos sobre todo, nos acusaban: «El problema es que ustedes se han encontrado el patio sucio, y ahora lo limpian, para que llegue la derecha y se lo encuentre limpio». ¡Es que no había más remedio que hacerlo! Los ciudadanos no tienen por qué soportar el patio sucio. ¿Quién se beneficia de la solvencia económica? ¡Ya veremos! Pero, de ahí, pasamos a lo concreto: «¿Por qué al tomar una decisión beneficiamos más a unos que a otros?». Ahí es donde desempeñan un papel importante los distintos enfoques políticos. Ahora está de moda, incluso para la izquierda, bajar impuestos. Pero bajar impuestos, así, en términos generales, no significa nada. Dígame usted *a quién* se los baja. O se dice: «No tenemos más remedio que subir la energía». Bueno, pero ¿a quién se la *sube* usted más? ¿A los empresarios o a la señora que compra la bombona de butano para la casa? ¡A ver cómo lo arreglamos! En esos aspectos concretos de la gestión es donde podían colisionar los dos enfoques políticos de aquel Gobierno.

La capacidad de decidir

Con los ministros del área económica, Felipe González llevó a la práctica las recomendaciones del primer ministro sueco Olof Palme[8]. Decía Olof Palme que, en materia económica, lo que debe hacerse es dar confianza al ministro de Economía. No se trata de delegar el poder, sino de darle confianza: tienes que creer en él, porque si crees en varios a la vez, la economía se te escapa de las manos. Seguramente, en materia económica, llevaba razón Palme cuando expuso ese criterio. Yo pensaba que al ministro de Economía no se le debía conceder la capacidad de decidir. Los técnicos son importantísimos y las valoraciones técnicas son importantísimas, pero el político tiene que añadir la valoración política. Yo siempre discutía este aspecto cuando el equipo económico ponía sobre la mesa, por ejemplo, el tema de Hunosa[9]. Les decía: «Entonces, ustedes, ¿qué quieren? ¿Cerrar Hunosa? ¿Me están ustedes diciendo que es más barato cerrarla y pagar los salarios que mantenerla abierta? ¿Ustedes saben que ahí hay dieciséis mil trabajadores, dieciséis mil familias, que se quedan en la calle? ¿Qué hacemos? ¿Los tiramos al mar? ¿O cómo lo arreglamos?». La cuenta de resultados es objetiva: aquí, en la calculadora, me sale que se pierde tanto y que no se puede perder tanto. De acuerdo: todos esos aspectos los considero con atención, le doy toda mi confianza al técnico que me facilita esa cuenta de resultados. Pero la decisión la tomo yo. Me parece estupendo que el presidente del Gobierno le dé confianza plena al ministro de Economía, pero es el presidente el que, introduciendo elementos que no son «técnicos», debe tomar la decisión definitiva.

Yo tuve muy poca comunicación con Miguel Boyer porque su estilo personal era un poco arrogante. Probablemente, por ese estilo arrogante, podría haber una confusión sobre el poder que podía ejercer. Y la realidad es que él estaba «enganchado» al presidente del Gobierno. El poder del que disponía, grande o pequeño, lo tenía en tanto el presidente del Gobierno le daba la posibilidad de tenerlo. Y cuando, en un momento determinado, aquello no funcionó, decidió marcharse. Para mi gusto, Miguel Boyer se portó un poco groseramente con el presidente. Quiso echar un pulso imposible: «Yo soy imprescindible: o me nombras vicepresidente o me voy».

AQUELLA DECISIVA CONVERSACIÓN CON FELIPE

No estuve presente en aquella operación de la salida de Boyer del Gobierno. Pero sí recuerdo que, muy poco antes de su marcha, se había celebrado una reunión en Santander —en la que yo no estaba, pero algunos que sí estaban me lo contaron—; durante una comida, el ministro de Economía presumió de tener una capacidad de influencia muy grande ante una crisis que se avecinaba. Presumió de esa supuesta capacidad. Yo no hablé con Boyer de este tema, pero sí lo hablé con el presidente del Gobierno. Por esas fechas, Felipe me habló de la posibilidad de hacer tres vicepresidencias, para organizar mejor las relaciones con las distintas áreas del Gobierno. Y a mí me pareció bien. Le dije a Felipe, con claridad, que él era el presidente del Gobierno, el que tenía la legitimidad: si creía que necesitaba esa nueva estructura, yo estaba de acuerdo. Lo que ocurría era que, naturalmente, quien ha estado en la anterior estructura, no debería estar en la nueva. Le dije que llevara a cabo la nueva estructuración, pero que no contara conmigo para seguir como uno de los vicepresidentes. «Si tú quieres establecer otro esquema, con tres Vicepresidencias asignadas por áreas —le dije cuando me lo planteó—, no parece lógico que quien ha tenido la Vicepresidencia única, la posibilidad del conjunto, tenga ahora sólo un área». No parecía razonable; no podía contar conmigo para ese esquema. Y yo creo que él valoró todos los contras de la decisión de crear tres Vicepresidencias en el Gobierno y el saldo no le debió de resultar favorable. Probablemente, pensó: «Bueno, si ahora va a haber tres vicepresidentes, pero no está el actual vicepresidente, la relación interna en el Gobierno puede cambiar, la relación Gobierno-Partido puede cambiar...». O sea, todo eso, sumado, ¿es mejor o peor que lo que hay? Y aparcó esa iniciativa, aun a costa de correr el riesgo de que Miguel Boyer, el ministro de Economía, decidiera marcharse, como efectivamente sucedió.

Yo creo que durante esa crisis de Gobierno, en 1985, se abre entre el presidente y yo una cierta brecha. Yo creo que aquello, para Felipe, fue algo así como decir: «Tengo que hacer esto porque creo que es lo mejor que puedo hacer, pero me hubiera gustado hacer otras cosas». Probablemente se abrió algún tipo de fisura; tal vez Felipe pensaría: «Tengo algunos compromisos. Si no los tuviera, actuaría con más libertad»; o quizás: «Me gustaría estar más libre de compromisos políticos». Después, se ampliaron las distancias, se abrieron más brechas. Pero ésa fue la primera.

Yo siempre he tenido conversaciones muy sinceras con Felipe. Durante la larguísima discusión que tuvimos para ver si yo entraba o no en el Gobierno, en 1982, ya hablamos de muchas cosas que, parece, ahora ha olvidado. Yo siempre he hablado muy claro, siempre me he expresado de una forma muy sincera con toda la gente. Insisto, vuelvo al escenario de 1985: ante aquella crisis, yo apoyé la nueva estructura propuesta por el presidente; pero no podía contar conmigo. Y repito: mi negativa a participar me parecía bastante razonable. A él le correspondía tomar una decisión; yo ya le había dicho un montón de veces: «No tires por ninguna acera, ponte en medio de la calle; no te pongas en ninguna acera, ni en la mía ni en la de nadie; ve por el medio...».

Yo creo que Boyer, con la exigencia de una Vicepresidencia de Gobierno, buscaba su propio encumbramiento, no que yo pudiera resultar lesionado en mis intereses, o descolgado. El ser humano está lleno de sorpresas, porque siempre creemos que somos más importantes de lo que en realidad somos. La condición humana es pequeña, reducida... Nos parecemos todos muchísimo, desde el más listo al más tonto, desde el más generoso al más egoísta. Somos menos cosa de lo que creemos. En la vida política, hay personas que han sido secretarios de Estado, ministros, presidentes de Autonomías o alcaldes, y dicen: «Yo he estado siempre marginado, a mí no me han dado...». Pero ¿qué es esto? ¡El ser humano... cómo es! Y ser ministro de Economía, y tener necesidad de ser nombrado vicepresidente... No lo entiendo. Desde mi perspectiva humanista, no lo entiendo. Esa aspiración provoca en mí desconcierto, nada más. Sin embargo, el proyecto de Felipe González de darle una Vicepresidencia al señor Boyer sólo me mereció respeto. Y no tuve, como se ha dicho, ninguna reacción airada cuando me lo comunicó. ¡Ni hablar! Me lo dijo en el contexto de una comida agradable, estábamos vestidos deportivamente, al lado de la piscina... O sea, todo aquello de mi reacción, de mi enfado... un cuento, un bulo.

Pero, a partir de ahí, se abrió una brecha, sin que yo tenga muy claro qué es lo que empezó a separarnos. Yo siempre estuve en la misma dirección. Pero creo que en las dos direcciones por las que circulábamos —la suya y la mía— no había confianza. El problema no era que una organización política llegara a convencerse de que su dirigente no era válido; el problema era que el dirigente, Felipe González, pensó que la organización política a la que representaba ya era menos válida. Por eso ha habido tantas crisis en la última etapa del Partido.

El Partido como razón de ser

Durante unos años, Felipe se había dedicado con energía a la reorganización del PSOE; él y yo hacíamos kilómetros y kilómetros cada mes, visitábamos las agrupaciones, nos peleábamos en las asambleas... Dedicamos mucho esfuerzo a la reorganización del Partido. Más tarde, se distancia. Y lo hace porque algunos miembros del Partido piensan que a los líderes políticos les basta con tener una opinión pública favorable, un buen equipo de técnicos en el Parlamento, y nada más. Esta teoría se elabora y se divulga en Italia, es la teoría del Partido Parlamentario según la cual el líder ya no necesita al Partido. Salvadas las distancias, es el ejemplo del Partido Demócrata norteamericano, aunque allí este sistema se ha fraguado sobre una sociedad más homogénea. En la medida en que la sociedad norteamericana se va haciendo más heterogénea, se amplían, de manera extraordinaria, las diferencias entre los partidos Demócrata y Republicano. Y aquí prendió esa idea de que los Partidos tienen que ser, digamos, el remo del navío y que, por tanto, los dirigentes deben permanecer separados de él. Al amparo de esa teoría, se llevaría a cabo más tarde la práctica de contar con algunas figuras notables —que nada tienen que ver con las ideas de izquierdas— para ocupar cargos en el Gobierno.

Frente a esa idea de Partido alejado del dirigente, dicen que yo intentaba implantar un modelo leninista de Partido. Pero eso fue un bulo interesado: interesaba divulgar ese tipo de cosas. Desde que yo dejé la dirección del Partido, se han multiplicado por diez, por veinte, por treinta, no sé por cuánto, las anulaciones de votaciones, las exclusiones... ¡Es justo al revés! No ha vuelto a haber en el Partido la permisividad que había cuando lo dirigía yo, o cuando Txiqui Benegas era el secretario de Organización. Jamás ha habido después esa libertad dentro del Partido, jamás.

Yo siempre he creído que un partido tiene que ser muy permisivo, muy permeable, pero muy disciplinado. Si se toma una decisión sobre un tema importante, esa decisión es firme. Ahora bien, permeabilidad, toda la que se desee: todo el mundo es libre para opinar o para rectificar. Pero las decisiones, una vez que se toman de manera democrática, se acatan. Y, evidentemente, para contrarrestar —o para atacar— esos principios, propusieron las elecciones «primarias» para elegir al candidato del Partido: «Cada hombre, un voto. Primarias para todos». En realidad, no querían «primarias»; ninguno de los que las inventaron las querían, ninguno. Fue un puro ardid para quitar a uno y poner a otro. ¡Fue de locos! Ese nuevo modelo de Partido era el que apoyaban algunos de los que hoy ya no quieren saber nada de esas cosas.

«Te has equivocado de trinchera»

Yo creo que el trasfondo de la oposición frontal de Nicolás Redondo a la política económica del Gobierno socialista tuvo que ver con su personalidad. Nicolás es un personaje que ha cambiado muchísimo. Cuando yo lo conocí, hace muchísimos años ya, a principios de los sesenta, era una persona que se valoraba menos de lo que valía, se infravaloraba muchísimo. Y, pasado el tiempo, yo creo que fue sensible a las adulaciones de los que tenía alrededor, le doraron demasiado la píldora. Estas actitudes adulonas hacen mella hasta en el más listo. Hacen daño, y eso le pasó a Nicolás Redondo. Fue corrigiendo su nivel de autoestima, dejó de infravalorarse y pasó a sentirse buen conocedor de todo, y con capacidad para decidir en todo. Esta actitud de Nicolás se puso de manifiesto al formarse el primer Gobierno socialista.

Aquella primera confrontación no tuvo nada que ver con las cuestiones de Economía, sino con su desafío al presidente del Gobierno. Nicolás le vino a decir a Felipe González: «Si usted quiere contar con la UGT, no diga usted quién tiene que ser el representante de la UGT en el Gobierno. Usted no puede elegir a una persona de mi equipo, porque, si lo decido yo, no va nadie».

Y, efectivamente: nadie de UGT entró en el primer Gobierno socialista. Y ése fue el primer conflicto con Nicolás. Más adelante, se averiaron y se averiaron más las relaciones.

(Pobre Carlos Marx, un hombre que aportó tantos elementos que ya pertenecen a la Historia —ya no se debe acusar a nadie de ser marxista, porque marxistas somos todos, como todos somos galileanos—, sin embargo, cometió, en algunas cuestiones, gravísimos errores. Por ejemplo, suponer que lo subjetivo no es importante en la toma de decisiones, y que sólo los datos objetivos cuentan. Eso es una tontería).

Desde el punto de vista subjetivo, entre Nicolás Redondo y Felipe González, se estableció una corriente eléctrica de altísima tensión, una confrontación que, me consta, Nicolás Redondo no ha abandonado. Entonces, yo creí, y durante un tiempo funcionó, que a mí me correspondía hacer de puente entre el Gobierno y la UGT. Lo intenté, pero me quemaron los pilares desde la UGT. Me los quemaron un par de dirigentes del sindicato que no actuaron noblemente y rompieron la posibilidad, que estaba ejerciéndose, de que yo hiciera de puente entre Nicolás Redondo y el Gobierno.

Desde finales de 1986 o principios de 1987, ya pude percibir que las diferencias entre Nicolás Redondo y el Gobierno, en relación con la política económica, habían entrado en un camino de no retorno. Por esas fechas, en una reunión, hice una propuesta concreta. Les dije: «Os doy un folio en blanco y redactáis vosotros las condiciones de la relación entre UGT y el Gobierno. Y yo lo firmo. ¿Apoyáis la política del Gobierno?». «No», contestaron. «Entonces, ¿qué hacemos? Os estoy diciendo que redactéis vosotros las condiciones, y no las redactáis. Poco hay que hacer aquí. Hay poco que rascar».

Esa ruptura, que ya se había plasmado durante la aprobación de la Ley de Pensiones, y que se radicalizaría en la huelga general del 14-D, hizo mucho daño a los Gobiernos socialistas. Porque los sindicatos tienen una legitimidad ilimitada en la sociedad contemporánea debido a su gran capacidad para deslegitimar a otros. Los sindicatos no tienen una gran legitimidad, pero si se oponen a un Gobierno de una manera clara, lo deslegitiman de forma rotunda. Son cuestiones simbólicas. No se cree mucho en los sindicatos, pero si los sindicatos se oponen... Representan a los trabajadores; *son* los trabajadores.

Una de las situaciones en las que se proyectó con más fuerza el error innecesario del discurso liberal del Gobierno fue durante la dura y necesaria tarea de la reconversión industrial. El mensaje, el discurso, era de corte mucho más liberal que la propia acción, que, podríamos decir, era más socialdemócrata. El Gobierno, en conjunto, hacía una política socialdemócrata, como nunca antes se había hecho, pero algunos miembros del Gobierno, que eran puramente liberales, hacían públicos una serie de discursos que negaban con palabras lo que se estaba haciendo. Todo ello, mientras afrontábamos un momento muy duro. La reconversión, el comienzo de la crisis en Sagunto[10]. Fue una cosa durísima, durísima.

Y, finalmente, los ajustes que se hacen en ese proceso, para corregir sus aspectos de corte más liberal, no se deben a Nicolás, ni al ministro de Industria[11], que se resistía a introducir estas modificaciones. Se celebró una reunión entre el Gobierno y los sindicatos. Yo fui quien dominó la escena. Y la verdad es que creo que, al final, se hizo muy bien. Además, intenté eliminar los factores de crispación de los trabajadores. Siempre decía: «Pero, ¿por qué somos tan torpes? ¡Por favor!». Yo pensaba que el que tenía que tomar esa decisión debía decir: «Mire usted: me tiembla la mano, me tiemblan las piernas, me tiembla todo, pero, para beneficiarles a ustedes, no tengo más remedio que hacer esto». ¿Por qué soliviantar a la gente, si ya estaba bastante soliviantada? Vamos a hacerlo al revés, tenemos que repetir: «Haremos todo lo que esté en nuestra mano, vamos a hacer todo lo que podamos».

Sagunto y Solchaga

La reconversión de Sagunto era irrenunciable. En Sagunto se vendía más barato que lo que costaba la producción. Era elemental que había que hacer una reconversión. Pero los sindicatos de los trabajadores no lo entendieron. Todos los días se colocaban frente al balcón de mi despacho: «¡Sagunto no se cierra! ¡Felipe, Guerra, Sagunto no se cierra!». Cuando pasa un mes, uno casi acaba por insensibilizarse, pero, al principio, era tremendo. Porque sentías que tropezabas con una enorme incomprensión: aquellos puestos de trabajo eran completamente inestables, estaban condenados a desaparecer si seguíamos así. En poco tiempo, transformamos la situación: puestos de trabajo más seguros, con garantías de estabilidad... Sagunto fue un tirón muy duro para el Gobierno, pero teníamos la convicción clara de que teníamos que actuar ante una población que pedía respuestas desde muchos ámbitos. La verdad es que, a veces, se cometían errores o se abordaban los temas con arrogancia. Otros miembros del Gobierno adoptábamos una actitud diferente. La reconversión era un tema tan trascendente que nos hizo recapacitar, y por eso se modificaron algunos aspectos del proyecto; no se volvió la mano, pero se cambiaron algunos contenidos. Carlos Solchaga, el ministro de Industria, no lo aceptó, y dimitió. Entonces, hubo personas que le aconsejaron que se retractase de esa decisión, tengo conciencia de que hubo influencias... Creo que yo le convencí, y retiró la dimisión.

Yo había tenido mis diferencias con Carlos Solchaga. Por ejemplo, cuando el ministro dijo públicamente que el compromiso electoral del PSOE de creación de 800.000 puestos de trabajo era inviable. Aquel compromiso, de todos modos, no era mío: lo había defendido el Gobierno al completo, lo había defendido el Partido al completo, y supongo que los economistas aportarían los datos de las previsiones económicas para la primera Legislatura.

La cuestión más grave del asunto no está en que los 800.000 puestos de trabajo no tuvieran nada que ver conmigo. El problema es que el ministro suelta esa advertencia un día antes de la apertura de un congreso de la UGT en el que yo tengo que intervenir. Y, además, las previsiones económicas que conducen a incluir ese elemento en el programa electoral no las hice yo.

De todos modos, aquel compromiso se cumplió: se crearon dos millones y medio de puestos de trabajo en la etapa socialista... Es verdad que esas cifras se extienden a varios Gobiernos, y no sólo a los primeros cuatro años, como se había estimado. Pero lo que no puede ser es que un miembro del Gobierno venga a decir: «No, lo que el programa decía que era nuestro compromiso, ya no lo es». ¿Y qué se le dice a la sociedad entonces? Porque los ciudadanos prevén una situación de acuerdo con lo que has dicho que vas a hacer. Y el ministro, simplemente, dice: «No, es que ya no lo vamos a hacer». ¡Y, además, en vísperas de un congreso de la UGT! Hubo que ir allí a calmar un poco los ánimos...

Ocurrió exactamente lo mismo —muy posteriormente— cuando en el programa electoral del Partido se recoge que se va a ejecutar una política de construcción de 500.000 viviendas. Y, a renglón seguido, sale el ministro de Economía Carlos Solchaga diciendo que eso no se va a hacer.

El Partido elabora un programa, establece las directrices políticas, y nadie tiene derecho a anular lo que el Partido al que pertenece —bien por militancia o bien como miembro del Gobierno— ha decidido.

Yo creo que esa actitud responde a la teoría de los técnicos: «En la fase de los proyectos, usted dirá lo que quiera, pero yo tengo la "maquinita" y la "maquinita" dice que no». Pero, naturalmente, un pueblo se pone en marcha independientemente de lo que diga la «maquinita». Lo que no se puede hacer es renunciar a lo que se contempla en un proyecto. Eso es, en alguna medida, contrario a la democracia. Yo me comprometo, acato un contrato con la sociedad, y a continuación, digo: «Oiga, lo que acabo de prometerle... que no». Y el que dice «no», dice «no» a un proyecto del Partido. ¿O es que el programa electoral que incluía la propuesta de creación de 800.000 puestos de trabajo lo hice yo en contra del Partido? ¿No lo vio nadie? Si se llamaba a alguien al Gobierno era para que tomara parte en el desarrollo de aquel programa...

En aquella situación, tuvo lugar el debate televisivo entre el ministro de Industria y el secretario general de la UGT. Recuerdo perfectamente que Nicolás Redondo verbalizó el estado de cosas diciendo aquello tan duro: «Carlos, te has equivocado de trinchera, tu problema son los trabajadores». Yo vi el debate en televisión y, cuando oí lo de la «trinchera», me pareció de una dureza tremenda. Carlos Solchaga dice que yo le llamé antes del debate, para tranquilizarle y darle ánimos. Es muy probable que le llamara —aunque no lo recuerdo—, porque yo estaba muy pendiente de estas cosas. Pero de lo que estoy seguro es de que yo no tenía ni idea de que Nicolás le iba a meter el «viaje» que le metió. Me pareció una actitud durísima por parte de Nicolás. Esas cosas se pueden decir en una reunión privada, pero decirle eso en la televisión a un ministro del Gobierno... ¿A qué venía eso de la «trinchera»? Quizás si hubiera dicho: «Te has equivocado de lugar...». Pero debe argumentarse. Naturalmente, se puede decir: «Si en España no hubiera habido dictadura, Solchaga y Boyer habrían sido líderes de la derecha». Sí, lógicamente. Y a Ramón Tamames también se le puede decir. La dictadura los echaba a todos a la izquierda. Si se argumenta, tal vez se tenga algo de razón... Pero lo de la «trinchera»..., la guerra...

El problema de Solchaga era que, a veces, su filosofía coincidía mucho con la de los grandes empresarios y la de los banqueros. Eso es verdad. En cualquier caso, lo que ocurría entre Redondo y Solchaga es que los dos se retroalimentaban. Cuando Solchaga tenía un problema dentro del Gobierno, acusaba a Redondo de cualquier cosa, y cuando Nicolás Redondo tenía un problema con la UGT, acusaba a Solchaga de cualquier cosa. Eso lo hicieron continuamente. Se retroalimentaban, continuamente. Eran sus mejores beneficiarios: uno del otro y el otro del uno.

AUTONOMÍAS: LAS COSAS EN LAS QUE NO CREO

Yo presidía la Comisión Delegada de Asuntos Autonómicos y tuve la oportunidad de seguir los problemas que surgían con la construcción del Estado de las Autonomías. Yo cerré el traspaso de competencias con todas ellas. Al principio, incluso asistí a la toma de posesión de todos los delegados de las Comunidades. Es decir, tuve bastante contacto con todo lo relacionado con las Comunidades Autónomas.

Este país había tomado la decisión de descentralizar el Estado y oponerse a esa decisión era absurdo. Yo me mostraba exigente, cierto, en el control de los tiempos, porque no se podía hacer todo en veinticuatro horas. Pero era evidente que había que hacerlo. A veces, se producían algunos roces, en algún tema concreto; yo intervenía para limar tensiones y para vencer algunas resistencias a transferir competencias. Y durante aquellas negociaciones yo túve una buena relación con las Comunidades Autónomas; eso también fue muy interesante y dio sus frutos en distintos acuerdos.

La Ley Electoral, que negocié con los grupos parlamentarios, no tuvo ni un solo voto en contra. Recuerdo las conversaciones con Miquel Roca, con el Partido Comunista, con Gerardo Iglesias, con el Partido Popular... Sí, me siento muy orgulloso de la Ley Electoral, cuya negociación llevé yo directamente y que nadie votó en contra.

La construcción de ese Estado descentralizado tuvo repercusiones, no poco importantes, en el seno de los partidos políticos. El problema consistía en que, al realizarse la transformación institucional del Estado en organizaciones regionales y de nacionalidad, se daba una especie de extrapolación en los partidos. En el seno de las organizaciones políticas se planteaba lo siguiente: «Si el Estado se organiza de manera que cede competencias exclusivas a Cataluña, a Asturias o a Andalucía, en los partidos debe ocurrir lo mismo. De manera que, en una Comunidad Autónoma, la organización política debe tener competencias exclusivas y el conjunto del Partido no tiene nada que decir sobre lo que yo decida en mi ámbito». Yo creo que ésa fue una mímesis mecánica muy poco aceptable. Eso ha disgregado, en cierta medida, al conjunto de los Partidos. Ahora cada organización regional quiere tener una especie de competencia exclusiva dentro de su Partido, de manera que no exista el conjunto. El dilema es: o un partido con competencias propias en las regiones, pero un solo partido, o una federación de distintos partidos. Yo soy partidario —sea cual sea la estructura del Estado— de un partido de corte federal, como funciona el PSOE. Algunos han pretendido, o pretenden, que el Partido Socialista sea una federación de partidos. Yo no creo en ese modelo.

La realidad autonómica y la transferencia de recursos económicos habría servido —según algunas interpretaciones— para hacer aflorar la capacidad de los poderes regionales; tal hecho habría servido, entonces, para otorgar a las comunidades la capacidad de «desobedecer» a los dirigentes estatales de su Partido.

Mentiras, leyendas y calumnias

Según algunas leyendas —que ahora conozco— el presidente de la Comunidad Autónoma de Valencia, Joan Lerma, habría desafiado alguna de mis indicaciones, actitud rebelde a la que yo habría contestado con una amenaza de cese. Pero esa historia... A veces me pregunto: ¿quién estaba debajo de la mesa? Porque yo no recuerdo esa conversación en absoluto. ¿Se metió alguien en un cajón de mi despacho para oírla y escribirla? ¡Por favor! ¡Eso no es verdad! Como la estupidez de decir que yo había sido el que había logrado sacar de la Presidencia de la Junta de Andalucía a Rafael Escuredo. Él mismo y yo estamos hartos de decir que es al revés: que él estuvo en mi despacho hasta altas horas de la noche y yo estuve convenciéndolo de que no abandonara el cargo... Pero ¡da igual! Hay alguien que escribe lo contrario... y a copiar todo el mundo. Pero, ¿por qué lo cuentan así? ¡Si fue al revés! ¡Esa historia es falsa! Tampoco tuve nada que ver en la salida de Rodríguez de la Borbolla de la Presidencia de la Junta de Andalucía. Al revés, y lo he dicho muchas veces. Yo estuve frenando al secretario general del Partido, entonces Carlos Sanjuán, y le advertía: «Os metéis en un lío: las instituciones son muy importantes; hay que respetar las instituciones...». Yo sabía que aquella operación tendría consecuencias complicadas para el Partido. Soy muy «institucionista»: es cierto que a mí me interesa el Partido más allá de las instituciones, pero las instituciones hay que respetarlas al máximo. No se puede jugar con ellas, porque hoy la diriges tú, pero mañana viene otro, y si tú has jugado mal con las instituciones, el que llega tiene la legitimidad para hacer lo que tú hiciste. Y estuve, durante mucho tiempo, frenando esa iniciativa, hasta que fue imposible... Se hicieron cosas muy mal hechas. Y vuelvo a decir: no tuve nada que ver con el final político de Rodríguez de la Borbolla. La verdad es que yo estuve, durante dos años, amortiguando la disociación, que se había hecho durísima, entre el Partido y el presidente de la Junta de Andalucía. Pero, en fin, esas cosas son normales, esas cosas no se agradecen.

De todos modos, no se van a creer las versiones sobre la implicación de mi mano en cualquier movimiento. Imaginaban que yo tenía poder para todo. ¡Se escribía que yo tenía aparatos para escuchar las conversaciones de los políticos de la oposición! ¡Se han dicho todas las tonterías posibles! Ha habido quien, dentro del mundo periodístico, creía todo lo que se decía. Y parece que basta que lo escriba uno para que el otro lo repita... Es una técnica del periodismo... Sería distinto si las informaciones se contrastaran con los protagonistas, pero como no se contrastan... ahí queda. Y los demás, ¿cómo van a pensar que es mentira? Piensan que, si está publicado, será verdad. Yo pienso que lo correcto sería contrastar la información. Hay que llamar y hay que contrastar la información, al menos.

UN LÍDER DISTANCIADO

Las señales de alarma para el Gobierno empezaron en 1985, con la Ley de Pensiones. Ése fue el primer aviso.

Hubo un enfrentamiento que algo tuvo que ver, no todo —porque las interpretaciones personalistas siempre son muy dudosas—, pero algo tuvo que ver con el enfrentamiento personal entre el secretario general de UGT y el presidente del Gobierno. Sí, algo tuvo que ver... En 1985 comenzó una deslegitimación que no logró mucha fuerza en aquel año, porque a los trabajadores se les dio la posibilidad de acogerse a la ley nueva o a la antigua. Los trabajadores, en general, se acogían a la nueva, con lo cual quedó un poco «tocada» la argumentación del sindicato.

En la huelga de 1988, la fuerza deslegitimadora fue mucho más fuerte, mucho más importante. Ocurrió, además, que hubo alguna connivencia también... El apagón de la televisión a las doce de la noche, a las 00:00 horas del 14-D, representó el 80 por ciento del éxito de la huelga, de eso no me cabe duda. Y eso se pudo haber evitado y no se quiso evitar. O no se pensó en evitarlo. Hubiera bastado con que el que iba a «desconectar» no estuviera allí, y que estuviera en su lugar alguien que no fuera a «desconectar». No digo que la actuación de los responsables de TVE fuera deliberada, lo que digo es que no se puso el interés y la fuerza que hay que poner en esos asuntos. Esa desconexión de Televisión Española fue muy importante para el éxito de la huelga. Pero, sin duda, el 14-D tuvo una capacidad deslegitimadora muy fuerte. Y golpeó, sobre todo golpeó psicológicamente, al presidente del Gobierno.

Y el Partido, quizás, no reaccionó suficientemente... Pero el Gobierno no quería que el Partido tuviera voz propia. Yo siempre he luchado por dar su valor al Partido: «Mañana estaremos en la oposición: no puedes cortar la voz al Partido, el Partido tiene que tener su vida propia para que, después, la estructura esté intacta...». Había sectores del Gobierno que no querían que el Partido tuviera voz propia, actuaban para acallarlo. Y, ante la huelga general del 14 de diciembre, el Partido tuvo menos participación de la que debería haber tenido porque, entre otras cosas, el Gobierno no se lo permitía. Aquel hecho, además, provocó, sin duda, uno de los puntos más importantes de inflexión del Partido cuando, como consecuencia de la huelga, en 1989, el presidente del Gobierno anuncia que se va. Eso desencadena una pelea interna... y externa.

Tuve una muy larga conversación con Felipe. Yo no era partidario, primero, de que anunciara que se iba, y segundo, de que lo hiciera. Él aseguró que algún día lo anunciaría y le dije: «Mira, estas cosas, aunque se vayan a hacer, no se deben decir. A éste, al Aznar, le da igual... Pero si te pronuncias, dentro de tu Partido organizas un lío».

Esa situación de inestabilidad duró bastante tiempo, hasta 1991 o 1992; continuamente anunciando «que no, que no, que no...». Yo era partidario de que no lo dejara. Porque mi teoría es que las crisis de los dirigentes de los Partidos se generan cuando un Partido ya no quiere a su líder. Pero no era el caso. El Partido quería que siguiera el líder; era el líder el que se sentía distanciado. Yo era partidario de que siguiera. Además, yo no tenía ninguna ambición, que era lo que la lógica política hubiera sugerido: «Si el "uno" no quiere continuar, el "dos" es el sucesor». El «dos» era yo, pero yo no tenía ambición, sino todo lo contrario. Tampoco pretendía controlar la sucesión como tantas veces se ha repetido. Lo que quería era, por supuesto, no controlar la sucesión, pero sí tener voz en ese proceso. ¡Yo era el vicesecretario general del Partido! Quería tener voz cuando se planteara la sucesión, que no se llegó a plantear nunca. Y, por supuesto, nunca tuve ocasión de oponerme a que «el señalado» fuera Narcís Serra, ni hice fracasar su teórica candidatura a la sucesión. Una y otra decisión debieron de ser tomadas por aquel al que correspondía tomarlas. Pero, desde luego, una y otra no tuvieron nada que ver conmigo. Ahora bien, como vicesecretario general del Partido, algo tendría que decir yo, me parece legítimo. Pero no se llegó a plantear...

Serra tenía relación con el Partido Socialista de Cataluña, pero no con el Partido a nivel federal. Además, en aquellos años, los «renovadores» y gentes afines a Narcís optaron por una fórmula que a mí me pareció un gravísimo error táctico —aparte de no estar de acuerdo con el fondo—: insistían en que la vida política ya no exigía ideólogos, ni políticos, sino gestores, simplemente. En la Escuela de Verano del Partido, en 1992, se hablaba de que ya no había ideologías, de que la izquierda y la derecha eran lo mismo... En fin, fue un error estratégico de primera magnitud. Por tanto, no hubo, digamos, coincidencia o «pegamento» entre Serra y el Partido. No hubo empatía.

Yo, hasta el final —muchos me criticaron y me critican por ingenuo— mantuve la tesis de que, sí, Felipe quería irse, pero no debería irse. Algunos me critican por haber creído que se quería ir y otros me critican porque yo pensara que no debería irse. Pero yo, hasta el final, tuve ambas certezas. Por lo tanto, no tuve que barajar ningún nombre ni ningún perfil del sucesor. Sólo en una ocasión se barajó la posibilidad de un sucesor. En cierta ocasión, alguien me dijo: «Oye, en el caso de que...», y señalaron a Manolo Chaves. Y parece ser —no lo he comprobado— que Chaves decía que estaban queriendo que él fuese el sucesor. Yo comenté este hecho porque me preguntaban: «¿En el caso, en el caso, en el caso...?». Alguien difundió este comentario y parece que eso sirvió para denunciar que había gente conspirando contra Chaves... En realidad, nunca hubo la menor intención de grupo para decir: «Que Felipe no siga», sino al contrario: «Que Felipe siga».

Balance desapasionado

Haciendo un balance desapasionado, Felipe ha sido el mejor presidente de Gobierno que ha tenido la Historia de España. Así de rotundo.

No fue fácil. Para nosotros nada fue fácil. Yo dije una frase, que todavía se recuerda: «A este país no lo va a reconocer ni la madre que lo parió», y me parece que la Historia me da la razón. Pero para el Gobierno no fue fácil, desde luego que no. Pasamos muy malos ratos, en todas las esferas... Si añadimos, además, el tema del terrorismo... fue muy difícil. Lo que hicimos fue capear al Ejército, que tenía su propia autonomía. Y capear eso con un terrorismo que mata militares... Tuvimos que hacer muchos encajes de bolillos, muchísimos, y dedicar muchas horas a cosas que, teóricamente, en lo particular, no daban fruto, pero que eran necesarias para obtener fruto en lo general. Atenciones personales a determinadas personas, por ejemplo. Algunas situaciones, algunas anécdotas, demuestran claramente cómo, a veces, por olvidar lo accesorio, no se consigue lo fundamental. Recuerdo ahora la famosa visita a Brunete, que sólo tuvo un elemento... no diría que negativo, pero sí de «no acierto»: allí estaban las esposas de todos los oficiales y la esposa del presidente del Gobierno no estaba. Eso lo observé inmediatamente después, y dije: «Esto lo tenemos que arreglar». Y lo arreglamos dirigiendo las invitaciones a los jefes militares con sus esposas, para que estuvieran también las esposas de los del Gobierno. Las cosas funcionan así: uno no decide cómo funcionan los grupos. El grupo militar funciona así, la presencia de las esposas obligaba a la presencia de la esposa del presidente del Gobierno, pero nosotros no nos dimos cuenta; lo aprendimos enseguida y ya no se nos olvidó. Eran pequeños detalles que nos facilitaban la labor en aspectos sustantivos, y lo sustantivo tal vez podría no conseguirse si no se dedicaba a lo accesorio la atención que merecía. Y eso fue muy difícil, nos exigió un esfuerzo ingente.

Creo que cumplimos con amplitud y con notable éxito en nuestra aspiración de implantar el Estado del bienestar. Nos encontramos con tres «agujeros» enormes: la educación no era universal, las pensiones no eran universales y la Seguridad Social, la Sanidad, no era universal. Era necesario dedicar todo nuestro esfuerzo a esos asuntos. Y se lograron superar las tres carencias, que eran importantísimas y que se abordaron al mismo tiempo. Cuando uno lo piensa, al cabo del tiempo, lo único que te viene a la cabeza es el vértigo: «No sé ni cómo lo hicimos, porque realmente era muy complicado». Universalizar esos servicios era complicadísimo; había millones de personas sin atender, en Educación, en pensiones y en la Sanidad. Y un país que quiere ser moderno, no puede tener seis millones de personas por aquí, cinco millones por ahí, tres millones por allí... millones de ciudadanos sin cobertura, sin prestaciones que son absolutamente básicas. Pasar de una sociedad asistencial a una sociedad de derechos, y todo a la vez, fue un trabajo abrumador. Aún me pregunto cómo logramos hacerlo, y hacerlo en muy poco tiempo.

En infraestructuras dimos también un salto absolutamente gigantesco, que colocó a España... en el mapa. Muchas personas, extranjeros, nos decían: «Ustedes han colocado a España en el mapa; España no estaba en el mapa y ustedes la han puesto en él». Yo creo que todo ese conjunto de ambiciosas iniciativas, esa modernización global, dio juego, ha dado fruto. El salto histórico ya no se puede volver a deshacer, es imposible.

La acción de Gobierno, en ocasiones, era muy dura; pero la capacidad para poder transformar la sociedad y saber que beneficiábamos a una serie de personas nos dio también grandes satisfacciones.

Por ejemplo, la reconversión industrial. Hubo una confrontación muy dura con parte del sindicato UGT. Pero cuando logramos vencer las dificultades, colocar a la gente en puestos de trabajo seguros y bien remunerados... nos dio muchas satisfacciones.

Y, entretanto, lo que golpeaba con una dureza implacable era la noticia de un nuevo atentado terrorista. Era muy difícil de sobrellevar; había que tener mucha templanza para sobrellevarlo.

Yo he visto a mucha gente llorar y hundirse... Cuando oías: «Hoy ETA ha puesto una bomba en Hipercor...». ¡Era tremendo! Todo lo que tenías bien armado, prácticamente, se derrumbaba. Sólo algunas personas conseguían mantener la serenidad y la templanza...

La decepción del final

Ahora bien, aunque repito que Felipe González ha sido el mejor presidente de Gobierno en la Historia de España, es verdad que la etapa final no está en consonancia, para nada, con aquel primer presidente... Porque de 1993 a 1996 todo fue una catástrofe, se hizo todo al revés. ¿Eso quita que, de 1982 a 1993, Felipe haya sido el mejor presidente del Gobierno que ha tenido España? No. No me cabe ninguna duda. Es un hombre con una capacidad de fascinación popular extraordinaria.

En esa última etapa, yo ya no estaba en el Gobierno. Me fui después de que estallara el llamado «caso Juan Guerra». Yo viví todo aquello como lo que era: una operación montada en la que participó mucha gente, desde partidos políticos, medios de comunicación, sectores bancarios, y algún sector diplomático también. Yo era perfectamente consciente de que era una operación montada. No dejé de estar seguro de lo que representaba: todo era una gran mentira fabricada. Del caso no quedó nada absolutamente, pero, por supuesto, me permitió sacar a relucir lo peor de la derecha española, financiera, política y mediática. Dentro del Partido también, lógicamente, se empezaron a mover algunas aguas contra mí... Hubo gente... Nunca se da una batalla fuerte si dentro de la colectividad no hay gente que hace el espectáculo de circo... Eso está claro.

Afortunadamente, tuve una gran fuerza psicológica, porque sabía que todo era una operación montada. Incluso he tenido que resistir y aguantar las acusaciones: «Usted se atrincheró, usted negó la evidencia». ¿Qué evidencia? ¿Dónde está la evidencia? ¡No ha habido ninguna acusación a nadie, no se ha condenado a nadie por nada! Ha habido dieciocho procesos, ¡dieciocho! —la Causa General de la Inquisición—, y ni una sola condena.

Mi actitud era la que me correspondía: uno debe sentir responsabilidad por los familiares y amigos, incluso aunque se hable de actos verídicos, que aquí no lo eran. No me sentí abrumado en ningún momento; era perfectamente consciente de la técnica sucia que se estaba empleando. Yo, de pequeño, cuando tenía seis o siete años, tenía una cartilla de ahorro en la que se pegaban unos sellos que se compraban por 25 céntimos. Me parece que logré reunir, en total, doce con cincuenta pesetas. ¡Esa cartilla fue investigada por el juez! ¡Vamos, hombre! ¿De qué estamos hablando? Estamos hablando de una panda de gente sin moral. ¡Hombre! ¡No me van a engañar! Y ese sector del Partido, los llamados «renovadores», aprovechó este montaje para combatirme, porque vieron que, políticamente, no tenían manera de hacerlo. Y dijeron: «Vamos a utilizar esta canallada que viene de fuera...» —aunque hubo alguna colaboración del Partido—. Pensaron: «Bueno, esta canallada, que sabemos que es una canallada, nos viene bien para el combate político...».

Cuando Felipe comprometió su futuro con el mío con aquella frase, «dos por el precio de uno», yo le reconocí una actitud personal y política muy decente. Aunque cuando le vi, inmediatamente después, le dije: «Felipe, muchas gracias por lo que has dicho, pero te has equivocado. Porque, políticamente, el presidente del Gobierno es el primer responsable, y todos los demás estamos nombrados por el presidente, por tanto, no tiene sentido, aunque sea generoso, vincular a uno que yo nombro con quien tiene la legitimidad de la soberanía popular. Yo creo que eso es un error». Y acerté, porque fue tal el error, que después, no con las palabras, pero sí con los hechos, se modificó la tesis. No sé si Felipe se arrepintió pero, desde luego, fue un error... muy generoso. Yo se lo agradecí, pero le dije que no estaba de acuerdo.

Durante el mes anterior a mi comparecencia en el Congreso yo ya le había dicho que estaba viendo venir la cacería que se estaba organizando, y le dije: «Es el momento de dejarlo». Me contestó: «¡Ni hablar, ni hablar!».

Después, él experimentó una evolución, un arrepentimiento, quizás una decepción, respecto a la apuesta que había hecho de ligar su futuro político con el mío. Yo creo que en él pudo influir la gente del entorno, que utilizó el «caso Juan Guerra» como un asunto político, cuando no lo era: era una cuestión de dignidad. Era una cuestión de dignidad, incluso, aunque hubiera algo de verdad, cuanto más siendo falso como era.

La gente del entorno de Felipe insistió, insistió e insistió, y supongo que, hasta en el más inteligente y el más generoso, hacen efecto esas influencias. Siempre digo que cuando tú tienes un entorno en el que únicamente oyes una voz que asegura que eres «la más bella de todas las mujeres del mundo», si alguien te contradice lo más mínimo, simplemente, no te lo crees. No es que lo rechaces, es que no te lo puedes creer. A Felipe le decía su entorno —no voy a citar nombres— que era un «felipista» heterodoxo y que tenía que hacerse un «felipista» ortodoxo. Era heterodoxo porque todavía trataba a su Partido como «su Partido», y a su Partido, según sus consejeros, lo tenía que tratar como al resto de los partidos, como un soberano trata al conjunto de los partidos. Y tenía que ser ortodoxo. Ése fue un argumento que se utilizó machaconamente. Permanentemente.

FILESA: «¿POR QUÉ A MÍ?»

Filesa. ¿Por qué tienen que señalarme a mí? ¿Por qué no señalan a Felipe González, o al otro, o al otro? ¿Por qué a mí? Los «renovadores» machacaban a Felipe siempre con el mismo argumento: «Alfonso no está haciendo nada por la erradicación de la corrupción interna, sobre todo en el tema de Filesa». ¿Por qué *se suponía* que yo controlaba todo lo que ocurría en el Partido? Mi respuesta es clara: en estos temas no se puede *suponer*. En estos temas hay que tener datos: ¡estamos en terreno penal! ¿Qué clase de Estado de derecho es éste? Usted no tiene que *suponer* nada: me tiene que demostrar los hechos.

¡No tuve nada que ver con Filesa! ¡Nada, absolutamente! No conocía nada.

La amistad política entre Felipe y yo sufre una deriva importante después del acto de Chamartín. Aquel fue un momento importante. En aquel acto intervinieron ministros del Gobierno con la clara intencionalidad de atacar al vicepresidente del Gobierno. Y el presidente del Gobierno lo sabía. No sé si Felipe lo avalaba o no, pero no lo combatió. Esta actitud era contraria a la recomendación que yo, una y otra vez, le repetía: «No vayas por una acera ni por la otra, ve por en medio... Si te colocas en una acera, estás perdido».

Felipe hizo, en ese momento, una apuesta por los llamados «renovadores», que son los que defenderían un Partido «abierto» frente al que, supuestamente, yo defiendo, que ellos consideran un Partido «cerrado». Yo sólo tengo que decir, en este sentido, que la etapa en la que yo fui vicesecretario general y Txiqui Benegas secretario de Organización ha sido la etapa más democrática del Partido, sin lugar a dudas, incluyendo la actual.

«Éste es el candidato a alcalde, y si no lo aceptáis, disuelvo la agrupación...». ¡Esto se ha dicho públicamente! En Galicia, hace poco. Eso era imposible antes. El Partido que yo dirigí no tenía nada que ver con el leninismo. No digo que ahora lo tenga, ni en la etapa de Almunia, pero desde luego, ahora está mucho más próximo al leninismo que en la etapa en que yo tomaba esas decisiones. Pero, en fin, ésas son grandes mentiras que se inventan, para hacer daño. Luego, lo escriben, se lo copian unos a otros y queda escrito.

Mi dimisión no fue una dimisión improvisada. Yo ya se lo había planteado a Felipe en dos ocasiones anteriormente. En la tercera, él me decía: «No sé si llevas razón, aunque, si tú quieres seguir, no hay ningún problema, en absoluto... Pero, si tú lo planteas ya...».

Tuvimos una conversación larga, muy larga —el 8 de enero de 1991— en la que mantuve mi voluntad de dimisión de manera irrebatible. Después, alguno de los «renovadores» ha llegado a escribir, en libros, que fue un cese. ¡Tiene tela! Yo conservo muchas cartas de Felipe, y en ninguna carta dice que me cesa. Tengo muchas cartas y las conservo. Conservo todas las cartas, también las de Pepe Bono. Tengo unas cartas muy sustanciosas de aquella época.

Lo que sí creo es que Felipe, al margen de su gratitud política y del valor que siempre ha otorgado a mi lealtad —esto me consta—, llegó un momento en que, sin ninguna duda, se sentía más cómodo sin mí. Porque yo era la piedrecita en el zapato. Había mucha gente que lo halagaba y lo halagaba, y todo era magnífico. Mientras que yo le decía: «¡Esto no lo veo, esto no lo veo!». Llega un momento en que hay tanto halago que te conviertes, sin quererlo, un poco en el Pepito Grillo, en la conciencia, y eso no le gusta a nadie. Tener a alguien así al lado es incomodísimo. Yo no lo quiero para mí, desde luego. Finalmente, decir que él se sentía «incómodo conmigo», quizás, sea muy fuerte, pero que se sentía «más cómodo sin mí», yo creo que sí puede decirse.

En 1993 surgen otras diferencias en el Partido con motivo de la campaña electoral. Felipe conformó un Comité de Estrategia para afrontar las elecciones. El comité lo dirigía, en principio, Ramón Jáuregui. Pero yo estaba también en él. Yo era el director de la campaña. Celebramos una reunión: cada uno de los miembros de ese comité —no tenían mucha idea de estos temas— dice lo que cree conveniente y, después, hablé yo. Y, naturalmente, Ramón Jáuregui, que era el responsable, dijo: «Bueno, mira, esto se ha acabado: éste se encarga de la campaña y nosotros nos vamos». Pero es que era evidente que los demás no tenían conocimiento de estos temas y yo tenía todo el conocimiento y mucha experiencia. Y ahí se acabó la colaboración de Jáuregui en la campaña.

Luego llegaría a ese comité José María Maravall, pero la campaña la dirigí yo. Es verdad que Maravall estuvo asesorando a Felipe en el primer debate televisivo con Aznar. Sí, estuvo asesorando, y fue un desastre rotundo. En el segundo, lo asesoré yo, y salió bien, ésa es la verdad.

Una idea aberrante

Dirigí esa campaña con muchos problemas. «Ya no dirijo más», me dije, porque se pretendía hacer una campaña desligando a los líderes de la organización. Y yo no estaba dispuesto a hacerlo. Yo creo que Felipe se fijó en Maravall para que, en alguna medida, lo asesorara... Algunos dirigentes del Partido tenían la idea de que en las campañas había que ir por separado, o sea, que no se confundieran Partido y dirigentes. Que ésa sea una decisión de los dirigentes del Partido me parece completamente aberrante. ¡Felipe era el secretario general del Partido Socialista! ¡Parecía que era otra cosa! No es que Felipe González fuera militante —que ya sería bastante, porque sería miembro de un partido que atraviesa una mala situación—, sino que era el máximo dirigente. ¿Cómo se puede hacer esa distinción?

En contra de lo que se dijo entonces, que fue sólo Felipe el que salvó las elecciones, yo creo que fue la sociedad la que salvó al PSOE, incluso creo que fue el PSOE el que salvó las elecciones.

Pero, considerándolo desde la perspectiva actual, de verdad, no sé si a España no le hubiera convenido otra cosa... Porque, después de lo que tuvimos que ver, de cómo la derecha se envalentona y se dedica a la política rastrera —desde el 93 hasta el 96—, de otro lado, después de los errores del propio Gobierno, porque la verdad es que hubo muchos errores... Y si Maravall dice que yo quería que Felipe perdiera las elecciones, simplemente respondo que yo dirigí la campaña y la ganamos. O sea, que le tapo la boca, ¡vamos, a lo grande!

Pero mi reflexión quiere detenerse en el período que va de 1993 a 1996. Y pienso que fue una catástrofe para España que la derecha volviera a mostrarse como una derecha troglodita. Recuerdo, claramente, que yo advertí del riesgo de fichar independientes para ganar aquellas elecciones. Por eso dije, a raíz del «fichaje» de Garzón: «Como operación de imagen, un diez; como resultado político, ya veremos...».

Yo desconfiaba de aquella fascinación por los independientes. Me parece muy bien que los independientes estén en las listas del Partido. Ahora bien, que no tener compromiso político sea un valor añadido... ¡De ninguna de las maneras! Que sea social y políticamente más considerado no haber dado el paso de comprometerse políticamente que haberlo dado... ¡No, no!

Estoy convencido de que, si al juez Garzón le hubieran dado lo que él quería, no habría destapado el sumario del GAL. Y la verdad es que, después del fichaje que se hizo con él, que se le negara... no sé si eran dos helicópteros lo que quería o algo así... Vaya, en principio, él quería ser ministro del Interior, ¡naturalmente! ¡Y algo se le insinuó! Pero la pelea viene después, cuando ya se había conformado con la Secretaría de Estado y pidió no sé qué cosas y se las negaron. La verdad es que no era coherente llevarlo de número dos en la lista y luego negarle un helicóptero.

Desde luego, hubo personas que desde el Ministerio del Interior facilitaron la incriminación de Barrionuevo y de Corcuera. Eso se sabe: hubo gente o individuos que recibieron dinero para que declararan contra los ex ministros y el secretario de Estado. Eso se sabe. Es un hecho. No se puede negar. Por lo menos, hubo facilidades. Que Margarita Robles estuvo intentando que las cosas funcionaran como Garzón quería que funcionaran, contra Barrionuevo y Corcuera, de eso no cabe ninguna duda. ¿Y Belloch? ¡Robles era su secretaria de Estado! Tenía que tener, al menos, algún conocimiento de lo que se estaba haciendo.

NO PUEDE LLAMARSE DECEPCIÓN

¿Qué nos ha separado a Felipe y a mí? Para ser justo, tendría que decir que algo le ha separado a él de mí, porque yo no he hecho ningún movimiento frente a Felipe. ¡Jamás! ¡Contra Felipe, jamás! No podemos decir exactamente lo mismo de él. Porque él entró en la operación de los «renovadores».

Yo no he hecho «guerrismo», por más que se empeñen. Jamás he jaleado a nadie contra Felipe. Y, entonces, ¿cómo evoluciona esta situación entre los dos? Hacia la distancia. Se establece una distancia, mucha menos frecuencia en los contactos... Crece la distancia.

No nos ha separado sólo un concepto político irreconciliable respecto al Partido. El problema, además, es que yo creo que Felipe ha evolucionado ideológicamente hacia el lado más tibio del socialismo.

Pero, bueno, la vida es así... No tengo ninguna amargura, ni por la ruptura con Felipe ni por nada. Ésa es una vacuna que tendré siempre en la vida. Yo tengo una gran memoria para todo, salvo para el rencor. Me ocurre a veces que me dicen: «Pero, ¿cómo tratas a éste así, con tanta amabilidad, si éste fue el que te dijo...?». Y, a mí, se me ha olvidado... No quiero estar mentalmente de rodillas. Quiero sobrevivir psicológicamente limpio, no quiero que nadie me esté metiendo dentro rencores. Tengo buena memoria, pero para el rencor soy una catástrofe. Y creo que me va estupendamente bien, porque no me amargo... La vida es hermosa, muy hermosa, y la política no agota la vida, como cree la mayoría de la gente: sólo es un trozo de la vida.

Y, respecto a Felipe, yo no creo que se pueda llamar decepción... Es... observación de la vida, observación de los seres humanos. Los seres humanos, todos, todos, somos en realidad muy pequeños. Muy pequeños. Nos damos mucho pisto creyéndonos mayores y mejores, pero no es verdad. Nuestra condición es pequeña, pequeña...

Honradamente, creo, y eso es lo más importante, que los trece años de Gobierno socialista permitieron que este país cambiara, en una década, como no había cambiado nunca. Jamás. No hay, en la Historia de España, una década con un cambio tan potente y tan positivo como el que se da entre los años 1982 y 1993. Sobre todo, en esos años. Es una década dorada en la Historia de España. Lo que tenemos que lamentar es que, después, eso se tiró por la borda, no se sabe bien por qué... Se tiró por la borda en los últimos años... Al final... Se perdieron las elecciones de mala manera.

NOTAS

[1] La Ley de Reforma Política impulsada por Adolfo Suárez permitió, sin romper la legalidad vigente hasta ese momento, que España se convirtiera en un Estado democrático. Fue aprobada en el Consejo de Ministros el 10 de septiembre de 1976; el 18 de noviembre fue ratificada en las Cortes y el día 15 de diciembre fue sancionada en referéndum.

[2] Las elecciones generales celebradas el 1 de marzo de 1979 se resolvieron con la victoria de la Unión de Centro Democrático (UCD), que logró 168 escaños en el Congreso y 120 senadores. El Partido Socialista obtuvo 121 diputados y 68 senadores.

[3] Tras la victoria electoral del PSOE en octubre de 1982, ETA asesinó en Madrid el 4 de noviembre al general de División Víctor Lago Román.

[4] Antonio Hernández Gil, presidente de las Cortes y antiguo presidente del Consejo General del Poder Judicial explica su experiencia de aquellos años en *La puesta en funcionamiento de las Cortes*, y en *La transición política española como fenómeno de cambio*, en *Obras completas*, Espasa-Calpe, Madrid, 1987.

[5] La monarquía de Suecia es una de las más antiguas de Europa. Los pilares de la institución monárquica sueca fueron establecidos por Gustavo Vasa, que reinó entre 1523 y 1560. El actual rey, Carlos XVI Gustavo (n. 1946), ocupa el trono desde 1976. Está casado con Silvia Sommerlath.

[6] Reunión de subsecretarios o comisiones de subsecretarios. No se trata de organismos institucionales. Cada Gobierno las establece conforme a sus necesidades.

[7] Véase nota 22 en el capítulo de José Barrionuevo. La cuenta secreta de Mariano Rubio era la famosa 7MM.

[8] Olof Palme (1927-1986) era el líder del Partido Socialdemócrata de Suecia. Fue primer ministro entre 1969 y 1976, y entre 1982 y 1986. Fue asesinado el 28 de febrero de 1986 sin que las causas se hayan podido esclarecer definitivamente.

[9] La empresa Hulleras del Norte S.A. (Hunosa) se fundó en 1967. En 1979 acumulaba pérdidas por valor de 18.000 millones de pesetas, y un déficit de 65.000 millones. Sufrió diversos procesos de reconversión, entre los años 1981-1983, 1984-1986 y 1987-1990. A principios de la década de los ochenta, la empresa contaba con 22.000 obreros; una década después, con 18.000. En 1997 se paralizó la actividad minera.

[10] En 1980 se cerraron los Altos Hornos del Mediterráneo y en años sucesivos se procedió a la reconversión industrial en el sector siderúrgico de la zona, que fue declarada zona preferencial para el establecimiento industrial.

[11] Carlos Solchaga fue ministro de Industria y Energía entre 1982 y 1985. Después, ocupó la cartera de Economía y Hacienda.

Felipe González
La rebelión contra la Historia

Buscaba, en mi memoria, algo que provocara en Felipe González un gesto de complicidad. Algo que lo situara en los inicios de aquella rebelión contra la Historia que fueron sus años de Gobierno. No fue difícil. Bastó con recuperar unas imágenes y una voz tranquila, que le hablaba a este país, en octubre de 1982, y la de alguien que se dolía, en el siglo XIX, *de «los males de la patria». Las imágenes y la voz eran del mismo Felipe poniendo en pie, con todo su vigor, la llamada de aquel doliente escritor: Lucas Mallada. Los miles y miles de ciudadanos que llenaban los mítines no sabían quién era aquel español que había contemplado a la patria con preocupación y con vergüenza. Pero Felipe González les explicó cuáles eran las causas de aquel sentimiento antiguo y de aquella vieja voluntad de ponerle remedio a tanta frustración que se conoció, entonces, como «regeneracionismo». Aquella llamarada incendió este país de punta a punta, y de modo tal, que los socialistas vencieron con apabullante mayoría aquellas elecciones sin que Felipe González prometiera, ni una sola vez, la revolución socialista.*

Y no la hizo. Felipe se «conformó» con provocar en este país una rebelión contra su propia Historia. Es lo que argumenta cuando, en su evocación de aquellos primeros años de Gobierno, explica por qué los ciudadanos entendieron el mensaje regeneracionista.

Todas las dificultades, todas las cuestiones pendientes, todas las necesidades de este país pasan por delante de sus ojos en la mañana de nuestra primera conversación. Percibo que quizás no esperaba tantas y tales preguntas, pero las escucha con una tranquilidad no fingida. Nada delata la excitación y la fatiga que debe causarle hablar de la democratización del Ejército, de la renegociación de las bases americanas con el Gobierno de Ronald Reagan y tener que explicar, casi inmediatamente y sin rodeos, las claves de la dimisión de Boyer, la reconversión industrial o la escasa comprensión que siempre sintió desde aquel «corralito»... (En esos términos describe el «guerrismo»).

En contra de cualquiera de mis temores, Felipe González siempre va un paso más allá de lo que espero. Me sorprende en una pregunta, y en la siguiente, hasta que decido apartar un guión plagado de ansiedad. Me doy cuenta de que, por la razón que sea, el ex presidente no se está «blindando», apenas se preserva. Al menos, esta vez y durante dos horas largas. Y cuando la conversación termina y nos despedimos hasta la siguiente, tengo la evidencia de que, además de una introspección personal no prevista —sin duda no deseada—, Felipe González acaba de dedicarme un gesto de pura amistad.

Ese gesto se repite en nuestro segundo encuentro, mientras comemos en su despacho de la calle Gobelas. Yo se lo agradezco... más si cabe, porque ahora todo es mucho más difícil y mucho más doloroso. Porque tiene que afrontar preguntas incómodas que le hacen removerse en su silla; preguntas que le producen un sufrimiento que se asoma a una mirada que, en ningún momento, evita la mía. Ni siquiera cuando admite, porque desea vivamente hacerlo, que aquellas acusaciones que le señalaron como la «X» del GAL consiguieron desbordarle de preocupación, al comprobar hasta qué punto neurálgico habían llegado las cosas... Sólo eleva el tono de su voz para defender la inocencia de Barrionuevo. Lo había rebajado, hasta el murmullo, para referirse a esas «otras razones» que explicarían la conducta de Nicolás Redondo contra él y sus Gobiernos. Son razones que, en cualquier caso, se niega rotundamente a desvelar.

Me interrumpe una sola vez, para evitar, cuidadosamente, que yo establezca una relación «equivocada» entre el golpe traumático de la huelga del 14-D y su decisión, siempre truncada por las circunstancias, de renunciar, de marcharse. Y me sorprende que la rudeza que emplea para reconocer la decepción que le causaron algunos de «sus» renovadores se torne contenida expresión a la hora de explicar su distanciamiento irreversible respecto a Alfonso Guerra... Más tarde me vuelve a sorprender cuando, al filo del tiempo, casi agotado, opta por dejar claro, a salvo de cualquier confusión, que aquella distancia tuvo sus motivos concretos y que Alfonso dejó de ser vicepresidente porque él lo cesó... (Atención al sutil sarcasmo con el que describe la resistencia de Guerra).

Estremece la serenidad que hay en su expresión, en su voz y en su gesto a la hora de reconocer que la corrupción le quebró el ánimo, porque le costó demasiado tiempo admitir la evidencia. Pero se defiende desesperadamente de las preguntas que le sugieren el error de aquella operación de los «independientes» o del fichaje de Belloch. Es el único momento en que Felipe González parece sentirse más incómodo que en el sillón del dentista. Es la suya una incomodidad contagiosa que me obliga a compartir —sólo por un momento— su deseo de acabar cuanto antes...

En dos momentos de mi encuentro-reencuentro con Felipe González he podido confirmar algo que ya sabía: que es capaz de prescindir del pudor —uno de los registros de su carácter— cuando realmente lo desea y lo necesita. En la primera ocasión, lo hizo para expresarse en términos de pura afectividad y estima personal hacia José María Maravall, quizás una de las personas que mejor le conoce... Y, una segunda vez, para dejar constancia, para la historia de su Partido, de que en la última campaña electoral estuvo solo y se sintió solo. Es una percepción que Felipe intenta describir asépticamente. Pero en la que no consigue ocultar que le afligió el peso de un reto, el último. Un reto en el que, como él afirma, se dejó la piel.

EN 1982 HICE una campaña con un mensaje electoral empapado de aquel regeneracionismo que —creo— la gente entendió bastante bien, porque estaba dispuesta a hacer un esfuerzo de ese tipo. La verdad es que era una apuesta de confianza en las posibilidades del propio país. En mi opinión, uno de los problemas históricos de España era que la derecha hegemónica que había estado en el Gobierno —por los votos o por las botas, yo tampoco establecía muchas diferencias— tenía una visión del país envuelta, a veces, en ese discurso imperial de «pecho de lata», pero no disimulaba una desconfianza profunda en las posibilidades del país, en las posibilidades de la ciudadanía. Nunca en España había existido un pacto por la *res publica* que comprometiera a los ciudadanos entre sí y con las instituciones. La experiencia republicana fue, en ese sentido, una experiencia frustrada —por muchas razones, pero una experiencia frustrada— casi desde el comienzo, porque fracturó la sociedad y no logró crear ese pacto por la *res publica*. Teníamos esa desventaja respecto de otras naciones.

Lo que yo quería es que pudiéramos recuperar, precisamente, la confianza en nuestras posibilidades como país, y en distintos aspectos. En primer lugar, quería que nos pudiéramos reconciliar con nuestro pasaporte, que era tanto como reconciliarnos con nuestra identidad; dentro de todos los problemas que esa identidad conllevaba históricamente, ése me parecía un elemento absolutamente decisorio. Quería que fuéramos capaces de confiar en que nosotros también podíamos hacer lo que hacían otros. Los ejemplos eran muchos... Las anécdotas se multiplicaban. Si los españoles que emigraban a Alemania era capaces de hacerlo tan bien —o mejor— como los alemanes en su puesto de trabajo, ¿por qué no lo íbamos a hacer aquí? ¿Por qué el Fondo Monetario nos tiene que decir lo que debemos hacer, si nosotros nos bastamos para hacerlo? ¿Por qué no ordenamos nuestra convivencia y le damos un sentido histórico diferente? ¿Por qué no rompemos las barreras del aislamiento? ¿Por qué España no puede ser un país moderno, eficiente, que funcione?

Afloraba un proyecto de país

Estas líneas de reflexión —que eran líneas de recuperación de la confianza en el país— me acompañaban, obviamente, desde mucho tiempo antes de la campaña electoral. Por tanto, no era una campaña impostada para ganar las elecciones: era la interiorización de un proyecto de país, en el sentido profundo del término, mucho más que un programa concreto de cosas. Un proyecto que iba aflorando, y lo hacía con la credibilidad que concede el hecho de que la gente sea capaz de identificarte con lo que dices, no con la agitación y la propaganda, modelo que se percibe ahora constantemente. (Por ejemplo, la credibilidad de fondo que puede tener la gente pensando en Aznar como defensor de la Constitución es bastante reducida). En aquel caso, era exactamente lo contrario. Había una gran credibilidad en la coherencia entre lo que decíamos y lo que estábamos dispuestos a hacer. Aunque también me daba cuenta de que la gente temía que todo lo que queríamos hacer no fuera posible...

Realmente, había miedo, había expectativa y temor de que la experiencia no pudiera resolverse, como otras tantas veces en la Historia. Ése era un poco el clima.

Hace poco, me preguntaban, a la luz de algunos fenómenos que se están viviendo en el mundo: «¿Tu propósito entonces era ganar las elecciones como proyecto histórico o tu proyecto era otro?». «No, no. Para mí, ganar las elecciones tenía un valor instrumental: no se trataba de ganar las elecciones y demostrar —cosa que alguna gente tenía la tentación de creer— que la izquierda podía ganar y que podía *estar*». Días después de que ganáramos, me decía Clemente Auger: «Lo único que tienes que demostrar es que, durante cuatro años, puede haber un Gobierno de izquierdas. Lo demás... nada. No toques nada, pero dura cuatro años y punto». Recuerdo esa frase, en noviembre de 1982. Pero ése no era mi propósito.

Mi propósito era ganar las elecciones como instrumento para provocar un cambio de orientación histórica en el país. Ese cambio se podía enfocar de muchas maneras, y ahora, con perspectiva, se ve más claramente. Se podía realizar contestando a algunas preguntas: ¿cómo un país emergente puede convertirse en un país central? ¿Cómo un país autoritario y centralista puede ser democrático? ¿Cómo descentralizar el poder —que no centrifugarlo— manteniendo la cohesión? ¿Cómo un país puede romper las fronteras del aislamiento y convertirlas en fronteras de la comunicación y de la integración en el mundo? ¿Y cómo un país sin suficiente cohesión social es capaz de cohesionarse socialmente y responder de su propio destino modernizándose económicamente? Eran cuatro o cinco propósitos de fondo. Se podrían resumir de cualquier manera, pero responden a esas preguntas que estaban en el sustrato de nuestra propia trayectoria política y que llevamos a la práctica durante la acción del Gobierno, en los porcentajes que «las musas permiten trasladar las ideas al teatro». Pero lo hicimos en un número suficiente como para que hoy nadie discuta que en los últimos veinticinco años —de los cuales nosotros protagonizamos casi catorce en el Gobierno, y cooperamos seriamente durante los seis anteriores, en la transición, para que no se desestabilizara el país— España ha cambiado su destino histórico. Eso, hoy, no lo discute nadie. Algunos tratan de borrarlo, de disputarlo o de creer que aquello ocurrió porque tenía que ocurrir... Pero yo creo que, objetivamente, ocurrió porque lo provocamos nosotros.

AQUELLOS MALES DE LA PATRIA

Yo trataba de corregir el desorden de la pesadísima herencia histórica que habíamos recibido. Pero esa corrección se podía enfocar de mil maneras... Se puede podar una viña de dos maneras: con la satisfacción del trabajo bien hecho o cumpliendo con la tarea, y punto. Podar una viña con la conciencia de hacer un trabajo bien hecho añade valor a la viña. Ocurrían cosas extrañas: este país era tan raro que el Gobierno, el Estado, hacía coches, y las empresas privadas construían carreteras y las pocas autovías que teníamos. Era más razonable hacerlo al revés, que cada uno desempeñara su papel.

La mayoría de los ciudadanos entendió bien el mensaje con el que yo denunciaba los «males de la Patria» de los que se dolía Lucas Mallada[1]. Otros estaban esperando lo que la extrema izquierda llamaba la «revolución socialista». También hubo gente que se equivocó, porque se «encantó» con promesas que yo nunca hice. Por eso se produjo, en determinado momento, una sensación de desencanto. Pero yo tenía también plena conciencia de que la demostración de que había una opinión pública que no coincidía en el fondo con esa percepción crítica del desencanto —casi nunca coinciden plenamente— es que mantuvimos la mayoría absoluta una vez, y otra vez, y otra vez. Los ciudadanos sostenían seriamente el discurso de fondo que estaba cambiando al país. Por eso, aquel desencanto ni me inquietaba entonces ni me inquieta ahora, considerándolo con perspectiva histórica. Porque uno de los grandes —grandes, grandes— errores que habíamos cometido en la Historia, digamos, los «progresistas» en general, era pensar que los problemas que teníamos secularmente embalsados se podían solucionar anteayer. Esa terrible impaciencia fue lo que, en primer lugar, propició la imposibilidad de administrar bien los tiempos de la República y la incapacidad de consolidar esa experiencia, esa gran esperanza de democratización y de modernización de aquel tiempo histórico. Por esa razón, yo tenía clara la cuestión de los tiempos.

Algunas personas recordarán aquella gran polémica que se suscitó cuando yo hablé de la necesidad de veinticinco años para llevar a cabo un cambio histórico serio. Y no me estaba refiriendo a veinticinco años de permanencia en el poder. Eso me parecía menos importante que la actuación de cualquier grupo político que fuera capaz de modernizar el país. Yo no aspiraba a estar veinticinco años en el poder; al contrario, cuando llevaba ocho años, es evidente que quería ser sustituido. No me estaba refiriendo a eso; ni siquiera estaba enviando ese mensaje a la opinión pública en general, y mucho menos a la derecha. Se lo estaba enviando a la impaciencia de sectores de la izquierda que creían que el cambio histórico había que hacerlo ya, inmediatamente —cosa que comprendo perfectamente—. Y que había que producirlo «ya», en tiempo pretérito, más que con un ritmo hacia el futuro... Hacia esa gente, hacia ese estado de opinión —que compartía buena parte de mi propio Partido—, era al que yo quería dirigir ese mensaje: es necesario tiempo histórico para hacer cambios históricos. Por tanto, yo tenía mi propio ritmo y mis propias convicciones, que creo que se demostraban en un porcentaje muy alto. Lo importante era el saldo, y el estado de ánimo de la gente, que nunca faltó. Nunca nos falló la gente. La gente creyó, durante muchos años, en lo que estábamos haciendo.

Aquellos males de la Patria, aquellas cuestiones pendientes en la España contemporánea podrían resumirse en cuatro: la cuestión militar, la cuestión territorial, la cuestión religiosa y la cuestión social. Digamos que ésta era la visión práctica; ahora podría reenfocarlo de manera diferente. En la cuestión social, por ejemplo, se avanzó sustancialmente. A pesar de las enormes dificultades que estábamos viviendo desde la crisis del petróleo de 1974, teníamos una base: teníamos una cultura que permitió que nadie ofreciera una gran resistencia a aumentar los elementos de cohesión social, a través de la negociación en cuanto se refiere a los salarios, y a través de las prácticas, ya adquiridas históricamente por la socialdemocracia, de mejorar la igualdad de oportunidades en educación, en salud, en pensiones... Por tanto, yo creo que esa parte del camino era relativamente fácil de recorrer. Teníamos que vencer algunas resistencias que parecían inamovibles, pero yo creo que ésa no era la parte más difícil.

Fue sorprendentemente eficaz la reforma que abordamos para lograr la solución de la llamada «cuestión militar». Es absurdo pensar que se resolvió de una vez; no es verdad. Nos encontramos, como es natural, zonas muy serias de resistencia a ese cambio. Pero, de todas maneras, dos o tres años después de que llegáramos al Gobierno —aunque hubiera todavía mar de fondo— era evidente que, para la gente, para el imaginario colectivo, la cuestión militar había pasado a segundo término. Y poco después, había pasado, definitivamente, a la historia. Nos había acompañado durante dos siglos, y se terminó. Punto.

La Iglesia, un poder que supo esperar

Yo sabía lo que ocurría con la cuestión religiosa, y sabía que algunos problemas se habían resuelto en términos de modernización, justamente, porque se produjo un desplazamiento de la Iglesia, desde su vínculo con el autoritarismo a su reubicación en un escenario democrático. Pero también era evidente que en la Iglesia se estaba produciendo una regresión respecto a lo que significaba Juan XXIII y el Concilio Vaticano II. Y la regresión se hizo patente y evidente cuando la Iglesia —durante los años ochenta— se comprometió muy directamente en la liquidación del comunismo, con el Papa polaco, cuando la Iglesia se asusta por el impacto de la Teología de la Liberación en los países emergentes de América Latina, cuando percibe que la apertura y el relativismo ecumenista de Juan XXIII, que responde a una etapa de descolonización, han ido demasiado lejos y entiende que la Iglesia necesita jerarquía y disciplina en cuestiones de moral y de costumbres —sobre todo, en las relaciones familiares y sexuales—. Podía observarse un claro enfrentamiento entre la oleada hacia la democratización y los retrocesos o regresiones en otras materias. De todas maneras, nuestras relaciones con la Iglesia no fueron excesivamente tensas, salvo en elementos que definían la moral, como la cuestión educativa o la del aborto. En esos temas, hubo momentos, como es natural, de una enorme tensión. Yo creo que una parte de la Iglesia, que entonces estaba tomando el control estratégico del Vaticano y toda aquella visión general, cuyo núcleo básico era el Opus Dei, empezó a preparar, digamos, una cierta estrategia de repuesto y de recuperación.

Al mismo tiempo que nosotros —desde el punto de vista democrático, con los votos— estábamos dominando mayoritariamente la política de reformas, había una estrategia interesante, sostenida, completa en las partes no representativas, o menos representativas, o más indirectamente representativas del funcionamiento de la sociedad, en los tres niveles. La Iglesia se ocupaba de penetrar tanto como le era posible en el mundo financiero, en la cúpula militar, en la Universidad y en la dirección de la Universidad. La Iglesia desplegó en esos sectores una labor callada: era consciente de que Fraga no era el que me iba a desplazar del poder y quiso preparar, con tiempo, una generación nueva que, llegado el momento de desgaste del Gobierno, pudiera acceder al poder. Era algo bastante claro. Y nosotros no sólo no le prestamos ninguna atención, sino que nos pasó bastante desapercibido durante cierto tiempo. En la cuestión religiosa, se ha producido, sin duda, un esfuerzo de recuperación de la influencia y del peso de la Iglesia católica en la sociedad, una influencia mucho más compleja que anteriormente, como la que se intenta ejercer, por ejemplo, en Polonia: vencieron al comunismo, fundamentalmente, con el protagonismo de la Iglesia, pero debe de ser bastante frustrante para el propio Papa, y para el grupo estratégico, que no les hagan caso en temas como el aborto, el divorcio... En definitiva, la cuestión religiosa recorrió esos caminos, y ha vuelto; no era previsible que tuviera un regreso en términos de tanta influencia sobre la estrategia de poder como la que se ha producido. Pero ha sido algo decidido, pensado. Y creo que no es reprochable: la lucha de poder es así. Lo que ocurre es que a uno le puede gustar o no. Y, naturalmente puede combatirlo.

Y la última cuestión, la cuestión territorial, yo creo que se enfocó y dirigió razonablemente bien en la Constitución. (No hablo del tema de la violencia terrorista, que, obviamente, altera parte de esa cuestión). En un sistema de convivencia civilizada, se fue consolidando ese gran pacto por la *res publica*, por el espacio público compartido entre todos, que respetaba el pluralismo de las ideas y la diversidad de las identidades, sin desgarramiento. Todo el mundo se sintió, durante un tiempo, reconciliado con su pasaporte, con las tensiones civilizadas propias de un Estado que reúne una diversidad de identidades considerable. El proyecto constitucional se mantuvo razonablemente bien, se fue consolidando la manera de hacer y de relacionarse... Se fue consolidando aunque no se resolvió nunca del todo. Pero es lógico... No creo que ése sea uno de los problemas para los que se pueda decir: «Aquí hay una fórmula mágica que lo solucionará». Sin embargo, había un estilo de relación que mantenía la cohesión territorial, una relación no exenta de tensiones, pero de tensiones civilizadas. Excluyo el fenómeno de la violencia. Pero, en fin, en ese tema, es evidente que ahora estamos en una regresión. Es la regresión más difícil de administrar y, probablemente, la cuestión más difícil de recuperar en una gestión de Gobierno. Esta regresión es una evidencia para los ciudadanos. En cualquier estudio de opinión, aparece que la cuestión territorial está ahora peor de lo que estaba.

Éstos eran los cuatro grandes problemas históricos que, además, se enquistaban en un caldo de cultivo particular: el enclaustramiento definido en un eslogan, «España es diferente», o en consignas, «Los enemigos vienen de fuera», o en retahílas, «Europa, el liberalismo, la masonería, el comunismo». En ese enclaustramiento era muy difícil que hubiera una solución definitiva para alguno de esos desafíos históricos. Por eso, para mí, era un factor absolutamente fundamental la ruptura del aislamiento y la integración en una corriente mucho más amplia de institucionalidad democrática, de laicidad, de respeto a la pluralidad e, incluso, a la diversidad: Europa.

Y respecto a Europa, creo que también hemos retrocedido ahora en la vocación de desempeñar un papel relevante, y no un papel regido por un nacionalismo de vía estrecha y arrogante. En América Latina hemos pasado de la retórica histórica a los intereses. La retórica sin intereses es muy peligrosa, porque es hueca y vacía de contenidos. Pero también es muy peligroso que haya intereses sin retórica, es decir, sin capacidad de comprender que una estrategia política de acompañamiento es indispensable, que no tenemos nada que enseñar, sino que debemos compartir, aprender con todos, que tenemos que cooperar y ayudar en serio. Hoy, no hay estrategia política de acompañamiento en América Latina, ni siquiera existe un conocimiento serio del área iberoamericana. Desde el punto de vista político, ahora tenemos intereses y los intereses fragilizan nuestra presencia, en la medida en que no comprendemos las realidades, las identidades o la cultura.

Mi esfuerzo personal para evitar que ganara la derecha trataba, sobre todo, de evitar también esa capacidad demoledora de destruir lo andado. Pero no les ha sido posible frenar una dinámica de un país libre y moderno. Que ha habido una regresión en materia de libertades, me parece evidente. En materia de libertades públicas, que la gente se sienta menos libre es más un problema de élites; el ciudadano de la calle, como tal, lo percibe menos. Entre las élites, entre lo que podríamos llamar «los líderes de opinión», sí ha habido una regresión en materia de libertades, sea de los empresarios, de los sindicatos, incluso entre los políticos y, desde luego, en los medios de comunicación. El problema no es sólo la hegemonía que ha impuesto la derecha en los medios con este oligopolio de ofertas que van de la economía a las finanzas y de las finanzas a los medios, sino los elementos de autocontrol y de autocensura que han impuesto en la vida política. Hay montones de personas que se sentían absolutamente libres para decir lo que quisieran, incluido el disparate, y ahora se sienten absolutamente coartadas para expresarse con un mínimo de libertad, para exigir incluso el derecho al error o a la barbaridad como opinión. Sin duda, ha habido un retroceso en esa materia.

LO QUE NO HAN PODIDO DESTRUIR

Hay otras regresiones que me extrañan menos. Me extraña menos que un Gobierno de la derecha haya hecho una redistribución del ingreso... al revés. Cuando presumen de bajar los impuestos, yo les digo que los dos puntos de incremento de la presión fiscal por habitante, en términos de producto, se han producido, y como «los líderes de opinión» pagamos menos, en cuanto a presión fiscal sobre el producto individual, eso significa que alguien está pagando más. Seguro que no son los bancos. Por tanto, la redistribución de la presión fiscal, en términos de aportación, también se ha producido al revés, con un incremento exponencial menos indirecto de las tasas. No en balde estamos con la inflación disparada en relación con otros países europeos. Pero no me sorprende que la derecha haya hecho una operación de redistribución al revés; no me gusta, pero lo veía venir.

Lo que sí ha sido para mí relativamente sorprendente es la determinación con que esta gente ha hecho una ocupación del poder a través de las privatizaciones según un modelo que, si lo quieren ennoblecer intelectualmente, sería un «modelo canovista», que es el modelo de control. Si el control político no es suficiente, tenemos que interferir y controlar el funcionamiento de la economía. Desde que llegó la democracia, no ha habido nunca en nuestro país un Gobierno más intervencionista que el actual, en el mundo empresarial y en el mercado. El propósito es crear un oligopolio de ofertas de comunicaciones, telecomunicaciones, que pasa después —por la falta de autonomía empresarial española— al control de una parte del poder financiero, esencial en España para cualquier desarrollo económico. Y se completa con el control de los multimedia, y con el ataque a los grupos que se consideran mínimamente independientes, o al que trata de levantar la cabeza. Todo este aspecto me ha sorprendido más, porque es una parte que, en cierta medida, habían consolidado cuando tenían una minoría mayoritaria y tenían que pactar con otros...

Pero es evidente que la derecha no ha podido consolidar un anti-modelo en el tema de la redistribución del ingreso. El sistema de redistribución a través de la asistencia sanitaria, la educación o las pensiones define el modelo socialdemócrata europeo, pero, obviamente, también define el modelo democristiano, porque se forma como el paradigma de la sociedad industrial. Ese sistema es muy resistente al cambio. Cuando un Gobierno, por muy de derechas que sea, trata de desmontar esa redistribución del ingreso —que al final termina siendo una redistribución entre clases medias, clase media-baja, clase media-alta— encuentra resistencias fortísimas. Margaret Thatcher lo intentó con la Sanidad, y pudo llegar a destrozarla, pero no a privatizarla. De hecho, ese proceso ya está de vuelta en Gran Bretaña: han vuelto a poner en manos del Estado los ferrocarriles, por ejemplo. Por tanto, hay una resistencia en el tejido social, acostumbrado a la cohesión, y quien se atreva a romper esa cohesión tiene un problema.

Donde se ha producido una regresión preocupante —yo creía que se podría haber evitado, porque cuentan con una mayoría muy escasa— es en las relaciones con los poderes territoriales, en el diálogo con las autonomías. Y debo decir que, en parte, me siento responsable de haber impulsado la negociación, sobre todo con la minoría catalana, con Jordi Pujol. Lo hablé seriamente con él, porque creía que podía cambiar el destino histórico de la derecha. Pero la derecha que gobierna pasó del «Pujol, enano, habla castellano», a pactarlo todo y continuamente con Pujol. Yo le había dicho a Pujol: «Es la primera ocasión en la que la llamada "derecha castellana" podría entenderse, quizás, con una parte importante del catalanismo político, que expresáis a través del nacionalismo. Es una ocasión histórica para que la derecha española, que nunca ha aceptado la diversidad de España, pacte y se acostumbre a convivir con la diferencia de identidades, aunque sea por un pacto de necesidad y de intereses». En fin, parecía que ese entendimiento empezaba a funcionar, con el PNV también, que formaba coalición con el Gobierno y, entre ambos, llevaban adelante todo lo que fuera contra el PSOE. En realidad, estaban obsesionados con este último detalle. Mantuvieron ese entendimiento con CiU cuando fueron minoría y, de pronto, cuando estaban a punto de celebrarse las elecciones, rompen con el PNV, aunque mantienen, por si acaso, la relación con CiU. Pero cuando obtienen la mayoría, destapan su verdadera cara. Y todavía hoy lo están plasmando en sus discursos contra las identidades, contra los estudiantes, incluso contra lo que ellos mismos representan. Es decir, nos están enseñando cómo hay que ser español, cómo hay que ser vasco... Como les da la gana, por cierto.

AQUEL LIDERAZGO QUE ME DESBORDABA

Yo era consciente —ya durante aquella campaña electoral de 1982— de que en torno a mi persona se estaba acumulando una idea de liderazgo desbordada. Con el tiempo, mis detractores la utilizarían para acusarme de caudillismo. Y no sé si, a estas alturas de mi vida, cuando llevo unos pocos años fuera del poder, y sin pretender ninguna responsabilidad institucional, interna ni externa, estoy ya en condiciones de poder advertir que nunca me ha dominado la pasión por ocupar el poder. Lo que sí es cierto es que uno de los problemas que me ha acompañado siempre —y que no tenía cuando ganamos las elecciones de 1982, incluso las de 1986— era la preocupación por el caudillismo, que es una forma de «fulanismo» en España. Siempre he tenido esa preocupación. Siempre he pensado que uno de «los males de la Patria» era la polarización de la sociedad en torno a una figura simbólica, a favor o en contra. Por carácter —yo no tenía, ni creo que tenga, mal carácter, no le grito a nadie, no soy extremista ni extremoso, en nada—, yo no tendía a la polarización. Sin embargo, la polarización en torno a mi persona fue aumentando; parece que la gente discute poco que yo tenía capacidad de liderazgo. En la primera fase, el índice de rechazo respecto de mi manera de expresarme, de mi estilo de gobierno, de mi estilo de dirigirme a las gentes y de relacionarme, no provocaba rechazo más que en el diez o doce por ciento de la población, lo cual es «homeopático» en cualquier lucha democrática. Sin embargo, terminé provocando rechazo y aceptación en mitades, cuarenta contra cuarenta... Acabé acumulando un rechazo alto al cabo de los trece años de Gobierno.

Y uno de los elementos que me decidió a dejar de participar activamente en la vida política y, sobre todo, en la vida política institucional, en ese sentido del liderazgo, fue mi preocupación por la polarización «fulanista» del país. Es evidente que ese rechazo, digamos, hacia mi personalidad tiene poco que ver con la polarización que se produce con Azaña. Poco que ver, quiero decir, en cuanto a la personalidad, en cuanto al fenómeno histórico. Se produce incluso con Franco o contra Franco, con Azaña o contra Azaña... apasionadamente. Pero es que Azaña era, por su personalidad áspera, más susceptible de provocar ese rechazo. Yo no tenía ese tipo de personalidad, pero, sin embargo, se produjo. Y cuando así fue, tuve bastante claro que yo empezaba a formar parte del problema, y no de la solución. No digo que sea verdad, pero cada uno habla de las percepciones que tiene. Yo no quería polarizar a la sociedad; nunca quise polarizar a la sociedad española en los términos en que se produjo. Porque la inmensa ventaja que nos permitió producir el cambio histórico —que ya está hecho, ahora se trabaja más en los márgenes— no residió sólo en el hecho de que tuviéramos la mayoría que nos sostuviera como gestores de ese cambio, como dirigentes de ese cambio, sino que había una parte importante de la ciudadanía que no nos votaba ni nos votaría, pero que estaba de acuerdo con lo que hacíamos. Ésa era nuestra gran fuerza. Aunque no lo dijeran...

Pero todo esto lo estropearía más adelante la polarización que afectó, por ejemplo, a nuestras relaciones con el mundo empresarial. Los empresarios, más bien, se inclinaban hacia el ministro, pero una prueba de su comportamiento y de su encaje dentro de ese proceso de cambio es el tratamiento que recibieron cuando el Partido Popular llegó al Gobierno. Cuando llegaron estos jóvenes —entonces, porque ahora ya no son jóvenes, Aznar y compañía—, hicieron una limpieza sistemática y mostraron una desconfianza absoluta respecto de los dirigentes empresariales que, siendo como eran de la derecha, no les producían confianza porque les parecían colaboradores del Gobierno socialista. Les parece que fueron tibios con los Gobiernos socialistas: llegan a ese tipo de sectarismo. Pero esa polarización no se produce, por ejemplo, en el mundo empresarial hasta el final. ¿Confianza con el mundo de la empresa? Confianza, confianza... Bueno, con nosotros existía una convivencia bastante armoniosa, y una cierta relación de respeto. Ahora, aquella relación empieza a resultar más interesante, porque yo interfería muchísimo menos —como poder— que lo que está interfiriendo la derecha en las decisiones empresariales y en la propia autonomía de las libertades de empresa. Pero, en un momento determinado, obviamente prefirieron que hubiera un cambio, y se polarizaron. Está claro que se polarizaron. La huelga de 1988 fue una huelga que recibió el apoyo de la Patronal, clarísimamente. No sólo tuvo el acuerdo de la derecha política, también el de la Patronal...

Por tanto, yo tenía, por una parte, conciencia de la fuerza de eso que llaman liderazgo, de la capacidad de convencer y de tener a la gente de nuestra parte. Y, por otra parte, conciencia de que producía, aunque no lo pretendía —bien al contrario—, rechazo. Y fue un rechazo de tal magnitud que se podría haber provocado, por ejemplo, si yo hubiera aprovechado nuestros resultados electorales de 1986 para haber planteado un primer debate sobre la Guerra Civil o sobre los responsables de la Guerra Civil. La gente no veía amenazado su estatus —no digo su privilegio, digo su estatus— y, entre los empresarios, la discusión, hasta hace muy poco tiempo, era: «¿Por qué os quejabais del Gobierno socialista, si nunca fuisteis más empresarios, más potentes, si nunca antes creasteis más empresas, disteis más dinero, expandisteis más vuestra capacidad, aunque se aumentara la presión fiscal y se redistribuyeran ingresos?».

LA ESPERANZA, UNA CARGA PESADA

Aquella campaña electoral de 1982, tantos y tantos mítines multitudinarios, me hacía tomar conciencia de las esperanzas acumuladas en aquellas miles y miles de personas. Y me daba —y me da, todavía hoy— una profunda sensación de vértigo. Me ocurría entonces, y me ocurre ahora. La verdad es que mi compromiso con la gente dependía exactamente de eso, y por esa razón, además, para no estar tan encadenado con el compromiso, yo procuraba estar el menor tiempo posible ligado a ello. Yo nunca he hecho un mitin, hablándoles «a las masas» —como diría el pobre Anguita—. Yo hablaba a seres humanos concretos a los que les veía la cara, y les sigo viendo la cara cuando hablo en público. Por eso, en mis intervenciones, más bien dialogo con la gente concreta, por muchas personas que sean; hablo exactamente igual cuando hay veinte mil personas, o cuando hay cien mil, que cuando estoy en un seminario con cincuenta asistentes. Ese vínculo con los seres humanos concretos era el que más me comprometía. Todavía es el que más me compromete. Aún hoy, cuando alguien, por la calle, me dice cosas como: «¿Por qué te has ido?» —algunos, incluso, lo expresan en términos peculiares: «¿Por qué nos has abandonado?», «¿Qué te hemos hecho?»—, este tipo de cosas me siguen comprometiendo, y comprometiendo en el fondo.

Me agobiaba esa especie de responsabilidad de concentrar tantas esperanzas. Y no sólo por saber que las concentraba; para algunos, yo, o nosotros, representábamos, además, la realización de un sueño, de sus padres, de sus abuelos, de sus tíos, de su familia... Eso era algo más que esperanza. Lo que me decían algunas mujeres mayores en aquel momento: «Cuídate, cuídate, cuídate...». Esas cosas... «Cuídate». Eran viudas de la guerra, y ese «cuídate» era dramático. Porque no pedían nada, lo único que me pedían era que tuviera cuidado, que no fuera a pasarme nada, eso era lo que temían. Eso me abrumaba, pero de verdad.

Cuando me preguntan qué sensación tenía aquel 28 de octubre de 1982, siempre digo que me sentía abrumado. Fundamentalmente, abrumado por la responsabilidad. Sabía que tenía que soportar una carga enorme. Pero estaba absolutamente dispuesto a soportarla, sin que alterara la determinación de hacer lo que debía hacer. Eso explica, en parte, el hecho de que yo no hiciera inauguraciones. Es algo que la gente no puede entender porque no lo relaciona. En parte era reconocerle al Rey su papel. Eso explica que yo nunca presumiera de que no me gustaba salir en la foto. Y explica también que, efectivamente, no saliera en la foto en los momentos, digamos, de gloria. Y explica que, en el Palacio Real, como conmemoración de la firma del Acuerdo del Tratado de Adhesión a la Unión Europea[2], no haya una placa de ésas en la que figure. ¡No figuro ni en la foto! Ni en ésa. Por decisión mía, no por decisión del Rey.

Cuando perdimos las elecciones, yo creo que debería haber sentido una profunda responsabilidad por el fracaso ante la gente que, durante años, me había entregado su apoyo y su entusiamo. Pero no fue así. Sería feo que tratara de cubrirme. Tengo que reconocer —ya sé que debería decir lo contrario porque es lo que a uno le hace quedar bien— que lo que sentí, en parte, fue una sensación de alivio. No sentí el alivio que yo veía que sentían mis compañeros, para bajar los brazos antes de perder ya, y estar casi deseando perder. Ese tipo de alivio, yo no lo sentí. Yo peleé hasta el último aliento, porque me parecía que era mi responsabilidad y mi obligación con la gente que confiaba en nosotros. Pero, una vez perdidas las elecciones, tuve una clara sensación de alivio. Para entonces, yo ya tenía tomadas todas mis determinaciones, lo que ocurre es que, después, las administré como pude. No las tomé esa noche, porque es cierto que no dije: «Bueno, me voy: que me busquen no sé dónde...». Pero tenía tomadas todas mis determinaciones.

Sin embargo, la imagen de tantos rostros me ha perseguido. Todavía hoy —¡y hay que ver el tiempo que ha pasado!—, a veces, me encuentro con personas que me hablan en términos muy afectuosos. Ahora, además, disfruto con un cambio espectacular: la gente joven vuelve a expresarme su simpatía, se dirige a mí hablándome de sus padres. ¡Han pasado veinte años! Los jóvenes de hoy me hablan de los que eran jóvenes entonces: sus padres.

La corrupción, una de las causas de nuestra derrota, fue también parte de una campaña despiadada. Cuando veo todavía a los que están pagando penas de prisión, y veo la magnitud... ¡No hablo de la prisión en términos cuantitativos sino cualitativos! Todavía se recicla aquello, y se recalienta el guiso, y se vuelve a poner en marcha. Y, por otro lado, salvo que el juez dé un paso más en Gescartera, de Gescartera no hay titulares. La corrupción fue un elemento añadido a una situación de desgaste en el tiempo. Pero a todo ello hay que sumar una política, una campaña muy coordinada. Aunque ahora se arrepienta de haberlo hecho, Luis María Anson la describió bien. Y cito a Anson no porque tenga el mérito de haberla descrito, sino porque era un argumento de autoridad. No era lo que yo decía, sino lo que decían ellos mismos.

Hay partes más dolorosas... Cuando uno tiene —o interioriza— una «responsabilidad del Estado», los elementos más dolorosos no son los personales. Es decir, yo nunca he sentido odio, ni deseo de venganza. Me parece una pérdida de tiempo. Incluso me resisto a hacer reflexiones que pueden parecerse a la memoria de lo que pasó. Entre otras cosas, yo no quiero encerrarme en la memoria de nadie, quiero seguir estando... en la vida. Tengo siempre la tentación de hacer un *flash-back* para apuntar líneas de futuro, mucho más que para recrearme, en uno o en otro sentido, en el pasado. Pero entonces me preocupaban muchísimo más otras cosas. Por ejemplo, me preocupaba seriamente que destrozaran, que masacraran, de manera consciente, todo el aparato de Inteligencia del país. Eso me preocupaba infinitamente más que los elementos personales, porque sabía que el desmantelamiento de los Servicios de Inteligencia iba a tener un coste infinitamente mayor. Es sólo un ejemplo de lo que me preocupaba más. Me importaba mucho menos el que me envolvieran dentro de ese ataque o que me acusaran de ser un corrupto... Todavía recuerdo las faenas que hacían... Éstos, que parecen tan elegantes de forma... Federico Trillo y...

Aquella gente con la que eché a andar

Aquella foto de la escalinata de La Moncloa, con mi primer Gobierno, la verdad es que aquel momento no provoca en mí un sentimiento especial, quizás porque, mucho antes, ya tenía bastante interiorizado con quién iba a trabajar. Lo que sí pesa en mi recuerdo es la reflexión sobre la gente con la que arrancaba para emprender la tarea.

Yo estaba decidido a formar un equipo en el que mi responsabilidad era designar a los responsables de cada área y de cada Ministerio y, a la vez, ellos eran los responsables de designar a sus equipos de colaboradores. Mi tarea era coordinar ese equipo, dándole sentido de proyecto al trabajo de todos. No tenía intención de puentearlos —no ha sido nunca mi estilo—, intentando colocar en cada Ministerio a personas impuestas por mí. Como método de trabajo, esa técnica no me interesó nunca. Otra parte de mi modo de trabajo consistía en que yo no creía que en la Presidencia del país —que no había existido durante todo el franquismo, el jefe de Gobierno era una institución inexistente en la historia reciente— se pudiera trabajar con «fontaneros». Había que trabajar con un equipo que elaborara, desde la Presidencia del Gobierno y respetando, además, el mandato constitucional, la estrategia del cómputo de gobierno, que reciclara la información procedente de los Ministerios y que fuera capaz de ofrecer orientaciones.

Me sentía satisfecho en ese momento, y absolutamente confiado en que la gente que formaba el equipo, como tal equipo, iba a funcionar. Es verdad que me sentía más próximo a unos que a otros, pero esto es menos relevante. Lo más importante era el convencimiento de que tendríamos capacidad. La mayoría de nosotros no habíamos estado en el aparato del Estado, aunque había algunos funcionarios. Yo no había pertenecido jamás a la función pública; nunca había hecho una oposición para ser inspector de Hacienda, por ejemplo. Yo venía muy desde fuera. Pero venir desde fuera no significaba que fuéramos el contrapunto, lo más lejano a la función pública, o que fuéramos gente con poca experiencia política. Porque, probablemente, teníamos más experiencia política democrática que el resto de los interlocutores, incluso más experiencia que los que habían gobernado en la fase anterior. Lógicamente, la red de relaciones de las que yo disfrutaba, muy intensas y de mucha confianza, era muy potente; por tanto, sabía con qué desafíos nos íbamos a encontrar. Pero también había un componente naïf, cierto desconocimiento que se plasma en algunas de las sorpresas que te llevas cuando llegas y ves, por dentro, las tripas del Estado.

A la hora de formar mi primer Gobierno busqué, en todos los casos, a las personas que podían identificarse mejor con el proyecto: a Solchaga, a Boyer..., a todos. Incluyamos a Fernando Morán, aunque menos quizás, por razones de generación; pero era un experto y, teóricamente, tenía una formación completa, conocía bien el Ministerio, la política exterior, y me pareció que tenía criterio. Cuando trabajaba en la formación del equipo, yo notaba, desde el principio, que había una limitación, la limitación que siempre representa el horizonte generacional. Como el cambio histórico también era un cambio generacional, esa limitación, en parte, me dolía. Pero se daba el caso de que yo no veía fuera de mi horizonte generacional, ni hacia arriba ni hacia abajo. Hacia abajo era muy difícil, porque tenía ministros con 32 años, pero hacia arriba no veía suficientemente... Mis vínculos, como es natural, eran generacionales. Yo tenía 40 años, y la media de edad del primer Gobierno era aproximadamente de un año menos. Cuando abandoné La Moncloa tenía 54 años, y la media de edad del Gobierno era también de un año menos.

En los componentes de aquel equipo no había una predeterminación de cómo iba ser el comportamiento de unos y de otros. En términos generales —lo pienso muchas veces—, digamos que, desde el punto de vista humano, he tenido bastante suerte, porque fueron pocas las personas que reaccionaron mal o fallaron en situaciones complejas. Los equipos permanecieron durante mucho tiempo y fueron pocos —si es que hay alguno— los que salieron del Gobierno con rencores que se expresaran después de otra manera. No he tenido esa experiencia. Para mí, la función de dirección y de liderazgo —o como quiera llamarse— tenía mucho más un componente de libertad que de imposición. El «ordeno y mando» y «aquí se va a enterar la gente», y el «yo lo pongo y lo quito», y «disfruto humillándolo cuando lo nombro, y humillándolo cuando lo quito», y ese tipo de pensamientos, nunca han formado parte de mi manera de hacer las cosas. Mi autoridad era, más bien, una autoridad moral. La gente lo respetaba y yo creo que lo respetó hasta el final.

Hablar de Alfonso...

Hablar de esto me pone en una situación... Yo, en aquel momento, creía realmente que Alfonso tenía una cierta prevención a entrar en el Gobierno y, probablemente, en aquel momento, la tenía. Él decía que no tenía muchos deseos de estar en el Gobierno, que quería hacer otras cosas, y que no sé qué... Siempre lo dijo, siempre mantuvo ese discurso, desde el principio hasta el final. Incluso, a veces, lo expresaba con aquella fórmula: «Yo estoy aquí de oyente». Ese tipo de cosas... Dependía de cada momento. Visto en la perspectiva histórica, yo creo que Alfonso quería estar en el Gobierno. Y creo que, cuando salió, quería seguir en el Gobierno... Esto es lo que yo creo. Otra cosa es que él tenga ese mismo grado de conciencia. Lo creo, pero no lo puedo afirmar rotundamente, es difícil meterse en la piel de otra persona. Es difícil, aunque yo haya tenido con él mucha relación, mucha, y haya creído conocerlo bien. Pero no estoy seguro. A mí me interesa... realmente me apasiona, la condición humana. Alfonso, por ejemplo, llegó a creer, y lo llegó a creer con plena convicción, que mi disponibilidad para abandonar las responsabilidades o la dirección era, en cierto modo, una disponibilidad táctica. (Esa disponibilidad la expresé ya cuando empezábamos a preparar la Constitución, en 1977, en Sigüenza). Y he de recordar que él siempre me acompañó en esas responsabilidades, incluso antes de llegar al Gobierno. En fin, Alfonso pensaba que yo mostraba esta disposición para conseguir más poder, por lo que había pasado en el congreso del Partido, lo del marxismo[3]... Es decir, yo con las resoluciones que se plantearon no iba a ser capaz, desde la minoría en que me había quedado, de representar a la mayoría... Y eso, para mí, era simplemente lineal: una relación de causa-efecto; pero Alfonso, por supuesto, no lo veía así. En el mismo congreso me dijo: «Pero ¿no estarás pensando en serio no presentarte?». «¡Pues claro que lo estoy pensando en serio! No me presento. ¡Ni en broma soy secretario general en esas condiciones, me parece un disparate!». Y cuando planteé, en Sigüenza, que deberíamos hacer un congreso, él me dijo que era una locura. Y tenía toda la razón. Si nosotros hubiéramos organizado un congreso, en 1977, y hubiéramos afirmado que ya habíamos cumplido con lo que nos comprometimos en Suresnes... Políticamente, Alfonso tenía toda la razón; pero, humanamente, aquello era lo que yo quería hacer. Porque yo había cumplido con lo que me había planteado hacer: «Ahora, vamos a intentar renovar el Partido, darle aire y que haya alguien que se encargue...». Alfonso tenía toda la razón. No habría salido, en el caso de que hubiéramos convocado un congreso, y se hubiera producido un cambio en la dirección. Tenía razón.

No me refiero, por tanto, a cuántas veces acertaba o erraba Alfonso, eso importa poco —se puede errar muchas veces, y será una percepción muy subjetiva—, me refiero, sobre todo, a cómo percibía él los acontecimientos. En el congreso en el que dejé la Secretaría General, él creía que, en realidad, yo estaba llevando a cabo una operación de distanciamiento, una estrategia que consistía en decir «no quiero seguir» para, en realidad, poder así dejar fuera a los que quisiera y quedarme con los que quisiera. Esta supuesta intención era lo más lejano, lo más distante, a mi propósito. Y eso, yo creo que Alfonso no lo entendía. Todavía hoy, creo que no lo entiende... Recuerdo a Corcuera, en mi despacho, una semana antes y días antes del congreso, dándome una lata horrorosa: yo tenía mi decisión tomada —Corcuera ni la imaginaba— y ponía sobre la mesa quién tenía que estar, quién no debía salir de la Ejecutiva.

LO QUE NOS SEPARABA

Entre Alfonso y yo había —y creo que, en parte, permanece— una corriente de afecto humano que ha sobrevivido a momentos muy fuertes. Existía eso, más que una corriente de posiciones comunes, que nunca las hubo. Pero la falta de sintonía en ese aspecto no me turbaba. Y me turbaba tanto menos en cuanto que la lealtad de Alfonso permitía que, siempre que llegaba el momento de tomar una decisión, su posición cedía ante la mía. En ese punto, había pocas dudas. Pero las posiciones no eran convergentes, sin duda, sin duda. Algunas veces, incluso, fueron opuestas. Pero, digamos que esto se debía mucho más a un problema de fondo que, como algunos dicen, a un motivo ideológico. Tiene que ver con el temperamento, el carácter, el estilo... elementos que condicionan finalmente todo el proceso de toma de decisiones, el modo de aproximarse a la vida y a los problemas. En todos esos aspectos, Alfonso y yo éramos muy diferentes. Entre los dos había un vínculo afectivo fuerte, pero nuestra manera de aproximarnos a la relación con los demás, a la conformación de un equipo, a la manera de hacer política, al enfoque de los problemas, era muy distinta, siempre fue muy distinta.

Otro tema que nos enfrentó, aunque en etapas posteriores a la formación del primer Gobierno, fue nuestro diferente concepto del Partido y de su función en la sociedad. Yo creo que, incluso antes de arrancar nuestra experiencia de Gobierno, incluso en el congreso en el que surgió el debate en torno al marxismo, Alfonso estaba más identificado con las resoluciones que forzaron mi negativa —aunque, obviamente, se opuso a ellas— que con mis propias posiciones. Yo creo que su estilo, su manera de ser... era más próxima a eso, sin duda alguna. Lo veo retrospectivamente con claridad, independientemente de que le pareciera inoportuno y disparatado que por aquella razón nos fuéramos a jugar una crisis de dirección. Por tanto, ya había esa diferencia, una diferencia muy de fondo. Después, y alguna vez lo hablamos entre nosotros, digamos que él llegó a creer —también lo llegó a creer Txiqui Benegas, y así se recoge en una de aquellas conversaciones telefónicas grabadas desde un coche— que yo no quería al Partido, que no me sentía vinculado a él: una apariencia que se podía afianzar entre alguna gente nuestra. La verdad, la realidad: yo no era partidario de formar «tribus» en el Partido —aunque esa actitud no gustara a algunos—. Digamos que yo no cultivaba el «felipismo» en el Partido, en absoluto. Yo me llevaba exactamente igual con alguien que pudiera aparecer como, digamos, «guerrista», como Juan Carlos Rodríguez Ibarra, que con alguien que, en el imaginario, pudiera aparecer como «felipista», por ejemplo, con Javier Solana. Mi trato humano, de compañero a compañero, no variaba. Yo no premiaba ni castigaba en función de que sintiera proximidad en esos términos, «felipismo» o «no felipismo». El Partido era el Partido.

Y la sensación de distanciamiento... Incluso decían que no me ocupaba de dirigir el Partido. Esta sensación se producía por algo que siempre se administra mal. Es muy complicado. En la actualidad, sigue siendo muy complicado para todos los ciudadanos. La explicación es que, cuando tú te diriges, en función de tu carácter y de tu responsabilidad, al conjunto de la sociedad, con frecuencia es la sociedad la que impacta sobre el partido, para modelar la posición del propio partido. Cuando tienes una concepción de partido, digamos, más instrumental —para entendernos, el modelo más acabado podría ser el modelo comunista—, es el partido el que traslada a la sociedad lo que el líder decide que hay que trasladar a la sociedad; es el centralismo democrático. Frente a esa concepción, yo he tenido una relación infinitamente más fluida. Incluso conversaba con los compañeros como con los ciudadanos; no tenía un «lenguaje de tribu» y un «lenguaje social». Y eso despistaba a mucha gente dentro del Partido. Porque los partidos siempre tienen un «lenguaje de tribu», unas claves de comunicación interna, convenciones comunicativas... Y se entendía muy mal el hecho de que, para mí, fuera exactamente igual un compañero que otro. Y, naturalmente, aquellos que mantenían ese concepto de «tribu» estaban enojadísimos: ni me entendían, ni compartían mi actitud. Sí, se entendió mal que, para mí, un compañero fuera exactamente igual que otro; sobre todo, cuando algunos que se consideraban el núcleo de la «lealtad sin fisuras», en el momento que fuera, creían que ese núcleo tenía que tener, en función de ese tipo de lealtad, premios en la representación o en la función... Pero yo no lo percibía ni lo sentía así.

EL PARTIDO, LA TRIBU Y LA CUEVA DE ALÍ BABÁ

Yo siempre he estado dispuesto —y a día de hoy también lo estoy— a otorgarle responsabilidades a alguien que haya sido crítico conmigo. Siempre le he concedido el derecho a discrepar de lo que siento. Si coordino un equipo, lo importante, al final, es la labor de equipo. Nunca me produjo ningún malestar estar en minoría en la Ejecutiva del Partido; y lo estuve muchas veces. Nadie lo cree, por aquello del «felipismo», del caudillismo, y todas estas tonterías... nunca me produjo malestar estar en minoría. Y cuando estar en minoría podía condicionar el propio carácter de ser responsable de la dirección del Partido —como ocurrió en aquel famoso congreso del marxismo—, simplemente, no aceptaba serlo. Pero ésta es mi manera de ser, no me cuesta ningún trabajo, porque no he tenido nunca la pasión de control del «aparato» de Partido. Nunca. En ese sentido, siempre estuve con un pie en el estribo del tranvía.

Todas estas circunstancias nos separaron a Alfonso y a mí de forma abismal. Su concepto era contrario al mío. Además, no lo discuto. Porque yo no lo podría hacer de otra manera ni él tampoco. De modo que no tiene arreglo.

Alfonso desconcertó a mucha gente con aquella famosa imagen, que tanto le gratificaba, de estar en el Gobierno de «oyente». A él le gustaba esa «cosa teatral». Además, lo hacía muy bien. Lo mismo que cuando aparecía y decía que era «garante». A veces decía que era «oyente» y otras, que era «garante» de que no nos conducíamos por un camino equivocado, y que cuando él ya no estuvo, el camino fue equivocado... Este tipo de cosas. Entonces, decía: «La representación externa la tiene Felipe, pero el que de verdad pone todos los ingredientes del guiso soy yo, el que pone la guinda...». Este tipo de cosas son las que no hay que dejar aflorar, incluso en el caso de que sean verdad, salvo que se quiera aparecer como «dominador». Incluso en el caso de que sea verdad.

A propósito de mi implicación en el Partido, recuerdo que... En realidad, no fue ése el motivo de la conversación, pero sí surgió cuando los compañeros del grupo que podríamos considerar «guerristas» estaban tan preocupados por la situación entre Pepe Borrell y Joaquín Almunia y por todo lo que se venía encima. Vinieron a verme para decirme que nos teníamos que reunir, que el Partido se había quedado sin dirección y que tenía que hacerme cargo de no sé cuántas cosas... En fin, las cosas normales... Estaba presente Txiqui Benegas y yo le dije: «Txiqui, pero si el Partido está sin dirección desde hace muchos años, según tu criterio». «No, no, no, —me decía—, mientras tú has estado al frente del Partido, este Partido ha tenido orientación». «No, no. No era eso lo que decíais —le contesté—. Hagamos una reflexión seria...». «No, no, tú siempre has sido el líder de este Partido —me aseguraba—, siempre has marcado la orientación. La gente ha podido ser crítica o no porque este Partido es así, pero siempre sabía dónde queríamos ir cuando tú estabas. Pero ahora tenemos problemas, no sabemos». Y yo le decía: «No, Txiqui, seamos coherentes: decís que el Partido lleva no sé cuántos años sin liderazgo, parte de ese paquete me lo atribuís a mí por estar dentro del Partido y ahora decís que eso no es...».

Yo creo que nunca fue así, que el Partido tenía una orientación... Pero no importa. Es un problema de estilo, de cómo percibes el que se tenga o no esa orientación. Mi cabeza estaba entrenada para reciclar la información en forma de respuesta, era mi obligación como dirigente. Todavía hoy es de lo que más me cuesta deshacerme. Lo que recibo como información sigo reciclándolo en forma de respuesta y me lo callo, salvo cuando me pide José Luis Rodríguez Zapatero que le diga o le aconseje. (Por cierto, digamos que lo hace, ahora, por fin, sin ningún tipo de complejo ni de condicionamiento, y por eso funciona bien).

Ésas fueron las razones, por eso existía aquella percepción, que se extendió entre los militantes más militantes del Partido: que yo no tenía en cuenta o no hacía caso del Partido. Y era una percepción inevitable porque, en parte, respondía a la verdad de que yo no hacía política de triunfo, yo no hacía política de fieles contra infieles. No la hacía. Nunca la he hecho y nunca la haré. Pero yo, incluso a Antonio García Santesmases, que a veces me producía una cierta irritación intelectual, le agradecía que dijera las cosas como las decía, fueran sensatas o tonterías.

Ya sé que Alfonso ha llegado a decir que la gente afín a mí le quería desplazar, «porque querían quedarse con la llave de la cueva de Alí Babá». A mi juicio, el problema de este comentario, no es que sea o no simplista, es lo que supone de desapego respecto de un período y lo que muchos pueden interpretar como cierta insolidaridad. Me cuesta mucho trabajo responder a este tipo de argumentos. Porque lo que se me ocurre podría resultar igualmente ofensivo y es absurdo. Y no tengo ninguna necesidad. Estoy seguro, además, de que Alfonso, si hubiera reflexionado, no lo habría dicho. Ya sé que lo ha repetido. Pero todo empezó como empezó. Toda la campaña empezó como empezó. No puedo negarlo. Es absurdo.

BOYER, UN PULSO IMPOSIBLE

La política económica era una prioridad del proyecto del primer Gobierno socialista. Y era una prioridad que no había aflorado antes, durante los Gobiernos de Adolfo Suárez y de Leopoldo Calvo Sotelo, porque dominaba la prioridad política: la lucha por la estabilidad. Pero, sin duda, era una prioridad para un país sumido en una crisis económica que en el resto de Europa se había afrontado mucho antes. Aquí, por la priorización necesaria de la política, no había habido ocasión de afrontarla, a pesar de los Pactos de la Moncloa[4]. Por tanto, era una prioridad subyacente que emerge cuando hay un Gobierno con capacidad para responder. No era, ni con mucho, la única.

Al mismo tiempo, se desarrollaba la fase final de la negociación europea que, como siempre —independientemente de los porcentajes que se tuvieran que negociar—, la parte final era el hueso duro de roer. Había varias tareas que convergían, teníamos también la negociación bilateral con Estados Unidos, teníamos el problema del terrorismo y la colaboración de Francia en materia de terrorismo. Con Francia, además, teníamos la dificultad añadida de tratar de levantar el llamado *préalable* para el ingreso en la Comunidad Europea[5].

Había, en fin, cuatro o cinco líneas que convergían y que eran la preocupación inmediata del Gobierno. Pero, en cualquier caso, era necesario afrontar la crisis económica: la reconversión industrial. Teníamos el foco dirigido hacia el saneamiento de los problemas endémicos de la economía de este país.

Para el ciudadano, el día a día es determinante. La negociación con los americanos era, desde luego, importante, y el ingreso en Europa era una aspiración colectiva, pero, por otro lado, el día a día era la crisis industrial, los grandes problemas económicos, el incremento del paro, la pérdida de capacidad de crecimiento...

Me había decidido por Miguel Boyer como ministro de Economía porque me merecía no sólo confianza desde un punto de vista personal, por su capacidad, sino porque sabía —y me parece que es un factor aún más determinante que el anterior— que él era poco discutible, que proyectaba una imagen, como diría Paco Fernández Ordóñez, de «sabio atómico», de que sabía lo que decía y lo que quería. Esa imagen se proyectaba hacia la ciudadanía, gustara o no gustara lo que decía el ministro. Boyer, en ese sentido, era un factor de confianza poco discutible en aquella coyuntura.

No es exacto que Miguel Boyer y Carlos Solchaga fueran, digamos, mis avales, que me recibieran en Madrid cuando yo era poco conocido. La gente por la que me sentía acogido, desde el punto de vista humano, que es el factor más importante cuando estás descolgado de la familia, de la tribu y de toda esa historia, no figuraba en absoluto en la militancia del Partido. El entorno de acogida humana, la gente por la que me sentí acogido —algunos siguen siendo muy amigos, como José Félix de Rivera—, no pertenecía exactamente al entorno de militancia del Partido. Tampoco tengo la percepción, aunque sé que es un comentario recurrente, de que Boyer y Solchaga fueran, de alguna manera, las personas que me hubieran puesto en contacto o me hubieran introducido en los niveles de los poderes fácticos, de la llamada «aristocracia financiera». Con los poderes fácticos tampoco tuve yo una gran relación. Por lo menos no tengo esa percepción.

Con Boyer dejé de tener relación, es obvio, pero con Solchaga la he mantenido siempre, y no tenía, ni tengo ahora, esa percepción del comienzo de esa etapa. Digamos que yo tenía una relación razonable, pero no intensa, y no desde el principio, con Miguel Boyer. Y aquí, en Madrid, hacíamos una política... En aquel momento, en 1974, cuando me eligieron secretario general del Partido, fui minoritario en la Federación Socialista Madrileña durante mucho tiempo. Más adelante, Boyer confeccionó buena parte del programa del congreso de 1976. Inmediatamente después, y no era la primera vez, se distanció y se unió al grupo de Fernández Ordóñez. Más tarde se distanció de ese grupo y participó con nosotros en la campaña de 1982; volvió al Partido como diputado por Jaén. Y, después, continuó su periplo, en el que está, quizá, desde hace mucho tiempo, desde su salida del Gobierno en 1985.

Yo creo que él, en alguna medida, salió desairado del Gobierno. No asumió plenamente no haber consolidado sus ambiciones, su aspiración de ser vicepresidente. Lo que ocurre es que a mí... Digamos que, en esa crisis, Miguel pensó que podría condicionar mis propias decisiones como responsable del cambio de Gobierno. Y yo creo que cuando comprobó que eso no era posible, cuando comprobó que en el Gobierno quien decidía era yo, obviamente, y que no había más condicionamientos a esa actitud, entonces se produjo ese distanciamiento. No juzgo sus razones: probablemente se trataba de convicciones profundas respecto a lo que había que hacer y a lo que no había que hacer. En todo caso, el distanciamiento después se fue agrandando, agrandando, hasta situarse junto a Aznar.

No puedo decir si esta separación fue reactiva o si, incluso sin que él mismo lo supiera, en el fondo, había sido siempre un conservador. No lo sé, eso es mucho más de confesionario que de... Yo he tratado siempre a Miguel con bastante respeto, diría que con cariño, incluso cuando él ha hecho alguna burrada un poco disparatada.

Le molestó mucho su salida del Gobierno por el problema que ha tenido siempre desde el punto de vista de sus análisis políticos. Desde el punto de vista humano, tengo otra opinión y no estoy dispuesto a darla. Pero, desde el punto de vista político, tenía buena cabeza económica —no sé si la sigue teniendo, pero la tenía— muy brillante, con poder de análisis, incluso brillante en las propuestas, independientemente de que fuera acertado o no acertado —porque algunas propuestas para las elecciones de 1977 eran contradictorias—. Sí, era muy brillante... Pero la verdad es que tenía muy poca capacidad de acierto político. Muy poca capacidad de instinto político o de acertar en el análisis político. En una ocasión, se me ocurrió hacer este comentario —y se me ocurrió cuando él hizo ese desplazamiento hacia el PP de Aznar—, lo hice de una manera respetuosa, pero él se «rebotó» de una manera dura... Me llamó mucho la atención, porque yo no he tenido nunca con él la actitud que él tiene conmigo.

ALFONSO, BOYER Y EL PODER DE DECISIÓN

Miguel ha difundido la versión según la cual yo había aceptado su exigencia de la Vicepresidencia del Gobierno y que aquello «estaba hecho», pero que el veto furibundo de Alfonso Guerra le impidió acceder a ese cargo... Bueno, ésa sería su interpretación de los acontecimientos y me parece razonable. Pero, vamos a ver: yo nunca, en ningún momento, acepté condicionamientos. Es bien cierto que mantenía vínculos afectivos y de confianza muy fuertes con Alfonso —muy fuertes, eso se veía—, pero la demostración de que yo nunca aceptaría condicionamientos estaba a la vista, porque Alfonso, estuviera o no de acuerdo, nunca era un impedimento para la realización de una política concreta.

Ésa era la inmensa ventaja con que yo contaba: un Partido que me daba toda la autonomía y una sociedad que me apoyaba. Nunca acepté condicionamientos que no fueran los míos propios —los que uno se hace a sí mismo— para la formación de equipos de Gobierno. Se entendía mal —especialmente porque contábamos con una abrumadora mayoría, que se repetía— que hubiera miembros del Gobierno que no fueran ni parlamentarios ni miembros del Partido. Y no era un capricho. Expresaba claramente la autonomía de la que yo disfrutaba respecto del Partido —digamos, como regalo que agradezco mucho—. Una autonomía que entendió mal alguna parte de la UGT, y por eso se produjeron algunos problemas. Esa independencia sí se comprendió en el Partido y representaba lo que yo entendía que era el mandato social.

Por tanto, aunque Boyer tenga esa percepción subjetiva, los únicos condicionamientos que había respecto a la formación del Gobierno fueron los que yo tenía. Y lo único que no podía aceptar, y que no acepté nunca, salvo que el razonamiento me convenciera más o menos, es que alguien del equipo de Gobierno que no fuera yo decidiera quién tenía que formar parte de él. No me refiero al segundo nivel; en ese estadio, por el contrario, yo no interfería nunca. Y no digo que fuera acertado, otros tenían obsesión por saber quién iba a ser el secretario o el subsecretario de Estado. En estos casos, la elección me podía gustar más o menos, pero la apuesta de confianza por los que formaban el equipo de Gobierno era plena. Cada uno decidía en su área ministerial. No todos lo interpretaron así, porque pensaban que Alfonso sí se interesaba por saber quién era quién... Pero Alfonso no impidió que yo nombrara vicepresidente a Boyer. La verdad es que, durante esa crisis, yo barajé, entre otras posibilidades, tener tres vicepresidentes, y uno de ellos podría haber sido Miguel Boyer. Al final, no lo hice porque no me pareció oportuno. Todavía conservo las «quinielas», los «desplegables» de la gente que barajaba, y sus distintas funciones, en el primer cambio de Gobierno, y en el segundo. Todavía andan por ahí también esos papeles archivados...

Quizás, en aquel momento, no me pareció justo que Alfonso se sintiera agredido, porque era un colaborador leal, y tampoco deseaba crear tensiones en el interior del Partido. Esa consideración interna, quiero decir, personal, estaba presente en todo el juego. Alfonso se resistía a la opción de contar con tres Vicepresidencias, en vez de una; y Boyer se resistía a ser *un* vicepresidente y no *el* vicepresidente. Era obvio. Pero es un juego, además, perfectamente comprensible. Y ahí se me planteó un problema serio que modificó el escenario de la crisis de Gobierno, ya abierta. Como suele ocurrir en situaciones así, yo tuve que resolver otra crisis además de la que ya estaba planteada. Tuve en consideración todas las opciones: tres Vicepresidencias, mantener una sola... Y, probablemente —digo probablemente, porque tampoco estoy situándome en ese momento de la reflexión—, todo lo estropeó el hecho de que, para Boyer, era incompatible ser vicepresidente económico dentro de su proyecto político, o llegó a ser incompatible, o vio que era incompatible con... ¿Por qué eran incompatibles Alfonso y Boyer? Yo creo que, en buena medida, como siempre, se trata de comportamientos: «Que yo esté a la par contigo, o por encima de ti», desde el punto de vista formal, naturalmente... Porque Boyer tenía lo mismo que tuvo Solchaga después, y lo mismo que tuvo Pedro Solbes más adelante: toda la autoridad delegada en el área económica con un mínimo de interferencias, como es natural. En todos los Gobiernos hay quien opina de manera diferente. Pero no tenía ningún problema de gestión económica. Ningún problema. Otra cosa es que todos nosotros tengamos pasiones desde el punto de vista personal y queramos llevar nuestra propia pasión, nuestra propia convicción, o lo que sea, al extremo. Pero, en fin, yo creo que la opción de las tres Vicepresidencias se deshizo porque Boyer dijo que, en tales condiciones, no quería seguir.

Que desde el «guerrismo» se vendió la idea de que, quizás, no me atreví a nombrar vicepresidente del Gobierno a Boyer porque Alfonso me tenía limpio el «patio» del Partido... Ésa puede ser una interpretación y, además, digamos, las gentes pueden verla y percibirla como una interpretación razonable. Por ejemplo, yo no me ocupaba de las listas del Partido. Pero no es que no me ocupara porque no me pareciera importante, sino porque no era mi estilo decirle a una agrupación o a una federación quién podía ser el que figurara en ellas. Y no me parecía que el procedimiento de interferencias fuera más acertado que el de no interferencias. No. Sencillamente, eran estilos distintos. Ahora bien, ¿cómo consigue uno que se considere valioso lo que hace? En el caso de la gente de Alfonso, creyendo que eso era lo que garantizaba el funcionamiento del «aparato» del Partido. Y, seguramente, tenían su parte de razón. No era mi percepción ni mi sensación, pero seguramente llevaban su parte de razón, por cómo lo percibían ellos. Pero éste es un tema que jamás se me ocurre discutir.

Mi relación con Alfonso, desde el punto de vista de la colaboración, era mucho más personal que de valoración operativa. Una de las cosas que yo sabía es que en las situaciones en las que discrepábamos, cuando llegaba el momento de la decisión, el que decidía era yo. Y punto. No había más. Además, yo tenía la seguridad —y se lo agradezco— de que Alfonso cedía en su posición y nunca se empecinaba en decir: «Como yo discrepo de esto, estoy en contra y voy a dar la batalla en contra...». No lo hizo nunca. Después —y lo digo incluso pensando en Boyer, aunque por otras razones—, lo que me sorprendió, y me sorprendió de manera en cierto modo dolorosa, es que, fuera del Gobierno, fuera del ejercicio directo del poder, Alfonso se difuminara tanto y tan rápidamente. Una personalidad que había sido tan fuerte en el Gobierno. Y es un tema al que siempre le doy vueltas. ¿Cuánta autonomía personal significativa tiene uno al margen del sillón en el que se siente? Es algo que siempre me ha obsesionado. A mí me gustaría ser yo —en parte, creo que lo consigo— al margen de que ocupe o no ocupe un sillón de poder, un puesto de poder concreto. Cuando viajo, por España o por el extranjero, cuando estoy en cualquier esquina del mundo, no me siento como la persona que estuvo en el poder y que, cuando se fue, desapareció también su significación, que su autonomía personal desapareció cuando no estuvo en primera línea. Vincular a un sillón lo que uno representa, yo creo que describe mucho más lo que uno es que serlo antes, durante y después de estar en un sillón. Esto es lo que me sorprende... No quiero ser más explícito, pero eso me parece, claramente, que ha ocurrido y que ocurre. ¡No a mí, sin duda!

NUNCA HE DEFENDIDO UN «CORRALITO»

Yo nunca he defendido un «corralito», nunca he sentido la necesidad de tenerlo... no sé si he sentido esa necesidad... nunca. Y, en este momento, me siento extraordinariamente libre, tan libre y autónomo como me sentía para tomar las decisiones de presidente del Gobierno que correspondían a su responsabilidad. Seguí siendo libre en los congresos del Partido, en la formación y en la dirección del Gobierno... Y cuando se pierde el Gobierno, yo no tengo ninguna angustia por saber qué espacio o qué lugar tengo que ocupar. Ninguna. Vivo perfectamente y con una cierta plenitud de realización humana e intelectual. Tomando distancia y dejando todo el espacio que soy capaz de dejar, y ayudando a quienes tienen que ocupar ese espacio, digamos, de la manera más seria y discreta posible. No me preocupa nada. Y sigo yéndome a cualquier sitio del planeta, y los anteriores y los actuales dirigentes políticos... no sé, me tienen la consideración y el respeto que probablemente no merezco. Ésa es la explicación de fondo más seria que puedo dar, sin entrar en otras consideraciones. Sigo sin luchar por un corralito.

Cuando José Luis Rodríguez Zapatero empezó la tarea —no digo cuando se hizo cargo de la tarea Joaquín Almunia, que también—, una de las cosas que le dije seriamente fue: «Puedes prescindir perfectamente de mi escaño en el Congreso, y de la Fundación... no hay ningún problema». Y él me presionaba para... Pero yo le dije claramente: «Yo no quiero ser presidente del Partido, me parece que Manuel Chaves puede hacerlo mejor, no quiero ser presidente de nada». Tengo autonomía personal de sobra para hacer las cosas que quiero hacer. O sea, no necesito que nadie me vea como alguien a quien hay que satisfacerle una pasión. En nada, ni dentro ni fuera.

Ese corralito del «guerrismo», además de defender en algunas ocasiones lo indefendible, se convierte, o se transforma, o lo es desde el principio, en una corriente dentro del Partido, o como quiera llamarse. Algunos lo llamaban una «sensibilidad», o lo que fuera, que a la vez está compuesta de ingredientes que son radicalmente distintos, pero unidos, como requisito mínimo, por un común denominador: la lealtad hacia Alfonso; lealtad que, en la mayor parte de los casos, era perfectamente compatible con una lealtad hacia mí, en los mismos términos de relación que la que mantenían con Alfonso. El exponente máximo es Juan Carlos Rodríguez Ibarra. Con el presidente de la Junta de Extremadura tengo una relación de lealtad recíproca y de una transparencia tan interesante que nos podemos decir con toda claridad —y con toda brutalidad— en qué estamos de acuerdo y en qué no estamos de acuerdo. Por tanto, esa relación funciona fantásticamente bien. Pero hay otras lealtades que expresan mucho más; además de la lealtad —se sienta o no se sienta—, se produce una relación de dependencia. Y se llega a un cálculo evidente: «Estar aquí es mi espacio de oportunidad y de formar un núcleo de equis por ciento que condiciona al otro equis por ciento». Yo no he estado jamás en el porcentaje: ése es el problema. Algunos compañeros me dicen: «¡Claro, porque no lo has necesitado!». Es algo a lo que no les puedes dar respuesta, porque no se les puede decir: «Pues sí, ésa es la verdad: siempre he pensado que uno trabaja todo lo que quiere trabajar, que tiene el espacio que es capaz de tener, en función de su autonomía personal, de su capacidad de producir cosas, ideas, proyectos, reflexiones..., de ser una oferta para los demás que les añada valor, y por tanto, en ese sentido, que sea relevante». De esa capacidad depende uno mismo, y depende como ser humano que se proyecta socialmente. Yo siempre me he comportado así. En mi trato personal, nunca ha sido un freno para mí el que un compañero se sienta próximo a la tribu «A», «B» o «C», me da exactamente igual. Esto ha supuesto, para algunos que no me conocen, un radical desconcierto.

En aquella campaña en la que hicieron «primarias» para asumir la responsabilidad de la dirección del Partido, yo estuve con ciertas personas y hablé con los que querían hablar conmigo de los cuatro candidatos. Con Pepe Bono hablé más que con ninguno, era al que conocía más. En fin, al que me sentía más próximo desde el punto de vista de las respuestas, de la solución de los problemas. Era evidente. Hablé en serio, por primera vez, con José Luis Rodríguez Zapatero —quiero decir, ya había hablado antes, pero esta vez hablé en serio de política—. Hablamos, por primera vez, en la primavera, y volvimos a charlar las veces que él me lo pidió, dos o tres veces. Pero yo no llamé a nadie, a nadie, no interferí con nadie. Les dije a todos los compañeros lo que pensaba. Recuerdo que Matilde Fernández dijo en público: «Pues a mí no me ha recibido». Me lo contaron los compañeros. Lo dijo en público, yo no respondí en público, pero dije: «Nunca me ha pedido que la reciba». «Está recibiendo a los otros, pero a mí no, por algo será», dijo ella. «Porque los otros, simplemente, me han dicho que quieren verme», argumenté yo.

Ése era el tipo de relación que tenía yo con los compañeros. Lo más representativo de mi reflexión política de fondo es que creo que existe la necesidad seria de formar y entrenar a la gente en su sentimiento de pertenencia a un grupo humano —puede ser un partido político—, pero dentro de una autonomía personal significativa, que establezca las lealtades sin dependencias ni etiquetas.

Algunas veces, algunos compañeros... se sorprenden, incluso les duele... Pero es que yo me siento con libertad para decir algunas cosas que aparecen como brutalidades. Quiero decir, quien sólo sirve para ser diputado es altamente probable que tampoco sirva para eso, y este tipo de «principio» puede aplicarse a lo que se quiera. A eso me refiero cuando hablo de la autonomía personal: si mi destino se decide a cara o cruz en función de un espacio del que no puedo salir porque, entonces, mi destino desaparece, eso significa que no tengo autonomía, puesto que sólo la tengo en tanto esté ligada a ese destino. En ese caso, es perfectamente comprensible que se haga todo lo humanamente posible para que se mantenga ese «corralito» y ese tipo de actitudes.

REHÉN DE LOS «RENOVADORES»

Sé que los «guerristas» me han reprochado que, a raíz de la salida de Alfonso del Gobierno, yo me sentí más cómodo, que me eché en brazos de los «renovadores». Bien, que eso fuera algo que estuviera en la sensación de la gente, puedo aceptarlo. Pero la verdad es que yo no sentí ni más ni menos comodidad. Realmente, no. En 1989 quise haberme ido, y no pude. No pude, realmente, porque no lo hice bien, porque yo sabía que, dada mi relación con el Partido y con la sociedad, o al revés, con la sociedad y con el Partido, y mi manera de ser, la única manera de irme hubiera sido sin decirlo. Porque ni tenía edad ni había sufrido pérdida de potencia suficiente como para que uno de estos dos factores, o los dos combinados, facilitara mi salida.

El caso es que, en 1989, cuando yo me quería ir, se lo dije en una entrevista a Susana Olmo. Me quería ir, pero entonces, la verdad, es que no había ningún espacio para irme. Después, cuando quise hacer una operación de sustitución para no presentarme en la siguiente campaña, también se supo y se me cerró el espacio. Había muy, muy poca gente —entre ellos Luis Yáñez— que no quisiera que yo fuera candidato en 1993. Y entre las pocas gentes que no querían que yo fuera candidato, estaba yo, por eso le agradecí a Luis que se expresara y me echara una mano en esos términos. Pero Luis, inmediatamente, se arrepintió de su posición y volvió a decir que yo no tenía más remedio que ser candidato. Este tipo de cosas. Pero yo estaba más que firme en esa decisión. Entonces, ya sabía que la única manera que tenía de marcharme era sin avisar con tiempo. Incluso en el Partido, en el congreso en el que dejé la dirección, sólo era imaginable hacerlo como lo hice: planteando mi marcha como un hecho consumado, sin avisar a nadie. Yo creo que si lo hubiera intentado hacer de otra manera, aunque hubiera sido con un aviso previo cuarenta y ocho horas antes, no habría salido. Éste ha sido el tema desde siempre.

Por tanto, decir que me sentía más cómodo con los «renovadores» porque hablaban mi lenguaje, porque tenían un concepto de Partido más amplio y más dirigido hacia la sociedad... Diré que en la medida en que eso era un sentimiento real, no se refería a «tribus», sino a personas. Lo diré claramente: había «renovadores», o gente que se apuntaba a la bandera de la renovación, que a mí no me decían absolutamente nada, me parecían absolutamente banales, que defendían una bandera de oportunidad como cualquier otra. Y había otros compañeros con los que me sentía comodísimo e identificado, discrepara o no de sus ideas. Y había «guerristas» —para entendernos, me da lo mismo que los llamen como sea— con los que me sentía muy cómodo, y otros con los que no me sentía nada cómodo. Por ejemplo, yo no me siento nunca cómodo con la gente que no comprende que renovarse es necesario. Es decir, yo no me sentiría cómodo conmigo mismo, repitiendo el discurso de 1982, habiendo dejado pasar un fenómeno sin conmoverme, como han hecho tantísimos dirigentes con el impacto de la globalización, de la revolución tecnológica, del cambio de escenario mundial.

Siempre he vivido en rebeldía conmigo mismo, es decir, no conformándome. Por lo tanto, la gente que se conforma porque se protege o se ampara en eso que llaman la «ideología», sin entender muy bien qué es, pero utilizándola como una coraza que les protege de la falta de ideas, de la falta de capacidad de renovarse, no me seduce. Pero la banalidad de los que creen que han descubierto el mundo porque dicen que hay que renovarse, y sin embargo no ponen ni una sola idea sobre la mesa, me produce el mismo escalofrío. Yo no tengo nada que ver con eso. Algunos compañeros nunca fueron capaces de comprender que yo no valoraba a la gente por adscripciones tribales, sino por lo que me ofrecían, lo que me daban, lo que yo veía de ellos. Por eso repito muchas veces que yo con Juan Carlos Rodríguez Ibarra me llevo muy bien.

TXIQUI, UN LIDERAZGO DILAPIDADO

Txiqui Benegas acuñó aquello de «los renovadores de la nada», y tenía razón porque, en parte, a algunos «renovadores» les pasaba eso, que eran «de la nada». Lo que me producía inquietud —y por eso adelanté las elecciones de 1993— era la progresión en el desgarro interno del Partido, que dificultaba la gobernabilidad, cuando, además, ya había un ataque en tromba y perfectamente organizado de la derecha emergente y con estilos del pasado. Por eso decidí adelantar las elecciones y no soportar una situación de deterioro semejante. Eso me preocupaba más que la frase contra los «renovadores».

A Txiqui Benegas le tengo un afecto entrañable, y nunca tuvo problemas conmigo, ni siquiera cuando aquellas coñas de lo de Dios. Él, incluso, pudo tener temor de que aquello me afectara. Pero, nunca, nunca me molestó. Aquella conversación telefónica suya, grabada y luego difundida... A mí ese comentario me molestó mucho menos que a los demás. Como suele ocurrir —aunque depende también del carácter de cada uno—, les molestó mucho más a otras personas, a las que se sentían, digamos, más vinculadas a mí. Les molestó muchísimo más. Yo diría que algunos hiperreaccionaron; otros se irritaron mucho. Pero yo no, y nunca se lo reproché a Txiqui, porque no sentía ninguna necesidad de hacerle ningún reproche. Tampoco me dio ninguna explicación; no le di la oportunidad, porque no tenía ningún sentido. Digamos que todas las explicaciones hubieran embadurnado más... Me ha escrito varias veces cartas muy interesantes, escritas desde esa parte que tiene él de potencia de liderazgo —que se dilapidó extrañamente— y que se refleja muchas veces en sus capacidades. Pero no, no me sentí mal porque me llamara «Dios»... A pesar de que esta expresión, manejada por alguien tan representativo de mi Partido, fuera utilizada por la derecha para revalidar contra mí la vieja acusación de caudillismo. Lo malo fue que el «sindicato del crimen» se aprovechó de eso, como era natural. Y había una cierta reciprocidad, porque, cuando uno pierde autonomía personal, tiene que acudir a quien le da un espacio, sea quien sea, aunque el espacio te condicione todavía más y te endose hipotecas indeseables. Yo nunca he sentido esa necesidad. Los que me conocen ya saben mi teoría: uno elige a los amigos, sólo elige a los amigos, y lo único que decides es con quién no tomas café. Y digo: «No, con este tipo no tomo café». «¿Por qué?». «Porque no me da la gana». «¡Es que te puede hacer mucho daño!», me advertían. «Soy libre y más daño me puede hacer si me hipoteca», respondía yo.

Txiqui... esas cosas que decía... No, no me preocupaban. Lo que me preocupaba —y me sigue preocupando hoy, al cabo de tantos años— es que, habiendo sido él un valor indiscutible en el País Vasco, en una coyuntura histórica, con una proyección nacional clarísima como horizonte, todo eso se viene abajo en algún momento y desaparece como valor. Cuando yo, seriamente, trato de rescatarlo y meterlo en el Gobierno, porque confiaba en que ese valor subyacente podía volver a emerger. Y él se reúne y luego dice que no. Me produce más tristeza que preocupación. No es que yo considerara que Txiqui era imprescindible para la formación del equipo, sino que consideraba que había que poner en valor a un hombre que podía haber tenido una proyección nacional y que, por las razones que fuera —creo que, en parte, por la falta de autonomía personal significativa—, no tenía esa proyección, y yo quería que la tuviera. Lo interpretaron mal. Digo «lo interpretaron» porque, aunque la decisión le correspondía tomarla a Txiqui —si se hubiera comportado con autonomía personal—, se reunieron algunos, valoraron y dijeron: «No. En estas condiciones, no». ¿Rehén del «guerrismo»? No lo sé. Tampoco estoy seguro. Es una expresión muy fuerte que yo no puedo confirmar. El problema es la autonomía personal. El «creo o no creo» que tengo que hacer algo desde el punto de vista de la autonomía personal y su responsabilidad consigo mismo, con los ciudadanos, con el País Vasco. ¿Que no lo cree? Pues no lo cree. Yo pienso que se equivocó, pero... Jamás se lo he reprochado.

RECONVERSIÓN: UN FRÍO BAÑO DE REALIDAD

Todo el proceso de reconversión fue muy duro. Vamos a ver... Todo el mundo sabía que había que hacer una reconversión industrial a fondo, empezando por los sindicatos, más conscientes de cómo se estaba deteriorando todo el tejido productivo del país. Los sindicatos *vivían* el problema. Lo vivían también el conjunto de la sociedad, los empresarios... Pero todo el mundo quería que la reconversión empezara por otros, y no por uno mismo. Éste era el gran problema de toda la decisión política, y, sobre todo, el problema de gobernar en la crisis. Pero es que gobernar en la bonanza es como ser empresario con crecimientos del siete por ciento. ¡Eso está chupado! No se sabe cuál es la calidad de un gobernante hasta que no se enfrenta a una crisis. Porque cuando afronta una situación de bonanza y tiene todo el viento a favor... (Por ejemplo, el fracaso del Gobierno de Aznar no es el chapapote, digamos, simbólico; el problema es que, cuando empezaba a tener dificultades reales, teniendo una mayoría muy sólida, simplemente, no ha sabido afrontar las crisis. Punto. Cuando llevaban el viento a favor, en general, parecía que gobernaban, pero, en realidad, lo único que hacían era dejarse llevar y hacer unas cuantas operaciones en las que sí estaban empeñados, de control del poder, en el mejor de los estilos tradicionales autoritarios).

Yo era muy consciente de los aspectos más duros de la situación. Y lo era también del posible elemento simbólico en aquel proceso de toma de decisiones. Por ejemplo, el cierre de una empresa pública en la circunscripción del ministro que tenía que hacerse cargo de la reconversión —el de Industria, que era Solchaga—: no es que Potasas de Navarra significara la prioridad de la reconversión industrial, pero, de alguna manera, tenía cierto poder simbólico.

¿Cómo no iba a entender que la gente de la siderúrgica del Mediterráneo —que llevaba Fernández Ordóñez— se encrespara contra el Gobierno y creyera que desaparecía el tejido industrial? ¿Cómo no iba a comprender que fueran a La Moncloa a manifestarse? Lo entendía y me dolía. Pero era un tema que estaba clarísimo. El problema, como siempre, es que las cosas más impopulares no son las que más apoyo popular tienen. Entonces, la gente comprendía que alguien tenía que hacer la tarea de la reconversión industrial. Nos tocó hacerla a nosotros, era nuestra responsabilidad. Y empezamos la pelea con dos o tres decisiones que, para cualquier Gobierno, eran dramáticas. Incluso, yo le pedí a Calvo Sotelo —y él aceptó— que durante la transición al primer Gobierno socialista actualizara el precio de los carburantes, lo que suponía un impacto inflacionista adicional. Volver a hacer un cambio razonable de la moneda, la devaluación del nueve por ciento, la subida de los carburantes del veinticinco por ciento... ese paquete de medidas que establecimos a las dos horas de llegar a La Moncloa, dos horas después de tomar posesión los ministros, nos correspondía a nosotros. Nos tocaba hacerlo, y lo hicimos. Y yo lo vivía, sin duda, con la preocupación y el dolor que produce tener que tomar decisiones que afectan al bienestar y a los intereses de personas concretas. Todo el mundo estaba de acuerdo. Recuerdo una conversación con Corcuera, cuando él era líder de la UGT del Metal, y me decía: «¿Cómo un Gobierno socialista va a cerrar una empresa pública?» —cuando hablábamos de Potasas de Navarra—. Yo le contestaba: «¿Cómo vamos a mantener una empresa de potasio si no hay potasio? Si me pidieras que hiciéramos una reconversión... ¡Pero mantener una empresa pública cuyo objeto social ha desaparecido...!». «No, pero un Gobierno socialista no puede...», insistía Corcuera con su vehemencia de siempre. «Ya —le respondía yo—; pero es que un Gobierno socialista no tiene por qué ser un Gobierno estúpido; tiene que afrontar la realidad y abrir vías de esperanza, y no se abren vías de esperanza manteniendo una actividad ficticia o artificial».

Nicolás Redondo, claves oscuras

Sin embargo, el papel de Corcuera, en ese tema y en tantos otros, fue básico para llegar a entendimientos con la UGT. Todo ello, frente a la actitud de Nicolás Redondo. Pero este grado de entendimiento pudo darse porque Corcuera, incluso cuando me estaba diciendo eso respecto a Potasas, sabía que quien tenía razón era yo. Sin embargo, él tenía una representación, tenía que defender sus intereses, y los defendía a cara de perro, y me parecía bien, era su nivel. Su posición de lealtad al Gobierno desde el sindicato le costó que Nicolás Redondo le considerara un traidor. Pero Corcuera fue leal al Gobierno, porque él era «de verdad». Ésa es la explicación. Otras explicaciones complementarias, sobre Nicolás Redondo, son más dolorosas y no voy a darlas. Yo creo que él tenía contradicciones personales no superadas. A mi juicio, no hay ninguna explicación política válida. ¿Pretendió Nicolás Redondo que la política económica del Gobierno recibiera su bendición? Probablemente, sí. Pero yo creo que eso no era lo que determinaba su comportamiento, ni que tuviera un concepto mesiánico de sí mismo. Visto con perspectiva... Era eso... tenía contradicciones personales no superadas. Esto lo repito, pero no quiero ir más allá, que podría hacerlo.

La ruptura con UGT no perjudicó al proyecto socialista. Sí fue traumática y tuvo un coste, pero, como diría Fernández de los Ríos: «El que tropieza y no cae, adelanta camino». (Cuando se produjo el golpe de las mujeres en la República, un hombre de Huelva avisó: «Nos vamos a tropezar». Y Fernández de los Ríos contestó con la frase citada: «Como dicen los más viejos de mi tierra, el que tropieza y no cae, adelanta camino»).

Uno de los procesos inexorables de la modernización en el funcionamiento del Estado —que todavía tenía costes, y muy duros, en Gran Bretaña y en otros lugares— era la consolidación de la autonomía de la política respecto de cualquier tipo de condicionamientos que se convirtieran en hipotecas, igual que la consolidación de la autonomía sindical. Y esto, visto desde la perspectiva —o desde los intereses— de la derecha, también se refería a la autonomía respecto de las patronales. Es uno de los grandes problemas de Europa y todavía no se ha resuelto del todo. Es una red corporativa de relaciones entre el poder establecido, sea el que sea, de un signo político o de otro, con el poder económico de las grandes empresas, de los grandes grupos financieros de los países y con el poder sindical también. Ese corporativismo, que ha impedido movilidades ascendentes y descendentes desde el propio mundo empresarial, ha trabado mucho la adaptación de Europa y su capacidad de respuesta. Pero yo creo que en la modernización del funcionamiento de la democracia representativa el Gobierno tiene que gobernar para las mayorías sociales, y no tiene que gobernar solo ni, preferentemente, con la hipoteca sindical o empresarial. En España, a pesar de que los sindicatos estaban preteridos, en la tradición histórica existía ese vínculo formal que unía al movimiento sindical con un Gobierno de izquierda. Del mismo modo que había un vínculo, más que formal, material, entre los intereses financieros y el gran mundo industrial con los Gobiernos de la derecha, porque, digamos, imponían los pactos a los ministros de Hacienda y de Industria, convirtiéndose, de ese modo, más bien en servidores de estos intereses. Y, aparte de la modernización del «aparato» del Estado, que inquietaba a la derecha, económica y financiera, que inquietaba a las compañías eléctricas y al mundo financiero, pero que también inquietaba a los sindicatos, había un Gobierno que empezaba a tomar decisiones autónomas, pensando, con acierto o con error, en los intereses generales, y no en las presiones condicionantes de grupos establecidos, fueran los que fueran.

Siempre traté con respeto al movimiento sindical y, en particular, a Nicolás Redondo. Digamos que sólo le perdí ese respeto mucho después... Ni siquiera con la huelga. Le perdí el respeto mucho después. Pero nunca dejé de tener unas relaciones fluidas y razonables con la gente de la UGT. Al igual que con los compañeros del Partido, yo no hacía distinciones. Los compañeros eran compañeros y tenía relaciones fluidas con los que querían. Respecto a los que estaban en una posición arisca y de rechazo, sólo puedo decir que eran ellos quienes impedían que existiera esa relación.

Yo mantenía una relación amistosa con gente como Corcuera, y con la gente de Corcuera, y con los que tenían más miedo a la ruptura, a Nicolás... Quise que Corcuera fuera ministro de Trabajo en el primer Gobierno, pero no lo pude conseguir porque lo rechazó Nicolás, había algunas trabas en ese aspecto. Una vez se me ocurrió comentarlo y Nicolás Redondo dijo después que no era verdad. Lo dijo en una tertulia. Y como era su palabra contra la mía... Fue en un debate en el que Marcelino Camacho habló de este tema. Y Nicolás le decía: «Mientes, Marcelino, y tú lo sabes». En esa ocasión, Marcelino tenía razón, pero quedó como mentiroso y desinformado. Pero tenía razón y estaba diciendo la verdad.

LO QUE UCD NO PUDO HACER

La reconversión había que hacerla porque el país lo necesitaba. No se trataba, como se quejaban algunos, de que nos tocara hacer el trabajo sucio que no había querido afrontar la derecha. Adolfo Suárez, durante su etapa de Gobierno, no podía convertir esa tarea en una prioridad porque tenía frentes abiertos, inmediatos y angustiosos, y no tenía un respaldo potente como para que la reconversión también estuviera dentro del plato que tenía que cocinar. Estaba claro que las relaciones de fuerza de Adolfo frente a los problemas del país no le permitían priorizar un proceso de reconversión industrial. En el caso de Leopoldo Calvo Sotelo, sigue siendo igualmente explicable, por las circunstancias en las que llega al Gobierno y porque el horizonte temporal al que aspiraba era demasiado corto como para meterse en una aventura que exigía mayoría y tiempo político. Ésas son las razones. Tienen aparentemente una justificación muy seria, y de ahí mi comprensión respecto a lo que ocurría con los Gobiernos de la época. No podían haber hecho el discurso contrario. «No hicieron nada, no afrontaron el problema...». Hicieron lo que pudieron y lo que tenían que hacer. Leopoldo no tenía fortaleza, en ningún sentido, para hacer la reconversión. No sé si tenía más o menos interés, porque no puedo aproximarme a su intimidad.

Por tanto, la reconversión tenía que ser nuestro trabajo, y no era un trabajo fácil. El país seguía teniendo un flujo de inversiones negativo, tanto interno como externo, se iban las empresas, no venían otras... Todo el mundo nos felicitaba por lo bien que iba la transición, pero no ponían un duro, aunque era natural. Esperaban a ver si se estabilizaba el país. Hasta 1985 no comenzaron las inversiones; hasta que no se recuperó la confianza.

Todo esto era lógico. Todo esto se puede explicar sectaria o dramáticamente. Éste no es un país de fuga de capitales importante, nunca lo ha sido, pero, en aquel momento, había gente que sacaba capitales al extranjero. Y era lógico, por la situación de incertidumbre y de miedo, de miedo a perder estatus y a quedarse sin una reserva... ¿Y qué van a hacer estos socialistas? En fin, que a nosotros nos tocaba la tarea de afrontar una economía en crisis —ése era uno de los problemas claves— y la de asentar el sistema democrático. La transición, formalmente, se había acabado. Ahora había que consolidarla.

Además, insisto, teníamos que romper el aislamiento e integrarnos en Europa para dar solidez a todas las tareas prioritarias y para desempeñar el papel que nos correspondía. Y, por supuesto, consolidar una estructura de Estado democrático fuerte. Éstos eran retos inexorables, ineludibles. Y cuando empezamos a tener margen —que, entonces, había muy poco—, introdujimos elementos de política social de redistribución del ingreso, incluso elementos simbólicos. Desde el primer momento, aprobamos un tipo de iniciativas que habían desaparecido en la noche de los tiempos. Por ejemplo, la jornada laboral de cuarenta y ocho horas pasó a ser, legalmente, de cuarenta horas. La última vez que había ocurrido algo semejante había sido en tiempos de la República. Pero fue un elemento simbólico.

Un río de comprensión que fluía

La negociación de la reconversión fue muy dura. Pero por encima de aquellas frases de reprobación —«¡Los socialistas, que echan a la gente a la calle!»—, yo percibí un río de comprensión de la ciudadanía. Desde el principio lo entendí así. Y yo era muy poco dado, poquísimo, a manejar sondeos de opinión, y sigo siendo absolutamente negado para eso... Pero, vamos a ver, eso que llaman «liderazgo», ¿en qué consiste? Consiste en la capacidad, o en la sensibilidad, para captar el estado de ánimo de los otros, de la gente; y una vez que tengas esa condición necesaria... una vez que captas el estado de ánimo de la gente, no te resignas a conformarte con ello. Si captas que es un estado de ánimo bueno, lo haces mejor. Si el estado de ánimo es de preocupación, lo compartes y explicas la posibilidad de cambiarlo porque mejora la expectativa.

Pondré un ejemplo dramático de cómo se vive el proceso de maduración de una sociedad. La sociedad española tenía, lógicamente, elementos que había arrastrado del pasado y que no le habían permitido llegar a esa madurez democrática. Pero aprendió muy rápidamente y avanzó muy rápidamente. Cuando nosotros negociamos con los americanos el tema de la relación bilateral, la expectativa de la gente respecto a lo que iba a ocurrir era radicalmente distinta y opuesta a lo que deseaba que ocurriera. Es algo brutal... En la medida en que lo que tú deseas que suceda es exactamente lo contrario de lo que tú esperas que ocurra, vives esquizofrénicamente la realidad. En la medida en que lo que tú deseas que ocurra se aproxima razonablemente a la expectativa de lo que tú crees que va a suceder, estás madurando. Éste es el principal problema de la solidez en el funcionamiento de las sociedades. Nadie lo va a explicar así, porque no entra dentro de las teorías políticas. Los líderes políticos no se lo creen, o no lo piensan así. Entonces, en ese caso paradigmático de la negociación con Estados Unidos, cuando a la gente se le preguntaba: «¿Cree usted que el Gobierno pretende que los americanos se vayan de Torrejón?». Y en caso afirmativo: «¿Usted qué cree que va a ocurrir o qué desea que suceda?». Opciones: «Primero, que los americanos se vayan de España y abandonen todas las instalaciones militares. Segundo, que los americanos se vayan de Torrejón, o de donde pida el Gobierno que se vayan. Tercero, que no se vayan de ninguna parte». Lo que deseaba el 80 por ciento de la gente es que se fueran de todas partes. Muy poca gente deseaba que se quedaran en unas partes y se fueran de otras, Torrejón, por ejemplo. Sólo cuatro cafres pro-gringos incondicionales deseaban que se quedasen los americanos. Por tanto, estaba claro qué era lo que deseaba la gente. Pero, vuelves a repetir la pregunta: «¿Y usted qué cree que va a ocurrir?». Y ese 80 por ciento de gente que decía que deseaban que se fueran, opinaba que, al final, los americanos no se iban a ir de ningún lado y que se iban a quedar donde estaban, porque ellos son los que mandan. Muy poca gente confiaba en que íbamos a conseguir que se fueran de Torrejón.

Y con la reconversión industrial sucedía algo parecido. La gente creía que había que hacer la reconversión industrial y la modernización de este país atrasado y con aparatos productivos obsoletos. Y punto. Pero, cada uno en particular, lo que esperaba es que no les tocara a ellos. «¿Usted qué espera?». «¡Que no me toque a mí!». Aunque comprendiera que a alguien le tenía que tocar. Por tanto, la reconversión no mermó el apoyo, no desgastó al Gobierno. Lo desgastó la torpeza del referéndum de la OTAN, no la reconversión.

SOLCHAGA, MODOS Y MANERAS

Yo creo que Solchaga, el ministro al que le tocó hacer la reconversión —empezando por Aceriales, donde tuvo que aceptar mi criterio—, fue, en general, poco sensible al estado de ánimo de los ciudadanos. Era más sensible a la cifra, a la visión que él tenía de lo que había que hacer. Más tarde, en la crisis de 1988, después de la huelga general del 14-D, yo creo que cedió más de lo que había que ceder, más de lo que yo quería ceder, de lo que yo, personalmente, quería ceder. Y él lo sabía. No sé bien por qué lo hizo. La verdad es que creo que ni siquiera he hablado a fondo con él de ese tema...

En mi primer encuentro con los sindicatos, después de la huelga —obviamente, acepté un encuentro después de la huelga—, me senté con ellos y, puesto que había habido algunas cosas que no me habían gustado, no de la huelga, sino de los comportamientos anteriores y de los argumentos esgrimidos, propuse lo siguiente: «Lo mejor es que nuestras conversaciones sean grabadas, para que lo que decimos cada uno de nosotros signifique lo que queremos decir; para levantar actas precisas de lo que cada uno de nosotros dice». Obviamente, mi propuesta se consideró como una ofensa —y esto creó inmediatamente un bloqueo insuperable de la relación—, cuando era algo que... en cualquier tipo de encuentro y de negociación, lo lógico es que se levante acta de las manifestaciones de las partes... Con más razón, después de lo sucedido y de toda la tensión acumulada.

Yo no estaba en una posición de enrocamiento, de negarme a todo; yo estaba en la posición de que había que hablar, que había que entenderse. Pero la explicación de fondo de la huelga general del 14-D, aparte de las intenciones personales, era que habíamos hecho una política de reconversión industrial y de ajuste del crecimiento negativo. Y, a partir de 1985, el crecimiento empieza a ser más fuerte, realmente empieza a registrarse una enorme cantidad de creación de empleo, la economía empieza a expandirse. Y en el momento en el que se produce esta expansión de la economía, empiezan a redistribuirse rentas —sobre todo, indirectamente— de manera muy consistente, con mejoras en salud, pensiones... con todas esas mejoras que no se evalúan suficientemente. Pero los sindicatos creen que ha llegado el momento de pedir mucho más en el reparto, mucho más, incluso, de lo que era razonable para mantener un ritmo serio de crecimiento y de redistribución del ingreso como el que se estaba haciendo. Y eso es lo que hace estallar, a mi juicio, el conflicto; ésas fueron las causas de la movilización, de la huelga general. Además, actuaron como incentivos el propio interés de la Patronal en que la huelga tuviera éxito, los acuerdos que hizo con los sindicatos para que se recuperaran las horas perdidas —es decir, para la Patronal, era una huelga a coste cero—, o el propio Aznar, que no descontó esa jornada de paro del sueldo de los funcionarios de la Comunidad Autónoma que él presidía para que fueran a la huelga en contra de la legalidad vigente, con un comportamiento tan típico de la derecha...

Pero la razón de fondo de esa huelga general es que, cuando llega la época de bonanza, se produce la generalización de un estado de ánimo que supone que se puede pedir más y que se puede conseguir más. Todo ello alentado por las facilidades que da la Patronal para ir a la huelga, para quebrar la hegemonía del PSOE.

El ministro de Economía, Carlos Solchaga, no se cansó de repetir que no había manera de hacer aquellas concesiones, y es verdad que, después de la huelga, se hicieron. Pero yo creo que si se hubieran hecho antes, también habrían convocado la huelga. Ofrecimos doscientos mil millones para negociar y Saracíbar, como responsable de la UGT, dijo: «Eso es calderilla». Era una desproporción de posiciones. Porque, en realidad, el motivo real de la huelga no era la recuperación del aprendizaje como relación laboral, cosa que, además, me arrepiento de no haber mantenido. Lo que había que hacer era dignificar el aprendizaje y no liquidarlo, que fue lo que ocurrió, como tantas otras cosas... Pero, bueno, son cosas que uno, ahora, haría de otra manera... Como la liquidación de la figura del maestro, que era la figura más noble que teníamos en el sistema educativo. Ahora, ser maestro es casi algo degradante y ser profesor de química es digno. Son ese tipo de cosas que pasan... son procesos culturales que a veces son inevitables.

En fin, Solchaga quiso resolver este tema y, es más, yo creo que se sentía más realizado quedando bien con la derecha y con los sindicatos. Incluso pactó razonablemente...

¿Que el ministro se quiso apuntar el liderazgo de la salida de la crisis cuando la huelga ya nos había conducido a una posición realmente no deseable? Sí, es cierto. Pero era algo humanamente comprensible. Yo creo que no se enteró bien de esa salida de la crisis y el coste se pagó. Pero, pese a todo, ese río de comprensión fluía entre los ciudadanos y nosotros, además, con una enorme consistencia.

Durante el mandato de Boyer y de Solchaga, que garantizaba la continuidad de la política económica, Alfonso Guerra llegó a manejar aquella frase lapidaria: «Esto es un Gobierno de coalición entre el PSOE y el ministro de Economía».

Recuerdo una frase de Olof Palme[8], en la época, que decía: «A los ministros de Economía no hay que darles todo lo que quieren, no hay que darles la razón siempre; sólo en el 90 por ciento de las ocasiones, si tienes confianza en ellos».

En fin, los Ministerios de Economía, en general, lo que hacen es sentarse sobre la «caja» y garantizar la horizontalidad, sin muchos matices, porque si matizan mucho, se les va de las manos. El mismo papel que haría después Pedro Solbes, sólo que éste de una forma mucho más suave. Digamos que los ministros de Economía cumplen un papel absolutamente clave para garantizar razonablemente el equilibrio. Además, no deben tener mucha sensibilidad respecto de las prioridades conjuntas de cada uno de los Departamentos porque, si tienen mucha sensibilidad, se les va de las manos el control del presupuesto. Es un juego de equilibrios, como siempre. Y ese equilibrio yo lo entendía perfectamente desde mi posición de presidente de Gobierno. Alfonso lo aceptaba. Lo demás no era más que una frase. Formaba parte de la necesidad que uno siente, que todo ser humano siente, de quedar bien.

El dinero, ese poder que nunca me sedujo

Si Alfonso Guerra y sus próximos acuñaron la idea de que yo actuaba deslumbrado por los poderes fácticos de la economía, por Boyer y por Solchaga, por la aristocracia financiera, en fin... Quizás por eso yo era de los que iba a las industrias alemanas de esta *jet society* y me relacionaba con ellos; y los que presumían de ser muy de izquierdas no lo hacían. ¡Sería por eso! Sé que ellos me van a entender.

Además, ¿quién iba a los almuerzos de Mona Jiménez[9], por ejemplo? La verdad es que yo estas cosas... yo ni tenía ni tengo relación con ese mundo. Es un mundo que no conozco, ni siquiera lo conocía antes, cuando suponía una ventaja clara el ser aceptado en esos círculos. No lo conocí entonces y no lo conozco ahora. Ese mundo no me llama la atención, no me divierte, no me hace ilusión. Y sigo siendo, personalmente, un desconocido para esa *jet*, completamente desconocido desde el punto de vista personal. Y lo sigo siendo a día de hoy. Esas relaciones nunca me han gustado. Jamás. Esa caricatura no me hizo daño, no me hizo daño personal, y en cuanto a daño político... es posible, porque es algo muy fácil. Es una caricatura que empezaron a hacer, en esos términos, algunos de los supuestamente más «izquierdosos».

Digamos que el poder sí que ejerce una cierta fascinación como poder, y en mi caso, además, estaba unido a un liderazgo poco discutible. Por tanto, digamos que yo era foco de atención incluso antes de llegar al Gobierno, pero jamás me relacioné con ese mundo. Además, tengo dos o tres amigos de ese segmento de la sociedad que han pagado carísimo el ser amigos míos. Pero nunca, ni personal ni familiarmente... ¿Alguien puede imaginarse a Carmen Romero en ese mundo? ¿O a mis hijos alternando con los muchachitos de la *jet?* Yo nunca tuve la tentación de relacionarme con esos poderes. Digamos que no me atraía, no me interesaba... Nunca tuve el problema que se esconde detrás de esa apelación y que, probablemente, sí tenían algunos de los que lo decían. Se trata de un problema de desplazamiento, de la necesidad del reconocimiento del estatus en lugares distintos de aquellos a los que tú perteneces por origen. Yo, para nada tenía ese problema. No. Al contrario.

MARIANO RUBIO, LAS CLAVES DE LA DECEPCIÓN

Ese tipo de comentarios sobre mi supuesta fascinación por la oligarquía financiera, por los poderes económicos, se intensificó después de que yo optara —después del escándalo de Ibercorp— por mantener en el cargo al gobernador del Banco de España. Era otro enfoque interesado. Porque la verdad es que yo no iba a cenar con Mariano Rubio, no tenía relaciones personales con él. No pertenecía a ese mundo. Con Mariano tuve una relación respetuosa, pero siempre fue una relación distante. Seguramente no comí con él más de cuatro veces en mi vida. Y cuando estalló el caso, no es sólo que me sorprendiera en mi buena fe... porque, más allá de cualquier tipo de condicionamiento, le llamé y hablé con él personalmente. Tengo una nota manuscrita suya, todavía... Yo le llamé y vino a hablar conmigo. Fui muy claro: «Mariano —le dije—, quiero que me digas qué hay de esto, qué temes, si temes algo. Y si no hay nada ni temes nada, ésta es la ocasión de que me lo digas. Si hay algo, me dices lo que hay y tomamos las decisiones correspondientes; si no hay nada, ésta es la ocasión de que tú me digas: "No te preocupes". ¿Que no hay nada...? ¿Que si el cuñado de tu cuñado...? Quiero que definas exactamente cuál es y dónde está el problema». Tuvimos la conversación en La Moncloa, en el Salón de Columnas, una conversación seria, incluso dramática, en el sentido anglosajón del término. Mariano me contestó: «Puedes estar totalmente tranquilo, no hay nada que sea reprochable en mi comportamiento personal». Y...

La verdad es que yo no tenía relación con Mariano Rubio, insisto. Sí es cierto que mantenía una relación con el ministro de Economía, la de siempre, nunca puenteaba, salvo en los momentos inevitables.

El día que establecimos la paridad monetaria con la «serpiente monetaria europea», nos reunimos para almorzar varias personas. También estaba presente un amigo de Mariano Rubio que, a su vez, era muy amigo mío —y sigue siéndolo—: Plácido Arango. Mariano Rubio estaba invitado, pero no acudió.

Con el que sí tenía una buena relación de amistad era con Jose Ángel Sánchez Asiaín y no con otros banqueros. Pero buena relación de amistad, quiero decir, de confianza humana, no de amistad en el sentido... nunca me fui, digamos, de excursión con él y con la mujer. No tenía ese tipo de relación, pero sí una relación personal. Y, de todos modos, no era un tipo *jet* de la *jet*, para entendernos. También tuve una relación de confianza y de bastante amistad, con Luis Ángel Rojo[8]. Entonces, Mariano Rubio me parecía menos consistente y, sin embargo, me parecía muy consistente su segundo, que era Rojo en aquel momento. Por tanto, no es que yo hiciera una apuesta de confianza en al aire, o gratis, por Mariano Rubio. Fue después de un encuentro en el que su inocencia había quedado diáfana, clara... para mí.

Cuando, dos años después, se destapa la posible ocultación fiscal del patrimonio personal de Mariano Rubio... Me sentí engañado. La verdad es que me sentí engañado. Porque yo le había dado a Mariano Rubio una oportunidad humanamente seria —responsable, con el nivel de responsabilidad que teníamos— de haberme dicho: «No puedo seguir. El fallo es éste». Y punto. Ya. Entonces, yo hubiera tomado una decisión, con el conocimiento de causa que creía que tenía cuando tomé la decisión de seguir adelante, de que él permaneciera en el cargo de gobernador del Banco de España.

Después... Yo creo que él pensó que ordené que lo detuvieran. Él lo creyó hasta que se murió, y recuerdo que armó una... Es una de esas cosas que dicen de la Justicia y que no me gustan: «los valores ejemplificadores de la Justicia». La Justicia no tiene que dar más ejemplo que el de la aplicación de la Ley. Y lo tiene que hacer siempre. La Justicia no tiene que ser ejemplar, tiene que ser Justicia. Yo, por muy enemiga mía que haya sido una persona, por mucho daño que me haya hecho, jamás he mostrado ese tipo de discurso. «Ejemplarizar con no sé qué...». Al contrario. Jamás he aprovechado las caídas para montarme encima y para ser más alto. Ni con quien ha caído por cualquier circunstancia, incluso siendo enemigo. Jamás. No importa quien sea. Incluso Mario Conde. Me da lo mismo. Jamás nadie me habrá oído decir: «Tiene que pagar...». Jamás.

CORRUPCIONES «BUENAS» Y «MALAS»

El tema de Mariano Rubio y de Ibercorp sirvió a algunos para establecer comparaciones entre las corrupciones «malas» y las corrupciones «buenas», como Filesa... La verdad es que éste es un debate que siempre ha estado presente. La gente que, en algún momento, recogía dinero para el Partido y no se lo quedaba formaba parte de algo que no era legal pero ellos no estaban personalmente corrompidos. Yo creo que el ejemplo máximo de ese esquema es Guillermo Galeote, que, para mí, sigue siendo un tipo honrado hasta el final. En buena medida, en gran medida, fue la víctima propiciatoria de tantos... Pero hubo otras personas, y no precisamente socialistas, sino del PP, que se acostumbraron a tener flujos de dinero, digamos, opaco —o de «esto, lo multiplicas por lo que quieras»—.

Se puede hablar de lo que decía Txiqui en el coche, de si Dios y de no sé qué, a pesar de que prohibieran la difusión; y nadie dice nada ni amenazan a nadie con llevarle a la cárcel. Pero si hablas de lo que decía Zaplana en sus conversaciones —que también eran cintas grabadas—, se dice: «¡Esto está claro judicialmente!». Lo que está claro es que el asunto se tapó judicialmente y punto. Pero igual de claro estaba lo que se revelaba en aquella conversación. ¡Clarísimo!

Digamos que había gente que se corrompía personalmente, por las razones que fuera, en dosis casi siempre homeopáticas respecto a lo que ha pasado luego. Porque aquí se han llevado el dinero a espuertas, y con el amparo de siempre: «Esto no es ilegal, esto que hacemos no es ilegal...».

Pero había esa diferencia, por lo menos esa diferencia sí que la había: gente que se enriquecía o que no se enriquecía personalmente; que satisfacía necesidades personales o no las satisfacía. Esa diferencia sí la había. Y ésa es una diferencia no legal, sino moral. Ahora bien, el discurso que sugería «vamos a salvar a éste, porque es un golfo menor, respecto del otro, porque es un golfo más gordo o es un gordo *beautiful*», no, ese discurso no tiene mucho sentido. Me parece absurdo, me parece entrar en un debate ridículo. En realidad, de la gente que estaba procesada y condenada en Filesa, de los que recuerdo, porque la mayoría de la gente no se sabe, que éste o aquel se enriqueciera, todavía está Navarro...

Los ex tesoreros del PP siguen, no se sabe cómo, pero siguen viviendo fantásticamente bien.

La educación, Maravall y la revolución socialdemócrata

Yo creo que algunos enfrentamientos de los «ministros del gasto» —de aquellos cuyo oficio no era dar sino pedir dinero— con el Ministerio de Hacienda, con Boyer y con Solchaga, fueron innecesarios. Algunos de esos enfrentamientos se produjeron por arrogancias, pero también esto forma parte del paquete de la condición de los seres humanos. Hay muchas maneras de sentarse encima de la «caja» y de decir que no. El que mejor lo hacía era Pedro Solbes, y no era menos duro que los otros. Pero lo decía de una manera completamente diferente; y, en términos de resultados, lo hacía igual o más duramente que cualquiera. No creaba esa fricción innecesaria que a veces humillaba a alguien que se sentía tan miembro del Gobierno como el ministro de Economía de turno, fuera el que fuera.

Uno de los ministros que mas padeció esta actitud del ministro de Economía fue José María Maravall, empeñado en una reforma educativa que dio la vuelta a este país. Maravall siempre ha sido un hombre de izquierdas, consistentemente de izquierdas. Es un socialdemócrata de raíz, radical, en el sentido de que creía en lo que hacía y lo hacía con determinación, con una tensión que a veces no podía soportar porque le hacía sufrir, sin ninguna distancia cínica. Es un hombre concreto, y padecía cuando veía que lo que pedía era poco, y que con eso se podían hacer cosas significativas en Educación. Lo pasaba muy mal. Y a veces se abrían algunas brechas... Yo siempre avalé su proyecto.

Para cada ministro, lo que hace es prioritario, es lógico, pero para un Gobierno, en su conjunto, las prioridades tienen que ser pocas. Un Gobierno puede establecer tres líneas de prioridad como excepción a una política de austeridad y de control del gasto y de ajuste. Pero no puede establecer tantas como ministerios tenga, es imposible. A pesar de todo, nosotros animamos mucho, con muy pocos recursos, toda la reforma educativa, que fue muy significativa. Hicimos una tarea importante respecto a la extensión de la escolarización, incremento notorio de nuevos establecimientos educativos y ampliación de la Universidad: cuando llegamos al Gobierno, había 650.000 universitarios; cuando salimos, 1.500.000. Teníamos más becarios de distinto grado universitario que el total de universitarios que había cuando llegamos los socialistas.

El país había cambiado y había argumentos muy significativos. ¿Que no había bastante y que no se priorizaba radicalmente la Educación? Bueno, teníamos también que aprobar pensiones no contributivas para la gente que sobrevivía gracias a esas cuarenta mil pesetas y que no podían contribuir al sistema general... Es muy difícil establecer prioridades en estos casos. Pero a personas como José María Maravall lo que le podía hacer más daño era la arrogancia con que se producían normalmente las respuestas del ministro de Economía... ¡Que el ministro de Economía pensara que no tenía la obligación de recibir a otro ministro! Este tipo de cosas... Porque Solchaga no recibía a todo el mundo.

Es bien cierto que me impliqué en las decisiones más políticas y más arriesgadas, las que suponían enfrentamientos serios con los poderes enclaustrados en la Educación, a través de la Iglesia y de sus elementos más conservadores. Y lo hice porque yo valoro la Educación como un aspecto decisivo. Para mí, había dos formas fundamentales de valorar la Educación, y las dos convivían en mí. La primera, que la Educación era un mecanismo extraordinariamente importante de redistribución del ingreso. La segunda, según yo lo entendía, que teníamos que empezar a quebrar la desigualdad de oportunidades por estratificación social que establecía el sistema educativo vigente. En mi convicción política, esa redistribución del ingreso concedía a la gente con pocos recursos la tranquilidad de que tenía garantizado el acceso al sistema educativo de sus hijos en una razonable igualdad de oportunidades. Me refiero, sobre todo, a la gente que vivía en el campo: de pronto, pudieron ver cómo sus hijos ascendían en la escala educativa; para ellos era la definición del ascenso por excelencia. Del mismo modo sucedió con el logro del acceso a una asistencia sanitaria que evitaba la ruina a una familia que tuviera que despilfarrar los pocos recursos que tenía por una intervención quirúrgica a uno de sus miembros. Estas políticas dieron a la sociedad una cohesión de tal magnitud que no han podido nunca quebrarla. Y estos logros son los que definen a una sociedad democrática, cohesionada y estable. Para mí, junto al desarrollo de esas políticas, era absolutamente prioritaria «la formación de calidad humana», expresión que molestó a José Mari. Este país estaba física y humanamente descapitalizado, y había que darle formación humana. Estas dos determinaciones eran claras y determinantes en el proceso de democratización del país.

Tocar el centro neurálgico

Yo era consciente de que el vuelco que intentábamos dar al sistema educativo de este país tocaba el centro neurálgico de los poderes fácticos, de la Iglesia y de los intereses conservadores. Sin duda, yo me daba cuenta. Pero lo viví desde dos enfoques. Primero, como algo inexorable: había que hacerlo y lo hicimos. En segundo lugar, contemplé esas resistencias al cambio con comprensión, por eso nunca me irritaban las grandes manifestaciones. Aquellas movilizaciones masivas de la Conferencia Episcopal, de la derecha..., nunca me provocaron irritación. A José Mari le producían tensión, a mí no, o no tanto, porque sabía que estábamos tocando algunos de los elementos neurálgicos de una sociedad que veía en la reforma no sólo la pérdida de privilegios sino de estatus. Era el sistema de reproducción de las élites lo que estaba en juego, unas élites que habían sido formadas en un determinado adoctrinamiento. Esto era absolutamente evidente. Por esa razón, me parecía lógico que esa resistencia fuera muy fuerte, muy dura, y había que vencerla sin griterío, con templanza, y, además, sin perder los nervios... José Mari lo sufrió mucho más que yo. Yo lo viví con mayor tranquilidad; ese tipo de manifestaciones me preocupaban, pero no me hacían sufrir.

La Iglesia no temía perder el dinero, o el negocio. Temía perder poder ideológico y de control. Yo hablé con Casarolli[9], que era un tipo admirable desde el punto de vista de la organización de sus análisis, y me planteó tres temas. El primero fue el educativo; el segundo, las desviaciones pornográficas de la televisión pública a altas horas de la madrugada (hoy, sin embargo, los niños pueden ver, en su horario, esa basura que nos sirven todos los días con tanta abundancia, y que entonces no existía, y pocos protestan); y el tercer tema era el problema de las contribuciones a la Iglesia por la enseñanza concertada. Pero, por centrarme en la cuestión del sistema educativo, yo le decía: «Mire, le están informando mal. El sistema de concierto ha favorecido extraordinariamente, desde el punto de vista económico, a la Iglesia católica. No le están dando las cifras de cuánto recibía la Iglesia para Educación cuando yo llegué al Gobierno y de cuánto está recibiendo ahora». Pero en lugar de abrumarlo con cifras, le hablé de la COPE, la emisora de la Iglesia. Le dije que minutos antes de nuestro encuentro yo venía en coche desde el Parlamento y el conductor tenía sintonizada la COPE. Era uno de los días en que, en un programa concreto —hubo varios días en los que se trató el asunto—, se discutía sobre cuántas veces hacían el amor el duque y la duquesa de Alba, un debate sobre... eso. Jesús Aguirre[10], había hecho unas declaraciones al respecto y en la COPE estaban ilustrando «cristianamente» a los ciudadanos sobre las relaciones sexuales de los duques de Alba. «Déjeme que le entregue una copia de cómo la emisora de la Iglesia adoctrina a la gente en la valoración cristiana», le dije en broma a Casarolli.

Y sobre el tema de las aportaciones por el sistema de enseñanza concertada, le dije: «Voy a contestarle de una vez por todas, para que no haya dudas entre nosotros. Si usted conoce, ya que el Estado Vaticano se relaciona con países en todo el mundo, un sistema más favorable para la Iglesia que el nuestro, no importa el país del que se trate, desde ahora se lo ofrezco como modelo para renegociar nuestras relaciones. Ahora, si usted no conoce ningún sistema mejor y, sin embargo, alguien se lo ofrece, dígales a los que le informan que me convenzan».

Creamos una escuela pública capaz de competir con la enseñanza privada. Pero no sólo eso. También el derecho al acceso a los colegios concertados cambió. O sea que, además, había una lógica batalla de fondo: debían respetar el concierto, respetar la participación de unos y de otros en el sistema educativo; pero tratar también de que la educación se fundamentara, básicamente, en una cierta laicidad y en una cierta tolerancia. Si a un niño, por las razones que fuera, le correspondía un colegio concertado, no tenía por qué recibir un adoctrinamiento directo, no tenía por qué ir a misa. Nosotros advertíamos a los responsables del centro: «Si este niño tiene el mismo derecho a ir a este colegio concertado que a otro público pero éste es el que le toca, a éste es al que irá. Usted imparte su educación, pero no le adoctrina».

La complicidad con José Maria Maravall era total, absoluta. Había un entendimiento de fondo total. El único elemento de diferenciación posible —es una persona con la que he discutido a fondo y con la que he seguido discutiendo después de las etapas de Gobierno— es que, probablemente, yo tenía, y aún tengo, alguna versatilidad más para intuir cambios que se están produciendo en la sociedad y las nuevas líneas de actuación, la renovación del pensamiento socialdemócrata, también en el terreno de la educación. Cosa que todavía hoy discuto, incluso con Rubalcaba, de toda su estrategia...

Después de que José Mari saliera de Educación, yo lo quise recuperar como ministro de Exteriores... Pero él no aceptó. Es posible que hubiera dado la vida por mí... La vida, sí, pero dirigir otro ministerio, no.

Bases USA: razones para la insumisión

La renegociación de nuestro acuerdo bilateral con Estados Unidos se desarrolló en un marco muy simple. El escenario era el siguiente: España negociaba con un país, Estados Unidos, acostumbrado a hacer en el nuestro lo que le diera la gana. Era lógico: el régimen de Franco tenía razones para someterse a los deseos de los americanos. Si querían hacer una pista en Torrejón incompatible con la del aeropuerto de Barajas —condicionamiento que nadie había valorado—, simplemente, la hacían. Sin problemas. Si utilizar Torrejón significaba que había que detener la actividad en Barajas, a ellos no les preocupaba. Esa sumisión, durante el régimen de Franco, se explicaba por el aislamiento de la dictadura respecto al mundo occidental y por su alineamiento en la lucha contra el fantasma del comunismo, contra el enemigo de referencia.

Por tanto, era necesario reconstruir, sin sacar «pecho de lata», una especie de autonomía para definir nuestra propia política exterior de acuerdo con nuestros intereses y los principios en los que creyéramos. Esta aspiración tenía varias vertientes, pero una de ellas era condición *sine qua non:* la recuperación de una relación más razonable y más autónoma con Estados Unidos, y de carácter bilateral. Además, teníamos nuestra prioridad europea —que ahora estamos perdiendo—, nuestra prioridad mediterránea y respecto a Iberoamérica. En cualquier caso, era necesario reequilibrar la relación que nos vinculaba a la superpotencia, simplemente.

De modo que comenzamos la negociación sobre las bases y la renegociación de la relación bilateral. Los norteamericanos trataban de superar sus traumas mediante el orgullo de poder, superar el complejo de Vietnam y superar lo que consideraban la «blandura Carter». Hay que recordar que estábamos en la época Ronald Reagan. Ocurría algo parecido a lo que sucede actualmente: ahora Bush considera blanda la etapa Clinton[11]. En aquellos años, aún vivíamos en la «guerra fría», Mijail Gorbachov todavía no había saltado a la escena política y la gerontocracia soviética dura todavía estaba vigente. En ese momento y en ese escenario, teníamos que renegociar nuestra relación bilateral y las bases con Estados Unidos.

Los americanos creyeron que el embajador que tenían en nuestro país era demasiado amigo mío como para que la negociación fuera fructífera. En primer lugar. Y lo cesaron. Enviaron a un embajador especialista en negociaciones y temas duros: Reginald Bartholomew, un hombre muy eficiente. Cuando llegó, yo le expliqué honradamente —cosa que no sé si en términos de negociación era operativo— que yo sabía en qué quedaría esa negociación; le expliqué que yo, en la primera entrevista, le iba decir cuál sería el final de nuestra negociación. Le indiqué que yo le anticipaba ese final para que él tomara la distancia que fuera necesaria para considerar un éxito su trabajo, pero que si él creía que lo que le iba a explicar respondía a una posición negociadora, entonces íbamos a tener algunas frustraciones muy serias. Porque el objetivo era el siguiente: que nuestro país tenía que recuperar una posición y que esa posición iba a pasar por nuestras posiciones. Se lo dije. Le dije cuál sería el final del acuerdo, no el principio; y, naturalmente, como debe ser, no se lo creyó. Creyó que era una posición negociadora. Así que, tuvimos que pasar por una tortura tremenda.

OTRA FORMA DE ESCRIBIR LA HISTORIA

Los encuentros con George Shultz y con Reagan, que también aparecía —aunque se ocupaba menos de los detalles—, llegaron a ser dramáticos. En el transcurso de una reunión, por ejemplo, se jugó con elementos bien descriptivos del marco en el que nos movíamos. Estábamos en Nueva York, en una de las sesiones de Naciones Unidas, e hicimos una reunión bilateral. En un momento del encuentro, Shultz dijo: «Nosotros no estamos en ningún lugar donde no quieren que estemos, porque no estamos en ningún sitio a la fuerza; por tanto, si el planteamiento es el que estamos viendo, significa que no nos quieren y estamos dispuestos a retirarnos». Yo le respondí, tranquilo: «Pues yo no he trabajado sobre esa hipótesis, pero ya que la pone sobre la mesa, se puede contemplar la retirada total». Obviamente, los permanentes, los subsecretarios, saltaron inmediatamente: «No, no... No lo interprete usted mal, pero es que parece que la posición del Gobierno español es de hostilidad». Yo contesté: «No. No hay ninguna hostilidad, en absoluto. Nosotros queremos que salgan de aquí y de aquí y que haya una reducción de esto más esto». Les dibujé de nuevo el panorama y nuestra propuesta: «Eso es lo que queremos —les dije—. Eso no significa hostilidad, sino redimensionar nuestra relación bilateral».

Recuerdo que Shultz, el secretario de Estado, como estaba muy irritado, no conseguía desacelerar su irritación. Pero yo estaba tranquilo, siempre he visto estas situaciones con tranquilidad, porque sé que estas cosas son así. Inmediatamente, él puso sobre la mesa un tema, como una especie de amenaza a la que creía que yo sería sensible y dijo: «Bueno, quiero advertirle de que, en cualquier caso, los cuatrocientos millones de dólares de línea de crédito no los podemos mantener, no están las cosas para seguir así». Le contesté: «Lo comprendo perfectamente. En ningún momento me habrá oído plantear el problema de la línea de crédito, y no porque dé por supuesto que va a continuar, sino porque para mí no tiene el menor interés mantener esa línea de crédito con Estados Unidos. Es más, si me apuran, yo estoy dispuesto a darles a ustedes los cuatrocientos millones de dólares en las mismas condiciones de reciprocidad». Creyeron que era una chulería mía..., no sé. Y añadí: «No se lo tomen como una chulería, pero si ustedes me compran material de defensa, que es lo que nosotros compramos con los cuatrocientos millones de dólares, con los mismos tipos de interés, con la misma carencia y el mismo período de amortización, yo les vendo el material de defensa que les pueda vender; no tengo ningún problema. Al contrario, creo que sería una operación brillante para España, por tanto, no se lo estoy diciendo en broma. No me importa que ustedes me retiren los cuatrocientos millones de dólares.

No me importa, porque seguro que puedo comprar material de defensa, el que quiera y donde quiera, con las mismas condiciones de crédito que las suyas. Por tanto, si están apurados, no les voy a plantear este problema, no hay ningún problema».

Éstos fueron algunos rasgos que explican cómo se desarrollaron aquellas negociaciones, en medio de una opinión pública que, en aquel momento, no había concluido el proceso de maduración de las opiniones públicas en las recuperaciones democráticas. Era lógico, la gente no había hecho el ajuste entre lo que deseaba y lo que espera razonablemente que ocurriera, como ya avancé. En realidad, eso es la madurez democrática, que el deseo y la expectativa de que va a ocurrir algo parecido a tu deseo se aproximen. (Por tanto, si tu deseo es participar, como Aznar, en el proceso de destrucción de las armas de destrucción masiva, en paridad con Bush y con Blair, obviamente, eso sólo puede conducir a la frustración de las expectativas, porque tú haces de «aserejé», mientras los otros actúan con compromisos reales).

En aquellos momentos, cuando analizábamos la opinión pública, comprobábamos que ésta quería, en magnitudes abrumadoramente mayoritarias, que los americanos se fueran de nuestro país. Así, sin más. (Excluyo a los izquierdistas extraparlamentarios y a la derecha de toda la vida, en particular, a la Falange, a la que nunca le habían gustado los gringos). La opinión pública pensaba que lo que iba a ocurrir no era lo que el Gobierno pretendía que ocurriera en la negociación (la recuperación de la soberanía sobre las bases, la reducción, el uso conjunto bajo control español, etcétera). La gente creía que todo iba a quedarse como estaba y que los americanos harían lo que les diera la gana. Esa lucha en dos frentes, el del deseo y el de la expectativa razonable, era bastante dramática, parecida a la que se dio con el tema de la OTAN; era la misma sensación. Un asesor, brillante como pocos, me decía: «¿Quieres ganar el referéndum de la OTAN por el 98 por ciento o el 99 por ciento, como en el "modelo búlgaro"? Entonces, pregúntale a la gente si quiere que España se quede en la OTAN con su voto en contra».

Opinión pública: entre lo difícil y lo imposible

Lo que emergía en esa opinión pública no era sumisión al imperio yanqui, era el deseo de liberarse de algo de lo que les parecía imposible liberarse. Porque, realmente, era muy difícil, y entre lo muy difícil y lo imposible, no hay mucha distancia. No es que la gente no comprendiera el proceso. La gente sabía que los americanos habían hecho lo que les había dado la gana durante mucho tiempo, aquí y donde quiera que hubieran estado. ¿Por qué iban a pensar los ciudadanos que sólo un cambio de Gobierno los iba a colocar en una posición distinta? Y no se trataba sólo de la opinión pública, tampoco los americanos entendían nuestra posición. No podían comprender que, mientras en otros países europeos el problema era que no se fueran, que no disminuyeran su presencia, en España el problema era la reducción de su presencia. No podían entenderlo.

Al comienzo de la negociación, los americanos acogieron nuestra actitud muy negativamente, con mucha desconfianza. Más tarde, como ese tema se mezcló con el del referéndum de la OTAN, que les tenía muy preocupados —era un asunto que les aterraba y que creían que podían desmontar, o intentar dar marcha atrás, sin muchas presiones—, y vieron que el Gobierno socialista apostaba por el «sí», empezaron a variar la opinión respecto a nosotros.

En realidad, era una situación en la que se mezclaba todo. Porque la recuperación de la autonomía no afectaba sólo a la relación bilateral: significaba tener criterio propio en América Central, era condenar la invasión de Granada por los norteamericanos... Ellos creían que cualquier país europeo, para hablar de un tema político relacionado con América Latina, tenía que pasar por Washington; por tanto, aceptar una excepción a ese criterio les resultaba muy difícil. Sin embargo, cuando comenzaron a percibir que teníamos una posición seria, que nosotros no estábamos haciendo ni izquierdismo gratuito ni sumisión incondicional, empezaron a considerarnos como interlocutores válidos. Y cuando había que hablar de Centroamérica no se les ocurría consultar con un alemán o un holandés, pero sí con nosotros. Aunque fuera conflictivamente, nos consultaban: «¿Qué cree usted que ocurrirá en Nicaragua si pierde las elecciones Ortega?». Yo les comentaba lo que creía que sucedería, y les preguntaba a mi vez: «¿Y ustedes qué creen que va a pasar si las gana? ¿Cuál va a ser su actitud? ¿Dejarán ustedes de boicotearlo? ¿Lo reconocerán?»[12].

Por tanto, el ámbito de la relación era amplio, incluía el referéndum de la OTAN, las posiciones respecto a América Latina, etcétera. Y comenzó a crearse un clima de confianza de tal magnitud, que la Conferencia de Paz de Oriente Medio se acabó por celebrar en Madrid. Era la primera vez que se intentaba algo parecido. (Parece que, ahora, a Aznar le preocupa, después de considerar a Sharon un hombre de paz, como a Bush...).

OTAN, LOS ORÍGENES DEL ERROR

No me resulta fácil, ni siquiera ahora, explicar los procesos que determinaron nuestra posición, mi aproximación personal en el tema de la OTAN. Pero sí puedo hacer esa aproximación con total honradez.

Cuando Leopoldo Calvo Sotelo provocó el debate para decidir, por una mayoría frágil y no por consenso, la incorporación de España a la OTAN —con un Gobierno puramente de transición entre el Gobierno de Suárez y nuestro triunfo de 1982—, yo, en el Parlamento, llegué a decir, midiéndolo mucho: «Si usted cree que se puede entrar [en la OTAN] por mayoría simple, que es lo que dice la Ley, entonces también se podrá salir por mayoría simple». Pero lo perdimos.

El error que cometemos los políticos es pensar que lo que la gente percibe es lo que nosotros creemos que percibe, y la verdad es que a veces percibe cosas totalmente diferentes. ¿Cómo modulamos nuestra posición? Pensando que podíamos tener una mayoría más que suficiente para revertir la decisión que había adoptado, por una mayoría frágil, el Gobierno de Calvo Sotelo, eludimos llevar a la práctica aquello que yo había comentado durante el debate. Y en el programa electoral de 1982 incluimos nuestro compromiso de celebrar un referéndum sobre la OTAN. Pero incluimos esta decisión sin pronunciamiento sobre cuál iba a ser la posición de los socialistas, aunque era muy... Y, en la percepción pública —ése fue el error—, nuestra posición estaba muy clara: contraria a la OTAN. Así había quedado reflejada nítidamente en aquel debate del Congreso.

Nuestro programa electoral aseguraba que, en esa legislatura, el Gobierno se comprometería a consultar a los ciudadanos sobre si querían o no mantener a España dentro de la OTAN. Pero esta formulación no llevaba explícito ningún pronunciamiento. Por eso yo creo que fue un error proponer un referéndum... Aunque también es cierto que hubiera sido un error mucho mayor haber aprobado una decisión parlamentaria con los votos exclusivos de socialistas y comunistas. Pero que fue un error llevar el tema a referéndum es evidente. Nunca me han creído en este punto. Siempre han creído que era una posición estratégica para quitar a la derecha las posibilidades del poder durante mucho tiempo.

Es verdad, y no lo voy a negar, que a mí la posición que siempre me había interesado más, la que yo había pensado para nuestro país, era el terreno de la neutralidad activa, no el de la neutralidad neutralizada. La neutralidad neutralizada siempre me ha parecido estúpida, o bien el resultado de la historia que no puedes evitar. Por tanto, la neutralidad como opción, que era el caso sueco, me llamaba la atención y me interesaba; me gustaba y creía que ése era un buen destino para España, sobre todo, pensando en los vínculos, que no quería romper, de carácter bilateral, con Estados Unidos. Hasta el punto de que, aunque nadie lo ha querido valorar —no importa, quizá lo hagan los historiadores cuando pase algún tiempo—, como la gente creía que la condición para estar en la Unión Europea era aceptar la permanencia en la OTAN, yo hice un ejercicio de afirmación de autonomía, aunque algún componente de orgullo personal pudo tener. Yo no convoqué el referéndum de la OTAN hasta que no finalizó el proceso de negociación y estábamos ya dentro de la Unión Europea. Por tanto, el argumento del referéndum no podía ser: «Si no estamos en la OTAN, no podemos entrar en la UE», por la sencilla razón de que ya estábamos dentro, ya éramos socios. Y lo hice con ese calendario porque quise, porque creía que había que evitarle a los ciudadanos ese elemento de presión psicológica. No se podía someter al país a un chantaje: «El precio de participar en la Unión Europea es participar en el pacto militar de la OTAN». Evitamos la presión psicológica sobre la ciudadanía, pero aumentaba el riesgo.

Casi desde el principio, casi desde el momento en que formulamos la propuesta del referéndum, supe que la neutralidad que a mí me interesaba no era posible. (No hicimos, no quise hacer la propuesta de salir de la OTAN si ganábamos las elecciones, que, en términos políticos, hubiera sido más correcto decir: «Si gano las elecciones y tengo mayoría, al día siguiente denuncio el acuerdo que acaba de firmarse»). Desde ese momento, yo sabía que la gran contradicción no era entre OTAN y neutralidad, sino entre «No OTAN» y relación bilateral. Es decir, una relación bilateral dentro de la OTAN tiene unas características radicalmente distintas a una relación bilateral sin OTAN. Y todo mi proceso mental estaba relacionado con el proceso de recuperación de la autonomía para definir la política exterior; eso era todo.

Perder el referéndum de la OTAN hubiera tenido un coste enorme para nosotros, como país.

Fraga se desmarcó y pidió la abstención, porque decía: «No, mejor que lo pierdan. Se van a ir y no lo vamos a cumplir, porque el referéndum no es vinculante». Y esto último era verdad.

E inmediatamente después del referéndum, yo dije que había sido un error; a pesar de que todo el mundo me concedía toda la gloria por una convocatoria que había situado a la derecha en su contradicción. Reconocí que fue un error porque había metido al país en una especie de turbina realmente insoportable. Y el país me lo hizo pagar. Los ciudadanos nunca me lo perdonaron, e hicieron bien en no perdonármelo. Los ciudadanos me dieron la mayoría pero no me lo perdonaron. Los políticos creen que la obtención de la mayoría se corresponde con el favor de la gente, y no es verdad. A mí me dieron la mayoría en 1986, pero no me perdonaron que les hubiera sometido a la tortura psicológica de ser ellos los que tuvieran que decidir sobre algo que deben decidir los responsables políticos, y sobre lo cual, después, los votantes piden cuentas y evalúan si tal opción es buena o mala.

ENCUESTAS, SUFRIMIENTO Y DILEMA MORAL

Mi decisión de que, en caso de que perdiéramos el referéndum, yo no iba a gestionar el «no», era algo que yo tenía muy claro, aunque tengo que aceptar que la política se puede ver desde ópticas diferentes. A mí siempre me ha parecido repugnante —lo digo ahora, y a lo mejor alguno se molesta— la cantidad de veces, que no son pocas, que he visto que Gobiernos que se la juegan en referéndum, como los de ratificación en las distintas modificaciones de los Tratados Europeos, se la juegan pidiendo el «sí». Sale el «no» y no se sienten concernidos. Como si nada hubiera ocurrido... No importa que sea Dinamarca, o Irlanda. Si un líder político, un jefe de Gobierno, les dice a los ciudadanos: «Creo que... y les pido que...», y los ciudadanos votan lo contrario, él se tiene que ir. Además, los ciudadanos tienen que saber que ese líder tiene que marcharse; que su salida del Gobierno no sólo no es un chantaje: lo que es un chantaje miserable es que se quede. De hecho, los referendos más inmediatos a los que me refiero obtuvieron resultados contrarios a la propuesta del Gobierno. Y el Gobierno sigue, vuelve a hacer otro referéndum para que cambie la opinión pública, esta vez sí, bajo chantaje. Y tiempo después, como no puede ser de otra manera, pierde las elecciones. Ésta es mi manera de ver la política, yo comprendo que hay otra... Ramón Tamames decía que mi negativa a gestionar el «no» era un chantaje intolerable a la opinión pública. Pero, ¿por qué le parece a usted intolerable?

(Cuando hablaban de la guerra contra Irak, los del Partido Popular decían: «Esto es igual que el referéndum de la OTAN». Y yo les contestaba: «¿Qué? Desde luego, yo no les recomiendo que hagan un referéndum, pero si creen de verdad, respecto de las elecciones, que se trata de algo semejante a lo de la OTAN, consulten a la gente. Y si están ustedes en contra de la opinión mayoritaria, deben irse, en lugar de seguir metiendo la pata». ¿Por qué no lo hicieron? Yo no se lo recomendaba, no quería ser incoherente conmigo mismo; pero si creían que su posición en el conflicto les iba a conceder no sé cuánta ventaja electoral, ¿por qué no hicieron el referéndum?).

A eso me refiero. Y la otra posición, perder y continuar, también es válida, y la gente la esgrime, pero conmigo no vale.

Yo, desde el punto de vista político, si consulto a la gente, tengo una posición. Porque no la puedo consultar sin tener «mi posición». Y si la gente está en contra de la posición que yo creo que es la buena para el país, si los votantes dicen: «No, eso no es bueno para el país»..., ¡puerta! Me voy. Ya me ocurrió en aquel congreso del PSOE con el debate sobre el marxismo; dije que creía que esa resolución no era buena para el Partido, y me decían: «No, pero tienes que seguir de secretario general». Y les contesté: «No, un momento, un momento: ¿que *yo*, no compartiendo la posición mayoritaria, tengo que administrar lo que *ustedes* dicen que hay que hacer? ¿Y la mayoría se inhibe? No, no; eso lo administra quien gana».

Políticamente, yo no he sufrido más que con aquellas encuestas. Un mes antes de celebrarse el referéndum de la OTAN las encuestas nos daban un «no»; y era un «no» de dos a uno. Y no sufría tanto por el resultado, que me parecía de alto riesgo, pero que nunca me ha obsesionado, cuanto por el hecho de ver que estaba sometiendo a la gente a un proceso de decisión que no era correcto desde el punto de vista de la democracia representativa. Por eso he explicado tantas veces que ésos son los temas que no deben someterse a referéndum. En todo caso, usted disuelve el Parlamento y le dice a la gente: «En mi programa electoral, entre otras cosas, está la rectificación de lo que defendí antes; si quieren me votan, y si no, no me voten; es su libertad». Pero hacer que el país te sustituya en una decisión como ésa... Eso es una traición a la democracia representativa. Por estas razones, yo consideré aquel referéndum, y lo sigo considerando, un error.

¿Y por qué lo hice, entonces? Ésa es otra «pregunta del millón». Porque era una promesa incluida en un programa electoral que, entre otras cosas, se comprometía también, por ejemplo, a crear hasta 800.000 puestos de trabajo. No pudimos hacerlo; creamos 1.200.000 puestos de trabajo cuando no los prometimos, en la siguiente legislatura.

Hay dos tipos de obligaciones que un Gobierno adquiere a través de su programa —su pacto con el electorado—: obligaciones que toman su tiempo y que no sabes en qué porcentaje se cumplen, y obligaciones que sólo dependen de que se firme o no un decreto, y que se cumplen al cien por cien. Y la obligación de hacer un referéndum sólo dependía de que yo firmara un decreto de convocatoria. Si no lo firmaba, cumplimiento cero, y si lo firmaba, cumplimiento cien.

Recuerdo las conversaciones con Andreas Papandreu: había anunciado dos referendos en Grecia, uno sobre la Unión Europea y otro sobre la OTAN, y no hizo ninguno de los dos. ¿Por qué? ¡Esa convocatoria sólo depende de un acto de voluntad! Es decir, no es un compromiso de cumplimiento a lo largo del tiempo. El compromiso con el electorado depende simplemente de una firma en un papel, de un acto de voluntad. ¿Cómo es posible que yo falle en el acto de voluntad? No, no podía fallar. Ése fue el dilema moral.

Nos tomaron en serio

Yo aparecía, en el ámbito internacional, multiplicando mi potencia de liderazgo a los ojos de los interlocutores. A ningún país europeo, empezando por los griegos —pese a que lo habían prometido—, se le hubiera ocurrido jamás hacer un referéndum sobre la OTAN. Y, de pronto, ven que hay un novato por ahí al que se le ocurre hacerlo... Un novato que llega al Gobierno con 40 años —José Luis Rodríguez Zapatero tiene 42— y se le ocurre hacer un referéndum... y ganarlo. «¡Un momento! Aquí ha pasado algo muy raro». Así como los gringos nunca se atrevieron a decirme que diera «marcha atrás» —o algo parecido—, entre los amigos europeos, sí se despertaban comentarios. Me decían: «¿Tú sabes lo que estás haciendo? Eso tiene un nivel de riesgo enorme y, además, nos puedes meter en un lío a todos los demás: si hay un país que sale de la OTAN por un referéndum, los demás podemos tener un problema de opinión pública muy serio». Pero, como siempre, el resultado importa más que las consideraciones previas, y el resultado les sorprendió. Tanto más cuanto sabían que, un mes antes de celebrarse la consulta, el resultado era radicalmente adverso.

A partir de aquel momento, la posición internacional de España se consolidó muy seriamente, mucho más que cuando una mayoría parlamentaria de un gobierno frágil había aprobado la decisión de estar en la OTAN. Nos tomaron más en serio, sin duda alguna.

Interior: diagnóstico del 82

El panorama de Interior que nos encontramos era... Tengo que decir que, probablemente, fue de las cosas, en la transferencia del poder por parte de UCD, que respondieron a la imagen de una actitud impecable. O, dicho en otros términos, Juan José Rosón, el responsable de Interior en el Gobierno de Calvo Sotelo, asumió mucho más a fondo y en serio que otros Departamentos su función de explicar a los que le iban a sustituir —especialmente a su sucesor, Pepe Barrionuevo— dónde estábamos y qué problemas teníamos. Por tanto, ahí no había mucha oscuridad; sólo había más o menos experiencia.

En el tema del terrorismo, estábamos en una situación dramática desde el punto de vista de la amenaza. Y en una situación muchísimo menos dramática desde el punto de vista de la conciencia democrática de los partidos: había que enfrentarse al terrorismo. Tuvimos dificultades de entendimiento con el PNV, pero se resolvieron totalmente después, con el Pacto de Ajuria Enea. Por tanto, políticamente, estábamos mucho mejor que hoy, y, desde el punto de vista de la amenaza terrorista, en cuanto a consecuencias sangrientas, mucho peor. También estábamos mucho peor en la relación con Francia. (Me llamó la atención que Aznar dijera —hace un tiempo, cuando visitó el famoso rancho de Bush— que «en España» se habían detenido a peligrosos terroristas etarras. Dijo «en España» para no mencionar Francia, que era donde realmente habían sido detenidos. Me pareció inexplicable. Me pareció vergonzoso no conceder valor al papel de Francia, justo en el tema de la amenaza terrorista, y justo cuando se agudizaba el conflicto que Francia tenía con Estados Unidos por el tema de Irak[13]).

En los primeros años, y en el tema del terrorismo, teníamos una gran dificultad con Francia. Tardamos algún tiempo en superarla. En realidad, con Francia teníamos dos problemas: el del terrorismo y el del *préalable*, o veto francés, a nuestra incorporación a la Unión Europea. Pero un año después de nuestra llegada al Gobierno, a finales de 1983, llegamos a un acuerdo con François Mitterrand que hacía más evidente la desactivación del veto francés a nuestra incorporación en la UE, y mucho menos evidente lo que iba a ocurrir con el terrorismo.

Francia fue abriendo una dinámica de cambio del funcionamiento de su aparato del Estado, en el cual, hasta ese momento, se consideraba a los terroristas como refugiados, y se dio paso a un sistema de colaboración diferente que se fue perfeccionando a lo largo del tiempo. Pero, ya en 1983, el embajador francés nos ayudó mucho. Pierre Guidoni nos ayudó mucho, fue una pieza clave en el cambio de las actitudes políticas del Ejecutivo francés respecto a España. Naturalmente, este cambio de actitudes tardó en permeabilizar el funcionamiento de un aparato del Estado acostumbrado a actuar de modo distinto en relación con el terrorismo etarra.

Yo me decidí por Pepe Barrionuevo como ministro de Interior, probablemente, porque me pareció la persona más adecuada. No me puedo situar en el contexto de otra manera. Tienes que montar un equipo de gobierno, no teníamos ninguna experiencia... (Ahora le reprochan a José Luis su inexperiencia; se lo reprochan estúpidamente, porque ahora tenemos catorce años de experiencia de gobierno, y veintitantos años de experiencia local y regional. Por tanto, tiene la cantera que quiera, por supuesto, mejor que la del PP, para lo cual no hay que hacer mucho ejercicio).

Yo buscaba personas con cierta experiencia y..., naturalmente, es un criterio subjetivo. Uno ve a gente con capacidad para afrontar ese desafío, y eso fue lo que me inclinó a elegir a Pepe Barrionuevo. No es cierto que Rosón me influyera, para nada, en su nombramiento. Rosón no habló conmigo de eso en ningún momento.

Barrionuevo: nadie me preguntó a mí

Años más tarde, yo me vería a las puertas de la cárcel de Guadalajara para despedir a Barrionuevo, que ingresaba en esa prisión. Nunca habría podido imaginarme que la gestión de Interior nos pudiera reportar tantas complicaciones. Pero quiero dejar claro que no sólo no me las podía imaginar, sino que, probablemente, además, fue una gestión bastante correcta dentro del cuadro de dificultades que tuvimos que afrontar. En general, más correcta —ahora ya lo puedo decir— que la que se había hecho anteriormente. Incluso se pagaron algunas cuentas por lo que se había hecho antes en la lucha antiterrorista. Además, Barrionuevo fue condenado injustamente por cosas que no había hecho. En verdad, se procedió contra él en un ambiente que poco tenía que ver con su gestión en el momento de las imputaciones, sino con la cacería montada posteriormente en una conspiración miserable. Ya sé que hay un dato del cual es difícil defenderse, ya sé que hubo una condena firme del Tribunal Supremo. Pero yo no niego la condena; lo que afirmo es que la condena no responde a las responsabilidades de Barrionuevo ni a la verdad. Por eso la califico de injusta. Soy consciente, además, de que esa sentencia nos dejó, en términos de puridad democrática, sin argumentos. Por supuesto, en el funcionamiento de un sistema democrático, por imperfecto que sea, una condena a un miembro del Gobierno... ¡Por eso el fiscal general del Estado, Carlos Granados, tuvo tanto «cuidado» en el momento de actuar! Una condena a un miembro del Gobierno mancha al Gobierno. Es evidente. Lo que sigo diciendo es que no hay ninguna relación entre la verdad de lo que ocurrió y la condena. ¿Eso juzga la intención de los que lo condenaron? Ni siquiera voy a entrar en eso, me da igual. Ése no es el problema. El problema es que Barrionuevo fue condenado por hechos con los que no tenía nada que ver.

Por cierto, yo no conocía a Galindo. Los que lo conocían eran Aznar y Mayor Oreja, que, cuando estaban en la oposición, iban a verlo todas las semanas. Yo no conocía al general Galindo cuando estaba en Intxaurrondo, pero pienso que también está condenado a 80 años por algo que no ha hecho.

Es verdad que hubo dentro del Gobierno y del Partido un debate sobre aquello. Y yo sabía perfectamente que el hecho de ir a la cárcel de Guadalajara a despedir a Pepe Barrionuevo, con una condena firme del Tribunal Supremo, «contaminaba». Pero a mí no me importaba esa «contaminación»; la aceptaba, de una forma plenamente voluntaria, porque estaba expresando con mi presencia mi forma de rechazar una sentencia injusta. Punto. Eso es todo.

¿Que había gente que no quería «contaminarse»? Yo lo entendí perfectamente. La política es así. Yo no reprochaba a nadie que no quisiera «contaminarse». Es más, antes de ir a Guadalajara, yo lo advertí a compañeros del Partido: «Voy a hacerlo. Es mi responsabilidad, *la mía*. No estoy implicando la responsabilidad de otros; el que no quiera hacerlo que no lo haga». Y si se me volviera a plantear veinte veces la misma situación, veinte veces haría lo mismo. De eso no me cabe ninguna duda.

Lo volvería a hacer, incluso pagando el precio que pagué en aquel momento, que cundiera la idea de que yo iba a Guadalajara porque tenía miedo de que Barrionuevo «tirase de la manta». Me daba y me daría exactamente igual. Además, no tienen razón; sin «tirar de la manta» podían haberme condenado exactamente del mismo modo y por lo mismo por lo que les condenaron a ellos: por no hacer nada. Simplemente, habría bastado con que ellos hubieran dicho que yo también estaba en aquello. Porque a ellos [a José Barrionuevo y a Rafael Vera] los llevó a la cárcel otro coimputado, y ése verdaderamente estaba implicado, y lo reconoció. Sirvió el testimonio de un coimputado. Ésa era la única prueba que tenían. Ni siquiera me dejaron presentar a mí la prueba del telegrama que le había mandado al Rey, informándole de las conversaciones con Mitterrand. Nunca me llamaron. Me zarandearon: me iban a procesar, no me iban a procesar; era responsable, no era responsable... Pero nadie me preguntó si tenía algo que decir en el tema de Barrionuevo.

Si se especuló con una relación de incomodidad entre Barrionuevo y yo, no me importa. La contradicción de ese argumentario está clara, ya lo he explicado. Claro que si Barrionuevo y Rafa Vera llegan a asegurar que yo les di la orden para secuestrar a Marey, por muy mentira que fuera, me hubieran podido condenar, por la misma razón que los condenaron a ellos, en un ambiente con mentiras, con testimonios falsos... Por tanto, ¿por qué me voy a defender de eso? ¡Me parece ridículo!

Mejor, que hablen los que habían pactado ya con Aznar —como Damborenea, o como el que era director general de Seguridad— a cambio de quedarse con su dinero... ¡Pues claro! ¡Si esos testimonios valen, aunque yo no los hubiera visto para nada, me habrían condenado igual!

La «X» del GAL, el Cesid y el Rey

No voy a ocultar la irritación que me produjo aquella campaña que me identificó —con la ayuda inestimable de Julio Anguita— como la «X» del GAL. Sentí irritación, pero también por el error que cometí; por el error de haber dado respuestas duras o ásperas a esa acusación. Evidentemente, lo configuraron así. Y el propio Anguita colaboró —aunque yo creo que nunca ha estado convencido de que yo tuviera nada que ver con aquello—, y colaboró porque le interesaba. Y hablo de interés en el sentido de «interés, interés»... Anguita estaba interesado en que esa operación contra mí se desarrollara de aquel modo —y lo digo hoy— por las razones que le llevaron a montar la «pinza» con el PP contra nosotros, y por razones de interés personal, que son aún más miserables. De todo ese montaje, de toda aquella campaña de intimidación estúpida e injusta que se me hizo, lo que más me preocupaba era que mancharan al Estado democrático de responsabilidades que no tenía. (Hoy estamos gobernados por aquellos que, incluso desde el Ministerio de Defensa, se ofrecen a cazar al hombre).

Pero, me preocupaba, sobre todo, el destrozo que estaban haciendo en un funcionamiento creíble del Estado democrático. Todavía hoy lo seguimos pagando. Porque si lo paga un Gobierno, está bien: lo paga el Gobierno. Pero el juego sucio llegó hasta... ¡Todavía seguimos pagando las consecuencias!

Emilio Alonso Manglano —al que yo no nombré como responsable del Cesid, sino que lo mantuve— sigue siendo mucho más creíble que todos los que vinieron después para la operatividad de los servicios de Inteligencia, servicios que, ahora, parece que tienen importancia. *Ahora*, pero *antes* se los cargaron. Incluso procesaron a Javier Calderón, sucesor de Manglano, por el caso de las escuchas en las sedes de Herri Batasuna. Todavía hoy...

¿Quién se va a fiar de nosotros en Inteligencia, cuando se ha utilizado el Servicio de Inteligencia en la lucha partidista? ¡Y se ha llevado hasta la judicatura! Jurídicamente, es explicable que procesen a quien desarrolló el sistema de escuchas a Herri Batasuna. Pero, políticamente, ¡vete a explicarle al Servicio de Inteligencia americano —que es el que facilita las técnicas de escucha— que han sido procesados los señores que han entregado a la Justicia parte de las pruebas que sirven para afirmar que los «batasunos» son tan responsables del terrorismo como los etarras! ¡Explícale tú que los que consiguen las pruebas y los «batasunos» están igualmente procesados! Naturalmente, te dicen: «¿Pero estamos hablando de un Estado democrático serio, o estamos hablando de una broma?». Estamos hablando de una broma, del «aserejé».

En toda aquella situación, el Rey... Hay algo que deberíamos recordar. Yo tenía una manera de gobernar que no era la habitual; yo elegía a los ministros y les concedía plena responsabilidad en su área. Tenía mi Gabinete de Presidencia para filtrar, ordenar y hacer comprensible la masa inmensa de información que llega de los diferentes Departamentos ministeriales. Y no puenteaba a ningún ministro con ninguno de sus segundos ni terceros, cosa que es muy habitual en todos los gobiernos. No reprocho esa actitud, pero mi estilo de gobierno no era ése. La relación con el Rey —aún hoy, con la distancia— debo seguirla respetando. Sólo debo decir que yo admitía el máximo papel que el jefe del Estado podía tener desde el punto de vista constitucional, y le proporcionaba el máximo de información de la que disponía, incluido el máximo de disponibilidad para que contrastara la información por los distintos cauces que tuviera. Por tanto, el Rey, durante mi mandato, era un jefe de Estado representativo que no sólo tenía el poder que le atribuía la Constitución, sino un poder moral añadido de representación que yo reforzaba, que no ocultaba, porque no competía con él. El Rey tenía toda la información que debe tener el jefe del Estado y toda la libertad para abrir su abanico informativo en todas las direcciones que quisiera, con quien quisiera, ya fuera con Manglano —que siempre fue de su máxima confianza—, ya fuera con la oposición... No sé si el Rey se sintió desconcertado a propósito del montaje de las escuchas del Cesid, al igual que en algún otro caso, teniendo o no razón, que ahora no voy a discutir las razones. Ahora bien, de lo que doy fe es de que el Rey lo pasaba muy mal por esa dinámica de los acontecimientos... No voy a sustituir su capacidad para expresar sus memorias cuando quiera, digo que su estado de ánimo era ése. Y no voy a pasar de ahí.

La huelga. Es fácil hablar ahora

Hablar hoy de la huelga general del 14-D es relativamente fácil, a toro pasado. El motivo desencadenante de la huelga era una gran estupidez, como reconocen todos los líderes sindicales, también a toro pasado. En aquel momento la excusa era, para entendernos, la recuperación del contrato de aprendizaje. La verdad es que me sorprendió enormemente que ese asunto fuera el desencadenante de la huelga.

Pero no era la causa de fondo. En las causas de fondo hay algunas explicaciones. Algunas son puramente subjetivas, y no merece la pena entrar en ellas todavía, aunque en algún momento entraré en las causas subjetivas de algunos de los protagonistas, que son las más dolorosas. Pero las causas objetivas, las que permitieron la movilización a fondo, no sólo de la parte sindical, sino también de la Patronal, eran otras. Aparte, existía una explicación que, en el fondo, también explica el desencuentro. La razón fundamental es la siguiente: hacer una política de liberalización económica y de cohesión social, aprovechando el fruto de una liberalización que hace crecer el producto y, por tanto, que permite aumentar la presión fiscal —tomándosela en serio— y propiciar más educación, más salud y más pensiones, era algo inhabitual en el seno de la izquierda, incluso herético. El gran intelectual de la política Hugh Gaitskell, al que acompañaba alguno de los nuestros, comparaba esta política con la de Margaret Thatcher. No se daba cuenta de que Thatcher había desregularizado, liberalizado, en el sentido fundamentalista del neoliberalismo: había inventado esa doctrina, que además había roto la cohesión social en Gran Bretaña. Recuerdo una conversación posterior con la reina de Inglaterra, que nunca traicioné, hasta que hicieron una biografía suya y apareció la misma tesis. Incluso entonces me reservé aquella fantástica conversación... A mí, los elementos de comparación no me molestaban en absoluto. Yo pensaba que uno de los errores de la izquierda era preocuparse sólo de la redistribución de la riqueza y no de la creación de la riqueza, y creía que había que preocuparse de ello, de aumentar la competencia, de hacer caso del mercado o de regular razonablemente.

Y eso fue lo que hicimos. La riqueza aumentó, efectivamente, después de superar la crisis económica, que fue una época muy mala, y la reconversión industrial. La economía empezó a crecer con fuerza, empezó a aumentar la presión fiscal, se activaron todos los programas de redistribución indirecta del ingreso que producía ese crecimiento de la riqueza... Por tanto, hubo al mismo tiempo más libertad económica, menos barreras arancelarias, menos intervención del Estado y mucha más cohesión social, o un sistema creciente de cohesión social. Ése era el modelo. (La parte del modelo que no entendían algunos era el de la liberalización de la economía; eso lo puedo comprender). Y la impaciencia que al final hace cuajar una huelga —hablo de la parte sindical— era que, recuperado el ritmo de crecimiento de la economía, los sindicatos creían que tenían que participar más intensamente en el reparto; es decir, habiendo participado en los sacrificios, querían mayor participación en el reparto. Por tanto, querían que hubiera una política salarial de fondo distinta: más redistribución del ingreso directo; y apreciaban menos la redistribución que suponía garantizar un buen sistema de pensiones, de pensiones no contributivas, un buen sistema educativo o un buen sistema sanitario. Todo esto también puedo llegar a comprenderlo. No tengo ningún problema de comprensión respecto del fenómeno.

EL DÍA DESPUÉS

A la Patronal, que estaba pasando por uno de los momentos más felices de su existencia —porque ni en el franquismo ni en el «aznarismo» han tenido más libertad para moverse como agentes económicos y para competir que en esta época—, le agobiaba, por un lado, la razón ideológica de un Gobierno socialista; por otro, el incremento de la presión fiscal. Todo ello, a pesar de que los negocios les iban bien, incluso se hablaba de la «cultura del pelotazo», que, en realidad, sólo se puso de manifiesto de manera dramática cuando llegó el PP al Gobierno. Por tanto, toda esa confluencia de factores llevó a una huelga que, sin duda, fue un golpe duro para el Gobierno. No nos impidió volver a ganar las elecciones, pero fue un golpe duro, sin duda alguna.

Yo saqué, inmediatamente, las consecuencias y el significado político de lo que había ocurrido. Registré perfectamente la advertencia y las señales que nos habían lanzado sectores de la sociedad que empezaban a impacientarse con los socialistas... La diferencia respecto de la huelga que hizo retroceder al Gobierno de

Aznar, en torno al famoso «decretazo»[14], es que en aquel momento, al día siguiente del 14-D, yo hice dos cosas, en contra de las opiniones de los más próximos. Primero, reconocí que había sido el golpe más duro que había recibido el Gobierno; por tanto, sabía perfectamente lo que significaba; y segundo, convoqué a los sindicatos a una reunión. ¡Al día siguiente! Si eso no es sacar las consecuencias de lo que había ocurrido... Aunque puede que no sean todas las consecuencias. Porque ya he explicado cuáles eran las causas inmediatas, el motivo por el que se convoca la huelga, y las mediatas —me he ahorrado las subjetivas— que explicaban aquel movimiento social que yo percibía clarísimamente.

Nunca abandoné en medio de la tormenta

Algún tiempo después yo me planteé no volver a ser candidato electoral, pero, pese a lo que algunos han podido interpretar, no me hice ese planteamiento como consecuencia directa de la huelga; no fue algo que yo decidiera súbitamente. Me refiero a que no se trataba de esa actitud impulsiva: «¡Lo dejo!». Lo que me pasaba era lo mismo que me ocurría desde el principio... La primera vez que quise dejarlo fue después de las elecciones de 1977, el 2 de agosto de 1977. Quise que hiciéramos un congreso del Partido y que alguien se hiciera cargo de la continuidad de la Secretaría General después del congreso de Suresnes. Por tanto, es verdad que yo tenía siempre un pie en el estribo para bajar, siempre. En el congreso del Partido, en aquella ocasión, dramático, «el congreso del marxismo», simplemente me bajé. No es que pusiera condiciones, ni que discutiera bajo cuáles aceptaría ser secretario general. Simplemente, cuando se aprobó la resolución, que respeté, me fui. Nunca me he ido en medio de la responsabilidad, he agotado la responsabilidad y cuando he visto que se ha terminado el período, me he sentido con un poco más de margen de libertad para decidir. Y eso me ha acompañado durante toda mi vida política. Incluido el momento del que hablo, en el que ya la gente empieza a creer que no quiero volver. Se lo creyeron incluso los más próximos, que llegaron a creer, durante años, que, en realidad, yo mostraba esa disponibilidad a dejarlo como una táctica, como un instrumento para mantener mejor el control. Esa interpretación de mis intenciones nunca se ha correspondido con la verdad, pero da exactamente igual, porque lo que en política se percibe como verdad, es la verdad. Incluso gente del Partido llegó a percibir como verdad que yo estaba dispuesto a dimitir, pero que sólo se trataba de un gesto para recuperar más control... Nunca fue ésa mi intención. Por tanto, cuando llegaron las elecciones de 1989, anuncié que no quería volver a presentarme. Pero hicieron lo posible y lo imposible para que no apareciera esta información. Y algunas de las periodistas que tenían la información se frustraron porque alguien consiguió convencerlas de que no la sacaran. Porque se entendió, en el Partido, que difundir mis intenciones, desde el punto de vista electoral, era muy negativo.

En ese momento, pensaba: «Éstas son las últimas elecciones a las que me presento». Ésa era mi voluntad, pero todavía no me planteé ningún candidato, ningún nombre concreto, para mi sustitución, porque no había hecho aún, entre los más próximos, un intento para razonar si era posible la sustitución... Y como no tuve ningún espacio, porque un razonamiento previo de esas características no «colaba», digamos que me sometí al reto de afrontar las elecciones y ganarlas. Y las ganamos otra vez, con mayoría absoluta. (Recuerdo que hubo un juez que dijo que, si de él dependiera, nos quitaría la mayoría absoluta. ¿Era ésa su manera de juzgar?).

En aquel momento, simplemente, me planteé dejarlo, no tenía ningún pensamiento de buscar ningún sustituto. Eso ocurriría después, a lo largo del mandato. Entonces, mi idea era la siguiente: «Bueno, una manera ordenada de irse es pensando si alguien me puede sustituir antes de acabar... Como hay unos fastos realmente espectaculares en 1992, probablemente ése sea el momento adecuado —entre 1989 y 1992— para que determinadas personas que tienen ya una experiencia de gestión comiencen a tomar el relevo». La idea era que aparecieran formalmente como en realidad aparecían..., como sustitutos.

Entonces, empecé a analizar y a evaluar quién podría ser. Pensé en Narcís Serra, en aquel momento, porque me parecía una persona sensata, que conocía varias áreas de gobierno, que había estado ejerciendo de vicepresidente y que, probablemente, podía hacerse cargo de la gestión de Gobierno. Mi valoración incluía su imagen de catalán gobernando en Madrid, de catalán que ha llevado a cabo una operación como la de la transformación de las Fuerzas Armadas, la superación de lo que podía ser uno de los grandes peligros históricos... Narcís tenía un «haber» mucho más importante del que él mismo consideraba que tenía; y ése ha sido siempre el problema de Narcís Serra: nunca ha creído que en su tarjeta debiera figurar ese acervo que había acumulado. Sin embargo, a mí me parecía que Narcís había realizado lo que menos se podía esperar de una persona catalanista... Para entendernos, él había ejecutado una tarea que no se correspondía con la imagen que teníamos del catalán. Podía haber hecho una buena política comercial, no sé cuántas otras cosas, pero hizo una buena política de Defensa. Y Solana tampoco pudo ser. Fue la última opción, entre 1993 y 1996, pero se atravesó un hecho histórico que era absolutamente imposible rechazar: la posibilidad de que ocupara una responsabilidad como secretario general de la OTAN, a la que no pudimos decir que no. De lo contrario, hubiera optado por que Javier hubiera cubierto ese espacio. Y lo propuse, formalmente, en el Comité Federal, y tuve apoyos y negativas...

Mi sucesión y el Partido

Los intentos de Alfonso de «controlar» mi sucesión, la verdad, no me influyeron... No fue así. Sencillamente, porque esa influencia ya no era decisiva en aquel momento: Narcís ya era vicepresidente. Cuando llegan las elecciones de 1993, lo que influyó no fue la actitud de Alfonso, sino la resistencia a que hubiera una sustitución en ese momento; resistencia que, por otro lado, era ampliamente mayoritaria. Porque yo había cometido el error de empezar a consultar, para entendernos, si podría haber un candidato, y me encontré con esa resistencia en una situación en la que la dificultad para ganar era máxima: todo el mundo daba por seguro que no ganábamos. Y se propagó un sentimiento concreto: «Éste se va en el momento en que ya no se gana». Me podía. ¿Se puede definir como vergüenza torera? Como se quiera, me da exactamente igual, para no darle mucha solemnidad.

Después del funeral del padre del Rey, disuelvo el Parlamento. Pero era un momento crítico para el Partido y, con el acoso que en aquel momento sufríamos, el espacio para mi sustitución se reducía, no tanto por la influencia interna, que también la había, sino por el sentimiento que en mí dominaba la sospecha de que la gente iba a decir que me iba porque todo se había perdido. Y por esa razón no sólo repetí en 1993, sino también en 1996. Por supuesto... tenía muchas más razones... era elemental. Y, además, en aquel momento hice la campaña bastante solo. Digamos que hice la campaña con la base del Partido, pero no con los cuadros de la Dirección del Partido, que querían imponer su propia campaña, que intentaban controlar la situación. La verdad es que me sentí bastante solo.

La verdad, no soy capaz de definir la actitud de Alfonso en cuanto a la relación entre el Partido y el Gobierno. Ni aun hoy. Y sobre la cuestión de si él se arrogó cualquier derecho de veto a cualquier candidato a la sucesión en el que yo pudiera pensar, tengo que decir que no había ningún derecho de veto, que eso no es cierto. Alfonso había cuidado a una parte del Partido seriamente, sin duda, y yo creo que con esa parte lo había hecho bien, con la parte del Partido que estaba con él. Creo que Alfonso tenía el problema de que, cada vez que sentía que alguien discrepaba, lo sacaba del círculo de los que podían contar. Y el círculo se iba estrechando por esa dinámica. Y, al final, ese círculo no era decisivo desde el punto de vista de la conformación de mayorías o minorías, sencillamente. Se trataba de un proceso de exclusión permanente de cualquiera que discrepara respecto de cualquiera de los elementos que Alfonso consideraba importantes, creo yo, aunque tampoco estoy absolutamente seguro. Pero yo sí podía darme cuenta de que su capacidad para conformar una mayoría en el Partido se iba reduciendo. En 1993 se pudo apreciar claramente, y mucho más en 1996...

Yo no sé si eso del «guerrismo» se puede definir o no como mayoría. No lo sé. Porque también se ha hablado del «felipismo» durante tantos años... Lo que sí puedo decir de mí es que jamás he tenido una tribu dentro del Partido. Probablemente, eso, visto con perspectiva, es algo relativamente suicida, aunque a mí me salió bastante bien... Normalmente, un dirigente político quiere saber quiénes son sus gentes de confianza en todos los niveles locales, por si acaso. La verdad es que nunca me ocupé ni me preocupé de eso. Para mí, los interlocutores no tenían tribu dentro del Partido, eran interlocutores del Partido, todos exactamente igual. Quizá la prueba del nueve más evidente de lo que afirmo era mi relación con Juan Carlos Rodríguez Ibarra. Él lo sabía perfectamente. Pero esa relación no sólo existía con él, también con Corcuera, con cualquiera de ellos... Ellos lo sabían también perfectamente. No digo que yo no tuviera limitaciones psicológicas a la hora de tomar decisiones, pero trataba de superar aquellas limitaciones psicológicas que pudieran condicionar la decisión que yo creía conveniente para el Partido. De eso, doy la absoluta seguridad. Naturalmente, corría el riesgo de quedarme en minoría. No era la primera vez... Ocurría con alguna frecuencia, incluso en la Ejecutiva del Partido, donde podía estar en minoría. Había votaciones en las que yo estaba en minoría. No me parecían sustanciales, pero eso ocurría; nunca tenía una mayoría abrumadora como tuvieron mis sustitutos en la dirección del Partido.

La acusación de Alfonso Guerra, sobre todo en los últimos años, de haberme aliado objetivamente con los llamados «renovadores», o lo que sea, nunca me preocupó especialmente. Ni la «deriva neoliberal» y ese tipo de cosas. Si alguna cosa me preocupaba un poco más, pero más por dolor personal que por cambiar la posición, era cuando, a veces, se decía que a mí no me importaba el Partido, que no lo quería, que no me preocupaba del Partido... Ese tipo de cosas... Lo cierto es que yo he tenido una lealtad al Partido que ha llegado hasta el hecho de que no he publicado nunca nada en la prensa sin darlo antes a conocer a la Dirección. Y creo que no ha ocurrido lo mismo en el Partido. Además, no se estila. Jamás, nadie lo ha hecho. Sólo yo. Y sigo haciéndolo a día de hoy. Considero que ésa es mi responsabilidad, no la responsabilidad de un militante, sino la mía, mi responsabilidad personal. Por tanto, los reproches de que no me importaba el Partido me turbaban más. Creo que eso se aclaró después, cuando vivimos aquella situación dramática, el abandono de Borrell y la proximidad de las elecciones, que el PP gana por mayoría absoluta. Se aclaró en una pequeña reunión con Txiqui Benegas, Paco Fernández Marugán y otros representantes de ese núcleo. Cuando me dijeron: «El Partido está sin orientación, sin dirección», le contesté a Txiqui, en tono de broma y cordialmente: «Esto hace muchos años que está así, según vuestra teoría, porque yo no me he ocupado nunca de dirigir el Partido», y Txiqui me decía —siempre he mantenido una buena relación con él—, de absoluta buena fe: «Siempre que tú has estado en el Partido, sabíamos para dónde íbamos, nos gustara más o menos, pero sabíamos que había una posición y una orientación; pero ahora no sabemos...».

Es verdad que yo no tenía el estilo de dirigir el Partido mediante el control de las voluntades y dependiendo de una clasificación de los que estaban de acuerdo conmigo y los que no lo estaban. ¡Jamás! Por eso ponía antes el ejemplo de Juan Carlos Rodríguez Ibarra, con el que podía coincidir o no, pero se mantenía la misma relación de lealtad.

No había un espacio para dejarlo

La pretensión de Alfonso de controlar la situación, y mi sucesión, si yo me iba, creo que está perfectamente justificada o explicada, porque él creía —y me imagino que cree— que representa lo que el Partido debe ser. Yo nunca he tenido la pretensión de representar lo que el Partido debe ser. He tenido mi posición y la he defendido y la defiendo sin ninguna limitación; me siento totalmente libre para pensar y decir lo que yo creo que el Partido tiene que tener. Pero no le «cobro» a nadie que no tome esa opinión como determinante, en absoluto; me parece razonable. Distingo, por ejemplo, entre mi posición actual, cuando no dirijo el Partido, y mi posición como dirigente del Partido. Pero incluso como dirigente del Partido, cuando alguien discrepaba, me parecía que tenía perfecto derecho a hacerlo. Y no lo consideraba en la fila de los adversarios que no interpretaban correctamente lo que debía ser el Partido... A mí no me preocupaba esa actitud de Alfonso como un obstáculo a la hora de pensar en mi sucesión. No, no... En ese momento, teniendo la percepción que se tuviera —y la de Alfonso tenía tanto derecho a expresarse como cualquier otra—, yo tengo la seguridad de que ese tipo de percepción esencialista no era mayoritaria en el Partido, incluso entre el grupo de gente que era leal a Alfonso. En términos reales, no hubiera sido un obstáculo pensar en alguna persona. No, no... No lo creo. El obstáculo habría sido que no me hubieran dejado un espacio para irme; eso ya lo había percibido con claridad. Por eso, cuando decidí dejarlo, lo hice el día del congreso, y sin avisar.

Alfonso, proceso hacia la decepción

En la relación entre Alfonso y yo hubo un antes y un después del «caso Juan Guerra». Lo hubo, sí. Pero tengo que decir que en el tema del hermano de Alfonso se produjo una situación tremendamente abusiva, porque no era causa suficiente para provocar lo que provocó. Eso era evidente. Pero también es evidente que Alfonso se consideraba, cosa perfectamente comprensible, responsable de verdad de su familia. Y aun siendo abusivo el tema, obviamente, él estableció una línea que marcaba, que separaba a los que aceptaban o no su posición y su papel. Repito, aun siendo abusivo...

Es verdad que yo hice una apuesta de lealtad máxima por Alfonso con aquello de «dos por el precio de uno». Luego, en el proceso, no fue tanto una decepción, aunque también había un componente de decepción. Pero no tanto por el caso en sí mismo, porque la apuesta que yo hice por Alfonso, desde el punto de vista de su honorabilidad personal, era una apuesta absolutamente certera; es decir, a Alfonso, en política, nunca le había movido ni el negocio ni el dinero. Eso me parece poco cuestionable. Si ustedes quieren cuestionar a este señor en ese aspecto... Pero no me refería a su hermano, o al otro... Yo lo hice de absoluta buena fe y, en ese caso, en concreto, no me equivoqué. En algún caso, sí me sorprendió, pero en ése no me equivoqué.

Mi decepción o decepciones se dieron porque yo creía firmemente —lo creía porque mi propia actitud, sin afirmarlo así, se parecía mucho— que cuando Alfonso decía que estaba obligado a estar donde estaba, que no tenía mucho placer ni mucho gusto en hacer lo que hacía, que no le apetecía estar en el equipo del Gobierno...

Siempre lo dijo, desde el principio del mandato, y yo diría que lo estaba diciendo siempre de verdad, sintiéndolo y asumiéndolo. Pero, en el momento en que se planteó la posibilidad de que saliera del Gobierno... me dio la impresión de que no era exactamente así. Creía que él quería quedarse. Si tuviera que definir ese proceso de distancia y las causas de fondo que nos separaron políticamente... No lo sé. Yo creo que, fundamentalmente, es esa percepción de que, en realidad, le daba más importancia a quedarse que a cualquier otra cosa. Pero es una percepción que puede ser equivocada, porque estoy seguro de que Alfonso sigue creyendo que él no tenía interés en estar en el Gobierno... Sé que él siempre ha creído que los «renovadores» pudieron hacer mella en mí, que me llevaron al convencimiento de que él era el responsable de que no hubiera respuesta a Filesa y ese tipo de cosas. Pero, no. Simplemente, yo creí que, en un momento determinado, Alfonso debería ser sustituido en el Gobierno. Eso es lo que creí. Porque ya había pasado la fase aguda del ataque por el «caso Juan Guerra» —cuando él mismo hizo su intervención en el Parlamento—. Había pasado un año. Yo creía que Alfonso era más parte del problema que de la solución a la hora de intentar que el Gobierno recuperara oxígeno... Fue así de simple.

En las elecciones de 1993, elegí a José María Maravall para que dirigiera mi campaña electoral. Lo hice por sintonía personal y política. Pero también porque José María era un hombre que no tenía ningún deseo de tener cuota de poder desde el punto de vista institucional y orgánico, ningún interés. Más bien, lo contrario. Ya había intentado recuperarlo para el Gobierno, y no lo conseguí, pese a que le había mostrado mi mayor interés. Maravall tiene una gran capacidad de análisis y una lealtad no ya personal, que no es lo que más me importa, sino una lealtad política al proyecto que me parecía fuera de toda duda. Con todas esas características, me parecía, y me sigue pareciendo, una persona extraordinariamente adecuada para que estuviera en un Comité de Estrategia en el que, obviamente, José María Maravall no pide absolutamente nada a cambio. No hay ningún componente mercenario en su esfuerzo, eso puedo asegurarlo.

Se dijo que aquella opción por Maravall era una forma de expresar mi deseo de marcar distancias con el Partido: no fue así exactamente. Ésa es una elaboración, como tantas otras, que hacemos a posteriori. Mi decisión partió del convencimiento de que las características de José María Maravall son las que digo: una persona con conocimiento de causa, con experiencia y con buena cabeza, que puede aportar su pensamiento y líneas de acción estratégicas, y del que yo estaba seguro de que no estaba interesado en otras razones que no fueran las que se le encomendaban. José María Maravall es de las personas que, si se equivocan, se equivocan sin nada a cambio; y si aciertan, también. No sé si el Partido lo recibió de uñas, no tuve yo esa percepción en aquel momento. Y, además, sinceramente, tampoco era mi máxima preocupación. Él dice que tenía la percepción, por no decir la certeza, de que, en ese momento, Alfonso Guerra no tenía mucho interés en que yo ganara las elecciones. Yo no lo creo. Yo creo que Alfonso Guerra, independientemente de cómo le fuera a él —que lo podía tener en cuenta—, tenía claro cómo se podían ganar o no las elecciones. Y no lo digo por conversaciones que haya mantenido con él, sino con conocimiento de causa. Y apostaba con su gente porque se intentaran ganar. Eso vale para las elecciones de 1996 y para las de 2000.

En cuanto a la actitud, en cuanto a lo que había que hacer en cada caso, la verdad, nunca había unos criterios muy convergentes entre los de Alfonso y los míos, desde el principio. Incluso antes de estar en el Gobierno. Pero la lealtad de Alfonso, durante muchos años, superaba incluso esa discrepancia, y cuando veía que yo había tomado una decisión, la aceptaba, aunque no estuviera de acuerdo. Yo nunca percibí deslealtad por parte de Alfonso mientras estábamos en el equipo de Gobierno; por tanto, no se acabó. Ni siquiera cuando salió del Gobierno pude percibirla como percibía que había reacciones de la gente que se sentían próximas a él, más críticas, pero no percibía eso como una deslealtad. Claro que, entonces, tenía mucho menos contacto conmigo y, por tanto, mucha menos posibilidad de contrastar opiniones. Pero una vez que se contrastaban opiniones Alfonso siempre reaccionaba diciendo: «... bueno, yo no lo veo, pero... ¡Vayamos!».

Mi último Gobierno

Si se percibió que mi último Gobierno estaba en manos de los independientes, tengo que decir que había, más o menos, el mismo número que en mi primer Gobierno. Repito que había el mismo número. Fernando Ledesma no era del Partido; Carlos Romero, tampoco..., por hablar sólo del primer Gobierno.

Pero eso es lo de menos, la percepción sí era correcta.

En cuanto a mi opción, mi apuesta por Juan Alberto Belloch, por su política de saneamiento de Interior... Me pareció que iba a ser oportuno y que era oportuno demostrar que nosotros no teníamos ningún interés —hablo desde el punto de vista subjetivo— por hacer una política como la que se refleja en el Gobierno actual con el fiscal general del Estado, una política de encerramiento, de autodefensa. Otra cosa es que la decisión fuera o no acertada, tanto en el caso de Belloch como en el caso de Baltasar Garzón...

Parece que, después, en algunos casos, no fue acertada. Pero, sin juzgar eso, la verdad es que —en aquel momento— yo creía, y era mi convicción personal, que lo que nosotros podíamos y debíamos hacer era mostrar que no teníamos nada que temer ni que ocultar. Mi decisión estaba motivada por esa razón. ¿En qué errores pudimos incurrir? Todavía hoy no soy capaz de evaluarlos; puede que hubiera algunos errores, pero que la intención no era... Obviamente, ¿cómo se puede imaginar?

Yo tenía vínculos personales que me llevaron a estar en la cárcel de Guadalajara... Por tanto, eso sería contradictorio con todo lo anterior. Y, desde luego, yo nunca prescindí de la lealtad y del afecto que sentía por gente de mi equipo como Pepe Barrionuevo o por José Luis Corcuera ¡De ninguna manera!

Se ha dicho que Belloch entró en Interior como un elefante en una cacharrería... Antes estuvo Antonio Asunción, que había sido director general de Prisiones... En cualquier caso, ésos son juicios de valor, a veces subjetivos, aunque algunos se fundamentan en cosas que han aparecido. Yo no me atrevo, de verdad, a hacer un juicio de valor sobre eso. Yo creo que el comportamiento, en general, era un comportamiento correcto, aunque algunas de las cosas que he oído y he leído de aquella última etapa de Gobierno me han sorprendido y no las he terminado de entender de verdad. Me refiero a comportamientos personales, o declaraciones, o relaciones... Repito, todavía no las he terminado de aclarar. Es cierto que se produjo una reacción, apoyada en la idea de que se hizo más daño que beneficio con aquella gestión, en aquella etapa de Interior... Ése es un juicio de valor que, además, es posible que tenga un reflejo en la realidad práctica: Interior siempre ha funcionado como «bunkerizándose» respecto de sí mismo. Sí... es posible... Pero yo no tenía esa percepción. Incluso cuando he visto esas críticas sobre los daños que se hicieron, o los problemas que se crearon, pienso que son críticas que no me han resultado... Son críticas muy sinceras... pero no me han resultado creíbles. Yo no creía que hubiera mala intención, o una intención deliberada de hacer daño. En absoluto... No lo creía... Incluso, ahora, no lo creo. Creo que había alguna gente que tenía comportamientos compulsivos... He visto algunas cosas que me han sorprendido de gente, no voy a dar los nombres, pero que no me podía esperar, que le daban más importancia en su vida a mandar en la Guardia Civil que a cualquier otra cosa.

Y respecto a Garzón... La verdad es que no estoy seguro de si el error fue no satisfacer su ambición.... Desde luego, existía el componente de la ambición. Pero también existía un enfrentamiento entre personas que, en teoría, deberían haber estado dentro del equipo de Gobierno por las mismas razones: la apuesta que habíamos hecho de apertura y de no tener temor a que las cosas funcionaran de otra manera. Es evidente. El choque de Garzón con Belloch era absoluto... No estoy seguro de que fuera un error no haber satisfecho las ambiciones de Garzón. Yo siempre he pensado que gobernar con el mínimo de hipotecas posibles, ya que gobernar siempre es una acción muy compleja, era algo absolutamente necesario. Por tanto, no quería tener la percepción de que gobernaba con hipotecas. Ofrecer algo a cambio de... aceptar una hipoteca, nunca ha entrado dentro de mis cálculos. Y ni siquiera digo que esto sea acertado, simplemente digo que ésta es una de las cosas que, probablemente, me han permitido ser siempre una persona disponible para estar fuera de la responsabilidad institucional. (Cuando pienso en las conversaciones previas del señor Aznar, antes de entrar en el Gobierno —con el señor Damborenea—, me digo, es obvio, que eso a mí no se me hubiera pasado por la cabeza para llegar al poder. No digo que no lo hubiera hecho, sino que ni siquiera se me hubiera pasado por la cabeza. Por tanto, eso define una actitud y un comportamiento).

Corrupción: por qué no reaccioné

Tengo que admitir que, después de trece años y medio de Gobierno socialista, la campaña denodada para que el tema de la corrupción pesara más en el balance, en términos de imagen, fue eficacísima. A pesar de todo, perdimos por 300.000 votos. Y perdimos porque ellos no se atrevieron a hacer un debate para contrastar lo que decían... ¡Por tantas razones! Además, los cuadros del Partido tenían un sentimiento de derrota... Creo que se conjugaron muchos factores, de un signo absolutamente inhabitual en nuestra historia contemporánea.

El Gobierno socialista, en realidad, cambió el rumbo de la Historia de España, lo encauzó en una dirección diferente, asentó la democracia, las bases del Estado de bienestar, le dio a nuestro país un papel en el mundo... Toda esa literatura se puede resumir, pero a mí me da apuro todavía a estas alturas. Siempre hay una coletilla que señala que hubo escándalos de corrupción, una coletilla que rebaja la tarea del Gobierno de una manera absolutamente desproporcionada y totalmente injusta, a la vista de lo que pasó. Ya sé, Roldán... La peor crítica que le hicieron es que había metido mano incluso en los fondos de un colegio de huérfanos de la Guardia Civil. Son fondos que han terminado en Gescartera muy poco tiempo después, pero parece que ahora eso no significa nada...; y los fondos de la Mutua de la Policía, más no sé cuántas cosas más...

Siempre hay esa coletilla: la corrupción.

Y sé que aparecerá en los diccionarios políticos.

Puede que tengan razón, como todo, a toro pasado, quienes afirman que si yo hubiera puesto «pie en pared» en el tema de la corrupción, no habríamos perdido. Pero no estoy seguro de que esas apreciaciones sean correctas. Por ejemplo, hay algunos casos que me resultan especialmente dolorosos desde el punto de vista personal. Yo siempre he sabido, he tenido conciencia de la absoluta honorabilidad personal de una persona como Guillermo Galeote y, sin embargo, lo destruyó todo ese proceso. Y si en mi mano hubiera estado evitar esa destrucción —algunos creen que sí—, lo habría evitado. Ése es el resumen.

Es cierto que la corrupción me dejó paralizado, desconcertado. Sí, me golpeó mucho. Mi razonamiento era muy simple. A mí me habían acusado personalmente de estar corrompido, de tener propiedades, no sé qué negocios, casi desde que empecé, incluso antes de empezar, con el famoso «caso Flick» y todas esas historias, y cuando me atribuían esos hechos *a mí* —de quien estaba absolutamente seguro—, mi razonamiento erróneo se limitaba a preguntar por qué iba a creer esas actitudes en otros a los que consideraba que estaban en la misma posición que yo. Por tanto, pueden decir que reaccioné tarde, y es cierto. No me lo creía y, por cierto, no se lo creía casi nadie. El caso del director general de la Guardia Civil no se lo creía prácticamente nadie.

SABER HACIA DÓNDE TENÍA QUE IR ESTE PAÍS

Creo honestamente que mi acierto —si es que puedo atribuírmelo— fue tener claro dónde quería que llegara el país. Desde el principio. Y haber cubierto una parte de las expectativas de lo que quería que fuera la orientación del país, en sus prioridades internas y de política exterior. Internas: modernización, liberalización de la economía, mayor cohesión social, descentralización... Una descentralización que nos permitiera vivir en sintonía con una realidad que era una realidad subyacente, de acuerdo con la propia Constitución, con una Constitución incluyente, y que nos permitiera vivir la descentralización sin pérdida de la cohesión, sin rupturas territoriales. En el exterior: cubrir las expectativas de entrar en la UE, universalizar nuestras relaciones, priorizar América Latina, mejorar las relaciones con el Mediterráneo... Éstos eran, simplificadamente, mis objetivos.

Creo que el país se modernizó, entró en los cauces que tenía que entrar, en términos generales, y creo que el balance se ve, en la distancia, muy positivamente, y cada día aumentará esa percepción. Los errores son los que más aprovecha la oposición. Como el planteamiento de la OTAN, o del referéndum, que fue un éxito, pero que yo considero un error estratégico, una de esas cosas que los gobernantes no tienen que hacer.

Si pienso en qué quedó por hacer, probablemente hubiera hecho, con permiso de Maravall, una política educativa con algunos ingredientes nuevos que no conocía entonces y que ahora los tengo en la cabeza... Una educación menos pasiva desde el punto de vista de la transmisión del conocimiento, mucho más activa..., pero éste es un capítulo enorme... Conseguir que la gente tuviera más conciencia de oferta que de demanda... Son aspectos que constituyen una redistribución interesante y en los que he pensado mucho más seriamente después.

Habría sido magnífico que hubiéramos sido capaces de anticipar con más tiempo lo que anticipé antes de que los demás lo percibieran: que se estaba produciendo un cambio de civilización y que había que cambiar los parámetros del propio mensaje socialdemócrata en términos de políticas incluyentes, de una solidaridad diferente..., que atendiera las viejas fracturas sociales de la sociedad industrial y las que se venían encima, preparando a los ciudadanos para otra cosas... Pero éste sí que es un pensamiento sobrevenido.

Uno ve que las cosas que hizo había que hacerlas, y que, desde el punto de vista conceptual, no era muy difícil hacerlas... Lo difícil era vencer la resistencia en una sociedad que no estaba acostumbrada a que la gente tuviera oportunidad razonable de estudiar o de tener asistencia sanitaria, o de tener segura la vejez. Ésta era la resistencia que había que vencer.

Pero el libreto no era un libreto oscuro. Dependía mucho más de la voluntad de modernizar el país y de darle cohesión que de otras razones. Después, todo fue mucho más complejo. Pero lo que había que hacer en 1982 era relativamente claro, y lo que era difícil era vencer la resistencia. Pero lo que hay que hacer en 2000, en 2002, en 2003, o en 2004 es menos claro y las resistencias serán muy dispersas y plurales.

Ese nuevo tramo de la modernización del país, de afrontar los nuevos desafíos, es el tramo en el que yo creo que deberíamos haber anticipado algunas cosas. Porque este Gobierno de la derecha ha retrocedido, prácticamente, en todo. Ha aprovechado la bonanza económica —que no provocaron ellos—, pero una vez que ha desaparecido la bonanza, ha mostrado la cara de lo que pueden ofrecer...

(Aunque, la verdad, yo tenía una percepción menos negativa de la derecha que Miguel Herrero Rodríguez de Miñón. Y lo digo en su homenaje, porque él me dijo cuando llegaron: «Tú no sabes... podrás hacer el esfuerzo de imaginarlo, pero tú no sabes lo que va a ser esto». Y tardé en darme cuenta de lo que vemos... La derecha va de lo que vemos, con el «decretazo», con el chapapote, con las exhibiciones escurialenses; va de lo que vemos con la liquidación de la política exterior, con el control de la oferta estratégica en el área económica a partir de las privatizaciones, con el control del mundo financiero en la medida en que pueden controlarlo —y pueden en gran medida—, con el control de los medios de comunicación... En fin, va de lo que vemos).

DEJARSE LA PIEL

En mi última campaña, me dejé la piel. Por tanto, no me siento culpable de un resultado, de una derrota que permitió que gobernara esta derecha en la que, por otra parte, nunca he creído. De eso sí que no me siento responsable. Independientemente del estado de ánimo que me puedan atribuir unos y otros, y de la fatiga de muchos años... Más allá del estado de ánimo en el que pudiera estar, yo tuve la conciencia clara, desde el primer día de la campaña, que iba a hacer una campaña solo, con las bases del Partido y con los simpatizantes del Partido, sí, pero sin los cuadros del Partido. Y la hice. Y estuvimos a punto de ganarla. Por un punto de diferencia, en la peor de las situaciones, pero estuvimos a punto. Hay un dato bien elocuente: los especialistas de la campaña de Tony Blair vinieron a ver esa campaña, y una de las apreciaciones que hicieron es que nunca habían visto un cambio de opinión pública de la magnitud que se produjo entre el arranque de la campaña y el momento del voto. La tomaron como objeto de un estudio en el que se reflejaba, fundamentalmente, el éxito de una voluntad de hacer una campaña para ganar; justo la percepción contraria de los que la ven de una manera diferente. Y es evidente que cuando me recuerdan mi estado de ánimo... Pues sí, obviamente, sentía la fatiga de estar muchos años en el Gobierno... Pero lo cierto es que hacía mucho tiempo que me quería haber ido y, sin embargo, di la batalla.

Me agobia ser el referente del socialismo para mucha gente que sabe que no volveré a la política. Si se puede llamar «agobio» a lo que siento a veces. Siento que la gente cree que ya he abandonado, no tiene la percepción de que trabajo. La realidad es que trabajo y mucho, y la idea de trabajar, intentando al mismo tiempo no ocupar espacio, es en política una contradicción. Como la gente tiene, sobre todo, una percepción política respecto de lo que soy, al renunciar a ocupar espacio —como he hecho efectivamente—, la percepción es que he abandonado, que estoy distanciado... Por mucho que no se corresponda con la verdad de mi tarea, la verdad es lo que se percibe. La contradicción es que esa percepción no la tiene la derecha, en la que no todos me odian. Algunos no me odian, sino que les da miedo que vuelva, les da miedo que hable, que haga un pequeño programa, que haga una declaración... Y que no la haga les da miedo también. ¿Por qué? No lo sé, es una buena pregunta para ellos.

Notas

[1] Lucas Mallada (1841-1921) fue uno de los autores regeneracionistas más destacados. Su obra más conocida es *Los males de la Patria y la futura revolución española. Consideraciones generales acerca de sus causas y efectos* (1890).

[2] La firma de España del Tratado de Adhesión a la Unión Europea tuvo lugar en el Palacio Real de Madrid el 12 de junio de 1985, y entró en vigor el 1 de enero de 1986.

[3] En mayo de 1979 se celebró el XXVIII Congreso del Partido Socialista, en el que Felipe González propuso abandonar el marxismo como ideología esencial de la organización. No se aprobó tal iniciativa y Felipe González abandonó la Secretaría General. En septiembre de ese mismo año se celebró un congreso extraordinario, en el que volvió a salir reelegido Felipe González y se optó por dar un giro socialdemócrata en la ideología del Partido, abandonando definitivamente los postulados marxistas.

[4] A finales de la década de los setenta, la economía española se acercaba al colapso. Adolfo Suárez promovió los Pactos de la Moncloa y encargó a Enrique Fuentes Quintana la redacción de un documento por el cual todas las fuerzas políticas se obligaban a cooperar: «O los demócratas acaban con la crisis económica española o la crisis acaba con la democracia», señaló Fuentes Quintana. Los Pactos de la Moncloa se firmaron el 25 de agosto de 1977 y estuvieron presentes: Enrique Tierno Galván, Santiago Carrillo, José María Triginer, Joan Raventós, Felipe González,

Juan Ajuriaguerra, Adolfo Suárez, Manuel Fraga, Leopoldo Calvo Sotelo y Miquel Roca. Se aprobaron en el Parlamento el 27 de agosto de ese mismo año.

[5] Se trata de una fórmula utilizada por el Gobierno francés para denominar el veto o las condiciones previas ante la entrada de nuevos miembros en la Comunidad Europea (hoy Unión Europea).

[6] Véase nota 8 en el capítulo de Alfonso Guerra.

[7] Mona Jiménez es el nombre de una dama bien conocida en la alta sociedad madrileña de aquellos años. Promovía encuentros periodísticos y sociales; en una de sus fiestas se conocieron Miguel Boyer e Isabel Preysler en 1982.

[8] Luis Ángel Rojo (n. 1934) fue gobernador del Banco de España desde 1992 hasta 2000.

[9] Agostino Casarolli, cardenal y secretario de Estado del papa Juan Pablo II. Murió en 1988.

[10] Jesús Aguirre (n. 1934) era el marido de la duquesa de Alba. Murió el 11 de mayo de 2001.

[11] Ronald Reagan (n. 1911) fue presidente de Estados Unidos desde 1981 hasta 1989. El Partido Republicano volvió a hacerse con la Presidencia tras las elecciones: George Bush (n. 1924) ocupó la Casa Blanca desde 1989 hasta 1993. Le sucedió William (Bill) J. Clinton (1946), del Partido Demócrata, que ocupó la Presidencia entre 1993 y 2000. Tras unas confusas elecciones, accedió al despacho oval George W. Bush (1946), que extremó los postulados integristas del Partido Republicano estadounidense.

[12] El Frente Sandinista de Liberación Nacional (FSLN) encabezó la revolución contra el dictador José Somoza en Nicaragua. En 1979 se produjo la ofensiva final y Somoza fue derrocado. El comandante Daniel Ortega fue nombrado coordinador hasta que en 1984 se celebraron elecciones y resultó elegido presidente. En 1990, Violeta Barrios de Chamorro accedió a la Presidencia del país. Durante todos esos años, Estados Unidos financió a la contra nicaragüense.

[13] Francia y Alemania encabezaron la postura contraria a la intervención militar de Estados Unidos en Irak en marzo de 2003. Estos dos países promovían la actuación de los inspectores, bajo mandato del Consejo de Seguridad, para descubrir si el régimen de Sadam Hussein contaba con armas de destrucción masiva. Tony Blair, José María Aznar y George W. Bush decidieron ignorar las resoluciones de la ONU y declararon la guerra a Irak. Tras un mes de violentos combates, el régimen iraquí fue liquidado y el país se sumió en el caos, como había ocurrido en Afganistán meses antes. Las armas de destrucción masiva nunca aparecieron. Estados Unidos amenazó con sanciones económicas a los países que habían estado en contra de la intervención militar, especiamente, a Francia.

[14] El 24 de mayo de 2002 se aprobó el Decreto Ley 5/2002, que establecía medidas de reforma de la protección por desempleo y la Ley Básica del Empleo. Los sindicatos lo denominaron «decretazo» y comunicaron que dichas medidas eran regresivas. Encabezaron una huelga general el día 20 de junio de 2002, y en noviembre de ese mismo año el Gobierno de José María Aznar aprobó las modificaciones que sugerían las organizaciones sindicales.

COLABORACIONES

LA TAREA DE GOBIERNO SOCIALISTA ANALIZADA POR SUS GESTORES

Julián Campo

(Ministro de Obras Públicas, 1982-1985)

Mucho que hacer, mucho que soñar

FUERON TIEMPOS de ilusión y esperanza, y tuve la fortuna, que siempre agradeceré a Felipe González, de formar parte del primer Gobierno socialista. En aquellos momentos, a muchos nos daba igual ser ordenanzas, ministros o desempeñar cualquier otra tarea. Lo importante era participar y trabajar en un proyecto por el que habíamos luchado desde la adolescencia. Creo que ese sentimiento lo compartíamos todos los que nos sentamos en aquel Consejo de Ministros, la mayoría de los cuales nos conocíamos desde nuestra época de estudiantes. Era mucho lo que había que hacer, mucho que cambiar y mucho, acaso demasiado, que soñar.

En aquellos primeros días como ministro, nunca me sentí abrumado o desconcertado. Algunos compañeros de Gabinete me confesaron, semanas más tarde, que cuando tomaron posesión de sus cargos se sintieron inseguros ante lo desconocido. Para muchos que procedían de la enseñanza o pequeños despachos, aquel inmenso mundo de la Administración Pública les desconcertaba y no conocían los límites y posibilidades de su poder. Para aquellos otros que estábamos acostumbrados durante muchos años a ocupar distintos puestos en la Administración, ese mundo nos era sobradamente conocido y sabíamos el trabajo y la lealtad que se podía pedir a los funcionarios y las reglas de respeto y convivencia que regían la función pública. Aunque pueda parecer una *boutade*, en una administración reglada y antigua, la diferencia entre un jefe de sección y un ministro no es muy grande.

El Ministerio de Obras Públicas y Urbanismo que encontré era una organización un tanto desarmada. Durante muchos años, no sólo los niveles de inversión habían sido bajos, sino que, lo que era mucho más grave, el Ministerio se había convertido en una organización donde las decisiones de inversión se tomaban, en su mayor parte, por criterios de oportunismo político, por la capacidad de presión de personas o entes locales o, en el mejor de los casos, por aisladas iniciativas de funcionarios diligentes. No existían criterios generales, a largo plazo, de localización de inversiones ni una planificación conjunta de las mismas, con la excepción de un Plan de Vivienda que languidecía por la intrincada administración del sector de la vivienda. Así, era curioso observar que, tratándose de un mismo itinerario de carretera, dependiendo del funcionario responsable o de la provincia por la que discurriera, cambiaban el trazado, las características y la conservación del mismo. O en itinerarios principales: recuerdo el de Madrid a Alicante. Había, de repente, algunos kilómetros abandonados y especialmente llenos de baches desde hacía ya muchos años.

La falta de planificación en un ministerio inversor fue para mí lo más sorprendente, lo más grave y lo que estimé que debía corregirse urgentemente. No se podía improvisar cada año lo que había que hacer el siguiente. Era necesario fijar prioridades y establecer programas plurianuales con criterios objetivos y públicos. Los ciudadanos debían y deben saber con antelación qué se va a hacer y por qué. No sólo era, y es, una obligación democrática, sino que era, y es, también la garantía de la eficacia de la inversión pública. Para ello, una vez analizada la situación organizativa y de gestión del Ministerio, sin detener en ningún momento las inversiones en ejecución, se crearon gabinetes de estudio que tenían la misión de desarrollar planes sectoriales en distintas áreas del Ministerio.

Siempre he pensado que la labor de gobernar debe realizarse con el máximo consenso y el conocimiento y aportaciones de los ciudadanos. Pero, a veces, no es tarea fácil. Aunque ahora parezca absurdo e increíble, en aquellos tiempos, las obras públicas no tenían buena prensa. Un predecesor mío había hecho mucho daño demagógico denominando al régimen de Franco un «Estado de obras». En consecuencia, los medios de comunicación y una parte importante de la opinión pública, la más «progresista», consideraba que hablar o escribir sobre las obras públicas era casi reaccionario y, desde luego, no daba prestigio. Incluso, dentro del propio Consejo de Ministros se compartía, de alguna forma, esta opinión. Es sorprendente, pero ningún periódico de ámbito nacional publicó un editorial sobre el Plan de Carreteras que iba a cambiar las comunicaciones de este país.

Así, hay que entender una anécdota que me ocurrió en Zaragoza, en la presentación del Plan de Carreteras. Una periodista me preguntó si no consideraba que hacer carreteras era una política continuista, a lo que respondí que sí, que, en efecto, los romanos ya las hacían.

Aún más singular: el artículo más extenso que recibió el Plan de Carreteras fue un despliegue informativo a doble página —aún lo conservo—, en el que un periódico de ámbito nacional editado en Madrid explicaba profusamente a sus lectores que el principal objetivo del Plan era facilitar el aterrizaje de los aviones de la OTAN. Es decir, que la planificación sectorial hubo de hacerse en la soledad de los despachos, con muy escasa colaboración de la opinión pública, a pesar del intenso esfuerzo que hicimos para que no fuese así. Y por ello, con sus aciertos y errores, fue un producto exclusivo de los que trabajábamos en el Ministerio.

En aquellos años, las competencias del Ministerio de Obras Públicas y Urbanismo se centraron fundamentalmente en la política de aguas y obras hidráulicas, medio ambiente, carreteras, puertos, costas y playas, y vivienda. En la política de aguas se hacía imprescindible una nueva legislación sobre la materia, debido a la nueva configuración del Estado autonómico y las exigencias de protección medioambiental. Junto a una normativa dispersa de menor rango, la legislación vigente procedía de 1879. El agua, huelga decirlo, es de una importancia suprema, no sólo por razones medioambientales, sino también por razones económicas y de coherencia territorial. La Constitución de 1978 y la nueva distribución de competencias entre el Estado y las Comunidades Autónomas exigían una nueva regulación legal que permitiese compatibilizar la unidad de cuenca y gestión de aguas con la competencia de los entes autonómicos. Romper la unidad de cuenca, como pedían algunos, hubiera sido una catástrofe. Por otra parte, la nueva ley permitiría satisfacer una necesidad planteada desde hacía tiempo: extender el dominio público a las aguas subterráneas, lo cual era urgente, dada la sobreexplotación de acuíferos que se había producido recientemente, y la necesidad de mejorar la protección y la gestión de un bien tan necesario. No menos importante era la obligación que establecía la ley de realizar planes de cuenca y, posteriormente, el Plan Hidrológico Nacional. En los tiempos actuales, para valorar lo problemático y conflictivo que fue la elaboración de la nueva Ley de Aguas, sólo hay que recordar los problemas que está planteando el proyecto de Plan Hidrológico Nacional, que, al fin y al cabo, sólo es un apéndice del conjunto de materias que reguló la nueva ley.

En estos aspectos, más que nunca, en una materia tan sensible, quise buscar el consenso y el apoyo de la opinión pública. Era importante, para redactar el texto adecuado, que los ciudadanos tuviesen conciencia de la importancia de la gestión del agua y de los problemas económicos, políticos y sociales que su buen uso implica. Durante más de dos años, todo mi equipo y yo, personalmente, tuvimos reuniones con expertos y con todas las personas y entidades, públicas o privadas, que tuviesen un interés institucional en el agua. Por último, mantuve reuniones personales con los dirigentes de todos los partidos políticos representados en el Congreso, y, no con menos esfuerzo, discusiones interminables con algunos compañeros de Gobierno.

Creo que una de mis mayores satisfacciones fue el consenso social que obtuvo, al final, la Ley de Aguas. Políticamente, los mayores recelos provenían de partidos nacionalistas, que al final fueron superados, y de Alianza Popular, que, aparte de acusarme de rojo, «estatificador», etcétera, por extender el dominio público a las aguas subterráneas, interpuso un recurso de anticonstitucionalidad a la Ley. Conservo una carta de Manuel Fraga en la que afirma que el proyecto no era tolerable por centralista y falta de respeto a los derechos de las Comunidades Autónomas. Obsérvese la idea de Estado que, decían, Fraga tenía «en la cabeza».

No sólo había que actualizar la normativa de aguas. Se puso en ejecución un programa informático de vigilancia de presas y control de avenidas. Se iniciaron obras que aumentaron la capacidad de agua embalsada en más de un treinta por ciento, entre ellas, la mayor presa de España, el embalse de la Serena en el río Zújar, y se dedicó una especial atención a los trabajos de protección, limpieza de cauces y prevención de inundaciones.

Vivíamos años de intensa sequía con el dramático correlato de las inundaciones. No hay que olvidar que, pocos meses antes de la toma de posesión del nuevo Gobierno, se había producido la catástrofe de la presa de Tous y, durante mi mandato, se produjeron las inundaciones del norte, especialmente en Vizcaya.

Por cierto, ahora que recientemente se ha mencionado la presencia de Felipe González y el Gobierno socialista en las catástrofes, yo puedo dar un buen ejemplo de lo que hicimos. Las gravísimas inundaciones del norte se produjeron a finales de agosto. Yo estaba pasando unos días de descanso con mi familia en la provincia de Alicante. Me llamaron del Ministerio alrededor de las diez de la mañana para comunicarme la noticia, hice las consultas pertinentes para confirmarla y, entre las once y las doce, hablé con el presidente. A las dos estaba cogiendo un avión para dirigirme a Madrid. A las cuatro salimos el presidente y yo de Barajas camino de Vitoria, donde cogimos un helicóptero de la Guardia Civil, y entre nubes bajas y tormentas, siguiendo el piloto el trazado de la carretera para poderse orientar, porque aún estaba lloviendo, llegamos a Bilbao, donde aterrizamos a las afueras, en un prado, en Artxanda. Es decir, que, en poco más de seis horas, cuando aún no había terminado de llover, el presidente del Gobierno y el ministro de Obras Públicas estaban en el lugar de la catástrofe. El presidente se volvió a las pocas horas; yo me quedé allí varios días. Algunos deberían aprender y otros, recordar.

La necesidad de una planificación a largo plazo de las inversiones en carreteras parece bastante obvia, pero la realidad era que, en el Ministerio, en las últimas décadas, no existía ninguna planificación de este tipo ni en carreteras ni en otros sectores de la obra pública. Incluso las que se intentaron y se ejecutaron parcialmente con anterioridad habían estado limitadas a una pequeña parte de la red estatal. Había provincias donde las carreteras estaban bien cuidadas, en otras, estaban abandonadas, y todo ello daba lugar a que algunos itinerarios pareciesen auténticos museos de carreteras en donde se podían contemplar todas las tipologías posibles: carreteras con y sin arcén, de distinto ancho, con diferentes firmes, curvas corregidas una y otra vez, etcétera. Era obvia, por tanto, la necesidad de elaborar y poner en ejecución un plan de carreteras que contemplase las actuaciones necesarias en la totalidad de la red estatal, fijando objetivos explícitos, priorizando actuaciones de acuerdo con las necesidades y desarrollando la coordinación de proyectos e inversiones.

El Plan General de Carreteras 1984-1991 comprendía cuatro programas: Programa de Autovías, Programa de Acondicionamiento de la Red, Programa de Reparación y Conservación y Programa de Actuaciones en Medio Urbano, Puertos y Aeropuertos. Estaba previsto que su ejecución se realizase en dos fases de cuatro años cada una, iniciándose de forma inmediata en 1984. Pensábamos que era urgente iniciar la ejecución del Plan; en primer lugar, porque había necesidades inmediatas que atender; y, en segundo lugar, porque, una vez iniciado el Plan, viniese quien viniese al Ministerio en un futuro, su desarrollo sería irreversible, como así sucedió. La mejor reválida del Plan ha sido su realización. Por primera vez, una planificación que comprendía la totalidad de la red viaria estatal se ejecutó de acuerdo con lo previsto. El Plan de Carreteras fue un elemento fundamental en el desarrollo y modernización de este país en los años de los Gobiernos socialistas. Por primera vez, se disponía de carreteras modernas y suficientes para soportar el tráfico viario, que era y es alrededor del 90 por ciento de los tráficos totales. De acuerdo con el Plan, se construyeron más de 2.500 kilómetros de autovías, que conectaron los principales grupos de población, y se acondicionó el resto de las carreteras a un nivel que, incluso ahora, es en su mayor parte suficiente para el tráfico que tienen que soportar. Sin extenderme mucho en la política del Departamento respecto a las autopistas de peaje, sí quiero manifestar que, en contra de lo que a veces se ha afirmado, ni en el Partido Socialista ni en el Gobierno en su conjunto existía una idea previa de la política a seguir —como se comprobó con posterioridad a 1985—. Pero yo sí tenía, por mi experiencia en el Ministerio de Hacienda, precisamente a las órdenes de José Barea, una idea precisa del grave despilfarro de recursos que había supuesto la política seguida hasta el momento. No era un prejuicio dogmático, sino fruto de la experiencia. Las autopistas de peaje pueden ser una alternativa útil en algún caso, pero, tal y como se estaban construyendo, no lo eran. Por ello, se tuvo que crear la Empresa Nacional de Autopistas, que se vio obligada a hacerse cargo de tres empresas privadas en bancarrota. Posteriormente, se tuvo la oportunidad de potenciar la Empresa Nacional y convertirla en un ente similar al de otros países europeos. Pero, por presiones del Ministerio de Economía y del Banco de España, se decidió privatizar las autopistas catalanas, en contra de mi firme y razonada posición. La decisión se ejecutó después de mi salida del Ministerio; los ciudadanos perdieron con ella cientos de miles de millones de pesetas; y los ciudadanos catalanes, la posibilidad de disponer de una red de autopistas gratuitas.

En otras áreas del Departamento, la labor de planificación, ejecución y ordenamiento del gasto público fue similar. Se realizó un plan de regeneración de costas y playas, triplicando la inversión existente, que, sin un coste excesivo, ha permitido un sinfín de obras de protección de playas y regeneración de costas degradadas que todo ciudadano que recorra nuestro litoral puede apreciar. En aquel momento, nos pareció, y el tiempo nos ha dado la razón, que ésta era una tarea urgente y fundamental para proteger medioambiental, social y económicamente nuestro litoral. Se empezó a elaborar una nueva Ley de Costas, cuyo anteproyecto estaba realizado cuando dejé el Ministerio, y que fue aprobado posteriormente en tiempos de mi sucesor. No quiero extenderme más, pero se reorganizó toda la administración de los puertos y se racionalizaron las inversiones de acuerdo con un programa centralizado que priorizaba el gasto en función de sus necesidades. En vivienda, se puso en ejecución el Plan Cuatrienal de Vivienda 1984-1987, que impulsó la vivienda pública y la de protección oficial a unos porcentajes respecto a la vivienda privada que no se han vuelto a alcanzar.

Una tarea imprescindible que requirió mucho tiempo, problemas y disgustos, fueron las transferencias a las Comunidades Autónomas de las competencias del Ministerio de acuerdo con la Constitución y los Estatutos de Autonomía. Cuando tomé posesión, solamente se habían transferido algunas competencias, no todas, al País Vasco y Cataluña. Dos años más tarde, se había culminado el proceso previsto de transferencias a las diecisiete Comunidades. La labor fue conflictiva administrativamente, y muy delicada políticamente, pero se realizó, creo, «casi» a plena satisfacción de todos. Para ilustrar la complejidad del problema solamente citaré, como anécdota, que a la salida de una reunión sobre dichas transferencias, el presidente de una Comunidad Autónoma —por cierto, era socialista— me acusó de centralista, franquista y otras lindezas, por no sé qué carretera que, de acuerdo con los criterios generales del Ministerio, no se podía transferir. Esta anécdota es un buen índice del nivel de tensión con que se realizó el proceso.

Un ministro ejerce al menos dos funciones: una, como jefe de un departamento ministerial, y otra, como miembro del Gobierno. Como responsable del Ministerio de Obras Públicas y Urbanismo, creo que la labor realizada por todos los que trabajábamos en él fue buena y, en términos comparativos, muy buena. Tuve la suerte de disponer de un excelente equipo que compartimos amistad, ilusión y trabajo. Por el contrario, como miembro del Consejo de Ministros, mis discrepancias con el estilo, nombramientos y proyecto político fueron creciendo con el paso del tiempo, como tuve ocasión de exponer personalmente al presidente pocos meses antes de la crisis. No eran discrepancias administrativas ni de recursos presupuestarios, eran políticas. Al final, llegué a la dolorosa conclusión de que mi persona sobraba en aquel Consejo y la dimisión de Miguel Boyer fue la oportunidad para que, sin escándalos ni alharacas ajenas a mi estilo, decidiese dejar aquel Gobierno en el que tantos esfuerzos e ilusiones había depositado.

José Borrell

(Ministro de Obras Públicas, Transportes y Medio Ambiente, 1993-1996)

El equilibrio territorial, un reto progresista

CUANDO EMPIEZA el fuerte auge y el crecimiento económico, a partir de 1986 y hasta 1992, a España se le queda pequeño el traje y se le revientan las costuras. El crecimiento económico y las demandas de movilidad y comunicación son completamente incompatibles con nuestro *stock* de capital en infraestructuras. Este desbordamiento se podía comprobar en la congestión aeroportuaria, en las listas de espera para conseguir una línea telefónica, en los enormes problemas de embotellamientos en los accesos de las ciudades o en los cuellos de botella en la red ferroviaria que impedían una comunicación fluida de la costa atlántica y mediterránea sur, sobre todo.

El país estaba en una situación muy inferior respecto a lo que necesitaba, y esa congestión se manifestaba de una forma muy polémica, con la expresión de un sentimiento ciudadano concreto: «Algo hay que hacer, y urgentemente». Los usuarios impedían la circulación de los trenes de cercanías y ocupaban las vías, porque estaban hartos de esperar en los andenes; los usuarios de teléfonos, simplemente, no podían comunicar entre Madrid y Barcelona; las empresas que se instalaban en España tenían un problema tan grave como la comunicación telefónica entre estas dos capitales.

Todo esto, que ocurría desde 1987, obligaba a tomar medidas. Era necesario hacer lo que no se había hecho hasta entonces, porque la prioridad en los años 1986 y 1987 era la reducción del déficit público y la estabilización económica. El PSOE tenía que ganarse la credibilidad frente a los mercados financieros que, entonces, no eran tan poderosos como ahora, pero ya empezaban a serlo, y había que desarrollar una política de ajuste.

Esta política me correspondió, de alguna forma, hacerla a mí, desde la Secretaría de Estado de Hacienda. Afortunadamente, la expansión económica y la puesta en marcha de un sistema de Administración Tributaria permitían que los ingresos crecieran más rápidamente de lo previsto, a partir del ejercicio 1986-1987. Esos incrementos de recaudación eran mucho mayores de lo esperado: la economía crecía más y el efecto de la puesta al día de las bases tributarias se dejaba notar. Ello nos permitió conceder más recursos a los ministros de Obras Públicas y desarrollar leyes de créditos extraordinarios para acelerar los planes de infraestructuras —algo realmente inconcebible pocos años después—. Entre 1988 y 1992, dotamos al presupuesto, a lo largo de su ejecución, de más recursos de los inicialmente previstos, porque los había y porque las necesidades eran tan evidentes que la estrategia óptima consistía en forzar la inversión en infraestructuras. Además, llegaron fondos europeos que también contribuyeron a dinamizar una actividad inversora que, por el contrario, desde 1982 hasta 1987, había sido la pagana del ajuste.

Ésta es una muestra de cómo, a veces, las políticas de ajuste presupuestario, que son imprescindibles en un momento dado, tienen efectos muy negativos a medio plazo, porque al cortar la inversión para ajustar presupuesto creamos un déficit de infraestructura que, cuando llega la expansión económica, impide atender las necesidades de comunicación. Entonces, es necesario forzar el ritmo...

Los ministros de Transportes y Obras Públicas de entonces, José Barrionuevo y Javier Sáenz de Cosculluela, hacen planes, pero todo es muy precipitado, porque no se contaba con la posibilidad de invertir en cantidades suficientes. Los acontecimientos de la Expo 92 de Sevilla marcan una serie de prioridades; una de ellas, simbólica, sin duda: el tren de alta velocidad (AVE), que es una opción que no decido yo, porque cuando llego al Ministerio, en 1991, ya está tomada, ya está en una fase avanzada de construcción. Ésa era una respuesta sensata al hecho de que el punto crítico de la red ferroviaria española era la comunicación de la meseta con Andalucía y todos los puertos del Mediterráneo sur a través de una única línea en pésimas condiciones, la de Despeñaperros. Si había que gastar una peseta en mejorar la red ferroviaria, había que gastarla allí, porque era el punto crítico de la red. Más adelante, se incrementó el proceso de modernización con el NAFA (Nuevo Acceso Ferroviario en Andalucía) y el tren de alta velocidad. El proyecto inicial, probablemente, no consideraba ni el ancho europeo ni la alta velocidad, sino, simplemente, ciertas mejoras en un nuevo acceso ferroviario en Andalucía para suplir el gran cuello de botella que se producía en ese punto.

Las mejoras de la red periférica de Barcelona están relacionadas con los Juegos Olímpicos. De esta manera, cuando yo llego al Ministerio, hay planes de inversión en marcha muy importantes: la red de desdoblamiento de autovías, más tarde abandonada por nuevos trazados —uno de los proyectos que yo impulsé—. Los desdoblamientos de las viejas carreteras nacionales en autovías seguían conservando la vieja geometría, eran trazados paralelos a la anterior, y eso ya no se adaptaba a las exigencias del tráfico, tanto en intensidad como en características de los vehículos, de modo que se realizaron trazados completamente nuevos. Así, entre Madrid y Barcelona, por ejemplo, hay trazados que son desdoblamientos y otros que son nuevos. La técnica de los desdoblamientos es pretendidamente barata, se hace para ahorrar dinero, para generar el menor coste posible, aunque luego, en la práctica, no es tan barata, porque la relación calidad-precio no es tan buena como se creía. Ante esas dos opciones, desdoblamiento y trazados nuevos, lancé un ambicioso Plan Director de Infraestructuras, que es una de las características de mi paso por el Ministerio, para intentar programar, a veinte años vista, las actuaciones necesarias, en una óptica de ordenación del territorio.

Las infraestructuras son, básicamente, un instrumento al servicio de la ordenación del territorio y de sus equilibrios, de manera que no haya regiones que se queden descolgadas del crecimiento general. La prioridad que se dio al sur y al oeste, muy criticada, en el fondo respondía a una voluntad política de impedir que apareciera un *mezzo giorno*, a la italiana, es decir, impedir que el desarrollo del sur estuviera a expensas del desarrollo del norte, de manera que no fueran los últimos en llegar, sino, esta vez, los primeros. Ésa es la explicación por la que se hacen grandes inversiones en Extremadura, que ya no es extrema, afortunadamente: la prioridad en el cuadrante sur occidental.

Lanzamos ambiciosos planes de cercanías ferroviarias —se habla poco de ello, pero es algo de lo que yo estoy muy orgulloso—. El número de pasajeros por kilómetro transportados era, evidentemente, superior. Creo que el gran esfuerzo que se hizo para mejorar las cercanías ferroviarias se reconoció después; fue en esa red en la que pusimos la mayor parte del gasto, en detrimento de ferrocarriles regionales que tenían muchísimo menos tráfico.

Es necesario recordar que construimos —prácticamente nueva— la red aeroportuaria, utilizando un sistema de caja común de todos los aeropuertos, de forma que los más rentables, que tenían mucho tráfico, financiaban el desarrollo de los pequeños. Yo mismo tuve que acudir a numerosas inauguraciones de nuevos aeropuertos en Canarias, en Cataluña, en Asturias, en Málaga... Ciertamente, se trataba de algo desproporcionado en relación con las necesidades de tráfico, pero construimos una red aeroportuaria completamente nueva. Resolvimos el problema del descontrol del tráfico; en mi época al frente del Ministerio se acaba con los retrasos y congestiones en el puente aéreo, gracias a técnicos expertos que dirigieron Aviación Civil: eran compañeros míos de la Escuela de Ingenieros que conocían el oficio. La renovación aérea es otro de los grandes éxitos.

En el desarrollo de las tareas ministeriales, incidieron elementos exógenos. El primero de ellos fue el gran *crack* económico que sucedió a la reunificación alemana. En 1991, la economía europea se estaba desacelerando; la ruptura del sistema monetario europeo y las tensiones creadas por la reunificación alemana provocaron una gran crisis económica en Europa. A nosotros nos afectó un poco más tarde que a los demás y supuso el fin de las inversiones asociadas a los fastos de 1992. En septiembre de ese año, cerramos la Expo de Sevilla y se intensifica la crisis.

Los criterios de convergencia de Maastricht obligaron, de nuevo, a reducir las inversiones. Esa opción acaba siendo siempre la variable de ajuste, porque puede retrasarse, mientras que los gastos corrientes suelen estar mucho más comprometidos y son mucho más difíciles de aplazar. Y nos encontramos con planes, pero sin la financiación con la que habíamos contado. Hubo un período de planificación intenso que, de pronto, se enfrenta a una coyuntura económica radicalmente distinta.

Carlos Solchaga, desde Hacienda, recorta el gasto y, en particular, el gasto de inversión. Hubo, en ese momento, una enorme tensión: obras que están en marcha, contratos firmados, expectativas y escasos recursos disponibles. De hecho, entre 1992 y 1995, me ocupé preferentemente de recortar mis planes de inversión. Es decir, a pesar de que se hicieron muchas cosas, estábamos por debajo de lo que se había programado hacer, porque la coyuntura cambió radicalmente. Eso me creó no pocos problemas con mis antiguos colegas del Ministerio de Hacienda: Solchaga y Antonio Zabalza, en la Secretaría de Estado.

Solchaga abandonó el Ministerio en 1993 y accedió al cargo Pedro Solbes, una persona con más tacto y más capacidad de diálogo, pero con la misma firmeza. También él mantuvo el rumbo hacia la convergencia económica y monetaria. Por mi parte, tenía que hacer frente a demandas muy justificadas, a programas aprobados que estaban en curso y que había que recortar. Creía que, en ese momento de crisis, la táctica de ajustar la inversión drásticamente, para ajustar nominalmente los presupuestos, no hacía sino profundizar la crisis, precipitarnos aún más a una recesión...

En fin, ésta fue una época muy interesante, especialmente desde el punto de vista intelectual, con discusiones en el seno del Gobierno, entre el gran Ministerio inversor que Felipe me había confiado y los Ministerios económicos.

Cuando abordamos la liberalización de las telecomunicaciones, yo exigí, como paso previo, que todo el país estuviera equipado convenientemente, para que determinadas zonas del territorio, poco rentables, no se quedaran sin cobertura. Planteé entonces que el teléfono es un servicio universal y exigí a Telefónica un plan de telefonía rural, que financiamos a algunas comunidades, de manera que conseguimos una cobertura universal del servicio antes de abrirlo a la competencia, porque la competencia se iba a concentrar en las zonas rentables y con seguridad no iba a querer servir a zonas con poca población y de difícil acceso. Afortunadamente, se propiciaron ayudas al cambio tecnológico y comenzó a aparecer la telefonía móvil, de manera que ya no era necesario tender hilos de cobre atravesando montes y estepas para llegar a los pueblos más alejados: servimos telefonía móvil disfrazada de telefonía fija... Aquel fue uno de los grandes logros de la época: universalización del servicio y final de las listas de espera de teléfonos.

Cuando yo llegué al Ministerio, en 1991, la telefonía era un desastre absoluto: no se podía hablar entre Madrid y Barcelona, y había muchas partes del territorio en las que no existía el teléfono. Para acceder a él, era necesario esperar meses. En 1996 se acabó con las listas de espera. Invertimos muchísimo dinero... El proceso se pudo llevar a cabo concediendo a Telefónica unas tarifas que le permitían financiar el esfuerzo inversor. Negociamos un nuevo contrato entre Telefónica y el Estado —el anterior era de la época franquista: un pacto entre poderes, una gran multinacional y una dictadura militar—. El nuevo acuerdo se establecía entre un Estado democrático y una empresa que gestiona un servicio público.

Desde luego, pusimos condiciones a la liberalización, lo que nos llevó a muchas discusiones con Miguel Ángel Fernández Ordóñez, que quería forzar la liberalización, mientras yo defendía la táctica de que, antes de liberalizar, hay que universalizar, hay que tener garantías de servicio público. Concedimos la segunda licencia de telefonía móvil y, por supuesto, hubo un gran auge en el sector. Lanzamos el Hispasat y el PP nos acusó entonces de hacer un gran despilfarro. Después, ellos han tenido que continuar... También decía Aznar que el AVE iba a ser el «rapidillo» de Sevilla y que era un despilfarro, que iría vacío después de la Expo... Y ahora están proyectando trenes de alta velocidad en todas partes... Quiero decir, están intentándolo, prometiéndolos...

La estrella, el proyecto más popular, fue el Plan General de Autovías. Creo que he sido el ministro de Obras Públicas que más cortes de cinta ha hecho sobre infraestructuras de carreteras en toda Europa; era la envidia de mis amigos europeos. Lo pude hacer, en buena medida, recogiendo la cosecha sembrada por mis antecesores: siempre es así, el que llega inaugura lo que los demás han empezado y deja sembrado para el que venga después. Pero hubo grandes dificultades de encaje presupuestario, un debate muy animado en torno al Plan Director de Infraestructuras... Recuerdo que, cuando lo presenté, decían: «¡Es un plan faraónico! Borrell aquí ha puesto de todo, ¡esto es intolerable!». Y dije: «Muy bien, estoy dispuesto a discutirlo, cojan ustedes la goma y borren todo lo que crean que sobra. Esto es lo que yo creo que hay que hacer en este país. Si ustedes creen que no hay que hacerlo, es muy fácil: cojan una goma y empiecen a borrar, y vayan diciéndome lo que quieren quitar». Nadie quitó nada, todo el mundo añadió muchísimas cosas más.

Otro hecho tan importante como inevitable fue la sequía. Recuerdo haber hecho un viaje en helicóptero de Madrid a Málaga, en 1995. Sobrevolamos todos los embalses de las cuencas del sur y estaban tan vacíos que si no hubiese llovido en el otoño e invierno de 1995, habríamos tenido enormes problemas para suministrar agua a la población. Fue una sequía espantosa, larga, duradera; todos los embalses estaban vacíos; hubo que hacer deprisa y corriendo muchas obras de urgencia, planes de ahorro, de control y restricción del consumo. Afectó incluso a ciudades como Santander, donde uno no se puede imaginar que falte el agua; en Toledo y en Sevilla hubo que hacer elevaciones de agua del Guadalquivir en zonas donde el agua todavía no estaba contaminada... Tuvimos grandes dificultades para suministrar agua de riego a Murcia desde la cabecera del Tajo, por el problema que hubo en Castilla-La Mancha.

En esa ocasión, yo creo que los socialistas perdimos una oportunidad histórica para demostrar que éramos los artífices de la distribución territorial. Hay una fotografía en la que aparecen los presidentes de las Comunidades Autónomas afectadas, José Bono y Joan Lerma, en La Moncloa, junto a Felipe González. En aquel momento, quedó claro que los socialistas eran capaces de enfrentarse a un problema de escasez de recursos distribuyéndolos de forma eficiente, de manera que se salvase el arbolado de Murcia, con unos trasvases mínimos, desde una cabecera que, ciertamente, tenía problemas, pero no tan graves.

Hubo problemas con Castilla-La Mancha. Creo que Bono prefirió optimizar su propia situación electoral en Castilla-La Mancha, y ganar las elecciones allí a costa de hacérselas perder a los socialistas en las comunidades vecinas, y mejorar su posición como líder territorial en vez de mejorar la capacidad del Gobierno socialista para hacer política en el conjunto del país. Hubo discusiones que zanjó Felipe en un Consejo de Ministros, autorizando trasvases de urgencia. Ésa fue la mayor polémica desde el punto de vista de la política del agua. Entonces fue cuando lanzamos el Plan Hidrológico Nacional, que tenía como objetivo interconectar todas las cuencas entre sí, de manera que, cuando una cuenca tuviese un déficit, pudiese recibir agua de las cuencas vecinas, no sólo desde el Ebro... Yo creo que es un error cargar en el Ebro toda la demanda de las cuencas deficitarias. El Tajo y el Duero también pueden aportar agua. Éste era mi plan, que también fue muy criticado, tachado de faraónico, megalómano... Me acusaban de llenar España de tuberías... El PP lo criticó muchísimo... Afirmaron que nunca se harían trasvases... Ahora son ellos los que quieren hacerlos.

El Plan fue aprobado por el Gobierno, pero no se pudo llevar a cabo, porque no hubo tiempo. Se aprobó el Plan en 1995, pero no teníamos mayoría en las Cortes para sacarlo adelante. Lo sometimos a debate público; no prosperó ni en el Consejo Nacional del Agua ni en el debate con las Comunidades. Estaba todo muy envenenado por las relaciones con Castilla-La Mancha. Insisto, aquel Plan no hacía gravitar sobre el Ebro toda la demanda, sino que demandaba agua también al Duero y al Tajo; por eso Bono aprueba el plan del PP ahora, porque no le pide agua al Tajo, únicamente al Ebro. El PHN es un proyecto que parte de una hipótesis que, probablemente, con el tiempo, también cambie: que el agua trasvasada es más barata que el agua desalada. Esta hipótesis, con el tiempo, puede que cambie, incluso puede que haya cambiado ya; puede que, en este momento, el equilibrio entre trasvasar agua —con el impacto medioambiental que acarrea y los costes de infraestructuras necesarias— y desalarla —cuyo coste energético e impacto ambiental son probablemente menores— permita que quizá los volúmenes de agua que deban trasvasarse no sean los que estimábamos entonces. Pero, en fin, el Plan se hizo y el PP afirmó que no lo iba a apoyar, basándose en una negativa rotunda a los trasvases. Eso hay que recordarlo ahora que ellos presentan un Plan que se centra, fundamentalmente, en un gran trasvase.

La vivienda fue otro de los temas a los hubo que hacer frente. En 1991 estábamos inmersos en una burbuja inmobiliaria. Como estamos ahora. Los precios se habían disparado, debido al crecimiento económico y a la escasez del suelo —que lo había—, porque las infraestructuras eran insuficientes. En 1991 y 1992, en Sevilla, en las primeras jornadas sobre el Plan de Viviendas, dije que si yo tuviera un piso, lo vendería «mejor hoy que mañana», porque aquello iba a explotar. Todo el mundo se me echó encima, pero era verdad, y, de hecho, explotó. Los precios llegaron a un máximo y, junto con el impacto de la crisis, se estabilizaron o bajaron en términos reales. Otro de mis grandes activos políticos, creo yo, es el Plan Quinquenal de Vivienda, pactado por primera vez con las Comunidades Autónomas. Lanzamos una revisión de la vivienda protegida y, de hecho, el precio de la vivienda se estabilizó. Entre 1991 y 1996, el precio de la vivienda baja un poco y, luego, se estabiliza. El esfuerzo que tenían que hacer las familias para acceder a una vivienda disminuyó en términos relativos a su renta, y el plan, todo el mundo lo reconoce, fue un gran éxito. La principal virtud del mismo era la capacidad de acuerdo con todas las Comunidades Autónomas. Se lanzó ese plan, y cuando llegó el PP al Gobierno, afirmó que aquello era un desastre, que había que liberalizarlo todo y que la vivienda iba a bajar... Ya vemos el resultado. Nunca ha habido tanto suelo calificado como urbanizable, en Madrid en particular, y nunca ha sido tan cara la vivienda. En aquel momento, también tuve muchos enfrentamientos con Miguel Ángel Fernández Ordóñez y con Carlos Solchaga, que ya no estaba en el Ministerio, porque su discurso era el mismo que el del PP en esta materia: que había que liberalizar, que todo el suelo debía ser urbanizable, que la culpa la tienen los Ayuntamientos, las normativas urbanísticas, la intervención pública, que el mercado no funcionaba por la intervención pública, que se construyera donde cada uno quisiera y así se abaratarían los costes... A mi juicio, ése es un discurso técnicamente incorrecto. El suelo es un sector del mercado muy imperfecto y solamente la regulación pública permite que haya suelo donde se necesita. La ciudad no es un mercado de suelo, es un espacio políticamente organizado. En aquel momento, se enfrentaron una visión intervencionista, que yo representaba, y una visión desreguladora, que representaba otra gente dentro del PSOE. Yo saqué adelante mi Plan de Vivienda, hice una nueva Ley del Suelo, revisando la anterior, porque la ley de Cosculluela había sido declarada inconstitucional en algunos aspectos.

Desarrollamos una nueva Ley de Arrendamientos Urbanos —algunas personas decían que no seríamos capaces de hacerlo—, que perdura, buscando un término medio entre el sistema franquista, de protección a ultranza del inquilino, y el sistema impuesto por Boyer y Fernández Ordóñez, en 1982, de desprotección a ultranza del inquilino, sin plazos ni garantía de permanencia. Hicimos una Ley, también consensuada, en colaboración con el Ministerio de Justicia y el de Economía, estableciendo unos plazos no indefinidos, pero sí mínimos, de permanencia garantizada y de actualización de las rentas. A pesar de todo, el mercado del alquiler no despega en nuestro país porque la gente prefiere comprarse una vivienda ante el temor que representa la inestabilidad en la relación contractual. Esa Ley de Arrendamientos Urbanos rompió los nudos heredados del pasado y fue una ley que nos costó mucho trabajo, mucho diálogo y que representó un buen punto de equilibrio entre intereses sociales muy contrapuestos y diferentes circunstancias individuales. Era muy difícil atender a todos y cada uno de los implicados: desde la viuda sin recursos que tenía alquilado un piso a una marquesa por un precio irrisorio hasta personas sin recursos que, si perdían la renta antigua, se encontrarían con gravísimas dificultades. Incluimos cláusulas de salvaguardia y períodos de adaptación; fue una ley con una arquitectura sofisticada y compleja que, creo, también representó una manera progresista de enfrentarse a un problema al que nadie se había atrevido a hincarle el diente.

Fui el primer ministro de Medio Ambiente con este título expreso en el cargo. Colocar un ministro de Medio Ambiente con responsabilidades también en otras áreas suponía establecer en ese ministerio la necesidad de hacer arbitrajes políticos entre la defensa del medio ambiente y las actuaciones que afectan al medio ambiente. Otra solución hubiera sido crear solo un Ministerio de Medio Ambiente, como hizo después el PP, y colocar entonces la necesidad de hacer arbitrajes políticos entre dos ministros en la cúpula del Gobierno, con inevitables conflictos que deberían arbitrarse a un nivel político superior: el del presidente del Gobierno. Los ecologistas criticaron mucho el hecho de que hubiera un ministro de Medio Ambiente... y de todo lo demás, porque querían su propio Ministerio de Medio Ambiente. Pero nuestra solución tenía la ventaja de dejar en ese nivel político los arbitrajes y las relaciones conflictivas entre infraestructuras y protección del medio ambiente. El caso más emblemático fue el de las Hoces del Cabriel, pero hubo muchos más.

En el caso de las Hoces del Cabriel, la autovía de Valencia estaba por terminar. Había que hacerla y no había acuerdo entre las dos Comunidades, la de Valencia y la de Castilla-La Mancha. Tomé las decisiones que me parecieron correctas; después, mis sucesores adoptaron otras, para vencer las resistencias políticas de Castilla-La Mancha. Hubo también una confrontación por el desarrollo del Estado Autonómico entre el poder territorial y el poder central. Llegamos al disparate de que una Comunidad Autónoma declarase Parque Natural la mitad del espacio en cuestión, y la otra Comunidad, que tenía la otra mitad, entendía que no era un espacio que necesitara protección y que la autovía podía pasar por aquel lugar perfectamente. Teníamos un desfiladero: una de las paredes sería Parque Natural y la pared de enfrente no era Parque Natural, porque había dos decisiones distintas de dos Comunidades distintas. El tema se envenenó. Seguramente, se mezcló con los problemas del agua; de alguna forma, se utilizó como moneda de cambio de los conflictos sobre los trasvases de agua a Murcia. Se envenenó y, cuando yo me fui del Ministerio, la cosa estaba en un *impasse*. Y se resolvió cortando por lo sano, y haciendo un trazado que, en mi opinión, ha sido mucho más costoso y mucho más impactante sobre el medio ambiente que la alternativa que yo propuse. En fin, una batalla perdida sobre la que no creo que haya que focalizar toda la tarea de seis años de inversión pública.

La manera en que se proyectaron en los medios de comunicación estas diferencias hizo que yo apareciera como «el malo» frente a Bono, que era «el bueno». Pero yo he aparecido como «el malo» muchas veces, en muchos temas, desde mi tarea como gestor tributario hasta el momento en el que tuve que recortar la inversión pública porque el Ministerio de Hacienda me recortaba los créditos. Pero creo que eso también es parte de la política, y yo siempre he defendido lo que creía. He tenido siempre mucho respeto al dinero público y nunca he querido comprar mi popularidad haciendo obras que costasen muchísimo más, y he optado por alternativas más razonables. Cada cual administra su quehacer político como sabe, como quiere o como puede.

Tuve también un gran problema con la presa de Itoiz. Otro ejemplo de arbitraje y negociación entre el ministro de Medio Ambiente y el de Infraestructuras: ¿se hace o no se hace? También estaban presentes la oposición local y las demandas de los agricultores de Navarra. Finalmente, se construyó la presa, fue saboteada pero hoy está funcionando.

Tuve grandes problemas dentro de mi propio Ministerio con los responsables de las distintas áreas... Unos estaban a favor, otros en contra... Pero el ministro arbitra, y ésa es la tarea del político, dentro del margen que le dan las leyes y los informes técnicos. Probablemente, Itoiz fue un conflicto mucho más duro que el de las Hoces del Cabriel; no tuvo lugar entre responsables políticos del mismo partido, sino con la ciudadanía y con grupos que llegaron a destruir el sistema de construcción de la presa apoyándose en una descabellada sentencia de la Audiencia Nacional, que dijo que Itoiz era una construcción ilegal porque no había sido objeto de una ley específica que la autorizase. Y digo «descabellada» porque luego el Tribunal Supremo la anuló, diciendo que no hacía falta ninguna ley específica porque la obra estaba incluida en un Plan General, y que con esto sobraba. Pero, naturalmente, apoyándose en esa sentencia, los grupos radicales sabotearon la construcción. Eso animó al Área de Medio Ambiente del Ministerio, que cuestionaba la conveniencia de hacer la presa; las obras estuvieron paradas bastante tiempo y se concluyeron después de mi marcha. Quizá fue un ejemplo más conflictivo y más polémico, aunque menos noticiable, que el de las Hoces del Cabriel.

Podrían ofrecerse muchos más... Por ejemplo, el tramo viario entre Cervera e Igualada, que todavía no está terminado. Todo el mundo se peleaba y defendía trazados distintos. Yo dije que no podíamos seguir así más tiempo y opté por uno. Cuando, en 1993, decidí un trazado, recuerdo que Pujol me dijo: «Bueno, bueno, haga usted lo que quiera. Yo no le criticaré, pero tampoco le apoyaré». De alguna manera, se lavó las manos. Estamos en 2003 y todavía no se ha acabado ese tramo. Es decir, desde que yo me fui del Ministerio, en el 96, han pasado siete años, pasarán otros ocho, y todavía no estará terminado. No debía de ser tan fácil hacerlo.

Algo semejante ocurre con el tren de alta velocidad entre Barcelona y la frontera francesa. Cuando yo era ministro, iba a Barcelona y decía que la fecha de 2002 para acabar esta infraestructura me parecía prematura —probablemente me ha perdido siempre mi condición de ingeniero—. Los ingenieros estamos genéticamente mal preparados para trucar los datos. Siempre decía que eso no era posible, que no iba a poder ser, y recibía críticas que me acusaban de falta de voluntad política; decían que era un ministro que, a pesar de ser catalán, privilegiaba el AVE a Sevilla, que no quería hacer el AVE a Cataluña... Estamos en 2003 y no es que no se haya acabado, es que no se ha empezado. Y al paso que van, pueden suponerse diez años más, con suerte. Lo resalto porque ahora nadie parece criticar tanto esa demora. Cuando yo decía que me parecía difícil que para 2002 estuviera construido el AVE hasta la frontera, que quizá, con suerte, en 2004... Y en 2004 tampoco habrá empezado la obra. Ésas son pequeñas satisfacciones intelectuales: «¡Cuánta razón tenía!». Pero son satisfacciones que no van muy lejos, y que más vale no removerlas en el recuerdo, porque no hacen más que agriarle a uno la memoria.

Tuve suerte, no tuve grandes accidentes aéreos... Invertimos muchísimo dinero en control de seguridad del tráfico aéreo; me parecía que ésa era una prioridad, no se podía seguir manteniendo un crecimiento del tráfico aéreo como el que estaba soportando España con infraestructuras de control anticuadas. Invertimos mucho dinero en el Plan General del Control del Tráfico Aéreo y mejoramos las condiciones retributivas de los controladores. Hubo una época de paz en el tráfico aéreo, que no sé si se recuerda, pero entonces se reconocía.

Mejoramos muchísimo los puertos. Hicimos una política que consistía en abandonar puertos viejos situados en el centro de las ciudades, para devolvérselos a la ciudad y convertirlos en espacios urbanos lúdicos y deportivos. Y, con las plusvalías urbanísticas generadas, pudimos financiar nuevos grandes puertos, ganando terreno al mar, o situándonos fuera del tejido urbano consolidado.

Es, por ejemplo, el caso de Barcelona, donde hicimos un puerto nuevo y dejamos el puerto viejo para Maremagnum y todas las instalaciones culturales, comerciales y hoteleras, con muy poca inversión pública y creando espacios para la actividad privada. Lo hicimos en Barcelona y lo hicimos en muchos puertos de España. Separamos las áreas de Puertos y Costas... Toda la tarea de la recuperación de las costas españolas es de esa época y los paseos marítimos construidos en España, puestos uno al lado del otro, ocupaban un espacio similar al que existe entre Santander y Santiago de Compostela. Conté con un gran director general de Puertos, Palau. En realidad, conté con grandes directores generales, técnicos muy buenos...

La Ley de Costas la hizo mi antecesor, tuvo mucho mérito. Cosculluela y Barrionuevo fueron precursores incomprendidos en su tiempo, pero la Ley de Costas es un gran éxito. Palau es uno de sus artífices. Ha sido la norma de protección ambiental más importante que hemos tenido en España, ha salvado espacios naturales como ninguna otra, en algunos casos, incluso, derribando hoteles para recuperar zonas invadidas... Los desmanes cometidos en la época del desarrollo turístico son irreversibles, pero esta ley, al menos, impidió que hubiera más. Como ya he indicado, separamos Puertos de Costas —me parecía que eran dos cosas distintas— y luchamos contra la absurda actitud de evitar el crecimiento de gasto público para ahorrarse un director general —son tres pesetas al año—, para administrar con más eficiencia presupuestos de decenas de miles de millones.

Nosotros éramos muy susceptibles, estábamos muy dominados por el santo temor al qué dirán, al crecimiento de las estructuras administrativas... Recuerdo que Francisco Álvarez Cascos, en un debate televisado, sacó el organigrama de mi Ministerio diciendo que era un despilfarro... Revisando las cuentas y estimando el volumen de inversión que administraban y la tecnoestructura que lo administraba, no era un despilfarro, sino una forma eficiente de controlar recursos públicos que necesitaban un aparato gestor... como el que yo había creado en Hacienda.

Yo había pasado de un ministerio de control económico a uno inversor, pero desde esta nueva responsabilidad también era necesario administrar bien. Había que exigir que los proyectos, aunque se tardara unos meses más, llegasen con garantías de que no serían modificados en el curso de obra; había que pagar los atrasos de expropiaciones, que eran la variable de ajuste, etcétera. Tuve un gran subsecretario, un hombre que procedía de la empresa privada, pero que era funcionario también, Toni Llardent. Él puso orden en el Ministerio: antes de contratar más, se paga lo que se debe...

Creo que se me reconoce haber puesto a cero los contadores. Si no había dinero, no se contrataba, pero se pagaba a la gente que había sido expropiada con las obras que ya estaban hechas. En fin, creo que inyectamos orden y racionalidad. No es que no hubiera orden, sino que, probablemente, los sucesivos cortes y recortes, acelerones y frenazos, habían provocado que la ejecución de algunas obras estuvieran desfasadas respecto a las disponibilidades crediticias.

La tensión entre el Ministerio de Economía y los llamados «ministerios de gasto» es, de alguna forma, inevitable. Yo estuve nueve años en Hacienda, encajando presupuestos que, por definición, son complicados. Es necesario demostrar autoridad. Autoridad que, además, tienes en realidad, porque eres una autoridad presupuestaria desde el Ministerio de Hacienda y se puede hacer antipática a los demás. Como había estado nueve años en esa autoridad presupuestaria, sabía que yo, antes, le había estado haciendo a otros lo que ahora me hacían a mí. No se trataba de maldad ni animosidad, sino de objetivos que había que cumplir, pero que se contrapesaban con otros... Ésa es la riqueza y la belleza de la acción política: cómo administrar objetivos que son contradictorios y que no se pueden conseguir todos a la vez. Creo que eso no me enajenó las amistades ni las simpatías personales de gente como Solchaga, a quien sigo teniendo un aprecio personal, más allá de las diferencias de opinión política que haya podido manifestar sobre lo que había que hacer en algunos sectores determinados. Y eso es lo que había que hacer en los debates políticos de los Consejos de Ministros.

Afortunadamente, cuando la actividad económica desciende, se notan menos las deficiencias en infraestructuras. Esto también concede cierto respiro, pero es un respiro a corto plazo, porque si ahora dejamos de hacer lo que tenemos que hacer, cuando llegue la siguiente oleada de expansión económica, estaremos otra vez con carencias evidentes.

El Ministerio me proporcionó la suerte de poder estar en los Consejos de Ministros europeos, algo que agradezco mucho a la vida: haber sido representante de España, durante diez años seguidos, primero como secretario de Estado de Hacienda y, luego, como ministro, en los Consejos de la Unión Europea de Presupuestos, de Transportes, de Medio Ambiente y de Telecomunicaciones. Creo que ha habido poca gente que haya tenido la suerte de estar durante diez años seguidos, desde 1986 hasta 1996, en esos Consejos de Ministros, no sólo de un área, sino de cuatro. Me tocó presidir, en la segunda Presidencia española, los Consejos de Ministros de Medio Ambiente, Telecomunicaciones y Transportes. Coincidió con la sequía y llevé a los ministros de Medio Ambiente europeos a que viesen la sequía en Sevilla. Recuerdo que, a la salida de la reunión, teníamos en la calle, en una acera, a los manifestantes con pancartas que apoyaban el Plan Hidrológico y pedían trasvases y regadíos; y en la otra acera, los defensores del medio ambiente, con pancartas pidiendo que no se hicieran más regadíos ni más trasvases... «Miren: el conflicto social representado en vivo, como en un sainete de Lope de Vega, como un auto sacramental del Siglo de Oro». Fue bonito, fue hermoso... Ésa es la parte noble de la política: enfrentarte a demandas sociales que son contradictorias y administrarlas de acuerdo con esquemas de valores, con unas prioridades, con un conjunto de restricciones.

Hubo una gran voluntad de preparar al país para ser competitivo y para equilibrarlo territorialmente. Muchas infraestructuras tenían una gran carga política, en defensa de las condiciones de vida de la población o de los sectores más populares de la población. El plan de transportes ferroviarios de cercanías, para mí, fue prioritario, más que ninguna otra cosa, porque sabía el impacto que eso tenía en la calidad de vida de millones de personas que se desplazaban cotidianamente a sus puestos de trabajo. Yo creo que, en general, la obra pública de los Gobiernos socialistas, a pesar del tiempo pasado, y de las borrascosas situaciones que se vivieron después, ha quedado en la memoria de la gente como uno de los logros claros de nuestra etapa.

Pienso, además, que la época socialista se asocia con una mejora clara de la gestión tributaria: se recaudaron más impuestos, no solamente subiéndolos, sino recaudándolos mejor; y se asocia, indiscutiblemente, con una época de equipamiento del país y de recuperación del retraso histórico, secular, enorme, en infraestructuras. Pasamos de ser un país de peón caminero, que andaba por las cunetas echando alquitrán en los baches —la imagen típica y tópica de una España franquista que atisbaban los turistas—, a ser un país con unas infraestructuras que nos colocan en la dimensión europea. Aún queda mucho, pero ya somos la envidia, por los niveles de infraestructuras que tenemos, de muchos países europeos.

La obra pública encajó claramente en el proyecto socialdemócrata. El proyecto socialdemócrata tiene su base en el equilibrio territorial y en las mejoras de las condiciones de vida de los ciudadanos. Dar prioridad al enlace del sur con el crecimiento del este y del norte es una voluntad política que se lleva a cabo porque se es consciente de los desequilibrios que tiene el país y de la necesidad de dar un impulso a un desarrollo en términos de igualdad. Es una política que crea equilibrios desde la perspectiva de la igualdad, con un plan de viviendas o con una política de transporte de cercanías, o de tarifas telefónicas, que repartan mejor los costes.

Miguel Ángel Fernández Ordóñez

(Secretario de Estado de Economía, 1982-1986; Secretaría de Estado de la Comisión de Asuntos Económicos, 1982-1986; Secretario de Estado de Comercio, 1986-1988)

Reformas para durar en el tiempo

DENTRO DE CINCUENTA años, cuando los historiadores describan la política económica de los Gobiernos de la democracia (UCD, PSOE y PP), no apreciarán muchas diferencias entre la orientación de las mismas. Aún más, posiblemente no apreciarán grandes diferencias entre la política económica que se empezó a aplicar en España con el Plan de Estabilización a finales de los años cincuenta y las políticas de los Gobiernos democráticos, porque sus elementos esenciales fueron los mismos: la apertura de la economía española, las reformas estructurales para mejorar el funcionamiento de los mercados y las políticas macroeconómicas ortodoxas. Cuando ahora, tan sólo siete años después de que los socialistas hayan dejado el Gobierno, se nos pide resaltar algunas características de la política económica socialista, hay que sacar la lupa para encontrar algunas diferencias con las políticas de UCD y del PP, lo que sin duda creará algunas deformaciones.

La característica más notable de la política económica socialista fue su vocación preponderantemente —y quizá excesivamente— reformadora. Las reformas de la Seguridad Social son quizá el mejor ejemplo de esta actitud reformista, ya que ni los Gobiernos anteriores ni posteriores hicieron nada en este campo que no fuera aumentar el gasto. La reforma de 1985 fue trascendental porque, con el mecanismo de cálculo de pensiones vigente antes de esa fecha (basado en los dos últimos años de cotización), el sistema de la Seguridad Social estaba abocado a dificultades de financiación crecientes, lo que, de forma incorrecta, denominaba el propio Gobierno como el peligro de «quiebra» del sistema. El Pacto de Toledo, adoptado al final del período de gobierno, continuó en la misma senda de reforma (la extensión del período de cálculo) y permitió al Gobierno del PP aplicar unas medidas cuyo coste político había asumido el Gobierno anterior.

Las reformas del mercado de trabajo, la de 1984 y la de 1994, fueron también trascendentales. La de 1984 puede calificarse de histórica porque, por primera vez desde el franquismo, se introdujo la libertad de despido a través de la llamada contratación temporal. Es evidente que la intensa creación de empleo de los años ochenta y de los años noventa hubiera sido imposible sin esa reforma. La reforma de 1994 supuso un cambio menos radical, pero, al dejar algunos aspectos de las relaciones laborales en manos de la negociación colectiva, debió de ayudar también al crecimiento espectacular del empleo que se produjo después de la misma. No obstante, el ajuste del empleo que se produjo en los años 1992-1993 tuvo un efecto extraordinario sobre la moderación salarial que se produjo posteriormente, por lo que es difícil explicar cuál de los dos factores (la reforma o el ajuste) fue el principal responsable del espectacular aumento de empleo que arrancó el mismo año 1994. En efecto, en la segunda mitad de 1994, se inició un proceso intenso de creación de empleo y reducción del paro que continuó durante el primer lustro de Gobierno del PP hasta frenarse a mediados del año 2001, en el que el desempleo volvió a aumentar en España.

En lo que se refiere a la reforma de los mercados financieros, cuyas primeras medidas se empezaron a adoptar al final del franquismo, el período socialista está inundado de reformas de una enorme trascendencia: la creación de los fondos de inversión, la liberalización de los tipos de interés —activos y pasivos—, la desaparición de los coeficientes de inversión, la reforma del mercado de valores, la liberalización de los movimientos exteriores de capital, etcétera. De hecho, una vez acabado el período socialista, no se ha aprobado ninguna reforma en el sistema financiero que sea comparable en importancia a las adoptadas durante ese período.

En lo que se refiere a los mercados de bienes y servicios, durante el período socialista se cuentan también numerosas reformas de enorme importancia, tanto las desarrolladas en los primeros años, como la liberalización de los horarios comerciales o la liberalización de los alquileres —medida que rompió un paréntesis histórico de intervencionismo de más de sesenta años—, como las liberalizaciones tardías —la del transporte aéreo o la de telefonía móvil, por ejemplo—, que han tenido unos resultados positivos espectaculares. Algunas liberalizaciones, como la de las televisiones privadas, fueron muy visibles, pero otras muchas pasaron desapercibidas. Por ejemplo, en 1982, el Gobierno fijaba los precios de más de cien productos (el pan, el aceite de oliva, las bolsitas de azúcar para el café, etcétera). En pocos años, el Gobierno pasó a aprobar sólo las tarifas de unos pocos monopolios, como la electricidad o el gas, lo que, por cierto, se sigue haciendo en 2003.

La diferencia entre las liberalizaciones del período socialista y las liberalizaciones de los Gobiernos posteriores es que estas últimas han tenido un carácter mucho más propagandístico que real. Así, si a la política liberalizadora del PP se la puede calificar de «hipócrita» —dice una cosa, pero hace otra—, a la política de liberalización socialista se la podría calificar de «vergonzante» —hacía una cosa, pero no la decía—. Este mismo estilo vergonzante se puede aplicar a las políticas de privatización, ya que el Gobierno socialista privatizó el doble de empresas de las que privatizó posteriormente el PP, habiendo iniciado la privatización de las mayores empresas públicas —excepto dos de ellas—. En algunos casos, como el de Repsol, por ejemplo, había avanzado la privatización hasta el 90 por ciento del capital, dejando para las privatizaciones posteriores un porcentaje de capital mucho más modesto. Pero hizo todo esto ocultándolo, sin enorgullecerse de haber sido —y lo sigue siendo— el Gobierno más privatizador de la Historia de España.

En lo que se refiere a la política monetaria, el carácter ortodoxo de la misma a lo largo del período es absolutamente incuestionable. Y hay que decir que esta línea se mantuvo con firmeza a pesar de las críticas internas que venían de otras partes del Gobierno socialista, que estaban obsesionadas por relajar la política monetaria y bajar los tipos de interés. Hoy están claros los daños que causó la combinación de una política monetaria restrictiva con una política fiscal expansiva que se aplicó durante el período intermedio, pero habría que pensar en el desastre que hubiera resultado si, además de aquella política fiscal expansiva, la política monetaria socialista hubiera tenido un carácter acomodaticio. Si éste hubiera sido el caso, en vez de haber entregado al Gobierno del PP, en mayo de 1996, una economía con una inflación del 3,6 por ciento, probablemente se habría dejado en herencia una inflación mucho más elevada, dificultando al Gobierno posterior la entrada en el euro.

La política económica socialista no estaba sólo obsesionada con reformar el país, sino que las reformas se aprobaban pensando en sus efectos a largo plazo. Todo se hacía con una ambición de reformar «para siempre» la economía española, sin ninguna concesión a disfrutar de los beneficios económicos a corto plazo. Esta política de «hormiga», frente a la política de «cigarra» que luego le sucedió, fue sin duda un legado muy valioso entregado a sus sucesores, pero probablemente llegó a mostrar excesos en algunos campos. Es evidente que en el campo, por ejemplo, del sistema financiero, pueden ponerse pocas pegas a la obsesión socialista por mejorar a todo trance la solidez del sistema bancario, lo que, seguramente, no fue una orientación ideológica, sino la inevitable reacción ante la crisis bancaria que heredó el Gobierno al tomar posesión y que tuvo que lidiar con la utilización del Fondo de Garantía y la continuada aprobación de medidas encaminadas a reforzar la solvencia de los bancos. Todo esto, sin duda, ha sido enormemente positivo para la economía española, y está permitiendo ahora al sistema financiero español caminar sin ningún riesgo a lo largo de la actual crisis, mientras que otros países, como Alemania, están viendo sufrir a sus bancos. De la misma forma, los duros sacrificios de la reconversión industrial estaban justificados, pues el Gobierno socialista ya no podía aplazar por más tiempo la solución de la crisis industrial alegando, como hicieron sus antecesores, la necesidad de facilitar la transición política.

Pero este espíritu de sacrificio, de pensar exclusivamente a largo plazo, no tuvo justificación económica en otros casos. Por ejemplo, la política de mantener muy reducido el endeudamiento de las empresas tuteladas por el Estado no tuvo, quizá, demasiado sentido. Una mayor deuda podría haber permitido mayores inversiones y mayor crecimiento. Esto es difícil de comprobar ahora, cuando estamos viendo las negativas consecuencias del período alegre del PP, en que alentó a las empresas a aumentar mucho su endeudamiento para entrar en las aventuras latinoamericanas o de telecomunicaciones. Pero entre una Endesa, que en 1996 tenía apenas 2.000 millones de euros de deuda, y la Endesa actual, endeudada en 26.000 millones de euros, y que todos los días desciende un escalón en el *rating* de las agencias calificadoras, hay probablemente un término medio razonable[1]. El Gobierno socialista, igualmente, cargó sobre sus gobernados peajes altos y tarifas altas para mantener la solidez financiera de las empresas privadas de servicios públicos, obsesionado, quizá, por la frágil situación financiera en que las encontró. En algunos casos, como las eléctricas, en 1982, estaban en situación de quiebra. Pero, sin llegar a la irresponsabilidad que hemos vivido estos años, un mayor desplazamiento de todas esas cargas hacia el futuro hubiera permitido una vida más feliz —precios más bajos, rentas reales más altas— a los ciudadanos bajo el Gobierno socialista.

Esta política extremadamente reformista llevó al Gobierno socialista, con el fin de conseguir sacrificios, a pintar con tintes muy oscuros la situación de la economía española, lo que mantuvo en un ambiente de preocupación a los agentes económicos. El Gobierno posterior demostró que simplemente con decir «España va bien» y repartir un poco los frutos del sacrificio anterior se podía crear una atmósfera favorable a la actuación de los agentes económicos. Otro aspecto negativo del celo reformista fue el enfrentamiento del Gobierno socialista con los empresarios y, sobre todo, con los sindicatos. Una vez más, entre la práctica del Gobierno actual —no aprobar ninguna reforma que no haya sido aceptada por los agentes sociales— y la del Gobierno socialista, que llevó adelante todas las reformas sin importarle los enfrentamientos que pudieran suponerle, hay probablemente algún término medio que habrá que explorar algún día. Seguramente, Ernest Lluch propondría hoy, entre el reformismo a ultranza del Gobierno socialista y el conformismo pasivo del Gobierno popular, una política de reformas templadas.

El principal borrón de la política económica socialista fue, sin duda, la explosión de gasto público que se produjo entre los años 1988 y 1990. Fue, probablemente, la debilidad del Gobierno a partir de la huelga general de 1988 la que explica ese crecimiento exagerado del gasto público durante ese período. No obstante, aunque disparatada desde el punto de vista macroeconómico, hay algunos aspectos de esa política —especialmente el salto inmenso que se dio en infraestructuras de transporte— que han tenido luego efectos muy positivos sobre el crecimiento de la economía española. Pero esto no puede ocultar que el descontrol presupuestario fue, sin duda, la fuente del problema de la pérdida de competitividad que propiciaron la devaluación y el ajuste duro de principios de los noventa.

Sin embargo, hay que decir también que, por doloroso que fuera ese ajuste, fue una pieza clave sin la cual no se puede explicar el crecimiento posterior de la economía española. Es imposible pensar que la moderación salarial hubiera sido tan importante y tan sostenida durante los años posteriores si no se hubiera dado el duro ajuste de los noventa que, con la pérdida de más de un millón de puestos de trabajo, fue una trágica lección que aprendieron los dirigentes sindicales. Y es evidente que las devaluaciones de la peseta, que significaron un gran contratiempo político para el Gobierno socialista, tuvieron el magnífico efecto de dejar a la economía española en condiciones extraordinarias para el crecimiento posterior y para poder entrar en el euro con un tipo de cambio muy competitivo.

Si el error por el lado del gasto fue el más importante de los Gobiernos socialistas, hoy, con la perspectiva de lo que han hecho sus sucesores, se puede decir que la política fiscal socialista tuvo también como defecto un planteamiento poco favorable hacia la clase empresarial y hacia los altos ejecutivos, de modo que no se supo crear un ambiente amigable hacia las élites empresariales e inversoras. Probablemente, su orientación ideológica, su deseo de mejorar la justicia distributiva en España, obligó a subir las pensiones mínimas, a universalizar el sistema sanitario o a hacer un esfuerzo extraordinario en la educación, lo que impidió reducir sustancialmente la carga fiscal de las clases más acomodadas. (En cualquier caso, sí se empezaron a hacer progresos en este sentido).

Finalmente, no se puede acabar sin hacer referència a un conjunto de medidas económicas que se aplicaron durante el período de Gobierno socialista y que tuvieron una trascendencia muy importante para la transformación de la economía española. Me refiero a las medidas que se aplicaron como consecuencia de la entrada en el Mercado Común, el Acta Única y demás compromisos derivados de nuestra entrada en lo que hoy es la Unión Europea. De la misma forma que cuando ahora algunos populares hacen el ridículo queriéndose poner la medalla de los beneficios que ha traído a España la entrada en el euro, sería también ridículo asignar en exclusiva al Gobierno socialista los beneficios del excepcional proceso de modernización y apertura que sufrió la economía española entre 1985 y 1992 porque, como la entrada en el euro, esta política se debe compartir con los Gobiernos anteriores. Lo que sí es cierto es que, junto a las medidas autónomas que adoptaron los socialistas durante su Gobierno, estas otras medidas, derivadas de nuestra adhesión a la UE, son las principales responsables de la solidez del crecimiento de la segunda mitad de los noventa, cuando los socialistas ya estaban en la oposición.

NOTAS

[1] Esta actitud socialista, reticente ante el endeudamiento, se puede observar también no sólo en el Gobierno de la Nación, sino en gobiernos locales y autonómicos socialistas. Es muy interesante comparar, por ejemplo, la situación de deuda moderada con que los socialistas dejaron el Ayuntamiento y la Comunidad de Madrid con las espectaculares cifras de endeudamiento que han alcanzado con los Gobiernos del PP.

Manuel Marín

(Comisario Europeo, 1985-1995)

Europa: la comprensión de un proyecto colectivo

El Gobierno socialista retomó las negociaciones de adhesión a la CEE en una situación muy complicada. Es verdad que el Gobierno de la UCD había hecho grandes esfuerzos, pero cuando se iba a entrar en la negociación de los capítulos más importantes, se produjo una decisión que, la verdad, nadie esperaba: Francia, por boca de su entonces presidente, Giscard d'Estaing, anunció lo que se llamó el «giscardazo»: «España no puede entrar en la CEE porque es un gran competidor, sobre todo en productos agrícolas, y nos va a crear muchas dificultades; es mejor buscarle una especie de estatuto asociado». No nos lo esperábamos, porque precisamente fue él, junto con Walter Shell, liberal, entonces presidente de la República Federal de Alemania, de los pocos europeos representativos que estuvieron el día de la coronación del rey don Juan Carlos. Sabíamos que teníamos el amparo de los alemanes y suponíamos que también teníamos el amparo de Francia, porque Giscard d'Estaing, personalmente, se había interesado mucho por la recuperación de la democracia en España. En consecuencia, aquello fue algo muy duro y que puso de relieve que Giscard d'Estaing no era un personaje grande. Finalmente, demostró que era un político calculador; no las tenía todas consigo ante la propuesta del programa común de la izquierda de Mitterrand y, para intentar recuperar desesperadamente votos, sacrificó, por así decirlo, las aspiraciones de la joven democracia española y pegó el cerrojazo a una aspiración que generó aquí, en nuestro país, una situación complicada.

Aquella actitud del presidente galo generó un rechazo, que se reflejó en el «síndrome del gabacho», en un país poco abierto al exterior, muy cerrado en sí mismo. Y creó un problema de control de la opinión pública muy difícil, sabiendo que, además, era el «no» de Francia conjugado con el tema del «santuario etarra». Era una situación muy difícil de resolver.

Nosotros éramos conscientes, pero estábamos atrapados por nuestro propio programa electoral y por la ideología del momento: no habíamos medido suficientemente el contexto de guerra fría que se estaba produciendo, porque no teníamos ninguna experiencia en política exterior y eso se corresponde con un momento preciso: la crisis de los euromisiles. Aquel debate en Europa sugería la conveniencia de instalar euromisiles —para contrarrestar los excesos de Leónidas Breznev—. El escenario era el siguiente: no se tenía confianza en que si Breznev intentaba un ataque contra el resto de Europa, no era seguro que los americanos utilizaran sus misiles intercontinentales —sólo Estados Unidos poseía este tipo de armamento— para defender el continente. Se pensaba, entonces, que la única manera de responsabilizar a los norteamericanos en la defensa europea era instalando misiles de corto alcance, encargados a las propias tropas norteamericanas; de ese modo, si había víctimas norteamericanas, los intercontinentales funcionarían contra Rusia. Aquel episodio también se nos echó encima muy rápidamente. Son los dos elementos —la negativa francesa y la crisis de los euromisiles— que, en aquellos momentos, hay que manejar. Pero nuestra política exterior estaba naciendo, estaba poco definida y, excepto que queríamos revisar la relación con los norteamericanos, que decíamos «No a la OTAN» y que queríamos ser europeos, del resto del «mundo mundial» no sabíamos grandes cosas. Ésta es la realidad.

Una de las pocas cosas en las que todos estábamos de acuerdo —políticos, empresarios, intelectuales— era en desarrollar la herencia de lo que se llamó el «contubernio de Múnich»[1]. Porque Europa significaba, para los demócratas, un valor político en sí mismo que fue positivo, porque generó una gran unanimidad. A partir de ahí, se produce el frenazo de Giscard y la emergencia de un problema de seguridad que ahora puede parecer extravagante y fuera de lugar, pero era lo que había en la época y con aquello teníamos que lidiar.

Para solventar el problema, después de unos tanteos, nosotros nos dimos cuenta de que teníamos que resolver el problema bilateral con Francia; es decir, ¿cómo, a través del diálogo y la negociación, podíamos conseguir que saltara el cerrojo francés? Nosotros sabíamos que, para el resto de los europeos, nuestra decisión sobre los problemas de seguridad europeos del momento era un elemento de referencia. «Si entráis en la UE, ¿reconsideraréis vuestra actitud respecto a la OTAN?».

Nos dimos cuenta. Sabíamos que estábamos en una contradicción respecto a nuestro programa y, después de darle muchas vueltas, salió aquel invento de la «ambigüedad calculada». No puedo precisar cuándo ni cómo se tomó aquella decisión: decir que íbamos a avanzar en el proceso, dejando entrever que si se solucionaba el principal problema de política exterior que teníamos, la integración en la UE, nos podríamos, eventualmente, plantear la cuestión de la OTAN...

Al lanzar este mensaje, el más sensible a esta ambigüedad calculada, obviamente, fue Helmut Kohl. Los alemanes estaban divididos en el problema de los euromisiles y eran los que más necesitaban, digamos, «estirar la retaguardia» de lo que entonces era la OTAN. Así de claro. Algo similar interesaba también a Margaret Thatcher. A través de la ambigüedad calculada, fuimos manejando la situación, de modo y manera que avanzábamos en la solución de los problemas con Francia, que fueron muy difíciles y muy complicados, porque, al principio, tampoco el entendimiento entre François Mitterrand y Felipe era perfecto... Había muchas reticencias, porque las referencias de Mitterrand, eran, sobre todo, Santiago Carrillo y Enrique Tierno Galván.

Yo estuve en el congreso de los socialistas europeos en Luxemburgo, y aquello fue muy complicado; y, sin traicionar a nadie, gracias a la intervención de Sicco Mansholt, el socialista holandés, entonces vicepresidente de la Comisión, se pudo organizar, poco más o menos, la convivencia entre españoles y franceses. A partir de ese momento, se estableció un diálogo muy fluido entre Felipe González y François Mitterrand. Comenzó un trabajo con Francia a todos los niveles. Intervino el Rey, el Gobierno, las fuerzas políticas, culturales, económicas... Es decir, se hizo ver a los franceses el error tremendo que estaban cometiendo por empecinarse en una política a corto plazo, hasta que finalmente la relación fue consolidándose y Mitterrand llegó a comprender que, naturalmente, él tenía que deshacer lo que otro presidente había confirmado como una promesa fundamental al sector agrícola francés. Pero ¿cómo hacerlo? El peso de la promesa de Giscard d'Estaing era enorme —cuatro por ciento de las elecciones, aunque decisivo en las presidenciales—. Pero él tenía que deshacerlo.

Y se deshizo definitivamente en aquella célebre cena en el Elíseo. En la delegación española estábamos Eduardo Sotillo, Julio Feo y yo, junto al presidente Felipe González y Juan Antonio Yáñez. Después de una reunión bilateral bastante amplia con Felipe González, en un momento determinado y después de mucho discutir los pros y los contras, y después de calcular cómo podían presentar el cambio de actitud respecto a los agricultores franceses, Mitterrand apostó solemnemente por la necesidad de reforzar el sur y subrayó el interés de Francia por tener aliados en esa zona. A Mitterrand le interesaba también reforzar la autonomía de Francia respecto a EEUU; y había apreciado mucho la posición de Felipe en el tema de la invasión de Panamá[2]. Los franceses valoraban las posiciones de autonomía que había adoptado Felipe y apreciaron también que el Gobierno del PSOE quisiera recuperar una autonomía respecto a EEUU. Habíamos iniciado ya la ofensiva para intentar renegociar el tema de las bases, que luego concluyó Paco Fernández Ordóñez. En aquella cena fue cuando Mitterrand dijo: *«Bien, j'ai compris»*.

Resuelto ese tema, encontramos en la Comisión Europea a una persona inestimable, por lo que nos ayudó y por el cariño que nos tenía: Lorenzo Natalí. Desplegó un ejercicio impagable de paciencia, de pedagogía y de enseñanza con nosotros. De verdad. Y terminaron comprendiéndonos.

Al final, dentro de las dificultades, el panorama internacional nos ayudó mucho, porque la guerra fría, la situación económica y las dificultades que había en la construcción europea habían producido lo que se llamó el «europesimismo». En aquellos momentos, por tanto, era difícil trabajar. Pero el momento culminante se produce en Stuttgart, cuando Kohl plantea que la forma de darle otra dimensión a la UE y generar optimismo es consolidar lo que se llamaba «la recuperación de las tres dictaduras». Ya se había producido la «recuperación» de Grecia. Se trataba, naturalmente, de las tres últimas dictaduras de Europa. Porque no hay que olvidar que la UE, en aquella época, era un factor de recuperación y de consolidación de la libertad y la democracia en tres dictaduras que existían, Grecia, Portugal y España. Kohl pronunció entonces aquel discurso tan emotivo, en el que señalaba que, finalmente, la UE también era un factor recuperador de libertades y de consolidación de libertades. En la cabeza de historiador de Kohl, aquel discurso se fragua, sin duda, a partir de aquella decisión arriesgada que toma Felipe y que se expresó en una comprensión del despliegue de los euromisiles: era un avance en nuestra «ambigüedad calculada» y contribuía a solventar la contradicción respecto a la OTAN, que se resuelve en la siguiente legislatura con un referéndum.

El factor de consolidación de la democracia, aceptando a los griegos y aceptando luego a los ibéricos, era un factor determinante en la forma de presentar el *dossier*. Y funciona en mentalidades luteranas, como las del norte. Todas esas circunstancias fueron modificando la situación y por eso las negociaciones decisivas tienen lugar desde 1983 a 1985, en dos años, un tiempo relativamente rápido. El proceso se había extendido durante ocho años, pero la negociación, en realidad, fueron sólo dos.

En España hubo siempre consenso. Sobre el tema europeo, lo hubo. Lo que ocurre es que, en un momento determinado, en Alianza Popular buscan un discurso en aquellas historias de Hernández Mancha[3]... Era una época que, para nosotros, era muy conveniente, porque no había oposición. (Lo único que consiguieron decir fue «sí» a la entrada en la OTAN, pero no a cualquier precio). Pero, en sí mismo, eso no nos estorbaba, porque nosotros, desde la Vicesecretaría de Estado, hicimos un trabajo fortísimo de información con las Comunidades Autónomas y, prácticamente, no se tomaba una decisión sectorial sin que se hubiera consultado a Carlos Ferrer Salat, luego a José María Cuevas, y se consultara a Nicolás Redondo y a Marcelino Camacho. Ésta es la verdad. Y la prueba es que nadie negó que se hizo un buen trabajo a nivel profesional, y nunca hubo la más mínima queja. No estaban de acuerdo con algunas posiciones negociadoras, pero nosotros siempre utilizábamos el mismo esquema: cada vez que negociábamos un sector, teníamos que ver cuál era el impacto en términos económicos, sociales y de espacio territorial, siempre evaluábamos los tres índices. Con un gran inconveniente: que aquella época no es la de ahora. En aquella época, las estadísticas españolas eran aterradoras; era un país que necesitaba la modernidad del Derecho comunitario. Sabíamos que la incorporación del Derecho, la normativa y el sistema de estándares comunitarios, realmente era algo que necesitábamos como el comer, porque implicaba una modernización obligatoria, porque era un Derecho que se aplicaría obligatoriamente después del período transitorio, pero que implicaría ya dar el salto a la modernidad. Y tuvimos muchas dificultades para confeccionar algunos *dossieres*, porque era imposible trabajar con estadísticas fiables y teníamos que trabajar, en muchas ocasiones, por pura intuición o por estimación... No sabíamos las vacas que había en España, ni los cerdos... Ahora toda cabra, cerdo y vaca tiene una trazabilidad, un carné de identidad amarillo pinchado en la oreja... En aquella época, eso no existía; no había un catastro moderno para determinar el número de hectáreas... No lo había. Y, finalmente, creo que eso fue saludable, complicado en ocasiones —tampoco fue tan dramático—, pero nos permitió entrar en una dinámica que nos obligaba forzosamente a modernizarnos.

España es un país que anticipa muy mal, somos malísimos en ese aspecto. Pero es un país que reacciona muy bien cuando le ve las orejas al lobo. Sabemos improvisar muy bien. Y por eso era bueno implicarse en una mecánica que, aparentemente, es poco espectacular, es muy rutinaria, muchas normas, muchos tecnicismos; finalmente, eso nos permitió modernizarnos como país y como Estado.

Se veía claramente que el Ministerio de Defensa, particularmente Narcís Serra, pensaba que *mutatis mutandis*, si la incorporación a la UE servía para modernizar nuestra economía, nuestra sociedad y para abrirnos al mundo, la forma de anclar en la democracia y en la profesionalidad al Ejército español era anclarlo en su institución supranacional natural: la OTAN. No tiene más misterio.

La organización del trabajo previo fue algo muy simple. Nos reunimos para ver cómo iba a quedar el tema de relaciones en Europa y para ver cómo se reformulaba la administración, porque era novedoso, no teníamos experiencia. Recuerdo que estuvimos discutiéndolo, y prevaleció, y todo el mundo estuvo de acuerdo, un sistema conjunto. Fue en una cena, en «La Bodeguilla». Estaban presentes Felipe, Guerra, Solchaga, Fernando Morán... Y se tomó la decisión —ya que era una operación de Estado y se había organizado sobre la base del consenso— de que actuáramos conforme a lo que llamábamos el «sistema alemán». Es decir, que estuvieran presentes un representante del Gobierno y un representante de la oposición. A partir de ahí, se creaba una «cultura» para toda la vida, que, creo, es buena para un país como España. A mí me dijeron: «¿Te parece bien que tu compañero sea Matutes?». «Estupendo», contesté. Yo no le conocía más que por su trabajo en el Senado. Nos pusieron unos despachitos —de una modestia franciscana—, durante tres meses, y llegamos allí con lo puesto. Entonces, se produjeron aproximaciones...

Los trabajos y los días hasta ver culminado el proceso fue algo muy duro porque, en un momento determinado, cuando tuvimos ya una composición exacta de todo el juego de la negociación, entramos en un procedimiento muy complicado: bilateralizar el *do ut des*, «doy para que me des». Eso nos costó casi un año de trabajo, pero sabíamos que aquello no lo podíamos presentar en el Consejo de Ministros. Se trataba de adivinar, entonces, los cerrojos y los cerrojitos que todos y cada uno de los países miembros querían hacer funcionar respecto al ingreso de España. Durante dos años —1984 y 1985—, hicimos una auténtica ficha, país por país. Cuando nos dimos cuenta de que la conferencia de negociación en Bruselas estaba muy limitada y que nadie quería dar la cara, y todo el mundo se refugiaba detrás de Francia, entonces decidimos dar el salto: fue un peregrinar, país por país, planteando ofertas, límites de aquí y de allá, concesiones, buscando contradicciones entre lo que querían unos y otros... Fue un trabajo muy técnico, pero fundamental para, al final, hacer aflorar un resultado medible.

En un momento determinado, llegué a tener la idea de que esto era más complicado de lo que parecía. Empezaban a surgir dudas debido al «europesimismo»; se planteaban si aceptar a los «iberos», en realidad, no significaba desquilibrar el interior; era el clásico debate entre profundización y ampliación, una vez más: «Vamos a profundizar y a salir del "europesimismo", y, mientras tanto —fue la fórmula que propuso en aquella época el líder de la oposición, Chirac—, démosles a los aspirantes un estatuto de país asociado, cierta ayuda económica y financiera, y que se queden ahí, fuera». Fue un momento muy peligroso, porque aquella teoría pudo cuajar. Y se pudo salir de esa situación gracias a Kohl. Él les dijo a Thatcher y a Mitterrand: «Si tú, Thatcher, quieres que yo te revise el cheque británico, porque entiendes que pagas mucho y para ti es un objetivo político de tu legislatura, puedo hacerlo. Y tú, François, si quieres más dinero para la política agrícola, para proteger más a tus agricultores frente a la competencia que se avecina de los españoles y de los portugueses, pero sobre todo, de los españoles, yo hago una propuesta de futuro». Eso es lo que cuajó en Stuttgart: «Acepto que Alemania ponga más dinero en el presupuesto comunitario; acepto que tú, Thatcher, retires parte de tu cheque; y en tu caso, Mitterrand, que tienes dificultades de política interna, yo concederé más dinero para los Programas Integrados Mediterráneos (PIN)». Ése era el acuerdo de compensación, que se dio en términos de ayuda a esos agricultores y a esas regiones limítrofes que iban a sufrir por la ampliación. Y así se resolvió el tema. El Consejo Europeo de Stuttgart, en junio de 1985, fue decisivo.

Aquel día, había una recepción del Rey. Yo fui corriendo a la recepción, llegué tarde, y un poco cortado, porque iba vestido de calle... Le entregué a Felipe González el texto de las conclusiones del Consejo Europeo de Stuttgart, donde se vinculaba el arreglo, nuestro ingreso, al cheque británico y a las ayudas a los agricultores franceses —todo ello se resolvió finalmente en Fontainebleau, bajo la Presidencia francesa—. Felipe se puso muy contento. Yo estaba informando al presidente y le comentaba el texto en un rincón, y, entonces, el Rey nos ve y se acerca...

El Rey nos ayudó mucho: mucha conversación personal y mucho viaje bilateral... Nos ayudó mucho... Y, además, el Rey ganó una enorme credibilidad a raíz del 23-F, de modo que los europeos percibían que era un personaje fundamental para el equilibrio interno. Eso era importante. El Rey se alegró mucho.

Se organizó un despacho del presidente González con el Rey, y, resuelto aquello, una visita bilateral del Rey a Mitterrand, donde se cierra el tema. Yo nunca estuve en los despachos del Rey con Felipe. Nunca estuve... Sólo al final de la negociación, Felipe me pidió que fuera con todo el esquema que habíamos hecho en un papel de arquitecto, de estos grandes, de todo el proceso de ratificación, país por país... Estaba todo programado, habíamos hecho una programación milimétrica. Fue la primera vez que fui a La Zarzuela y Felipe me dijo que se lo explicara bien al Rey. Luego hablaría él con el Rey, para calcular en la parte en la que nos podía ayudar. Lo cierto y verdad es que el Rey, en sus visitas de Estado o en otro tipo de acontecimientos, colaboraba todo lo que podía. De eso sí me acuerdo. Imagino que Felipe y el Rey llegarían a algún tipo de conclusiones, pero la verdad es que la Casa Real trabajó muy duro aquellos años.

A nosotros se nos saludaba con aquel agobiante «saludamos a la joven democracia española...», pero yo decía muchas veces a mis interlocutores: «No me saluden como joven democracia, si lo que yo quiero es entrar en la UE, agradezco mucho la solidaridad y la comprensión pero...». Y, en ocasiones, volvíamos de los viajes bilaterales, sobre todo, bastante preocupados y agobiados, porque era muy difícil, era muy complicado trasladar a la opinión pública española lo que es la realidad de la vida internacional, que a veces exige una negociación muy minuciosa y en ocasiones, hasta cierto punto, es miserable, con intereses muy concretos. Pero, naturalmente, en aquella época, España era un país muy ilusionado, deseábamos recuperar nuestra personalidad, implicarnos en el mundo... Luego, cuando llegábamos a Madrid, teníamos que hacer un ejercicio muy complicado: comunicar a los españoles que tal o cual país nos está poniendo zancadillas. Era difícil, porque aquello provocaba movimientos pasionales, sobre todo, contra Francia. Había muchos medios de comunicación jugando a la contra, y alimentando el «síndrome del gabacho».

El día que firmamos el Tratado de Adhesión a la Comunidad Europea fue un día terrible. Porque yo no sabía mucho del tema del terrorismo, pero recuerdo que, cuando subimos al avión, el jefe de Seguridad de La Moncloa le dijo a Felipe: «Presidente, hay información de que van a golpear en el norte y van a golpear en Madrid». La primera firma se celebraba en los Jerónimos, en Portugal, en aquel maravilloso gótico manuelino, y ya fuimos preocupados a la capital lusa.

Los terroristas habían matado —no sé si el día anterior o el mismo día— a un comandante retirado que paseaba con su niño de la mano por la playa de San Sebastián. Por tanto, las noticias del jefe de Seguridad generaron mucha preocupación, porque era la primera vez que España recibía a un grupo muy importante de jefes de Estado y de Gobierno. En aquella época no había tanta cooperación como ahora en el tema terrorista, y sabíamos que era una situación muy peligrosa. A la vuelta de Lisboa se confirmaron los problemas: algo había; la Policía estaba nerviosísima en Madrid; supimos que un artificiero de la Policía Nacional salió corriendo por la rampa de El Corte Inglés de la calle Goya, en Madrid, y cogió la bomba que había colocado ETA —para repetir lo del Hipercor de Barcelona[4]—, la tiró y, al tirarla, le mutiló un brazo.

Tras la firma, después de la cena, se tomó la decisión de suprimir la gran fiesta final, fuegos artificiales espectaculares que iluminarían el Palacio Real, el Campo del Moro... ¡Qué tristeza nos produjo aquello! Suprimimos todo tipo de festejos. Se produjo una firma de adhesión en una situación que nosotros intentamos componer pero que... Obviamente, todo el mundo preguntaba en el Palacio Real... Estupendo el Rey, estupenda la cena... Pero de allí nos fuimos todos.

Era el día 12 de junio de 1985.

Detrás de aquella ceremonia estaba la firme determinación de un Gobierno, el primero de Felipe González. Creo que intelectual y profesionalmente aquel Gobierno estaba formado por gente verdaderamente muy sólida, en la medida en que lo permitía el desconocimiento de una realidad que, desafortunadamente, el franquismo nos había impedido observar: el contexto internacional.

Fue también un empeño personal de Felipe González, un empeño absolutamente descomunal —porque le gustaba—, y contamos con un apoyo fortísimo del Rey, muy fuerte. También tuvimos el apoyo de Ferrer Salat y de Cuevas..., muy importante. Absolutamente. La CEOE hizo muy buen trabajo: reunía a los distintos sectores, permitió que habláramos. Fueron muy importantes los trabajos de las cámaras de comercio, con Figueras, en Cataluña, y con Piera, presidente de la Cámara de Comercio de Madrid. Estas personas trabajaron muy bien. Y los sindicatos, tanto Marcelino Camacho —luego, Antonio Gutiérrez—, como Nicolás Redondo. Era un diálogo muy fluido. La verdad es que todos comprendieron la naturaleza de aquella apuesta. Fue un tema de Estado, de consenso, que nos ayudó enormemente; y cuando eres capaz de recrear esa estructura de trabajo, y cuando se está en esta situación de trabajo, siempre es mucho más fácil. Verdaderamente, no hubo grandes zancadillas; y las Autonomías, que empezaban a pesar, sobre todo las históricas, en esa parte, no plantearon ningún problema, al contrario, con Jordi Pujol y, por supuesto, con José Antonio Ardanza hubo perfecta sintonía.

Nos incorporamos. Las relaciones con Abel Matutes fueron excelentes, y también con Marcelino Oreja[5]. Entre otras cosas, porque nuestro aterrizaje fue muy complicado, porque estar presente en las instituciones no fue fácil, porque cada silla que ocupábamos nosotros había que desocuparla previamente. Porque, en el acuerdo que se toma sobre las perspectivas financieras, en Fontainebleau, se decide congelar el gasto, y, como lo congelan, la ocupación del contingente de 1.400 españoles y portugueses que llegan allí se tiene que hacer sobre la base de jubilaciones anticipadas o jubilaciones a secas de los 1.500 que ya estaban allí. Es como funciona este sistema. Cuando se ofrece un hueco a los que llegan sobre la base de jubilaciones anticipadas, los que ocupan determinadas sillas se tienen que ir: directores generales, jefes de división, o pura tropa, personal administrativo. Todo el mundo se resistía a abandonar su puesto para que subiera la prima de la jubilación. Y aquello fue una batalla emprendida con Abel Matutes absolutamente épica: nuestro objetivo era llegar al 90 por ciento de ocupación institucional, porque se nos echaba encima la Presidencia, en 1992. Fue un trabajo muy ingrato. Nos creamos cierta reputación de gente arisca e inflexible, porque teníamos que forzar situaciones que eran muy ingratas.

En aquella época, nadie se atrevía a atacar el consenso. Era la necesidad de autolimitación porque había otro interés superior. Porque era la expresión de nuestra calidad como país..., la transición, el consenso, el sentido del límite. En ese caso, se modificó la seña de identidad: el exceso. Nos admiraban y nos querían por eso: «Es increíble cómo estos españoles, con una historia de extremismos y de excesos, son una generación formada por viejos y menos viejos que han sido capaces de concitar un proyecto colectivo y, además, lo expresan con respeto, se apoyan, se entienden y se autolimitan». Ese gran valor, estaba, en aquella época, en su pleno apogeo, y eso permitía trabajar, frente al exterior, con la tranquilidad enorme de que tus conciudadanos te están comprendiendo. El problema llegó cuando ese gran valor de la transición, el consenso, el sentido del límite, lo trascendental, se destroza.

Finalmente, el Tratado de Adhesión de España a la Comunidad sirvió sólo para tres años. Porque se firmó el Acta Única; con la introducción del mercado interior cambiaron las reglas; y nosotros estábamos en un período transitorio de ajuste, con la liberalización en el mercado interior. Esos aspectos cambiaron un poco la lógica. Se eliminaron las aduanas, se impuso la libertad de circulación... En fin, todo lo que supuso el mercado interior, sobre todo, lo que permitió pasar del «europesimismo» al «eurooptimismo»... Porque las cosas iban muy bien hasta la crisis de la Guerra del Golfo, la recesión financiera, la guerra de Yugoslavia...

Después se desató aquella ofensiva del Partido Popular tachándonos de «pedigüeños». Yo ya estaba en Bruselas, como comisario europeo, y aquellas acusaciones se produjeron cuando se iba a desarrollar el mercado interior sin fronteras. Aquellas ayudas eran la compensación que se establecía para los países que no estaban suficientemente preparados: la Política de Cohesión y de Fondos Estructurales. Es un elemento de referencia y nosotros dimos la batalla, porque era el elemento que permitiría a los países más retrasados poder incorporarse al futuro y, la verdad, le vino muy bien a España. Toda la modernización de comunicaciones e infraestructuras se hizo gracias al dinero procedente de Europa: un uno por ciento del PIB, todos los años.

La verdad es que aquella campaña del PP no nos hizo daño, porque en aquella época Aznar no era un líder de referencia en Europa. Acababa de llegar, prácticamente no se le conocía y el prestigio y la solidez de Felipe González, como líder europeo, eran muy fuertes.

Todo estaba encajado en un sistema de trabajo en el que había una enorme complicidad entre los jefes de Gobierno; porque los ocho o diez años en los que se desarrolla la «gran galopada de construcción europea» generaron una situación muy particular: es el Consejo Europeo más estable que ha existido en la historia de la UE: Helmut Kohl, François Mitterrand, Antonio Cavaco, Rud Lüdders, Margaret Thatcher, Giulio Andreotti, el viejo Andreas Papandreu, Paul Schlutter, el danés Wilfred Martens... Todos eran primeros ministros que llevaban en el Gobierno, por lo menos, dos o tres legislaturas, con lo cual es un Consejo Europeo muy estable, porque no cambian los personajes. Eso generaba mucha estabilidad y mucha complicidad. Se conocían mucho y se respetaban. Incluso el factor externo de Margaret Thatcher, que siempre frenaba las iniciativas. Eran personas que se veían muy a menudo, y de una manera muy estable. El Consejo estaba formado por políticos que habían vivido referencias históricas que tenían mucho que ver con su vida personal, porque era gente nacida antes de la Guerra Mundial, o la habían vivido siendo muy jóvenes. Todos y cada uno de ellos comprendían muy bien la necesidad de construir la unidad europea como elemento de consolidación interna en un contexto de guerra fría, de miedo a lo que pudiera venir de los soviéticos. El paisaje internacional, por tanto, también contribuía a la estabilidad del entorno político, donde nunca se produjeron las peleas como las que estamos viendo en la actualidad.

Pero aquella estrategia del PP podía haber provocado —o utilizado— un sentimiento antieuropeo de nuestro país. Sin embargo, aquello fracasó, porque no tuvo la menor credibilidad y el menor recorrido; la verdad es que no tuvo importancia. Lo cierto es que la derecha en España, por lo menos en la época hasta que llegó al poder en 1996, estaba perpleja ante la acción socialista. Y, de hecho, cuando la derecha llegó al poder en 1996, su mayor preocupación fue borrar la historia. El último episodio ha sido pretender hacer del franquismo una anécdota...

¡Que sea el presidente del Gobierno español el que pone en circulación una carta poniendo de manifiesto el desagradecimiento de algunos «viejos europeos» que no comprenden que Estados Unidos *nos* liberaron del fascismo y el nazismo...! Eso es verdad para un inglés, para un francés, para un holandés o un belga, o para un alemán vencido, que tuvieron el Plan Marshall. Pero, en España, el principal soporte del franquismo fue Estados Unidos. Por eso, yo le dije en la Cámara al vicepresidente Mariano Rajoy: «Mire usted al techo, fíjese en los agujeros. Cuando ocurrió eso, Margaret Thatcher dijo que era un ataque terrorista; Kohl, Mitterrand y Andreotti dijeron que era inaceptable y que no lo iban a tolerar; y el secretario de Estado norteamericano dijo que *eso* era "un asunto interno"».

La convocatoria del referéndum de la OTAN nos granjeó mucho respeto internacional porque todo el mundo sabía que se trataba de una situación interna muy difícil. Se resolvió, además, con una fórmula muy democrática: el referéndum. Existía un empeño muy grande por parte del Gobierno y se sabía que en ello «se perdían plumas» haciendo algo que no quería una gran parte de la sociedad española. Y eso acrecentaba el respeto que se sentía hacia España: «Esta gente va comprendiendo las cosas lentamente, porque vienen con una carga ideológica muy fuerte, pero se están sabiendo adaptar a la realidad, con dificultades, pero de una manera muy seria y cierta, son fiables, son creíbles, son predecibles». Esto permitió, en una organización internacional, trabajar correctamente, «pintar».

Creo que el Gobierno de José María Aznar intentó inmediatamente revisar lo que habíamos hecho. En la primera fase, menos, porque estaba presente un gran europeísta que frenaba sus intenciones: Pujol. Aznar, seguramente, pensó: «Voy a hacer una agenda mucho más intergubernamental; los socialistas son unos románticos, unos angelitos de Europa. Yo voy a demostrar cómo se hace...». Aznar pasó dos o tres años muy malos. Era como si la sombra de Felipe le persiguiera... Ese fantasma le condujo a aquella obsesión de la pelea de los fondos estructurales, porque no podía hacer menos que lo que habían hecho los anteriores. Realmente, es un Gobierno que no ha aportado nada a la construcción europea.

Exceptuando la culminación de la tercera fase del euro, que sí es muy importante. Ellos, de todos modos, no reconocen que, antes de la tercera fase de la moneda única, hubo otra segunda y, antes, una primera, que fue tomar la decisión de hacer la moneda; y después de hacer la moneda, en un Consejo Europeo de Madrid, presidido por Felipe González, hacer el proceso irreversible, porque la palabra «euro» se decide en un Consejo Europeo... Ese proceso no lo cuentan nunca. Pero hicieron un buen trabajo y culminaron la implantación del euro, como el resto de los países europeos, excepto Grecia. Es un buen trabajo que ha hecho el PP y Aznar. Pero, quitando esto, en estas dos legislaturas, ¿qué dato significativo puede ofrecer este Gobierno como impulso de la construcción europea? ¿El Consejo de Lisboa?[6]. Aznar y Blair, los dos padres del Consejo de Lisboa, lo imaginaron como la posibilidad esencial de llevar a cabo el gran desarrollo tecnológico, la sociedad de la información, la liberalización, la privatización, la flexibilidad laboral... ¿En qué ha quedado el Consejo de Lisboa? Ha desaparecido del vocabulario del PP.

Pero, finalmente, el tiempo pasa, y ¿qué pueden hacer? Ellos han cambiado claramente los ejes de su política exterior. El eje fundamental y casi único de la política exterior española, ahora, es Estados Unidos. Europa ya es secundario. Tienen una visión europea desde el «atlantismo». Es una mirada lógica en un británico, pero en un español es extravagante.

El tiempo los juzgará.

NOTAS

[1] El 8 de junio de 1962 se celebró en la ciudad alemana de Múnich el Congreso del Movimiento Europeo. Acudieron más de un centenar de opositores al régimen dictatorial de Francisco Franco. Los asistentes fueron perseguidos, exiliados, defenestrados o confinados.

[2] En 1989, George Bush (padre) ordenó la invasión de Panamá con la excusa de capturar a Manuel Noriega. El dictador fue atrapado en 1990 y acusado de tráfico de drogas.

[3] Antonio Hernández Mancha (n. 1951) fue presidente nacional de Alianza Popular de 1987 a 1989, hasta el XI congreso del partido, donde la denominación de la organización fue modificada: desde entonces se llama Partido Popular (PP).

[4] Véase nota 1 en José Luis Corcuera.

[5] Abel Matutes (n. 1941) fue ministro de Asuntos Exteriores del primer Gobierno del Partido Popular y ocupó ese cargo desde 1996 hasta 2000. Había sido previamente eurodiputado. Fue miembro de la Comisión de las Comunidades Europeas y ocupó distintas carteras. Marcelino Oreja (n. 1935) fue ministro de Asuntos Exteriores desde 1976 hasta 1980. Fue miembro de la Comisión y Secretario General del Consejo de Europa desde 1984 a 1989.

[6] El Consejo Europeo extraordinario de Lisboa se celebró durante los días 23 y 24 de marzo de 2000. Se propuso entonces avanzar en el reto tecnológico y la sociedad de la información.

Virgilio Zapatero

(*Ministro de la Presidencia y Secretario de Estado de Relaciones con las Cortes, 1986-1993*)

El liderazgo del Gobierno

SI LA OPCIÓN por la Monarquía Parlamentaria (art.1º CE) ha permitido que ambas instituciones —Corona y Parlamento— hayan desempeñado la histórica función de integrar la pluralidad de España, sólo un Gobierno que contara con los instrumentos precisos para liderar el difícil proceso de transición a la democracia podía garantizar la articulación correcta de democracia y gobernabilidad. Se trataba, pues, de armonizar un Parlamento que representara la pluralidad ideológica con un Gobierno que recibía de aquél su legitimación, pero dotado de suficientes poderes.

De la definición constitucional de la forma política de España como Monarquía parlamentaria y de la tajante atribución a las Cortes de la función de representación del pueblo español deriva, como no puede ser de otra manera, el principio de la primacía del Parlamento. Pero el parlamentarismo por el que se optó tenía que ser compatible con un Ejecutivo estable y coherente. Lo cual implicaba optar por un parlamentarismo racionalizado que permitiera a las Cámaras constituirse en genuino y único representante de la soberanía nacional y hacer posible la constitución de Gobiernos con capacidad de dirección política. Los errores cometidos en nuestra historia constitucional nos prevenían ante los riesgos tanto del régimen de asamblea como de los gobiernos constituidos al margen de la soberanía popular. Se diseñó así todo un sistema de pesos y contrapesos entre Gobierno y Parlamento.

El Congreso de los Diputados es el representante legítimo del pueblo español y en tal condición otorga la investidura al presidente del Gobierno, que responde ante el Congreso y que puede, mediante la moción de censura, provocar su remoción y la de su Gobierno. A su vez el presidente del Gobierno nombra y separa libremente a los ministros, puede interponer recurso de inconstitucionalidad frente a las leyes que aprueben las Cámaras, o puede incluso disolver las Cámaras dando lugar a unas nuevas elecciones. La estabilidad de su posición y la de su Gobierno se ve reforzada, además, con el carácter constructivo de la moción de censura. Es una fórmula equilibrada que pretende evitar el régimen parlamentario puro al que, con razón o sin ella, se le han imputado algunos de nuestras históricas desgracias, y un presidencialismo incompatible a su vez con el mantenimiento de una Monarquía.

Ese liderazgo gubernamental se manifiesta en todos los campos de la política y por lo tanto también en el ejercicio de las competencias que tradicionalmente han constituido el dominio específico de los parlamentos: la actividad legislativa. Un repaso a la actividad legislativa de los sistemas parlamentarios pone de manifiesto que es el Ejecutivo quien desempeña a estos efectos el papel más importante. Aun cuando, en teoría, la función legislativa corresponde en exclusiva al Parlamento, en la práctica el Ejecutivo se impone a los poderes legislativos de aquél. Pues bien, los datos que siguen ponen de manifiesto esa función de liderazgo que correspondió al gobierno del PSOE:

—El 84,8 por ciento de los textos aprobados en las Cámaras han sido fruto de la iniciativa gubernamental. Este dato, ya de por sí sumamente significativo respecto a la preeminencia del Gobierno en el ejercicio de la iniciativa legislativa, no refleja exactamente la realidad. Para ello habría que tener en cuenta los decretos-ley aprobados en esa década.

—Por lo que se refiere a las proposiciones de ley, la mayoría de las 77 proposiciones de ley tomadas en consideración (de las que fueron finalmente aprobadas 59) hasta 1992 fueron de iniciativa del Grupo Socialista, en ocasiones redactados por los servicios del propio Gabinete, o tomadas en consideración con el placet previo del Gobierno.

—La intensa participación del Gobierno en la actividad legislativa se pone de relieve igualmente en la tramitación de las propias enmiendas: las enmiendas que aceptó la mayoría fueron aquellas que contaban con la previa aprobación del Gobierno o no entraban en contradicción con la orientación política del Gabinete.

En la tensión entre Parlamento y Gobierno que caracteriza los sistemas parlamentarios, el gobierno del PSOE se manifestó, como no podía ser de otra forma en un Estado social de Derecho, como el órgano más capaz de liderar el proceso de transformación de nuestro país: la consolidación democrática, el proceso de modernización de todo nuestro aparato productivo, la inserción de España en el proyecto europeo, etcétera, han sido posibles gracias al dinamismo de unos gobiernos, elegidos y controlados por el Parlamento.

La cuestión más debatida, y más espinosa, no se centra ya en el lógico reconocimiento de esa función de liderazgo político que la Constitución atribuye al Gobierno dentro de nuestro sistema parlamentario. Lo que, a veces, se denuncia, como una mutación constitucional subrepticia, fue, sigue siendo, la deriva presidencialista de nuestro sistema parlamentario en función del creciente protagonismo que ha ido adquiriendo el órgano presidencial.

En nuestra Constitución aparecen recogidos aunque con distinta intensidad los tres principios clásicos que inspiran el funcionamiento del Gobierno en los sistemas parlamentarios: el principio de canciller, el principio de gabinete y el principio departamental.

Ciertamente la práctica de todos estos años, y en especial de las legislaturas socialistas, ha supuesto, junto al inevitable protagonismo del Ejecutivo respecto al Parlamento, un desarrollo desigual de aquellos tres principios que recoge la Constitución. Y así la práctica constitucional de estos años ha producido: un mantenimiento, e incluso potenciación, del principio departamental, un retroceso del principio de colegialidad y un reforzamiento de la tendencia al presidencialismo.

POTENCIACIÓN DEL PRINCIPIO DEPARTAMENTAL

La Constitución española reconoce la «competencia y responsabilidad directa de éstos (los ministros) en su gestión» como titulares de un departamento. Hay, pues, un fondo irrenunciable de competencias en cada ministro cuya gestión, y responsabilidad, no comparte con el Consejo de Ministros ni puede desconocer el presidente del Gobierno. A éste le corresponde la función de «coordinar» las funciones de cada ministro con las de los demás ministros y con las del Gobierno en su conjunto: pero coordinar no puede suponer desconocer aquella competencia y responsabilidad directa a que se refiere el artículo 99.2 de la Constitución.

Y así fue en la práctica lo ocurrido en quellos años: el marcado presidencialismo del Gobierno fue compatible con el respeto de un amplísimo margen de maniobra de los ministros, que operaron con gran autonomía en la gestión de los asuntos de su departamento. La coordinación se ha realizado por el presidente (relaciones exteriores, defensa, interior y economía) delegando en el vicepresidente la función de coordinación del resto de los departamentos.

El principio departamental se respetó hasta tal punto que los ministros terminaron, en la práctica, por definir ellos en muy buena medida el programa del Gobierno. En efecto, si el programa del Gobierno lo elabora el candidato a presidente y lo vota la Cámara en el debate de investidura, este programa —que contiene forzosamente sólo las líneas generales del futuro Gobierno— fue complementado y ampliado por los ministros. Esta operación se realizó en la comparecencia, ya convertida en uso parlamentario, que realizan los ministros nada más ser nombrados para explicar las líneas políticas de la gestión que se proponen realizar, anunciando en dicha sesión los principales proyectos (normas, planes y programas) que tenían la pretensión de promocionar.

Realmente quien pretenda conocer en la práctica el programa del Gobierno socialista no puede limitarse al discurso de investidura del presidente del Gobierno sino que tiene que acudir al Diario de Sesiones de las Cámaras para examinar el programa de cada departamento. Unos datos pueden ser ilustrativos al respecto:

	P. Electoral	Dis. Invest.	Compar. Minis.
II Legisl.	99	48	146
III Legisl.	52	6	76
IV Legisl.	29	12	69

En la elaboración, pues, de los programas ministeriales los responsables de los departamentos gozaron de una gran autonomía que anunciaron sus compromisos —dentro del marco fijado por el discurso de investidura del presidente— sin previa autorización o consulta con el propio presidente o vicepresidente. Y lo mismo puede decirse respecto a la autonomía de la que gozaron en la ejecución del programa.

EL PRINCIPIO DE GABINETE

El Gobierno, que como hemos visto ha ido adquiriendo un evidente protagonismo en el entramado de poderes constitucionales, es el gran desconocido de la doctrina: alguno lo ha denominado un «agujero negro». En parte porque está en la naturaleza de las cosas la no publicidad de buena parte de su funcionamiento.

Se echó siempre en falta una determinación clara de la propia composición y estructura del mismo. El artículo 98 de la Constitución dice que el Gobierno se compone del presidente, de los vicepresidentes en su caso, de los ministros y de los demás miembros que establezca la ley. Una definición como ésta no podía servir para zanjar la polémica doctrinal sobre si Gobierno y Consejo de Ministros eran términos sinónimos. Es evidente que el Consejo de Ministros es el órgano del Gobierno por antonomasia y único dotado de relevancia constitucional. Pero la Constitución dejó en manos del legislador la determinación tanto de su composición como de la normativa de su funcionamiento. E igualmente es evidente que no es el Consejo de Gobierno el único órgano colegiado sino que el Gobierno se puede estructurar y se estructura en otros órganos colegiados por debajo del Consejo (comisiones delegadas, comisión de secretarios de Estado y subsecretarios, comisiones interministeriales, etcétera) que deliberan, preparan las decisiones del Consejo y, en algún caso, adoptan determinados acuerdos. Pero es evidente que, entre los órganos colegiados del Gobierno, el órgano de relevancia constitucional era el Consejo de Ministros. Fue ese órgano colegiado, Consejo de Ministros, el que, bajo la dirección del presidente ejerció funciones constitucionales de transcendencia, como dirigir la política interior y exterior, la Administración civil y militar y la defensa del Estado (art. 97), ejercer la función ejecutiva y la potestad reglamentaria de acuerdo con la Constitución y las leyes (art. 97), responder solidariamente en su gestión política ante el Congreso de los Diputados (art. 108), que puede exigir la responsabilidad política (art. 113), aprobar los proyectos de ley para su remisión a las Cámaras (art. 88), aprobar, en caso de extraordinaria y urgente necesidad, los decretos-ley (art. 86) o proceder a realizar los más importantes nombramientos.

Pero el Consejo de Ministros, falto de una ley reguladora de su composición y procedimientos, no fue el órgano de dirección política sino que se vio reducido en buena parte a actuar como la más alta instancia administrativa: el reforzamiento del principio de canciller y del principio departamental le condenó a una vida política lánguida.

El reforzamiento del principio presidencial

No es posible desconocer que la Constitución refuerza de forma notable la posición del presidente del Gobierno. De acuerdo con el diseño constitucional el presidente del Gobierno no es un primer ministro, un *primus inter pares*, sino un órgano dotado de muy importantes poderes y facultades que no precisan el ejercicio colegial.

Y así, el presidente del Gobierno en España, es un órgano que en su condición de candidato elabora el programa político del Gobierno que pretenda formar (art. 99.2), recibe la confianza de la Cámara para su persona y para su programa (art. 99.3), propone al Rey el nombramiento y cese de los miembros del Gobierno (art. 100), dirige la acción del Gobierno (art. 98.2), coordina las funciones de los miembros del Gobierno (art. 98.2), puede plantear ante el Congreso de los Diputados la cuestión de confianza sobre su programa o sobre una declaración de política general (art. 112), puede proponer al Rey, previa autorización de las Cámaras, la convocatoria de un referéndum (art. 92), está legitimado para interponer recurso de inconstitucionalidad (art. 162), provoca con su cese el cese de los miembros del Gobierno (art. 101) puede proponer la disolución de las Cámaras (art. 115).

Ejercer estas competencias no es más que cumplir con los cometidos que la Constitución le encomienda. Si ha habido —y lo ha habido— un reforzamiento del presidencialismo en la práctica de estos años, ello ha sido debido a unas circunstancias políticas determinadas, a una coyuntura muy concreta y especial que ha conocido España. La evidente tendencia al presidencialismo, que se produjo durante los gobiernos socialistas (y que ahora continúa) se debe a las siguientes circunstancias:

—Un diseño constitucional que refuerza la posición del Presidente respecto a los Ministros, tanto como colegio como a título individual.

—Una demanda social de un Ejecutivo sólido que hiciera frente a las delicadas situaciones por las que atravesaba nuestra transición política. Si el presidente Suárez había conseguido sortear inteligente y felizmente los retos de la primera etapa de la transición, los hechos posteriores (división de UCD, debilidad del Gobierno, intento de golpe de Estado) pusieron de manifiesto los peligros que suponía una falta de liderazgo claro en un proceso de transición todavía no culminado.

—Un partido político —el PSOE— que suponía una oferta política, en programa y líder, que venía a llenar el vacío dejado por la liquidación de la UCD.

—Un liderazgo fuerte de dicho partido en la persona de Felipe González que concentró así en su figura una mayoría parlamentaria sin fisuras, la Presidencia del Gobierno y la ausencia de una alternativa viable.

—Un reforzamiento legal de sus competencias puesto que desde la Ley de Presupuestos de 1985 pudo, por Real Decreto, crear, modificar o suprimir departamentos ministeriales.

—El reforzamiento logístico de la Presidencia con toda una serie de órganos de apoyo (vicepresidente, ministros de la Presidencia y portavoz, gabinete del presidente).

La tendencia al presidencialismo viene así propulsada por una realidad política y social, por unas circunstancias muy concretas difícilmente repetibles. Esta tendencia al presidencialismo pudo haber sido contrabalanceada, en primer término, por la fuerza del partido político que sustentaba al gobierno: pero los éxitos conseguidos en política interior y exterior, las mayorías absolutas o cuasiabsolutas, la estrategia de marcar distancias entre el líder y su partido (el recurso a ministros independientes unidos por lazos de lealtad personal y no partidarios) supusieron la escasa virtualidad de los controles y corresponsabilidad partidaria.

También pudo haber sido contrabalanceada tal tendencia al presidencialismo por la virtualidad del principio de gabinete (recogido también en nuestra Constitución). Pero este principio es el que en la práctica, como se indicó, fue congelado en los años de gobierno socialista.

En suma, aun cuando no faltan fundamentos de una legitimidad democrática directa en el presidente del Gobierno, la acentuación de los rasgos presidencialistas de nuestro sistema no serían un corolario necesario del diseño constitucional sino que se deben a circunstancias históricas muy concretas en las que las tareas a que se enfrentaban los poderes públicos (transito a la democracia, modernización del sistema político y económico, los retos que para España suponían la integración europea) demandaban un ejecutivo fuerte.

No parece que esta tendencia presidencialista la hayan corregido los gobiernos del PP. Pues bien, aunque nuestra experiencia histórica nos debe poner sobre aviso de los riesgos que para la gobernabilidad de nuestros sistemas democráticos puede suponer la debilidad e inestabilidad de los gobiernos, tal vez haya pasado ya la etapa de los grandes líderes o tal vez ya ningún partido en España esté en condiciones de ofrecerlos.

Francisco Fernández Marugán

(Secretario Federal de Política Económica en la CEF, 1984-1987; Responsable de Estudios y Programas de la Ejecutiva Federal y Responsable de Administración)

Lo que costó cambiar el Estado

LA CAPACIDAD DE LA SOCIEDAD española para abrir un camino de participación política eficaz fue uno de los elementos más originales del proceso de transición a la democracia que se produjeron tras la muerte del general Franco. Ese camino, desde el primer momento, fue impulsado por el cambio social, cuya intensidad y empuje fue tal que llegó a cristalizar en un profundo cambio político. Cierto y verdad que el ritmo de estos cambios no fue similar, ni en todos los períodos ni en todas las cuestiones que entonces se planteaban. Hacer una nómina de los problemas pendientes que nos atenazaban a la salida de la dictadura es sencillo: la consolidación de la democracia, la supeditación del poder militar al poder civil, la forma del Estado, la separación de la Iglesia y el Estado, la cuestión social, la cuestión regional...

Es igualmente posible diferenciar los momentos en los que la conducción política corrió a cargo de UCD de aquellos otros que estuvieron impulsados por el PSOE. Valga para ello decir que, en la etapa que arranca en 1982 y que llega hasta 1996, un factor adquirió gran aceleración: el cambio. La fecundidad del mismo hizo que toda esta etapa estuviera enteramente dominada por este singular proceso de transformación, que afectó a amplios aspectos sociales, económicos e institucionales, entre los que estaba la propia estructura del Estado.

Centrando el análisis en lo relativo a la organización territorial del Estado, es preciso señalar que la Constitución de 1978 introdujo una fórmula de descentralización política innovadora que permitió el acuerdo entre los partidarios del Estado unitario y los que reivindicaban un Estado español plurinacional. Producto de ese acuerdo fue que todo el territorio español se organizó en Comunidades Autónomas, a las que más adelante se añadirían las ciudades autónomas de Ceuta y Melilla. No todas dispusieron de igual nivel de competencias, aunque la recepción de éstas fue bastante homogénea, sobre todo después de la Ley Orgánica de Transferencias a las Comunidades Autónomas, y de las posteriores reformas estatutarias.

La regulación de esta autonomía política se llevó a cabo a través de los Estatutos de Autonomía, que no son sino leyes emanadas del Poder Legislativo nacional, pero que poseían y poseen un estatus peculiar. Dentro de los mismos, se regulan las instituciones de autogobierno y se especifican las competencias asumidas en cada territorio. A través de ellos, todas las Autonomías empiezan a disponer de instituciones propias, Ejecutivo, Legislativo y Administración Autonómica, para gestionar desde ellas un conjunto de materias. La base para la distribución de competencias está en los artículos 148 y 149 de la Constitución, que establecen cuáles son aquellas que pueden asumir las Comunidades y cuáles otras son consideradas como exclusivas del Estado. Sin embargo, las Comunidades tienen la posibilidad de ampliar sus competencias en materias no recogidas expresamente en dichos artículos recurriendo para ello a la reforma de sus Estatutos y, además, cuando se incidiera en materias atribuidas al propio Estado, también se podría efectuar otro tipo de asignación, si bien habría de hacerse por delegación de éste.

Aparte de las enunciadas más arriba, existen también competencias compartidas en las que caben formas diversas de colaboración entre el Estado y las Comunidades, en cuanto a la legislación y ejecución. Por todo ello, es posible hablar de una Constitución compleja apoyada en normas constitucionales y en Estatutos de Autonomía, que, vistos ambos bloques conjuntamente, responden a igual calificación. En el entramado de uno y otro es donde se perfila verdaderamente la distribución del poder territorial dentro del Estado español.

Desde la perspectiva política puede afirmarse que la Constitución de 1978 suponía la apuesta más abierta y profunda de todas cuantas se intentaron en España a lo largo de los últimos doscientos años, con el fin de abordar el difícil problema de nuestra organización territorial. La Carta Magna proyectaba que se alcanzara un altísimo nivel de autogobierno, donde se compatibilizaran los principios de unidad, autonomía y solidaridad, eso sí, dentro de una única soberanía: la del pueblo español. Para ello, permitía a todas las Comunidades que dirigieran las políticas más importantes y los servicios básicos que afectaban a los ciudadanos. La educación, la sanidad, la vivienda, la cultura o las infraestructuras podían gestionarse desde una estructura institucional nueva y distinta a la existente hasta entonces: un Gobierno emanado de una Asamblea Legislativa elegida en una consulta directa en cada Comunidad Autónoma.

El Estado que puede surgir de la Constitución de 1978 es un Estado funcionalmente federal, cuya culminación conlleva una metamorfosis a través de la cual se transfieren a los nuevos poderes una gama amplia de competencias junto con los elementos y los recursos necesarios para desempeñarlas. Pero el empuje no quedaba ahí, puesto que, a la vez que se construía la periferia, resultaba imprescindible recomponer el centro, o lo que es lo mismo, un buen número de servicios de la Administración Pública y de otras muchas instituciones vinculadas a ella, donde resultaba necesario adaptarlas a las características de publicidad, igualdad de derechos, servicio y eficacia requeridas, todas ellas, en los principios reguladores de la propia Constitución.

Un último —y esencial— elemento de anclaje había de establecerse: la creación de instituciones de colaboración y cooperación entre el Estado y las Comunidades para, desde ellas, poder coordinar competencias tan esenciales como la seguridad, la protección, la salud o la educación. Si ése era el andamiaje vertebrador de la Constitución de 1978, ¿qué existía del mismo cuando los socialistas llegaron al Gobierno de España en diciembre de 1982?

Muy pocos de los elementos a los que he venido haciendo referencia estaban funcionando. No estaba definido ni el mapa autonómico, ni precisado suficientemente el ámbito competencial, ni regulados todos los instrumentos del sistema de financiación autonómica, ni perfiladas las reglas del juego político y económico. Por tanto, la construcción del edificio que se levanta a partir de la Constitución de 1978 corre a cargo del PSOE. Es éste un dato que se ajusta claramente a la realidad, ya que, cuando los socialistas llegaron al poder en 1982, poco era lo construido. No obstante, quince años después, cuando pasaron a la oposición, había en España otro Estado. A partir de esta enorme transformación, efectuada por el socialismo democrático, cabe preguntarse: ¿cómo fue posible que en un Estado de dura tradición centralista, en poco tiempo, se haya sido capaz de poner en marcha diecisiete organizaciones políticas territoriales dotadas de autonomía? Veamos algunos elementos de partida y pensemos sobre lo hecho, aunque sólo sea para ser capaces de preguntarnos a nosotros mismos si creíamos en 1978 que llegaríamos tan lejos o si, por el contrario, considerábamos que nos detendríamos mucho antes.

Comenzaré recordando que se aprobaron seis Estatutos de Autonomía durante 1981 (País Vasco, Cataluña, Galicia, Andalucía, Asturias y Cantabria), siete en 1982 (La Rioja, Murcia, Valencia, Aragón, Castilla-La Mancha, Canarias y Navarra) y los cuatro últimos lo fueron en 1983 (Extremadura, Baleares, Madrid y Castilla y León). El cierre del mapa autonómico, junto con su correspondiente diseño de competencias, se llevó a cabo desde un Gobierno socialista. A partir de la puesta en funcionamiento de los Estatutos, se inicia la transformación del Estado y, naturalmente, emergen los problemas que este proceso desencadena. Piénsese que, cuando se parte de la existencia de un Estado fuertemente centralizado, el propósito de conseguir otro basado en poderosas autonomías territoriales requiere que exista una efectiva dirección política del proceso. De no ser así, una actuación apoyada en un puro golpe de pacto y negociación, en el que la mayoría de las veces se actúa sin una visión precisa del conjunto y sin una previsión exacta de las metas, por mucho esfuerzo que se ponga en el empeño, resulta aventurado esperar el éxito. Dicho más claramente: en ausencia de una dirección política efectiva, con un procedimiento como el señalado, se corre el riesgo de que el elemento director del proceso, las transferencias de servicios, pase a depender más de la habilidad de los negociadores que de la aplicación estricta de las reglas de distribución de competencias; los Ministerios pueden intentar retener más de lo que deben; los recursos —personales, patrimoniales y financieros— pueden distribuirse inequitativamente; algunos cuerpos funcionariales que dominan parcelas enteras de la organización pueden resistirse a la operación y lograr evitarla. En definitiva, nada es ajeno a que la Administración estatal no acierte a hacer un diseño previo de sus propias necesidades, y la articulación de las competencias estatales y las de las Comunidades Autónomas no llegue a hacerse efectiva. Por todo ello, es posible acabar en un punto en el que la adecuación administrativa se aplaza continuamente y la inseguridad jurídica se vuelve notoria.

Aceptada la existencia de estas anomalías, para poder superarlas resultaba imprescindible que se programaran y dirigieran con todo rigor las transferencias de servicios a favor de las Comunidades Autónomas, que, como se ha dicho, son la piedra de toque, tanto de la construcción de la Autonomía como de la reforma de lo que queda en la Administración del Estado Central. Este trabajo de programación y dirección, insisto, era imprescindible, aunque sólo fuera porque los ciudadanos, como destinatarios de los servicios, tienen derecho a que el proceso se culmine sin que se interrumpa ni degrade su prestación. Había que evitar que las Comunidades Autónomas, cuando recibían los traspasos, tuvieran que soportar el lastre, las distorsiones y la carga de irracionalidad que entonces padecía la organización de los servicios en las Administraciones del Estado. Además, debía actuarse para impedir que las transferencias se refirieran tan sólo a competencias específicas de un Ministerio concreto, procurando, por el contrario, que comprendiera bloques materiales completos, con sustantividad y organicidad suficientes como para permitir una organización y gestión eficaces. Por lo tanto, se trataba de una extraordinaria operación política que afectaría a las estructuras del Estado y, para que fuera eficaz, debía apoyarse en actuaciones micropolíticas. Por ello, únicamente si se lograba partir de una concepción de las transferencias como la referida, donde hubiere, además, la cadencia y el compás debidos, podría conseguirse que no se complicara más la organización administrativa y que, en su lugar, se clarificara. Esa operación de microcirugía política tenía exigencias inexcusables. Los decretos de transferencia debían contener una perfecta identificación de los servicios que se traspasaban a las Comunidades Autónomas, así como de las facultades o competencias concretas que éstas tendrían que ejercer, las que el Estado se reservara y las que iban a ejercitarse conjuntamente; además, debía concretarse la relación de medios personales y materiales adscritos directamente a los servicios transferidos y la valoración detallada del coste efectivo de los mismos, así como la identificación de los créditos presupuestarios correspondientes a los servicios que se transferían.

Pero el proceso no terminaba ahí, puesto que, una vez superadas las dificultades administrativas, más temprano que tarde, se iba a tropezar con los problemas de financiación autonómica —que tampoco estaban totalmente resueltos en 1982—. Se habían dado importantes avances, pero no estaban ni diseñadas ni delimitadas todas las piezas del sistema que había que establecer para financiar un número abundantísimo de traspasos. Sólo se había aprobado y promulgado la Ley Orgánica de Financiación de las Comunidades Autónomas y una comisión de expertos había emitido un informe sobre cómo debía desarrollarse la misma. Por lógicas motivaciones políticas, además, se había aprobado el Concierto Económico para la Comunidad Autónoma del País Vasco y la Ley de Cesión de Tributos a la Comunidad de Cataluña. Pero faltaban las leyes de cesión a las restantes Comunidades Autónomas que se ajustaban al régimen común y la Ley del Fondo de Compensación Interterritorial, exponente constitucional del equilibrio territorial.

Siendo muy importante el despliegue normativo, un sistema como el que se estaba desarrollando pasaba por múltiples acuerdos entre el poder central y cada uno de los poderes periféricos, acuerdos que no siempre se alcanzaban con facilidad y de cuya consistencia dependería la viabilidad y la sostenibilidad global del edificio que se estaba levantando. Acuerdos que deberían ser aceptados por todos. En el logro de los mismos, jugó un papel destacado el Consejo de Política Fiscal y Financiera, una especie de conferencia sectorial altamente especializada, creada en la Ley Orgánica de Financiación de las Comunidades Autónomas (LOFCA), con presencia del Gobierno de España y todos los Gobiernos de las Comunidades Autónomas. En él se alcanzaron diversos arreglos que afectaban a la búsqueda de métodos de cálculo de los costes de servicios transferidos, se pusieron en práctica una serie de medidas para el paso de un sistema, que se denominaba provisional o transitorio, hacia otro con mayor vocación de permanencia; se analizaron y adecuaron los diferentes niveles competenciales entre Comunidades y se adoptaron los procedimientos que elevaron a las Cortes Generales los porcentajes de participación de las Comunidades en los ingresos del Estado.

A fin de cuentas, se partía de un hecho: el Estado debía proporcionar a las Comunidades Autónomas, como financiación incondicional, unas cantidades que habían de permitir a éstas prestar los servicios transferidos y cubrir adecuadamente los costes de los mismos. Así, mientras en el período transitorio el criterio básico era el de garantía del «coste efectivo del servicio», en el sistema definitivo se trató de establecer un reparto de recursos totales en función de las variables socioeconómicas recogidas en el artículo 13 de la LOFCA, cuya ponderación también se ha ido ajustando para acercarla a las realidades socioeconómicas que presentan las diferentes Comunidades Autónomas y a las demandas y necesidades manifestadas por éstas. Pues bien, en un sistema como el que se va detallando, surgen en ocasiones tensiones y conflictos que hay que saber asimilar y resolver. Estó ocurrió cuando se procedió a valorar las competencias transferidas en un contexto donde las resistencias endógenas de la Administración Central se unieron a las crecientes dificultades económicas vividas en España en los primeros años de los ochenta. Los puntos de vista dispares ocasionaron una ralentización del proceso de traspaso, en el que abundaban en demasía las valoraciones provisionales, carentes de aceptación mutua y apoyadas en ocasiones en asimetrías de origen político que no resultaba sencillo ni evitar ni corregir.

A la vista de esta situación, con la llegada al Gobierno del PSOE, lo primero que se hizo fue proceder a desatascar los traspasos de competencias que habían de efectuarse a las diferentes Comunidades Autónomas. Este proceso se hizo de manera simultánea y global, lográndose que su materialización se alcanzara de forma progresiva. Que se admitiera que, aun siendo rápida, la construcción del Estado Autonómico y la descentralización durarían más tiempo del pensado. El rigor con el que se actuó permitió articular múltiples objetivos. Los servicios debían dotarse bien, lo que equivalía a que un volumen significativo del gasto público pasase a decidirse y a ejecutarse en las administraciones territoriales recientemente constituidas. Las Comisiones Mixtas de Transferencias, la Comisión de Valoración, donde la hubo, y la Comisión Delegada de Asuntos Autonómicos fueron las encargadas de que ello se consiguiera. No obstante, es preciso saber que, de un lado, se veía cómo, a medida que se desenvolvía el entramado que llevaba incorporado la Constitución de 1978, se podía encajar una parte considerable de los problemas de pluralismo y de diversidad política existentes en España. Pero, a la vez, se observaba cómo el viejo Estado heredado del centralismo carecía de muchos elementos capaces de garantizar la habitabilidad política. Y cómo muchos españoles, en distintos lugares, padecían esa disfunción. Quienes actuaban desde distintos lados de las mesas de negociación percibieron estos dos problemas, lo que sirvió para que todos ellos se percataran de que se estaba avanzando en un proceso que modificaba los esquemas económicos, administrativos y políticos que habían existido hasta entonces.

El proceso de construcción del Estado Autonómico, a partir de 1982, se pudo llevar a cabo sin que se desencadenaran graves desequilibrios económicos. La unidad del mercado se mantuvo, ya que los mecanismos permanentes de negociación entre los responsables de los diferentes gobiernos evitaron que surgieran espacios cerrados al desenvolvimiento de las tareas productivas. Pero, junto a esta colaboración, se consiguió algo más. La devolución de competencias a las Comunidades se hizo evitando que el gasto público experimentara una expansión incontrolada. A ello contribuyó grandemente el que la actuación fuera transparente, ya que aquellos recursos que se «daban de alta» en la Comunidad Autónoma causaban baja en los Presupuestos de la Administración Central. Describir esta tarea va más allá del objetivo que se pretende en estas páginas, por lo que no voy a detallarla de manera específica. Pero renunciar a ello no implica que ignore las dificultades con las que se tropezó y la agudeza con la que se actuó para sortearlas. Piénsese que los sistemas de contabilidad pública existentes carecían, entonces, de una contabilidad de costes en los servicios públicos. Pese a ello, se pudieron levantar, establecer y desarrollar criterios homogéneos de valoración de los servicios que, desde la Administración Central, fueron transferidos a las distintas Comunidades. En el ámbito de la financiación autonómica, hubo que adoptar una definición estratégica: ¿se quería un único sistema tributario o, por el contrario, se optaba por que existieran varios? La respuesta fue, una vez más, la más racional. Se consolidó un único sistema fiscal, procediéndose a una gestión profesionalizada del mismo que permitiera un reparto de los recursos que generaba. Esta opción fue de una extraordinaria importancia, puesto que afianzó las características que se han expuesto anteriormente, no expandió el gasto público y, a la vez, no rompió la unidad del mercado. Pero estableció otra exigencia más, aunque ésta fuera para la Hacienda Pública. Había que luchar para que hubiera mayor solidaridad en la sociedad, traduciéndose ésta en que no surgieran diferencias entre los españoles motivadas por el lugar donde se vivía o donde se había nacido. Para conseguirla, se pusieron en marcha importantes mecanismos de transferencias desde la Hacienda Central a las Haciendas Autonómicas, con el propósito de que éstas alcanzaran niveles de recursos suficientes que proporcionaran de manera similar los servicios públicos y las inversiones a todos los ciudadanos. Este compromiso entre autonomía y solidaridad fue, desde el primer momento, una pieza clave en la tarea transformadora de los socialistas, que, visto ahora con perspectiva histórica, puede decirse que se alcanzó de manera bastante satisfactoria. Gracias a él, el atraso secular de muchas Comunidades Autónomas fue, paulatinamente, siendo un recuerdo del pasado.

El resultado final puede explicarse sin ambages: las Comunidades Autónomas dispusieron de recursos con los que desarrollar las competencias transferidas y también aquellas otras que en el libre ejercicio de su capacidad política quisieran impulsar. España avanzó por la vía del desarrollo y de la igualdad de manera muy rápida, con la complacencia de la gran mayoría de los españoles.

En un espacio de tiempo históricamente corto surgió un nivel intermedio de gobierno, cuya funcionalidad se ha visto corroborada de manera muy positiva, ya que no sólo, valga la redundancia, ha funcionado bien, sino que ha sido capaz de sacar a la luz pública y de potenciar las posibilidades existentes en los lugares más recónditos y diversos de la geografía española. Cuando el período de Gobierno del PSOE finalizó, la estructura administrativa había experimentado un cambio de tal naturaleza que, para visualizarlo, bastan unos datos bien simples. Más de 670.000 empleados públicos prestaban sus servicios en las Comunidades Autónomas, que, en 1997, movilizaban recursos corrientes, propios, cedidos, transferidos, compartidos o convenidos con las otras Administraciones Centrales españolas o procedentes de la Unión Europea, en una cuantía superior a ocho billones de pesetas. Uno de cada tres empleados públicos prestaba sus servicios en las Comunidades Autónomas, que, en esa misma fecha, manejaban más de una de cada cuatro pesetas de las utilizadas por las Administraciones Públicas.

Poner de relieve estos datos tiene importancia, pero la adquiere en mayor medida cuando se toma en consideración el hecho de que el proceso de construcción del Estado de las Autonomías hizo que España se transformara en uno de los Estados con mayor descentralización política y administrativa de todos cuantos existen, y que esta experiencia se llevó a término tan sólo en dos décadas, en las dos últimas del siglo XX. El esfuerzo fue formidable y genuino, levantándose entre nosotros, y gracias a él, una nueva arquitectura política que hoy en día es irreversible.

Carmen Alborch

(Ministra de Cultura, 1993-1996)

La cultura, un mundo lejano y próximo

YO LLEGUÉ AL GOBIERNO en la última etapa, y la verdad es que fue un Gobierno en el que todos nos sentíamos muy cohesionados y muy cómplices. Eran tiempos muy difíciles y creo que, por esa razón, aunque también por la valía de las personas que lo componían, nos sentíamos como una piña. Había muchas complicidades, muchas miradas, muchos silencios, también muchas conversaciones...

Realmente, yo tenía un presupuesto escasísimo, entre otras cosas, porque era la época de las dificultades económicas; pero cuando llegué, recibí unas herencias magníficas. Afortunadamente, se había recorrido ya un trayecto muy importante en la creación de infraestructuras. Quizá el asunto más complicado en este período era la distancia marcada por la gente del mundo de la cultura, porque son muy críticos hacia determinados temas, y había algunos recelos por actitudes que no tenían que ver con la política cultural estrictamente. También había un cierto cuestionamiento sobre el tema de las subvenciones, y la política cultural realmente debe ser una política subvencionadora. Igualmente, existía un cierto recelo sobre si en una España autonómica debía o no existir el Ministerio de Cultura. Por supuesto, también teníamos unos proyectos magníficos, algunos de ellos concluidos y otros por concluir; cada uno de ellos tenía también su complejidad, porque la política cultural es muy compleja.

Yo tenía a mi favor que el mundo de la cultura siempre me ha interesado mucho. Además, había sido gestora cultural, directora general de Cultura de una Autonomía, y tenía ya mis relaciones... Siempre he estado muy próxima a la gente de la cultura y, en cierta medida, me he considerado uno de los suyos. Esa trayectoria me daba una cierta perspectiva: conocía algunos de los problemas, las suspicacias, el cuestionamiento o las críticas que se nos podían —y se me podían— hacer desde la otra parte.

Era una época de poco presupuesto. Además, teníamos entre manos la «operación Thyssen»: el Museo ya se había inaugurado, pero todavía quedaba pendiente de satisfacer la parte económica. Y se había llegado a un pacto mediante el cual esta contraprestación económica se resolvería fuera del presupuesto del Ministerio de Cultura. Pero llegó el señor Solbes y dijo que no, que ni hablar, que aquello tenía que entrar dentro de las cuentas de Cultura.

En definitiva, uno de los mayores equilibrios era convencer y demostrar que Cultura no era sólo un Ministerio subvencionador, sino que también era inversor, porque participaba en la construcción de los auditorios, o porque tenía que rehabilitar los archivos históricos de nuestro país, o tenía que hacer política en el exterior, o desarrollar todo el sistema de las bibliotecas del Estado. Es decir, teníamos que colaborar con las Administraciones en todos esos aspectos y, además, adoptar una actitud de convencimiento de que realmente para nosotros, los socialistas, la inversión en capital humano, y, por tanto, no sólo en educación, sino en cultura, era importantísima.

También nos parecía fundamental la cultura de la cooperación y del convenio. Es decir, que, partiendo de los presupuestos con que se contaba, la tarea se desarrollaba en distintos frentes, desde potenciar el mecenazgo —cuestión que me parecía muy importante porque significaba plasmar la cooperación con la iniciativa privada, es decir, no contraponiendo lo público a lo privado, sino buscando puntos de encuentro—, hasta potenciar las industrias culturales, la industria editorial y la de los audiovisuales; esto me parecía importantísimo.

Fue un momento en el que —aparte de mi percepción personal— había circunstancias interesantes, determinadas por la Unión Europea y también por el «imperialismo» norteamericano. Fue la época de la Ronda Uruguay y de los Acuerdos del GATT[1], con los que se pretendía, desde Estados Unidos, que la cinematografía y el medio audiovisual fueran considerados mercancías, y que no pudieran recibir subvenciones. Los ministros de la Unión Europea tuvimos muchas reuniones con el propósito de estudiar esa cuestión y se dio principio a lo que se empezó llamando «excepción cultural» y acabó llamándose «especificidad cultural». La verdad es que lo logramos, fue un momento de cohesión muy importante. En el ámbito audiovisual asumimos toda la directiva comunitaria de la Televisión sin Fronteras[2].

Respecto a la industria editorial, estuvimos analizando diversos tipos de medidas, desde las fiscales hasta las de apoyo al mundo editorial, y evaluando cómo se podrían enlazar; no en el sentido de que fuera la Administración la que publicara, sino todo lo contrario: la intención era potenciar las industrias culturales. Porque, al final, nosotros también creíamos firmemente en la idea de que la cultura tiene mucho que ver con el desarrollo económico y con la creación de empleo. No se trata sólo de apoyar la creatividad, que es importantísima, sino de estimular una potente industria cultural. El «Informe Delors» decía que, en el ámbito de lo audiovisual, se podían crear en Europa más de un millón de puestos de trabajo. Es decir, este sector creativo aparecía también como fuente de empleo y de riqueza.

EN LA ESPAÑA PROFUNDA

Teníamos una serie de frentes abiertos, como el tema del patrimonio histórico, y el tema de las catedrales, que fue uno de nuestros caballos de batalla. Parecía que el Gobierno socialista y la ministra de Cultura tuvieran la culpa del deterioro de las catedrales, cuando muchas de ellas, como la de Burgos, a lo mejor ya empezaron a tener problemas a los sesenta o setenta años de su construcción... Intentábamos introducir racionalidad en todas estas cuestiones. Nos pusimos a trabajar sobre un convenio con la Iglesia. Le dedicamos horas y horas, y al final no quisieron firmarlo; siempre con muy buena disposición, pero al final..., que si la Santa Sede, que si esto, que si lo otro... Y cuando el PP ganó las elecciones, lo firmaron enseguida. ¡El mismo convenio sobre el que nosotros habíamos trabajado! Esta actitud es un buen reflejo de la idea de la Iglesia sobre la cooperación y la reciprocidad... Yo tuve dos huesos duros de roer, uno fue ése, con la Iglesia, y el otro fue el del Archivo de Salamanca. En estos casos creo que las resistencias tuvieron algo que ver con el hecho de que el presidente de Castilla y León fuera Juan José Lucas y con el hecho de que él tenía más protagonismo si afrontaba todos los problemas de patrimonio histórico, de las catedrales, etcétera. Era como tratar con la España profunda. A mí me parecía que todas las catedrales —y todo el patrimonio histórico— había que rehabilitarlas bien, restaurarlas bien, y había que continuar con la racionalidad de hacer los planes directores de las catedrales. Es decir, no se trataba de hacer las cosas porque sí. Y todo ello requería su tiempo, y lo explicábamos una y otra vez.

El tema espinoso del Archivo de Salamanca todavía colea. Escuchamos las demandas de la sociedad y, en un Consejo de Ministros, se tomó la decisión de que los archivos *de Cataluña* se desplazaran desde Salamanca al archivo de la Generalitat, porque habían sido producto de una expoliación: estaban en Cataluña, los expoliaron y se los llevaron a Salamanca. La reivindicación histórica de los catalanes de que la parte de los archivos correspondientes a Cataluña se desplazara a su Comunidad y que no estuvieran en Salamanca, en el Archivo de la Guerra Civil, era una petición que estaba presente desde hacía mucho tiempo. Y nosotros aprobamos este traslado. Y esta decisión, que en una época normal no hubiera tenido gran trascendencia... En fin, tuvimos que padecer el clima enrarecido de la crispación. Pudimos ver, al igual que en el tema de las catedrales, como si se enfrentaran las dos Españas de nuevo. Cuando nuestra decisión se hizo pública, en Salamanca —aunque no sólo hubo reacción aquí—, Gonzalo Torrente Ballester hizo una especie de proclama, y le siguió la gente que, como consecuencia de la crispación ambiental, vio en esta reivindicación una vía más de contestación al Gobierno, y una ocasión para decir que estábamos vendidos a los catalanes, que nos tenían con la soga al cuello. Aquello fue muy fuerte, muy duro. Yo tuve muchísimas reuniones con los rectores, con las autoridades de Salamanca... Nosotros argumentábamos que las técnicas modernas permitían hacer el microfilmado y la reproducción del material archivado, de manera que los que acudieran al Archivo de Salamanca podían hacer las consultas, aunque no con el material original. Intentábamos soluciones justas, pero yo creo que, precisamente por el momento en el que tomamos la decisión, no pudo ser.

El Partido Popular lo utilizó como herramienta de agitación política. Nosotros, al final, después de plantear varias posibilidades, tomamos la decisión de crear un Comité de Expertos que examinara todos los documentos que había en Salamanca y que tomara una decisión sobre lo que se debería devolver y lo que debería permanecer. Pero se celebraron las elecciones, las perdimos, el PP cambió la comisión... Hoy existe una llamada Comisión por la Dignidad en la que todavía se reclama la decisión que ha tomado el Gobierno del PP. El PP no sólo frenó nuestra iniciativa, sino que sus últimas decisiones han provocado el rechazo de la Comisión por la Dignidad, porque el PP ha ignorado, entre otras, la opinión de los expertos.

En aquel momento, el tema del traslado parcial de los archivos a Cataluña fue uno de los temas en los que sentimos muy vivamente la crispación. También, cuando se incendió el Liceo de Barcelona. Y porque fui allí, decían que la ministra se preocupaba por el Liceo y no por las catedrales, pero yo sí había visitado las catedrales. O sea, padecimos la utilización política de los temas culturales. Nosotros siempre decíamos que la cultura no debía ser un arma arrojadiza... Para paliar esta campaña, tuvimos que hacer un acto... conciliador; algo que, por otra parte, fue muy hermoso: hablamos tanto con Pujol como con Lucas y conseguimos celebrar en la catedral de Burgos un concierto, la décima de Beethoven, interpretado por la Orquesta y el Coro del Liceo de Barcelona... Y acudieron todos, Pujol, la Reina... Fue un acto representativo, o simbólico, de lo absurdo que era buscar enfrentamientos. Ésa fue mi actitud durante todo el tiempo que estuve al frente del Ministerio.

Soluciones para una crisis interminable

Yo creía que era muy importante estar con la gente, escucharla, estar en los lugares donde se produce y donde se difunde la cultura, y tener muchas reuniones, pero, sobre todo, ir frecuentemente a los lugares donde se «hace» cultura. También conseguí que Felipe González fuera el primer presidente de Gobierno que presidiera el Patronato del Museo del Prado, precisamente para el inicio de la ampliación del museo; también fuimos al Museo Reina Sofía el día que adquirimos unos fondos del despacho de Buñuel, vimos el *Gernika*, al que ya le habíamos quitado el cristal, el vinilo protector... Yo creía que, sobre todo, era importante mostrar sensibilidad, preocupación, y ser solidaria; creo que eso también es muy importante cuando se está en el Gobierno. Hay que estar presente con la mejor de tus sonrisas.

Más tarde vinieron épocas muy difíciles, hubo momentos trágicos, por ejemplo, cuando mataron a Francisco Tomás y Valiente, que había sido una de las personas a las que yo había consultado el tema de los archivos de Salamanca...

Aprobamos el texto refundido de la Ley de Propiedad Intelectual. Tuvimos que trabajar y forcejear mucho con muchos colectivos, intentando buscar la mejor solución... Fue muy difícil. Yo creo que de ahí también que todos los miembros del Gobierno estuviéramos muy cohesionados.

En aquellos momentos, nadie creía mucho en el cine español. Con Fernando Rey, que era presidente de la Academia, con Paco Rabal y otros grupos de gentes hicimos varios actos de apoyo al cine español y al europeo; actos en contra de la consideración del cine como una mercancía, en defensa de su vertiente cultural... A partir de ese momento, empezó a generarse la convicción de que, realmente, había que apoyar al cine español, y ésa fue una apuesta en la que me sentí muy cómplice con la gente del mundo de la cinematografía. Había que defender el cine español. Las resistencias eran tan grandes que el único día que ha habido en este país un cierre de cines —no fue una huelga, porque el cierre no lo promovían los trabajadores— fue, precisamente, en contestación a las medidas que luego se convirtieron en la Ley de Fomento de la Cinematografía. Toda la oposición apoyó ese proyecto, excepto el PP, que ahí se quedó solo. Hubo *lock out* porque en el mundo de la cinematografía, las distribuidoras, las *majors* americanas, tienen mucha influencia sobre la exhibición y ejercieron de ese modo su presión. Fue un día muy extraño para la gente..., todas las ciudades sin cine, sin los luminosos, era muy espectacular. Tuve, entonces, conversaciones con los representantes de las *majors*, con Jacques Valenti, para que la presión disminuyera. Ellos rechazaban que se mantuvieran las licencias de doblaje y las cuotas de pantalla, mecanismos que nosotros considerábamos fundamentales para defender la cinematografía española. Los del PP estaban de acuerdo con las *majors* norteamericanas: decían que las licencias y las cuotas eran medidas proteccionistas y que, en la época que vivíamos, no tenían sentido las medidas proteccionistas. Nosotros insistíamos en que eran medidas de fomento del cine español y del cine europeo, porque, sin esas medidas, las posibilidades de desaparición del cine europeo eran importantes. Además de la presión y la potencia de la industria cinematográfica norteamericana —en fin, a todos nos encanta el buen cine norteamericano y bebe a su vez en las culturas europeas—, si no manteníamos, por un período determinado, las cuotas de pantalla, los exhibidores podrían llegar a programar siempre cine norteamericano, presionados por las grandes distribuidoras, por las *majors* americanas. Y, entonces, el cine español y el europeo hubieran visto muy reducidas sus posibilidades de exhibición, limitadas a un porcentaje bajísimo de pantalla. Ése era nuestro argumento. Pero el Partido Popular respondía que esas medidas eran propias de países como Ruanda..., cosas de ese estilo. Fue una batalla muy interesante, y la ganamos. Hubo un momento de florecimiento del cine español, simplemente porque nosotros estuvimos en sintonía con la Unión Europea, y apoyamos lo que creíamos que debíamos apoyar. Ahora bien, si el talento no hubiera existido, por más que nosotros hubiéramos apoyado... Realmente, fueron unos años estupendos para la cinematografía española.

Cuando llegó Miguel Ángel Cortés —con el Gobierno del PP—, dijo que los trece años de Gobierno socialista habían sido los peores años para el cine español. Por supuesto, todo el mundo se le echó encima.

En algunas áreas, realmente sí se han visto afectos y desafectos... La «ley Miró», de política cinematográfica, fue muy acertada, pero nosotros pensábamos que el mundo audiovisual es un mundo muy cambiante, y que, por tanto, hay que ir adaptando la legislación a las nuevas necesidades de cada momento. Y, por eso, aprobamos aquella Ley de Fomento de la Cinematografía. Sí, fue un momento muy interesante.

Con Pedro Solbes

Se aprobó la Ley de Mecenazgo con la colaboración del Ministerio de Justicia. Se pretendía fomentar que determinadas inversiones en cultura tuvieran una desgravación fiscal; a la gente del mundo de la cultura nos hubiera gustado que los topes fueran superiores, pero, en fin, era un primer paso importante.

Tuve mis peleas con Solbes a cuenta de esta ley. Yo decía: «Vamos a ver: si fulanito de tal dona un cuadro para el Museo Reina Sofía, habrá que favorecerlo de algún modo, con desgravaciones o...». Y la pelea era siempre por el *quantum*, porque él, naturalmente, apostaba por el criterio de la «caja única»: todo el mundo debe ingresar y el Gobierno repartirá de acuerdo con las necesidades... Y yo, siempre contraargumentando, poniendo como ejemplo a Francia —no en la cuestión de la descentralización, porque los galos son muy centralistas— y explicando que su modo de inversión en cultura es el de un país admirable. La ley pretendía incentivar la inversión en cultura por parte de las instituciones privadas y que ello les permitiera desgravar. Creo que es razonable. Finalmente, la Ley de Mecenazgo se aprobó, aunque me habría gustado que hubiera sido con un porcentaje mayor a favor de la cultura.

Estoy hablando de la tensión que siempre existía con el ministro de Economía y que nos afectaba a todos los demás; nos hacía temblar y ante él esgrimíamos todo tipo de argumentos. Todo debía ser superrazonado y, al final, el ministro decía: «Yo no puedo más. Con este dinero... ¡es imposible!».

La verdad es que Felipe siempre me ayudaba. También creo que el presidente pensaba que nuestra tarea era importante. Realmente, en cultura, se hizo muchísimo en este país. Siempre se hacen las evaluaciones de los kilómetros de autopista que se han construido, lo que se ha hecho en educación... pero lo que se ha hecho en cultura, en este país, ha sido absolutamente maravilloso. Ahora ya lo damos por hecho, como ya se han logrado los objetivos, parece que las conquistas son automáticas y que habrían llegado con cualquiera que hubiera gobernado. Y eso no es cierto: yo creo que el ideario y la convicción y el entusiasmo es importante. Es determinante.

A mí me hubiera gustado haber dejado en una fase más avanzada la ampliación del Prado, porque los trabajos han sido lentísimos —están siéndolo—; me hubiera gustado inaugurar el [Teatro] Real, inaugurarlo como correspondía, con una ópera que hubiera dado la posibilidad de que se apreciara, como se está apreciando ahora, la capacidad de ese teatro. La gente criticaba la remodelación del Teatro Real por la inversión que se había hecho en él, pero no hubo ningún despilfarro, para nada. Yo siempre decía: «El día que se termine y se ponga en funcionamiento, todo el mundo se va a sentir orgulloso de este teatro». Y así ha sido: es una maravilla.

Pero siempre había algo que impedía que los mensajes llegaran. Presenté un proyecto en el Senado para desentrañar y clarificar la titularidad y la gestión de los museos que hay en España. (Hay museos de titularidad estatal y de gestión autonómica). Me hubiera gustado ordenar un poco ese campo y desarrollar una especie de programación general... Sin dirigismo, por supuesto... Ese es otro tema: a nosotros siempre se nos ha acusado de dirigistas y yo creo que no es cierto. Una cosa es hacer política cultural en serio, y otra, hacer dirigismo cultural. Ahora, podemos comprobar cómo desarrollan su política cultural los dirigentes del Partido Popular, tan liberales: resulta que son más dirigistas que nadie.

En las elecciones de 1996 se redactó un manifiesto, por parte de intelectuales y de la gente de la cultura, de apoyo a Felipe González. Pienso que lo que llevaba implícito aquel pronunciamiento era que Felipe seguía siendo un referente de credibilidad esencial del proyecto socialista. Yo creo que el mundo de la cultura había detectado, además, signos de cambio; creo que habían percibido que aquello que Felipe había prometido, en cierta medida, se había puesto en marcha. Muchas personas también agradecían el cambio de actitud general hacia el mundo de la cultura.

La ley de Murphy

Yo creo que se «demonizó» a los independientes sin ningún sentido, porque la mayoría de nosotros se comportó solidariamente. Lo puedo decir de Ángeles Amador, que era una ministra independiente como yo, de Javier Gómez Navarro, de Cristina Alberdi —no sé si Cristina se afilió estando en el Gobierno—... Lo cierto es que, independientes, éramos muchos, y creo que nos comportamos solidariamente.

Sobre Juan Alberto Belloch... Yo no sé... Belloch insistía en que estaba claro por qué estaba en el Gobierno y, de hecho, era ministro de Justicia y luego lo nombraron ministro de Interior, o sea que... Yo, además, siempre decía que «el que la lleva, la entiende». Felipe era el que tenía todo en la cabeza y el que sabía lo que estaba haciendo. También ocurrió lo de Garzón, lo de Ventura Pérez Mariño... Es decir, también es verdad que hubo algunos independientes que, en un momento determinado, dijeron: «Hasta aquí hemos llegado». Y yo pienso que también hay que valorar lo que asumes cuando dices «sí». Nosotras éramos la «Triple A»: Amador, Alberdi y Alborch. Especialmente con Amador, yo tenía mucha complicidad... Recuerdo el día que se levantó Antonio Asunción y, de broma, le dijimos: «¡Huy, a ver si se ha escapado Roldán!». Porque todo parecía desarrollarse según la ley de Murphy... Y, efectivamente, se había escapado Roldán. También recuerdo que, estando yo de viaje en Argentina —el motivo eran ciertos programas de intercambios culturales—, el embajador estaba espantado: cada vez que recibía un fax, venía y me contaba una nueva historia. Y me decía: «¿Cómo puede ser? ¿Cómo puede ser?». Fue la época en la que se destaparon todos aquellos casos..., lo de Mariano Rubio, lo de Roldán... Fue muy duro.

Y, luego, en el Congreso: «¡Váyase, señor González!». En vivo y en directo. ¿Cómo se atreve Aznar a hablar de lealtad, cuando él hizo la oposición que hizo? ¿Cómo se atreve a hablar?

Un día concreto: Narcís Serra había intervenido en el Congreso de los Diputados. Yo había estado en una reunión del Consejo de Ministros de la Unión Europea y llegué a última hora. Ángeles Amador me decía: «No sabes lo que ha sido esto... No lo sabes». Porque el Partido Popular actuaba con una agresividad intolerable. Tuvimos que sufrir situaciones dramáticas y yo creo que —ahí están las pruebas— la mayoría de los independientes fuimos muy leales.

INVERTIR EN LIBERTAD

He hablado de mi período en el Ministerio de Cultura, pero creo que esa época engloba también las anteriores. Porque durante los trece años de Gobierno socialista existió una misma visión de la cultura, entendida como derecho al que tienen que tener acceso los ciudadanos y las ciudadanas, con la creación de infraestructuras, con el apoyo a los creadores, etcétera. Todo eso forma parte de nuestro programa y es por lo que nos preocupamos fundamentalmente. También apostamos por el apoyo a las industrias culturales, la proyección de la cultura española en el exterior, los lazos con Latinoamérica... Es un conglomerado que forma parte de una tradición socialista —si se puede hablar de tradición en un período tan corto—, de nuestro compromiso y nuestra manera de hacer.

El punto de referencia que ha singularizado la política cultural de los socialistas ha sido, sobre todo, la idea de la igualdad, que todo el mundo tuviera derecho al uso y disfrute de los bienes culturales. Se realizaron obras emblemáticas, pero si se visitan las Autonomías, puede comprobarse cómo se ha rehabilitado un archivo, cómo se ha creado un museo nuevo, cómo se ha reacondicionado un museo de bellas artes, cómo se ha creado una biblioteca, cómo han ido conformándose en cada una de las autonomías los auditorios y las orquestas sinfónicas... Se descentralizó, realmente, y, por tanto, se enriqueció muchísimo el entramado cultural.

También hemos conseguido otros logros muy interesantes: la Red de Teatros. Se llegó a un acuerdo con el Ministerio que ahora se llama de Fomento, pero que antes era de Comunicaciones: parte del uno por ciento cultural que se destinaba a obras públicas, se destinó a la rehabilitación de teatros, sobre todo, del siglo XIX, que eran muy hermosos. De modo que también se creó esa Red de Teatros, que ha servido, al mismo tiempo, para recuperar una memoria histórica, mantenerla y darle contenido.

El proyecto socialista, en la política cultural, invirtió en libertad. Yo creo que era obligatorio: si eres una persona de izquierdas, no dogmática, no puedes dejar de fomentar la libertad y ello tiene mucho que ver con el respeto y con la dignidad de las personas. Y no puedes pensar que esa inversión en libertad puede alimentar el espíritu crítico y puede volverse en contra tuya. Efectivamente, puede ocurrir, puede volverse en contra tuya en un momento determinado, porque tal vez estés contraviniendo esas capacidades, del mismo modo que las has estado propiciando. Pero ése es un problema de coherencia: tal vez no se están siguiendo los propios principios y, entonces, esa actitud crítica se puede volver en contra. En ocasiones no se trata de una actitud crítica, sino de puro hipercriticismo, u otra serie de componentes; en cualquier caso, siempre es posible que se produzca el rechazo...

Aquel Gobierno tuvo que sufrir una situación muy dura. Pero yo creo que pude mantener una cierta complicidad con el mundo intelectual y con el mundo de la cultura. De alguna manera, creo que eso fue así porque yo venía de ese mundo, no era una política profesional. Me parece que la política es un oficio dignísimo. No estoy menospreciando a los políticos, en absoluto, porque me estaría menospreciando a mí misma, pero sí es verdad que existe una valoración, y en aquellos momentos muy agudizada, no favorable a la actividad de los políticos. En mi caso, además, pudo haber más acercamiento y más complicidad porque yo llegué al Ministerio después de ser directora de un museo pionero en España; antes había sido directora general de Cultura y siempre me había dedicado al mundo cultural. Y creo que conseguí mantener esos niveles de complicidad aportando mucha dosis de respeto, escuchando, sin tratar de mantener una posición de rechazo.

Hablamos mucho del diálogo, pero muchas veces tenemos tendencia a pronunciar nuestro discurso sin escuchar al otro. En aquellos momentos, era necesario lo contrario: había que atender a las críticas, escucharlas y dar explicaciones, contestar que tú creías que, de todas maneras, valía la pena el intentar sumarte a los esfuerzos. Era muy importante el respeto y no manipular acciones; porque, si hay algo que a las personas del mundo de la cultura les produce rechazo, sobre todo en determinados momentos, es sentir que los quieres utilizar. Y, en aquellos momentos, había que mostrarse con una delicadeza especial.

Yo viví aquella experiencia como un juego de equilibrios. Por un lado, avalaba a un Gobierno que sufría acusaciones muy graves; por el otro, intentaba conciliar esta situación mediante un diálogo con el mundo intelectual.

Podía comprobarse que la presión externa, la oposición que hacía el PP y algunas actitudes de Izquierda Unida eran tremendamente injustas. Eso contribuía a que una se reforzara en la idea de que también estaba en la mejor de las posiciones. Al menos, te daba fuerza y propiciaba la cohesión. Porque el acoso era tan desproporcionado y tan injusto, muchas veces, y tan arrasador, y tan... Luego se olvidaron de esas varas de medir. El PP fue con nosotros superexigente en todo —aunque también creo que con los políticos siempre hay que ser muy exigente—, pero ahora resulta que los Gobiernos del PP tienen una especie de relax...

Hablo de todo ello retrospectivamente, porque yo creo que aquella situación que vivimos nos dio mucha cohesión y mucha fuerza. Sobre todo, el liderazgo de Felipe fue muy importante. Sabíamos que, seguramente, todo habría sido distinto. Y sabíamos que teníamos que ser solidarios. Y que esa solidaridad consistía en aguantar..., pero no en decir que todo lo que se hizo, en algunas etapas, se hizo bien.

Notas

[1] Acuerdos del GATT (General Agreement on Tariffs and Trade, Acuerdo General sobre Aranceles Aduaneros y Comercio, 1948). El VII Acuerdo del GATT, llamado Ronda Uruguay, se desarrolló entre 1986 y 1994 y se firmó el 15 de abril de 1994. Se promovió entonces la Organización Mundial de Comercio (OMC).

[2] La Televisión sin Fronteras hace referencia a una directiva comunitaria de 1989, modificada en 1997, sobre la libre circulación de servicios audiovisuales, diversidad cultural, protección de consumidores y de menores, y sobre la producción de programas.

Matilde Fernández

(*Ministra de Asuntos Sociales, 1988-1993*)

El Ministerio de las gentes

FELIPE GONZÁLEZ creó, en 1988, el Ministerio de Asuntos Sociales. Personalmente, creo que hubiera sido más positivo si se hubiese instituido a finales de 1985 o a principios de 1986, cuando se iniciaba la etapa larga de crecimiento económico de la democracia y que nos permitió, a los socialistas, impulsar el Estado moderno que necesitábamos y, especialmente, el Estado de bienestar que anhelábamos los españoles, para sentirnos ya demócratas y europeos.

Fue el Ministerio más pequeño en relación con el conjunto de los «ministerios sociales» pero fue «el Ministerio de las gentes».

Recuerdo que, en una ocasión, vino a verme Jordi Petit, el líder del movimiento de gays y lesbianas más conocido de España, y me dijo: «En tu Departamento os ocupáis de los niños, los jóvenes, las mujeres, los mayores, los discapacitados, los gitanos, los refugiados... pero ¿quién se ocupa de nosotros?». Y yo le contesté: «Bueno, si quieres... el Ministerio de Asuntos Sociales. ¿Cómo os podríamos ayudar?». Y a partir de aquella y otras conversaciones pusimos en marcha la Campaña «Democracia es diferencia. Respetemos las diferencias». Una hermosa campaña de valores y de tolerancia.

En las políticas que yo impulsaba siempre pretendía trasladar valores de respeto, responsabilidad, tolerancia, laicismo, feminismo, progreso y justicia social. Para eso se gobierna también. ¿No es así? Gestionar sólo *bien* no puede ser suficiente para un hombre o una mujer de izquierdas.

El Ministerio de Asuntos Sociales nació para cubrir tres grandes objetivos:

Primero: avanzar en la igualdad de oportunidades y de trato mediante políticas, en general acciones positivas, para mejorar la calidad de vida y el bienestar social de la ciudadanía, colectivo tras colectivo o grupo social tras grupo social.

Permítanme, en todo caso, un paréntesis antes de continuar con la descripción de objetivos.

Cuando se creó el Ministerio de Asuntos Sociales, se acababa de celebrar un congreso del PSOE en el que yo había sido designada para ocupar la Secretaría de la Mujer. Yo misma había liderado el objetivo de que, en nuestro Partido, se aprobase una cuota mínima del 25 por ciento de puestos para la mujer, en todas las listas y cargos políticos, y, con el apoyo de muchas —entre ellas, quien firma este libro—, lo conseguimos.

Muchas personas pensaron que el Ministerio de Asuntos Sociales iba a ser un ministerio dedicado a impulsar las políticas hacia las mujeres casi exclusivamente, pero no fue así.

El Instituto de la Mujer tenía una gran madurez, gracias a Carlota Bustelo y al conjunto de las funcionarias que «militaban como feministas» en su trabajo. Me relajé de esa tarea y me dediqué mucho más a las políticas de igualdad —acciones positivas con otros colectivos o grupos—.

Pero volvamos a los objetivos:

Segundo: desarrollar políticas de protección social hacia aquellos colectivos o grupos sociales afectados por carencias, fuesen éstas económicas, sociales, culturales o de cualquier índole, y desarrollar la universalización de la cuarta política social, la red de servicios sociales básicos con sede en los ayuntamientos.

Este segundo objetivo tenía también que cumplir con el reto de impulsar los servicios sociales específicos de los colectivos y, especialmente, los servicios sociales hacia las personas mayores y las personas con discapacidades.

Tercero: propiciar la participación social, ampliando las posibilidades de control de las políticas públicas y las oportunidades de coparticipación de las ONG en la gestión de algunas políticas sociales.

«COFINANCIACIÓN» Y «COPARTICIPACIÓN»

El Ministerio de Asuntos Sociales nació con tres Institutos, el de la Mujer, el de la Juventud y el Instituto Nacional de Servicios Sociales; una Secretaría General, la del Real Patronato de Prevención y de Atención a las Personas con Minusvalías; dos Direcciones Generales, la de Protección Jurídica del Menor y un órgano responsable de la tutela de organizaciones como Cruz Roja, ONCE, Patronato de Rehabilitación Social de Enfermos de Lepra y también de la tutela del conjunto de las Fundaciones particulares. Años después constituimos la Fundación Luis Vives para «recoger», tutelar y dinamizar las fundaciones que se abandonaban.

Algunas de estas estructuras administrativas procedían, en realidad, de diferentes ministerios y, además, se organizaron otras nuevas, propias del recién estrenado Departamento. Fue la base que nos permitió vivir cinco años de intenso trabajo desbordado de satisfacciones.

Desde 1988 a 1993 se administraron un billón setecientos mil millones de pesetas, pasando de 127.305 millones de pesetas en el Presupuesto de 1988 —el 0,3 por ciento del PIB— a 458.000 millones de pesetas en 1993 —el 0,64 por ciento del PIB.

Fue el Ministerio de la «cofinanciación» y el de la «coparticipación». Me explicaré.

Creamos órganos de participación democrática para que los movimientos sociales adquirieran más protagonismo en la sociedad y para que se convirtieran en «auxiliares de los poderes públicos». La derecha europea —¡y, desde luego, la española!— está planteando un enflaquecimiento del Estado, delegando responsabilidades de políticas sociales en el voluntariado y en las ONG. Nosotros hicimos lo contrario. No queremos un Estado anoréxico. No delegamos ninguna responsabilidad. Hicimos partícipes a las ONG en los proyectos sociales.

Pusimos en marcha la distribución de los recursos que los ciudadanos y ciudadanas españoles destinamos a «otros fines de interés social» a través de la asignación tributaria del 0,52 por ciento del IRPF. En dicha distribución participó una Comisión Consultiva de diecisiete organizaciones no gubernamentales, elegidas entre ellas, para establecer, con nosotros, las prioridades y los programas que gestionarían, desde la dirección y control del Ministerio.

Pretendíamos —y lo conseguimos— consolidar un tejido asociativo plural y democrático capaz de corresponsabilizarse con las Administraciones Públicas en el desarrollo de políticas sociales hacia los colectivos más necesitados. Así creció el número de organizaciones y se crearon equipamientos y servicios-programas que actuaban, desde la cercanía de las ONG y sus voluntarios o trabajadores, en los malestares sociales más persistentes y en las diferentes campañas de información, sensibilización y educación que se llevaban a cabo.

Con esta política profundizamos en la democracia y en una democracia participativa.

Las organizaciones no gubernamentales nunca habían tenido tantos recursos para hacerse también «adultas» y corresponsables.

Las organizaciones de la Iglesia Católica se consideraban las receptoras privilegiadas de estos recursos y, cuando vieron que una parte de los mismos se destinaban a otras políticas y organizaciones —recuérdese que era una decisión que ellas mismas tomaban—, algunas recurrieron a los medios de comunicación conservadores para intentar devaluar algunos proyectos y ONG. Con paciencia y diálogo, la mayoría de las ONG entendieron que había que distribuir recursos entre regiones, colectivos y distintas ONG, e intentar que hubiera más y más fuertes organizaciones sociales trabajando en el país.

El conjunto de recursos para las organizaciones no gubernamentales ascendía a una cantidad que se encontraba entre los veinte y los veinticinco mil millones de pesetas, pero se necesitó de mucho tiempo para el diálogo y para la configuración de protocolos de evaluación y control de estos gastos.

Hoy tenemos un movimiento social con más nervio y musculatura de lo que hubiéramos imaginado en la década de los ochenta.

Fue la época en la que elaboramos un texto «democrático y moderno»: la Ley de Fundaciones. A través de esta legislación fuimos dando pasos para superar la tutela estatal de organizaciones como Cruz Roja y ONCE, avanzando en su autonomía.

A partir de este trabajo, la España democrática contó con un movimiento social —al que hay que seguir exigiéndole democracia interna— semejante al existente en el resto de Europa: corresponsable y copartícipe del desarrollo del Estado de Bienestar.

El Estado de bienestar español

El gasto social en España, en 1977, momento en el que se legaliza a los partidos de izquierdas y a los sindicatos de clase, y año en el que se empieza a consensuar la Constitución Española que configura nuestro Estado Social de Derecho, era del 9,9 por ciento del PIB. Durante la década de los setenta, este porcentaje había ido creciendo lentamente: en 1973 era del 8,6 por ciento y, en 1975, del 9,2 por ciento. Su crecimiento, en cambio, fue significativo durante la década de los ochenta, especialmente en su segunda parte: se consiguió reducir desigualdades, disminuir la pobreza y la dualidad social, y mejorar los niveles medios de renta. En 1990 alcanzamos el 19,9 por ciento del PIB y, en 1993, el 24,7 por ciento.

Desde mediados de los noventa, nuestro porcentaje de PIB dedicado a gasto social ha ido descendiendo año a año. En 1996 era del 21,8 por ciento; en 1999, del 20 por ciento y las previsiones para el 2001 es que sólo alcance el 18,7 por ciento del PIB.

Así, reaparecen viejos y surgen nuevos grupos en riesgo de exclusión social, aumentando las dificultades y también los retos de instituciones cuya razón de ser es, precisamente, evitar esa dualización y contribuir a construir sociedades más igualitarias.

Nuestro modelo de Estado de bienestar no podía ser, a finales de los setenta, como el nórdico o escandinavo —cuyas sociedades se sitúan en la vanguardia de la igualdad y la protección social— porque no podíamos aspirar, entonces, a tener pleno empleo; ni teníamos cultura de alianzas entre clases sociales o de pactos entre partidos políticos, sindicatos y patronales; ni teníamos una Administración descentralizada y, además, no teníamos ni idea de lo que era, en derechos y deberes, la democracia participativa y, así, estaban por crear todos los órganos de participación y por hacer las leyes que los sustentasen.

Era más factible «plagiar» el «modelo centroeuropeo» o «continental», porque se basaba en crecimientos económicos constantes, en economías sanas, para, posteriormente, producir la redistribución de la riqueza. Y ése, a la vez, era nuestro objetivo: crecer por encima de la media europea para recuperar el tiempo perdido, para conseguir, en empleo, un crecimiento de la población, primero de la activa y después de la ocupada, para sanear nuestros sectores productivos —agrícolas, industriales y de servicios— y para desarrollar otros en los que no teníamos presencia.

Desde 1978, el modelo de Estado de bienestar que hemos desarrollado en España —el «modelo del Sur», en palabras de los estudiosos en la materia— se ha basado en la construcción de tres grandes redes de protección:

1. Las políticas sectoriales. Todas ellas tienden a universalizarse en nuestro modelo, porque son derechos sociales de los ciudadanos: la educación, la sanidad, las pensiones, la vivienda, la protección contra el desempleo y los servicios sociales básicos.

2. Las políticas integrales, entendidas como derechos sociales colectivos y configuradas mediante las acciones positivas de los Planes de Igualdad hacia mujeres, jóvenes, infancia, familia, gitanos, inmigrantes, mayores y discapacitados.

3. Las políticas específicas para combatir la marginación, pobreza y exclusión social. Es el caso de los programas para erradicar el chabolismo, los proyectos contra la exclusión social —algunos cofinanciados por Europa—, los planes para hacer frente a los efectos de las drogas y el sida, y los salarios sociales.

EL ESTADO «ANORÉXICO»

Nuestra sociedad profundiza en su desarrollo democrático, crece económicamente, crea empleo e infraestructuras, desarrolla su Estado de bienestar, vertebra sus regiones y municipios, elimina «cuellos de botella», participa de Europa... Pero, si se sigue reduciendo el porcentaje del PIB que se dedica a gasto social, no sólo se deteriorará lo construido hasta ahora, sino que la exclusión de grupos, cada vez más numerosos, se convertirá en un problema. Aún estamos a tiempo de evitarlo. Y si seguimos aceptando que el Estado, los poderes públicos, siga avanzando hacia la «anorexia», veremos cómo la sociedad se dualiza.

Tal vez vivimos un momento en el que hay que presionar para reactualizar un pacto político por el modelo de Estado de bienestar que queremos los españoles. Me refiero a un pacto en el que quede claro el papel y el espacio del Estado, del mercado y de las organizaciones sin fines lucrativos; donde quede claro que hay que acercarse a Europa también en el gasto social para evitar el crecimiento del número de personas en riesgo de exclusión y donde la «lógica democrática» recuerde a los gobernantes —a unos más que a otros— que necesitamos un Estado de bienestar ambicioso (es necesario acercarse ya al modelo nórdico o escandinavo), universalizado (llegando a todos, aunque sea en formas diferentes en algunas políticas), descentralizado (concediendo cada vez más protagonismo a los ayuntamientos, porque son la Administración más cercana a los ciudadanos y puede ser más eficaz), generador de empleo (permitiendo que las infraestructuras y los servicios pesen más que las prestaciones o deducciones monetarias), participativo o consultivo, consensuado, eficaz, mixto (no sólo público, pero sí mayoritariamente público), con recursos humanos cualificados e integrador (basado en la cultura del esfuerzo y exigiendo corresponsabilidad o contrapartidas, pero persiguiendo la inclusión de todos).

Por último, en estas pinceladas sobre nuestro modelo de Estado Social de Derecho, quisiera recordar que algunas políticas —de cuya universalización y cuidadoso desarrollo nos sentimos orgullosos— siguen teniendo retos pendientes para su enraizamiento o perfeccionamiento. Algunos ejemplos servirán: hemos universalizado las pensiones con el desarrollo de la LISMI y de las PNC, pero el Sistema de la Seguridad Social necesita: seguir equiparando condiciones entre los regímenes, desarrollar el Pacto de Toledo, mejorar cuantitativamente las pensiones más bajas, etcétera. Hemos universalizado la Sanidad, pero el sistema de Salud necesita dotarse de más enfermería o cuidadores, debe dedicar más recursos a la prevención y ha de desarrollar el subsistema socio-sanitario ante el fenómeno del envejecimiento. Hemos universalizado la Educación, pero la red de centros para niños de 0 a 3 años y las escuelas infantiles son «invisibles» en el sistema educativo o social públicos; la Formación Profesional, en su adaptación a las demandas del país, tiene pendiente su reforma y las mejoras cualitativas en la Enseñanza, a todos los niveles, se siguen esperando.

Es decir, queda mucho por hacer para que el objetivo de cohesión social, ambiciosamente pensado, esté garantizado en nuestro país.

LA DESIGUALDAD SOCIAL

En una sociedad como la española, las condiciones medias de vida de sus ciudadanos vienen dadas por dos fuentes principales de bienes: la renta —el trabajo— y las prestaciones y equipamientos sociales que reciben del Estado. Para la corrección de las desigualdades, en las modernas economías de mercado, se dispone de otros dos instrumentos: la imposición fiscal basada en la progresividad y la redistribución de la riqueza con los servicios y prestaciones del Estado de bienestar.

Aunque no es motivo de nuestro artículo «contar pobres» ni profundizar en los perfiles y las características de los que son pobres y sus causas, las encuestas europeas (Panel de Hogares de la Unión Europea, PHOGUE) dicen que entre el 14 y el 17 por ciento de la población europea es pobre y que, en España, esta cifra asciende al 19,4 por ciento, siendo sólo superior en Grecia y Portugal. (Estos datos se refieren al año 2000). La pobreza más severa se ha ido reduciendo en España en las dos últimas décadas, pero convivimos con una pobreza severa que afecta a un 4,5 por ciento del conjunto de la población (1.736.800 personas): hemos pasado de un 17 por ciento a un 19,4 por ciento en una década.

La carencia de educación o formación profesional adecuadas, las dificultades de acceso al empleo o la pérdida de éste y la prolongada situación de desempleo, los problemas de salud y los problemas de vivienda acaban formando una red de interacciones insistentes que recaen siempre sobre las mismas personas y grupos. Es incuestionable la relación entre los bajos niveles educativos y la pobreza. Las posibilidades de encontrar trabajo suficientemente remunerado y de mantener un empleo son muy bajas entre las personas que son analfabetas o poseen escasos estudios. El 50 por ciento de los hogares sustentados por una persona analfabeta tienen una situación de pobreza grave o severa.

La sociedad española ha experimentado, en los últimos veinte años, importantes cambios en su estructura productiva y del mercado de trabajo, y también en su estructura demográfica, y, así, hemos visto también que de la radiografía de exclusión social iban desapareciendo las personas mayores con la mejora del sistema de pensiones, iban apareciendo jóvenes con estudios interrumpidos, permanecían las mujeres de mediana edad —precisamente por el escasísimo o nulo acceso al mundo del trabajo— y aparecían otras mujeres jóvenes solas y con cargas familiares y, por supuesto, rostros de inmigrantes procedentes de países en vías de desarrollo.

Ya sabemos que la evolución de la participación de los gastos sociales en el porcentaje del PIB en España, como en Europa, fue creciendo desde la década de los setenta hasta el año 1993 y, a partir de ese año, se inicia una tendencia continuada de decrecimiento. Lo mismo sucede en el concepto de gasto para la inclusión social. En 1998 se dedicaba el 0,4 por ciento del PIB en la Europa de los Quince y, en España, era —y es— el 0,2, como en el Reino Unido, mientras que los países nórdicos dedican el 1 por ciento del PIB.

Después de analizar diferentes estudios, podemos llegar a las siguientes conclusiones:

a) Es necesario abordar la compilación, seguimiento y evaluación de la información sobre las distintas redes de atención social existentes en nuestro país, para posibilitar el necesario diagnóstico de la situación y favorecer una mejor adecuación de las políticas sociales respecto a las necesidades reales. Las competencias transferidas y repartidas entre administraciones —autonómicas y locales mayoritariamente— hacen necesario recabar, sistematizar y difundir la información sobre las diferentes experiencias, al menos, aquellas que han dado buen resultado. En esta materia, es necesaria la creación de un «observatorio» sobre la exclusión y la pobreza que realice encuestas nacionales y coordine, recabe, sistematice y difunda los estudios que se realicen en las Comunidades Autónomas, ayuntamientos y en otras instituciones, con el objetivo de evaluar lo que se hace, conocer las causas, en detalle, que producen cada exclusión e impulsar programas eficaces.

b) Hay que dotar con mayores presupuestos y mayores recursos humanos todas las políticas sociales y, especialmente, aquellas que son preventivas del malestar social.

Sabemos que, pese a la generalización de la enseñanza obligatoria, no se ha erradicado del todo el analfabetismo entre la población joven y, también, en la adulta; el sistema presenta unas tasas elevadas de abandono y fracaso escolar en los niveles obligatorios: es imprescindible incrementar el nivel educativo y fomentar el aprendizaje de oficios en el marco de la Formación Profesional, la Educación de Adultos y los Programas de Garantía Social. Hay que establecer puentes que posibiliten el retorno al sistema educativo a la población en situación o en riesgo de exclusión social por el decisivo papel que la formación juega en la inserción en el «mercado de trabajo».

Sabemos que, como el empleo es el principal instrumento para la integración social, hay que mejorar los mecanismos de inserción sociolaboral y de conexión con los programas de garantía de recursos. Los Planes Nacionales para el Empleo —también los autonómicos— deben hacer «visibles» a estos grupos y emprender los programas que necesitan. Hay que establecer un marco regulador de las empresas de inserción social.

Sabemos que, en el sistema de Salud, hay que trabajar más en la atención a los problemas de salud mental; es necesario propiciar el acceso a fármacos y prestaciones farmacéuticas para las personas sin recursos y es evidente que el subsistema socio-sanitario ha de impulsarse radicalmente.

Sabemos que la vivienda de protección oficial o promoción pública debe impulsarse en las tres Administraciones, no sólo en régimen de propiedad, también en régimen de alquiler. (Piénsese, por ejemplo, en profesiones nómadas y en nuestra minoría étnica y en la llegada de inmigrantes). Hay que potenciar la rehabilitación de viviendas en determinados cascos urbanos para erradicar infraviviendas y es imprescindible generar suelo urbanizable con el fin de promocionar más vivienda social.

Sabemos que deberíamos aspirar a consensuar una norma básica estatal para garantizar un mínimo de homogeneidad en el acceso a los servicios sociales y sus prestaciones generales y específicas; es, por tanto, necesario regular las rentas mínimas evitando la asimetría existente entre las distintas Comunidades Autónomas.

Hay que conseguir un compromiso financiero entre el Estado, las Comunidades Autónomas y las corporaciones locales sobre la base de la necesaria elevación del esfuerzo presupuestario público en las políticas contra la exclusión social, en particular, y para fortalecer el Estado de bienestar, en general.

Nosotros, a medida que desarrollábamos las políticas sociales, éramos conscientes lo que aún quedaba por hacer, hasta que llegó la derecha al Gobierno y... toda política rigurosa quedó abandonada.

Derechos irrenunciables

Fue el Ministerio de la cofinanciación con las otras dos Administraciones para seguir comprometiéndonos con la ciudadanía en el desarrollo de políticas sociales.

Les contaré otra anécdota. El día que nombró Felipe González a su nuevo Gobierno, en 1988, Fernando Abril Martorell nos invitó a comer a los dos nuevos ministros que veníamos de la UGT, José Luis Corcuera y yo misma. Nos conocía porque habíamos coincidido en las concertaciones sindicales con el Gobierno de UCD y en las negociaciones de diferentes expedientes de reconversión industrial. Y nos dio algunos consejos. A mí me dijo que, con los servicios sociales transferidos a las Comunidades Autónomas —por presión de CiU, antes de ser desarrollados y consolidados como derechos a los ciudadanos—, tendría que «gastar» muchas energías en convencer a Comunidades Autónomas y corporaciones locales para que, entre todos, hiciéramos determinadas cosas y que, a cambio, les tendría que transferir más recursos. Acertó: la Red Básica de Servicios Sociales fue un esfuerzo del Ministerio de Asuntos Sociales para que los ayuntamientos dispusieran de profesionales, de equipos multiprofesionales, como en la mayoría de los países de Europa, para atender a los ciudadanos en sus derechos a ser informados y ayudados ante cualquier problema que tuvieran ellos y sus familias. Fue el pacto para que por todo el país se desarrollase una red pública de prestaciones básicas de servicios sociales, incluidos los centros de servicios sociales y los centros de acogida y albergues para alojar a las personas en situación de emergencia. Con esos equipos multiprofesionales se inició una etapa de políticas de prevención, atención e inserción social desde las Comunidades Autónomas y desde las corporaciones locales de todo el país.

Se firmaron con la Federación Española de Municipios y Provincias (FEMP) y con todas las Comunidades Autónomas para universalizar un nuevo derecho social: los servicios sociales básicos municipales. A cambio, se acordó que el Gobierno asumiría la cobertura de una parte de su coste en un margen no inferior al 30 o 35 por ciento.

En el Ministerio «de las gentes» impulsamos políticas y, especialmente, servicios sociales específicos para cada colectivo. Algunas de estas políticas, muy criticadas por la derecha, las han mantenido en esta etapa de gobierno conservador, porque hicimos lo que había que hacer.

¿Recuerdan las políticas hacia los mayores?

Efectivamente, la derecha torció el gesto cuando decidimos cerrar el círculo de la protección con la aprobación de la Ley 26/90, de Prestaciones No Contributivas de la Seguridad Social con las modalidades no contributivas de pensiones de jubilación e invalidez y la protección familiar por hijo a cargo con minusvalía. El objetivo era mejorar las viejas pensiones asistenciales y las de la LISMI para discapacitados, y establecer en España tres niveles de pensiones que tienen pocos países en el mundo: las pensiones no contributivas, las contributivas y las privadas o de ahorro.

A partir de ese año (1990) un español o española que no hubiera cotizado o lo hubiera hecho durante menos de quince años —período necesario para tener acceso al sistema contributivo—, si no tenía recursos, tendría acceso al sistema no contributivo de pensiones: tendría derecho a una pensión. Con el paso de los años, comprobamos que nuestro sistema favoreció a mujeres mayores y a familias de la España rural y a familias con hijos minusválidos con posibilidad o no para emanciparse. Apenas pueden contarse diez países en el mundo que tengan los tres sistemas —no contributivo, contributivo y complementarios— que los socialistas implantamos desde 1990.

Los conservadores nos tacharon de electoralistas y compradores de votos cuando presentamos el programa de vacaciones de la Tercera Edad, primero, y de Termalismo social, después. Tuvimos que contratar a una Auditoría —Price Waterhouse— para constatar que estos dos programas eran positivos incluso desde el punto de vista de la política keynesiana: calidad de vida para nuestros mayores, mantenimiento y creación de empleo estable en el sector turístico en las temporadas bajas, dinamización de la economía y exportación de nuestro Estado del bienestar —se aplicó el programa en Europa y América para los emigrantes españoles—. El dinero que se «dibujaba» en los Presupuestos del Estado para abaratar el viaje y estancia de nuestros mayores acababa «entrando» de nuevo o «no saliendo» de las arcas públicas.

En tercer lugar, se puso en marcha el Plan Gerontológico: la política integral de servicios socio-sanitarios y de calidad de vida hacia el colectivo de personas mayores, cada vez más numeroso y cada día más dinámico y activo.

Las acciones implicaban distintos servicios: ayuda a domicilio, teleasistencia, centros de día, residencias, pisos tutelados, etcétera. El trabajo preparado en aquel lustro es el que hoy se sigue haciendo y el que, mañana, los socialistas tendremos que volver a retomar e impulsar. El proyecto es concluir la universalización o generalización de los servicios sociales para nuestros mayores con ratios similares a los de los países pioneros de Europa.

Y lo mismo podemos decir de los servicios sociales para las personas con discapacidad: centros base, centros residencias, centros ocupacionales, centros especiales de empleo, centros de nuevas tecnologías y de ayuda, técnicas aplicadas a la discapacidad, etcétera. Todos estos programas supusieron un esfuerzo inversor para empezar a eliminar «cuellos de botella» y para dejar claro que la atención a las personas con discapacidad es una responsabilidad del Estado y no sólo de las familias, como lo era hasta que los socialistas empezamos a gobernar.

Si el Ministerio de Asuntos Sociales se dedicó, sobre todo, a poner en marcha la red de servicios sociales generales y las redes de servicios sociales específicos de y para colectivos y lo hicimos priorizando los territorios y zonas con menos recursos y menos empleo, todo ello se llevó a cabo con la conciencia de demostrar que, con política social, también se pueden producir reequilibrios y redistribución de riqueza. Fue la gran tarea del Ministerio de Asuntos Sociales durante los cinco años que yo lo dirigí: construir equipamientos, invertir en aquellas políticas con las que en Europa se había conseguido pleno empleo, además de seguridad real para las personas.

Pero en el Ministerio de Asuntos Sociales cubrimos también otro aspecto importante. Les he hablado de educar en valores, de potenciar el tejido asociativo plural, de establecer el sistema de pensiones no contributivo, de la red de servicios sociales generales y específicos y no quiero terminar este artículo sin expresar el trabajo realizado con los Planes de Igualdad hacia cada colectivo.

NIÑOS, MUJERES, JÓVENES, GITANOS, EMIGRANTES...

Detrás de cada Plan de Igualdad, de cada conjunto de acciones positivas, subyacía la idea de hacer «visibles», protagonistas y sujetos con derechos, a niños, mujeres, jóvenes, gitanos, y otros sectores desfavorecidos.

Al ratificar la Convención de los Derechos de los Niños y Niñas —fuimos uno de los primeros países; hoy aún no la ha ratificado Estados Unidos—, se inició una etapa de modificaciones legales y de propuestas políticas para que los niños dejasen de ser «objetos que se deben proteger» y pasasen a ser «sujetos con derechos», lo que dio paso a un proceso de democratización de las familias y al inicio de inversiones en la red escolar de centros para niños de 0 a 3 años. Fueron los tiempos en los que desarrollamos las figuras de acogimiento y adopción internacional; se revisó la legislación para atender adecuadamente los problemas de mendicidad, malos tratos infantiles, centros de reforma y, también, se llevaron a cabo programas experimentales de intervención y de formación de profesionales.

Los niños dejaron de ser responsabilidad sólo de sus familias para ser ciudadanos de responsabilidad pública. Crujieron tradiciones.

Algo semejante ocurrió con las políticas de igualdad para las mujeres. Dos Planes de Igualdad, planificados, realizados y evaluados junto al resto de los ministerios, sirvieron para eliminar el déficit democrático, el déficit de pensamiento ilustrado o racional y el déficit de políticas sociales y de igualdad para las mujeres. Fueron tiempos de un trabajo muy riguroso destinado a recuperar el «tiempo perdido» por una dictadura, por una sociedad patriarcal y por unos «techos de cristal» que impedía cualquier desarrollo a la mujer.

Las acciones ocuparon desde la adecuación de nuestra legislación al principio de no discriminación —la primera legislatura de Gobierno socialista fue un «repaso" diario a todas las leyes para que el principio de igualdad, artículo 14 de la Constitución, se incorporase en toda norma legal— y al acervo comunitario de igualdad, hasta el cambio de actitudes en la sociedad española, pasando por la interiorización de las acciones positivas, por el desarrollo de servicios y recursos dirigidos específicamente a las mujeres y, especialmente, a las más necesitadas; por el apoyo a las ONG de mujeres; por el diseño y puesta en práctica de estructuras administrativas para las mujeres; por la mejora del acceso al empleo y su promoción en él; por la eliminación del sexismo en la escuela y la universidad, en la educación; por el apoyo en el reparto de responsabilidades familiares y domésticas entre hombres y mujeres; por la difusión de una imagen social de las mujeres acorde con la realidad; por la puesta en marcha de programas específicos de salud; por el apoyo en el acceso a puestos de responsabilidad; por nuestra vinculación a toda tarea internacional de políticas de igualdad; por la lucha contra la violencia y marginación de las mujeres, etcétera, etcétera. Se puso en marcha un cúmulo de recursos humanos, recursos económicos, inversiones, campañas de sensibilización y educación, programas, leyes... Todo ello constituía un proceso de avances hacia una sociedad más igualitaria y más justa también para las mujeres.

La despenalización del aborto concedió, primero a las mujeres y después también a sus parejas, la responsabilidad de esta decisión. Se oyeron crujidos en parte de la sociedad española, pero la hizo avanzar en el respeto a la responsabilidad de las mujeres.

La petición de que los jóvenes y las jóvenes usaran preservativo para evitar embarazos no deseados escandalizó también a algunos, e iniciaron una «cruzada contra impías»; pero, diez años después, la derecha española reconocía que había que hacer lo que nosotros hicimos diez años antes y ellos trataron de boicotear por todos los medios.

Los dos planes de igualdad para la juventud trataron de establecer políticas prioritarias para el acceso al trabajo y a la vivienda de los jóvenes españoles. El programa de jóvenes cooperantes, por otra parte, llevó cada año a jóvenes a trabajar por el mundo en Cooperación y Desarrollo, de mano de nuestro cuerpo diplomático. Y cabe recordar también todos los programas de ocio, tiempo libre, cultura joven y participación de los propios jóvenes en su devenir. Los hicimos protagonistas. Y fueron mis grandes aliados en la campaña «Póntelo, Pónselo».

Pero hubo más: el plan para la integración de la comunidad gitana desde el respeto a sus diferencias. Y los primeros centros y programas para acoger a los refugiados. Y los primeros recursos para las ONG de inmigrantes para impulsar su autoayuda. Y los programas de retorno de españoles emigrantes o la exportación de las pensiones no contributivas a los emigrantes que lo necesitasen, así como de servicios sociales en América Latina, etcétera.

VOLVER A EMPEZAR

Hay algunas políticas que no han evolucionado, desde lo público, en este período de gobierno conservador.

Esto es lo más triste. Que hay que «volver a empezar» para recuperar el ritmo de modernización y expansión de políticas sociales y de igualdad en España. Y es también nuestra esperanza. Recuperar la responsabilidad de gobernar para las gentes.

Julián García Vargas

(Ministro de Sanidad y Consumo, 1986-1991)

Sistema Nacional de Salud: la conquista de un derecho no adquirido

AL ESTRENARSE la democracia, no había en España un sistema sanitario articulado. La Seguridad Social cubría a una mayoría de españoles, los asalariados, con diversos regímenes y una maraña de hospitales propios y concertados, algunos de los cuales figuraban entre los más modernos de Europa y, otros muchos, entre los peores del Continente. La atención primaria estaba muy atrasada y la Seguridad Social coexistía con una maraña de sociedades medicas, igualatorios y mutualidades, que cubrían, además de la beneficencia, a los ciudadanos no asegurados por el sistema contributivo.

Era una situación con desigualdades, contrastes y carencias, sin un diseño coherente.

La Constitución recogió, en su artículo 40, el derecho a la protección de la salud y generó fuertes expectativas ciudadanas. También estableció que las Comunidades Autónomas, especialmente las llamadas «del artículo 151», asumieran la gestión de la asistencia sanitaria. En esas dos disposiciones se prefiguraba un sistema sanitario para todos los españoles, con financiación pública y descentralizado.

Los gobiernos de UCD, agobiados por otros problemas urgentes, no pudieron desarrollar los preceptos constitucionales, más allá de algunas medidas acertadas pero insuficientes (creación de Insalud y del Ministerio de Sanidad, del sistema MIR, y de los servicios de urgencia, la transferencia a Cataluña, en 1982).

En el programa del PSOE de 1982 figuraba la extensión de la cobertura asistencial y la apuesta exclusiva por lo público. El primer titular de sanidad, Ernest Lluch, con oportuno talante moderado, suavizó esa apuesta.

El Ministerio de Sanidad se ocupó también de otras parcelas, y asumió también la administración de Consumo —estaba aún caliente el escándalo del aceite de colza— y en principio tuvo que ocuparse de lo más urgente: agilizar el Insalud, sólido pero paquidérmico, con personal disperso y pluriempleado —muchos sanitarios tenían dos e incluso tres empleos en la misma Seguridad Social—, modernizar la atención primaria, atender a los colectivos no incluidos y crear una administración de protección del consumo.

El equipo del ministro Lluch, capitaneado por el doctor Pedro Sabando y por Francesc Raventós, realizó en los años 1983 y 1984 una tarea muy intensa. En 1984 publicaron el Real Decreto 1.888, que organizó con modernos criterios territoriales —las áreas de salud— toda la atención sanitaria y creó los equipos de atención primaria, integrando diversos tipos de médicos generales que trabajarían en centros de salud.

Era una reforma imprescindible, pero los más conservadores del sector, agrupados en muchos colegios de médicos y alentados por la derecha política, la tildaron de «cubana» y tercermundista. En realidad, la inspiración política tenía su origen en sistemas como el servicio nacional de salud británico, que no es precisamente de raigambre castrista.

Más oposición concitó aún el inicio de la reforma de los hospitales, que concedía mayor relevancia a la enfermería e introducía gerentes profesionales como responsables máximos de los centros. Se asumía, de este modo, la experiencia vigente en los países europeos, pero otra vez los colegios profesionales la combatieron: los médicos entendieron que aquellas reformas se hacían a su costa. Es necesario señalar que muchos de los dirigentes colegiales más combativos llegaron a ser parlamentarios o miembros destacados del PP.

En realidad, lo que se dilucidaba era si España iba a tener un modelo tipo «Servicio Nacional de Salud», con dirección predominantemente pública u otro basado en el sector privado, aunque estuviera apoyado con alguna financiación pública. Estaban en juego, pues, grandes cifras de negocio potencial.

Junto a esas reformas organizativas, se amplió la cobertura a colectivos no protegidos, como los trabajadores autónomos.

También se transfirieron las competencias de Sanidad a Andalucía, en 1984. (Con Cataluña, sumaba más del 30 por ciento de la población española). Así quedo configurado lo que, más adelante, consagró después la Ley General de Sanidad en 1986: un Sistema Nacional de Salud descentralizado en servicios autonómicos y para todos los ciudadanos.

La inclusión en el ámbito asistencial de nuevos colectivos y el estímulo a hacer uso del derecho constitucional supuso un fuerte aumento de la demanda de los ciudadanos en unos años en que la situación económica general no permitía ningún esfuerzo presupuestario en Sanidad. Esto se tradujo más tarde en grandes tensiones.

Las tres grandes leyes de esta legislatura fueron la Ley General de Sanidad, la Ley de los Consumidores y Usuarios y la Ley de Interrupción Voluntaria del Embarazo.

La Ley de los Consumidores fue aprobada por unanimidad en noviembre de 1984. Con ella, España entró en la modernidad en ese terreno: significaba establecer un sistema de protección y garantías asegurado por las administraciones autonómica y local. Esta ley aún permanece vigente y no ha sufrido modificaciones en el tiempo transcurrido.

La Ley General de Sanidad (LGS) se aprobó en junio de 1986. Era una norma ambiciosa, de gran perspectiva moderada y pragmática. Estableció un Sistema Nacional de Salud descentralizado en las Comunidades Autónomas, con un único aseguramiento público, en el que se integraban la totalidad de los recursos públicos y los privados que lo desearan. En definitiva, se trataba de una ley de corte socialdemócrata moderno que defraudó a cierta izquierda partidaria de lo público a ultranza e irritó a la derecha porque alejaba la posibilidad de un sistema privado.

La Ley de Interrupción del Embarazo fue duramente combatida por la derecha. Se aprobó en julio de 1985, pero, previamente, el proyecto había sido objeto de una sentencia del Tribunal Constitucional (abril 1985) que había reducido su enfoque a los tres conocidos supuestos (1). Para muchos sectores fue una gran decepción y la nueva ley apenas se aplicó: en un año se realizaron unas doscientas interrupciones legales.

Mi llegada al Ministerio de Sanidad se produjo en julio de 1986. La tarea era urgente: aplicar las tres leyes impulsadas por Lluch y completar las reformas que había iniciado.

El ambiente estaba caldeado: las mujeres —con toda la razón— estaban enfadadas con la Ley de Interrupción del Embarazo; los médicos, con la ruptura del viejo *statu quo* sin compensaciones retributivas; otros colectivos sanitarios, con la indefinición de su lugar en el nuevo Sistema Nacional de Salud; los pacientes, porque había más enfermos para el mismo número de hospitales —incluso hubo que cerrar algunos centros privados concertados debido a la baja calidad de los mismos—.

La aplicación de la Ley de Interrupción del Embarazo se abordó con un Real Decreto (el 2.409 de 21 de noviembre de 1986, sobre centros acreditados) que amparaba su realización en centros privados y en centros públicos específicos en cada Comunidad Autónoma. El doctor Hernández Gil —subsecretario en el Ministerio—y Carmen Arredondo, desde mi gabinete, hicieron un trabajo tenaz y minucioso. De todos modos, eran soluciones posibilistas que nos dejaron una sensación incómoda, porque no podían satisfacer a casi nadie.

El Gobierno se planteó preparar una nueva ley, tarea aplazada para ver cómo se consolidaba el nuevo Real Decreto. Éste empezó mal, suspendido en su aplicación por el Tribunal Supremo durante varios meses y con varios jueces registrando clínicas y procesando a médicos y a mujeres. Poco a poco, el Real Decreto de centros acreditados fue entendido y aplicado. Se consolidó, no sin sobresaltos, hasta su vigencia actual.

Mientras tanto, las organizaciones de mujeres urgían para ir más lejos y más rápido. Las diputadas socialistas se encargaban de canalizar las exigencias de estos sectores sociales. Por otro lado, el nuncio, monseñor Tagliaferri —con el que llegué a tener una excelente relación— me hablaba de excomunión, y los llamados «grupos pro-vida» se movilizaban en los hospitales públicos para forzar la objeción de conciencia de médicos y enfermeras.

Una exigencia básica de las mujeres, la que se refiere al aborto, se resolvió con una fórmula discreta que ha funcionado bien, pero que se basa en una cierta hipocresía social.

En cuanto a la Ley de los Consumidores, el impuesto a partir de 1986 fue intenso, gracias a la fuerte personalidad de Cejas Braña, verdadero introductor en nuestro país de una concepción moderna de la protección y garantías del consumidor. Él movilizó a las Comunidades Autónomas, a los ayuntamientos, a las asociaciones de consumidores y a los empresarios hasta ver aplicada la ley, no sin encontronazos con sectores poderosos, como la banca.

La Ley General de Sanidad (LGS) empezó a aplicarse de inmediato, en toda su extensión y profundidad. Como no hay ninguna reforma que pueda hacerse sin desgaste, los problemas se multiplicaron: no era fácil aplicar incompatibilidades laborales, integrar hospitales públicos en una red única, transformar la «cultura» de gestión, agrupar cuerpos y colectivos, y negociar sistemas retributivos, todo al mismo tiempo.

A pesar de la gran habilidad negociadora del doctor José Luis Fernández Noriega, jefe del gabinete y después subsecretario, el malestar social respecto a la Sanidad se unió al descontento en otros sectores, como el educativo, y propició una temporada de gran conflictividad. La oposición, que había organizado, en 1985, junto a los colegios médicos y los medios de comunicación afines, una campaña contra la LGS —diseñada por un conocido asesor del señor Aznar—, jaleó tanto como pudo las protestas.

Al frente del conflicto hospitalario surgió un movimiento profesional asambleario. El Gobierno no dudaba que ceder ante este tipo de movimientos podía debilitar las instituciones y, cargados de paciencia, nos enfrentamos a las reivindicaciones con flexibilidad y muchas horas de negociación. No se reaccionó, como ocurre ahora, con autoritarismo y descalificaciones.

Todo se pacificó finalmente y aprendimos una curiosa paradoja: cuando un gobernante no dialoga mucho y no está dispuesto sinceramente a realizar reformas a fondo, no suele tener muchos conflictos. Pero cuando está decidido a afrontar, de verdad, los problemas y es sensible a los argumentos de los afectados, los conflictos pueden agravarse, porque ningún colectivo quiere que sus pretensiones queden para el final del proceso.

Todo podía haberse hecho con más calma, o más despacio, pero no había tiempo. Para complicar más las cosas, apareció con virulencia el problema del sida. Gracias a los doctores Nájera y De Andrés, que aconsejaron medidas rápidas, esa dolorosa pandemia pudo enfocarse de forma progresista, con los colectivos de grupos de prácticas de riesgo, los llamados «colectivos antisida», creados con la ayuda de la doctora Pilar Estébanez.

No obstante, el sida absorbió muchos esfuerzos y originó roces con sectores confesionales, que no comprendían bien la absoluta necesidad de las campañas de los preservativos —recuérdese el «Póntelo, pónselo»—. Luchar contra la discriminación de los afectados exigió varios años de esfuerzo. El sida, con todo su dramatismo, permitió romper muchos tabúes y extender la educación sexual a jóvenes y adultos.

Debe destacarse que, en esos años, la Sanidad no estaba incluida en los grandes debates políticos, pero sí en los diarios y cotidianos. La oposición estaba contra todo, con la diputada Celia Villalobos como ruidoso portavoz.

El presidente González fue, siempre que pudo, generoso con la Sanidad y con la Educación, y, en tanto las circunstancias lo permitieron, ambos ministerios gozaron de cierta bondad presupuestaria. No hacía gala de ello, pero esos dos sectores —clásicos de la política socialdemócrata— recibieron siempre su impulso, aunque no se involucrara en el día a día.

Gracias a ello, a partir de 1987, pudieron abordarse nuevas construcciones de hospitales y centros de salud, y paliarse los problemas retributivos. En la Ley de Presupuestos para 1989, con el apoyo directo del presidente, se tomó una decisión de gran importancia: financiar la Sanidad con impuestos, en lugar de utilizar las cuotas de la Seguridad Social.

Esta medida, no contemplada en la LGS, era necesaria para la autonomía del Sistema Nacional de Salud y para facilitar las transferencias a las Comunidades Autónomas. Éstas se sucedieron con rapidez: País Vasco (1987), Valencia (1987), Navarra (1990) y Galicia (1990) asumieron las competencias en Sanidad. En 1991, más de la mitad del Insalud estaba «transferido».

En 1989 se aprobó el Real Decreto 1.088 de extensión de la cobertura sanitaria, haciéndola prácticamente universal. Al año siguiente se aprobó la Ley del Medicamento; de este modo se ordenaba un sector tradicionalmente confuso y con un peso esencial en el mundo sanitario. El Sistema Nacional de Salud cruzaba, así, el punto de «no retorno».

En 1987 se puso en marcha el Consejo Interterritorial, que sirvió de experiencia para otros sectores. Desde el principio funcionó bien y fue un apoyo para las reformas. Los consejeros de Sanidad estaban estrenando competencias y tenían mucho interés en participar. Fue una sorpresa para algunos miembros del Partido Popular recibir el encargo de redactar un proyecto de orden ministerial sobre una materia de su especialidad. El vicepresidente del Consejo, el doctor Xavier Trías, aportó la experiencia de Cataluña, la autonomía más veterana en este aspecto, y su gran talante personal. El secretario, el doctor Mansilla, hizo una inteligente labor de reparto de responsabilidades.

La diversidad autonómica en organización y medios obligaba a ser flexible y el equipo del Ministerio se esforzaba en aplicar la LGS de forma integradora, para que todas las Comunidades y todos los partidos se sintieran incluidos en el nuevo Sistema Nacional de Salud.

La mayor preocupación era que el nuevo sistema se consolidara y recibiese la adhesión de los ciudadanos y de los profesionales. Aparte de que ninguna reforma puede tener éxito con la hostilidad de los que la deben hacer funcionar, se trataba de alejar el riesgo de que un futuro gobierno conservador pudiese deshacer lo realizado. (De hecho, en 1996 el PP realizó promesas electorales en ese sentido).

Esto produjo algún malentendido con la izquierda del sector y del propio PSOE, partidarios de no contar mucho con la iniciativa privada, la industria farmacéutica, otros partidos o los colegios. En las asociaciones profesionales de médicos se había producido un cambio con la Presidencia de los doctores Ferre y Berguer, que eran personas muy dialogantes, aun sin dejar de defender a los suyos.

En 1990, además de la aplicación de las nuevas leyes, se habían conseguido otros avances, como la implantación del Plan Nacional sobre Drogas, la Organización Nacional de Transplantes o las normas contra el tabaco. Por ejemplo, se incluyeron las primeras normativas europeas contra el tabaco, aprobadas en la Presidencia española de la UE de 1988, que agudizaron la hostilidad hacia el Ministerio de Sanidad de la industria tabaquera y de su cohorte mediática.

Sin embargo, quedaban reformas pendientes muy importantes: la financiación del Sistema Nacional de Salud, la ordenación de sus prestaciones, sobre todo la farmacéutica, la regulación profesional y otras muchas. La primera era la más urgente, porque el Sistema estaba consiguiendo más recursos presupuestarios —el gasto público sanitario sobre el PIB pasó del 4,48 en 1987 al 5,12 por ciento en 1991—, pero necesitaba mejores procedimientos de organización presupuestaria y gasto.

En esos años era muy difícil explicar a los ciudadanos, e incluso a los presidentes autonómicos, que lo complicado no era financiar un nuevo hospital, sino regular y dirigir su funcionamiento posterior, que tiene un coste anual cercano al de construcción.

Había que romper con las desviaciones de gasto, ya que éstas hacían imposible que las Comunidades Autónomas con competencias transferidas de Sanidad pudieran desarrollar una gestión económica seria.

Estas cuestiones técnicas —imprescindibles cuando se gobierna—, no calaban en el sector. La izquierda y la derecha las tachaban de «economicistas» y solían esgrimir el argumento según el cual la salud es tan importante que no debe someterse a la economía. ¡Ojalá pudiera ser así!

Era imposible explicar que el presupuesto era un problema general de todos los sistemas sanitarios públicos de Europa. Esos sistemas, más experimentados que el nuestro, tenían ya entonces graves problemas económicos, y era previsible que las dificultades llegaran a España más pronto que tarde.

Para ordenar ese debate, se pensó que alguien independiente del Gobierno debía clarificar el estado de la cuestión. Así nació, en 1990, la Comisión Abril Martorell, con el encargo de describir los problemas del sector sanitario español, cuál era su situación en comparación con otros países y qué dificultades le esperaban en el futuro.

La comisión entregó su informe en 1991, cuando yo acababa de llegar al Ministerio de Defensa. La clarificación decisiva produjo un cambio cultural en el sector y consolidó las reformas de los años ochenta. Por un lado, se insistía en la necesidad de gestionar con criterios empresariales, poner límites a las prestaciones y contar con la iniciativa privada. Por otro, defendió el Sistema Nacional de Salud, porque garantizaba la cohesión social mejor que cualquier otro sistema y se consideraba que la orientación de la LGS y su aplicación habían sido razonables. Esta defensa supuso una legitimación de lo realizado en la década anterior.

Al final de la misma había muchos defectos en el sistema sanitario, pero ya ningún español tenía que recurrir a una «iguala» privada para ver a un médico general. Un simple indicador pondrá de manifiesto hasta dónde llegó el trabajo: la mortalidad infantil descendió desde 12,4 por ciento en 1980 al 7,6 por ciento en 1990.

En las siguientes legislaturas socialistas, el sistema sanitario siguió mejorando. Hasta que el Partido Popular accedió al poder. Afortunadamente para todos, el partido conservador ha comprendido el arraigo del Sistema Nacional de Salud y ha terminado por hacerlo también suyo.

José Antonio Griñán y Ángeles Amador

(Ministros de Sanidad y Consumo, 1992-1993 y 1993-1996)

La protección de la salud, una doble solidaridad

NO QUEREMOS HACER un balance ni entrar en un análisis exhaustivo de los logros y los fracasos de aquellos años de Gobierno socialista en materia de Sanidad. Creemos que lo mejor es centrarnos en el eje vertebral de nuestra política sanitaria, es decir, en aquello que más profundamente ha arraigado en el sentir de la ciudadanía. Y esto bien se puede resumir en las palabras que empleó Ernest Lluch cuando presentó la Ley General de Sanidad. Era el 11 de junio de 1985, y dijo: «Creo que defender aquí este Proyecto de Ley tiene una razón fundamental, al menos para los socialistas: defender la extensión de la Sanidad a todos los ciudadanos; conseguir, en un Estado democrático, algo que está en el prefacio de la Constitución, que dice que no solamente queremos construir una sociedad democrática, sino que queremos construir una sociedad democrática avanzada, y una de las concreciones de una sociedad democrática avanzada es, a partir de que esta Ley sea aprobada y se ponga en marcha, que todos los ciudadanos de este país tendrán derecho a una sanidad pública».

En efecto, lo más notable de esta puesta en marcha del Sistema Nacional de Salud en los años ochenta fue la conversión de la protección de la salud en un derecho de ciudadanía, al universalizarla mediante la implantación de una doble solidaridad: horizontal, entre sanos y enfermos, y vertical, entre quienes disponen de recursos suficientes y quienes no los tienen. La Sanidad es un buen ejemplo de los beneficios que para el conjunto de la sociedad tiene la intervención del Estado en la protección de la salud y la asistencia sanitaria. La Ley General de Sanidad, al establecer el principio de universalización de las prestaciones sanitarias, proporcionó un marco jurídico a las demandas de la población, pero también responsabilizó al Sistema Nacional de Salud de la tarea de atender, sin excepción, a todos los ciudadanos en sus necesidades y derechos. La efectividad del derecho a la protección de la salud tuvo trascendencia en distintos planos. En primer lugar, en el estrictamente financiero. Si la protección de la salud es un derecho de todos los ciudadanos, la financiación de los servicios públicos sanitarios habría de provenir de la solidaridad universal. Ello condujo a que, paulatinamente, estos servicios dejaran de ser financiados por cotizaciones sociales para serlo por la fiscalidad general. Esta transformación cobró naturaleza legal en los Presupuestos de 1989 y tuvo su definitiva consagración en el Pacto de Toledo de 1995. Un año antes, se había decidido que el gasto sanitario público habría de crecer, cada año, en la misma proporción en que lo hiciera la riqueza nacional, el PIB, dotando así de una imprescindible estabilidad financiera al Sistema Nacional de Salud.

Por otra parte, el nuevo enfoque de la protección de la salud hizo que la Sanidad Pública procediera a una nueva configuración de toda la atención primaria, la más avanzada de las realizadas en el ámbito de la Unión Europea. Promovió la constitución de equipos de profesionales sanitarios y sociosanitarios para atender la salud de los ciudadanos bajo un prisma que incluía la promoción de la salud, la prevención de la enfermedad y la rehabilitación junto a la actividad propiamente asistencial. También se definieron las prestaciones que el sistema garantiza a todos los ciudadanos, dotándolas de respaldo jurídico. Se respondía así a la pregunta: «¿A qué tengo derecho para que mi salud esté protegida?». O lo que es lo mismo: ¿cómo se hace efectivo el derecho a la protección de la salud que la Constitución proclama y la Ley General de Sanidad desarrolla? La ordenación de las prestaciones sanitarias respondió a esas preguntas, enumerando en un catálogo todas las prestaciones que el sistema garantiza y a las que tienen derecho todos los ciudadanos. Contra viento y marea, se consiguió así, por ejemplo, que en España enfermedades tan costosas en su tratamiento como el sida, o procesos extraordinariamente complejos como los trasplantes, fueran accesibles, en las mismas condiciones, para todos los enfermos que los necesitaran.

Todos los indicadores de salud, de equidad, de satisfacción de los pacientes, de gasto público, evolucionaron de forma extraordinariamente positiva a lo largo del período socialista. El informe de Unicef titulado «El progreso de las Naciones» calificaba los avances logrados en España en indicadores de salud como «impresionantes». En mortalidad infantil y esperanza de vida, España ocupaba a principios de los años noventa el quinto lugar entre los países de la OCDE (Organización para la Cooperación y el Desarrollo Económico). Todos los indicadores de salud manifestaban un progreso bien elocuente y la igualdad de acceso a los servicios y prestaciones sanitarias se había convertido en una condición de ciudadanía. El aprecio público al Sistema Nacional de Salud se expresaba en todas las encuestas. Y así como durante la transición democrática una mayoría abrumadora de españoles expresaba la necesidad de mejorar el sistema sanitario —los antiguos ambulatorios eran los servicios menos valorados por la población—, a partir de 1991 las encuestas del Centro de Investigaciones Sociológicas registraban una alta valoración y aprecio del Sistema Nacional de Salud, en general, y de la red de Atención Primaria, muy en particular. Los nuevos Centros de Salud, que sustituyeron a los antiguos ambulatorios, eran la asistencia más valorada.

Cuando el ministro Lluch presentó en las Cortes la Ley General de Sanidad, todas las fuerzas políticas de la oposición presentaron enmiendas de devolución y lo criticaron abiertamente. Decididamente, el Sistema Nacional de Salud no era el modelo ni de los populares ni de los nacionalistas. Sin embargo, el tiempo, como en tantas cosas, ha vuelto a cumplir su palabra y ha puesto a cada uno en su sitio. O, mejor dicho, ha hecho que los que entonces censuraron abiertamente este modelo hayan cambiado de lugar, para resignar sus posiciones y venirse a aquellas, las nuestras, que el paso de los años ha demostrado como las más adecuadas para hacer efectivo el derecho a la protección de la salud de todos los ciudadanos. Ahora, el Parlamento español ha establecido un amplio consenso sobre una Ley propuesta por la ministra del PP, Ana Pastor, que viene a convalidar aquella Ley General de Sanidad. Todas las voces actuales están diciéndole a Ernest Lluch que, de entre todas las razones que se esgrimieron en el debate de 1985, la suya era la mejor y más convincente. Como él se encargó de proclamar al presentarla, con aquella ley se daba un paso fundamental para la construcción de una sociedad avanzada.

Naturalmente, no todo se hizo bien a lo largo de los años de Gobierno socialista. No se alcanzaron completamente los objetivos pretendidos. Los mejores médicos, enfermeros y el conjunto de profesionales sanitarios no se sintieron, las más de las veces, cómodos en las instituciones sanitarias. Los mismos que hicieron posible la excelencia de la atención sanitaria pública no siempre vieron reconocida adecuadamente su dedicación exclusiva al sistema público. La reforma organizativa que debía dar respuesta inmediata a un ciudadano cada vez más informado, más exigente porque es más consciente de sus derechos, no se culminó. La rigidez administrativa, la burocracia, la larga sombra de aquella organización mastodóntica, centralista y autoritaria heredada, dificultó, hasta impedirla, la reforma necesaria y dejó el campo abonado a quienes, bajo el pretexto de la modernización, trataron de iniciar un cambio de modelo en el sistema. La reforma de la atención a los problemas de salud mental, incompleta, desplazó a las familias una responsabilidad que no les correspondía. Y, sobre todo, no se abordó en toda su dimensión el cambio de orientación de los servicios que está exigiendo el envejecimiento de la población española y el actual predominio de las enfermedades crónicas. Una mayor atención del sistema a estos problemas y una dedicación más intensa de los servicios sociales a los problemas de la dependencia son ya imprescindibles no sólo para proteger efectivamente la salud, sino, además, para una política de familia basada en la igualdad.

Una sociedad se construye con intangibles. Su bienestar depende de las viviendas, las carreteras y comunicaciones, las escuelas y universidades, los centros de salud y los hospitales. Pero su estatura moral, el oxígeno que la hace habitable, proviene de bienes inmateriales como la libertad, la igualdad, la educación, la solidaridad y el respeto. A un Gobierno se le ha de exigir lo primero, pero se le debe juzgar por lo segundo. No somos nosotros quienes debemos hacer el juicio de estos casi catorce años de política sanitaria socialista ni creo que se nos haya pedido que lo hagamos. Tampoco, sin embargo, queremos permanecer impasibles ante quienes, desde hace unos años, tratan de derogar la realidad con la propaganda y se han empeñado en reescribir nuestra historia mojando la pluma en la tinta del rencor, la ocultación y las inexactitudes.

No es fácil, en cualquier caso, medir el avance real de una sociedad. Los indicadores más extendidos para hacerlo ponen la atención, como por otra parte es lógico, en datos que se pueden medir cuantitativamente. Hay, sin embargo, otros aspectos, también reales aunque menos tangibles, que nos ayudan, a veces con mayor exactitud, a percibir el nivel de satisfacción o de descontento de los ciudadanos. En el mundo sanitario se han hecho muchos estudios de esta naturaleza y la mayoría de ellos arrojan un balance positivo. También los análisis internacionales nos son favorables en este campo. Naciones Unidas va más lejos y trata de medir el grado de bienestar de la población mundial. Para ello, valora periódicamente el grado de desarrollo humano de los diferentes países del mundo. Al hacerlo, emplea indicadores estrictamente económicos, pero también datos que reflejan la situación sociosanitaria, educativa, cultural y de desigualdad social de cada país. Los resultados de estos estudios suelen pasar bastante desapercibidos, tal vez debido a esa especie de colonización intelectual a que estamos sometidos por quienes creen que la desigualdad puede ser un tema de análisis desde las disciplinas morales, pero resulta irrelevante para la ciencia económica. En cualquier caso, los resultados de este informe de Naciones Unidas nos van a servir de apoyo para dar consistencia a una opinión, la nuestra, sobre la política de cohesión social llevada a cabo por los Gobiernos socialistas: nuestro país ocupaba, en 1995, el noveno lugar de esta clasificación de la ONU. Siete años después, en la clasificación de 2002, estamos situados en la posición número 21.

Fernando Ledesma

(Ministro de Justicia, 1982-1988)

Democracia, justicia y pedagogía política

FELIPE GONZÁLEZ me llamó, muy poco tiempo después de las elecciones de octubre de 1982, para ofrecerme ser ministro de Justicia. La verdad es que mi primera reacción fue decirle que no me sentía con la capacidad suficiente para asumir esa responsabilidad, que se lo pensara y que, en todo caso, me concediera también a mí algún tiempo para pensármelo; no mucho, sólo un poco de tiempo. Finalmente, acepté las responsabilidades del Ministerio, que no eran pocas.

Por una parte, el presidente era consciente de que era imprescindible proceder con el desarrollo de la Constitución en todo lo que se refería a la organización del poder judicial; por otra parte, yo creo que también era consciente de la necesidad de desarrollar los derechos fundamentales y las garantías jurídicas en general de los ciudadanos, que, en parte, se habían abordado durante los años de Gobierno de UCD, aunque sólo en una pequeña parte. También teníamos una seria preocupación por que los servicios dependientes del Ministerio de Justicia funcionaran mejor. Es decir, era importante no tratar la Justicia como poder judicial, sino como servicio para los ciudadanos. Al presidente también le preocupaban las instituciones penitenciarias, que estaban necesitadas de una renovación profunda tanto en su concepción como en sus estructuras materiales. Éstas fueron algunas de las cuestiones que, en una primera conversación, me planteó Felipe González.

Naturalmente, lo primero que hice después de aquella conversación fue tratar de buscar las personas con las que yo pudiera hacer ese inmenso trabajo que se me venía encima. Porque lo que estaba en juego, en realidad, era el proceso de modernización del Estado, de configuración del poder judicial como entidad que realmente sirviera para controlar al poder político y que, al mismo tiempo, también garantizara los derechos y libertades de los ciudadanos. Y para realizar esa tarea busqué un equipo de personas que reunieran una serie de condiciones: en primer lugar, buscaba personas con una impecable trayectoria democrática, que hubieran tenido una actitud de enfrentamiento respecto al franquismo; que en sus respectivas profesiones fueran personas de prestigio por su capacidad intelectual y por su mérito profesional; que tuvieran vocación de servicio público, que comprendieran que el servicio a los ciudadanos era una necesidad absoluta; que comprendieran que la austeridad era un valor personal, y que el paso por la política únicamente podía entenderse como una actividad de servicio, sin que en ningún caso ni bajo ningún concepto pudiera aprovecharse para nada distinto. Y la verdad es que creo que encontré ese tipo de personas, empezando por una de las piezas claves de ese equipo: el fiscal general del Estado, Luis Burón. Yo creo que Luis Burón fue un fantástico fiscal que cumplió con sus obligaciones con absoluta autonomía. Me alegra decir además que, en el libro que recoge sus memorias como fiscal general del Estado, y sus distintas intervenciones, reconoce explícitamente, terminantemente, la libertad con que siempre actuó y la autonomía de que siempre gozó. Es decir, el fiscal general del Estado, en aquella etapa, ejerció su función en términos de absoluta autonomía y esta circunstancia fue una pieza clave. Busqué al resto de las personas en el seno de la magistratura, de la cátedra, de la teología, de la diplomacia... Desde un primer momento, nos pusimos a trabajar, no cabe duda, utilizando materiales que habían sido elaborados por el Gobierno de UCD desde tiempo antes de la celebración de las elecciones —es justo reconocerlo—.

Yo conocía bien el mundo de la Justicia, porque procedía de ese ámbito, en el que había trabajado desde el año 1966: fui fiscal durante casi siete años y, después, magistrado. Durante ese tiempo, además, mantuve una actividad universitaria como profesor y había padecido la persecución del franquismo en los años anteriores a la Constitución de 1978. De modo que el mundo de la Justicia me resultaba muy conocido y era perfectamente consciente de hasta qué punto, en esos años anteriores a la Constitución, la Justicia se encontraba en una situación de completa dependencia del poder ejecutivo. En ese período preconstitucional, todos los nombramientos importantes procedían del Gobierno, del ministro de Justicia o del Consejo Judicial, que era un organismo compuesto en función de los valores, los intereses y el criterio político de quienes estaban en el poder. Por tanto, era perfectamente consciente de que una Justicia organizada así no podía servir para aquello para lo que todos los poderes judiciales democráticos deben servir, esto es, para el control de los poderes, no solamente el poder político, sino los tres poderes, legislativo, ejecutivo y judicial, y para la garantía de los derechos y de las libertades públicas. El conocimiento de que ésa era la realidad me hizo concebir cuáles serían entonces, en materia de Justicia, mis prioridades.

La prioridad fundamental era, a través de la Ley Orgánica del Poder Judicial, hacer funcionar el principio democrático también en el ámbito de la Justicia, y para conseguirlo había que ser consciente de que el Consejo General del Poder Judicial, en cuanto a órgano de gobierno de los jueces, debía tener una configuración democrática. Y, por consiguiente, no me parecía una solución válida la que había dado UCD en su ley de 1980, porque los miembros del Consejo se elegían en función de intereses corporativos, y no de valores democráticos. Por eso impulsé una reforma de aquella ley, básicamente con ese objetivo: incardinar el principio democrático en el órgano de gobierno del poder judicial, atribuyendo por ello a las Cámaras del Parlamento, Congreso y Senado el poder de decidir la composición del Consejo, siempre cumpliendo el requisito establecido en la Constitución: que, en todo caso, doce de los veinte miembros tenían que ser jueces y magistrados. De manera que, para el Gobierno, ése fue el primer gran objetivo, en el ámbito de la Justicia, entendida como uno de los poderes fundamentales del Estado.

El presidente y yo —y creo que, en general, el Gobierno en su conjunto— éramos conscientes de que ésta era una transformación profunda que iba a contar con las resistencias que efectivamente tuvo. Pero era una medida absolutamente imprescindible porque, de no hacerlo en ese momento, es decir, de consolidar la situación derivada de los años de Gobierno de UCD, desde luego, uno de los tres poderes del Estado, el judicial, habría permanecido al margen de las exigencias constitucionales. El presidente era muy consciente de que ésa era una necesidad prioritaria, pero también sabía que llevarla a cabo sería un trabajo ímprobo y muy difícil, y que iba a encontrar muchas resistencias. La verdad es que las resistencias fueron constantes e, incluso después de la reforma de 1985, siempre se intentó una descalificación permanente del Consejo, atribuyéndole todos los defectos imaginables, porque, naturalmente, el Consejo elegido por el Parlamento no respondía ni a los esquemas, ni a los valores ni a las previsiones que, desde un planteamiento ideológico de la derecha, se habían hecho.

Yo creo que todos éramos conscientes de que el poder judicial acaba teniendo una repercusión inmensa en todas las sociedades. Es decir, un poder judicial puede acelerar o, por el contrario, retrasar, las transformaciones de la sociedad, puede facilitarlas o dificultarlas, puede favorecer la modernización de un país o, por el contrario, puede entorpecerla. Y, desde luego, las reformas que nosotros hicimos entonces sirvieron para organizar un poder judicial absolutamente independiente en su funcionamiento, compuesto de jueces que dispusieran de absoluta libertad, únicamente sometidos al criterio de la Ley, servidores de la Ley y con un órgano de gobierno organizado desde las exigencias de la democracia.

A pesar de las resistencias, la verdad, debo reconocer que yo me moví con bastante libertad. Pero sentí siempre sobre mí la presión que se ejercía desde el seno de la estructura judicial. Y, desde fuera, la presencia en las Cámaras del Parlamento fue constante. Me impuse la obligación de explicar lo que estábamos haciendo en toda España: recorrí todo el país, fui a innumerables lugares, a instituciones universitarias, culturales, a centros de toda condición, explicando qué hacíamos, por qué lo hacíamos y para qué lo hacíamos.

Quiero que quede claro que el apoyo que tuve en el Grupo Parlamentario del Congreso y del Senado, de los diputados y senadores socialistas, fue constante, mantenido, enormemente alentador. Las relaciones del Ministerio con los grupos de ambas Cámaras fueron también constantes. Todo lo que hacíamos no lo hacíamos a solas en el Ministerio, sino que la comunicación con los dos grupos parlamentarios fue, como decía antes, permanente. Eso me proporcionaba, aparte de inspiración, ideas, sugerencias y apoyo, una enorme tranquilidad.

Y, sobre todo, lo que más tranquilidad me producía era comprobar constantemente cómo cada vez teníamos más apoyo en la sociedad. Es decir, sintonizábamos con la opinión popular: la inmensa mayoría de la gente captaba y entendía nuestro proyecto cuando explicábamos qué es lo que queríamos hacer: crear una Justicia servidora de la Ley democrática, independiente y responsable, en la que la independencia no se confundiera nunca con la irresponsabilidad. Nosotros entendíamos este esfuerzo como un mensaje de pedagogía política.

Desde que ingresé en la estructura judicial, en 1965, traté de actuar en distintos ámbitos: fui uno de los fundadores de Justicia Democrática —yo era una de las pocas personas que promovía el asociacionismo en el ámbito judicial—, daba conferencias, escribía... Todo el mundo conocía mi oposición radical al franquismo y mi lucha personal por conseguir establecer un sistema democrático. Quiero decir que yo era perfectamente conocido cuando Felipe González me nombró ministro de Justicia. Por lo tanto, yo creo que nadie podía esperar que hiciera una cosa distinta de lo que hice. He buscado siempre en mi vida la congruencia, es decir, hacer exactamente lo que pienso que hay que hacer. A lo mejor los ritmos dependen de las circunstancias, pero el objetivo esta ahí y hay que alcanzarlo. Yo creo que nadie podía pensar que yo iba a hacer una cosa distinta que introducir en el poder judicial todas aquellas transformaciones necesarias para que se organizara de acuerdo con exigencias democráticas; un poder judicial que potenciara su aspecto de servicio para los ciudadanos. Y el sometimiento riguroso y absoluto a la ley. Creo que ninguno de mis compañeros de carrera podía pensar que yo fuera a actuar de otro modo.

Mi relación personal con mis compañeros de carrera nunca fue áspera. Las relaciones interpersonales también se producen en el mundo de la Justicia. Hay respeto; estamos acostumbrados a discrepar, en las deliberaciones discrepamos habitualmente unos de otros hasta que se logra la voluntad de una mayoría con la que se decide el asunto. Quiero decir, con esto, que yo encontré, en una buena parte de mis compañeros de profesión más conservadores, respeto, consideración y, por supuesto, discrepancia absoluta, pero no confusión, al menos en el sentido de que ellos pudieran esperar que los objetivos de mi función ministerial pudieran responder a otros esquemas. Creo que no. Desde luego, desde el primer momento, tuve la impresión de que consideraban esas reformas como algo transitorio y que, en cuanto fuera posible, se impondría de nuevo el corporativismo. La estructura judicial se propondría recuperar el poder que esa reforma le había hecho perder.

Han pasado muchos años y, desgraciadamente, la memoria va perdiéndose... Pero no recuerdo, la verdad, situaciones que fueran distintas de lo que es un enfrentamiento ideológico o un enfrentamiento de concepción. Nunca sentí presiones de los poderes fácticos dentro de la Justicia, indicándome que fuera por uno u otro camino, advirtiéndome de determinadas consecuencias si tomaba según qué decisiones, o cosas de ese tipo... No creo que esa ausencia de presiones se debiera a un exceso de confianza, sino, más bien, a que tampoco era fácil que eso se produjese. Hay que tener en cuenta que toda la reforma se hizo con un amplio debate; y, por otra parte, el que pudieran estar en contra desde dentro de la judicatura, se compensaba con que, al mismo tiempo, había un proceso de necesario «autoconvencimiento» ante la seguridad de que la opinión pública apoyaba las reformas. Es decir, la reacción, la contrarreforma y la vuelta a lo corporativo lo dejaban para un momento en que las condiciones políticas fueran más favorables... para ellos.

En aquel entonces, por supuesto —esto hay que recordarlo—, desde el Consejo General del Poder Judicial, se hicieron todos los intentos legalmente posibles ante el Tribunal Constitucional para echar abajo la Ley del Poder Judicial. Es decir, el Consejo General de entonces, presidido por quien lo presidía, Federico Carlos Sáinz de Robles, ejercitó todas las acciones posibles para que el Tribunal Constitucional rechazara esa Ley.

Federico Robles y yo habíamos estado dos años juntos en el Consejo General del Poder Judicial. Nos conocíamos desde tiempo atrás. Había entre nosotros, por lo tanto, una relación personal. Pero, en aquel momento, desde el Consejo, él lideró todas las iniciativas ante el Tribunal Constitucional para derribar nuestra reforma. Y fracasó, porque el Tribunal Constitucional nos dio la razón: rechazó la tesis que defendía el Consejo, según la cual el Consejo General del Poder Judicial debía ser un órgano de autogobierno de los jueces. La sentencia del Tribunal Constitucional liquidó definitivamente las posibilidades que ellos creían tener de poder demostrar que la reforma era contraria a las previsiones de la Constitución. El Tribunal Constitucional nos dio la razón a nosotros. Y aprovecho la ocasión para confirmar que en una gestión integrada por un número importante de leyes, muchas de ellas pasaron por ese control de constitucionalidad de las leyes, y el balance no puede ser más favorable para la gestión, porque las reformas que fue necesario introducir en esas leyes como consecuencia de sentencias del Constitucional fueron mínimas. Dicho de otra manera: el Constitucional avaló la constitucionalidad de las reformas que hicimos. La seguridad que me proporcionaba ver que, efectivamente, el Tribunal Constitucional avalaba nuestras reformas, unida a lo que antes recordaba, el sentimiento de apoyo del Grupo Parlamentario en las Cámaras y el apoyo popular cada vez que recorría España, contribuyó también a mi estabilidad personal, a mi tranquilidad personal. Me permitió ser capaz de resistir los ataques que hubo en aquellos momentos procedentes de la carrera judicial. No obstante, nunca se perdieron las formas: siempre hubo una relación correcta y yo hice siempre todo lo posible para que las diferencias ideológicas no produjesen ninguna animadversión personal. Es decir, yo tengo amigos, compañeros de las funciones fiscales, con ideas completamente distintas a las mías. Porque me parece que es perfectamente posible la amistad en esos casos, con tal de que las dos partes hagan un mínimo de esfuerzo para convivir.

Yo creo que, fundamentalmente, las presiones procedían de la asociación personal entre los jueces de pensamiento más conservador. Desde luego, utilizaron todos los instrumentos que pudieran tener a su alcance. La verdad es que, en general, todo lo que hicimos en aquel Ministerio fue objeto de un gran debate social. Los medios de comunicación estaban atentos a cualquier cosa que nosotros dijéramos, a todo lo que hacíamos, sin duda porque casi todo lo que se hacía en aquel Ministerio tenía que ver con aspectos muy significativos de la convivencia social. Los medios de comunicación desempeñaron un gran papel en ese debate, un papel que yo creo muy importante y que yo trataba de equilibrar con mi actividad explicativa o con mi presencia constante en las Cortes. Pero, quizás ya ocurría entonces, lo que se decía en las Cámaras no llegaba a la opinión pública con la rapidez y la facilidad que serían deseables.

También me propuse acabar con los vicios adquiridos, las perversiones y el mal uso de la Justicia que existían entonces en la Administración Judicial. Y ése es uno de los logros de los que me siento más orgulloso. Fue una tarea muy dura, realizada a través de una reforma reglamentaria que eliminaba el amparo legal a ese tipo de actuaciones en el ámbito de la Justicia. Si entrar en detalles, recuerdo que, en una ocasión, fui a un Palacio de Justicia y allí recibí la bronca de algunas personas que se iban a ver afectadas por esa reforma. Pero yo creía que aquello era necesario hacerlo y conseguimos que desapareciera.

Y, poco a poco, se fue creando una conciencia de que aquella reforma era necesaria. Lo que hicimos fue una descalificación legal absoluta de todos los comportamientos que supusieran un mal uso de la Justicia. Y para aplicar la reforma encontramos apoyo en los funcionarios judiciales, pero no sólo en ellos, también conseguimos que otras profesiones liberales se unieran a esa batalla. Y debo reconocer que encontré, en personas que presidían algunas instituciones, una gran ayuda para subir esa montaña. Me da mucho pudor hablar de estas cosas, porque es como un *striptease* al que no soy nada propicio, de verdad. Pero aquella fue una lucha en la que había muchos intereses económicos, y hubo que hacer reformas legales a sabiendas de que iban a tener el rechazo de sectores que entonces eran muy poderosos. Pero las hicimos y ahora eso ya se considera como algo absolutamente normal. La reacción sonaba un poco a chantaje. Quienes conocen el funcionamiento del sistema judicial saben que las leyes procesales son antiguas, son vetustas y que los obstáculos se superan en la práctica gracias a determinados procedimientos. Y los que estaban en contra de la reforma amenazaban con poner fin a esos procedimientos, y nos decían: «Esta maquinaria se para, y se parará, y le advertimos a usted que se va a parar, y usted, sufra, aténgase a las consecuencias». Nosotros asumimos ese riesgo y la máquina no se paró, y el problema se resolvió.

Yo, interiormente, me sentía fuerte ante las presiones. Tenía la conciencia de que la vida me había colocado en una posición en la que no iba a volver a estar, que tenía la obligación moral, ética, de ser congruente, de hacer las cosas que yo creía que era necesario hacer, o que hacía mucho tiempo que yo creía que era necesario hacer. Porque la crítica, es decir, la descalificación de la Justicia como consecuencia de estas disfunciones, era histórica. Yo sabía, incluso antes de ser ministro, que había que hacer las cosas precisas para poner fin a esa situación. Y, naturalmente, siendo ministro, me parecía que era mi deber, mi obligación y mi responsabilidad hacerlas. Yo estaba ahí, entre otras cosas, para hacerlas, y si dejaba de hacerlas, habría quemado infructuosamente una etapa esencial de mi vida y de mi responsabilidad personal como miembro de un Gobierno. Pensaba que si Felipe González me había nombrado ministro era, entre otras cosas, para hacer aquello también; y, por tanto, sería defraudar las esperanzas de la sociedad española, del Partido que había ganado las elecciones y del Gobierno al que yo pertenecía no hacer todo aquello que a mí me parecía necesario hacer. Y ésta era una tarea imprescindible, prioritaria, que se hizo y se ganó. Y, desde entonces, es ya una verdadera excepción hablar de aquellas conductas irregulares en la Administración Judicial: eso ha desaparecido.

Si en ningún momento me sentí desbordado por la enorme tarea que nos habíamos propuesto hacer, probablemente fue porque tuve un espléndido equipo. Me acostumbré a trabajar en equipo: despachaba con mucha frecuencia con el subsecretario y todas las semanas los directores generales me rendían cuentas. Eso me permitía estar muy encima de sus trabajos; yo sabía qué era lo que se estaba haciendo y, por tanto, podía ir midiendo los avances, los frenos... En aquellos años, al frente de la Dirección General estaba una persona espléndida, Paco Mate; con él se hizo la Reforma Magistral, que inicialmente encontró también resistencias. Pero esas resistencias eran porque las reformas suponían un incremento notable del número de competidores. Pero lo expliqué, hablando con los presidentes de los colegios profesionales y con los decanos, que lo entendieron muy bien y comprendieron que era mejor colaborar. La notaría era y es una actividad económicamente muy bien retribuida, aunque inmediatamente después de decir eso, hay que afirmar dos cosas: que es una actividad muy importante y que, en general, desde un punto de vista cualitativo, se presta en términos muy positivos. La calidad de ese servicio, en general, es buena, aunque, efectivamente, su costo es alto.

No sé si se puede calificar como «revolución» las reformas que hicimos en la Justicia, pero, desde luego, fueron transformaciones muy grandes. Han pasado menos de veinte años de esas transformaciones —por ejemplo, de la despenalización de la interrupción del embarazo en determinados supuestos— y quienes entonces las descalificaban, hoy las aceptan como algo perfectamente asumible y propio de las soluciones que a esos problemas dan las sociedades democráticas.

Siempre he pensado que la izquierda tiene el deber de acelerar los cambios, de anticiparse, de comprender el sentido de los tiempos y de ser consciente de que los pueblos únicamente pueden hacer esos cambios en tiempos de gobiernos de pensamiento progresista. Yo no voy a hablar de cuál es mi sentimiento desde el punto de vista religioso, porque eso pertenece a mi ámbito personal, pero yo siempre he dado más importancia a los valores de la laicidad, a lo que los franceses llaman «valores republicanos», es decir, al derecho de la persona por el hecho de ser persona; y he dado importancia al valor de la tolerancia, a la convivencia pacífica desde la discrepancia. Cuando asumí el cargo de ministro pensé, y sigo pensando, que el hecho religioso no podía ser nada que representara diferencias de oportunidades. Creo que la distinción entre religión y política, es decir, el reconocimiento de la igualdad de oportunidades al margen del círculo religioso, es algo que tiene que garantizar el Estado. España no es un Estado confesional; en España la Constitución establece la libertad de culto y la posibilidad de establecer convenios con las diferentes confesiones religiosas, pero desde la afirmación de la no confesionalidad del Estado y desde la afirmación de la libertad personal y de la libertad religiosa.

Si dimos prioridad a una ley tan polémica como la reforma para despenalizar la interrupción del embarazo en algunos supuestos —la promulgamos cuando apenas llevábamos un año en el Gobierno—, fue porque éramos conscientes de que había un problema irresuelto. Es decir, había que acabar con la persecución de las personas, mujeres y hombres, que tenían que intervenir en esa interrupción del embarazo. La persecución nos parecía algo que no podía consentirse. La penalización de todas las formas de interrupción del embarazo nos parecía contraria a los valores más propios de la Constitución.

He de decir que antes incluso de las elecciones de 1982, algunas personas habíamos colaborado con el Grupo Socialista, entonces en la oposición, en la preparación de una reforma del Código Penal. Durante varios días, distintas personas estuvimos dando nuestras opiniones acerca de la necesidad de hacer un nuevo Código Penal. Yo participé en aquellas jornadas, y ahí ya era unánime la opinión de que una de las reformas que había que introducir en el Código Penal era precisamente ésa: la despenalización de la interrupción voluntaria del embarazo en determinados supuestos. Por lo tanto, ya había en el pensamiento socialdemócrata y, concretamente, dentro del Grupo Parlamentario Socialista, entonces en la oposición, la idea de que ésa era una reforma imprescindible que había que realizar en cuanto se tuviera la oportunidad. Se ganaron las elecciones en 1982 y se puso en marcha una reforma del Código Penal, importantísima en todos los sentidos, de la cual se desgajó, como una ley separada, la despenalización de la interrupción del embarazo, para que fuera objeto de un debate y un trámite distinto. Contábamos además con la seguridad que nos daba el conocimiento del estado de la realidad; es decir, no estábamos inventándonos nada, no estábamos inventándonos una necesidad, no transformamos algo secundario en primario. Éramos perfectamente conscientes, por los muchos estudios que se venían realizando, por encuestas que se venían analizando desde tiempo atrás, de que ésa era una reforma esperada por la mayoría de la sociedad española. Precisamente, los ciudadanos hacían hincapié en esos tres supuestos en los que se producía la despenalización. Los estudios que entonces hicimos no permitían llegar a la misma conclusión respecto de un cuarto supuesto, pero respecto de esos tres supuestos que se incluyeron en la Ley, sí había un consenso inconfundible.

Naturalmente, éramos conscientes de que iba a tener lugar una negociación como la que efectivamente se produjo. Yo no recuerdo nunca un debate en las Cámaras tan agresivo y con tantas descalificaciones. En aquel debate me impliqué mucho, tanto en el Congreso como en el Senado. Probablemente son las intervenciones más largas que yo he tenido en las Cámaras. Y siempre con el respaldo de todo el Grupo Parlamentario, de todo el Gobierno y, también, con ayuda del Ministerio de Sanidad.

Pero había otro factor que también contribuía a mi tranquilidad y a mi estabilidad: era consciente de lo que se estaba haciendo. Aunque visto desde la derecha era algo intolerable, yo sabía qué había ocurrido en Francia, qué ocurrió en Italia, qué ocurría en Inglaterra, y estaba firmemente convencido de que esa reforma no sería anulada nunca. Puede parecer pretencioso, pero al cabo de los años me parecía que era algo completamente asumible: tal vez sería muy exagerado decir que esa reforma pertenecía a la naturaleza de las cosas, pero no lo es afirmar que era algo perfectamente esperable en una sociedad democrática a la altura del año 1983. En el mundo, el aborto ya no producía ningún escándalo y otras mujeres, otros hombres y otras sociedades como la nuestra lo tenían perfectamente asumido. Yo, que normalmente suelo evitar el apasionamiento en el planteamiento de los problemas, pude afrontar aquel debate con bastante tranquilidad por el convencimiento que tenía de que era algo irreprochable constitucionalmente. Por eso, cuando conocí la sentencia del Tribunal Constitucional avalando la reforma, experimenté una enorme tranquilidad, la verdad, porque el Tribunal Constitucional podría haber sido un obstáculo. Pero aparte de esta dimensión jurídico-constitucional, sabía que la mayoría de la sociedad española quería que hiciéramos justamente lo que hicimos: y eso, a mí, no me parecía en absoluto nada revolucionario.

Yo procuro defender mis planteamientos con argumentos. Pero era muy importante sentir el apoyo de la gente. Recuerdo los viajes a Andalucía, los viajes a Cataluña, en los que percibíamos en nuestra propia carne el apoyo. Porque nos estaban pidiendo eso; no estábamos haciendo nada que estuviera en contra de la corriente principal de la sociedad española en ese momento. Sabíamos perfectamente que ése era un asunto al que se iban a oponer con fuerza poderes como la Iglesia y ciertos poderes de la derecha... Es decir, la reacción fue una reacción anunciada, fue la consumación de unas amenazas que se habían prometido y que sabíamos que se iban a producir. No fuimos en absoluto tan ingenuos como para pensar que esa reforma no iba a ser objeto de una enorme oposición por una parte de la sociedad española. La preveíamos, contábamos con ello, la asumimos. Y no recuerdo ninguna actitud reacia del presidente a esa reforma. Por consiguiente, saqué la conclusión de que esa reforma siempre contó con el apoyo del presidente.

Teniendo en cuenta que la reforma, así concebida, ya estaba incluida en el anteproyecto de Código Penal que el Partido Socialista había formulado en la oposición, es decir, teniendo en cuenta que se sabía que la solución a la despenalización del aborto era *ésa* desde antes de que ganáramos las elecciones, creo que todo el mundo tenía que pensar que, tan pronto tuviéramos la oportunidad de hacer esa reforma, la haríamos. Se manifestaban más naturalmente las posiciones adversas porque contaban además con mucho apoyo mediático, también en esto. Pero nosotros contábamos con un apoyo social muy importante. Yo creo que, en ese caso, el poder socialista funcionó. Tenía en la sociedad española una implantación, una capacidad de comunicación tan grande, que percibía muy bien cuáles eran las aspiraciones de la gente.

Con la Iglesia hablamos de este y de otros asuntos. Yo era miembro de una comisión que presidía el vicepresidente del Gobierno, Alfonso Guerra, y en la que estaba también el ministro de Educación, José María Maravall. Era una comisión para las relaciones con la Iglesia. Esa comisión, bajo la autoridad del vicepresidente, funcionó, a mi juicio, excelentemente bien. En ella afrontamos todos los problemas, tanto los que planteaba la Iglesia católica como los que planteaba el Gobierno. Naturalmente, en esas reuniones se hablaba de todo, también del aborto, pero el diálogo, el reconocimiento de los argumentos desde la otra parte, se correspondía siempre con la exposición de nuestros argumentos. Y nosotros, desde el primer momento, teníamos la decisión de hacer esa reforma porque creíamos que el resultado electoral, entre otras razones, se había producido con la esperanza de una reforma del Código Penal que incluyera, entre otras materias, la del aborto. Hubo ciertas presiones de la Iglesia católica respecto a la reforma del aborto, pero no más que con otros temas. Yo creo que, quizás, había otras cuestiones —sin dejar de reconocer que el aborto tenía una importancia enorme— que les preocupaban más, quizás había otros asuntos que podían provocar una amenaza de reacción mayor por parte de la Iglesia católica; otros temas, más relacionados quizás con cuestiones de educación, por ejemplo, o de formación de la opinión pública. Con el tema del aborto hubo un rechazo absoluto, un intento de crear una opinión pública adversa, transmitir la sensación de que esa reforma era innecesaria. Eso, por no hablar de las posiciones más tremendistas, de identificar esas reformas con las que en el pasado se hicieron desde ideologías absolutamente repugnantes. Ese tipo de presión se produjo, pero en ningún momento, que yo recuerde ahora, nos planteamos ni siquiera la oportunidad de dejar de hacer esa reforma o de retrasarla.

A medida que avanzaba el debate y se veía más clara la posibilidad de que el proyecto se aprobara, la derecha fue organizando su resistencia social. Eso lo viví de una forma muy directa, porque la presión se produjo hasta en los centros educativos y yo tuve que soportarlo. No había ninguna vía de escape. Todo valía para hacer una descalificación política y personal de los que defendíamos la despenalización del aborto en determinados supuestos. Se llegó a un alto grado de violencia descalificatoria. Percibí, como persona, una fuerte agresividad de algunos sectores sociales. Realmente la percibí, y la resistí. Aparte de las campañas de prensa y de las descalificaciones parlamentarias, tuve que soportar el ver cómo se trasladaba el tema al interior de mi casa, por lo que mis hijos me contaban que había ocurrido en sus centros educativos públicos. La verdad es que contábamos con eso, no nos sorprendía. Éramos conscientes de que era una guerra durísima y que teníamos que aguantarla, porque ésa era una de las cosas que teníamos que hacer. Pero sí, en líneas generales, la movilización que la Iglesia y los sectores conservadores realizaron en torno al tema del aborto en los ámbitos de la educación fue incluso más agresiva y, por supuesto, más explícita, que la que la propia Iglesia verbalizaba jerárquicamente en las reuniones formales con el Ministerio.

Frente a esa actitud, nosotros estábamos tranquilos, incluso pensamos que nos habíamos quedado cortos. Todavía hoy hay personas que me preguntan: «Pero, puesto que la lucha fue tan tremenda, ¿por qué no se dio ya el paso definitivo de introducir el cuarto supuesto, o llegar hasta un sistema de aborto libre como en otras naciones europeas?». Y mi respuesta siempre era la misma: porque, de acuerdo con los datos de que disponíamos y con el compromiso que habíamos asumido en la campaña electoral, eran esos tres los casos de despenalización que podíamos llevar a cabo; porque no teníamos un asentimiento mayoritario popular para dar un paso que fuera mas allá; y porque no habíamos ofrecido a la sociedad española, en las elecciones de 1982, algo distinto de lo que hicimos. Se hizo exactamente lo que se prometió, no pudo haber ningún desengaño ni por unos, porque les pareciera poco lo que hicimos, ni por otros, porque pensaran que sus presiones iban a acabar impidiendo la despenalización del aborto. Creo que, en este punto, hubo una enorme congruencia por parte del Gobierno.

Las campañas antiabortistas incluyeron visualizaciones muy agresivas y distorsionadas de lo que significaba un aborto, con pancartas en las que se veía un feto y vídeos realmente tremendos... Una de las cosas que me han resultado más duras en la vida política ha sido la distorsión, es decir, la utilización de la mentira como instrumento político para descalificar al adversario; la presentación de las cosas de forma distinta a como son. Porque uno puede polemizar sobre las ideas, puede debatir todo, pero responder a argumentos que están construidos sobre la negación de la realidad, sobre la mentira, sobre la falsedad, resulta muy duro, muy incómodo. Y la verdad es que, desgraciadamente, en la actividad política muchas veces se recurre a esta distorsión de la realidad.

La primera vez que vi una fotografía de aquellas pancartas con los fetos, pensé en muchas de las personas de mi alrededor; pensé si mis hijos serían capaces de comprender lo que su padre estaba haciendo, pensé si personas mayores, educadas en otras épocas, comprenderían que se puede tener un profundísimo respeto a cualquier creencia, a cualquier religión, que uno es un enamorado de la vida y defensor de la vida y que, al mismo tiempo, puede ser la persona que, dentro de un Gobierno, asume la responsabilidad de hacer la reforma para despenalizar el aborto, porque hay que hacerlo. Eso me producía intranquilidad. Pero en mi entorno más próximo y entre amigos de todas clases, nunca he sentido ninguna vacilación, ninguna queja. He tenido siempre con ellos una total confianza y una profunda identificación. Una de las cosas más costosas en política es cuando se llega a casa y los hijos preguntan. Pero, por supuesto, en casa hay que contar las cosas, hay que explicarlas, hay que dar razones. Tenía que comprender que, aunque estuviera agotado, a la edad que tenían entonces mis hijos, era necesario que yo les explicara para qué y por qué hacíamos lo que hacíamos y cuáles eran las razones. Y yo creo que esa enseñanza produjo resultados.

La derecha también organizó movilizaciones ciudadanas contra la reforma educativa y contra tantos otros cambios que hizo el Partido Socialista y que afectaban a la transformación de la sociedad. Como muchas de estas movilizaciones se produjeron simultáneamente, la verdad es que, me gustara o no me gustara, las tuve que soportar al mismo tiempo. Mejor dicho: las *tuvimos* que soportar, porque ése fue un trabajo de todo el Gobierno y, por tanto, conté con el total apoyo del presidente del Gobierno, del Gobierno en su conjunto y del Grupo Parlamentario.

Yo era el agente encargado de realizar la política de cambios en la Justicia, de la misma manera que José María Maravall tenía que hacer la reforma educativa, donde también sufrió embates tremendos. Yo tenía entonces que hacer la reconversión judicial y otras muchas cosas. De manera que soportamos todo eso conjuntamente. Ocurrió al principio y, además, habíamos obtenido un resultado electoral inequívoco. El cambio que había votado la sociedad era ése.

Por ejemplo, el cambio de la legislación sobre la prisión preventiva. El país no podía aceptar que, de toda la población interna entonces, el 70 por ciento fuera una población en espera de juicio, y sólo hubiera un 30 por ciento de personas que estaban en la cárcel porque habían sido juzgadas y condenadas. Eso era convertir la prisión provisional en una pena real. De forma que había mucha gente que, cuando se celebraba su juicio y era condenada, era condenada a un tiempo que ya había pasado en la cárcel en prisión preventiva. La prisión preventiva no deja de ser un instrumento para garantizar la presencia del acusado el día del juicio.

Cuando yo llegué al Ministerio de Justicia, la situación en la que se encontraba la población penitenciaria era auténticamente escandalosa; era insoportable desde un punto de vista jurídico democrático; era exactamente lo contrario de lo que tenía que ser. Nosotros hicimos las reformas necesarias. También en este caso puedo decir que gracias a que entonces se hicieron, desde aquellas reformas y con las que siguieron después de una manera continuada, hemos llegado a una situación como la que debe darse en una sociedad democrática. Ahora, la población penitenciaria condenada es el 70 o el 75 por ciento, mientras que la población preventiva es el 25 o el 30 por ciento. Esta reforma pertenecía a la cultura democrática, se derivaba directamente de la Constitución. Porque la Constitución impone al legislador la obligación de configurar la prisión preventiva como una prisión que tiene una duración limitada en el tiempo. Nosotros nos habíamos propuesto llevar a cabo el desarrollo de la Constitución en todo lo referente a libertades públicas y derechos fundamentales, y ése era un punto importantísimo, sustancial.

Creo que la modificación de la Ley de Enjuiciamiento Criminal en lo referente a la prisión preventiva fue un acierto. El incremento de la actividad delictiva que entonces se produjo, coincidiendo con la salida a la calle de un buen número de presos preventivos, fue transitorio, duró poco tiempo. Aunque más adelante hicimos una reforma de esa reforma, eso no tuvo que ver con la transitoriedad y el poco tiempo que duró ese aumento de la delincuencia. Porque esa segunda reforma no corregía de raíz la primera, en absoluto; la que entonces se llamó «contrarreforma» fue realmente un retoque de algunas de las previsiones de la reforma inicial. No todos los mecanismos que proveía aquella ley funcionaron con la impecabilidad exigible, no todas las personas de quienes dependía una estricta aplicación de la ley, en los términos previstos, actuaron de una manera correcta. Hubo muchos juicios suspendidos indebidamente, muchas citaciones no cumplidas... Desde el Tribunal Constitucional, preferentemente, se han hecho afirmaciones exactamente en la línea de lo que previó la reforma inicial de la Ley de Enjuiciamiento Criminal. Dicho con otras palabras: la primera reforma de esa ley se encuentra en perfecta sintonía con lo que el Tribunal Constitucional, no de entonces, sino de ahora, ha dicho que es la prisión preventiva. Desde un planteamiento constitucional, es muy importante subrayar este dato. La primera reforma que se hizo respondía quizás mejor que la segunda a las exigencias constitucionales: Nos vimos obligados a hacer la llamada «contrarreforma» como consecuencia de determinadas disfunciones, porque determinados mecanismos no funcionaron en la forma que era previsible.

En esta ocasión, la derecha hizo prevalecer sus argumentos conservadores, creando la sensación de que el Gobierno socialista ponía a todos los delincuentes en la calle y que eso era propio de un Gobierno irresponsable. Es verdad que esa intoxicación se hizo, y cuajó. Era más o menos lo mismo que ocurría en aquellos tiempos en Francia. Hicieron algo parecido y la derecha les organizó la misma campaña. Pero hubo un debate en el Congreso que sería bueno repasar. Fue un debate largo, en el momento más duro de la campaña. Recuerdo que ese debate, a mí, personalmente, me fue muy útil, porque se construyó una argumentación poniendo de manifiesto claramente que, aunque se produjeron los resultados que se produjeron con la salida a la calle de tantos presos preventivos, no nos cabía otra solución, no era posible otra salida, no era pensable mantener incumplido el mandato constitucional referente a la prisión provisional. Por otra parte, aquella escena fue, como decía antes, coyuntural. Se produjo durante un tiempo, pero luego los índices de la delincuencia se normalizaron y se recondujo la situación a unos porcentajes y a unas cifras de delincuencia que pertenecen al ritmo normal de incremento de la delincuencia. En todos los países, el crecimiento de la delincuencia es una realidad; desgraciadamente, es así, y parece inevitable en todas las sociedades convivir con un determinado grado de inseguridad. Es algo que no se puede desconocer, es una realidad. De manera que acepto que hubo algún tiempo en que se produjo, como efecto inmediato de la reforma, un incremento de la delincuencia. Pero tal incremento luego se recondujo, se fue absorbiendo hasta volver a unas cifras de una relativa normalidad, conforme a la curva de crecimiento permisible en un país como el nuestro. La pregunta es: «Visto el resultado, ¿podíamos haber hecho algo distinto? Es decir, ¿debíamos dejar de hacer aquello que hicimos?». Pues yo creo que no. Yo creo que, tanto en la primera fase como después, a través de una ligera reforma, hicimos lo que se tenía que hacer. Tengo que reconocer que fue una etapa dura, difícil, en la que el aprovechamiento de la derecha llegó hasta el límite de lo posible. Y a nosotros nos perjudicó, ya que la derecha mostraba entonces qué tipo de oposición estaba dispuesta a hacer.

María Teresa Fernández de la Vega

(Jefa del Gabinete del Despacho del Ministro de Justicia, 1982-1985; Secretaria de Estado de Justicia, 1994-1996)

Justicia: una apuesta por la libertad

JUSTICIA FUE una de las áreas en la que la llegada de los socialistas creó mayores expectativas de cambio entre amplios sectores de la ciudadanía, no solo jurídicos sino políticos y sociales. Por fin se abría la esperanza y existía la posibilidad, desde una holgada mayoría política, de afrontar temas cruciales de nuestro recién estrenado sistema democrático que tenían que ver con algo tan importante como la libertad y los derechos fundamentales, que así apenas había dado tiempo a desarrollar en los escasos cuatro años transcurridos desde la aprobación de la Constitución Española.

Había que llevar a cabo, además, la ingente tarea de adecuar al modelo constitucional en su estructura y funcionamiento un Poder Judicial, de corte autoritario, cuyos miembros más destacados, que ocupaban en la estructura judicial puestos de poder, habían estado ligados al régimen franquista, desempeñando cargos políticos o bien vinculados al Tribunal de Orden Publico. Y ello había que hacerlo con firmeza pero desde la moderación, sin hacer concesiones sustantivas a la Corporación pero evitando cualquier confrontación con uno de los Poderes del Estado que, como el Poder Judicial, además de destinatario de buena parte de las reformas previstas, iba a ser protagonista de su interpretación y aplicación y por tanto elemento imprescindible para la estabilidad y el cambio político.

La persona elegida por el presidente González para abordar la delicada tarea de democratizar la justicia fue un magistrado de prestigio, de ideología socialdemócrata que conocía muy bien los entresijos de la carrera judicial y fiscal, que había tenido una intervención muy activa como fundador y participe en Justicia Democrática, una organización de jueces, fiscales y secretarios de juzgados de oposición al franquismo, comprometida en el cambio democrático y la reforma de la justicia.

Sus contactos con el PSOE se produjeron entre otros a través de Gregorio Peces Barba, con el que había colaborado participando en estudios y trabajos previos a su intervención como ponente constitucional. Desde 1981 formaba parte del Primer CGPJ, al que accedió como vocal propuesto por el PSOE en el turno de juristas de designación parlamentaria. El buen currículum democrático de Fernando Ledesma, muy respetado y bien visto en el PSOE, cubría el perfil buscado por González, de gran profesional de la Justicia, de hombre progresista y demócrata moderado, de una gran preparación técnica, conocedor del medio y que garantizaba un buen entendimiento con el CGPJ, del que había formado parte y con su presidente, Federico Carlos Sainz de Robles, al que le unía, además, una antigua amistad. Más adelante sería el que protagonizaría uno de los más fuertes enfrentamientos con Ledesma a raíz de la remisión a las Cortes, en julio de 1984, del Proyecto de Ley Orgánica del Poder Judicial.

El Ministerio de Justicia se iba a convertir desde sus inicios en uno de los centros sobre los que gravitarían los primeros de los ataques más duros de la derecha, de la derecha más conservadora. Era lógico, pues el programa de gobierno afectaba al núcleo duro, esencia del sistema democrático. La respuesta no se hizo esperar. El anuncio y presentación, en febrero de 1983, de los proyectos de ley que afectaban a la despenalización parcial del aborto, la modificación de los artículos 503 y 504 de la Ley de Enjuiciamiento Criminal y la Reforma Urgente del Código Penal provocaron el inicio de una escandalera, jaleada por algún medio de comunicación afín (*ABC*), de prácticamente todos los sectores de la derecha más reaccionaria, que duro no pocos meses.

En el tema del aborto el Gobierno optó por una regulación de sistema de indicaciones, similar al existente en algún país próximo como el Reino Unido, pero sin incluir la indicación socioeconómica. Ello motivó una fuerte critica del Movimiento de Mujeres (el asociacionismo feminista tenía importancia en aquel momento) y del ámbito de la izquierda, incluido gran parte de socialismo, que consideraban que la solución al problema de los abortos clandestinos y las excursiones a Londres pasaba por una ley de plazos que recogiese el eslogan utilizado en aquellos tiempos de «aborto libre y gratuito». Se argumentaba desde estos sectores, no exentos de razón, que el coste político iba a ser el mismo ya que la derecha más conservadora y la Iglesia, que fue claramente beligerante, no iban a aceptar nada que supusiera avances en esta materia. La campaña que orquestó algún medio de comunicación, como el *ABC*, fue terrorífica, no privándose de utilizar términos como «asesinos de niños», acompañadas de portadas con fetos muertos y declaraciones condenatorias de miembros de la jerarquía católica. La ley fue objeto de un recurso previo de inconstitucionalidad, y el Tribunal Constitucional declaró en una sentencia interpretativa en términos generales constitucional el proyecto, pero obligando a introducir determinadas garantías. Con ello se volvió a resucitar el debate más tarde, tanto por parte de la derecha como de la izquierda. Hoy este texto no lo cuestiona ni la derecha ni la Iglesia, sólo la izquierda por insuficiente, lo que pone de manifiesto la incomprensión con la que se tropezó al abordar temas sensibles pero básicos para la democracia y lo que significó el trabajo que tocó hacer a los socialistas en una sociedad como la española que había salido recientemente de una larga dictadura.

Otro de los asuntos que provocó gran confrontación desde sus inicios fue el de la Reforma de la Prisión Provisional. Con este proyecto se trataba de dar cumplimiento al mandato constitucional contenido en el artículo 17 de la Constitución Española, que había dejado pendiente la reforma realizada en 1980. Se determinaba el plazo máximo de duración de la prisión provisional, su carácter excepcional, su adaptación a las recomendaciones y resoluciones internacionales y a la jurisprudencia del Tribunal Constitucional, evitando dilaciones improcedentes de procesados y abogados y dar tiempo a los jueces para celebrar los juicios orales cuando hay preso. La modificación del año 80 había dado lugar a la indebida prisión provisional de muchas personas y determinó un número muy importante de presos en espera de juicio. Se produjeron muchos casos de llegada al juicio oral con la pena ya cumplida, vulnerando así el principio de presunción de inocencia y el de que nadie puede ser castigado antes de ser juzgado. La situación de las cárceles era explosiva. Hacinamiento de presos, sobre todo en espera de juicio. Al margen de estas razones, la reforma se planteaba fundamentalmente por exigencias del valor supremo del ordenamiento jurídico: «la libertad», además de ser reclamada por todos los sectores sociales y jurídicos. En el último congreso de la APM, en el que estaba representada toda la Magistratura, una de sus conclusiones fue pedir la reforma de la Ley de Enjuiciamiento Criminal, en lo que se refiere a la prisión provisional. El Proyecto de Ley se adaptaba a la legislación europea. La reacción en contra de la derecha fue inmediata. Ruiz Gallardón, en la defensa de la enmienda a la totalidad avisaba ya, desde la tribuna, que con esta reforma se iba a producir un indulto general sacando delincuentes a la calle. La campaña estaba montada.

Para todos los sectores conservadores el Gobierno era el único responsable del ambiente de inseguridad ciudadana que se había llegado a transmitir y del aumento de la delincuencia. Entonces se propagó el eslogan, fraguado desde todos los ámbitos de la derecha política y social, incluidos algunos de la policía, de que «los delincuentes entran por una puerta y salen por otra», con la consecuencia, simplista pero eficaz, que de ella se derivaba de atribuir parte de la culpa a los jueces y por ende al ministro de Justicia, a pesar de que la independencia judicial y la existencia del CGPJ impedía cualquier relación de causalidad.

El calificativo del «irresponsable» proceder de los jueces, utilizado desde el ministerio provocó el primer desencuentro de la carrera judicial con el ministro Ledesma. La «gran ofensa» fue declarar que no se había interpretado bien el espíritu de la ley y se había optado por la aplicación más cerrada.

Al efecto conjunto de esta ley con el de la reforma urgente y parcial del Código Penal planteada en febrero de 1983, que fue la primera y más importante adaptación del Código Penal a los principios constitucionales y a las exigencias de un Estado de Derecho, achacó toda la derecha «el aumento espectacular progresivo y reconocido de la delincuencia en España», así se expresaba el 20 de septiembre de 1984 Ruiz Gallardón en la Tribuna del Congreso de los Diputados. Y añadía: «El Gobierno se equivocó al conjugar dos reformas, ley de Enjuiciamiento y Código Penal». En este último caso por el efecto de la rebaja de la penas en algunos delitos, como los delitos contra la propiedad, o por la supresión de la agravante de multirreincidencia.

La presión mediática-política se hizo tan insostenible que en mayo de 1984, se presentaba ante el Congreso la llamada «contrarreforma», en la que se modificaban de nuevo los artículos 503 y

504 L.E.C. Se introducía como circunstancia para determinar la prisión provisional la «alarma social que el hecho haya producido o la frecuencia con la que se cometan hechos análogos», se fijaban límites al arbitrio judicial y se ampliaba en algunos supuestos el plazo máximo. Conceptos estos últimos, sobre todo el de «alarma social», cuestionados hoy por la Jurisprudencia del Tribunal Constitucional.

Casi todas las reformas impulsadas en aquella época, suscitaron un fuerte debate auspiciado por una derecha reaccionaria, una magistratura muy conservadora, una sociedad civil todavía en algunos aspectos inmadura, y quizás un Gobierno algo ingenuo y utópico. A aquel momento se debe también la polémica entre drogas duras y blandas y su distinto tratamiento entre su posesión para el tráfico y consumo. Se llegaron a decir barbaridades tales como que el Gobierno incitaba al consumo masivo de estupefacientes y que habíamos despenalizado su uso, cuando lo que hizo la ley del 83 fue despenalizar la posesión de drogas, llamadas blandas, para autoconsumo, que ya había hecho la jurisprudencia. Más tarde, en el año 88, hubo que presentar una reforma que endurecería mucho las penas, aunque se siguió manteniendo la distinción entre drogas duras, que producían grave perjuicio para la salud y las que no, y entre el tráfico y el consumo.

Ninguna de las fuertes polémicas, auspiciadas en los primeros tiempos por el conservadurismo a ultranza, impidieron que el ambicioso programa de reformas legislativas y estructurales se detuviese o retrasase.

Los años 83 y 84 fueron los más prolijos en presentación de importantísimos proyectos que afectaban al núcleo esencial de derechos y libertades, aunque casi ninguno de ellos estuvo exento de polémica. En el caso de la Ley de Habeas Corpus, en el que se regulaba el procedimiento para obtener la inmediata puesta a disposición judicial de cualquier persona detenida ilegalmente, los ataques vinieron de los jueces vascos, quienes ya venían sosteniendo determinados enfrentamientos con el CGPJ, con el Fiscal General del Estado, Cuerpos y Fuerzas de Seguridad y con los Ministros de Justicia e Interior, a propósito de sus intervenciones en las denuncias de malos tratos y torturas. Así, en un Acuerdo de la Junta de Jueces de San Sebastián, en noviembre de 1983, se dirigían al ministro mostrando su oposición a que en el caso de los detenidos en aplicación de la Ley Antiterrorista, el procedimiento de Habeas

Corpus fuera competencia de la Audiencia Nacional y no del juez natural. Consideraban que esta excepción producía una nueva vulneración de principios y garantías procesales básicas. Sobre todo decían: «si tenemos en cuenta que, previsiblemente, una fuerte proporción de procedimientos de Habeas Corpus obedecerán a presuntos malos tratos o torturas a los detenidos, nos podemos encontrar ante el dislate de que el Juez Central de Instrucción resuelva absolviendo, mientras que las diligencias penales instruidas por el Juez natural terminen en una sentencia condenatoria».

Lo mismo ocurrió en el Proyecto de Ley de Asistencia letrada al detenido y al preso, que desarrolló los derechos constitucionales de toda persona privada de libertad detenida y presa. La crítica en este caso procedía de las limitaciones que se establecían en los supuestos de incomunicación y limitación de derechos que se prescribían para los supuestos terroristas. Hubo enfrentamiento por esta cuestión con los abogados y con las asociaciones de Derechos Humanos y otros grupos afines, que consideraban que esta regulación limitaba el derecho de defensa, reconocido en la Constitución.

La regulación del turno de oficio y, sobre todo, la dotación económica de los presupuestos de los colegios de abogados se terminó pactando con el entonces presidente del Consejo General de la Abogacía —Pedrol Rius— un hombre de enorme poder e influencia y hábil negociador.

A esa primera época pertenecen también las Leyes Orgánicas Reguladoras del Derecho de Réplica y Rectificación que como complemento de la libertad de expresión, contemplan el derecho de las personas a dirigirse a los medios de comunicación social, escritos, orales o de imagen, para corregir infracciones inveraces. El Proyecto de Ley de Asilo, reguladora del asilo y refugio o la Ley de Objeción de Conciencia y Prestación Social Sustitutoria, la regulación de las comparecencias en las Comisiones de Investigación, Iniciativa Legislativa Popular, Reguladora del Derecho de Reunión o de Reforma del Código Civil en materia de Tutela que contemplaba un tratamiento constitucional de las personas incapaces, sujetas a la actuación de los antiguos Consejos de Familia que por acción u omisión llevaron a tantas personas incómodas a ser aparcadas o abandonadas en instituciones cerradas. Todo ello por no hablar de otros temas también de gran importancia como la Ley de Extradición Pasiva, en el que se daba intervención al juez desde el primer momento, adaptando una legislación de 1958 a la Constitución y a los convenios europeos recién ratificados por España como el convenio de Represión del Terrorismo, el de extradición o el de Asistencia Judicial en materia Penal; se suprimió por tanto en materia de prisión preventiva, el régimen antiguo que permitía la detención sin intervención judicial, hasta la resolución del expediente gubernativo.

Especialmente intensa fue la actuación del ministro Ledesma en materia de Cooperación Jurídica Internacional. En aquellos años se sentaron las bases de lo que sería luego un instrumento eficaz en la lucha contra el terrorismo y la delincuencia organizada.

Además de firmarse y ratificarse numerosos convenios europeos, como el de traslado de personas condenadas, asistencia jurídica gratuita, reconocimiento y ejecución de resoluciones en materia de custodia de menores, ayuda mutua judicial en materia penal, transmisión de procedimientos represivos, Protocolo nº 6 al Convenio Europeo Derechos Humanos y Libertades Fundamentales relativo a la Abolición de la Pena de Muerte, etcétera, se entablaron relaciones bilaterales fructíferas con Francia y Bélgica que permitieron que se empezaran a desbloquear las reticencias de ambos países, con larga tradición de asilo político, a efectuar entregas y extradiciones de presuntos terroristas a un país, como España, sobre el que todavía recaían algunas sospechas en cuanto a actuaciones represivas en relación al conflicto vasco y con instituciones que no tenían todavía el aval democrático como la Audiencia Nacional.

La conferencia de Ministros de Justicia Europeos celebrada en Madrid en 1985 ofreció al ministro Ledesma la oportunidad, brillantemente aprovechada, de que por primera vez se hablase en una Resolución Europea de la lucha contra el terrorismo. La negociación la cerró en Toledo Ledesma con el entonces ministro de Justicia francés, R. Badinter. Meses más tardes se desbloqueaban las primeras extradiciones con Bélgica. A partir de ahí se sentarán las primeras bases de la cooperación política y judicial, de lo que hoy se denomina Espacio Judicial Europeo, consagrado en el Tratado de la UE con de «Libertad, Seguridad y Justicia». Todavía no habíamos entrado en la Unión Europea.

Además del desarrollo de los derechos y libertades, en aquel momento era urgente la puesta al día de nuestro ordenamiento en materia de derecho privado civil, mercantil, económico y procesal. En algunos casos por exigencias de la CE, en otros por los avances dogmáticos en el campo jurídico y por el fenómeno (ya emprendido con ventaja en los países democráticos) de envejecimiento de los códigos, consecuencia de la acelerada transformación socioeconómica que se estaba produciendo. En ella tiene su origen las modificaciones que se produjeron del Código Civil, Ley de Enjuiciamiento Civil, procedimientos de Ejecución Hipotecaría, Ley Cambiaria y de Cheque, Ley de Sociedades Anónimas Laborales, Seguro Privado, Ley de Patentes, Conflictos Jurisdiccionales, Ley de Arbitraje, etcétera.

De hecho el Ministerio de Justicia se convirtió en aquella etapa en el asesor jurídico del Gobierno y de la Administración socialista, colaborando activamente en muchas iniciativas como los Estatutos de Autonomía, el Código de Justicia Militar, Ley Electoral, Libertad Sindical, Ley de Marcas, Ley de Publicidad, etcétera.

El corporativismo ha sido una seña de identidad muy arraigada en este país, aún hoy, pero especialmente activa en aquel momento en que las reformas emprendidas echaban abajo privilegios seculares de los sectores corporativos que, ante la perdida de cotas de poder social o económico, alzaban enseguida la voz. No hubo corporación que no lo hiciese, abogados, funcionarios de Prisiones, notarios y registradores de la propiedad. Estos últimos se resistieron a muerte a aceptar algunas de las reformas preparadas, que entre otras cosas, afectaban a los aranceles y contemplaban una nueva demarcación notarial y registral, que llevó a su director general (notario) a presentar la dimisión antes de su puesta en marcha, entre otras cosas, para no enfrentarse con su corporación.

También los Abogados del Estado, hasta entonces incardinados en el Ministerio de Economía y Hacienda, se resistieron a su adscripción al Ministerio de Justicia en el nuevo Servicio Jurídico del Estado dado el mayor control y dedicación que a partir de entonces pasó a exigirse, a raíz del cambio en el sistema de incompatibilidades.

Especialmente delicadas fueron las relaciones con la Corporación Judicial. Hay que tener en cuenta que nos encontramos con una magistratura de corte claramente conservador, incluso ultraconservador, que en el año 1982 mantenía en parte concepciones cuasimesiánicas sobre el papel del juez, que debía mantenerse alejado de cualquier ideología, pero eso sí, guardián supremo de unos valores morales, sociales y económicos que en aquel momento se encontraban en peligro. Evidentemente los mismos que sostenían un fuerte rechazo a las ideologías (toda la derecha judicial lo sigue sosteniendo) no encontraban contradicción alguna en las numerosas implicaciones de miembros de la judicatura y la fiscalía con cargos políticos del pasado régimen, ni con sus vinculaciones con el TOP. Frente a las posiciones de compromiso político anteriores, ahora se defendía una independencia absoluta ante el Gobierno y el resto de los poderes del Estado. Se calificaban de alto riesgo para el sistema temas como el régimen de la Autonomías de la CE, que podían terminar en «descoyuntamiento» (Jaime Mariscal de Gante *dixit).* Veían un potencial enemigo en los medios de comunicación, a los que achacaban actuar movidos por el deseo de desprestigiar la carrera judicial, y tratar de efectuar un control de sus actuaciones frente al que estaban indefensos. Y sobre todo, revelaban a la hora de juzgar sus posiciones neoconservadoras, de indiferencia e incluso benevolencia ante determinadas conductas delictivas, sobre todo de tipo económico, como el delito fiscal, y otras de defensa a ultranza de una determinada moral, en particular sexual, en asuntos como el de la «minifalda» y otros de los que hemos tenido ejemplos hasta hace bien poco. Este era el patio que había que transformar, eso sí, sin confrontación.

El proceso de constitución de las asociaciones judiciales hoy existentes, se inició poco tiempo después del triunfo electoral del PSOE.

Cuando los socialistas llegamos al Gobierno había una sola asociación judicial, la APM, resultado de la confluencia de todos los movimientos y grupos judiciales que habían ido surgiendo y que aglutinaba a los sectores conservadores, y en algún caso integristas, mayoritarios y también a los sectores progresistas, la mayoría de ellos provenientes de Justicia Democrática y entre los que se encontraba el ministro Ledesma.

Si bien en los primeros tiempos convivieron en la misma Asociación los distintos sectores ideológicos existentes en el seno de la Magistratura, la unidad no dudaría mucho tiempo. Las tensiones no tardaron en llegar de la mano de los nuevos acontecimientos, unidos a la radicalización de los conservadores, una vez superado el miedo inicial a los socialistas y a las discrepancias que sobre las primeras propuestas de reforma, especialmente de la Ley Orgánica del Poder Judicial, se iban conociendo.

Tras diversos intentos de negociación se llega al reconocimiento y aprobación de corrientes organizadas como paso previo a la escisión, dando lugar primero como tendencia, más tarde, a finales de 1984, como asociación judicial autónoma, al movimiento de Jueces para la Democracia.

A su vez, ese mismo año, viendo que los acontecimientos se decantaban hacia el biasociacionismo, se constituye, con alrededor de cincuenta miembros, la Asociación Francisco de Vitoria, uno de cuyos líderes fundamentales era Carlos Granados, nombrado en el último gobierno socialista fiscal general del Estado. La iniciativa parte de un sector de jueces de Madrid, descontentos con la situación de la Justicia, que no se identificaban con los sectores más conservadores de la asociación profesional ni con los progresistas de Jueces para la Democracia a quienes consideraban izquierdistas. Sus planteamientos tenían inicialmente un marcado «carácter profesional». Más tarde se unirían a ellos un grupo de magistrados liberales del Tribunal Supremo, entre los que se encontraban buenos amigos del ministro Ledesma.

Esto último hizo que algunos quisieran ver, en la constitución de esta Asociación, la mano del ministro de Justicia, deseoso de que existiese un grupo que contrarrestase la posible tendencia hacia el izquierdismo de Jueces para la Democracia y el conservadurismo de la Asociación Profesional de la Magistratura.

El resultado fue una asociación centrista, de carácter más conservador que progresista, con escasa incidencia en la política judicial y que no mitigó ni contrarrestó los enfrentamientos y desavenencias con los sectores de izquierdas y de derechas. Las críticas de la derecha se llevaban mejor que las de la izquierda, éstas últimas más dolorosas por provenir de antiguos compañeros en Justicia Democrática y Jueces para la Democracia.

Uno de los mayores enfrentamientos con el aparato judicial se propició a raíz de la presentación de la LOPJ, en el mes de junio de 1984. En este Proyecto de Ley se desapoderaba al CGPJ de algunas competencias que se le habían atribuido en el año 80. Esto motivó, además de una gravísima confrontación, el que el Consejo planteara conflicto de competencias al Gobierno y a las Cortes. Era el primer conflicto entre órganos constitucionales del Estado que fue resuelto negativamente por el Tribunal Constitucional. Con posterioridad el Grupo Popular también planteó Recurso de Inconstitucionalidad contra la Ley, entre otras cosas porque se atribuyó al Parlamento, a raíz de la enmienda «Bandrés» la designación de todos los miembros del órgano de Gobierno de los Jueces. A partir de este momento, la derecha comienza una campaña brutal y reaccionaria de desprestigio de la institución en base a su supuesta politización.

A esa época pertenecen la instrucción de diversos casos judiciales con implicaciones políticas de diversa naturaleza y gran repercusión mediática que provocaron no poca tensión, como fueron el caso de Banca Catalana, que implicaba al Gobierno de la Generalitat, el de la juez Huertas, que citó a declarar a treinta guardias civiles acusados de torturas o el Caso Palazón, en el que el juez Lerga ordenó el procesamiento de siete personas implicadas en un delito de evasión de capitales.

Entre las numerosas reformas emprendidas merece especial atención aquellas que fueron dirigidas a acabar con las prácticas seculares de las denominadas «astillas» que favorecieron la circulación de dinero por los juzgados, especialmente civiles, provocando una forma de corrupción bastante generalizada. Por cualquier actuación debida de la Oficina Judicial se cobraban gratificaciones en forma de dietas, suplidos o indemnizaciones. Las normas sobre justicia gratuita y sobre todo las de supresión de las tasas judiciales, por cierto recientemente reintroducidas por el Gobierno Aznar, cortaron la raíz fundamental del problema.

Otro campo en el que se trabajó intensamente fue el de las infraestructuras. Empezando por las del propio ministerio, uno de los más antiguos de la Administración y que menos se había adaptado a la reformas que se habían producido en otras áreas en la época de la transición. Los jefes de todo eran los letrados, un cuerpo especial de ese Departamento, que ostentaban todas las Jefaturas de Servicio y de los distintos gabinetes, y tenían un poder omnimodo. Con estos instrumentos y sin la existencia de delegaciones territoriales (estas funciones en Justicia la hacían los presidentes de las Audiencias y, en penitenciarías los directores de los Centros Penitenciarios), no había manera de gestionar un presupuesto, que en los primeros años crecía más de un 2 por ciento. Los dos primeros años fue ingente y valiosísima la gestión llevada a cabo por la Subsecretaría, al frente de la cual estaba Liborio Hierro, que con mano diestra y un pequeño equipo de gente diseñó y ejecutó todo un ambicioso plan de infraestructuras, incluidas las del propio Ministerio (En 1983, tres arquitectos y seis aparejadores estaban obligados a atender 700 edificios judiciales y 186 centros penitenciarios). El estado de los locales de Justicia, Prisiones y Centros de Menores respondía en 1982 al más absoluto abandono, llegando en algunos casos a ser tercermundista. Era necesario hacer obras urgentes que iban desde la restauración de cubiertas y reparación de tejados al borde del hundimiento, hasta el adecentamiento de locales, muchos de propiedad municipal viejos y sucios, que obligaban al hacinamiento de causas y legajos, muchos de ellos archivados en la cocina de antiguas viviendas, cuando no amontonados en el suelo o tapando las ventanas para evitar el frío. Por no hablar de las condiciones infrahumanas en las que se obligaba a trabajar a jueces, abogados o fiscales y resto del personal que carecían de espacios propios para practicar interrogatorios, pruebas o incluso juicios orales.

En aquella época se realiza el mayor esfuerzo inversor de toda la historia en medios materiales y humanos. Se era consciente de que, si queríamos una Justicia no sólo independiente y responsable sino de calidad y que trabajase con productividad, desde el Gobierno había que proporcionar a los jueces los medios materiales y humanos necesarios, pues ésta era la principal responsabilidad del ejecutivo desde que había un Consejo General del Poder Judicial que había asumido el Gobierno del Poder Judicial en muchos otros temas. Y así se hizo, aunque con escaso reconocimiento. Pues a pesar del gran esfuerzo inversor, que en privado todo el mundo reconocía, en el capítulo de personal, la peculiar idiosincrasia del sector hizo que en cinco años se pasase del discurso de «hacen falta más jueces para asumir el trabajo» a «los jueces no pueden trabajar más por falta de medios».

Téngase en cuenta que la demarcación judicial que heredamos los socialistas era decimonónica y no respondía a la distribución entonces de la población española, que habiéndose incrementado en 20 millones desde finales del siglo pasado apenas había aumentado el número de juzgados. En 1887 había 498 Juzgados, con una población de 17 millones y medio y en 1977 el número de juzgados era de 514 con una población aproximada de 37 millones. Pues bien, en 1988 con una población de 38 millones, la plantilla judicial se había duplicado. El incremento había sido superior a las 700 plazas. Lo que en definitiva revela que se hizo un inmenso esfuerzo por poner al día un sector como el de la Justicia, que secularmente había sido la cenicienta.

Por último, lo mismo cabe decir de las Instituciones Penitenciarias cuyo funcionamiento interno y sus infraestructuras dejaban mucho que desear. Nos encontramos con unos centros penitenciarios antiguos, obsoletos, desbordados por el incremento de la población reclusa, con grandes deficiencias en los sistemas de seguridad, en definitiva inadecuados para aplicar una política penitenciaria democrática, cuyas líneas fundamentales estaban en la recién estrenada Ley General Penitenciaria, para la que no se habían previsto ni funcionarios formados y suficientes ni las infraestructuras adecuadas.

A pesar de la alta conflictividad registrada en la cárceles, en esos años se produjeron notables avances, no sólo en cuando a medios sino fundamentalmente en el respeto a los derechos humanos de los reclusos con la enérgica y decidida disposición que en la lucha contra los malos tratos y la tortura impuso su director general Juan José Martínez Zato.

Este libro se terminó de imprimir
en los talleres gráficos de Anzos, S. L.,
Fuenlabrada (Madrid) el mes de octubre de 2003